सल्तनतकालीन साहित्य-इतिहास एवं संस्कृति

(12वीं से 16वीं सदी तक हिन्दी व बंगला के
साहित्य-इतिहास का तुलनात्मक अध्ययन)

सल्तनतकालीन साहित्य-इतिहास एवं संस्कृति

(12वीं से 16वीं सदी तक हिन्दी व बंगला के
साहित्य-इतिहास का तुलनात्मक अध्ययन)

प्रो. शीला मिश्र

वाणी प्रकाशन

वाणी प्रकाशन
4695, 21-ए, दरियागंज, नयी दिल्ली 110 002
शाखा
अशोक राजपथ, पटना 800 004
फ़ोन: +91 11 23273167 फ़ैक्स: +91 11 23275710
www.vaniprakashan.in
vaniprakashan@gmail.com

SALTNATKALEEN SAHITYA-ITIHAS EVAM SANSKRITI
by Prof. Sheela Mishra

ISBN : 978-93-5072-729-4
Criticism

प्रथम संस्करण

मूल्य : ₹ 995

शुभम् ऑफ़सेट, दिल्ली-110 032 में मुद्रित

वाणी प्रकाशन का लोगो मक़बूल फ़िदा हुसेन की कूची से

भूमिका

संसार के इतिहास में एक जाति का नवोत्थान व दूसरे प्राचीन जाति का पतन, नित्य घटना है। जो आर्य समाज अपने युगान्तर व्यापी अधिकार से सम्पूर्ण भारत में धर्म एवं ज्ञान-विज्ञान की सहायता से एक अपूर्व सभ्यता को फैलाकर अमर बन गया था, वही आर्य कालान्तर से दूसरों से पराजित हुए थे। विश्वविजयी अलेकजेंडार ने भी छोटे प्रान्तों के शक्ति के सामने परास्त होकर भारत छोड़कर भागने में ही भलाई समझी थी। शक, हूणादि बर्बर जाति पश्चिम भारत में आ बसे थे पर कालान्तर में हिन्दू-शक्ति के सामने परास्त होकर आर्य भावापन्न हो चले थे। उस समय आर्य हिन्दू में प्राण शक्ति की कमी नहीं थी; वे आघात-प्रतिघात भी झेलते थे; फिर उन्हीं के पास नवागत आगन्तुक आश्रय लाभ भी करते थे। अरबों ने अपने धर्म शक्ति से अफ्रीका को पद-दलित कर स्पेन पर अधिकार जमाया था; रोम साम्राज्य की प्राचीन बुनियाद भी उनके आघात से हिल उठा था; पारस की सभ्यता भी विनष्ट हो चुकी थी। परन्तु तीन सौ वर्ष से अधिक समय तक इस्लाम भारत के पूर्व भाग हिन्दू राज्य की ओर बढ़ नहीं पाये थे। क्षुद्र सिन्धुराज को पराजित कर कासेम की मुसलमान सेना अधिक समय तक राज्य विस्तार नहीं कर पाये थे। पश्चिमांचल के हिन्दू राजागण जब अनेक कारणों से क्षीण हो गये तब पर्वतीय मालभूमि के निवासी जाति के नायक गजनवी ने अपनी शक्ति का प्रभाव दिखाया। गजनवी ने अपनी प्रतिभा से विशाल सैन्यदल गठित कर धर्म-विस्तार के साथ-साथ धन लुण्ठन के लोभ से भारत पर आक्रमण किया था।

उत्तराखंड के क्षत्रिय राजा गण गृह कलह के कारण पहले ही दुर्बल हो चुके थे। वे महमूद के इस अफगान व पर्वतीय सेना के सामने टिक नहीं पाये। सामन्त द्वारा परिचालित छोटे-छोटे राज्यों में एकता व सगंठन शक्ति का प्रभाव था। गजनवी सुलतानों ने पंजाब के मुसलमानों का अधिकार प्रतिष्ठित कर लिया था। बाद में जब पार्वत्य उपत्यका के नव मुसलमान गण महमूद के वंशजों को पराजित कर पंचनद में प्रविष्ठ हुए; तब पूर्व भाग के राजपूत राजाओं से उनका संघर्ष हुआ। तोमर वंश के दिल्लीपति गण पहले विदेशी आक्रमण का सामना कर रहे थे। अब चाह मान वंश के पृथ्वीराज ने बीड़ा उठाया था। चारण ग्रन्थों में इसका उल्लेख मिलता है कि उन्होंने मुसलमानों को बार-बार पराजित किया था। पर अधिक समय तक इस

आक्रमण का प्रतिरोध नहीं हो पाया था। दूसरे प्रान्तों के हिन्दू राजाओं में ईर्ष्या व गृहकलह चल रहा था। मुस्लिम इतिहास में स्पष्ट है कि 1192 ई. में गोरदलपति मोहम्मद बिन साम ने जब दिल्ली पर आक्रमण किया, तब पृथ्वीराज ने अमित पराक्रमपूर्वक हिन्दू-सैन्य परिचालन कर उसे पराजित किया था। आहत मोहम्मद युद्ध क्षेत्र से प्रभुभक्त सैनिक के सहारे भाग आये थे; पर अगले वर्ष पुनः शक्ति अर्जित कर गोरीय वीर चाहमान् नायक को पराजित कर भारत में मुसलमान राज्य का बीज वपन किया था। देशीय प्रवाद है कि इसी समय कनौजपति जयचन्द्र के साथ हिन्दुओं के कलह के फलस्वरूप जयचन्द्र की भी हालत बिगड़ चुकी थी।

लेकिन मध्य-आर्यावर्त के नवक्षत्रिय राजपूतों में तब भी शक्ति विद्यमान थी। दिल्ली प्रदेश अधिकृत होने पर भी अजमीर के चौहानगण मुसलमानों के सामने पदानत नहीं हुए थे। चौहान व राठौर राजाओं में देश के प्रति स्वाभिमान की भावना होते हुए भी यह स्वीकार करना ही होगा कि उनमें राष्ट्रनीति की सूझबूझ व ज्ञान का अभाव था। इनमें एकता का भी अभाव था वरना इतिहास कुछ और कहता। इन सभी कमियों के कारण पठानों ने चारों ओर से आक्रमण व अधिकार किया था व कालान्तर में बंगाल के निम्नभूमि पर भी आसीन हुए।

एक समय ऐसा भी था कि बंगाली एक शक्तिशाली जाति थी। पौराणिक कहानी यदि भूल भी जायें तो देखा जा सकता है कि, मात्स्यन्याय अर्थात् अराजकता होने पर, इसी बंगाली जाति के नायकगण आपस में परामर्श कर गोपाल-नरपाल को राजासन में प्रतिष्ठित किया था। धर्मपाल देवपाल की विराट् बंगीय-सेना वाहिनी ने समस्त आर्यावर्त में दिग्विजय प्राप्त किया था। 'समग्र जम्बूद्वीप भूपाल' एक समय बंगाल के पाल राजाओं के अधीन होकर अपनी सेनाबल का संचालन व वर्धन किया था।

बंगाल की जलवायु व भौगोलिक स्थिति ने बंगालवासियों को परिश्रमी होने से रोका था। नरम मिट्टी, गरम एवं आर्द्र जलवायु, अल्प श्रम से प्रचुर शस्य उत्पादन के कारण उनकी दैहिक आलस्यता के साथ-साथ हार्दिक कोमलता की भी वृद्धि होती चली गयी। इस पर बौद्ध व जैन जैसे अहिंसात्मक धर्म का प्रभाव प्रचीन बंगाली जाति पर पड़ने के कारण उनका कर्मक्षेत्र पर भी प्रभाव पड़ा था।

पहले ही कहा जा चुका है कि प्राचीन बंगाली एक मिश्रित जाति थे या फिर सही अर्थ में अनेक मिश्रित जातियों की समष्टि थे। जब पौराणिक युग में आर्यों का प्रभाव पड़ा तब अनेक स्थानों के म्लेच्छ नाम से अभिहित बंगाली आदिवासी हिन्दू औपनिवेशिक के सम्पर्क में आकर हिन्दू भावापन्न हो गये थे। बाद में पश्चिम-बंगाल में महावीर आदि जैन तीर्थंकरों एवं उत्तर व पूर्वबंगाल में बौद्ध श्रमण वर्ग की शिक्षा एवं आदर्श से साधारण नागरिक भारत के दूसरे प्रान्त के हिन्दू समाज की तुलना में कुछ अलग विशेषता से सम्पन्न थे। आज भी बंगालियों के व्रत-पूजा के नियमों

में जैन व बौद्ध का प्रभाव प्रच्छन्न रूप से पाया जाता है। बौद्ध धर्म से ही मूर्ति पूजा की प्रबलता देखी जाती है। बंगाल के प्राचीन ब्राह्मणगण पौराणिक शाक्तमत से अपरिचित नहीं थे; वे अभिचारादि क्रिया में निपुण थे, ऐसा माना जाता है। यही कारण था कि यही ब्राह्मणगण बौद्ध-मन्दिरों में पुरोहित के रूप में नियुक्त हुए थे। हिन्दू राजाओं के उत्साह से पौराणिक देवमूर्ति व बौद्ध के देवदेवियों के अनुकरण कर नयी-नयी मूर्ति की पूजा भी बंगाल में प्रचलित हो गयी थी। बंगला भाषा में आष्ट्रकमूल (वर्तमानकोल), रोम महासागरीय क्षेत्र के प्रारम्भिक द्रविड़ मंगोल (भूटानी, चीनी) तथा आर्य भाषाओं का सम्मिश्रण है, जो प्राकृत एवं अपभ्रंश के आयामों के बीच गुजरी है। इसके प्राचीनकाल में संस्कृत राजकीय एवं सांस्कृतिक भाषा थी व साहित्यिक भाषा के रूप में मैथिली को सम्मान प्राप्त था। 1350 ई. में बिखरे बंगाल केन्द्रों को मुसलमानों ने एक संयुक्त बंगाल के रूप में परिवर्तित किया, तो सर्वप्रथम बंगालियों को सांस्कृतिक पहचान प्राप्त हुआ। मुसलमानों के द्वारा ही बंगला भाषा अरबी, फारसी, तुर्की तथा उर्दू शब्दों में परिचित हुई, जो स्थानीय लोगों में लोकप्रिय होकर लोक भाषा में सम्मिलित हो गये। 1575 ई. में मुगलों ने बंगाल पर विजय प्राप्त किया, तो फारसी भाषा राजकीय भाषा हो गयी अतः बंगला में फारसी शब्दों का तथा उनका सांस्कृतिक प्रभाव भी बंगला भाषा व साहित्य में पड़ा। ढाका, मुर्शिदाबाद तथा वर्धमान मुस्लिम सेना तथा राज्याधिकारियों के केन्द्र बन गये। फलस्वरूप बंगाल के सांस्कृतिक जीवन पर फारसी रंग छा गया।

मुसलमानों के आगमन से पूर्व बंगला भाषा एवं साहित्य नगण्य था। मात्र एक पुस्तक 'चिर्या चिर्यावी निश्चय' मिलती है, जिसमें बौद्धों के भक्तिगीत एवं दोहे हैं। बंगाल में मुस्लिम राज्य का प्रारम्भ नदिया विजय(1201 ई.) के बाद हुआ। सर्वप्रथम बख्तियार खिलजी बंगाल का प्रशासक हुआ तथा बंगाल दिल्ली सल्तनत के अधीन हो गया। इसके पूर्व बंगाल में विभिन्न राज्य स्थापित होते रहे थे। पालवंश का लगभग 300 वर्ष (750-1100 ई.) तथा उसके बाद सेनवंश (1100-1200 ई.) लगभग सौ वर्ष तक शासन रहा। संस्कृत राजकीय एवं सांस्कृतिक भाषा रही जिसके राज्यकवि देवपाल थे। लक्ष्मणसेन के राज्यकवि जयदेव थे जो 'गीत गोविन्द' के रचनाकार हैं। हिन्दी प्रदेश व मुसलमानों के आगमन से बंगला भाषा एवं साहित्य को सांस्कृतिक एवं सामाजिक जीवन की ऊँचाइयाँ प्राप्त हुईं। डॉ. दिनेश चन्द्र सेन के अनुसार यदि बंगाल में हिन्दू राजा शासक बने रहते और इस प्रान्त का सम्पर्क हिन्दी प्रदेश के साहित्यकार व मुसलमानी संस्कृति से न हुआ होता तो राजाओं के दरबार में बंगला भाषा को प्रवेश करने का अवसर ही न मिलता।

मेरे इस शोधकार्य में मैंने हिन्दी व बंगला के सल्तनतकालीन इतिहास, सभ्यता एवं संस्कृति के सम्बद्धता तथा उनके सामाजिक संघर्ष एवं भारत में (विशेष रूप से बंगला प्रान्त के) इस्लामिक स्थापना की प्रतिक्रियाओं व तत्कालीन सल्तनतकालीन

साहित्य में इन तथ्यों का उद्‌घाटन करने का प्रयास किया है।

इस शोधकार्य का लक्ष्य विषय हिन्दी व बंगला के चार सौ वर्ष (12वीं से 16वीं सदी) की अवधि में सल्तनतकालीन साहित्य में देश की सामाजिक, राजनीतिक, आर्थिक, शैक्षणिक, मनोवैज्ञानिक, सांस्कृतिक व धार्मिक क्षेत्रों में परिवर्तन एवं प्रतिक्रियाओं का अध्ययन है। समग्र कालावधि को दृष्टि में रखते हुए मैंने प्रस्तुत शोध प्रबन्ध को पाँच अध्यायों में विभाजित किया है। प्रथम अध्याय 'इतिहासबोध तथा आदिकाल के हिन्दी व बंगला भाषा साहित्य' से सम्बन्धित है, क्योंकि यह आवश्यक था कि सल्तनतकाल के अध्ययन से पूर्व मैं उसकी पूर्वपीठिका अर्थात् हिन्दी व बंगला के आदिकाल व साहित्य का अध्ययन करूँ। द्वितीय अध्याय का शीर्षक है 'भारत में इस्लाम का आगमन, सल्तनत की स्थापना तथा तत्कालीन साहित्य। तृतीय अध्याय का शीषर्क है 'बंगाल में सल्तनत का आगमन, तत्कालीन परिस्थिति व साहित्य' से सम्बन्धित है। यौथा अध्याय 'हिन्दी व बंगला के सन्तकाव्य : लोकजागरण की प्रगतिशील जीवन्तता' है व पंचम अध्याय में 'प्रहारक धाराओं का वैविध्य एवं हिन्दी व बंगला साहित्य की सांस्कृतिक ऊर्जा' का वर्णन है। उपसंहार में मैंने पूरे शोधकार्य का निष्कर्ष दिया है।

शोधकार्य के सम्पादन के लिए मैं यू.जी.सी. दिल्ली के अधिकारियों को व उस्मानिया विश्वविद्यालय के यू.जी.सी. के अधिकारियों को धन्यवाद ज्ञापित करती हूँ। मेरे शोध सहायक श्रीमान् वी. रामकृष्ण को धन्यवाद जो प्रत्येक शोध सम्बन्धी कार्य में मेरे सार्थक सहायक प्रमाणित हुए हैं।

सधन्यवाद!

प्रो. शीला मिश्र
हिन्दी विभाग
उस्मानिया विश्वविद्यालय
हैदराबाद

अनुक्रम

प्रथम अध्याय

इतिहासबोध तथा आदिकाल के हिन्दी व बंगला भाषा साहित्य

1.1 इतिहास का अर्थ

सबसे पहले जब 'इतिहास' का अर्थ 'इति कथा' था, तब यह विषय विद्वानों में मतभेद का कारण बना था। पर इन दिनों यह विवादास्पद नहीं है। 'वाचस्पत्य-अभिधान' व 'शब्द कल्पद्रुम' में इस शब्द का व्युत्पत्ति-विरोधी अर्थ था 'अर्थ शून्य वाक्य', 'अश्रद्धेय-वाक्य', 'नष्टवाक्य'[1] आदि।

इतिहास का शाब्दिक अर्थ है– 'ऐसा ही था' या 'ऐसा ही हुआ'।– 'अतीत के वास्तविक या यथार्थ घटनाओं के समावेश को ही इतिहास कहा जा सकता है। आज इतिहास शब्द को इतने व्यापक रूप में प्रयोग किया जा रहा है कि, उसके अन्तर्गत, अतीत की प्रत्येक स्थिति, परिस्थिति, घटना, प्रक्रिया एवं प्रवृत्ति की व्याख्या का समावेश आदि कर लिया गया है। अतीत के किसी भी तथ्य, तत्त्व एवं प्रवृत्ति के वर्णन, विवरण, विवेचन व विश्लेषण को जो कि कालविशेष या कालक्रम की दृष्टि से किया गया हो, उसे इतिहास कहते हैं।

बंगला-साहित्य में 'इतिकथा' शब्द की व्युत्पत्ति परक अर्थ को 'बंगीय शब्दकोश' कार हरिचरण बंद्योपाध्याय ने विजय गुप्त द्वारा कृत 'मनसा मंगल' तथा 'बंशीदाशेर पांचाली' से उद्धृत कर दिखाया था। इस शब्द का व्युत्पत्ति परक अर्थ आगे चलकर रवीन्द्रनाथ[2], अवनीन्द्रनाथ[3] व इतिहासकार यदुनाथ सरकार[4] आदि की रचनाओं में मिल जाता है।

वास्तव में मूल व व्यावहारिक अर्थ में बंगला भाषा में 'इति कथा' शब्द 'इतिहास' शब्द के अर्थ में ही प्रयुक्त है। हिन्दी में व बंगला साहित्य के इतिहास के विचार करने से पूर्व हमें यह ज्ञात होना चाहिए कि साहित्य का इतिहास केवल साहित्य या केवल इतिहास नहीं, बल्कि साहित्य एवं इतिहास है। साहित्यिक अनुसन्धान व जिज्ञासा से ही साहित्य के इतिहास का जन्म हुआ है। साहित्य रसिकों की इस जिज्ञासा व अन्वेषण का पूर्ण व क्रमबद्ध उत्तर ऐतिहासिक दृष्टि-भंगिमा द्वारा खोज निकाला गया है। इस सन्दर्भ में इतिहास व साहित्य के बीच की पारस्परिक सम्पर्क की गाँठ खुलनी चाहिए।

1.2 इतिहास शब्दार्थ का विवेचन

इतिहास शब्द को पहले प्राचीन गल्प, लोक कथा, तथ्य विवरण से जोड़ा जाता था। उसके बाद वह पुराना अर्थ धीरे-धीरे विवर्तित व परिवर्तित होता गया। इतिहास शब्द का अर्थ एक समय 'युद्ध' वर्णनादि उपाख्यान[5]-मात्र ही था। इतिहास का अर्थ 'लोक-क्रमागत कथा' भी है। 'मनुसंहिता' में इतिहास को निम्न रूप से समझाया गया-

"धर्मार्थ काम-मोक्षाणामूपदेश समन्वितम्।
पूर्ववृत्त- कथायुक्तमितिहास प्रचक्षते।।"

धर्म-अर्थ-काम-मोक्ष (लाभ) के उपदेश से समन्वित कथायुक्त पुरावृत्त ही इतिहास है।

अंग्रेजी के किसी भी विश्वसनीय कोश में इतिहास (History) शब्द के अर्थ का स्पष्ट निर्देश किया गया है। "The Shorter Oxford English Dictionary" 1482 से 1838 ई. तक 'इतिहास' शब्दार्थ को नाना प्रकार से समझाया गया है। इस सभी अर्थ को देखते हुए आज हम मानते हैं कि– "History, in its broodest sense, it the story of man's past. More specially it means the record of that past, not only in chronicles and treaties of the past, but in all sorts of forms."

इस अर्थ द्वारा हम साहित्य-जगत् से इतिहास के अनेक उपादान संग्रहित कर सकते हैं। इसके अलावा साहित्यिक रसास्वादन के लिए ऐतिहासिक दृष्टिभंगिमा प्रयोग करने की कोई सार्थकता खोज पाना कठिन है।

वास्तव में प्राचीन साहित्यिक इतिवृत्ति-समूह के अनेक अमूल्य ग्रन्थ केवल ऐतिहासिक प्रयोजन के प्रति दृष्टि रखकर रचित किया गया था। पर जैसे-जैसे समय बीतता गया, इतिहास के अर्थ-बोध में जितना परिवर्तन हुआ, उतना ही साहित्य के इतिहास की आलोचना में एक नवीनतर साहित्यिक प्रयोजन बोध भी निर्मित होता गया। History शब्द का अर्थ Enchyclopaedia Britanica ने दिया था। उसके अनुसार व्यापक अर्थ में इतिहास- "includes everything that undergoes change." "We recognise the unstable nature of our whole social fabric, and are therefore, more and more capable of transforming it. Our Institutions are no longer held to be inevitable and immutable creations. We do not attempt to fit them to absolute formula, but continually adopt them to a changing environment.... our whole society not only bears the marks of its evolution but shows its growing consciousness of the fact in most evident of its arts. In literature, philosophy and political science there is the same historical trend. Criticism no longer judges by sbsolute standards; it applies the standards of the authro's own environment. We no longer condemns shakespeare for having violated the ancient dramatic law's nor voltaire for having objected to the violations. Each age has its own expression, and injudhing each we enter the field of history."[6]

साहित्य के इतिहास-चर्चा में छिपी हुई साहित्यिक-प्रयोजनीयता भी यहाँ स्पष्टतः व्यक्त हुई है। वास्तव में जीवन के मौलिक व विशेष प्रयोजनों के जड़ में ही साहित्य तथा सभी शिल्प कला के सृजन शक्ति का जन्म हुआ है। यह जीवन-प्रयोग आधिभौतिक नहीं है जितना कि आधिमानसिक। जीवन के मौलिक प्राण शक्ति की प्रेरणा के प्रभाव से समय-समय पर उसकी गति व विकास की आकृति-प्रकृति केवल ही विवर्तित हो होकर नवीनता लाया करती है। इस विवर्तन के मूल में मनुष्य के जीवन-भावना तथा सृजन-प्रेरणा का अन्तःस्वभाव एवं बहिःस्वभाव की पद्धति में विवर्तन-परिवर्तन का स्वरूप लक्षित होता है। मनुष्य के जीवन व साहित्य में भी इसी, क्रम विवर्तमानता का ऐतिह्य अनुसरण होना चाहिए जो सभी युग के सभी इतिहास-जिज्ञासा का साधारण आदर्श होना चाहिए।

1.3. इतिहास का स्वभाव धर्म

मनुस्मृति के पूर्वोक्त प्राचीन आदर्श के साथ आधुनिक इतिहास चिन्तन का मूलगत पार्थक्य रहना स्वाभाविक है। आधुनिक युग में आकर भी इस विषय में मतभेद हुआ। इस तथ्य के बहुत प्रमाण मिलते हैं। इतिहास-शास्त्रालोचना का परिणाम दर्शाते हुए अतुलचन्द गुप्त ने कहा, "मनुष्य जीवन के आकर्षण से चलता रहता है, सृष्टि की प्रेरणा से नूतन सृजन करता है। इतिहास जीवन के इसी सृष्टि-लीला का दर्शक है।" वर्तमान सन्दर्भ में इस तथ्य का अनुधावन करने का प्रयोजन इतिहास कि, सृष्टि का संभार पूर्वापर सम्पर्क में स्वतः नियमित है। पुरातन प्रयोजन के प्रवाह में तथा पुंजित गहराई में समुद्रस्नान कर जन्मलाभ से ही नूतनता की सृष्टि होती है। इसी पूर्वापर सम्पर्क के ऐतिह्यगत क्रम विकासमान चरित्र ही इतिहास के अक्षत अखण्ड मूर्ति का निर्माण करता है। मनुस्मृति विश्वास करता है कि पूरावृत्त कथा-युक्त ऐतिह्यता यह जीवन मूर्ति अनागत जीवन के पथ-निर्देश कर सकता है, इस विषय में ऐसे उपदेश देता है जिससे भविष्य के जीवन में 'चतुवर्वर्ग' फल लाभ सम्भव हो सकता है। दुर्लभ परिण ाम का लाभ हो या न हो जीवन-ऐतिह्य का अनुवर्तन ही इतिहास का एकमात्र लक्ष्य है। इस विषय में प्राचीन या वर्तमान किसी भी युग में संशय रहना उचित नहीं है।

एक समय के इतिहासकार केवल तथ्यों को इकट्ठा करते थे, जो अपनी कहानी आप कहते थे। इसी कारण इतिहास को तथ्यों का संग्रह और सूचना का भंडार माना जाता था। धीरे-धीरे प्रमाणों से प्राप्त प्रतिमानों और प्रवृत्तियों से सम्बन्धित ऐतिहासिक सिद्धान्त की महत्ता स्थापित होने लगी। इतिहास के निर्माण में तथ्यों के अध्ययन की आवश्यकता महसूस करने के कारण शुद्ध तथ्यों की पवित्रता घटने लगी। कुछ लोग तथ्य को इतिहासकार द्वारा जन्म दी गयी सूचना मात्र मानते हैं। जिन लोगों का किसी सैद्धान्तिक परिप्रेक्ष्य से लेना-देना नहीं है वे अनभिज्ञ या बेईमान कहलाते हैं। व्याख्या के सिद्धान्त से प्रमाणों के अध्ययन का विस्तृत प्रयास किया जाता है। नये आँकड़ों के

खोज के कारण अथवा व्याख्या के नये सिद्धान्तों के कारण इतिहास के अध्ययन में बदलाव आता है। आज आँकड़ों के लिखित सामग्री में निहित पूर्वाग्रहों की परीक्षा पर ज़ोर दिया जा रहा है। यह प्रमाण विश्वसनीयता के मूल्यांकन, ऐतिहासिक व्याख्या का तर्क, विवेकपूर्ण विश्लेषण पर आधारित होने की माँग करता है। इतिहास के अध्ययन में काल के एक बिन्दु से दूसरे बिन्दु तक होने वाले समस्त परिवर्तनों और उससे उत्पन्न सामाजिक संगठन का अध्ययन करना अनिवार्य है। हमें पढ़ाया जाने वाला इतिहास राजवंशों का इतिहास है। आधुनिक इतिहासकार समकालीन इतिहासकारों की धारणाओं को यथावत ले रहे हैं। इस वजह से ऐतिहासिक अध्ययन पर कोई प्रभाव नहीं है मध्यकालीन इतिहासकारों का मुख्य विषय राजदरबार का इतिहास ही रहा। उन लोगों ने जिन घटनाओं का वर्णन किया वे प्रत्यक्ष या परोक्ष रूप में उसी से सम्बद्ध है। इसलिए उनकी शब्दावली भी राज दरबारी संस्कृति की है। समकालीन इतिहासकारों की कृतियों में आत्मनिष्ठ तथ्य बहुत प्रबल है। जब-जब इतिहासकार धर्मनिरपेक्ष रहे तब-तब इतिहासकारों द्वारा प्रयुक्त शब्दावली समूचे समाज के लिए लागू होती रही है। पफलतः शासक वर्ग के बीच के संघर्ष को सामाजिक स्तर का संघर्ष समझा गया। उदाहरण के लिए सुल्तान अलाउद्दीन खिलजी ने बगावती हिन्दू जमींदारों को ही कुचलने के लिए नहीं, बल्कि मुस्लिम इक्तादारों को भी कुचलने के लिए कदम उठाया था। इनमें कुछ नितान्त धार्मिक लोग भी शामिल थे, जिन्हें बगावत से कुछ लेना-देना नहीं था। किन्तु खिलजी को सर्वथा हिन्दुओं के असहिष्णु धर्माधिकारी के रूप में चित्रित किया गया।

तीसरे, चौथे और पाँचवें दशक के राष्ट्रवादी इतिहासकारों ने पूरी ईमानदारी के साथ साम्प्रदायिकों की चुनौती का मुकाबला करने की कोशिश की। लेकिन वे आगे बढ़ नहीं पाये। अन्ततः उन्हें राष्ट्रवादियों को साम्प्रदायिकों के समक्ष नत होना पड़ा।

इतिहासकार तथ्यों के आधार पर अतीत की घटनाओं का पूर्वाभिनय ही नहीं करता बल्कि तथ्यों की व्याख्या भी करता है। तथ्य स्वयं नहीं बोलते बल्कि इतिहासकार उन्हें बुलवाता है।

ऐतिहासिक यथार्थ इतिहासकार के मन-मस्तिष्क से गुज़रकर ही इतिहास का स्वरूप ग्रहण करता है। ऐतिहासिक यथार्थ का यह रूप इतिहासकार की अपनी सोच और सूझ पर आश्रित है। भारतीय इतिहास लेखन की दोनों धाराओं (साम्राज्यवादी और राष्ट्रवादी) ने यह प्रमाणित कर दिखाया कि इतिहास लेखन में इतिहासकार की भूमिका बहुत महत्त्वपूर्ण होती है।

हिन्दी साहित्य का इतिहास-लेखन इतिहासकारों के लिए एक चुनौती बनी। इस विषय में डॉ. धीरेन्द्र वर्मा कहते हैं कि अर्ध शताब्दी से जो अनुसन्धान हुआ है, वह साहित्य के इतिहास लेखकों के लिए एक चुनौती है। जब तक नवीन खोजों और नीवन कार्यों से लाभान्वित न हो हिन्दी भाषा और साहित्य के उद्‌भव काल का

सही निर्णय न होने के कारण, हिन्दी और अपभ्रंश भाषाओं के पारस्परिक सम्बन्ध का निश्चय न होने के कारण, पूर्वकालीन साहित्य लुप्त होने के कारण हिन्दी साहित्य का इतिहास लेखन बहुत कठिन बन गया है। इसी वजह से विद्वान समूह आचार्य रामचन्द्र शुक्ल जी के साहित्य को अधिक प्रामाणिक मानने लगे हैं। सर्वप्रथम हिन्दी साहित्य के इतिहास लेखन का श्रेय 'गार्सा दा तासी' को जाता है। राजा शिवप्रसाद सितारे हिन्द ने इस पर एक निबन्ध लिखा। भारतेन्दु हरिश्चन्द्र ने भी एक लेख प्रकाशित किया। हिन्दी साहित्य के अधिकांश इतिहास अंग्रेजी में लिखे गये। ग्रियर्सन के इतिहास का अनुवाद किशोरी लाल गुप्त ने किया। यह हिन्दी साहित्य की नींव का पत्थर समझा जाता है। मिश्र बन्धुओं ने अपनी सीमाओं को जानकर हिन्दी साहित्य के इतिहास लिखने के संकल्प को छोड़ दिया था।

1.4 साहित्य व इतिहास का द्विविध कर्तव्य

इस प्रयोजन को साधने के लिए ऐतिहासिकों के सामने दो कर्तव्य हैं। प्रथमतः पुरावृत्त या प्राचीन तथ्य का उद्धार, उद्‍भावन या आविष्कार, द्वितीयतः आविष्कृत-तथ्यादि के आप्रमाण अनुसरण कर ऐतिह्य के कालगत वैशिष्ट्य-निर्णय एवं उसी वैशिष्ट्य के अनुसार पारम्परिक विवर्तन के भाव व रूपगत स्वभाव-सन्धान! खेद की बात है कि, प्राचीन बंगला साहित्य इतिहास आलोचना में इस द्विविध कर्तव्य के कोई भी आयाम सहज साध्य नहीं हैं।

प्राचीन बंगला साहित्य के ऐतिहासिक असावधानी प्रायः लोक साहित्य में अन्तर्भूत है। हमारे प्राचीन मनीषियों ने उनके जीवन-ऐतिह्य की परिचय की रक्षा पद्धतिगत रूप से नहीं किया था। इसके अलावा सुरक्षा के अभाव में भी अन्य देशों में जो सब ऐतिहासिक उपादान सुरक्षित रह पाता है, बंगाल के नमी युक्त वातावरण, वाल्मीक व अन्य कीड़ों के उपद्रव से वे या तो दुलर्भ हैं या फिर लुप्त हो गये हैं। इसलिए प्राचीन बंगला साहित्य के इतिहास रचना के लिए सबसे पहले तथ्य का उद्‍भावना व आविष्कार ही अपरिहार्य था। पूर्वाचार्यगणों के अक्लान्त चेष्टा के फलस्वरूप बंगला-ऐतिह्य के जो सभी रत्न धीरे-धीरे संग्रहित हुए हैं, वह उन्नीसवीं सदी के मध्यभाग में ही हुए हैं। गुप्त कवि ईश्वरचन्द्र इस महत् साधन के प्रतिनिधित्व करनेवाले लोगों में हैं।

परन्तु बंगला साहित्य के अनाविष्कृत सम्पद सम्भार के आविष्कार के पश्चात भी बंगला मनीषा व अध्यवसाय का परिणाम व्यापक नहीं हो पाया है। परिणामतः पुरातत्त्व सम्पद में कमी के कारण तथा बंगला के जीवन सम्पद के ऐतिह्य परिचय के अभाव में बंगला साहित्य का इतिहास दुर्बल है। ऐसी शिकायत पूर्णतः असंगत नहीं है कि प्राचीन बंगला साहित्य के इतिहास में इतिहास की तुलना में साहित्य दुर्लभ है। इसमें सच्चाई है कि आधी शताब्दी के अथक परिश्रम के पश्चात भी प्राचीन बंगला

साहित्य का क्रमानुगत इतिहास आलोचना के सभी उपादान आज भी एकत्रित नहीं हो पाये हैं। आज भी अनेक त्रुटि, रिक्तत्ता रह गयी है, अनेक जटिल ग्रन्थियाँ रह गयी हैं जिसे विमोचित करना आवश्यक है। फिर भी जितने तथ्य हमारे पुरातत्त्व के भण्डार में एकत्र हुए हैं उसका ऐतिहासिक सदव्यवहार भी आज करना चाहिए। वरना साहित्य मूल्य रचना में इतिहास का दान चिरकाल शून्य ही रहेगा।

1.5 'हिन्दी' भाषा व 'बंगला' भाषा

हिन्दी भारत की आर्यभाषाओं के अन्तर्गत है जिसका मूल वैदिक भाषा है। वैदिक भाषा और उसके अनन्तर लौकिक भाषा दोनों का नाम 'संस्कृत' है। सामान्यतया वैदिक भाषा 'छन्दस्' और लौकिक भाषा को 'संस्कृत' कहते हैं। संस्कृत भाषा प्राचीन काल में बोलचाल की लोकभाषा थी। कुछ विद्वान संस्कृत नाम से यह निष्कर्ष निकालते हैं कि यह बालचाल की भाषा से परिष्कृत करके गढ़ी गयी थी, इसी से इसका नाम संस्कृत है। वस्तुतः बोलचाल की भाषा ही शिष्ट समाज में 'संस्कृत' हो गयी थी। जनता में चलनेवाले एक ही अर्थ के अनेक आकार-प्रकार शब्द-ग्रन्थों में प्रयुक्त होने में कठिनाई उत्पन्न करते थे, इसलिए साधु भाषा के रूप में 'संस्कृत' भाषा चली। भाषा के साधु या शिष्ट रूप का विचार वैयाकरणों ने बड़े विस्तार से किया है। संस्कृत वस्तुतः साहित्यिक रूप धारण करके बोलचाल से कुछ भिन्न हो गयी थी। इसी से उसे कुछ लोग कृत्रिम भाषा कहते हैं। जब कोई भाषा साहित्य में प्रयुक्त होने लगती है तब सर्वसामान्य व्यवहार के लिए उसमें चलनेवाले शब्दों को एक रूप देना पड़ता है, इसलिए इसमें कृत्रिमता इस अर्थ में अवश्य आ जाती है कि बोलचाल में चलने वाले कुछ रूपों को छोड़ देना पड़ता है। फिर भी संस्कृत के वैयाकरणों ने बहुत से देश-भेद से चलनेवाले रूपों को भी अंगीकृत किया है और उन्हें 'विभाषायाम्', 'अन्यतरस्याम्' या वैकल्पिक माना है। संस्कृत में मिलनेवाले जनसाधारण के काम-काज, चाल-ढाल, रहन-सहन के बहुत से शब्द प्रमाणित करते हैं कि उसका जनता से सम्बन्ध अवश्य था।

साहित्य में जब कोई भाषा बहुत दिनों तक चलती रहती है तब उसका रूप बँध जाता है। ऐसी स्थिति में बोलचाल में चलनेवाली जनता की भाषा से वह धीरे-धीरे दूर पड़ जाती है। भाषा वस्तुतः जनता की वाणी है, किन्तु साहित्य के निर्माण में पढ़े-लिखे पण्डित लोग अधिकतर योग देते हैं। इसी से साहित्य में चलने वाली भाषा कुछ दिनों में पण्डिताऊ भाषा हो जाती है। यही स्थिति संस्कृत भाषा की भी हुई। फल यह हुआ कि जनता उस भाषा का ठीक-ठाक उच्चारण करने में कालान्तर में असमर्थ हो गयी। इसलिए जनता की भाषा फिर से साहित्य के काम के लिए चलने लगी। राजशेखर ने लिखा है कि संस्कृत की रचना पुरुष होती है और प्राकृत की सुकुमार। पुरुष और रमणी में जितना अन्तर है उतना ही अन्तर संस्कृत और

जनता की भाषा में है। जनता की यह भाषा प्राकृत नाम से चली और धीरे-धीरे इसमें साहित्य का निर्माण होने लगा। भारत में सबसे प्राचीन जो प्राकृत मिलती है वह अशोक के शिलालेखों, बौद्धों की हीनयान शाखा के ग्रन्थों (त्रिपिटक, महावंश, जातक आदि), प्राचीन जैन सूत्रों और प्राचीन नाटकों की व्यवहृत भाषा है। अशोक के शिलालेखों और हीनयान के ग्रन्थों में जिस भाषा का व्यवहार हुआ है उसका नाम 'पालि' पड़ गया।

धीरे-धीरे यह भाषा भी साहित्य में अधिकाधिक प्रयुक्त होने लगी। नाटकों में प्रयुक्त प्राकृत भाषा धीरे-धीरे फिर बँध गयी। इसी से विद्वानों ने नाटकों के प्राकृत का नाम 'साहित्यिक प्राकृत' अथवा 'कृत्रिम प्राकृत' रखा है। नाटकों की साहित्यिक प्राकृत के अतिरिक्त जैनों के उत्तरकाल के ग्रन्थों में जो प्राकृत मिलती है उसमें व्याकरण का बन्धन वैसा कड़ा नहीं है। साहित्यिक प्राकृत के अन्तर्गत जिन प्राकृतों का विचार किया गया है वे महाराष्ट्री, शौरसेनी, मागधी, अर्धमागधी और पैशाची हैं। ये नाम देश के अनुसार रखे गये हैं। महाराष्ट्री, महाराष्ट्र की प्राकृत मानी जाती थी, किन्तु अब लोग महाराष्ट्र शब्द का अर्थ देशविशेष न करके विशाल राष्ट्र अर्थात् समूचा देश करते हैं। दंडी ने भी ऐसा ही अर्थ किया है। यह प्राकृत सारे देश में फैली हुई थी, इसमें अत्यधिक ग्रन्थों का निर्माण हुआ है। सेतुबन्ध या दहमुहवहो (दशमुखवध), गौडवहो (गौडवध), वप्पइराअ (वाक्पतिराज) का महुम अविअअ (मधुमतविजय), हाल की सप्तशती, राजशेखर की कर्पूरमंजरी आदि महाराष्ट्री प्राकृत के प्रसिद्ध ग्रन्थ हैं।

संस्कृत भाषा देश भर में व्याप्त थी और सभी प्रदेशों के लोग उसे अपने-अपने ढंग से लिखते-बोलते थे। फिर भी देशभर से संस्कृत के रूपों में बहुत बड़ा अन्तर नहीं हुआ था। यह अवश्य सुनने को मिलता है कि संस्कृत की क्रियाओं के झमेले से बचने के लिए दक्षिण के लोग कृदन्तों का व्यवहार करते हैं। पर महाराष्ट्री संस्कृत, मागधी संस्कृत ऐसे भेद संस्कृत में नहीं हुए। प्राकृतों के व्यवहार से देशगत विशेषताएँ बहुत कुछ स्पष्ट होने लगीं और शौरसेनी, मागधी आदि देश के कारण रखे गये नाम स्वीकृत करने पड़े। फिर भी प्राकृतों में उतने भेद नहीं हो सके और प्राकृतों में जो रचनाएँ हुईं अर्थात् साहित्य बना उसमें भी महाराष्ट्री प्राकृत का व्यवहार होने से वह भी जनभाषा से दूर पड़ने लगी और उसकी भी वही स्थिति हो गयी जो संस्कृत की हुई थी। परिणाम यह हुआ कि जनता की भाषा संस्कृत से नीचे खिसककर अपना रूप बदल बैठी। जनता की इस भाषा का नाम 'अपभ्रंश' हुआ।

समूचे देश में अपभ्रंश का प्रसार वैसा ही हुआ जैसा संस्कृत और उसके अनन्तर प्राकृत का हुआ था। 'अपभ्रंश' नाम भी संस्कृत और प्राकृत के पण्डितों का ही दिया जान पड़ता है। यदि प्राकृत का अर्थ 'साधारण' और संस्कृत का अर्थ 'विशिष्ट' लिया जाये तो यह कल्पना की जा सकती है कि जनता की भाषा को

संस्कृत के पण्डितों ने ही 'प्राकृत' नाम दिया होगा। 'प्राकृत' का अर्थ 'साधारण' या लौकिक तुलसीदास तक ने लिया है–

"कीन्हे प्राकृत' जन गुन गाना।
सिर धुनि गिरा लगत पछिताना।।
यह 'प्राकृत' महिपाल सुभाऊ।
जानि सिरोमनि कोसलराऊ।।"

अपभ्रंश का व्यवहार जब व्यापक हुआ तब उसमें बहुत से भेद हो गये और ये भेद देश के की कारण हुए थे। इसका उल्लेख व्याकरण के पुराने आचार्यों ने किया है। प्राकृत भाषा में देशभेद के कारण जो रूपभेद था उससे कहीं बहुत अधिक रूपभेद अपभ्रंश में देशभेद से हो गया। किन्तु इसके बहुत से भेदों की छान-बीन नहीं की गयी है। इसका एक कारण यह भी था कि साहित्य में जब अपभ्रंश का व्यवहार होने लगा तब उसके अनेक रूप हो गये थे और उसमें लिखी गयी अधिकतर रचनाएँ वैयाकरणों को मिलनी कठिन हो गयी। इसलिए अपभ्रंश पर न अभी पूरा काम हुआ है और न उसके विविध भेदों का पूरा विचार ही हो सका है। किन्तु यह निश्चित है कि उसमें अत्यधिक भेद हो गये थे। 'अपभ्रंश' का नाम 'अवहट्ट' भी मिलता है जो 'अपभ्रष्ट' शब्द का 'अपभ्रंश' भाषा का रूप है। प्रसिद्ध कवि विद्यापति ने अपनी कीर्तिलता नाम की पुस्तक में इसे अवहट्ट लिखा है–

"देसिल बअना सब जन मिट्ठा।
तें तैसन जँपओं अवहट्ठा।।"

अपभ्रंश में जैनों के बहुत से ग्रन्थ लिखे हुए हैं। जिनमें से अभी बहुत थोड़े प्रकाशित हुए हैं। जब अपभ्रंश में साहित्य का निर्माण होने लगा और वह जनता से कुछ दूर पड़ने लगा, तब देशी भाषाओं का उद्भव हुआ और इस रूप में इतना अधिक विभेद होने लगा कि प्रत्येक प्रदेश की जनभाषा दूसरी से बहुत पृथक् हो गयी। देशी भाषाओं के पृथक्-पृथक् रूपों का उद्भव लगभग विक्रमी संवत् एक सहस्र (1000) से होने लगा। आरम्भ में देशभाषा का नाम 'नागरी' था। क्योंकि देशभाषा की प्राग्वर्ती भाषा अपभ्रंश के दो भेद बहुत स्पष्ट दिखाई देते थे, जिन्हें विद्वानों ने नागर और ब्राचड़ कहा है। नागर अपभ्रंश व्यापक था। इसलिए जो भाषा जनता में अपभ्रंश के अनन्तर सिर उठाने लगी उसका नाम 'नागरी' पड़ गया। व्यापक देशभाषा का नाम देशी लोगों का दिया हुआ 'नागरी' ही है। इसी भाषा को विदेशी लोग हिन्दी, हिन्दुई या हिन्दवी कहते हैं। जिस समय भाषा इस स्थिति, को पहुँची उस समय बाहर से आनेवाले मुसलमानों के भारत पर आक्रमण भी आरम्भ हो गये थे। व्यापार-सम्बन्ध से या विद्या-सम्बन्ध से आनेवाले लोगों से पहले से भी सम्पर्क हो चुका था। विदेशी सिन्धु नदी पार करके आते थे और इस देश को सिन्धुदेश मानते थे। इसी सिन्धु से हिन्दु, हिन्द, हिन्दी आदि सभी नाम निकले हैं।

आज तक अरब आदि देशों में भारत के रहनेवाले हिन्दु ही कहलाते हैं, चाहे वे आर्य हों, द्रविड़ हों या मुसलमान। इसी प्रकार यहाँ की भाषा हिन्दुई या हिन्दी कही जाती है। इस प्रकार स्पष्ट हो जाता है कि अपभ्रंश के अनन्तर जनता की भाषा जो बहुत व्यापक क्षेत्र में चलती थी, नागरी या हिन्दी कहलाती थी। पर धीरे-धीरे एक-एक प्रदेश की भाषा विकसित होकर एक दूसरे से पृथक् होने लगी और सौ-दो सौ वर्ष के भीतर ही बंगाली, पंजाबी, गुजराती, राजस्थानी आदि के पृथक् रूप दिखाई पड़ने लगे। राजस्थान में व्यापक 'नागरी' का नाम 'पिंगल' चलने लगा । इसका कारण यह था कि इसमें रचना करनेवाले छन्द के जो ग्रन्थ पढ़ने पड़ते थे उनका नाम 'पिंगल' था। इसी के जोड़ पर उन्होंने अपनी काव्य-भाषा का नाम 'डिंगल' रख दिया था। छन्द शास्त्र के अनुसार छन्दों के आदिकर्ता 'पिंगल' ऋषि माने गये हैं जो शेषनाग के अवतार कहे जाते हैं। इसी से पिंगल भाषा का नाम 'नागभाषा' भी पड़ गया है, जिसका उल्लेख भिखारीदास ने किया है।

यह सब होने पर भी जनता में चलने वाली भाषा का नाम सामान्यतया 'भाषा' था। संस्कृत के ग्रन्थों की हिन्दी में लिखी हुई टीकाओं का नाम बराबर 'भाषा टीका' लिखा मिलता है। यह 'भाषा' यद्यपि देशभेद के कारण विभिन्न रूपों वाली हो गयी थी तथापि आरम्भ में इसका ढाँचा शौरसेनी 'प्राकृत' के प्राचीन क्षेत्र मथुरा-आगरा अर्थात् ब्रज की बोली या भाषा थी। पर कवि लोग अन्य प्राकृतों के जन्मस्थान में जो बोली विकसित हुई उसमें भी रचना करते थे। अर्ध-मागधी का स्थान वही है जिसे 'अवध' कहते थे। इसलिए अवध की विकसित बोली में जो रचनाएँ हुईं वे अवधी भाषा की रचनाएँ कही गयीं। मागधी भाषा का क्षेत्र बिहार था और इसमें जो बोली विकसित हुई वह मिथिला देश के कारण 'मैथिली' कहलायी। इसी मैथिली हिन्दी में विद्यापति ने अपने गीत लिखे हैं। मागधी से ही बंगाली भाषा निकली है। बंगाल के पुराने कवियों ने बंगाली हिन्दी में रचनाएँ की हैं। इसी प्रकार पंजाबी हिन्दी, राजस्थानी हिन्दी, गुजराती हिन्दी, मराठी हिन्दी में भी प्राचीन रचनाएँ हो चुकी हैं। यही कारण है कि भारत के उत्तरापथ में बोलियों के अधिक विकसित हो जाने के कारण चाहे सर्वत्र हिन्दी बोली न जाती हो पर समझी वह सर्वत्र जाती है। भौगोलिक दृष्टि से हिन्दी का क्षेत्र पूर्व में बंगाल, पश्चिम में पंजाब, दक्षिण में मध्य प्रदेश और उत्तर में हिमालय की तराई है।

'नागरी' के देशभेद से कई रूप थे। शौरसेनी और मागधी के मिश्रण से अर्ध-मागधी बनी और अर्धमागधी से विकसित होकर अवधी भाषा बन गयी। केवल शौरसेनी के विकास से ब्रजभाषा का उद्‌भव हुआ। शौरसेनी और कुछ पैशाची के मेल से जिस बोली का विकास हुआ वह पहले 'रेखता' और फिर 'खड़ी बोली' कहलायी। 'रेखता' शब्द का अर्थ 'बैठी हुई', 'जमी हुई' अर्थात् 'पुष्ट भाषा' है। जो अर्थ 'नागरी' शब्द का है वही 'रेखता' का। 'खड़ी' का अर्थ 'उठकर खड़ी हुई' न

मानकर 'खरी' अर्थात् पुष्ट, परिष्कृत, शिष्ट मानना ही अधिक संगत जान पड़ता है। यों तो हिन्दी का क्षेत्र पहले बहुत व्यापक था पर आज हिन्दी कहने से ब्रजभाषा, खड़ी बोली और अवधी तीनों का, जो हिन्दी की उपभाषाएँ हैं, ग्रहण होता है। पहले हिन्दी मैथिली और हिन्दी राजस्थानी भी इसी के अन्तर्गत थीं। अर्थात् हिन्दी कहने से प्राचीन मैथिली और प्राचीन राजस्थानी के ग्रन्थ भी उसी के ग्रन्थ माने जाते थे। इसी से हिन्दी-साहित्य के इतिहासकारों ने विद्यापति (मैथिली के कवि) और मीराबाई (राजस्थानी की कवयित्री) को हिन्दी का ही कवि माना है।

हिन्दी की तीनों उपभाषाओं—अवधी, ब्रज और खड़ी बोली में अन्तर यह है कि ब्रज और खड़ी बोली में खिंचाव की प्रवृत्ति है और अवधी में फैलाव की।

हिन्दी के इस ऐतिहासिक और पारम्परिक रूप को हृदयंगम कर लेने से यह स्पष्ट हो जाता है कि उसका विस्तार कितना अधिक है। जब यह दिखाई देता है कि हिन्दी बोलनेवाले बहुत दूर तक फैले हुए हैं और जब यह सुनाई देता है कि हिन्दी के समझनेवाले उससे भी अधिक बड़े क्षेत्र में हैं तो यह बात स्पष्ट हो जाती है कि प्राचीन समय में हिन्दी के नाम पर जो बहुत विस्तृत क्षेत्र में रचना होती थी वह क्यों धीरे-धीरे पृथक्-पृथक् विकास के कारण अलग-अलग हो गयी। सम्प्रति अधिकतर रचनाएँ खड़ी बोली में हो रही हैं। यदि अवधी और ब्रजी ने अपना विकास और कर लिया तथा उनकी पृथकता घोषित की गयी तो जैसे मैथिली और राजस्थानी की आधुनिक रचनाएँ हिन्दी से अलग हो गयी हैं वैसे ही इनकी रचनाएँ भी हिन्दी से अलग हो जायेंगी। किन्तु इसका तात्पर्य यह कदापि नहीं हो सकता कि इन भाषाओं में जो प्राचीन समय में रचनाएँ हुई हैं वे हिन्दी की रचनाएँ न कही जा सकें। अपभ्रंश भाषा के अन्तर प्रादेशिक विशेषताओं को लिये हुए देशी भाषाओं का जो निखार होने लगा और उस समय उनमें जो रचनाएँ की जाने लगीं वे सब पुरानी हिन्दी ही हैं। पुरानी बंगला, पुरानी गुजराती, पुरानी मराठी हिन्दी के ही अंग हैं, वे पुरानी हिन्दी ही हैं।

वास्तव में चर्याकाल के अपभ्रंश भाषा में से बंगला भाषा के उदय की सम्भावना का अंकुरण होना आरम्भ हुआ था। अतः चर्याकाल में ही बंगला भाषा का उदय हुआ इसमें सन्देह नहीं। पंडितों का विचार था कि चर्या के प्राचीन कुछ पदों की रचना दशम शताब्दी के मध्यम भाग में हुआ था। पर परवर्ती युग में नवीन तथ्यादि के सूत्र से निर्विवाद रूप से पता चला है कि चर्या पदावलियों की रचना आठवीं ई. से एकादश या द्वादश शताब्दी के मध्यभाग में हुआ था।[7]

डॉ. सुनीतिकुमार चटर्जी के अनुसार- "बंगला-भाषियों में देश की जलवायु व उसके फलस्वरूप इस देश के उपयोगी विशिष्ट जीवन यात्रा पद्धति को अवलम्बित कर प्राचीन व मध्ययुग के भारत की भावधारा पुष्ट होकर पिछले सहस्र वर्ष से जो मानसिक व आध्यात्मिक संस्कृति का निर्माण हुआ वही बंगाली संस्कृति है। यह संस्कृति, बंगला भाषा की सृजन-काल से बंगला भाषा में रचित हुई, जिससे सभी

काव्य कविताएँ रची गयीं तथा अन्य साहित्यिक विधाओं में स्वयं प्रकाशित हुआ।"[8]

1.6. हिन्दी साहित्य का आविर्भाव काल

हिन्दी साहित्य के काल विभाजन को लेकर विद्वानों में मतभेद है। 6वीं शताब्दी में भारत के संस्कृत ग्रन्थों का ईरानी भाषा में अनुवाद कार्य आरम्भ हुआ। इसमें पुस्तक भाषा को जबाने-हिन्द कहते थे। इसके अतिरिक्त उस समय के सभी भारतीय भाषाओं के लिए हिन्दी शब्द का प्रयोग किया जाता था। हिन्दी शब्द सिन्धी का ईरानी रूपान्तर है। हिन्दी का मूल अर्थ भारतवासी, भारत का पदार्थ, भारतदेश आदि है। हिन्दी का विकास शौरसेनी अपभ्रंश से हुआ है। विद्वानों का एक वर्ग सातवीं-आठवीं शताब्दी की रचनाओं को हिन्दी की रचनाएँ मानता है तो दूसरा वर्ग हिन्दी साहित्य का आदिकाल 11वीं शताब्दी मानता है। आचार्य रामचन्द्र शुक्ल ने 8वीं शताब्दी की हिन्दी भाषा को प्राकृताभास कहा। कुछ लोग अपभ्रंश को पुरानी हिन्दी मानते हैं। हिन्दी का आदिरूप नालन्दा और विक्रमशिला के सिद्धों द्वारा ज्ञात होता है। उस समय की भाषा को प्राकृताभास हिन्दी कहते हैं। इस काल की रचना के नमूने बौद्धों की वज्रयान शाखा के सिद्धों की कृतियों में मिलते हैं। इतिहासकारों ने दसवीं से लेकर 14वीं शताब्दी के हिन्दी साहित्य के रचनाकाल को आदिकाल कहा है। दसवीं से पहले साहित्य सृजन परिनिष्ठित अपभ्रंश में होता रहा। दसवीं के बाद उस स्थान को लोक भाषा या देश भाषा ने ग्रहण कर लिया। आचार्य रामचन्द्र शुक्ल ने अपने 'हिन्दी साहित्य का इतिहास' नामक ग्रन्थ में काल विभाजन के अन्तर्गत संवत् 1050 से संवत् 1375 की कालावधि को हिन्दी साहित्य का आदिकाल मानकर इसका नाम काव्य रचना की प्रमुख प्रवृत्ति के आधार पर वीरगाथाकाल रख दिया। अतः हिन्दी का आदिकाल महाराजा भोज के समय से लेकर हम्मीर देव के समय के कुछ पीछे तक माना जाता है। शुक्ल जी प्राकृताभास की अन्तिम अपभ्रंश से हिन्दी साहित्य का आविर्भाव बताते हैं।

प्राकृत की अन्तिम अपभ्रंश अवस्था से हिन्दी साहित्य का आविर्भाव माना जाता है। अपभ्रंश या प्राकृताभास हिन्दी के पद्यों का सबसे पुराना पता तान्त्रिक और योग मार्गी बौद्धों की साम्प्रदायिक रचनाओं के भीतर विक्रम की सातवीं शताब्दी के अन्तिम चरण में लगता है। मुंज और भोज के समय (1050) में तो पुरानी हिन्दी का पूरा प्रचार शुद्ध साहित्य या काव्य रचनाओं में भी पाया जाता है। सन् 900 से लेकर सन् 1000 ई. की कालावधि को हम हिन्दी साहित्य का आदिकाल कहते हैं। इसके बाद की कालावधि 1000 ई. से 1325 ई. तक हम हिन्दी साहित्य का आरम्भ काल कहते हैं। जिसे वीरगाथा काल या चारण काल भी कहते हैं। यह समय महाराज भोज के समय से लेकर हम्मीर के समय के कुछ पीछे तक माना जाता है। राजाश्रित कवि अपने राजाओं के शौर्य पराक्रम और प्रताप का वर्णन अनूठी

उक्तियों के साथ किया करते थे और अपनी वीरोलास भरी कविताओं से वीरों को उत्साहित किया करते थे। भारत के इतिहास में यह वह समय था जब उत्तर-पश्चिम की ओर से मुसलमानों के आक्रमण बराबर हो रहे थे। साथ ही भारत-स्थित राज्य सीमा विस्तार हेतु शौर्य प्रदर्शन के नाम पर अथवा सुन्दरियों के अपहरण के लिए परस्पर युद्ध किया करते थे। ऐसी स्थिति में काव्य का विषय मुख्यतः वीर रस तथा गौण रूप से श्रृंगार रस था। ऐसे समय में वीरगाथाओं की ही उन्नति सम्भव थी। ये वीर गाथाएँ रासो के रूप में मिलती हैं।

राजाश्रित कवि और चारण जिस प्रकार नीति, श्रृंगार आदि के फुटकर दोहे राजसभा में सुनाया करते थे, उसी प्रकार अपने आश्रयदाता राजाओं के पराक्रमपूर्ण चरितों या गाथाओं का वर्णन भी किया करते थे। यही प्रबन्ध रासो के नाम से पायी जाती है। अपभ्रंश उस समय की बोलचाल की भाषा नहीं है बल्कि कवियों की भाषा है।

आदिकाल में दो प्रकार की रचनाएँ मिलती हैं। अपभ्रंश काव्य के रूप में और देश भाषा के रूप में।

आदिकालीन साहित्य

अपभ्रंश काव्य (प्राकृताभास)	देशभाषा काव्य (बोलचाल की भाषा)
1. विजयपाल रासो	1. खुमान रासो
2. हम्मीर रासो	2. बीसलदेव रासो
3. कीर्तिलता	3. पृथ्वीराज रासो
4. कीर्तिपताका	4. जयचन्द प्रकाश
	5. जयमयंक जस चन्द्रिका
	6. परमाल रासो
	7. अमीर खुसरो की पहेलियाँ
	8. विद्यापति पदावली

आदिकाल की भाषा में देश भाषा के तीन रूप मिलते हैं। राजस्थानी मिश्रित्र अपभ्रंश या लोकभाषा या देशभाषा, मैथिली मिश्रित अपभ्रंश या देश भाषा या लोक भाषा तथा खड़ी बोली मिश्रितादेश भाषा। प्रथम प्रकार की देश भाषा का नाम डिंगल कहा गया। दूसरी प्रमुख भाषा मैथिली-मिश्रित्र देश भाषा है। वस्तुतः स्थिति यह है कि इस कालावधि में जो काव्य प्राप्त हुए हैं अधिकांशतः जैन परम्परा के हैं। अपभ्रंश या प्राकृताभास हिन्दी में बौद्धों की वज्रयान शाखा के सिद्धों की कृतियाँ 7वीं शती में ही मिलते हैं।

भारत सदा से एक धर्म प्रधान देश रहा है। उसके जीवन में धार्मिक क्रान्तियों ने ही नये युग का सूत्रपात किया है। इस काल में तीन धर्म (1) पौराणिक हिन्दू धर्म, (2) बौद्ध धर्म, और (3) जैन धर्म प्रमुख थे। वास्तव में यह समय धार्मिक

दृष्टि से एक नये युग का सन्धिकाल था। आदिकाल के हिन्दू धर्म और बौद्ध धर्म संक्रान्तिकाल से गुजर रहे थे और नयी भूमिका तन्त्र-धर्म की थी। इस समय सभी धर्मों में तान्त्रिक प्रवृत्तियों का उदय हुआ। हिन्दी साहित्य का आदिकाल इन तान्त्रिक प्रवृत्तियों का मुख्य काल रहा। 600 ई. से 1300 ई. तक के काल को 'तान्त्रिक काल' नाम से बुलाते हैं। तद्‌युगीन वैदिक तथा अवैदिक दोनों धर्मों को प्रभावित करने में तान्त्रिक प्रवृत्तियाँ अहम भूमिका निभायी। इन दोनों धर्मों ने तान्त्रिक-सृष्टि तत्त्व, तान्त्रिक देवमंडल, तांन्त्रिक यन्त्र-विधि विधान, तान्त्रिक मन्त्र, तान्त्रिक आचार तथा हठयोगी साधनाओं को प्रत्यक्ष या परोक्ष रूप से अपना अंग बनाया और उन्हें साम्प्रदायिक रूप प्रदान किया।

वैष्णव मत को पाँचरात्र मत भी कहते हैं। शैव आगमों की भाँति संहिताओं में ज्ञान अर्थात् ब्रह्म, योग अर्थात् मोक्ष की साधना, क्रिया अर्थात् देवालय का निर्माण, मूर्ति स्थापना, पूजा-चर्या अर्थात् नित्य नैमित्तिक कृत्य, मूर्तियों तथा यन्त्रों की पूजा पद्धति आदि के बारे में चर्चा की गयी है। पाँचरात्र मत का प्रसिद्ध और विशिष्ट मत चतुर्व्यूह सिद्धान्त है। दक्षिण में वैष्णव आचार्यों ने भगवत भक्ति को शास्त्रीस रूप प्रदान किया। तमिल देश में इन्हें आलवार कहते थे।

वैष्णव मत के समान शैव मत भी प्राचीन है। शैव मत के अन्तर्गत बौद्ध सिद्धों के वामाचार की प्रतिक्रिया स्वरूप नाथ पन्थ का आविर्भाव हुआ। इसके प्रवर्तक आदिनाथ साक्षात शिव जी हैं। आदिनाथ के शिष्य मच्छन्दरनाथ (मत्स्येन्दर नाथ) गोरखनाथ थे। हिन्दू और मुसलमान दोनों ही सम्प्रदायों में इनके अनुयायी बड़ी संख्या में पाये जाते हैं। नाथ पन्थ के दूसरे प्रमुख शिष्य सिद्ध जालन्धर नाथ थे। इस शाखा के तीसरे कवि गोरक्ष नाथ थे। इसके बाद पूर्व भारत में सबसे अधिक प्रचलित तान्त्रिक मत, शाक्त मत था जो आज बंगाल और असम में एक सम्प्रदाय के रूप में मिलता है। जैन धर्म भी इस काल का प्रमुख धर्म है। जैन धर्म भी इस समय तान्त्रिक प्रभावों से न बच सका इसके बाद बौद्ध में सिद्ध सरहपा हुए। इन सिद्धों की संख्या 84 कही गयी। बौद्ध धर्म महायान और हीनयान नामक दो शाखाओं में विभाजित हो गया। इन्हीं से बाद में विभिन्न शाखाओं के रूप में मन्त्रयान, वज्रयान सम्प्रदायों का विकास हुआ। शंकराचार्य, गोरखनाथ, रामानुजाचार्य आदि ने अपने अद्वैतवाद, विशिष्टाद्वैतवाद की स्थापना कर भक्तिमार्ग को प्रशस्त किया। हिन्दी साहित्य के आदिकाल में सामन्ताश्रित काव्यधारा के कवियों में राजन्य संस्कृति का दर्शन मिलता है। हिन्दी साहित्य के आदिकाल में महाकवि चन्दबरदाई, जगनिक, विद्याधर, जज्जल और बब्बर आदि प्रमुख थे। इस तरह इस काल में सिद्ध काव्य-धारा, नाथ काव्यधारा और जैन काव्यधारा तथा सामन्ताश्रित शृंगार काव्यधारा के रूप में हिन्दी साहित्य का सृजन हुआ।

700 ई. से 1300 ई. के मध्य हिन्दी साहित्य की प्रमुख कृतियों का निरूपण

किया जा सकता है।

1) सिद्ध काव्यधारा,
2) नाथ काव्यधारा,
3) जैन (सूरी) काव्यधारा,
4) सामन्ताश्रित शृंगार काव्यधारा।

1.6.1 सिद्ध काव्यधारा

सिद्ध काव्यधारा हिन्दी साहित्य की वह आदि काव्यधारा है, जिसने भारतीय भाषा और साहित्य में एक नये युग का समारम्भ किया। इस धारा के सरहपा, तिलोपा और शबरपा इत्यादि कवि बौद्ध धर्म की महायान शाखा से विकसित वज्रयान और सहजयान सम्प्रदायों के सिद्धाचार्य थे। इन्होंने 760 ई. से 1200 ई. तक तान्त्रिक युग के प्रसार के साथ आर्य भाषाओं के उस नवीन रूप को हमारे सामने रखा, जिसने आज हिन्दी नाम ग्रहण किया है और उस लोकोन्मुखी साहित्य को प्रस्तुत किया जो बाद में नाथ और सन्त काव्य परम्पराओं की अन्तश्चेतना बनी।

महामहोपाध्याय पं. हरप्रसाद शास्त्री ने सीद्धों के काव्यों को 'बौद्ध गान ओ दोहा' नाम से ही प्रकाशित नहीं किया था, प्रत्युत उनकी दृष्टि में इनकी भाषा प्राचीन बंगला ही है।[9] इस सिद्ध काव्यधारा से हिन्दी का आविर्भाव मानने के सम्बन्ध में डॉ. रामगोपाल शर्मा 'दिनेश' का भी लगभग ऐसा ही मत है।

हिन्दी साहित्य के आदिकाल की सामग्री में उत्तर अपभ्रंश की सभी रचनाएँ आ जाती हैं। उन्हें हिन्दी साहित्य से निकालकर अपभ्रंश के साहित्य में स्थान देना या अवहट्ट का नया इतिहास खड़ा करना उचित नहीं है। इस दृष्टि से सिद्धों की रचनाओं से ही हिन्दी साहित्य व बंगला साहित्य का आरम्भ मानना युक्तिसंगत है।

1.6.2. सिद्धों का आविर्भाव काल और उनके काव्य की दार्शनिक पृष्ठभूमि

सिद्ध काव्य हिन्दी की अपनी निधि है। सिद्धों की संख्या चौरासी बतलायी गयी है। राहुल सांकृत्यायन ने 84 सिद्धों की सूची 'पुरातत्त्व निबन्धावली' में प्रस्तुत की है।

सिद्धों के सम्प्रदाय का नाम 'वज्रयान' है जो बौद्ध धर्म की महायानशाखा के मन्त्रालय से विकसित हुआ था।

1.6.3. वज्रयान

वज्रयान में वज्र का अर्थ है 'शून्यता'। वज्रयान में सब कुछ शून्य रूप माना जाता है। इस साधना-पद्धति में साध्य और साधक तथा पूजा-मन्त्र आदि सभी को वज्र कहते हैं। साधना विधि भी वज्र कहलाती है। सब चीजों का नाम वज्र होने से सम्प्रदाय का नाम वज्रयान कहा जाने लगा। वज्रयान के प्रमुख उपास्य देव का नाम भी वज्रसत्त्व है।[10] शून्यता और करुणा के इस तादात्म्य ने वज्रयान

में स्त्री-पुरुष के मिलन-भाव का रूप धारण कर लिया। वज्र का अर्थ शून्यता आदि लेकर उसे दार्शनिक रूप देने का प्रयत्न भी किया गया। किन्तु वास्तव में वह पुरूसेन्द्रिय का प्रतीक मात्र है।

1.6.4. सहजयान

सिद्धों में योनाचार की इस वृद्धि को देख कुछ सत्त्वगुणी साधकों ने वज्रयान परिष्कार कर सहजयान का प्रवर्तन किया। वज्रयान के वज्र के स्थान पर सहज शब्द का प्रयोग किया। सभी वस्तु और क्रियाओं में सहरूपता लाने की साधना पद्धति को प्रोत्साहन दिया जाने लगा। सिद्ध तिल्लोपाद के अनुसार संसार की सभी वस्तुओं का स्वरूप सहज है। यह सहज तत्त्व अनिर्वचनीय है। वज्रयानी जिसे महासुख कहते हैं, सहजयानी उसे सहजानन्द कहते हैं। सहजयानियों के अनुसार इसका अनुभव गुरु कृपा से ही सम्भव है।[11]

सहजयानियों की भाषा और अभिव्यक्ति भी विशिष्ट है। इनकी भाषा प्रायः प्रतीकात्मक है और शैली उलटबासी है। दैनिक व्यवहार के शब्दों के प्रयोगों से रूपकों और अन्योक्तियों की सृष्टि की गयी है। इस सम्प्रदाय में एक ओर तो बौद्ध धर्म की अनेक शाखा-प्रशाखाओं के अनेक तत्त्वों और सिद्धान्तों का महत्त्व दिया गया है और दूसरी ओर यह शैव-शाक्त तान्त्रिकों, अद्वैतवादियों से भी प्रभावित है। सहजयान की एक विशेष उल्लेखनीय प्रवृत्ति और है, वह है खंडन-मंडन की प्रवृत्ति। इस सम्प्रदाय के लोग कट्टर बुद्धिवादी थे, वे मिथ्या धार्मिक विधिविधानों और आडम्बरों में आस्था नहीं रखते थे। रूढ़िवादिता और ब्राह्मण धर्म के तो ये लोग घोर विरोधी थे। सहजयान में गुरु का बहुत बड़ा स्थान है। सहजयानी दो प्रकार के गुरु मानते हैं। लौकिक तथा आध्यात्मिक आध्यात्मिक क्षेत्र में सहज तत्त्व ही गुरु रूप में प्रतिष्ठित होता है।

सहजयानियों की दृष्टि में शरीर का महत्त्व भी कुछ कम नहीं है। "हमारा आराध्य हमारे भीतर ही प्रस्तुत है, उसे बाहर खोजने जाने की आवश्यकता नहीं है। इस वाक्य में शरीर के महत्त्व का ही प्रतिपादन है।"[12] भारत में बौद्ध धर्म का अन्तिम सम्प्रदाय कालचक्रयान है।

1.6.5. सिद्ध काव्यधारा के प्रमुख कवि

इस धारा के कतिपय प्रतिनिधि सिद्धों में सरहपा आदि सिद्ध थे। उनके शिष्य शबरपा हुए। श्याबरपा ने राजा देवपाल के कायस्थ मुंशी लुइपा को शिष्य बनाया था। इनकी कायकोश, अमृत वज्रगीति चित्तकोश, अज-वज्रगीति, डाकिनी गुह्यवज्र, दोहा कोश आदि 32 रचनाएँ हैं। इनमे 'दोहा कोश' हिन्दी की रचना है। सरहपा की कविता में सिद्ध-काव्यधारा की चिन्तन प्रणाली और जीवन-धारा के स्वरूप के दर्शन होते

हैं। इन्होंने पाखंड और बाह्याडम्बर का विरोध कर सहज मार्ग द्वारा महासुख की उपलब्धि का उपदेश दिया है। इनकी भाषा सहज और प्रवाह से परिपूर्ण है।

जिस समय बौद्ध धर्म विकृत होकर वज्रयान सम्प्रदाय के रूप में चलने लगा। इस समय के बौद्ध तान्त्रिक सिद्ध कहलाने लगे। चौरासी सिद्ध इन्हीं में हुए हैं। इन तान्त्रिक योगियों को लोग अलौकिक शक्ति सम्पन्न समझते थे। चौरासी सिद्धों में लूइपा, लीलापा, विरूपा, डोंभिपा, बरीपा, सरहपा, कंकालीपा, मीनपा, गोरक्षपा, चौरंगीपा, वीणपा, शान्तिपा, तन्तिपा, चमरिपा, खड्गपा, नागार्जुन, कण्हपा, कर्णरिपा, थगनपा, नारोपा, शीलपा, तिलोपा, छत्रपा, भद्रपा, दीखंधिपा, अजागिपा, कालपा, धोंभीपा, कंकणपा, कमरिपा, डेंगिपा, भदेपा, तन्थेपा, कुक्कुरिपा, धर्मपा, कुचपा, महीपा, अचिन्तिया, भल्लहपा, नलिनपा, भूसुकुपा, इन्द्रभूति, मेकोपा, कुठालिपा, कमरिपा, जलन्धरपा, राहुलपा, धर्मरिपा, धोकरिपा, मेदिनीपा, पंकजपा, धंटापा, जोगीपा, चेलुकपा, गुंडरिपा, निर्गुणपा, जयानन्त, चर्पटीपा, चम्पकपा, भिकनपा, भलिपा, कुमरिपा, चँवरिपा, मणिभद्रपा, कनकलापा, कलकलापा, कतालीपा, धहुरीपा, अधरिपा, कापालपा, किलपा, सागरमपा, सर्वभक्षपा, नागबोधिपा, दारिकपा, पुतलिपा, पनहपा, कोकालिपा, अनंगपा, लक्ष्मीकर, समुद्रपा, भलिपा। यहाँ 'पा' शब्द आदर सूचक है। आदिम सिद्ध के रूप में 'सिद्ध सरहपा' को मानते हैं।

'शबरपा' सरहपा के शिष्य थे और शबरों का-सा जीवन व्यतीत करने के कारण शबरपा कहलाते थे। 'षडंग योग', 'महामुद्रावज्रगीति' आदि इनकी प्रसिद्ध रचनाएँ हैं। कुछ विद्वान इन्हें आदि सिद्ध मानते हैं। इनकी कविता में रहस्यानुभूतियों की प्रधानता है।

भूसुकुपा भी राजा धर्मपाल-देवपा के समय हुए थे। रहस्यवादी अभिव्यक्तियाँ इनके काव्य की भी विशेषता है। इन सिद्धों के अतिरिक्त विरुपा आदिसिद्धों ने भी सिद्ध-काव्यधारा को समृद्ध किया। इनमें कण्हपा ऐसे सिद्ध हैं, जिनका नाम नाथ सिद्धों में है। उनके कथनानुसार वे नाथ सिद्ध जलन्धरपा या जालन्धर नाथ के शिष्य थे।

1.6.6. नाथ सम्प्रदाय

नाथों की संख्या नौ मानी जाती है। आदिनाथ, मत्सेन्द्रनाथ, गौरीनाथ, गोरखनाथ, निवृत्तिनाथ, ज्ञानेश्वर, गोरखनाथ के नाथपन्थ का मूल भी बौद्धो की वज्रयान शाखा है। चौरासी सिद्धो में गोरखनाथ भी गिन लिये गये हैं। पर उन्होंने अपना मार्ग अलग कर लिया। योगियों की इस हिन्दू शाखा ने वज्रयानियों के अश्लील और बीभत्स विधानों से अपने को अलग रखा यद्यपि शिव शक्ति की भावना के कारण कुछ श्रृंगारमयी वाणी भी नाथपन्थी के किसी-किसी ग्रन्थ में मिलती है। गोरखनाथ ने अपने ग्रन्थ का प्रचार देश के पश्चिमी भागों में किया। 'रत्नाकर जोपम कथा' नामक पुस्तक के अनुसार मीननाथ के पुत्र मत्स्येन्द्रनाथ कामरूप के मछवारे थे

और चर्पटीपा के शिष्य होकर सिद्ध हुए थे। गोरखनाथ के गुरु मत्स्येन्द्रनाथ थे। गोरखनाथ की हठयोग साधना ईश्वरवाद को लेकर चली थी। नाथ पन्थ के जोगी कान की लौ में बड़े-बड़े छेद करके स्फटिक के भारी-भारी कुंडल पहनते थे, इसलिए इन्हें कनफटे कहते थे।

नाथ पन्थ के इन जोगियों ने परम्परा साहित्य की भाषा काव्यभाषा से जिसका ढाँचा नागर अपभ्रंश या ब्रज का था, अलग एक 'सधुक्कड़ी' भाषा का सहारा लिया जिसका ढाँचा कुछ खड़ीबोली लिये राजस्थानी था। नाथपन्थ के उपदेशों का प्रभाव हिन्दुओं के अतिरिक्त मुसलमानों पर भी प्रारम्भ काल में ही पड़ा। देशभाषा में लिखे गोरथपन्थ की पुस्तकें गद्य और पद्य दोनों में हैं और विक्रम संवत् 1400 के आसपास की रचनाएँ हैं।

धर्म सम्बन्धी रचनाओं को छोड़कर सामान्य साहित्य की सामग्री भी मिलती है। हेमचन्द्र, सोमप्रभुसूरि, जैनाचार्य मेरुतुंग, विद्याधर, शाङ्गधर आदि की रचनाओं से तत्कालीन सामान्य साहित्य का पता चलता है। अपभ्रंश सारंगधर की रचनाओं की परम्परा यहीं समाप्त होती है।

1.6.7. देश भाषा काव्य

भारत के इतिहास में यह वह समय था जब मुसलमानों के हमले उत्तर पश्चिम की ओर से लगातार होते रहते थे। इनके धक्के अधिकतर भारत के पश्चिमी प्रान्त के निवासियों को सहने पड़ते थे जहाँ हिन्दुओं के बड़े-बड़े राज्य प्रतिष्ठित थे। हर्षवर्धन के उपरान्त ही साम्राज्य भावना देश से अन्तर्हित हो गयी थी और देश छोटे-छोटे टुकड़ों में बँट गया। लड़ाई किसी आवश्यकतावश नहीं होती थी, कभी-कभी तो शौर्य प्रदर्शन मात्र के लिए यों ही मोल ली जाती थी। बीच-बीच में मुसलमानों के भी हमले होते रहते थे। सारांश यह है कि जिस समय से हिन्दी साहित्य का आविर्भाव हाता है, वह लड़ाई-भिड़ाई का समय था, वीरता के गौरव का समय था।

प्रारम्भिक काल का जो साहित्य हमें उपलब्ध है वह अधिकतर रासो काव्य है। इस समय की रचनाओं में वीररस की प्रधानता है। राजाश्रित कवि अपने राजाओं के शौर्य पराक्रम और प्रताप का वर्णन अनूठी उक्तियों के साथ किया करते थे। हिन्दी साहित्य का आदिकाल सामन्तों का युग था। वीरता, वैभव और विलास को अपनी काव्य वस्तु बनाते थे। इन कवियों के काव्य में मुख्यतः दो प्रवृत्तियाँ मिलती हैं। शृंगार काव्यधारा, वीर काव्यधारा। आदिकालीन शृंगार काव्य के दो प्रकार हैं– सामन्त कवियों द्वारा लिखित और दूसरा लोक कथाओं के आधार पर लिखित प्रेम काव्य। पहली श्रेणी की रचना के अन्तर्गत मंजुरासो, वसन्त विलास और राउर बेलि हैं। दूसरे प्रकार की रचना सन्देश रासक है। सन्देश रासक एक लौकिक प्रेम काव्य है। वीर काव्यधारा के अन्तर्गत प्रबन्ध और मुक्तक नामक दो भेद आते हैं। प्रबन्ध

काव्य के रूप में चन्दबरदाईकृत पृथ्वीराज रासो और जगनिककृत आल्हा खंड आते हैं।

मुक्तक काव्य के रूप में 'प्राकृतपैंगलम' को ले सकते हैं। प्रत्येक देश में काव्य-रूपों का निर्माण और विकास सामाजिक और राजनीतिक परिस्थितियों के अनुसार होता है। हिन्दी साहित्य का आदिकाल काव्य रूपों से अत्यधिक समृद्ध है। सन्देश रासक, पृथ्वीराज रासो, भरतेश्वर बाहुबलि रास, देवन्तगिरि रास, भरतेश्वर चक्रवर्ती फाग, बसन्त विलासफाग, राऊरवेलि जिनदत्त चउपयी, सुभद्रा चउपई आदि।

1.6.8. रासो शब्द की व्युत्पत्ति

रासो शब्द का अर्थ वीर रस काव्य है। आचार्य रामचन्द्र शुक्ल रासो शब्द की व्युत्पत्ति रसायण से मानते हैं। बीसलदेव रासो में बार-बार 'रसायण' शब्द के प्रयोग के कारण उन्होंने उक्त अनुमान लगाया। भाषा वैज्ञानिक दृष्टि से रसायन या रसायण से रासो की व्युत्पत्ति सम्भव नहीं है।

जार्ज ग्रियर्सन राजादेश से रासो की व्युत्पत्ति मानते हैं। राजादेश का अपभ्रंश राजयसु होगा इसलिए ग्रियर्सन के मत में भी वास्तविकता नहीं है।

कुछ लोग रभस् से रासो की उत्पत्ति मानते हैं। इसका कोई संगत आधार नहीं है क्योंकि रभस् का अर्थ वेग है। रासो में उल्लास और आवेग का वर्णन है इसलिए शायद इसी अर्थ में लिया होगा। कुछ लोग राजयश से रासो की उत्पत्ति मानते हैं। यथार्थ में 'रासो' शब्द का मूल 'रास' धातु में ही निहित है। उसी से रास और रासक शब्द बने हैं। इस काल के प्रमुख कवि महाराज मुंज (मुंजरासो), अब्दुलरहमान (सन्देश रासक), चन्दबरदाई (पृथ्वीराज रासो), जल्ह कवि (जल्ह रासो), जगनिक (परमाल रासो), रोड राउरबेलि आदि प्रमुख हैं। देश भाषा काव्य की आठ पुस्तकें हैं। खुमान रासो, बीसलदेव रासो, पृथ्वीराज रासो, जयचन्द प्रकाश, जयमयंक, जस चन्द्रिका, परमाल रासो, अमीर खुसरो की पहेलियाँ, विद्यापति पदावली आदि।

1.6.9. खुमान रासो

इसके रचयिता दलपति विजय माने जाते हैं। इसका रचना काल संवत् 810 और 1000 के बीच माना जाता है। यह रचना दूसरे खुमान के समय की मानी जाती है अर्थात् यह नवीं शताब्दी की आरम्भिक रचना है। दलपति विजय ने इनके युद्धों का विस्तार से वर्णन किया है। उनके वर्णन का सारांश यह है कि कालभोज के पीछे खुमाण गद्दी पर बैठा जिसका नाम मेवाड़ के इतिहास में प्रसिद्ध है और जिसके समय में बगदाद के खलीफा अलमामूँ ने चितौड़ पर चढ़ाई की। खुमाण की सहायता के लिए बहुत से राजा आये और चित्तौड़ की रक्षा हो गयी। खुमाण ने 24 युद्ध किये और वि.सं.869 से 893 तक राज्य किया। पर इस समय खुमान रासो की जो प्रति प्राप्त है, वह अपूर्ण है और उसमें महाराणा प्रताप सिंह तक का वर्णन है।

अब्बासिया वंश का अलमामूँ वि.सं.870 से 890 तक खलीफा रहा। इस समय के पूर्व खलीफाओं के सेनापतियों ने सिन्ध देश की विजय कर ली थी और उधर से राजपूताने पर मुसलमानों की चढ़ाइयाँ होने लगी थीं। अतएव यदि किसी खुमाण से अलमामूँ की सेना से लड़ाई हुई होगी तो उसी के नाम पर खुमानरासो की रचना हुई होगी।

1.6.10. बीसलदेव रासो

यह वीरगीतों के रूप में लिखा गया 100 पृष्ठों का ग्रन्थ है। इसके रचयिता नरपति नाल्ह हैं। विग्रहराजा चतुर्थ उपनाम बीसलदेव के समकालीन थे। इसमें चार खंड हैं। प्रथम खंड में मालवा के भोज परमारकी पुत्री राजमती से शाकंभरी-नरेश बीसलदेव के विवाह का वर्णन है। दूसरे में बीसलदेव राजमती से रूठकर उड़ीसा चले जाते हैं। तीसरे में राजमती का विरह वर्णन है। चौथे में भोजराज का अपनी पुत्री को लिवा जाना और बीसलदेव का उसे वहाँ से चित्तोड़ लौटा लाने का प्रसंग है। इसके समय के बारे में इस प्रकार दिया गया है कि–

"बारह सौ बहोत्तरा मझारिं जैठबदी नवमी बुधवारि।
नाल्ह रसायण आरंभइ। शारदा तूठी ब्रह्मकुमारि।"

अर्थात् इसका निर्माण काल विक्रम संवत् 1212 में ज्येष्ठ बदी नवमी को बुधवार के दिन माना जाता है। यह काव्य लगभग 2000 चरणों में समाप्त हुआ है। कवि ने अपने रासो में सर्वत्र वर्तमान काल का ही प्रयोग किया है। विग्रहराजा चतुर्थ (बीसलदेव) का समय भी 1220 के आसपास है। यह घटनात्मक काव्य नहीं है, वर्णनात्मक है। बीसलदेव रासो की भाषा राजस्थानी है। बीसलदेव रासो में साहित्यिक भाषा को मिलाने का प्रयत्न दिखाई पड़ता है। गाने की चीज़ होने के कारण इसकी भाषा में समयानुसार बहुत कुछ हेर-फेर हुआ। इसमें फारसी, अरबी, तुर्की शब्द मिलते हैं। इस ग्रन्थ में शृंगार की ही प्रधानता है। वीर रस का किंचति आभास मात्र है।

1.6.11. पृथ्वीराज रासो

यह चन्द बरदाई के द्वारा लिखित सबसे पुरानी पुस्तक है। यह हिन्दी साहित्य का प्रथम उपलब्ध ग्रन्थ माना जाता है। इसकी भाषा के सम्बन्ध में विद्वानों में मतभेद है। यह एक बृहदाकार महाकाव्य है। इसमें 69 समय अथवा अध्याय हैं। दिल्ली के चौहान राजा पृथ्वीराज के सम्पूर्ण जीवन वर्णन इसमें मिलता है। उस समय की समस्त छन्दों का प्रयोग इसमें मिलता है। इसकी भाषा में हिन्दी का आरम्भिक रूप मौजूद है। यह ढाई हजार पृष्ठों का बृहत् ग्रन्थ है। चन्द दिल्ली के अन्तिम हिन्दू सम्राट, महाराजा पृथ्वीराज का सामन्त और राजकवि है। इससे इनके नाम में भावुक हिन्दुओं के लिए एक विशेष प्रकार का आकर्षण है। रासो के अनुसार ये भट्ट जाति के जगात

नामक गोत्र के थे। इनके पूर्वजों की भूमि पंजाब थी, जहाँ लाहौर में इनका जन्म हुआ था। इनका और पृथ्वीराज का जन्म एक ही दिन हुआ था और दोनों ने एक ही दिन यह संसार भी छोड़ा था। ये महाराज के राजकवि ही नहीं उनके सखा और सामन्त भी थे। ये षड्भाषा, व्याकरण, काव्य साहित्य, छन्द शास्त्र, ज्योतिष, पुराण, नाटक आदि अनेक विधाओं में पारंगत थे। इनके इष्ट जालन्धरी देवी थी जिसकी कृपा से ये अदृष्ट काव्य भी कर सकते थे। इनका जीवन पृथ्वीराज के जीवन के साथ घुलमिल गया था। ये युद्ध में, आखेट में, सभा में, यात्रा में सदा महाराज के साथ रहते थे। पृथ्वीराज रासो का उत्तरार्द्ध चन्दबरदाई के पुत्र जल्हन ने पूरा किया। इसकी भाषा ठिकाने की नहीं है। इसमें कई प्रकार के व्याकरण दोष मिलते हैं। पृथ्वीराज रासो में आबूम के यज्ञकुंड से चार क्षत्रिय कुलों की उत्पत्ति तथा चौहानों के अजमेर में राजस्थान से लेकर पृथ्वीराज के पकड़े जाने तक का सविस्तार वर्णन है। इस ग्रन्थ के अनुसार पृथ्वीराज अजमेर के चौहान राजा सोमेश्वर के पुत्र और अर्णोराज के पौत्र थे। सोमेश्वर का विवाह दिल्ली के तुँवर राजा अनंगपाल की कन्या से हुआ। अनंगपाल की दो कन्याएँ थीं—सुन्दरी और कमला। सुन्दरी का विवाह कन्नौज के राजा विजयपाल से हुआ और इस संयोग से जयचन्द्र राठौर की उत्पत्ति हुई। दूसरी कन्या कमला का विवाह अजमेर के चौहान सोमेश्वर के साथ हुआ जिनके पुत्र पृथ्वीराज हुए। अनंगपाल ने अपने नाती पृथ्वीराज को गोद लिया जिससे अजमेर और दिल्ली का राज्य एक हो गया। जयचन्द को यह बात अच्छी नहीं लगी। उसने एक दिन राजसूय यज्ञ करके सब राजाओं को यज्ञ के भिन्न-भिन्न कार्य करने के लिए निमन्त्रित किया और इस यज्ञ के साथ ही अपनी कन्या संयोगिता का स्वयंवर रचाया। राजसूज्ञ यज्ञ में सब राजा आये पर पृथ्वीराज नहीं आये। इस पर कुद्ध होकर जयचन्द ने पृथ्वीराज की एक स्वर्णमूर्ति द्वारपाल के रूप में द्वार पर रख दी। संयोगिता का अनुराग पृथ्वीराज पर था। अतः वह जयमाला लेकर रंगभूमि में आयी तब उसने पृथ्वीराज की मूर्ति को ही माला पहना दी। इस पर जयचन्द ने उसे घर से निकालकर गंगा किनारे के महल में भेज दिया। इधर पृथ्वीराज के सामन्तों ने आकर यज्ञ विध्वंस किया। फिर पृथ्वीराज ने संयोगिता से गन्धर्व विवाह किया और उसे हर ले गया। बाद में दिल्ली पहुँचकर वे राज रक्षा का ध्यान न करके भोगविलास में डूब गये। यहाँ तक कि कथा उसमें वर्णित है।

1.6.12 जयचन्द्र प्रकाश (1224-1243)

यह भट्ट केदार रचित महाकाव्य है। उसमें कन्नौज के सम्राट जयचन्द्र के प्रताप और पराक्रम कर विस्तृत वर्णन है।

1.6.13. आल्हा खंड

यह महोबे के चन्देल राजा परमाल के राजकवि जगनिक के द्वारा रचा गया अधिक प्रसिद्ध ग्रन्थ है। इसमें आल्हा और ऊदल नामक दो प्रसिद्ध वीरों की 52 लड़ाइयों, उनके विवाहों का वर्णन है। यह एक वीरगीतात्मक काव्य के रूप में रचा गया है। इस ग्रन्थ के वीर गीतों का प्रचार समग्र उत्तर भारत में हुआ है। यह वीर रस प्रधान है। इसका समय संवत् 1230 मानते हैं। आल्हा और ऊदल परमाल के सामन्त थे और बनाफर शाखा के क्षत्रिय थे।

1.6.14. श्रीधर

इन्होंने संवत् 1454 में 'रणमल छन्द' नामक एक काव्य रचा जिसमें ईडर के राठौर राजा रणमल की उस विजय का वर्णन है जो उसने पाटन के सूबेदार जफर खाँ पर प्राप्त की थी।

1.6.15. खुसरो

अमीर खुसरो फारसी के बहुत अच्छे लेखक और अपने समय के प्रसिद्ध कवि थे। इनका रचना काल संवत् 1340 से प्रारम्भ होता है। ये बड़े ही विनोदी, मिलनसार और सहृदय व्यक्ति थे। इन्होंने कई प्रकार के दोहे लिखे हैं। इनकी पहेलियाँ और मुकरियाँ अत्यधिक प्रसिद्ध हुई हैं। इन्होंने कुछ रसीले गीत भी लिखे हैं। खुसरो की हिन्दी रचनाओं में दो प्रकार की भाषा पायी जाती है। एक ठेठ खड़ी बोल- चाल की भाषा और दूसरी ब्रज या मुख प्रचलित काव्य-भाषा है। उनकी पहेलियाँ और मुकरियाँ ठेठ खड़ी बोल-चाल की भाषा में लिखी गयी मिलती हैं तो उनके गीत और दोहे काव्य भाषा में। लेकिन उनकी अधिकांश रचनाएँ बोल-चाल की भाषा में लिखी गयी हैं।

1.6.16. विद्यापति

विद्यापति मैथिली भाषा के सुप्रसिद्ध कवि माने जाते हैं। इसी कारण उन्हें 'मैथिली-कोकिल' कहते हैं। अपभ्रंश में भी इन्होंने कीर्तिलता नामक काव्यग्रन्थ की रचना की थी तथा मैथिली भाषा में पदावली की रचना की थी। विद्यापति के पद प्रायः शृंगार के हैं जिनमें नायिका और नायक राधा व कृष्ण हैं। इन पदों की रचना जयदेव के संस्कृत ग्रन्थ के अनुकरण पर की गयी है। विद्यापति शैव थे। विद्यापति संवत् 1460 में तिरहुत के राजा शिवसिंह के यहाँ रहते थे। विद्यापति मिथिला के विसरी नामक ग्राम के निवासी थे। कीर्तिलता में कवि अपने को कीर्तिसिंह का लेखन कवि कहा है। कीर्तिलता के पदों ने बंगाल, असम और उड़ीसा के वैष्णव भक्तों को खूब प्रभावित किया और नयी प्राणधारा संचित करने में समर्थ हुई। कीर्तिलता में संस्कृत और प्राकृत के छन्दों का प्रयोग है। विद्यापति ने अपनी रचना के आरम्भ में और

अन्त में संस्कृत छन्दों का आश्रय लिया है। विद्यापति ने कीर्तिलता की भाषा को अलंकृत करने की कोशिश की। विद्यापति की कीर्तिलता अपभ्रंश के चरित-काव्यों से विशिष्ट है। विद्यापति ने अपने काव्य को कथा से भिन्न श्रेणी की रचना समझकर उसे 'कहाणी' कहा था। कीर्तिपताका में प्रेम कथा वर्णित है। विद्यापति के पद अधिकतर शृंगार के ही हैं। शृंगार के ऐसे मधुर और कोमल पद भाषा साहित्य में ही नहीं अपितु विश्व साहित्य में भी मिलना कठिन है। प्रगल्भ पांडित्य के कारण उनको कई उपाधियाँ प्राप्त हुई थीं।

अभिनव जयदेव, कविशेखर, कवि-कंठहार, कविरंजन, दशावधान आदि प्रसिद्ध उपाधियों से वे सम्मानित हुए। वे संस्कृत के प्रकांड पंडित थे। उनकी प्रसिद्ध रचनाएँ—कीर्तिलता, कीर्तिपताका, भूपरिक्रमा, पुरुष परीक्षा, शैव सर्वस्व, सार, गंगा वाक्यावलि, दुर्गाभक्ति, तरंगिणी आदि हैं। लेकिन विद्यापति अपनी पदावली के कारण ही अत्यधिक प्रसिद्ध हुए हैं।

विद्यापति अपने जीवन काल में शिवसिंह, लखिमा देवी, विश्वास देवी, नरसिंह देवी और मिथिला के कई राजाओं के आश्रय में रहे। लेकिन उनके प्रधान आश्रयदाता राजा शिवसिंह थे। उन्हीं की छत्रछाया में रहकर इन्होंने अपने अधिकांश पदों की रचना की थी। इनके समस्त पद सुर लय से बँधे हुए है। इन्होंने कविता में जयदेव को आर्दश माना है। इसी कारण से लोग इन्हें 'अभिनव जयदेव' कहा करते थे। सत्य भी है कि इन्होंने जयदेव के ही समान संगीत-पूर्ण कोमल कान्त-पदावली में श्री राधाकृष्ण की शृंगार-पूर्ण लीलाएँ गायीं। इनकी पदावली की भाषा विवादग्रस्त रही है। इनकी भाषा पर बंगभाषा का अत्यधिक प्रभाव पड़ा है। इस कारण से बंगाली लोग इन्हें अपनाते हैं। उनके पद इस प्रकार हैं—

सर बसन्त समय भल पावलि, दछिन पवन बह धीरे।।
सपनहु रूप वचन इक भाषिय, मुख से दूरि करु चीरे।।
तोहर बदन सम चाँद होअधि नाहिं, कैयो जतन बिह केला।।
कै बेरि काटि बनावल नव कै, तैयो तुलित नहिं भेला।।
लोचन तूअ कमल नहिं भै सक, से जग के नहिं जाने।।
से फिरि जाय लुकैलन्ह जल महँक, पंकज निज अपमाने।।
भन विद्यापति सुनु बर जोवति, ई सम लछमि समाने।।
राजा 'सिवसिंह' रूप नरायन, 'लखिमा देइ' प्रति माने।।"

वस्तुस्थिति यह है कि कालावधि में जो काव्य प्राप्त हैं अधिकांशतः अपभ्रंश, देशभाषा और फुटकर रचनाओं में प्राप्त हैं। इतना ही नहीं, इस काल की जो सामग्री प्राप्त है उसमें तो कुछ तो असन्दिध हैं और कुछ सन्दिध हैं। असन्दिध सामग्री जो कुछ प्राप्त है उसकी भाषा अपभ्रंश अर्थात् प्राकृताभास हिन्दी है।

सारांश यह है कि अपभ्रंश की यह परम्परा पन्द्रहवीं शताब्दी के मध्य तक

चलती रही। सिर्पफ विद्यापति ने दो प्रकार की भाषा का व्यवहार किया है। पुरानी अपभ्रंश भाषा का और बोलचाल की देशी भाषा प्रयोग विद्यापति ने ही किया। इन दोनों भाषाओं का भेद स्पष्ट करते हुए विद्यापति कहते हैं कि

"देसिल बअना सब जन मिट्ठा। तैंसन जंपओ अवहट्ठा।"

अर्थात् देशी भाषा सब को मीठी लगती है, इससे वैसा ही अपभ्रंश में कहता हूँ। विद्यापति ने अपभ्रंश से भिन्न, प्रचलित बोलचाल की भाषा को 'देशीभाषा ' कहा है।

1.7. बंगला साहित्य व बंगाली जीवन-स्वभाव

इस क्षेत्र में भी ऐतिहासिकों के रास्ते निरंकुश नहीं हैं। दीर्घ दिन के असावधानी के फलस्वरूप बंगाली ऐतिह्य के स्वतन्त्र चरित्र आज भी हमारे सामने अस्पष्ट हैं। केवल इतना ही नहीं प्रत्येक देश के एक पृथक् जीवन कथ्य हैं। इतिहास के आधुनिक आदर्श व व्यवहार के सन्दर्भ में Encyclopaedia Britanica के पूर्वोक्त लेखक ने कहा था कि प्रत्येक देश व काल के एक पृथक्, स्वतंत्र अभिव्यक्त शैली है। यही नहीं प्रत्येक देश का एक पृथक् जीवन कथ्य भी है। यूरोपीय जीवन-शैली से भारतीय जीवन-शैली का मेल नहीं है, उसी प्रकार भारत के अन्य दशांश के साथ बंगला व बंगालियों के जीवन बोध का पार्थक्य बहुत अधिक है। अखिल भारतीय समर्थकगण इस तथ्य से विचलित न होवें। विभेद में समन्वय, वैचित्र्य में ऐक्य की साधना ही भारत वर्ष के इतिहास ने सिखाया है। तथा बंगाल के साहित्य-संस्कृति की स्वतन्त्रता इसी ऐतिहासिक शिक्षा का एक बृहत् अध्याय है। हमारे ऐतिहासिक बुद्धि ने आज इस तथ्य को विस्तृत कर दिया है।

सत्य यह है कि भारतीय आर्य भाषा समूह के 'एकमेवोद्वितीय' पूर्व सूरी वैदिक भाषा साहित्य है। इस साधारण सूत्र को आश्रित कर सहस्राशब्दी पहले हिन्दी व बंगला भाषा का जन्म हुआ। संस्कृत भाषा-साहित्य भी इसी वैदिक भाषा-साहित्य का ही प्रत्यक्ष-सन्तान है। इस प्रकार हिन्दी व बंगला भाषा साहित्य के साथ बलिष्ठ संस्कृत भाषा-साहित्य का संयोग वंशगत है। परन्तु केवल इसी कारण संस्कृत व बंगला साहित्य की जीवन-प्रेरणा कभी एक जैसी नहीं हो सकती है। भारतीय समाज के परस्पर विपरीत दो पृथक् जीवन-उत्स को आश्रित कर उत्सरित हुए संस्कृत व बंगला साहित्य के जीवन ऐतिह्य का पार्थक्य अनेकांश में मौलिक है।

संस्कृत साहित्य का ऐतिह्यगत चरित्र पर इस समय आलोचना नहीं हो सकती, केवल बंगला के जीवन-धर्म व सहित्य स्वभाव के साथ हिन्दी का अन्तर ही हमारा अनुसन्धेय विषय है। दस सन्दर्भ में पहले ही संस्कृत साहित्य की श्रेणीगत सीमायति लक्षणीय है। इसमें सन्देह नहीं 'ध्वनि' या रसवाद के बुद्धिगम्य आलंकारिक मार्ग से पाठकगणों को भी संस्कृत साहित्य के शिल्प-लोक में प्रवेशाधिकार मिला है। किन्तु यह केवल तत्त्वविचार के क्षेत्र तक ही सीमित है। वास्तव में काव्य-साहित्य

को 'सहृदय-हृदय-संवेद्य' परिभाषित कर अभिजात संस्कृत-कविगण भारत के बृहत्तम मानव-समाज को देव भाषा के देव-लोक से बहिष्कृत कर दिया है। अनुभवी पंडितगण इस क्षेत्र में रस-आस्वादन के क्षेत्र में अधिकारी भेद का प्रश्न उठायेंगे। पर सभी तर्क-वितर्क के मूल्य को स्वीकार कर यह मानना पड़ेगा कि बृहत् भारत के बृहत्तम जनता के प्रबल जीवन स्पन्दन को 'प्राकृत' कहकर उपेक्षा या अवज्ञा कर संस्कृत साहित्य दिन-प्रतिदिन बलशाली हुआ है। इस प्रक्रिया में उसने मुट्ठी भर लोगों के अतिसूक्ष्म मनन, चिन्तन व भाव-भावना को आश्रित कर अपना विकास किया है। भारत में संस्कृत-साहित्य की समुन्नति जातिगत श्रेणीभेद के साथ अच्छेद्य बन्धन में बँध हुआ है। इसलिए संस्कृत चिरन्तन रूप से भारतवर्ष का अभिजात साहित्य है। आभिजात्य के समुच्च सिंहासन जिस दिन काल के हाथ में छिन्न-भिन्न हुआ, उस दिन देवभाषा की अलौकिक सम्पद-सम्भार भी स्वयं को संस्कृत साहित्य की विलुप्ति के हाथ से रक्षा नहीं कर पाया था।

संस्कृत भाषा का इतिहास चार हजार वर्ष पुराना है। इसका आरम्भिक साहित्य ऋग्वेद की ऋचाओं में मिलता है, जिसे देव भाषा भी कहते थे। अधिकतर भाषाओं की जननी के रूप में संस्कृति को स्वीकार किया गया है। अपने इतिहास की लम्बी अवधि में संस्कृति ने साहित्य, दर्शन, कला, विज्ञान आदि प्रत्येक क्षेत्र में अत्यन्त महत्त्वपूर्ण कार्य किया है। कात्यायन, पतंजलि और पाणिनि संस्कृति व्याकरण के आदि-निर्माता हैं, इन्हें मुनित्रय नाम से संज्ञायित किया गया है।

संस्कृत के दो रूप मिलते हैं–

1. वैदिक संस्कृत
2. लौकिक संस्कृत

ऋग्वेद से लेकर पाणिनि के समय तक के काल को वैदिक संस्कृत कहते हैं। पाणिनि से पतंजलि तक के काल को लौकिक संस्कृत कहते हैं। वैदिक काल के समकालीन आभिजात्य-आर्य समाज के मौखिक भाषा को सुसंस्कृत कर साहित्यिक भाषा में रूपान्तरित करने का श्रेष्ठ गौरव पाणिनि को प्राप्त हुआ है। आधुनिक भारतीय आर्य भाषाओं का मूल स्रोत वैदिक संस्कृत है। लौकिक संस्कृत का उद्भव वैदिक संस्कृत से ही हुआ है। इसने अपनी विशाल साहित्य और प्रतिष्ठा के कारण विश्व में अमर ख्याति प्राप्त कर ली थी। समय के साथ प्राकृत भाषाओं में नवीन बोलियों के उद्भव होने से अपभ्रंश का जन्म हुआ। अपभ्रंश को आधुनिक आर्य भाषाओं की जननी भी कहते हैं। पालि काल तक आते-आते पश्चिमोत्तरी, मध्यवर्ती, पूर्वी और दक्षिणी बोलियों का विकास हुआ। प्राकृत काल में स्थानीय बोलियों की संख्या चार हो गयी। अपभ्रंश काल में शौरसेनी अपभ्रंश, मागधी अपभ्रंश, महाराष्ट्री अपभ्रंश, अर्द्धमागधी अपभ्रंश, पैशाची अपभ्रंशों का विकास हुआ। इन्हीं से भारतीय आर्य भाषाएँ उत्पन्न हुई हैं। शौरसेनी अपभ्रंश से

पश्चिमी हिन्दी, राजस्थानी और पहाड़ी भाषाएँ, अर्द्धमागधी से पूर्वी हिन्दी, मागधी से बिहारी, महाराष्ट्री से मराठी का जन्म हुआ। दसवीं शती के धर्म प्रचारकों ने हिन्दी को प्राचीन अभिव्यक्ति का माध्यम बनाया था।

आर्य-भारतीय भाषा समूह उद्भव व विकास का अध्ययन करने पर दिखाई देगा कि बंगला भाषा का जन्म प्रत्यक्ष रूप से 'प्राकृत' भाषा साहित्य से हुआ था। अर्थात् अभिजात श्रेणी के संस्कृत साहित्य के माध्यम से जनता की उपेक्षा हुई। उसी 'प्राकृत' जन के समष्टिगत जीवन-स्पन्दन को धारण व वहन करने के ऐतिह्य के बीच ही बंगला साहित्य का जन्म हुआ। इसलिए आलंकारिक रीति की अनुसरण कर कहानी के संकलन या त्तसम शब्द के व्यवहार-प्राचुर्य में बंगला साहित्य देवभाषा साहित्य से प्रभावित होने पर भी जन्म सूत्र के मौलिक-ऐतिह्य के विचार से इन दो साहित्य में आमूल पृथकता है। इसी कारण संस्कृत से बंगला साहित्य ने जितना भी ग्रहण किया है उसे अपने जीवन-स्वभाव में आत्मसात् कर लिया है। बंगला साहित्य ने किसी भी समय संस्कृत भाषा-साहित्य का अन्धानुसरण नहीं किया।

"बंगलादेश प्राचीन बंगालियों के जीवनाचरण व साहित्य साधना की पीठभूमि है आज बांग्ला देश के नाम से जिस पूर्व व पश्चिम के द्विविभाजित भूखंड का अर्थ लिया जाता है, बंगाल के इतिहास के प्रथम प्रर्याय में वह पुंड्र-गौड़-राठ-ताम्रलिपि-समतट-बंग-बंगाल-हरिकेल आदि विभिन्न जनपद राष्ट्र में विभाजित था।"[13] परन्तु इस सम्मिलित भूखंड में भाषा साहित्य की चर्चा कितना प्राचीन है, इस बारे में इतिहास मौन है "सबसे पहले किस समय बंगाल में मनुष्य की बस्ती का प्रारम्भ हुआ इसे जानने का कोई उपाय नहीं।"[14] अतः इस देश की मिट्टी पर कब प्रथम मनुष्य कंठ से वाङ्मय का झंकार झंकृत हुआ है, इसकी सूचना आज भी अप्राप्य है।

साधारण बंगालियों के बातचीत व लेखन में आज जो बंगला भाषा प्रचलित है, उसका जन्म प्राचीन भारतीय आर्य भाषा से हुआ है। परन्तु आर्यगण बांग्ला देश के प्राचीनतम आदिवासी नहीं थे। आर्यपूर्व-बंगाल के आदिवासियों के जाति-कुल परिचय लेकर बहुत मतभेद है। फिर "भाषा तत्त्व से इतना समझ आता है कि बांग्ला देश में आर्य भाषा आने से पहले इस देश के लोग कोल या आस्ट्रिक भाषा तथा कुछ द्रविड़ भाषा बोलते थे।"[15] आज भी बृहत् बंग भूखंड के विभिन्न अंचल में ये सभी भाषा भाषी आदिवासीगण यहाँ-वहाँ बिखरे पड़े हैं। वैसे भी, मूल बंगला भाषा में कई प्राचीन स्थान व वस्तु के नाम से प्राचीनतम भाषा समूह के चिन्ह थोड़े बहुत प्राप्त होते हैं। अनुमान है कि पूर्व-बंग में कुछ-कुछ स्थान के नामों पर तिब्बती-चीनी भाषा का भी प्रभाव पाया जाता है।

ई.पू. 1500 वर्ष पूर्व 'भारतीय आर्य भाषा' समूह के जन्म की सूचना आर्यगणों के भारत प्रवेश करने के साथ ही हुआ। इस देश के आर्यों के धर्म व सभ्यता व भारतीय आर्य भाषा का प्राचीन निदर्शन वेद में पाया जाता है। किन्तु

वैदिक काल में आर्य-ऐतिह्य के साथ बृहत्-बंगाल का योग नहीं हुआ था। इतिहास के अनुसार वैदिक युग के अन्तिम भाग में या उसके तुरन्त बाद बंगाल आर्य-उपनिवेश व आर्य-सभ्यता विस्तार का परिचय मिलता है।"[16] बंगाल में आर्य भाषा का प्रादुर्भाव स्वाभाविक रूप में इससे पहले घटित नहीं हुआ था।

वेद के समकालीन आभिजात्य-आर्य समाज के मौखिक भाषा को सुसंस्कृत क कर साहित्यिक भाषा में रूपान्तरित करने का श्रेष्ठ गौरव वैयाकरण पाणिनि को प्राप्त है। उनकी 'अष्टाध्यायी' व्याकरण से ही संस्कृत भाषा की सार्वजनीनता का वैज्ञानिक आधार स्पष्ट होता है। पाणिनि के आविर्भाव काल को लेकर मतभेद है, फिर भी ई.पू. 5वीं शती में साहित्यिक संस्कृत भाषा का सूत्रपात हुआ था, इसमे कोई सन्देह नहीं।

पहले ही कहा गया है कि संस्कृत भाषा के साथ बंगला भाषा का प्रत्यक्ष सम्बन्ध नहीं है। साहित्यिक जीवन में लिखित संस्कृत भाषा के समानान्तर एक ओर सार्वजनीन भाषा-साहित्य लोक निरुक्ति को आश्रित कर निर्मित हो रहा था। इस भाषा का उत्स अभिजात बोलचाल के अपेक्षाकृत असंस्कृत बोलचाल की भाषा थी। अतएव 'प्राकृत भाषा' से 'जन साधारण भाषा' का अर्थ ही लिया जाता है। किन्तु अभिजात ब्राह्मण्य संस्कृत के पंडितगण जनसाधारण के अमार्जित (Vulgur) रुचि के प्रति संकेत कर अपूर्ण खुरदरे भाषा के अर्थ में प्राकृत भाषा का उल्लेख किया है। केवल बंगला भाषा का ही नहीं बल्कि हिन्दी, मैथिली, उड़िया, असमिया आदि आधुनिक भारतीय आर्य भाषा का जन्म 'प्राकृत' से ही हुआ है।

लोक प्रचलित प्राकृत ने एकाएक साहित्यिक महत्ता प्राप्त नहीं किया था। इसे विमोचित करने का श्रेय 'तथागत' को प्राप्त हुआ था। बौद्ध ग्रन्थ 'विनय पिटक' में उल्लेख है कि बुद्धदेव के श्रेष्ठ सात शिष्य संस्कृत भाषा में बुद्ध-वाणी प्रचार करने को तत्पर हुए। तथागत ने निर्देश दिया था "सकाय निरुत्तिया बुद्ध वचनम् परियापुतिनाम्"- स्वकीय 'निरुक्ति' के माध्यम से बुद्ध-वचन को समझने योग्य बन जाता है। पंडितों ने इस 'स्वकीय' शब्द का अर्थ अलग-अलग बताया है। कतिपय पंडित कहते हैं कि, उन्होंने प्रत्येक को अपनी-अपनी भाषा के माध्यम से बुद्ध-वचन अनुसरण करने का निर्देश दिया है। कई समझते हैं कि बुद्ध ने केवल उनकी मातृभाषा के माध्यम से ही उपदेश देने की सलाह दिया है। चाहे कुछ भी हो पर तथागत के इसी निर्देश को आधृत कर 'जनपद-निरुक्ति' लिखित भाषा साहित्य-कर्म के माध्यम से क्रमशः मर्यादा सम्पन्न हो उठा था। नूतन भाषा-प्रवाह के इस विकास धारा में पालि लोक भारत की प्रथम साहित्यिक भाषा के रूप में ऐतिहासिक मर्यादा लाभ कर रहा था।

वास्तव में प्राकृत कृत्रिम व मिश्रित भाषा है जिसका स्थान क्रमशः बोलचाल

की साहित्यिक प्राकृत भाषा ने ले लिया था। परिणामस्वरूप शौरसेनी, महाराष्ट्री, मागधी व पैशाची-प्राकृत में साहित्य की वृद्धि होने लगी।

इन्हीं चार प्राकृत से 'अपभ्रंश' का विकास हुआ। बंगला भाषा की जननी मागधी-अपभ्रंश है। बंगला साहित्य का प्राचीनतम् ग्रन्थ 'चर्याचर्य विनिश्चय' के कई अंशों में मागधी- अपभ्रंश व शौरसेनी-अपभ्रंश का मिश्रण दिखाई देता है। अतः जन्म सूत्र में बंगला भाषा 'सुसंस्कृत' नहीं है– 'प्राकृत', अर्थात् प्रकृतिपुंज के ऐतिह्य सम्पद से मिली-जुली भाषा है।

1.8 वेद व हिन्दी तथा बंगला भाषा

वैदिक भाषा के साथ हिन्दी व बंगला भाषा का सम्बन्ध प्रत्यक्ष होते हुए भी उसके तुरन्त बाद नहीं हुआ। 'वेद' तथा 'ब्राह्मण' की भाषा भारतीय आर्यों के प्राचीनतम साहित्यिक भाषा थी। वैसे तो व्यावहारिक जीवन के प्रयोजन पूर्ति के लिए उनके बोलचाल की भाषा भी वैदिक भाषा ही थी। भाषा के इतिहास के सामान्य ज्ञान से यह अनुमान किया जाता है कि साहित्यिक वैदिक भाषा उस युग के बोलचाल की भाषा से शालीन व शुद्ध-रूप-वैशिष्ट्य के लिए हुआ था। अनेक शताब्दियों के बाद इस साहित्यिक भाषा के बदले आर्यों के साहित्य-वैभव की नवीन भाषा के रूप में संस्कृत का आविर्भाव हुआ। भाषा-तत्त्वविदों के अनुसार वैदिक युग में ही अभिजात आर्यों के बोलचाल की भाषा के संस्कारित रूप से ही साहित्यिक संस्कृत भाषा का जन्म हुआ–

प्राचीन भारतीय आर्य भाषा

ऋग्वेद व परवर्ती वेद व ब्राह्मण भाषा
(1500 ई.पू. अनुमानतः 155 से ई.पू. 600 तक)

संस्कृत	पालि
	↓
(अनुमानतः 600 ई.पू. से)	निदर्शन- अशोक काल के शिलालेख एवं पालि-साहित्य
(अनुमानतः ई.पू. 600-200 ई)	
	↓
	साहित्यिक प्राकृत
निदर्शन-जाटकीय प्राकृत,	-शोरसेनी, महाराष्ट्री, मागधी व जैन-अर्धमागधी (अनुमानतः

200 ई.पू., -600 ई.पू.)

↓

अपभ्रंश :

निदर्शन- पश्चिमी या शोरसेनी

अपभ्रंश (अनुमानतः 600 ई. -750 ई.)

↓

आधुनिक भारतीय आर्य भाषा
जैसे-बांगला, हिन्दी उड़िया,
मैथिली, असमिया आदि

(अनुमानतः 750 ई., -आधुनिक काल तक)

इस तालिका से स्पष्ट है कि भारतीय आर्य भाषा की आदि जननी वैदिक भाषा की दो सन्तानें थीं– अभिजात व अनाभिजात। प्रथमतः सर्वभारतीय अभिजात साहित्य की भाषा संस्कृत थी। दूसरे का विकास पालि एवं विभिन्न प्राकृत भाषा की जननीवनाश्रित साहित्य धार के माध्यम से हुआ।

1.8.1. संस्कृत भाषा

वेद के समकालीन आभिजात्य-आर्य समाज के मौखिक भाषा को सुसंस्कृत कर साहित्यिक भाषा में रूपान्तरित करने का श्रेष्ठ गौरव वैयाकरण पाणिनि को प्राप्त है। उनकी 'अष्टाध्यायी' व्याकरण से ही संस्कृत भाषा की सार्वजनीनता का वैज्ञानिक आधार स्पष्ट होता है। पाणिनि के आविर्भाव काल को लेकर मतभेद है, फिर भी ई.पू. 5वीं शती में साहित्यिक संस्कृत भाषा का सूत्रपात हुआ था, इसमें कोई सन्देह नहीं।

1.8.2. बोलचाल की प्राकृत भाषा

पहले ही कहा जाता है कि संस्कृत भाषा के साथ बंगला भाषा का प्रत्यक्ष सम्बन्ध नहीं है। साहित्यिक जीवन में लिखित संस्कृत भाषा के समानान्तर एक और सर्वजनीन भाषा- साहित्य लोक निरुक्ति को आश्रित कर निर्मित हो रहा था। इस भाषा का उत्स अभिजात बोलचाल के अपेक्षाकृत असंस्कृत बोलचाल की भाषा थी। अतएव 'प्राकृत भाषा' से 'जन साधारण भाषा' का अर्थ ही लिया जाता है। किन्तु अभिजात ब्राह्मण्य संस्कृत के पंडितगण जनसाधारण के अमार्जित; (Vulgur) रुचि के प्रति संकेत कर अपूर्ण खुरदरे भाषा अर्थ में प्राकृत भाषा का उल्लेख किया है। केवल बंगला भाषा का ही नहीं बल्कि हिन्दी, मैथिली, उड़िया, असमिया आदि आधुनिक भारतीय आर्य भाषा का जन्म 'प्राकृत' से ही हुआ है।

लोक प्रचलित प्राकृत ने एकाएक साहित्यिक महत्ता प्राप्त नहीं किया था। इसे

विमोचित करने का श्रेय 'तथागत' को प्राप्त हुआ था। बौद्ध ग्रन्थ 'विनयपिटक' में उल्लेख है कि बुद्धदेव के श्रेष्ठ सात शिष्य संस्कृत भाषा में बुद्ध-वाणी प्रचार करने को तत्पर हुए। तथागत ने निर्देश दिया था "सकाय निरुत्तिया बुद्ध वचरम् परियापुति नाम्"- स्वकीय 'निरुक्ति' के माध्यम से बुद्ध-वचन समझने योग्य बन जाता है। पंडितों ने रस 'स्वकीय' शब्द का अर्थ अलग-अलग बताया है। किसी ने सोचा कि वे प्रत्येक को अपनी-अपनी भाषा के माध्यम से बुद्ध-वचन अनुसरण करने का निर्देश दिया। कयी समझते हैं कि बुद्ध केवल उनकी मातृभाषा के माध्यम से ही अपने उपदेश देने की सलाह दिया है। चाहे कुछ भी हो पर तथागत के इसी निर्देश को आधृत कर 'जनपद-निरुक्ति' लिखित भाषा व साहित्य-कर्म के माध्यम से क्रमशः मर्यादा सम्पन्न हो उठा था। नूतन भाषा प्रवाह के इस विकास धारा में पालि लोक भारत का प्रथम साहित्यिक भाषा के रूप में ऐतिहासिक मर्यादा लाभ का रहा था।

वास्तव में प्राकृत कृत्रिम व मिश्रित भाषा है जिसका स्थान क्रमशः बोलचाल ही साहित्यिक प्राकृत भाषा ने ले लिया। परिणामस्वरूप शौरसेनी, महाराष्ट्री, मागधी व पैशाची प्राकृत में साहित्य संचार की वृद्धि होने लगी।

1.8.3. अपभ्रंश भाषा

इन्ही चार प्राकृत से 'अपभ्रंश' का विकास हुआ। बंगला भाषा की जननी मागधी-अपभ्रंश है बंगला साहित्य का प्राचीनतम ग्रन्थ 'चर्चाचर्य विनिश्चम' के कई अंशों में मागधी अपभ्रंश व शोरसेनी अपभ्रंश का मिश्रण दिखाई देता है। अतः जन्म सूत्र में बंगला भाषा 'सुसंस्कृत' नहीं है—प्राकृत उधति प्रकृतिपुंज के ऐतिह्य सम्पद से मिली-जुली भाषा है।

1.9. हिन्दी साहित्य का काल विभाजन

भक्तिकाल को दो रूपों में बाँटा जा सकता है।

भक्तिकाल

निर्गुण भक्ति — सर्गुण भक्ति

ज्ञानाश्रयी — प्रेमाश्रयी शाखा — रामभक्ति शाखा — कृष्ण भक्ति शाखा

1.10. बंगला साहित्य का काल विभाजन

स्मरणीय है कि युग-युगान्तरकारी विभिन्न घटना के घात-प्रतिघात को आश्रित कर किसी भी जाति की जीवनीशक्ति हठात, उद्दीप्त व उद्वेलित हो उठती है। उस समय के अभिघात के स्वरूप व वैशिष्ट्य के मानदंड में नव युग का जीवन धर्म शिल्प-प्रकृति को नापा जा सकता है। दृष्टान्त के लिए आदि व मध्य युग के बंगला साहित्य की काल सन्धि के केन्द्र बिन्दु में ई. की तेरहवीं शताब्दी के प्रारम्भिक तुर्की

आक्रमण जीवन प्रेरणा के रूप में उपस्थित है। यह विवादित विषय हो सकता है कि धर्म, भाषा व आचार आचरण में तुर्की बंगालियों के लिए सम्पूर्ण अपरिचित विदेशी जाति थी। अतः तुर्कियों के आक्रमण के आकस्मिक घटना को केन्द्र पर बंगला साहित्य के युग विवर्तन के इतिहास का निर्णय कैसे हो सकता है, इस प्रश्न का उत्तर देना कठिन नहीं। इसमें सन्देह नहीं कि किसी एक विशेष जाति के मौलिक स्वभाव को केन्द्रित कर उसके समाज-संस्कृति व साहित्य का विकास व विवर्तन होता है। इस क्षेत्र में जाति की जातीय जीवन में अन्तर्निहित आकांक्षा एवं प्रयोजन बुद्धि ही उसके नूतन मार्ग में विकास की धारा को निर्दिष्ट एवं चिह्नित करना है। फिर भी जीवन तथा जीवन वासना किसी स्तर पर सम्भव नहीं है। आसपास की स्थिति के प्रभाव से एवं परिवेश की प्रतिघात को एक ही साथ स्वीकार एवं अतिक्रम कर जाति के जीवन में नवीन युग वासना अंकुरित हो सकता है। इस ओर बंगाली जाति की एकदा-निर्जीव हो पड़ने की चेतना पर तुर्की आक्रमण के प्रभाव ने एक नवीन प्राण-चेतना का संचार किया इस आक्रमण को अतिक्रम करने की सहजात उत्साह ही बंगाली के जीवन व साहित्य में एक नवीन उद्‌बोधनी शक्ति का संचार किया था। तुर्की आक्रमण के प्रतिक्रिया सामने बंगला साहित्य व संस्कृति में एक नवीन अध्याय का आत्मप्रकाश हुआ था। ये कोई दैवीय संयोग नहीं। इसके जड़ में इतिहास के सजीव सक्रियता का प्रमाण है।

बंगला साहित्य के आधुनिक युग से तात्पर्य 1801 ई. या निकटवर्ती काल में सद्योजागृत जीवन वैशिष्ट्य की ओर संकेत किया जाता है। यही जीवन धारा उस युग के मूल्यबोध के साथ आज तक बंगाली जीवन के विभिन्न दिशा में विभिन्न आकार-प्रकार से प्रसारित हुआ है। परिणामतः उस समय के मानदंड एवं अभिधावृद्धि लेकर अतिवर्तमान आधुनिक साहित्य का सूक्ष्म ऐतिहासिक मूल्यांकन अपेक्षाकृत जटिल है। इसलिए वह अब तक परित्यक्त होता रहा है।

मध्ययुग के दो युग

मध्ययुग के साहित्य के ऐतिहासिक स्वभाव को अंकित करने के लिए इस युग के साहित्य को दो उप-युगों में विभाजित किया जाता है–

1) बंगला साहित्य के आदि-मध्य युग (चैतन्य-पूर्व युग, अनुमानतः 1202 से 1500 ई. तक)

2) बंगला साहित्य के पर मध्य युग (चैतन्य प्रभावित व परवर्ती युग, ई. 1501 से 1800 ई. तक)

इन दो युगों के अन्तःस्वभाव में मौलिक विभिन्नता नहीं है। प्रथम युग में जीवन व साहित्य के क्षेत्र में तुर्की आक्रमण के अभिघात को अतिक्रम करके प्रयोजन-बुद्धि से आत्मरक्षात्मक स्वाभाविक वृत्ति क्रमशः आभासित हो उठा परवर्ती काल में

चैतन्य-जीवनादर्श के परिणामस्वरुप यही वृत्ति स्वभावानुकूल प्रकाशित हो पाया है। इसलिए इन दो स्तरों को एक ही धारा की परस्पर-सापेक्ष, पृथक् आस्था के रूप में देखा जाता है। ये एक ही पर्याय के दो उप पर्याय हैं। पहला, बहिरंग परिवेश के प्रभाव से अंकुरोद्‌गम का स्तर, दूसरा, स्व-शक्ति से मुक्त व स्वयंपूर्ण हो उठने की परिस्थिति है।

1.11. हिन्दी साहित्य का आदिकाल

हिन्दी भाषा का विकास एक जनभाषा के रूप में हुआ है। कोई भी जन भाषा अपने प्रवाह की अक्षुण्णता में सदा एकरूप नहीं रह सकती। स्थान और काल के भेद से उसमे रूप भेद भी स्वतः उत्पन्न हो जाते हैं किन्तु जब एक उन रूपों की तात्त्विक समानता सुरक्षित रहती है तब तक वे एक ही भाषा का बोध कराते हैं। हिन्दी भाषा ने भी स्थान और काल के भेद से अनेक रूप धारण किये हैं। आठवीं शती की साहित्यिक भाषा को कुछ विद्वानों ने उत्तर अपभ्रंश कहा तो कुछ लोगों ने पुरानी हिन्दी और कुछ लोगों ने इसे अवहट्‌ठा भी कहा। परन्तु वास्तविक रूप में वह भाषा हिन्दी ही है।

राहुल सांकृत्यायन ने हिन्दी कविता का आदि रूप नालन्दा और विक्रम शिला के सिद्धों द्वारा बौद्ध धर्म के वज्रयान तत्त्व के प्रचार की भाषा के रूप मे सिद्ध किया। दसवीं से 14वीं शताब्दी तक का काल जिसे हम हिन्दी साहित्य में आदिकाल कहते हैं वह अपभ्रंश का ही काल रहा। बारहवीं शताब्दी तक अपभ्रंश भाषा ही पुरानी हिन्दी के रूप में चलती थी। अपभ्रंश में शब्दों के तद्‌भव रूपों के प्रयोग की प्रवृत्ति थी किन्तु जब उसमें तत्सम रूपों के प्रयोग की प्रवृत्ति विकसित होने लगी तब तक एक नयी भाषा सामने आयी, उसे ही हम हिन्दी कहते हैं। हिन्दी साहित्य के आदिकाल में उत्तर अपभ्रंश की सभी रचनाएँ आ जाती हैं। इससे यह अनुमान लगा सकते हैं कि सिद्धों की रचनाओं से ही हिन्दी साहित्य का आरम्भ हुआ होगा। शिवसिंह सेंगर ने सातवीं शताब्दी के 'पुष्य' या 'पुण्ड' नामक कवि को हिन्दी का प्रथम कवि माना था। राहुल सांकृत्यायन सातवीं शताब्दी के सरहपा को हिन्दी के प्रथम कवि मानते हैं जो 84 सिद्धों में एक थे। डॉ. गणपति चन्द्र गुप्त भरतेश्वर-बाहुबली रास के रचयिता शालिभद्र सूरि को हिन्दी का प्रथम कवि मानते हैं।

हिन्दी साहित्य के आदिकाल की प्रारम्भिक सीमा 700 ई. के आसपास मानी जाती है। सहजयानी बौद्ध सिद्ध सरहपा हिन्दी के सर्वप्रथम कवि हैं।

इस आदिकाल को विभिन्न विद्वानों ने विभिन्न नाम दिया है। इनमें आचार्य रामन्द्र शुक्ल के मत को अधिक प्रामाणिक मानते हैं।

आचार्य रामचन्द्र शुक्ल ने इस काल को वीरगाथा काल कहा है। ग्रियर्सन ने इसे चारणकाल कहा है। मिश्रबन्धुओं ने आदिकाल को प्रारम्भिक काल कहा है। हजारी प्रसाद द्विवेदी जी ने इस काल को आदिकाल कहा है। डॉ. रामकुमार वर्मा ने इस काल को सन्धिकाल एवं चारण काल की संज्ञा दी है। महावीर प्रसाद द्विवेदी

जी ने इसे बीजवपन काल कहा तो विश्वनाथ प्रसाद मिश्र ने इसे वीर काल कहा है। राहुल सांकृत्यायन ने इसे सिद्ध सामन्त काल कहा है।

सम्राट हर्षवर्द्धन की मृत्यु के बाद देश छोटे-छोटे टुकड़ों में बँट गया। हरेक खंड पर एक राजा शासन करता था जो अपने आप को अन्य राजाओं से अलग समझता था। देश से राष्ट्रीयता की भावना चल बसी थी। अपनी-अपनी डफली अपना-अपना राग, यही नीति उस समय के राजा अपनाते थे।

वज्रयान का उद्‌भव तथा विकास हिन्दी के उदय का समकालीन माना जाता है। इसलिए हिन्दी की प्राचीन कविता की भव्य झाँकी हमें सिद्धों के साहित्य में पूर्ण रूप से मिलती है। हिन्दी साहित्य के आदिकाल की सामग्री में उत्तर अपभ्रंश की सभी रचनाएँ आती हैं–

हिन्दी साहित्य का आदिकाल सामन्तों का युग था। इस समय के कवि अपने आश्रयदाता राजाओं की अत्युक्तिपूर्ण गुणगान करते थे। वे वीरता, वैभव और विलास को अपनी काव्य वस्तु बनाते थे। इन कवियों के काव्य में मुख्यतः दो प्रवृत्तियाँ मिलती हैं।

1) शृंगार काव्य धारा

2) वीर-काव्य धारा

आदिकालीन शृंगार काव्य दो प्रकार के हैं– सामन्त कवियों द्वारा लिखित और दूसरा लोक कथाओं के आधार पर लिखित प्रेम काव्य आदि।

पहली श्रेणी की रचना के अन्तर्गत मंजुरासो, वसन्त विलास और राउरबेलि आती हैं। दूसरी प्रकार की रचना, सन्देश रासक है। सन्देश रासक एक लौकिक प्रेम काव्य है।

वीर काव्यधारा के अन्तर्गत प्रबन्ध और मुक्तक नामक दो भेद हैं। प्रबन्ध काव्य के रूप में चन्दबरदाईकृत पृथ्वीराज रासो और जगनिककृत आल्हाखंड हैं। मुक्तक काव्य के रूप में प्राकृत शिव पैंगलम को ले सकते हैं।

प्रत्येक देश में काव्य-रूपों का निर्माण और विकास सामाजिक और राजनीतिक परिस्थितियों के अनुसार होता है। हिन्दी साहित्य का आदिकाल काव्य रूपों की दृष्टि से अत्यधिक समृद्ध है।

इस काल में सन्देश रासक, पृथ्वीराज रासो, भरतेश्वर बाहुबलिरास, रेवन्तगिरि रासु आदि। भरतेश्वर चक्रवर्ती फाग, बसन्त विलास फाग, राउरबेलि, जिनदत्त चउपई, सुभद्रा चउपई आदि की रचना हुई है।

हिन्दी साहित्य के आदिकाल की भाषाएँ मागधी, मैथिली, राजस्थानी, खड़ीबोली एवं उससे प्रभावित सधुक्ड़ी, अवधी, ब्रजभाषा आदि है। साहित्यिक राजस्थानी के दो रूप हैं– डिंगल और पिंगल। आदि कालीन हिन्दी में गद्य साहित्य भी है। आदिकालीन हिन्दी गद्य का प्रारम्भिक रूप कुवलयमाला (उद्योतनाचार्य सूरिकृत) से मानते हैं इसका समय 778 ई. है। यह रचना अपभ्रंश की है। उसके बाद हिन्दी गद्य

का दर्शन दसवीं शती की राउरबेल में मिलता है। यह कविवर रोडा की कृति है।

आदिकालीन हिन्दी गद्य की एक और कृति उक्ति-व्यक्ति-प्रकरण है। यह रचना दामोदर शर्मा की है। इसका समय 1114 ई. का है। उसके बाद वर्णरत्नाकर, मैथिली गद्य की उत्कृष्ट कृति है। राजस्थानी गद्य का सूत्रपात भी दसवीं शताब्दी से ही हुआ है। इसमें दानपत्र, पट्टे, जैनियों के धार्मिक उपदेश राजनीति, गणित, इतिहास और काव्य शास्त्र आदि विविध विषय हैं। टीकाओं और अनुवाद ग्रन्थों की परम्परा भी उसमें सुरक्षित है। इस काल में आराधना (1273 ई.), बालशिक्षा (1279 ई.) अतिचार (1283 ई.) लिखे गये हैं।

1.12. बंगला साहित्य का आदिकाल

अब तक के प्राप्त प्रमाणों के अनुसार 'चर्यापद' ही प्राचीन बंगला साहित्य के लगभग एकमात्र निर्भरशील ऐतिहासिक निदर्शन हैं। चर्यापदावली की रचनाकाल अनुमानतः आठवीं से ग्यारहवीं-बारहवीं ई. शती के बीच हुआ है। प्रायः इसी समय सभी संस्कृत-प्राकृत-अपभ्रंश साहित्य देश में रचित हुआ, उसका उल्लेख पहले ही किया गया है। बंगला साहित्य के विकास धारा की दृष्टि से वह प्राचीन बंगला-साहित्य के इतिहास का प्रत्यक्ष उपकरण नहीं है। अतः 'चर्यापद' को आधृत कर इस युग के बंगाली साहित्य के युग-स्वभाव को समझना कठिन नहीं है। 'चर्या' के साहित्य विषय ऐकान्तिक रूप ये धर्म-निर्भर आध्यात्मिक एवं विशेष रूप से आत्मगत भावानुभूति प्रधान है। इस युग के साहित्य कर्म में, अभिजात संस्कृत व लोकभाषा के स्वतन्त्र रचना में, एक ओर बंगाली संस्कृत की विच्छिन्नता का प्रमाण है तो दूसरी ओर सम्प्रदायगत विभिन्नता भी कम नहीं था। इन सभी विभेद-विच्छेद की उपेक्षा कर इस युग के बंगालियों के धर्म साधना व साहित्य चर्चा की अपनी-अपनी स्वयंपूर्णता आत्मसन्तुष्टि के लिए एक-एक स्वतःविच्छिन्न द्वीप के समान हो उठा था। परिणामतः इस युग के बंगला या बंगेतर भाषा में रचित साहित्य में भावावेदन व आत्मलीन मन्मयता की तुलना में सर्वात्मक-संगठनमूलकता का परिचय कम मिलता है। वैचित्र्य की अपेक्षा संहतिहीनता ही जैसे इस युग के बंगला साहित्य का युग-स्वभाव है।

इसी संहति-वियुक्त आत्मलीनता के पथ में बंगालियों के जीवन में तुर्की आक्रमण की आँधी छा गयी थी। केवल आत्म संगठन की बलिष्ठता व वास्तविक दृष्टिकोण के फलस्वरूप बंगाली इस आक्रमण का उल्लेखनीय प्रतिशोध नहीं ले पाये थे।[17]

परिणामस्वरूप अप्रत्याशित बहिराक्रमण के प्रथम आघात के स्तर पर वे कि कर्तव्यविमूढ़ थे। बंगला संस्कृति निर्वाक थी, निस्तब्ध थी। परन्तु यही बंगाली संस्कृति इसी शती में आत्मरक्षामूलक प्रयत्न में सचेष्ट भी हो उठा था। इस प्रयत्न के पीछे की मूल आंकाक्षा, अभिजात व अनाभिजात चेतना का सामंजस्य एवं एकता विधान द्वारा फलित हुआ था।

इसके बाद चैतन्य युग का आगमन हुआ। तुर्की आक्रमण के अभिघात के प्रभाव से सद्य अंकुरित जाति की चेतना नूतन मुक्ति का मार्ग खोज पाया। केवल आत्मरक्षा के लिए ही नहीं, जीवन की सहज आकांक्षा के प्रभाव से एकतामूलक, जीवन-मूल्यबोध को बृहत्तर सर्वजनीन जीवन भूमि में पूर्ण रूप से विकसित कर दिया गया।

अन्ततः सबसे आकर्षक परिवर्तन का समय आया। चैतन्य काल का जीवनबोध अपने प्राण-धर्म के सहज-नियम के फलस्वरूप, बंगालियों के जातीय इतिहास में क्रमशः विकसित व परिणत होकर सत्रहवीं शती के द्वितीयार्द्ध से विपर्यस्त होता गया। इस विपर्यय के फलस्वरूप जातीय-जीवन ध्वंस होने लगा था। पर इसी समय निस्पन्द, प्राण-चैतन्यहीन बंगालियों के जीवनाकाश में एक भयंकर आँधी-स्वरूप यूरोपीय-वणिक-सभ्यता का आगमन हुआ। बंगाली-शक्ति का जागरण उस दिन भी नहीं हुआ जब वणिकों का 'मानदण्ड', 'राजदण्ड' बन गया था। इसके विपरीत उन्होंने मानसिक रूप से इन 'विजातीय' वणिकों के राज-शासन के प्रभाव को स्वीकार कर लिया था। पर साथ ही साथ इतिहास-विधाता ने उनके अवचेतन में संघर्ष अवश्य पैदा किया था। दीर्घकालीन साधना के पश्चात इसी विजातीय-संस्कृति के बीच एक तपोसिद्ध नवीन-बंगाली-संस्कृति का जन्म हुआ। बंगाली-शिल्पी-कवि श्री मधुसूदन दत्त इस नवीन बंगालित्व, नव भारतीयता के प्रथम उद्बोधक थे। तब से लेकर आज तक बंगला साहित्य दृढ़ पदक्षेप से आधुनिकता की राह पर आगे बढ़ रहा है।

1.13. हिन्दी व बंगला आदिकाल के साहित्य में इतिहासबोध व सांस्कृतिक दृष्टि

इतिहास-बोध और ऐतिहासिक दृष्टि शब्द पर विचार करते हुए जो प्रश्न हमारे मन में उठते हैं, वे हैं—इतिहास क्या है? इतिहास क्यों? इब इतिहास कैसे लिखा जाए? इन प्रश्नों ने इतिहासकारों की प्रत्येक पीढ़ी को उत्तेजित-उद्वेलित किया है, परन्तु आज तक निष्कर्ष के तौर पर इनका कोई समाधान नहीं हुआ है। समकालीन बदलते स्वरूप ने इन प्रश्नों को एक नया स्वरूप व नयी तीक्ष्णता प्रदान की है। पहले इतिहस की जो भी परिभाषाएँ, व्याख्या, अर्थ व सीमाएँ थीं वे सब अपना अर्थ व मूल्य खोते जा रहे हैं। इतिहास-बोध और उससे जुड़े तमाम सवालों पर आज पुनर्विचार करने की आवश्यकता है।

हिन्दी के आदिकाल के साहित्य में जिस चारण परम्परा का वर्णन है वे स्पष्टतः अपने आश्रयदाता और उसके वंश का गुणगान करती थीं। इतिहास का उपयोग जातीय, क्षेत्रीय और राष्ट्रीय अस्मिता की अभिव्यक्ति के लिए भी खुलकर किया गया है, भले ही ऐसा करने में तथ्यों की तोड़-मरोड़ करनी पड़े। इस श्रेणी के इतिहास ने आलोचकों को उत्तर दिया है, अपने समाज और अपनी संस्कृति-सभ्यता को आलोचकों के समाज, संस्कृत और सभ्यता को बढ़ा-चढ़ाकर दिखाया है और विरोधियों को लज्जित करने का प्रयास भी किया है। उपनिवेशवादी इतिहासकारों

ने विजित समाजों का वर्णन इस प्रकार किया है कि उनमें जातीय-राष्ट्रीय हीन भाव उत्पन्न हो और वे अपने नये शासकों की उत्तमता को सहज भाव से स्वीकार कर लें। समय की बदलती माँगों और आवश्यकताओं के अनुरूप राष्ट्रीय छवि की प्रस्तुति के लिए भी इतिहास का उपयोग हुआ है। वैसे बौद्धिक धरातल पर इतिहास का उद्देश्य बीते हुए युग की खोज रहा है, इस आशा के साथ कि इतिहास का आलोक हमें वर्तमान और भविष्य के लिए मार्ग-दर्शन दे सके। इन भूमिकाओं और प्रकार्यों के दबावों ने इतिहास-लेखन को दिशा दी है और उसका स्वरूप निर्धारित किया है।

हिन्दी के आदिकाल की इस दीर्घ परम्परा के बीच डेढ़ सौ वर्ष के भीतर तो रचना की किसी विशेष प्रवृत्ति का निश्चय नहीं होता है– धर्म, नीति, शृंगार, वीर सब प्रकार की रचनाएँ दोहों में मिलती हैं। इस अनिर्दिष्ट लोकप्रवृत्ति के उपरान्त जब मुसलमानों की चढ़ाइयाँ प्रारम्भ होती हैं तब से हम हिन्दी साहित्य की प्रवृत्ति को एक विशेष रूप में बँधती पाते हैं। राजाश्रित कवि और राजसभाओं में सुनाया करते थे, उसी प्रकार अपने आश्रयदाता राजाओं के पराक्रम पूर्ण चरितों या गाथाओं का वर्णन भी किया करते थे। यही प्रबन्ध परम्परा 'रासो' के नाम से पायी जाती है, जिसे लक्ष्य कर आचार्य रामचन्द्र शुक्ल ने इस काल को 'वीरगाथाकाल' कहा है। दूसरी बात यह है कि जो साहित्यिक सामग्री प्राप्त है, उसमें कुछ तो असन्दिग्ध है और कुछ सन्दिग्ध है। महाराज हम्मीर के उपरान्त मुसलमानों का साम्राज्य भारत में स्थिर हो गया और हिन्दू राजाओं को न तो आपस में लड़ने का उत्साह रहा, न मुसलमानों से। जनता की चित्तवृत्ति बदलने लगी और विचारधारा दूसरी ओर चली। मुसलमानों के न जमने तक तो उन्हें हराकर अपने धर्म की रक्षा का वीर प्रयत्न होता रहा, पर मुसलमानों के जम जाने पर अपने धर्म के उस व्यापक और हृदय ग्राह्य रूप के प्रचार की ओर ध्यान हुआ, जो सारी जनता को आकर्षित रखे और धर्म से विचलित न होने दे।

इस प्रकार स्थिति के साथ-ही-साथ भावों और विचारों में भी परिवर्तन हो गया, पर इससे यह न समझना चाहिए कि हम्मीर के पीछे किसी वीर काव्य की रचना ही नहीं हुई। समय-समय पर इस प्रकार के अनेक काव्य लिखे गये। आचार्य शुक्ल के अनुसार "हिन्दी साहित्य के इतिहास की एक विशेषता यह भी रही कि एक विशिष्ट काल में किसी रूप की जो काव्यसरिता वेग से प्रवाहित हुई, वह यद्यपि आगे चलकर मन्दगति से बहने लगी, पर 900 वर्षों के हिन्दी साहित्य के इतिहास में हम उसे कभी सर्वथा सूखी हुई नहीं पाते।

बंगला भाषा व साहित्य का ऐतिहासिक पूर्वसूत्र बंगालियों द्वारा रचित साहित्य की गइराई में निहित है। पहले ही कहा जा चुका है कि संस्कृत के साथ बंगला भाषा के जन्म का प्रत्यक्ष संयोग नहीं था। फिर भी अभिजात भारत की साहित्य-साधना का सर्वजनीन माध्यम के रूप में संस्कृत कुछ ही दिनों में बंगाल की भूमि में अपना

स्वतन्त्र-वैशिष्ट्य के साथ स्थापित व समृद्ध हुआ था। ईसा के सप्तक शतक से पहले ही संस्कृत-भाषा साहित्य में बंगाल के जीवन धर्म की स्वातन्त्र्य को 'गौड़ी रीति' नाम से स्वीकृति मिली थी। आभिजात्यगर्वी भारतवर्ष की 'देव भाषा' बंगालियों के अभिजात वर्ग के समीप पहुँचकर बंगाली धर्मी व्यक्तित्व से मंडित हुआ था। आगे चलकर साधारण बंगाली व साहित्य-भाव को भी उसने प्रभावित किया था।

प्राचीन बंगाल में उच्च व निम्न की दृष्टि से श्रेणीभेद था; यहाँ तक कि प्रत्येक श्रेणी में धर्म व सम्प्रदायगत विभाग था। परन्तु प्राचीन बंगला देश में या साहित्य के इतिहास में यह धर्म-सम्प्रदायगत विभाग ने कभी किसी भेद या विरोध को जन्म नहीं दिया था। इसके बाद में ऐतिहासिकों में विरोध नहीं है। बंगालियों की इस ऐतिह्य के बारे में रमेशचन्द्र मजुमदार ने द्विधाहीन घोषणा किया था– "प्राचीन बंगला के इतिहास में धार्मिक विद्वेष सम्बन्धी केवल मात्र एक ही दृष्टान्त है। हुएन साङ्वर्णित शशांक की कहानी में यह उदाहरण पाया जाता है।" बाद में हुएन साङ्वर्णित शशांक की इस वर्णना की प्रामाणिकता के बारे में सन्देह व्यक्त करते हुए डॉ. मजुमदार ने कहा– "हुएन साङ् की वर्णना में यदि सच्चाई है तो प्राचीन बंगाल में धार्मिक उदारता के बारे में कोई सन्देह नहीं रह जाता।"[18] दूसरी ओर पाल-राजाओं के काल में साहित्य व संस्कृति के इतिहास में संस्कृति-ब्राह्मण्य साहित्य के बदले बौद्ध साहित्य व संस्कृति की प्रधानता थी। बाद में, हिन्दु-वैष्णव सेन राजवंश (1125-1207 ई.) की प्रतिष्ठा के साथ, संस्कृति-ब्राह्मण्य संस्कृति का पुनः उद्भव हुआ था। इस परिवर्तन की धारा में दीर्घ-इतिहास-आलोचना के काल में भी सुशील कुमार दे को कहीं भी अवदमन या उत्पीड़न ('Suppression of persecution') का उदाहरण नहीं मिला; इसके विपरीत उन्होंने सर्वत्र एक समन्वयमूलक-सहनशील भाव ('ccomodating spirit') अनुभूति की है।"[19] इस सहनशीलता व समन्वय की इच्छा के फलस्वरूप आभिजात संस्कृत साहित्य की भाव, भावना एवं काव्यादर्श लोक साहित्य के हृदय में प्रवेश किया था। चर्यापद की 'सन्ध्या भाषा', तथा चित्र-कल्प में उसका स्पष्ट परिचय मिलता है। इसके विपरीत, उस युग के लोक-साहित्य ने भी समकालीन बंगाल में रचित संस्कृत-साहित्य के भाव एवं रूपकल्प को अधिक परिमाण में प्रभावित किया था।"[20] अभिजात बंगाली जीवन-कथा के साथ लोक-जीवन के बंगालियों की जीवन कथा की इस भावगत घनिष्ठता के मध्य बंगला साहित्य-इतिहास की समन्वय धर्मी मूल प्रेरणा का क्रमशः विकास हुआ था। लौकिक व अभिजात ये दो स्वतन्त्र स्वाधीन धारा में प्रवाहित बंगाली संस्कृति की सामान्य ऐतिह्य, बंगला साहित्य के पूर्वसूत्र को क्रमशः उजागर करता आया है।

बंगाल में संस्कृत भाषा में रचित साहित्य की इतिहास को मोटे तौर पर तीन भागों में विभाजित किया जा सकता है;- 1. प्रागैतिहासिक विषयक; 2. शिलालेख तथा साहित्य विषयक रचना विषयक; 3. साहित्य-विषयक; भारतवर्ष में आर्यों के आगमन की तारीख के बारे में पंडितगण एकमत नहीं हैं; परन्तु ईसा के जन्म के

लगभग डेढ़ हजार वर्ष पहले वे उत्तरापथ में उपस्थित थे; इस विषय में कोई संशय नहीं है। उसके बाद भी यह अन्तर्मुखी धारा दीर्घकाल से अक्षुण्ण था। परन्तु बंगाल में, यहाँ तक कि पूरे पूर्वभारत में ही, आर्य-प्रतिष्ठा एवं आर्य प्रभाव का विस्तार बहुत देर से हुआ था। ऐतिहासिकों का अनुमान है कि- "The Aryanization of Bengal may be said to have commenced in right earnest from the closing centuries of the first millennium Be."[21]

इससे पहले आर्य-पूर्व बंगला का परिचय प्रायः अप्राप्य था, इसका उल्लेख किया गया है। परवर्ती युग के अनेक-रचनाओं में यहाँ-वहाँ विच्छिन्न रूप से प्रागैतिहासिक काल का उल्लेख मिलता है।

ऐतरेय ब्राह्मण में 'बंग' शब्द का प्रयोग मिलता है। बंग-जाति का वासस्थान बंगदेश के नाम से परिचित है। पूर्व-पश्चिम में विभाजित वर्तमान भौगोलिक बांगला देश प्राचीन एकाधिक देश के सम्मिश्रण से बना हुआ है। इसके अन्तर्मुक्त देश हैं- (1.) बंग (वर्तमान पूर्व बंग), (2) राढ़-सूक्ष्म (वर्तमान पशिचम बंग), (3) बरेन्द्रीपुंड्र (वर्तमान उत्तर बंग), (4) चट्टल (दक्षिण पूर्व बंग) व (5) समतट (बद्वीप बंग)। जैन- 'आचारंग सूत्र' (आयारंग सूत्त) में राढ़ व सूक्ष्मदेश का प्राचीनतम उल्लेख मिलता है। 'ऐतरेय ब्राह्मण' में पुंड्र जाति का उल्लेख लिपिबद्ध है।

परन्तु इस काल के बंगाल में साहित्य-साधना सम्बन्धी कोई प्रत्यक्ष उदाहर नहीं मिलता है। यजुर्वेद के 'वाजसनेयी संहिता' में पूर्वभारतीय याज्ञवल्लभ की प्रधान भूमिका लक्षणीय है। 'मागध' गाथाकारों का उल्लेख महाभारत के युग में मिलता है। पर मगध के पूर्व दिशा में वर्तमान बंगाचल की अधिवासी गण 'मागध' के अन्तर्गत थे या नहीं अब तक पता नहीं चला है। पाणिनि ने अपनी अष्टाध्यायी में (ई. पू. 6/5 शतक) प्राच्यरीति की विशेषताओं को लेकर दीर्घ आलोचना की है। कौशीतकी ब्राह्मण में भी (ई. पू. 9वीं - 6 षष्ठ शतक) प्राच्य रीति का उल्लेख मिल जाता है। पाणिनि की रचना में 'गौड़' व 'बंग' शब्द का अस्तित्व भी देखने को मिलता है। अतः पाणिनि ने अपने ग्रन्थ में प्राच्यरीति के विचार के समय में उस युग के गौड़बंग के साहित्य रचना का निदर्शन लेकर भी आलोचना की थी, ऐसा अनुमान किया जा सकता है।[22] पाणिनि के बाद पतंजलि ने (ई.पू. द्वितीय दशक) बंगादि देश व प्राच्य-देश की कथ्य भाषा के बारे में विस्तृत तथ्य प्रस्तुत किया था। ये सभी के अलावा उस-काल के गौड़बंग में रचित किसी साहित्य-कर्म का परिचय आज तक नहीं मिला है। सम्भवतः आर्य-भाषा की साहित्य-रीति से इस भाषा साहित्य की प्रकृतिगत मौलिक पार्थक्य के कारण वह सुरक्षित नहीं रह पाया है। 'शतपथ ब्राह्मण' में प्राच्य भाषा को 'आसूर्य' भाषा कहा गया है, पतंजलि ने भी 'आसुर' उच्चारण का उल्लेख किया है। अतएव 'देवभाषा' के प्रबल प्रसार के समय देवेतर इस 'आसुर' भाषा का साहित्यकर्म उपेक्षित होकर विलुप्त हो गया।

पंडितों का अनुमान है कि बंगाल में उल्लेख्य आर्य-संयोग मौर्य-काल (ई. पू. चतुर्थ शतक) में घटा था। पर इस काल में बंगालियों के साहित्य-साधना का कोई उल्लेख नहीं है। यहाँ तक कि बंगाल में किसी भी अशोक की शिलालिपि का आविष्कार नहीं हुआ। बंगाल में महास्थानगढ़ नामक स्थान में आर्य भाषा में रचित प्राचीनतम लेख मिलता है। ब्राह्मी अक्षर में लिखित लेख की लिपि खंडित है। यह लिपि मौर्य-काल में सम्भवतः ई. पू. तृतीय या द्वितीय शतक में खुदा हुआ था। परन्तु इस अपूर्ण व लुप्तप्राय लेख का पाठोद्धार अब तक नहीं हो सका। केवल इतना अनुमान किया गया है कि ''भाषा प्राचीन मागधी या प्राच्य प्राकृत की विशेषता से युक्त है।''[23] इसके परवर्ती प्रामाणिक लिपि शुशुनिया पर्वत की संस्कृत भाषा में उत्कीर्ण हुआ पड़ा है; इसके उत्कर्त्ता राजा चन्द्रवर्मा हैं। पुरातत्त्ववेत्ताओं के अनुसार इसकी लिपि काल ई. के पंचम-चतुर्थ शताब्दी है। इसके अलावा गुप्तकाल में ऐसे ही लगभग आठ ताम्रलिपि मिली हैं, जिनकी लिपिकाल 443 से 553 ई. के मध्य है।

आर्य-भाषा की रचना के इन सभी उदाहरणों के बावजूद ई. के सप्तम शताब्दी से पहले बंगाल में साहित्यिक गद्य या पद्य का कोई उदाहरण नहीं मिला है। पर सप्तम दशक के पहले साहित्य के बारे में बंगाली-संस्कृति रचना का परिचय दुर्लभ नहीं है। इन सबों में सबसे प्राचीनतम ग्रन्थ पालकाव्य रचित 'हरित आयुर्वेद' है। जनश्रुति यह है कि ब्रह्मपुत्र के किनारे पालकाव्य का आश्रय था। सुशीलकुमार दे का अनुमान यदि सच हो तो, पालकाव्य कालिदास से पहले के युग में आविर्भूत हुआ था।''[24] राजा रोमपाद व पालकाव्य ऋषि के कथोपकथन के माध्यम से हस्ति-चिकित्सा विषयक अनेक तथ्य इस ग्रन्थ में लिपिबद्ध हुआ है।

अनुमानित है कि विख्यात 'चान्द्रव्याकरण' की प्रणेता चन्द्राचार्य अथवा चन्द्रगोमी इस युग के बंगला साहित्य में आविर्भूत हुए थे। ऐसे कहा जाता है कि 465 से 544 ई. में वे जीवित थे।[25] चन्द्रगोमी बौद्धधर्मावलम्बी थे तथा उनके व्याकरण का व्यापक प्रचार कश्मीर, नेपाल, तिब्बत व चीन में हुआ था। इसके अलावा चन्द्रगोमी का नाम तर्कविधा व तान्त्रिक बज्रयानी धर्मविषयक श्लोकादि में तथा तिब्बती बौद्ध ऐतिह्य में उल्लिखित है। कहा जाता है कि तारा व मंजुश्री देवी के बारे में कुछ संस्कृत श्लोक, 'लोकानन्द' नाटक व 'शिष्यलेख' नामक धर्मकाव्य के रचयिता भी यही चन्द्रगोमी ही थे।

'गोड़पादकारिका' के लेखक परिचय के बारे में मतभेद हैं। कहा जाता है कि ग्रन्थकार गौड़पाद शुकदेव के शिष्य एवं विख्यात शंकराचार्य के 'परमगुरु' अर्थात् गुरु के गुरु थे। गौड़पाद सम्भवतः गौड़वासी थे; और उनकी कारिका ई. के अष्टम शताब्दी के पहले रचित हुआ था। दूसरे एकाधिक रचनाओं में ग्रन्थ-प्रणेता के तौर पर गौड़पाद जनश्रुति-ख्यात है।

ये सभी साहित्येतर विषय से सम्बन्धित वितर्कों के अलावा बंगालियों द्वारा रचित यथार्थ संस्कृत साहित्य-कीर्ति का उदाहरण पाल-काल से पहले अधिक

नहीं पाया जाता है। पर, इन साहित्य-कीर्तियों की स्वातन्त्र्य के बारे में निस्संशय उल्लेख ई. के सप्तक शतक से प्राप्त होता है। इस शतक के प्रथमार्द्ध में वाणभट्ट ने 'हर्षचरित' की रचना की थी। इस ग्रन्थ में वाणभट्ट ने कहा–समकालीन भारत में प्रचलित विभिन्न संस्कृत साहित्य रीति के बीच गौड़ीयरीति की विशेषता 'अक्षराडम्बर' था। नीहाररंजन राय के मत से–"अक्षराडम्बर का अर्थ है, शब्द प्रयोगगत ध्वनि-समारोह।"[26] इन सभी आलोचना से सहज ही अनुमान किया जा सकता है कि सप्तक-अष्टम शताब्दी से पूर्व ही बंगालियों की आर्यभाषा-साहित्य चर्चा की स्वातन्त्र्य दृष्टि ने बृहत्तर भारत की दृष्टि आकर्षित की थी। परन्तु बंगालीधर्मी स्वातन्त्र्य-दृष्टि ने परवर्ती युग के संस्कृत आलंकारिकों की अनुकूलता लाभ नहीं कर पायी थी। फलस्वरूप, बृहत्तर भारतीयता के क्षेत्र से विच्छिन्न होकर यह 'आडम्बर' प्रधान शिल्प-साहित्य की रीति बंगालियों के व्यापक जीवन क्षेत्र में फैल गया था। बंगालियों के जीवन-स्वभाव के अनुकूल यही काव्य-रीति ही क्रम-विवर्तन के मध्य से कवि जयदेव के माध्यम से चरम परिणति की ओर बढ़ी थी। संस्कृत भाषा में रचित जयदेव गोस्वामी के 'श्रीगीतगोविन्दम' भाव व कला पक्ष की दृष्टि से मध्ययुग के बंगला साहित्य भाषा के अग्रज हैं, इस विषय में आज किसी प्रकार का सन्देह नहीं है।

आदियुग का बंगला साहित्य प्रधान रूप से धर्म-आधारित था। धर्मेतर विषय में साहित्य-रचना का आभास व इंगित जहाँ तक प्राप्त हुआ है, वह पर्याप्त नहीं है। इसके अलावा, धर्मव्यतिरिक्त विषय में रचित एक पृथक् साहित्य धारा को यदि स्वीकार कर भी लें तो कहा जा सकता है कि उस काल के सभी प्रकार के जीवन व शिल्प-कर्म का केन्द्र निरवच्छिन्न धर्म चेतना ही था। इस धर्मचेतना के क्षेत्र में अभिजात एवं बंगला लोक जीवन बहुत-से खंडों में विभक्त थे। आदिकाल के बंगाल में स्मार्त हिन्दू-समाज की परिकल्पना में ही केवल 41 वर्ण-संकर जाति का उल्लेख हुआ है; ब्राह्मण-क्षत्रिय-वैश्यादि के श्रेणीपार्थक्य तो था ही।[27] श्रेणी व जाति स्वातन्त्र्य की अनेकता के बावजूद धर्मविरोध सम्बन्धी उल्लेखनीय प्रमाण इस काल में नहीं था, यह पहले ही कहा जा चुका है। इसके अलावा सीमाबद्ध होते हुए भी अन्तर्श्रेणिक-विवाह व आहारादि के सामाजिक सम्बन्ध-हेतु श्रेणीगत विभेद भयंकर नहीं हो पाया था।

दूसरी ओर इन विभिन्न जाति व श्रेणी में धर्म-आधारित एक किस्म का ऐतिह्य-स्वातन्त्र्य-बोध भी दृढ़बद्ध था। ऐतिहासिक सिद्धान्त से ज्ञात होता है कि भूगोल, राष्ट्रनीति, यहाँ तक कि भाषा-आधारित जातीयता-बोध भी उस काल में सुसंगठित नहीं हो पाया था। बंगला भाषा का जन्मलग्न उस समय आभासित होने लगा था। राष्ट्रीय व भौगोलिक ओर से भी बंग, सूक्ष्म, रूढ़, बरेन्द्र, समतट सम्पूर्ण ऐक्यसमन्वित एकक ऐतिह्य के अन्तर्मुख नहीं हुआ था। ऐसी स्थिति में, आत्मप्रशंसा व स्वातन्त्र्य बुंद्धि का जयगान इस युग के साहित्य-रचना के मध्य भी मुख्य रूप से

अभिव्यक्त हुआ है। 'चर्यापद' के रचयितागण वेदादि आनुष्ठानिक धर्म की तुलना में अपने दोहाचार-प्रधान अनुभवजनित धर्मसाधना का जयगान कर रहे थे। नाथपन्थियों ने कायासाधना को ही सर्वश्रेष्ठ प्रतिपन्न किया था। धर्म ठाकुरों के भक्त सम्प्रदाय ने अपनी धर्मचर्चा की अनन्यतुल्य कथा का प्रचार किया था।

पहले ही कहा गया था कि इन विभिन्न सम्प्रदायों के श्रेष्ठत्व प्रतिपादन के मूल में किसी प्रकार का ध्वंसात्मक मनोवृत्ति उपस्थित नहीं था। एक दूसरे की हृदया कर्षक उपादान को अपने-अपने विचार व मार्ग पर चलकर स्वीकृत कर लिया था। फलस्वरूप, इस युग के बंगाल में विभिन्न प्रकार के धर्माचरण के बीच एक स्वतन्त्र व मिश्रित रूप लक्षित होता है। बंगला व भारत के धर्मक्षेत्र में इस मिश्रित स्वभाव की विशेषता दीर्घकाल से लक्षित है– सम्भवतः आज भी चल रहा हो।

जो भी हो, आदिकाल व बंगला साहित्य प्रधान रूप से ब्राह्मण्येतर लोकधर्म द्वारा ही अधिक प्रभावित हुआ था। ये सभी धर्मों के सामान्य उपादान आर्यपूर्व बंगाल का मौलिक धर्म-स्वभाव के अन्तर्गत तान्त्रिक देहाचार में निहित है। इस प्रसंग में स्मरणीय है कि चर्यापदावली में अन्तर्निहित धर्म-बोध में बौद्ध नहीं है; बल्कि वह बौद्ध सहजिया; (तान्त्रिक) आचार व आदर्श द्वारा प्रभावित था। नाथ धर्म में भी देहाधारित योग-साधना का उल्लेख है। यहाँ तक कि ब्राह्मण्यसंस्कार-प्रभावित जो दो बंगला श्लोकांश मिले हैं उनमें भी राधा-कृष्ण सम्बन्धी देहाश्रित प्रणय-केली का संकेत प्राप्त हुआ है।

ऐतिहासिककारों ने अनुमान किया है कि बंगाल के आर्य-पूर्वकाल के धर्माचरण में यह देह-निर्भर पर आवेग-स्वभाव साधना-पद्धति प्रधान था। जैन, बौद्ध या हिन्दू-ब्राह्मण्य आर्य धर्म का बंगाल में प्रवेश होने के बाद यह धर्मगत ऐतिह्य बृहत्तर आदिम जनजीवन में किसी-न-किसी रूप में अक्षुण्ण बना हुआ था।

जैन-बौद्ध-ब्राह्मणादि आर्यधर्म से इन सभी लोकधर्मों ने बहुत से उपादानों का संग्रह किया था। दूसरी ओर, इन सभी लोकधर्मों के स्थानीय प्रभाव से आर्य धर्म-समष्टि भी बहुल-मात्रा में रूपान्तरित हो रहा था। इस प्रकार विशुद्ध हीनयान या महायान बौद्ध धर्म के स्थान पर कब सहजयान, वज्रयान आदि तान्त्रिक धर्मसम्प्रदाय ने एकच्छत्र प्राधान्य लाभ किया था, उसका इतिहास आज दुर्लभ है। 'चर्यापद' में सहज-साधक सिद्धाचार्यों ने स्वयं को डोम, चंडाल, शबर आदि नाम से संज्ञायित किया है। बंगाल के आदिमतम अधिवासी जाति में शबर जाति को गिना जाता है। आर्य-ब्राह्मण्य समाज में डोम, चंडाल आदि अन्त्यजतम जाति के रूप में निर्दिष्ट हुए हैं। अनुमान किया जा सकता है कि ये भी बंगाल के आदिमतम आर्येतर जाति के दुर्बल उत्तराधिकारी हैं। इस आदिम जीवन के मर्म के मूल में ही बौद्ध एवं अन्यान्य सहजिया धर्म का उत्सभूमि था। समय के साथ-साथ इन घर्म साधनाओं के साथ वे आदिम जीवन-स्वभाव का ऐतिह्य निश्चत रूप से अंगांगिबद्ध हो उठा था। तभी नागार्जुन-गुरु सरहपाद के जैसे पंडितों ने भी जब धर्म विषयक संगीत की रचना की

थी, तब इन्हीं डोम-डोमनी, चंडाल-चंडालिनी, शबर-शबरी के जीवन की पटभूमि से ही गुह्य धर्मकथा के बाह्य रूप-अवयव का संग्रह किया था। 'चर्या' के सद्य-अंकुरित बंगला भाषा-गीतों में आर्य-बौद्ध-मनीषा के साथ बंगला जनजीवन का आवेग-स्वभाव, जीवन-धर्म का तादात्म्य हुआ था। फलस्वरूप, एक ओर 'चर्या' का धर्मगत ऐतिह्य समन्वय मूलक है, दूसरी ओर उसका साहित्यिक स्वभाव आत्मश्लाघामय, स्वातन्त्र्य बुद्धि के प्रभाव से तादात्मित है। यह स्वतोविच्छिन्न आत्मश्लाघामय, पृथक्-ऐतिह्य-दम्भी, देहातुर तादात्म्यता ही आदिकाल के बंगला साहित्य का प्रमुख वैशिष्ट्य था।

हिन्दी के आरम्भ काल के अन्तिम चरण में हमको वीरगाथा काल की सामान्य प्रवृत्ति वीर काव्य रचना एकदम बदली हुई दिखाई देती है। काव्य की दो नवीन प्रवृत्तियाँ देखने को मिलती हैं– मनोरंजक साहित्य तथा राधा-कृष्ण को लक्ष्य करके लिखा गया श्रृंगार वर्णन। इस वर्णन में हमको रीति निरूपण के बीज मिलते हैं, जो कालान्तर में भक्तिकाल में अंकुरित होकर रीतिकाल में लगभग 200 वर्ष बाद पूर्णतः पल्लवित हुआ था।

हिन्दी अपभ्रंश एवं अवहट्ठ के प्रभाव से पूर्णतः मुक्त हो गया था। खड़ीबोली की कविता के प्रथम दर्शन खुसरो की पहेलियों में होते हैं। साथ ही बोलचाल की ब्रजभाषा में कविता के उदाहरण मिलते हैं। बंगला भाषा भी प्रचलित रूढ़ियों से मुक्त होकर आधुनिक रूप में आ जाती है। काव्य-रचना की दृष्टि से वह परम्पराओं में ही बँधी रहती है। चर्या गीतों की परम्परा से वह मुक्त होने का प्रयास करती हुई दिखाई देती है। हिन्दी की अपेक्षा उसका साहित्य कम समृद्ध है। हिन्दी में समृद्धि एवं विविधता दोनों के दर्शन होते हैं—साथ ही युगीन चेतना के दर्शन भी होते हैं। इसका मुख्य कारण है दोनों भाषाओं के प्रदेशों की राजनीतिक परिस्थितियों की भिन्नता।

संस्कृति, साहित्य व इतिहासबोध किसी देश की जातीय अस्मिता के अखंड व संयुक्त प्रतीक होते हैं, बंगला साहित्य स्वभाव के एक सार्वकालिक साधारण स्थायी परिचय इस दीर्घ वाक्य से ज्ञात होता है। परन्तु युग व चरित्र परिवर्तन के साथ-साथ बंगला देश की बंगाली संस्कृति बारम्बार विशेष रूप में परिवर्तित होती गयी है। परिण ामतः बंगला साहित्य के अन्तरंग व बहिरंग चरित्र में हर समय वैचित्र्य व वैशिष्ट्य का छाप पड़ा है। डॉ. चटर्जी ने उनके कथन में इसी वैशिष्ट्य व वैचित्र्य को व्यक्त किया है।

बंगालियों के मूल स्वभाव में सामान्य रूप से एक स्वातन्त्र्य है। इसके फलस्वरूप, भारतवर्ष के अन्यान्य प्रान्त के निवासियों के साथ उनका पार्थक्य स्वतः दिखाई देती है। इसी पार्थक्य को स्वीकार कर अनेकता में एकता की स्थापना द्वारा भारतीय ऐतिहृय का पोषण सम्भव है। कुछ भी हो, इस मूल स्वभाव वैशिष्ट्य के प्रभाव के कारण अ-भारतीय जातियों से बंगाली पृथक् व स्वतन्त्र है। इसी कारणवश उस समय ढेरों अंग्रेजी सीखने के बावजूद बंगाली 'कृष्णचर्मावृत्त' अंग्रेज नहीं हुए। पुनः इसी मौलिकता के प्रभाव से एक बंगाली से दूसरे किसी काल के

बंगाली के बीच एकात्मकता विशेष रूप से परिलक्षित होती है। फिर भीं, इन्हीं बागालियों के इस स्वभाव को किसी परिस्थिति में चिरस्थायी कहकर स्वीकार नहीं कर सकते हैं। युग के बदलते अनेक अनुभवों के बीच बंगला संस्कृति एवं बंगालित्व का स्वभाव-संस्कार बदलता रहा है। उसके आनुषंगिक लक्षण समूह की क्षय-वृद्धि हो रही थी। परिणामतः अपने-अपने अनुभव व जीवन परिवेश की विभिन्नता लेकर इस युग की बंगाली प्राचीन या मध्ययुगीन बंगाली से भविष्य में आनेवाली बंगाली पीढ़ी स्वातन्त्र्य व पार्थक्य अधिकार स्वाभाविक रूप से माँग कर सकती है।

सन्दर्भ

1. वाचस्पत्य अभिधन व शब्द कल्पद्रुम
2. रवीन्द्रनाथ, 'विश्व भारती' रवीन्द्र रचनावली 27, प्रबन्ध सं. 12
3. अवनीन्द्रनाथ, दारु ब्रह्मेर इतिहास ओ उपकथा, 'भारती' पत्रिका 326 (पू)
4. डॉ. नीहारंजनराय, बंगालीर इतिहास
5. देवासुराःसंयत्ता आसन्नित्यदयःइतिहास (ऋग्वेदोपोदघात)
6. Encyclopaedia Britannica 11th Edn.
7. सुखमय मुखोपाध्याय, बांग्ला साहित्येर प्राचीन कविदेर परिचय व समय
8. जाति, संस्कृति व साहित्य, डॉ. सुनीति कुमार चटर्जी
9. हजारी प्रसार शास्त्री, बौद्धगान ओ दोहा, (बंगला ग्रन्थ), भूमिका-बंगीय साहित्य परिषद् द्वारा प्रकाशित, द्वितीय संस्करण, कलकत्ता
10. दास गुप्त, एन्ट्रोडक्शन टु तान्त्रिक बुद्धिज्म, पृ. 87
11. हे वज्रतन्त्र- पृ. 245
12. हे वज्रतन्त्र- पृ. 245
13. डॉ. नीहारंजन राय, बांगालीर इतिहास (आदि पर्व)
14. डॉ. रमेशचन्द्र मजुमदार, बांग्ला देशेर इतिहास (प्रथम खंड)
15. डॉ. सुनीति कुमार चटर्जी, जाति संस्कृति व साहित्य
16. डॉ. रमेशचन्द्र मजुमदार, बांग्ला देशेर इतिहास
17. डॉ. सुकुमार सेन, मध्ययुगेर बांग्ला ओ बंगाली
18. डॉ. रमेशचन्द्र मजुमदार, 'बांग्ला देशेर इतिहास'
19. Dr. B.C. Majumdar (Ed.)- 'History of Bengal' Vol.I ch.XI
20. वही, ch.XI
21. वही, ch.XII
22. वही, ch.XI
23. डॉ. नीहारंजन राय-बांगालीर इतिहास
24. Dr. R.C. Majumdar (Ed.)- 'History of Bengal' Vol.I ch. XI
25. वही
26. डॉ. नीहारंजन राय, 'बांगालीर इतिहास'
27. Dr. R.C. Majumdar (Ed.)- 'History of Bengal' Vol.I ch.XV

द्वितीय अध्याय

भारत में इस्लाम का आगमन, सल्तनत की स्थापना तथा तत्कालीन साहित्य

2.1.. भारत में इस्लाम का आगमन

हर्षवर्धन की मृत्यु के बाद (640 ई.) हिन्दू शक्तियों का पराभव आरम्भ हो गया था। उसका साम्राज्य अनेक छोटे-छोटे स्वतन्त्र राज्यों में विभक्त हो गया।[1] इसी समय से अखण्ड भारत देश के राजश्री, शान्ति एवं सुव्यवस्था अस्थिर होने लगी। सोलहवीं शताब्दी की जर्मनी की भाँति उन दिनों का भारत अनेक राज्यों का समूह बन गया था जो स्वच्छन्द तथा भिन्न थे।[2] यदि तत्कालीन छोटे रजवाड़ों के ऊपर से दृष्टि हटा ली जाये तो अधिक से अधिक एक दर्जन राज्य ऐसे बनते थे जो प्रधान राजशक्तियों में परिणत किये जा सकते थे। उनमें राज्य लिप्सा के साथ-साथ एक दूसरे को नीचा दिखाने की प्रवृत्ति भी पूर्ण रूप से पायी जाती है। वे सदैव युद्ध के लिए रत रहा करते थे। स्पष्ट है कि तत्कालीन भारतीय वातावरण किसी भी प्रबल एवं शक्तिशाली विदेशी आक्रान्ता की विजय को सरल बनाने में अधिक सहायक हो सकता था। उनके बीच की राजनीतिक फूट एवं सामाजिक अव्यवस्था इस बात का प्रत्यक्ष प्रमाण प्रस्तुत करती है।

सातवीं शताब्दी में अरब वाले इस्लाम के पैगम्बर मुहम्मद की शिक्षाओं से प्रेरित हो गये थे और नयी एकता तथा शक्ति का अनुभव कर विश्व विजय के स्वप्न देखने लगे थे। इस समय भारत की उत्तर पश्चिमी सीमा पर तीन हिन्दू राज्य थे। जो सिन्धु और काबुल (कैपिशी, कपिशा) जाबुल (जाबाल) या जाबुलिस्तान नाम से प्रसिद्ध थे।

भौगोलिक परिस्थिति के कारण इन्हीं भारतीय राज्यों को अरबों के आक्रमण तथा मारकाट का सामना करना पड़ा। काबुल का राज्य काबुल (कुभ) नदी से घिरा हुआ था और उत्तर में हिन्दूकुश की पहाड़ियों तक फैला हुआ था। शाही (तुर्कशाही) नाम से प्रसिद्ध एक हिन्दू वंश लगभग पाँचवी शताब्दी के मध्य से इस प्रदेश पर शासन कर रहा था। इस राज्य की परिधि 4000 मील थी, इसमें पूरब की ओर लघमान, जलालाबाद, पेशावर, चारसड्डा और सिन्ध कि किनारे बसा हुआ गान्धार प्रदेश और दक्षिण में गोमल अथवा प्राचीन गोमती नदी के दोनों तट, बन्नू की जिला तला गजना (होसीना) का राज्य सम्मिलित थे। उत्तर-पूरब में यह काश्मीर तथा पश्चिम में ईरान

की सीमा से मिला हुआ था। यहाँ का राजा क्षत्रिय था, जिसके पूर्वज बहर्तिकीन ने 430 ई. के लगभग काबुल की घाटी में अपना अधिकार जमाया था। युवानच्यांग के काल में काबुल की गद्दी पर ऐसा शक्तिशाली राजा था जिसने दस स्वतन्त्र राज्यों को अपने अधिकार में ले लिया था। इन राज्यों में लघमान, जलालाबाद तथा पेशावर प्रमुख राज्य थे। राजा बौद्ध थे तथा जनता हिन्दू, जैन तथा बौद्ध थी। देश बौद्ध मठों से भरा हुआ था।[3]

भारत वर्ष एशिया महाद्वीप के दक्षिण भाग के मध्य में स्थित है; अतएव एशिया के विभिन्न देशों के साथ उसका सम्बन्ध अत्यन्त प्राचीन-काल से ही चला आ रहा है। भारत की भोगोलिक स्थिति के कारण वह पूर्व तथा पश्चिम के देशों को जोड़ता है। हिन्द महासागर के मध्य में स्थित होने के कारण यह प्राचीन संसार के सभ्य देशों के समुदाय के मध्य में पड़ता है।

ये सम्बन्ध भी तीन वर्ग के लोगों से बना है। व्यापारी, उपनिवेशक तथा धर्म-प्रचारक। भारत का व्यापारिक सम्बन्ध पूर्व तथा पश्चिम के देशों से प्राचीन काल से ही है।

इस्लाम अरबी भाषा के 'सलम' शब्द से बना है। सलम का अर्थ है—आज्ञा का पालन करना। इस्लाम का अर्थ है—आज्ञा का पालन करनेवाला। व्यापक अर्थ में इस्लाम एक धर्म का नाम है। इस धर्म को माननेवाले 'मुसलमान' कहलाते हैं। 'मुसल्लम ईमान' मुसलमान शब्द का बिगड़ा हुआ रूप है। अरब एशिया का एक प्रायद्वीप है, जो उसके दक्षिण-पश्चिम भाग में है। इसके दक्षिण में हिन्द महासागर है। पश्चिम में काला सागर स्थित है और पूर्व में फ़ारस की खाड़ी स्थित है। समुद्र-तटीय लोग जो कुशल नाविक थे, वे व्यापारी भी थे। अरब एक रेगिस्तान है। पानी मिलने वाली उपजाऊ स्थानों में लोग रहते थे। तीनों तरफ पानी रहने पर भी अत्यन्त कुशल नाविक न होने के कारण भारत का व्यापारिक सम्बन्ध अरब नाविक के द्वारा ही होता था। धीरे-धीरे ये लोग भारत के पश्चिमी समुद्र-तट पर बसने लगे। कुछ भारतीय राजा जिन्हें नाविकों की आवश्यकता थी, वे इन नाविकों को अपने राज्य में बसने के लिए प्रोत्साहित करने लगे। इस प्रकार इनकी संख्या बढ़ने लगी। जब अरब में इस्लाम धर्म का प्रचार हो गया तब भारत में आनेवाले व्यापारियों ने व्यापार करने के साथ-साथ अपने धर्म का प्रचार करना आरम्भ कर दिया। अनेक नीच जाति के लोग इस धर्म को स्वीकार करने लगे।

भारत मे अरबों के केन्द्र मालाबार, गुजरात, कच्छ तथा कुछेक भारतीय द्वीपों में स्थापित थे। इस्लाम का प्राणस्पर्शी सन्देश अरबों के माध्यम से ही भारतीय जनता में पहुँचा। सातवीं शताब्दी में सम्राट हर्षवर्धन ने जिस शक्तिशाली साम्राज्य की स्थापना कर उत्तर भारत में राजनीतिक एकता स्थापित करने का प्रयत्न किया था वह उसकी मृत्यु के बाद अर्थात् 646 ई. के बाद छिन्न-भिन्न हो चुका था।

हर्ष के विशाल साम्राज्य की राजधानी कन्नौज थी और वह उस समय राज भक्ति का प्रधान केन्द्र होने के साथ-साथ साहित्य और संस्कृति की भी महान केन्द्र थी। इस समय इस नगरी को वही गौरव प्राप्त था जो मौर्य युग में पाटलीपुत्र को और मुगल शासन में दिल्ली को प्राप्त था। छठी सदी से बारहवीं सदी तक उसकी यही स्थिति रही। हर्षवर्धन की मृत्यु के बाद कन्नौज और मध्य प्रदेश की राजनीतिक स्थिति के विषय में कुछ पता ही नहीं चला। 727 ई. से 752 ई. के बीच यशोवर्मा नामक एक प्रतापी राजा जिसने एक बार पुनः समस्त उत्तरापथ को एक शासन में लाने का प्रयत्न किया और मगध (बिहार) के गौड़ देश (बंगाल) पर भी विजय प्राप्त की। उसके बाद कन्नौज पर आयुध-वंशीय राजाओं का अधिकार हो गया। ये राजा अत्यन्त निर्बल थे। फलस्वरूप कन्नौज साम्राज्य पुनः छिन्न-भिन्न हो गया और उसके अधीन राजा स्वतन्त्र हो गये। इसी समय पूर्वी भारत में गोपाल नामक एक प्रतापी राजा ने सुसंगठित राज्य की स्थापना कर पाल वंश की नींव डाली। 765 ई. के आस-पास गोपाल ने बिहार और बंगाल में अपना शासन स्थापित किया। उसके उत्तराधिकारियों में धर्मपाल (770ई.-809 ई.) ने अपने राज्य का विस्तार कर (कन्नौज) कान्यकुब्ज को भी अपने अधीन कर लिया। इसी समय राज पूताने की मरुभूमि में गुर्जर प्रतिहार नामक शक्तिशाली राजवंश का उदय हुआ। उसके वीर राजा वत्सराज 783 ई. में उत्तर-पूर्व की ओर दिग्विजय करते हुए पाल राजाओं के सामन्त चक्रायुध को परास्त कर कान्यकुब्ज को अपने शासन में मिला लिया। इस तरह कन्नौज नगरी पालवंशियों के हाथ से निकल कर गुर्जर प्रतिहारों के हाथ में चली गयी। इसी समय नर्मदा के दक्षिण में राष्ट्रकूट वंश का प्रादुर्भाव हुआ। जिसके प्रतापी राजा कृष्ण ने 760 ई. से 775 ई. के बीच में अपने राज्य का विस्तार कर्नाटक और सम्पूर्ण महाराष्ट्र तक कर लिया। उसके उत्तराधिकारियों ने नर्मदा नदी पार करके उत्तरापथ में आगे बढ़ने का अभियान किया। फलस्वरूप गुर्जर प्रतिहारों से उनका संघर्ष शुरू हुआ। बीच-बीच में 770 ई. से 836 ई. तक कान्यकुब्ज पर अधिकार प्राप्त करने के लिए पालवंशी, गुर्जर और राष्ट्रकूटों ने कोशिश की थी। सन् 836 ई. में गुर्जर प्रतिहारों के प्रतापी राजा मिहिर भोज ने पालवंशीय देवपाल को हराकर पुनः कन्नौज पर अधिकार कर लिया। उसके अलावा बिहार को भी जीत लिया। दशम शताब्दी तक यह साम्राज्य विद्यमान रहा। राष्ट्रकूटों के आक्रमण से पुनः मध्यदेश छोटे-छोटे टुकड़ों में बँट गया। दसवीं शती के बीच में अनेक राजवंशों का उद्भव हुआ, जैसे—जुझैती का चन्देल वंश, चेदी का कलचुरी वंश, मालवा का परमार वंश, अनहिवाड़ा का चालुक्य वंश, शाकम्भरी का चौहान वंश, ग्वालियर का कच्छपठान वंश प्रमुख थे।

इस तरह हर्षवर्धन के बाद जब देश एक तरफ तो सुदृढ़ केन्द्रीय सत्ता के अभाव में अराजकता के दौर से गुजर रहा था, तब अपने पश्चिम और पश्चिमोत्तर

सीमान्त पर सन् 639 ई. से ही उसे एक ऐसी विदेशी शक्ति से जूझना पड़ा था जो अपने शासन की ही स्थापना के लिए दिग्विजय नहीं कर रही थी अपितु विजिति देशों की प्राचीन संस्कृति और विश्वासों को ध्वस्त कर उसे एक नया रूप देने का प्रयत्न कर रही थी। आठवीं शती के प्रारम्भ तक यह शक्ति अरब के इस्लाम की थी। यह शक्ति एक विशाल साम्राज्य स्थापित करने में समर्थ हो चुकी थी।

मुसीबत के समय प्रजा राजा का साथ तभी दे सकती है जब राज्य को वह अपना समझे और राजा के लिए उसके हृदय में आदर हो। मुसलमानी आक्रमण के समय हिन्दुस्तानी राजा जुल्मी और प्रजा मजबूर थी। देश का अस्तित्व छिन्न-भिन्न हो गया था। देश की एकता पहले टूटी, दासता बाद में आयी थी।

आपसी फूट और गृहकलहों से भी लोग तंग आ गये थे। इसलिए बाहर से आनेवाले दुश्मनों का विरोध जनता ने नहीं किया था। नहीं तो किसका मजाल था कि भारत को दास बनाये? कोई भी चार राजा एक राजा के साथ मिलकर विदेशियों के आक्रमण का सामना करने के लिए तैयार नहीं थे। सोमनाथ मन्दिर पर आक्रमण इसका एक ज्वलन्त उदाहरण है। इस्लाम भारत में केवल खड्ग-बल से नहीं फैला। हिन्दुओं के कुछ धार्मिक अन्धविश्वासों के कारण भी हिन्दू जनता विदेशियों के आक्रमणों का सामना नहीं कर पाये। हिन्दुओं की पराजय का कारण यह है कि, उनका राजनीतिक जीवन मन्द हो गया था, सीमाप्रान्त और समुद्र तटीय प्रान्तों की रक्षण व्यवस्था पर ध्यान न दे सके। अरब के भारत पर आक्रमण करने का लक्ष्य प्रमुख रूप से तीन थे। उनका पहला लक्ष्य भारत की अपार सम्पत्ति को लूटना था। उनका दूसरा लक्ष्य भारत में इस्लाम धर्म का प्रचार करना तथा मूर्तियों औ मन्दिरों को तोड़ना था। उनका तीसरा लक्ष्य भारत में अपना साम्राज्य स्थापित करना था।

सातवीं शती में अरब के इस्लाम पैगम्बर विश्व विजय के स्वप्न देखने लगे थे। समय भारत की उत्तर पश्चिमी सीमा पर तीन हिन्दू राज्य थे। सिन्धु, काबूल और जाबुल। भौगोलिक परिस्थितियों के कारण इन्हीं भारतीय राज्यों को अरबों के आक्रमण का सामना करना पड़ा। भारत और अरब के बीच चिरकाल से व्यापारिक सम्बन्ध थे। हमारे राजा तथा प्रजा भौतिक समृद्धि के लिए अत्यन्त उत्सुक थे। अतः ये लोग विदेशियों के साथ उदारता का व्यवहार करते थे। अरबों के हृदय में राजनीतिक एवं क्षेत्रीय विस्तार की अभिलाषा थी। वे लूट-पाट से पनपी आर्थिक दशा सुदृढ़ बनाना चाहते थे। उनकी प्रेरणा का मुख्य आधार धार्मिक उत्साह ही था।

सातवीं शताब्दी के प्रारम्भ में फारस में राजा निमरोज ने सिन्ध पर हमला कर दिया और वहाँ का शासक शैरियाज को युद्ध में मार डाला। शेरियाज के बाद उसका पुत्र सहसीराय द्वितीय गद्दी पर बैठा। उसका ब्राह्मण मन्त्री चच ने सहसीराय की हत्या करके, राजा की विधवा पत्नी से विवाह किया। चच के पश्चात उसका भाई चन्द्र गद्दी पर बैठ गया। उसकी शीघ्र ही मृत्यु हो जाने से उसके पुत्र दुराज तथा चच

के ज्येष्ठ पुत्र दाहिर के बीच गद्दी के लिए संघर्ष हुआ। दाहिर जीत गया। दाहिर और दाहिरसियार दोनों भाई राज्य को बाँटकर शासन करने लगे। जब दाहिरसियार की मृत्यु हो गयी, दाहिर ने उस भाग को भी अपने राज्य में मिला लिया। राजनीतिक उथल-पुथल एवं गृहकलहों के कारण देश की दशा बिगड़ गयी थी। सिन्ध की जनसंख्या बहुत कम थी और उनमें भेद भाव अत्यधिक थे। निम्नश्रेणी के जनता के साथ शासकों का अत्याचारपूर्ण व्यवहार था। अतः सिन्ध में सामाजिक एकता का अभाव था। यहाँ के आर्थिक साधन निर्बल थे एवं आय भी कम थी।

दक्कन में इस्लाम राज्य की स्थापना मालाबार के राजा चेरमान-फेरमल का इस्लाम धर्म धारण करने से हुआ। उसका इस्लामी नाम अब्दुर्रहमान था। उसने भारत से अरब देश के लिए प्रस्थान किया, परन्तु मृत्यु ने राह खोटी कर दी और पलटकर मातृभूमि न आ सका। अरब साम्राज्य पश्चिम में स्पेन से पूरब में चीन तक फैल गया। अपने इस साम्राज्य विस्तार के काल में अरबों ने मकरान और सीस्तान पर अधिकार कर लिया और जिसकी छाया भारत की ओर बढ़ने लगी। समुद्र मार्ग से उन्होंने थाना पर आक्रमण करने के पूर्व हकीम बिन जबाल को यहाँ की स्थिति का पता लगाने के लिए भेजा। उसने जो रिपोर्ट दी उसमें कहा गया था कि यहाँ पानी की बहुत कमी है, फल निम्न श्रेणी के और कम होते हैं और डाकू साहसी हैं। यदि बड़ी सेना भेजी गयी तो भूखों मर जायेगी। इस पर कुछ समय के लिए भारत-विजय का विचार स्थगित कर दिया गया। उमयावंश के शासन काल में अरबों की साम्राज्यवादी नीति ने बहुत जोर पकड़ा और पुनः शीघ्रता के साथ उनके साम्राज्य का विस्तार प्रारम्भ हुआ। इसी वैभव और विस्तार काल में अरबों ने सिन्ध पर आक्रमण किया। उनके इस आक्रमण का कारण राज्य विस्तार की भावना कम और प्रतिशोध की भावना अधिक थी। लंका से आनेवाले कुछ अरब जहाजों को देबल के समुद्री डाकुओं ने लूट लिया और मुस्लिम स्त्री बच्चों को पकड़ लिया। जब इसकी सूचना ईराक के शासक हज्जाज को मिली तो उसने सिन्ध के शासक दाहिर से अपराधियों को दण्ड देने की माँग की। दाहिर ने सफाई दी कि यह कार्य उसकी प्रजा का नहीं, वरन् समुद्री डाकुओं का है, जिन पर उसका कोई अधिकार नहीं है। तब अरब के खलीफा हज्जाज चिढ़कर प्रजा के सम्मान की रक्षा हेतु उबैदुल्ला से दाहिर पर आक्रमण करवाया किन्तु दाहिर ने उसे मौत के घाट उतार दिया। इसके बाद बुदैल बजली के नेतृत्व में आक्रमण करने का मार्ग बदलकर दाहिर के ऊपर टूट पड़ा। इस बार भी सेना हरा दी गयी। उसके बाद हज्जाज का भतीजा और दामाद मुहम्मद बिन कासिम को सेना नायक बनाकर सिन्ध पर आक्रमण करने के लिए भेज दिया। 18 वर्ष के महत्त्वाकांक्षी युवक मुहम्मद बिन कासिम ने सिन्ध पर आक्रमण किया। मुहम्मद बिन कासिम अपनी विशाल सेना के साथ आगे बढ़ता गया। 822 ई. में सबसे पहले उसने देबल पर आक्रमण किया और बड़ी सरलता से

देबल पर मुसलमानों का प्रभुत्व स्थापित कर दिया।

देबल में मुहम्मद बिन कासिम ने बड़ी कठोरता की नीति का अनुसरण किया। नगरवासियों को मुसलमान बनने की आज्ञा दी। जो नहीं बने उन्हें मौत के घाट उतार दिया गया। स्त्रियों और बच्चों को दास बना लिया गया। नगर को खूब लूटा और लूट का माल सैनिकों में बाँट दिया गया। देबल से विजयी सेना आगे बढ़ी और नीरून, सेहयान आदि नगरों पर भी अपना प्रभुत्व स्थापित कर दिया था।

इसके बाद वह दाहिर की राजधानी ब्राह्मणावाद पहुँचा। दाहिर और कासिम की लड़ाई में दाहिर की मृत्यु हुई ब्राह्मणाबाद पर अपना प्रभुत्व स्थापित करने पर मुहम्मद बिन कासिम ने मुल्तान की ओर प्रस्थान कर दिया। यद्यपि मुल्तान के शासक ने बड़ी वीरता तथा साहस के साथ शत्रु का सामना किया, लेकिन नगरवासियों को जिस प्रधान जलाशय से पानी मिलते थे उस जलाशय के मार्ग को शत्रु सेना ने रोक दिया। तब सैनिकों और नगरवासियों को आत्मसमर्पण कर देना पड़ा। सेना की संख्या बहुत अधिक रहने के कारण सर्वत्र सफलता मिली। मुल्तान को जीतने के बाद यहाँ अरबों को इतना धन मिला कि उन्होंने मुल्तान का नाम सवर्ण नगर रख दिया। राजनीतिक दृष्टि से अरबों की सिन्ध-विजय इस्लाम तथा भारत के इतिहास में एक महत्त्वहीन घटना थी। इस प्रान्त के बहुत से जनता को अपना पैतृक धर्म छोड़कर एक विदेशी धर्म को अपनाना पड़ा।

मुहम्मद साहब की शिक्षाओं से अरबों के हृदय में धार्मिक उत्साह भर जाने के कारण समुद्री डाकुओं के बहाने से सिन्ध पर आक्रमण करके मुल्तान को भी जीतकर अपनी आर्थिक दशा सुदृढ़ बना लिया और इस्लाम का प्रचार भी किया। इस प्रकार पहला भारतीय नगर सिन्ध और दूसरा भारतीय नगर मुल्तान अरबों के हाथों में आ गये। वास्तव में उसे मार्ग में हर जगह कठिन प्रतिरोध का सामना करना पड़ा किन्तु सेना की संख्या बहुत अधिक होने के कारण सर्वत्र सफलता मिली।

मुहम्मद बिन कासिम की सफलता के कारण

1. सिन्ध और मुल्तान को जीतने में मुहम्मद बिन कासिम को बहुत कठिनाई नहीं हुई। सिन्ध में कासिम की सफलता का बड़ा कारण उसकी अपनी योग्यता थी। वह बड़ा ही वीर, साहसी तथा कुशल सेनापति था, उनमें सैन्य संचालन तथा सैन्य संघटन की अद्‌भुत प्रतिभा थी।
2. दूसरा कारण उसकी सेना की विशालता तथा रण कुशलता थी। कासिक की सेना में चुने हुए अनुभवी सैनिक थे, जो बड़े ही रण कुशल थे। कासिक के सैनिक धार्मिक भावना से भी ओत-प्रोत थे। इस्लाम के प्रचार के लिए वे सहर्ष अपने प्राणों को त्यागने के लिए उद्यत थे। भारतीय सैनिक किसी भी प्रकार की भावना से प्रेरित न थे।

3. कासिम की विजय का तीसरा कारण उसकी नीति निपुणता थी। उन्होंने पहले कठिन नीति अपनायी, बाद में उदारता दिखाकर असन्तुष्ट वर्ग को मुसलमान बनने में मजबूर किया।
4. कासिम की सफलता का चौथा कारण दाहिर की दुर्बलता थी। दाहिर में दूरदर्शिता बिल्कुल न थी। उसने समुद्र तट की रक्षा न करके पश्चिम दिशा के भयंकर लड़ाकू जातियों के आक्रमणकारियों के आक्रमणों के प्रति उदासीनता की भावना दिखाकर देबल को खो दिया। उसके बाद एक बड़ी भूल करके स्वयं युद्ध में मारा गया। सैन्य संचालन करने के स्थान पर वह एक साधारण सैनिक की भाँति स्वयं युद्ध के क्षेत्र में कूद पड़ा। इससे सेना का ठीक से संचालन न हो सका।
5. सिन्ध की भौगोलिक स्थिति भी कासिम को सफलता दिलाने में बड़ी सहायक सिद्ध हुई। एक रेगिस्थानी प्रदेश होने के कारण सिन्ध को अन्य राज्यों से कोई सहायता नहीं मिल सकी।
6. कासिम की सफलता का अन्तिम कारण सिन्ध की आन्तरिक दुर्बलता थी। ब्राह्मण, बौद्ध, जैन विभिन्न सम्प्रदायों में वैमनस्य चल रहा था। निम्न वर्ग के लोगों के साथ बड़ा दुर्व्यवहार होता था। इस आन्तरिक फूट से आक्रमणकारियों ने पूरा लाभ उठाकर इस्लाम धर्म की नींव भारत में डाल दिया। इन दिनों में ज्योतिषियों के भविष्यवाणी से भी हिन्दू जनसमुदाय हतोत्साहित हो गया था। ज्योतिषियों ने यह भविष्यवाणी की थी कि भारत पर विदेशियों का शासन होगा।

सिन्ध पर अरब का शासन स्थायी न सिद्ध हुआ क्योंकि मुहम्मद बिन कासिम के उत्तराधिकारी अयोग्य निकले। सिन्ध के प्रदेश अरब से दूर रहने के कारण खलीफा इसका नियन्त्रण नहीं कर पाया। राजनीति सदैव बदलती रही। अरब इतिहासकार अलबिलादुरी के वर्णन से पता चलता है कि अरबों के द्वारा भारतीय क्षेत्रों को विभाजित करने के बाद स्थानीय शासक अरबों से निरन्तर संघर्ष करने लगे। इन बार-बार आक्रमणों से विभिन्न क्षेत्रों में नेतृत्व का विकास हुआ और गुर्जर प्रदेश में प्रतिहार नागभट्ट प्रथम ने अरब आक्रमण के विरोध का नेतृत्व किया। इसने मारवाड़ और दक्षिण राजस्थान, मालवा और लाट पर अधिकार प्राप्त कर लिया। इससे प्रेरित होकर अन्य शासक भी विरोध करने लगे। उन्हें चालुक्य शासक पुलकेशी के नेतृत्व में विजय प्राप्त हुई। इस प्रकार के क्षेत्रीय प्रतिरोधों ने भारत के भीतरी भागों में अरब विस्तार को रोक दिया। फलतः अरब साम्राज्य सिन्ध और मुल्तान तक ही सीमित रह गया।

जब तुर्कों के आक्रमण हुए, अरब शासक उन्हें नियन्त्रित नहीं कर पाये। इस प्रकार जिस तेजी से अरब आक्रमणकारियों ने सिन्ध को जीता उसी तेजी से उसका अन्त भी हो गया। नवीं शती के उत्तरार्द्ध में अरब साम्राज्य का पतन प्रारम्भ हुआ। उस पर तुर्क जाति ने हक जमा लिया। तुर्क हूण थे और बौद्ध धर्म को माननेवाले

थे। इन्होंने दरान और मेसोपुटोमिया को जीत लिया परन्तु मुसलमानों के सम्पर्क में आकर वे भी मुसलमान हो गये। तुर्कों ने अरब साम्राज्य को छिन्न-भिन्न कर दिया था। दसवीं शती के उत्तरार्ध में गजनी के तुर्कों ने भारत पर आक्रमण किया था।

2.1.1. सल्तनत की स्थापना

अरबों के सिन्धु पर आक्रमण के बाद लगभग 250 वर्षों तक कोई बाह्य आक्रमण नहीं हुए। 11वीं शती के आरम्भ में तुर्कों के आक्रमण भी शुरू हो गये। सत्ताईश वर्ष के बीच ही मुहम्मद गजनवी ने सत्रह बार आक्रमण किया था। दो सौ वर्षों के सतत घात-प्रतिघातों को सहन करता हुआ देश परतन्त्रता की शृंखला में आबद्ध हो गया था।

इसके बीच उत्तर भारत के अनेक राजपूत राजवंश प्रायः नष्ट हो चुके थे। कन्नौज गढ़वाल (1085-1225 ई.), अजमेर और दिल्ली के चौहान (1164 ई.), बुन्देलखण्ड के चन्देल (650-1203 ई.), मालव के परमार (10वीं शती के प्रारम्भ से 1305), बंगाल के पाल (725-1185 ई. तक), सेन वंश (1065-1166 ई.), तथा गुजरात के सोलंकी (651-1268 ई.) आक्रमणकारी मुसलमानों के साथ संघर्ष करते हुए अस्त हो चुके थे। इनके स्थान पर दिल्ली, जौनपुर और बंगाल में मुस्लिम राज्य स्थापित हो गये थे। दिल्ली में राज्य-सत्ता चंचल रही। सन् 1206 ई. से 1526 ई. तक क्रमशः गुलाम वंश, 1260-1320 ई. तक खिलजी वंश, 1320-1424 ई. तक तुगलक वंश, 1424-1451 तक सैयद वंश और 1451-1526 ई. तक लोदी वंश के शासकों ने राज्य किया। यह 300 वर्ष का समय घोर संघर्ष में व्यतीत हुआ।

तुर्की किसी जाति का नाम नहीं था। वरन् तुर्क एक भाषा का नाम था। ये लोग आर्य जाति के थे। ये साइबेरिया के दक्षिण में गोबी रेगिस्थान के आस पास के निवासी थे। ये बड़े पर्यटन शील, गौर वर्ण के सुन्दर तथा सजीले जवान थे जो घुमक्कड़ व जिज्ञासु थे। ये राजनीतिक व भौगोलिक कारणों से पश्चिम की ओर से आये थे। 560 ई. में ये आक्सस नदी के तट पर पहुँचे। 705 ई. में ये अरब आक्रमणकारियों से सम्पर्क में आये और इन लोगों ने इस्लाम धर्म को स्वीकार कर लिया। ये लोग अपने नये धर्म के कट्टर अनुयायी थे। इन्होंने अदम्य उत्साह के साथ इस नये धर्म के प्रचार का प्रयत्न किया।

ये लोग खलीफा की सेना में भर्ती हो गये और खलीफा के अंगरक्षक के रूप में काम करने लगे, बाद में खलीफा को उनकी हाथ की कठपुतली बना दी तथा उच्च पदों में नियुक्त हो गये। सेना में उनकी संख्या और अधिक बढ़ गयी। तुर्कों की तीन शाखाएँ थीं। पहली शाखा के लोग सेल्जुक के नेतृत्व में पश्चिम दिशा में आगे बढ़कर खलीफा की सेना में भर्ती हो गये और बगदाद पर आक्रमण कर दिया। ये सेल्जुक तुर्क कहलाये। तुर्कों की दूसरी शाखा उस्मानी तुर्क के नाम से प्रसिद्ध हुई। इस शाखा का विकास उस्मान नामक उस्मानी तुर्क के नेतृत्व में हुआ

था। इसी से इस शाखा का नाम उस्मानी तुर्क पड़ा। उस्मानी तुर्कों ने कस्तुन्निया, यूनान पर अधिकार कर लिया। उस्मानी तुर्कों की शक्ति धीरे-धीरे बढ़ती गयी और उन्होंने यूरोप के दक्षिण में एक बड़े भाग पर अधिकार स्थापित कर लिया। मिस्र भी उनके अधिकार में आ गया। इस तरह उस्मानी तुर्कों ने एक विशाल साम्राज्य की स्थापना की।

तुर्कों की एक तीसरी शाखा पूर्व की ओर बढ़ी और अफगानिस्तान की ओर चली गयी। उन दिनों समनी राजवंश शक्तिशाली हो रहा था। इस वंश की स्थापना इस्लाम ने की थी जो समन का निवासी था। समनी वंश के राजा तुर्कों की वीरता, तथा रणप्रियता से आकर्षित हुए और उन्हें अपनी सेना में भर्ती कर लिया। ये तुर्क केवल कुशल सैनिक ही नहीं थे वरन् कुशल प्रशासक भी थे। समनीवंश के आश्रय में आये ये तुर्क गुलाम कहे जाते थे। गुलाम शब्द उनकी उत्पत्ति का द्योतक था, उनकी सामाजिक स्थिति का नहीं। समनी राज्य का विस्तार फारसी, मध्य एशिया तथा अफगानिस्तान के बहुत बड़े भाग पर हो गया। जिस तेजी से समनी वंश का विकास हुआ, उसी तेजी से उसका विनाश भी होने लगा। उसके पतन काल में उसके तुर्की अफसरों की शक्ति बढ़ने लगी। 962 ई. में अलप्तागीन नामक तुर्क ने अफगानिस्तान के पहाड़ी प्रदेश में गजनी नामक स्थान पर अपना राज्य स्थापित कर लिया। 986 ई. में सुबुर्तगीन अलप्तागीन का तुर्की गुलाम गजनी का स्वतन्त्र शासक बना। सुबुर्तगीन बड़ा ही वीर तथा साहसी व्यक्ति था। उस समय की परिस्थितियाँ भी उसके अनुकूल थीं। इसी समय अब्बासीद खलीफाओं की शक्ति क्षीण हो गयी थी। समनी राज्य पर सेल्जुक तुर्कों का दबाव बढ़ने लगा था। उन्होंने अपनी शक्ति को सुदृढ़ करना आरम्भ किया। उसने काबुल की घाटी में लगमान पर अपना प्रभुत्व स्थापित किया उसने शाही वंश के हिन्दूराजा जयपाल के राज्य का कुछ हिस्सा जीत लिया। खुरासान को भी अपने अधिकार में ले लिया। लगमान जीतने से सुबुर्तगीन भारत के सम्पर्क में आ गया और शाही वंश के हिन्दूराजा जयपाल के साथ उसका संघर्ष आरम्भ हुआ। उसने काबुल और पेशावर को जीत लिया। इस प्रकार तुर्कों का भारत में प्रवेश हो गया। तुर्क बड़े ही बर्बर तथा लुटेरे थे। इस्लाम धर्म के प्रति बड़ी भक्ति रहने के कारण यथा शक्ति प्रचार करने का प्रयत्न किया। उन्होंने केवल भारत को लूटा ही नहीं वरन् हिन्दू मन्दिरों को ध्वंस भी किया। 996 ई. में सुबुर्तगीन की मृत्यु हो गयी। सुबुर्तगीन की मृत्यु के बाद उनके दोनों बेटे इस्माल तथा महमूद गजनवी सिंहासन के लिए लड़ने लगे। अन्त में महमूद गजनवी की जीत हुई। गजनवी ने खलीफा की अधीनता स्वीकार नहीं की। वह सम्पूर्ण समनी वंश तथा खलीफा के अधिकार को खत्म करना चाहता था। उत्तर में तुर्कों के कबीले रहने के कारण अपने राज्य की रक्षा करने के लिए वह निरन्तर संघर्ष करता रहा। उत्तर की ओर वह अपने सामग्री की सुरक्षा की पूरी व्यवस्था करना चाहता था। दसी उद्देश्य की

पूर्ति के लिए वह भारत जैसे सम्पन्न राज्य पर आक्रमण किया। किसी लुटेरे और आक्रान्ता का भारत पर अधिकार जमाए रखना मुश्किल था। अत्यन्त विशाल भारत को जीतना तथा शासन करना गजनी के लिए सरल कार्य नहीं था। दूसरी बात यह थी कि भारत जैसे गर्म तथा नम जलवायु तुर्कों के लिए अनुकूल न थी, क्योंकि ये ठंड तथा शुष्क प्रदेश के रहने वाले थे। इन दो कारणों से गजनी ने भारत में स्थायी रूप से राज्य स्थापित करने का प्रयत्न नहीं किया। महमूद गजनवी ने सत्रह बार भारत पर आक्रमण करके मन्दिरों को लूट लिया। इस समय देश की राजनीतिक एकता पूर्ण रूप से समाप्त हो गयी थी। सिन्ध तथा मुल्तान मुसलमानों के अधिकार में थे। पंजाब में राजा जयपाल शासन कर रहा था। वह अकेले तुर्क आक्रमणकारियों का सामना करने की क्षमता न रखता था। कन्नौज भी प्रतिहार-वंश के राजा के शासन में था। बंगाल में पाल वंश के राजा शासन कर रहे थे। इन दोनों के बीच हमेशा युद्ध का वातावरण रहता था। दक्षिण में चोलों का शक्तिशाली राज्य था। गुजरात में चालुक्य वंश, बुन्देलखण्ड में चन्देल वंश तथा मालवा में परमार वंश शासन कर रहा था। इन राज्यों में निरन्तर संघर्ष चलते रहते थे। इस तरह पूरे भारत में राजनीतिक अनिश्चयता होने से तुर्कों के आक्रमणों को रोकने की सत्ता किसी में न थी। महमूद गजनवी के सिंहासनारोहण के समय उसकी उम्र 28 वर्ष की थी। भारत पर महमूद गजनवी का आक्रमण एक भीषण झंझावात के समान था। उसने भारत में विनाश तो किया परन्तु कोई स्थायी प्रभाव नहीं छोड़ा। महमूद गजनवी ने भारत पर पहला आक्रमण 1000 ई. में किया। गजनवी ने दर्श खैबर के छोटे-छोटे प्रान्तों को लूटते हुए भटिंडा के राजा जयपाल पर आक्रमण किया। पेशावर के रणक्षेत्र में जयपाल को हराया। महमूद का तीसरा आक्रमण भीर पर तथा चौथा मुल्तान पर हुआ। नगरकोट पर 1001 ई. में महमूद ने आक्रमण कर दिया। उसने ज्वाला देवी के मन्दिर को लूटकर अपार सम्पत्ति हासिल कर ली।

सन् 1008 में महमूद एक विशाल सेना लेकर पंजाब पर आक्रमण कर दिया। यहाँ जयपाल के पुत्र आनन्दपाल ने दिल्ली, अजमेर, कन्नौज, कालिंजर तथा ग्वालियर के राजाओं की सहायता से एक विशाल सेना के साथ महमूद का सामना किया। राजपूतों ने महमूद के सिपाहियों के छक्के छुड़ा दिये। इतने में आनन्दपाल का हाथी बिगड़ने के कारण राजपूतों के सैनिक बुरी तरह से कुचल गये। इन्होंने 1021 ई. में लौहार पर भी विजय प्राप्त किया। यहाँ आनन्दपाल का खजाना गजनी के हाथ लग गया। निरन्तर विजयों से गजनी और उसके सैनिकों का उत्साह बढ़ता चला गया। 1010 ई. में महमूद एक विशाल सेना के साथ तराइन की तरफ आगे बढ़ा और हिन्दू सेना को परास्त कर गजनी लौट गया। 1013 ई. में महमूद एक विशाल सेना लेकर भारत पर आक्रमण किया। पंजाब में आनन्दपाल का पुत्र जयपाल में महमूद का सामना करने की क्षमता नहीं थी। उसने खूब लूट-मार करके असंख्य व्यक्तियों

को गुलाम बना लिया। वह 1014 ई. में थानेश्वर पर आक्रमण कर बहुत सारा धन लूटकर लौट गया।

अब महमूद ने भारत के मध्य भाग में प्रवेश करने का निश्चय किया। उसने 1017 ई. में कन्नौज पर चढ़ाई की। यहाँ के राजा राज्यपाल ने गजनी की अधीनता स्वीकार कर ली। वहाँ के मन्दिरों को खूब लूटा। उसके बाद कालिंजर के चंदेल राजा गंड ने राज्यपाल की कायरता को देख उसकी हत्या कर दी थी। तब गजनी क्रोध में आकर विशाल सेना के साथ चंदेल पर टूट पडा। विद्याधर मध्य-भारत की पहाड़ियों की ओर भाग गया। 1021 से 22 में फिर कालिंजर पर आक्रमण करके उस राजा के साथ सन्धि करके उस राज्य को खूब लूट लिया।

महमूद गजनवी का सोलहवाँ भयंकर आक्रमण 1025-26 ई. में सोमनाथ मन्दिर पर हुआ। काठियावाड़ में स्थिति सोमनाथ मन्दिर जगत्-विख्यात मन्दिर है। यह मन्दिर अपनी धन-सम्पत्ति के लिए प्रसिद्ध था। इस मन्दिर को लूटने के लिए महमूद मुल्तान तथा अजमेर के मार्ग से चला। इस आक्रमण की खबर पाते ही आसपास के सभी राजपूत बड़ी वीरता के साथ तुर्कों का सामना करके उन्हें पीछे ढकेल दिया। महमूद ने अपने सैनिकों की धार्मिक भावनाओं को उत्तेजित किया। भारतीय राजा और प्रजा सोमनाथ मन्दिर के ध्वजस्तम्भ को विजय का चिन्ह मानते थे। उसे पहले ध्वंस कर दिया गया इस तरह उसने हिन्दुओं की धार्मिक विश्वास पर चोट पहुँचाकर सोमनाथ को जीत लिया। इस मन्दिर में उसे जितना धन मिला सम्भवतः उतना धन कहीं नहीं मिला था। उनकी सेना में मन्दिर में प्रवेश करके मूर्तियों को नष्ट कर दिया। स्वदेश लौटते समय गुजरात के राजा भीमदेव ने उसे बहुत परेशान किया था। इसलिए उसने 1028 ई. में फिर भारत पर आक्रमण किया। यह उसका अन्तिम आक्रमण था। उसने जाटों को परास्त किया और उन्हें कठोर दंड दिया। सन् 1030 ई. में महमूद की मृत्यु हो गयी। उसके बाद उसका पुत्र मसऊद गजनी का शासक हुआ। मसऊद तथा उसके उत्तराधिकारी सेल्जुक तुर्कों के आक्रमण को न रोक सके। सेल्जुक सुल्तान ने गजनी पर अपना अधिकार स्थापित कर लिया। महमूद गजनवी के आक्रमण ने अन्य मुस्लिम आक्रमणकारियों के लिए मार्ग सुगम कर दिया। गजनवी के आक्रमण के बाद भारत आर्थिक और सैनिक दृष्टि से दुर्बल बन गया। गजनी तथा हिरात के मध्य में गोर नामक छोटा-सा राज्य स्थित था। इस वंश के राजाओं को गोरवंशी कहते थे। 1250 ई. में गजनी पर अलाउद्दीन हसन नामक एक अफगान सरदार ने आक्रमण कर दिया तथा गजनी को अपने अधीन कर लिया। उसकी मृत्यु के बाद उसका चचेरा भाई शाहाबुद्दीन गोरी में 1183 ई. में गजनी का गवर्नर नियुक्त हुआ। यही मुहम्मद गोरी नाम से प्रसिद्ध हुआ। महमूद गजनवी ने अपने विजय काल में गोर राज्य पर भी अपना अधिकार जमा लिया था। परन्तु यहाँ का शासन

वहीं के वीर तथा साहसी आफगानों के हाथ में दे दिया। गजनवी की मृत्यु के बाद वहाँ के गोर शासक स्वतन्त्र हो गये।

सूरो वंश के सैफुद्दीन ने गजनी पर आक्रमण कर दिया लेकिन स्थायी रूप से अधिकार जमा नहीं सका। सैफुद्दीन के बाद उसके भाई अलाउद्दीन ने इस सुन्दर और कीमती नगर के बेशुमार दौलत को लूट लिया। बाद में इस नगर को जलाकर नष्ट-भ्रष्ट कर दिया। अपनी बर्बरता का परिचय देकर अलाउद्दीन गजनी से वापस लौट गया। 1163 ई. में उसकी मृत्यु हो गयी। उसके स्थान पर उसका भतीजा गयासुद्दीन महमूद गोर का शासक बना। अपने भाई महमूद गोरी को वहाँ का शासक नियुक्त करके गोर लौट गया। सैफुद्दीन ने गजनी में अपनी स्थिति सुदृढ़ बनाकर भारत पर आक्रमण करना शुरू किया। उस समय भारत के पंजाब में गजनवी वंश के शासक शासन कर रहे थे। 1183 ई. में जब सूरो वंश ने गजनी पर आक्रमण किया तब गजनी वंश के लोग पंजाब की तरफ भागकर आये तथा लाहौर को अपनी राजधानी बनाकर शासन करने लगे। मुल्तान में उस समय इस्लामियों का राज्य था।

इस समय उत्तरी भारत के दिल्ली तथा अजमेर में चौहानवंश का राजा पृथ्वीराज, कन्नौज में राठौरवंश का राजा जयचन्द, बिहार में पाल वंश और बंगाल में सेनवंश का राजा लक्ष्मण सेन शासन कर रहे थे।

दक्षिण भारत अनेक छोटे-छोटे राज्यों में विभक्त था। देवगिरि में यादव वंश, वरंगल में काकतीय वंश, द्वारसमुद्र में होयसन वंश, मदुरा में पांड्य वंश शासन कर रहा था। इन सभी राज्यों में एकता न थी। एकता तथा संगठन के अभाव के साथ-साथ राजपूतों की रणनीति काफी पुरानी होने के कारण विशाल सैन्य रहते हुए भी ठीक से संचालन नहीं हो पा रहा था।

मुहम्मद गोरी ने सम्राज्य की वृद्धि करने के लिए, दूसरी तरफ अपने राज्य को गजनवी वंश से बचाने के लिए, धन प्राप्ति की आशा में, इस्लाम धर्म का प्रचार करने के लिए भारत पर आक्रमण किया था। भारत के राजा महमूद गजनवी के भीषण आक्रमणों को बहुत जल्दी ही भूल गये थे, केवल राजपूतों के अलावा गोरी की सामना करने की क्षमता किसी में नहीं थी। हिन्दुओं ने अपनी सारी शक्ति आन्तरिक भेदभाव एवं लड़ाई-झगड़ों में नष्ट कर दी। उनके पास सेना सुगठित नहीं थी कि देश की सीमाओं तथा उनकी सम्पत्ति व स्वतन्त्रता की रक्षा बर्बर इस्लामिक जाति के विरुद्ध कर सकता था। चार सौ वर्षों तक भारत ने अपने कृत्य के द्वारा विदेशी शासकों का आह्वान किया और अन्त में वह आ ही गया।[4]

इन सभी कारणों से भारतीय गोरी के आक्रमणों को रोकने में असफल रहे। मुहम्मद गोरी ने भारत पर प्रथम आक्रमण 1185 ई. में सीमाप्रान्त प्रदेशों पर किया। मुल्तान पर पहला आक्रमण 1186 ई. में कच्छ पर, 1187 ई. में अन्हिलवाड़ा पर आक्रमण किया। वहाँ उसे पराजित होना पड़ा। 1170 ई. में उसने पेशावर पर पुनः आक्रमण करके

जीत लिया। 1188 ई. में उसने लाहौर पर आक्रमण करके सन्धि कर लिया। 1202 ई. में गजनवी वंश के अन्तिम शासक खुसरो मालिक और उसके पुत्र की हत्या करके गजनवी वंश का अन्त कर दिया। 1191 अथवा 1192 ई. में प्रथम तराईन के युद्ध में पृथ्वीराज चौहान ने मुहम्मद गोरी के साथ भीषण युद्ध करके गोरी को परास्त कर दिया। इस युद्ध में राजपूतों ने गोरी और उस विशाल सेना को परास्त करके भगा दिया। कहा जाता है कि एक अनुयायी ने घायल गोरी को युद्ध क्षेत्र से उठाकर गजनी की ओर भाग गया। राजपूतों ने उनका पीछा किया लेकिन वह मरते-मरते बचा।

मुहम्मद गोरी अपनी इस पराजय को भूल नहीं पाया। इसलिए दूसरे ही वर्ष एक लाख बीस हजार सैनिकों के साथ 1184 ई. में मुहम्म गोरी ने अपनी रणनीति बदलकर कन्नौज के राजा जयचन्द्र पर आक्रमण किया, उसे चन्दवर नामक स्थान पर मारकर बनारस पर अपना अधिकार जमा लिया। इस बार वह बड़ी सावधानी से चारों तरफ से तूफानी आक्रमण करके द्वितीय तराईन युद्ध में पृथ्वीराज चौहान को परास्त कर दिया। मुहम्मद गोरी ने उत्तरी भारत में हाँसी तथा अजमेर को जीतकर अपने दास कुतुबुद्दीन ऐबक को वहाँ का गवर्नर बना दिया। उवह वापस गजनी लौट गया। पुनः 1194 ई. में कन्नौज के राजा जयचन्द्र को परास्त करके कुतुबुद्दीन ऐबक को राज्याधिकार दे दिया। मुहम्मद गोरी ने अन्तिम आक्रमण 1204 ई. में स्वराज पर किया था। यहाँ पर उनकी पराजय हुई।1202 ई. तक सम्पूर्ण उत्तर में तुर्कों का प्रभुत्व स्थापित हो गया था। 1203 ई. में मुहम्मद गोरी के भाई की मृत्यु हो गयी तथा गजनी तथा गोर दोनों स्वतन्त्र शासक बन गये थे। वे दोनों ही अपने विशाल साम्राज्य को सुरक्षित न रख पाये। विभिन्न भागों में विद्रोह फैल गया। 1206 ई. में खोखरों के विद्रोह को दबाकर गजनी लौट रहा था, तब कुछ खोखरों के हाथ उनकी मृत्यु हो गयी।

गुलाम वंश (1206-1209)

गोरी के बाद सम्पूर्ण साम्राज्य को उसके गुलामों ने आपस में बाँट लिया। ताजुद्दीन इल्दौज ने गजनी पर, नसीरुद्दीन कुबाचा ने सिन्ध पर, कुतुबुद्दीन ऐबक ने शेष भारतीय राज्य पर अधिकार कर लिया था। मुहम्मद गोरी के सरदारों में ऐबक शक्तिमान था। ऐबक निषापूर खाजी का खरीदा हुआ गुलाम था। खाली ने इसे गोरी को बेच दिया था। इसने सन् 1192 और 1198 के बीच अनेक राजपूतों के आक्रमणों को दबाने में, 1198 से 1205 ई. तक खोखरों को पराजित करने में अहम् भूमिका निभायी थी। गोरी की मृत्यु के बाद वह भारत का शासक बन गया। 1210 ई. में उसकी मृत्यु हो गयी।

ऐबक की मृत्यु के बाद तुर्कों में आपसी फूट शुरू हो गया। ऐबक के पुत्र

आरामशाह को 1210 ई . में शासक बना दिया गया। आरामशाह की अकर्मण्यता के कारण कुबाचा और बंगाल स्वतन्त्र हो गये। दिल्ली के सरदारों ने इल्तुतमिश को सरदार बना दिया, उसने 1211 ई. में दिल्ली का सिंहासन हस्तगत कर लिया और आरामशाह को मार गिराया। यहाँ से इलबारी तुर्कों का शासन प्रारम्भ हुआ। वह कुतुबुद्दीन ऐबक का गुलाम और साथ-साथ दामाद भी था।

इल्तुतमिश दिल्ली के सिंहासन पर तो बैठ गया लेनिक शान्ति से शासन नहीं कर पाया। कुतुबुद्दीन के पुत्र का आलम से शत्रुता थी। इसके साथ-साथ कुतुबीअमीर लाहौर का इल्दौज, बंगाल के खिलजी मलिक तथा सिन्ध के कवैचा आदि लोगों से भी आतंकित था। 1221 ई. में चंगेजखाँ ख्वारिज्म के बादशाह जलालुद्दीन का पीछा करते-करते भारत की सीमा तक आ पहुँचा। जलालुद्दीन ने सिन्ध पर आक्रमण कर कुबैचा से बड़ा भाग छीन लिया। मंगोलों से युद्ध किया। अन्त में मंगोलों की जीत हुई। वे पुनः मध्य एशिया की ओर बढ़ गये।

इल्तुतमिश ने अपने पुत्रों को उत्तराधिकारी न बनाकर पुत्री रजिया को सुल्लतान चुन लिया था। अमीरों ने पहले इल्तुतमिश के विरुद्ध उन्हीं के बेटे (रुक्नुद्दीन) को सुल्तान बनाया लेकिन वह निकम्मा होने के कारण उनका राज्यकाल 6 महीने 8 दिन तक ही सीमित रहा। बाद में रजिया (1236 ई. में) को सुल्तान बना दिया गया। रजिया के स्त्री होने के नाते अमीर लोग और अन्य शासक उसे सुल्तान के रूप में स्वीकार नहीं कर पा रहे थे। विद्रोही अमीरों ने रजिया के भाई बहराम को दिल्ली के सिंहासन पर बिठा दिया। रजिया परास्त हो गयी। बन्दीगृह से छूटने के लिए उसने सौन्दर्य का जादू चलाकर अल्तूनिया से विवाह कर लिया और दोनों की सेनाओं ने दिल्ली के लिए प्रथान किया। बहराम की सेना ने उसे परास्त कर दोनों को मार दिया। बहराम का शासन काल 1240 ई. से 1242 ई. तक था। सिंहासन पर बैठते ही अमीरों से संघर्ष, मुगलों से आक्रमण आदि में वह व्यस्त था। अमीरों ने उसे बिन्दी बनाकर मार दिया। उसके भाई अलाउद्दीन मसऊद को सिंहासन पर बिठा दिया गया। अलाउद्दीन मसऊद शाह को 1242 ई. में सिंहासन पर बैठते ही बंगाल के तुगरिल बेग का सामना करना पड़ा। मुगलों के आक्रमण को भी उसने सफलतापूर्वक सामना किया। इसके बाद वह विलासिता में डूब गया। अमीरों ने इसे 1246 ई. में सिंहासन से उतारकर उसके चाचा नसीरुद्दीन को गद्दी पर बिठा दिया। नसीरुद्दीन महमूद 1246 ई. में सिंहासन पर बैठते ही प्रत्येक राज कार्य को बहुत सोच-समझकर करता रहा। वह बाल्बन जैसे सुयोग्य मन्त्री के मन्त्रित्व में 1266 ई. तक शासन किया। बाल्बन एक तुर्क था, उसका पिता खान था। मंगोलों ने उसे बसरा के ख्वाजा जलालुद्दीन के हाथ बेच दिया था। तब उसने इसे इल्तुतमिश के हाथ बेच दिया। इल्तुतमिश ने इसे संरक्षक बनाया। तदनन्तर वह नसीरुद्दीन का प्रधान मन्त्री बना। 1266 ई. में नसीरुद्दीन के देहान्त के बाद बाल्बन सल्तनत का

मालिक बन गया। 1283 ई. में बंगाल के गवर्नर तुगरिल खाँ ने बाल्बन के विरूद्ध विद्रोह किया। जयनगर को लूट लिया। उसने सुल्तान मुगीनुद्दीन की उपाधि धारण कर अपने नाम से सिक्के बनवाया। बाल्बन एक तरफ मंगोलों के दमन में व्यस्त रहने से एक सेना को तुगरिल के दमन के लिए भेजा परन्तु वह सेना हरा दी गयी। दूसरी बार भेजी हुई सेना भी हार गयी। अन्त में स्वयं बाल्बन, बुगराखाँ के साथ प्रस्थान किया और उसे पकड़कर मार डाला। शासन के लिए राजकुमार मुहम्मद को नियुक्त किया। उसने अपने छोटे पुत्र बुगराखाँ को बंगाल का गवर्नर नियुक्त किया था। दुर्भाग्यवश 1275 ई. में मंगोलों के हाथ शाहजादा मुहम्मद की मृत्यु हो गयी। इसी शोक से बाल्बन की मृत्यु 1276 ई. में हो गयी। बाल्बन की मृत्यु के बाद कोई भी शक्तिशाली सुल्तान दिल्ली सिंहासन पर नहीं बैठा। बाल्बन के दूसरे पुत्र का बेटा कैकुबाद 1278 ई. से शासन करने लगा। बहुत कम समय में वह विलासिता में डूब गया। मुस्लिम सरदारों ने 1290 ई. में कैकुबाद की हत्या करके जलालुद्दीन फिरोज खिल्जी को दिल्ली के सिंहासन पर बिठा दिया। इस घटना के बाद इलबरी तुर्कों के शासन का अन्त हो गया और खिलजी तुर्कों का शासन स्थापित हो गया था।

खिलजी वंश

1290 ई. में जलालुद्दीन के दिल्ली सिंहासन पर बैठने के बाद 1291 ई. में कड़ा-मानिकपुर के अधिकारी मलिक छज्जू ने विद्रोह कर दिया। जलालुद्दीन ने स्वयं रण अभियान कर विद्रोह का दमन किया। उसने 1292 ई. में मंगोल आक्रमण को रोककर उन्हें परास्त किया। 1294 ई. में भिलसा, देवगिरी आदि पर विजय पाकर अपार घन सम्पत्ति लूट लिया। 1296 ई. में जलालुद्दीन की हत्या उसके भतीजे ने कर दी थी। अलाउद्दीन खिलजी जलालुद्दीन की मृत्यु के बाद सिंहासन पर बैठ गया। 1316 ई. में अलाउद्दीन की मृत्यु हुई। काफूर अलाउद्दीन का सेनाध्यक्ष था। उसने 1351 ई. तक शासन किया। मुहम्मद बिन तुगलक के सन्तान न रहने के कारण उसने अपने चचेरे भाई फिरोज को उत्तराधिकारी बनाया था। वह 1351 ई. में सिंहासन पर बैठा तथा 1377 ई. तक राज किया। 37 वर्ष शासन करने के पश्चात् फिरोज सन् 1377 ई. में मर गया। अयोग्य उत्तराधिकारियों के कारण तथा तैमूर के भयंकर आक्रमण से तुगलक वंश नशीरुद्दीन महमूद तुगलग के बाद निर्वीर्य हो गया था। 1394 ई. में उनकी मृत्यु हो गयी। मंगोल मध्य एशिया के निवासी थे। तैमर का जन्म 1335 ई. में हुआ था। वह तुर्कों के नायक अमीर तुर्क का पुत्र था। 1397 ई. में दिल्ली पर अधिकार कर लिया। देश को खूब लूटकर मुल्तान लाहौर के लिए खिज्रखाँ को गवर्नर बनाकर तैमूर लंग स्वदेश लौट गया। खिज्रखाँ ने 1414 ई. में सैयद वंश की स्थापना की थी। सैयद शब्द का शाब्दिक अर्थ सरदार है। बुकारा के एक सन्त ने खिज्रखाँ को सैयद कहकर बुलाने से इस वंश का नाम सैयद वंश पड़ा।

1421 ई. में उनकी मृत्यु हो जाने से उसका पुत्र मुबारकशाह दिल्ली का सुल्तान बन गया। मुबारकशाह ने 1421 ई. में शासन किया। 1434 में उसके मन्त्री के षड्यन्त्र से मृत्यु प्राप्त की। उसके बाद उसका भतीजा मुहम्मदशाह गद्दी पर बैठा। 1445 ई. में उसकी मृत्यु हो गयी। मुहम्मदशाह के बाद उसका पुत्र आलमशाह 1445 ई. में दिल्ली सिंहासन पर बैठा। आलमशाह का अर्थ है दुनिया का बादशाह। पर इसमें अपने राज्य का शासन करने की क्षमता न थी। इसीलिए अमीरों ने पंजाब के शासक बहलोल लोदी को 1451 ई. में सिंहासन पर बिठा दिया।

इस प्रकार 1451 ई. में लोदी वंश नामक एक नये वंश की स्थापना हुई। बहलोल लोदी ने 1441 ई. से 1488 ई. तक शासन किया। 1488 ई. में बीमार पड़ने से इनकी मृत्यु हुई। बहलोल की मृत्यु के बाद उनके बड़े पुत्र बारबक शाह जो जौनपुर का शासक था, वह अयोग्य सिद्ध हुआ इसलिए उसके छोटे पुत्र सिकिन्दरशाह को गद्दी पर बिठा दिया गया। सिकिन्दर बड़ा ही योग्य और प्रतिभावान शासक था। उसने अपने भाई के साथ संघर्ष करके जौनपुर को भी अपने अधीन में कर लिया 1518 ई. में सिकिन्दर की मृत्यु हो गयी। सिकिन्दर लोदी की मृत्यु के उपरान्त उसका भाई इब्राहिम लोदी 1518 ई में सिंहासन पर बैठा। तथा 1526 ई. तक राज किया। 1526 ई में बाबर ने दिल्ली पर आक्रमण करके इब्राहिम लोदी को परास्त कर दिया। इस प्रकार दिल्ली सल्तनत का अन्त हुआ।

प्रारम्भ में तो मुस्लिम आक्रमण लूट-पाट एवं धनलिप्सा से प्रेरित होकर किये गये और इनका प्रभाव राजनीतिक चेतना पर स्थायी रूप से नहीं पड़ा। परन्तु कालान्तर में इस्लाम की स्थापना के साथ ही भारतवर्ष में बर्बरता, साम्प्रदायिकता, धार्मिक कट्टरता एवं अमानवीयता के साथ नये कलंकित अध्याय की शुरुआत हुई।[5]

2.1.2. सल्तनत कालीन हिन्दी प्रदेश की राजनीतिक और धार्मिक परिस्थिति

सल्तनत कालीन भारतीय समाज मुख्य रूप से दो वर्गों का मिश्रण था। एक तो प्राचीनकाल से देश में निवास करने वाला हिन्दू वर्ग और दूसरा अनेक सदियों पूर्व से बर्बर आक्रमणकारी के रूप में पधारने वाला मुस्लिम वर्ग। इसके अतिरिक्त जो हठात् धर्म परिवर्तन के लिए बाध्य किये गये थे उन मुसलमान विदेशी आक्रमणकारियों ने देश को विभाजित कर उस पर शासन और आसन जमा लिया था। वैसे अनेक धर्मों के आक्रमणकारी जैसे यवन, शक, पर्शियन, कुषाण, हूण आदि यहाँ मुसलमानों से पूर्व आये तथा विजय प्राप्त कर किंचितकालिक शासन भी किया किन्तु राजनीतिक दृष्टि से ये नेता भले माने जाएँ किन्तु सभ्यता एवं संस्कृति में ये सदैव भारतीयों से पराभूत रहे। इसलिए इन्हें स्वल्पावधि में ही देश छोड़कर भाग जाना पड़ा। जो कुछ यहाँ बने भी थे वे समाज सिन्धु में बिन्दु की ही भाँति मिलकर सिन्धु बन गये थे।[6] भारतीय जनता ने इन आक्रमणों को आत्मसात कर लिया। भारत की सांस्कृतिक

सहिष्णुता अनेक संस्कृतियों को समेटती आयी है। परवर्ती मुस्लिम आक्रमणकारियों से भारतीयों ने जितनी प्रताड़ना और अपमान अनुभव की उतना इसके पहले कभी नहीं। पहले के आक्रामक जातियों के पास अपना ऐसा कोई धर्म नहीं था जिसे वे अपेक्षाकृत दूसरे धर्म से श्रेष्ठ समझें। उनके समाज में अन्तर्जीवन की उदारता तथा कम से कम प्रतिबन्धों के कारण स्वयं की सुरक्षा के साथ ही विधर्मी समाज का प्रसार व विस्तार प्रबलता से हुआ।[7] इस आक्रामक मुस्लिम जाति ने अपने धर्म सम्बन्धी उत्साह को लेकर यहाँ की जनता पर जो अत्याचार किया था, इसके नाते दोनों वर्गों में गहरी खाई बन चुकी थी। इस जाति ने हठात् धर्म परिवर्तन में जिस तरह की सफलता देश के उत्तर-पश्चिमी सीमा प्रान्त वाले देशों अफ़गानिस्तान आदि में प्राप्त की थी, वह उसे हिन्दुस्तान के मध्य देश में नहीं प्राप्त हो सकी। सम्भवतः इसलिए ही वे कट्टर हिन्दुओं से अधिक द्वेष रखते थे। डॉ. मोतीसिंह के अनुसार उस समय तक एक ओर देश में प्राचीन पौराणिक धर्म और समाज व्यवस्था प्रचलित थी और उसके विदेश से आने वाली एक अन्य आक्रमणकारी और उग्रशक्ति से संघर्ष था जो इस्लाम धर्म के रूप में नये मुस्लिम विजेताओं के साथ इस देश में आयी। हमारे देश की समाज व्यवस्था और उसका आचारशास्त्र इस समय जिस रूप में देश में विद्यमान था, वह पुरातनकाल से चला आ रहा था जिसकी स्फूर्ति, गति और प्राणशक्ति बहुत कुछ नष्टप्राय और सर्वथा दुर्बल हो गयी थी। इस्लाम धर्म में युवावस्था का नया उत्साह और कर्मठशीलता थी। प्राचीन रूढ़िवादी व्यवस्था इस आघात को सहन करने में अक्षम सिद्ध हुई और इस नये धक्के से ध्वस्त हो गयी। धर्मान्ध विश्वासी तुर्कों ने अपने धर्म की व्याप्ति के लिए बल प्रयोग का आश्रय लिया। गजनवी ने देश के वैभव को पूरी तरह से मटियामेट कर दिया। इन शासकों ने शोषण की नीति को अपना लिया। आर्थिक दृष्टि से हिन्दुओं को दुर्बल बना दिया। हिन्दुओं में धनी लोग भी घोड़ों की सवारी करना, सुन्दर वस्त्र पहनना, यहाँ तक की पान भी नहीं खा सके और उनकी पत्नियों को भी मुसलमानों के यहाँ मजदूरी करनी पड़ती थी।[8] राज्य अधिकारों से हिन्दू जनता वंचित रही। अन्धकार की उस प्रगाढ़ता में प्रकाश का कोई ठिकाना नहीं था। ऐसी परिस्थितियों में सल्तनत की स्थापना हुई। यह समाज पराभूत होते हुए भी आत्मसम्मान और जातीय जीवन की रक्षा का भार ढो रहा था। एक ओर हिन्दू भूख-प्यास से मर रहे तो दूसरी ओर मुस्लिम समाज इस असहाय जनता की शोषित सम्पत्ति से मौज उड़ा रहा था।

2.1.3. हिन्दी साहित्य का सल्तनत काल

मुसलमानों के आक्रमण से हिन्दी व संस्कृत साहित्य पर कठिनाइयों का पहाड़ टूट पड़ा। हिन्दुओं की शिक्षण संस्थाएँ बन्द कर दी गयीं तथा फारसी राज्य की भाषा बन गयी। अतः संस्कृत और हिन्दी केवल हिन्दू नरेशों तक ही सीमित रह

गयी। परन्तु हिन्दू साहित्यकार मुस्लिम आक्रमणों से निष्क्रिय नहीं हुए, तो वे अपने साहित्य-सृजन में जुटे रहे। इसके परिणाम स्वरूप अधिक मात्रा में धार्मिक व दार्शनिक साहित्य का सृजन हुआ है। रामानुज ने ब्रह्मसूत्रों पर टीकाएँ लिखीं। पार्थसारथी ने मर्ममीमाँसा पर अनेक ग्रन्थ लिखे। विज्ञानेश्वर ने प्रसिद्ध कानून ग्रन्थ 'मिताक्षरी' की रचना की। भास्कराचार्य जैसे ज्योतिष के महापंडित इसी युग में हुए। इस युग में ऐतिहासिक ग्रन्थों का अभाव पाया जाता है। नाटकों की रचना इस युग की एक विशेषता मानी जाती है। 12वीं शदी में जयदेव द्वारा गीतगोविन्द की रचना भी इस काल में ही हुई। हेतु विद्या पर बौद्ध तथा जैन लेखकों ने कई ग्रन्थ लिखे। विजयनगर के शासकों ने संस्कृत साहित्य के विकास में सहयोग दिया। 15वीं सदी में वामन भट्ट जैसे संस्कृत भाषा के प्रकांड पंडित हुए। कीथ की धारणा है कि "चाहे संस्कृत साहित्य में अनेक ग्रन्थ रचे गये हों उन उनमें मौलिकता का सर्वथा अभाव रहा।"

संस्कृत के साथ-साथ हिन्दी भी उस समय विकासोन्मुख थी। इनके विकास में तत्कालीन धर्म सुधारकों तथा सन्तों ने अपना विशेष योगदान दिया। गोरखनाथ व नामदेव के नाम इस क्षेत्र में उल्लेखनीय हैं। इन दोनों सन्तों ने जनसाधारण की भाषा में अपनी रचनाएँ कीं। कबीर ने 2000 पदों की रचना कर हिन्दू जाति व हिन्दी भाषा का परम उपकार किया। गुरुनानक, दादूदयाल, नन्ददास, सुन्दरदास, तथा मलूकदास जैसे सन्तों ने देश भ्रमण कर हिन्दी का प्रचार किया। 14वीं सदी में सारंगधर ने हम्मीर काव्य, श्रीधर ने रणमल-छन्द लिखा। यह हिन्दी साहित्य के वीरगाथाकाल का समय है। खुसरो ने फारसी भाषा के अलावा हिन्दी में भी रचना की। इनकी गजलें फारसी और हिन्दी का मिश्रण है। सूफी मतावलम्बियों ने हिन्दी के विकास में सहयोग दिया। मुल्ला दाऊद ने 'चन्दावत', कुतुबन ने 'मृगावती' तथा मंझन ने 'मधुमालती' की रचना की। मलिक मुहम्मद जायसी का 'पद्मावत' भी इसी युग की रचना है।

दिल्ली सल्तनत का इतिहास राजसत्ता के लिए निरन्तर संघर्षों का इतिहास रहा है। यह राजनीतिक अस्थिरता एवं धार्मिक कट्टरता का समय रहा। सन् 1206 ई. में मुहम्मद गोरी की मृत्यु के बाद उसका सेनापति कुतुबुद्दीन ऐबक भारत में उसके द्वारा अधिकृत क्षेत्रों का सुल्तान बन बैठा। इसका महत्त्व यह है कि सल्तनत आफ्गान राज्य का एक अंग होने के स्थान पर भारतीय राज्य माना जाने लगा। मुस्लिम राज्य की स्थापना के पश्चात भारतीय सीमाओं पर मंगोलों के आक्रमण होते रहे। इसके अतिरिक्त अन्तर्कलह को झेलते हुए दिल्ली सल्तनत ने पाँच वंशों और दर्जनों शासकों का एक नया इतिहास बनाया जो पूरी तरह से शाही निरंकुशता एवं धार्मिक कट्टरता का युग साबित हुआ। तानाशाही, साम्प्रदायिकता एवं बलात धर्मान्तरण की हिन्दू प्रतिक्रियाओं के प्रतिफलन से इतिहास में एक नये अध्याय की शुरुआत

हुई। पतन के गर्त से हिन्दू धर्म को बचाने को प्रयत्न इसी काल में किया गया था। हिन्दू धर्म का पुनः प्रतिष्ठित करने तथा उसे मुस्लिम के समकक्ष खड़ा करने का प्रयास किया गया था। यही कारण है कि भक्ति की यह विचारधारा आम जनता में अधिक प्रचलित हुई। उसे शोषित-पीड़ित सामान्य जनता ने अधिक अपनाया। उसी समय जनता के बीच रामानन्द, नानक, कबीर, रैदास, सूरदास, रहीम, बिहारी, मीरा आदि सन्त अधिक लोकप्रिय हुए। इन सन्त कवियों ने जनसामान्य के लिए भक्ति का मार्ग खोल दिया। भक्तियुग में ही आकर सामाजिक परिस्थितियों में क्रान्तिकारी परिवर्तन उपस्थित हुए। सामाजिक क्षेत्र में जाति-पाँति और ऊँच-नीच की भावना पहले जैसी थी। इन कारणों के चलते धार्मिक लिबास के भीतर विद्रोह शुरू हुआ। फलस्वरूप रामानन्द, कबीर, नानक, रैदास, रज्जब आदि अनेक सन्तों की वाणी विद्रोह से गूँज उठी। राजानुजाचार्य, निम्बार्क, मध्वाचार्य, राघवाचार्य, वल्लभाचार्य आदि सभी उत्तर भारत में आये थे। एक हिस्से में होनेवाले आक्रमरण की प्रतिक्रिया दूसरे शक्तिशाली हिस्से में होना स्वाभाविक था।

2.1.4. सल्तनतकालीन हिन्दू समाज

सल्तनतकालीन हिन्दू समाज आर्थिक, धार्मिक, राजनीतिक आदि सभी स्थितियों से अपनी दीनावस्था के दिन काट रहा था। इनके सारे अधिकार छीने जा चुके थे। इन्हें शरीर ढकने के लिए कपड़े और खाने के लिए भोजन तक नसीब नहीं था। ऐसी स्थिति में गरीब हिन्दू जनता ने धीरे-धीरे इस्लाम धर्म में रुचि लेना प्रारम्भ किया था। बाहर से आनेवाले मुसलमानों की संख्या भी अधिक हो गयी। इसके बावजूद हिन्दू जन समुदाय ने अपनी धर्म और परम्पराओं की रक्षा हेतु सदैव कोशिश करता रहा। उन्हें धर्म परिवर्तन के लिए प्रालोभन और प्रोत्साहन मिलते रहे, तथा इसके लिए समय-समय पर बल प्रयोग भी होता रहा। स्वधर्म पालन के लिए दृढ़ जनता ने हठात् विधर्मी स्वदेशी जनता को पुनः हिन्दू समाज में सम्मान पूर्वक सम्मिलित कराया। तद्‍युगीन भारतीय जनता ने परिवर्तन सम्बन्धी विधान में प्रगतिशील तत्त्वों को अपनाया। जहाँ उसने सामाजिक नियमों में कठोरता का विधान किया था, वहीं उनसे शिथिलता भी लाने का भरपूर प्रयास किया। म्लेच्छों, चाण्डालों तथा दासों द्वारा अपवित्र और दास बनाये हुए व्यक्तियों को शुद्ध बनाने के उपायों का वर्णन भी किया।

इब्नबतून के अनुसार दासी कन्याओं को तो अधिक से अधिक संख्या में क्रय करके मुस्लिम लोग अपने यहाँ रख लेते थे। हिन्दुओं के प्रतिष्ठित कुलों की स्त्रियों का अपहरण कर उन्हें आत्मसात् कर लेते थे। कभी-कभी उच्च वंश के नारियों को दरबारियों के मनोरंजन के लिए उपयोग करते थे। तत्कालीन समाज में दास प्रथा बड़े व्यापक स्तर पर थी, सुल्तानों के अतिरिक्त सम्भ्रान्त मुस्लिम परिवारों में

भी इन्हें नियुक्त करते थे। पुरुष और स्त्री दास अलग-अलग उद्देश्यों के लिए रखे जाते थे। खुसरानी नारी को गृहकार्य के लिए, हिन्दू नारी को बच्चों की देखभाल के लिए, तथा ईरानी को आनन्द विलास के लिए और ब्रान्सोक्सीनी को इन तीनों को चेतावनी देने के लिए क्रय करते थे।

तत्कालीन हिन्दू समाज के लोग प्रायः शाकाहारी थे। मदिरापान का प्रचलन भी था। ब्राह्मण, क्षत्रिय, वैश्य एवं शूद्र जाति के नारियों के लिए सुरापान वर्जित था। शूद्र मांस अधिक खाते थे। शूद्रों को मदिरा बेचने का अधिकार नहीं था। विजयनगर राज्य में तम्बाकू तथा राजस्थान आदि में अफीम आदि का प्रचलन था।[9] त्योहारों को अधिक मनाते थे। हरह जाति के लिए दिन स्नान आवश्यक था।

सुगन्ध द्रव्यों का प्रयोग भी अधिक किया जाता था। लम्बे बाल रखना उस समय का फैशन था। उत्तरी भारत में पुरुष धोती-कुर्ता, पगड़ी पहनते तो स्त्रियाँ साड़ी पहनती थीं। दक्षिण भारत के लोग व्याघ्र चर्म धारण करते थे। पाद रक्षाओं का उपयोग न था। आभूषणों को अधिक महत्त्व देते थे। अमीर लोग साने-चाँदी के बर्तनों में खाया-पीया करते थे। लोग मनोरंजन के लिए नृत्य संगीत का सहारा अधिक लेते थे। घरेलू खेलों में शतरंज का बोलबाला था।[10] हिन्दू जनता पुण्य तीर्थों का दर्शन करते थे। काशी में प्राण त्यागना अधिक पुण्य मानते थे। हिन्दू जनता गो दान करना अधिक पुण्य समझते थे। उस समय जगन्नाथ रथयात्रा को भी अधिक महत्त्व देते थे। लाखों-करोड़ों लोग इस यात्रा में भाग लेते थे। धार्मिक अन्धविश्वास बहुत थे। शुभ-अशुभ का बड़ा ध्यान रखते थे। तत्कालीन हिन्दू जनता भाग्य और तकदीर पर पूरा विश्वास रखती थी। कर्तव्यनिष्ठा और ईमानदारी में हिन्दू जनसमुदाय के आदर्श ऊँचे थे। हिन्दू समाज में नारी को सम्मानजनक स्थान दिया गया था। नारी के लिए बचपन में पिता, यौवन में पति एवं बुढ़ापे में पुत्र रक्षक बताये गये थे। सल्तनत काल में आते-आते नारियों की स्थिति अधिक बिगड़ गयी। बाल विवाह और पर्दा प्रथा का प्रचलन अधिक था। मुसलमानों के आगमन से नारी की स्वतन्त्रता और सीमित हो गयी। कुछ मन्दिरों में देव दासी प्रथा थी। मुसलमानों के आगमन से बहुविवाह की प्रथा अधिक हो गयी। सती प्रथा भी प्रचलित थी। सुपुत्र विधवाएँ सती नहीं हो सकती थीं।[11] तलाक की प्रथा शुरू हो गयी। कुलटा सिद्ध होने पर स्त्री घर से निष्कासित की जाती थी। पर्दा प्रथा के कारण नारी शिक्षा में अनेक कठिनाइयाँ रहीं। हिन्दू परिवारों में उच्च वर्ग की स्त्रियाँ पढ़ी-लिखी होती थीं। हिन्दू समाज में संयुक्त परिवार क़ा प्रचलन था। तत्कालीन समाज पर इस्लामी संस्कृति ने गहरा आघात पहुँचाया। सम्पूर्ण सल्तनतकालीन हिन्दू समाज की स्थिति पतन के गर्त में चली गयी थी। ऐसी स्थिति में हिन्दू जनसमुदाय में मिथ्याचार, छिछली-चातुरी आदि दुर्गुणों ने जड़ें जमाना शुरू कर दिया था।

2.1.5. सल्तनतकालीन मुस्लिम समाज

मुसलमान आक्रमणकारी स्थायी रूप से भारत में बसने लगे। इससे कालान्तर में उसके रक्त में भी भारतीय सम्मिश्रण हुआ और वह रक्त भी शुद्धता खो बैठा। यह स्थिति नवनिर्मित मुस्लिम समाज की ही नहीं अपितु सम्पूर्ण मुस्लिम वर्ग की हो गयी।[12] तत्कालीन मुस्लिम समाज में दो वर्ग था। पहला वर्ग शासक सामन्त अथवा उच्च वर्ग से सम्बद्ध था, दूसरा सामान्य वर्ग था।

समाज में उच्च वर्ग या सवर्ण, क्रियाशीलता के अभाव के कारण विलासी और शराबी बने रहते थे। मुसलमानों का मुख्य व्यवसाय क्षेत्र सैनिक और शासकीय अधिकारियों का था। उनमें ज्यादातर लोग शहरों में ही रहते थे। भारतीय परम्परा के मुसलमानों ने शहरों में हस्तकला के धन्धों को अपनाया। धर्म परिवर्तित मुसलमान कसाई, भिस्ती, जलवाहक, धोबी, सज्जाकार, रंगरेज, सेवक आदि काम करते थे। राज्य की उच्च सेवाओं पर ईरानियों एवं तुर्कों का एकाधिकार रहता था। मुसलमानों की वेश भूषा समाज से सर्वथा भिन्न थी। वे एक लम्बे किस्म का कपड़ा पहनते थे, जिसे 'काबा' कहा जाता था। इसके अतिरिक्त कमीज, पैजामा तथा सर्दी के दिनों में 'ढागला' नामक कोट धारण करने की प्रथा थी। उलेमा लोग तो अपनी लम्बी टोपी के द्वारा ही पहचाने जाते थे। वे अपने कोट की फीती दाहिनी ओर से बाँधते थे। मुस्लिम औरतें प्रायः कमीज, चूड़ीदार पायजामा तथा स्कार्फ पहनती थीं।

कुछ औरतें अपने सिर पर पतली टोपी भी लगाती थीं। इनका रहन-सहन लगभग सुल्तानों जैसा हुआ करता था। ये हवेलियों में रहते थे। शाही ढंग के वस्त्र आभूषणों का उपयोग करते थे। मद्य-मांस का सेवन, परस्त्री गमन, द्यूत क्रीड़ा, नृत्य गान, आदि का भरपूर शौक था।[13] हिन्दुओं की तरह मुसलमान भी अन्धविश्वासों के शिकार थे। ये चुड़ैल, भूत, प्रेत आदि में विश्वास रखते थे। मुसलमानी त्योहारों में मुहर्रम, ईदुल फितर, शबेबरात प्रमुख थे। इस्लाम प्रायः मद्यपान से दूर रहने को कहता है। लेकिन उच्च वर्ग के मुस्लिम समाज शराब के शौकीन थे। भारतीय मुस्लिम महिलाओं को विदेशी मुस्लिम महिला की सहायिका के रुप में रखते थे। एक मुसलमान जीवन में चार या पाँच विवाह तक कर सकता था। पर्दा प्रथा का सख्ती से पालन किया जाता था। बिना बुरखे के कोई भी मुसलमान परिवार की महिला बाहर नहीं जा सकती थी। उच्च वर्गीय महिलाओं को कुरान, माजीद तथा अन्य धार्मिक ग्रन्थों को पढ़ाया जाता था। तत्कालीन समाज में मुस्लिम शिक्षितों की संख्या अधिक रही।[14] मुस्लिम समाज में निम्न वर्ग के लोगों की स्थिति ठीक नहीं थी। बड़े लोगों में भी उन्हीं की दशा सन्तोषजनक थी जो इस्लाम धर्म के अनुयायी थे तथा जिनपर तत्कालीन शासकों की विशेष कृपा रहती थी। समाज में मिथ्याडम्बर बढ़ते जा रहे थे। असत्य एवं मिथ्याचार का परिवेश पनपने लगा था। सल्तनत कालीन शासकों के राजनीतिक उत्पीड़न से हिन्दू तथा मुस्लिम समाज के मध्य अत्यन्त दूरी

बनी हुई थी। जब दो संस्कृतियाँ आपस में मिलती हैं तब उनमें सांस्कृतिक तत्त्वों का पारस्परिक विनिमय होना अनिवार्य। है। सल्तनत कालीन सुल्तानों के कारण हिन्दू जनमानस में आक्रोश पैदा हो गया था।

सल्तनत कालीन मुस्लिम समाज का स्वरूप

तत्कालीन मुस्लिम समाज को चार श्रेणियों में विभाजित कर सकते हैं–
1. सुल्तान, 2. अमीर, 3. उलमा, 4. सर्व-साधारण (भारतीय मुसलमान)

1. सुल्तान

राज्य का सर्वोच्च अधिकारी सुल्तान समझा जाता था। सारी जनता उसे आदर्श रूप मानती थी। ये सुल्तान निरंकुश रूप से शासन करना अपना गौरव समझते थे। सिक्कों के ऊपर सुल्तान का नाम उत्कीर्ण होता था।

2. अमीर

सुल्तान के उपरान्त दूसरा महत्त्वपूर्ण स्थान अमीर वर्ग का होता था। अमीर वर्ग में भी तीन श्रेणियां थी– खान, मलिक, अमीर आदि। अमीर वर्ग में सर्वोच्च स्थान खान का होता था। दूसरा स्थान मलिक का और तीसरा स्थान अमीर का। सामान्यतः अमीर शब्द का प्रयोग सैनिक तथा असैनिक अधिकारियों के लिए किया जाता था। इस वर्ग में तुर्क, अफगान तथा मंगोल जाति के मुसलमान ही सम्मिलित होते थे। मध्ययुग में अमीर वर्ग दरबार की राजनीति प्रथा प्रशासन में दखलन्दाजी करते थे।

3. उलमा

धर्माधिकारियों का वर्ग 'उलमा' कहलाता था। इनमें मौलवी, शिक्षक तथा काजी सम्मिलित थे। सल्तनत में उलमा बहुत प्रभावशाली थे, वे पैगम्बर के उत्तराधिकारी समझे जाते थे।

4. सर्वसाधारण या भारतीय मुसलमान

इस वर्ग के अधिकतर नीची जाति के वे हिन्दू थे, जिन्होंने भय या प्रलोभन के कारण अपने पूर्वजों का धर्म छोड़कर इस्लाम धर्म ग्रहण कर लिया था। इस वर्ग के प्रति शासक वर्ग भेदभाव की ही नीति बरतता था। इन भारतीय मुसलमानों को न तो राज्य की नौकरियों में ही कोई महत्त्वपूर्ण स्थान प्राप्त होता था और न मुस्लिम समाज में उनको सम्मान ही प्राप्त होता था। गुलाम वंश के शासक तो भारतीय मुसलमानों से बहुत घृणा करते थे। मुस्लिम समाज में गुलामों का भी एक अलग ही वर्ग था। ये चार श्रेणियों में विभक्त था। क्रीत, लब्ध, युद्ध प्राप्त, आत्म विक्रेता। प्रत्येक मुसलमान तथा अमीर अपने-अपने गुलाम रखते थे, जो उसके सेवक थे। बहुत से गुलाम सरकारी दफ्तरों में भी कार्य करते थे। युद्ध में बन्दी बनाये लोगों को गुलाम बनाने का रिवाज था। गुलाम पर उसके मालिक को पूरा अधिकार होता था।

आर्थिक दशा

भारत मध्यकाल में अपनी अतुल सम्पत्ति के लिए विख्यात था। समाज की सम्पन्नता का प्रमाण आभूषणों के बाहुल्य तथा भव्य मन्दिरों के निर्माण से मिलता है। उसके अपार धन की कहानियाँ सुनकर ही महमूद जैसे कई लुटेरों ने भारत पर आक्रमण किया था व यहाँ से अपार धन अपने साथ ले गये थे। भारत के मध्यकालीन अर्थ-तन्त्र का प्रमुख आधार ग्रामीण उद्योग तथा व्यापार था। कृषि देश के आर्थिक जीवन का मुख्य आधार था। गेहूँ, बाजरा, मक्का, चावल, मटर, तिलहन, गन्ना, कपास तथा अफीम काफी मात्रा में पैदा होते थे। चावल की फसल वर्ष में तीन बार होती थी। इनके अतिरिक्त देश के अनेक भागों में अनेक प्रकार के फलों की पैदावार भी काफी मात्रा में होती थी। फलों में आम, अनार, केला, अंगूर, खरबूजा, नींबू, जामुन आदि उल्लेखनीय थे। मुस्लिम आक्रमणों से सैकड़ों वर्ष पूर्व ही भारत का औद्योगिक क्षेत्र में विकास पर्याप्त रूप से हो चुका था। ग्राम तथा नगरों में शिल्पियों के अनेक संगठित संघ थे, जिनका औद्योगिक क्षेत्र में महत्त्वपूर्ण स्थान था। अनेक कारखानों में रेशम के वस्त्र उत्पादित किये जाते थे। गुजरात का वस्त्र उंद्योग देश में विख्यात था। सोना, चाँदी आदि के लिए कारखानों की स्थापना की गयी थी। रंगाई का व्यवसाय भी उन्नति पर था। देश का आन्तरिक तथा बाहरी व्यापार उस समय सन्तोषजनक था। अनेक वस्तुओं का विदेशों को निर्यात किया जाता था, जिनमें कृषि की पैदावार तथा रेशमी कपड़ा, अफीम और नील प्रमुख थे। ये वस्तुएँ अधिकतर अफ्रीका के पूर्वी तटवर्ती प्रदेशों को विशेष रूप से भेजी जाती थीं। विदेशों से आयात की जाने वाली वस्तुओं में घोड़े, हथियार तथा विलासिता की वस्तुएँ विशेष उल्लेखनीय हैं। व्यापार समुद्री तथा थल मार्ग दोनों से होता था।

ललित कलाएँ

ललित कलाओं की विकास के दृष्टिकोण से सल्तनत युग उल्लेखनीय नहीं कहा जा सकता है। शोभा के लिए विभिन्न प्रकार की डिजाइनें दीवारों पर चित्रित की जाती थीं। इस्लाम धर्म में मूर्ति कला का तो कोई स्थान नहीं था। सुल्तानों को स्थापत्य कला से विशेष प्रेम था। 12वीं शताब्दी से अन्तिम दशक में तुर्की विजेता स्थापत्य कला की जो शैली भारत में अपने साथ लाये, वह न तो पूर्ण रूप से इस्लामी थी और न ही अरबी। तुर्क अफगानों ने जिन इमारतों का निर्माण करवाया उनमें प्रधानतः मस्जिदें, मकबरे, मदरसे तथा दुर्ग थे। इनके द्वारा निर्मित दुर्ग तो प्रायः नष्ट हो गये हैं। उनकी प्रमुख विशेषताएँ इस प्रकार हैं– मीनार-नीचे से मोटी व चौड़ी और ऊपर से पतली दिखाई देती हैं। गुम्बदें जिन पर टाईलों का प्रयोग किया गया है। विशाल फाटक जिन पर कुरान की आयतें उद्धृत हैं। कुर्सी की ऊँचाई अधिक है, नीचे तहखाने हैं। बुनियादी दीवारें चौंड़ी तथा सुदृढ़ हैं। प्रत्येक भाग में समरूपता

रखी गयी है। छज्जों का प्रयोग किया गया है। दरवाजें मेहराबदार हैं। अलंकरण कम है। मस्जिदों के प्रांगण में हौज निर्मित हैं। तुर्कों से निर्मित भवनों में उनकी धार्मिक भावना झलकती है। कुतुबुद्दीन ऐबक को भवन-निर्माण का बहुत चाव था। उसने 1199 में कुतुब-उल-इस्लाम की मस्जिद का निर्माण करवाया था। इसको भारत का प्रथम मस्जिद कहा जाता है। पर्सी ब्राउन ने भी इस मस्जिद की स्थापत्य कला की अच्छी प्रशंसा की है। सर जान मार्शल के अनुसार इसके निर्माण में 27 हिन्दू-जैन मन्दिरों के ध्वंसावशेषों का प्रयोग किया गया। अजमेर स्थित अढ़ाई दिन का झोंपड़ा एक तुर्की मस्जिद है। इसका निर्माण कुतुबुद्दीन ने करवाया था। सर जॉन मार्शल के अनुसार "इस मस्जिद का निर्माण अढ़ाई दिन में हुआ था।" अतः इसे अढ़ाई दिन का झोंपड़ा कहते हैं। परन्तु पर्सी ब्राउन के अनुसार यहाँ एक झोंपडीं के पास अढ़ाई दिन तक मेला लगता था। इस कारण इसे अढ़ाई दिन का झोंपड़ा कहते हैं। कुतुबुद्दीन के समय की स्थापत्य कला का तीसरा सुन्दर नमूना कुतुबमीनार है। इसका निर्माण 1212 ई. में पूरा हुआ था। इल्तुतमिश ने 1231 ई. में अपने पुत्र नासिरुद्दीन के स्मारक के रूप में सुल्तानगढ़ नामक भवन बनाया था। पर्सी ब्राउन के अनुसार सुल्तानगढ़ी का अर्थ गुफा का सुल्तान होता है। बदायूँ में जामा मस्जिद का निर्माण करवाने वाला भी इल्तुतमिश ही था। इल्तुतमिश की कब्र भी स्थापत्य कला की दृष्टि से महत्त्वपूर्ण मानी जाती है। बाल्बन के समय में डाँटे त्रिभुजाकार में प्रयोग की जाने लगीं। अलाउद्दीन खिलजी के समय की इमारतों में अलंकार की ओर विशेष ध्यान दिया गया। 'अलाई दरवाजा' तथा 'जमाअत खाना मस्जिद' उसके युग की दो प्रमुख इमारतें हैं। सर जॉन मार्शल ने अलाई दरवाजा को इस्लामी वास्तुकला की अमूल्य निधि बताया है। जमाअत खाँ मस्जिद पूर्णतः मुस्लिम शैली पर निर्मित है। इल्तुतमिश मुईनुद्दीन चिश्ती की दरगाह में 'खानकाह' का निर्माण करवाया था। इस विषय में एक कवि ने लिखा है–

पियारे हिन्द का खास दरबारे सहाना है।
मुईनुद्दीन ख्वाजा यह चिश्ती आस्ताना है।।

खिलजी की वास्तुकला की विशेषताएँ

1. नींव शक्तिशाली बनाकर कुर्सी पतली व मजबूत बनायी गयी।
2. तहखाने बनाना बन्द कर दिया गया।
3. मेहराब बनाकर उनका अलंकरण भी किया गया।
4. गुम्बदें सजीव सुन्दर बनायी गयीं।
5. छतें धनुषाकार तथा डाँटदार बनायी गयी हैं। इमारतों में ताख भी हैं।
6. वायु तथा प्रकाश की समुचित व्यवस्था है।
7. इमारतों की कल्पना सुव्यविस्थत है।

सर जॉन मार्शल के अनुसार "तुगलक कालीन भवनों में सादगी तथा कला हीनता का कारण मुहम्मद तुगलक के काल से कलाकारों का राजधानी से लोप हो जाना भी था।" तुगलक शासकों में निर्माता की दृष्टि से फिरोज का नाम विशेष उल्लेखनीय है। डॉ. परमात्मा शरण लिखते हैं, "फिरोज की इमारतों में सादगी और सरलता के साथ-साथ दृढ़ता और नीरस उपयोगिता का एक अजीब सहयोग है।" फरिश्ता के शब्दों में फिरोज तुगलक वास्तुकला का महान प्रेमी था। मुहम्मद तुगलक ने आदिलाबाद का किला बनवाया। सैयद लोदी काल की इमारतों को दो श्रेणियों में विभाजित कर सकते हैं– मकबरें और मस्जिदें। सैयद व लोदी वंश की इमारतों में हिन्दू शैली का अभाव है। इस समय की इमारतें खिलजी स्थापत्य के समान– सौन्दर्यशाली तथा भावपूर्ण नहीं बन सकी थीं।

संगीत व चित्रकला

दिल्ली सल्तनत के काल में संगीत कला का विशेष विकास नहीं हुआ था। डॉ. के. एस. लाल की धारणा है कि मुसलमानों के आते ही संगीत तथा नृत्य कलाओं ने नया मोड़ लिया। अमीर खुसरो 1253 ई. में के विख्यात संगीतज्ञ थे। उसने अपनी पुस्तक 'आवाजे खुसखी' में संगीत कला के विषय में बहुत कुछ लिखा है। तैमूर जैसे निर्दयी आक्रान्ता ने भी हिन्दू संगीत की प्रशंसा की थी। इसी समय ईरानी संगीत कला के कुछ नीवन राग अपनाये गये। कव्वाली का सूत्रपात अमीर खुसरो ने ही किया था।

चित्रकला

इस्लाम धर्म सादगी पर जोर देने के कारण सुल्तानों के दरबार में विशेष स्थान पा सका। अधिकांश सुल्तान इस कला के प्रति उदासीन रहे। पर्सी ब्राउन ने लिखा है कि 650 ई. के उपरान्त अकबर के शासन काल तक भारत वर्ष में चित्रकला का विकास अवरुद्ध ही रहा। दिल्ली के कुछ सुल्तान चित्रकला के प्रेमी थे। इल्तुतमिश का विशाल चित्र, मुहम्मद तुगलक का चित्र आज भी उपलब्ध है।

साहित्य

आधुनिक इतिहासकारों के अनुसार सल्तनत युग साहित्य की दृष्टि से एक विकास का युग रहा। डॉ. के. एस. लाल की मान्यता है कि सल्तनत युग के समस्त शासक साहित्य को उन्नत बनाने में अभिरुचि रखते थे। सल्तनत युग में फारसी साहित्य का अच्छा विकास हुआ। हसन निज़ामी, मिन्हाज सिराज, जियाउद्दीन बर्नी तथा शम्स. ए. सिराज, अफीफ जैसे उल्लेखनीय इतिहासकार उसी युग में जन्मे थे। अमीर खुसरो तथा एन-उल मुल्क जैसे विद्वान भी इसी काल में दिल्ली के तुर्क सुल्तानों के दरबार की शोभा बढ़ा रहे थे। उस समय जनसाधारण की शिक्षा पर सुल्तानों ने

ज्यादा ध्यान नहीं दिया। मदरसों में धार्मिक शिक्षा दी जाती थी। बच्चों को कुरान की शिक्षा दी जाती थी। उस समय फ़ारसी का अच्छा प्रसार हुआ। कुछ संस्कृत ग्रन्थों का अनुवाद फ़ारसी में किया गया था।

प्रारम्भिक आर्य व अनार्य संघर्ष से लेकर मुस्लिम आक्रमण से पूर्व तक जितनी बाह्य संस्कृतियों का आगमन इस देश में हुआ प्रायः सबको हिन्दू समाज ने अपने में सम्मिलित करने का प्रयास किया, किन्तु इस्लाम का आगमन कुछ ऐसा था कि जिसे उन्होंने आश्रय नहीं लेने दिया। मुस्लिम समाज के आघात-प्रतिघात के कारण हिन्दू समाज ने दो विकल्पों को लेकर चला– पहला तो रक्षात्मक प्रवृत्ति था। दूसरा उसने सामाजिक उदारता का दृष्टिकोण अपनाया। मुस्लिम समाज के धर्म परिवर्तनों से बचने के लिए हिन्दू धर्म की रक्षा के लिए आवश्यकतानुसार वर्ण-व्यवस्था को भी निरस्त करने और उसमें सुधार लाने का प्रयास किया गया। ज्यादातर निम्नवर्ग के लोग ही धर्म परिवर्तन के शिकार हो गये। पन्द्रहवीं शती तक के शासक हिन्दू जन समुदाय पर अत्याचार करते ही रहे। आखिर जनता कब तक दब के रह सकती है इसलिए शासकों को अन्ततः समझौता करना ही पड़ा। धीरे-धीरे वे गुजराज, मालवा, जौनपुर तथा बंगाल में हिन्दुओं के सहयोग से शासन व्यवस्था चलाने लगे। इससे हिन्दू-मुस्लिम के बीच दूरी कम होती दिखाई देने लगी। हिन्दुओं के अन्य धार्मिक विश्वासों का प्रभाव भी मुसलमानों पर पड़ा। सूफीमत के आधार तो हिन्दू धर्म और बौद्ध सिद्धान्त ही थे। 'कलन्दर' नामक मुस्लिम वर्ग पर पौराणिक हिन्दू धर्म का ही प्रभाव है। हिन्दुओं की जाति और वर्ण व्यवस्था का प्रभाव मुसलमानों पर भी पड़ने लगा। विद्यारम्भ संस्कार और मुण्डन को मुस्लिम समाज ने 'बिस्मिल्ला' और 'अकीक' नाम से मनाने लगे।

वेशभूषा के क्षेत्र में भी हिन्दुओं का प्रभाव मुसलमानों पर दिखाई देता है। हिन्दुओं के सोलह शृंगार की भावना भी मुस्लिम नारियों ने 'इफ्तोनूह' नाम से स्वीकार कर लिया।[15] भारतीय भाषा और साहित्य का सर्वोत्कृष्ट प्रभाव मुसलमानों पर पड़ा है। जिस तरह हिन्दू संस्कृति, संस्कारों ने इस्लाम संस्कृति पर अपना प्रभाव दिखाया, ठीक उसी तरह से इस्लाम ने भी अनेक से हिन्दू धर्म को प्रभावित किया। बाल विवाह, कन्या प्रथा तथा परदा प्रथा आदि विषयों का प्रभाव हिन्दू जनता पर पड़ा। उद्योग के क्षेत्र में नवीन शिल्प प्रवेश हुए। जैसे कागज निर्माण इस्लाम की ही देन है।[16] चौपड़ आदि खेलों को हिन्दुओं ने मुसलमानों से ही ग्रहण किया। पोलो खेल मुसलमानों की ही देन है। यूनानी शब्दावली ने भारतीय रसायन शास्त्र और चिकित्साशास्त्र को प्रभावित किया। अन्ततः हम कह सकते हैं कि दो महान संस्कृतियों के मिलन व दो धर्मो की टक्कर ने कोई वास्तविक उर्वर प्रभाव भारतीय समाज पर पूर्ण रूप से नहीं छोड़ सका।[17]

कट्टर यवनों ने ऐसा कोई भी व्यवहार नहीं किया, कोई धार्मिक सहिष्णुता

और सहानुभूति नहीं बरती जिनके नाते हिन्दू जनता उनके गहरे सम्पर्क में आती। वे धर्म उनमें कठोर तथा बाह्य दर्शन में उन्हें म्लेच्छ प्रतीत हुए। यही नहीं, मुस्लिम भी हिन्दुओं को काफिर की संज्ञा देते थे तथा उन्हें नरक के योग्य बताते थे। अपने धर्म की श्रेष्ठता सिद्ध करने के लिए दोनों वर्गों में घोर वैमनस्य बना रहा।

2.1.6. सल्तनत कालीन संघर्ष एवं सर्जना के पथ

सातवीं शती से लेकर सोलहवीं शती के उत्तरार्ध तक का समय भारतीय जनता के लिए बड़ा ही संघर्षपूर्ण था। बाह्य आक्रमणों से भारतीय समाज उथल पुथल हो गई। विदेशी जातियाँ धीरे-धीरे भारतीय समाज की प्रमुख अंग बन गयी। अरबों के सम्बन्ध भारतीयों के साथ बड़े ही महत्त्वपूर्ण थे।[18] ये लोग जहाँ भी गये वहाँ के लोगों को इस्लाम स्वीकार करने या 'कर' स्वीकार करने के बाध्य किया। देश का पश्चिम प्रान्त तथा मध्य प्रदेश इन युद्धों से अधिक प्रभावित हुआ क्योंकि यहाँ के शासक जयपाल तुर्कों से पराजित हुए थे।[19] मध्यदेश के विभिन्न राज्य आपसी लड़ाइयों से विक्षुब्ध हो गये थे। कन्नौज के शासक केन्द्रीय शक्ति बनकर सच्चे रक्षक सिद्ध हुए। अन्तिम पीढ़ी के महीपाल, देवपाल तथा विजयपाल कमजोर निकले। इसलिए बुन्देलखण्ड के चन्देल, मालवा के परमार, मेवाड़ के गुहिल, सम्भार के चाहमान तथा त्रिपुरी के कलचुरि आदि सामन्त स्वतन्त्र हो गये। कलचुरियों में कर्ण नामक शासक ने भारत के काशी, चम्पारन, अवध तथा दक्षिण में चोल एवं पांड्य राज्यों तक जीत लिया। कन्नौज के नरेश जयचन्द तथा उसका पुत्र हरिश्चन्द्र शहाबुद्दीन गोरी से पराजित हुए। इसी समय से अराजकता चारों ओर छा गयी।। मन्दिरों को ध्वस्त कर सारी सम्पत्ति लूटने लगे। लोग इन परिणामों से डर गये। समूहों में रहना अधिक सुरक्षित मानने लगे।

निराश हिन्दू जनता को किसी आराध्य देव का संरक्षण चाहिए था। उसे नैतिक आदर्शों का अनुगमन करके एक आदर्श समाज की नींव डालना था। इन सब आवश्यकताओं की पूर्ति निगुर्ण सन्तों द्वारा की गयी।

2.2. भक्ति का प्रवाह

देश में मुसलमानों का राज्य स्थापित हो चुका था। पग-पग पर हिन्दुओं का अपमान होने लगा। उनकी आँखों के सामने मन्दिर तोड़े जाने लगे। हिन्दू देवताओं का अपमान होने लगा। इससे हिन्दू जनता हताश हो गयी। देश पराधीन होने के कारण वीरता के गीत नहीं गा पा रहा था। इस उदासीनता की भावना से बाहर लाने के लिए भगवान की शक्ति और करुणा की ओर ध्यान आकर्षित करना अधिक अनिवार्य हो गया था। कालदर्शी भक्त कवि जनता में भक्ति को जगाने लगे। इस प्रकार भक्ति का प्रवाह प्रबल होता गया। भक्ति दक्षिण से उत्तर की ओर आ गयी।

रामानुजाचार्य की सगुण भक्ति की तरफ लोग आकर्षित हुए। गुजरात में मध्वाचार्य ने अपने द्वैतवाद से अनेक वैष्णव अनुयायियों का उद्धार किया। रामानुजाचार्य के शिष्य रामानन्द ने राम को विष्णु का अवतार मानकर सम्प्रदाय को खड़ा किया। दूसरी ओर वल्लभाचार्य ने श्रीकृष्ण को विष्णु का अवतार मानकर पुष्टिमार्ग की स्थापना की। एक ओर प्राचीन सगुण भक्ति और दूसरी ओर मुसलमानों के बस जाने से देश में एक नयी परिस्थिति उत्पन्न हुई।

मुसलमानों के बस जाने से देश में नयी परिस्थिति उत्पन्न हुई। हिन्दू-मुसलमान दोनों के लिए एक सामान्य भक्तिमार्ग का विकास भी होने लगा। वज्रयान के अनुयायी अधिकतर नीची जाति के थे। अतः जाति-पाँति की व्यवस्था से उनका अस्न्तोष स्थाभाविक था। नाथ सम्प्रदाय में भी सास्त्रज्ञ विद्वान नहीं आते थे। इस सम्प्रदाय के कनफट रमते योगी घर के भीतर के चक्रों, सहस्रदल, कमल, इला, पिंगला, नाड़ियों इत्यादि की ओर संकेत करने वाली रहस्यमीय बानियाँ सुनाकर और करामत दिखाकर अपनी सिद्धि की धाक सामान्य जनता पर जमाये हुए थे। वे लोगों को ऐसी बातें सुनाते आ रहे थे कि वेदशास्त्र पढ़ने से क्या होता है, बाहरी पूजा-अर्चना की विधियाँ व्यर्थ हैं, ईश्वर तो प्रत्येक घट के भीतर हैं, अन्तर्मुख साधनाओं से ही वह प्राप्त हो सकता है, हिन्दू-मुसलमान दोनों एक हैं, दोनों के लिए शुद्ध साधना का मार्ग भी एक है, जाति-पाँति के भेद व्यर्थ खड़े किए गये हैं, इत्यादि।

2.2.1. सगुण भक्ति की प्रतिष्ठा

इस काल को भारतीय संस्कृति के पतन का काल मान सकते हैं। भारत के इस छोर से उस छोर तक विदेशियों का राज्य था। इस विदेशी शासन का विरोध बीच-बीच में होता रहा। अतः विवशता के कारण भारतीय जन समुदाय को विदेशी आक्रमण ाकारियों का आधिपत्य स्वीकार करनी पड़ी। पन्द्रहवीं और सोलहवीं शताब्दी भारवर्ष की राजनीतिक हार का युग था। अगर दन दो सौ वर्षों को हम इतिहास से निकाल देंगे तो हिन्दी साहित्य में तो कुछ रह ही नहीं जाता। रामनन्द, वल्लभ, चैतन्य, कबीर, सूरदास, दादू, मीराबाई, तुलसीदास, नरसी मेहता, तुकाराम जैसे महान व्यक्ति इस समय हुए थे। भारत में नयी-नयी जातियों के आने से नयी-नयी समस्याएँ खड़ी होती गयीं। तत्कालीन कविगण अपनी रचनाओं द्वारा हतोत्साहित हिन्दू समाज की समस्याओं को हल करने की चेष्टा की थी। शास्त्रों की दृष्टि से इस युग को टीका युग कह सकते हैं। सभी विद्वान हिन्दूशास्त्रों की सारी शक्ति समेटकर विदेशी शक्ति का सामना करने को तत्पर थे। मुसलमान बादशाह मन्दिरों और मूर्तियों को तोड़ते जा रहे थे और हिन्दू-तीर्थों को बरबाद कर रहे थे। अनेक हिन्दुओं को मुसलमान बना रहे थे। इससे बचने के लिए हिन्दुओं ने आत्मरक्षा की चेष्टा की थी। बौद्ध धर्म इस समय के पहले ही लुप्त हो चुका था। हिन्दू सभ्यता पुरानी वैदिक सभ्यता

नहीं रही, उसमें नाना अवैदिक उपादान आ मिले थे। मुसलमानों के आगमन के पहले हिन्दू-धर्म की सभ्यता प्रधानतः तीर्थों, अनुष्ठानों और विविध प्रतीकों की पूजा पर ही केन्द्रित थी। धर्म अन्तःवस्तु न होकर बाहरी दिखावा का रूप धारण करता जा रहा था। बौद्धों के द्वारा प्रवर्तित वैराग्य इस युग में अति विकृत रूप में देखा गया। प्रतीक पूजन विकृत रूप धारण कर चुका था। इस समय पूर्व और उत्तर भारत में सबसे प्रबल सम्प्रदाय नाथ पन्थी योगियों का था। जनता का सारा ध्यान इन अशास्त्रीय योगियों की ओर आकृष्ट था। इन योगियों ने तथागत के स्थान पर शिव का अधिकार स्थापित किया। गोरखनाथ, मीननाथ आदि साधकों ने इस साधना को समृद्ध किया।

इसी समय एक और धारा पश्चिम से आयी। यह अशास्त्रीय सूफियों की धारा थी। इन सूफियों ने भारत के हृदय पर प्रभाव जमाया। इन्होंने भारतीय साधना पद्ध ति का विरोध नहीं किया। भारत वर्ष की वह धारा जो आचार-प्रधान वर्णाश्रम धर्म के विधानों के नीचे गुप्त रूप से बह रही थी, एकाएक इस सधर्मी को पाकर विशाल वेग से जाग पड़ी। कुछ लोगों की साधना पहले से ही निर्गुण ब्रह्म की ओर प्रवृत्त थी। इन दो धाराओं के संयोग ने एक अभिनव साधना को जन्म दिया। कबीर, दादू आदि ने इस मार्ग को आगे बढ़ाया। अप्रतिहत वर्णाश्रम व्यवस्था को इस विकट परिस्थिति का सामना करना पड़ा था। एक ओर शक्तिशाली प्रतिद्वन्द्वी समाज को वैराग्य-प्रधान साधुओं के भारी विद्रोह का सामना करना पड़ रहा था तो दूसरी ओर निम्न श्रेणी के साधक अपनी महिमाशालिनी प्रतिभा और साधना के बल पर ब्राह्मण से लेकर शूद्र तक को गुरु बना रहे थे। इस विकट परिस्थिति को सँभालना शास्त्र के लिए असम्भव हो गया था। इस समय दक्षिण से जो भक्ति धारा आयी थी उस धारा ने भारतीय जन समुदाय को अपनी ओर आकर्षित किया। इस साधना का केन्द्र बिन्दु प्रेम था। राम और कृष्ण का आश्रय लेकर इस भक्ति की साधना ने उस युग को एक प्रकाश दिया।

विदेशी संस्कृति से आत्म-रक्षा के लिए दो शक्तियाँ प्रबल रूप से काम करने लगीं। पहली कबीर, जायसी आदि की निर्गुण साधना और दूसरी और सूर और तुलसी की सगुण भक्ति साधना। महायान बौद्ध धर्म में धीरे-धीरे सहजयान की प्रधानता स्थापित हो गयी थी। यही सहजयान आगे चलकर नाथपन्थ के रूप में आविर्भूत हुआ। जन-साधारण में उस समय व्रत, पूजा, उपवास, तीर्थ आदि की महिमा खूब प्रतिष्ठित थी। सूरदास इन सारी बातों को व्यर्थ समझते थे। भगवान की दृष्टि में जाति-पाँति, कुल-शील आदि कोई चीज नहीं है। योगी और अयोगी उनकी दृष्टि में समान हैं। उन्हें पाने के लिए केवल प्रेम चाहिए, प्रेम से ही सब मिलते हैं। तेरहवीं शती में यूरोपियन चर्च में प्रधानतः दो धाराएँ हो गयी थीं। एक श्रेणी के सन्तों की घोषणा थी कि आत्मा किसी नियम की पाबन्द नहीं है। सूरदास के सूरसागर

में तत्कालीन समाज का चित्र उपलब्ध है। दक्षिण से जो भक्ति धारा उत्तर में आयी थी वह सर्वत्र एक ही समान नहीं थी, कारण यह है कि वह जिस प्रदेश में पहुँची वहाँ की सामाजिक परिस्थिति के अनुसार विशेष रूप में परिवर्तित हो गयी।

भक्ति की धारा जो दक्षिण से आयी उसी ने उत्तर भारत में हिन्दू और मुसलमानों में सामान्य भक्तिमार्ग का विकास किया। नामदेव, कबीर जैसे महापुरुषों ने अन्तस्साधना को प्रेमतत्त्व से जोड़ने का प्रयत्न किया। कबीर ने नाथपन्थी बातों को अपनी बानी में जगह दी। कबीर तथा अन्य निर्गुण पन्थी सन्तों ने ज्ञान के मार्ग को आगे बढ़ाया, पर कर्म की दशा वही की वही रही। ईश्वर ज्ञान स्वरूप और प्रेम स्वरूप ही रहे, धर्म स्वरूप न हो पाये। इस अभाव की पूर्ति प्राचीन वैष्णव भक्तिमार्ग की रामभक्ति शाखा से हुई। कृष्ण भक्ति शाखा केवल प्रेम स्वरूप ही था। साधना के ये तीन अंग–कर्म, ज्ञान और भक्ति कुछ समय के बाद दोषग्रस्त हो गये। कर्म अर्थ शून्य विधि विधानों से, ज्ञान रहस्य और गुह्य की भावना से पाखंडपूर्ण हो सकता है और भक्ति इन्द्रियोपभोग की वासना से कलुषित हो सकती है। इस प्रकार देश में सगुण और निर्गुण के नाम से भक्ति काल की दो धारा बह निकली।

पूर्व मध्यकाल इसे भक्तिकाल भी कहते हैं। इसका समय आचार्य रामचन्द्र शुक्ल जी के अनुसार संवत् 1375 से 1700 ई. तक है। देश में मुस्लिम साम्राज्य दूर-दूर तक स्थापित हो गया था। इतने भारी राजनीतिक उलटफेर के कारण हिन्दू जनसमुदाय पर बहुत दिनों तक उदासी की भावना छा गयी थी। अपने पौरुष से हताश जाति के लिए भगवान के शक्ति और करुणा की ओर ध्यान ले जाने के अतिरिक्त दूसरा मार्ग नहीं था। धर्म का प्रवाह कर्म, ज्ञान और भक्ति-इन तीन धाराओं में चलता रहा।

2.2.2 हिन्दू-मुसलमान दोनों के लिए एक सामान्य भक्तिमार्ग का विकास

भारत में आक्रमणकारियों के रूप में आये मुसलमानों को हिन्दू समाज अपने में आत्मसात् करने की शक्ति क्षीण हो गयी। जाति-व्यवस्था की जटिलता के कारण हिन्दू समाज में संकीर्णता गयी थी। अरबों के सिन्ध विजय के समय अनेक हिन्दू मुसलमान बनाये गये। हिन्दुओं में शुद्धि का विधान किया गया, दुर्भाग्यवश जो बाद में लुप्त हो गयी थी। हिन्दुओं ने अल्लोपनिषद् की रचना की। वे तुर्कों के अल्लाह को विष्णु का रूप तथा मुहम्मद को बुद्ध की तरह अवतार मानने को तत्पर थे, किन्तु इस्लाम का अल्लाह 'लशरीक' था और शिकरत को मुसलमान कुफ्र समझते थे। इस्लाम की इस कट्टरता के कारण दोनों धर्मों के बीच अधिक समन्वय नहीं हो सका।

मुसलमान अपनी धर्म कट्टरता पर डटे रहे तो हिन्दू अपने मिथ्या स्वाभिमान पर डटे रहे। मुसलमान अपने धर्म में संशोधन करने को तैयार नहीं थे, जबकि हिन्दू अन्य धर्मालम्बियों से कुछ सीखना नहीं चाहते थे। भारत में सहजीवन करते-करते कट्टर मुसलमानों के दिलों में धार्मिक जोश कम हुआ। समन्वय की प्रवृत्ति रखनेवाले

हिन्दू भी मुसलमानों के समीप आये। इस्लाम के प्रचार-प्रसार में तलवार की अपेक्षा सन्तों की समन्वय से अधिक सफल हुए। इस बात की पुष्टि करते हुए श्री रामधारी सिंह दिनकर कहते है कि "भारत में इस्लाम का प्रसार तलवार से कम, जजिया के भय से बहुत कम किन्तु सन्तों का प्रभाव आसानी से पड़ा, क्योंकि नीचे जाति के लोग ऊँची जाति से अत्यन्त पीड़ित थे।" दोनों सम्प्रदायों के सन्त एक दूसरे के धार्मिक विचारों से प्रभावित हुए। चार्ल्स इलियट की धारणा है कि समन्वय की भावना भारत में तुर्क साम्राज्य की स्थापना से पूर्व ही आरम्भ हो गयी। वे अपनी पुस्तक 'Hunduism and Budhism' में लिखते हैं कि रामानुज व शंकर इस्लाम धर्म से प्रभावित थे। इस्लाम धर्म के एकेश्वरवाद से हिन्दू प्रभावित हैं तो हिन्दू तत्त्वज्ञान से मुसलमान प्रभावित हुए थे। सूफीसन्तों ने दोनों सम्प्रदायों के बीच प्रेम स्थापित करने की निरन्तर चेष्टा की थी। हिन्दू तथा मुस्लिम सम्प्रदायों के बीच एकता तथा प्रेम उत्पन्न करने का प्रयत्न 'ख्वाजा मोइनुद्दीन चिश्ती', कबीर, नानक आदि सन्तों ने की थी। डॉ. ताराचन्द वैष्णव धर्म और भक्ति आन्दोलन की आत्मा इस्लामी मानते हैं। 15वीं शताब्दी में सत्यपीर सम्प्रदाय की स्थापना बंगाल के सुल्तान ने की थी। इसके अनुयायी हिन्दू और मुसलमान दोनों थे। मुगल काल में सतनामी और नारायणी सम्प्रदायों का जन्म हुआ, जिनके अनुयायी दोनों थे। उदारतावश हिन्दुओं ने मुस्लिम पीरों तथा मजारों की पूजा शुरू की। वे मुस्लिम त्योहारों में भी उत्साह पूर्वक भाग लेने लगे। मध्यकाल के हिन्दू तथा इस्लामिक संस्कृतियों में पूरा समन्वय तो नहीं हो सका, किन्तु दोनों संस्कृतियों ने एक दूसरे को अवश्य प्रभावित किया।

2.2.3. नामदेव व भक्तिमार्ग

महाराष्ट्र के भक्तों में नामदेव का नाम सबसे पहले आता है। मराठी भाषा के अभंगों के अतिरिक्त इनकी हिन्दी रचनाएँ भी प्रचुर परिमाण में मिलती हैं। इन हिन्दी रचनाओं में एक विशेष बात यह पायी जाती है कि कुछ तो सगुणोपासना से सम्बन्ध रखती हैं और कुछ निर्गुणोपासना से। नामदेव किसी गुरु से दीक्षा लेकर अपनी सगुण भक्ति में प्रवृत्त नहीं हुए थे। वे अपने ही हृदय की स्वाभाविक प्रेरणा से प्रेरित हुए थे। सन्तों के बीच निर्गुण ब्रह्म के सम्बन्ध में जो कुछ कहा-सुना जाता है और ईश्वर प्राप्ति की जो साधना बतायी जाती है, वह किसी गुरु की सिखायी हुई होती है। गरु के अभाव के कारण नामदेव में परमात्मा की सर्वव्यापकता का उदार भाव नहीं पाया जाता था, बल्कि भेदभाव बना हुआ था। इस पर एक कथा प्रचलित है। कहते हैं कि एक दिन स्वयं बिठोवा (भगवान) एक मुसलमान फकीर का रूप धरकर नामदेव के सामने आये। नामदेव ने उन्हें नहीं पहचाना। तब उनसे कहा गया कि वे तो प्ररब्रह्म भगवान ही थे। अन्त में बेचारे नामदेव ने नागनाथ नामक शिव के स्थान पर जाकर बिसोबा खेचर या खेचरनाथ नामक एक नाथपन्थी

कनफटे से दीक्षा ली। इसके सम्बन्ध में उनके ये वचन हैं—

मन मेरी सुई, तन मेरा धागा। खेचरजी के चरण पर नामा सिंपी लागा।

सुफल जन्म मोको गुरु कीना। दुश्ख बिसार सुख अन्तर दीना।।
ज्ञान दान मोको गुरु दीना। राम नाम बिन जीवन हीना।।

किसू हूँ पूजूँ दूजा नजर न आयी।
एके पाथर किज्जे भाव। दूजे पाथर धरिये पाव।।
जो वो देव तो हम बी देव। कहै नामदेव हम हरि की सेव।।

मुसलमानों के आने पर पठानों के समय में गोरखपन्थी योगियों का देश में बहुत प्रभाव था। नामदेव के ही समय में प्रसिद्ध ज्ञानयोगी ज्ञानदेव हुए हैं जिन्होंने अपने को गोरख की शिष्य-परम्परा में बताया है। ज्ञानदेव का परलोकवास बहुत कम अवस्था में ही हुआ, पर नामदेव उनके उपरान्त बहुत दिनों तक जीवित थे। नामदेव सीधे-सादे सगुण भक्ति मार्ग पर चले जा रहे थे, पर पीछे उस नाथपन्थ के प्रभाव के भीतर भी ये लाये गये थे, जो अन्तर्मुख साधना द्वारा सर्वव्यापक निर्गुणब्रह्म के साक्षात्कार को ही मोक्ष का मार्ग मानता था। एक बार ज्ञानदेव इन्हें साथ लेकर तीर्थयात्रा को निकले। मार्ग में ये अपने प्रिय विग्रह बिठोबा के वियोग में व्याकुल रहा करते थे। ज्ञानदेव इन्हें बराबर समझाते थे कि भगवान् क्या एक ही जगह हैं, वे तो सर्वत्र हैं, सर्वव्यापक हैं। यह मोह छोड़ो। तुम्हारी भक्ति अभी एकांगी है, जब तक निर्गुण पक्ष की भी अनुभूति तुम्हें न होगी, तब तक तुम पक्के नहीं होगे। ज्ञानदेव की बहन मुक्ताबाई के कहने पर एक दिन सन्तपरीक्षा हुई। जिस गाँव में यह सन्त मंडली उतरी थी, उसमें एक कुम्हार रहता था। मंडली के सब सन्त चुपचाप बैठ गये। कुम्हार घड़ा पीटने का पिटना लेकर सबके सिर पर जमाने लगा। चोट पर चोट खाकर भी कोई विचलित न हुआ। पर जब नामदेव की ओर बढ़ा तब वे बिगड़कर खड़े हुए। इस पर कुम्हार बोला, नामदेव को छोड़कर सब घड़े पक्के हैं। बेचारे नामदेव कच्चे घड़े ठहराये गये। इस कथा से यह पता चलता है कि नामदेव को नाथपन्थ के योगमार्ग की ओर प्रवृत्त करने के लिए ज्ञानदेव की ओर से तरह-तरह के प्रयत्न होते रहे।

नामदेव किसी गुरु से दीक्षा लेकर अपनी सगुण भक्ति में प्रवृत्त नहीं हुए थे, अपने ही हृदय की स्वाभाविक प्रेरणा से हुए थे। ज्ञानदेव उन्हें बराबर 'बिन गुरु होइ न ज्ञान' समझाते आते थे। सन्तों के बीच निर्गुण ब्रह्म के सम्बन्ध में जो कुछ कहा सुना जाता है और ईश्वर प्राप्ति की जो साधना बतायी जाती है, वह किसी गुरु की सिखायी हुई होती है। परमात्मा के शुद्ध निर्गुणस्वरूप के ज्ञान के लिए ज्ञानदेव का आग्रह बराबर बढ़ता गया। गुरु के अभाव के कारण किस प्रकार नामदेव में परमात्मा की सर्वव्यापकता का उदार भाव नहीं जम पाया था और भेदभाव बना था, इस पर भी एक कथा चली आती है। कहते हैं कि एक दिन स्वयं विठोबा एक मुसलमान

फकीर का रूप धारण कर नामदेव के सामने आये। नामदेव ने उन्हें नहीं पहचाना। तब उनसे कहा गया कि वे तो परब्रह्म भगवान ही थे। अन्त में बेचारे नामदेव ने नागनाथ नामक शिव के स्थान पर जाकर बिसोबा खेचर खेचरनाथ नामक एक नाथपन्थी कनफटे से दीक्षा ली।

इनकी भक्ति के अनेक चमत्कार भक्तमाला में लिखे हैं, जैसे– विठोबा की मूर्ति का इनके हाथ से दूध पीना, अविन्द नागनाथ के शिवमन्दिर के द्वार पर इनकी ओर घूम जाना इत्यादि। इनके माहात्म्य ने यह सिद्ध कर दिखाया कि "जाति-पाँति पूछै नहिं काईं हरि को भजै सो हरि का होई।" इनकी निर्गुण बानी कुछ इस प्रकार है–

माई न होती, बाप न होते, कर्म न होता काया
हम नहिं होते, तुम नहिं होते, कौन कहाँ ते आया
चन्द न होता, सूर न होता, पानी पवन मिलाया
शास्त्र न होता, पानी पवन मिलाया।

पांडे तुम्हरी गायत्री लोधे का खेत खाती थी।
लैकरि ठेंगा टँगरी तारे लंगत लंगत आती थी।
पांडे तुम्हरा महादेव धौल बलद चढ़ा आवत देखा था।,
रावन सेंती सरबर होई, घर की जोय गँवायी थी।
हिन्दू अन्धा तुरुकौ काना, दुबौ ते ज्ञानी सयाना।।

हिन्दू पूजै देहरा, मुसलमान मसीद।
नामा सोई सोविया जहँ देहरा न मसीद।।

नामदेव की रचनाओं से यह बात साफ दिखाई पड़ती थी कि सगुण भक्ति पदों की भाषा तो ब्रज या परम्परागत काव्य भाषा है, पर निर्गुण बानी की भाषा नाथपन्थियों द्वारा गृहीत खड़ी बोली या सधुक्कड़ी भाषा है।

2.2.4. कबीर का निर्गुण पन्थ

निर्गुणमार्ग के निर्दिष्ट प्रवर्तक कबीरदास ही थे जिन्होंने एक ओर तो स्वामी रामानन्द जी के शिष्य होकर भारतीय अद्वैतवाद की कुछ स्थूल बातें ग्रहण कीं और दूसरी ओर योगियों और सूफी फकीरों के संस्कार प्राप्त किये। वैष्णवों से उन्होंने अहिंसावाद और प्रपत्तिवाद लिया। इसी से उनके तथा निर्गुणवाद वाले दूसरे सन्तों के वचनों में कहीं भारतीय अद्वैतवाद की झलक मिलती है तो कहीं-कहीं योगियों के नाड़ीचक्र की, कहीं सूफियों के प्रेमतत्त्व की, कहीं पैगम्बरी कट्टर खुदावाद की और कहीं अहिंसावाद की। इनका लक्ष्य एक ऐसी सामान्य भक्ति पद्धति का प्रचार था जिसमें हिन्दू और मुसलमान दोनों योग दे सकें और भेदभाव का कुछ परिहार हो।

बहुदेवोपासना, अवतार और मूर्तिपूजा का खंडन ये मुसलमानी जोश के साथ करते थे और मुसलमानों की कुरबानी, नमाज, रोजा आदि की असारता दिखाते हुए ब्रह्म, माया, जीव, अनहद नाद, सृष्टि, प्रलय आदि की चर्चा पूरे हिन्दू ब्रह्म-ज्ञानी बनकर करते थे। जिनके कारण धर्म में भेदभाव फैले हुए थे, उन पर से ध्यान हटाकर ईश्वर और प्रेम से सम्बन्धित सात्त्विक जीवन का प्रचार किया।

कबीर दास का जन्म रामानन्द के आशीर्वाद के फलस्वरूप एक विधवा ब्राह्मण ी के गर्भ से हुआ था। लोकलाज के भय से उस विधवा ने अपने बच्चे को लहर तारा नामक तालाब के पास छोड़ दिया। बाद में वहाँ से जाने वाले नीरू और नीमा नामक जुलाहे परिवार ने उनका पालन पोषण किया। इस प्रकार कबीरदास जन्म से हिन्दू और संस्कार से मुसलमान थे। इन्होंने दोनों धर्मावलम्बियों की त्रुटियाँ पहचानी और दोनों की बड़ी निन्दा की है। रामानन्द जी के माहात्म्य के बारे में सुनकर कबीर उनके शिष्य बनना चाहते थे। ऐसा प्रसिद्ध है कि एक दिन वे एक पहर रात से ही पंचगंगा घाट की सीढ़ियों पर जा पड़े रहे जहाँ से रामानन्द स्नान करने के लिए उतरा करते थे। स्नान जाते समय अँधेरे में रामानन्द जी का पैर कबीर के ऊपर पड़ा। रामानन्द जी बोल उठे- 'राम-राम'। कबीर ने इसी को गुरु मंत्र मान लिया तब से उसने सामानन्द को गुरु मान लिया था। कबीर हमेशा साधुओं के सत्संग में रहते थे। जिस दिन साधु उनके घर नहीं आते थे उस दिन को वे व्यर्थ समझते थे। रामानुज की शिष्य परम्परा में होते हुए भी कबीर ने निर्गुण पन्थी नामक अलग मार्ग निकाला। कबीर की पन्थी में हिन्दू और मुसलमान दोनों थे। कबीर ने दूर-दूर तक देशाटन किया हठयोगियों तथा सूफी मुसलमान फकीरों का भी सत्संग किया। अतः उनकी प्रवृत्ति उपासना की ओर दृढ़ हुई। अद्वैतवाद के स्थूल रूप का कुछ परिज्ञान उन्हें रामानन्द जी के सत्संग से पहले ही मिला।

2.2.5. निर्गुण पन्थ और नाथ पन्थ अन्तस्साधना में भिन्नता

नाथपन्थी जोगी कबीर के लिए बहुत कुछ रास्ता निकाल चुके थे। इसलिए कबीर ने विशेष तत्परता के साथ एक व्यवस्थित रूप में निर्गुणपन्थ के नाम से उपासना शुरू किया। कबीर ने नाथपन्थियों की बहुत-सी बातों को अपनी बानी में स्थान दिया। नाथपन्थियों की अन्तस्साधना में हृदयपक्ष शून्य थी, उसमें प्रेमतत्त्व का अभाव था। कबीर ने यद्यपि नाथपन्थ की बहुत-सी बातों को अपनी बानी में जगह दी तथापि कबीर ने निराकार ईश्वर के लिए भारतीय वेदान्त का ही पल्ला पकड़ा था। निराकर ईश्वर की भक्ति के लिए सूफियों का प्रेमतत्त्व लिया। भारतीय भक्तिमार्ग साकार और सगुण रूप को लेकर चला था। निर्गुण और निराकार ब्रह्म भक्ति या प्रेम का विषय नहीं माना जाता था। ऐसे वक्त में कबीर ने ठीक मौके पर जनता के उस बड़े भाग को सँभाला जो नाथपन्थियों के प्रभाव से प्रेमभाव और भक्तिरस से शून्य

और शुष्क पड़ता जा रहा था। इसके साथ ही मनुष्य की सामान्य भावना को आगे करके निम्न श्रेणी की जनता में उन्होंने आत्मगौरव का भाव जगाया और भक्ति के ऊँचे- ऊँचे सोपानों की ओर बढ़ने का बढ़वा दिया।

2.2.6. निर्गुणोपासना के मूल स्रोत

नामदेव की रचना के आधार पर यह कहा जा सकता है कि निर्गुण पन्थ के लिए मार्ग निकालने वाले नाथपन्थ के योगी और भक्त नामदेव थे। निर्गुणोपासकों ने सूफियों के भावात्मक रहस्यवाद, हठयोगियों के साधनात्मक रहस्यवाद और वैष्णवों के अहिंसावाद तथा प्रवृत्तिवाद का मेल करके अपना एक नया पन्थ खड़ा किया था। इन उपासकों ने बाह्याडम्बर, मूर्तिपूजा, तीर्थयात्रा, पुनर्जन्म, जात-पाँत के भेद और प्राचीन रस्म-रिवाजों का खंडन किया और ज्ञान को अधिक महत्त्व दिया। इनकी उपासना निर्गुण परब्रह्म की है। इनका भगवान निर्गुण-निराकार है। इनकी उपासना के दो पक्ष मिलते हैं। ज्ञान और भक्ति। इनके ज्ञान पक्ष के अन्तर्गत एक और मिथ्या मत-मतान्तरों और बाह्म आडम्बर का खंडन हुआ है तो दूसरी ओर अद्वैत सिद्धान्तों की प्रतिष्ठा का समावेश हुआ है। प्रतिमा-पूजन और अवतारवाद के तो ये अत्यन्त विरोधी थे। सतनाम और सतगुरु ये ही उनके सपासना के केन्द्र हैं।

2.2.7. निर्गुण पन्थ का जनता पर प्रभाव

कबीर के पहले जितने भी धार्मिक सुधारक हुए थे। उनमें अप्रिय सत्य को कहने का बल अथवा साहस नहीं था। हिन्दू जन्म से ही अधिक धर्मभीरु थे। ऐसे ही दूसरों की धार्मिक नीति का स्पष्ट विरोध करना मुस्लिम धर्म का एक विशेष अंग था। इन्हीं दोनों परस्पर प्रतिकूल सभ्यताओं के योग से कबीर के निर्गुण पन्थ का जन्म हुआ। कबीर के निर्गुण पन्थ ने धार्मिक पाखंडों का स्पष्ट शब्दों में विरोध कर, सत्यानुमोदन करने की प्रेरणा दी है। इनका निर्गुण मार्ग संसार के कृत्रिम भेद-भावों से बिल्कुल रहित है। भक्ति भाव के आन्दोलन द्वारा भगवान के सामने सम-भाव का आदेश तो रामानन्द ने भी दिया था, पर जाति विभाग और ऊँच-नीच भाव के एकीकरण का साहस कबीर के पहले किसी ने भी नहीं किया था। भारतीय शिक्षित समाज पर प्रत्यक्ष रूप से कबीर का प्रभाव बहुत कम पड़ा, परन्तु एक बात हिन्दुओं और मुसलमानों में समान रूप से व्याप्त हो गयी कि सबका भगवान एक है और सब भगवान के बन्दे हैं। जो हरि की वन्दना करता है वह हरि का दास है। परमपद की प्राप्ति के लिए प्रेम ही वांछनीय है कोई विशेष सम्प्रदाय, जाति अथवा शिक्षा नहीं। इस विषय की कितनी ही सूक्तियाँ आज भी उत्तरी भारत के गाँवों में कबीर के नाम से प्रसिद्ध हैं। हिन्दू-मुसलमान दोनों कबीर का महत्त्व स्वीकार करते हैं। कबीर ने शताब्दियों की संकुचित चित्तवृत्ति को परिमार्जित कर समाज के प्रत्येक व्यक्ति को

अधिक उदार बना दिया है। भारतीय इतिहास में भी कबीर के इस भाव का प्रभाव प्रत्यक्ष लक्षित होता है। कबीर की मृत्यु के बाद मुस्लिम शासन काल में भी प्रायः तीन शताब्दी तक हिन्दू-मुस्लिम धर्म सम्बन्धी अनाचार की कोई घटना नहीं मिलती है। छुआछूत का तो बहुत कुछ अभाव देख सकते हैं। उन्होंने समाज में क्रान्ति-सी उत्पन्न कर दी थी। धर्म के नाम पर किये अनाचार का विरोध कर जन साधारण की भाषा द्वारा समाज को जागृत करने में कबीर का स्थान सर्वप्रथम है। अन्धविश्वासों को मिटाकर समता का उपदेश देने वाले कबीर के निर्गुण पन्थ का प्रभाव जनता पर पड़ना स्वाभाविक है।

2.2.8. भक्ति के विभिन्न मार्गों पर सापेक्षिक दृष्टि से विचार

जिस समय मुसलमान भारत में आये उस समय सच्चे धर्म भाव का बहुत कुछ ह्रास हो गया था। परिवर्तन के लिए बहुत बड़े धक्कों की आवश्यकता थी। कालदर्शी भक्त कवि जनता के हृदय को सँभालने और लीन रखने के लिए दबी हुई भक्ति को जगाने लगे। इस काल के शास्त्रज्ञ विद्वानों पर सिद्धों और जोगियों की वानियों का कोई असर न था। पंडितों के शास्त्रार्थ भी होते थे, दार्शनिक खंडन मंडन के ग्रन्थ भी लिखे जाते थे। क्रमशः भक्ति का प्रवाह ऐसा विकसित और प्रबल होता गया कि उसकी लपेट में केवल हिन्दू जनता ही नहीं, देश में बसनेवाले सहृदय मुसलमानों में से भी अनेक आ गये। भक्ति आन्दोलन की जो लहर दक्षिण से आयी उसी ने उत्तर भारत की परिस्थिति के अनुरूप हिन्दू मुसलमानो दोनों के लिए एक सामान्य भक्ति मार्ग की भावना कुछ लोगों में जगायी। हृदयपक्ष शून्य सामान्य अन्तस्साधना का मार्ग निकालने का प्रयत्न नाथपन्थी योगियों ने किया। भक्तिकाल को दो रूपों में बाँट सकते हैं।

भक्तिकाल

निर्गुण भक्ति — सगुण भक्ति

निर्गुण भक्ति: ज्ञानाश्रयी शाखा — प्रेमाश्रयी शाखा

सगुण भक्ति: रामभक्ति शाखा — कृष्ण भक्ति शाखा

ज्ञानमार्गी :- जिन्होंने भारतीय वेदान्त और ब्रह्मज्ञान को अपनाया उनको ही ज्ञान मार्गी कहते हैं। इस शाखा के प्रधान कवि महात्मा कबीरदास, रैदास, धर्म दास, नानक, दादू दयाल आदि हैं

प्रेममार्गी :- जिन्होंने फारसी के सूफीवाद का आश्रय लिया है उनको ही प्रेम मार्गी कहते हैं। इस शाखा के प्रधान कवि कुतुबन, मंजन, मलिक मुहम्मद जायसी आदि हैं।

राम भक्ति शाखा :- जिन्होंने भगवान रामचन्द्र के लोकरंजक रूप को अपनाया

उन कवियों को ही राम भक्ति शाखा के कवि कहते हैं। इस शाखा के कवियों में गोस्वामी तुलसीदास प्रमुख हैं।

कृष्ण भक्ति शाखा :- जिन्होंने भगवान श्रीकृष्ण के माधुर्यमय रूप को अपनाया उरन कवियों को ही कृष्ण भक्ति शाखा के कवि कहते हैं। इस शाखा के कवियों में महात्मा सूरदास प्रमुख माने जाते हैं।

2.2.9. निर्गुणधारा की दो शाखाएँ

इस धारा की दो प्रमुख शाखाएँ थीं। ज्ञानमार्गी और प्रेममार्गी।

2.2.10. ज्ञानाश्रयी शाखा और उसका प्रभाव

जिन्होंने भारतीय वेदान्त और ब्रह्मज्ञान को अपनाया उनको ही ज्ञानमार्गी कहते हैं। इस शाखा के प्रधान कवि महात्मा कबीर दास, रैदास, धर्मदास, नानक, दादूदयाल आदि थे। ज्ञानमार्गी शाखा के कवि ईश्वरवाद के कट्टर विरोधी थे और एकेश्वरवाद के प्रचारक भी थे। धर्म-धर्म में या मानव-मानव में कोई भेद भाव नही है, यही उनके सिद्धान्तों का प्रधान लक्ष्य बना हुआ था। उनकी दृष्टि में काबा-काशी और राम-रहीम में कोई अन्तर नहीं था। इस शाखा के अधिकांश कवियों ने हिन्दू-मुस्लिम की एकता पर अत्यधिक जोर दिया है। इस शाखा के प्रमुख कवि कबीर माने जाते हैं।

निर्गुण परब्रह्म की परम्परा और इस्लाम का प्रभाव इसमें पाया जाता है। इन पर नाथ-पन्थी जोगियों का प्रभाव अवश्य है। मगर उनकी शुष्कता इनमें नहीं मिलती। इस शाखा के कवियों ने बाह्याडम्बर मूर्तिपूजा, तीर्थ सेवन, पुनर्जन्म, जाति-पाँति, अर्थविहीन प्राचीन रस्म-रिवाज आदि का खुलकर विरोध किया। इनमें गुरु का बड़ा महत्त्व है। इस शाखा के कवि रहस्यवादी हुए हैं। आत्मा-परमात्मा का सम्बन्ध बताया गया है। हरि मोर पति मैं राम की बहुरियाँ—यही इन कवियों की उपासना पद्धति का गुण है, इन्होंने संयोग और वियोग दोनों पक्षों का वर्णन किया है। इन्होंने भाषा की ओर नहीं, भाव की ओर अत्यधिक ध्यान दिया है। इन्होंने अपनी अधिकांश रचनाओं के लिए दोहा नामक छन्द चुना। ज्ञानमार्गी शाखा के सभी सन्त कवि अधिकांश निम्नवर्ग के थे। रैदास और कबीरदास जुलाहे थे, धन्ना जाट थे, सेना नाई थे और पीपा राजपूत थे। ये ज्ञान से परमात्मा को प्राप्त करना चाहते थे। इन्होंने गुरु को ईश्वर से भी बढ़कर दर्जा दिया था। वैयक्तिक साधना पर ये बल देते थे। एक या को दो छोड़कर सभी सन्त अशिक्षित थे। ये एक प्रान्त से दूसरे प्रान्त जाते थे। अतः इनकी भाषा में विविध प्रान्तों के शब्दों का मिलन स्वाभाविक है। अतः इनकी भाषा खिचड़ी भाषा है। विद्वान लोग इसे सधुक्कड़ी कहते हैं। अधिकांश सन्त कवि ने अशिक्षित होने के कारण दोहे जैसे छोटे छन्द को ही अपनाया और उस छन्द के निर्वाह में भी त्रुटियाँ की थी।

परम्परा से प्राप्त प्रतीकों का सन्त कवियों ने सुन्दर प्रयोग किया है। ब्रह्म के विराट रूप की कल्पना में अद्भुत रस, संसार की निस्सारता के वर्णन में शान्त रस की निष्पत्ति हुई है। भक्ति काल में हिन्दुओं में वर्णाश्रम धर्म का सम्यक् पालन नहीं होता था। इसलिए जातियों और उपजातियों की संख्या बढती गयी। उनके पारस्परिक व्यवहार में आत्मीयता नहीं थी। उस समय दास-प्रथा थी। मुसलमान हिन्दू कन्याओं को खरीदकर अपने घर में रखते थे। कुलीन नारियों का अपहरण करके अपने मनोरंजन के साधन बनाते थे। हिन्दू मुस्लिम महिलाओं को दासी के रूप में रखकर नृत्यु -गीत की शिक्षा देते थे। बाल विवाहों को बढ़ावा मिलता था। हिन्दुओं में संयुक्त परिवार पाये जाते थे। अस्पृश्यता के कठोर नियम थे।

ज्ञानमार्गी शाखा के अधिकांश कवि निम्न वर्ग के पीड़ित-शोषित लोग थे, इसलिए उच्च वर्णों के प्रति उनका आक्रोश रहना स्वाभाविक था। कबीर ने हिन्दुओं और मुसलमानों के धार्मिक पाखंडों का व्यंग्यपूर्ण विरोध किया था। कबीरदास इस काल के प्रतिनिधि कवि माने जाते हैं।

2.2.11. प्रेममार्गी सूफी शाखा का स्वरूप

प्रेममार्गी सूफी शाखा के अधिकांश कवि सहृदय मुसलमान थे। सूफी का अर्थ है 'सफेद ऊनी कपड़ा' अर्थात् सूफी शाखा के व्यक्ति आडम्बर शून्य जीवन बिताने वाले व्यक्ति थे। इस शाखा के कवियों ने प्रेम-भावना को ही अपने काव्य का वस्तु चुना और इसी पर अपनी काव्य रचना की। इन्होंने हिन्दू धर्म से सम्बन्धित और कल्पित कहानियों द्वारा प्रेम मार्ग का महत्त्व बतलाया है। इन्होंने लौकिक प्रेमतत्त्व के बहाने उस प्रेम तत्त्व का आभास दिया है जो प्रियतम ईश्वर से मिलने वाला है। इनकी ये कहानियाँ हिन्दुओं के घर-घर में बहुत दिनों तक प्रचलित रहीं। इस शाखा के कवियों ने अपनी इन कहानियों द्वारा मनुष्य के हृदय को स्पर्श करने का प्रयत्न किया। इनका प्रभाव हिन्दुओं और मुसलमानों पर समान रूप से पड़ा। इन्होंने अपनी काव्य रचना पूर्वी हिन्दी अर्थात् अवधी में की थी। कुतुबन, मंझन, मलिक मुहम्मद जायसी, उसमान, नूर मोहम्मद आदि प्रमुख हैं।

सूफी शब्द की व्युत्पत्ति कई प्रकार से की गयी है। कुछ लोगों की धारणा है कि मदीना में मस्जिद के सामने एक सुफ्फा अर्थात् चबूतरा था, उस पर जो फकीर बैठते थे, वे सूफी कहलाये गये। कुछ लोगों का मानना है कि इस शब्द के मूल में सफ (पंक्ति) है। कयामत के दिन जो लोग अपने सदाचार एवं व्यवहार के कारण एक पंक्ति में खड़े किये जाएँगे, वे ही सूफी हैं। बहुत लागों के द्वारा उनके 'सूफी' कहे जाने का कारण उनका सफा होना माना गया है। अर्थात् वे स्वच्छ एवं पवित्र होते हैं। कुछ लोगों का कहना है कि सूफी शब्द सोफिया का रूपान्तर है। जिसका अर्थ होता है ज्ञान। अधिकतर विद्वानों का मानना है कि सूफी शब्द सूफ (ऊन) से

बना है। सूफधारा ही वस्तुतः सूफी नाम से ख्यात हुए।

सूफी मत का आविर्भाव इस्लाम के अत्यन्त कठोर, नियमानुशासित विधि विधानों की प्रतिक्रिया स्वरूप हुआ था। इस मत ने कर्मकांड का विरोध कर अन्तः साधना पर जोर दिया। इसकी साधना पद्धति रहस्यवादी है। इसलिए इनको रहस्यवादी कहते थे। इस्लाम में इस रहस्यवादी भावना को तसव्वूफ कहा गया है। इस मत पर शामी विचारधारा का प्रभाव पड़ा है। इस विचारधारा में जीव और ब्रह्म के सम्बन्ध का निरूपण दाम्पत्य भाव से किया गया है। कालान्तर में इसमें भारतीय अद्वैत भावना का भी सम्मिश्रण हुआ है। इस्लाम के कट्‌ट खलीफाओं ने इन सूफी सन्तों को इस्लाम विरोधी बतलाया है और उन पर बहुत अत्याचार किये। विभिन्न देशों में यात्रा करते हुए सूफीमत का भारत में प्रवेश ग्यारहवीं शती में हुआ था। तब तक सूफीमत और इस्लाम में थोड़े बहुत मतभेद थे। सुफीमत ने अपना स्पष्ट सैद्धान्तिक रूप सुनिश्चित कर लिया था, तथा अधिकांश सूफी बशरा हो गये थे। भारत में आने वाले अधिकांश सूफी तो इस्लाम के प्रचारक ही थे। इस्लाम तथा सूफी में संघर्ष समाप्त हो जाने से इस्लाम का प्रचार भारत जैसे एक बड़े भू भाग पर होना आसान हो गया था। वास्तव में इस प्रकार से सूफी दार्शनिक अपने लक्ष्य के प्रति अधिक सजग हुए तथा वे किसी नये सम्प्रदाय की स्थापना नहीं कर रहे थे अपितु एक नये प्रकार के आन्दोलन के द्वारा अधिकाधिक लोगों को इस्लाम धर्म से जोड़ने के यत्न में लगे हुए थे। देश में इस्लाम का शासन प्रतिष्ठित हो चला था, तथा मुस्लिम शासक तलवार के बल पर अपनी मजबूती सिद्ध करने का प्रयास कर रहे थे। परन्तु वे जानते थे कि तलवार के बल पर बहुत दिनों तक स्थायी नहीं रखा जा सकता है। इसलिए सूफी प्रचारकों ने अपनी चमत्कारपूर्ण चेष्टाओं से प्रेम के पीर की मादक अभिव्यक्ति के द्वारा भारतीय जनसमूह को इस्लाम की ओर आकर्षित करने का भरपूर प्रयास किया। फारसी साहित्य के उत्कर्ष की दृष्टि से नवीं शताब्दी के उत्तरार्ध से 11वीं शताब्दी के पूर्वार्ध तक का समय अत्यन्त महत्त्वपूर्ण रहा है। इसी समय फिरदौसी जैसे समर्थ फारसी कवि का प्रादुर्भाव हुआ। सूफी मत का विकास अनेक सोपानों में होता रहा। अपनी आरम्भिक अवस्था में फारसी साहित्य मात्र उपदेशात्मक एवं नीरस रहा था, किन्तु समय के साथ प्रेम और विरह का योग हो जाने से अपेक्षाकृत अधिक प्रभावोत्पादक रहा। इस प्रकार सूफी साहित्य ने अपनी रमणीयता व भावुकता के कारण 12वीं से 14वी शताब्दी के मध्य विकसित हुआ।

भारत में सूफी मत का पदार्पण सूफी साधक हुज्वेरी के आगम से हुआ। वे इस्लाम धर्म के बहुत बड़े विद्वान और धर्माचार्य थे। वे गजनवी के निवासी थे, लाहौर में आकर रहने लगे। मुहम्मद गजनी के भारत आगमन के साथ इनका प्रवेश हुआ। यहीं से अन्य सूफी प्रचारकों का भारतवर्ष आने का सिलसिला शुरू हो गया। 1005ई. में शेख इसमाइल बुखारा ने अनेक हिन्दुओं को मुसलमान बनाया 12वीं

शती में अब्दुल्लाह यमनी ने गुजरात के निम्न जाति के अनेक लोगों को मतान्तरण करके मुसलमान बना दिया। 13वीं शती में सैयद अहमद कबीर ने सिन्ध और कच्छ के अनेक हिन्दुओं को मुसलमान बना दिया। 13वीं शती के आरम्भ में ही ख्वाजा मोईनुद्दीन चिश्ती ने अजमेर में अनेक हिन्दुओं का धर्मान्तरण करवाया। इस प्रकार 12वीं से 14वीं शतियों में सूफी प्रचारक काश्मीर तथा दक्षिण भारत, बंगाल आदि प्रदेशों में बस गये। सत्तारूढ़ मुस्लिम शासकों ने इस्लाम धर्म प्रचार में पूरा सहयोग दिया। हिन्दू धर्म की वर्ण व्यवस्था कठोर हो चली थी, अतः न हिन्दू, न मुसलमान कहे जाने वाले लोगों के लिए यहाँ द्वार बन्द हो गये। फलतः इन सूफियों के इस धर्म को यहाँ पर प्रोत्साहन और प्रश्रय मिला।[20] भारत में अधिकांश सूफी इस्लाम धर्म के भीतर मत के पूर्णतः प्रतिष्ठित हो जाने के बाद आये। हिन्दी में प्रचलित प्रेमाख्यानों की हृदयग्राही परम्परा के द्वारा उन्होंने जनता के मध्य अपने विचारों का प्रचार किया।[21] सूफी मत का दूसरा उत्थान जिसका विकास फारस में हुआ था, अधिकांशतः हिन्दू प्रभावों का परिणाम है।[22] धर्म के समस्त तत्त्वों को अपने में समेटकर आत्मसात् कर लेने में भारतीय संस्कृति की सहिष्णुता तथा समन्वयमूलकता का ही यह परिणाम है कि सन्तों के चिन्तन पर समन्वय एवं सहिष्णुता के बड़े प्रतिबिम्ब परिलक्षित हो गये। सूफी कवियों ने अपनी आध्यात्मिक अभिव्यक्ति को, आध्यात्मिक विचारों को सूफी काव्य के माध्यम से अनेक प्रतीकों के रूप में अभिव्यक्त किया है। कालान्तर में सूफी के अनेक सम्प्रदाय हो गये जैसे-चिश्ती सम्प्रदाय, साहरावर्दी सम्प्रदाय, नक्शबन्दी सम्प्रदाय और कादरी सम्प्रदाय प्रमुख है। सूफी मत का आधार प्रेम है।

2.2.12. सूफी कहानियों के आधार

सूफी कवियों ने परिशुद्ध प्रेम भवना को ही अपने काव्य का वस्तु चुना और इसी पर अपनी काव्य रचना की। इन्होंने कल्पित कहानियों के द्वारा प्रेममार्ग का महत्त्व बतलाया। इन्होंने लौकिक प्रेम के बहाने ईश्वर से मिलनेवाले प्रेम तत्त्व को दर्शाया। इनकी कहानियाँ हिन्दुओं के घर में प्रचलित कहानियाँ होती थीं। इन्होंने कहानियों के द्वारा मनुष्य के हृदय को स्पर्श करने का प्रयत्न किया। इस तरह सूफी कहानियों का आधार सम्पूर्ण रूप से भारतीय है। उसमें पात्रों के आदर्श भी एकान्त रूप से हिन्दू धर्म में पोषित हैं। भारतीय काव्य- शैली से पूर्ण रहते हुए भी ये प्रेम-काव्य मसनवी के वर्णनात्मक रूप लिये हुए हैं। कथानक के अन्तर्गत हिन्दू देवी देवताओं के भी विवरण हैं। इतना कह सकते हैं कि प्रेम-काव्य के कवियों ने हिन्दू शरीर में मुसलमानी प्राण डालकर साहित्य रचना की है। इस्लाम की प्रतिक्रिया के रूप में राम और कृष्ण काव्य का प्रादुर्भाव हुआ जिसमें भक्त की भावना अपनी चरम सीमा पर थी।

2.2.13. कवि ईश्वर दास की सत्यवती कथा

दिल्ली के बादशाह सिकन्दरशाह के समय में कवि ईश्वरदास ने सत्यवती कथा नाम की एक कहानी दोहे, चौपाइयों में लिखी थी जिसका आरम्भ तो व्यास-जनमेजय के संवाद से पौराणिक ढंग पर होता है, पर जो अधिकतर कल्पित, स्वच्छन्द और मार्मिक मार्ग पर चलने वाली है। वनवास के समय पांडवों को मार्कंडेय ऋषि मिले जिन्होंने यह कथा सुनायी—

मथुरा के राजा जन्द्रउदय को कोई सन्तान न थी। शिव की तपस्या करने पर उनके वर से राजा को सत्यवती नाम की एक कन्या हुई। वह जब कुमारी हुई तब नित्य एक सुन्दर सरोवर में स्नान करके शिव का पूजन किया करती थी। इन्द्रपति नामक एक राजा के चार पुत्र थे। एक दिन ऋतुवर्ण शिकार खेलते-खेलते घोर जंगल में भटक गया। एक स्थान पर उसे एक कल्पवृक्ष दिखाई पड़ा जिसिकी शाखाएँ तीस कोस तक फैली थीं। उस पर चढ़कर चारों ओर दृष्टि दौड़ाने पर उसे एक सुन्दर सरोवर दिखाई पड़ा जिसमें कई कुमारियाँ स्नान कर रही थीं। वह जब उतरकर वहाँ गया तो सत्यवती को देख मोहित हो गया। कन्या का मन भी उसे देखकर कुछ डोल गया। ऋतुवर्ण जब उसकी ओर एकटक ताकता रह गया तब सत्यवती को क्रोध आ गया और यह कहकर शाप दे दिया—

> एक चित्त हमैं चितवै जस जोगी चित जोग।
> धरम न जानसि पापी कहसि कौन तैं लोग।।
> शाप दिया कि तू कोढ़ी और व्याधिग्रस्त हो जा।
> ऋतुवर्ण वैसा ही हो गया और फूट-फूट कर रोने लगा—
> रौवे व्याधी बहुत पुकारी। छोहन ब्रिछ रोवैं सब झारी।
> बाघ सिंह रोवत वन माहीं। रोवत पंछी बहुत ओनाहीं।।

यह व्यापक विलाप सुनकर उस कोढ़ी के पास जाती है, पर वह उसे यह कहकर हटा देता है कि तुम जाओ, हँसो, खेला। सत्यवती का पिता राजा एक दिन जब उधर से निकला तब कोढ़ी के शरीर से उठी दुर्गन्ध से व्याकुल हो गया। घर आकर उस दुर्गन्ध की शान्ति के लिए राजा ने बहुत दान-पुण्य किया। जब राजा भोजन करने बैठा तब उसकी कन्या वहाँ न थी। राजा कन्या के बिना भोजन ही न करता था। कन्या को बुलाने जब राजा के दूत गये तब वह शिव की पूजा छोड़कर न आयी। इस पर राजा ने क्रुद्ध होकर दूतों से कहा कि सत्यवती को जाकर उसी कोढ़ी को सौंप दो। दूतों का वचन सुनकर कन्या नीम की टहनी लेकर उस कोढ़ी को सेवा के लिए चल पड़ी और उससे कहा—

> *तोहि छाँड़ि अब मैं कित जाऊँ। माई-बाप सौंपा तुव ठाँऊ।।*

कन्या प्रेम से उसकी सेवा करने लगी और एक दिन उसे कन्धे पर बिठाकर सत्यवती तीर्थस्थान कराने ले गयी, जहाँ बहुत-से देवता, मुनि, किन्नर आदि निवास

करते थे। वहाँ जाकर सत्यवती ने कहा, यदि मैं सच्ची हूँ तो रात हो जाये। इस पर चारों ओर अन्धकार छा गया। सब देवता तुरन्त सत्यवती के पास दौड़े आये। सत्यवती ने उनसे ऋतुवर्ण को सुन्दर शरीर प्राप्त करने का वर माँगा। व्याधिग्रस्त ऋतुवर्ण ने तीर्थ में स्नान किया और उसका शरीर निर्मल हो गया। देवताओं ने दोनों का विवाह करा दिया। पुस्तक में पाँच-पाँच चौपाइयों पर एक दोहा है। इस प्रकार 58 दोहे पर यह समाप्त हो गया है। भाषा अयोध्या के आस पास की ठेठ अवधी है।

2.2.14. सूफियों के प्रेम सम्बन्धों की विशेषताएँ

सूफीमत में प्रेम बहुत महत्त्वपूर्ण है। प्रेम ही कर्म है और प्रेम ही धर्म है। इसी प्रेम से हिन्दी का प्रेम काव्य समृद्ध हुआ है। प्रत्येक कहानी में प्रेम का ही निरूपण है। सूफीमत के बाग को प्रेम के फुहारे सदा सींचते रहते हैं। निस्वार्थ प्रेम ही सूफीमत का प्राण है। प्रेम के साथ-साथ सूफीमत में प्रेम का नशा भी प्रधान है। उसी नशे के खुमार की बदौलत ईश्वर की अनुभूति का अवसर मिलता है। सूफीमत में ईश्वर की भावना स्त्री रूप में मानी गयी है। वहाँ भक्त पुरुष बनकर उस स्त्री की प्रसन्नता के लिए जान से निसार होता है। उसके हाथ की शराब पीने को तरसता है। उसके द्वार पर जाकर प्रेम की भीख माँगता है। ईश्वर एक दैवी रूप में उसके सामने उपस्थित होता है।

ईश्वर का विरह सूफियों के यहाँ भक्त की प्रधान सम्पत्ति नहीं हो सकता, किसी की आँखें नहीं खुल सकतीं। जिसके हृदय में विरह होता है उसके लिए यह संसार स्वच्छ दर्पण हो जाता है और इसमें परमात्मा के आभास उनके रूपों में पड़ते हैं। तब वह देखता है कि इस सृष्टि के सारे रूप, सारे व्यापार उसी का विरह प्रकट कर रहे हैं। ये भाव प्रेममार्गी सम्प्रदाय के सभी कवियों में पाये जाते हैं।

2.2.15. कबीर के रहस्यवाद की सूफी रहस्यवाद से भिन्नता

कबीर ने अद्वैतवाद और सूफीमत के मिश्रण से अपने रहस्यवाद की सृष्टि की। इसमें आत्मा परमात्मा से मिलकर एक स्वरूप धारण करती है। दोनों में कोई भिन्नता नहीं होती। इस रहस्यवाद में प्रेम की प्रधानता है। यह प्रेम पति-पत्नी के सम्बन्ध ही में पूर्णता को पहुँचता है। इसलिए कबीर ने आत्मा को स्त्री रूप देकर परमात्मा रूपी पति की आराधना की है। जब तक ईश्वर की प्राप्ति नहीं होती, तब तक आत्मा विरहिण ी के समान दुःखी होती है। जब आत्मा परमात्मा से मिल जाती है तब रहस्यवाद के आदर्श की पूर्ति हो जाती है, दोनों में कोई अन्तर नहीं रहता। कबीर के शब्दो में, ''जब वह (मेरा जीवन तत्त्व) दूसरा नहीं कहलाता तो मेरे गुण उसके गुण हैं। जब हम दोनों एक हैं तो उसका बाह्य रूप मेरा है। यदि वह बुलायी जाये तो मैं उत्तर देता हूँ और यदि मैं बुलाया जाता हूँ तो वह मेरे बुलाने वाले को उत्तर देती है और कह उठती है लब्बयक (जो आज्ञा)। वह बोलती है, मानो मैं ही वार्तालाप कर

रहा हूँ, उसी प्रकार यदि मैं कोई कथा कहता हूँ तो मानो वह ही उसे कहती है। हम लोगों के बीच में से मध्यम पुरुष सर्वनाम ही उठ गया है और उसके न रहने से मैं विभिन्न करने वाले समाज से बहुत ऊपर उठ गया हूँ।''[23] कबीर ने ईश्वर की उपासना में अपनी आत्मा को पूर्ण रूप से पतिव्रता स्त्री माना है।[24] वे परमात्मा से मिलने के लिए बहुत ही व्याकुल हैं। परमात्मा से विरह का जीवन उन्हें असह्य हैं।[25] कबीर का रहस्यवाद बहुत ही भावमय है। उसमें परमात्मा के लिए अविचल प्रेम है। जब उसकी पूर्ति होती है तो कबीर की आत्मा एक विवाहिता पत्नी की भाँति पति से मिलाप करने पर प्रसन्न हो उठती है।[26] इस प्रकार के विरह और मिलन के पदों में ही कबीर ने अपने रहस्यवाद की उत्कृष्ट सृष्टि की है।

सूफीमत के समस्त सिद्धान्त प्रेम-काव्य में प्रस्फुटित हुए हैं। सूफीमत में ईश्वर एक है, जिसका नाम 'हक' है। उसमें और आत्मा में कोई अन्तर नहीं है। आत्मा बन्दे के रूप में अपने को प्रस्तुत करती है और बन्दा इश्क के सूत्र से हक तक पहुँचने की चेष्टा करता है। जिस प्रकार एक पथिक अपने निर्दिष्ट स्थान तक पहुँचने के लिए अनेक मंजिलों को पार करता है। उसी प्रकार बन्दे को खुदा तक पहुँचने में चार दशाएँ पार करनी पड़ती हैं। वे दशाएँ हैं—शरीयत, तरीक़त, हकीक़त और मारिफ़त। मारिफ़त में जाकर आत्मा और परमात्मा का सम्मिलन होता है। वहाँ आत्मा स्वयं 'फना' होकर 'बका' के लिए प्रस्तुत होती है। इस प्रकार आत्मा में परमात्मा का अनुभव होने लगता है और अनलहक सार्थक हो जाता है। प्रेम में चूर होकर आत्मा यह आध्यात्मिक यात्रा पार कर ईश्वर में मिलती है और तब दोनों शराब-पानी की तरह मिल जाते हैं। यह सूफी रहस्यवाद है।

2.2.16. सूफी कवियों की काव्य धारा

सूफीकाव्य परम्परा में दो प्रकार के काव्य मिलते हैं। मुक्तक और प्रेमाख्यानक। प्रारम्भ में सूफी साधकों ने अपने भावों की अभिव्यक्ति के लिए मुक्तक काव्य का ही आश्रय लिया। ये मुख्यतः कवि नहीं थे, साधक थे। अपने भावों को प्रभावशाली बनाने के लिए कविता का आश्रय लिया था। हिन्दी साहित्य के इतिहासकार सूफी काव्य परम्परा को अनेक नामों से बुलाते हैं। प्रेमकाव्य, निर्गुण प्रेमाश्रयी शाखा, रोमांसिक काव्य, सूफी प्रेम काव्य इत्यादि। प्रेमाख्या काव्य में सौन्दर्य और प्रेम को ही जीवन सर्वस्व माना गया, धर्म और नीति की मर्यादाओं को तुच्छ मानते हैं। यही भारतीय प्रेमाख्यान काव्यों का लक्ष्य है। इस शाखा के सभी कवि सहृदय मुसलमान सन्त हैं। इस्लाम में सूफी सम्प्रदाय का विकास हजरत मोहम्मद साहब के दो सौ वर्ष बाद हुआ। सूफी सर्वेश्वरवादी हैं। उनके लिए सारा संसार ईश्वरमय है।

साध्य को प्राप्त करने के लिए साधक जिन साधनों का प्रयोग करता है, उसे साधना पद्धति का नाम दिया जाता है। साधना पद्धति पर देश, काल, वातावरण

का प्रभाव दिखाई देता है। सूफियों ने अपनी साधना पद्धति का चयन भी इस्लामी संस्कारों के बीच से ही किया है। सूफियों की साधना पद्धति में प्रायः छः प्रकार की क्रिया पद्धति का समावेश है, जिनमें तीन साधारण तथा तीन विशेष हैं।

1. नमाज
2. तिलावत
3. जिक्र
4. मुजाहद
5. जकाल
6. सौम (रोजा)

इसके साथ-साथ हज्ज यात्रा करना भी इस्लाम के अनुयायियों के लिए अनिवार्य है। प्रेम एक मानसी प्रक्रिया है, जिसका ध्येय आनन्द है। कामवासना उतना ही परिमार्जित हो प्रखर प्रेम का रूप धारण करती है। इसी परिमार्जन से रतिभाव प्रेम पद को प्राप्त होता है। इसी को सूफी इश्क मजाजी अर्थात् लौकिक प्रेम को इश्क हकीकी की सीढ़ी समझते हैं। सूफियों की भक्ति का आधार मदन या काम है। सामान्य मुस्लिम, अल्लाह की आराधना स्वर्ग-सुख के लिए करता है पर सूफी अल्लाह से सम्भोग के लिए। सूफी उनके लावण्य पर मरते हैं। हृदय में प्रेम की पीर उदय होने पर साधक अपने अहंभाव ओर समस्त सांसारिक वासनाओं का परित्याग कर ब्रह्म के साथ एकाकार हो जाता है। वह ईश्वर को जगत् के बाहर भी और भीतर भी-दोनों रूप में लीन मानता है। समस्त विश्व के कण-कण में प्रतिभासित सौन्दर्य के दर्शन कर उसी में लीन हो जाना चाहता है। सूफी सन्त भगवान को अपनी प्रेयसी मानते हैं। सूफी धर्म के सम्बन्ध में कट्टर नहीं बल्कि उदार हैं। वे स्वभाव से भावुक, संगीत प्रेमी और मिलनसार हैं। इन्होंने हिन्दुओं के प्रति भाईचारे को निभाया है। इस सूफी साहित्य के प्रमुख कवियों में कुतुबन, उस्मान और मुहम्मद जायसी प्रसिद्ध हैं।

सूफी प्रेम काव्यों की अखंडित परम्परा की यही समाप्ति मानी जाती है।

भारत में चार सूफी सम्प्रदाय प्रमुख हैं।

1. चिश्तिया सम्प्रदाय
2. सुहरवर्दी सम्प्रदाय
3. नक्शबन्दिया सम्प्रदाय
4. शत्तारी सम्प्रदाय आदि।

2.2.17 सूफी रहस्यवाद में भारतीय साधनात्मक रहस्यवाद का समावेश

वास्तव में मुस्लिम शासकों द्वारा विजित होकर यहाँ के बहुत से लोगों ने विवश होकर इस्लाम स्वीकार किया। सूफी प्रचारकों के द्वारा अपनायी गयी प्रचार शैली प्रारम्भ में समन्वयात्मक होने के कारण यहाँ के लोगों को ऐसा प्रतीत होने लगा कि

उनका मूल रूप अपनी परम्परागत बातों से भिन्न नहीं है। इसलिए सामान्य जनता ने सूफीमत को अपनाया। फलस्वरूप अपनी संस्कृति की रक्षा और अपने लोगों को इस्लामिक संस्कृति की ओर से उन्मुख होने से रोकने के लिए सन्तों ने भक्ति आन्दोलन रूपी एक नवीन हथियार का निर्माण किया। जिससे लड़खड़ाती हुई हिन्दू धर्म और संस्कृति में एक नया जोश आ गया।

सूफियों के प्रेम प्रबन्धों में खंडन-मंडन की बुद्धि को किनारे रखकर, मनुष्य के हृदय को स्पर्श करने का ही प्रयत्न किया गया है, जिससे इनका प्रभाव हिन्दुओं और मुसलमानों पर समान रूप से पड़ता है। उसके संकेत स्वाभाविक और मर्मस्पर्शी है। सूफी कवियों ने पूरबी हिन्दी अर्थात् अवधी का व्यवहार किया है जिसमें गोस्वामी तुलसीदास ने अपना रामचरितमानस लिखा है। अपना भावात्मक रहस्यवाद लेकर सूफी जब भारत आये तब यहाँ उन्हें केवल साधनात्मक रहस्यवाद योगियों, रसायनियों और तान्त्रिकों में मिला। रसेश्वरदर्शन का उल्लेख सर्वदर्शन संग्रह में है। जायसी आदि सूफी कवियों ने हठयोग और रसायन की कुछ बातों को भी कहीं-कहीं अपनी कहानियों में स्थान दिया है।

2.3. निर्गुण भक्तिधारा

इस धारा के कवि बहु ईश्वरवाद के कट्टर विरोधी और एकेश्वरवाद के प्रचारक हुए हैं धर्म-धर्म में मानव-मानव में कोई भेद नही है यही उनके सिद्धान्त का प्रधान लक्ष्य बना हुआ है। उनकी दृष्टि में काबा-काशी और राम-रहीम में कोई अन्तर नहीं है। इस शाखा के अधिकांश कवियों ने हिन्दू-मुसलमान की एकता पर अत्यधिक जोर दिया है। उनमें कबीरदास, रैदास, धर्मदास, गुरुनानक, दादूदयाल, मलूकदास, अक्षर अनन्य आदि प्रमुख हैं।

2.3.1. कवि परिचय

कबीर - ज्ञानाश्रयी शाखा के प्रतिनिधि कवि कबीरदास हैं। इनके सम्बन्ध में अनेक प्रकार के प्रवाद प्रचलित हैं। कहते हैं कि काशी में स्वामी रामानन्द का एक भक्त ब्राह्मण था जिसकी किसी विधवा कन्या को रामानन्द जी ने गलती से पुत्रवती होने का आशीर्वाद दे दिया, फलस्वरूप एक बालक का जन्म हुआ, जिसे वह लहरतारा नामक तालाब के पास छोड़ दिया। नीरू और नीमा नामक जुलाहे दम्पती ने बालक का पालन-पोषण किया। यही बालक आगे चलकर कबीर बने। कबीर का जन्म जेठ सुदी पूर्णिमा, सोमवार विक्रम संवत् 1456 में हुआ। कहते हैं कि कबीर में पहले से ही हिन्दू भाव से भक्ति करने की प्रवृत्ति रहती थी जिसे उसके पालनेवाले दबा न सके। वे राम-राम कहकर जाप करते थे। कभी-कभी माथे पर तिलक भी लगाते थे। रामानन्द जी के माहात्म्य को सुनकर कबीर के हृदय में शिष्य होने की लालसा जगी

होगी। ऐसा प्रसिद्ध है कि वे एक दिन एक पहर रात में घाट की सीढ़ियों पर जा पड़े जहाँ से रामानन्द जी स्नान करने के लिए जाया करते थे। स्नान करने के लिए जाते समय अँधेरे में रामानन्द का पैर कबीर के ऊपर पड़ा। रामानन्द जी ने राम-राम कहा तो कबीर ने इसे गुरु मन्त्र के रूप में ले लिया। पर आगे चलकर कबीर के राम रामानन्द के राम से अलग हो गया। अतः उनकी प्रवृत्ति निर्गुण उपासना की ओर बढ़ी। कबीर के राम धनुर्धर राम न होकर, निर्गुण निराकार हो गये।

दसरथ सुत तिहुँ लोक बखाना।
राम नाम का मरम है आना।।

अतः जो ब्रह्म हिन्दुओं की विचारपद्धति में ज्ञान मार्ग का एक निरूपण था उसी को कबीर ने सूफियों के ढर्रे पर उपासना का ही विषय नहीं, प्रेम का भी विषय बनाया औरा उसकी प्राप्ति के लिए हठयोगियों की साधना का समर्थन किया। इस प्रकार उन्होंने भारतीय ब्रह्मवाद के साथ सूफियों के भावात्मक रहस्यवाद, हठयोगियों के साधनात्मक रहस्यवाद और वैष्णव धर्म के अहिंसावाद तथा प्रपत्तिवाद का मेल करके अपना पन्थ खड़ा किया। उनकी बानी में ये सब अवयव स्पष्ट लक्षित होते हैं यद्यपि कबीर की बानी निर्गुण बानी कहलाती है, पर उपासना के क्षेत्र में ब्रह्म निर्गुण नहीं बना रह सकता। सेवक-सेव्य भाव में स्वामी में कृपा, क्षमा, औदार्य आदि गुणों का आरोप हो ही जाता है। इसलिए कबीर के वचनों में कहीं तो निरुपाधि निर्गुण ब्रह्म सत्ता का संकेत मिलता है—

पंडित मिथ्या करहु बिचारा। ना वह सृष्टि, न सिरजनहारा।।
जोति सरूप काल नहिं उहँवाँ, वचन न आहि सरीरा।।
थूल अथूल पवन नहिं पावक, रवि ससि धरनि न नीरा।।

और कहीं सर्ववारद की झलक मिलती है।

साई के सब जीव हैं कीरी कुंजर देय।

कबीर में ज्ञानमार्गी की जहाँ तक बातें हैं वे हिन्दू शास्त्रों की हैं जिनका संचय उन्होंने रामानन्द जी के उपदेशों से किया है। उपनिषद् की ब्रह्म विद्या के सम्बन्ध में कहते हैं कि—

तत्त्वमसी इनके उपदेसाई उपनीसद कहैं सन्देसा।।
जागबलिक औ जनक संबादा दत्तात्रेय वहै रस स्वादा।।

इसी प्रकार उन्होंने हठयोगियों के साधनात्मक रहस्यवाद के कुछ सांकेतिक शब्दों में जैसे— चन्द, सू, नाद, बिन्दु, अमृत, औंधा कुआँ आदि को लेकर अद्भुत रूपक बाँधे हैं जो सामान्य जनता की बुद्धि पर पूरा आतंक जमाते हैं;

सूर समाना चन्द में दहूँ किया घर एक।
मनका चिन्ता तब भया कछू पुरबिला लेख।।
आकासे मुखि औंधा कुआँ पाताले पनिहारि।

ताका पाणी को हंसा पीवै बिरला आदि बिचारि।।

वैष्णव सम्प्रदाय से उन्होंने अहिंसा तत्त्व ग्रहण किया–

दिन भर रोजा रहत हैं राति हनत हैं गाय।
यह तो खून वह बन्दगी, कैसे खुसी खुदाय।।
अपनी देखि करत नहिं अहमक, कहत हमारे बड़न किया
उसका खून तुम्हारी गरदन जिन तुमको उपदेश दिया।।
बकरी पाती खाति है ताको काढ़ी खाल।
जो नर बकरी खात हैं तिनका कौन हवाल।।

इससे स्पष्ट होता है कि कबीर ने ज्ञानमार्ग की बातें हिन्दू सन्यासियों से ग्रहण करके सूफियों के सत्संग में उन्होंने प्रेमतत्त्व का मिश्रण किया और अपना एक अलग पन्थ चलाया। यद्यपि वे पढ़े-लिखे न थे पर उनकी प्रतिभा बड़ी प्रखर थी जिससे उनके मुँह से बड़ी चुटीली और व्यंग्य चमत्कारपूर्ण बातें निकलती थीं। इनकी उक्तियों में विरोध और असम्भव का चमत्कार लोगों को बहुत आकर्षित करता था–

है कोई गुरुज्ञानी जगत् महँ उलटि बेद बूझै।
पानीमहँ पावक बरै, अन्धहिं आँखिन्ह सूझै।।
गया तो नाहर को धरि खायो, हरिना खायो चीता।
अथवा
नैया बिच नदिया डूबति जाय।

अनेक प्रकार के रूपकों और अन्योक्तियों के द्वारा उन्होंने ज्ञान की बातें कही है, जो नयी न होने पर वाग्वैचित्र्य के कारण अनपढ़ लोगों को चकित किया करती थीं। जिस प्रकार कुछ वैष्णवों में माधुर्य भाव से उपासना प्रचलित हुई थी उसी प्रकार सूफियों में भी ब्रह्म को सर्वव्यापी प्रियतम या माशूक मानकर हृदय से उदगार प्रदर्शित करने की प्रथा थी। कबीर की बानी में स्थान-स्थान पर भावात्मक रहस्यवाद की जो झलक मिलती है, वह सूफियों के सत्संग का प्रसाद है। कहीं इन्होंने ब्रह्म को खसम या पति मानकर अन्योक्ति बाँधी है और कहीं स्वामी या मालिक–

मुझको तू क्या ढूँढ़ै बन्दे मैं तो तेरे पास में।
अथवा
साईं के संग सासुर आयी।
संग न सूती, स्वाद न जाना, गा जीवन सपने की नाईं।।
जना चारि मिलि लगन सुधायो, जना पाँच मिलि माड़ो छायो।।
भयो विवाह चली बिनु दूलह, बाट जात समधी समझायी।।

कबीर की वाणी का संग्रह बीजक नाम से संग्रहित है। इनकी भाषा सधुक्कड़ी या खिचड़ी भाषा है। कबीर तीर्थाटन, मूर्तिपूजा आदि का खंडन किया। साम्प्रदायिक शिक्षा और सिद्धान्त के उपदेश मुख्यतः साखी के भीतर है, जो दोहों में हैं। इसकी

भाषा राजस्थानी, पंजाबी मिली खड़ीबोली है। पर रमैनी सबद में गाने के पद हैं। भाषा बहुत परिष्कृत और परिमार्जित न होने पर भी कबीर की उक्तियों में कहीं-कहीं विलक्षण प्रभाव और चमत्कार है। प्रतिभा उनमें बड़ी प्रखर थी, इसमें सन्देह नहीं है।

रैदास या रविदास

ये रामानन्द जी के बारह शिष्यों में एक थे। जाति के चमार थे। कबीरदास के समान रैदास भी काशी के रहने वाले थे। यह बात इनके पदों से विदित होता है–

जाके कुटुम्ब सब ढोर ढोवन्त।
फिरहिं अजहुँ बनारसी आसपासा।
आचार सहित विप्र करहिं डंडउति।
तिन तने रविदास दासानुदासा।।

रैदास का नाम धन्ना था जिसे मीराबाई ने बड़े आदर के साथ लिया है। रैदास की भक्ति भी निर्गुण ढाँचे की है। कहीं तो वे अपने भगवान को सर्वव्यापक देखते हैं। 'थावर जंगम कीट पतंगा पूरि रह्यो हरिराई' और कहीं कबीर की तरह परात्पर की ओर संकेत करके कहते हैं–

गुन निर्गुन कहियत नहिं जाके।

रैदास का अपना अलग प्रभाव पछाँह की ओर जान पड़ता है। रैदास का कोई ग्रन्थ नहीं मिलता, फुटकर पद ही मिलते हैं। कुछ पद इस प्रकार हैं–

दूध त बछरै थ्नह बिडारेउ। फुलु भँवर, जलु मीन बिगारेउ।।
माई, गोन्विद पूजा कहा लै चढ़ावउँ। अवरु त फूल अनूपु न पावउँ।।
मलयागिरिवै रहै हैं भुअंगा। विषु अमृत बसही इक संगा।।
तन-मन अरपउँ पूज चढ़ावउँ। गुरु परसादि निरंजन पावउँ।।
पूजा अरचा आहि न तोरी। कह रविदास कवनि गति मोरि।।
अखिल खिलै नहिं, का कह पंडित, कोई न कहै समुझाई।।
अबरन बरन रूप नहिं जाके, कहँ लौ लाइ समुझाई।।
चन्द सूर नहिं, राति दिवस नहिं, धरनि आकास न भाई।।
करम अकरम नहिं, शुभ अशुभ नहिं, का कहि देहुँ बड़ाई।।

× × × × × ×

जब हम होते तब तू नाहि, अब तूम ही मैं नाहीं।।
अतल अगम जैसे लहरि मइ उदधि, जल केवल जलमाहीं।।

× × × × × ×

माधव क्या कहिए प्रभु ऐसा, जैया मानिए होई न तैसा।
नरपति एक सिंहासन सोइया, सपने भ्या भिखारी।।

अछत राज बिछुरत दुखु पाइया, सो गति भई हमारी।।

धर्म दास

ये बान्धवगढ़ के रहने वाले और जाति के बनिये थे। बाल्यावस्था में ही इनके हृदय में भक्ति का अंकुर उपजे। ये साधुओं का सत्संग, दर्शन, पूजा, तीर्थाटन आदि किया करते थे। मथुरा से लौटते समय कबीरदास से इनका साक्षात्कार हुआ। अन्त में कबीर से सत्य नाम की दीक्षा लेकर उनके प्रधान शिष्य हो गये और संवत् 1575 में कबीरदास के परलोकवास पर उनकी गद्दी पर बैठ गये। अत्यन्त वृद्धावस्था में इन्होंने शरीर त्याग दिया। इन्होंने पूरबी भाषा का ही व्यवहार किया। इनकी अन्योक्तियों के व्यंजक अधिक मार्मिक हैं–

झरि लागै मलिया गगन घहराय।
खन गरजै, खन बिजुली चमकै, लहरि उठै शोभा बरनि न जाय।
सुन्न महल से अमृत बरसै, प्रेम अनन्द हे साधु नहाय।।
खुली केवरिया, मिटी अँधियारिया, धनि सतगुरु चरन में रहत समाय।।
मितऊ भड़ैया सूनी करि गैलो।।
अपना बलम परदेस निकरिगैलो, हमरा के किछुवौ न गुन दे गैलो।
जोगिन होइके मैं वन ढूँढ़ै, हमरा के विरह बैराग दै गैलो।।
संग की सखी सब पार उतरि गइलो, हम धनि ठढ़ि अकेली रहि गैलो।।
धरमदास यह अरजु करतु है, सार सबद समुरिन दै गैलो।

गुरुनानक

गुरुनानक का जन्म सं. 1526 में कार्तिक पूर्णिमा के दिन तिलवंडी ग्राम-जिला लाहौर में हुआ था। इनके पिता का नाम कालूचन्द व माता का नाम तृप्ता था। नानक बाल्यावस्था से ही अत्यन्त साधुगुण सम्पन्न थे। 1545 में इनका विवाह गुरुदासपुर के मूलचन्द्र खत्री की कन्या सुलक्षणी से हुआ। सुलक्षणी से इनके दो पुत्र श्रीचन्द और लक्ष्मीचन्द हुए। श्रीचन्द आगे चलकर उदासी सम्प्रदाय के प्रवर्तक हुए। उन्होंने घर बार छोड़कर बहुत दूर के देशों में भ्रमण किया। अन्त में कबीर दास की निर्गुणोपासना का प्रचार इन्होंने पंजाब से आरम्भ किया। वे सिख सम्प्रदाय के आदि गुरु बन गये। ये भी कबीर के समान कुछ पढ़े-लिखे न थे। इनका देहान्त 1596 में हुआ।

दाऊदयाल

दाऊदयाल कबीर मार्ग के अनुयायी थे। उन्होंने अपना एक अलग पन्थ निकाला जिसे लोग दादूपन्थ कहते हैं। इनका जन्म संवत् 1601 में गुजरात के अहमदाबाद नामक स्थान में हुआ। इनकी जाति के सम्बन्ध में मतभेद हैं। कुछ लोग इन्हें गुजराती ब्राह्मण समझते हैं। कबीर की जन्म कथा से मिलती जुलती कथा इनके बारे

में भी है। कुछ लोगों के अनुसार ये दाऊ बच्चे के रूप में साबरमती नदी के किनारे लादीराम नामक एक नागर ब्राह्मण को मिले थे। दाऊ 14 वर्ष तक आमेर में रहे। इन्होंने 1660 में नराना में शरीर छोड़ा। दादू की बानी कबीर की बानी से मिलती जुलती है। भाषा मिली जुली पश्चिमी हिन्दी है।

भई रे! ऐसा पन्थ हमारा।
द्वै पख रहित पन्थ गह पहूरा अवरन एक अधारा।
बाद-बिबाद काहु सौं नाहीं मैं हूँ जग थें न्यारा।
समदृष्टि सूँ भाई सहज में आपहिं आप बिचारा।
मैं, तैं, मेरी यह मति नाहीं निरबैरी निरबिकारा।।
काम कल्पना कदे न कीजै पूरन ब्रह्म पियारा।।
एहि पथि पहुँचि पार गहि दादू सो तब सहज सम्भारा।।

सुन्दरदास

ये खंडेलवाला बनिये थे। इनका जन्म चैत्र शुक्ल 9, संवत् 1653 में द्यौसा नामक स्थान पर हुआ था। इनके पिता का नाम परमानन्द और माता का नाम सती था। जब ये नौ वर्ष के थे तब से दादू दयाल के साथ रहने लगे। 1663 तक नराना में रहे फिर जगजीवन साधु के साथ काशी चले गये। वहाँ 30 वर्ष की अवस्था तक संस्कृत व्याकरण, वेदान्त और पुराण आदि पढ़ने लगे। काशी से लौटने पर ये राजपूताने के फतहपुर नामक स्थान पर गये। इनका देहान्त 1746 को साँगानेर में हुआ। ये बाल ब्रह्मचारी थे और स्त्री की चर्चा से हमेशा दूर रहते थे। भक्ति और ज्ञानचर्चा के अतिरिक्त नीति और देशाचार आदि पर भी इन्होंने बड़े सुन्दर पद कहा है। इनका सुन्दर विलाप सबसे अधिक प्रसिद्ध ग्रन्थ है। इसमें समाज की रीति रिवाज नीति आदि का बड़ी विनोदपूर्ण उक्तियाँ हैं, जैसे गुजरात पर 'आभढ़छीत अतीत सों होत बिलार' और 'कूकर चाटत हाँडी' आदि—

गेह तेज्यो अरु नेह तज्यो पुनि खेह लगाइ कै देह सँवारी।
मेह सहे सिर सीत सहे तन घूप समै जो पंचागिनि बारी।
भूख सही रहि रूख तरे पर सुन्दरदास सबै दुखभारी।।
डासन छाँड़ि कै कासन ऊपर आसन मारयो तै आस न मारी।।

मलूकदास

मलूकदास का जन्म लाला सुन्दरदास खत्री के घर में वैशाख कृष्ण 5, संवत् 1631 में कड़ा जिला- इलाहाबाद में हुआ था। इनकी मृत्यु 108 की अवस्था में 1739 में हुई। ये औरंगजेब के समय के थे। इनके सम्बन्ध में अनेक चमत्कार और करामातें प्रसिद्ध हैं। कहते हैं कि एक बार इन्होंने एक डूबती हुई शाही जहाज को

पानी के ऊपर उठाकर बचा लिया था और रूपयों का तोड़ा गंगाजी में तैरा कर कड़ा से इलाहाबाद भेजा था। इन्हीं का–

अजगर करे न चाकरी, पंछी करे न काम।
दास मलूका कहि गये, सबके दाता राम।।

दोहा बहुश्रुत है।

अक्षरअनन्य

संवत् 1701 में इनके वर्तमान रहने का पता चलता है। ये दतिया रियासत के अन्तर्गत सेनुहरा के कायस्थ थे और कुछ दिनों तक दतिया के राजा पृथ्वीचन्द के दीवान थे। प्रसिद्ध छत्रसाल इनके शिष्य थे। इन्होंने योग और वेदान्त पर कई ग्रन्थ लिखे। राजयोग के कुछ पद्य इस प्रकार हैं–

यह भेद सुनौ पृथिचन्दराय। फल चारहु को साधन उपाय।।
यह लोक सधै सुख पुत्र बाम। परलोक नसै बस नरक धाम।।
परलोक दोउ सधे जाय। सोइ राजजोग सिद्धान्त आय।।
निज राजजोग ज्ञानी करन्त। हठि मूढ़ धर्म साधत अनन्त।।

निर्गुणमार्गी सन्त कवियों में थोड़े ही कवि हुए जिनकी रचना साहित्य के अन्तर्गत आ सकती है। इनमें शिक्षितों के समुदाय कम होने के कारण साधारण जन समुदाय को आकर्षित करने के लिए विस्तृत भाव व्यंजना नहीं कर सके। दादूदयाल की शिष्य परम्परा में जगजीवन दास हुए। ये 1818 के आस पास वर्तमान थे। निर्गुण पन्थ में किसी में वेदान्त के ज्ञानतत्त्व का अवयव अधिक मिलेगा तो किसी में योगियों के साधना तत्त्व का तो किसी में सूफियों के मधुर प्रेम तत्त्व की और किसी में व्यावहारिक ईश्वरभक्ति का। निर्गुण पन्थ में थोड़ा बहुत ज्ञान पक्ष है, वह वेदान्त से लिया हुआ है, जो प्रेम है वह सूफियों से लिया गया है, न कि वैष्णवों से। अहिंसा और प्रपत्ति के अतिरिक्त वैष्णवत्व का और कोई अंश उसमें नहीं है– उसके सूरति और निरति शब्द बौद्ध सिद्धों के हैं। बौद्ध धर्म के अष्टांग मार्ग हैं- सम्यक् समृति और सम्यक् समाधि। सम्यक् समृति वह दशा है जिसमें क्षण-क्षण पर मिटनेवाला ज्ञान स्थिर हो जाता है और उसकी श्रृंखला बँध जाती है। समाधि में साधक सब संवेदनों से परे हो जाता है। अतः सुरति, निरति शब्द योगियों की वानियों से आये हैं, वैष्णवों से उसका कोई सम्बन्ध नहीं है।

2.3.2. निर्गुणमार्गी सन्त कवियों पर समष्टि रूप से विचार

निर्गुण सन्त मत में ऐसे ईश्वर की भावना मानी गयी जो हिन्दू और मुसलमानों के धर्म में समान रूप से ग्राह्य है। उसके कोई मुख-माथा रूप-कुरूप नहीं हैं, वह एक है। वह निर्गुण और सगुण दोनों से परे रहकर पुष्प की सुगन्धि से भी सूक्ष्म है। वह

सर्वशक्तिमय, सर्वव्यापक और अखंड ज्योति-स्वरूप है। उसे जानने के लिए आत्म ज्ञान की आवश्यकता है। हिन्दुओं का राम और मुसलमानों का रहीम उसी ईश्वर का रूपान्तर मात्र है। उसका ध्यान ही महान् धर्म है। इस प्रकार हिन्दू मुसलमानों की संस्कृति के मिश्रण से ईश्वर के इस रुप का प्रचार हुआ है। इत मत में जहाँ एक ओर अवतारवाद, मूर्तिपूजा और तीर्थ-व्रत आदि का निषेध है, वहीं दूसरी ओर हलाल, रोजा और नमाज आदि का भी विरोध है। बाह्याडम्बर के जितने रूप हो सकते हैं उनका बहिष्कार सम्पूर्ण रूप से किया गया है। इस रूप में सन्त मत केवल ईश्वर के तात्त्विक स्वरूप की मीमांसा करता है, यद्यपि उसमें संस्कृत विचार-धारा और बौद्धिक गवेषणा के लिए कोई स्थान नहीं है। सन्त मत का काव्य उच्च कोटि का नहीं है। इन कवियों ने जनता के हृदय तक पहुँचने के लिए सरल भाषा को अपनाया।

2.3.3. कवि परिचय

कुतुबन

ये चिश्ती वंश के शेख बुरहान के शिष्य थे और जौनपुर के बादशाह हुसैनशाह के आश्रित थे। इसका समय विक्रम संवत् सोलहवीं शताब्दी का मध्यभाग था। इन्होंने मृगावती नाम की एक कहानी चौपाई- दोहे के क्रम में लिखी जिसमें चन्द्रनगर के राजा गणपतिदेव के राजकुमार और कंचनपुर के राजा रूपमुरारी की कन्या मृगावती की प्रेमकथा का वर्णन है। इस कहानी के द्वारा कवि ने प्रेममार्ग के त्याग और कष्ट का निरूपण करके साधक के भगवत्प्रेम का स्वरूप दिखाया है। बीच-बीच में सूफियों की शैली पर बड़े सुन्दर रहस्यमय आध्यात्मिक आभास हैं।

मंझन

इनके सम्बन्ध में कुछ भी ज्ञात नहीं है। केवल इनकी रची हुई मधुमालती की एक खंडित प्रति मिली है जिसमें इनकी कोमल कल्पना और स्निग्धसहृदयता का पता लगता है। मृगावती के समान मधुमालती में भी पाँच चौपाइयों के उपरान्त एक दोहे का क्रम रखा गया। पर मृगावती की अपेक्षा इसकी कल्पना भी विशद है और वर्णन भी अधिक विस्तृत और हृदयग्राही है। आध्यात्मिक प्रेमभाव की व्यंजना के लिए प्रकृति के भी अधिक दृश्यों का समावेश मंझन ने किया है। कहानी भी कुछ अधिक जटिल और लम्बी है। उसकी कथा कुछ इस प्रकार है—कनेसर नगर के राजा सूरजभान के पुत्र मनोहर नामक एक सोये हुए राजकुमार को अप्सराएँ रातों-रात महारस नगर की राजकुमारी मधुमालती की चित्रसारी में रख आयीं। वहाँ जागने पर दोनों का साक्षात्कार हुआ और दोनों एक-दूसरे पर मोहित हो गये। स्वप्न समाप्त होने के बाद दोनों अपने-अपने स्थान पर जागे तब प्रेम में बहुत व्याकुल

हुए। राजकुमार वियोग से विकल होकर घर से निकल पड़ा और उसने समुद्र मार्ग से यात्रा की। मार्ग में तूफान में वह उस स्थान पर पहुँचा, जहाँ एक स्थान पर एक सुन्दर स्त्री पलँग पर लेटी दिखाई पड़ी। पूछने पर जान पड़ा कि वह चितबिसरामपुर के राजा चित्रसेन की कुमारी प्रेमा थी, जिसे एक राक्षस उठा लाया था। मनोहर कुमार ने उस राक्षस को मारकर प्रेमा का उद्धार किया। प्रेमा ने मधुमालती का पता बताकर कहा कि वह मेरी सखी है। मैं उसे तुझसे मिला दूँगी। मनोहर को लेकर प्रेमा अपने पिता के नगर में आयी। मनोहर के उपकार को सुनकर प्रेमा का पिता उसका विवाह मनोहर के साथ करना चाहा। पर प्रेमा यह कहकर अस्वीकार करती है कि मनोहर मेरा भाई है और मैंने उसे उसकी प्रेमपात्री मधुमालती से मिलाने का वचन दिया है।

दूसरे दिन मधुमालती अपनी माता रूपमंजरी के साथ प्रेमा के घर आयी और प्रेमा ने उसके साथ मनोहर कुमार का मिलाप करा दिया। सवेरे रूपमंजरी ने चित्रसारी में जाकर मधुमालती को मनोहर के साथ पाया। जगने पर मनोहर ने तो अपने को दूसरे स्थान में पाया और रूपमंजरी अपनी कन्या को भला-बुरा कहकर मनोहर का प्रेम छोड़ने को कहने लगी। जब उसने न माना तो माता ने शाप दिया कि तू पक्षी हो जा। जब वह पक्षी होकर उड़ गयी तो माता बहुत पछताने लगी। ताराचन्द उस पक्षी के रूप से मुग्ध होकर उसे एक सोने के पिंजरे में बन्द कर दिया। मधुमालती ने उनका सारा वृत्तान्त सुना दिया। तब ताराचन्द ने उसे अपने प्रियतम से मिलाने की प्रतिज्ञा की। अन्त में वह उस पिंजरे को लेकर महारस नगर पहुँचा। मधुमालती की माता की पुत्री को पाकर बहुत प्रसन्न हुई और उसने मन्त्र पढ़कर उसके ऊपर जल छिड़क दिया। वह फिर मनुष्य हो गयी। बाद में ताराचन्द से मधुमालती का विवाह करने का विचार प्रकट किया तो ताराचन्द ने मधुमालती की प्रेमवृत्तान्त सुनाकर तिरस्कार कर दिया। कवि ने नायक और नायिका के अलावा उपनायक और उपनायिका को भी स्थान दिया। सूफियों के अनुसार यह सारा जगत् एक ऐसे रहस्यमय प्रेमसूत्र में बँधा है जिसका अवलम्बन करके जीव उस प्रेममूर्ति तक पहुँचने का मार्ग पा सकता है। सूफी सब रूपों में उसकी छिपी ज्योति देखकर मुग्ध हो जाते हैं। मंझन कहते हैं कि–

देखत ही पहिचानेउ तोही। एही रूप जेहि छँदरयो मोही।।
एही रूप बुत अहै छपाना। एही रूप रब सृष्टि समाना।।
यही रूप सकती और सीऊ। यही रूप त्रिभुवन कर जीऊ।
यही रूप प्रगटे बहु भेसा। एही रूप जग रंक नरेसा।।

ईश्वर का विरह सूफियों के लिए भक्त की प्रधान सम्पत्ति है, जिसके बिना साधक मार्ग में कोई प्रवृत्त नहीं हो सकता, किसी की आँख नहीं खुल सकती–

विरह अवधि अवगाह अपारा। कोटि माहिं एक परै त पारा।।
बिरह कि जगत् अँविरथा जाही। बिरह रूप यह सृष्टि सबाही।।

नैन बिरह अंजन जिनि सारा। बिरह रूपदरपन संसारा।।
कोटि माहि बिरला जग कोई। जाहि सरीर बिरह दुख, होई।।
रतन की सागर सागरहिं, गजमोती गज कोइ।
चन्दन कि बन-बन ऊपजै, बिरह कि तन-तन होइ?

जिसके हृदय में वह विरह होता है उसके लिए यह संसार स्वच्छ दर्पण हो जाता है और इसमें परमात्मा के आभास अनेक रूपों में मिलता है। तब वह देखता है कि इस सृष्टि के सारे रूप, सारे व्यापार उसी का विरह प्रकट कर रहे हैं। ये भाव प्रेममार्गी सम्प्रदाय के सब कवियों में पाये जाते हैं। मंझन की रचना का यद्यपि ठीक संवत् नहीं हो सकता है पर यह निस्सन्देह है कि यह रचना कब की है। जायसी के पहले के काव्यों का संक्षेप में इस पद्य में मिलता है–

विक्रम धँसा प्रेम के बारा। सपनावति कहँ गयउ पतारा।।
मधुपाछ मुगधावति लागी। गगनपूर होइगा बैरागी।।
राजकुँवर कंचनपुर गयऊ। मिरगावती कहँ जोगी भयऊ।।
साधे कुँवर खँडावत जोगू। मधुमालती कर कीन्ह बियोगू।।
प्रेमावति कह सुरबर साधा। उषा लागि अनिरुध बर बाँधा।।

इसमें जायसी के पहले की चार पद्यों का उल्लेख है मुग्धावती, मृगावती, मधुमालती और प्रेमावती। इनमें से मृगावती और मधुमालती का पता चल गया है, शेष दो अभी नहीं मिले हैं।

मलिक मुहम्मद जायसी

जायसी निर्गुण भक्तिधारा के प्रेमाश्रयी शाखा के प्रतिनिधि कवि व सूफी कवियों में सर्वश्रेष्ठ कवि माने जाते हैं। उनका पूरा नाम मलिक मुहम्मद था। वे रायबरेली जिले के जायस नामक गाँव में रहते थे। इसलिए उनका नाम जायसी पड़ा। वे काने और कुरूप थे। ये प्रसिद्ध सूफी फकीर शेख मोहिन्दी के शिष्य थे। जायसी के द्वारा लिखित तीन ग्रन्थ मिलते हैं। पद्मावत, अखरावट और आखिरी कलाम। जायसी की काव्य प्रतिभा के कारण ही सैकड़ों वर्षों के बाद भी हम उन्हें प्रेममार्ग के सर्वोत्कृष्ट कवि स्वीकार करते हैं। जायसी जिस युग में हुए वह इस्लाम की भारत पर विजय का युग था। लम्बे साहचर्य के बाद समाज के निचले स्तर पर साधारण हिन्दू मुसलमान जनता में एक-दूसरे के निकट आने तथा एक-दूसरे को समझने का जो भाव पैदा हुआ था, जायसी जैसे सहृदय मुसलमानों ने इस प्रक्रिया को तेजी से आगे बढ़ाया था। कबीर की कठोर उक्तियाँ हिन्दू-मुसलमानों को एक-दूसरे के निकट लाने का जो कार्य आकांक्षित स्तर पर नहीं कर सकीं उसे जायसी ने सफलतापूर्वक कर दिखाया था। जायसी की पद्मावत सहज प्रेम की मानवीय तथा लौकिक प्रेमतत्त्व उजागर करने वाली है। पद्मावत की प्रेम कथा को देखने से पता चलता है कि जायसी ने प्रेम की

पीर की तमाम सारी लीक पीटने के बावजूद मानवीय कथा को लौकिक भूमि पर बड़ी सहृदयता तथा बड़ी भावुकता के साथ प्रस्तुत किया है। जायसी के लिए प्रेम कोई शौकिया वस्तु नहीं है, मन बहलाने की चीज नहीं है, भारतीय संस्कारों ने उसे एकान्तिक नहीं होने दिया है। उसका आवेग फारस की प्रेमकथाओं जैसी ही है, परन्तु भारतीय कहानियों के तत्त्व ने उसमें गुणात्मक रूप से इजाफा किया है और उसे जीवन की नाना दशाओं के बीच से गुजारा और निखारा है। जायसी प्रेमतत्त्व को समझते थे, उसके जीवन व्यापी प्रभाव से भी परिचित थे। इनकी एक छोटी-सी पुस्तक आखिरी कलाम के नाम से फारसी अक्षरों में मिलती है। जायसी का सबसे प्रसिद्ध ग्रन्थ पद्मावत है। पद्मावत की हस्त लिखित प्रतियाँ अधिकतर फारसी अक्षरों में मिली हैं। जायसी अपने समय के सिद्ध फकीरों में गिने जाते थे। अमेठी के राजघराने में इनका बहुत मान था। जीवन के अन्तिम दिनों में जायसी अमेठी से दो मील दूर एक जंगल में रहा करते थे। वहीं इनकी मृत्यु हुई। इनकी तीन पुस्तकों में अखरावट भी एक है। अखरावट में वर्णमाला के एक-एक अक्षर को लेकर सिद्ध ान्त सम्बन्धी तत्त्वों से भरी चौपाइयाँ कही गयी हैं। इस छोटी-सी पुस्तक में ईश्वर, सृष्टि, जीव, ईश्वर प्रेम आदि विषयों पर विचार प्रकट किये गये हैं। आखिरी कलाम में कयामत का वर्णन है। जायसी की अक्षय कीर्ति का आधार है पद्मावत, जिसके पढ़ने से यह प्रकट होता है कि जायसी का हृदय कैसा कोमल और प्रेम की पीर से भरा हुआ था। पद्मावत में प्रेमगाथा की परम्परा पूर्ण प्रौढ़ता को प्राप्त होती है। यह उस परम्परा में सबसे अधिक प्रसिद्ध ग्रन्थ है। इसमें इतिहास और कल्पना का योग है। इसमें चित्तौड़ के राजा रतनसेन और सिंहलद्वीप की राजकुमारी पद्मावत के प्रेम का वर्णन है। हीरामन तोता इन दोनों को मिलाता है। कथा में नायक और नायिका दोनों की ओर प्रेम की पीर दिखलायी गयी है। रतनसेन की पहली रानी नागमती के वियोग का अच्छा वर्णन है। इस कहानी का पहला भाग जनश्रुति पर आधारित है और दूसरा भाग ऐतिहासिक है। इसमें भौतिक प्रेम के साथ आध्यात्मिक प्रेम भी मिला हुआ है। प्रेमगाथाओं में इस काव्य का पहला स्थान है। इस प्रबन्ध काव्य की भाषा बोलचाल की पूरबी अवधी है। इसकी अलंकार योजना बड़ी सुन्दर है। विरह में अत्युक्ति होने पर भी अनुभूति की तीव्रता है।

महाकवि जायसी ने पद्मावत के राजा-बादशाह-युद्ध-खंड में विभिन्न राग-रागनियों का परिचय दिया है। डॉ. वासुदेव शरण अग्रवाल का अभिमत है कि "छह राग और छत्तीस रागिनियों के नाम सोलहवीं शती से कई शती पहले प्रसिद्धि पा चुके थे। किन्तु रागमाला या रागरागिनी परिवार की कल्पना 15वीं शती से किसी समय की गयी।" जायसी ने जिन रागों का परिचय दिया है वे हैं– भैरव, मालकौश, हिंडोल, मेघ-मलार, पंचमश्री, दीपक, कल्याण कन्हारा, विहाग, केदार, प्रभाती, आसावरी, घनाश्री, विलावल माऊ, रामकली, नर, गौरी आदि। उन्होंने संगीत कला के अन्तर्गत

बजते हुए ढोल, दुन्दुभी, भेरी, मादर, तूर, झाँझ, किंगरी, नगाड़ा, वंशी, शंख, सिंगी आदि का उल्लेख किया है–

बाजहि ढोल दुन्दुभी भेरी। कदार, तूर, झाँझ, चहु फेरी।
सिंगी, संख, डफ बाजन बाजे। बंसी, महुअर सुर, संग साजे।।
और कहिए जो बाजन भले। भाँति-भाँति सब बाजत चले।।

जायसी के कतिपय दोहे लोकगीतों की सुपरिचित प्रश्नोत्तर शैली में गुंजरित हैं। जहाँ सवालों और जवाबों को तर्कसंगत बनाने के बजाय भावों को रंगीनी प्रदान करके अत्यधिक मर्मस्पर्शी रूप में प्रस्तुत किया गया है। इस सांगीतिक लय को तरलता प्रदान करने के लिए निम्न दोहे में सुआ के स्थान पर सुअटा और बीच में रे का प्रयोग किया गया है जो सर्वथा उपयुक्त है। आचार्य शुक्ल ने भी नागमती वियोग वर्णन के 'पिय सों कहेउ सँदेसड़ा' में 'ड़ा' के प्रयोग को इसी तरह औचित्य प्रदान किया है। ऐसे शब्द उस समय मुँह से अनायास ही निकल पड़ते हैं जब हृदय प्रेम, माधुर्य, अल्पता, तुच्छता आदि में कोई भाव लिये होता है। यहाँ 'सुअटा' शब्द प्रेम और स्नेह जनित अल्पता का अर्थ चिह्न बनकर उभरा है जब पद्मावती अपनी सखियों से कहती है –

उड़ि वह सुअटा कहाँ बसा खोजहु सखी सो बासु।
दहुँ है धरती कि सरग गा पवन न तावै तासु।।

सखियों का उत्तर भी भावों और विचारों का सम्मिलित उद्रेक है-

जहाँ न राति न देवस है जहाँ न पौन न घनि।
तेहि बन होइ सुअटा बसा को रे मिलावै आनि।।

यदि जायसी के 'पद्मावत' में माधुर्य गुण युक्त वर्ण-योजना की प्रधानता है 'कन्हावत' में प्रसादगुण युक्त शब्दावली की भरमार है। कथित ग्रन्थों में कलात्मक वर्ण योजना, अनुप्रास-विधान तथा वर्णमैत्री द्वारा कतिपय स्थल अत्यन्त श्रुति-मधुर एवं संगीतमय हो गये हैं।

उसमान

ये जहाँगीर के समय में वर्तमान थे और गाजीपुर के रहने वाले थे। इनके पिता का नाम शेख हुसैन था और ये पाँच भाई थे। शेख अजीज, शेख मानुल्लाह, शेख फैजुल्लाह, शेख हसन। इन्होंने अपना उपनाम 'मान' लिखा है। ये शाह निजामुद्दीन चिश्ती की शिष्य परम्परा में हाजी बाबा के शिष्य थे। उसमान ने सन् 1022 हिजरी अर्थात् 1613 ई. में चित्रावली नाम की पुस्तक लिखी। पुस्तक के आरम्भ में कवि ने स्तुति के उपरान्त पैगम्बर और चार खलीफों की बादशाह की तथा शाह निजामुद्दीन और हाजी बाबा की प्रशंसा लिखी है –

आदि हुता विधि माथे लिखा। अच्छर चारि पढ़ै हम सिखा।

देखत जगत चला सब जाई। एक वचन पै अमर रहाई।।
वचन समान सुधा जग नाहीं। जेहि पाये कवि अमर रहाहीं।
मोहूँ चाउ उठा पुनि हीए। होउँ अमर यह अमरित पीए।।

कवि ने 'योगी ढूँढ़न खंड' में काबुल, बदख्शाँ, खुरासन, रूस, मिस्र, इस्ताबुल, गुजरात, सिंहलद्वीप आदि अनेक देशों का उल्लेख किया है। सबसे विलक्षण बात है जोगियों का अँगरेजों के द्वीप में पहुँचना–

वलंदीप देखा अँगरेजा। तहाँ जाई जेहि कठिन करेजा।।
ऊँच-नीच धन सम्पत्ति हेरा। मद बराह भोजन जिन्ह केरा।

कवि ने इस रचना में जायसी का पूरा अनुकरण किया। कहीं-कहीं तो शब्द और वाक्यविन्यास भी वही हैं। पर विशेषता यह है कि कहानी बिल्कुल कवि की कल्पित है, स्वयं कवि ने ही इसके बारे में कहा है –

कथा एक मैं हिए उपाई। कहत मीठ और सुनत सोहाई।।

नेपाल के राजा धरनीधर पँवार ने पुत्र के लिए कठिन व्रत पालन करके शिव पार्वती के प्रसाद से सुजान नामक एक पुत्र प्राप्त किया। सुजान कुमार एक दिन शिकार में मार्ग भूल देव की मढ़ी में जा सो गया। देव ने आकर उसकी रक्षा की। एक दिन वह देव अपने एक साथी के साथ रूपनगर की राजकुमारी चित्रावली की वर्षगाँठ का उत्सव देखने के लिए गया और अपने साथ सुजान कुमार को भी ले गया। और कोई उपयुक्त स्थान न देख देवों ने राजकुमार को राजकुमारी की चित्रसारी में ले जाकर रखा और आप उत्सव देखने लगे। कुमार राजकुमारी का चित्र टँगा देख उस पर आसक्त हुआ और अपना भी एक चित्र बनाकर उसी की बगल में टाँगकर सो गया। देव लोग उसे उठाकर फिर उसी मढ़ी में रख आये। जागने पर कुमार को चित्रावली घटना स्वप्न-सी मालूम हुई, पर हाथ में रंग लगा देख उसके मन में घटना के सत्य होने का निश्चय हुआ और वह चित्रावली के प्रेम में विकल हो गया। इसी बीच में उसके पिता के आदमी उसे राजधानी ले गये। अन्त में अपने सहपाठी सुबुद्धि नामक एक ब्राह्मण के साथ फिर वह मढ़ी के पास जाकर वहाँ बड़ा भारी अन्न सत्र खोल दिया। राजकुमारी चित्रावली भी उसका चित्र देख प्रेम विह्वल हुई और उसने अपने भृत्यों को राजकुमार का पता लगाने के लिए भेजा। एक जोगी राजकुमार को अपने साथ लेकर आया। वहाँ से कई कष्ट भोगकर अन्त में रूपनगर गया। वहाँ के राजा ने जब देखा कि चित्रावली का प्रेमी वही राजकुमार है तब उसने अपनी कन्या चित्रावली के साथ उसका विवाह कर दिया।

कुछ दिनों बाद सागरगढ़ की कँवलावती विरह से व्याकुल होकर सुजान कुमार के पास हंस मिश्र को दूत बनाकर भेजा तब सुजानकुमार ने चित्रावली को लेकर स्वदेश की ओर प्रस्थान किया और मार्ग में कँवलावती को भी साथ ले लिया। अन्त में राजकुमार अपने घर नेपाल पहुँचकर दोनों रानियों सहित बहुत दिनों तक

राज्य किया। कवि ने सुजानकुमार को एक साधक के रूप में ही चित्रित नहीं किया बल्कि पौराणिक शैली का अवलम्बन करके उसने उसे परम योगी शिव के अंश से उत्पन्न तक कहा है।

विरह वर्णन के अन्तर्गत षट् ऋतु वर्णन सरस और मनोहर किया है–

ऋतु बसन्त नौतन बन फूला। जहँ-जहँ भौंर कुसुम रँग भूला।।
आहि कहाँ सो भँवर हमारा। जेकि बिनु बसत बसत उजारा।।
रात बरन पुनि देखि न जाई। मानहुँ दवा देहुँ दिसि लाई।।
रतिपति दुरद ऋतुपती बली। कानन देह आई दलमली।।

शेख नबी

ये जौनपुर जिले के दोसपुर के पास मऊ नामक स्थान के रहने वाले थे और संवत् 1676 में जहाँगीर के समय वर्तमान थे। इन्होंने ज्ञानदीप नामक एक आख्यान काव्य लिखा, जिसमें राजा ज्ञानदीप और रानी देवजानी की कथा है। यही प्रेममार्गी सूफी कवियों की प्रचुरता की समाप्ति समझनी चाहिए। शेख नबी से प्रेमगाथा परम्परा समाप्त हो गयी।

काशिम शाह

ये दरियाबाद के रहने वाले थे और संवत् 1788 के लगभग वर्तमान थे। इन्होंने हंस जवाहिर नाम की कहानी लिखी जिसमें राजा हंस और रानी जवाहिर की कथा है। पारसी अक्षरों में लिखी गयी एक प्रति उपलब्ध हुई। उसमें शाही वक्त का वर्णन इस प्रकार है–

मुहमदशाह दिल्ली सुलतानू। का मन गुन ओहि केर बखानू।।
छाजै पाट छत्र सिर ताजू। नावहिं सीस जगत् के राजू।।
रूपवन्त दरसन मुँह राता। भागवन्त ओहि कीन्ह विधाता।
दरबवन्त धरम महँ पूरा। ज्ञानवन्त खड्ग महँ सूरा।।

अपना परिचय इस प्रकार दिया–

दरियाबाद माँझ मम ठाऊँ। अमानउल्ला पिता कर नाऊँ।
तहवाँ मोहिं जनम बिधि दीन्हा। कासिम नाँव जाति कर हीना।।
तेहूँ बीच विधि कीन्ह कमीना। ऊँच सभा बैठे चित दीना।।
ऊँच संग ऊँच मन भावा। तब भा ऊँच ज्ञान बुधि पावा।।
ऊँच पन्थ प्रेम का होई। तेहि महँ ऊँच भये सब कोई।।

कथा का सार भी कवि ने इस प्रकार दिया –

कथा जो एक गुपुत महँ रहा। सो परगट उघारि मैं कहा।।
हंस जवाहिर बिधि औतारा। निरमल रूप सो दई सवारा।।

बलख नगर बुरहान सुलतानू। तेहि घर हंस भए जस भानू।।
आलमशाह चीनपति भारी। तेहि घर जनमी जवाहिरबारी।।
तेहि कारन वह भएउ वियोगी। गएउ सो छँड़ि देस होई जोगी।।
अन्त जवाहिर हंस घर आनी। सो जग महँ यह गयउ बखानी।।
सो सुनि ज्ञान कथस मैं कीन्हा। लिखेऊँ सो प्रेम रहै जग चीन्हा।।

इनकी रचना बहुत निम्न कोटि की है। इसमें प्रौढ़ता नहीं है।

नूर मुहम्मद

ये दिल्ली के बादशाह मुहम्मद शाह के समय के थे और सबरहद नामक स्थान के रहने वाले थे। जौनपुर, आजमगढ़ की सरहद पर है। इनके श्वसुर शमसुद्दीन को कोई वारिस न रहने के कारण वे अपनी ससुराल में रहे। इनके दो पुत्र थे– गुलाम हुसैन और नसीरुद्दीन। नूर मुहम्मद फारसी के अच्छे जानकार थे और इनका हिन्दी काव्य भाषा का भी ज्ञान सब सूफी कवियों से अधिक था। फारसी में इन्होंने एक दीवान के अतिरिक्त रौजतुल हकायक इत्यादि बहुत-सी किताबें लिखी थीं। इन्होंने 1157 हिजरी में इन्द्रवती नामक एक सुन्दर आख्यान लिखा। कवि ने जायसी के पहले के कवियों के अनुसार पाँच- पाँच चौपाइयों के उपरान्त दोहे का क्रम रखा है। इसी ग्रन्थ को सूफी पद्धति का अन्तिम ग्रन्थ मानना चाहिए।

इनका अन्य एक ग्रन्थ फारसी अक्षरों में मिलता है, जिनका नाम है 'अनुराग बाँसुरी'। यह पुस्तक कई दृष्टियों से विलक्षण है। पहली बात इसकी भाषा सूफी रचनाओं से बहुत अधिक संस्कृतगर्भित है। दूसरी बात है हिन्दी भाषा के प्रति मुसलमानों का भाव। इन्द्रावती की रचना करने पर शायद नूर मुहम्मद को समय-समय पर यह उपालम्भ सुनने को मिलता था कि तुम मुसलमान होकर हिन्दी भाषा में रचना करने क्यों गये। इसी से अनुराग बाँसुरी के आरम्भ में उन्होंने ये सफाई देने की कोशिश की है कि –

जातन है वह सिरजनहारा। जो किछु है मन मरम हमारा।।
हिन्दू मग पर पाँच न राखेउँ। का जौ बहुतै हिन्दी भाखेउ।।
मन इसलाम किरिकलैं माँजेउँ। दीन जेंवरी करकस भाँजेउँ।
जहँ रसूल अल्लाह पियारा। उम्मत को मुक्लावनहारा।।
तहाँ दूसरो कैसे भावै। जच्छ असुर सुर काग न आवै।

इसका अर्थ है कि - संवत् 1800 तक आते-आते मुसलमान हिन्दी से किनारा खींचने लगे थे। हिन्दी हिन्दुओं के लिए छोड़कर अपने लिखने-पढ़ने की भाषा वे विदेशी अर्थात् फारसी रखना चाहते थे, जिसे उर्दू कहते हैं। उर्दू का उस समय तक साहित्य में कोई स्थान न था, इसका स्पष्ट आभास नूर मुहम्मद के इस कथन से मिलता है–

कामयाब कह कौन जगावा। फिर हिन्दी भाखे पर आवा।।
छाँड़ि पारसी कंद नवातैं। अरूझाना हिन्दी रस बातैं।।

अनुराग बाँसुरी का रचना काल हिजरी अर्थात् 1821 है। जीवात्मा और मनोवृत्तियों को लेकर पूरा अध्यवसित रूपक खड़ा करके कहानी लिखी गयी है। सारी कहानी और सारे पात्र रूपक है, चौपाई के बीच-बीच में इन्होंने दोहे न लिखकर बरवै लिखा है। नूर मुहम्मद को हिन्दी में कविता करने के कारण जगह-जगह पर सफाई देना पड़ा कि वे इस्लाम के पक्के अनुयायी हैं –

यह बाँसुरी सने सो कोई। हिरदय स्रोत खुला जेहि होई।।
निसरत नाद बरूनी साथा। सुनि सुधि चेत रहे केहि हाथा।।
सुनतै जौ यह सबद मनोहर। होत अचेत कृष्ण मुरलीधर।।
यह मुहम्मदी जन की बोली। जामैं कंद नवातैं घोली।।
बहुत देवता को चित हरै। बहु मूरति औंधी होइ परै।।
बहुत देवहारा ढाहि गिरावै। संखनाद की रीति मिटावै।।
जहाँ इस्लामी मुख सों निसरी बात।
तहाँ सकल सुख मंगल कष्ट नसात।।

2.3.4. सूफी रचनाओं के अतिरिक्त भक्तिकाल के अन्य आख्यान काव्य

आश्रयदाता राजाओं के चरितकाव्य तथा ऐतिहासिक या पौराणिक आख्यान काव्य लिखने की जैसी परम्परा हिन्दुओं में बहुत प्राचीनकाल से चली आती थी, वैसी पद्यबद्ध कल्पित कहानियाँ लिखने की नहीं थीं। ऐसी कहानियाँ मिलती हैं, पर बहुत कम। इसका अर्थ यह नहीं कि प्रसंगों या वृत्तों की कल्पना की प्रवृत्ति कम थी। ऐसी कल्पना किसी ऐतिहासिक या पौराणिक पुरुष या घटना का कुछ कभी-कभी अत्यन्त अल्प सहारा लेकर खड़ी की जाती थी। कहीं-कहीं तो केवल कुछ नाम ही ऐतिहासिक या पौराणिक रहते थे, जैसे ईश्वरदासकृत 'सत्यवती कथा' आत्मकथा का विकास नहीं पाया जाता। केवल जैन कवि बनारसीदास का अर्द्धकथानक मिलता है। इस समय के कुछ आख्यानकाव्यों के नाम इस प्रकार हैं –

ऐतिहासिक - पौराणिक	कल्पित	आत्मकथा
1. रामचरितमानस (तुलसी)	ढ़ोला मारू रा दूह (प्राचीन) (बनारसीदास)	अर्द्धकथानक
2. हरिचरित्र (लालचदास)	लक्ष्मणसेन पद्मावती कथा (दामो कवि)	
3. रुक्मिणीमंगल (नरहरि)	सत्यवती कथा (ईश्वरदास)	
4. रुक्मिणीमंगल (नन्ददास)	माधवानल कामकन्दला (आलम)	
5. सुदामाचरित (नरोत्तमदास)	रसरतन (पुहकर कवि)	

6. रामचन्द्रिका (केशवदास)   पद्मिनीचरित्र (लालचन्द)
7. वीरसिंहदेव चरित (केशव)   कनकमंजरी (काशीराम)
8. बेलि क्रिसन रुकमणी री
(जोधपुर के राठौड़ राजा पृथ्वीराज)

ढ़ोला मारू रा दूहा और बेलि क्रिसन रुक्मणी री राजस्थानी भाषा में है। दोहे बहुत पुराने हैं। बहुत दिनों तक मुखाग्रही रहने के कारण बहुत-से दोहे लुप्त हो गये थे, जिससे कथा की शृंखला बीच-बीच में खंडित हो गयी थी। बेलि क्रिसन रुक्मणी री जोधपुर के राठौर राजवंशीय स्वदेशाभिमानी कवि पृथ्वीराज की रचना है जिनका महाराणा प्रताप को क्षोभ से भरा पत्र लिखना इतिहास प्रसिद्ध है। रचना प्रौढ़ भी है और मार्मिक भी। इसमें श्रीकृष्ण और रुक्मिणी के विवाह की कथा है।

2.4. सगुण भक्ति धारा

सगुणभक्तिधारा की दो प्रमुख शाखाएँ हैं–

1. राम भक्ति शाखा
2. कृष्ण भक्ति शाखा

सगुण भक्ति के सम्यक् प्रसार के लिए जैसे दृढ़ आधार की आवश्यकता थी वैसा दृढ़ आधार स्वामी रामानुजाचार्य ने संवत् 1073 में खड़ा किया। उन्होंने विशिष्टाद्वैत का निर्माण करके सृष्टि रचनाकार ब्रह्म को जगत् के मूल के रूप में बताया। अतः इन जीवों के लिए उद्धार का मार्ग यही है कि वे भक्ति द्वारा प्रभु का सांगत्य प्राप्त करें। रामानुज की शिष्य परम्परा जनता में फैलती गयी और जनता भक्ति मार्ग की ओर अधिक आकर्षित होती गयी। रामानुज के श्री सम्प्रदाय में विष्णु या नारायण की उपासना है। विक्रम की 14वीं शताब्दी के अन्त में वैष्णव श्री सम्प्रदाय के प्रधान आचार्य श्री राघवानन्द जी काशी में रहते थे। रामानन्द दिल्ली के बादशाह सिकन्दर लोदी के समय में वर्तमान थे। सेन भगत रामानन्द के शिष्यों में थे। ये बान्धवगढ़ के नरेश के नाई थे। स्थूल रूप से रामानन्द जी का समय विक्रम की 15वीं शती के चतुर्थ से 16वीं शती के तृतीय चरण के भीतर माना जाता है।

श्रीरामार्चन पद्धति में रामानन्द ने अपनी पूरी गुरु परम्परा दी है। रामानुज के शिष्य होने पर भी उन्होंने उपासना के लिए वैकुंठ निवासी विष्णु का स्वरूप न लेकर लीला पुरुषोत्तम श्रीरामचन्द्र जी का आश्रय लिया है। इनके इष्टदेव राम और मूलमन्त्र राम नाम था। श्रीरामानुज के पीछे कुरेशस्वामी की 'पंचस्तवी' में राम की विशेष भक्ति स्पष्ट झलकती है। शठकोपाचार्य की 'सहस्रगीति' में भी राम को ही लोकोत्तर लीला पुरुषोत्तम तथा मर्यादा पुरुषोत्तम के रूप में चित्रित किया गया। उन्होंने उदारतापूर्वक मनुष्य मात्र को सगुण भक्ति का अधिकारी बनाकर उसके बीच देशभेद, वर्णभेद, जातिभेद आदि को दूर रखा। रामानुज सम्प्रदाय में दीक्षा केवल द्विज जातियों को ही

दी जाती थी। पर स्वामी रामानन्द ने राम भक्ति का द्वार सबके लिए खोल दिया। रामानन्द के शिष्यों में कबीरदास, रैदास, सेन नाई और गँगरौनगद के राजा पीपा प्रसिद्ध थे। रामानन्द जी के द्वारा रचित ग्रन्थ दो ही मिलते हैं। वैष्णव मताब्ज और श्रीरामार्चन पद्धति। अनन्तानन्द, संखानन्द, सुरसुरानन्द, नरहर्यानन्द, भावानन्द, पीपा, कबीर, सेन, धन्ना, रैदास, पद्मावती और सूरसरी रामानन्द के शिष्यगण माने गये हैं।

2.4.1. राम भक्ति शाखा

जगत्प्रसिद्ध स्वामी शंकराचार्य जी ने जिस अद्वैतवाद का निरूपण किया था, वह भक्ति के सन्निवेश के उपयुक्त न था। यद्यपि उसमें ब्रह्म की व्यावहारिक सगुण सत्ता की भी स्वीकृति थी। पर भक्ति के सम्यक् प्रसार के लिए जैसे दृढ़ आधार की आवश्यकता थी वैसा दृढ़ आधार स्वामी रामानुजाचार्य जी ने खड़ा किया। उनके विशिष्टाद्वैत के अनुसार चिदचिद्विशिष्ट ब्रह्म के ही अंश जगत् के सारे प्राणी हैं जो उसी से उत्पन्न होते हैं और उसी में लीन होते हैं। अतः इन जीवों के लिए उद्धार का मार्ग यही है कि वे भक्ति द्वारा उस अंशी का सामीप्य लाभ करने का प्रयत्न करें। रामानुज जी की शिष्य परम्परा देश में बराबर फैलती गयी और जनता भक्ति मार्ग की ओर अधिक आकर्षित होती रही। रामानुज के सम्प्रदाय में विष्णु या नारायण की उपासना प्रचलित है।

विक्रम संवत् की चादहवीं शताब्दी के अन्त में वैष्णव श्री सम्प्रदाय के आचार्य श्री राघवानन्दजी काशी में रहते थे। अपनी अधिक अवस्था होते सम्प्रदाय को आगे बढ़ाने की बात पर चिन्तित होकर राघवानन्द को दीक्षा प्रदान करके निश्चिन्त हुए। रामानन्द जी ने भारत वर्ष का पर्यटन करके अपने सम्प्रदाय का प्रचार किया। रामानन्द का मानिकपुर के शेख तकी पीर के साथ वाद-विवाद के बारे में कबीर के शिष्य धर्मदास ने इस प्रकार लिखा –

साह सिकन्दर जल में बोरे, बहुरि अग्नि परजारे।
मैमत हाथी आनि झुकाये, सिंहरूप दिखराये।।
निरगुन कथैं, अभयपद गावैं, जीवन को समझाये।
काजी पंडित सबै हराये, पार कोउ नहिं पाये।।

इससे विदित होता है कि रामानन्द जी दिल्ली के बादशाह सिकन्दर लोदी के समय वर्तमान थे। कबीर के समान सेन भगवत भी रामानन्द के शिष्यों में प्रसिद्ध हैं। ये सेन भगवत बान्धवगढ़ नरेश के नाई थे। रीवाँ राज्य के इतिहास में राजा राम का समय 1611 से 1648 तक माना जाता है। रामानन्द जी से दीक्षा लेने के उपरान्त ही सेन पक्के भगत हुए। इस दशा में स्थूल रूप से उनका समय 1575 या 1580 तक रहा। श्री रामार्चन पद्धति में श्रीरामानन्द जी ने अपनी पूरी गुरु परम्परा चलायी। उसके अनुसार रामानुजाचार्य जी, रामानन्द जी से 14 पीढ़ी ऊपर

थे। रामानुजाचार्य जी ने अपनी उपासना पद्धति में वैकुंठ निवास विष्णु का स्वरूप न लेकर लीला पुरुषोत्तम श्रीराम जी का आश्रय लिया है। इनके इष्टदेव राम हुए और मूलमन्त्र हुआ राम नाम। रामानुजाचार्य के पाँच पीढ़ी पहले रामार्चन पद्धति के प्रवर्तक शठकोपाचार्य जी थे। उन्होंने अपनी सहस्र गीति में कहा–'दशरथस्य सुतं तं बिना अन्यशरणवान्नस्मि'। श्रीरामानुज के पीछे उनके शिष्य कुरेशस्वामी हुए जिनकी पंचस्तवी में राम की विशेष भक्ति स्पष्ट झलकती है। रामानन्द जी ने विष्णु के अन्य अवतारों में राम रूप को ही अधिक लोक कल्याणकारी माना। इसलिए रामार्चन पद्धति की तरफ लोगो आकर्षित हुए। इसके साथ-साथ उन्होंने उदारतापूर्वक मनुष्य मात्र को इस सुलभ सगुण भक्ति का अधिकारी माना और देशभेद, वर्णभेद, जातिभेद आदि का विचार भक्ति मार्ग से दूर रखा। रामानुज सम्प्रदाय में दीक्षा केवल द्विज जातियों को ही दी जाती थी, पर स्वामी रामानन्द ने रामभक्ति के द्वारा सब जातियों के लिए द्वार खोल दिया और एक उत्साही विरक्त दल का संघटन किया जो आज भी वैरागी के नाम से प्रसिद्ध है। रामानन्द जी वर्णाश्रम के विरोधी थे। समाज के लिए वर्ण और आश्रय की व्यवस्था मानते हुए वे भिन्न-भिन्न कर्तव्यों की योजना स्वीकार की थी केवल धर्म और उपासन के सन्दर्भ में उन्होंने सबका समान अधिकार स्वीकार किया। वे सभी जाति के लोगों को इकट्ठा करके राम नाम का जाप करने लगे। इनकी शिष्य परम्परा में कबीरदास, रैदास, सेन नाई आदि थे। रामानन्द जी के लिखे हुए दो संस्कृत ग्रन्थ मिलते हैं– वैष्णवमताब्ज भास्कर और श्री रामार्चन पद्धति। इनके अलावा और कोई ग्रन्थ इनका आज तक नहीं मिला है। ब्रह्म सूत्रों पर आनन्द भाष्य और भगवद्‌गीता भाष्य आदि ग्रन्थ रामानन्द के नाम से रचा गया है। रामानन्द जी समय-समय पर विनय और स्तुति के हिन्दी पद भी बनाकर गाया करते थे। जैसे –

आरती कीजै हनुमान लला की। दुष्टदलन रघुनाथ कला की।।
जाके बल भर ते महि काँपै। रोग सोग जाकी सिमा न चाँपै।।
अंजनीसुत महाबल दायक। साधु-सन्त पर सदा सहायक।।
बायें भुजा सब असुर संहारी। दहिने भुजा सब सन्त उबारी।।
लछिमन धमरति में मूर्छि पर्‌यो। पैठि पताल जमकातर तोर्‌यो।।
आनि सजीवन प्रान उबार्‌यो। मही सब्रन कै भुजा उपार्‌यो।।
गाढ़ परे कपि सुमिरों तोहीं। होहु दयाल देहु जस मोही।।
लंकाकोट समुन्दर खाई। जात पवनसुत बार न लाई।।
लंक प्रजारी असुर सब मार्‌यो। राजा राम के काज सँवार्‌यो।।
घंटा ताल झालरी बाजै। जगमग जोति अवधपुर छाजै।।
जो हनुमान जी आरती गावै। बसि बैकुंठ अमर पद पावै।।
लंक विध्वंस कियो रघुराई। रामानन्द आरती गायी।।

सुर नर मुनि सबि करहिं आरती। जै जै जै हनुमान लला की।।

रामानन्द जी का कोई प्रामाणिक वृत्त नहीं मिला। कुछ लोगों के अनुसार रामानन्द जी अद्वैतवादियों के ज्योतिर्मठ के ब्रह्मचारी थे। सम्भव है कि उन्होंने ब्रह्मचारी रहकर ही कुछ दिन उक्त मठ में वेदान्त का अध्ययन किया था। उन्होंने बारह वर्ष तक गिरनार या आबू पर्वत पर योगसाधना करके सिद्धि प्राप्त की थी। रामानन्द जी के बारह शिष्य माने जाते हैं आनन्द वर्धन, सुखानन्द, सुरसुरानन्द, नरहर्यानन्द, भावानन्द, पीपानन्द, कबीर, सेन, धन्ना, रैदास, पद्मावती, और सुरसरी।

आनन्द सम्प्रदाय के शिष्य कृष्णदास पयहारी हुए जिन्होंने गलता में रामानन्द सम्प्रदाय के लिए दक्षिण की गद्दी स्थापित की। यही पहली और प्राचीन गद्दी है। भक्ति आन्दोलन के पूर्व नाथपन्थी कनफट योगियों का बहुत प्रभाव था। जब वैष्णव भक्तिमार्ग का आन्दोलन देश में चला तब उसके प्रति दुर्भाव रखना उनके लिए स्वाभाविक था। नाथपन्थी योगियों के हृदय में योगसाधना और सिद्धि के प्रति आस्था जमी हुई थी। पयहारी के दो प्रसिद्ध शिष्य हुए, अग्रदास और कील्हदास। रामानन्द जी की एक शाखा में योगसाधना का भी समावेश हुआ। यह शाखा वैरागियों में तपसी शाखा के नाम से प्रसिद्ध हुई।

कील्हदास के शिष्य द्वारकादास ने इस शाखा को पल्लवित किया। स्वामी रामानन्द जी के द्वारा चलाये हुए रद्धीग्रन्थ योगचिन्तामणि, रामरक्षा स्तोत्र आदि है–

विकट कटक रे भाई। काया चढ़ा न जाई।।
जहँ नाद बिन्दु का हाथी। सतगुर ले चले साथी।।
जहाँ है अष्टदल कमल फूला। हंसा सरोवर में भूला।।
शब्द तो हिरदय बसे, शब्द नयों बसे,
शब्द की महिमा चार बेद गाई।।
कहैं गुरु रामानन्द जी, सतगुरु दया करि मिलिया,
सत्य का शब्द सुनु रे भाई।।

सुस्त नगर करै सयल। जिसमें है आत्मा का महल।। (योग चिन्तामणि से)
सिखों के ग्रन्थ साहिब में निर्गुण उपासना सम्बन्धी रामानन्द के दो पद मिलते हैं–

कहाँ जाइए हो घरि लागो रंग। मेते चंचल मन भयों अपंग।।
जहाँ जाइए तहँ जल पषान। पूरि रहे हरि सब समान।
वेद स्तृति सब मेल्हे जोइ। उहाँ जाइए हरि इहाँ न होइ।।
एक बार मन भयो उमंग। घसि चोवा चन्दन चारि अंग।।
पूजत चाली ठाइँ-ठाइँ। सो ब्रह्म बतायो गुरु आप माइँ।।
सतगुरु में बलिहारी तोर। सकल विकल भ्रम जारे भोर।।
रामानन्द रमै एक ब्रह्म। गुरु कै एक सबद काटै कोटि क्रम्म।।

2.4.2. कवि परिचय

गोस्वामी तुलसीदास

रामानन्द जी की शिष्य परम्परा द्वारा राम भक्ति की पुष्टि निरन्तर होती रही। पर हिन्दी के क्षेत्र में इस भक्ति का परमोज्वल प्रकाश विक्रम की सत्रहवीं शताब्दी के पूर्वार्द्ध में गोस्वामी तुलसीदास जी की वाणी द्वारा स्फुरित हुआ। उनकी सर्वतोन्मुख प्रतिभा ने भाषाकाव्य की सारी प्रचलित पद्धतियों के बीच अपना चमत्कार दिखाया। तुलसीदास के समय से ही हिन्दी साहित्य की प्रौढ़ता का समय आरम्भ हुआ। अयोध्या में एक अत्यन्त निपुण दल जो लुप्त पुस्तकों और रचनाओं को समय-समय पर प्रकट करता है। उसमें कभी नन्ददासकृत तुलसी की वन्दना का पद प्रकट होता है तो कभी कबीर सूरदास जी द्वारा तुलसीदास की स्तुति का यह पद प्रकाशित होता है–

श्रीमतुलसीदास स्वगुरु भ्राता पद बन्दे।

नन्ददास के हृदय नयन का खोलेउ सोई।
धन्य भाग्य मम सन्त सिरोमनि चरन कमल तकि आउऊँ।
दया दृष्टि तें मम दिसि हेरेउ, तत्त्व स्वरुप लाखायो।
कर्म उपासना ज्ञान जनित भ्रम संसय सूल नसायो।।

इसके अनुसार सूरदास का 'कर्मउपासनाज्ञानजनितभ्रम' वल्लभाचार्य जी ने नहीं बल्कि तुलसीदास जी ने दूर किया था। गोसाई चरित्र में लिखित बहुत-सी बातें इतिहास के सर्वथा विरुद्ध पड़ती है। गोस्वामी जी का एक और जीवन चरित्र, जिसकी सूचना मर्यादा पत्रिका की ज्येष्ठ 1961 की संख्या में श्रीयुत् इन्द्रदेव नारायण जी ने दी थी। बाबा बेनीमाधवदास के अनुसार गोस्वामी जी के पिता जमुना के किनारे दुबेपुरवा नामक गाँव के दूबे और मुखिया थे। उनके पूर्वज पत्यौजा ग्राम से यहाँ आये थे। पर बाबा रघुवरदास के तुलसीचरित में लिखा है कि सरवार में मझौली से तेईस कोस पर कसया ग्राम में गोस्वामी जी के प्रपितामह परशुराम मिश्र जो गाना के मिश्र थे–रहते थे। वे तीर्थाटन करते-करते चित्रकूट पहुँचे और उसी ओर राजापुर में बस गये। उनके पुत्र शंकर मिश्र हुए। शंकर मिश्र के पुत्र रुद्रनाथ मिश्र थे जिनके पुत्र तुससीदास जी आगे चलकर महात्मा तुलसीदास हुए। इनका जन्म संवत् 1554 में श्रावण शुक्ल तिथि में हुआ। पर इस संवत् को ग्रहण करने से तुलसीदास की आयु 124-127 वर्ष होता है। शिवसिंह सरोज में तुलसी का जन्म संवत् 1583 दिया गया। इसमें इनका सरयूपारी ब्राह्मण होने का वर्णन है। तुलसी के माता-पिता के सम्बन्ध में कहा गया हैं कि तुलसी परासर गोत दूबे पतिऔजा के इसका अर्थ है तुलसी के पिता का नाम आत्माराम दूबे और माता का नाम हुलसी था। तुलसी ने स्वयं कवितावली में कहा है कि 'माता-पिता जग जाइ तज्यौ बिधिहू न लिख्यो कछु

भाल भलाई'। इसी प्रकार विनय पत्रिका में भी यही वाक्य है–

जनक जननी तज्यो जनमि,
करम बिनु बिधिहु सृज्यौ अवडेरे,
तथा तनुजन्यो कुटिल कीट ज्यौं,
तज्यौ मातु-पिता हूँ।

गोस्वामी जी की मृत्यु के सम्बन्ध में यह दोहा सुनाया करते हैं-

संवत् सोरह सै असी, असी गंग के तीर।
श्रावण शुक्ला सप्तमी, तुलसी तज्यो शरीर।।

पर बाबा बेनीमाधवदास की पुस्तक में दूसरी पंक्ति इस प्रकार है–

श्रावण कृष्णा तीज शनि, तुलसी तज्यो शरीर।

आधुनिक काल के पहले साहित्य या काव्य की सर्वमान्य व्यापक भाषा ब्रज रही। पर पूरबी हिन्दी या अवधी के सम्बन्ध में यह बात नहीं है। अवधी भाषा में रचना करने वाले जितने कवि हुए हैं, सब अवध या पूरब के थे। भक्त लोग अपने को जन्मजन्मान्तर से अनेक आराध्य इष्टदेव का सेवक मानते हैं। रामचरितमानस के अयोध्या कांड में जहाँ प्रयाग से चित्रकूट जाते हुए राम जमुना पार करते हैं और भरद्वाज के द्वारा साथ भेजे गये शिष्यों को विदा करते हैं। इस तरह कवि ने अपने को ही तापस के रूप में राम के पास पहुँचाया है। इस प्रकार कथा प्रसंग के रूप में ही गुप्त और प्रकट रूप से कवि अपने निवास स्थान का संकेत देते हैं। तुलसीदास जी रामानन्द सम्प्रदाय की वैरागी परम्परा में नहीं जान पड़ते। रामानन्द परम्परा में सम्मिलित करने के लिए उन्हें नरहरिदास का शिष्य बताकर जो परम्परा मिलायी गयी है वह कल्पित प्रतीत होती है। वे रामोपासक वैष्णव अवश्य थे, पर स्मार्त वैष्णव थे। गोस्वामी के प्रादुर्भाव को हिन्दी काव्य क्षेत्र में एक चमत्कार समझना आवश्यक है। हिन्दी काव्य की शक्ति का पूर्ण प्रसार इनकी रचनाओं में ही पहले पहल दिखाई पड़ा। भक्तिकाल तक आते-आते कबीर ने चलती बोली में अपनी वाणी कही। पर वह बोली बेठिकाने की थी। उसका कोई नियत रूप न था। अरबी फारसी भाषा के शब्दों का प्रयोग करके मुसलमानों को भी अपनी तरफ आकर्षित करना इनका मुख्य लक्ष्य था। वे पढ़े-लिखे लोगों से दूर ही दूर रहकर अपना उपदेश सुनाया करते थे। भक्त सूरदास जी ब्रज की चलती भाषा को परम्परा से चली आती हुई काव्य भाषा के बीच पूर्ण रूप से प्रतिष्ठित करके साहित्यिक भाषा को लोकव्यवहार से संस्पर्श में लेकर आये। उन्होंने परम्परा से चली आती हुई काव्य भाषा का तिरस्कार न करके उसे एक नया चलता रूप दिया। भाषा का एक शिष्ट सामान्य रूप उन्होंने रखा जिसका व्यवहार आगे चलकर बराबर कविता में होता आया। इस समय तक ब्रज भाषा की तरह अवधी भी साहित्य निर्माण की ओर अग्रसर हो चुकी थी। तुलसीदास ने अपने समय की काव्य भाषा को दो रूपों में प्रचलित पाया– एक ब्रज और दूसरी अवधी। दोनों पर

उनका समान अधिकार था। तुलसीदास के रचना विधान में सबसे बड़ी विशेषता यह है कि वे अपनी सर्वतोन्मुखी प्रतिभा के बल से सबके सौन्दर्य की पराकाष्ठा अपनी दिव्य वाणी में दिखाकर साहित्य क्षेत्र में प्रथम पद के अधिकारी हुए। तुलसीदास की रचना अधिक संस्कृत गर्भित है। विनयपत्रिका के प्रारम्भिक स्तोत्र में जो संस्कृत पदविन्यास है वह गीतगोविन्द के पदविन्यास से अधिक कर्कश है। गीतावली की रचना गोस्वामी ने सूरदास जी के अनुकरण पर की है। पर उत्तराखंड में जाकर सूर पद्धति के अतिशय अनुकरण के कारण उनका गम्भीर व्यक्तित्व तिरोहित-सा हो गया है। राम की नख-शिख शोभा का वर्णन भी सूर की शैली पर बहुत-से पदों में होता गया है। तुलसीदास जी बहुत ही कोमल भाषा में सुन्दर वर्णन करते हैं—

राम को रूप निहारत जानकि, कंकन के नग की परछाहीं।
याते सबै सुधि भूलि गयी, कर टेकि रही, पल डारति नहीं।।

× × × ×

गोरो गरूर गुमान भरो, यह, कौसिक, छोटो सो ढोटा है काको?

× × × ×

जल को गये लक्खन, हैं लरिका, परिखो, पिय छाँह घरीक ह्वै ठाढ़े।
पोंछि पसेउ बयारि करौं, अरु पाँय पखारिहौं भूभुरि डाढ़े।।

गोस्वामी जी शास्त्रपारंगत विद्वान थे। अतः उनकी शब्दयोजना साहित्यिक और संस्कृतगर्भित है। जायसी में केवल ठेठ अवधी का माधुर्य है, पर गोस्वामी जी की रचना में संस्कृत की कोमल पदावली का भी बहुत ही मनोहर मिश्रण है—
जायसी और तुलसी की भाषा में अन्तर इस प्रकार है।

जब हुँत कहिगा पंखि संदेसी। सुनिएँ किम आवा है परदेशी।।
तब हुँत तुम्ह बिन रहे न जीऊ। चातक भयउँ कहकत पिउ-पिउ।।
भयउँ विरह जलि कोइलि कारी। डार-डार जो कूकि पुकारी।। जायसी
अमिय मूरियम चूरन चारू। सुमन सकल भवरूज परिवारू।।
सुकृत सम्भु तनु बिमल विभूती। मंजुल मुगल मोद प्रसूती।।
जन मन मंजु मुकुर मल हरनी। किये तिलक गुन गन बस करनी।। तुलसी

गोस्वामी तुलसीदास ने हिन्दी काव्य की सब प्रकार से रचनाशैली को ऊँचे आसन पर प्रतिष्ठित किया है। अपने दृष्टि विस्तार के कारण ही तुलसीदास जी उत्तरी भारत की समग्र जनता के हृदयमन्दिर में पूर्ण प्रेमप्रतिष्ठा के साथ विराज रहे हैं। सगुण धारा की भारतीय पद्धति के भक्तों में कबीर, दादू आदि के लो. कधर्म विरोधी स्वरूप को यदि किसी ने पहचाना तो गोस्वामी जी ने। गोस्वामी जी

को निर्गुणपन्थियों की बानी में लोकधर्म की उपेक्षा का भाव स्पष्ट दिखाई पड़ा। गोस्वामी जी की भक्ति पद्धति की सबसे बड़ी विशेषता है; उसकी सर्वांगपूर्णता। सब पक्षों के साथ उसका सामंजस्य। तुलसी की भक्ति को धर्म और ज्ञान दोनों की रसानुभूति कह सकते हैं प्राचीन भारतीय भक्तिमार्ग के भीतर भी उन्होंने बहुत-सी बढ़ती हुई बुराइयों को रोकने का प्रयत्न किया। शैवों और वैष्णवों के बीच बढ़ते हुए विद्वेषों अपनी सामंजस्य व्यवस्था द्वारा रोकने का प्रयास किया। यहीं तक नहीं, जिस प्रकार उन्होंने लोकधर्म और भक्तिसाधना को एक में सम्मिलित करके दिखाया उसी प्रकार कर्म, ज्ञान और उपासना के बीच भी सामंजस्य उपस्थित किया। भक्ति की चरम सीमा तक पहुँचकर भी लोकपक्ष को उन्होंने नहीं छोड़ा। लाक संग्रह का भाव उनकी भक्ति का एक अंग था। रामचरितमानस में नाम और रूप दोनों को ईश्वर की उपाधि कहकर वे उन्हें अभिव्यक्ति मानते हैं—

नाम रूप दुइ ईस उपाधी। अकथ अनादि सुसामुझि साधी।।
नाम रूप गति अकथ कहानी। समुझत सुखद न परति बखानी।।
अगुन सगुन बिच नाम सुसाखी। उभय प्रबोधक चतुर दुभाखी।।

इसी प्रकार रामचरितमानस उत्तराखंड में उन्होंने ज्ञान की अपेक्षा भक्ति को कहीं अधिक सुसाध्य और आशुफलदायिनी कहा है— रामचरितमानस के भीतर कहीं-कहीं घटनाओं के थोड़े-से हेर-फेर तथा स्वकल्पित संवादों के समावेशों के अतिरिक्त अपनी ओर से छोटी-मोटी घटनाओं या प्रसंगों की नयी कल्पना तुलसीदास जी ने की है। राम के आदर्श रूप के द्वारा वे जीवन भर बना रहने वाला प्रभाव उत्पन्न करना चाहते थे। गीतावली में सूर के अनुकरण पर वस्तु व्यापार वर्णन का बहुत विस्तार है। उनकी प्रतिभा अधिकतर उपलब्ध प्रसंगों को लेकर चलने वाली थी, नये-नये प्रसंगों की पद्भावना करने वाली नहीं। रामचरितमानस में तुलसी केवल कवि के रूप में ही नहीं, उपदेशक के रूप में भी सामने आते हैं। दोहावली, गीतावली, रामचरितमानस, विनयपत्रिका, कवितावली उनके बड़े ग्रन्थ हैं तथा रामलला नहछू, पार्वतीमंगल, जानकीमंगल, बरवैरामायण, वैराग्यसन्दीपनी, कृष्णगीतावली और रामाज्ञाप्रश्नावली छोटे ग्रन्थ हैं। रामसतसई में सात सौ से अधिक दोहे हैं। जिनमें से डेढ़ सौ लगभग दोहावली के ही पद हैं यद्यपि दोहावली में भी कुछ दोहे इस ढंग के हैं। गोस्वामी जी के दोस्त गंगाराम ज्योतिषी के अनुरोध से रामाज्ञाप्रश्न बना था। हनुमानबाहुक से तो प्रत्यक्ष है कि बाहुओं में असह्य पीड़ा होते समय यह ग्रन्थ रचा गया था। जब गोस्वामी जी ने काशी में राम भक्ति की गहरी धूम मचायी तब एक दिन कलिकाल प्रत्यक्ष आकर धमकाने लगा और उन्होंने राम के दरबार में रखने के लिए वह पत्रिका प्रस्तुत की। उनकी अलंकार योजना ऐसी मार्मिक है कि वे सर्वत्र भावों या तथ्यों की व्यंजना प्रस्फुटित करते हुए पाये जाते हैं।

स्वामी अग्रदास

रामानन्द जी के शिष्य अनन्तानन्द और अनन्तानन्द के शिष्य कृष्णदास पयहारी थे। कृष्णदास पयहारी के शिष्य अग्रदास जी थे। इन्हीं अग्रदास जी के शिष्य भक्तमाल के रचयिता प्रसिद्ध नाभादास जी थे। ये लगभग 1632 के आस पास वर्तमान थे। हितोपदेश, बावनी, ध्यानमंजरी, रामध्यानमंजरी और कुंडलिया आदि इनके पुस्तक हैं। इनका एक पद इस प्रकार है–

पहरे राम तुम्हारे साक्त। मैं मति मन्द अन्ध नहिं जोवत।।
अपमारग मारग महि जान्यो। इन्द्री पोषि पुरुषारथ मान्यो।।
औरनि के बल अनत प्रकार। अगरदास के राम अधार।।

नाभादास

ये अग्रदास जी के शिष्य और साधु सेवी थे। संवत् 1657 के लगभग वर्तमान थे और गोस्वामी तुलसीदास जी की मृत्यु के बहुत बाद तक जीवित थे। इनका प्रसिद्ध ग्रन्थ संवत् 1642 के बाद बना और संवत् 1769 में प्रियादास जी ने उसकी टीका लिखी। इस ग्रन्थ में 200 भक्तों के चमत्कारपूर्ण चरित्र 316 छप्पयों में लिखे गये हैं। इनका उद्देश्य भक्तों के प्रति जनता में पूज्यबुद्धि का प्रचार जान पड़ता है। नाभादास को कुछ लोग डोम मानते हैं तो कुछ क्षत्रिय।

ऐसा प्रसिद्ध है कि एक बार वे गोस्वामी तुलसीदास जी से मिलने काशी गये। उस समय तुलसी जी ध्यान में थे, इनसे न मिल सके। नाभा जी उसी दिन वृन्दावन चले गये। ध्यान भंग होने पर गोस्वामी जी को बड़ा खेद हुआ और वे तुरन्त नाभा जी से मिलने वृन्दावन चल दिये। नाभा जी के यहाँ वैष्णवों का भंडारा था जिसमें तुलसी जी बिना बुलाये जा पहुँचे। परसते के समय कोई पात्र न मिला था जिसमें गोस्वामी जी को खीर दी जाती। यह देखकर गोस्वामी जी एक साधु का जूता उठा लाये और बोले, इससे सुन्दर पात्र मेरे लिए और क्या होगा? इस पर नाभा जी ने उठकर उन्हें गले से लगा लिया और गद्गद हो गये। ऐसा कहा जाता है कि तुलसी सम्बन्धी अनेक छप्पय के अन्त में नाभा जी ने कुछ चिढ़कर चरण रचा था–कलि कुटिल जीव तुलसी भए, वाल्मीकि अवतार धरि। यक वृत्तान्त कहाँ तक ठीक है, कहा नहीं जा सकता, क्योंकि तुलसी खानपान के सम्बन्ध में चिचार रखने वाले स्मार्त वैष्णव थे। नाभा का यह छप्पय तुलसी से सम्बन्धित है–

त्रेता काव्य निबन्ध करी सत कोटि रमायन।
इक अक्षर उच्चरे ब्रह्महत्यादि परायन।।
अब भक्त सुख दैन बहुरि लीला बिस्तारी।।
रामचरनरसमत्त रहत अहनिसि ब्रतधारी।।
संसार अपार के पार को सुगम रूप नौका लियो।
कलि कुटिल जीव निस्तारहित बाल्मीकि तुलसी भयो।।

ब्रज भाषा पर इनका विशेष अधिकार था। इन्होंने अष्टायाम ब्रज गद्य में और रामचरितमानस की शैली पर दोहा-चौपाइयों का एक ग्रन्थ बनाया था–

प्राणचन्द चौहान

संस्कृत में रामचरित सम्बन्धी कई नाटक हैं जिनमें कुछ तो साहित्यिक नियमानुसार हैं और कुछ केवल संवाद रूप में होने के कारण नाटक कहे गये हैं। इन्होंने संवत् 1667 में रामायण महानाटक लिखा–

कातिक मास पच्छ उजियारा तीरथ पुन्य सोम कर वारा।।
ता दिन कथा कीन्ह अनुमाना। शाह सलेम दिलीपति थाना।।
संवत् सोरह सै साठा। पुन्य प्रगास पाय भय नाठा।
जो सारद माता कर दाया। पुन्य प्रगास पाय भय नाठा।
जेहि माया कह मुनि जग भूला। ब्रह्मा रहे कमल के फूला।।
निकसि न सक माया कर बाँधा। देषहु कमलनाल के राँधा।
आदिपुरुष बरनौं कोहि भाँती। चाँद सुरज तहँ दिवस न राती।।
निरगुन रूप करै सिव ध्याना। चार वेद गुन जेरि बखाना।।
तीनों गुन जानै संसारा। सिरजै पालै भंजनहारा।
श्रवन बिना सो अस बहुगुना। मन में होई सु पहले सुना।
देषै सब पै आहि न आँसी। अन्धकार चोस के साषी।
तेहि कर दहुँ को करै बषाना। जिहि कर मर्मवेद नहिं जाना।।
माया सींव भो कोउ न पारा। शंकर पँवरि बीच होइ हारा।।

हृदयराम

ये पंजाब के रहने वाले और कृष्णदास के पुत्र थे। इन्होंने संवत् 1680 में संस्कृत के हनुमन्नाटक के आधार पर भाषा हनुमन्नाटक लिखा सिसकी कविता बड़ी सुन्दर और परिमार्जित है। तुलसी के समय से ही उनकी ख्याति के साथ-साथ रामभक्ति की तरंगें भी देश के भिन्न-भिन्न भागों में बह चली थी। अतः उस काल के भीतर ही नाटक के रूप में कई रचनाएँ हुईं जिनमें सबसे अधिक प्रसिद्ध हृदयराम का हनुमन्नाटक हुआ। रामभक्ति का एक अंग रामभक्त हनुमान की उपासना भी है। तुलसी ने हनुमान की वन्दना बहुत स्थानों पर की है। गोस्वामी के पीछे कई लोगों ने रामायण लिखीं पर वे तुलसी की रचना के सामने प्रसिद्ध न हुए। राम भक्ति की काव्यधारा की सबसे बड़ी विशेषता यह है कि उसमें सब प्रकार की रचनाएँ हुईं। उसके द्वारा कई प्रकार की रचना पद्धतियों का आविर्भाव हुआ। विनयपत्रिका में तुलसी ने लोक में फैले अधर्म, अनाचार, अत्याचार आदि का भीषण चित्रण किया है। लोक में जब भी धर्म के स्वरूप को तिरोहित या आच्छादित देखता है, तब मानो

भगवान उसकी दृष्टि से उसकी खुली हुई आँखों के सामने से ओझल हो जाते हैं और वह वियोग की आकुलता का अनुभव करता है, फिर जब अधर्म का अन्धकार फाड़कर धर्म ज्योति अमोघ शक्ति के साथ-साथ फूट पड़ती है, तब मानो उसके प्रिय भगवान का मनोहर रूप सामने आ जाता है और वह पुलकित हो उठता है।

2.4.3. अद्वैत के विविध स्वरूप

जगत्प्रसिद्ध स्वामी शंकराचार्य जी ने जिस अद्वैतवाद का निरूपण किया था, आगे चलकर स्वामी रामानुजाचार्य जी ने विशिष्टाद्वैत (श्री सम्प्रदाय) की स्थापना की तो, मध्वाचार्य ने द्वैत, विष्णुस्वामी ने शुद्धाद्वैत और वल्लभाचार्य जी ने पुष्टिमार्गी भक्ति की स्थापना की, और निम्बार्क ने द्वैताद्वैत की स्थापना की थी। इस तरह अद्वैतवाद विभिन्न रूप धारण करके अपनी शिष्य परम्परा के माध्यम से देश में बढ़ती गयी।

2.4.4. वैष्णव श्री सम्प्रदाय

वैष्णव धर्म का प्रचार दक्षिण भारत में प्रथमतः व्याप्त होकर उत्तर भारत में वृद्धि पाने लगा। इस धर्म का प्रचार करने में चार महान् आचार्यों ने सहयोग दिया। रामानुजाचार्य , मध्वाचार्य, विष्णुस्वामी और निम्बार्काचार्य आदि। इनके पश्चात् कुछ आचार्य और हुए जिन्होंने वैष्णव धर्म को अधिक व्यापक बना दिया। वे थे रामानन्द, चैतन्य और वल्लभाचार्य आदि। इनमें वैष्णव श्रीसम्प्रदाय के प्रवर्तक श्री रामानुजाचार्य जी हैं। रामानुज के श्रीसम्प्रदाय में विष्णु या नारायण की उपासना है। इस सम्प्रदाय में अनेक साधु-महात्मा हुए। विक्रम की चौदहवीं शताब्दी के अन्त में वैष्णव श्री सम्प्रदाय के प्रधान आचार्य श्री राघवानन्दी जी काशी में रहते थे।

2.4.5. रामानन्द

स्वामी रामानन्द जी के समय में कहीं कोई लेख न मिलने के कारण हमें उनके जीवन वृत्तान्त के लिए कुछ आनुषंगिक बातों का सहारा लेना पड़ा। वैरागियों की परम्परा में रामानन्द जी का मानिकपुर के शेख तकी पीर के साथ वाद-विवाद होना माना जाता है। ये शेख तकी दिल्ली के बादशाह सिकन्दर लोदी के समय में विद्यमान थे। कुछ लोगों का मानना है कि ये सिकन्दर लोदी के गुरु थे। रामानन्द के जीवन के विषय में बहुत कम सामग्री प्राप्त है। जो कुछ भी विवरण हमें मिलता है, उसमें रामानन्द की प्रशंसा मात्र है। नाभादास के भक्तमाला से भी हमें कुछ विशेष सहायता नहीं मिलती। रामानन्दी सम्प्रदाय के लोग सम्प्रदाय की सभी बातें गुप्त रखना चाहते हैं। रामानन्द का आविर्भाव काल अभी तक सन्दिग्ध है। नाभादास के भक्तमाला के अनुसार रामानन्द श्री रामानुजाचार्य की शिष्य परम्परा में चौथे शिष्य थे। यदि प्रत्येक शिष्य के लिए 74 वर्ष का समय निर्धारित कर दिया जाये तो रामानन्द का आविर्भाव

काल चौदहवीं शताब्दी का अन्त है। रामानन्द की तिथि के निर्णय में एक धारणा और है। रामानन्द पीपा और कबीर के गुरु थे, यह निर्विवाद है। अतः रामानन्द का समय सं. 1455 और 1484 के पूर्व ही होना चाहिए। भक्तमाला सटीक में रामानन्द की जन्म तिथि संवत् 1356 दी गयी है। रामानन्द स्मार्त वैष्णव थे। उन्होंने श्री सम्प्रदाय के सिद्धान्तों को स्वीकार करते हुए भी वर्णाश्रम का बन्धन दूर कर दिया था। वे इस सम्बन्ध में अपने सम्प्रदाय में बहुत स्वतन्त्र थे। उन्होंने श्रीसम्प्रदाय के नारायण और लक्ष्मी के स्थान पर राम और सीता की भक्ति पर जोर दिया।

रामानन्द ने शास्त्रों के आधार पर जाति बन्धन के महत्त्व को व्यर्थ सिद्ध किया। उन्होंने भक्ति और ज्ञान प्राप्ति के लिए सामाजिक बन्धन को तुच्छ सिद्ध कर दिया। नाभादास जी के अनुसार सभी जाति के भक्त उनके शिष्य थे। रामानन्द ने अपने स्वतन्त्र विचारों से विभिन्न जातियों के अनेक भक्तों को अपना शिष्य बनाया।

इनकी गुरु परम्परा

रामानन्द जी ने श्रीरामार्चन पद्धति में मुख्यतः गुरु परम्परा दी है। उसके अनुसार रामानुजाचार्य जी रामानन्द जी से 14 पीढ़ी ऊपर थे। रामानुजाचार्य का परलोक गमन संवत् 1194 में हुआ।

इनकी उपासना पद्धति

रामानुजाचार्य जी के मतावलम्बी होने पर भी अपनी उपासना पद्धति का उन्होंने विशेष रूप से ध्यान रखा। उन्होंने उपासना के लिए वैकुंठ निवासी विष्णु का स्वरूप न लेकर, लोक में लीला विस्तार करने वाले उनके अवतार राम का आश्रय लिया। इनके इष्टदेव राम हुए और मूलमन्त्र राम नाम हुआ।

रामानन्द जी ने अपनी स्वतन्त्र भक्ति से कबीर आदि महात्माओं को जन्म दिया जिन्होने सन्त साहित्य की स्थापना की। रामानन्द ने जाति बन्धनों को ढीला कर दिया। उन्होंने धर्म प्रचार के लिए संस्कृत को छोड़कर जनता की बोली को अपनाया। उन्होंने राम की साकार उपासना को सुरक्षित रखते हुए भी अद्वैतवाद की ईश नामावली स्वीकार किया है। जहाँ एक ओर वे रामानुजाचार्य के श्री भाष्य का आधार लेते हैं, वहाँ दूसरी ओर वे अद्वैतवाद के आधार पर लिखा हुआ अध्यात्म रामायण का भी सहारा लेते हैं। शंकराचार्य के संयासियों से रामानन्द के अवधूतों के आचारात्मक स्वतन्त्रता बहुत अधिक है। रामानन्द के वैरागियों का नाम अवधूत हैं।

इनकी उदारता

रामानन्द जी ने विष्णु के अन्य रूपों में रामरूप को ही लोक के लिए अधिक कल्याण ाकारी समझा और एक सबल सम्प्रदाय का संगठन किया। इसके साथ ही साथ उन्होंने उदारतापूर्वक मनुष्य मात्र को इस सुलभ सगुणभक्ति का अधिकारी माना

और देशभेद, जातिभेद आदि का विचार भक्ति मार्ग से दूर रखा। यह उन्होंने सिद्धों और नाथ पन्थियों के देखा देखी में नहीं की, बल्कि भगवत् भक्ति के सम्बन्ध में महाभारत, पुराण आदि के कथित सिद्धान्त के अनुसार की। रामानुज सम्प्रदाय में दीक्षा केवल द्विजों को दी जाती थी, पर स्वामी रामानन्द ने रामभक्ति के द्वार सब जातियों के लिए खोल दिया और एक उत्साही विरक्त दल का संगठन किया, जो वैरागी नाम से प्रसिद्ध थे। भगवद् भक्ति में वे किसी भेद भाव का आश्रय नहीं देते थे। कर्म के क्षेत्र में शास्त्रमर्यादा इन्हें मान्य थी। पर उपासना के क्षेत्र में किसी प्रकार का लौकिक प्रतिबन्ध ये नहीं मानते थे। ये सब जाति के लोगों को एकत्र कर राम भक्ति का उपदेश देते थे।

इनके ग्रन्थ

रामानन्द के रचे हुए केवल दो संस्कृत के ग्रन्थ मिलते हैं– वैष्णवमताब्ज भास्कर और श्रीरामार्चन पद्धति। साम्प्रदायिक झगड़ों के कारण कुछ नये ग्रन्थ रामानन्द के नाम से प्रसिद्ध हुए थे। जैसे ब्रह्मसूत्रों पर आनन्द भाष्य और भागवद्गीताभाष्य आदि। कुछ लोग रामानन्द जी को एक स्वतन्त्र आचार्य प्रमाणित करना चाहते थे। इसलिए उनके नाम पर एक वेदान्त भाष्य प्रसिद्ध है। रामानन्द जी समय-समय पर विनय के हिन्दी पद भी बनाकर गाया करते थे।

इनके वृत्त के सम्बन्ध में प्रवाद और उन पर विचार

स्वामी रामानन्द जी का कोई वृत्त न मिलने के कारण से उनके सम्बन्ध में कई प्रकार के प्रवादों के प्रचार का अवसर लोगों को मिला। कुछ लोगों कहना है कि रामानन्द जी अद्वैतवादियों के ज्योतिर्मठ के ब्रह्मचारी थे। इस सम्बन्ध में इतना ही कहा जा सकता है कि शायद कुछ दिन उन्होंने ब्रह्मचारी रहकर ज्योतिर्मठ में वेदान्त का अध्ययन किया होगा, बाद में रामानुज के सिद्धान्तों की ओर आकर्षित हुए होंगे।

उनके सम्बन्ध में दूसरी बात यह है कि उन्होंने बारह वर्ष तक गिरनार या आबू पर्वत पर योगसाधना करके सिद्धि प्राप्त की थी। रामानन्द जी के दो ग्रन्थ प्राप्त हैं तथा उसके सम्प्रदाय में जिस ढंग की उपासना चली आ रही है उससे स्पष्ट है कि वे उदार हैं। वे विश्व के बीच भगवान की कला की साधना करने वाले विशुद्ध वैष्णव भक्तिमार्ग के अनुयायी थे, घट के भीतर ईश्वर ढूँढ़ने वाले योगमार्गी नहीं।

2.4.6. हनुमान जी की उपासना के ग्रन्थ

रामभक्ति का एक अंग रामभक्त हनुमान जी की उपासना भी है। गोस्वामी तुलसीदास जी ने हनुमान की वन्दना बहुत स्थलों पर की थी। 'हनुमानबाहुक' तो केवल हनुमानजी को ही सम्बोन्धित् करके लिखा गया है। हृदयराम ने हनुमन्नाटक लिखा। तुलसीकृत 'हनुमान चालीसा' आज भी लोग बड़े भक्ति भाव से गाते रहते है। रामानन्द जी

हनुमान जी की स्तुति में गाया करते थे–

आरती कीजै हनुमान लला की। दुष्टदलन रघुनाथ कला की।।
जाके बल भर ते महि काँपैं। रोग सोग जाकी सिमा न चाँपै।।
अंजनीसुत महाबल दायक। साधु-सन्त पर सदा सहायक।।
बायें भुजा सब असुर सँवारी। दहिने भुजा सब सन्त उबारी।।
लछिमन धरती में मूर्छि पर्‍यो। पैठि पताल जमकातर तोर्‍यो।।
आनि सजीवन प्रान उबार्‍यो। मही सब्रन के भुजा उपार्‍यो।।
गाढ़ परे कपि सुमिरों तोहीं। होहु दयाल देहु जस मोही।।
लंकाकोट समुन्दर खाई। जात पवनसुत बार न लायी।।
लंक प्रजारी असुर सब मार्‍यो। राजा राम के काज सँवार्‍यो।
घंटा ताल झालरी बाजै। जगमग जोति अवधपुर छाजै।।
जो हनुमान जी की आरती गावै। बसि बैकुंठ अमर पद पावै।।
लंक विध्वंस कियो रघुराई। रामानन्द आरती गायी।।
सुर नर मुनि सबि करहिं आरती। जै जै जै हनुमान लाल की।।

2.4.7. राम भक्ति काव्यधारा की सबसे बड़ी विशेषता

राम भक्ति काव्यधारा की सबसे बड़ी विशेषता यह है कि उसमें सब प्रकार की रचनाएँ हुईं, उसके द्वारा कई प्रकार की रचनापद्धतियों को उत्तेजना मिली। कृष्णोपासी कवियों ने मुक्तक के एक विशेष अंग गीतिकाव्य की ही पूर्ति की, पर रामचरित को लेकर अच्छे-अच्छे प्रबन्धकाव्य रचे गये।

भक्तिकाल में राम भक्ति का पूर्ण स्वरूप विकसित हुआ था। प्रेम और श्रद्धा अर्थात् पूज्य बुद्धि दोनों के मेल से भक्ति की निष्पत्ति होती है। श्रद्धा धर्म की अनुगामिनी है। जहाँ धर्म का स्फुरण दिखाई पड़ता है, वहीं श्रद्धा टिकती है। धर्म ब्रह्म के सत्स्वरूप की व्यक्त प्रवृत्ति है, उस स्वरूप की क्रियात्मक अभिव्यक्ति है, जिसका आभास अखिल विश्व की स्थिति में मिलता है, पूर्ण भक्त व्यक्त जगत् के बीच सत् की इस सर्वशक्तिमयी प्रवृत्ति के उदय का, धर्म की इस मंगलमयी ज्योति के स्फुरण का साक्षात्कार चाहता रहता है। लोक में जब कभी वह धर्म के स्वरूप को तिरोहित या आच्छादित देखता है तब मानो भगवान उसकी दृष्टि से उसकी खुली हुई आँखों के सामने से ओझल हो जाते हैं और वह वियोग की आकुलता का अनुभव करता है। फिर जब अधर्म का अन्धकार फाड़कर धर्म ज्योति अमोघ शक्ति के साथ-साथ फूट पड़ती है तब मानो उसके प्रिय भगवान का मनोहर रूप सामने आ जाता है और वह पुलकित हो उठता है। भीतर का चित्त जब बाहर सत् का साक्षात्कार कर पाता है तब आनन्द का आविर्भाव होता है और सदानन्द की अनुभूति होती है।

यह सगुण भक्ति मार्ग का पक्ष जो भगवान के अवतार को लेकर चलता है और जिसका पूर्ण विकास तुलसी की रामभक्ति में पाया जाता है। विनयपत्रिका

में गोस्वामी जी ने लोक में फैले अधर्म, अनाचर, अत्याचार आदि का भीषण चित्र खींचकर भगवान से अपना सत् न, धर्म संस्थापक स्वरूप व्यक्त करने की प्रार्थना की है। उन्हें दृढ़ विश्वास था कि धर्मस्वरूप भगवान का कभी न कभी दर्शन होगा। तुलसीदास ने भक्ति को अपने पूर्ण रूप में श्रद्धा और प्रेम के समन्वित रूप में सबके सामने रखा और धर्म या सदाचार को उसका नित्यलक्षण निर्धारित किया।

2.4.8. राम भक्ति की शृंगार भावना

राम काव्य धारा में यह आह्लादक लीला भाव तीन स्तरों पर सक्रिय है, जिसे युगल-विलास के अन्तर्गत सीताराम में पारस्परिक आकर्षण, केलीविलास, नृत्य-गान, इत्यादि का चित्रण है। राम काव्यधारा के शिखर कवि गोस्वामी तुलसीदास नीति एवं मर्यादा के उन्नायक हैं, जिससे उनके काव्य में सीता राम के लीला-विलास का अत्यन्त संयत एवं शालीन वर्णन मिलता है। तुलसी ने जनकपुर की पुष्पवाटिका में सीता-राम के प्रथम साक्षात्कार एवं जादुई आकर्षण का कुछ खुला-सा और कुछ-कुछ डूबा-सा चित्रण किया है। सर्वप्रथम सीता के मुखचन्द्र को निहारते समय राम की मनोदशा का अंकन हुआ है। वे अनुभव करते हैं कि सीता का रूप सँवारने में विधाता ने अपनी समूची कलात्मक प्रतिभा और सौन्दर्य राशि का सार्थक नियोजन कर दिया है। जो सुन्दरता को भी सुन्दर करने वाली है तथा छवि-गृह में दीप-शिखा बनकर जगमगाती है, उसकी शोभा का अंकन कर ही कौन सकता है—

उस कहि फिरि चिहए तेहि ओरा। सिय मुख ससि भए नयन चकोरा।
भए विलोचन चारू अचंचल। मनहुँ सकुचि निमि तजे दिगंचल।
देखि सीय सोभा सुखु पावा। हृदयँ सराहत बचनु न आवा।
जनु विरंचि सब निज निपुनाई। बिरचि स्वि कहँ प्रगटि देखाई।
सुन्दरता कहुँ सुन्दर करई। छविगृह दीप सिखा जनु बरई।।

तदुपरान्त राम के दर्शन का सीता पर प्रभाव भी द्रष्टव्य है-

लता ओट तब सखिन्ह लखाए। स्यामल गौर किशोर सुहाए।
देखि रूप लोचन ललचाने, हरषे जनु निज निधि पहिचाने।
धके नयन रघुपति छबि देखें। पलकन्हिहूँ परिहरी निमेषें।।
अधिक सनेह देह भै भोरी। सरद ससिहि जनु चितव चकोरी।।
लोचन मग रामहि उर आनी। दीन्हे पलक कपाट सयानी।

लेकिन तुलसी के अतिरिक्त दूसरे कवियों ने सीता-राम के युगल-विलास का लगभग वैसा ही चित्रण किया है जैसा कि कृष्ण भक्त कवियों ने राधाकृष्ण-विलास का। रामभक्त कवि सीता की सखी, सेविका और अंगजा के रूप में उनकी अष्टायाम सेवा करते हैं। उनके लीलाभाव का बखूबी रूपायन करते हैं—

आजु रस के लिए मचावोंगी।
इन पिय प्यारे को रस वस करि हिय तपनी बुझावोंगी।
कवि नव सप्त सिंगार मनोहर अंग असंग भूषण सजि कै।
गाय बजाय लगाय लाल उर संग मचावोंगी।[27]

इन कवियों ने अवसर निकालकर सीता-राम की सक्रिय रति-क्रीड़ा का खुला चित्रण किया है। 'प्रिय हंसि रसरस कंचुकि खोले और नीबी करषत बरजत प्यारी' से लेकर हर तरह की रति चेष्टाओं का अत्यन्त उत्तेजक अश्लील चित्रण कृपानिवास के मिलन श्रृंगार में मिलेगा। विगलति कुन्तल राशि, अलसाये नयन, अँगड़ाई-जमुहाई, चुम्बनांकन, रदनचिहित, अधर, कपोल, मसली हुई पुष्पमाला, नखक्षत निर्वसन उरोज, अस्त व्यस्त साड़ी, लज्जा से झुकी पलकें, आलिंगन जन्य शिथिलता इत्यादि का अत्यन्त दृप्ताचित्रण कृपानिवास पदावली में उपलब्ध होता है। रामभक्त कवियों ने राम-सीता के गोपनीय श्रृंगार लीलालोक में श्रृंगारिक क्रीड़ाओं का दर्शन करने के उपरान्त उसका यथावत् चित्रण किया है—

रसिक सिरोमनि स्याम राम अभिराम नेह निधि।
जुगल करज दे चिबुक चीज चुम्बन दे बहुविधि।
कलित कपाल अमोल वाम निज प्रिय संजुत करि।
चाखत सुधा समूह अधर– रस अति उमंग भरि।।[28]

रामभक्ति काव्यधारा में कतिपय प्रसंग ऐसे भी हैं जहाँ कृष्ण की राधा के समान राम की आह्लादिनी शक्ति सीता स्वयं भी उद्धाम वासना के वशीभूत होकर केलि विलास के लिए सक्रिय होती है—

करत फिरत सौनन से बतियाँ।
सुरति सुहागिन केलिए समय की लिखी मदन पतियाँ
उर उरोज नख रद कपोल की कोर उधर छतियाँ।
मुसकन सकुचन सिय नैनन में नमत दृष्टि करियाँ।
सकुचन मुसकन पिय प्यारी उर शुभशीला बिकियाँ।[29]

विवेच्यधारा के श्रेष्ठतम कवि गोस्वामी तुलसीदास ने भी गीतावली के कतिपय पदों में इस दिशा में अपनी अभिरुचि का आभास दिया है। बावजूद इसके उनका वर्णन अपेक्षाकृत ज्यादा सांकेतिक एवं अपने भावबन्ध में मर्यादित की है—

भेर जानकी जीवन जागे।
सूत मागध प्रवीण वेणु धुनि द्वारे गायक सरस राग रागे।
श्यामल सलोने गात आलसबस जम्हात प्रिया प्रेम रस जागे
× × × ×
तुलसीदास निसिवासर अनूप रूप रहत प्रेम अनुरागे।।[30]

इस एकनिष्ठ एवं ऐकान्तिक प्रेम के बल पर जीवात्मा रूपी प्रियतम को श्रीराम के रंगमहल में प्रवेश करने का अधिकार मिल जाता है परन्तु वह जिस लीला विलास की कामना में मर-मर कर जीती है उसके प्राप्ति की सम्भावना होते ही उसके शरीर के नस-नस में मूर्च्छना राग गूँज उठता है, रोम-रोम मादकता एवं सिहरनजन्य शिथिलता से भर उठते हैं और चरम सुख के स्वागत के लिए उसका अटरिया पर चढ़ना दूभर हो जाता है। सारांश यह कि समूचा भक्तिकाव्य लीला भाव के आह्लादक समारोह का ऐन्द्रजालिक सृजन है। प्रायः सभी धारा के कवियों ने लीला विच्छित्ति भरी रति क्रीड़ा को पूरी आह्लादक विलासप्रियता में उपस्थित किया है। भक्ति काव्य का यह सर्जनात्मक वैशिष्ट्य उत्तर आधुनिकता की केन्द्रीय प्रवृत्ति है जिससे यह स्पष्ट होता है कि उत्तर आधुनिकतावादियों द्वारा जिस छलनाभरी विमोहिनी लीला का मनोरम रूप उद्घाटित किया जा रहा है, उसका अत्यन्त समुन्नत, कलात्मक एवं रमणीय चित्रविधान भक्ति काव्य में बहुत पहले से विद्यमान है। भक्तिकाव्य में साहित्यिक उत्पादन के स्थान पर वास्तविकता का रूपायन लीलाभाव की ऐद्रजालिकता के रूप में हुआ है, जहाँ भारतीय लोकधारा के स्वप्न, मिथक, फैंटसी, अध्यात्म प्रादर्श अन्ने सर्वोत्तम रूप में उपस्थित होकर जिस मुग्धकर लीलाविलास के चित्रांकन पर जोर देते हैं, उसका अत्यन्त सुमन्नत एवं भव्यतम भंडार भक्तिकाव्य है।

2.4.9. कृष्ण भक्ति शाखा

2.4.10. वैष्णव धर्म के आन्दोलन के प्रवर्तक श्री वल्लभाचार्य

विक्रम की पन्द्रहवीं और सोलहवीं शताब्दी में वैष्णव धर्म का जो आन्दोलन देश के एक छोर से दूसरे छोर तक रहा उसके प्रधान प्रवर्तकों में श्री वल्लभाचार्य जी प्रमुख थे। श्री वल्लभाचार्य जी का जन्म संवत् 1535 वैशाख कृष्ण 11 को और मृत्यु संवत् 1587 आषाढ़ शुक्ल 3 में हुआ था। रामानुजाचार्य से श्री वल्लभाचार्य तक जितने भी दार्शनिक हुए उनका एकमात्र लक्ष्य शंकराचार्य के मायावाद और विवर्कवाद से पीछा छुड़ाना था। शंकर ने केवल निरुपाधि निर्गुण ब्रह्म की ही पारमार्थिक सत्ता स्वीकार की थी। वल्लभ ने ब्रह्म को सभी धर्म का मूल माना। सारी सृष्टि ही लीलामात्र है, श्रीकृष्ण ही परब्रह्म हैं जो दिव्य गुणों से सम्पन्न हो कर पुरुषोत्तम कहलाते हैं। आनन्द का पूर्ण आविर्भाव इसी रूप में रहता है। अतः यहीं श्रीकृष्ण का श्रेष्ठ रूप है। श्रीकृष्ण अपने भक्तों के लिए वैकुण्ठ में अनेक प्रकार की क्रीड़ाएँ करते रहते हैं। गोलोक में इसी व्यापी वैकुण्ठ का एक खंड है जिसमें नित्य रूप में यमुना, वृन्दावन, निकुंज इत्यादि सब कुछ है। भगवान की इस नित्यलीला सृष्टि में प्रवेश करना ही जीव की सबसे उत्तम गति है।

दार्शनिक सिद्धान्त

यह सम्प्रदाय वल्लभाचार्य द्वारा विक्रम की सोलहवीं शताब्दी में स्थापित हुआ। इस सम्प्रदाय की भक्ति का नाम पुष्टि रखा है जो केवल कृष्ण के अनुग्रह-स्वरूप है। इस मत का दार्शनिक सिद्धान्त शुद्धाद्वैत है। वल्लभाचार्य के चार शिष्य और विट्ठलनाथ के चार शिष्य इस सम्प्रदाय के प्रचार में विशेष सहायक हुए। गोकुलनाथ की चौरासी वैष्णवन् की वार्ता ने भी इस सम्प्रदाय को जनता में खूब फैलाया। इस सम्प्रदाय के सर्वश्रेष्ठ कवि सूरदास थे। उठारहवीं शताब्दी के अन्त में ब्रजवासीदास ने ब्रजविलास लिखकर इस सम्प्रदाय के अन्तर्गत राधा की विशेष रूप से पूजा की, जिससे आगे चलकर अनाचार की वृद्धि हुई। इस सम्प्रदाय की प्रधान पुस्तकें वल्लभाचार्यकृत वेदान्त सूत्र अणुभाष्य सुबोधिनी और तत्त्वदीपनिबन्ध हैं।

वल्लभाचार्य ने सगुण को असली पारमार्थिक रूप बताया और निर्गुण को उसका अंशतः तिरोहित रूप कहा। वल्लभाचार्य ने प्रेम लक्ष्य भक्ति को ही ग्रहण किया। चौरासी वैष्णवन की वार्ता में सूरदास की एक वार्ता के अन्तर्गत प्रेम को ही मुख्य और श्रद्धा या पूज्यबुद्धि को ही आनुषंगिक या सहायक कहा है।

प्रेम साधना में वल्लभाचार्य ने लोकमर्यादा और वेद मर्यादा दोनों का त्याग विधेय ठहराया। इस प्रेमलक्षणा भक्ति की ओर जीव की प्रवृत्ति तभी होती है जब भगवान का अनुग्रह होता है, जिसे 'पोषण' या 'पुष्टि' कहते हैं। वल्लभाचार्य जी ने अपने मार्ग का नाम पुष्टिमार्ग रखा है।

वल्लभाचार्य के अनुसार ब्रह्म जो सत्, चित और आनन्दमय है, स्वयं तीन रूपों में प्रकट है। सत् गुण के आविर्भाव और चित् तथा आनन्द गुण के तिरोभाव से वह प्रकृति रूप में प्रकट हुआ। सत्, चित् और आनन्द के प्राकट्य के साथ अन्तर्यामी रूप में वह सर्वव्यापक हुआ। इस प्रकार सर्व-रूपात्मक ब्रह्म अपने गुणों के आविर्भाव और तिरोभाव से इस संसार में प्रकट हुआ। प्रकृति और जीव उससे उसी भाँति प्रकट हुए जिस प्रकार अग्नि से चिनगारी। यह रचनात्मक कार्य ब्रह्म केवल अपनी शक्ति एवं अपने गुणों से ही करता है। जिस भक्ति से कृष्ण की अनुभूति होती है, वह स्वयं कृष्ण की अनुग्रह है। उसी का नाम वल्लभाचार्य के अनुसार पुष्टि है। इसी कारण वल्लभाचार्य का मार्ग पुष्टि मार्ग कहलाता है। यह पुष्टि भक्ति के चार भेद हैं।

1. प्रवाह पुष्टि, 2. मर्यादा पुष्टि, 3. पुष्टि पुष्टि, 4. शुद्ध पुष्टि

1. प्रवाह पुष्टि : इसका प्राणतत्त्व कर्म है। क्रियाशीलता के साथ श्री कृष्ण के प्रति अनुराग प्रवाह पुष्टि का लक्षण है। ऐसे भक्त पाँचरात्र आदि आगमों में कही गयी क्रियाओं के अनुष्ठान में रत रहने के कारण क्रियारत कहलाते हैं।

2. मर्यादा पुष्टि : इस भक्ति से युक्त साधक भगवान के गुणों और माहात्म्य को जानने वाले होते हैं। इनकी संज्ञा गुणज्ञ है। मर्यादा से मिश्रित होने के कारण ये पुष्टिभक्त

विषयासक्ति को त्यागकर भगवान के दिव्य चरित्र और गुणों का ज्ञान करते हैं।

3. पुष्टि पुष्टि : भगवान का यह अनुग्रह भजनोपयोगी ज्ञान को देने वाला होता है। पुष्टि पुष्टि भक्त भगवान के स्वरूप और लीलातत्त्व को जानने वाले होते हैं। ये ज्ञानीभक्त हैं जो भगवान को अतिप्रिय हैं।

4. शुद्ध पुष्टि : यह अत्यन्त दुर्लभ और सर्वोत्कृष्ट है। यह जीव के द्वारा प्राप्त नहीं की जा सकती, भगवान के द्वारा किये जाने पर ही मिलती है। श्री कृष्ण के प्रति अनन्य आसक्ति और निरुपाधि प्रेम ही इसका रूप है। एसे भक्तों का भगवत्स्मरण आदि भी स्नेह रूप है, क्रिया रूप नहीं।

वल्लभाचार्य ने शुद्ध पुष्टि को ही अपने सम्प्रदाय का चरम उद्देश्य माना है। इसके अनुसार वे जीव को राधाकृष्ण के साथ गोलोक में निवास पा जाने पर ही सार्थक समझते हैं।

इनके अनुसार जीव के तीन भेद

वल्लभाचार्य जी जीव के तीन प्रकार मानते हैं –

1. पुष्टिमार्ग जीव, जो भगवान के अनुग्रह पर ही भरोसा रखते हैं और नित्यलीला में प्रवेश पाते हैं।

2. मर्यादा जीव, जो वेद की विधियों को अनुसरण करते हैं और स्वर्ग आदि लोक प्राप्त करते हैं।

3. प्रवाह जीव, जो संसार के प्रवाह में पड़े सांसारिक सुखों की प्राप्ति में ही लगे रहते हैं। वल्लभाचार्य जी ने अपने समय की अत्यन्त विपरीत दशा का वर्णन किया है जिसमें उनको वेदमार्ग का अनुसरण अत्यन्त कठिन दिखाई पड़ा है।

इनके समय की राजनीतिक और धार्मिक परिस्थिति

देश में मुसलमानों का साम्राज्य स्थापित हो चुका था। हिन्दुओं का एक मात्र स्वतन्त्र और प्रभावशाली राज्य दक्षिण का विजयनगर राज्य रह गया था, पर बहमनी सुलतानों के पड़ोस में रहने के कारण धीरे-धीरे वह भी पतन के गर्त में चला गया। इस्लामी संस्कार धीरे-धीरे जमता जा रहा था। सूफी पीरों के द्वारा सूफी पद्धति की प्रेमलक्षणा भक्ति का प्रचार धूम से चल रहा था। एक ओर निर्गुण सन्त के पन्थ के सन्त लोग वेदशास्त्र की विधियों पर से जनता की आस्था हटाने में जुटे हुए थे। अतः वल्लभाचार्य ने अपने पुष्टिमार्ग का प्रवर्तन देशकाल की परिस्थिति के अनुसार किया।

इनके ग्रन्थ

वल्लभाचार्य जी के ग्रन्थों में पूर्वमीमांसा भाष्य, उत्तर मीमांसा या ब्रह्मसूत्र भाष्य है, जो अणुभाष्य के नाम से प्रसिद्ध है। इनके शुद्धाद्वैतवाद का प्रतिपादक

श्रीमद्भागवत की सूक्ष्म टीका तथा सुबोधिनी टीका, तत्त्वदीपनिबन्ध तथा सोलह छोटे-छोटे प्रकरण ग्रन्थ यही प्रधान दार्शनिक ग्रन्थ हैं। इनमें से पूर्वमीमांसा भाष्य का बहुत थोड़ा-सा अंश मिलता है। अणुभाष्य को ये पूरा न कर सके। अतः अन्त का डेढ़ अध्याय उनके पुत्र गोसाई बिट्ठलनाथ ने लिखकर ग्रन्थ पूरा किया।

वल्लभाचार्य ने रामानुजाचार्य के समान भारत के बहुत से भागों में पर्यटनों और विद्वानों से शास्त्रार्थ करके अपने मत का प्रचार किया था। अन्त में श्रीकृष्ण की जन्म भूमि में अपनी गद्दी स्थापित की। अपने शिष्य पूरनमल खत्री द्वारा गोवर्धन पर्वत पर श्रीनाथ जी का बड़ा भारी मन्दिर निर्माण कराया तथा सेवा का बड़ा भारी मंडान बाँधा।

2.4.11. वल्लभ सम्प्रदाय की उपासना पद्धति का स्वरूप

वल्लभ सम्प्रदाय में जो उपासना पद्धति या सेवा पद्धति ग्रहण की उसमें भोग राग तथा विलास की प्रभूत सामग्री के प्रदर्शन की प्रधानता रही। जनता पर चाहे जो प्रभाव पड़ा हो पर उक्त गद्दी के भक्त शिष्यों ने सुन्दर-सुन्दर पदों द्वारा जो मनोहर प्रेम संगीत धारा बहायी उससे मुरझाता हुआ हिन्दू जीवन सरस और प्रफुल्लित हो उठा। इस संगीत धारा में दूसरे सम्प्रदायों के कृष्णभक्तों ने भी पूरा योग दिया। कृष्ण सम्प्रदाय के सभी भक्त ब्रजलीला को ही लेकर चले क्योंकि उन्होंने अपनी प्रेमलक्षण भक्ति के लिए कृष्ण का मधुर रुप ही पर्याप्त समझा। महत्त्व की भावना से उत्पन्न श्रद्धा या पूज्य बुद्धि का अवयव छोड़ देने के कारण कृष्ण के लोकरक्षक और धर्म संस्थापक स्वरूप को सामने रखने की आवश्यकता उन्होंने न समझी, भगवान के मर्मस्वरूप को इस प्रकार किनारे रख देने से उसकी ओर आकर्षित होने और आकर्षित करने की प्रवृत्ति का विकास कृष्णभक्तों में न हो पाया।

2.4.12. कृष्ण भक्ति काव्य का स्वरूप

कृष्णभक्त कवि अधिकतर फुटकर श्रृंगारी पदों की रचना में ही लगे रहे। उनकी रचनाओं में न तो जीवन के अनेक गम्भीर पक्षों के मार्मिक रूप स्फुरित हुए न अनेकरूपता आयी। श्रीकृष्ण का इतना पर्याप्य चरित उन्होंने न लिया जो खंडकाव्य, महाकाव्य आदि के लिए पर्याप्त होता। राधा कृष्ण की प्रेमलीला ही सब लोगों ने गायी। श्रीमद्भागवत में श्री कृष्ण के मधुर रूप का विशेष वर्णन होने से भक्ति क्षेत्र में गोपियों के ढंग के प्रेम के माधुर्य भाव का रास्ता खुल गया। इसके प्रचार में दक्षिण के मन्दिर की देवदासी प्रथा विशेष रूप से सहायक हुई। दक्षिण में अन्दाल एक प्रसिद्ध भक्तिन है। अन्दाल के पद द्रविड़ भाषा में तिरूप्पावइ नाम पुस्तक में मिलते हैं। कृष्णकाव्य ने अधिकतर गीति-काव्य का स्वरूप धारण किया। कृष्ण-चरित्र मुक्तक रूप में वर्णित होने के कारण अधिकतर गेय रहा। अतः कृष्ण-काव्य के उन पदों का अधिक प्रयोग हुआ जो राग रागिनियों के आधार पर लिखे गये। पुष्टिमार्ग

के साम्प्रदायिक आचार्यों ने भी कृष्ण-मूर्ति के आगे कीर्तन का विधान रखा। इस प्रकार कृष्ण-काव्य संगीतात्मक हो गया। कृष्ण-काव्य ब्रज की भाषा है, श्रीकृष्ण का बाल और किशोर जीवन कोमल भावनाओं से पूर्ण रहने के कारण ब्रजभाषा जैसी मधुर भाषा और सरस और मधुर हो गयी।

2.4.13. वैष्णव धर्म का साम्प्रदायिक स्वरूप

मध्ययुग में भक्ति की एक नयी धारा भारतीय महाद्वीप के इस छोर से उस छोर तक बहने लगी और देखते-देखते इस विशाल देश को नये रूप में बदल दिया। मध्य युग का हिन्दी-साहित्य कुछ अपवादों को छोड़कर समस्त वैष्णव साहित्य ही है। हिन्दी साहित्य में भक्ति-धारा को बहाने का श्रेय निश्चय ही दो प्रसिद्ध आचार्यों को प्राप्त है। एक राम- भक्ति धारा के प्रवर्तक आचार्य रामानन्द कबीर, दादू, रैदास आदि हैं। दूसरी श्रेणी में तुलसीदास जैसे महात्मा है। जो भक्ति को वाद और शास्त्रों के सामंजस्य के अनुसार साधना मार्ग का निर्देश किया। रामानन्द प्रवर्तित राम-धारा कबीर में एक रूप धारण करती है तो तुलसी में दूसरा रूप।

भारत में भक्ति का आरम्भ दक्षिण से हुआ। आलवार तथा आडियार सन्तों ने विष्णु एवं शिव भक्ति मूलक उपासना का सन्देश दिया। आलवार सन्तों की भक्ति परम्परा के उत्तराधिकारी दक्षिण में वैष्णव आचार्य हुए। शंकराचार्य ने दक्षिण मे वेदान्त के ज्ञान मार्ग का प्रवर्तन किया था, परन्तु उनके अद्वैतवाद में भक्ति और प्रेम के लिए कोई स्थान नहीं था। इसलिए दक्षिण भारत की भक्ति-प्रिय जनता को अद्वैतवाद से निराशा हुई। अतः वैष्णव आचार्यों ने वेदान्त सूत्र की नयी व्याख्या कर भक्ति परम्परा को दार्शनिक आधार प्रदान किया।

2.4.14. कवि परिचय

सूरदास

सूरदास जी का वृत्त चौरासी वैष्णवों की वार्ता से ज्ञात होता है। पहले वे गऊघाट पर एक साधु या स्वामी के रूप में रहा करते थे। गोवर्द्धन पर श्रीनाथ जी का मन्दिर बन जाने के बाद एक बार वल्लभाचार्य जी गऊघाट पर आये। तब सूरदास उनके दर्शन करने के लिए आये और उन्हें अपना शिष्य बना लिया। उनके आदेश से वे श्रीनाथ मन्दिर कीर्तन में भजन करने लगे।

संवत् 1580 के आस पास सूरदास वल्लभाचार्य जी के शिष्य हुए। तब से वे बराबर गोवर्द्धन गिरि पर रहने लगे। वल्लभाचार्य जी के पुत्र विट्ठलनाथ के सामने गोवर्द्धन की तलहटी के पारसोली ग्राम में सूरदास की मृत्यु हुई।

गोसाई विट्ठलनाथ की मृत्यु 1642 में हुई। सूरसागर समाप्त करने पर सूर ने

सूर सारावली लिखा। इस समय उसमें सूर ने अपनी अवस्था 67 वर्ष उल्लेख किया है।

गुरु परसाद होत यह दरसन सरसठ बरस प्रवीन।।

साहित्य **लहरी में** उन्होंने अलंकारों और नायिका भेदों के उदाहरण प्रस्तुत करने **वाले कूट पदों का निर्माण** किया है। साहित्य लहरी के अन्तिम पद में सूर ने अपनी वंश परम्परा का परिचय दिया है। उस पद के अनुसार सूर पृथ्वीराज के कवि चन्दबरदाई के वंशज ब्रह्मभट्ट थे। चन्द कवि के कुल में हरिचन्द हुए जिनके 7 पुत्रों में सबसे छोटे सूरजदास या सूरदास थे। शेष छः भाई मुसलमानों से युद्ध करते समय मारे गये। सूरदास अन्धे होकर इधर-उधर भटकते रहे। एक दिन वे कुएँ में गिर पड़े और 6 दिन तक उसी में पड़े रहे। सातवें दिन कृष्ण भगवान उनके सामने प्रकट होकर उन्हें दृष्टि प्रदान करके अपना दर्शन दिया। सूरदास ने वर माँगा कि जिन आँखों से मैंने आपका दर्शन किया उनसे अब और कुछ न देखूँ और सदा आपका भजन करूँ। कुएँ से जब उन्हें बाहर निकाला गया तब वे पुनः अन्धे हो गये और ब्रज में आकर भजन करने लगे। वहाँ विट्ठलनाथ जी ने उन्हें अष्ठछाप में स्थान देकर उन्हें प्रमुख कवि बनाया। भक्तमाल में सूरदास के सम्बन्ध में केवल एक ही छप्पय मिलाता है—

उक्ति चोज अनुप्रास बरन अस्थिति अति भारी।
बचन प्रीति निर्वाह अर्थ अद्‌भुत तुकधारी।।
प्रतिबिम्बित दिवि दिष्ट, हृदय हरिलीला भासी।
जनम करम गुन रूप सबै रसना परकासी।।
बिमल बुद्धि गुन और की जो यह गुन श्रवननि धरै।।
सूर कवित सुनि कौन कवि जो नहिं सिर चालन करै।।

श्री वल्लभाचार्य जी के बाद विट्ठलनाथ जी गद्दी पर बैठे। उस समय तक पुष्टि मार्गी कई कवि सुन्दर-से-सुन्दर पदों की रचना कर चुके थे। उनमें से आठ सर्वोत्तम कवियों को चुनकर विट्ठलनाथ जी ने अष्टछाप बनाया। उरन आठ कवियों में—सूरदास, रैदास, कुम्भनदास, परमानन्ददास, कृष्णदास, छीतस्वामी, गोविन्दस्वामी, चतुर्भुजदास, और नन्ददास आदि थे। कृष्ण भक्ति परम्परा में श्रीकृष्ण की प्रेममयी मूर्ति को ही लेकर प्रेमतत्त्व का बड़े विस्तार के साथ व्यंजना हुई है। कृष्ण के जिस मधुर रूप को लेकर ये भक्त कवि चल पड़े थे, वह हास-विलास की तरंगों से परिपूर्ण अनन्त सौन्दर्य का समुद्र था। जिस राधा कृष्ण के प्रेम को इन भक्तों ने अपनी गूढ़ातिगूढ़ चरम भक्ति का वयंजक बनाया उसको लेकर आगे के कवियों ने शृंगार की उन्मादकारिणी उक्तियों से हिन्दी काव्य को भर दिया। मुक्तक के क्षेत्र में कृष्णभक्त कवियों ने तथा आलंकारिक कवियों ने शृंगार और वात्सल्य रसों को पाराकाष्ठा पर पहुँचा दिया। सूरसागर में कृष्णजन्म से लेकर कृष्ण के मथुरा जाने तक की कथा अत्यन्त विस्तार से फुटकर पदों में गायी गयी है। सूरसागर में जगह-जगह पर दृष्टिकूट वाले पद मिलते हैं जो विद्यापति का अनुकरण है। जिस प्रकार रामचरित का गान करने वालों में तुलसीदास का स्थान सर्वश्रेष्ठ है उसी प्रकार कृष्णचरित गाने वाले

भक्त कवियों में सूरदास जी का स्थान है। ये दोनों ही हिन्दी काव्य गगन के सूर्य और चन्द्र माने जाते हैं। श्रृंगार और वात्सल्य के क्षेत्र में जहाँ तक इनकी दृष्टि पहुँची वहाँ तक और किसी कवि की नहीं। वात्सल्य के समान ही श्रृंगार के संयोग और वियोग दोनों पक्षों का प्रचुर मात्रा में विस्तार सूर ने किया है, राधाकृष्ण के रूप में वर्णन में ही सैकड़ों पद गाये गये हैं। नेत्रों के प्रति उपालम्भ भी कहीं-कहीं बड़े मनोहर हैं–

मेरे नैना बिरह की बेल बई।
सींचत नैन नीर के, सजनी। मूल पतार गईं।
बिगसति लता सुभाय आपने छाया सघन भई।
अब कैसे निरुवारौं, सजनी! सब तन पसरि छई।।

कृष्ण के मथुरा चले जाने पर गोपियों का जो विरहसागर उमड़ा उसका मनोहर वर्णन सूर ने की थी–

एहि बेरियाँ बन तें चलि आवते।
दूरहिं ते वह बेनु, अधर धरि बारम्बार बजावते।।

नवीन प्रसंगों की उद्‌भावना सूर की बड़ी विशेषता है। राधाकृष्ण के प्रेम को लेकर कृष्णभक्ति की जो काव्य परम्परा चली उसमें लीलापक्ष अर्थात् बाह्यार्थ विधान की प्रधानता रही है। भ्रमर गीत के अन्तर्गत सूर ने आभ्यन्तर पक्ष का भी विस्तृत उद्‌घाटन किया। सूरसागर का सबसे मर्मस्पर्शी और वाग्वैदग्धपूर्ण अंश भ्रमरगीत है, जिनमें गोपियों की वचनवक्रता अत्यन्त मनोहारिणी है। सूर ने इस भ्रमरगीत में सगुणोपासना का निरूपण बड़े ही मार्मिक ढंग से किया है।

नन्ददास

ये सूरदास के प्रायः समकालीन थे और उनकी गणना अष्टछाप में थी। इनका समय सूरदास की मृत्यु के बाद संवत् 1625 में या उसके और आगे तक माना जा सकता है। नाभादास की छप्पय में इनका परिचय है–

चन्दहास अग्रज सुहृद परम प्रेम पथ में पगे।

इससे इतना ही पता चलता है कि इनके भाई का नाम चन्द्रहास था। कहते हैं कि द्वारका जाते हुए नन्ददास जी सिन्धुनद ग्राम में एक रूपवती खत्रानी पर आसक्त हो गये। ये उस स्त्री के घर के चारों ओर चक्कर लगाया करते थे, इसलिए उनके घरवाले कुछ दिनों के लिए गोकुल चले गये। वहाँ भी वे जा पहुँचे। अन्त में वहीं पर गोसाई विट्ठलनाथ जी के सदुपदेश से इनका मोह छूटा और ये अनन्य भक्त हो गये। रासपंचाध्यायी, भागवत दशम स्कन्ध, रुक्मिणीमंगल, सिद्धान्त पंचाध्यायी, रूपमंजरी, रसमंजरी, मानमंजरी, विरहमंजरी, नामचिन्तामणिमाला, अनेकार्थनाममाला, दानलीला, मानलीला, अनेकार्थमंजरी, ज्ञानमंजरी, श्यामसगाई, भ्रमरगीत और सुदामा चरित्र इनके प्रसिद्ध ग्रन्थ हैं। हितोपदेश और नासिकेतो पुराण नामक दो ग्रन्थ भी इन्हीं के द्वारा

लिखित हैं। दो सौ से ऊपर इनके फुटकर पद मिलते हैं। अष्टछाप में सूरदास के बाद इन्हीं का नाम लिया जाता है। भ्रमर गीत से इनका एक पद देखिए—

कहन स्याम सन्देस एक मैं तुम पै आयो।
कहन समय संकेत कहूँ अवसर नहिं पायो।।
सोचत ही मन में रह्यो, कब पाउँ इक ठाउँ।।
कहि सँदेस नँदलाल को, बहुतर मधुपुरी जाएँ।।

कृष्णदास

ये भी वल्लभाचार्य के शिष्य और अष्टछाप में शामिल थे। यद्यपि ये शूद्र थे तथापि वे आचार्य जी के बड़े कृपा पात्र और मन्दिर के प्रधान थे। चौरासी वैष्णवन की वार्ता से इनके जीवन सम्बन्धी बातें विदित होती हैं। एक बार गोसाई विट्ठलनाती जी से किसी बात पर अप्रसन्न होकर इन्होंने उनकी ड्योढ़ी बन्द कर दी। इस पर गोसाई विट्ठलनाथ जी के कृपापात्र महाराज बीरबल ने इन्हें कैद कर लिया। पीछे गोसाई जी इस बात पर बड़े दुखी हुए और इनको कारागार से मुक्त कराके प्रधान के पद पर फिर ज्यों का त्यों प्रतिष्ठित कर दिया। जुगलमान चरित्र नामक इनका एक छोटा-सा ग्रन्थ मिलता है। भ्रमरगीत और प्रेमतत्त्व निरूपण आदि इनके ग्रन्थ हैं फुटकर पदों के संग्रह इधर-उधर मिलते हैं।

तरनि तनया तट आवत है प्रात समय।
कन्दुक खेलत देक्ष्यों आनन्द को कँदवा।।
नूपूर पद कुनित, पीताम्बर कटि बाँध।
लाल उपरना, सिर मोरन के चँदवा।।

× × × ×

कंचन मनि मरकत रस ओपी।
नन्दसुवन के संगम सुखकर अधिक विराजति गोपी।।
मनहुँ विधाता गिरिधर पिय हित सुरत धुजा सुख रोपी।।
बदनकान्ति कै सुनु री भामिनी। सघन चुन्दश्री लोपी।।
प्राननाथ के चित चोरन को भौंह भुजंगम कोपी।।
कृष्णदास स्वामी बास कीन्हें, प्रेमपुंज को चोपी।।

× × × ×

मो मन गिरधर छवि पै अटक्यो।
ललित त्रिभंग चाल पै चालि कै, चिबुक चारि गढ़ि ठटक्यो।
सजल स्याम घन बरन लीन है, फिरि चित अनत न भटक्यो।
कृष्णदास किए प्रान निछावर, यह तन जग सिर पटक्यो।।

कहते हैं कि इसी अन्तिम पद को गाकर कृष्णदास ने शरीर छोड़ा था।

परमानन्ददास

ये वल्लभाचार्य के शिष्य थे। ये 1606 के आस पास वर्तमान थे। इनका निवास स्थान कन्नौज था। ये अत्यन्त तन्मयता के साथ ही सरल कविता करते थे। कहते हैं कि इनके किसी एक पद को सुनकर आचार्य जी कई दिनों तक सुध बुध भूले रहे। इनके फुटकर पद कृष्णभक्तों के मुँह से सुन सकते हैं। इनके 835 पद परमानन्दसागर में हैं। कुछ इस प्रकार हैं—

कहा करौ बैकुंठहि जाय?
जहँ नहिं नन्द, जहाँ न जसोदा, नहिं जहँ गोपी ग्वाल न गाय।
जहँ नहिं जल जमुना को निर्मल और नहीं कदमन की छायँ।
परमानन्द प्रभु चतुर ग्वालिनी ब्रजरज तजि मेरी जाय बलाय।।

कुम्भन दास

ये अष्ठछाप के कवि थे और परमानन्द जी के ही समकालीन थे। एक बार अकबर बादशाह के बुलाने पर इन्हें फतेहपुर सीकरी जाना पड़ा जहाँ इनका सम्मान हुआ। पर इसका उन्हें बराबर खेद ही रहा। उदाहरण के लिए —

सन्तन को कहा सीकरी सों काम?
आवत मुख पहनियाँ टूटी, बिसरि गयो हरि नाम।।
जिनको मुख देखे दुख उपजत तिनको करिबे परी सलाम।
कुम्भनदास लाल गिरिधर बिनु और सबै के काम।।

इनके फुटकर पद भी मिलते हैं—

तुम नीके दुहि जानत गैया।
चलिए कुँवर रसिक मनमोहन लागौं तिहारे पैयाँ।
तुमहिं जानि करि कनक दोहनी घर तें पठई मैया।

× × × ×

निकटहिं है यह खरिक हमारो नागर लेहुँ बलैया।।
देखियत परम सुदेस लरिकई चित पहुँट्यो सुंदरैया।।
कुम्भनदास प्रभु मानि लई रति गिरि-गोवरधन रैया।।

चतुर्भुज दास

ये कुम्भनदास जी के पुत्र और गोसाई विट्ठलनाथ जी के शिष्य थे। ये भी अष्टछाप के कवियों में थे। इनकी भाषा चलती और सुव्यवस्थित है। इनके तीन ग्रन्थ मिलते हैं— द्वादशयश, भक्तिप्रताप तथा हितजू को मंगल। इनके कुछ फुटकर पद मिलते हैं—

जसोदा ! कहा कहौं हौं बात?
तुम्हरे सुत के करतब मो पै कहत कहे नहिं जात।।
भाजन फोरि, ढारि सब गोरसए लै माखन दधि खात।।
जै बरजौं तौ आँखि दिखावै, रंचहु आहिं सकात।।
और अटपटी कहँ लौ बरनौ, छुवत पानि सों गात।
दास चतुर्भुज गिरिधर गुन हौं कहति-कहति सकुचात।।

छीतस्वामी

ये विट्ठलनाथ जी के शिष्य और अष्टछाप के अन्तर्गत थे। पहले ये मथुरा के एक सुसम्पन्न पंडा थे और राजा बीरबल इनके जजमान थे। पंडा होने के कारण ये पहले बड़े अक्खड़ और उद्दंड थे, गोस्वामी विट्ठलनाथ जी से दीक्षा लेकर परम शान्त भक्त हो गये और श्रीकृष्ण का गुणानुवाद करने लगे। इनकी रचनाओं का समय संवत् 1612 मान सकते हैं। इनके फुटकर पद ही लोगों के मुँह से सुने जाते हैं। इनके पदो में श्रृंगार की भावना अधिक है।

भोर भए नवकुंज सदन तें, आवत लाल गोवर्धनधारी।
लटपट पाग मरगजी माला, सिथिल अंग डगमग गति न्यारी।।?
बिनुगुन माल बिराजति उर पर, नखछत द्वैज-चन्द अनुहारी।
छीत स्वामी जब चितए मो तन, तबि हौं निरखि गयी बलिहारी।।

गोविन्द स्वामी

ये अन्तरी के रहने वाले सनाढ्य ब्राह्मण थे जो विरक्त होकर महावन में रहने लगे। ये गोस्वामी विट्ठलनाथ जी के शिष्य थे। ये गोवर्धन पर्वत पर रहते थे और उसके पास ही इन्होंने कदम्बों का एक अच्छा उपवन लगाया था जो अब तक गोविन्द स्वामी की कदम्बखंडी कहलाता है। इनका रचनाकाल संवत् 1600 से 1625 तक है। ये कवि होने के अतिरिक्त बड़े पक्के गवैये थे। तानसेन कभी-कभी इनका गाना सुनने के लिए आया करते थे। इनका एक पद इस प्रकार है –

प्रात समय उठि जसुमति जननी गिरिधर सुत को उबटिन्हवावति।
करि सिंगार बसन भूषन सजि फूलन रचि-रचि पाग बनावति।
छुटे बन्द बागे अति सोभित, बिच-बिच चोव अरगजा लावति।।
सूथन लाल फूँदना सोभित, आजु कि छबि कछु कहत न आवति।।
बिबिध कुसुम की माला उर धरि श्री कर मुरली बेंत गहावति।
लै दरपन देखे श्रीमुख को गोविन्द प्रभु चरननि सिर नावति।।

हितहरिवंश

राधा वल्लभ सम्प्रदाय के प्रवर्तक गोसाई हितहरिवंश का जन्म संवत् 1559 में मथुरा से 4 मील दक्षिण बादगाँव में हुआ था। हितहरिवंश जी गौड़ ब्राह्मण थे। इनके पिता का नाम केशवदास मिश्र और माता का नाम तारावती था। कहते हैं कि हितहरिवंश जी पहले माध्वानुयायी गोपाल भट्ट के शिष्य थे। इन्हें स्वप्न में राधिका जी ने मन्त्र दिया और इन्होंने अपना एक अलग सम्प्रदाय चलाया। हित सम्प्रदाय को माध्व सम्प्रदाय भी कहते हैं। हितहरिवंश जी के चार पुत्र और एक कन्या हुई। पुत्रों के नाम वनचन्द्र, कृष्णचन्द्र, गोपीनाथ और मोहनलाल थे। राधासुधनिधि उनकी रचना है। आपके पदों का संग्रह हित चौरासी के नाम से प्रसिद्ध है। इसमें 84 पद हैं। हितहरिवंश श्रीकृष्ण की वंशी के अवतार कहे जाते हैं। हित चौरासी पर लोकनाथ ने एक टीका लिखी थी। वृन्दावन ने इनकी स्तुति में हित जी की सहस्रनामावली और चतुर्भुजदास ने हितजू को मंगल लिखा है। इसी प्रकार हित परमानन्द जी और ब्रज जीवनदास ने इनकी जन्मबधाइयाँ लिखीं –

सिद्धान्त सम्बन्धी कुछ फुटकर पद –

रहो कोउ काहू मनहिं दिए।
मेरे प्राननाथ श्री स्यामा सपथ करौं तिन छिए।।
जो अवतार कदम्ब भजत हैं धरि दृढ़ ब्रत जु हिए।
तेऊ उमगि तजत मर्यादा बन बिहार रस पिए।।
खोए रतन फिरत जो घर-घर कौन काज इमि जिए।।
हितहरिवंश अनत सच नाही बिन या रसहिं पिए।।

गदाधर भट्ट

ये दक्षिणी ब्राह्मण थे। इनके जन्म सम्बन्धी बातों में अस्पष्टता है। पर यह बात प्रसिद्ध है कि ये श्री चैतन्य महाप्रभु को भागवत सुनाया करते थे। इस बात का समर्थन भक्तमाला में है –

भागवत सुधा बरखै बदन काहू को नाहिंन दुखद।
गुणनिकर गदाधर भट्ट अति सबहिन को लागै सुखद।।

इनका समय श्री चैतन्य महाप्रभु के आस पास मान सकते हैं। जिन छह विद्वानों ने गौड़ीय सम्प्रदाय के मूल संस्कृत ग्रन्थों की रचना की थी उनमें जीव गोस्वामी भी थे। ये वृन्दावन में रहते थे। कहते हैं कि एक बार साधुओं ने जीव गोस्वामी के सामने गदाधर भट्ट जी का एक पद लिखकर भेजा –

सखी हौं स्याम रंग रँगी।
देखि विकाय गई वह मूरति, सूरत माहिं पगी।।
संग हुतो अपनो सपनो सो सोइ रही रस खोई।।
जागेहु आगे दृष्टि परै, सखि नेकु न न्यारो होई।।

एक जु मेरी अँखियन में निसि द्यौस रह्यो करि भैन।
गाय चरावन जात सुन्यो सखि सो धैं कन्हैया कौन?
कासों कहौं कौन पतियावै कौन करे बकवाद?
कैसे कै कहि जाति गदाधर, गँगे ते गुर स्वाद?

इस पद को सुन जीव गोस्वामी ने भट्ट जी के पास यह श्लोक लिख भेजा -

अनाराध्य राधापदाम्भेजयुग्ममाश्रित्य वृन्दाटवीं तत्पदांग्म्।
असम्भाष्य तद्भावगम्भीरचितान कुतः श्यामासिन्धोः रहस्यावगाहः।।

यह श्लोक पढ़कर भट्ट जी मूर्च्छित हो गये, फिर सुध आने पर सीधे वृन्दावन में जाकर चतैन्य महाप्रभु के शिष्य हुए। अतः इनका रचनाकाल 1580 से 1600 के आस पास माना जाता है। इनका प्रादुर्भाव सूरदास के रचनाकाल के साथ-साथ अथवा उससे भी पहले मान सकते हैं।

मीराबाई

ये मेडतिया के राठौर रत्नसिंह की पुत्री, राव दूदा जी की पौत्री और जोधपुर के बसाने वाले प्रसिद्ध राव जोधा जी की प्रपौत्री थीं। इनका जन्म संवत् 1573 में चोकड़ी नाम के गाँव में हुआ था और विवाह उदयपुर के महाराणा कुमार भोजराज जी के साथ हुआ था। ये आरम्भ से ही कृष्णभक्ति में लीन रहा करती थीं। विवाह के उपरान्त थोड़े दिनों में इनके पति का परलोकवास हो गया। ये प्रायः मन्दिर में जाकर उपस्थित भक्तों और सन्तों के बीच श्री कृष्ण भगवान की मूर्ति के सामने आनन्दमग्न होकर नाचती और गाती थीं। कहते हैं कि इनके इस राजकुलविरुद्ध आचरण से इनके स्वजन लोकनिन्दा के भय से रुष्ट रहा करते थे। इन्हें कई बार विष देने का प्रयत्न किया गया है। पर भगवान की कृपा से विष का कोई प्रभाव इन पर न हुआ। घरवालों के व्यवहार से खिन्न होकर ये द्वारका और वृन्दावन के मन्दिरों में घूम-घूम कर भजन सुनाया करती थीं। मीराबाई की मृत्यु द्वारका में संवत् 1603 में हुई। मीरा की उपासना माधुर्य भाव की थी। अर्थात् श्रीकृष्ण को अपना पति मानकर पूजा करती थीं। सूफियों के रहस्य भाव का प्रभाव भी इन पर था। कृष्ण के अतिरिक्त मीरा किसी को आराध्य के रूप में नहीं मानती थीं। मीरा का गुण गान नाभादास, ध्रुवदास, व्यासजी, मलूकदास आदि सब भक्तों ने किया। मीरा की भाषा राजस्थान मिश्रित और साहित्यिक ब्रज भाषा है। इनके ग्रन्थों में नरसी जी का मायरा, गीतगोविन्द टीका, राग गोविन्द, राग सोरठा के पद मिलते हैं–

बसो मेरे नैनन में नन्दलाल।
मोहनि मूरति, साँवरि सूरति, नैना बने रसाल।
मोर मुकुट मकराकृत कुंडल, अरुन तिलक दिये भाल।
अधर सुधारस मुरली राजति, उर बैजन्ती माल।।

छुद्रघंटिका कटि तट सोभित, नूपुर शब्द रसाल।।
मीरा प्रभु सन्तन सुखदाई भक्तबछल गोपाल।।

स्वामी हरिदास

ये महात्मा वृन्दावन में निम्बार्क मतान्तर्गत ठट्टी सम्प्रदाय के संस्थापक थे और अकबर के समय में सिद्ध भक्त और संगीत-कला कोविद मोने जाते थे। इनका समय 1600 से 1617 तक माना जाता है। प्रसिद्ध गायनाचार्य तानसेन इनको गुरुवत् सम्मान करते थे। एक बार अकबर बादशाह साधु के वेश में तानसेन के साथ इनका गाना सुनने के लिए गये थे। कहते हैं कि तानसेन इनके सामने गाने लगे और उन्होंने जान-बूझकर गाने में कुछ भूल कर दी। इस पर स्वामी हरिदास ने उसी गाने को शुद्ध करके सुनाया। इससे अकबर स्वामी हरिदास का सम्मान करना चाहते थे पर इन्होंने नहीं माना। इनका जन्म संवत् आदि विषय ज्ञात नहीं है। इनके पद कठिन राग-रागनियों में गाने योग्य है, पढ़ने में कुछ ऊबड़-खाबड़ लगते हैं, पदविन्यास भी और कवयों के समान सर्वत्र मधुर और कोमल नहीं हैं पर भाव उत्कृष्ट है। हरिदास जी के ग्रन्थ, स्वामी हरिदास जी के पद, हरिदास जी की बानी आदि इनके प्रमुख ग्रन्थ हैं।

सूरदास मदनमोहन

ये अकबर के समय में संडीले के अमीन थे। जाति के ब्राह्मण और गौड़ीय सम्प्रदाय के वैष्णव थे। ये जो कुछ पास में आता प्रायः सब साधुओं की सेवा में लगा दिया करते थे। कहते हैं कि एक बार संडीले तहसील की मालगुजारी के कई लाख रुपये सरकारी खजाने में आया था। इन्होंने सारे पैसे साधुओं में बाँट दिया और खाली सन्दूक में पत्थर भरकर भेज दिया। कागज पर यह दोहा लिख भेजा –

तेरह लाख संडीले आये, सब साधुन मिलि गटके।
सूरदास मदनमोहन आधी रातहिं सटके।।

ये आधी रात को उठकर कहीं भाग गये। बादशाह ने इनको क्षमा कर दिया तो वापस आये। पर ये विरक्त होकर वृन्दावन में रहने लगे।

श्री भट्ट

ये निम्बार्क सम्प्रदाय के प्रसिद्ध विद्वान केशव काश्मीरी के प्रधान शिष्य थे। इनका जन्म संवत् 1595 में अनुमान किया जाता है अतः इनका कविताकाल संवत् 1625 के आस पास मानते हैं। इनकी कविता सीधी और पद भी छोटे हैं। युगल शतक नामक इनके 100 पद कृष्ण भक्तों में प्रसिद्ध हैं। इनकी छोटी-सी पुस्तक आदि बानी भी मिलती है। कहते हैं कि राधा-कृष्ण इन्हें दिखाई पड़ गये और इन्होंने

पद इस प्रकार पूरा किया—

> स्यामा स्याम कुंजतर ठाढ़े जतन किया कछु मैं ना।
> श्रीभट्ट उमड़ि घटा चहुँ दिसि से घिरि आयी जल सेना।।

व्यास जी

इनका पूरा नाम हरिराम व्यास था। ये ओरछा के रहने वाले सनाढ्य शुक्ल ब्राह्मण थे। ओरछा नरेश मधुकरशाह के ये राजगुरू थे। पहले ये गौड़ सम्प्रदाय के वैष्णव थे बाद में हितहरिवंश के शिष्य होकर राधावल्लभी हो गये। इनका समय संवत् 1620 के आस पास है—

> *यह जो एक मन बहुत ठौर करि कहि कौने सचु पायो।।*
> *जहँ तहँ बिपति जार जुवती ज्यों प्रगट पिंगला गायो।।*

यह पद सुनकर व्यास जी चेत गये और हितहरिवंश जी के अनन्य भक्त हो गये। हितहरिवंश जी की मृत्यु के बाद महाराज मधुसाह इन्हें ओरछा ले जाने के लिए आये पर ये वृन्दावन छोड़ना नहीं चाहते थे। तब राजा को यह पद लिख भेजा —

> वृन्दावन के रूख हमारे माता-पिता सुत बन्ध।
> गुरु गोविन्द साधुगति मति सुख, फल फूलन की गन्ध।।
> इनहिं पीठि दै अनत डीठि करै सो अन्धन में अन्ध।
> व्यास इनहिं छोड़ै और छड़ावै ताको परियो कन्ध।।

इनकी रचना परिणाम में बहुत विस्तृत है।

रसखान

ये दिल्ली के एक पठान सरदार थे। इन्होंने प्रेमवाटिका नामक महत्त्वपूर्ण ग्रन्थ लिखा। अपना परिचय उन्होंने इस प्रकार दिया है—

> *देखि गदर हित साहिबी, दिल्ली नगर मसान।*
> *छिनहिं बादसा बंस की, ठसक छाँड़ि रसखान।।*

सम्भव है कि पठान बादशाहों की कुल परम्परा से इनका सम्बन्ध रहा हो। ये बड़े कृष्णभक्त और गोस्वामी विट्ठलनाथ जी के बड़े कृपापात्र थे। दो सौ वैष्णवन की वार्ता में उनका वृत्तान्त है। कहते हैं, जिस स्त्री पर ये आसक्त थे वह बहुत मानवती थी और इनका अनादर किया करती थी। एक दिन ये श्रीमद्भागवत का फारसी तर्जुमा पढ़ रहे थे। उसमें गोपियों के अनन्य और अलौकिक प्रेम को पढ़ इन्हें ध्यान हुआ कि उसी में क्यों न मन लगाया जाए। प्रेमवाटिका के इस दोहे का संकेत लोग इस घटना को ही मानते हैं।

> *तोरि मानिनी तें हियो फोरि मोहिनी मान।*
> *प्रेमदेव की छबिही लखि भए मियाँ रसखान।।*

इससे पता चलता है कि वे बड़े प्रेमी जीव थे। इनकी भाषा बहुत ही चलती

सरल और शब्दाडम्बरमुक्त होती थी। शुद्ध ब्रजभाषा का जो चलतापन और सफाई इनकी घनानन्द की रचनाओं में है, वह अन्यत्र दुर्लभ है। इनका रचनाकाल संवत् 1640 के उपरान्त ही माना जा सकता है। प्रेमवाटिका का रचनाकाल संवत् 1671 है। इनकी दो छोटी पुस्तकें उपलब्ध हैं, प्रेमवाटिका और सुजान रसखान। इन्होंने कविता सवैयों में अपने सच्चे प्रेम की व्यंजना की है। अनुप्रास की सुन्दर छटा होते हुए भी भाषा की चुस्ती और सफाई कहीं नहीं जाने पायी है। बीच-बीच में भावों की सुन्दर व्यंजना है।

ध्रुवदास

ये हितहरिवंश जी के शिष्य स्वप्न में हुए थे।। इनका जीवन वृत्त प्राप्त नहीं है। इनके छोटे-छोटे ग्रन्थ मिलते हैं—वृन्दावन सत सिंगारसत, रसरत्नावली, नेहमंजरी, रहस्यमंजरी, सुखमंजरी, रतिमंजरी, वनविहार, रंग विहार, रसविहार, आनन्ददशाविनोद, रंगाविनोद, नृत्यविलास, रंगहुलास, मानरसलीला, रसलता, प्रेमलता, प्रेमावली, भजनकुंडलिया, भक्तनामावली, मनसिंगार, भजनसत, प्रीतिचौवनी, रसमुक्तावली, बामन बृहत् पुराण की भाषा, आनन्दलता, अनुरागलता, जीवदश, वैद्यलीला, दानलीला, व्याहलो। नाभादास के भक्तमाला के अनुकरण पर इन्होंने भक्तनामावली लिखी है, जिनमें अपने समय तक के भक्तों का उल्लेख किया है। कृष्णोपासक भक्त कवियों की परम्परा यहीं समाप्त होती है।

2.4.15. अष्टछाप की प्रतिष्ठा

श्रीकृष्ण- उपासना के प्रधान प्रवर्तक श्री वल्लभाचार्य थे। इन्होंने अपनी इस उपासना पद्धति को पुष्टिमार्ग का नाम दिया और लोगों में श्रीकृष्ण-भक्ति का मधुर भाव भरने का यत्न किया। इस सम्प्रदाय के कई एक प्रसिद्ध कवि हुए जिन्होंने श्री राधा-माधव की लोक लीलाओं का मुक्त कंठ से गान किया। श्री वल्लभाचार्य जी की मृत्यु के उपरान्त उनके पुत्र गोसाई विट्ठल जी गद्दी पर बैठे। इन्होंने कृष्ण भक्त सम्प्रदाय के आठ प्रसिद्ध कवियों को चुना और इन आठ कवियों को अष्ठ छाप की उपाधि दी। अष्टछाप के आठ कवियों में सूरदास, कुम्भनदास, परमानन्ददास, कृष्णदास, छीतस्वामी, गोविन्द स्वामी, चतुर्भुज दास और नन्द दास आदि हैं। प्रथम चार कवि बल्लभाचार्य जी के शिष्य थे। बाकी चार कवि स्वयं विट्ठल नाथ जी के शिष्य थे। इन आठ कवियों को ही अष्ट छाप कहते हैं।

2.4.16. कृष्ण भक्ति परम्परा के श्रीकृष्ण

कृष्ण भक्ति परम्परा में श्रीकृष्ण की प्रेममयी मूर्ति को ही लेकर प्रेमतत्त्व का बड़े विस्तार के साथ व्यंजना हुई है, उनके लोक पक्ष का समावेश उसमें नहीं है।

इन कृष्णभक्तों के श्रीकृष्ण, प्रेमोन्मत्त गोपिकाओं से घिरे हुए गोकुल के श्रीकृष्ण हैं। कृष्ण के जिस मधुर रूप को लेकर ये भक्त कवि चल रहे थे वह हास-विलास की तरंगों से परिपूर्ण अनन्त सौन्दर्य का समुद्र है। वे अपने रंग में मस्त रहनेवाले जीव थे। समाज किधर जा रहा है, इस बात की परवाह ये नहीं रखते थे, यहाँ तक कि अपने भगवत्प्रेम की पुष्टि के लिए जिस शृंगारमयी लौकिक स्थूल दृष्टि रखनेवाले विषय वासनापूर्ण जीवों पर कैसा प्रभाव पड़ेगा। इसकी ओर इन्होंने ध्यान न दिया। राधा कृष्ण के गूढ़ाति गूढ़ चरम भक्ति को इन कवियो ने व्यंजक बनाया।

2.4.17. कृष्ण चरित कविता का रूप

कृष्ण चरित के गान में गीतिकाव्य की जो धारा पूरब में जयदेव और विद्यापति ने बढ़ायी, उसी का अवलम्बन ब्रज के भक्त कवियों ने भी किया। अलंकारकाल के कवियों ने अपनी शृंगारमयी मुक्तक कविता के लिए राधा और कृष्ण के प्रेम को आधार बनाया। कृष्ण सम्बन्धी कविता का स्फुरण मुक्तक के क्षेत्र में ही हुआ, प्रबन्ध के क्षेत्र में नहीं। कृष्ण भक्त कवियों ने श्रीकृष्ण भगवान के चरित का जितना अंश लिया वह एक अच्छे प्रबन्धकाव्य के लिए पर्याप्त न था। उनमें मानव जीवन की वह अनेकरूपता न थी जो एक प्रबन्धकाव्य के लिए आवश्यक है। कृष्ण भक्त कवियों की परम्परा अपने इष्टदेव की केवल बाललीला और यौवन लीला लेकर ही अग्रसर हुई, जो गीति और मुक्तक के लिए ही उपयुक्त थी। मुक्तक के क्षेत्र में कृष्ण भक्त कवियों ने शृंगार और वात्सल्य रसों को पराकाष्ठा पर पहुँचा दिया। राधा कृष्ण के प्रेम को लेकर कृष्ण भक्ति की जो काव्य परम्परा चली उसमें लीला पक्ष अर्थात् ब्राह्यार्थ विधान की प्रधानता रही है। उसमें केलि, विलास, रास, छेड़खानी, मिलन की युक्तियाँ आदि बाहरी बातों का ही विशेष वर्णन है। कृष्ण भक्त कवि हमारे साहित्य में प्रेम माधुर्य का जो सुधास्रोत बहा गये हैं, उसके प्रभाव से हमारे काव्य क्षेत्र में सरसता और प्रफुल्लता बराबर बनी रही।

2.5. भक्तिकाल की फुटकर रचनाएँ

अकबर ने नीतिकुशलता और उदारता से देश की परम्परागत संस्कृति में पूरा योग दिया जिससे कला के क्षेत्र में फिर से उत्साह का संचार हुआ। जो कलावन्त छोटे मोटे राजाओं के यहाँ किसी प्रकार अपना निर्वाह करते हुए संगीत का सहारा लिये हुए थे वे अब शाही दरबार में पहुँचकर वाह-वाह की ध्वनि के बीच अपना करतब दिखाने लगे। जहाँ बचे हुए हिन्दू राजाओं की सभाओं में ही कवि जन थोड़ा बहुत उत्साहित या पुरस्कृत किये जाते थे वहाँ अब बादशाह के दरबार में भी उनका सम्मान होने लगा। जिस काल में सूर और तुलसी ऐसे भक्त के अवतार तथा नरहरि, गंग और रहीम ऐसे निपुण भावुक कवि दिखाई पड़े उसके साहित्यिक गौरव की ओर ध्यान

जाना स्वाभाविक है। संवत् 1575 में इन्होंने पंचसहेली नाम की छोटी-सी पुस्तक दोहों में राजस्थानी मिली भाषा में बनायी जो कविता की दृष्टि से अच्छी नहीं कही जा सकती। इसमें पाँच सखियों की विरह वेदना वर्णित है–

देख्या नगर सुहावना अधिक सुचंगा थानु।
नाउँ चँदेरी परगटा, जनु सुरलोक समानु।।
ठाई-ठाई कुवाँ पेखिय, सूभर निवाण।।
ठाई-ठाई कुवाँ बावरी, सोहई फटिक सवाँण।।
पन्द्रह सौ पचहत्तरै, पूनिम फागुण मास।
पंचसहेली वर्णई, कवि छीहल परगास।।

2.5.1. भक्तिकाव्य प्रवाह उमड़ने के मूल कारण

मध्यकालीन भक्ति आन्दोलन भारत का सर्वाधिक व्यापक आन्दोलन रहा। भक्ति आन्दोलन ने पूरे भारत देश को प्रभावित किया। भक्तिकाल में देश के राजा विदेशी आक्रमणकारियों के प्रभाव और विस्तार को रोकने में असमर्थ हो गये थे। उत्तर भारत के ही नहीं, दक्षिण भारत के हिन्दू राजा भी एक-एक करके मुसलमानों के आधिपत्य में आ गये थे। राजनीतिक उथल-पुथल के कारण हिन्दू लोगों में बहुत दिनों तक उदासी की भावना छा गयी। उदासी से हताश जाति के लिए भगवान की शक्ति और कृपा की ओर आकर्षित होने के सिवा दूसरा मार्ग नहीं था। ऐसे परिस्थितियों में भक्ति आन्दोलन से प्रभावित कवियों ने लोगों का ध्यान भगवान की शक्ति और करुणा की ओर आकृष्ट किया। भक्ति आन्दोलन ने मार्ग दर्शक अथवा गुरु की सहायता से मुक्ति अथवा भगवान का सान्निध्य प्राप्त करने के लिए दैवी कृपा पर बल दिया। दक्षिण का भक्ति आन्दोलन पंजाब में अनिवार्य रुप से शान्ति आन्दोलन था, लेकिन यही व्यापक क्षेत्र में विभिन्न विषयों को अपनी परिधि में समेटते हुए लोकप्रिय भावनाओं की अभिव्यक्ति का वाहक बन गया।

ईसा काल से पूर्व ही भक्ति का ढाँचा विकसित हो चुका था। तत्पश्चात बौद्ध धर्म से उसे प्रोत्साहन मिला। बाद में वैष्णव तथा शैव भक्ति ने उसे आगे बढ़ाया। एक वास्तविक लोकप्रिय आन्दोलन मुश्किल से ही स्वयं को ऐसी भाषा में अभिव्यक्त कर सकता था जो विशिष्ट वर्ग, विशेष रूप से ब्राह्मणों की धरोहर थी, जिनकी धार्मिक विधि और कुछ धर्म सिद्धान्तों के साथ पहचान बनी हुई थी। ये सिद्धान्त जनसाधारण को बहिष्कृत कर ब्राह्मण को विशेष अधिकार प्राप्त करता था। अपने लोकप्रिय रूप में भक्ति का सर्वप्रथम छटी से दक्षिण भारत में उदय हुआ और दक्षिण में ही वह फूली फली। भक्ति ने दक्षिण से उत्तर भारत का सफर किया। इसमें रामानन्द की प्रमुख भूमिका मानी गयी है। हर्ष की मृत्यु के बाद उत्तर भारत में राजनीतिक विघटन की प्रक्रिया शुरू होने के बावजूद उत्तर और दक्षिण के मध्य कभी

सम्बन्ध नहीं टूटे। हर्ष की मृत्यु के बाद उत्तर भारत में गुर्जर प्रतिहारों, राष्ट्रकूटों और पालों का उदय हुआ जो अधिक शक्तिशाली माने जाते हैं। शंकर ने देश के विभिन्न भागों की यात्रा की थी। उन्होंने बद्री नाथ, द्वारिका जैसे मठों की स्थापना की। शंकर का अनुसरण करने वालों में रामानुज और निम्बार्क प्रमुख थे। उत्तर भारत से कई नाथ पन्थी साधुओं ने दक्षिण और पश्चिम की यात्रा की थी। दक्षिण में भक्ति आन्दोलन दसवीं सदी से अपनी पराकाष्ठा को पहुँच गया था। उसके बाद धीरे-धीरे वह पारम्परिक हिन्दू धर्म के खाँचों में प्रवेश कर गया, अर्थात् उसने वर्ण-व्यवस्था, ब्राह्मणों की श्रेष्ठता और उनकी धर्म विधियों को स्वीकार कर लिया। उत्तर भारत में वर्करी आन्दोलन चौदहवीं सदी के उत्तरार्ध में नामदेव के साथ आरम्भ हुआ। कबीर का एकेश्वरवाद पन्द्रहवीं सदी में और लोकप्रिय वैष्णव धर्म 16वीं सदी के पूर्वार्ध में आरम्भ हुआ जिसमें राम और कृष्ण की पूजा की जाती थी। रामानन्द को दक्षिणी और उत्तरी आन्दोलनों के मध्य एक महत्त्वपूर्ण कड़ी माना जाता है। दक्षिण और उत्तर भारत में लोकप्रिय भक्ति आन्दोलन अपनी-अपनी विशेष परिस्थितियों में उत्पन्न और विकसित हुआ। उत्तर भारत में राज्य की बढ़ती हुई कमजोरी, स्थानीय जमींदार विशिष्ट वर्गों की ताकत में वृद्धि और ज्यादा प्रशासनिक, आर्थिक और राजनीतिक भूमिका हासिल करके उनको विकेन्द्रित करने की ताकत नगरों के पतन, नगरों के व्यापार, विशेषकर लम्बी दूरी के व्यापार में गतिरोध और पहले से ज्यादा अनुपात में ब्राह्मणों को भूमि के हस्तान्तरण को सातवीं और बारहवीं सदियों के बीच के युग की प्रमुख विशेषताओं के रूप में पहचाना गया है। उत्तर भारत में राजपूतों का उदय उन व्यक्तियों के मध्य एक मौन गठजोड़ का प्रतिनिधित्व करता था जिनका भूमि पर नियन्त्रण था और जिनके पास राजनीतिक ताकत थी और ब्राह्मण एक प्रकार से ताकतवर वर्गों की हर बात को न्यायसंगत ठहराते थे। विभिन्न शासक वर्गो को राजपूतों अथवा क्षत्रियों के रूप में मान्यता प्रदान करने के बदले में ब्राह्मणों को अपने भरण-पोषण और मन्दिर के निर्माण और रखरखाव के लिए भूमि और धन का उदार अनुदान प्राप्त होता था। ब्राह्मण राजपुरोहित नियुक्त किये जाते थे। धर्म तथा राजतन्त्र के मामले में उनसे अक्सर सलाह ली जाती थी। उनसे रियायती दर पर भूमि का लगान लिया जाता था। यह परम्परा मुगलों के समय और उसके बाद तक जारी रही। धर्मशास्त्र एक दिशा की ओर संकेत करता था और राजनीतिक वास्तविकताएँ दूसरी ओर। धर्म शास्त्रों के अनुसार प्रत्येक शासक धर्म की रक्षा करने के लिए बाध्य था। अशोक के समय में शासक बौद्ध धर्म के समर्थक थे। उन्होंने ब्राह्मणों द्वारा प्रतिपादित धार्मिक विचारों और विश्वासों का खुला विरोध किया। राजपूत ब्राह्मण गठजोड़ इस स्थिति से हटने को सूचित करता था। इससे करीब-करीब पुनरुत्थानवादी और आक्रामक रुप से विस्तृत होते हुए हिन्दुत्व की विजय को अंकित किया। मूर्ति पूजा का उदय और धर्म में कर्म सिद्धान्त का

विस्तार इस युग के धार्मिक विचारों की अन्य विशेषताएँ थीं। इस प्रकार स्थापित सामाजिक व्यवस्था अर्थ वर्ण व्यवस्था और कर्मकाण्ड में विघ्न उत्पन्न करने के किसी भी प्रयास को ब्राह्मण वर्ग से विराध और शत्रुता का सामना करना पड़ा। इस प्रकार उत्तर भारत में भक्ति की प्रारम्भिक हलचल व्यापक रूप ग्रहण न कर सका। तन्त्रवादी और देवी (शक्ति) की पूजा भारत में अधिक लोकप्रिय थी। पूर्वी उत्तर प्रदेश में नेपाल और बिहार के क्षेत्र में ब्राह्मणवाद और जाति व्यवस्था मजबूत रहा। साधु लोग नाथपन्थी और तान्त्रिक विचारों का प्रसार करते थे। ये सामान्य ब्राह्मण नहीं थे बल्कि समाज के निम्न व्यवस्थाओं से उनका सम्बन्ध रहा। इन्द्रियों के अनुशासन और जादू के सूत्रों और गोपनीय क्रियाओं के प्रयोग के द्वारा प्रकृति पर नियन्त्रण करना उन सिद्धों का मुख्य उद्देश्य रहा। लोगों में यह विश्वास फैलाया जाता था कि सिद्ध और योगी हवा में उड़ सकते हैं, लम्बी दूरियों तक देख सकते हैं और एक स्थान से अधिक स्थान पर मौजूद हो सकते हैं। नाथपन्थियों ने गोरखनाथ के नेतृत्व में उत्तर और पश्चिम भारत के विभिन्न भागों में अपने केन्द्र खोलकर एकेश्वरवाद और भक्ति आन्दोलन के विकास में अपना योगदान दिया। दक्षिण में ब्राह्मण की संख्या भी सापेक्षिक रूप से थोड़ी थी। दक्षिण के ब्राह्मण उत्तर के ब्राह्मणों की भाँति उतने शक्तिशाली नहीं थे। दक्षिण में भक्ति आन्दोलन का सापेक्षिक लक्ष्य ब्राह्मण और उनके कठोर रीति रिवाज नहीं थे। दक्षिण में भक्ति आन्दोलन के विकास में मन्दिरों की भूमिका थी। उत्तर भारत में इस्लाम के आगमन और बारहवीं सदी के अन्त में तुर्कों द्वारा राजपूत राज्यों की पराजय ने शक्तिशाली तत्त्वों को खुला छोड़ दिया। इस्लाम के आगमन से ब्राह्मणों की प्रतिष्ठा और प्रभाव को एक करारा आघात पहुँचा। जिन मूर्तियों को ब्राह्मण शक्तिशाली मानकर पूजते थे, उनको कुछ इस्लाम शासकों ने नष्ट कर दिया। मन्दिरों को लूट लिया। तेरहवीं सदी के आरम्भिक ढाई दशकों के दौरान उत्तर भारत में तुर्की शासन ठीक प्रकार से स्थापित हो गया था। इस क्षेत्र में भक्ति का उदय कबीर से ही माना जाता है। इस विलम्ब का कारण निरन्तर हिंसा तथा युद्ध व सामाजिक अस्थिरता मान सकते हैं। तुर्की विजय के बाद मंगोलों का आक्रमण हुआ। इस कारण कश्मीर, मुल्तान और व्यास नदी तक के क्षेत्रों में बड़े पैमाने पर मृत्यु और विनाश का खेल चला। हिंसा और रक्तपात के साथ-साथ पुनर्जीवन की एक मन्द अगोचर प्रक्रिया भी चलती रही। खिलजी और तुगलक के उदय से पुनर्जीवन का काल आरम्भ हुआ। दिल्ली सल्तनत का गुजरात के समुद्री बन्दरगाहों के साथ जुड़ाव, दक्षिण की ओर मुगलों के खतरे की समाप्ति, पंजाब और कश्मीर को बाकी देश के साथ एकीकरण ने मध्य और पश्चिम ऐशिया के साथ व्यापार के मार्ग को प्रशस्त कर दिया। तुगलकों के शासन काल में आन्तरिक प्रशासन में स्थिरता आयी। मुहम्मद बिन तुगलक केन्द्रीय शासन तन्त्र में हिन्दुओं को शामिल किया। देवगीर की देवल

देवी का विवाह अलाउद्दीन खिलजी के पुत्र, खिज्र खान के साथ हुआ। इस प्रकार तुर्की शासक वर्ग ने भारत में अपनी जड़ें जमाना आरम्भ किया। इसी युग में महान सूफी सन्त निजामुद्दीन औलिया का उदय हुआ जिन्हें मुस्लिम और हिन्दू बराबर सम्मान देते थे। इसी समय धार्मिक क्रियाओं को अनुमति दी गयी जो 'शरिया' के सिद्ध थी। गैर मुस्लिमों को भी सम्मान दिया जाता था।[31] बरनी ने खेद प्रकट किया कि राजधानी दिल्ली में भी हिन्दू चिमटे और मंजीरे बजाते हुए जुलूस में जाते थे। महल की दीवारों के नीचे से गुजरकर नदी में मूर्तियों का विसर्जन भी करते थे। सुल्तान स्वयं यह स्वीकार करता था कि उनमें हस्तक्षेप करने की ताकत नहीं थी।[32] इस प्रकार इस युग में गैर मुस्लिमों को काफी हद तक स्वतन्त्रता प्राप्त थी। फारसी अनुवाद कार्य फिरोज तुगलक और सिकन्दर जैसे कट्टर और संकीर्ण शासकों के समय में ही शरू हुआ। चौदहवीं और पन्द्रहवीं सदियों में हिन्दी साहित्य का निर्माण सृजन हुआ। सूफी सन्तों ने प्रेम की प्रतिमा को अपना आधार बनाकर हिन्दू मुस्लिम एकता के लिए कार्य किया। निश्चित रूप से कह सकते हैं कि इस्लाम से विनाश के तत्काल खतरे से हिन्दू धर्म तथा समाज को बचाने और समतावाद, भाईचारा द्वारा खड़ी की गयी चुनौती का मुकाबला करने के लिए उत्तर में भक्ति आन्दोलन का विकास हुआ। तेरहवीं और चौदहवीं सदियों में दिल्ली के आस पास हिन्दू अधिक संख्या में रहने लगे। सामान्य रूप से आर्थिक जीवन हिन्दुओं के हाथ में ही रहा। सरकार के स्थानीय स्तरों पर भी हिन्दू छाये हुए थे। सूफियों और लोकप्रिय एकेश्वरवादी सन्तों के चिन्तन में अद्भुत समानता थी। वास्तव में तुर्कों में जातीय श्रेष्ठता की मजबूत भावना और रक्त की शुद्धता तथा उच्च पदों के लिए कुलीनों की योग्यता पर जोर दिये जाने के कारण हिन्दुओं में से जिन्होंने ये धर्म परिवर्तन किया था वे यह महसूस कर रहे थे कि उनके साथ भेद भाव किया जाता है। एकेश्वरवाद पीर की भूमिका और प्रेयसी के साथ रहस्यात्मक मिलन पर मुस्लिमों का जोर देना हिन्दू चिन्तन से मेल खाती है। भक्ति आन्दोलन के सन्तों में कबीर सबसे शक्तिशाली माने जाते हैं। भारत में तुर्की साम्राज्य जो गुजरात सहित सम्पूर्ण उत्तर भारत में फैला हुआ था, वह बहुत अधिक केन्द्रीकरण के बिना कायम नहीं रह सकता था। यह केन्द्रीकरण बड़े पैमाने पर आंशिक रूप से इक्तिदारी व्यवस्था और तुर्की शासकों के क्षमता द्वारा कायम हो सकी। वे एक स्थान से दूसरे स्थान पर तेजी से पहुँचने की क्षमता रखते थे। इनको भूमि पर स्वामित्व प्राप्त करने का अधिकार नहीं था। इसलिए वे स्थानीय स्तर पर अपनी जड़ें जमा सके। जमींदारों की सहायता से उनके कारिन्दों द्वारा शासकवर्ग शासन करते थे। उत्तर भारत में तुर्की शासकों ने कृषि अधिशेष के केन्द्रीकरण शहरों के विकास और दस्तकारों के विकास के साथ-साथ गुम्बद और मेहराव, घोड़े का नाल और लोटे की रकाब इत्यादि के निर्माण में प्रोत्साहन दिया। केन्द्रीकृत तुर्की राज्य और विस्तृत होते हुए

बाजारों में नयी उत्पादों के प्रवेश ने प्रत्यक्ष रूप से दुकानदारों और व्यापारियों को फायदा पहुँचाया। वे व्यापारी वर्ग ब्राह्मणों और सामन्तवादी प्रभुत्व से प्रसन्न नहीं थे इसलिए उन्होंने जैन धर्म का समर्थन किया। इस्लाम से विनाश के तुरन्त बाद हिन्दू धर्म और समाज को बचाने के लिए और समतावाद, भाईचारा और सादगी द्वारा इस्लामी धर्म सिद्धान्तों द्वारा खड़ी की गयी चुनौती का सामना करने के लिए उत्तर भारत में भक्ति आन्दोलन का विकास हुआ।

तेरहवीं, चौदहवीं सदियों में इस्लाम और हिन्दू धर्म के बीच का विरोध कम होता गया। सोलहवीं-सत्रहवीं सदियों में भक्ति के आश्चर्यजनक पुनरुत्थान देखने को मिला। विष्णु के अवतारों के रूप में राम और कृष्ण की पूजा की जाने लगी। प्रारम्भिक आन्दोलनों की तुलना में सगुण भक्ति को समर्थन मिला। तुलसीदास के पुनरुत्थानवाद ने स्वयं को मुगलों के अन्तर्गत जमींदारों के समर्थन पर और ब्राह्मणों के साथ संवाद शुरू करने की अकबर की उदार नीति का परिचय दिया। इससे ब्राह्मणों की प्रतिष्ठा का पुनरुत्थान हुआ।

इस्लाम संस्कृति के प्रभाव से भारतीय संस्कृति में नया चैतन्य आया। व्यक्ति और समाज के हर क्षेत्र में संकुचित वृत्ति के स्थान से अच्चतम मानवीय प्रवृत्तियों ने स्थान लिया। मध्यकाल के भक्ति आन्दोलन को युगान्तकारी घटनाओं के रूप में रेखांकित किया गया है। इस आन्दोलन में पहली बार राष्ट्र के एक विशेष भूभाग के निवासी तथा कोटि-कोटि साधारण जन ही शिरकत नहीं करते, समग्र राष्ट्र की शिराओं में इस आन्दोलन की ऊर्जा स्पन्दित होती है। एक ऐसा जबर्दस्त ज्वार उफना कि उत्तर, दक्षिण, पूर्व, पश्चिम सब मिलकर एक हो गया। सब एक दूसरे को प्रेरणा देते, एक दूसरे से प्रेरणा लेते थे और मिलजुलकर भक्ति के एक ऐसे विराट नद की सृष्टि करते थे, उससे प्रवाहमान बनाते थे, जिसमें अवगाहन कर राष्ट्र के कोटि-कोटि साधारण जन सदियों से तप्त अपनी छाती शीतल करते थे, अपनी आध्यात्मिक तृष्णा बुझाते, एक नया आत्मविश्वास जिन्दा रहने की आत्म सम्मान के साथ जिन्दा रहने की एक शक्ति पाते थे। मध्यकालीन भक्ति आन्दोलन मूलतः एक धार्मिक सांस्कृतिक आन्दोलनों के रूप में सामने आता है। मध्ययुग ने धर्म दर्शन के साथ विचारधारा के अन्य सभी रूपों को जोड़ दिया और उन्हें धर्म दर्शन की उपशाखाएँ बना दिया। हिन्दी साहित्य में जब भक्ति काल का प्रारम्भ हुआ तब देश में राजनीतिक, सामाजिक, धार्मिक और साहित्यिक सभी क्षेत्रों में अव्यवस्था और अशान्ति परिव्याप्त थी। हिन्दू-मुसलमान दोनों अपने को एक-दूसरे के कट्टर शत्रु समझते थे। शासन मुसलमानों के हाथों में होने के कारण हिन्दू-समाज पर अमानुषिक अत्याचार हो रहे थे। ऐसी विकट और भयावह परिस्थितियों में हिन्दू समाज ने दयानिधान, कृपा सिन्धु भगवान की उपासना में प्रवृत्त होना अपना समयानुकूल कर्तव्य समझा और वे भक्ति भावना के प्रचार और प्रसार में जुट गये।

भारी राजनीतिक उलट-फेर के पीछे हिन्दू जन समुदाय पर बहुत दिनों तक उदासी छायी रही। अपने पौरुष से हताश जाति के लिए भगवान की शक्ति और करुणा की ओर ध्यान ले जाने के अतिरिक्त दूसरा मार्ग नहीं था। भक्ति का भाव हिन्दू समाज की घोर निराशा, पराजय और असफलता की परिणति थी।

उत्तर में पौराणिक धर्म की भावना पहले से ही विद्यमान थी। यद्यपि नाथपन्थी योगियों तथा सिद्धों के आन्दोलन भी विकृत होकर अभी तक जीवित थे, वाममार्ग और हठयोग के चमत्कार सर्वसाधारण जनता को पथभ्रष्ट करके उसे सहज धर्म भावना से दूर ले जा रहे थे। इसी के साथ एक विदेशी जाति के आक्रमण और विजय ने एक नवीन धर्म की भावना फैलाने का भी अवसर दिया था। इस्लाम अपने हाथ में शासन का सहारा पाकर भारत पर छा रहा था। इस प्रकार दो जातियों और दो संस्कृतियों के मेल एक सामान्य भक्ति मार्ग की आवश्यकता भी कुछ सुधारक महात्माओं को अनुभव होने लगी थी जिसका फल सन्तों के साहित्य के रूप में प्रकट हुआ। इस काल मे आश्रयदाता राजाओं के लुप्त हो जाने से कवि समाज भी राज दरबारों से निकल आया था और वह साधारण जनता के हृदयों का प्रतिनिधित्व करने लगा था। उत्तर भारत के पौराणिक धर्मभाव को जब दक्षिण के आचार्यों से ठोस भक्ति धारा का सहारा मिला, अवतारवाद के रूप में राम और कृष्ण को प्रधानता देकर इस काल में अनेक श्रेष्ठ कवियों ने साहित्य रचना की तथा जन मनोरंजन के साथ-साथ उसके आदर्श मर्यादा का सन्दशे भी दिया।

भक्तिकालीन साहित्य में इस्लाम और नाथपन्थी योगियों और सिद्धों से प्रभावित जिस सामान्य भक्तिमार्ग या निर्गुण धारा का आरम्भ हुआ उसका आधार एकेश्वरवाद का सिद्धान्त था। इसमें जाति पाँति के बन्धनों को नहीं गिना गया था। आडम्बरपूर्ण जीवन साधना का भी कड़ा विरोध किया गया। इस धारा की दो शाखाएँ हिन्दी साहित्य में प्रचलित हुईं।

1. ज्ञानाश्रयी शाखा
2. प्रेमाश्रयी शाखा।

प्रथम शाखा में कबीर, नानक, सुन्दरदास, मलूकदास, सहजोबाई, दयाबाई, दादूदयाल आदि सन्त कवि हुए और दूसरी शाखा में कुतुबन, मंझन, उस्मान, नूरमुहम्मद और जायसी जैसे सुप्रसिद्ध सूफी कवियों ने लोक-साहित्य अध्यात्म का प्रेम सन्देश दिया। इस काल में दूसरी धारा सगुण-भक्ति की धारा के रूप में सामने आयी। इस धारा के भी दो वर्ग हैं। एक वर्ग ने राम भक्ति को अपनाया और दूसरे वर्ग ने कृष्ण भक्ति को। राम भक्ति को सर्वप्रथम रामानन्द का नेतृत्व मिला और इस शाखा के सर्वश्रेष्ठ कवि भक्त तूलसीदास हुए जिन्होंने रामचरितमानस में भगवान राम का मर्यादा-पुरुषोत्तम रूप ही मुख्य रुप से हिन्दू समाज के सामने प्रस्तुत किया। दूसरे वर्ग ने कृष्ण भक्ति को अपनाया और उसका लोक रंजक रूप सामने रखा। इस धारा के मुख्य प्रवर्तक

वल्लभाचार्य थे और कवि सूरदास, नन्ददास आदि इस भक्ति शाखा के उद्भव से पूर्व देश में जैन, बौद्ध, नाथ पन्थ आदि के साथ-साथ पौराणिक धर्म का विशेष प्रचार था। वैदिक धर्म की धारा क्षीण हो चुकी थी। उसका स्थान वैष्णव धर्म और शैव धर्म ने लिया था। अधिकांश हिन्दू जनसमुदाय इन दोनों धर्मों की ओर आकर्षित हो गयी थी। जैन बौद्धों का प्रभाव समाप्त कर देने की आकांक्षा में कुमारिल भट्ट जैसे मीमांसकों ने कर्मकाण्ड की महत्ता प्रतिपादित की थी वहीं आचार्य शंकर ने अद्वैतवाद की प्रतिष्ठा कर सगुण पूजा आराधना के समक्ष गतिरोध उपस्थित कर दिया। रामानन्द ने द्विज और शूद्र दोनों को भक्ति के क्षेत्र में प्रवेश दे दिया। इसी कारण कबीर, रैदास, सेन जैसे निम्न वर्गीय उनके शिष्य हुए। निर्गुण भक्ति धारा में अधिकांश शोषित, पीड़ित, निम्न वर्ग के लोग थे। आलवार परम वैष्णव होने पर भी उनके भक्तों में अधिकांश शूद्र ही मौजूद थे। विष्णु के अवतारों में राम और कृष्ण भी थे। इन अवतारों को लेकर तुलसी और सूर जैसे महाकवियों ने अपनी रचनाएँ कीं। भक्तिकाल के उन्मेष में इसय समय इस्लाम के सूफी मत का भी प्रभाव पड़ा। उनके इश्क हकीकी ने प्रेम प्रधान भक्ति का रूप लेकर प्रेम मार्गी शाखा के द्वार खोल दिया।

2.5.2. पठान शासकों का भारतीय साहित्य एवं संस्कृति पर प्रभाव

पठान शासक भारतीय संस्कृति से अपने कट्टरता के कारण दूर ही रहे। इनके काल में अनेक रचना पद्धतियाँ दब-सी गयीं। अकबर की नीतिकुशलता के कारण देश की परम्परागत संस्कृति में पूरा सहयोग मिला। छोटे मोटे राजाओं के यहाँ निर्वाह करने वाले कलाकार किसी प्रकार अपना निर्वाह करते हुए शाही दरबार में पहुँचकर अपना करतब दिखाने लगे। कवियों के सम्मान के साथ-साथ कविता का सम्मान भी होने लगा। मुक्तक रचनाओं के अतिरिक्त प्रबन्ध काव्य परम्परा ने भी जोर पकड़ा। अकबर का राज्यकाल जगमगा उठा और साहित्य के इतिहास में उसको एक विशेष स्थान मिला।

2.5.3. कवि परिचय

लालच दास

ये रायबरेली के एक हलवाई थे। इन्होंने संवत् 1585 में हरिचरित और संवत् 1587 में भागवत दशम स्कन्ध भाषा नाम की पुस्तक अवधी मिली भाषा में बनायी। ये दोनों पुस्तकें काव्य की दृष्टि से सामान्य श्रेणी की हैं और दोहे- चौपाइयों में लिखी गयी हैं।

कृपाराम

इनका कुछ वृत्तान्त ज्ञात नहीं है। इन्होंने संवत् 1598 में रसरीति पर हिततरंगिणी नामक ग्रन्थ दोहों में बनाया। रीति या लक्षण ग्रन्थों में यह बहुत पुराना है। कवि

ने कहा है कि और कवियों ने बड़े छन्दों से विस्तार में शृंगार रस का वर्णन किया है पर मैंने सुघरता के विचार से दोहों में वर्णन किया है। हिततरंगिणी के कई दोहे बिहारी के दोहों से मिलते जुलते हैं। हिततरंगिणी के दोहे बहुत ही सरस भावपूर्ण तथा परिमार्जित भाषा में हैं।

महापात्र नरहरि बन्दीजन

इनका जन्म संवत् 1562 में और मृत्यु संवत् 1667 में कही जाती है। महापात्र की उपाधि इन्हें अकबर के दरबार से मिली थी। ये असनी फतेहपुर के रहने वाले थे और अकबर के दरबार में इनका बहुत मान था। इन्होंने छप्पय और कविता लिखा है। इनके बनाये दो ग्रन्थ परंपरा से प्रसिद्ध हैं– रुक्मिणीमंगल और छप्पय नीति। एक तीसरा ग्रन्थ कवित्तसंग्रह का भी खोज मिला है। इनका एक प्रसिद्ध छप्पय इस प्रकार है–

अरिहु दन्त तिन धरै, ताहि नहिं मारि सकत कोइ।
हम सन्तत तिनु चरहिं, वचन उच्चरहिं दीन होइ।।
अमृत पय नित सवहिं बच्छ महि थम्भन जावहिं।
हिन्दुहि मधुर न देहि कटुक तुरकहि न पियावहिं।।
कह कवि नरहरि अकबर सुनौ बिनवति गउ जोरे करन।
अपराध कौन मोहिं मारियत, मुएह चाम सेवइ चरन।।

नरोत्तम दास

ये सीतापुर के जिले में वाडी नामक कस्बे के रहने वाले थे। शिवसिंहसरोज में इनका संवत् 1602 का उल्लेख है। इनकी जाति का उल्लेख कहीं नहीं मिलता। इनका सुदामाचरित्र ग्रन्थ बहुत प्रसिद्ध है। इसमें घर की दरिद्रता का बहुत ही सुन्दर वर्णन है। यद्यपि यह छोटा है तथापि इसकी रचना बहुत ही सरस और हृदयग्राहिणी है जो कवि की भावुकता का परिचय देता है। भाषा भी बहुत ही परिमार्जित और व्यवस्थित है। कुछ लोगों के अनुसार इन्होंने ध्रुवचरित भी लिखा है। सुदामाचरित्र का यह सवैया बहुत लागों से सुनी जाती है –

सीस पगा न झगा तन पै प्रभु! जानै को आहि, बसै केहिं ग्रामा।
धोती फटी-सी, लटी दुपटी अरु पाँय उपानह को नहीं सामा।।
द्वार खड़ो द्विज दुर्बल एक, रह्यो चकि सो बसुधा अभिरामा।
पूछत दीनदयाल को धाम, बतावत आपनो नाम सुदामा।।

आलम

ये अकबर के समय के एक मुसलमान कवि थे जिन्होंने सन् 991 हिजरी अर्थात्

संवत् 1639 से 40 में माधवानल कामकन्दला नाम की प्रेमकहानी दोहा चौपाई में लिखी। पाँच-पाँच चौपाइयों के बाद दोहा या सोरठा है।

महाराज टोडरमल

ये कुछ दिन शेरशाह के यहाँ ऊँचे पद पर थे और अकबर के समय में भूमिकर विभाग के मन्त्री हुए। इनका जन्म संवत् 1550 में और मृत्यु संवत् 1646 में हुई। ये कुछ दिन तक बंगाल के सूबेदार रहे। ये जाति के खत्री थे। इन्होंने शाही दफ्तरों में हिन्दी के स्थान पर फारसी का प्रचार किया जिससे हिन्दुओं का झुकाव फारसी की शिक्षा की ओर हुआ। इनकी कोई पुस्तक तो नहीं मिलती, कुछ फुटकर पद ही मिलते हैं।

महाराज बीरबल

इनकी जन्मभूमि कुछ लोग नारनौल बतलाते हैं और उनका नाम महेशदास। प्रयाग के किले के भीतर जो अशोकस्तम्भ है उस पर यह खुदा है– "संवत् 1632, शाके 1493, मार्ग बदी 5 सोमवार गंगादास सुत महाराज बीरबल श्री तीरथराज प्रयाग की यात्रा सुफल लिखित।" ये लेख महाराज बीरबल के सम्बन्ध में ही जान पड़ता है। इनका जन्मस्थान तिकवापुर ही ठहरता है। महाराज बीरबल ब्रजभाषा के अच्छे कवि थे और कवियों का बड़ी उदारता के साथ सम्मान करते थे। इनकही कोई पुस्तक नहीं मिलती है।

गंग

ये अकबर के दरबारी कवि थे और रहीम खानखाना इन्हें बहुत मानते थे। इनके जन्मकाल तथा कुल आदि का पता नहीं है। कुछ लोग इन्हें ब्राह्मण कहते हैं, पर अधिकतर इन्हें ब्रह्मभट्ट कहते हैं। ऐसा कहा जाता है कि किसी नवाब या राजा की आज्ञा से हाथी से चिरवाडाले गये थे और उसी समय मरने के पहले इन्होंने यह दोहा कहा था –

कबहुँ न भडुआ रन चढ़े, कबहुँ न बाजी बम्ब।
सकल सभहि प्रनाम करि, बिदा होत कवि गंग।।

गंग कवि बहुत निर्भीक होकर बात कहते थे। वे अपने समय के नरकाव्य रचने वाले कवियों में सबसे श्रेष्ठ माने जाते थे। कहते हैं कि रहीम ने इनकी छप्पय पर इन्हें एक लाख रुपये दिये थे। वह छप्पय इस प्रकार है –

चकित भँवरि रहि गयो, गम नहिं करत कमलवन।
अहि फन मनि नहिं लेत, तेज नहिं बहत पवन वन।।

हंस मानसर तज्यो चक्क चक्की न मिलै अति।।
बहु सुन्दरि पद्मिनी पुरुष न चहै, न करै रति।।
खलभलित सेस कवि गंग भन, अमित तेज रविरथ खस्यो।।
खानान खान बैरम सुवन जबहिं क्रोध करि तंग कस्यो।।

गंग अपने समय के प्रधान कवि माने जाते हैं। इन्होंने वीर और शृंगार रस के बहुत ही रमणीक कविता की हैं कुछ अन्योक्तियाँ भी बड़ी मार्मिक हैं। हास्यरस का पुट भी बड़ी निपुणता से ये अपनी रचना में देते थे। घोर अतिशयोक्तिपूर्ण वस्तु व्यंग्य पद्धति पर विरहताप का वर्णन भी इन्होंने किया है।

मनोहर कवि

ये एक कछवाहे सरदार थे जो अकबर के दरबार में रहा करते थे। शिवसिंह सरोज में लिखा कि ये फारसी और संस्कृत के अच्छे विद्वान थे। ये फारसी कविता में अपना उपनाम तौसनी रखते थे। इन्होंने शत प्रश्नोत्तरी नाम की पुस्तक बनायी है तथा नीति-शृंगारस के बहुत से फुटकर दोहे लिखा। इनके कविता काल संवत् 1620 के आगे माना जा सकता है। इनके शृंगारिक दोहे मार्मिक और मधुर हैं पर उनमें कुछ फारसीपन के छीटें मौजूद हैं।

बलभद्र मिश्र

ये ओरछा के सनाढ्य ब्राह्मण पं. काशीनाथ के पुत्र और प्रसिद्ध कवि केशवदास के बड़े भाई थे। इनका जन्मकाल संवत् 1600 के लगभग माना जा सकता है। इनका नखशिख शृंगार का एक प्रसिद्ध ग्रन्थ है जिसमें इन्होंने नायिका के अंगों का वर्णन उपमा, उत्प्रेक्षा, सन्देह आदि अलंकारों के प्रचुर विधान द्वारा किया है। ये केशवदास जी के समकालीन कवि माने जाते हैं। इनकी रचना बहुत प्रौढ़ और परिमार्जित है, इससे अनुमान होता है कि, नखशिख के अतिरिक्ति इन्होंने और पुस्तकें भी लिखी होंगी।

जमाल

ये भारतीय काव्यपरम्परा से पूर्ण परिचित कोई सहृदय मुसलमान कवि थे, जिनका रचनाकाल संवत् 1627 के आस पास है। इनके नीति और शृंगार के दोहे राजपूताने की ओर बहुत जनप्रिय हैं। इन्होंने भावो की व्यंजना बहुत ही मार्मिक पर सीधे सादे ढंग से की। इनका कोई ग्रन्थ तो नहीं मिलता पर कुछ संगृहीत दोहे मिलते हैं। सहृदयता के अतिरिक्त इनमें शब्दक्रीड़ा की निपुणता भी थी। इन्होंने कुछ पहेलियाँ भी अपने दोहों में रखी हैं –

पूनम चाँद, कुसूँभ रँग, नदी तीर द्रुम डाल।
रेत भीत, भुत लीपणो, ए थिर नहीं जमाल।।

रंग जो चोल मजीठ का सन्त वचन प्रतिपाल।।
पाहण देख रू करम गत, ए किमि मिटैं जमाल।।
जमाला ऐसी प्रीत कर, जैसी केस कराय।।
कै काल, कै ऊजला, जब तब सिर स्यूँ जाय।।
मनसा तो गाहक भए, नैना भए दलाल।।
धनी बसत बेचै नहीं, किस बिध बनै जमाल।।
बालपणे धौला भया, तरुणपणे भया लाल।।
वृद्धपणे काला भया, कारण कोण जमाल।।
कामिण जावक रँग रच्यो, दमकत मुकता कोर।।
इस हंसा मोती तजे, इम चुग लिये चकोर।।

केशवदास

ये सनाढ्य ब्राह्मण कृष्णदत्त के पौत्र और काशीनाथ के पुत्र थे। इनका जन्म संवत् 1612 में और मृत्यु 1674 के आसपास हुई। ये ओरछा के नरेश महाराज राम के भाई इन्द्रजीत सिंह की सभा में रहते थे, जहाँ इनका बहुत मान था। इनके घराने में बराबर संस्कृत के अच्छे पंडित होते आये थे। इनके बड़े भाई बलभद्र मिश्र भाषा के अच्छे कवि माने गये थे। इस प्रकार की परिस्थिति में रहकर ये अपने समय के प्रधान साहित्यशास्त्र के कवि माने गये। केशवदास के पहले संवत् 1598 में कृपाराम भी रसनिरूपण कर चुके थे। इसी समय में चरखारी के मोहनलाल मिश्र ने श्रृंगारवत् नामक एक ग्रन्थ लिखा। नरहरि कवि के साथ अकबरी दरबार में जाने वाले करनेस कवि ने कर्णाभरण, श्रुतिभूषण और भूपभूषण नामक तीन ग्रन्थ में अलंकार का वर्णन किया था। पर अब तक किसी कवि ने संस्कृत साहित्य शास्त्र में निरूपित काव्यांगों का पूरा परिचय नहीं कराया था। यह काम केशवदास जी ने किया। केशव के रचे सात ग्रन्थ मिलते हैं– कविप्रिया, रसिकप्रिया, रामचन्द्रिका, वीरसिंहदेवचरित, विज्ञानगीता, रतनबावनी और जहाँगीर जसचन्द्रिका। केशव को कविहृदय नहीं मिला था। वे संस्कृत साहित्य से सामग्री लेकर अपने पांडित्य और रचना कौशल की धाक जमाना चाहते थे, उन पर उक्तियों को स्पष्ट रूप से व्यक्त करने में उनकी भाषा बहुत कम समर्थ हुई है। पदों और वाक्यों की न्यूनता, अशक्त फालतू शब्दों के प्रयोग और सम्बन्ध के अभाव आदि के कारण भी अप्रांजल और ऊबड़ खाबड़ हो गयी और तात्पर्य भी स्पष्ट रूप से व्यक्त नहीं हो सका। केशल की कविता कठिन कही जाती है। केशव ने दो प्रधान काव्य लिखा–वीरसिंह देव चरित दूसरा रामचन्द्रिका। वे मुक्त रचना के ही उपयुक्त थे, प्रबन्ध रचना के नहीं। उनमें प्रबन्ध पटुता भी नहीं थी। सम्बन्ध निर्वाह की क्षमता केशव की रचनाओं में ढूँढ़ना तो व्यर्थ ही है।

होलराय

ये ब्रह्मभट्ट अकबर के समय में हरिवंश राय के आश्रित थे और कभी-कभी शाही दरबार में जाया करते थे। इन्होंने अकबर से कुछ जमीन पायी जिसमें होलपुर गाँव बसाया गया था। कहते हैं कि गोस्वामी तुलसीदास जी ने अपना लोटा इन्हें दिया था, जिस पर इन्होंने कहा था– 'लोटा तुलसीदास को लाख टका को मोल।' गोस्वामी जी ने चट उत्तर दिया, 'मोल-तोल कछु है नहीं, लेहु राय कवि होल।' अकबर बादशाह की प्रशंसा में इन्होंने यह कविता लिखी–

दिल्ली तें न तख्त ह्वैहै, बख्त मुगल कैसो,
ह्वैहै ना नगर बढ़ि आगरा नगर तें।
गंगा तें न गुनी, तानसेन ते न तानबाज,
मान तें न राजा और न दाता बीरबल तें।।
खान खान-खाना तें न, नर नरहरि तें न,
ह्वैहै ना दीवान कोऊ बेडर टुडर तें।
नवौ खंड सात दीप; सात हू समुद्र पार,
ह्वैहै ना जलालुद्दीन साह अकबर तें।।

रहीम

ये अकबर बादशाह के अभिभावक प्रसिद्ध मुगल सरदार बैरम खाँ के पुत्र थे। इनका जन्म संवत् 1610 में हुआ। ये संस्कृत, अरबी और फारसी के पूर्ण विद्वान और हिन्दी काव्य के पूर्ण मर्मज्ञ कवि थे। ये दानी और परोपकारी थे। इनकी सभा विद्वानों और कवियों से सदा भरी रहती थी। अकबर के समय में ये प्रधान सेना नायक और मन्त्री थे। ये जहाँगीर के समय तक वर्तमान रहे। लड़ाई में धोखा देने के अपराध में एक बार जहाँगीर के समय इनकी सारी जागीर जब्त हो गयी और कैद कर लिये गये। कैद से छूटने पर इनकी आर्थिक अवस्था कुछ दिनों तक बड़ी हीन रही। पर जिस मनुष्य ने करोड़ों रूपये दान कर दिये थे, ऐसे मनुष्य दरिद्रता के समय दान न दे पाने की अपनी अवस्था की व्यंजना इन्होंने इस दोहे में किया था–

तबही लौं जीबो भलो देवौ होय न धीम।
जग में रहिबो कुँचित गति उचित न होय रहीम।।

इनके दोहे नीतिपरक और अत्यन्त अनुभव जन्य हैं। कहते हैं कि एक बार इस दीन दशा में एक याचक ने इन्हें घेरा तब इन्होंने यह दोहा लिखकर उसे रीवाँ नरेश के पास भेज दिया –

चित्रकूट में रमि रहे रहिमन अवध नरेश।
जापर विपदा परति है सो आवत यहि देस।।
रीवाँ नरेश ने उस याचक को एक लाख रुपये दिये।

तुलसीदास जी से भी इनका बड़ा स्नेह था। कहते हैं कि एक बार एक ब्राह्मण अपनी कन्या के विवाह के लिए धन न होने से धबराया हुआ गोस्वामी के पास आया तो उन्होंने उसे रहीम के पास भेजा और दोहे की यह पंक्ति लिखकर दे दी –

सुरतिय नरतिय नागतिय यह चाहत सब कोय।

तब रहीम ने उस ब्राह्मण को बहुत-सा धन देकर बिदा कर दिया और दोहे की दूसरी पंक्ति इस प्रकार पूरा किया –

गोद लिये हुलसी फिरै तुलसी सो सुत होय।

उनके भाषा पर तुलसी का-सा ही अधिकार था। उन्होंने ब्रज अवधी, पश्चिमी और पूरबी दोनों काव्य भाषाओं में समान कुशलता दिखायी थी। इनकी बरवैनायिकाभेद बड़ी सुन्दर, अवधी भाषा की रचना है। रहीम का देहान्त संवत् 1683 में हुआ। इनके ग्रन्थों में रहीम दोहावली, बरवैनायिकाभेद, शृंगारसोरठा, मदनाष्टक, रासपंचाध्यायी आदि प्रमुख हैं।

कादिर

ये पिहानी जिला हरदोई के रहने वाले और सैयद इब्राहीम के शिष्य थे। इनका जन्म संवत् 1635 में माना जाता है। अतः इनका कविताकाल 1660 के आसपास समझा जा सकता है।

मुबारक

सैयद मुबाकर अली बिलग्रामी का जन्म संवत् 1640 में हुआ था अतः इनका कविता काल संवत् 1670 के बाद मानना चाहिए। ये संस्कृत, फारसी और अरबी के अच्छे पंडित थे।

बनारसी दास

ये जौनपुर के रहने वाले एक जैन जौहरी थे, जो आमेर में भी रहा करते थे। इनके पिता का नाम खड्गसेन था। ये संवत् 1643 में उत्पन्न हुए थे। इन्होंने अर्द्ध-कथानक नामक ग्रन्थ लिखा। पुराने हिन्दी साहित्य में यही एक आत्मचरित मिलता है। इससे इसका महत्त्व बहुत अधिक है।

सेनापति

ये अनूपशहर के रहने वाले कान्यकुब्ज ब्राह्मण थे। इनका नाम गंगाधर, पितामह का नाम परशुराम और गुरु का नाम हीरामणि दीक्षित था। इनका जन्मकाल संवत् 1646 के आसपास माना जाता है, ये बड़े ही सहृदय कवि थे। ऋतुवर्णन इनके जैसा और किसी कवि ने नहीं किया है। इनके पदविन्यास में लालित्य पाया जाता है।

पुहकर कवि

ये परतापपुर के रहने वाले थे, पर पहले गुजरात में सोमनाथ जी के पास भूमि गाँव में रहते थे। ये जाति के कायस्थ थे। ये जहाँगीर के समय के माने जाते हैं। कहते हैं कि जहाँगीर ने किसी बात पर इन्हें आगरे में कैद कर लिया था।

सुन्दर

ये ग्वालियर के ब्राह्मण थे और शाहजहाँ के दरबार में कविता सुनाया करते थे। इन्हें बादशाह ने पहले कविराय की और फिर महाकविराय की पदवी दी थी। इनका सुन्दर श्रृंगार नामक नायिका भेद का एक ग्रन्थ मिलता है।

लालचन्द

ये मेवाड़ के महाराणा जगतसिंह की माता जाम्बवती जी के प्रधान श्रावक हंसराज के भाई डूँगरसी के पुत्र थे। इन्होंने संवत् 1700 में पद्मिनीचरित्र नामक एक प्रबन्ध काव्य की रचना की थी।

सन्दर्भ

1. भारत में मुस्लिम शासन का संक्षिप्त इतिहास, डॉ. ईश्वरी प्रसाद पृ. 12
2. वही
3. एस. बिल द्वारा लिखित ह्वानत्सांग की जीवनी, पृ. 54-72
4. द स्टोरी ऑफ सिविलाइजेशन, विल ड्यूरन, पृ. 460
5. वही. पृ. 459
6. मध्यकालीन हिन्दी काव्य में भारतीय संस्कृति, मदन गोपाल गुप्त, पृ. 135
7. भारतीय संस्कृति और उसका इतिहास, सत्केतु विद्यालंकार, पृ. 580.
8. तरीखे फिरोजशाही, बरनी, पृ. 288
9. इंडिया इन द फिफ्टीन्थ सेन्चुरी पृ. 151-152
10. मेडिवल इड़ियन कल्चर ङ आशीर्वादी लाल श्रीवास्तव, पृ. 24
11. द देहली सल्तनत, पृ. 587
12. मुगल एडमिनिस्ट्रेशन : डॉ. यदुनाथ सरकार, पृ. 246
13. लाइफ एण्ड कण्डीशन्स ऑफ द पीपुल ऑफ हिन्दुस्तान, पृ. 175
14. मेडुवल इण्डियन कल्चर, ए. एल. श्रीवास्तव, पृ. 32
15. देहली सल्तनत, पृ. 612
16. इन्फ्लुएन्स ऑफ इस्लाम आन इण्डियन कल्चर, डॉ ताराचन्द, पृ. 221
17. दिल्ली सल्तनत, आशीर्वादी लाल श्रीवास्तव, पृ. 313

18. संस्कृति के चार अध्याय, रामधारी सिंह दिनकर, पृ. 223
19. प्राचीन भारत, डॉ. राजबली पाण्डेय, पृ. 291
20. हिन्दी काव्य में निर्गुण सम्प्रदाय, डॉ. पीताम्बर दत्त बड़ध्वाल, संस्करण 1968, पृ. 72
21. हिन्दी साहित्य का वृहत् इतिहास, चतुर्थ भाग, प्रथम संस्करण, पृ. 301
22. हिन्दी काव्य में निर्गुण सम्प्रदाय डॉ. पीताम्बर दत्त बड़त्वाल, पृ. 74
23. दि आइडिया ऑफ पर्सोनालिटी इन सूफीइज्म, पृ. 201
24. बहुत दिनन की जावती बाट तुम्हारी राम।
जिव तरसै तुम मिलन कूँ मनि नाहीं विश्राम।।- कबीर ग्रन्थावली, पृ. 8
25. कै विरहित कूँ मीच दे, कै आप दिखलाई।
आठ पहर का दाझणां, मोपै सहा न जाय।।- कबीर ग्रन्थावली, पृ. 10
26. दुलहिनी गावहूँ मंगलचार। हम घरि आएहो राजा राम भतार।।- कबीरग्रन्थावली, पृ. 87
27. ज्ञानअलि, सिय के लिए पदावली, रा.म.उ., पृ. 318
28. युगलानन्यशरण, युगल विहार, रा.म.उ.. पृ., 285
29. सीयरामशरण शुभशीला, युगलोत्कंठित प्रकाशित, पृ. 27
30. गीतावली उत्तरकांड ॐ पद-2
31. अध्यापक जतीन्द्रमोहन भट्टाचार्य सम्पदित "वैष्णव भावापन्न मुसलमान कवि;"
32. राधानाथ दत्त का संस्करण
33. डॉ. सुकुमार सेन बांगला साहित्येर इतिहास, पहला खंड, द्वितीय संस्करण
34. बांगला साहित्येर इतिकथा-भूदेव चौधरी, अध्याय
35. डॉ. तमोशचन्द्र दाशगुप्त प्राचीन बांगला साहित्येर इतिहास
36. खगेन्द्रनाथ मित्र-प्राचीन बांगला साहित्येर इतिहास, मालाधर बसुर श्रीकृष्णविजय
37. वही.
38. नीलचल में जगन्नाथ के रथयात्रा युग में व्यवहृत पट्टडोरी
39. अध्यापक खग्रेन्द्रनाथ मिश्र सम्पादित 'मालाधर बसुर श्रीकृष्ण विजय' ग्रन्थ की भूमिका
40. विस्तृत परिचय के लिए द्रष्टष्य है—डॉ. पञजन मंडल पूँथि परिचय - पहला व द्वितीय खण्ड
41. अध्यापक मणीन्द्रनाथ वसु द्वारा आविष्कृत पोथी में 'श्रीकृष्णकीर्तन' के कुछ पद प्राप्त होते हैं।
42. डॉ. सुकुमार सेन बांगलात्येर इतिहास, पहला, तीसरा (पूर्वाधं) व विचित्र साहित्य (पहला)

तृतीय अध्याय

बंगाल में सल्तनत का आगमन, तत्कालीन परिस्थिति व साहित्य

3.1 बंगला साहित्य का सल्तनत

बंगला साहित्य के आदियुग की अस्पष्टता की सीमा पार कर यदि मध्ययुग या सल्तनत काल के सूत्र को खोजना हो तो इस काल के युगबोध के सूत्रों पर दृष्टि डालनी होगी। वास्तव में यह भी समय का निरीक्षण ही है। समय गतिवान है। उसकी गतिशीलता को हम बाँध नहीं सकते। जैसे पानी अपने भगोने के अनुसार अपना रंग व रूप धारण करता है वैसे ही समय भी देश व समाज के सीमित परिसर में विशेष रंग-रूप धारण करता है। जीवन की चहारदीवारी में उपाधिहीन समय इसी प्रकार एक विशेष परिवेश में विशेष जनसमूह के लोक जीवन के बीच विराम खोजता है। वैसे भी चलना ही जीवन का नाम है। गति रुक जाए तो जीवन का विनाश हो जाता है परन्तु जीवन अनेक तूफान-आँधी, उत्थान-पतन को पार कर आगे बढ़ते रहने की एक दिशा है। यह दिशा समय की गतिशीलता के साथ निर्दिष्ट होती चली जाती है। समय की गति का कोई चेहरा नहीं होता परन्तु समय के साथ चलते-चलते विशेष देश सम्मान की विशेष जन जीवन जो रुप रंग धारण करता है उसके सन्दर्भ में समय का भी एक विशेष चरित्र निर्मित होता है। यह उसी प्रकार है जैसे व्यक्ति या मनुष्य के शैशव, बाल्य, किशोर, यौवन, प्रौढ़ता, वार्धक्य अवस्था का परिवर्तन। वास्तव में ये सभी अवस्थाएँ व्यक्ति के अस्तित्व में गतिशील समय का अनुक्रमिक चिह्न हैं जिसका प्रभाव केवल शरीर पर नहीं बल्कि शरीर, मन व उसकी सम्पूर्ण सत्ता पर पड़ता है। जीवन की सीमा के सन्दर्भ में सीमाहीन समय के गुणमान को आँका जाता है।

केवल व्यक्ति सम्बन्धित नहीं, देश विशेष व जन गोष्ठी विशेष के अन्तर-बाह्य के आन्दोलन से एक ही प्रकार के प्रासंगिक मात्रा-चरित्र अर्जित करता है। वास्तव में जीवन के नाप-तोल को समय के सन्दर्भ में ही देखा जाता है। जब हम आदि युग की बात करते हैं तब किसी जनपदवासी जनगोष्ठी क़े प्राचीनतम विकास की ही चिन्ता करते हैं। उस प्रथम विकास की समय सीमा ही आदिकाल के नाम से संज्ञायित किया जाता है।

अब इसी विक़ास के स्वभाव अनुसार जीवन के प्रासंगिक समय के परवर्ती स्तर विन्यास का क्रम स्पष्ट होता है। जैसे शैशव व बाल्यावस्था के बाद किशोरावस्था आती है, वैसे ही आदिकाल के पश्चात् मध्यकाल का आगमन होता है। मैंने पहले ही कहा कि यह विकास अस्तित्व के बहिरन्तर पर आधृत है। व्यक्ति की समय-शैली के बहिरंग साक्षर उसके शरीर पर अंकित होता है; सामुदायिक मनुष्य का जीवन परिचय उनकी जीवन शैली के परिवर्तित आचार-आचरण, उत्थान-पतन, संघात-संघर्ष में अंकित है पर मनुष्य के लिए केवल समय का परिणाम नहीं बल्कि उसके स्वयं का परिमाण, उसके अन्तर्मन्थन के घात-प्रतिघात द्वारा दृष्टिगोचर होता है। यही जीवों से मनुष्य का मौलिक अन्तर है, वह चाहे व्यक्ति हो, चाहे सामुदायिक मनुष्य हो। कोशों में जीव शब्द का अर्थ है 'देहधारी आत्मा'। जीवन इसी जीव के स्वभाव का उन्मोचन या प्रकाशन का प्रकरण है। वैसे मनुष्य भी जीव है—मनोमय जीव। मन, बुद्धि, अहंकार, आत्मा व उसके सत्ता के विकास के क्रम में देह-आधृत नाना स्तर होता है। जीव के क्षेत्र में देह धारण के माध्यम से ही उसकी आत्मा का उद्घाटन होता है। मानव की निगूढ़ सत्ता व उसकी आत्मा, मनुष्य के देह, मन, बुद्धि और अहंकार की क्रमिक अभिव्यक्ति व सामंजस्य के सूत्र के द्वारा प्रकट होता है। यही समवेत फल रूप ही मनुष्य का जीवन है।

समय के प्रवाह में मनुष्य, व्यक्ति तथा समष्टिबद्ध मानवों की यह सामूहिक विचित्र अभिव्यक्ति की मेल बन्धन के अभिज्ञान के मार्ग के माध्यम से ही उसके जीवन का पर्याय-विभाग होता है। व्यक्ति के स्तर पर यह बाल्य-कैशोरादि स्तर पराम्पित है, सामूहिक जीवन के लिए यही मात्रांकन ही युग-चिह्नित होता है। मनुष्य के अस्तित्व की प्रधान मात्रा उसकी समाज बद्धता से ज्ञात होता है। 'आत्मा' के विकास हेतु जीवन की सामूहिक बुनियाद उसकी अपनी आन्तरिक रचना है; उसी का नाम समाज है। इसी के आकर्षण से मनुष्य सामाजिक जीव है। शरीर रक्षा हेतु जीव, पशु समूह में रहते है; परन्तु स्वार्थ के संघात से क्षण में वे छिन्न-भिन्न हो जाते हैं जंगली हाथी भी अपने भीतर के आक्रोश से लड़कर जंगल में लड़कर महामारी का जन्म देते हैं। दूसरी ओर मनुष्य समाज का निर्माण मन, बुद्धि और अहंकार के सामूहिक आश्रय के आकर्षण से करता है। इसी के आकर्षण से मनुष्य के अस्तित्व का युग-युगान्तर का निर्माण होता है; इसी का ऐतिह्य-चिह्न इतिहास के पृष्ठ पर अंकित है।

परन्तु प्राणियों व मनुष्यों की जीवन धारा अविक्षिप्त सरल धारा में प्रवाहित नहीं होता है। उनका सम्पूर्ण जीवन हरण-पूरण का खेल है। प्रतिक्षण उसके शरीर में जीव कोशों का ध्वंस-निर्माण होता रहता है; निरन्तर छोटे कोशों बड़ा आकार धारण करते हैं। ध्वंस के भीतर क्षय की प्रक्रिया निरन्तर चलती रहती है। इसी प्रक्रिया को जीवन की शक्ति अपने आन्तरिक प्रभाव से, नवीन रूप से निर्मित, परिवर्धित करती

रहती है; जिस प्रकार शैशव के बाद बाल्य-कैशोरावस्था। परन्तु जीवन-निर्मित यह मूल शक्ति कभी बलहीन हो जाए तब शिशु-मृत्यु के समान विनाश भी अवधारित हो जाता है। मनुष्य के क्षेत्र में यह हरण-पूरण, वृद्धि-विनष्टि का धाराप्रवाह उसकी शारीरिक व आन्तरिक अभिव्यक्ति की सर्वायतन जुड़कर होता है। इसी के सूत्र को पकड़कर व्यक्ति का समय वाहित वयःपरिणति व समष्टि का युगगत परिणति का लेखा-जोखा होता है।

किसी जन समाज में मनुष्य की यात्रा स्वयं को खोजने से ही प्रारम्भ होती है। जीव के जीवन-स्पन्दन में स्वयं को बचाकर रखने की प्रवृत्ति होती है। इसी से वह उसके आसपास के सभी से भयंकर हिंस्र लड़ाई लड़ता रहता है। यदि अस्तित्व की लड़ाई में वह पीछे रह जाए तो उसका शारीरिक विनाश होता है। मनुष्य भी जीव ही है। स्वयं को जीवित रखने की आन्तरिक अन्ध-इच्छा से सबको, सब कुछ को गायब कर देने का उग्र नशा उसके मज्जा में स्थित है। पश्चिम में इसे ही struggle for existence कहते हैं। इसे ही हम 'जीवन संग्राम' कहते हैं। वास्तव में वह अपने जैविक अस्तित्व को, शरीर-जीवी जीवन को बनाये रखने के निरन्तर संग्राम से जुड़ा रहता है।

पर मनुष्य केवल शरीर सुरक्षित रखकर प्रसन्न नहीं हो सकता है। वह मनोमय जीव है। मन अर्थात् बुद्धि-अहंकार से परे मानविक आत्मा को लेकर ही उसके समग्र आन्तरिक जीवन का निर्माण होता है। इसी के खोज में मनुष्य अन्ध जैवता की सीमा अतिक्रमण कर अपनी जीवन यात्रा आरम्भ करता है। जैवता अन्धा है क्योंकि उसमें दृष्टि शक्ति नहीं है, आग्रह भी नहीं है। रवीन्द्रनाथ के अनुसार, जीवन मनुष्य का 'खोकर मिला हुआ धन' है।[1] वास्तव में इस जीवन का उत्स प्रकृति के रहस्य मात्र खेल के फलस्वरूप है। उसका विकास प्रकृति के अपरिचित ताड़ना के फलस्वरूप है। जीवन पर जीव का कर्तृत्व नहीं है। न तो जन्म के प्रकरण में, न ही जीवन-यात्रा के। मृत्यु में भी नहीं। इसीलिए जीवन को लेकर जीवों का यह आतंक है; केवल अस्तित्व बनाए रखने के इच्छा की, मनुष्य का मनोधर्म केवल अस्तित्व बनाए रखने से अधिक इसी जीवन रहस्य को खोजने के लिए उत्सुक है।

इस गोपनीयता की तलाश कर वह जीवन के अर्थ को स्वच्छ कर लेता है। जीवन पर उसका अधिकार बढ़ जाता है। इसी प्रकार हुआ चीज प्राप्त कर जीवन को मनुष्य प्रकृति के अन्ध-अधिकार से छुड़ाकर अपने अधिकार में समेटना चाहता है, अपने मतानुसार निर्माण करना चाहता है। इसी प्रयास में आज तक वह जुटा हुआ है व पराजय नहीं मान रहा है। यहीं पर मनोमय जीव मनुष्य अपराजेय है। इसी आकांक्षा के धागे से जुड़कर समय का पतंग मनुष्य के जीवनाकांश में उड़ता गोते लगाता रहता है। इसी के दिशा-चिह्न उसके विकास की दिशा को चिह्नित करता है, इसी से विशेष मानव गोष्ठी के इतिहास में युग-भावना (बोध) का विकास होता है।

अब गोष्ठी पर विचार करें। मेलबन्धन मनुष्य मन का धर्म है। रवीन्द्रनाथ ने समझाया था, प्रत्येक देह में अलग-अलग जीव हैं इसलिए देह धारण के लिए उसकी प्रतियोगिता होती रहती है परन्तु मन से मनुष्य मेल करना, मेल पाना चाहता है वरना वह अकृतार्थ हो जाता है।[2] इस मेल से ही बन्धन उत्पन्न होता है, समाज का संगठन होता है। मनुष्य के समष्टिगत जीवन में व व्यक्तिगत जीवन में इसे देखा जा सकता है। जीव के अस्तित्व बनाए रखने के तीन स्तर हैं—जन्म, जितने दिन सम्भव अवस्थान व प्रजनन। फिर भी जीव व मनुष्य की मृत्यु होती है। जीव को इन प्रवृत्ति द्वारा शासित अवसान की ताड़ना से शान्ति नहीं मिलती है। वह जाने-अनजाने मृत्यु में निःशेष रूप से विलुप्त हो जाता है परन्तु मनुष्य जानते हैं कि मृत्यु अवधारित है, फिर भी वह मनुष्य समाप्त नहीं होना चाहता है। यह कोई दार्शनिक तत्त्व नहीं है। मनुष्य के मन की न झुकने वाली प्रत्याशा व प्रतीति है। मृत्यु के समय भी प्रत्येक मनुष्य के मन में आकांक्षा यही होती है कि वह सन्तान-क्रम में जीवित रहे। व्यक्ति-मनुष्य मृत्यु के पश्चात् भी प्रजन्म से प्रजन्मान्तर में जीवित रहता है। यहीं व्यक्ति आधारित मनुष्य द्वारा समाज का निर्माण होता है। समय के प्रवाह से वंश परम्परा के जीवन्त क्रमिक विकास के सूत्र पकड़कर प्रत्येक सीढ़ी में मनुष्य अपने अनुभव व प्रतीति से जीवन-चरित्र की एक रूपरेखा का निर्माण करता है। उसी के आसपास चक्राकार गति से एक-एक सीढ़ी के माध्यम से मनुष्य की जीवन यात्रा की रूपरेखा का निर्माण रहता होता है। इसी के अनुपात में विशेष जनगोष्ठी के जीवन में युग से युगान्तर उपस्थित होता है। व्यक्ति मनुष्य की स्थिति में इसकी अभिव्यक्ति जिस प्रकार शारीरिक गठन के द्वारा होती है, आन्तरिक दृष्टि से उसी प्रकार मन के क्रम परिणति में होता है। जैसे शैशव-बाल्यादि से कैशोर-यौवनादि में हमने परिवर्तन देखा है।

आदि युग का किसी भी जन गोष्ठी की जीवन धारा के शैशव-बाल्यावस्था से तुलना की जा सकती है। जीवन सम्बन्धी धारणा अस्वच्छ जीवन लेकर अपने भीतर आस्था का अभाव है। यह उसी प्रकार है जैसे कोई नासमझ बच्चा बड़ों की, माता-पिता की उँगली पकड़कर भयभीत कदम से अनिश्चित, अनजान जीवन के रास्ते में चल पड़ता है। आदि-काल में मनुष्य अपरिपक्व भाव, विचार व निर्भरता के अभाव में था तभी उस पर अलौकिक देवताओं की अमेय शक्तिमत्ता की अकल्पित कल्पना का अन्धा नशा सवार था। इसके बाद आया मध्ययुग। अचानक यह नहीं आया। जीवों का जीवन जैसे भी हो पर मनुष्य का जीवन क्रमशः विकसित होता रहता है। उसके जीवन में प्रतिदिन, प्रतिक्षण की गति का चिह्न नज़र नहीं आता है। अचानक एक दिन शैशव व बाल्यावस्था के अन्दर से किशोरावस्था का रूप व मिजाज जागकर हमें चौंका देता है। जीवन व साहित्य के इतिहास में मध्ययुग वास्तव में किसी जनगोष्ठी के क्रमिक विकास विवर्तन

के धारा में आत्मिक कैशोर लक्षण के विभा से युक्त होता है। शैशव व बाल्य अवस्था का स्वरूप आदि से अन्त तक नासमझ, ऐकान्तिक पराश्रय भिक्षु होता है। किशोरावस्था में ही अपने सम्बन्ध में आस्था व विश्वास का अंकुर फूटता है, धीरे-धीरे आत्मविश्वास के क्षण विकसित होते हैं परन्तु आत्मविश्वास में दृढ़ता नहीं आती है। अनजान अस्तित्व के प्रति एक निर्भरता रहती ही है। वास्तव में मध्ययुग किसी जनगोष्ठी के विकासमान चेतना के दो तरफा खिंचाव के आलोड़न से चंचल था। उसमें स्वयं खड़े रहने का आग्रह तो है लेकिन परनिर्भरता, दूसरों पर अक्षम अपने को छोड़ देने का भरोसा नहीं था।

ऐतिहासिक आधार

बंगाल में सर्वप्रथम सन् 1202 में तुर्कों का आक्रमण हुआ। भारतवर्ष के उत्तरांश में मुस्लिम राजतन्त्र का आरम्भ इससे दो सौ वर्ष पहले ही हुआ था। क्रमशः तुर्की आक्रमण व लुण्ठन की धारा पूर्व भारत में बिहार तक फैल गया था। अन्त में मुहम्मद-बिन-बख्तियार खिलजी ने राज्य लिप्सा के कारण बंगाल में लक्ष्मणसेन के वार्धक्य आवास व राजधानी नवद्वीप में प्रथम आक्रमण किया। राजा लक्ष्मणसेन दुर्बल व अक्षम थे। इसलिए अकस्मात् आक्रमण से विमूढ़ होकर राजमहल के पीछे के द्वार से भाग खड़े हुए। इस बारे में और अधिक कलंकजनक लोककथाएँ प्रचलित हैं, बख्तियार ने केवल सतरह (मतान्तर से अठारह) अश्वारोहियों को लेकर नदीया पर विजय पायी थी। वृद्ध राजा लक्ष्मण सेन रानी के छद्मवेश में पलातक हुए थे। बंगाल के स्वदेशिकता के उपासक बंकिमचन्द्र को इस प्रसंग ने बहुत पीड़ित किया था। परवर्ती युग के इतिहासकारों ने इस प्रसंग को दूर करने का प्रयत्न किया।[3]

इसके अलावा यह तथ्य भी सत्य है कि राढ़-बरेन्द्र के आंचलिक सीमा के बीच ही दीर्घकाल तुर्की-प्रताप सीमाबद्ध था। पलातक राजा लक्ष्मण सेन ने भी पूर्व बंगाल में जीवन के अन्तिम कुछ वर्ष बिना किसी रोकटोक के शान्ति से राजत्व कर गये थे। फिर भी इतिहासकारों ने यह अस्वीकार नहीं किया कि विदेशी आक्रमणकारी जहाँ कहीं गये वहीं उन्होंने अनायास राज्य जय किया। बंगलादेश के किसी भी प्रान्त में बहिराक्रमण के विरोध में कोई उल्लेखनीय संघबद्ध प्रतिरोध नहीं हुआ था। बंगाली स्वभाव के मज्जा में निःसंघ स्वातन्त्र्य-विलास की निर्जीवता ही तुर्की आक्रमण के आघात के माध्यम से उत्क्षिप्त हुआ था।

आदिकाल के विध्वंस व उसके कारण

बंगला साहित्य के आदि काल में बंगाल के लोगों के जीवन व स्वभाव में भावावेग, बहुस्वातन्त्र्य विलास का परिचय मिलता है। मुख्यतः उस युग के जीवन

धर्माचरण पर निर्भर था तथा धर्मसाधना के क्षेत्र में उस समय के बंगाली नाना श्रेणी, सम्प्रदाय व गोष्ठी में विभक्त थे। फिर भी उस समय के बंगलादेश में सम्प्रदाय विद्वेष या पारस्परिक विरोध की तीव्रता नहीं थी, इसमें कोई संशय नहीं है। फिर भी प्रत्येक धर्म-सम्प्रदाय ही अपनी-अपनी गोष्ठी के श्रेष्ठत्व व उत्कर्ष के बारे में आवेगातिशयी, अति मूल्यबोध लेकर पृथक् सीमा के स्वतन्त्रता के बीच एकान्त बँधे थे। इस प्रकार स्वेच्छा-स्वतन्त्र जाति व सम्प्रदाय विभाग के चरम निदर्शन उद्भूत हुआ है। इसके अलावा ईसा के द्वादश शताब्दी के युग में केवल बंगला लोकधर्म ही नहीं, ब्राह्मण प्रभावित धर्माचरण के बीच भी नर-नारी के देहाचार निर्भर 'सहजिया' पद्धति किसी न किसी रूप में अनुप्रविष्ट हो ही गया था। यहाँ तक कि जयदेव गोस्वामी के गीत गोविन्द में भी पौराणिक महिमामय 'कृष्णस्तु भगवान स्वयं' राधा-विलास कला कुतूहल के ऐतिह्य के साथ बँधा हुआ था। वस्तुतः जयदेव गोस्वामी के काव्य मूल में वैष्णव आध्यात्मिकता का प्रभाव कितना था, यह बात आज निःसंशय होकर नहीं कही जा सकती है। महाप्रभु श्री चैतन्य के प्रेमभावाधिवासन के ऐतिह्य से मंडित कर गौड़ीय वैष्णव भक्त-दार्शनिकों की चेतना से उन काव्यों में नवतर मूल्य महिमा आरोप हुआ है। तथा उस मूल्यमान के बीच जयदेव पदावली के आस्वादित करने में ही हम अभ्यस्त हो गये हैं। भक्त-पंडित हरेकृष्ण मुखोपाध्याय ने भी स्वीकार किया है कि जयदेव-पदावली में प्राकृत प्रेमलीला के प्रतिच्छवि के रूप में अप्राकृत वृन्दावन लीला मानवोचित भाव व भाषा में उज्ज्वल व गीतिमय शब्दचित्र परम्परा में सर्वसाधारण के जानने योग्य बन पड़ा है।[4] दूसरी ओर ऐतिहासिक गण निःशंक होकर कहेंगे कि लक्ष्मणसेन के राजसभा के नागर स्वभाव का प्रभाव जयदेव पदावली के प्राकृत प्रेमलीला व मानवोचित भाव भाषा को शृंगार रसोज्ज्वल करने में अनेकांश में सहायक हुआ है। कुछ भी हो, हमारा वक्तव्य यह है कि द्वादश शताब्दी के बंगाल के अभिजात-अनभिजात सभी स्तरों में नर-नारी के नैतिक सम्पर्क भी सुसंयत पद्ध ति-निबद्ध नहीं था। इस असंयम को नाना रूप उच्छास आवेग से फेनायित सहजिया भावुकता के द्वारा समर्थन किया जाता था। तुर्की आक्रमण के समय समकालीन बंगाल की नैतिक-बलिष्ठता व सजीव प्राणवत्ता का जो अभाव ऊपर हमने देखा है उसका मुख्य कारण इतिहासकारों ने उस युग के धर्माचार को ही माना है—"It is difficult to avoid the conclusion that religious influence were responsible to a large extent for the two great evils which were sapping the strength and vitality of the society: the disintegratiay and pernieious system of rigid caste divisions with its elaborate code of purity and untouchability; and the low standard of morality that governed the relations between men and women."[5]

अतः "अन्ततः विदेशी शक्ति का हम प्रतिरोध नहीं कर पाये। इसका कारण

बंगाली का वीरत्वहीनता नहीं है। मुसलमान शक्ति के विजय होने का प्रधान कारण है—देश में संघ शक्ति का अभाव।"[6] डॉ. सुकुमार सेन के इस मन्तव्य से विस्मित होने का कोई कारण नहीं है। इस ऐतिहासिक सिद्धान्त से ही उस युग के बंगाली की जातीय-पांडुरता के दुर्बलता को स्वीकार कर लेना पड़ता है। वस्तुतः किसी भी देशकाल के इतिहास में एकक वीर्य व साहस का सम्पूर्ण अभाव देखा नहीं जाता है। यही जातीय प्राणवत्ता का सबसे निम्न मानदंड है। अंतः इसमें कोई संशय नहीं है कि संघशक्ति व ऐक्य चेतना का पुनर्जीवन, बंगाली प्राणोत्ताप को फैलाने के लिए उस समय अपरिहार्य था। तुर्की आक्रमण बहुधा-विच्छिन्न बंगाली संघहीनता के ऊपर इतिहास का चरम आघात है। इस आघात के फलस्वरूप बंगाली जाति अचानक सम्पूर्ण विलुप्ति के सामने खड़ी थी। उसने विनाश-विभीषिका से पीड़ित उस काल-परिवेश में ही पुनः नूतन संगठन के नवजीवन का मन्त्र प्राप्त किया था। नूतन मत-विचार व पथ में बंगालियों का जीवन, उज्जीवन, बंगला साहित्य का नवीन संजीवन देखा गया था।

3.4. प्राथमिक ध्वंस और उसके कारण

आक्रमण के प्राथमिक स्तर पर बंगाली वास्तव में विपर्यस्त व अभिभूत हो गये थे। वैसे इसका कारण भी स्वयं प्रकाशित है। उस दिन केवल बंगालियों में प्रस्तुति का अभाव ही नहीं था। आक्रमणजनित आघात के आकार-प्रकार जैसे अप्रत्याशित था, वैसे ही कल्पनातीत एवं दुःस्सह भी था। बंगाल का आदिम कौम, समाज-जीवन की पूर्ण विलुप्ति व आर्य-राजतन्त्र की सुप्रतिष्ठा का ऐतिहासिक परिचय ईसा के तृतीय-चुतर्थ शताब्दी से ही स्पष्टतः चिह्नित है। विशेषतः बंग के गुप्त राज्य भुक्ति के साथ-साथ (ईसा की पाँचवी शती) इस देश में व्यापक जो शासन-शृंखला व अर्थ नैतिक भारसाम्य स्थापित हुआ, उसका बहुल परिचय प्राप्त होता है।[7] उस युग के बंगाल में शिल्प-वाणिज्य का प्रसार व्यापक होते हुए भी बृहत्तर जनता भू-सम्पत्ति निर्भर कृषि-प्रधान ग्रामीण समाज पर आधृत थे। गुप्त-काल (ईसा की पाँचवी सदी) से ही भूमिगत अधिकार व कृषि सम्पदा की स्थिति-स्थापकता से सम्बन्धित अर्थनैतिक पद्धति सुव्यवस्थित हो गया था। तब से व्यापक रूप से राष्ट्र शासन पद्धति में भी शृंखला व नियम-विन्यास सुगठित हो गया था। इसमें कोई सन्देह नहीं कि गुप्त काल के बाद भी इस देश में छोटे-बड़े स्वतन्त्र राजवंश का अधिकार बार-बार प्रवर्तित हुआ परन्तु हिन्दू युग में राष्ट्र शासन व अर्थनीतिगत समाज-विन्यास का मूल ढाँचा अधिक परिवर्तित नहीं हुआ था। इसमें सन्देह नहीं कि राजा का धर्म, वंशलता व व्यक्तित्व में परिवर्तन हुआ। परन्तु समाज संगठन को प्रायः एक ऐतिह्यगत स्थिति स्थापकता की दृष्टि से मूल्यांकित किया गया और वह ऐतिह्य श्रद्धेय तथा अपरिवर्तनशील था। इसी कारण बांगलादेश में गुप्त शासन का अवसान हुआ तथा एकाधिक राजवंश

का पुनः-पुनः परिवर्तन होते हुए भी सर्वदा गुप्त राजत्व के ऐतिह्य बहुल परिमाण में रक्षित था।[8] दूसरी ओर दीर्घस्थायी पाल राजत्व के समय में (8वीं से 12वीं शताब्दी के मध्य भाग) राज्यशासन, सामाजिक विन्यास एवं अर्थ नैतिक संस्थानों की व्यापक उन्नति हुई। फिर भी गुप्तयुग की तुलना में पालयुग में आमूल परिवर्तन हुआ था, यह माना जाना नहीं चाहिए। सेन राज्यत्व के समय (12वीं शती के द्वितीय भाग में) पाल शासन के राष्ट्र व अर्थनीतिगत ऐतिह्य ही प्रायः अनुसृत हुआ था। लक्षणीय है कि इस समय में राजवंशों में केवल परिवर्तन ही नहीं हुआ था बल्कि राजधर्म भी बार-बार परिवर्तित हुआ। तथापि बृहत्तर समाज का भारसाम्य उससे आहत नहीं हुआ था। ऐतिहासिकों के शब्दों में—"The religious profession of the ruler did not influence the policy of the state, which was based on time honoured percepts and conventions."[1] केवल धर्मक्षेत्र में ही नहीं, जातीय-जीवन के प्रत्येक स्तर में ही युग प्राचीन संस्कार-ऐतिह्य की यह श्रद्धासहित अनुसरण समग्र हिन्दू राजत्व के काल में बंगाली चेतना के बीच एक निर्विरोध निश्चिन्तता की सृष्टि की थी। इसके अलावा बांगलादेश समग्र भारत में तब भी प्राकृतिक धन भंडार था। परिणामस्वरूप सामाजिक जीवन के व्यापक क्षेत्र में आधिभौतिक अभ्युदय अनायास लभ्य हो उठा था। इसी कारण से हिन्दू काल के बंगाली स्वातन्य विलासी तथा भाव-व्याकुलतापूर्ण धर्म चर्चा में आत्मनियुक्त हो उठे।

3.5. तुर्की आक्रमण का अतिचार

बंगालियों के इस चिर-अभ्यस्त विलासितापूर्ण जीवन-शैली पर पहले से भी तुर्की आक्रमण का अप्रत्याशित तीव्र आघात कल्पनातीत ही नहीं बल्कि भयंकर प्रमाणित हुआ था। इस बंगाली जीवन-निरपेक्षता का एक चित्र समकालीन बौद्ध इतिहास में प्राप्त हुआ था। बौद्ध पुरा कथा से पता चलता है कि 1200 शती में कश्मीरी पंडित, श्रमण शाक्य श्रीभद्र मगध भ्रमण के लिए आये थे। उन्होंने ओदडपुर व विक्रमशिला विहार का सम्पूर्ण विध्वंस देखा। इसके अलावा मगध पर तुर्की आक्रमणकारियों के अत्याचार की तीव्रता से आतंकित हो वे बगुड़ा जिला के जगद्दल विहार में भागकर आ गये थे।[10]

बंगाल के इतिहास में भी इसी प्रकार के आक्रमण का वही ऐतिह्य पुनरावर्तित हुआ था। 1203 से 1205 ई. के बीच दो वर्ष में प्रथम आक्रमणकारी तुर्की सुलतान मुहम्मद-बिन-बख्तियार नवगठित राज्य के शान्तिपूर्ण शासन व्यवस्था प्रवर्तन के व्रती हुए थे तथा उन्होंने मुस्लिम विजेताओं के चिराचरित प्रथाअनुसार विग्रह-मन्दिर विध्वस्त कर ध्वंस स्तूप के बीच नवीन मस्जिद का निर्माण किया था। मदरसा व इस्लामिक शिक्षा के महाविद्यायतन प्रतिष्ठा कर विधर्मियों को धर्मान्तरित कर वे उनके धार्मिक उत्साह चरितार्थ कर रहे थे। वैसे बख्तियार रक्त के पिपासु नहीं थे। बिना किसी कारण के प्रजा पर उत्पीड़न या व्यापक विध्वंस करने में उनका आग्रह

या आनन्द नहीं था।[11] परन्तु विजितों के लिए यह कोई सांत्वना की बात नहीं थी। विदेशी विधर्मी तुर्कियों की शासन सीमा से दीर्घकाल तक वे भागते फिरे, प्राणभय से भागते रहे, मान हानि के भय से भागते रहे। यहाँ तक कि धर्म-संस्कार की विलुप्ति के डर से वे भागते रहे। इस पलायनपरता के अवसर पर आदिकाल के बंगालियों के साहित्य व संस्कृति के बहुत से उपादान, तत्त्व, बंगाल के पूर्व या उत्तर प्रान्त के दुर्गम प्रान्त में जाकर संचित हुआ था। वस्तुतः बख्तियार के जीवनान्त के पश्चात् तुर्की शासन के प्रथम स्तर की निर्ममता व विशृंखलता के प्राबल्य स्वरूप ये पलायन प्रवणता अधिक निर्बारित हुआ था। स्वयं बख्तियार खाँ राज्यपिपासु शत्रुओं के हाथ प्राण गँवा बैठे थे। उसके बाद प्रायः डेढ़ शताब्दी से बंगाल की भूमि में राज्यलिप्सा, जिघांसा, युद्ध, हत्या, आततायी के हाथ मृत्यु-भयावहता की कोई सीमा नहीं थी। साथ-साथ बृहत्तर प्रजा साधारण के जीवन में भी उत्तरोत्तर उत्पीड़न, लुंठन, अर्थनैतिक अनिश्चितता व धर्महानि की सम्भावना विकट रूप धारण कर रहा था। 1342 ई. में इलियास शाही के सुशासन प्रवर्तन के पहले तक बंगालियों के सार्विक जीवन एक निश्छेद्य विनाश के ऐतिह्य से भरपूर था। स्वाभाविक रूप से जीवन के इस संकट में कालजयी सृजनकर्म सम्भव नहीं हुआ था। गतानुगतिक प्रवाह में जिस किसी साहित्य का निर्माण हुआ वह भी सर्वग्रासी ध्वंस के हाथ से सुरक्षित नहीं हो पाया था। मुख्यतः बंगला साहित्य के इतिहास में आनुमानिक 1200 ई. से 1400 ई. के प्रथमार्ध तक का काल सृजनहीन ऊर्वरहीन रहा है।

3.6. तुर्की शासन का सुसंस्थान एवं बंगाल के उज्जीवक चेतना की सृजनशीलता

ईस्वी 1342 में सांमसउद्दीन ईलियास शाह बंगाल के सुलतान पद पर आसीन हुए। उन्होंने ही दीर्घकाल तक बंगभूमि को दिल्ली बादशाही चंगुल से मुक्त कर स्वतन्त्र-अधिकार में प्रतिष्ठित किया था। सांमसउद्दीन ईलियास शाह (1342-57) ने अपने व्यक्तित्व व प्रतिभा के प्रभाव से बृहत्तर बंग की आशा व स्वप्न के साथ स्वयं को बहुलांश में एकात्म कर लिया था। उनके उत्तराधिकारी गणों ने भी इसी ऐतिह्य को अक्षुण्ण व पुष्ट किया था। परिणामस्वरूप ईलियास शाही सुलतान वंश उस युग के बंगाल की आशा-आकांक्षा के प्रतिनिधि थे—"He represented Bengal's hope and aspirations and had almost become a national institution."[12]

ईलियास शाही वंश का राजत्व बंगलादेश में 1342 ई. से 1410 ई. तक व 1414 ई. से 1493 ई. तक व्याप्त था। इस बीच 1410 ई. से 1441 ई. तक बांगलादेश में स्वतन्त्र हिन्दू राजा गणेश व उनके मुसलमान पुत्र-पौत्रादि का अधिकार था। इस दौरान बंगाली के प्राचीन ऐतिह्य की पुष्टि हुई थी, इसमें

सन्देह नहीं है। फिर 1497 ई. में ईलियास शाही वंश के अवसान के साथ-साथ हुसैनशाही राजवंश का अभ्युत्थान हुआ इसके प्रतिष्ठाता अलाउद्दीन हुसैनशाह (1497-1519 ई.) थे। ये ही एकमात्र ऐसे भारतीय मुसलमान शासक थे जिनकी तुलना उदारता व सहृदयता की दृष्टि से अकबर से की जा सकती है। परवर्ती काल के शोध ग्रन्थों में इसके विपरीत तथ्य भी मिलते हैं।[13] तथापि उस काल के बंग-संस्कृति के महान पोषक के रूप में हुसैनशाह उस समय के मुसलमान शासकों में अद्वितीय थे।

इसके परिप्रेक्ष्य में चौदहवीं शताब्दी के मध्यभाग से बंगला साहित्य की पुनर्मुक्ति क्रमशः विकसित होकर सोलहवीं शताब्दी में पुनर्दीप्त हो उठी थी, इसमें विस्मित होने का कोई कारण नहीं है। पर इस अवसर पर बंगला साहित्य के मध्यकालीन स्वभाव वैशिष्ट्य की परिणति विधान में इस राजतन्त्र स्थिति स्थापकता की पट्भूमि को अतिमूल्य प्रदान करना संगत नहीं होगा।

इसमें सन्देह नहीं कि ईलियास शाही काल व उसके बाद की शासन व्यवस्था के फलस्वरूप बंगाल के सामाजिक जीवन का व्यापक भारसाम्य क्रमशः वापस आ रहा था वरना मध्ययुगीन साहित्य धारा के विकास का सृजन नहीं होता। हिन्दू काल से इस्लाम काल की राजनीतिक-अर्थनीतिक विपर्यस्तता व पुनःसंस्थापन को हम पुनरूज्जीवक के रूप में नहीं देख सकते हैं। इस दृष्टि से राष्ट्रीय व सामाजिक विपर्यय के परिणामस्वरूप आदिकाल के साहित्य-कर्म को जो लय प्राप्त हुआ था उसी के पुनरूत्थान घट सकता था। परन्तु मध्यकाल के बंगला साहित्य आदिकाल के सृजन कर्म के पुनरुत्थान की ओर इंगित ही नहीं करता बल्कि एक सम्पूर्ण नवीन जीवन-चेतना व मूल्यबोध द्वारा परिष्कृत (Filtered) होकर प्राचीन शिल्पी-स्वभाव के नवीन पुनरुज्जीवन की निःसंशय वार्ता ही घोषित करता है। वस्तुतः इस नूतन प्रक्रिया को केवल इस जीवन चेतना की परिणति व मूल्यबोध के नवतम पुनराभिव्यक्ति के बीच ही प्रत्यक्ष कर सकते हैं। बंगाली के जीवन धर्म का यह प्राणस्पन्दित जीवन धारा जातीय चेतना के मर्म मूल में दुर्लक्ष्य सूचित हुआ है। अतएव मध्ययुगीन साहित्य कर्म की मौलिक विशेषता का अनुसन्धान बंगालियों के उस अन्तःस्वभाव के गोपन गहराई में करना होगा।

3.7. आदि मध्यकाल का बंगला साहित्य व मिलनमूलक नवजीवन बोध

ईस्वी 14 से 15 शताब्दी में रचित बंगला साहित्य की जन्मपत्री अनुसन्धान करने पर समकालीन बंगला मानस के स्वभाव वैशिष्ट्य स्वतः प्रकाशित हो उठता है। इस काल के साहित्य को प्रधान रूप से तीन अलग अंगों में बाँटा गया है–

1. अनुवाद साहित्य
2. वैष्णव पद-साहित्य तथा

3. मंगलकाव्य साहित्य।

विशेष रूप से ई. 14वीं में रचित निश्चित प्रामाणिकता युक्त रचनाओं का परिचय आज भी आविष्कृत नहीं हुआ है। एक-दो खण्ड काव्यों को छोड़कर इस युग में कुछ साहित्य की रचना हुई थी, ऐसा अनुमान किया जा सकता है पर वे आज दुर्लभ हैं। फिर भी परवर्ती काल के अनुवाद व मंगल काव्य का ढाँचा, पहले की पाँचालि के आकार में चतुर्दश शताब्दी में भी प्रचलित था, ऐसा अनुमान किया जा सकता है। वैसे, बंग्ला वैष्णव कविता का पूर्व सूत्र 'प्राकृत पैंगल' की ऊर्ध्व युग सीमा तक विस्तृत था, यह हमने पहले ही देखा है।

पूर्वोक्त तीन श्रेणी के रचना प्रवाह का भाव-स्वभाव विश्लेषित करने से पता चलता है कि आलोच्य युग के साहित्य के प्रत्येक स्तर पर ऐकान्तिक मिलन मूलक एक आकांक्षा अनुस्यूत था। प्राचीन बंगाल के विभिन्न धर्मावलम्बी अभिजात व अनभिजात समाज में विरोध नहीं था फिर भी स्वातन्त्रजनित विभेद बहुलता का दूर प्रसारी था। विशेषतः सेन काल के नव संगठित स्मार्त ब्राह्मण्य चेतना के आभिजात्यता की तीव्रता जातिभेद के बहुखण्डता के लिए अनेकांश उत्तरदायी था। कवि जयदेव इस विभेद बन्धन की सीमा अतिक्रमण कर, सहजता से सर्वजनीन बंगला जीवन के निकट आये थे, तभी वे बंगाली साहित्य के नवीन-ऐतिह्य के स्रष्टा के रूप में चिरवन्दित हो गये थे परन्तु आभिजात्य-बोध की कठोरता उस युग में कठोर थी। इसलिए जयदेव प्रतिभा के माध्यम से लोक-जीवन का अनधिगम्य अलौकिक महिमा का लोकायत रूपायण एकान्तिक तीव्रता से जातीयता के मर्म का स्पर्श किया था। मध्ययुग के ब्राह्मण्य चेतना पुरातन आभिजात्य के उस संकीर्ण आसन से उतरकर जनजीवन की बृहत्तर मिलन भूमि में संयोजित हुआ था। कवि कृत्तिवास का रामायण गान बंग के मन्दिर में इसी ऐतिहासिक सत्य की घोषणा की थी।

3.8. कृत्तिवास

कृत्तिवास के काव्य-रचना परिचय सम्बन्धी संशय आज भी दूर नहीं हुआ है। फिर भी उनकी आत्मविवरणिका की प्रामाणिकता को लेकर ऐतिहासिकों में कोई सन्देह नहीं है। इस आत्मकथा से स्पष्टतः पता चलता है कि वे श्रेष्ठ प्रतिभावान स्मार्त ब्राह्मण पंडित थे। इस बात का गौरव भी उनमें प्रखर था। फिर भी उन्होंने बंगला की लोक भाषा में वाल्मीकि रामायण के अनुवाद के लिए लेखनी उठायी। उन्होंने स्वयं इस प्रयास का कारण वर्णन किया है—

"मुनि मध्ये बाखानि वाल्मीकि महामुनि।
पंडितेर मध्ये बाखानि कृत्तिवास गुनी।।
बाप मायेर आशीर्वाद गुरूर कल्याण।

बाल्मीकि प्रसादे रचे रामायण गान।।
सात कांड कथा हय देवेर सृजित।
लोक बुझाइते कईलो कृत्तिवास पंडित।।"

"मैं पंडित कृत्तिवास माता-पिता के आशीर्वाद से महामुनि वाल्मीकि द्वारा सात काण्डों में रचा गया रामायण का व्याख्यान लोक भाषा में कर रहा हूँ।"

3.9. मालाधर वसु

इसी युग में मालाधर वसु ने भारतीय लोक भाषा में हिन्दू-ब्राह्मण्य समाज का श्रेष्ठ पुराण 'श्रीमद्‌भागवत' का अनुवाद किया था। उन्होंने भी उनके इस अनुवाद कर्म का उद्देश्य यों बताया—

"भागवत अर्थ जतो पयारे बाँधिया।
लोक निस्तारित कहि पाँचाली रोचिया।।"

"मैं भागवत के अर्थ को पयार छन्द में बाँधकर पाँचाली शैली में लोकोद्धार हेतु रचना कर रहा हूँ।"

बंगाल के ब्राह्मण आभिजात्य के लिए इस समय 'लोक को समझाना' या 'लोक निस्तारण' के इस अति आग्रह ध्यान देने योग्य है। स्वातन्त्र्य व एकाकित्व को एक समय जिन्होंने सम्मानजनक रूप में वरण किया था, बंगला साहित्य के मध्ययुग की सीमा में पहुँचकर वे ही मिलन के लिए, लोक सान्निध्य के लिए उद्‌ग्रीव हो उठे। यही नहीं, आर्य-ब्राह्मण्य संस्कृति की श्रेष्ठ ऐतिह्य को लोकग्राह्य करने की साधना में ही वे व्रती थे।

3.10. मंगलकाव्य

मंगलकाव्य साहित्य में इसी मिलन आकांक्षा का एक नया परिचय सूचित हुआ है। बंगला के लोक समाज ने पुराणों से जिन लोक देवताओं को उनके अविकृत रूप में पूजा था उन्हीं को इन मंगल काव्य ने शालीन भव्य-वेशभूषा में भूषित किया था। तुर्की-आक्रमणपूर्व बंगाल में जैन एवं बौद्ध धर्म की शालीनता क्रमशः विलुप्त होकर देशाचार-प्रधान सहजिया धर्म में आबद्ध हो गयी थी। तुर्की आक्रमण के फलस्वरूप बचा-खुचा चिह्न भी विध्वस्त हो गया। दूसरी ओर अभिजात हिन्दू-ब्राह्मण्य धर्म राजकीय आश्रय से दूर जा रहा था। पूर्वबंग के दुर्गमतम प्रान्त में कुछ दिनों तक आत्मरक्षा सम्भव होने पर भी, वहाँ भी मुसलमानों की राजशक्ति का आक्रमण तीव्र हो रहा था। परन्तु भागने की भी एक सीमा है। उस सीमा को अतिक्रमण करने के लिए सम्पूर्ण आत्मविलोप का साधन अपनाया गया। तुर्की आक्रमण के परिणामस्वरूप बंगाल के मूल समाजधर्म भी एक ऐसे स्तर पर पहुँच गया था जहाँ प्रतिरोध या पूर्ण विलयन में से किसी एक को चुनना था।

बंगाली उस दिन विदेशीयता की अबाधगति रोध कर आत्मरक्षा के लिए सुदृढ़ हुए थे। परिणामस्वरूप, अभिजात ब्राह्मण्य संस्कृति ने अनभिजात बृहत्तर बंग के जन संस्कृति के सान्निध्य की कामना की थी। बंगाली जन साधारण में ऊँच-नीच के बीच मिलन की आकांक्षा दृढ़ से दृढ़तर होती गयी। परिणामतः एक ओर ब्राह्मण संस्कृति की श्रेष्ठ ऐतिह्य को पंडितों ने लोकजीवन के निकट पहुँचा दिया तो दूसरी ओर लोक संस्कार व लोक धर्म के आवहमान धारा को नवजाग्रत स्मार्त-पौराणिक समाज व्यवस्था ने आत्मसात कर लिया। इसी के फलस्वरूप ब्रह्मवैवर्तपुराण, पद्मपुराण, हरिवंश पुराण आदि अर्वाचीन पुराण या अन्य अनेक पुराण के अर्वाचीन अंश में प्राचीन काल के लौकिक देव-देवी पौराणिक महिमा में प्रतिष्ठित व स्वीकृति लाभ कर चुके थे। अनुमानित है, आदिम लोक-समाज में ये सभी देवताओं के माहात्म्यज्ञापक पाँचाली गान का नियम पुराने समय से प्रचलित था। उसी पाँचाली काव्य को ही परिवर्धित, संस्कृत, पुराण के अनुरूप परिमार्जित व सुविन्यस्त कर पूर्णायत मंगलकाव्य धारा का प्रवर्तन हुआ। अतएव, आदिकाल की स्वातन्त्र्य विलासी विच्छिन्नता के बदले यहाँ सम्मिलन व पूर्णायति की कामना है।

3.11. वैष्णव कवितावली व नवीन मिलन आकांक्षा की युक्ति

आलोच्य युग के वैष्णव कवितावली में इस द्विधारा में प्रवाहित जातीय मिलनाकांक्षा का संगम हुआ है। जयदेव गोस्वामी के 'गीत गोविन्द' में ही देखा गया है कि हिन्दू उच्च कोटि द्वारा पूजित पौराणिक विष्णु के साथ लोक देवता (सहजिया) 'राधा वल्लभ' कृष्ण की एकात्मकता के विधान के फलस्वरूप धर्म-संस्कृतिजन्य एक अद्‌भुत भाव सम्मिलन की सृष्टि हुई है। बंगला साहित्य के मध्ययुग में मैथिली राजसभा के स्मार्त पौराणिक पंडित कवि विद्यापति तथा बांगला के ग्रामीण कवि बडु-चण्डीदास एक ओर नये धर्म के समन्वय अपनी-अपनी राधा-कृष्ण लीला विषयक संगीतावली के माध्यम से कर रहे थे। विद्यापति व बडु-चण्डीदास की पदावली में (श्री कृष्ण कीर्तन) कल्पना का भावाभिव्यक्ति के बीच आमूल पार्थक्य देखा जाता है। उनके सृजन परिवेश की मूलगत विभिन्नता भी इसी प्रसंग में स्मरणीय है। फिर भी, पौराणिक हिन्दू ऐतिह्य के साथ बंगाल के लोक जीवनार्ति की स्वच्छन्द, सुन्दर मिलन इनकी रचनाओं में हुआ था। इनके विषय में हमारा मन्तव्य है कि तुर्की आक्रमण के परवर्ती मिलन मूलक इस जातीय आकांक्षा के अवचेतन के बीच मध्ययुग के बंगला साहित्य में नवीन मुक्ति की वासना का अंकुर फूटा था। अब तक हमने ईसा के चतुर्दश शतक के बीचोंबीच से पंचदश शतक तक की काल सीमा में रचित पूर्वोल्लिखित साहित्य पंजिका में मध्ययुग के बंगाली मानस की इसी अवचेतन नवीन स्वभाव को प्रत्यक्ष किया है।

3.12. सर्वात्मक मिलनाकांक्षा का परिणाम चैतन्य-जीवन

परन्तु प्रचेष्टा की इस परोक्षता में सहज मुक्ति की स्फूर्त सार्थकता लाभ सम्भव नहीं। वस्तुतः यहाँ तक के आलोचित प्राथमिक स्तर की प्रचेष्टा में मिलन की आकांक्षा केवल आत्म प्रकाशित हुई थी। उसे आत्मसात् कर पाएँ ऐसी कोई प्राणशक्ति तब भी जागृत नहीं हुई थी। इस विच्छिन्न प्रचेष्टावली को एक सार्विक जीवनादर्श या सर्वजनीन जीवन साधना के साधारण पट्टभूमिका में ऐक्यबद्ध संहति दान करने योग्य उपयुक्त प्रेरणा बंगाली जीवन में तब भी दूर-दूर तक देखा नहीं जा सकता था। चेष्टा जितनी भी महत् व बृहत् हो—सर्वात्मक किसी आदर्श से जुड़ नहीं पाये तो उसकी सफलता सम्भव नहीं। बंगाल के जातीय जीवन की इस बृहत् प्रचेष्टा का अपनी जीवन साधना के बीच अवधारण कर उसे ऐक्यबद्ध परिणाम दान करने की प्रेरणा के फलस्वरूप ही महाप्रभु श्री चैतन्य (1486-1534 ई.) का आविर्भाव हुआ था। तुर्की आक्रमण के आघात से जातीय प्राणचेतना में मिलन शक्ति की सूचना संघटित हुई थी। चैतन्य-देव के आविर्भाव के फलस्वरूप एक सुष्ठ सुपरिबद्ध परिणाम सम्भव हुआ। इसी कारण बंगला साहित्य के मध्ययुग को चैतन्य-जीवनात्मक चिह्नित कर हम पूर्ववर्णित आदि मध्ययुग के बंगला साहित्य को 'चैतन्य पूर्वकाल के बंगला साहित्य' एवं परवर्ती परिणामी युग को 'चैतन्य प्रभावोत्तर युग' के रूप में अभिहित करना चाहा है। परन्तु चैतन्योत्तर बंगला साहित्य का परिचय उद्धार करने से पहले इस प्रकार के युग नामांकन की यथार्थता का विचार प्रयोजनीय है। कारण यह है कि मध्ययुग के बंगला साहित्य की पूर्णायत स्वभाव-निर्णय करने में विद्वानगण सर्वत्र द्विधाहीन नहीं हैं।

3.13. चैतन्य युग नामांकन का औचित्य-विचार

इस विषय में प्रथमतः डॉ. तमोनाश चन्द्र दासगुप्त के विचार उल्लेखनीय हैं—"ई. 1500 शताब्दी में पठान सुलतान हुसैनशाह ने बंगला साहित्य की पृष्ठ पोषकता की थी। इसी समय श्री चैतन्यदेव का दैवीय चरित वैष्णव साहित्य में प्रतिफलित हुआ तथा उसने साहित्य की अन्य शाखाओं को भी कमोबेशी रूप से प्रभावित किया था। इतना होने पर भी इन दो पुरुषसिंह व नरदेवता के नाम से किसी विशेष समय के बंगला साहित्य को चिह्नित करना समीचीनहोगा या नहीं—यह विवेच्य है। राजनीतिक या धर्मजगत् में राजशक्ति या देवतुल्य चरित्रों का कितना भी प्रभाव हो, साहित्य-सृष्टि करने में वह सीमाबद्ध है एवं अन्य कारण परम्परासापेक्ष है।"[14] डॉ. दासगुप्ता के इस मन्तव्य का विचार स्वीकार्य है। साधारणतः साहित्य एक समग्र जातीय मानस की अखण्ड युग चेतना का वाणीरूप है। अतः किसी व्यक्तिगत प्रचेष्टा के बीच वह व्यक्तित्व कितना भी प्रचण्ड या प्रतिभावान हो सार्विक साहित्य को सीमायित करना

संगत नहीं। इसी मनोभाव से ही शायद मध्ययुग के नामकरण में डॉ. दिनेश चन्द्र की दुर्लभ सत्य दृष्टि द्विधाग्रस्त हो उठी थी। मध्ययुग के वैष्णव साहित्य को उन्होंने 'श्री चैतन्य साहित्य या नवद्वीप में प्रथम युग' में अन्तर्भुक्त किया था।[15] फिर उसी समय के वैष्णवेतर विषय के साहित्य साधना को कृष्णचन्द्रीय युग या नवद्व ीप में द्वितीय युग'' के नाम से चिह्नित किया था। ऐसा प्रतीत होता है कि बंगाल में बंगाल साहित्य के माध्यम से दो पृथक् युग-चेतना प्रवाहित हुई थी। इस परिकल्पना के फलस्वरूप मध्ययुगीय साहित्य की भावगत अखंडता को अस्वीकार किया जाता है पर डॉ. सेन आलोच्य युग की बंगाली संस्कृति की संयुक्त ऐक्यबद्ध परिणाम में एकान्तिक रूप से विश्वास रखते थे। ऐसा प्रतीत होता है कि चैतन्य-व्यक्तित्व की अति लौकिक महिमा पर एकान्त निष्ठावान् होते हुए भी साहित्य के क्षेत्र में उसी लोकोत्तर जीवन-प्रभाव को अन्य निरपेक्ष सर्वमय प्राधान्यता देते हुए डॉ. सेन शायद युग-संस्कार के प्रभाव से कुंठित हो उठे थे।

परन्तु इस विषय में दूसरे दृष्टिकोणों को भी देखा जाना चाहिए। यूरोपीय साहित्य के इतिहास की आलोचना करने पर देखा जाएगा कि वहाँ एकाधिक व्यक्ति के नाम से साहित्य का युग-परिचय अभिव्यक्त हुआ है। इस प्रकार की प्रचेष्टा अवैज्ञानिक नहीं माना गया; अपितु तर्क-वितर्क द्वारा समर्थित हुआ है। जिस विशेष अर्थ व्यंजना के साथ ये सभी साहित्यिक युग को व्यक्ति-नामांकित किया गया है, इस सन्दर्भ में उनके अन्तर्निहित तात्पर्य का अनुसन्धान किया जाना चाहिए। उदाहरणतः अंग्रेजी साहित्य में एलिजाबेथीय या विक्टोरिया युग का उल्लेख किया जा सकता है। साम्राज्ञी एलिजाबेथ या विक्टोरिया ने किसी विशेष उद्देश्य से उनके युग के रचित साहित्य की पृष्ठपोषकता नहीं की थी— फिर भी, साहित्यिक युग विकास को उनके नाम से अंकित किया गया है। क्योंकि आलोचक युग धर्म जिस सार्विक जातीय जीवन चेतना की वाणीमूर्ति है, इसी साम्राज्ञी के राजत्वकाल में साहित्यिक युग-विभाजन की पृष्ठभूमि में कहीं भी उनका व्यक्तिगत स्वार्थ नहीं था। उनकी व्यक्तिगत साधना सिद्धि उस समय के साहित्यिक युग सूचना के पीछे नहीं थी। यूरोप में विशेषतः इंग्लैण्ड की जीवन यात्रा राजतन्त्र-प्रधान है। एलिजाबेथीय युग का इंग्लैण्ड जिस जीवन वाणी को वहन कर उस युग के साहित्य में आत्म प्रकाशित हुआ था—विशेष रूप से शिल्प विप्लव की सामाजिक पटभूमि में इसी जीवन चेतना का अभ्युदय सम्भव हुआ था। दूसरी ओर, राज शक्ति की विशेष अभिव्यक्ति के फलस्वरूप पुनः शिल्प विप्लव का संगठन भी सम्भव हुआ था। इस अवसर पर विदेश की राजनीति-इतिहास व साहित्य की विस्तारित आलोचना सम्भव नहीं। फिर भी यह तथ्य स्मरणीय है कि इंग्लैण्ड के पास राजा या रानी व्यक्ति विशेष नहीं, वे सर्वात्मक जीवन के निर्विशेष प्रतिभू हैं। इसी को दृष्टि में रखते हुए वे सभी राजशक्ति के नाम से विशेष-विशेष जीवन स्तर को रेखांकित करते हैं। एलिजाबेथीय युग की पटभूमिका में एलिजाबेथ

व्यक्ति नहीं बल्कि एक भाव मात्र हैं। मात्र उस सर्वमय जीवन के 'भाव' व्यतिरेक में उस युग की साहित्य-सृष्टि का आधार या बुनियाद खड़ी नहीं हो सकती थी।

राष्ट्रशक्ति के रूप में युग-परिचय उद्धार करने की सार्थकता-विचार

हमारे देश में आधुनिक-पूर्व युग की समष्टिगत जीवन-चेतना राष्ट्रप्रधान नहीं थी। वह धर्म एवं समाज प्रधान थी। अतः उस युग की समग्र जातीय चेतना को उद्बुद्ध व नियन्त्रित करने की क्षमता केवल मात्र धार्मिक एवं सामाजिक व्यक्ति द्वारा ही सम्भव था, राष्ट्र या अन्य किसी शक्ति द्वारा नहीं। इस सन्दर्भ में डॉ. तमोनाशचन्द्र दास गुप्त के विचार स्मरणीय हैं। पूर्वलक्षित है कि 1500-1600 शताब्दी में नवाब हुसैनशाह के शासन की छत्रछाया में बंगाल की वाणी-साधना को विशेष रूप से आश्रय मिला था। केवल यही नहीं, आलोच्य काल में साधारण रूप से एक भार सन्तुलित विशेष राजशक्ति के प्रभाव से ही उस युग की साहित्य साधना पुनः मुक्त हो पायी थी। दूसरी ओर षोडश शतक के अन्त में (1559 ई.) मुगल साम्राज्य के अन्तर्भुक्त होकर सत्रहवीं शती के प्रारम्भ में ही बंगाल बृहत्तर भारत के अर्थ-राजनीतिगत समृद्धि का सान्निध्य लाभ कर रहा था। इस अवसर पर कम से कम बंगाली नागरिक जीवन में विचित्रमुखी व्याप्ति का अवसर विस्तृत हो रहा था। जीवन के इस वैचित्र्य-व्याप्तिमय समुज्ज्वलता को मध्ययुग के साहित्यिक कारण रूप में भी ऐतिहासिक गणों ने चिह्नित करना चाहा है।"[16] किन्तु वहाँ भी देखा जाता है कि अकबर के युग के बाद जहाँगीर के शासनकाल में ही बंगाल सम्पूर्ण रूप से भारत शासन पद्धति में अन्तर्भुक्त था। इसी से अर्थनैतिक अभ्युदय के प्रचुर सम्भावना दिखाई देने पर भी बंगाल के सामाजिक जीवन में इसी समय दुर्नैतिकता व विभेद भी आत्मप्रकाशित हुआ था। परिणामतः उसी समय से समाज व धर्म-निर्भर साहित्य की भी अवनति होने लगी थी। डॉ. यदुनाथ ने भी मध्ययुग चेतना का प्राण-प्रेरणारूप की दृष्टि से चैतन्य प्रवर्तित वैष्णव मूल्यबोध का विशेष उल्लेख किया है।[17] चैतन्य के तिरोभाव के बाद इस देश में मुगल राजशक्ति की प्रतिष्ठा हुई थी। वस्तुतः यह प्रतिष्ठा ही वृन्दावन के वैष्णव गोस्वामियों के दार्शनिक विचार की पटभूमि को सर्व भारतीय पांडित्य के सान्निध्य में पहुँचाकर नूतन व्याप्ति का अवसर प्रदान किया था। परन्तु मुगल राजशक्ति के भारत व्यापी शासनदंड का प्रभाव बंगाल के सृजनशील साहित्य के क्षेत्र में रेखापात सामान्य रूप से ही किया था। डॉ. यदुनाथ ने भी स्वीकार किया है कि मुगल शासन ने इस देश की साहित्य चर्चा को फारसी भाषाभिमुख कर दिया था; बंगला-साहित्य के वैष्णव ऐतिह्य की रक्षा उस दिन जातीय-प्राण-चेतना के प्रभाव से ही रक्षित हो पाया था। दूसरी ओर दृष्टिपात करें तो बंगला साहित्य में मध्ययुग विनाश की प्रधान शक्ति ही मुगल शासन बन गया था। अतएव राष्ट्रशक्ति का प्रत्यक्ष या परोक्ष अनुकूलता मध्ययुग

के बंगला साहित्य की सृष्टि व विकास के पथ में कभी-कभी बहुत सहायक होते हुए भी किसी युग में भी वह आलोच्य युग की साहित्य साधना का एक मौलिक या प्रधान प्रेरणा रूप में गिना नहीं जाता है। वस्तुतः साहित्य सृष्टि के क्षेत्र में राष्ट्रीय सहायता का परिमाण जहाँ सीमाबद्ध था, वहाँ मध्ययुग के साहित्यिक विकास को किसी राजशक्ति द्वारा नामांकित करना सम्भव नहीं, संगत भी नहीं है।

चैतन्यदेव : मध्ययुगीन मनःप्रेरणा एवं विश्वास की भावमूर्ति

कुछ भी हो मध्युयग के बंगाल में राजशक्ति का एक निम्नतम परिमाण आनुकूल्यता के अभाव में घटने लगा था। इस युग में साहित्य की रचना सम्पूर्ण असम्भव होता इस तथ्य को पहले ही स्वीकार किया गया है। पर इसके साथ यह भी उल्लेख किया गया है कि मध्ययुग के बंगला साहित्य एक विशेष जीवन-मूल्यबोध को केन्द्रित कर उद्भूत हुआ था और उस मिलनात्मक मूल्यबोध का उत्स, जातीय चेतना के मर्म मूल में छिपा था। वस्तुतः चैतन्य जीवन, उस युग के नूतन बंगाली मनःप्रेरणा के उन्मोचन के प्रतीक स्वरूप था। चैतन्य देव के आविर्भाव से शतधा-विच्छिन्न बंगला के बहु-चेष्टित मिलन-चर्या सार्थक परिणाम लाभ किया था। सामान्य दृष्टि से चैतन्यदेव गौड़ीय वैष्णव सम्प्रदाय के धर्म-प्रवर्तक महापुरुष अवतार या राधाकृष्ण-लीलारसघन परिपूर्ण देवमूर्ति थे। वैष्णव साधकों की भाषा में वे 'राधा-भावद्युति-सुबलित कृष्ण' स्वरूप थे। धर्मसाधना के क्षेत्र में चैतन्य देव का यह परिचय जितना भी महिमामय लगे, साहित्य इतिहास की दृष्टि से केवल यही सर्वप्रधान परिचय के रूप में विवेचित होना उचित नहीं। जिस नवजाग्रत जातीय-चैतन्य के उत्स में समग्र मध्ययुगीन प्राण प्रवाह स्वतःस्फूर्त विकसित हुआ था, इस युग के मिलनाकांक्षी साहित्यिक अभ्युदय जिस विकास की श्रेष्ट अभिव्यक्ति है—चैतन्यदेव थे उसी नव उद्भुत सार्विक जातीय चैतन्य की अधिदेवता। साहित्य के इतिहास में चैतन्य-जीवन की दैवी महिमा व्यक्ति रूप में, अवतार रूप में या महापुरुष के रूप में भी नहीं बल्कि नर के रूप में है। जिस सर्वात्मक जीवनबोध एवं विश्वास के आधार पर समस्त मध्ययुगीन साहित्य खड़ा है—उस बोध एवं विश्वास के सार्थक भावमूर्ति के रूप में चैतन्य देव बंगला साहित्य के इतिहास का धारक है।

चैतन्य : जीवन-परिचय

चैतन्योत्तर युग के वैष्णव साधक गणों की भक्ति व तत्त्व-जिज्ञासा ने चैतन्यदेव के चारों ओर अतिलौकिक भाव एवं गोष्ठीगत विश्वास के मायावरण का निर्माण किया था। बंगला चैतन्य चरित ग्रन्थ समूह में वही तत्त्वगत विश्वास ही विशेष रूप से प्रकट हुआ। यह अतिलौकिक विश्वास व भक्ति के आवरण को भेद कर 'मानुष' श्री चैतन्य को अनेक मानवीय जीवनावेदन के बीच आविष्कार करना कठिन नहीं

था। व्यक्तिगत निष्ठा एवं गोष्ठीगत भक्ति-विश्वास के प्रभाव से चैतन्य जीवन के लोकोत्तर घटनावली की वर्णना व व्याख्या विभिन्न जीवनी ग्रन्थ में विचित्र रूप धारण किया है किन्तु उनके जीवन के लोकायत मौलिक स्वरूप का इंगित प्रायः सभी ग्रन्थों में एक समान उद्धृत हुआ है। चैतन्य-पूर्ववर्ती युग में नवद्वीप वर्णना के प्रसंग में चैतन्य-भागवत के लेखक वृन्दावनदास भक्ति-मार्ग-विमुख पाखंडों का वर्णन किया है। नवद्वीप के नवोदित पंडित-मंडली के निष्ठाहीन आत्मश्लाघा की प्रचुरता को भी भक्ति कवि ने धिक्कारा है परन्तु विशेष रूप से व्याकरण शास्त्र पारंगत विदग्ध पंडित निमाई में उस पंडित धर्म का समाधिक विकास हुआ था। इससे स्पष्ट होता है कि प्राचीन-पौराणिक हिन्दू चेतना एक नवीन स्मार्त बुद्धि को आश्रित कर उस युग के बाह्य संस्कार के आत्मरक्षामूलक एक नूतन परिधि रचना में तत्पर हुआ था। वस्तुतः पंचदश शतक के शूलपाणि, पंचदश-षोडश शतक के रघुनन्दन व अपरापरस्मार्त पंडित जनों की कीर्ति-कथा भी इसी सिद्धान्त को समर्थन करता है। चैतन्यपूर्व युग के नवद्वीप उसी नवजाग्रत ब्राह्मण्य-चेतना की एक श्रेष्ठ पीठभूमि थी। इसी आचार-सर्वस्व सीमाबद्धता के आत्मप्लावी स्रोत में चैतन्य महाप्रभु ने भी प्रथम जीवन में देह-मन-प्राण न्यौछावर किया था। दूसरी ओर बुद्धिजीवी इस संकीर्ण पटभूमि के पार्श्व में अद्वैत प्रभु के समान परिणत-चेतन भक्त युग-हृदय-संजात मिलनाकांक्षा को श्रेष्ठतर किसी शक्ति के आविर्भाव की प्रत्याशा में प्रेमधर्म के स्पर्श से पोषण किया था। वृन्दावन दास वर्णित चैतन्य आविर्भाव विषयक कथा अलौकिक कहानी के अन्तवर्ती ऐतिह्य-सत्य को आविष्कार न कर पाया तो ऐतिहासिकों का प्रयत्न व्यर्थ होने को बाध्य है। स्मरणीय है कि एक समग्र युग के बीच मानव-मिलन की जो महावाणी नीहारिका रूप में जागृत होकर परिपूर्ण आत्ममुक्ति के लिए बृहत्तर शक्ति का आश्रय कामना कर रहा था, उस तीव्र युगाकांक्षा के प्रत्यक्ष परिणाम के रूप में चैतन्य देव का आविर्भाव हुआ था। अद्वैतादि-कृत-चैतन्याह्वान कथा के लौकिक एवं ऐतिहासिक मूल्य यही हैं। इसी मूल्यबोध के प्रति ध्यान रखकर ही हम चैतन्य देव को मध्ययुगीन बंग-संस्कृति के भाव-विग्रह के रूप में कल्पित करते हैं।

लोकायत जीवन की परिभाषा में चैतन्य-जीवनवाणी को तीन भागों में विभाजित किया जा सकता है–

1. सर्वजीवों में अ-हेतुक प्रेम
2. काम-गन्धहीन तथा आत्मरति-वियुक्त तादात्म्य। प्रेम साधना के माध्यम से सर्वजीव के ऐक्यविधान एवं
3. सर्वोपरि मानव महिमा के सर्व-निरपेक्ष श्रेष्ठता-प्रतिपादन।

कृष्णदास कविराज गोस्वामी ने उनके श्री चैतन्य चरितामृत ग्रन्थ में विशेष रूप से जोर देकर यह प्रतिपन्न किया है कि–

"कृष्णेर जतेक खेला सर्वोत्तम नरलीला
नरवपु ताहार स्वरूप।"

अर्थात् "श्री कृष्ण की जितनी लीलाएँ हैं उनमें शरीर धारी नर लीला ही सर्वोत्तम है।"

चैतन्य जीवन वाणी : नरवाद की प्रतिष्ठा

यह सिद्धान्त चैतन्य के जीवन मूलसम्भूत है। महाप्रभु ने जहाँ उनके जीवनाचरण की ऐकान्तिकता से इस शिक्षा को साधारण विश्वास में बदला है, वहीं वे केवल मध्य युग के साहित्य-संस्कृति में समग्र मध्ययुगीन जीवन-प्रवाह के मूल सुर को ही प्रथम झंकृत किया था। यहीं वे मध्ययुगीय बंगाली जीवन चेतना के स्रष्टा हैं।

नितान्त साधारण दृष्टि से भी मनुष्य की सभ्यता-संस्कृति के विकास का एक सर्वदेश-साधारण धारा निर्देश किया जा सकता है। अन्ततः इसी धारा को अवलम्बित कर विश्व के शिल्प-साहित्य के प्रवाह का विकास बहुलांश में घटित हुआ है। मूलगत चेतना की विशेषता व पार्थक्य के अनुसार, इस जीवन-प्रवाह को यदि विभिन्न काल में विभाजित करना सम्भव होता तो कहा जा सकता है कि आदि युग का साधारण धर्म सर्वात्मक देवानुगत्य है। मध्ययुग का साधारण धर्म देवानुगत्य-निर्भर होने पर भी वह मानवता की सुस्पष्ट स्वीकृति मूलक है। अनन्य-निर्भर मानवीय-बोध की प्रतिष्ठा आधुनिकता का सामान्य लक्षण है। ध्यान देने पर पता चलेगा कि अब तब आलोच्य युग के बंगला-साहित्य के भंडार में पारिपार्श्विक जीवन का परिचय अपर्याप्त न होने पर भी वह अमिश्र मानविक जीवन बोध संजात नहीं है वरन् बहुलांश में मन्मय अध्यात्म-भावुकता-सम्भूत है। एक ही बात है कि उस युग का बंगला साहित्य साधारण रूप से देवानुगत्य प्रधान था। इस ऐकान्तिक देवानुगत्य प्राधान्य के प्रभाव से वास्तव-बुद्धि एवं कर्मप्रचेष्टा में शैथिल्य नज़र आता था। इसी कारण तुर्की आक्रमण का विपर्यय बंगला-जाति को व्यापक-से अभिभूत कर दिया था। इस अभिभूत से आत्ममुक्ति के मार्ग पर स्वभावतः जातीय वासना अधिकतर वास्तव-बुद्धि के मानविकताबोध के द्वारा परिपुष्ट हुआ था; इस परिपुष्टि का सफल रूप श्री चैतन्य के नरलीला की श्रेष्ठत्व स्वीकृति में प्रतिफलित हुआ था।

मध्ययुग-चेतना का वैशिष्ट्य, देववाद-निर्भर नरवाद

स्मरणीय है कि चैतन्यजीवनी-ग्रन्थावली ही बंगला भाषा का सर्वप्रथम मानव जीवन निर्भर काव्य है। कहा जाता है कि चैतन्य जीवनी ग्रन्थावली में महाप्रभु के मानवत्व की अपेक्षा देवत्व प्रतिष्ठा पर झुकाव अधिक था पर ध्यान देने योग्य है कि बीसवीं शती के वैज्ञानिक युग में मानवता पर देवत्व को आरोपित करने की आकांक्षा इस समाज में आज भी सम्पूर्ण रूप से विलुप्त नहीं हुई है। यहाँ तक कि

प्रधानतः राजनीति-निर्भर व्यक्तित्व पर देवत्व आरोप की चेष्टा आज भी दुर्लक्ष्य नहीं है। धर्मगुरु, समाज, संस्कार या सन्यासियों के बारे में क्या कहें, मध्ययुग में एक ही प्रकार की प्रवणता का अस्तित्व लक्ष्य कर विस्मित या विचलित होने का कोई कारण नहीं। फिर भी यह स्वीकार्य नहीं है कि मध्ययुग के साथ इस विषय में आधुनिक युग का विशेष पार्थक्य है। आधुनिक युग में साहित्य के क्षेत्र में सामान्य मनुष्य का जीवन-परिचय ही प्रधान स्थान अधिकृत करता है। दूसरी ओर मध्ययुगीन साहित्य विशेष रूप से नर-चन्द्रमा की ही कथा है। तथा इस नर-चन्द्रमा के ऊपर मनुष्य स्वाभाविक अभ्यास से देवत्व आरोपित करने की चेष्टा की है। मध्ययुगीन वैष्णव जीवनी साहित्य के प्रति विशेष रूप से देखने पर यह सत्य स्पष्ट दिखाई देगा। जीवनीकारों की दृष्टि में चैतन्य देव सच्चिदानन्द विग्रह, नित्यानन्द प्रभु बलराम के अवतार हैं। अद्वैत प्रभु साक्षात् महादेव हैं। परन्तु वैष्णव भक्तों ने अद्वैत-पत्नी सीता देवी पर अवतारत्व का आरोप नहीं किया। सीताजीवनी में सीता-देवी नारी चन्द्रमा हैं। वैष्णव पदावली साहित्य के क्षेत्र में राधा-कृष्ण की दैवी लीला आस्वादन में इस नरवाद का संयोजन घटित हुआ है तथा गौरांग विषयक पदावली म नरलीला का श्रेष्ठत्व स्वीकार किया गया है।

मध्ययुगीन जीवन चेतना में चैतन्य जीवन का योगदान

वैष्णव साहित्य साधना के क्षेत्र में चैतन्य-जीवनादर्श जन्य इस नरवाद की प्रतिष्ठा एकान्तिक रूप से सीमाबद्ध नहीं था बल्कि मध्ययुगीन बंगला साहित्य के समस्त शाखा-प्रशाखा में संचरित हो गया था। चैतन्योत्तर अ-वैष्णव साहित्य में भी कमोबेशी रूप में वैष्णव-प्रभाव तथा चैतन्य प्रभाव का अस्तित्व स्वीकृत हुआ था। पर स्मरणीय है कि उन सभी ग्रन्थों में कई बार हरिध्वनि, चैतन्य-वन्दना, वैष्णव वन्दना या हरि संकीर्तन के उल्लेख द्वारा चैतन्य प्रभाव का परिचय अभिव्यक्त नहीं किया गया है। भाव व भाषा चेष्टा-साधना में ये सभी साहित्य जहाँ देवत्व-निर्भर नर चन्द्रमा की विजयगाथा रचता है वहीं चैतन्य प्रभाव का मूल स्वरूप निहित है। चैतन्योत्तर बंगला अनुवाद साहित्य रामायण, महाभारत तथा भागवत की कथा में इसी नर चन्द्रमा की कथा को एकछत्र प्राधान्य दिया गया है। 'चंडीमंगल' का कालकेतु-फुल्लरा', 'मनसामंगल' के चन्द्रधर-बेहुला, 'धर्ममंगल' के रंजावती-लाऊसेन-अनेकांश में इसी नर चन्द्रमा के ही प्रतीक हैं। केवल चारित्रिक दृष्टि से भी नहीं, सामान्य रूप से चैतन्योत्तर वैष्णव अनुवाद तथा मंगल आदि सभी श्रेणी के काव्य-साहित्य में मानवीय आवेदन अधिक है। पंडित वर्गों में यह सत्य मोटे तौर पर स्वीकृत होता रहता है। हमारा वक्तव्य यह है कि मध्ययुगीन साहित्य के यह मानवीय आवेदन ही चैतन्य-जीवन का श्रेष्ठ दान है। इस सन्दर्भ में लक्षणीय है कि चैतन्य-पूर्ववर्ती मध्ययुग के कलाकार-अनुवाद, मंगलसाहित्य आदि में सर्वत्र ही एक कठोर दैवी-महिमा कीर्तन करने में प्रयत्नशील हुए थे। चैतनोत्तर

काल की साहित्यिक-परिकल्पना में इस कठोरता पर चैतन्य-अनूग कोमल प्रेम-अवलेप की रचना हुई है। चैतन्योत्तर रामायण के राम, महाभारत एवं भागवत ग्रन्थ के कृष्ण, मंगल साहित्य की नायक-नायिका आदि सभी चरित्र में कठिनता के साथ श्यामल कोमलता का समन्वय हुआ है। इसी प्रेमघन कहानी-कल्पना के बीच वस्तुतः चैतन्य के प्रभाव का स्वरूप लक्ष्य करना होगा।

चैतन्य-प्रवर्तित नरवाद सर्वात्मक प्रेम के आधार पर प्रतिष्ठित

पहले ही वर्णित है कि चैतन्यदेव-प्रवर्तित नरवाद, प्रेमवाद के बुनियाद पर प्रतिष्ठित हुआ है। सामान्य धारणा यह है कि यह प्रेमवाद विशेष शैली की तत्त्वबुद्धि से सृजित तथा विशेष रूप से गौडीय-वैष्णव सम्प्रदाय के विश्वास की पटभूमि में परिपुष्ट हुआ है। इसमें सन्देह नहीं है कि चैतन्योत्तर युग में विशेष रूप से वृन्दावन की गोस्वामियों की भक्ति एवं पांडित्य के प्रभाव से चैतन्य मतवाद विशेष सम्प्रदायगत विश्वास के आश्रय के रूप में अभिव्यक्त हुआ था। परन्तु उस दृष्टिभंगी के परे भी चैतन्य जीवन वाणी का एक सर्वात्मक प्रभाव व मर्यादा विद्यमान थी। मध्ययुगीन बंगला बृहत्तर समाज-जीवन एवं उस जीवन सम्भव साहित्य-साधना में उसका प्रभाव अनायास लक्षित होता है। वह प्रभाव सामान्य रूप से मिलनधर्मी था। चैतन्य धर्म में जो भी हो पर चैतन्य जीवन में प्रेम सर्वात्मक मिलन के प्रतिशब्द हैं। आद्विज-चंडाल से लेकर यवन तक सर्वमानव में प्रेम वितरण इस सर्वात्मक मिलन बोध का परिचय है। इस मिलनात्मक धर्म का स्वरूप मानवता की साधारण स्वीकृति में और भी अधिक प्रकट हुआ। हरिभक्त परायण चंडाल भी द्विजश्रेष्ठ है– यही जीवन वाणी ही मानवता की श्रेष्ठ विजय गाथा है। यहाँ 'हरिभक्ति' शब्द का कोई सम्प्रदायगत व्याख्या निरर्थक है, इसके ऐतिहासिक प्रमाण के समान साहित्यिक प्रमाण भी कम नहीं। अध्यापक यतीन्द्र मोहन भट्टाचार्य ने शताधिक मुसलमान कवि द्वारा रचित वैष्णव पदावली का संकलन किया था।[18] बाद में यह सूची परिवर्धित हुई। ये सभी वैष्णव सम्प्रदाय में दीक्षित होकर हरिभक्ति के विशेष स्वरूप को अपनाकर राधा-कृष्ण की प्रेमलीला-गीति को रचना के माध्यम से प्रकट किया था, ऐसी धारण पोषण करना उचित नहीं है। वस्तुतः चैतन्य प्रवर्तित राधा-कृष्णलीला रसास्वादन-पद्धति में जीवन के सर्वात्मक प्रेमास्वादन का मूल मन्त्र संजीवित हो उठा है। इसी संजीवनी शक्ति के स्पर्श से उन्नीसवीं शती के कविश्रेष्ठ मधुसूदन या बीसवीं शती के कविगुरु रवीन्द्रनाथ ने भी किसी प्रकार के विशेष सम्प्रदायगत भक्ति-विश्वास के साधन ऐतिह्य के साथ युक्त न होकर भी राधा-कृष्ण के विषय में सार्थक प्रेम-संगीत की रचना की थी। वस्तुतः जीवन के इसी सर्वात्मक प्रेम वाणी चंडाल तक को वितरण करने का महामन्त्र ही मिलनोत्सुक मध्ययुग के आपामर जनसाधारण को आकर्षित किया था और इसलिए जाति-धर्म निर्विशेष चैतन्योत्तर मध्ययुग के सभी साहित्य में

इसी वाणी ने प्राण का संचार किया था।

परिवेश तथा मध्ययुगीन साहित्य के सार्वजनीन आवेदन का स्वरूप

इस सन्दर्भ में चैतन्योत्तर बंगला साहित्य के सृजन-परिवेश एवं आस्वादन-वैशिष्ट्य की भी आलोचना की जा सकती है। पहले ही कहा गया है कि चैतन्य पूर्ववर्ती एवं चैतन्य समसामयिक बंगाल के नवीन स्मार्त बुद्धि को आश्रित कर ब्राह्मण्य धर्म के नव-अभ्युदय की एक प्रचेष्टा पहले से ही आरम्भ हुई है। जनश्रुति है कि स्वयं चैतन्य भी जीवन के प्रथम चरण में इसी स्मार्त सिद्धान्त को पोषित कर ग्रन्थों की रचना की थी। पूर्ववर्ती युग की तुलना में इस युग के ब्राह्मण्य चेतना अधिक व्यापक व बहुमुखी थी। नियमशृंखला के नाम पर स्मार्त नियम-पद्धति के अतिरिक्त प्रयोग से जीवन का स्वच्छ प्रकाश जड़वत् होने लगा था। अखिल बंगाली को हिन्दू धर्म की सीमा में ग्रहण करने के बावजूद समकालीन स्मृति शास्त्र, सामाजिक नियम पद्धति के माध्यम से नवीन प्रकार की श्रेणी व जाति विभाग की विच्छिन्नता को अबाधित कर दिया था। इसके विपरीत चैतन्य जीवन-धर्म हर स्थिति में श्रेणी गोष्ठी-सम्प्रदाय-बन्धन से परे था। सार्वजनिक प्रेम मिलन की आकांक्षा से समृद्ध था। स्वाभाविक था कि वे स्मार्त-पौराणिक शक्तियों की आकांक्षा से समृद्ध मातृभूमि नवद्वीप को छोड़कर स्वेच्छा से नीलांचल में आ बसे होंगे।

जो भी हो, समाज के बहिरंग में स्मार्त बेड़ियों की विन्यास-पद्धति मोटे तौर पर स्वीकृत होने पर भी सोलह शताब्दी तक बंगाल के सर्वात्मक जीवन-चेतना स्वतः विमुक्त प्रेम-मिलन-ऐतिह्य से समृद्ध थी। मध्ययुग के काव्य आदि में इसका प्रमाण मिलता है।

मध्ययुग के साहित्य का सार्वजनीन स्वरूप

मुकुन्दराम के चण्डीमंगल में समाज के विभिन्न अंगों का वर्णन करते हुए 'नवशाख' दिगों का भी उल्लेख है। इसमें सन्देह नहीं कि मुकुन्दराम ने जिस समाज का विभाजन किया वह कुछ-कुछ स्मार्त परिकल्पना के अनुकरण पर किया था। फिर भी इसमें कोई सन्देह नहीं कि समाज व्यवस्था में जनसामान्य के बीच जाति या सम्प्रदाय भेद को लेकर अधिक कठोरता या संकीर्णता नहीं थी। यह लक्षणीय है कि इस युग के साहित्य व जीवन यात्रा धर्मगत, सम्प्रदाय या गोष्ठी पर आधृत नहीं था, ऊँच-नीच श्रेणी पर आधारित नहीं था—यह विशेष रूप से ग्रामीण समाज-आधृत था। उस समाज में ब्राह्मणों के समान चंडाल, यहाँ तक कि मुसलमानों का भी एक निर्दिष्ट स्थान हुआ करता था। यह स्थान उसके सामाजिक अधिकार पर प्रतिष्ठित था। गाँव के सामाजिक-परिवेश में जमींदारों के समान दीन-हीन प्रजाओं का भी मर्यादापूर्ण ऐतिह्य था, इस ऐतिह्य का निर्माण उसके निर्माण अस्तित्व की गौरवमयी

पट्टभूमि में निर्मित हुई थी। इसलिए केवल सामाजिक आचार-आचरण की दृष्टि से ही नहीं बल्कि साहित्य-आस्वादन के समय भी धन से दरिद्र सभी ग्रामीण जनता उनके सामाजिक अस्तित्व का अधिकार तथा ग्राम्य अस्तित्व का गर्व लेकर सामाजिक-संगीत सभा में उपस्थित होते थे। सार्थक काव्य-सृष्टि के क्रम में जातीय-कवि को भी इनके अधिकार तथा ऐतिह्य बोध की सम्पूर्ण मर्यादा का सम्मान करना पड़ा था। फलस्वरूप वैष्णव, शाक्त, अनुवाद, लौकिक आदि सभी साहित्य, जाति-धर्म श्रेणी की सीमा से मुक्त, ऊँच-नीच बंगाली जनसाधारण द्वारा सहृदय-समर्थन लाभ कर रसोत्तीर्ण हुआ था। यहीं पर इस गोष्ठी-सम्प्रदाय-श्रेणी-निरपेक्ष सर्वजनीनता के बीच मध्ययुग के बंगला साहित्य का युग सम्बन्धी वैशिष्ट्य निहित है। मेरा विश्वास यह है कि धर्म-निर्भर साहित्य द्वारा यह अभूतपूर्व धर्म-निरपेक्षता चैतन्य द्वारा प्रवर्तित सर्वजनीन प्रेमवाद से पुष्ट नरवाद की प्रतिष्ठा के फलस्वरूप सम्भव हुआ था और यही कारण है कि आलोच्य युग के साहित्य को मैं चैतन्य-नामकरण कर उसके अन्तर्निहित वैशिष्ट्य-निर्देश की चेष्टा कर रही हूँ।

आलोच्य ऐतिह्य-सचेतन संहति बोध के क्षय के साथ-साथ बंगला साहित्य में चैतन्य-प्रभावित सर्वजनीन जीवन-भाव का ह्रास तथा चैतन्य काल की धीरे-धीरे समाप्ति हो रही थी। इससे पहले देखा जा चुका है कि उच्च-नीच निर्विशेष भूमि-निर्भर ग्रामीण समाज-चेतना का साधारण गौरवबोध ही बाहर से मध्य युग के बंगला साहित्य में भेदभाव हीन सर्वजनीनता की प्रेरणा दी थी। मुगल काल के बंगाल में नूतन अर्थकूलीनतागर्वी एक व्यवसायी मनोवृत्ति ने एक नवीन श्रेणी-भेद का निर्माण किया था, फलस्वरूप, इसी मनोभाव ने जब समाज में व्यापक प्रभाव डाला तभी से बंगला साहित्य में चैतन्य-ऐतिह्य व मध्यकालीनता का ह्रास होना आरम्भ हुआ था। सतरहवीं शताब्दी के बीचोंबीच की रचनाओं में इस विनष्टता का लक्षण अल्प-अल्प दिखाई देने लगा था। अठारहवीं शताब्दी के आरम्भ से युगान्तरकारी इस नये चिह्न को अस्वीकार नहीं किया जा सकता है।

मध्ययुग के प्राथमिक ग्रन्थ-परिचय

ऐतिहासिक दृष्टि से तेरहवीं शताब्दी में तुर्की आक्रमण हुआ था तथा चैतन्यदेव का आविर्भाव 1486 ई. अर्थात् पन्द्रहवीं शताब्दी के अन्तिम भाग में हुआ था। इस परिगणना के अनुसार तेरहवीं से पन्द्रहवीं शताब्दी तक बंगला साहित्य का आदि-मध्ययुग या चैतन्य-पूर्ववर्ती युग की परिकल्पना की जा सकती है। फिर सतरहवीं शताब्दी से चैतन्य के प्रभाव क्षीण होने पर भी अठारहवीं शताब्दी में भारतचन्द्र की साहित्य-साधना में मध्यकालीन-साहित्यिक-विशेषता की समाप्ति हुई थी। इसी कारण सोलह से अठारहवीं शतक तक बंगला साहित्य के अवलोकन के युग को चैतन्य-प्रभावित-युग से चिह्नित किया गया। इस परिकल्पना को निम्नलिखित

रूप से अंकित कर सकते हैं–

आदिमध्ययुग का बंगला-साहित्य

(आनुमानिक 1200 ई. से 1500 ई. तक)

(क) अनुवाद साहित्य	(ख) वैष्णव पदसाहित्य	(ग) मंगलसाहित्य
1. कृतिवास का रामायण	1. वडु-चंडीदास-श्रीकृष्णकीर्तन	1. कानाहरि दत्त-पद्मपुराण
2. मालाधर वसु का श्रीकृष्णविजय	2. विद्यापति की पदावली	2. नारायण देव-पद्मपुराण
	3. चण्डीदास की पदावली	3. विजयगुप्त-मनसामंगल
		4. विप्रदास पिपिलाई-मनसाविजय
		5. मनिकराम-चण्डीमंगल
		6. मयूरभट्ट-धर्ममंगल

आलोच्य कवि, काव्य, आविर्भाव काल व अस्तित्व को लेकर पडितों में विवाद है।[19] ये बंगाली नहीं थे पर इनकी अ-बंगला भाषा में लिखित पदसमूह बंगला साहित्य की परम सम्पत्ति है।

आदि मध्ययुग का अनुवाद साहित्य (2)
मालाधर वसु का 'श्रीकृष्णविजय'

मालाधर वसु रचित श्रीकृष्णविजय आदि-मध्ययुग के बंगला साहित्य का द्वितीय अनुवाद ग्रन्थ है। इस काव्य का नाम किसी-किसी ग्रन्थ में 'गोविन्दविजय' या 'गोविन्दमंगल' भी प्राप्त होता है। इस काव्यानुवाद को अनेक दृष्टि से ऐतिहासिक स्मरणीयता का अधिकारी कहा जा सकता है। हिन्दूपौराणिक संस्कृति की श्रेष्ठ उपज है–'श्रीमद्भागवत'। इस काव्यानुवाद के माध्यम से बंगला लोक चेतना के साथ हिन्दू-ब्राह्मण्य भावना का व्यापक संयोग हुआ था। इसके अलावा बृहत्तर भारत के विविध धर्म दर्शन की परिकल्पना के मूल में 'भागवत पुराण' का अपरिसीमित प्रभाव है। परवर्ती युग में बंगाल में चैतन्य प्रभावित जिस धर्म केन्द्रित नवजागरण का फैलाव हुआ था, मध्ययुग का बंगला साहित्य वास्तव में जिस धार्मिक विश्वास की विचित्र मुखी परिणाम था, वह गौडीय वैष्णव धर्म भावना का आधार भी 'भागवत' दर्शन पर प्रतिष्ठित था; स्वयं श्रीचैतन्य के कंठ से यह ध्वनित हुआ था। स्वाभाविक रूप से बंगला भाषा की इस प्रकार काव्य का प्रथम अनुवाद स्मरणीय घटना है। केवल इतना ही नहीं, आधुनिक भारतीय भाषा-गोष्ठी के इतिहास में संस्कृत 'भागवत' काव्य के प्रथम अनुवादक मालाधर थे।

इस अनुवाद कर्म के मूलभूत उद्देश्य व प्रेरणाा के बारे में कवि ने स्वयं कहा–

''भागवत अर्थ जत पयारे बाँधिया।

लोक निस्तारित कवि पाँचालि रोचिया।।"

या

"भागवत कथा जत लोक बुझाइते।
लौकिक करिया कहि लौकिकेर मते।।" आदि।

आदि मध्ययुग के बंगला साहित्य में हिन्दू-ब्राह्मण्य पुराणों के अनुवाद के माध्यम से जनबोधन की यह आकांक्षा कृत्तिवास के काव्य-आलोचना युग में भी दृश्य है।

इस प्रसंग में इस प्रेरणा का ऐतिहासिक तात्पर्य खोजने की आवश्यकता है और इसी कारण मालाधर के काव्यानुवाद में भागवत कहानी कि रूप में, किस परिमाण में अनुसृत हुआ है, उस तथ्य का सन्धान भी आवश्यक है।

इस प्रसंग में स्मरण रखना होगा कि 'श्रीमद्भागवत' केवल कृष्णलीला या कृष्ण जीवन का विवृत्तिमूलक काव्य नहीं है। अनुक्रमणिका के मंगलाचरण श्लोकावली से पता चलता है—परम सत्य ध्यान के बृहत्तर पटभूमि में पौराणिक ब्राह्मण्य धर्म के मूल आदर्श को सूत्राकार में ग्रन्थित इस कृष्ण जीवन कथा की वर्णना की भंगिमा को एक अखंड रूप में प्रत्यक्ष करने की चेष्टा हुई है। इस काव्य में श्रीकृष्ण केवल 'वसुदेव सुत' या नन्दलाल नहीं हैं बल्कि 'सत्यं परम्' के पयार्य रूपी हैं। फलस्वरूप मूल 'भागवत' काव्य में शास्त्रालोचना व कथा-विन्यास बहु विस्तारित व बहु पल्लवित हो गया है। मालाधर ने अपने अनुवाद का विषय द्वादश स्कन्ध में सम्पूर्ण 'श्रीमद्भागवत' के दशम-एकादश स्कन्दों को बनाया था। एकादश स्कन्ध में तत्त्वकथा बहुत से मिल जाते हैं। मालाधर की रचना में तत्त्व वर्णन के साथ प्रधान रूप से कृष्ण के व्यक्तिगत-जीवन की लीलाप्रधान कथाएँ वर्णित हुई हैं। ब्राह्मण्य तत्त्व के सूत्र व्याख्या की तुलना में कृष्ण जीवनलीला का स्वरूप कथा के माध्यम से उजागर करने में ही कवि की दृष्टि सविशेष निबद्ध था।

मालाधर के समसामयिक अर्थात् चैतन्य पूर्व युग के बंगाल में कृष्णलीला आस्वादन की दो पृथक् पद्धति प्रचलित थी—एक ऐश्वर्य भावनामय और दूसरा मधुर रसात्मक। इन दो में पौराणिक ब्राह्मण्य समाज में श्रीकृष्ण षडैश्वर्यमय परमेश्वर के रूप में ही सर्वापेक्षा पूजित हुए थे। चैतन्योत्तर काल में 'महाप्रभु' की जीवन-साधना के कारण ही कृष्ण लीला के माधुर्यरस आस्वादन को सर्वजनीन दार्शनिक रूप प्राप्त हुआ था परन्तु आलोच्य चैतन्य पूर्व काल में राधाकृष्ण-लीलारस उपभोग की चेष्टा साधारण रूप से शृंगार रस-विलास के उर्ध्वतर लोक में अधिक उत्तीर्ण नहीं हो पाया था। जो भी हो, यदि मालाधर के ग्रन्थों पर विचार किया जाए तो उनके पौराणिक ब्राह्मण्य चेतना की विशुद्धता, कृष्ण चरित्र की वर्णना में 'ईश्वर' निष्ठा तथा सर्वोपरि युगाकांक्षा की चरितार्थता के विधान में सदा चेतन रस बोध का परिचय स्पष्टतः मिल जाता है। 'श्रीकृष्णविजय' की युग चेतना का यह स्वरूप विकास में कवि का

जीवन-परिवेश भी विशेष रूप से प्रभाव डालता था।

'श्रीकृष्णविजय' के प्राचीनतम मुद्रित ग्रन्थ में[20] रचना का काल-ज्ञापक एक पयार प्राप्त होता है—

"तेरशो पचानयी शके ग्रन्थ आरम्भन।
चतुर्थश दुई शके हईलो समापन।।"

इस पयार से प्रमाणित होता है कि 'श्रीकृष्णविजय' बंगला साहित्य का सन्-तारीख युक्त प्राचीनतम संस्करण है। पर इस क्षेत्र में भी प्राचीन बंगला साहित्य के साधारण नियम के मुताबिक काल-ज्ञापक श्लोक की प्रामाणिकता के बारे में सन्देह प्रकट किया गया है क्योंकि किसी निर्भर योग्य ग्रन्थ में वह श्लोक प्राप्त नहीं हुआ है। डॉ. सुकुमार सेन ने तो सिद्धान्त ही दे दिया है कि—"इस तारीख को प्रक्षिप्त समझने का कोई कारण नहीं है।"[21]

कवि के निर्दिष्ट इस काल परिचय को यदि स्वीकार कर लिया जाए तो लक्षित होगा कि इस ग्रन्थ का रचनाकाल दो पठान सुलतान रुकनुद्दीन बारबक शाह (1459-1474 ई.) तथा सामसुद्दीन ईउसुफ शाह (1474-1481 ई.) के राजत्वकाल में फैला था पर कवि मालाधर का उल्लेख है—

"गुण नाई, अधम मुई, नाहि कोनो ज्ञान।
गौड़ेश्वर दिला नाम गुणराजखान।।"

आरम्भ से अन्त तक ग्रन्थ की भणिता में कवि ने इस गुणराजखान उपाधि का प्रयोग किया है। प्रश्न यह है कि कवि के उपाधिदाता विद्योत्साही गौड़ेश्वर के सुलतान कौन हैं? अनेकों की धारणा है कि—ग्रन्थ रचना अन्त होने के बाद ही अनुरूप उपाधि लाभ सम्भव हुआ है। इसलिए सामसुद्दीन ईउसुफ शाह को ही कवि के संवर्धक समझना उचित है। डॉ. सुकुमार सेन तथा अध्यापक खगेन्द्रनाथ मित्र आदि पंडितों का विचार है कि ग्रन्थ के प्रथम अंश की भणिता में उपाधि नियमित रूप से व्यवहृत हुई है, इस कारण यह विचार योग्य है कि ग्रन्थ रचना के पहले ही कवि को इस उपाधि से नवाजा गया था। अतः मालाधर के उपाधिदाता नवाब रुकनुद्दीन बारबक शाह थे। यह परवर्ती सिद्धान्त ही वास्तव में युक्तिसंगत है। जो भी हो, इस प्रसंग के अलावा मालाधर के व्यक्तित्व परिचय के बारे में अन्य सभी तथ्य ही सर्वजनस्वीकृत है। वे वर्धमान जिला के कुलीन ग्रामवासी भगीरथ वसु व इन्दुमती वसु के सन्तान थे। आदिशूर कान्यकुब्ज से जिन पाँच सात्त्विक कायस्थों को लिवा लाये थे, मालाधर के पूर्वपुरुष दशरथ वसु उनके अन्यतम थे, बल्लालसेन ने इस वंश को ही कुलीनता से विभूषित किया था।

काव्य परिचय

मालाधर के रचना प्रसंग में पहले ही लक्षणीय है कि उनका काव्य-परिचय

संशयाच्छन्न है। 'श्री कृष्णविजय' काव्य को एकाधिक शताब्दी की सीमा के बाद बंगदेश में जनप्रियता प्राप्त हुई थी। फलस्वरूप प्रक्षेप-प्राचुर्य से पीड़ित होकर जनप्रियता का मूल्य उन्हें भुगतना पड़ा था। इस कारण से काव्य के किसी-किसी ग्रन्थ में राधाकृष्ण-लीला विषयक एकाधिक पद लक्षित होता है। इसके अलावा अन्य अनेक ग्रन्थ में दानलीला, नौकालीलादि[22] के वर्णन से पूर्ण है। मालाधर की मूल-रचना में भी राधा कथा का अस्तित्व था, ऐसा अनुमान करना सहज साध्य नहीं है। कारण यह है कि बंगाल में राधा-माधव का प्रचलन कितना ही प्राचीन क्यों न हो 'श्रीमद्भागवत' में 'राधा' नाम का कोई उल्लेख नहीं मिलता है। श्रीकृष्ण के वृन्दावन-लीला के उपलक्ष्य में वहाँ कृष्ण की विशेष कृषा-पुष्टा जनैका गोपिका का प्रासंगिक उल्लेख मात्र मिलता है। अनुमान किया जाता है कि यह 'नामहीन' गोपिका ही परवर्ती समय में राधा की लौकिक ऐतिह्य से युक्त होकर राधा के चरित्र को पौराणिक महिमा से आवृत्त करती है। दूसरी ओर, बंगाल के वैष्णव धर्म के इतिहास में चैतन्योत्तर युग में राधा-प्रेम सर्वजनीन स्वीकृति लाभ कर रहा था। मालाधर चैतन्य-पूर्वकाल के कवि थे। महाप्रभु के जन्म के छः वर्ष पहले उनकी काव्य-रचना समाप्त हुई थी। केवल यही नहीं, लगता है पौराणिक ब्राह्मण्य संस्कृति की निष्ठापूर्ण उत्तराधिकार प्राप्त कर ही कवि 'भागवत' अनुवाद में प्रवृत्त हुए थे। फलस्वरूप उनका काव्य साधारण रूप से मूलानुसारी हुआ था, यही अनुमान अधिकतर संगत था। अध्यापक खगेन्द्रनाथ मित्र की सम्पादना में कलकत्ता विश्वविद्यालय ने 'श्रीकृष्णविजय' का जो संस्करण प्रकाशित किया था। उस मूल ग्रन्थ में एक से अधिक 'राधा' नाम का उपयोग नहीं मिलता है और यह इस एक बार का उपयोग भी प्रक्षिप्त है, सम्पादक इस विषय में तर्क देते हैं। ग्रन्थ प्राचीन है; 1013 बंगला वर्ष अर्थात् 1606 ई. में लिखित है। यदि यह तथ्य सटीक है तो ग्रन्थ की प्रामाणिकता स्वीकार करनी पड़ेगी। इस अवसर पर डॉ. सुकुमार सेन का विचार भी स्मरणीय है—"श्रीकृष्णविजय के अनेक ग्रन्थों में दानखंड व नौकाखंड, ये दो अपौराणिक लीला का वर्णन मिलता है पर मुद्रित संस्करण में प्राप्त नहीं होता है। ये दो लीला मूल में रहना विचित्र नहीं है क्योंकि दोनों ही कहानी बंगाल में पूर्वापर प्रचलित है। पर काव्यकार ने जिस प्रकार यह कहा है कि उन्होंने 'भागवत' तुड़वाकर पाँचाली का निर्माण किया, इस कारण लगता है कि यह मूल में न होकर बाद में अन्य श्रीकृष्णमंगल से प्रक्षिप्त हुआ है।"[23]

ग्रन्थ का साहित्यिक व ऐतिहासिक मूल्य

इसमें कोई सन्देह नहीं कि मालाधर के 'श्रीकृष्णविजय' विशेष रूप से भागवत पुराण के अनुसरण पर लिखा गया है। परन्तु जिस विशेष दृष्टिकोण से भागवत कथा का अनुसरण करना चाहा था, उसकी आलोचना ऐतिहासिक कारणों से अत्यन्त आवश्यक है। इस बारे में डॉ. तमोनाशचन्द्र दासगुप्त का मन्तव्य था—"कवि मालाधर

वसु के 'श्रीकृष्णविजय' ग्रन्थ के 'विजय' शब्द को किसी ने 'मृत्यु' तो किसी ने 'यात्रा' अर्थ में ग्रहण किया है। भागवत के अन्तिम स्कन्ध में (12 सौ स्कन्ध) श्रीकृष्ण के देहत्याग का वर्णन हुआ है। मालाधर वसु ने दशम-ग्यारह सौ स्कन्धद्वय मात्र का अनुवाद किया था। इस विचार से श्रीकृष्ण के असुर-विजयी व ऐश्वर्यभावापन्न विजय शब्द को ग्रहण करना सम्भवतः अधिक संगत होगा।''[24] डॉ. दाशगुप्त के इस मन्तव्य की समीचीनता ग्रन्थ के आद्यान्त अनुधावन करने पर स्पष्ट समझा जा सकता है। विजय शब्द को मालाधर किसी विशेष अर्थ से ग्रन्थ-नाम के साथ युक्त किया था या नहीं, यह प्रश्न अवान्तर है। परन्तु समग्र ग्रन्थ में श्रीकृष्ण के वीर्यमय सत्ता के रूपायण में ही कवि की चेतना उन्मुख हुई थी, इस निस्सन्देह प्रमाण आद्यान्त रचना में प्राप्त होता है। काव्य के पहले ही सूत्राकार में कृष्णलीला का जो पर्याय विन्यस्त वर्णना है[25]—उसमें कृष्ण के वीर्यवान 'ईश्वर' सत्ता का परिचय ही विशेष रूप से प्रतिफलित हुआ है।

यह वीरगाथा जिस क्रम मुताबिक विवृत है, उसमें भी कथा की अन्तर्वर्ती संगति से श्रीकृष्ण के ऐश्वर्य शक्ति की प्रबलता प्रतिपादन की ओर ही कवि की आकांक्षा की प्रबलता पायी जाती है। केवल इसी कारण से मूल 'भागवत' के कवित्व रस-धन अनेक रचनांश का वर्जन मालाधर ने अपने अनुवाद में किया है।

यहाँ एक स्पष्ट सिद्धान्त में आना चाहिए। गौड़ीय वैष्णव भावना के अनुसार 'श्रीमद्भागवत' मुख्यतः भक्ति रस का काव्य है। मालाधर के अनुवाद में या उनकी काव्य चेतना में इस कृष्ण भक्ति का अभाव निश्चित रूप से नहीं था—यह निःसंशय प्रमाण रचना में प्राप्त होता है। चैतन्य आविर्भाव के पूर्व ही कवि की जन्मभूमि कुलीनग्राम में एक सार्थक वैष्णव मंडली का निर्माण हुआ था। स्वयं 'यवन' हरिदास भी कुछ वर्षों तक उस गाँव में रहते थे। अतः सोचा जा सकता है कि मालाधर भी अपने गाँव के इस दुर्लभ भागवत ऐतिह्य के मूल्य के बारे में अनभिज्ञ नहीं थे। इसके विपरीत, उनके कवि मानस में समसामयिक परिवेश का प्रभाव प्रतिफलित हुआ था, ऐसा ही स्वाभाविक प्रतीत होता है। तथापि, 'रागानुगा भक्ति' का सर्वजन ग्राह्य ऐतिह्य चैतन्य जीवन की ही सर्वापेक्षा महिमामय दान है। कृष्णदास कविराज एवं अपरापर वैष्णव महाजनों के साक्ष्य के अनुसार महाप्रभु के गुरु ईश्वरपुरी तथा विशेषकर उनके 'गुरु के गुरु' माधवेन्द्रपुरी के जीवन में रागानुगा भक्ति की अलौकिक दीप्ति की सहज अभिव्यक्ति प्रकाशित हुई थी। फिर भी इस दुर्लभ अनुभव का सार्विक विकास चैतन्यदेव से पहले सम्भव नहीं हुआ था। स्वभावतः मालाधर वसु के कृष्ण-भक्ति में भी ऐश्वर्य बुद्धि की प्रखरता थी। एक स्मार्त पौराणिक निष्ठावान हिन्दू के रूप में, समुचित श्रद्धा सहित, उन्होंने कृष्ण की ईश्वरीय सत्ता की महिमा गाथा की रचना की थी। यहीं कवि की लेखनी द्वारा शायद अनजाने में भी, उनके समसामयिक युगवासना का आग्रह स्वयमेव प्रकाशित हुआ था।

इस सम्दर्भ में स्मरणीय है कि तुर्की आक्रमण के प्रथम आक्रमण की अस्थिर-चित्तता जब उत्तर बंगाल में शान्त होने लगी उसी समय के ऐतिहासिक परिवेश में 'श्रीकृष्णविजय' की रचना हुई थी। इससे पहले ही कहा जा चुका है कि तुर्की आक्रमण से पहली बार समग्र जाति के मर्म में एक अकल्पनीय भय व आतंक की सृष्टि हुई थी, फलस्वरूप समग्र जाति पलायन मुखर हो उठी थी। इस पलायनी मनोभाव के अवसान में लग्न में आपामर जाति की चेतना में आत्मरक्षा की जो आकांक्षा जाने-अनजाने प्रबल हो उठी थी। उसी की हृतस्पन्दन हृदय में धरकर आदि-मध्ययुग के बंगला-साहित्य की प्रथम अभिव्यक्ति हुई थी। मालाधर के काव्य में इसी सर्वमय जातीय वासना की शिल्प-प्रेरणा सार्थक दृष्टि से अभिव्यक्त हुआ, इसमें सन्देह नहीं। युग चेतना का यह सिद्धरूपायण आद्यान्त कवि के अवचेतन मन का परिणाम नहीं, 'लौकिक' प्रयोजन के बारे में कवि का स्पष्ट अवधान उसका एक श्रेष्ठ प्रमाण है। वस्तुतः इस विषय में मालाधर के पुनः पुनः स्वीकृति तथा आद्यान्त ग्रन्थ के कथांश व उपस्थापना पद्धति पर विचार करने पर लगता है कि भर्यात-मूमूर्ष जाति की सर्वमय जड़ता के विषय में अवहित होकर भी शायद कवि ने ऐश्वर्य शक्तिधन कृष्णजीवन-कथा को संजीवनी मन्त्र द्वारा उद्‌बोधित करने की साधना में व्रती हुए थे। इस प्रचेष्ठा में वे बंगाली के स्निग्ध-परिवार-जीवन के प्रति भी ऐकान्तिक ममता का आकर्षण गोपन नहीं कर पाये थे, फलस्वरूप 'श्रीमद्भागवत' के सर्वकारण-कारण, 'परं सत्यं', 'परमेश्वर श्रीकृष्ण' बंगालियों के जीवन के द्वारप्रान्त में आकर स्नेह के पात्र के रूप में उपनीत हुए, यहाँ वृन्दावन के कृष्ण सखाओं के साथ बैठ 'भात' खाते हैं, मथुरा के दिक् दिगान्तर में जग उठता है, 'गया, जलपाई कामरांगा', 'नारिकेल' की वृक्ष पंक्ति द्वार-द्वार में शोभा बढ़ता है। लक्षणीय है—युग चेतनाश्रित कवि एक ओर जैसे शक्ति दीन मनुष्य के जीवनशीर्ष पर 'अमानुषी' शक्ति की उज्ज्वल शिखा प्रज्वलित करते हैं तो दूसरी ओर इस दीपवर्तिका को आचार-आचरण से बंगाली के स्थविर जीवन के निज सम्पत्ति के रुप में अभिव्यक्त किया है। वे शक्ति की प्रबल अभिव्यक्ति के बीच जड़ हृदय को जागृत करने का मार्ग खोज पाये हैं- उसके साथ आत्मीयता बोध के कारण अपने सामर्थ्य के बारे में निस्सन्देह हुए हैं। यहीं पर मालाधर के अनुवाद-काव्य का श्रेष्ठ ऐतिहासिक मूल्य है।

श्री चैतन्यचरितामृत से पता चलता है कि महाप्रभु मालधर के गाँव के थे—

"कुलीन ग्रामीरे कहे सम्मान करिया।
प्रत्यब्द आसिबे जात्राय पट्‌ट डुरि लईया।।[26]
गुणराजखान कैल श्रीकृष्णविजय।
ताँहा एक वाक्य आछे महा प्रेममय।।
'नन्देर नन्दन कृष्ण मोर प्राणनाथ'
एई वाक्ये बिकाईलाम तार बंशेर हाथ।।

तोमार की कथा तोमार ग्रामेर कुक्कुर।
सेओ मोर प्रियो अन्यजन बहुदूर।।''

पहले ही कहा गया है कि आलोच्य काव्य में 'गुणराजखान' मालाधर ने प्रधान रूप से कृष्ण के ऐश्वर्य शक्ति का ही जयगान किया था। फिर भी महाप्रभु के सहज प्रेम विह्वल चित्त आश्चर्यजनक तन्मयता के गुण से इस ऐश्वर्य-रस प्रधान सुबृहत् काव्य से प्रेमरागमूलक भाव को ग्रहण करने में सक्षम हुआ था। अलौकिक क्षमता का परिचय वहन करता है। परवर्ती समय में वैष्णव भक्तगण माहाप्रभु के इस महिमामय बदान्यता का अनुसरण मालाधर के काव्य को अपूर्व ख्याति व महात्म्य से विभूषित किया था। इनके मतानुसार मालाधर के काव्य में भी चैतन्यधर्म का मूल सुर प्रेरणा के रूप में पहले से ही अभिव्यक्त हुआ था। परन्तु केवल एक पंक्ति को उपलक्ष्य कर इस ग्रन्थ का आनुपूर्विक मूल्यांकन ऐतिहासिक विचार द्वारा करना संगत नहीं है। दूसरी ओर अध्यापक खगेन्द्रनाथ मित्र ने उल्लेख किया है कि–'श्रीकृष्ण विजय' ग्रन्थ के सम्पादन सन्दर्भ में उन्होंने जितने ग्रन्थ देखे हैं, उसके किसी में भी आलोच्य श्लोकांश में 'नन्देर नन्दन' पाठ नहीं है–सभी जगह 'वसुदेव-सुत कृष्ण मोर प्राणनाथ। पाठ है।

इस दृष्टि से तर्क का आधार शिथिल हो जाता है। वृन्दावन चारी 'नन्दलाल' कृष्ण प्रेममय है–मथुरा में 'वसुदेव सुत' के रूप में आत्मप्रकाश करने के साथ-साथ उनके प्रेम-लीलारस अन्तर्हित होकर 'ऐश्वर्य' शक्ति प्रकट हुई है। इसके बाद केवल मात्र एक 'प्राणनाथ' शब्द का कोई विशेष तात्पर्यमूलक माहात्म्य-कीर्तन समुचित है, सोचना सहज नहीं है।

इसके अलावा, मालाधर वसु की काव्य भावना स्मार्त-हिन्दुओं की देवभावना के अनेक स्तरों में विचरण कर रहा था, इसका प्रमाण भी दुर्लभ नहीं है। यथाक्रम से गुणराज खाँ तथा गुणराजखान, खान भणिता युक्त 'रामचरित्र' व 'लक्ष्मीचरित्र' ग्रन्थ विश्वभारती-पुस्तकालय में मिला है। स्वयं मालाधर वसु की भणिता में 'अष्टलोकपाल कथा' का ग्रन्थ मिला है। यह वास्तव में सूर्यमंगल पाँचाली है।[28]

मालाधर की वैष्णवता व उसका प्रभाव

जो भी हो, चैतन्यदेवकृत प्रशंसावाणी की ऐतिहासिक सार्थकता अन्यत्र मिल सकता है। पहले ही कहा गया है, मध्ययुगीन बंगाल में जिस नवजीवन चेतना का प्राण केन्द्र के रूप में चैतन्यदेव की मूर्त अभिव्यक्ति हुई थी। उसी विशेषित जीवन बोध की प्रथम रस-परिणाम की सहज अभिव्यक्ति मालाधर की साधना में हुई थी। मालाधर की रचना व चैतन्य के जीवन साधना-इन दोनों में इस परोक्ष साधर्म का परिचय महाप्रभु के पूर्वोक्त स्वीकृति द्वारा विशेष मर्यादा लाभ किया था। इसके अलावा 'भागवत' के अनुवाद के समय मालाधर की कृष्ण-निष्ठा का आत्मप्रकाश भी निस्सन्देह जनक रूप में हुआ था। निष्कर्ष में मालाधर के काव्य व जीवन साधना के बीच से चैतन्य युग की

सम्भावना अंकुरित हुई थी– इसी कारण से बंगला साहित्य के इतिहास में वे युगश्रष्टा न होने पर भी युग सन्धि के संयोगकारी युगन्धर कवि हैं।

आदिमध्ययुग का वैष्णव पद-साहित्य, चंडीदास व 'श्रीकृष्णकीर्तन'

वैष्णव पदावली व चंडीदास

बंगाल में मध्ययुग के उषाकाल को आलोकित कर वैष्णव पद-साहित्य का मधुमय अभ्युदय हुआ। यहाँ तक कि अधुनातन रवीन्द्रोत्तर काल में भी नगर व ग्राम की चारों दिशाओं में इस पद-साहित्य का युग-युगान्त-प्लावी रसस्रोत एक समान जनप्रीति की धारा में प्रवाहित हो रहा है। वैष्णव धर्म व दार्शनिकता की विशेष सीमा पार कर इसका ललित माधुर्य बंगाली जीवन की सभी अनुभूतियों के मर्म में फैला हुआ है। वैष्णव पदावली सर्वकाल के बंगला साहित्य का सर्वजनीन महत् ऐतिह्य बन गया है और कवि चंडीदास इस चिरवहमान रसधारा का 'आदिगंगा हरिद्वार' है। पर यही चंडीदास आज बंगला साहित्य-इतिहास के श्रेष्ठ संशय-कंटक भी हैं। यह संशय केवल उनकी रचना या आविर्भाव काल को लेकर नहीं बल्कि उनके व्यक्तिगत अस्तित्व के परिचय सम्बन्धी तथ्य को लेकर भी है।

चंडीदास-कौतूहल का उत्स

इस संशय की जटिलता के उत्स की खोज ऐतिहासिक पूराभूमि में जाकर किया जा सकता है। बंगाल में राधा-कृष्ण की प्रेम कहानी की जनप्रियता चैतन्य-पूर्व काल से ही दूरप्रसारी थी, ऐसा अनुमान किया जाता है। चैतन्य-आविर्भाव के परवर्ती काल में यह जनप्रियता अधिक व्यापक हुई थी। फिर भी, उन्नीस शतक की अंग्रेजी शिक्षित बंगाली नागरिक के पास इस पद-साहित्य का परिचय अनेकांश में विस्मृति की अन्तराल में आच्छन्न हो गया था। श्रीरामपुर के बंगला प्रेस प्रतिष्ठित होने के बाद अनेक पुराने बंगला काव्यों का मुद्रण हुआ, पर तब भी वैष्णव साहित्य व कवि चंडीदास का परिचय अज्ञात ही था। इसके अलावा, जब से चंडीदास सम्बन्धी शोध आरम्भ हुआ है, तब से किंवदन्ती व परस्परविरोधी जनप्रवाद के अलावा कवि के बारे में कोई अन्य तथ्य प्राप्त नहीं हुए हैं। वास्तव में चंडीदास का श्रेष्ठ परिचय उनकी मधुर पदावली में प्राप्त होता है। इस अज्ञात कवि के साहित्य का ज्ञान बंगालियों को उनके साहित्य की मधुरता से हुई थी।

परवर्ती शोध से चंडीदास के कवि कर्म के प्रति ऐसे कुछ-कुछ तथ्य का पता चला जिससे वे श्रद्धेय बन गये थे। आज हमें ज्ञात है कि चंडीदास पदावली का रस लालित्य का आस्वादन महाप्रभु श्रीचैतन्य ने भी परम आदर सहित किया था। कृष्णदास कविराज ने कहा था–

"चंडीदास विद्यापति रायेर नाटक गीति

कर्णामृत श्रीगीत गोविन्द
स्वरूप रामानन्द सने महाप्रभु रात्रि दिवे
गाय शुने परम आनन्द।।"

(चैतन्य चरितामृत)

चैतन्यचरितामृत में इस तथ्य का उल्लेख एकाधिकबार हुआ है। महाप्रभु द्वारा आस्वादित होने के गौरव से गौड़ीय वैष्णव भक्त समाज में चंडीदास पदावली केवल साहित्यिक नहीं; एक लोकोत्तर धर्मीय मूल्य से मंडित हुआ था। फलस्वरूप, समय-समय पर चंडीदास की भनिता में जितने पद प्राप्त हुए, सभी वही एक ही चैतन्य पूर्व कवि की रचना के रूप में निर्विचार गृहीत हुआ। आगे चलकर चंडीदास नामांकित ऐसे पदों का आविष्कार होने लगा था जिनकी आन्तरिक रचनाशैली व भागवत पार्थक्य में इतना अधिक अन्तर था कि वे सभी रचना एक ही कवि के मानस प्रसूत हैं या नहीं, ऐसा संशय भी होने लगा था। चंडीदास नामांकित वे सभी पदों के भंडार में अनेक दुर्बल एवं ओछी रचनाएँ भी एकत्रित होने लगी थीं।

किंवदन्ती व जनप्रवाद

केवल काव्य के सन्दर्भ में ही नहीं, विभिन्न जनप्रवाद के सूत्र में कवि का जो व्यक्तिगत परिचय प्राप्त हुआ है, उसके आधार पर वितर्क व सन्देह क्रमशः प्रबल हो उठा था। पहला अनुमान यह था कि चैतन्य आविर्भाव से पहले चतुर्दश ई. के किसी समय में चंडीदास की कवि-प्रतिभा का सम्भवतः वीरभूम जिला का नान्नुर ग्राम में आविर्भाव हुआ था। कहते हैं, रामी, रामतारा या राममणि नामक किसी रजकिनी के प्रेम रस में तन्मय होकर उन्होंने राधा-कृष्ण-लीला की लोकोत्तर आनन्द धारा का आस्वादन किया था। रामी के अपार्थिव प्रणय के आश्चर्य मधुरिमा का तिल-तिल आरोहण कर उन्होंने अपने स्निग्ध प्राण के ताप-निकष में प्रेममयी राधिका की रसमूर्ति का निर्माण किया था। बहिरंग आचरण से पता चलता है कि चंडीदास बाशुली देवी के पूजक थे। आज भी नान्नुर में चंडीदास रामी के पूजा ऐतिह्य की किंवदन्ती मंडित विशालाक्षी की मूर्ति है। पर पंडितों ने बाद में यह भी मत दिया कि यह विशालाक्षी व बाशुली एक देवता नहीं हैं।

परवर्ती समय में बाँकुड़ा जिला से भी चंडीदास प्रतिभा के उत्तराधिकार का दावा किया गया है। किसी-किसी विद्वान के अनुसार बाँकुड़ा का छातना गाँव ही कवि का जन्मस्थान है। वहाँ बाशुली देवी की मूर्ति व मन्दिर है; विशालाक्षी की नहीं।

दूसरी ओर वे निष्ठावान वैष्णव भक्त चंडीदास व रामी की कथा की यथार्थता अस्वीकार करते हैं। वे समझते हैं कि सहजिया ऐतिह्य के कारण जयदेव, विद्यापति, यहाँ तक कि कृष्ण कविराज के भी परकीया संग-साधना की कथा प्रचारित हुई थी।

रामी-चंडीदास की कथा भी वास्तव में 'नव रसिकवाद' की ही कपोल कल्पित कथा है।

चंडीदास समस्या व श्रीकृष्ण कीर्तन

इसमें सन्देह नहीं है कि चंडीदास सम्बन्धी ये सभी तथ्य किंवदन्ती या अनुमान ही हैं परन्तु इन सभी से सत्य को आविष्कार करने की आकांक्षा स्वाभाविक रूप से बलवती होती गयी। इसी कौतूहल व वितर्क-जगत् में 'श्रीकृष्णकीर्तन' काव्य की समस्या, क्षुब्ध संशय का आकार ग्रहण करने लगा। 1316 बंगला वर्ष में वसन्तरंजन राय विद्वद्वल्लभ ने बाँकुड़ा विष्णुपुर के काकिल्या ग्राम के गृहस्थ घर के ग्वालघर से इस ऐतिहासिक ग्रन्थ का आविष्कार किया था। जिनके घर से यह ग्रन्थ आविष्कृत हुआ था वे श्रीनिवास आचार्य के दौहित्र वंशजात हैं, अतः लगता है कि यह सुप्राचीन ग्रन्थ वैष्णव ऐतिह्य सूत्र के माध्यम से आलोच्य गृहस्थ-घर में प्रवेश किया होगा। इस ग्रन्थ में राधा-कृष्ण के लीला परम्परित पालाकार (नाटक) में वर्णित है और इस पालागान के अनेक पदों के अन्त में बड़ु-चंडीदास की भनिता है। दूसरी ओर भाव, भाषा, उपस्थापना पद्धति, यहाँ तक कि शालीनता व रुचि-बोध के विचार से भी यह काव्य चंडीदास की पदावली की तुलना में आमूल रूप से पृथक् है। जो भी हो, 1323 बंगला वर्ष में वसन्तरंजन के सम्पादन में ही यह ग्रन्थ बंगीय-साहित्य-परिषद् से प्रकाशित हुआ था तथा साथ-साथ ही चंडीदास सम्बन्धित वितर्क स्पष्ट समस्या का आकार धारण करने लगा था।

श्रीकृष्णकीर्तन परिचय

प्राप्त ग्रन्थ के आदि व अन्त खंडित थे, अर्थात् पहला और अन्तिम पृष्ठ उपलब्ध नहीं था। पर बंगला ग्रन्थ के इन दो पृष्ठों में ही किसी एक में ग्रन्थ का नाम, ग्रन्थकार का परिचय आदि संवलित 'पुष्पिका' की अवतारणा होती है। फलस्वरूप ग्रन्थ का यथार्थ नाम या ग्रन्थकर्ता का निर्भरयोग्य कोई परिचय आलोच्य ग्रन्थ से प्राप्त नहीं हुआ है। सम्पादक वसन्तरंजन ने किंवदन्ती व पूर्व ऐतिह्य का अनुसरण कर इस ग्रन्थ का नामकरण 'श्रीकृष्णकीर्तन' के रूप में किया था। उन्नीस शतक के परार्ध में किसी-किसी आलोचक ने बताया था कि चंडीदास की रचना के रूप में 'श्रीकृष्णकीर्तन' नामक एक सम्पूर्ण काव्य था जिसका परिचय प्राप्त करना क्रमशः दुर्लभ हो गया था। जो भी हो उस काव्य के प्रकाशित होने के बाद से रचनाशैली तथा रुचि व भागवत आमूल पार्थक्य के अलावा भी, इस काव्य कथा का आद्यान्त अभिनवता भी पदावली रसिक पाठकों को विस्मित करता है। 'श्रीकृष्णकीर्तन' व राधाकृष्ण-प्रेम पदावली एक ही चंडीदास की रचना स्वीकार करना कठिन है। अतः प्रश्न यह उठता है कि और कितने चंडीदास थे? इस समस्या के मूल अनुसन्धान करने से पूर्व नव आविष्कृत काव्य ग्रन्थ के अभूतपूर्व कथा-सूत्र में उसका उद्भव व

परिचय देखना पड़ेगा।

कथांश : जन्मखंड

'श्रीकृष्णकीर्तन' का कथांश अनेक पाला-खंडों में विभाजित है। सर्वप्रथम जन्मखंड में कृष्ण आविर्भाव की पौराणिक भूमिका की रचना हुई। कंशासुर के पाप से पीड़िता पृथ्वी के दुःसह भार मोचन के लिए भगवान नारायण कृष्ण रूप में अवतरित हुए थे, तथा 'काह्नाचिर सम्भोर कारण से 'सागेरर घेर पदुमा उदरे', स्वयं वैकुण्ठ की लक्ष्मी ने राधा रूप में जन्म ग्रहण लिया। पर काव्य के परवर्ती अंश में जन्मखंड का यह ईश्वर प्रसंग व आध्यात्मिक भूमिका कहीं भी अक्षुण्ण नहीं रहा; वरन् सम्पूर्ण विलुप्त हो गया था।

ताम्बुल खंड

ताम्बुल खंड में काव्य के कथांश ने एक नया रास्ता अपनाया है—वस्तुतः परवर्ती सम्पूर्ण 'श्रीकृष्णकीर्तन' कथा की मुख्य भूमिका थी। केन्द्र-कथा की अवतारणा इसी ताम्बुल खंड में हुई है। यह भूमिका नितान्त देहासंगलिप्सु आदिरस प्रधान है। वास्तव में 'वंशी' व 'विरह' नामक दो खंडों के अलावा आद्योपान्त 'श्रीकृष्ण कीर्तन' का मूल पाला निम्न रूप में आरम्भ हुआ है। राधा नपुंसक आईहन की 'नारी' थी। उनकी चारित्रिक विशुद्धता की देखभाल करने के लिए बड़ाई को नियुक्त किया गया था। बड़ाई राधा के माँ की बुआ थी। इस बड़ाई नामक महिला के तत्त्वावधान में सखिओं के साथ वृन्दावन से राधा दधि-माखन लेकर व्यवसाय के लिए मथुरा जाती थी। एक दिन सखियों के साथ राधा मथुरा के मार्ग पर जा रही थी। बड़ाई की ढूँढ़ते-ढूँढ़ते दूसरे मार्ग से वृन्दावन में गौओं को चराते हुए श्रीकृष्ण के पास पहुँच गयी। वहाँ उनसे राधा के बारे में पूछा तो कृष्ण ने अज्ञता प्रकट की। तब बड़ाई ने अलंकार-सहित राधा का रूप वर्णन किया। राधा की रूप-वर्णना सुनकर कृष्ण उनसे मिलने के लिए व्याकुल हो गये तथा राधा से मिलवाने के लिए बड़ाई को व्याकुलता से प्रार्थना की। बड़ाई ने सहर्ष यह प्रस्ताव स्वीकार किया व कृष्ण के संकेत वह फूल-ताम्बुल लेकर राधा के समक्ष उपस्थित हुई। पर उस समय राधा की आयु 'एगारो बोरिषे तार बार नहि पूरे'। (ग्यारह वर्ष की आयु पूर्ण नहीं हुई थी।) इस असंगत प्रस्ताव से वह रुष्ट हो गयी। कृष्ण का भेजा गया फूल-ताम्बुलादि पर पदाघात किया। बड़ाई की भर्त्सना किया। कृष्ण के अनुरोध से बड़ाई बार-बार तीसरी बार राधा के पास एक ही प्रस्ताव व एक ही प्रकार के प्रेम-संकेतवह भेंट लेकर उपस्थित हुई। राधा ने बड़ाई के प्रेम प्रवचन पर ध्यान नहीं दिया, हर बार तिरस्कार व धिक्कार सहित कृष्ण का आवेदन अस्वीकार करती रही। यहाँ तक कि अन्ततः क्रोधित होकर बड़ाई को प्रहार कर बैठी। 'ताम्बुल खंड' यहीं समाप्त होता है।

कृष्ण ने राधा से बार-बार आग्रह किया। इस सन्दर्भ में दोनों के वाद-विवाद से भारखंड समाप्त हुआ, यह कथा असम्पूर्ण है क्योंकि यहाँ ग्रन्थ खंडित है।

छत्रखंड

मथुरा के तपती मार्ग पर राधा के मस्तक पर छत्र धारण करने पर उनकी 'सूरत' आकांक्षा पूर्ण होगी, इस प्रतिश्रुति के उत्तर में कृष्ण राधा के छत्रधारी हुए पर यहाँ भी ग्रन्थ खंडित है।

वृन्दावन खंड

वृन्दावन खंड में कृष्ण अनुपम उद्यान की सृष्टि कर उसके बीच राधा की मिलन कामना से प्रतीक्षा करते रहते हैं। वयःप्राप्ता राधा अब प्रणयकला में अधिक पारंगत हो उठी है। अतः बड़ाई जब उसे कृष्ण के आह्वान ज्ञापित करती है तब निर्दय सास के अनुशासन के डोर से मुक्त कर कृष्ण के साथ मिलित होने की कौशल पद्धति वे स्वयं स्वतःप्रवृत्त होकर बड़ाई को बतलाती है। राधा द्वारा निर्देशित कौशल से बड़ाई सभी गोपिकाओं को उनकी सास की अनुमति से घाट की ओर लेकर जाती है। रास्ते में वृन्दावन के पुष्पकुंज में राधा-मिलन चित्रण से वृन्दावन खंड समाप्त हुआ है।

यमुनाखंड

यमुनाखंड में कृष्ण द्वारा कालीयदमन, जलकेलि, गोपीगणों का वस्त्रहरण आदि नाना घटनाओं का वर्णन हुआ है। वस्त्रहरण खंड में अन्त में कृष्ण ने राधा का कंठहार अपहरण किया। क्रोधित राधा-कृष्ण जननी यशोदा के पास कृष्ण के उत्पीड़न के विरोध में शिकायत करती है।

वाणखंड

फलस्वरूप वाणखंड में कृष्ण मदन-वाण से राधा को सिद्ध करता है। उस वाण के आघात से राधा मोह-मुग्ध हो जाती है। अन्त में उसे पुनः संजीवित कर कृष्ण पलायन करते हैं।

दानखंड

बड़ाई अपमानित होकर कृष्ण के पास प्रतिविधान का दावा करने लगी। अन्त में दोनों ने परामर्श किया व मथुरा के रास्ते पर कृष्ण दानी का रूप धारण कर बैठ गया तथा सखियों द्वारा परिवृत्ता राधिका को बड़ाई लेकर उपस्थित हुई तब मार्ग कर वसूलने के बदले दानी कृष्ण ने राधा के यौवन को दान के रूप में माँग

लिया। अनेक कथोपकथन व वितर्कों के अन्त में कृष्ण ने अपरिपक्व-बुद्धि राधा की असहायता का सुयोग लेकर अपने अभीष्ट की सिद्धि की। आद्योपान्त घटना में बड़ाई कभी परोक्ष तो कभी प्रत्यक्ष रूप में कृष्ण के सहायक सिद्ध हुई। इस प्रकार दानखंड की उपाख्यान का अन्त होता है।

नौका खंड

इसके बाद नौका खंड में कृष्ण यहाँ नाव की 'पारानि' बनकर बड़ाई द्वारा किये गये कौशल से राधा के साथ नौका डूब जाने का झूठा उपलक्ष्य कर जलविहार में सम्मिलित हुए। नौकाखंड के इस मिलन प्रयास में राधा की प्रतिरोध की तीव्रता कम हो रही थी, यह लक्षणीय है।

भारखंड

भारखंड में पहुँचकर राधा अब 'ज्ञात यौवना' है। कृष्ण का संग-सुख उसे आकर्षित करता है। इस कारण अब वे कौतुकोच्छला हैं। कामनातुर कृष्ण के आर्ति के उत्तर में राधा कहती है—'भारी' के भेष में यदि कृष्ण मथुरा के बाजार में उसके दही-मलाई की हाँड़ी वहन करे तभी वह कृष्ण के साथ मिलित होगी। इस आश्वासन के प्रत्युत्तर में कृष्ण 'भारी' का भेष धारण कर राधा का भार वहन करता है। प्रत्यावर्तन की राह पर प्रतिश्रुति रक्षा करने के क्रम में मदन शर-विद्ध राधा यौवनोद्मामिनी हो उठती है। कृष्ण की संग-लिप्सा से उसका हृदय व्याकुल हो उठता है। व्याकुलता व आर्ति के साथ वह बड़ाई के साथ पागल की जैसी कृष्ण को ढूँढ़ती-फिरती है। अन्त में राधा-कृष्ण के पुनर्मिलन से भारखंड की समाप्ति हुई है।

वंशीखंड

इस खंड में एक अपूर्व वंशी का निर्माण करता है। बाँसुरी के रन्ध्र में प्राण को छूने वाली सुर ध्वनित होती है, जिससे राधा के प्राण में आलोड़न होता है। उसकी दैनन्दिन जीवन यात्रा विश्रस्त व विध्वस्त हो उठा, पर इस ममान्तिक क्षण में कृष्ण नहीं मिलते हैं। बाँसुरी के सुर में हृदय मन आकुल हो उठता है, पर वे दूर-दूर भागे-फिरते हैं। अन्त में बड़ाई के परामर्श से राधा निद्रित कृष्ण के मोहन-वंशी का अपहरण करती है। अनेक वाद-विवाद के बाद दोनों में सन्धि होने पर राधा कृष्ण की वंशी वापस देती है।

विरहखंड

विरहखंड में राधा-हृदय की आकुलता के माध्यम से इस असम्पूर्ण ग्रन्थ की समाप्ति हुई है और शेष अंश की पोथी खंडित है। अनेक अन्वेषण के पश्चात् कृष्ण को पाकर राधा का कृष्ण से मिलन हुआ। मिलन से तृप्त अवसन्न राधा कृष्ण की गोद

में मस्तक रखकर अनजाने में सो गयी परन्तु निष्ठुर कृष्ण निद्रित राधा को छोड़ वहाँ से भाग खड़े हुए। राधा के जागते ही राधा का तप्त हृदय भी अपनी दाह के साथ जग उठा। इसी वेदनार्ती के चित्रण द्वारा इस खंडित पोथी की काव्य कथा का अन्त हुआ।

'श्रीकृष्णकीर्तन' व वैष्णव पद साहित्य

कथांश की इस प्राथमिक आलोचना से ज्ञात होता है कि 'श्री कृष्णकीर्तन' केवल रूपाकृति में ही नहीं बल्कि 'स्वरूप' की दृष्टि से भी प्रचलित वैष्णव पदावली साहित्य से आमूल रूप से पृथक् है। इसीलिए वैष्णव पदावली साहित्य के इतिहास में इस ग्रन्थ का स्थान व मर्यादा निर्णय प्रसंग में भक्त पंडित जनों में पहले से ही तर्क-वितर्क की सृष्टि हुई है। मध्य युग के बंगला साहित्य में चंडीदास की काव्य-साधना को आज जो सर्वजनीन प्रतिष्ठा मिली है, उसका एकमात्र कारण कवि की अलौकिक प्रतिभा नहीं है। पहले ही कहा गया है कि महाप्रभु श्री चैतन्य के श्रद्धा सहित स्वीकृति को केन्द्रित कर चंडीदास-कविप्रतिभा का नवीन रूप से मूल्यांकन कम से कम गौड़ीय वैष्णव समाज में विशेष रूप से सूचित हुआ था।

चंडीदास-समस्या सम्बन्धी जिज्ञासा

'चैतन्य चरितामृत' के अलावा विभिन्न वैष्णव महाजनों ने नाना प्रकार से जयदेव-चंडीदास-विद्यापति की यशोगाथा की रचना इसलिए की थी क्योंकि उनके काव्य को महाप्रभु द्वारा आस्वादित होने की परम मर्यादा प्राप्त करने का अवसर मिला था।

"जयदेव चंडी दास दयामय
मण्डित सकलगुणे।
अनुपम जार यश रसायन
गावत जगत् जने।।" (नरहरि दास)
"जय जयदेव कवि नृपति शिरोमणि
विद्यापति रसधाम।
जय जय चंडी दास रसशेखर
अखिल भुवने अनुपम।।" (वैष्णवदास)
"जयदेव विद्यापति और चंडीदास
श्री कृष्ण चरित्र तारा करिल प्रकाश।।"(जयानन्द)

अतः 'श्रीकृष्णकीर्तन' को केन्द्र कर चंडीदास विषयक दो प्रश्न प्रधान रूप से समस्या के रूप में देखा जाता है–1. पदकर्ता चंडीदास तथा 'श्रीकृष्णकीर्तन' के रचयिता चंडीदास एक ही व्यक्ति हैं या नहीं? रचना का भावादर्श व परिकल्पनागत पार्थक्य जहाँ आमूल व सुदूर प्रसारी है, वहाँ दोनों ही रचना के स्रष्टा के रूप में एक ही व्यक्ति की कल्पना करना संगत नहीं है। अब प्रश्न है कि–2. पदकर्ता चंडीदास

एवं 'श्रीकृष्णकीर्तन' के कवि चंडीदास यदि अलग व्यक्ति हैं तो इन दो कवियों में किस कवि के पदों का आस्वादन चैतन्य ने किया था। इन दो प्रश्नों के सार्थक उत्तर खोजने के पहले समग्र चंडीदास समस्या के केन्द्रवर्ती 'श्रीकृष्ण कीर्तन' का विस्तृत परिचय जानना आवश्यक है।

'श्रीकृष्णकीर्तन' के कवि किंवदन्ती प्रसिद्ध चंडीदास

यदि इस काव्य के भणितांश पर विचार किया जाए तो पता चलेगा कि बाशुली-साधक अनन्त बहुचंडीदास नामक किसी कवि ने आद्यन्त सुपरिकल्पित अध्यायों को विभाजित कर इस राधाकृष्ण प्रेमकाव्य की रचना की थी किन्तु कवि का आविर्भावकाल उनके विस्तृत व्यक्ति-परिचय अथवा रामी सम्बन्धित कहानी आलोच्य काव्य में अनुपस्थित है। आदि व अन्त में पोथी की खंडित स्थिति इस परिचय हीनता का अन्यतम कारण है, यह पहले ही कहा जा चुका है।

इसके अलावा इस एक पोथी को छोड़कर अन्य कोई पोथी जो अनेक पाला (अध्यायों) में विभाजित हैं, अप्राप्त है[30] लेकिन विस्तृत परिचय है। अभाव होते हुए भी 'श्रीकृष्णकीर्तन' के अनन्तबडु चंडीदास ही किंवदन्ती प्रसिद्ध बाशुली-पूजक चंडीदास थे, इसमें कोई सन्देह नहीं।

काल-विचार व कृष्ण-कीर्तन की लिपि

किसी प्रकार के प्रत्यय प्रमाण के अभाव में इस विख्यात कवि के काल निर्णय के प्रयास करने पर पारिपार्श्विक प्रमाण अर्थात् आभ्यन्तरीय प्रमाण पर विशेष रूप से निर्भर किया जाता है। इस प्रसंग में 'श्रीकृष्णकीर्तन' पोथी की लिपि तथा भाषा-तत्त्व पर विचार हुआ है। प्रथमतः आलोच्य पोथी में तीन प्रकार की हस्तलिपि मिली है—प्रथम लिपि प्राचीन है, द्वितीय में सूक्ष्मतर हस्ताक्षर द्वारा उस लिपि का नकल प्रस्तुत है तथा तृतीय लिपि अपेक्षाकृत अर्वाचीन है। पहली व तीसरी प्रकार की हस्तलिपि पोथी के एक ही पन्ने में मिलता है। अतः स्पष्ट ही पता चलता है कि प्रथमोक्त प्राचीन व तृतीयोक्त अर्वाचीन लिपि दोनों ही एक समय में प्रचलित था। योगेशचन्द्र राय विद्यानिधि का अनुमान है कि पहली लिपि किसी राजमुंशी का हस्ताक्षर है तथा तृतीय हस्तलिपि समसामयिक युग में प्रचलित लिपि लेखन में दक्ष किसी अन्य व्यक्ति की लिपि है। जो भी हो, पोथी के लिपिकाल के बारे में विशेषज्ञों ने विभिन्न विचार दिये हैं। डॉ. राखालदास बंद्योपाध्याय के अनुसार 1358 ई. के पहले सम्भवतः चतुर्दश शताब्दी के प्रथमार्द्ध में इस पोथी की रचना हुई थी। डॉ. राधा गोविन्द बसाक की धारणा यह है कि पोथी का लिपिकाल 1450 से 1500 ई. के बीच का है। योगेशचन्द्र राय ने 'श्रीकृष्णकीर्तन' का आविष्कार क्षेत्र विष्णुपुर अंचल से प्राप्त अनेक पोथी के लिपि-विचार कर निर्णय दिया है कि इस पोथी का लिपिकाल 1550 ई. से पूर्व

नहीं है। उनके मत से केन्द्रीय प्रदेशों की अपेक्षा देशीय लिपि व भाषा में प्राचीनता का प्रभाव हर समय में अधिक रहता है। 'श्रीकृष्णकीर्तन' की पोथी इस अंचल में लिखित है। ऐसा अनुमान है कि अत्यन्त रक्षणशील शैली में लिखित यह पोथी की लिपि-पद्धति अति प्राचीन नहीं है। डॉ. सुकुमार सेन के सर्वशेष 'लिखित अभिमत' की दृष्टि से 'श्रीकृष्णकीर्तन' का लिपिकाल अष्टादश शताब्दी के शेषार्द्ध है।[31]

श्रीकृष्णकीर्तन का भाषा-विचार

दूसरी ओर उसी पोथी की भाषा-वैशिष्ट्य पर विचार कर डॉ. सुनीति कुमार चट्टोपाध्याय ने उनके Origin and development of Bengali language' 'नामक शोध-ग्रन्थ में आलोच्य काव्य की भाषा को आदि-मध्ययुग की बंगला भाषा (1200-1500 ई.) का एकमात्र आदर्श-निदर्शन के रूप में ग्रहण किया है। डॉ. सुकुमार सेन इस पोथी की लिपि के समान भाषा कृत्य को भी और भी परवर्ती युग के, यहाँ तक कि अष्टादश शताब्दी के आसपास लाने की चेष्टा की है। उनके मतानुसार "श्रीकृष्ण कीर्तन में मध्यकालीन बंगला भाषा का प्राचीन रूप जितना अविकृत है, इतना किसी पुराने ग्रन्थ में उपलब्ध नहीं है। चर्यापदावली के बाद बंगला भाषा का पुराना निदर्शन 'श्रीकृष्णकीर्तन' में बहुल रूप से पाया जाता है, यह तथ्य सही है। परन्तु यह भी सत्य है कि हमें निश्चित रूप से श्रीकृष्णकीर्तन की पोथी में पायी जाने वाली चतुर्दश-पंचदश-षोडश शताब्दी की साहित्य-भाषा सम्पूर्णतः मिली नहीं है। हमें मोटे तौर पर मध्यकालीन बंगला भाषा उपलब्ध हुई है जो दक्षिण-पश्चिम अंचल में आधुनिक काल तक पहुँचती है।"[32] इस सन्दर्भ में 'श्रीकृष्णकीर्तन' की भाषा से अर्वाचीनता का विभिन्न प्रमाण उद्धृत हुआ है। फिर भी इस नवीन मत के द्वारा भाषातात्त्विक शोध में अब तक प्रतिष्ठित सिद्धान्त का कुछ बिगड़ा नहीं है। 'श्री कृष्णकीर्तन' की भाषा को मोटे तौर पर आदि-मध्ययुग की बंगला भाषा के साधारण प्रतिरूप के रूप में ग्रहण किया जा सकता है। दूसरी ओर, आलोच्य काव्य के रचना वस्तु में भी परवर्ती युग के प्रक्षेप का अनुमान किया जाता है। इस विषय में प्राथमिक तथ्यादि का उद्धार योगेशचन्द्र राय विद्यानिधि ने की थी। फिर भी, 'श्रीकृष्णकीर्तन' काव्य का मूल काव्य-ढाँचा सुप्राचीन है, इसमें कोई सन्देह नहीं। इस मूल ढाँचा के स्रष्टा कवि वडुचंडीदास चैतन्य-पूर्वकाल के कलाकार थे, इसमें भी कोई सन्देह नहीं है। पोथी के सन्दर्भ में कहा जा सकता है कि इसमें '1089' सन् की एक छोटी चिट्ठी मिली है। इस चिट्ठी का लिपि काल कम-से-कम सप्तदश शतक का प्रथमार्ध हो सकता है—ऐसा अनुमान किया जाता है। पर ये चिट्ठी विष्णुपुर के मल्लराज पुस्तकागार के किसी 'कृष्ण सन्दर्भ' पोथी के अंश-विशेष का लेन देन विषयक अंश है। अतः इस सन् का अर्थ मल्लाब्द भी हो सकता है। इससे इस चिट्ठी का समय अष्टादश शतक तक उतर आता है। डॉ. सुकुमार सेन ने अन्तिम

निर्णय को अपनाया है। फिर भी इस तथ्य का पता चलता है कि 'श्रीकृष्णकीर्तन' की पोथी चिट्ठी के लिपि काल अष्टादश शतक से पूर्ववर्ती समय का है।

कवि एवं काल

परन्तु 'श्रीकृष्णकीर्तन' के कवि के समय निर्णय की दृष्टि से ये सभी तर्क मूल्यहीन हैं। प्राप्त पोथी कवि की हस्तलिखित नहीं है, परवर्ती एक या एकाधिक लिपिकारों की हस्तलिपि है, यह तथ्य भी सन्देहातींत है। दूसरी ओर केवल ढाँचा ही नहीं—काव्य में अनुसृत रसपद्धति, चरित्र व विषय-भाव आदि सभी कुछ निश्चित रूप से चैतन्यपूर्व परिकल्पना का परिचय वहन करता है। इस बारे में विस्तृत तथ्य अगले अध्याय में विवेचित होगा। जिससे स्पष्ट होता है कि 'श्रीकृष्णकीर्तन' के कवि चंडीदास चैतन्य पूर्व काल में आविर्भूत हुए थे और केवल मात्र काव्य की भणिता को आधृत कर अनुमान किया जा सकता है कि 'वासुली' के आदेश या उनकी कृपा से वडुचंडीदास नाम के किसी कवि या 'अनन्त' नाम के किसी कवि जिनकी उपाधि वडु व चंडीदास था—'श्रीकृष्णकीर्तन' काव्य के रचयिता थे। अधिकांश भणिताओं में 'वडु चंडीदास' नाम एवं 'वासली' प्रसंग उपस्थित है, इससे अनुमान किया जा सकता है कि कवि के सन्दर्भ में यह नाम शायद प्रक्षिप्त है। शायद किसी गायक या लिपिकार ने मूल कवि के नाम के साथ अपना नाम जोड़कर इस नाम-संकर की सृष्टि की थी।

वैष्णव पदावली बनाम 'श्रीकृष्ण कीर्तन'

वास्तव में 'श्रीकृष्णकीर्तन' आविष्कृत होने के फलस्वरूप एक ऐसे चंडीदास का सुनिश्चित परिचय प्राप्त होता है जो चैतन्य आविर्भाव से पहले ही गीत-योग्य पद के आकार में राधा-कृष्ण के प्रेममूलक पालागान की रचना की थी। अब प्रश्न यह है कि क्या महाप्रभु ने इस चंडीदास रचित 'श्रीकृष्णकीर्तन' के किसी-किसी पद का आस्वादन किया था? भक्त वैष्णव जन इस अनुमान का तीव्र विरोध करते हैं। राधा कृष्ण के प्रेम आख्यान को केन्द्रित कर गौड़ीय वैष्णव भावना प्रणय-लीला की एक अलौकिक स्वप्न-वृन्दावन की रचना की थी। दुःख-ताप-विक्षोभ-ताड़ित पार्थिव जीवन में अक्षय आनन्द व अमरता का परम तीर्थ पीठ की रचना की थी। वैष्णव पदावली का प्रमुख स्वर देहातीत अधिदैविक प्रेम-साधना का स्वर है, वह स्वर लोकोत्तर आनन्द-रस-घन है। दूसरी ओर 'श्रीकृष्णकीर्तन' पृथ्वी का काव्य है। एक विशेष देशकाल के अमार्जित रुचि के दो मानव-मानवी के प्रेमाचरण की अपेक्षाकृत स्थूलता धर्मी उपाख्यान, इस काव्य का आधार है। अभिव्यक्ति शैली व विषय विन्यास की दृष्टि से यह काव्य पंडित वर्गों ने अश्लीलता के कठघरे पर खड़ा किया है। ऐसी रचना, इस प्रकार के ग्राम्यसंस्कार विरोधी विषय वस्तु ही महाप्रभु की दिव्यभाव स्निग्ध प्रेम-मानस के आस्वाद योग्य हुआ था, यह अनुमान करना अनेकों की दृष्टि में अकल्पनीय है।

चंडीदास समस्या

अतः क्या महाप्रभु श्रीचैतन्य ने किसी और चंडीदास के मधुर प्रेम पदावली का आस्वादन किया था? वह चंडीदास कौन थे? यदि वह प्रसंग छोड़ भी दिया जाए तो भी 'श्रीकृष्णकीर्तन' के उपाख्यान-वस्तु तथा अभिव्यक्ति शैली दोनों ही प्रचलित पदावली की सिद्धि रीति से आमूल रूप से पृथक् है। फलस्वरूप, चंडीदास के नाम से प्रचलित पदावली एवं 'श्रीकृष्णकीर्तन' काव्य एक ही कवि की रचना नहीं है—ऐसा अनुमान करना भी पहले से ही अपरिहार्य था। भणिता एवं किंवदन्ती के विभिन्न सूत्र से क्रमशः दो से भी अधिक चंडीदास की अनुमान सम्भावना दिखाई देती थी। अतः चंडीदास कितने थे? चंडीदास पर वीरभूम के नान्नुर एवं बाँकुड़ा के छातना प्रतिद्वन्द्वी ने दावा किया है? इससे प्रश्न यह उठता है कि चैतन्य प्रिय कविश्रेष्ठ चंडीदास कहाँ के थे। किस प्रान्त की पुण्य भूमि पर इस कवि का जन्म हुआ था?

ये सभी तथ्य 'चंडीदास-समस्या' का अनुसन्धेय विषय-वस्तु हैं अर्थात् चंडीदास की जो व्यक्तिगत परिचय पंजी आज भी अनाविष्कृत रहकर केवल मात्र तर्क-वितर्क की समस्या जटिलता की सृष्टि करती है, ये सभी आलोचना उस प्रसंग में की जा सकती है। दूसरी ओर, दीन चंडीदास नामक एक और कवि की भणिता युक्त पालागान के आकार में लिखी गयी काव्य पोथी मिली है। इसकी रचना-शैली चैतन्योत्तर पदावली साहित्य के साथ एकात्म है; विषयवस्तु व विन्यास निश्चित रूप से प्रमाण करता है कि ये कवि चैतन्योत्तर युग के शिल्पी थे। परन्तु आज तक आविष्कृत उनके एकाधिक काव्य-पोथी में चण्डीदास के नाम से प्रचलित विख्यात वैष्णव पदावलियों का एक भी पद उपलब्ध नहीं है; इस कवि की रचना साहित्य-विचार की दृष्टि से 'द्वितीय व तृतीय श्रेणी' की पदसमष्टि है। अतः प्रश्न यह है कि चंडीदास की प्रथम श्रेणी की मधुरा पदावली किसने लिखी थी? क्या वे चैतन्यपूर्वकालीन कवि थे? क्या इन्हीं की रचना महाप्रभु द्वारा आस्वादित हुई थी? इन सभी प्रश्नों का उत्तर अगले अध्याय 'चंडीदास समस्या' के प्रसंग में किया जाएगा। इससे पहले सभी समस्याओं का मुख्य आकार प्राचीन बंगला साहित्य में बहुवितर्कित व विदग्धजनों की विमुखता पीड़ित होकर भी ऐकान्तिक अपरिहार्य, 'श्रीकृष्णकीर्तन' काव्य की साहित्यिक विशेषता का ऐतिहासिक मूल्य का विचार करना प्रयोजनीय है।

साहित्य-इतिहासगत मूल्य-विचार

आलोचना करने से पहले यह विचारणीय है कि विशेष रूप से श्रीचैतन्य महाप्रभु के जीवन-माधुर्य की रस आलुप्त होकर बंगला साहित्य में राधा-कृष्ण की प्रणय कथा, एक असाधारण अध्यात्म की महिमा में मंडित हुआ है। रसोत्तीर्ण राधाकृष्ण की प्रेम कविता का अर्थ आज ऐकान्तिक रूप से वैष्णव पदावली ही है; अनेक भक्तों की भागवत भावना की कसौटी पर आज उसने आलौकिक सुरभि का संग्रह किया है।

राधा-कृष्ण प्रेम सम्बन्धी साहित्य के सम्बन्ध में यह अपरिहार्य मूल्यबोध हमारे चिरकालीन पूर्व संस्कार है; ऐतिह्यगत उत्तराधिकार भी है। फिर भी यह सच्चाई आज साधारण रूप से स्वीकृत है कि राधावाद का प्रथम उदभुत मनुष्य के धर्मचेतना में नहीं है, यह बंगाल के लोक-समाज के साहित्य में से उदभुत है।[33] इस तथ्य को भी अस्वीकार नहीं किया जा सकता है कि इससे पहले, राधा-भाव का प्रथम अंकुर भी लोक-जीवन की भाव-चेतना से उद्भुत हुआ था। शिल्प साहित्य चिरकाल से जीवन सम्भव है। जो भाव या भावना का जड़ जीवन के जड़ से नहीं हुआ है, अर्थात् कोई न कोई वास्तव अनुभव या अनुभूति की अतल में जो दोलायमान नहीं है, केवल आकाशचारी कल्पना साहित्य के जगत् में आकाश कुसुम के समान मूल्यहीन है। बंगला साहित्य के इतिहास में आलोचना के सन्दर्भ में यह भी स्मरणीय है कि मनुष्य की सभ्यता में वह सृष्टि स्थायी नहीं हो सकती जिसे जीवन का प्रश्रय न मिला हो। ऐसा कोई आचार-विचार या 'प्रथा' कभी मनुष्य-समाज में प्रतिष्ठित नहीं हो पाई जिसका जाने-अनजाने जीवन के प्रयोजन पर प्रभाव नहीं पड़ा है। 'श्रीकृष्णकीर्तन' में इस प्रकार की अनेक कथाएँ हैं जो आधुनिक सन्दर्भ में रुचि सम्मत नहीं हैं, पर प्राचीन बंगला साहित्य के अनेक क्षेत्र में इस प्रकार की आदि रसात्मक श्लीलता-वर्जित प्रसंग के व्यापक प्रयोग प्रायः 'साहित्यिक प्रथा' में रूपान्तरित हुआ था किन्तु ये सभी विवरण व वर्णन जिन्होंने आस्वादित किया था; जिनके उपभोग के उद्देश्य से शिल्पियों ने की थी, उनके सामाजिक जीवन में इस प्रकार की घटना व आचरण का पूर्वाभास उनके अनुभव व भावना में संचित होकर था; ये तथ्य भी अस्वीकृत नहीं हैं। वास्तव में सृजनकालीन उस जीवन के परिप्रेक्ष्य पर विचार करके ही 'श्रीकृष्णकीर्तन' का साहित्य मूल्य पर विचार करना होगा।

विचार मानदण्ड

आलंकारिक आदर्श के अनुसार जो भी हो, वास्तविकता में शिल्पी या साहित्यिक कभी स्वयंभू नहीं हैं। अपने देश-काल को आश्रित कर उस देशकाल की परिस्थितियों के प्रभाव के आश्रय से, अपनी भाव-कल्पना व जीवन वासना के बीच कवि की निर्मिति होती है। वास्तव में काव्यसाहित्य बृहत्तर जीवन के आश्रय में कवि चेतना के निर्मित होने का इतिहास है। इसमें सन्देह नहीं कि स्रष्टा के ऐतिहासिक जीवन भूमि के केन्द्र बिन्दु से सृष्टि की मूल्य सन्धान करने की यह प्रचेष्टा आधुनिक युग की देन है। फिर भी साहित्य-विचार करने की यह प्रयोग-विधि आज सर्वापेक्षा उपयोगी स्वीकृत हुई है, उसके पीछे इस युग का एक विशिष्ट विश्वास काम कर रहा है। शिल्पी की चेतना की गहराई में उनके स्वतन्त्र मनोधर्म व सृजनकर्म को नित्य-नियत प्रभावित उसका बृहत्तर जीवन करता रहता है। इस जीवन का प्रतिफलन समाज, धर्म, शिक्षा व संस्कृति पर आचार-आचरण, राजनीति-अर्थनीति के ज्ञान व विचित्र

मननशीलता पर पड़ता है। 'श्रीकृष्णकीर्तन' के शिल्प-मूल्य के निरपेक्ष ऐतिहासिक विचार के मार्ग को एक ओर चैतन्य भाव-स्निग्ध पदावली-साहित्य की लोकोत्तर मधुर कान्ति, दूसरी ओर आधुनिक रुचि सम्पन्न विदग्ध मन के उन्नासिक विरूपता ने अवरोधित किया है।

श्रीकृष्णकीर्तन के काव्य स्वभाव का उत्स

इस सन्दर्भ में 'श्रीकृष्णकीर्तन' के पदावली-निरपेक्ष स्वतन्त्र काव्य-स्वभाव के उत्स व स्वरूप का सन्धान करना इतिहास का पहला दायित्व है। वैष्णव पदावली के अन्तर्निहित गौड़ीय वैष्णव-भावना की द्युति चैतन्योत्तर युग की सम्पदा है। वैष्णव भक्त जनों की साहित्य-ध्यान में महाप्रभु चैतन्य के दिव्य-जीवन की प्रेरणा मानवतामय मधुर कान्ति दिखती है किन्तु इससे बंगाल में विष्णु-भक्ति व वैष्णवता का इतिहास अपरिज्ञात नहीं था। विचित्र प्राचीन मूर्ति-शिल्प की सीमा पार कर भी अजस्र ब्राह्मण्य पुराण साहित्य में सर्वशक्तिमान परम-ईश्वर 'विष्णु' की महिमा परिचय कीर्तित हुआ है। दूसरी ओर, गौड़ीय वैष्णव-साधना का परम साध्य विष्णु नहीं वरन् कृष्ण है; राधा-माधव है। राधा प्रसंग के ऐतिह्य सन्धान कर पंडितों ने 'श्रीमद्भागवत पुराण' से वैदिक युग तक परिक्रमा की है। फिर भी, चैतन्य-आविर्भाव से पहले वैष्णव-पदावली सम्भव राधावाद की परिकल्पना प्रतिष्ठालाभ नहीं कर पायी थी। वस्तुतः गौड़ीय वैष्णव साहित्य की धर्म भावाश्रित जीवन धारा की उत्स चैतन्यलीला-समुत्तर बृहत्तर जीवन भूमि ही थी।

दूसरी ओर, राधाभाव का प्राचीनतम ऐतिह्य लोकजीवन सम्भव साहित्यकृति की उपज है। इस सन्दर्भ में लक्षणीय है कि गौड़ीय वैष्णव धर्म-चिन्ता के क्षेत्र में द्वितीय होने पर भी वैष्णव पदावली-साहित्य में राधा की भूमिका अद्वितीय एवं अनन्य तुल्य है। प्रेम साधना के क्षेत्र में वैष्णव अलंकार शास्त्र राधा-कृष्ण के प्रयास का तुल्य-मूल्य निर्देश करता है, किन्तु वैष्णव कवि का ध्यान धारणा राधा की अतृप्त अजस्र विचित्र अभिसार-आराधना की मुखर चित्रमाला है। आलंकारिक रीति या सन्दर्भ के प्रयोजन से कभी कृष्ण किसी रात्रि के अभिसार करने निकल भी पड़े हों पर राधा को भी प्रेम-वेदना से जर्जरित होना पड़ा है—

"ए घोर रजनी मेघेर घटा?
केमने आईले बाटे।
आंगिनार माझे बँधुआ भिजिछे
देखिया पराण फाँटे।"

राधावाद

वस्तुतः लक्षणीय है कि प्रेम की वेदी में एक कुसुम-सुकुमार नारीप्राण की सर्वलांछित आत्मनिवेदन की स्निग्ध करुणा मधुरिमा को तिल-तिल निचोड़कर ही जैसे पदावली की शिल्प-क्रान्ति का निर्माण हुआ है। यह ऐतिह्य केवल वैष्णव पदों का

ही नहीं, राधा-कृष्ण के प्रेम विषयक सभी साहित्य कीर्ति का ही नहीं, राधा, कृष्ण के प्रेम विषयक सभी साहित्य कीर्ति का ही साधारण रस-सम्पद है। इस सन्दर्भ में डॉ. शशि भूषण दासगुप्त का सिद्धान्त रमणीय है—"राधा के बारे में हमारे पास जो भी तथ्य है उससे लगता है कि साहित्य के आधार पर ही राधा का आविर्भाव व क्रमिक प्रसार हुआ है; साहित्य आदि के उज्ज्वल रसों के माध्यम से धर्ममतों के भीतर प्रवेश हुआ है।"[34]

राधा कल्पना का उद्भव व विकास

नर-नारी का प्रणयाकर्षण मानव-इतिहास का वह आदिमतम वृत्ति या प्रवृत्ति है। जिसे अस्वीकार नहीं किया जा सकता है। इसके गहन में सृष्टि की निर्माण व प्रवाह का सुनिश्चित आधार निहित है, और इस वृत्ति का आधार जीवदेह के श्रृंगार-वासना की गहराई में है, परन्तु मनुष्य मनोमय जीव है; जीवोत्तम मनुष्य। देह की प्रवृत्ति को मन की व्यंजना-माधुरी के साथ मिश्रित कर प्रेम-प्रीति के अनंग-सुन्दर चिन्मय मूर्ति रचना में मानस-वृत्ति की चरितार्थता निहित है। इतिहास की प्रत्यक्ष अनुभव से देखा गया है कि लोक समाज की एक वृहत् अंश इस मौलिक प्रवृत्ति की उच्छवसित प्रेरणा से फैला हुआ है। किसी समालोचक के अनुसार—हेलेन को हटाकर ट्राय का युद्ध तथा 'इलियाड' काव्य के उदात्तस्वरूप प्राथमिक अवलम्बन के अभाव में किसी दिन शायद आकार प्राप्त नहीं कर पाता। वैसे ही कहा जा सकता है कि द्रौपदी की अनुपस्थिति में कुरुक्षेत्र का महिमागम्भीर इतिहास चिरअज्ञात रह जाता। स्थूल होने पर भी, आदिम जीवन-स्वभाव की ऐतिह्य मूर्ति, मौलिक महाकाव्य-गोष्ठी के सन्दर्भ में इस सिद्धान्त की सत्यता अस्वीकार्य है। विश्वव्यापी मानव-सभ्यता कितनी भी अग्रसित हों, उस आलोकदीप्त गतिपथ के मोड़ में या हाशिये में एक-दो अनग्रसर अंश भी रह जाता है। लोक समाज का वैचित्र्य जिस प्रकार मनोमुग्धकर है, वैसे ही इस अनग्रसरता की भी द्योतक है। उस समाज में नर-नारी के बीच प्रणय सम्पर्क की अभिव्यक्ति स्वाधीनता एवं आनुष्ठानिक विधि से रहित अनेक समय एक साधारण वैशिष्ट्य से प्रतिभात् हो उठता है। बंगाल का लोकसमाजजात राधा-कथा के मूल में उस स्वेच्छा-विधि-वहिर्भूत प्रणय कला का उल्लसित रूप कम से कम प्राथमिक स्तर में मुख्य था, ऐसा अनुमान किया जाता है। फिर भी, उसके अन्तरालवर्ती मनोभिराम मानविक आवेदन का सुर ही युग-युग से मुख्य हो उठा है—मूलगत देहासंग-लिप्सा को अतिक्रम कर वस्तुतः राधा-कथा इसी सत्य का ऐतिहासिक संकेत वहन करती है।

कुलवाला-कुल की वधू है राधा! सास-ननद की तीक्ष्ण दृष्टि व अशेष लांछना, सामाजिक विधि-नियम के कठिन पाश में उसके नारी पाश को बाँधना चाहता है, पर विहंगम-सदृश कोमल वह प्राण, प्रेमातुर मुक्ति पिपासु है। दूसरी ओर, लोककथा में राधा का वैध पति जड़ताच्छन्न एक नपुंसक क्लीव है। प्राणोच्छल कृष्ण की दीप्त

पौरुष, राधा के नारीत्व को अदम्य शक्ति से आकर्षित करता है। बाद में वह असहाय नारी-प्राण अनन्य-परायण प्रेम के माध्यम से समाज की अभिघात-तीव्रता क्षताक्त-यन्त्रण ा से व्यथातुर हो उठता है। एकनिष्ठ प्रेम-भिक्षु वन्दना-रत नारी चेतना का मृत्युंजय दुखदहन व दुख-सहन की यह त्याग-तितिक्षामय अपूर्व महिमा ही राधा-कथा को साहित्य के रसालोक ने प्रथम अक्षय प्रदान किया था, ऐसा ही विश्वास किया जाता है। तथा लोक-साहित्य के इस केन्द्र से मनोमहिमा का आश्चर्य ऐश्वर्यगुण से राधा की लोक जीवनाश्रयी प्रणय-कथा क्रमशः अभिजात साहित्य-पूर्ण-दर्शन में अक्षय मर्यादा का आसन अधिकार किया था। 'जयदेव के काव्य' 'हरिवंश', 'विष्णुपुराण', 'ब्रह्मवैवर्त पुराण' से गौड़ीय वैष्णव दर्शन एवं बंगला वैष्णव पदावली के रसलोक में इसी प्रकार उसका अवाध अभिसार है।

वैष्णव पदावली में राधा परिकल्पना का ऐतिह्य एवं क्रमिक विकास

अतः लक्षणीय है कि इन्द्रियाश्रयी प्रणयबोध की अतिशयता को केन्द्र कर राधावाद की अतीन्द्रिय प्रेम-साधना-ऐतिह्य पहले मुक्ति लाभ की थी। गौड़ीय वैष्णव भावना में भी इस मौलिक ऐतिह्य का अनुभव अनुपस्थित नहीं है। 'आनुकल्ये सर्वेन्द्रिय कृष्णानुशीलन' ही गौड़ीय वैष्णवों का परम साध्य था, किन्तु वैष्णव साधकों की इन्द्रियानुशीलन आत्मचेतना को सम्पूर्ण उन्मूलित कर एकान्त रूप से कृष्णाभिमुखी हुई है, सम्पूर्ण तादात्म्य भी हुआ।

'चैतन्यचरितामृत' में कहा गया है–
आत्मेन्द्रिय प्रीति इच्छा तारे बलि काम।
कृष्णेन्द्रिय प्रीतिवांछा धरे प्रेम नाम।।'

मानव-चेतना का अन्तर्निहित अच्छेद्य काम-वासना को जलाकर पूजारति के प्रेम अगरू में परिव्यंजित करना ही वैष्णव धर्म की एकमात्र आराधना है। मानव स्वभाव के बीच उस आत्ममुक्तिमय ऊर्ध्वगामिता की सहज आकांक्षा निहित है, परन्तु मानव का लौकिक प्रयास परम मुक्ति के जिस आकाश मार्ग में सहज विचरण नहीं कर पाता है, उस अलौकिक सिद्धि की परमा परिणति ही वैष्णव दृष्टि में कृष्ण-रीति की चिर-आराधिका श्री राधिका है।

लोक-जीवन व लोक-साहित्य के मार्ग से लौकिक राधा की अलौकिक श्रीराधिका रूप में इस विवर्तन का इतिहास कौतूहलजनक है।[35] फिर भी गौड़ीय वैष्णव चेतना में राधा प्रेम की वैधातिरिक्त रागात्मिक रतिमात्र-सर्वस्व स्वभाव की श्रेष्ठता स्वीकृत हुई है। लक्ष्मी, सत्यभामा, रुक्मिनी आदि कृष्ण की वैधी शक्तिगणों की तुलना में ह्लादिनी शक्ति राधा की गरिमा असन्दिध है। वैष्णव भावना की वह अरूप रूप-चिन्तन चैतन्य-जीवन-लीला का अलौकिक दान है।

पर यहाँ लक्षणीय है कि मानव प्रेम-चेतना की मूलगत इन्द्रियोत्कण्ठा को आश्रित

कर जिस राधा-प्रणय गाथा की सूचना हुई है, मनुष्य के आधिमानसिक सूक्ष्मता के परिस्रवण में आहिस्ते-आहिस्ते इन्द्रिय-मोक्षण का प्रयास हुआ है। उसी प्रचेष्टा का महत्तम फल शायद चैतन्य-जीवन-महिमान्वित अतीन्द्रिय प्रेमानुभव की आध्यात्मिक परिकल्पना में हुआ है। इस प्रकार के अनुमान से चमत्कृत होने का कारण नहीं है। रवीन्द्रनाथ के सिद्ध-उपलब्धि के प्रसंग में याद आता है—"जिसे हम प्यार करते हैं, केवल उन्हीं के बीच हमें अनन्त का परिचय मिलता है। यहाँ तक जीवों के बीच अनन्त को अनुभव करने का दूसरा नाम प्यार है। प्रकृति के बीच अनुभव करने का नाम सौन्दर्य सम्भोग है। इससे याद आता है कि सभी वैष्णव धर्म के बीच यह गहरा तत्त्व निहित है। वैष्णव धर्म समग्र प्रेम-सम्बन्धों के बीच ईश्वर को अनुभव करता है।"[36] इन्द्रिय जगत् से इन्द्रियातीत की ओर अभिमुख वैष्णव प्रेम-चेतना का अभिसार-इतिहास का सत्य परिचय यहाँ सार्थक आभासित हुआ है। उसी मार्ग की लोक कथा से वैष्णव कविता में राधा-प्रेमगीति का सहज अवतरण हुआ है।

लौकिक जीवन तथा लोकसाहित्य के स्तर से अति सूक्ष्म आत्मिक माधुर्यरस के माध्यम से एक विशेष मूल्यवान ऐतिहासिक अध्याय का सिद्ध रूपकार के तौर पर जयदेव गोस्वामी परम स्मरणीय है।

'श्रीकृष्णकीर्तन' के कवि वडु चंडीदास इस पूर्वेतिह्य का अनुसरण कर उनके राधा-प्रेम-काव्य की अवतारणा की थी; काव्य के बहुलांश में 'श्री गीतगोविन्द' के अक्षरिक अनुवाद से भी यह सत्य प्रतिपन्न होता है। इस विषय में अन्यान्य प्रमाण भी कम नहीं मिलता है। फिर भी, 'श्रीकृष्णकीर्तन' की श्रेष्ठ ऐतिहासिक एवं साहित्यिक मूल्य वास्तव में कवि की स्वकीयता की समृद्धि के कारण है।

'श्रीमद्‌भागवत' में राधा का कोई उल्लेख नहीं है; कृष्णलीला-विषयक गौड़ीय वैष्णव परिकल्पना के मूल में 'भागवत' के वृन्दावन-लीला का भाव-चुम्बक अलक्ष्य नहीं है; फिर भी राधा-कृष्ण लीला का ऐतिह्य जिन सभी संस्कृत-पुराण में मिला है, वे सभी अर्वाचीन हैं। जयदेव के पूर्ववर्ती या उनके समसामयिक युग में भी, ये सभी परिकल्पना तथा रचना सम्पादित होना विचित्र नहीं है। इन सभी पौराणिक ऐतिह्य के साथ स्वतन्त्र कवि-कल्पना के सहयोग से गोस्वामी जयदेव उनके युगोत्तर काव्य की रचना कर रहे थे। इस कवि-कृति की मुख्य प्रेरणा-यौथ आकांक्षा से मिश्रित थी। 'श्रीगीतगोविन्द' की काव्य मालिका में हरि स्मरण से मानस-सरसता विधान की वासना एवं युगपत् विलासकाल-कुतूहल चरितार्थता की उद्दीपना, समसूत्र में ग्रन्थित हुई है। 'श्रीकृष्णकीर्तन' के प्रारम्भ में 'जन्मखंड' उस ऐतिह्य का पूर्वानुसरण है। कृष्ण-बलराम-राधा का वर्णन सम्पूर्ण पुराण आधृत है। डॉ. नीहारंजन राय ने 'श्रीकृष्णकीर्तन' को बंगलादेश में सहजिया वैष्णव धर्म-साधना का सार्थक काव्य-निदर्शन के रूप में परिचित करवाया है।[37] इस विषय में सत्यासत्य निर्णय के वितर्क में अनुप्रवेश न करके भी कहा जा सकता है कि 'जन्मखंड' के कृष्ण सहजिया या अन्य

किसी प्रकार के प्रेम-रस-घन परिकल्पना की प्रतिभू नहीं हैं, वे हिन्दू ब्राह्मण्य पुराण के आराधित ईश्वर स्वरूप हैं; सर्व ऐश्वर्यमय, कंश-निसूदन, भू-भार हारक; मधुर-मुरली के बदले 'सेहि शंख चक्र गदा शारंग धरे।' कृष्ण के साथ बलराम तथा लक्ष्मीरूपा राधा के जन्म प्रसंग में भी इसी पौराणिक ऐतिह्य का अनुसरण किया गया है।

'श्रीकृष्णकीर्तन' की शैली व वड़ु चंडीदास का पांडित्य

संस्कृत पुराण-साहित्य-अलंकार दर्शन के ऐतिह्य अनुसरण का सुयोग्य अधिकार वड़ु चंडीदास को मिला था; इस विषय में संशय का बिन्दुमात्र अवकाश नहीं है। काव्य के जगह-जगह पर उद्धृत संस्कृत श्लोकावली के लेखक अगर स्वयं कवि ही है, तो भी उनके प्रखर पाण्डित्य का उदाहरण उसी एक क्षेत्र में है। बहुतों का अनुमान है कि समभावयुक्त दूसरा किसी संस्कृत काव्य से ये श्लोकावली उद्धृत है। फिर भी, केवल प्रयोग विधि का औचित्य व परिमिति-बोध से भी कवि के गहरे संस्कृत ज्ञान के बारे में निस्सन्देह हुआ जा सकता है। केवल इतना ही नहीं, राधा-चरित्र के क्रमिक विकास के चित्रण में शिल्पी ने संस्कृत अलंकार शास्त्र के मूलनिहित मानसिक पटभूमि कला-कौशल से काव्य के हर स्तर को अनावृत किया है। केवल कथा-अंश में नहीं, नायक-नायिका की रूप-वर्णनादि के चित्रण में काव्यशास्त्र ज्ञान के प्रगाढ़ अधिकार का प्रदर्शन हुआ है। इसके अलावा, 'श्रीगीतगोविन्द' के बहुल भावानुवाद में संस्कृत काव्य-साहित्य में वड़ु चंडीदास के प्रवेश प्रकर्ष का श्रेष्ठ परिचय है। यह सब कुछ देखकर ऐसा लगता है, 'श्रीकृष्णकीर्तन' की परिकल्पना के मूल में हुआ है। अनभिजात लोक-प्रणय-मूलक राधा-कथा को अभिजात पौराणिक मनन-मण्डित रूपाधार में उपस्थित करने का प्राथमिक प्रयास और इस सुदीर्घ आलोचना के माध्यम से यही अनुभव करना चाहा है कि लौकिक जीवन-चित्र की यह अभिजात रूपायण प्रयास प्रथम सिद्ध सफल रूप में 'श्रीगीतगोविन्द' में चित्रित हुआ था। वैष्णव पदावली में इसी धारा का क्रमिक प्रसार अतीन्द्रिय आध्यात्मिक भावलोक में हुआ है। वड़ु चंडीदास की विशिष्टता यह है कि इस आभिजात्यता की परिमंडल की रचना में वे सफल नहीं हुए हैं वस्तुतः यहीं पर उनकी अनन्य सिद्धि का परिचय हुआ है। वैष्णव कवि को सम्बोधित कर कवि रवीन्द्रनाथ ने पूछा था—

"सत्य करे कह मोरे हे वैष्णव कवि,
कोथा तुमि पेयेछिले एई प्रेम छवि,
कोथा तुमि शिखेछिले एई प्रेमगान
विरहतापित। हेरि काहार नयान
राधिकार अश्रु-आँखि पोड़ेछिलो मने।"
एत प्रेमकथा
राधिकार चित्तदीर्ण तीव्र व्याकुलता।
चुरि कवि लईयाछ कार मुख, कार आँखि होते।"

('वैष्णव कविता'; सोनार तोरी)

वर्तमान प्रसंग में यह अपरिहार्य है कि किसी विशेष मानवी प्रिया के व्यक्ति-जीवन के मूल से किसी विशेष कवि उनकी अति अलौकिक काव्य भावना का पाथेयरूप में लौकिक जीवन-प्रेरणा लाभ किया था या नहीं परन्तु इस सुदीर्घ आलोचना से अनुभव किया जा सकता है कि विभिन्न देशकाल में राधा जीवन के किसी मानवी रूप के लोकायत-ऐतिह्य को केन्द्र कर उनकी अलौकिक भावरस-धन तिलोत्तमा मूर्ति रचित किया गया है, पर बड़ाई का चित्रण राधा व कृष्ण की उक्ति-प्रत्युक्ति पर आधृत है। बीच-बीच में वर्णनामूलक संस्कृत श्लोक की सहायता से आगन्तुक घटनावली के सम्बन्ध में कवि ने पूर्व-संकेत भी दिया है। इस रचना की प्रकृति में 'श्रीगीतगोविन्द' की पूर्वच्छाया सुस्पष्ट दिखाई देती है। किन्तु उससे भी अधिक राधा-चरित्र का नाटकीय क्रमाभिव्यक्तियुक्त पूर्णांग रूप-सृष्टि की दक्षता दिखाई देती है। जीवन की विचित्र घटना व आचरणसमूह की उस सार्थक चुम्बक रचना में भी चरित्र-शिल्पी की यथार्थ जिसके बीच से किसी एक विशेष व्यक्ति-सत्ता का अन्तर्निहित मूल प्रकृति का अखण्ड सम्पूर्ण मूर्ति चित्रित हुआ है। राधा के चरित्र रचना के माध्यम से एक 'अज्ञातयौवना' किशोरी में प्रोषितभर्तृका प्रगल्भी युवती की जीवन-व्यथा का आलंकारिक क्रमाभिव्यक्ति की छवि को वडु चंडीदास ने परत दर परत खोलकर देखा व दिखाया है। नाटक की रूपाधार में सुपरिकल्पित पालाविभाग उस क्रमिक प्रकाश को एक ओर मानवीय एवं नाटकीय अर्थात् घटना-तरंग-संक्षुब्ध मूर्ति में रूपायित कर देता है। 'श्रीकृष्णकीर्तन' कथा में घटना संघात का अभाव व गतानुगतिकता के प्राचुर्य के सम्बन्ध में बीच-बीच में शिकायत की जाती है। परन्तु यहीं पर वास्तव में आलंकारिक पाण्डित्य के उर्ध्वलोक से लोक जीवन की यथार्थ भूमि में वडु चंडीदास की यथार्थ प्रतिष्ठा हुई है। बंगाल का आंचलिक समाज एवं पारिवारिक जीवन, स्वभाव बहिरंग में किसी काल में घटना बहुल नहीं हैं, परन्तु व्यक्तिगत परिवेश व परिजनों के साथ देह-मन का निभृत अभिघात आलोड़न में प्रतिमुहूर्त जीवन का जो विकास घटता है उसका परिणाम किसी एक विशेष जीवन के लिए मूल-मन्थनकारी होने में बाधा नहीं है। 'दानखंड' की अज्ञात-यौवना किशोरी-जीवन से 'वंशी' व 'विरहखंड' में राधा की जिस प्रणय-व्याकुल प्रगल्भ रूपान्तर हुआ है, उसके बाद के देह-मनोगत झंझाआन्दोलन की मूर्ति को सार्थक नाटकीयता के साथ वडु चंडीदास ने अंकित किया है। इस आँधी ने राधा की देह को पार कर उसके मन को गहराई से व्याकुल किया है। लांछित, उत्तेजित नारी-हृदय की मर्मानुभूत आर्ति वडु चंडीदास की श्रेष्ठ अभिव्यक्ति की विशेषता है। राधाकृष्ण की दैवी मूर्ति चित्रण करते हुए वे मानवी राधा को विस्मृत नहीं कर पाये। दूसरी ओर, काव्य के विभिन्न अंश में प्रसंग-अप्रसंग में 'सरूपे जाणह आछे देव चक्रपाणि', कृष्ण-कंठ के अनुरूप दम्भोक्ति के बावजूद वास्तव में कवि ने उनके भीतर एक मानव-चरित्र का

वास्तव प्रतिरूप ही चित्रित किया है। "गोपपल्ली में प्रतिपालित होकर" वह कृष्ण अमार्जित चरित्र का सबलकाय किशोर है। यह गोपपल्ली उस यमुना तीर का विदग्ध आभीर पल्ली नहीं, यह बंगला के भागीरथी के किनारे की गोपपल्ली है।" अर्थात् पुराण के नन्द-यशोदा के गोकुल की आभिजात्य परिवेश से 'श्रीकृष्णकीर्तन' के कृष्ण उतर आये हैं बंगाल के अशिक्षित, अनभिजात लोक समाज की जीवन भूमि में। यहाँ किशोर अवस्था के अपरिणत रूप-यौवन-लालसा, उसके लिए अनुष्ठित असंख्य अनावृत समाज-विगर्हित आचरण तथा चरम मुहूर्त के वंचनावृत्ति का अनुष्ठान, सब कुछ मिलकर लोक-स्वभाव की एक आदिम मूर्ति ही रूपाकार धारण करता है। यह कृष्ण देवता नहीं, केवल मनुष्य भी नहीं, आदिमता से पीड़ित लोकमानुष है; कवि शेखर कालिदास राय के अनुभव अनुसार, यह मनुष्य बंगलादेश के भागीरथी के किनारे की गोपपल्ली का लोक-मानुष है।

इसका अर्थ यह नहीं कि वडु चंडीदास ने कुछ कपोल कल्पित बनाया है। 'श्रीकृष्णकीर्तन' काव्य में 'जन्मखंड' की पौराणिक कृष्णसत्ता अगली रचनाओं में लोक-मानुष हो गया है, राधा लोक मानवी के रूप में उपस्थित है, यह कवि के लोक-जीवन-रस-घनिष्ठता का परिणाम है। राधा-चरित्र की अलोचना में इस सत्य की उपलब्धि गहरी हो जाती है।

'श्रीकृष्णकीर्तन' का अलंकारसिद्ध काव्य रूप

सम्पादक वसन्तरंजन राय ने 'श्रीकृष्णकीर्तन' को 'गीतिनाट्य श्रेणी का गीतिकाव्य' के रूप में अभिहित किया था। पूरी कहानी ही बड़ाई, राधा व कृष्ण के कथोपकथन मूलक पदावली के माध्यम से वर्णित हुआ है।

ऐसा लगता है कि, 'बंगाल के भागीरथी के किनारे अशिक्षित गोपपल्ली' की सामाजिक दुर्नीति-पीड़ित ट्राजेडी की यह एक वास्तव प्रतिच्छवि है। ग्रामीण बंगला के प्रत्येक स्तर में बालिका-विवाह दीर्घ दिनों से एक अपरिहार्य सामाजिक प्रथा थी। नारी-पुरुषों में वयोगत असाम्य था; जो एक स्वतः सिद्ध घटना थी। फलस्वरूप पुरुषों के नवयौवन-वासना अनेक क्षणों में निर्मम लालसा के आकार में 'अज्ञात-यौवना' किशोरी की अप्राप्त नारी सत्ता के उद्‌बोधन में प्रमत्त हो उठती थी, विशेष रूप से अशिक्षित, अमार्जित-चेतन लोक समाज में इसके अनुरूप घटना प्रायः विरल नहीं थी किन्तु नाना अस्वाभाविक पीड़न व ताड़ना से बालिकाओं का नारीत्व जब अकाल-उ. क्षिप्त हो उठता था तब अनैसर्गिक से पुरुष की आकांक्षा उसके प्रति विमुख होने लगी थी। अकाल-बोधित असहाय नारी-चित्त के लिए तब अतृप्त बुभुक्षा, आक्रोश व आर्ति के अलावा दूसरा कोई सहारा बचा नहीं रहता था। सामाजिक शृंखला रहित का यह चित्र प्रीतिपद नहीं फिर भी इतिहास की दृष्टि से इसे अस्वीकार करना उचित नहीं होगा। श्रीकृष्णकीर्तन एवं मध्ययुगीन अपरापर साहित्य-कर्म में इस प्रकार

के नीतिहीन जीवन का चित्र उसके सरस-विरस वर्णन प्रचुर है। कभी-कभी ये सब उपाख्यान-प्रसंग के जड़ में आकस्मिक प्रथा या गतानुगतिकता के प्रभाव का अनुमान भी किया जाता है। जीवन के मूल में जिसका यथार्थ अस्तित्व नहीं है, साहित्य या अन्यत्र प्रथा के रुप में उनकी विद्यमानता का अनुमान केवल मात्र कल्पना ही है। उन्नीस शतक के शिक्षित बंग समाज में बाल्यविवाह-प्रथा हास्यास्पद है। रवीन्द्रनाथ की नवबंग दम्पती के प्रेमालाप (मानसी) कविता में बंगाल के समाज-व्यवस्था में मामाश्वसुर एवं भगनेबोउ के सम्बन्ध व आचरण के मूल में सुप्राचीन किसी एक अतिचार की अज्ञात फलश्रुति अवश्य ही आत्मगोपन करके है—"श्वसुर सम्पर्कित सभी प्रणम्य होकर भी मामाश्वसुर किसी पाप से अस्पृश्य है।" यह कौतूहल जिज्ञासा बीसवीं शतक के किसी विदग्ध-मानस बंगाली लेखिका की दृष्टि से परे रह गया।[38]

सुप्राचीन लोकसमाज-चित्र का कुछ-कुछ अंश अवांछनीय या शायद अपरिच्छन्न भी है। फिर भी उस अकिंचितकर जीवन-उपादान को आश्रित कर वडु चंडीदास ने एक ग्रामीण नारी की हृदय-वेदना में रस-स्निग्ध मानवीय संवेदना के उत्कंठा की सृष्टि की है—*यही उनकी सृजन शक्ति की सार्थकता है—*

"जेकान्ह लागिउँ मोआन ना चाहि लों
बडथि
ना मनिलों लघु गुरुजने।
हेन मने पड़िहासे आक्षा उपेखिया रोषे
आन लआँ बंचे वृन्दावने।।
बडाथि गो,
कत दुख कहित काँहिनी
दह बुली झाँप दिलों से मोर सुखाईल ल
मोंच नारी बड़ अभागिनी।।
नान्देर नन्दन कान्ह जशोदार पो
आल
तार समे नेहा बाढायिलों।
गुपतें राखितें काज ताके मोंच विकसिलों
ताहार उचित फल पायी लों।.........."

केवल भाव-भाषा या छन्द शैली में ही नहीं, इस पद में वाग् भंगिमा की वैशिष्ट्य में भी ग्रामीण आन्तरिकता की एक निभृत-गहरी सुर को मूर्त कर दिया है। इस प्रसंग में एवं प्रकरण में श्रीकृष्णकीर्तन के जो सभी अंश वास्तव में काव्य-रसोत्तीर्ण हुआ है, उसकी एकान्त अमिश्र ग्रामीणता ही उसका मुख्य सम्पद है; नितान्त अमार्जित एवं स्थूल होने पर भी शिल्पी की आन्तरिक एकात्मता के गुण में वह जीवन रस सुनिविड़ माधुर्य से पूर्ण हो उठा है।

वडु चंडीदास की कवि सिद्धि

यहाँ तक राधा जीवन की परिणामी चित्र कथा का वर्णन है। लक्षणीय है कि सूचना से प्रतिक्षण में हरेक छोटे-बड़े तथ्यों के बीच राधा के जीवन के तिल-तिल का चित्रण कवि ने एक पूर्णस्फुट कमल-कली के समान विकसित किया है। उस युग में नारी धर्म के एक सामाजिक प्रतिरूप के समान ही राधा का व्यक्ति रूप धीरे-धीरे निर्मित हुआ है। केवल देहासंग वृत्ति का सन्दर्भ छोड़कर नारी की उस अपरिणत-गठन-मनोवृत्ति, भय एवं प्रणय-वृत्ति की द्विधा-अपरिणामदर्शी प्रेम की वेदी में असहाय आर्ति, सब कुछ मिलाकर राधा में एक सम्पूर्ण बंगाली लोक-मानवी को ही निस्सन्देह प्रत्यक्ष किया जाता है। हृदय विदारण वेदना की अग्निताप से उनकी इन्द्रिय-व्याकुलतामय प्रणयवृत्ति के गर्त में जल-जलकर राख हुई है। एक भाषा में निखाद तादात्म्य व प्रेम की स्वर्ण-विभूति दिखाई पड़ती है। कवि-चेतना की सहृदयता के स्पर्श से कहानी में लोक जीवनाचार की स्थूल गतानुगतिकता किन्तु उसके गहराई में अनिर्वचनीय प्रेम-वेदना की फल्गुधारा अनुभवनीय व्यंजना लाभ करता है। रचनाशैली की यह अनन्य विशिष्टता केवल तुलना की सहायता से आस्वादन करना सम्भव है। श्याम नाम के भावावेश से पदावली के कवि चंडीदास की राधा विवश-हृदय रो उठी थी—

"सोई केबा सुनाईल श्यामनाम
कानेर भीतर दिया मरमें पशिलो गो
आकुल करिल मोर प्राण।।"

SUBJECTIVE प्रेमानुभूति की ऐसी एकनिष्ठ अभिव्यक्ति प्रायः कल्पनातीत है। फिर भी व्यक्तिगत अनुभव की यह मन्मयता दुर्लभ होने पर भी शायद असम्भव नहीं है, किन्तु एकान्त स्थूल ग्राम्य भाव की प्रेरणा से निर्मित ग्राम्य भाषा की अश्लील काव्य के कवि जब राधा मीनन में मरिएठ वंशी-नाद की महिमा-कीर्तन करता है, तब विस्मित न होकर कोई उपाय नहीं है—

"केना बाँशी बाए बडायी कलिनी नयी कूले।
केना बाँशी बाए बडायी ए गोठ-गोकुले।।
आकुल शरीर मोर बे आकुल मन।
बाँशीर शबदें मो आउलाइलो रांधन।
केना बाँशी बाए बडाथि से ना कोन जना।
दासी हआँ तार पाए निशिबों आपना।
केना बाँशी बाए बडायि चित्तेर हरिषे।
तार पाए बडायि मों कैलों कोन दोषझे।।
अझर झर ए मोर नयनेर पानी।
आकुल करिते किबा आक्षार मन।
बाजाए सुसर बाँशी नान्देर नन्दन।।

पाखि नहों तार ठाई उडी पडि जाँओ।
मेदिनी बिदार देउ पसिआँ लुकाओं।।
बन पोडे आग बडायि जगजने जाती।
मोर मन पोडे जेन्ह कुम्भरेर पणी।।''

यहाँ रुचिमान विदग्ध चित्त की सूक्ष्म भावानुशीलन तो नहीं, व्यक्तिगत अनुभूति की विस्मयकर निविडता भी नहीं बल्कि परिदृश्यमान जीवन का भाव व भाषा में कवि जैसे यहाँ एक अमिश्र वास्तव जीवन-काव्य की रचना करते हैं।

'श्रीकृष्णकीर्तन' की इन्द्रियातुर लोक-प्रणय कथा, वंशी व विरहखंड के परिणाम लग्न में इन्द्रियातिक्रमी अविमानसिक महिमा में मंडित हो उठा है। विरह-व्यथातुर राधा-चित्त की मन्मय व्याकुलता श्रीकृष्ण कीर्तन की नाट्य-शरीर के गूढ़मर्म में गीति-सौरभ का संचार करता है। श्रीकृष्णकीर्तन यथार्थ में 'गीतिनाट्य श्रेणी का गीतिकाव्य' बन पड़ा है।

श्रीकृष्णकीर्तन काव्य-विचार में इतिहास का सिद्धान्त

काव्य-विचार इतिहास को एक ओर से उसके काव्य को आभिजात्यगर्वी सूक्ष्म रुचि-विलास की विनष्टि से रक्षा करता है तो दूसरी ओर गतानुगतिक जीवनधारा की केदक्लिन्नता के बीच शिल्प की समाधि रचना न करके बृहत्तर भाव-कल्पना के उन्नत लोक में उसे मुक्ति दी है। फलस्वरूप वंशी एवं विरहखंड में काव्य की रस-फलश्रुति मानव-प्रेमचेतना का अनन्त अभिसारिता का व्यंजना वहन कर रहा है; एकान्त इन्द्रियाश्रयी कवि कथा को भी अतीन्द्रिय अनुभव का महत् मूल्य से अभिषिक्त करता है। यहीं अति दूरगत होने पर भी वैष्णव पद साहित्य के साथ श्रीकृष्णकीर्तन का स्थूल सादृश्य है। उद्धृत दृष्टान्तों के अलावा भी श्रीकृष्णकीर्तन के कम-से-कम एक पद इस मन्तव्य का ऐतिहासिक यथार्थ प्रतिपन्न करने का दावा करता है–

''प्रथम प्रहर निशि सुस्वप्न देखि बसि
सब कथा कहिहे तोमारे।
बसिया कदम्ब तले से कानु करेछे कोले
चुम्ब दिया बदन उपरे।।''.....आदि।

वडु चंडीदास की भणिता में ही प्रचलित इस बहु विख्यात वैष्णवपद का आदिरूप आविष्कृत हुआ है श्रीकृष्णकीर्तन के राधा-विरह खंड में–

"सब कथा कहिहे तोमारे।
बसिआ कदम तले से कान्ह करिल कोले
चुम्बिल बदन आक्षारे है।'' आदि पदों में।

स्पष्ट ही समझ आता है–प्राथमिक खंड के बहिरंग रुचिहीनता की सीमा

अतिक्रम कर श्रीकृष्णकीर्तन की इस परिणामी आवेदन को आंशिक रूप से होने पर परवर्ती पदसाहित्य के अन्तर्भुक्त कर लेने में किसी प्रकार की बाधा नहीं हुई। इसके बाद भी वितर्कों का अजस्र अवकाश रचित हो सकता है। फिर भी इतिहास के लिए ऐसे सिद्धान्त परिहार करना कठिन है कि श्रीकृष्णकीर्तन का जहाँ अन्त है, पदावली साहित्य वहीं से आरम्भ होता है। साहित्य व दर्शन में श्रीराधा की कमलिनी मूर्ति का क्रमिक विकास एक परम्परानुगत पद्धति का अनुसरण करता है। उसके शतदल रूप की पूर्ण अभिव्यक्ति वैष्णव पदसाहित्य में अवश्य ही हुआ है, किन्तु जो मानस भावना की पंखुड़ी विकसित होने पर राधा-कमलिनी की शतदल मूर्ति में विकास हुआ है, उसके अव्यवहित पूर्ववर्ती एक साहित्यिक रूप श्रीकृष्णकीर्तन में निस्सन्देह उपस्थित है। मध्ययुग के बंगला रस-साहित्य में आलोच्य काव्य की श्रेष्ठ ऐतिहासिक प्रतिष्ठा यहीं पर है।

आदिमध्य युग का वैष्णव पद-साहित्य और चण्डीदास समस्या

चण्डीदास-समस्या

प्राचीन बंगला साहित्य के इतिहास में चण्डीदास-समस्या प्रायः सबसे अधिक जटिल प्रसंग है। पुरातन ऐतिह्य के तथ्य लुप्त हो जाने के फलस्वरूप हमारे साहित्य के इतिहास में और भी अनेक जटिल ग्रन्थियों का उद्भव हुआ है जिसे दूर करना सहज साध्य नहीं है। इन सभी समस्याओं में प्रायः अधिक आलोचित चण्डीदास समस्या है। चण्डीदास सम्बन्धित जिज्ञासा व समस्या को स्पष्ट आकार 1323 बंगला वर्ष में श्रीकृष्ण काव्य प्रकाशित होने के बाद मिला था। पहले के अध्याय में उस काव्य का प्रासंगिक परिचय उद्धृत हुआ है। अब चण्डीदास समस्या का यथार्थ स्वरूप सन्धान किया जा सकता है। पहले ही कहना संगत होगा कि स्पष्टतर तथ्य-प्रमाण के अभाव में इस समस्या का समाधान करना कठिन है।

मुख्य जिज्ञासा

चण्डीदास सम्बन्धी आलोचना में इतिहास की चतुरंग समस्या है–

1. चण्डीदास नामधारी राधाकृष्ण प्रेम-संगीत के कवियों का संख्या निर्णय।
2. श्रीकृष्णकीर्तन के वडु चण्डीदास व प्रचलित जनमनोहर वैष्णव पदावली की शिल्पी चण्डीदास के परिचय का सामंजस्य विधान तथा चैतन्य देव कर्तृक आस्वादित चण्डीदास कवि का परिचय आविष्कार।
3. चण्डीदास के जन्मभूमि-निर्देश, एवं
4. चण्डीदास नामधेय विभिन्न कवियों का काल व काव्यस्वभाव का ऐतिह्य सन्धान।

समस्या व संशय का उत्स

पूर्वोक्त प्रथम जिज्ञासा को वर्तमान में जो आकार मिला है, उसका जन्म असल में द्वितीय प्रश्न की मूलभूमि में है। वस्तुतः चण्डीदास नामक कवियों की संख्या उनका परिचय लेकर वितर्कों की सूचना हुई है। चैतन्यदेव के आस्वादित कवि चण्डीदास की ऐतिहासिक मूल सन्धान करते हुए वडु चण्डीदास के श्रीकृष्णकीर्तन आविष्कृत होने से पहले से ही चण्डीदास के भणितायुक्त अजस्र वैष्णव पद सर्व-स्तर के बंगालियों का चित्त हरण किया था। उसी के साथ होने का गौरव भी निर्विचार लाभ कर रहे थे। तभी साधारण बंगाली मानस में चण्डीदास कवि एकमेवोद्वितीय थे। एक से अधिक वैष्णव पदकर्ता का नाम चण्डीदास होना सम्भव है, यह कल्पना उस काल में स्वप्नातीत थी। इस बारे में संशय श्रीकृष्णकीर्तन आविष्कार के पहले से ही अंकुरित होना आरम्भ हुआ था। 1305 बंगला वर्ष में नीलरतन मुखोपाध्याय ने चण्डीदास के नामांकित इस लीला विषयक कुछेक अभिनव पद आविष्कार किया था। इसके बाद 1321 बंगाब्द में व्योमकेश मुस्ताफी ने कृष्ण के जन्मलीला विषयक कुछ-कुछ पदों का प्रकाशन किया था। सभी पदों में चण्डीदास की भणिता होने पर भी रचनागत अपकृष्टता को देखते हुए इन्हें मधुस्वादी पदरचयिता चण्डीदास की रचना कहते हुए द्विधा होती है। श्रीकृष्णकीर्तन आविष्कार के बाद यह सन्देह प्रायः सुनिश्चित सिद्ध ान्त में परिणत हुआ कि उस काव्य एवं पदावली के रचना कर्ता विख्यात चण्डीदास नहीं हैं अतएव अब जिज्ञासा यह है कि बंगला वैष्णव पदावली-साहित्य में कितने कवि चण्डीदास थे।

प्राचीनतम चण्डीदास-वडू

अविकृत तथ्य एवं प्रचलित किंवदन्ती से एकाधिक चण्डीदास के अस्तित्व आविष्कार या अनुमान कर सकते हैं। इनमें से सर्वापेक्षा प्राचीन श्रीकृष्णकीर्तन के कवि वडु चण्डीदास हैं। परवर्ती काल में भी पंडितमहल में इस विषय में नाना अभिमत पोषित होता रहा है। ऐसे सिद्धान्त के पक्ष में भी युक्ति उद्धार किया जा सकता है। वडु चण्डीदास से पहले भी पदसाहित्य में किसी प्रकार की उपाधि या विरोधहीन एक चण्डीदास का आविर्भाव हुआ था। महाप्रभु श्रीचैतन्य ने उनकी पद-माधुरी का ही आस्वादन किया था। सम्भाव्य पदकर्ता उस चण्डीदास के समय के बारे में कुछ निश्चित तथ्य न मिलने पर इतिहास की ओर से वडु चण्डीदास को अस्वीकार करना सहज नहीं है।

श्रीकृष्णकीर्तन की प्राचीनतम निदर्शन

जो भी हो, श्रीकृष्णकीर्तन निस्सन्देह चैतन्यपूर्वक काल की कल्पना है। इस तथ्य के समर्थन में अनेक आभ्यन्तरीण प्रमाण मिलते हैं। अध्यापक मणीन्द्रमोहन वसु ने इस

विषय में विस्तारित आलोचना की है। इनमें से कुछ मुख्य उपादान उद्धार किया जाता है–

1. 'श्रीकृष्णकीर्तन, की राधा, लक्ष्मी की अवतार या लक्ष्मी स्वरूप के रूप में कल्पित हुई है, पर चैतन्य परवर्ती वैष्णव भावना के मुताबिक लक्ष्मी, सत्यभामा, रुक्मिणी आदि कृष्ण की वैधी शक्तियों में राधा सर्वश्रेष्ठ हैं। वे कृष्ण की ह्लादिनी शक्तिरूपा, रागानुग प्रेमसाधना व महाभाव की मूर्तिमती विग्रह हैं।

2. 'श्रीकृष्णकीर्तन' में राधा का ही और एक नाम चन्दावली है; परवर्ती चैतन्योत्तर वैष्णव कवियों में कृष्ण प्रेम की आराधना में चन्द्रावली व राधिका परस्पर की प्रतिद्वन्द्विनी हैं।

3. 'श्रीकृष्णकीर्तन' काव्य में 'बड़ाई' राधाकृष्ण की एकमात्र प्रणय-साधिका है। चैतन्य-परवर्ती पदावली-साहित्य में बड़ाई को स्थानच्युत किया गया है; ललिता, विशाखा आदि सखीगण वहाँ राधा की नित्य सहचरी हैं। वैष्णव-भावना में इनकी प्रतिष्ठा रूपगोस्वामी प्रवर्तित रसशास्त्र के अनुसार है।

4. 'श्रीकृष्णकीर्तन' की राधा संस्कृत अलंकार शास्त्र के अनुसार मानवी नायिका है। 'अज्ञात यौवना मुग्धावस्था' से 'ज्ञातयौवना प्रगल्भा' अवस्था तक उनका चारित्रिक विकास आलंकारिक क्रम के अनुसार हुआ है। किन्तु चैतन्य परवर्ती युग की राधा प्रथम से ही कृष्ण में समर्पित प्राणा, कृष्णप्रेमिक-सर्वस्व है और बाद में, पदावली की राधा-चरित्रवर्णना रूपगोस्वामी की 'उज्ज्वल नीलमणि' तथा अन्यान्य धर्म-रसशास्त्र-ग्रन्थ के आदर्शानुसार हो उठा है।

लिपि, भाषा व पोथी आदि

इसके अलावा, छोटे-बड़े तथ्यगत प्रचुर उपादान हैं, जिनसे केवल यही सिद्धान्त निकलता है कि 'श्रीकृष्णकीर्तन' नामक काव्य की परिकल्पना किसी सुप्राचीन युग में हुई थी। चैतन्य-प्रभावित धर्मादर्श तब भी समाज में फैला नहीं था। ये सभी विचार बाद में ही आये। उससे बहुत पहले से केवल पोथी की लिपि व भाषा देखकर ही पंडितों ने 'श्रीकृष्णकीर्तन' काव्य को निस्सन्देह चैतन्य-आविर्भाव के बहुत पहले ही प्रतिष्ठित किया था। परवर्ती काल में इसे लेकर विपरीत अभिमत भी व्यक्त हुआ है। फिर भी 'श्रीकृष्णकीर्तन' की पोथी आविष्कृत होने के समसामयिक युग में यह तथ्य भी साधारण रूप से स्वीकृत हुआ था कि केवल कवि व उनका काव्य ही नहीं; आलोच्य पोथी भी प्राक्-चैतन्य काल में लिखित है। फलस्वरूप किसी-किसी वर्ग में यह सिद्धान्त भी स्वतः सिद्ध हो उठा कि महाप्रभु चैतन्य देव ने इस प्राक्चैतन्य काव्य को ही आस्वादित किया था। निष्ठावान वैष्णव पंडितजनों के लिए यह अनुमान अकल्पनीय है। मधुस्यादी चिरपरिचित वैष्णव पदावली का सभी मूल्य लुप्त हो गया, लेकिन रुचि एवं अभिव्यक्ति भंगिमा में नितान्त-स्थूल अशालीन इस पदावली को अभिनव काव्य माना गया; ऐसी स्थिति दुःसह है। विशेषकर चैतन्यदेव

इस ग्राम्य काव्य-रस आस्वादित कर पाये थे, ऐसे सिद्धान्त भी मान लेना कठिन है। दूसरी ओर, 'श्रीकृष्णकीर्तन' के समर्थकगणों ने नवीन तथ्य उपस्थित किया है। सनातन गोस्वामी ने भागवत के दशम स्कन्ध की टीका टिप्पणी में एवं जीव गोस्वामी उनके 'वैष्णव तोषिणी' टीकाग्रन्थ में काव्य शब्द की व्याख्या सन्दर्भ में 'श्रीजयदेव चण्डीदासादि दर्शित दानखण्ड नौकाखण्डादि प्रकार' का उल्लेख किया है। इससे यह अनुमान करना अन्याय नहीं होगा कि चैतन्य पार्षदसमाज में जो चण्डीदास कवि कुल चूड़ामणि रूप में स्वीकृत है, वे प्रचलित 'पूर्वराग-अनुराग', 'मान-अभिमान' आदि परिचित रस-पर्याय के स्रष्टा नहीं हैं, वे थे 'दानखण्ड' 'नौकाखंडादि' लीला का मधुकर शिल्पी अतः चैतन्यदेव ने इस श्रीकृष्णकीर्तन काव्य का ही आस्वादन किया था। ऐसे तर्कों पर बल दिया गया।

दीनेशचन्द्र सेन के अनुसार—अपरिणत आयु के चापल्य के कारण चण्डीदास ने 'श्रीकृष्णकीर्तन' जैसे एक 'अति अश्लील' काव्य की रचना की थी। बाद में शिल्पी-स्वभाव के क्रमविवर्तन के फलस्वरूप परिणत अवस्था में इसी कवि ने अपूर्व प्रेम भाव-समृद्ध-पद-साहित्य की रचना की थी। दीनेशचन्द्र के मतानुसार 'श्रीकृष्णकीर्तन' आविष्कार के फलस्वरूप जयदेव एवं पदावली साहित्य की मध्यवर्ती रुचि-विवर्तन की ऐतिहासिक इंगित स्पष्ट हुआ है। "यदि कृष्णकीर्तन न होता तो गीतगोविन्द व कृष्णधामालि के बाद हठात् चण्डीदास की पदावली अभ्युदय कैसे हो सकता था?"[40]

किन्तु 'श्रीकृष्णकीर्तन' काव्य में पुराण इतिहास की जो विपुल उद्धृति एवं जिस प्रखर अलंकार शास्त्र ज्ञान का परिचय है, वैसे पाण्डित्य किसी अल्प वयस्कों के लिए स्वाभाविक नहीं है। भाषा या विषयवस्तु वर्तमान युग के लिए जितनी भी विमुखता का कारण हो, इतिहास का यह सिद्धान्त असंशयित है कि "कृष्णकीर्तन महाकाव्य महाकवि वडु चण्डीदास का है।"[41] अतः केवल तथाकथित रुचिदैन्य की शिकायत से इस काव्य को 'बालभाषित' कहकर स्वीकार करना उचित नहीं होगा। इसके अलावा, रुचि एवं प्रकाश रीति की स्थूलता यदि प्राचीनता विचार का मानदण्ड है, तब वडु चण्डीदास को जयदेव से पहले स्थापित करना होगा, कारण यह है कि चिन्ता व अभिव्यक्ति की स्थूलता 'श्रीकृष्णकीर्तन' में अधिक है। फलस्वरूप तर्क-वितर्कों की सभा में 'एक', 'चण्डीदास तत्त्व' क्रमशः अचल हो जाता है। यद्यपि इस सन्दर्भ में स्मरण रखना होगा—'श्रीकृष्णकीर्तन' के प्रथम संस्करण के प्रतिवेदन में स्वयं रामेन्द्रसुन्दर त्रिवेदी ने भी इस एक चण्डीदास तत्त्व का ही समर्थन किया था।

द्वितीय-दीन चण्डीदास

अध्यापक मणीन्द्रमोहन वसु द्वारा दीन-चण्डीदासेर पदावली आविष्कृत होने के बाद (1333 बंगाब्द) यह तथ्य प्रामाणिक रूप से प्रतिष्ठित हुआ कि चण्डीदास एकाधिक थे। प्रधानतः कोलकाता विश्वविद्यालय की 2389 संख्यक पोथी पर

आधारित यह ग्रन्थ सम्पादित हुआ था (1345 बंगाब्द) पुस्तक प्रकाशित होने के बाद देखा गया कि पोथी का आदि-अन्त सुपरिकल्पित पाला (नाटक) के आकार में लिखा गया है। आदि से अन्त तक काव्य में चण्डीदास की भणिता है, अनेक स्थलों में केवल 'चण्डीदास', इसके अलावा दीन चण्डीदास, दीनक्षीण चण्डीदास एवं द्विज चण्डीदास नामों का भी प्रयोग हुआ है। इस काव्य के विषय में चैतन्य परवर्ती धर्म व रस-शास्त्रगत परिकल्पना का प्रभाव-लक्षण सुस्पष्ट है। केवल इतना ही नहीं, काव्य-भाषा में प्रचुर मुसलमानी शब्दों के साथ पुर्तगीज शब्दजात नूतन बंगला शब्द का भी प्रयोग हुआ है। अतएव, इस काव्य का रचनाकाल सप्तदश शतक के अन्तिम भाग से पहले ही होना चाहिए। दीन चण्डीदास का समय इससे पहले का नहीं है।

तृतीय चण्डीदास का सन्धान व वितर्क

अतः यह सिद्धान्त लिया जा सकता है कि बंगला भाषा में राधा-कृष्ण प्रेम-रस-भावित चण्डीदास कवि कम से कम दो थे। एक चैतन्यपूर्व वडु चण्डीदास 'श्रीकृष्ण ाकीर्तन' के कवि; दूसरे चैतन्योत्तर युग के पदकर्ता दीन चण्डीदास। अब भी समस्या का समाधान नहीं होता है। दीन चण्डीदास के काव्य की पोथी में जितने पद मिले हैं उसके सभी उद्धृति पद रूप-विचार से 'द्वितीय', 'तृतीय' या उससे निकृष्ट श्रेणी के हैं। 'प्रथम श्रेणी' के काव्यगुणसम्पन्न, प्रायः कोई पद इसमें नहीं हैं। अतः सर्वजन मनोहारी पदावली की रचयिता चण्डीदास के कवि-व्यक्तित्व का परिचय आविष्कार का ऐतिहासिक दायित्व अभी भी रह जाता है। इस विषय में सतीशचन्द्र राय ने एक अभिनव सिद्धान्त की ओर संकेत किया है। उनके ही कहने के फलस्वरूप एक नवीन जटिलता का उद्भव हुआ। डॉ. सुनीतिकुमार चट्टोपाध्याय पण्डित हरे कृष्ण मुखोपाध्याय सम्पादित चण्डीदास, पदावली प्रकाशित होने के बाद (1341 बंगाब्द) इस ग्रन्थ के परिशिष्टांश में पंडित मुखोपाध्याय ने चण्डीदास के नाम से प्रचलित कुछ 41 विख्यात पद का अनुसन्धान किया है जो विभिन्न सूत्र में ज्ञानदास, रायशेखर, बलरामदास आदि कवियों के भणिता में प्राप्त होता है। इसके अलावा चण्डीदास के नाम से प्रचलित एकाधिक सुललित पद हैं जिसका आश्चर्यजनक रूपान्तर संस्कृत भाषा में उपलब्ध है। जैसे—"सई केबा शुनाइल श्यामनाम" आदि पद का पूर्वादर्श संस्कृत भाषा में रूपागोस्वामी की रचना में मिलता है। या "सई केमने धरिब हिया, आमार बँधुआ आनबडि जाय आमार आँगिना दिया।" आदि पद के अंश विशेष के साथ मुरारि गुप्त के एक पदांश का एकान्त-सादृश्य लक्षित होता है। केवल इतना ही नहीं 'श्रीकृष्णकीर्तन' का पद-विशेष भी रूपान्तरित होकर पदावली साहित्य में आत्मसात् हुआ है। विशेष रूप से रसबोध का दावा कर सतीश चन्द्र राय ने 'दीन चण्डीदास' के गौरव का ह्रास ही किया था। उनके मतानुसार दीन चण्डीदास की भणितायुक्त शत निकृष्ट पदावली को कविश्रेष्ठ चण्डीदास की रचना के रूप में

स्वीकार नहीं किया जा सकता है। हम दीन चण्डीदास को किसी प्रकार से द्विज चण्डीदास कहकर स्वीकार नहीं कर सकते हैं।"[42] फिर भी दीन चण्डीदास के इस दावा को नूतन तथ्य की युक्ति में और जोर के साथ डॉ. श्रीकुमार बन्द्योपाध्याय ने प्रतिष्ठित किया था।

दीन चण्डीदास की नवीन पोथी

वीरभूम-रामपुरहाट कॉलेज के अध्यापक श्री सतीशचन्द्र मुखोपाध्याय ने वर्धमान जिला बनपाश ग्राम से चण्डीदास पदावली की एक बृहत् पोथी का आविष्कार किया था। डॉ. बन्द्योपाध्याय ने इस पोथी के आधार पर चण्डीदास सम्बन्धी आलोचना में नूतन आलोकपात किया था।[43] यह पोथी वास्तव में मणीन्द्रमोहन वसु द्वारा सम्पादित 'दीन-चण्डीदासेर पदावली' का विस्तृत संस्करण है। अध्यापक वसु ने उनके सम्पादित ग्रन्थ के नाना सूत्र से 1030 पदों का संग्रह किया है। उनके बीच केवल 214 पदों का ही पोथीगत निश्चित आधार है। इसी बीच कलकत्ता विश्वविद्यालय के 2789 संख्यक पोथी में 61 पद मिला है। बनपाश पोथी के प्रमाण सहित दीन चण्डीदास की पदसंख्या 1202 निश्चित हुआ। इसमें अध्यापक वसु के उद्धृत पद छोड़कर भी 377 अतिरिक्त पद प्राप्त हुआ है। इन पदों में 50-60 तो केवल रस-विचार से ही अपेक्षाकृत उत्कृष्ट श्रेणी का है– ऐसा डॉ. बन्द्योपाध्याय का कहना है। इस पोथी में भणिता-समस्या समाधान का भी एक संकेत मिला है। इस पोथी का 31 नं. पद से 1202 संख्यक पद तक के अंश के भणिता में 88 बार दीन चण्डीदास का नाम लिखा गया है। "केवल चण्डीदास वडु या बासली का उल्लेख पोथी में एक बार भी नहीं मिलता है।"[44] अतएव, आलोच्य पोथी की तथ्यनिष्ठा एवं पोथी की मुलानुगतता के सम्बन्ध में निःसंशय होने पर यह पता चलता है कि चैतन्य परवर्ती युग के कवि सह-आलोचित पदकर्ता चण्डीदास ही दीन, दीनक्षीण थे। उन्होंने द्विज विशेषण से स्वयं को विशेषित किया था। तथा वे एक ही व्यक्ति का परिचयसूचक है। केवल वडु चण्डीदास नाम से ही एक पृथक् कवि थे। 'श्रीकृष्णकीर्तन' काव्य के रचयिता होने के कारण आधुनिक गवेषकों के निकट वे परिचित हुए तथा वे चैतन्यपूर्व युग के कवि थे। दीन चण्डीदास की पदावली में अपेक्षाकृत निकृष्ट पदों के संख्याधिक्य के बारे में डॉ. बन्द्योपाध्याय को लगता है कि चण्डीदास कवि ने विभिन्न पाला में विभिन्न रस की अवतारणा की है, किन्तु उनके लिए सर्वरस में समान रूप से व्युत्पन्न न होना ही सम्भव है। अतएव जो कवि श्रीकृष्ण की बाल्यलीला वर्णन में इतने अपटु व द्विधा कम्पित हस्त हैं वे ही रासलील, मधुर, विरह व आपेक्षानुराग पदों में अनेक अन्ततर पर्याय में पहुँचे थे।"[45] डॉ. बन्द्योपाध्याय ने कहा है, नूतन आविष्कृत पदों को छोड़कर उसी पोथी के संकेत से समझ आता है कि आलोच्य काव्य के नाना स्थल के 650 पद अभी भी अनाविष्कृत हैं। डॉ. बन्द्योपाध्याय के

अनुसार नवीन कुछ उत्कृष्ट पद मिले हैं, बाकी पदों का आविष्कार होने पर विख्यात चण्डीदास-पदावली के सभी पद ही उसमें प्राप्त हो सकते हैं। उनके मतानुसार, ''यदि सम्पूर्ण पोथी के आविष्कार के बाद भी प्रथम श्रेणी के पदों को उसमें अन्तर्भुक्त न किया जाए, तब हर सिद्धान्त परिवर्तित करना पड़ेगा।''[46]

नूतन तथ्य-नूतन चण्डीदास

इसके बाद भी बंगीय साहित्य परिषद से डॉ. विमानविहारी मजुमदार की सम्पादना में प्रकाशित 'चण्डीदासेर पदावली' (1367 सन्) इन समस्त सिद्धान्त को परिवर्तित करने का दावा लेकर उपस्थित हुआ हैं। भूमिका के प्रारम्भ में ही डॉ. मजुमदार ने कहा है–"इक्कीस प्राचीन पोथी व अष्टादश शताब्दी के पाँच पदावलियों का संकलन देखकर इस ग्रन्थ के प्रथम भाग में ऐसे 120 पद उधृत् हुआ है जिसे देखकर पता चलता है कि जो प्राक्‌चैतन्य चण्डीदास हैं–वे बहुचण्डीदास नहीं। द्विज चण्डीदास या दीन चण्डीदास भी नहीं, किसी सहजिया पद के रचयिता आदि-चण्डीदास, रसिक चण्डीदास भी नहीं हैं। 120 पदों के प्रत्येक भणिता में विशेषणहीन चण्डीदास है, कुछ पदों की भणिता अंश का पाठान्तर भी मिलता है। प्रत्येक भणिता का विशेषता यहीं है, कहो कय या कदाचित् बोले क्रिया से सहित पद के शेष पंक्ति के पहले चण्डीदास का नाम व कवि का व्यक्तिगत मन्तव्य है। गोविन्ददास, रायशेखर रायशेखर आदि चैतन्य पूर्ववर्ती कवियों के समान सेवा-प्रार्थना का भाव किसी पद में नहीं हैं।"[47]

चैतन्य-पूर्व पदकर्ता चण्डीदास

अतः देखा जाता है कि निरुपाधि चण्डीदास द्वारा रचित कोई सम्पूर्ण काव्य की पोथी न मिलने पर भी उनकी भणिता प्रयोग में डॉ. मजुमदार ने एक पूर्वापर संगति देखी है। वडु चण्डीदास की भणिता के साथ इस चैतन्यपूर्ण चण्डीदास की भणिता-रचना का मौलिक पार्थक्य निर्देश कर उन्होंने लिखा है–

''वडु चण्डीदास ने पद के अन्त में अपना नाम 'गाईल' या 'गाए' क्रियापद के साथ उल्लेख किया है, तथा चण्डीदास पद की अन्तिम पंक्ति के पहले ही अपना नाम 'कहे', 'क्या' या 'बले' क्रिया के साथ उल्लेख किया है।''[48] इस तथ्य के निर्देशन रूप में लेखक ने अनेक उद्धरण दिये हैं। केवल भणिता साम्य ही नहीं इस 'चैतन्य पूर्व' पद-कर्ता चण्डीदास के रचना के मूल में उन्होंने आदर्शगत एक साम्य एवं ऐक्य का भी निर्देश किया है–''चण्डीदास ने प्रेम की अपरिसीम व्यथा को मरमी ने समान ही वर्णित किया है। इसके भीतर जो दो-चार उपमा दिखती है, वह ग्राम्य जीवन की नितान्त घरेलू चीज है।...प्राकचैतन्य चण्डीदास के पद में कहीं भी कृष्ण के ईश्वरत्व पर जोर नहीं दिया गया है। राधा की भक्ति नाम-जप आदि की बात भी नहीं हुई

है। हुई वडु चण्डीदास के श्रीकृष्णकीर्तन में कृष्ण-स्वयं को अवतार न कहकर अपनी प्रशंसा द्वारा राधा को वश में करना चाहा है। वडु के साथ चण्डीदास का सबसे बड़ा प्रभेद काव्य में सुर के कारण है। वडु के वंशीखंड व राधा विरह में मन की तुलना में देह बड़ा है। चण्डीदास के पद में दैहिक सम्भोग का पद नहीं है।"[49]

चैतन्योत्तवर 'द्विज' चण्डीदास

केवल वडु चण्डीदास ही नहीं, चैतन्य परवर्ती जिस एक द्विज चण्डीदास के पद में देहातीत प्रेमलीला की अति सूक्ष्म अभिव्यक्ति हुई है, उसके साथ भी डॉ. मजुमदार ने इस 'चैतन्य पूर्वकालीन' चण्डीदास की भाव-प्रेरणागत पार्थक्य का निर्देश किया है। अध्यापक सुखमय मुखोपाध्याय ने चैतन्योत्तर युग में दीन चण्डीदास के अलावा एक और पदकर्ता चण्डीदास की परिकल्पना की युक्ति सार्थक रूप से उद्धार किया था। "चण्डीदास नामांकित कई सुन्दर पद उद्धृत कर मैंने दिखाया है कि यह पद समूह वडु चण्डीदास की रचना नहीं है। कारण यह है कि ये सब पढ़ने से ही प्रतीत होता है कि ये चैतन्यदेव के आदर्श अनुसार रचित है। इसके अलावा इनके रस के क्रम के साथ चैतन्य परवर्ती काल के आलंकारिक ग्रन्थ 'भक्ति रसामृत सिन्धु' व 'उज्ज्वल नीलमणि' के रस का क्रम प्रायः अभिन्न है। पर ये पदसमूह इतने सुन्दर हैं कि किसी महाकवि से भिन्न कोई और इसके रचयिता हो सकते हैं, ऐसा सोचा नहीं जा सकता है।"[50] दीन चण्डीदास की रचना में आलोच्य चैतन्योत्तर चण्डीदास की रचना की मनोहारिता या प्रथम श्रेणी का साहित्य-रस आज भी अलभ्य है। जो भी हो, ये कवि द्विज ही दीन या दीनक्षीण हैं। इनके अनेक पदों के अन्तर्निहित भाव से समझ आता है कि ये पद श्रीरूपगोस्वामी से पहले लिखित नहीं हैं। जैसे 'घरेर बाहिरे दण्डे शतबार' आदि पद की प्रथम पंक्ति 'उज्ज्वल नीलमणि' का पूर्वराग प्रकरण के द्वादश श्लोक का भाव लेकर लिखित है, ऐसा सन्देह होता है। इसके अलावा 'जत जिबारिये ताय जिबार ना जायरे' पद कृष्णानुशीलन के उपदेश का प्रकृष्ट उदाहरण है, ऐसा लगता है। डॉ. मजुमदार के अनुसार, "'चण्डीदास के पद में यह देखा गया है कि राधा कलंक के भय से अस्थिरचित्त है तथा द्विज चण्डीदास के पद में वे श्याम-कलंकिनी होकर कृतार्थ हैं।"[51]

भणिता व भाव-साम्य के विचार के अलावा डॉ. मजुमदार ने चैतन्य पूर्व पदकर्ता चण्डीदास के पक्ष में ऐसे-ऐसे प्राण का उद्धार किया है जो इस विषय में अनुमान-सिद्धान्तों का विरोध करता है। उदाहरण के तौर पर 'राधा कि हैलो अन्तरे व्यथा' आदि पद सम्बन्धीय विचारों का उल्लेख किया जा सकता है। जो चैतन्य-पूर्ववर्ती किसी पृथक् पदकर्ता चण्डीदास के अस्तित्व अस्वीकार करते हैं, जिन्हें यह लगता है कि वडु चण्डीदास ही एकमात्र प्राक्चैत्यन्य-चण्डीदास है। उनके मतानुसार यह चैतन्योत्तर चण्डीदास की रचना है। कारण यह है कि यह पद 'उज्ज्वल नीलमणि'

एक श्लोक के आधार पर रचित प्रतीत होता है।''[52]

श्लोक ऐसे है–

''आहारे विरतिः समस्त विषयग्रामें निवृत्तिः परा
नासाग्रे नयनम् जदेतदपरम् जसैक्यतामम् मनः।
मौनत्रेदमिदत्र शून्यमखिलम् यद्विश्वमाभति ते
तद्धुया सखि योगिनी किमासि भेः किम्बा वियोगिन्यासी।।''

डॉ. मजुमदार ने यह श्लोक 'कवीन्द्रवचन समुच्चय' तथा 'सदुक्ति कर्णामृत' में भी आविष्कृत किया है, अतः पूर्वोद्धृत पद रूप गोस्वामी की रचना के आधार पर प्रतिष्ठित है। ऐसा कहा नहीं जा सकता है वरन् इसका उत्स चैतन्य-पूर्व सुप्राचीन काल में हुआ था।

चैतन्यदेव के आस्वादित पद व पदकर्ता चण्डीदास

चैतन्यपूर्व चण्डीदास के पक्ष में डॉ. विमानविहारी की उद्धृत श्रेष्ठ युक्ति तर्क देखें–

''हाय-हाय प्राण सखि किना हैलो मोर
कानु प्रेम विषानले तनु मन जारे।।''

आदि पद के सन्दर्भ में चैतन्यचरितामृत (मध्य/तृतीय) में कहा गया है कि संन्यास ग्रहण करने के बाद अद्वैतगृह लाये गये महाप्रभु यह सुललित पद मुकुन्द के कण्ठ में सुनकर 'निर्वेद विषादामर्ष चापल्य गर्व दैन्य, तन्मय हो गये थे। 1331 बंगला साल में पंडित हरेकृष्ण मुखोपाध्याय इस सम्पूर्ण पद को चण्डीदास की भणिता में आविष्कार कर प्रथम प्रकाशित किया। पर्वूवर्ती आलोचक गण इस पद को वडु चण्डीदास की रचना कहते हुए निर्देशित किया। परन्तु डॉ. मजुमदार कहते हैं कि ''वडु के ' श्री कृष्णकीर्तन' में सर्वत्र राधा बड़ाई के पास दुख अभिव्यक्त करती है, कभी सखी को भूलकर भी नहीं बताती है। वह जिन सखी की बात प्रसंग क्रम में उल्लेख करती है वे सब राधा की प्रतिद्वन्द्वनी या कुत्साकारिणी थीं।''[53]

अतः देखा जा रहा है कि चैतन्य देव द्वारा आस्वादित चैतन्यपूर्व चण्डीदास का कम से कम एक पद मिल रहा है, जिसे वडु चण्डीदास की रचना के रूप में निर्देशित करना युक्तिकर नहीं है, तथा यही पद चैतन्यदेव द्वारा आस्वादित है।

चण्डीदास समस्या व सहजिया चण्डीदास

इसके बाद नवीन किसी निश्चित प्रमाण का प्रयोग न कर चैतन्यपूर्व पदकर्ता किसी एक चण्डीदास के अस्तित्व अस्वीकार करना कठिन है। वडु चण्डीदास ने आलोच्य पद पृथक् रूप से रचित किया था या नही यह बात निश्चित रूप से कहना कठिन है। फिर भी, डॉ. मजुमदार के समर्थन में कहा जाता है की एक ही कवि

की परिकल्पना में सखियों की परस्पर-विरोधी भूमिका का अवतारण उस युग के पक्ष में स्वाभाविक नहीं लगता है। अतः यहाँ तक कि आलोचना से राधाकृष्ण प्रेम कवितावली की रचयिता चार चण्डीदास के अस्तित्व का अनुमान लगाया जा सकता है; दो चैतन्य-पूर्ववर्ती तथा दो चैतन्योत्तर। प्रथम दो क्रमानुसार 'श्रीकृष्णकीर्तन' के कवि वडु चण्डीदास तथा पदकर्ता चण्डीदास हैं, जिन्होंने 'चैतन्यचरितामृत' आधृत महाप्रभु के आस्वादित पद की रचना की थी। चैतन्योत्तर दोनों चण्डीदास में दीन चण्डीदास अपेक्षाकृत नीरस व साहित्य गुण में दुर्बल पदावली के रचयिता होने पर भी पोथीगत रूप से प्रमाणसिद्ध हैं। दूसरी ओर द्विज चण्डीदास का अस्तित्व प्रधानतः किंवदन्ती है। परोक्ष प्रमाण व अनुमान पर आधारित है। इस क्षेत्र में निश्चित कोई सिद्धान्त नहीं मिलता है, किन्तु ये चारों को छोड़कर सहजिया भाव के साधक एकाधिक चण्डीदास कवि थे, इसमें कोई सन्देह नहीं। इनमें तरुणी-रमण चण्डीदास, 'कलंक-भंजन' रचयिता चण्डीदास तो हैं ही, इसके अलावा भी एक ही नाम के और भी अनेक कवि भी शायद सहजिया गीतों में आत्मगोपन किये हुए हैं। चण्डीदास के समस्या के प्रसंग में इनकी उल्लेखनीयता आवश्यक मूल्य का दावा नहीं कर पाएगा, पर रामी-प्रसंग किसी सहजिया चण्डीदास के जीवन से जुड़ा हुआ है, यह दावा किया जा सकता है। चैतन्यदेव के पूर्ववर्ती चण्डीदास कवि-द्वय में महाप्रभु ने किसी एक अज्ञात परिचयपदकर्ता चण्डीदास के पद का आस्वादन किया था; सम्भवतः विख्यात चण्डीदास पदावली के अनेक पद ही इनकी रचना हो सकती है। डॉ. विमानविहारी ने इस प्रकार के 120 पद निश्चित रूप से आविष्कार करने का दावा किया है। दूसरी ओर इस बात में सन्देह नहीं कि चैतन्योत्तर चण्डीदास भी एकाधिक व्यक्ति थे।

वैष्णव काव्य में चण्डीदास कविकुल के अब तक की प्राप्त संख्या व उनके काल-परिचय के बारे में सम्भाव्य अनुमान किया जा चुका है। अब इन सभी चण्डीदास कवियों के व्यक्तिपरिचय का प्रसंग आता है। इस बारे में समस्या बहु-वितर्कित आकार धारण करता है। वडु चंडीदास के काव्य से पता चलता है कि वे देवी वासली के सेवक थे। इसके अलावा और किसी चण्डीदास के बारे में विभिन्न सूत्रजात किंवदन्ती के अलावा निर्भरयोग्य तथ्य नहीं मिलता है। खण्ड-कविता, जनप्रिय-गीत या किसी-किसी पोथी में प्रसंशा-आकार में ये सभी तथ्य यहाँ-वहाँ फैले हुए हैं। इसमें से कइयों में सत्य का आभास मिलता है, परन्तु कौन-सा तथ्य, किस चण्डीदास के बारे में प्रयोज्य है, इस विषय में निश्चित तथ्य का निराकरण सम्भव नहीं हुआ है। फलस्वरूप, अनेक चण्डीदास की अनेक कहानी एक चण्डीदास पर आरोपित करने की चेष्टा से आधुनिक साहित्यिकों में विवाद का सूत्रपात हुआ है।"[54]

छातना के वड्डु चण्डीदास

चण्डीदास की जन्मभूमि के बारे में विवाद है। पहले ही कहा गया है कि इस बारे में बाँकुड़ा जिला का छातना तथा वीरभूमि के नान्नुर प्रतिद्वन्द्वितामूलक दावा उपस्थित करता है। इस विषय में नान्नुर का दावा अतिप्राचीन है। वहाँ विशालाक्षी देवी का मन्दिर है, पर पंडितगण इस बारे में निस्संशय हैं कि विशालाक्षी व बासुली अभिन्न देवता नहीं हैं। चण्डीदास के बारे में और जो कुछ तथ्य है, उसमें उनकी सहज साधना की कहानी अत्यन्त जनप्रिय व विचित्र है। रामी, रामतारा या तार नाम की साधनसंगिनी के अलौकिक प्रेमरस में मग्न होकर ही उन्होंने मधुस्यन्दी-पदावली की रचना की थी। इसके अलावा चण्डीदास का कीर्तन सुनकर बादशाह व बेगम भी मोहित हुए। कहा जाता है कि चण्डीदास जब सदलबल कीर्तनरत थे तब नवाब ने कमान से नाटमन्दिर को ध्वंस कर दिया था। नान्नुर व कीर्णाहार को घेरकर चण्डीदास सम्बन्धी विचित्र किंवदन्ती अनेक दिनों से जनप्रिय है। दूसरी ओर छातना के चण्डीदास के पक्ष में दो पुस्तक प्रकाशित हुए हैं। रामलोचन शर्मा द्वारा लिखित बासली माहात्म्य तथा कृष्णावप्रसाद सेन रचित चण्डीदास चरित्र। दो ग्रन्थ ही कृतिमतापूर्ण है, किन्तु अध्यापक सुखमय मुखोपाध्याय ने छातना के बासली सेवक चण्डीदास के बारे में स्वतन्त्र निर्भर योग्य प्रमाण का निर्देश किया है।[55]

इसके अलावा 'श्रीकृष्णकीर्तन' का मूल पोथी व परवर्ती कुछ और उपकरण बाँकुड़ा से भी आविष्कृत हुआ है। सब कुछ मिल-मिलाकर वड्डु चण्डीदास को छातना के 'बासलीगण' कहकर स्वीकार करना ही शायद युक्तिसम्मत है।

नान्नुर के पदकर्ता चण्डीदास

एक और पदकर्ता कोई चण्डीदास शायद नान्नुर-कीर्णाहार से लीला कर चुके थे। अध्यापक सुखमय मुखोपाध्याय ने विश्वभारती पोथीशाला की 368 संख्यक पोथी का प्रमाण उद्धार कर बताया है कि नान्नुर ग्राम के विशालाक्षी के पूजक कवि द्विज चण्डीदास के करिन्वाहार ग्राम में हुआ था। पोथी का लिपिकाल 1182 बंगला साल अर्थात् 1775 ई. है।[56]

अब प्रश्न यह है कि ये कौन-से द्विज चण्डीदास थे? डॉ. विमानविहारी मजुमदार ने पूर्व जिस चण्डीदास की कल्पना की थी वे द्विज थे, ये अनुमान डॉ. मजुमदार स्वयं ही करते हैं। उनके मतानुसार इस चण्डीदास के वासस्थान नान्नुर है। दूसरी ओर दीन चण्डीदास के अलावा चैतन्य-परवर्ती युग में एक और पदकर्ता चण्डीदास के अस्तित्व का अनुमान किया जाता है—अध्यापक सुखमय मुखोपाध्याय के अनुसार यही 'द्वि जचण्डीदास' ही नान्नुर में आविर्भूत हुए थे। चण्डीदास कथा प्रसंग में रामी-प्रसंग सहजिया परिकल्पना का दान है। यह चण्डीदास शायद तरुणीरमण है। इसके सहज उपासना तत्त्व ग्रन्थ में ही धौबिणी प्रसंग विस्तारित रूप से वर्णित है। अतः इस

तक के अनुसृत तथ्य के आश्रय से चण्डीदास समस्या के प्रसंग में निम्न रूप, तथ्य व अनुमान किया जा सकता है।

1. श्रीकृष्णकीर्तन के कवि वडु चण्डीदास छातना के बासली सेवक, चैतन्यपूर्व युग में आविर्भूत हुए थे।

2. दीन चण्डीदास चैतन्य-परवर्ती अपेक्षाकृत अर्वाचीन काल में स्वप्न-कृत कवि हैं। प्रामाणिक पदसंकलन ग्रन्थों में इनके (दीन चण्डीदास) भणिता में एक पद भी धृत नहीं हुआ है अथवा इनके द्वारा लिखित पदसमष्टि के जो सभी पोथी मिली है, उसमें जनप्रिय पद एक भी नहीं मिला है।

3. अतः एक और चैतन्योत्तर कवि की कल्पना कर सकते हैं—जिनके सुललित प्रथम श्रेणी की पदलहरी चैतन्य-स्वप्न में मग्न अथवा चैतन्य-परवर्ती वैष्णव भावना की रसमूर्ति है। दूसरे प्रमाणाभाव के कारण इसे 'द्विज चण्डीदास' कहा जाता है।

4. सर्वशेष एवं सर्वापेक्षा तथ्य का अनुमान किया जाता है कि महाप्रभु श्रीचैतन्य ने श्रीकृष्णकीर्तन काव्य का आस्वादन नहीं किया था बल्कि चण्डीदास द्वारा लिखित पदावली माधुर्य ही उसके लोकोत्तर आस्वादन का विषय हुआ था। पदकर्ता यह चैतन्यपूर्ण द्विज चण्डीदास व चैतन्यपूर्व चण्डीदास-द्विज का पृथक् अस्तित्व निस्सन्देह प्रमाण करने के लिए उपयुक्त तथ्य आज भी उपलब्ध नहीं है।

इस सुदीर्घ आलोचना के अन्त में भी चण्डीदास-समस्या के सन्दर्भ में अन्तिम बात कहना सम्भव नहीं हो जाता है। फिर भी चण्डीदास की पदावली के विषय में जिस नूतन अनुमान का सहारा मिला है, उसमें चण्डीदास पदावली का ऐतिहासिक मूल्यांकन का दावा और अधिक जोरदार हो गया है।

आदि-मध्ययुग का वैष्णव पद-साहित्य, चण्डीदास पदावली

यहाँ तक कि आलोचना से यह समझ आता है कि चण्डीदास की काव्य-कीर्ति के बारे में इतिहास की दृष्टि सम्पूर्ण संशयमुक्त नहीं हो पाया है। बंगला भाषा में राधाकृष्ण पदावली की रचयिता एकाधिक कवि चण्डीदास का परिचय मिलता है। किसी-किसी कवि के अस्तित्व का निश्चित प्रमाण भी हस्तगत हुआ है, परन्तु चण्डीदास के सम्बन्ध में साहित्य-इतिहास की मुख्य जिज्ञासा कवि-संख्या या उनके प्रत्येक के व्यक्तिगत परिचय लेकर नहीं है। ऐतिह्य की सन्धान व मूल्य निर्णय करना इतिहास का श्रेष्ठ दायित्व है। चण्डीदास की भणिता में प्रचलित कुछ संख्यक राधाकृष्ण लीलापदावली मध्ययुग के बंगला साहित्य के महत्त्वपूर्ण ऐतिह्य है—उसके देशकालोत्तीर्ण रसमाधुर्य में बंगला साहित्य के पाठकों का चिरन्तन उत्तराधिकार बना हुआ है। केवल इसी कारण से इस विशेष सृष्टि का उन्मेष-परिचय इतिहास का अपरिहार्य जिज्ञास्य विषय है। सर्वजनीन जीवन-रस से स्निग्ध इस गीति-रचनावली के भाव-रूप के गठन में विशेष देश-काल के चिह्नित प्रेरणा निहित है, उसका परिचय

निर्णय न कर पाने पर साहित्यिक मूल्यांकन भी असम्पूर्ण रहता है। रस का प्रकार व प्रकरण का वैशिष्ट्य इतिहास के पक्ष में अनुरूप के और अविस्मरणीय रचयिता 'श्रीकृष्णकीर्तन' के कवि वडु चण्डीदास हैं, किन्तु वडु चण्डीदास एवं बंगालियों के चिर 'मनोरथपूर' राधाकृष्ण लीला पदावली के कवि चण्डीदास अभिन्न व्यक्ति नहीं हैं। इस शेषोक्त व्यक्ति का परिचय सन्धान करते हुए तथा उसके सृष्टि का ऐतिहासिक मूल्यांकन के प्रसंग में दीन चण्डीदास या तरुणीरमण आदि 'रसिक' चण्डीदास का सृजन ऐतिह्य क्रमशः आलोकित हो पाया है। साहित्य के इतिहास के लिए इन सभी सृष्टि की अल्पाधिक स्मरणीयता अस्वीकार्य है, किन्तु इन सभी बातों का पता चलने पर भी मधुस्वादी चण्डीदास पदावली का ऐतिह्यगत मूल्य निर्णय का दायित्व असम्पूर्ण रह जाता है। सुनिश्चित तथ्यों के अभाव में इस विषय पर अन्तिम रूप से निर्णय सम्भव नहीं। फिर भी इतिहास के इस अचरितार्थ दायित्व को स्वीकार कर लेने पर भी चण्डीदास पदावली की आलोचना अपरिहार्य हो जाता है।

विचारों का नूतन तथ्य संकेत

इस अवसर पर नूतन तथ्य का संकेत मिलता है, उस बारे में स्पष्ट धारणा जुटाकर आलोचना की दिशा में आगे बढ़ना उत्तम होगा। चण्डीदास की कुछ पदों में सार्थक रसोत्तीर्णता का साहित्यिक ऐतिह्य है। उनकी महिमा और अधिक गौरवमय, महाप्रभु श्रीचैतन्य की स्वीकृति विषयक जनश्रुति को आश्रित कर हुआ था। कहा जाता है कि चैतन्यदेव ने किसी एक चण्डीदास की रचना के माध्यम से राधा-कृष्ण लीलारस का आस्वादन किया था। इस विषय में एकाधिक ऐतिहासिक प्रमाण उपलब्ध है। इसके अलावा उसके आस्वादन का विषय चण्डीदास द्वारा रचित बंगला पद ही था, इसके बारे में स्पष्ट प्रमाण संग्रह करना कृष्णदास कविराज गोस्वामी के 'श्रीश्रीचैतन्यचरितामृत' को आश्रय कर सम्भव हुआ है। परवर्ती आलोचना में देखेंगे कि महाप्रभु बंगलादेश के नवजागरण के एकमेव जीवन्त विग्रह थे। उस एक ही युग के प्राणस्पर्शी बंगला पद साहित्य के रचयिता चण्डीदास को यदि अपनी रचना की विशेषता के कारण युग-स्रष्टा आत्मा की आत्मीयता मिली है तो इसी बहाने मणि-कांचन योग होता है। वस्तुतः, बंगाल की प्राचीन जनश्रुति के अनुसार ये दो महान गौरव इस एक ही चण्डीदास को जाता है। चैतन्यदेव द्वारा आस्वादित चण्डीदास के कम से कम एक पद का सन्धान मिलता है। उसी को आधार कर अब मधुस्वादी राधाकृष्ण पद के स्रष्टा चण्डीदास की रचना के सन्धान में प्रवृत्त हुआ जा सकता है।

कृष्णदास कविराज के अनुसार, सन्यास ग्रहण के बाद श्रीमन् नित्यानन्द ने जब महाप्रभु को अद्वैत प्रभु के घर लेकर आये वहाँ मुकुन्द ने उन्हें यह पद गाकर सुनाया था—

''हाय हाय प्रिय सखि कि ना हैल मोरे।
कान्हु प्रेमविषानले तनु मन जारे।।

रात्रिदिन पोड़े मन सोयास्थ ना पांग।
जाँहा गेले कान्हु पाङ् ताहा उड़ि जाङ्।।
—एई गान शुनिया प्रभुर चित्त अन्तर बिदरे।।
निर्वेद विषादामर्ष चापल्य गर्व दैन्य।
प्रभुर सहित जुद्ध करे भावसैन्य।।''

—'चैतन्यचरितामृत', मध्यलीला, तृतीय अध्याय।

'चैतन्यचरितामृत' में इस आलोच्य पद के प्रथम चार चरण ही उद्धृत हुआ है। बाद में पण्डित हरेकृष्ण मुखोपाध्याय ने वीरभूम जिला के मुडामऊ ग्राम से इसका पूरा पद आविष्कृत कर प्रकाशित किया था। उससे पता चलता है कि महाप्रभु के आस्वादित यह अमूल्य पद कवि चण्डीदास द्वारा भणितायुक्त है। पण्डित मुखोपाध्याय द्वारा आविष्कृत आलोच्य पद का परवर्ती अंश निम्न प्रकार का है—

''हेदे रे दारुण विधि तोरे से बाखानि।
अबला करिलि मोरे जनमदुखिनी।।
घरे परे अन्तरे बहिरे सदा ज्वाला।
ए पाप पराणे केने बईरि हैल काला।।
अभागि मरिले हय सकलेर भाल।
चण्डीदास कहे धनि एमति ना बल।।''

इस आविष्कार के दस वर्ष के बाद स्वयं पण्डित मुखोपाध्याय ने डॉ. सुनीति कुमार चट्टोपाध्याय के साथ मिलकर 'चण्डीदास पदावली' की सम्पादना की थी। (1341 बंगला साल); तथा बंगीय साहित्य परिषद् से ग्रन्थ का प्रकाशन हुआ है। इसमें उद्धृत पद वडु चण्डीदास की रचना रूप में निर्देशित हुआ है। डॉ. विमानविहारी मजुमदार ने इस अनुमान के विरोध में युक्तिसंगत विचार भी उपस्थित किया है। उनके मतानुसार वडु चण्डीदास के 'श्रीकृष्णकीर्तन' काव्य में बड़ाई राधा की एकमात्र प्रणय सहचरी है। सखियों के साथ राधा का सम्बन्ध तीव्र प्रतिद्वन्द्विता का है।[57] दूसरी ओर 'चैतन्य चरितामृत' में धृत आलोच्य पद सखी के पास राधा की निभृत एवं एकान्त विश्वस्थ प्रणयार्ति की अभिव्यक्ति है। बिना किसी कारण के प्रासंगिक चरित्र का पूर्व परिकल्पित सन्धान एवं भूमिका को आमूल परिवर्तन करना स्वाभाविक नहीं है। कम से कम 'श्रीकृष्णकीर्तन' के काव्य-ढाँचा में राधा-विमुख सखियों का यह सम्पूर्ण विपरीत भूमिका रचना असम्भव था। दूसरी ओर, वडु चण्डीदास ने जिस भिन्नतर परिकल्पना को लेकर पृथक् रूप से पद-रचना की थी उसे प्रमाणित करना भी निश्चित तथ्य के अभाव में संगत नहीं है।

जो भी हो, चैतन्यदेव द्वारा आस्वादित यह पद पूववर्ती युग की रचना है, इस विषय में संशय नहीं है। कृष्णदास कविराज ने प्रत्यक्षदर्शी गोस्वामी गणों

के पास से ही इस तथ्य का संग्रह किया था। 'चैतन्यचरितामृत' ग्रन्थ की रचना में उनकी सत्यनिष्ठा प्रश्नातीत है। दूसरी ओर हू-ब-हू प्रथम चार चरण के साथ एकान्त संगतिपूर्ण पुरा पद जिस रूप में मिला है, उसके बाद निश्चित किसी प्रमाण के अभाव से भणिता के बारे में संशय अभिव्यक्ति करना स्वाभाविक नहीं है। कुल मिलाकर चैतन्यदेव के पूर्वकालीन किसी एक पदकर्ता चण्डीदास के अस्तित्व का आभास मिलता है, जिन्होंने इस पद की रचना की है। अब इस चण्डीदास के साथ कालजयी चण्डीदास पदावली का कोई योग है या नहीं, सोचने की बात है।

चण्डीदास की पदावली-विचार में साहित्यिक मानदण्ड

इस बारे में इतिहास के पास कोई प्रमाण उपस्थित नहीं है। साहित्य-रस की स्वादुता ही सभी प्रकार के विचारों का एकमात्र आश्रय है। इससे किसी सर्वजन ग्राह्य विचार-मान निर्देश करना सम्भव नहीं है। रस के जगत् में व्यक्तिगत रुचि पर सभी के द्वारा ग्रहणीय आदर्श का निर्माण, एकमात्र रसशास्त्र के शासन से होता है। चैतन्य-परवर्ती वैष्णव पदावली में प्रत्यक्ष या परोक्ष रूप से इस नियामक शक्ति का अनुभव प्रधानतः रूप गोस्वामी की 'उज्ज्वल' के प्रभाव से किया जाता है। वस्तुतः वैष्णव पदावली नाम से परिचित बंगला राधा-कृष्ण कवितावली में, सामान्य स्तर पर श्रीरूप का शासनदण्ड बहुदूर-प्रसारी है। चैतन्य-परवर्ती युग के वैष्णव गीतिरसिक चित्त के प्रभाव से पदावली आस्वादन का एक आलंकारिक पूर्व संस्कार निर्मित होता था। परवर्ती काल के कीर्तनियाओं की तत्परता से यह संस्कार क्रमशः सुगठित होकर एक सर्वजनीन पूर्वादर्श की रचना करता है। इस नियम के उद्भव व परिवर्धन के जड़ में प्रधानरूप से 'उज्ज्वलनीलमणि' द्वारा प्रवर्तित रस संस्कार था। फलस्वरूप, कीर्तन का पद या पाला रचना के युग में, मूल पदकर्ता जिस रूपसज्जा का अनुसरण कर रहे थे, कीर्तनियाओं की रुचि व उपस्थापना-पद्धति के प्रभाव से वह पूर्वापर विचलित हो जाता है। विद्यापति, चण्डीदास आदि चैतन्यपूर्व कवियों के क्षेत्र में तो हैं ही, यहाँ तक कि ज्ञानदास-गोविन्ददास के जैसे चैतन्योत्तर कवियों की रचना भी पूर्वराग, आपेक्षानुराग आदि जिन सभी रस पर्याय में विन्यस्त होकर इतिहासकारों के हाथों तक पहुँचा है, उसके सभी में कवि की मूल परिकल्पना अक्षुण्ण है, ऐसे किसी अनुमान का कोई तथ्य समर्थन नहीं है। फिर भी उस आरोपित रस-प्रक्रम का अनुसरण कर वैष्णव कवितावली का आस्वादन करने में ही हमारी रस-चेतना दीर्घदिन से अभ्यस्त है। फलस्वरूप यह बात अनुभव करना आज भी कठिन है कि इन सभी पदों के जन्ममूल में अन्य किसी रस-परिकल्पना की उपस्थिति है, पर चण्डीदास का संस्कार मुक्त मन का धर्म सबसे बड़ी विशेषता है। अर्थात् चण्डीदास की भणितायुक्त जो सभी पद इतिहास की अक्षय सम्पदा है, उनका श्रेष्ठ मूल्य सभी

प्रकार के संस्कार वर्जित सहज मन की मुक्ति में निहित है।

वैष्णव रसशास्त्र व चण्डीदास

रूप गोस्वामी के पूर्ववर्ती काल में भी इस देश के काव्य साधना में अलंकार शास्त्र का सर्वमय प्राधान्य था; विद्यापति की राधाकृष्ण पदावली में भी विश्वनाथ के 'साहित्य दर्पण' का प्रभाव अशेष है। यहाँ तक कि नितान्त स्थूल भाषा व शब्द समूह के आवरण में जकड़ा हुआ वडु चण्डीदास का 'श्रीकृष्णकीर्तन' काव्य रूप से सर्वांग में फैला हुआ है। उस सुप्राचीन अलंकार शास्त्र का एकच्छत्र प्रभाव वस्तुतः संस्कृत अलंकार शास्त्र के देह में चैतन्य-परवर्ती वैष्णव धर्मभावना की प्राणशक्ति को विच्छुरित कर ही 'उज्ज्वलनीलमणि, के रस-परिकल्पना की प्रतिष्ठा हुई है। गोविन्ददास कविराज के समान चैतन्योत्तर कवि गणों की सचेतन सृष्टि में भी उस रीतिनिबद्ध रस-प्रकर्ष का प्रसार गहरा है। केवल, इतना लगता है कि चण्डीदास के नाम से सुपरिचित सर्वापेक्षा जनप्रिय एवं रसोत्तीर्ण पदावली ही वह एकमेव सृष्टि है जिसमें वैष्णव-अवैष्णव निर्विशेष किसी काव्यिक पूर्वसंस्कार का छायापात नहीं कर पाया है। मानव जीवन की सत्यतम अनुभूति सर्वापेक्षा अकृत्रिम स्वतः स्पूर्त भाषा में अभिव्यक्त होने पर जो काव्य-रूप धारण करता है, असल में वही शायद चण्डीदास की सृजनशैली है। मानव के प्रतिदिन के वस्तु-जीवन के मर्ममूल में अनिर्वचनीयता की जो सुरभि है, मन के असंज्ञान लोक के अतल में डूबकर चण्डीदास ने उसे ही आहरण कर संगीत के आकार में लेकर आये हैं। फलस्वरूप प्रत्यक्ष जीवन की एक करुणा-लावण्य-विगलित रूपमूर्ति, कविता के बहिरंग में, जीवन को उसके समस्त उपकरण-बहुलता से विच्छिन्न कर कवि ने मानो जीवन के सारमर्म की छवि, कविता के शरीर में अंकित की है। ऐसा ही एक प्रत्यक्ष दर्शन का भाव आस्वादन उस श्रेणी के पदों में निहित है। उसी के साथ जीवन के मूलगत अनिर्वचनीय उपलब्धि तन्मयता की व्यंजना भी उपलब्ध है। दृष्टान्त के तौर पर एक पद यों है–

"ए घोर रजनी मेघेर घटा
केमने आइले बाटे।।
आंगिनार कोने गाखानि-विति-नजाछें–
देखिया पराण फाटे।।
सई, कि आर बलिब तोरे।
कोन पुण्यफले से हेंन बँधुया
आसिया मिलल मोरे।।
घरे गुरुजन ननदी दारुण
बिलम्बे बाहिर हैलूँ।
आहा मरि-मरि संकेत करिया

कत ना जन्त्रणा दिलुँ।।
बन्धुर पिरिति आरति देखिया
मोर मने हेन करे
कलंकेर डालि माथाय करिया
आनल भेजाई घरे।।
आपनार दुख-सुख करि माने
आमार दुखेर दुखी।
चण्डीदास कहे बन्धुर पिरिति
शुनिया जगत् सुखी।।''

चण्डीदास के पद की विशेषता

डॉ. सुनीतिकुमार चट्टोपाध्याय व पण्डित हरेकृष्ण मुखोपाध्याय सम्पादित 'चण्डीदास पदावली' में निश्चित रूप से स्वीकार किया गया है कि—"प्राचीन कवि व लेखकगण चण्डीदास के पद के नाम से जिस दो-तीन पद को आंशिक या सम्पूर्ण रूप से उद्धृत किया है, उनमें से यह अन्यतम है।'' यहाँ लक्षणीय है कि यह सुप्राचीन पद भी सखी के निकट राधा का मर्म-कथन है। वस्तुतः पदावली में संग्रहीत चण्डीदास के अधिकांश पदों में राधा केवल सखी के पास ही अपना निभृत अनुभव, विश्वस्तता के साथ अभिव्यक्त कर पायी है। इस ओर से 'चैतन्यचरितामृत' में धृत पूर्वोक्त पद के साथ आलोच्य पद तथा दूसरे अनेक पदों का आकृतिगत साधर्म्य है। इसके अलावा इन दो पदों में प्रकृतिगत सादृश्य भी खोजना कठिन नहीं है। दो कविताओं में देखते हैं कि प्रत्यक्ष-दृष्ट जीवन का नितान्त मानवीय अनुभव, अकृत्रिम उपलब्धि तन्मयता से परिश्रुत होकर मानो एक अशरीरी जीवनातीत व्यंजना की सृष्टि करता है। द्वितीय क्षेत्र में उद्धृत पद के प्रथम सात पंक्ति की आलोचना कर रवीन्द्रनाथ ने लिखा है—''इनमें से कितनी ही बातें राधा के मन से गुजर गयी हैं। कितनी ही बातें कही नहीं गयी हैं। पहले तो श्याम को भीगते हुए देखकर दुख, उसके बाद सखियों को बुलाकर उसके पास सुख की अभिव्यक्ति। इनके बीच शृंखला कहाँ है? वह शृंखला पाठकगणों को निर्मित करनी पड़ती है। राधा ने जो कहा वह सामान्य है, पर राधा ने जो नहीं कहा, वह कितना है? जो कहा नहीं गया, पाठकों को वही सुनना पड़ेगा। श्याम को भीगते देख राधा का दुख व श्याम को भीगते देखकर राधा का सुख, उभय भाव में द्वन्द्व है। राधा के हृदय का यह तरंग-भंग, यह उत्थान-पतन कितने कम शब्दों में, कितनी सुन्दरता से अभिव्यक्त हुआ है।''[58]

ध्यानतन्मय आत्ममोक्षण

चण्डीदास की रचना की अतुल्यता उसके वाक्संयम में नहीं है बल्कि अनिर्वचनीय

उपलब्धि की अतल गहराई में है। उपलब्धि के जगत् में उनकी कवि-आत्मा इतनी ध्याननिमीलित दृष्टि से तन्मय है कि जिसके फलस्वरूप सजी-धजी वाणी रचना की उपयोगिता को वे कभी भी आयत्त नहीं कर पाये हैं। दैनन्दिन जीवन में भी देखा जाता है कि किसी विशेष भावना के साथ एकान्त तादात्म्यता के फलस्वरूप मानव अपने परिवेश, यहाँ तक कि अपने अस्तित्व के बारे में असम्वृतचेतन हो उठता है। अपने विचारों में अपने आप ही बात करता रहता है। कभी मन की बात कहने में मानव स्वयं सचेतन नहीं होता तो कभी अपनी आवाज से स्वयं ही चौंक पड़ता है। चण्डीदास के गीत इस प्रकार के असंज्ञायित मन की आत्मकथा है। इसी कारण से वह निरावरण-निराभरण होकर भी सर्वजन हृदयद्रावी है। दूसरी ओर, गम्भीरतम अनुभूति की सत्यता व्यक्ति-निरपेक्ष है। साधारण धार्मिक विचार से भी देखा गया है कि केवल भौतिक चेतना के स्तर में ही कोई भी अनुभूति व्यक्तित्व के द्वारा खण्डित होता है किन्तु उस सीमा को अतिक्रमण करने पर भाव की खण्डता लुप्त होकर एक अखण्ड सामग्रिकता की सृष्टि होती है, जो सर्वजनीन है। इस विशेषित रूप में भावमात्रा ही विश्वजनीन है। साधारण अनुभव में अनुभूति की गहराई इतनी दूरप्रसारी नहीं होती है, जिससे व्यक्ति चेतना को व्यक्तित्व-परिच्छिन्न किया जा सकता है, किन्तु अगर यह कभी सम्भव हुआ तब दूसरों की बात को अपनी बात, व्यक्ति की बात, सभी की बात प्रतीत होती है, नितान्त गद्य कथा भी काव्यत्व प्राप्त करता है। चण्डीदास की पदावली इस विशेष श्रेणी का काव्य है। ऊपर से पद में रवीन्द्रनाथ ने जिस वाक्-संक्षिप्ति की बात कही है, वास्तव में वह कविसत्ता की चूड़ान्त व्यक्तित्व मोक्षण का परिणाम है। विद्यापति की पंक्तियाँ याद आती हैं—"अनुखन माधव सुंरति-सुन्दरी भेली माधाई।" चण्डीदास की कवि-धर्म की गहराई में यह आत्ममोक्षण, सहज शक्ति के रूप में अनुस्यूत हुआ था; राधा की उपलब्धि का ध्यान करते-करते, वे उनके वर्णित राधा के साथ अभिन्न हो उठे थे। फलस्वरूप राधा का दुख व राधा का सुख, उनकी निगूढ़ चेतना में निरवच्छिन्न उपलब्धि की धारा में ग्रथित हो गया है। इसलिए इन दो को पृथक् कर देखने का अवसर उनमें नहीं है। इसके अलावा चण्डीदास के काव्य में देखना व दिखाना, दृष्टि व सृष्टि में कोई पार्थक्य नहीं है। पहले ही कहा गया है, उनकी कविता व्यक्तित्व के बन्धनमुक्त कवि-आत्मा की स्वगतोक्ति है। इसलिए रवीन्द्रनाथ कहते हैं—"यदि चण्डीदास की कविता का रस-आस्वादन करना चाहते हैं तो पाठक को सफल द्रष्टा होना पड़ेगा, उनकी सृष्टि के जगत् को चण्डीदास की दृष्टि से देखना पड़ेगा। ऐसा प्रतीत होता है कि प्रधानतः इसी कारण से चण्डीदास के सृजन-प्रकरण में सार्थक मंडन-कौशल का अभाव है। वर्षों तक जब चण्डीदास की पदावली का तथ्यगत परिचय आदि से अन्त तक अन्धकार में यवनिकाच्छन्न था, तब भी नीलरतन मुखोपाध्याय ने दुर्लभ अन्तर्दृष्टि से इस सत्य के प्रति संकेत किया था—"चण्डीदास राधाकृष्ण के प्रेम में

पूरी तरह निमज्जित थे। योगी के सदृश मानसनेत्र से राधाकृष्ण की लीला प्रत्यक्ष कर रहे थे। जो देखते थे, वही गाते थे। यह कोई कल्पना की बात नहीं, जो सजा-धजाकर आपके मन को चकाचौंध करे। चण्डीदास को कृत्रिमता के बारे में पता नहीं था। असल में बिना मिलावट का जैसे तथ्य होता था, वैसे ही ग्रहण करते थे। लोग स्वीकार करें न करें इस ओर से अविचलित रहते थे। इसलिए उनकी कविता सरल व अलंकार विहीन है। वर्णनीय विषय से मन को दूर न करने पर उपमा खोजना सम्भव नहीं है। इसलिए विषय में तन्मयता के अनुभव से उपमा-आदि के प्रति दृष्टि नहीं जाती है।''[59] इस मन्तव्य में जिस चण्डीदास का प्रतिभा-विचार किया गया है, उससे उनके परिचय आविष्कार सम्भव नहीं। फिर भी चण्डीदास पदावली के नाम से विख्यात पदों में परोक्षरूप से कवि प्रतिभा में ही जो अभिव्यक्ति है, विदग्ध पाठक मात्र ही इस विषय में प्रायः एकमत हैं।

कवि रूप में चण्डीदास सर्वजन-मनोहर, शैल्पिक कृति के लिए नहीं, भावगम्भीरता के लिए

यहाँ काव्य धर्म के बारे में प्रयात मुखोपाध्याय का मतवाद विचारणीय है। पूर्वोद्धृत मन्तव्य से स्वतः ही प्रतीत होता है कि विचारकों के अनुसार काव्य में अलंकरण के अलावा 'कृत्रिमता' या वर्णनीय विषय में 'तन्मयता' का अभाव है, परन्तु सामान्य रूप से यह मन्तव्य स्वीकार्य नहीं है। मंडन शैली काव्य-कला का अंग विशेष है, वहाँ वह कवि-चित्त का भाव-तन्मयता प्रस्तुत है। अलंकार-सृष्टि के क्षण में इस तन्मयता का अभाव होने पर काव्य के लिए वह कृत्रिम हो जाता है। फिर इस कृत्रिमता के परिणाम स्वरूप कविता का काव्यगुण नष्ट हो जाता है। गोविन्ददास कविराज ने जहाँ उत्कृष्ट काव्य की रचना की है, वहाँ भी वह विशेष रूप से अलंकार समृद्ध है और इस अलंकार समृद्धि के पीछे कवि के वैष्णव भावपन्नता का सक्रिय परिचय सुस्पष्ट है। कवि की काव्य-प्रक्रिया में उनकी वाचन भंगिमा व वैष्णव भाव का एकात्म हुआ था। दूसरी ओर, काव्य के अधिकांश क्षेत्र में मण्डन कला आवश्यक है, यह सत्य भी अस्वीकार्य है। वस्तुतः आन्तरिक अन्तरंगता की अनुभूति ही काव्य का विषय है और अनुभूति मात्र ही साधारण रूप से अनिर्वाच्य है, काव्यिक अनुभूति तो है ही। इस अनिर्वाच्य अनुभूति को वचन-माध्यम में व्यंजित करने के लिए विभिन्न कौशल का सहारा लेना पड़ता है। सामान्य रूप से इस कौशल का सार्थक प्रयोग ही शिल्प-शैली का धर्म है। शब्द व्यवहार के क्षेत्र में ध्वनि एवं अर्थगत कौशल के फलस्वरूप सामान्य रूप से आलंकारिक मण्डनकला की सृष्टि होती है। इसमें सन्देह नहीं कि अनिर्वाच्य अनुभूति को वाच्यातीत व्यंजना प्रदान करने के लिए इस आलंकारिक मण्डनकला का प्रयोजन अपरिहार्य है। मण्डनकला के प्रति अतिरिक्त आग्रह हेतु अनुभूति शैथिल्य यदि घटता भी है तब वह कृत्रिमता का खजाना (आकर)

हो उठता है। इसलिए काव्य-रचना के पीछे एक ही साथ कवि का द्वैतसत्ता सक्रिय होता है। एक तो उनकी द्रष्टा सत्ता जो सर्वदा ही अनुभूति की गहरी अनुध्यान में नियुक्त होता है तो दूसरी ओर कवि की सृजनरत सत्ता जो व्यक्तिगत ध्यान की सामग्री को सर्वजन के आत्मा के सम्पद के रूप में अनुभवगम्य करने की साधना में व्यस्त होता है। कवि की इस सत्ता की सर्वात्मक पूर्णता तथा मिलन में ही सार्थक काव्य-सृष्टि सम्भव है। काव्य तत्त्व के इस दीर्घ आलोचना का उद्देश्य केवल एक ही तथ्य का प्रतिपादन करना है कि चण्डीदास जितने बड़े द्रष्टा थे, उतने बड़े स्रष्टा नहीं थे। चण्डीदास के काव्य की सार्थकता जितनी उनकी अनन्यनिर्भर भावुकता के कारण है, शैल्पिकता के कारण उतनी नहीं है। 'चैतन्यचरितामृत' से उद्धृत प्रथमोक्त पद में कवि का यह परिचय स्पष्ट हुआ है। डॉ. विमानविहारी मजुमदार ने पदों के विभिन्न अंश उद्धार व व्याख्या का मन्तव्य किया है–"राधा स्वयं को जनम दुखिनी कहकर दैन्य प्रकाश कर रही है। 'अभागि मरिले हय सकलेर भालो' कहकर राधा उस दैन्य को और विषादमय कर देती है। उसकी शिकायत यहीं है कि घर-बाहर उसे सभी तंग करते हैं, जिससे उसका हृदय भी तप्त होता है। इसके बाद राधा जब कहती है–'ए पाप पराणे केने बईरि हैल काला'........राधा काला को बहुत चाहती है। अधिक प्यार न होने पर इस प्रकार की अभिमान की भाषा मुख से बाहर नहीं निकलती, मेरे प्राणों का बैरी या शत्रु जो भी है, वह काला है। माताएँ अक्सर प्रियतम पुत्र को लाड़ से कहती हैं–'ओरे शत्तुर खेये ने, आर जालास, ने राधा के मन में भी दैन्य के साथ गर्व है कि काला भी उसे प्यार करता है। उस प्यार की भाषा को ही महाकवि ने आकार दिया है–'ए पाप पराणे केने बइरि हैल काला।'"[60]

चण्डीदास की काव्यकथा, शाश्वत प्रेमगाथा

इस दीर्घ आलोचना से एक ही वक्तव्य का अनुभव होता है कि अमिश्र प्राण की वाणी मुख से ध्वनित होने पर उसे जो रूप मिलता था, वही असल में चण्डीदास पदावली का काव्य-स्वरूप है। कवि को 'रूपदक्ष' कहा गया है। वस्तुतः कवि जहाँ रूपदक्ष है, वहाँ वे स्रष्टा हैं। प्राण द्वारा वह वाणी मुख से अभिव्यक्त मात्र किया गया है। इसलिए वे स्रष्टा नहीं, काव्य-जगत् में केवल द्रष्टा ही हैं। अर्थात् प्राण के अन्तर्निहित भाव की अनुध्यान में कवि इतने आत्मलीन हैं कि उनकी व्यक्ति-चेतना व व्यक्ति संस्कार तक लुप्त हो गया है। वहाँ एकमात्र मूलगत हृदय-भाव या चित्तवृत्ति जाग्रत होकर बात करती है। कवि मानो गहरी अन्तर्दृष्टि व ऐकान्तिकता के साथ वाणी की प्रतीक्षा कर रहे थे, जब जो भी मिला है उसे ही लेखनी द्वारा अभिव्यक्त कर दिया। इसी कारण चण्डीदास-पदावली की शिल्प- शैली पर जब पृथकता से विचार किया जाता है तब उसके उत्कर्ष का स्वरूप निर्णय करना दुरूह हो जाता है। अनेक स्थानों में छन्द अपरिणत, वाक्य असम्पूर्ण,

रीति-असंहत, मण्डनकला का अभाव तो सर्वाधिक प्रस्फुट है, पर कुल मिलाकर वह चण्डीदास पदावली ही सबसे अच्छा लगता है जो हृदय से उत्सरित अनुभव के गुणों से मर्मस्पर्शी हो उठा है—वह मरमिया चरित्र विशिष्ट है। यहीं पर बंगालियों की प्राण की बातों की अभिव्यक्ति सबसे अधिक हुई है। यह सोचने लायक है कि चण्डीदास की प्राण की बातें राधाकृष्ण-लीलामृत ही केवल नहीं है, शाश्वत प्रेमकथा है। राधा के नाम से बंगाल के प्राण की बाँसुरी प्रथम कब सधती है, वह आज निश्चित रूप से कहना मुश्किल है। पर यह बात कही जा सकती है कि राधाकृष्ण-लीला की अन्तर्वर्ती वैष्णव धर्मतत्त्व के कारण ही वह सर्वात्मक जनप्रीति लाभ करने में समर्थ हुआ है। इन दो चरित्र को उपलक्ष्य कर बंगालियों की प्रेमाकांक्षा सर्वाधिक मुक्तिलाभ करती है। बंगाली चेतना के पास ये 'युगलप्रेम' के शाश्वत प्रतीक हैं। तभी जब बंगाली प्रेमिक खुशी से प्रेमगीत गाता है उसी समय वैष्णव-अवैष्णव, हिन्दू-अहिन्दू निर्विशेष सभी के मन में प्रेम उद्भासित हो उठा है। जातीय प्रेम का चिरन्तन आदर्श, उस युगलप्रेमी का मिलन चित्र है। बंगाली प्रेम-साधकों के पास राधाकृष्ण, धर्म विशेष के देवता नहीं, वे प्राण देवता हैं। चण्डीदास पदावली के राधाकृष्ण भी प्रेमिकों के प्राण-देवता हैं—इसी देवता का स्मरण कर रवीन्द्रनाथ ने कहा—

"आमादेरी कुटीर कानने
फुटे पुष्प, केहो देय देवता चरणे,
केहो राखे प्रियजन तरे, ताहे ताँर
नाहि असन्तोष। एई प्रेमगीति हार
गाँथा हय नरनारी मिलन मेलाय,
केहो देय ताँरे, केहो बोधूर गलाय।
देवतारे जाहा दिते पारि दिई ताई
प्रियजने, प्रियजने, जाहा दिते पाई,
ताई दिई देबतारे, आर पाबो कोथा।
देबतारे प्रिय करि, प्रियेरे देवता।।"

दूसरों के लिए जो भी हो, आलोच्य कवि चण्डीदास की पदावली के प्रसंग में, प्रिय में और देवता में कोई प्रभेद नहीं वरन् प्रिय ही वहाँ देवता के माध्यम से रूपमय हो उठे हैं।

आलोच्य चण्डीदास की रचना के रस-वैशिष्ट्य के निदर्शन के तौर पर यह पद उद्धृत है—

"राधार कि हैलो अन्तरे व्यथा।
बसिया बिरले थाकये एकले।
ना शुने काहारूँ कथा।।

सदाय धियाने चाहे मेघ पाने
ना चले नयन तारा।
बिरति आहारे रांगा वास परे
जेमति जोगिनी पारा।।"

कृष्ण प्रेम से चण्डीदास की राधा योगिनी बनी है, उस अलौकिक उपलब्धि की रूप-सन्धान में स्वयं कवि ध्यान तन्मय तपस्वी हुए हैं।

यहाँ इस पद के सन्दर्भ लेकर इतिहास के तथ्यलोक में प्रवेश करने का नवीन अवसर है। पहले के अध्यायों में हमने यह पाया है कि इस पद में 'आहारे विरतिः' आदि संस्कृत पद्यांश का प्रत्यक्ष प्रभाव है। पहले ही अनुमान किया गया है कि मूल संस्कृत श्लोक 'उज्ज्वलनीलमणि' कार की सृष्टि है और उसके अनुसार आलोच्य बंगला पद के पदकर्ता के रूप में कल्पित चैतन्य-परवर्ती चण्डीदास हुए थे। बाद में डॉ. विमानविहारी मजुमदार की खोज थी कि "यह पद श्रीरूप का नहीं है।" वरन् 'कवीन्द्रवचन समुच्चय', 'सदुक्ति कर्णामृत' तथा 'साहित्य दर्पण' में भी यह संस्कृत पद पूर्वावधि उद्धृत हुआ था। अतएव, चैतन्य पूर्व काल में आलोच्य बंगला पद रचना के लिए किसी प्रकार की बाधा नहीं है, परन्तु चण्डीदास की भणिता में अति उत्कृष्ट ऐसे पद सारे मिलते हैं, जो चैतन्य परवर्ती काल की रचना स्वीकार करनी पड़ेगी–"सई केबा सुनाइल श्याम नाम" आदि पद उस चैतन्योत्तर काल के पदकर्ता चण्डीदास द्वारा रचित है; इनमें श्रीरूप के 'तुण्डे ताण्डविनी रतिम्' आदि श्लोक की भावच्छाया है। केवल इतना ही नहीं, कृष्णनाम जप की साधना में इस पद में वर्णित राधा में चैतन्योत्तर परिकल्पना का छाप ही अधिक पड़ा है लेकिन इस पद का रसमाधुर्य अनस्वीकार्य है। बंगालियों की भक्तितृष्णातुर चित्त में इस पद ने दीर्घदिन से पान्थपादप की भूमिका ग्रहण की थी तथा चैतन्यपूर्ण चण्डीदास के रचनारूप में इसका महत्त्व चिरस्मरणीय था। वस्तुतः चण्डीदास की भणिता में और भी ऐसे सारे उत्कृष्ट पद प्राप्त हुए हैं जो भावों की दृष्टि से चैतन्य जीवन रस में तन्मय है। उदाहरण के तौर पर,

"एमन पिरिति कभु देखी नाहि शुनि।
निमिखे मानये जुग कोरे दूर मानि।।"
अथवा
"अकथन बेयाधि कहन नाहि जाय।
जे करे कानुर नाम धरे तार पाय।।"

आदि पदों का उल्लेख किया जा सकता है।

यथाक्रम से चैतन्योत्तर रसशास्त्र एवं चैतन्य जीवन-रसमन्थन कर इन दो पदों का जन्म हुआ है। चैतन्य-परवर्ती कवि दीन चण्डीदास का जो पद-परिचय प्राप्त हुआ है, उसमें निश्चित रूप से कहा जा सकता है कि उनके लिए इतना मधुर पद-रचना

सम्भव नहीं था। तभी दीन चण्डीदास से इस चैतन्योत्तर चण्डीदास को पृथक् करने की प्रक्रिया में किसी-किसी पण्डित ने इन्हें द्विज चण्डीदास के नाम से अभिहित किया है।

इस द्विज चण्डीदास के साथ सम्भावित चैतन्य पूर्व चण्डीदास का भावपार्थक्य निर्देशित कर डॉ. विमानविहारी मजुमदार का मन्तव्य है कि "चण्डीदास के पद में यह देखा जाता है कि राधा कलंक से भयभीत है तथा द्विज चण्डीदास के पदों में वे श्याम-कलंकिनी होकर कृतार्थ है"—

"मनो छिलो साध कानु परिबाद
सफल करल विधि।।"[61]

चण्डीदास की पदावलियों की चैतन्यपूर्वता

इससे पहले ही देखा गया है कि राधा कल्पना के मूल उत्स के तौर पर पंडितों ने बंगाल के प्राचीन लोक समाज का उल्लेख किया है। राधा-प्रेम के द्वैत रूप की गहराई में उस जीवन-स्वभाव का मर्मयन्त्रणा रसरूप धारण करता है। उसके एक ओर है सामाजिक विधि लंघन करने की दुरन्त उत्कंठा व दुखः वरण तथा एक ओर अकुंठ अनुराग के वेदीमूल में सर्वस्व त्याग की महिमा। जयदेव के प्रसंग में उल्लेखनीय है कि प्रेम, तपस्या की इस आत्म-लुण्ठनकारी तादात्म्यता ही राधा-कथा को सर्वभारतीय काव्य कथा के गौरवाधिकार में प्रतिष्ठित किया था। फलस्वरूप, चैतन्य-पूर्व-युग की राधा-परिकल्पना में प्रेमाकुल असहाय नारी के लिए समाज-विधि की ताड़ना से आत्मरक्षा का प्रयास, एक अनिर्वचनीय कारूण्य का भाव-परिमण्डल निर्मित कर रहा था। डॉ. मजुमदार के मतानुसार चैतन्यपूर्व चण्डीदास की पदावलियों के रसमाधुर्य का उत्स यहीं है। दूसरी ओर महाप्रभु श्रीचैतन्य की जीवन-साधना की अलौकिक महिमा के फलस्वरूप, राधावाद की यह मौलिक धारणा सम्पूर्ण परिवर्तित हो जाता है। पहले जो प्रेम था, विधि वहिर्भूत तथा उसी कारण से समाज-भर्त्सित, अब वही वैधातीत; सभी विधि निषेधों की सीमा पार कर नूतन स्वीकृति का गौरव लेकर 'रागानुग प्रेम' के रूप में उदित हुआ। चैतन्योत्तर बंगाल के भावुक समाज में राधा का वह प्रेम साध्य है। चैतन्य-जीवन-रस स्नात कवि द्विज चण्डीदास की रचना में उस नूतन मूल्यबोध का ही जयगान है। डॉ. विमानविहारी मजुमदार का यही सिद्धान्त है।

इतिहास का सिद्धान्त

परन्तु विशुद्ध साहित्य-रसाश्रित अनुमान-कल्पना को लेकर इतिहास के मार्ग पर अधिक दूर अग्रसर होने का अवकाश नहीं है। वडु चण्डीदास ब्राह्मण जाति के थे। वडु उपाधि में भी कवि का यह दावा पुनः पुनः उच्चरित हुआ है। डॉ. विमानविहारी का स्पष्ट सिद्धान्त है कि उनके अनुमित चैतन्य-पूर्व काल के पदकर्ता चण्डीदास

'द्विज' थे। दीन चण्डीदास की रचना के नाम से चिह्नित कुछ पदों में 'द्विज' उपाधि का उल्लेख है। ऐसी स्थिति में, उपाधिहीन चैतन्यपूर्व चण्डीदास एवं उपाधियुक्त चैतन्योत्तर 'द्विज' चण्डीदास की रचना-वैशिष्ट्य का परिचायन पूरी तरह से होना सम्भव नहीं है। दूसरी ओर कवियों के सम्बन्ध में समुचित तथ्य का अभाव इतिहास के संशय को और अधिक बढ़ा देता है। यह आलोचना सम्पूर्ण निरर्थक नहीं है। पोथी का सुनिश्चित प्रमाणयुक्त वडु चण्डीदास का 'श्रीकृष्णकीर्तन' तथा 'दीन चण्डीदासेर पदावली' के अलावा चण्डीदास की वे पदावली जो सर्वयुग के बंगला साहित्य का श्रेष्ठ रससम्पद है, इतिहास की मौनता में वह ऐतिह्य गौरव लुप्त न हो जाए, इस सुदीर्घ साहित्यालोचना में इतना-सा मूल्य स्वीकृत हो तो भी वर्तमान प्रचेष्टा सफल होगी।

आदिमध्ययुग के वैष्णव साहित्य में विद्यापति

मिथिला के शैव ब्राह्मण राजसभा के कवि व सभापण्डित विद्यापति स्वयं शैव-ब्राह्मण थे। उनकी रचना का परिचय सन्धान न कर आदि मध्ययुग के बंगला वैष्णव पदावली का इतिहास सम्पूर्ण नहीं होता है। विद्यापति की प्रतिभा विचित्रकारी थी। एक ओर वे स्मार्त पण्डित थे तो दूसरी ओर ऐतिहासिक, भौगोलिक तथा कवि थे। उन्होंने प्रत्येक विषय में एकाधिक विषय-वस्तु लेकर ग्रन्थों की रचना की है तथापि बंगला साहित्य के इतिहास में वे केवलमात्र वैष्णव-कविचूढ़ामणि के रूप से ही विख्यात हैं। विभिन्न ग्रन्थ रचना के काल में विद्यापति ने विचित्र भाषा का भी आश्रय ग्रहण किया है। उनकी राधा-कृष्ण पदावली रचना की माध्यम-भाषा की मूल-प्रकृति के बारे में पण्डित-समाज में तर्क की आँधी उठी थी, पर वह भाषा बंगला नहीं है, इस विषय में सभी एकमत हैं। विद्यापति पण्डित ऐतिहासिक होकर भी बंगालियों की दृष्टि में केवल कवि ही हैं—अबंगला भाषा में कविता लिखकर भी बंगालियों के हृदय के कवि हैं, यह आश्चर्य की बात है। इस हालत में मैथिल कवि विद्यापति पर बंगालियों की दावा की संगति लेकर सहज ही संशय उत्पन्न होता है। इस संशय के निरासन की सार्थक चेष्टा रामगति न्याय रत्न ने किया था—"विद्यापति मिथिलावासी होने पर भी उन्हें हम बंगाल के प्राचीन कवि-श्रेणीमुक्त करने का दावा करना नहीं छोड़ेंगे; यद्यपि विद्यापति के समय में मिथिला व बंगदेश में वर्तमान की अपेक्षा अधिक घनिष्ठता थी, तत्कालीन अनेक बंगाली छात्र मिथिला में जाकर पाठ समापन करते थे। ...अनेकों के मतानुसार बंगाल के सेन वंशीय राजाओं के समय में बंगदेश व मिथिला अभिन्न राज्य था तथा सम्भवतः उभय देश की भाषा भी अनेकांश में एकाविध थी,...अतएव जब बंगदेश व मिथिला में इतनी घनिष्ठता थी तब जिस कवि ने कवि जयदेव प्रणीत 'गीत गोविन्द' के अनुकरण में राधाकृष्ण की लीलाविषयक संगीत की रचना की थी, जिन सभी संगीतों को बंगदेश की धर्मप्रवर्तयिता चैतन्य देव पाठ कर मोहित हुए थे। इसी भावबोध से सम्पृक्त परम भक्तिपूर्वक बंगदेशीय

गायकगण युगों से संकीर्तन करते आ रहे थे तथा जिन सभी संगीत के अनुकरण पर बंगदेशीय वैष्णव सम्प्रदाय ने शत-शत गीतों की रचना की थी, आज हम उस कवि को मिथिलावासी कहकर बंगदेशीय कवि के आसन से हटने को नहीं कह सकते हैं।''[62] आवेग-बाहुल्य होने पर भी बंगला साहित्य के इतिहास में विद्यापति की यथार्थ प्रतिष्ठाभूमि की सार्थकता इस उद्धरण के माध्यम से अभिव्यक्त होती है। विद्यापति पदावली का मूलगत रूप-स्वभाव के बारे में पण्डित-महल में मतभेद है। चैतन्यदेव द्वारा आस्वादित होने की ऐतिह्य को आश्रित कर ही इस पदावली को बंगाल में एक अपूर्व रस-मर्यादा प्राप्त हुई थी। वस्तुतः इस विशेष मूल्यबोध की गहराई में मैथिल कवि-श्रेष्ठ की काव्य का उत्स निहित है। दूसरी ओर विद्यापति-पदावली का यह अतुल्य-गौरव बंगला वैष्णव साहित्य के इतिहास में एक भाव-भाषागत, एक नवीन रसमान (Aesthetic standard) की सृष्टि की थी। उस ऐतिह्य का अनुकरण कर अनेक बंगाली कवि-भक्त, वैष्णव काव्य की रचना में नूतनतर सुरमूर्च्छनाओं की सृष्टि की थी। चैतन्योत्तर काल के कवि-श्रेष्ठ गोविन्ददास कविराज भी उस एक ही धारा का अनुवर्तन कर 'द्वितीय विद्यापति' अभिधा में विभूषित हुए थे। निष्कर्ष में, विद्यापति-पदावली व बंगला साहित्य में सम्पर्क परस्पर परिमूलक है। ''बंगालियों के रसवासना का समर्थन पाकर विद्यापति पदावली ने नूतन मर्यादा एवं स्थायित्व लाभ किया था। दूसरी ओर, नवादर्श महिम वह पदावली ने ही पुनः बंगालियों के पद-साहित्य में नूतन प्रेरणा व रस-अलंकार का प्रवर्तन किया है। अतः इन दो के जिस किसी एक प्रसंग की आलोचना व्यतिरेक से उभय प्रसंग का विचार असम्पूर्ण व असार्थक होता है।

परन्तु इस आलोचना की शुरुआत में भी विद्यापति की काल-विचार लेकर समस्या की शुरुआत होती है। फलस्वरूप, अनुमान पर निर्भर न करके विद्यापति के जीवन काल के बारे में निश्चित कुछ कहना असम्भव है।

विद्यापति का कालविचार

इतिहास के तथ्य से यह पता चलता है कि मिथिला के राजवंश के एकाधिक शासनकर्ता, यहाँ तक कि उनके किसी-किसी पत्नियों की पृष्ठपोषकता उन्हें मिली थी। उनका विख्यात इतिहास-ग्रन्थ 'कीर्तिलता' कीर्तिसिंह के शासनकाल में ही रचित हुआ, ग्रन्थ के विभिन्न भणिता अंश से यह प्रमाणित हुआ था। कीर्तिसिंह के राजत्व का समय चतुर्दश शताब्दी के बिल्कुल अन्त में होना सम्भव है। इसके पहले कवि को कीर्तिसिंह के पितृव्य-पुत्र देवसिंह की राजसभा में देखा जाता है; वहाँ उन्होंने 'भूपरिक्रमा' नामक संस्कृत ग्रन्थ की रचना की थी। बाद में विद्यापति शिवसिंह की सभा में आये थे। उनकी अधिकांश पदावली की रचना यहीं हुई थी। कवि के जीवन काल के सम्बन्ध में निर्दिष्ट सन्-तारीख का प्रथम उल्लेख इस शिवसिंह के राजत्वकाल में मिलता है। नाना सूत्र से कवि-कीर्ति के साथ युक्त निम्नलिखित

सन्-तारीखों की खोज भी मिलती है—

1. 291 लक्ष्मण संवत् अर्थात् 1410 ई. में महाराजाधिराज शिवसिंह के शासनाधीन में तीरभुक्ति के अन्तर्गत गजरथपूर नगर में 'सप्रक्रिय सदुपाध्याय ठक्कुर' ने विद्यापति के आदेश से श्रीदेवशर्मा व प्रभाकर दोनों ने मिलकर 'काव्यप्रकाश' की टीका की अनुलिपि बनायी है।

2. इसके दो वर्ष के बाद अर्थात् 293 में ल-सङ्. में राजा शिवसिंह ने कवि विद्यापति को विसपी नामक एक ग्राम का दान किया था। इस विषय में एक दानपत्र का प्रथम आविष्कार राजकृष्ण मुखोपाध्याय ने किया था पर बाद में डॉ. ग्रियर्सन ने प्रमाण दिया था कि यह दानपत्र जाली है। अमूल्यचरण विद्याभूषण व अध्यापक खगेन्द्रनाथ मिश्र सम्पादित 'विद्यापति पदावली' की भूमिका के बारे में विचार किया गया था, ''इस ताम्रलिपि को यदि जाली कहा जाए तो इसका अर्थ यह निकलता है कि शिवसिंह ने विद्यापति को ग्राम का दान नहीं दिया था; जाली दानपत्र दिखाकर, विद्यापति ठाकुर व उनके वंशधरगण ही उक्त ग्राम का भोगदखल कर रहे थे। दलील पर जाली कर एक ग्राम की चोरी होती है। सच्चाई तो यह है कि मूल-दानपत्र उपलब्ध नहीं है, ताम्र लिपि विद्यापति के किसी वंशधर ने बनवाया था।'' दीर्घदिन से यही अभिमत साधारण रूप से ग्राह्य हुआ था, किन्तु डॉ. सुकुमार सेन के अनुसार, "दानपत्र का यह काण्ड आदि से अन्त तक जाली है।[63] दूसरी ओर अध्यापक सुखमय मुखोपाध्याय ने तथ्य सहित विपरीत युक्ति की अवतारणा की।[64] फिर भी तर्क एवं संशय के आधार पर इस दलील के प्रसंग का परिहार नहीं किया जा सकता है और उससे विद्यापति के काल निर्णय में दुस्तर बाधा भी घटित नहीं होती है।

3. विद्यापतिकृत 'लिखनावली' नामक संस्कृत पोथी में 299 ल-सङ्. अर्थात् 1418 में इसी तथ्य का पुनः उल्लेख है।

4. इसके अलावा विद्यापति 341 लक्षणाब्द में (1460 ई.) केवल जीवित नहीं, समर्थ व अध्यापनरत थे। इसका स्वातन्त्र तथा बलवत् प्रमाण मिला है। इस वर्ष में ''मुडियारग्राम में, विद्यापति के एक पढ़ाकू छात्र श्रीरूपधर हलायुधमिश्र के 'ब्राह्मणसर्वस्व' के अनुकरण पर सद्ब्राह्मण श्रीसोमेश्वर ने मूल ग्रन्थ के साथ मिलाकर शुद्ध कर लिया था।''[65]

5. कथनानुसार विद्यापति द्वारा अनुलिखित एक 'भागवत' पोथी का लिपिकाल राजकृष्ण मुखोपाध्याय व ग्रियर्सन ने 349 ल-सङ् में पढ़ा था। बाद में उस नगेन्द्रनाथ गुप्त ने 309 ल-सङ् में पढ़ा था। डॉ. सुकुमार सेन का विचार था कि यदि राजकृष्ण व ग्रियर्सन ने इस पोथी को नगेन्द्र गुप्त से पहले ही देखा था, तब पोथी की लिपि उत्कृष्ट व स्पष्टतर होना स्वाभाविक था। अतएव, इस प्रसंग में 349 ल-सङ् अर्थात् 1468 ई. ही ग्राह्य है।[66] डॉ. सेन का विचार यदि यथार्थ हो तो विद्यापति के जीवन के सायंकाल का एक और वर्ष का हिसाब मिल जाता है।

विद्यापति का जीवनकाल

इन सभी तथ्यों की ग्रहणीयता एवं काल-विचार को लेकर पण्डित महल में अनेक मतभेद हैं। विशेष रूप से, आलोच्य तारीखों के सभी लक्ष्मण संवत् है या नहीं, उसके साथ ईस्वी का कितना अन्तर है, इसका हिसाब करने में विपत्ति घटता है। श्रीसुखमय उपाध्याय के अनुसार, "मिथिला के विभिन्न स्थान व विभिन्न समय में लक्ष्मण संवत् के साथ ईस्वी का व्यवधान 1079 साल से आरम्भ कर 1129 साल तक था तथा पंचदश-षोडश शताब्दी में मिथिला में कम से कम तीन प्रकार के लक्ष्मण संवत् प्रचलित थे।"[67] स्वभावतः उद्धृत लक्ष्मण संवत् के प्रासंगिक ई. के निर्णय में वितर्क दिखाई दे सकता है। ऊपर के हिसाब से लक्ष्मण संवत् व ई. का पार्थक्य 1119 वर्ष का है। जो भी हो, छोटी-बड़ी बातों को लेकर कितना भी मतभेद हो, एक विषय पर पण्डितगण प्रायः एकमत हैं कि ईस्वी के चतुर्दश शतक के अन्तिम भाग में किसी एक समय जन्म लेकर पंचदश शतक से कम से कम षष्ठ या सप्तम दशक तक विद्यापति जीवित थे। इससे निश्चित तथ्य की खोज दुर्लभ है।

विद्यापति की रचना पंजी

अब विद्यापति की रचना पंजी का परिचय खोजने के लिए उसके पृष्ठ पोषकों का परिचय खोजना पड़ेगा। यह कहने की आवश्यकता नहीं है कि मिथिला का राजवंश ही इस विषय में अग्रणी हो। डॉ. विमानविहारी मजुमदार एक स्मारक पंजी में बताते हैं—"इन्होंने 1394-96 ई. के बीच पद लिखकर घियास-उद्-दिन आजम शाह व नसरत शाह को समर्पित किया था। 1396-97 ई. में जौनपुर के प्रथम सुलतान ने त्रिहुत पर विजय पाया। उससे पहले 1394 ई. में नसरत् खान के दिल्ली के सुलतान पर दावा करने के बाद ये दो पद लिखे गये।

"1400 ई. के आसपास नैमिषारण्य निवासी देवसिंह के आदेश से 'भूपरिक्रमा' की रचना हुई।

"1402-1404 ई. में इब्राहिम शाह द्वारा कीर्तिसिंह को मिथिला का सिंहासन प्रदान व उसी समय में 'कीर्तिलता' की रचना हुई।

"1410-1414 ई. के बीच शिवसिंह के राज्यकाल में कम से कम दो सौ पद की रचना हुई।

"1418 ई. में द्रोणबार के अधिपति पुरादित्य के आश्रय में राजबनौलि में 'लिखनावली' की रचना हुई।

"1428 ई. में इस राजबनौलि में ही विद्यापति द्वारा भागवत की अनुलिपि समाप्त हुई।

"1430-40 ई. के बीच पद्मसिंह और विश्वासदेवी के नाम से एक पद की रचना व 'शैवसर्वस्वहार' व 'गंगावाक्यवली' की रचना हुई।

"1440-60 ई. में 'विभागसार', 'दानवाक्यवली', 'दुर्गाभक्ति तरंगिणी' की रचना हुई।"[68]

विद्यापति का व्यक्तित्व

विद्यापति का आविर्भाव व अवस्थान विषयक इस तथ्यावली के निर्णय के बाद अब समस्या उनके व्यक्तित्व को लेकर आती है। कवि के पिता महाराज गणेश्वर के सुहृद गणपति ठाकुर थे। इन्होंने इनके बहुप्रशंसित ग्रन्थ 'गंगाभक्ति तरंगिणी' मृत सुहृद गणेश्वर की आत्मा की शान्ति कामना कर समर्पित किया था। इसके अलावा, पितामह व प्रपितामह के परिचय में भी विद्यापति परम पण्डित वंश के सन्तान थे। समालोचकों की भाषा में, "जिस वंश में सरस्वती नित्य अर्चित होती थी, पुरुषानुक्रम में वीणापाणि वाग्देवी की साधना होती थी, उस वंश में सरस्वती के इस वरपुत्र का जन्म हुआ था।"[69] विद्यापति के इस कुल परिचय के बारे में संशय नहीं है। कवि के धर्ममत लेकर ही विवाद उत्पन्न होता है। आज यह तर्क अर्थहीन प्रतीत हो सकता है, परन्तु इस प्रश्न पर विद्यापति-पदावली का युग-युगविलम्बी जनप्रियता का मूल्य अधिकतर निर्भर करता है। पहले ही कहा गया है कि चैतन्यदेव द्वारा आस्वादित होकर विद्यापति की पदावली, गौड़ीय वैष्णव समाज में एक नूतन मर्यादा लाभ कर रहा था। उस मूल्यमान के अनुसार पदकर्ता विद्यापति ऐकान्तिक रूप से 'वैष्णवमहाजन' हैं व उनके रचित राधाकृष्ण-लीलासंगीत अपरिहार्य रूप से वैष्णव भाव मण्डित है।

परन्तु इतिहास इस सिद्धान्त का समग्र रूप से समर्थन नहीं करता है। तथ्यादि के आधार पर निस्सन्देह प्रमाणित हुआ है कि विद्यापति व उनके पूर्वपुरुष ने वंशानुक्रम से जिस राज्यसभा को अलंकृत किया था उनके सभी पुरुष-परम्परा में शैव थे। यहाँ तक कि 'विपसी' ग्राम में कवि द्वारा जिस शिव मन्दिर की प्रतिष्ठा हुई थी वह आज तक लक्ष्यगोचर है। उनके श्मशान भूमि में भी शिवलिंग स्थापित किया गया था। अतः सामान्य रूप से अनुमान किया जा सकता है कि विद्यापति शैव धर्म के विश्वासी थे, लेकिन व्यापकतर दृष्टि से देखने पर पता चलता है कि उनका वंश स्मार्त पौराणिक ब्राह्मण-पंडितों का वंश था। पूर्ववर्ती ग्रन्थ पंजी से ज्ञात होता है कि उन्होंने स्वयं भी एकाधिक स्मृति ग्रन्थों की रचना की थी। पौराणिक स्मार्त पण्डित-ब्राह्मणों के समान व्यक्तिगत जीवन में भी कवि एकाधिक देवदेवी के प्रति निष्ठावान थे। इस अनुमान का समर्थन उनके द्वारा लिखित ग्रन्थों से मिलता है, पर यह भी निश्चित है कि विष्णु या कृष्ण के प्रति वे विरूप नहीं थे। दूसरी ओर, जब भी उन्होंने किसी देवता का वर्णन किया है, निष्ठावान पौराणिक ब्राह्मणों के समान उसी देवता को सर्वश्रेष्ठ प्रतिपन्न करने का प्रयास किया है। इसलिए उन्होंने यदि किसी ग्रन्थ में किसी एक देवता को सर्वश्रेष्ठ कहकर उल्लेख किया है तो यह अनुमान नहीं करना चाहिए कि वे विशेषरूप से उसी देवता के उपासक थे। उनके

धर्मसंस्कार के बारे में महामहोपाध्याय हरप्रसाद शास्त्री का मन्तव्य है कि –"वे (विद्यापति) मिथिला, बंगला व भारतवर्ष के अन्यान्य देश के ब्राह्मणों के समान स्मार्त व पंचोपासक थे। अर्थात् स्मृति व्यवस्था मानकर चलते थे तथा गणेश, सूर्य, शिव, विष्णु व दुर्गा इन पंचदेवताओं की उपासना करते थे।"[70] विद्यापति विशेषरूप से इन पंचदेवताओं के उपासक थे या नहीं, यह निश्चित रूप से कहा नहीं जा सकता है, पर सामान्य रूप से वे पौराणिक देव-देवियों के माहात्म्य के प्रति आस्थावान थे, इसमें कोई संशय नहीं है। विद्यापति की वैष्णवता के बारे में भक्तगणों ने विशेषरूप से उनकी प्रार्थना-पदावली का उल्लेख किया है। सामान्य रूप से यह स्वीकार किया जाता है कि शिल्पी-चित्त की मुक्ति में भी शिल्प की सार्थक अभिव्यक्ति सम्भव हो सकता है और प्रार्थना पदावली के माध्यम से विद्यापति के व्यक्ति प्राण की मुक्ति साधित हुई थी। यह सत्य अस्वीकार्य है। अतएव, कवि-चेतना की एक सहज आकृति 'माधव'-महिमा के प्रति स्वतः उत्सरित हुआ था, ऐसा अनुमान भी तर्कसंगत है, किन्तु यह भी स्वीकार करना होगा कि 'प्रार्थना' पर्याय का अति अल्पसंख्यक पदों से भी विद्यापति के अनन्य चित्त वैष्णवता निःसंशय प्रतिपन्न नहीं किया जा सकता है।

विद्यापति के पदरचना में समस्या

जो भी हो, व्यक्तित्व सम्बन्धी इन सभी आनुमानिक वितर्क का क्षेत्र अतिक्रमण कर कवि-स्वभाव का स्वरूप उद्घाटन करना कम संकटजनक नहीं है। विद्यापति लोक-विश्रुत महिमा में मण्डित थे। फलस्वरूप अनेक 'मन्दःकवियशःप्रार्थी' ने उनकी भणिता में अपने-अपने पद को शामिल कर दिया है। अपने-अपने पालागान की जनप्रियता की वृद्धि करने के लिए किसी-किसी कीर्तनिया ने दूसरों के पदों में विद्यापति के नाम का उपाधियुक्त भणिता का योग किया है। इन सभी कारणों से विद्यापति पदावली में चयन सम्बन्धी सावधानी बरतना आवश्यक है। ऐसा प्रतीत होता है कि प्रयात नगेन्द्रनाथ गुप्त सम्पादित पदावली में इस सावधानी का पालन नहीं किया गया। विद्यापति-भणिता व्यतीत कवि-कण्ठहार, कवि-वल्लभ, कवि-शेखर आदि भणिता युक्त पद समूह भी निर्विचार रूप से उस उक्त पदावली संग्रह में स्थान प्राप्त कर लिया है।

फलस्वरूप ऐसे अनेक पद

1. विद्यापति की स्मृति व धर्मशास्त्र विषयक ग्रन्थावली व पुरुष-परीक्षा संस्कृत भाषा में लिखित है।

2. 'कीर्तिलता' व 'कीर्तिपताका' अपभ्रंशजात' 'अवहट्ठ' भाषा में रचित है। संस्कृत भाषा छोड़ इस मिश्र लोकभाषा में ग्रन्थ रचना का प्रयोजन कवि ने स्वयं वर्णित किया है–

"सक्कयवाणी बहुअन भावई।
पॉउआ-रसको मम्म न पाबई।।

देसिल बअना सबजन मिट्ठा।
तै तैस न जम्पत्रो अवहट्ठा।। —'कीर्तिलता'

"बुद्धिमान संस्कृत भाषा के बारे में सोचता है; प्राकृत रस का मर्म नहीं जानता है। देशी वचन सभी को मीठा लगता है इसलिए मैं अवहट्ठ भाषा में बात कर रहा हूँ।"

विद्यापति की अपनी मातृभाषा मैथिल में रचित हरगौरी विषयक पदावली के अलावा भी कुछ राधा-कृष्ण पदावली मिली है।

ब्रजबुलि भाषा का स्वरूप-परिचय

परन्तु बंगाल में प्रचलित राधा कृष्ण के प्रेम-विषयक विख्यात विद्यापति पदावली की भाषा ही सर्वापेक्षा कौतूहल जनक है। पहले ही कहा जा चुका है कि मूल मैथिल भाषा में लिखित विद्यापति के कुछ संख्यक राधाकृष्ण विषयक पद आविष्कृत हुआ है। इसके आविष्कार कर्ता डॉ. ग्रियर्सन थे, किन्तु बंगाल में विद्यापति के पदों के समान जितने भी पद मिले हैं, वे सब बंगला-मैथिल-अवहट्ठा मिश्रित एक कृत्रिम भाषा में रचित है। परवर्ती युग में इस भाषा को 'ब्रजबुलि' के नाम से अभिहित किया गया है। 'ब्रजबुली' ब्रज की बोली या भाषा नहीं है—वस्तुतः यह भाषा किसी काल के किसी जनगोष्ठी की कथ्य या लिखित भाषा नहीं थी। बंगला-मैथिल-अवहट्ठादि मिश्रित इस कृत्रिम काव्यभाषा के माध्यम से राधाकृष्ण की ब्रजलीला को उत्कृष्ट गीतों का रूप मिला है, इसलिए इसका नाम ब्रजबुलि है। किन्तु इस भाषा की उत्पत्ति का इतिहास तथा विद्यापति ने इस भाषा में ही पद रचना की थी या नहीं, इस विषय में पण्डित वर्गों में तर्क-वितर्क होते रहते हैं। प्रथम युग में नगेन्द्रनाथ गुप्त ने लिखा था—"विद्यापति ने शुद्ध मैथिली में ही पदों की रचना की थी। यही विकृत रूप ही ब्रजबुलि नाम से पद-रचना के भाषा के रूप में प्रयुक्त हो रहा है।"[71] डॉ. दिनेश चन्द्र सेन भी इस मत का समर्थन करते हुए कहते हैं—"विद्यापति-पदावली के मूल मैथिली भाषा को हमने तोड़कर, चोरी कर, गड़कर, मोड़कर इस प्रकार बना लिया है।"[72] इनके मतवादों के पीछे डॉ. ग्रियर्सन के आविष्कृत मैथिल पद ही मुख्य-प्रमाण है, किन्तु एक ही विषय में भिन्नतर अनुमान की समर्थक युक्ति भी उद्धार करना सम्भव है—

1. विद्यापति का लिखा हुआ कुछ राधाकृष्ण-विषयक पद मैथिली भाषा में मिले हैं, पर उनकी संख्या अधिक नहीं है। दूसरी ओर काव्योत्कर्ष के विचार से ये पद दुर्बल हैं।

2. विद्यापति द्वारा मूल मैथिली भाषा में लिखे पदों से ही बंगालियों की अज्ञानता तथा असावधानता के फलस्वरूप रूप-विकार हुआ था। यह सिद्धान्त यदि ग्रहण किया जाए तो देखते हैं कि वे रूप विकृत पद ही असल में मैथिली काव्य के तौर पर अधिक उत्कृष्ट हैं। कवि की मूल रचना अज्ञजनों के हाथ में पड़कर विकृत होकर उत्कर्ष लाभ किया है—ऐसा मानना विद्यापति की प्रतिभा के प्रति भी

सुविचार का परिचायक नहीं।

3. बहुभाषा-विद् शिल्पी विद्यापति के लिए अवहट्ठा के समान एक और मिश्रित भाषा सृष्टि कर पाना कुछ आश्चर्यजनक नहीं है। भाषा वास्तव में भाव का ही वाहक है तथा भाव ही भाषा की जननी है। इस विषय में पण्डित विद्यापति की सचेतनता प्रखर थी। इसका प्रमाण विचित्र भाषा में लिखित उनकी रचनापंजी के माध्यम से प्राप्त होता है।

4. ज्ञानदास, गोविन्ददास कविराज आदि परवर्ती काल के कविश्रेष्ठ गणों ने जिस विद्यापति की भाव-भाषा को आधार बनाकर पदावली की रचना की थी, उसका प्रमाण भी है। विशेष रूप से विद्यापति के आदर्शानुसरण के लिए गोविन्ददास कविराज ने 'द्वितीय विद्यापति' के नाम से प्रसिद्धि प्राप्त की थी। उन्होंने प्रधान रूप से 'ब्रजबुलि' भाषा में ही पद रचना की थी। परवर्ती शताब्दी में आविर्भूत होने पर भी विद्यापति की मूल रचना का ज्ञान गोविन्ददास या अन्यान्य कविकुलों को नहीं था, यह अनुमान सहजग्राह्य नहीं है।

5. इसके अलावा केवल बंगदेश में ही नहीं, उड़ीसा, यहाँ तक कि सुदूर आसाम में भी विद्यापति के सामयिक या कुछ आगे-पीछे ब्रजबुलि के अनुरूप भाषा में पद-रचना किया गया था, इसका पता चलता है। पहले से ही एक निर्दिष्ट आदर्श का निर्माण न होने पर किसी एक कृत्रिम भाषा के लिए एक प्रकार की सर्वजनीनता लाभ करना सम्भव नहीं हो सकता है।

डॉ. सुकुमार सेन ने 'विद्यापति गोष्ठी' नामक ग्रन्थ में ब्रजबुलि की प्राचीन ऐतिह्यता की आलोचना की थी। उनकी धारणा है कि "मोरांग-नेपाल की राजसभा की सीमा में बंगला मैथिली पदावली के मिश्रण से अवहट्ठ के ढाँचे में ब्रजबुलि की उत्पत्ति हुई थी।"[73] बंगला में लिखा हुआ बंगला पोथी में भी ब्रजबुलि के अनुरूप भाषा भी सुप्राचीन व्यवहार मिलता है जो विद्यापति युग के बाद का नहीं है।"[74]

विद्यापति-रचित पदावली के बारे में 'राग-तरंगिनी' का जो प्रमाण डॉ. सेन ने उद्धार किया है, उससे प्रतीत होता है कि विद्यापति ने मैथिली भाषा में भी कुछ पदों की रचना की थी। 'राग तरंगिनी' की उद्धृति में "मिथिलापभ्रंश भाषी श्री विद्यापति द्वारा रचित मैथिल गीत का उल्लेख हुआ है।[75] इस उल्लेख से विद्यापति की मैथिली भाषा में लिखित पदावली का अस्तित्व निस्सन्देह प्रमाणित होता है किन्तु इसका अर्थ यह नहीं कि मैथिल मिश्रित अवहट्ठा के रूप-विशेष के माध्यम से भी उनके पद रचना की सम्भावना अप्रमाणित नहीं होता है। इसके अलावा 'राग तरंगिनी' का संकलनकाल सप्तदश शताब्दी के शेषपाद, सम्भवतः 1685 ई. है।"[76] लेकिन ज्ञानदास व गोविन्ददास कविराज, ये दोनों ही और अधिक पूर्ववर्ती युग के कवि हैं। अतः इनकी रचना का साक्ष्य इस विषय में उपेक्षणीय नहीं होना चाहिए।

सुदीर्घ युक्ति-विचार के अन्त में अनुमान किया जा सकता है कि विद्यापति पदावली

की मूलभाषा में परिवर्तन बंगाल में समय-समय पर खूब हुआ है। प्राचीन बंगला रचना मात्र के लिए यह भाषागत परिवर्तन बहुत कुछ स्वतः सिद्ध हो उठा था। फिर भी ब्रजबुलि भाषा की एक प्राथमिक ढाँचे पर बंगाल में प्रचलित विद्यापति पदावली का मूल अंश धृत था, यह अनुमान करने में बाधा नहीं है। ब्रजबुलि नामक विशेष आंगिक-गत अभिधा तब भी निश्चित रूप से उस भाषा पर आरोपित नहीं हुआ था। फिर भी मैथिल अपभ्रंश तथा अन्य भाषा मिश्र अवहट्ठा का ही एक नवीन रूप के तौर पर इस भाषा की परिकल्पना असंगत नहीं है। अवहट्ठा के समान यह भी 'देसिल बअना सबजन मिट्ठा' ही है।

विद्यापति प्रकाशित भाववस्तु की उत्कृष्ट आधार-ब्रजबुलि

ऐसा प्रतीत होता है कि ऐतिहासिक उपादान के विचार द्वारा प्रतिष्ठित यह सिद्धान्त, साहित्यिक अनुभूति में भी समर्थित हो सकता है। विद्यापति सभी क्षेत्र में मिष्ट वचन, अर्थात् भावों की श्रुतिमधुर उपस्थापना के पक्षपाती थे।

उनकी रचनावली से इस अनुमान को समर्थन मिल जाता है। संस्कृत-मैथिल-अवहट्ठा के आधार में जो भाव सर्वोत्कृष्ट अभिव्यक्त हो सकता है, विद्यापति ने उसे उसी भाषा के आधार पर प्रस्तुत किया है। ऐसा लगता है कि ब्रजबुलि भाषा से भी उत्कृष्ट आधार शायद विद्यापति के राधाकृष्ण-पदावली के लिए उत्तम नहीं हो सकता था। आलंकारिक परिभाषानुसार राधाकृष्ण की प्रेमलीला के चित्रण में विद्यापति विशेष रूप से सम्भोग्याख्य शृंगार रस के कवि हैं।''[77] इसमें सन्देह नहीं है कि इस रस की वर्णना में प्रधानतः वे जयदेव गोस्वामी के ही पदचिह्न का अनुसरण किये थे। जयदेव के समान विद्यापति भी 'विलास कलाकुतूहल कवि' हैं, तभी वे 'अभिनव जयदेव' हैं। परवर्ती समय में जयदेव-पदावली के ऊपर जो वैष्णव मूल्यमान आरोपित हुआ है, उसकी तात्त्विक आलोचना परिहार कर केवल रससृष्टि के विचार द्वारा कवि को प्रेम कला-विलास की शिल्पी के रूप में अनुभव किया जा सकता है। गहरा हृदयरोग व करुण-प्रेमार्ति की तुलना में उज्ज्वल-रसाश्रित प्रणय-उच्छलता के प्रति ही जैसे उनका आःकर्षण अधिक था। इस विचार से विद्यापति जयदेव के सगोत्रीय हैं। उनके काव्य में प्रेम-चित्रण के रस-तात्पर्य रवीन्द्रनाथ के कवि-अनुभव के माध्यम से सार्थक अभिव्यक्ति लाभ करता है। विद्यापति के प्रेम-परिकल्पना का मुख्य आधार राधा-चरित्र के बारे में कवि का कथन है कि ''विद्यापति की राधा आहिस्ते-आहिस्ते मुकुलित विकसित हो उठी है। सौन्दर्य का भार उफन रहा है। श्याम के साथ मिलित होते ही चारों ओर यौवन का कम्पन आलोड़ित हो उठता है। कुछ हँसी, कुछ छलना, कुछ तिरछी दृष्टि। स्वयं को अर्ध प्रकाशित करना व अर्ध गोपन रखना केवल उद्याम हवा का एक आन्दोलन है कि कुछ उन्मेषित हो गया। विद्यापति की राधा नवीना, लीलामयी, निकटता से कम्पित, शंकित, विह्वल है। केवल चम्पक अंगुलि की अग्रभाग से अति सावधानी से अपरिचित प्रेम को थोड़ा-सा स्पर्श कर पलायनरत है। जब यौवन का

आरम्भ हो रहा है तब सब कुछ ही रहस्य पूरिपूर्ण हैं।''[78]

यौवन-चेतना का यह अरुणाभास तथा उससे प्रभावित सहज कौतुकोच्छलता ही विद्यापति की राधा के चारों ओर से एक अनायास रहस्य-ममता का आवरण निर्मित कर देता है। यह यवनिका जितना भी दीप्त, आलोक-स्नात हुआ, प्रेम का कला विलास उतना ही विचित्र व चित्ताकर्षक हुआ है। अतः 'नवीना नवस्फुटा' राधा की प्रथम प्रणय की चंचलता को आलोकोज्ज्वल करने में ही उनकी प्रतिभा निमग्न हुई है। इसी कारण विद्यापति बंगला-साहित्य के सृजन क्षेत्र में वर्ण-वैचित्र्य की सुषमामय रूप-शिल्पी है; सार्थक रूपाकार है। ''इसीलिए छन्द, संगीत एवं विचित्र रंग से विद्यापति का पद इतना परिपूर्ण है कि उसमें सौन्दर्य-सुख-सम्भोग का तरंगलीला दृष्टिगोचर होता है।''[79] *एक उदाहरण से यह स्पष्ट होगा–*

''खने-खने नयन कोन अनुसरई।
खने खने वसन धुलि तनु भरई।।
खने खने दसन छटाछुट हास।
खने खने अधर आगे करु बास।।
चऊँकि चल ए खने खने चलु मन्द।।
मनमथ पाठ पहिल अनुबन्ध।।
हिरदय मुकुल हेरि हेरि थोर।
खने आँचर द-ए खने हय भोर।।
बाला सैसव तारुन भेट।
लख ए न पारिअ जेठ कनेठ।।
विद्यापति कह सुन बर कान।
तरुनिम सैसव चिनहई न जान।।"

तरंग-लीलायित प्रेम का ऐसा उल्लासमय चित्र कल्पना को चकित कर देता है। यह उल्लास, यह तंरग लीला-चांचल्य, इस विलास-कला-कुतूहल की उद्भावना में वर्णित भाषा शैली में सफल शब्द व अर्थालंकार चित्र और छन्द की नृत्य झंकार केवल सार्थक परिवेश की रचना ही नहीं करता बल्कि उसे नूतनता से आविष्कार भी करता है। ऐसा लगता है मानो विद्यापति की पदावली रचना में ब्रजबुलि-रूप भाषा का वहन अपरिहार्य था। यहाँ तक कि वेदनार्तिपूर्ण 'विरह' के पद में इस उक्ति की सार्थकता अनुभूत हो सकती है।

फुटल कुसुम नव कुंज कुटीर वान।
कोकिल पंचम गाओई रे।
मलयानिल हिम-सिखर सिधारल
पिया निज देश न आओई रे।।

चनन चान तन अधिक अतापए
उपबन अलि उतरोल रे।।
समय वसन्त कन्त बहु दूर देस
जानल विधि प्रतिकूल रे।।
आनमिख नयन नाह मुख निरखईत
तिरपति न भेल नयान रे।।
ई सुख समय सह-ए एत संकट
अबला कठिन पराण रे।।
दिन-दिन खिन तनु कमलिनि जानि
न जानि कि जिब परजन्त रे।।
विद्यापति कह धिक-धिक जीवन
माधव निकरुन कन्त रे।।

छन्द-वर्ण-भाव एवं रूपसुषमा का यह एक अपरूप वैचित्र्य है—वेदनाक्षेप का भी एक मधु मन्दिर अभिव्यक्ति है। ऐसा प्रतीत होता है मानो, सौन्दर्य का यह मन्दिर सुषमा ब्रजबुलि सम इस भाषा में ही अभिव्यक्त हो सकता है। ऐसा भी हो सकता है कि मूलतः यह भाषा अवहट्ठा का ही रूपान्तर है, किन्तु जिस अवहट्ठा में 'कीर्तिलता' लिखी गयी है, यह वह अवहट्ठा बिल्कुल नहीं है। इतिहास की भाषा एवं साहित्य की भाषा में जो पार्थक्य है, इनमें भी उसी प्रकार का पार्थक्य है। यहीं पर विद्यापति स्रष्ठा हैं, यथार्थ 'रूपदक्ष' हैं। केवल भाव का नहीं, भाषा का भी।

विद्यापति केवल रूप-शिल्पी ही नहीं—रूप मुग्धता के भी कवि हैं

विद्यापति-पदावली की भाषा के बारे में आलोचना यहीं समाप्त हो सकती है। यह आलोचना इतिहास के पाठक को किसी विशेष सिद्धान्त के बदले यदि केवल स्पष्ट किसी अनुमान का संकेत भी दे तो काफी होगा, पर इस उपलक्ष्य पर विद्यापति-पदावली के भाव-सौन्दर्य का जो संकेत मिला है, उसका पूर्णतर परिचय देना जरूरी है।

राधा-कृष्ण के प्रेम-लीला के चित्रण में विद्यापति केवल रूप शिल्पी ही नहीं, वे रूप-मुग्धता के कवि भी हैं। अरूप में नहीं, रूप के माध्यम से ही विद्यापति अपरूप की सम्भावना को जगाते हैं। कृष्णविरहार्ता राधा की आक्षेप-वाणी से फिर एक उदाहरण देखा जा सकता है—

''अब मथुरापुर माधव गेल।
गोकुल माणिक को हरि लेल।।
गोकुले उछलल करुणाक रोल।
नयनक जले देख बहए हिल्लोल।।

सून भेल मन्दिर सून भेल नगरी।
सून भेल दसदिस सून भेल सगरी।।"

शून्य हृदय में शून्यताबोध की यह एक विस्मयकर अनुभूति है; चारों ओर केवल निःसीम शून्यता का मौन नहीं, बल्कि थपेड़े पड़ रहे हैं, किन्तु यह शून्यता हृदय से जितना अनुभव किया जाता है, उससे अधिक आँखों से प्रत्यक्ष देखा जा सकता है। अनुभूति की रूपमयता-इन्द्रियग्राह्य चित्रायन, यही विद्यापति प्रतिभा का श्रेष्ठ वैशिष्ट्य है। इसलिए पहले ही उल्लेख किया गया है कि राधा-कृष्ण के प्रेम जगत् में विद्यापति रूपदक्ष शिल्पी हैं। सिर्फ उन्होंने कूचिका से चित्र आँका है। मन के संस्पर्श में आने से पहले ही जो चित्र आँख को केवल आँख ही नहीं, कान एवं प्राण को भी अभिभूत करता है। एक और उदाहरण देखिए, विद्यापति के विख्यात भावोल्लास के पद से उद्धृत है–

"सखि कि पुछसि अनुभव मोय।
सेहो पिरित अनुराग बखानि ए
तिले तिले नूतन होय।।
जनम अवधि हम रूप नेहारल
नयन न तिरपित भेल।
सेहो मधुबोल स्रवणहि सुनल
श्रुतिपथ परस न गेल।।
कतो मधु जामिनी रभस गमाओल
न बुझल कैसन केल
लाख लाख जुग हिय हिय राखल
तई हिय जुड़न ना गेल।।
कतो विदग्ध जन रस आमोदई
अनुभव काहु ना पेख
विद्यापति कह प्राण-जुड़ाएत
लाखे ना मिलल एक।।"

कवि ने अनुभवनीय को यहाँ इन्द्रियग्राह्य चित्र का आकार दिया है। विद्यापति ऐसे चित्रकार थे, जिनका धर्म ही प्रेम का प्राण-रस-उज्ज्वल छवि आँकना है।

इस अवसर पर मैथिल कवि विद्यापति के साथ बंगाली कवि चण्डीदास का अन्तर याद आता है। चण्डीदास का साहित्य 'श्रीकृष्णकीर्तन' या पदावली के बारे में पहले ही कहा जा चुका है। उससे यह सत्य ही उद्घाटित हुआ है कि सभी प्रकार के पूर्वसंस्क. ार-मुक्त अनुभूति की सघनता ही चण्डीदास की रचनाओं का साहित्यिक वैशिष्ट्य है। इसमें सन्देह नहीं कि 'श्रीकृष्णकीर्तन' में कवि ने पौराणिक चेतना का प्रभाव विस्तृत करने की चेष्टा की है। इस चेष्टा की दुर्बलता तथा कवि की सहज-गहरी जीवन रस

तन्मयता का वैभव रुचिमान समाज में अपांकतेय इस काव्य को भी शाश्वत सौन्दर्य-मूल्य से उद्भासित कर देता है, किन्तु विद्यापति के साहित्य में अनुभूति की इस सघनता की अपेक्षा वर्णनीय विचित्रता ही अधिक है। चण्डीदास का ग्राम्य संगीत इकतारा के सुर में झंकृत हुआ है, मण्डनगत आपात विच्युति होने पर भी वह अनुभूति की प्राण स्पर्श से सदा संजीवित है। विद्यापति का संगीत 'कलाविद्' के हाथ का विचित्र तन्त्री सुर यन्त्र है। यह सुर जितना मुग्ध, आविष्ट, अभिभूत करता है, उतना समाहित नहीं करता है। इसका प्रधान कारण सम्भवतः विद्यापति के सृजन परिवेश की विभिन्नता है।

जयदेव व विद्यापति

बंगाल के लोक जीवन में राधा-कृष्ण की प्रेम-साधना बहुत वर्षों से सीमाबद्ध थी। विशेष रूप से चैतन्यदेव के जीवन प्रेरणा के प्रभाव से यह प्रेमसाधना सर्व. जनीन उपासना के आश्रय के रूप में विकसित हो उठी थी, किन्तु राधा-कृष्ण की प्रणयगाथा इससे पहले ही अभिजात समाज में साहित्य का विशेषकर आदिरसात्मक साहित्य के सामग्री के तौर पर स्वीकृति प्राप्त कर चुका था। लोककथा की इस रस स्वीकृति विधान की दृष्टि से जयदेव गोस्वामी कवि कुलपति थे। फिर भी, पौराणिक संस्कृति के प्रभाव से समृद्ध उनके शिल्पी मन में राधा-कृष्ण प्रणय की लोककथा के प्रति निष्ठा व विश्वास की शक्ति में आत्मिक योग गहरा नहीं हो पाया था। इस कारण लौकिक काव्यकथा के माध्यम से जन्मा उस जीवन वाणी के साथ आन्तरिक संयोग के अभाव हेतु, पण्डित-कवि की रचना में वह ग्राम्य-मिट्टी का सुर श्रवणीय नहीं है। इसकी जगह 'मेघ-मेदुर-अम्बर' का संस्कृत अलंकार शास्त्र सम्बन्धी धन गम्भीर ध्वनि सुनते हैं। इससे काव्य का काव्यत्व नष्ट नहीं हुआ है परन्तु स्वाद का तारतम्य अवश्य घटित हुआ है। विद्यापति के बारे में भी यही बात कही जा सकती है। जिस प्रकार जयदेव ने देवभाषा में लोक-कथा को आभिजात्य प्रदान किया था। उसी प्रकार अभिजात वर्ग में उसी लोकगाथा को लोक भाषा में विद्यापति ने प्रथम अभिव्यक्ति दी थी। इन दो कवियों के रचना की दो आधार भाषा में अन्तर होने पर भी उनके कवि मानस का गठन अभिन्न था।

फलस्वरूप विद्यापति की राधाकृष्ण-पदावली जितनी अनुभूति-सघन है उससे भी अधिक वह अलंकार समृद्ध, संस्कृत-साहित्य-प्रभावित उज्ज्वलता से वर्णाढ्य है। फिर भी जयदेव एवं विद्यापति, उभय के क्षेत्र में ही रूप-समृद्धि अथवा संस्कृत अलंकार शास्त्र का अनुसरण, काव्यगुण की दृष्टि से हानिकर नहीं हुआ है। कारण यह है कि जयदेव व विद्यापति दोनों ही अपने-अपने जीवन स्वभाव से एकान्त सत्यनिष्ठ थे। चण्डीदास के समान जयदेव या विद्यापति का जीवन-परिवेश भाव-सघन नहीं था। राजसभा का नागरजीवन वर्णाढ्य, चांचल्य-दीप्त, उल्लास-रस से उज्ज्वल था। लक्ष्मण सेन राजसभा की इस उज्ज्वल-रसाशक्ति के

सम्बन्ध में ऐतिहासिक समाज में दो राय नहीं है। विद्यापति का परिवेश समधर्मी था, अनुरूप जीवन के प्रति उनकी कवि-मानस की प्रवणता भी स्वाभाविक था। इसका प्रत्यक्ष प्रमाण 'कीर्तिलता' में मिलता है, इसका परोक्ष प्रमाण विद्यापति की राधा-कृष्ण पदावली में प्राप्त होता है। जौनपुर के नागरिक जीवन की वर्णना के सन्दर्भ में ऐतिहासिक-विद्यापति ने कवि विद्यापति के हाथ में लेखनी समर्पित किया है- नागर-नागरी के लासवेशदीप्त जीवन की वर्णना में विमुग्धचित्र कवि तन्मय हुए हैं। इस नागरिक जीवन की रस-तन्मयता ही प्रत्यक्ष रूप से विद्यापति की राधाकृष्ण पदावली की रचना की पृष्ठभूमि की सृष्टि की थी। उस परिवेश में तथा उस प्रेम में जीवन का नयनमन विमोही जिस वर्णच्छटा का वैचित्र्य प्रति मुहूर्त उत्क्षिप्त विच्छुरित हो रहा था, उसी को संहत, समृद्ध कर कवि विद्यापति प्रेम का सप्तवर्णी इन्द्रधनुष निर्मित कर रहे थे। राधाकृष्ण प्रेमलीला-साहित्य की इतिहास में इसलिए विद्यापति केवल भाव सघनता ही नहीं, वर्णसुषमा का रूप-वैचित्र्य व उज्ज्वलरस-तन्मयता के कवि हैं।

विद्यापति के काव्य में वैष्णव रस-मूल्य का स्वरूप

इस प्रसंग के समाप्ति से पहले एक बात स्पष्ट कर देनी जरूरी है। सुचिरस्थायी भक्तिरसतन्मय साहित्य सन्धित्सा के परिणामस्वरूप विद्यापति की पदावली को जिस ऐतिह्य की प्राप्ति हुई है, जिस विशेष ऐतिह्य इस रस-समृद्ध साहित्य को काल कवलित होने से बचाया है, उसे उपेक्षा करने की धृष्टता करना उचित नहीं है। फिर भी, एकमात्र रसास्वादन पद्धति का ऐतिह्य-निर्भर आलोचना का स्तर उतने दिनों में बंगला साहित्य में निश्चित रूप से उत्तीर्ण हुआ था। सृष्टि का यथार्थ उत्स एवं परिवेश के सम्बन्ध में प्रामाणिक तथ्य का संस्कार मुक्त विचार पर साहित्य के इतिहास की बुनियाद निर्मित होना उचित है। इस ओर से यहाँ तक के प्राप्त तथ्य के बारे में जो विचार उद्धृत हुआ है, उसमें विद्यापति के स्मार्त पाण्डित्य एवं पौराणिक ब्राह्मण्य संस्कार की तुलना में उनकी एकान्त वैष्णव प्राणता प्रमाणित नहीं होती है। इसलिए यह कहा जा सकता है कि विद्यापति-रचित राधाकृष्ण-पदावली मौलिक रूप से शायद अमिश्र वैष्णव गीति नहीं थी। यहाँ तक कि इतिहास-निष्ठ वैष्णव प्राण डॉ. विमानविहारी मजुमदार ने भी स्वीकार किया है कि विद्यापति शिवसिंह की राजसभा की आबोहवा में सचमुच शृंगार रस के कवि थे।[80] दूसरी ओर डॉ. मजुमदार ने ही बताया है कि विद्यापति रचित 48 प्रतिशत प्रेम पदावली में राधा व कृष्ण के नाम का उल्लेख नहीं हुआ है।[81]

फिर भी डॉ. मजुमदार की धारणा है कि "कम से कम दस वर्ष ('लिखनावली' की रचना 299 ल.स. से भागवत की लिपिकाल 309 ल.स.) में राजबनौलि में अपेक्षाकृत दारिद्र्य व विपदा में वास व स्वहस्त श्रीमद्भागवत की प्रतिलिपि प्रस्तुत करते समय उनके मन में ऐसा परिवर्तन आया है, जिसके फलस्वरूप उनके दो पदों के भाव व

भाषा में बहुत कुछ रूपान्तरण हुआ था।"[82]

स्वीकार करना होगा कि कवि के जीवन काल का ऐतिहासिक ज्ञान लेकर उनकी पद-रचना का स्वभाव निर्णय का यह प्रयास स्पष्टतः मन्मय भावनासिद्ध (Subjective) है। विद्यापति के आविर्भाव के समय बिहार में राष्ट्रविप्लव चल रहा था। मिथिला राजवंश पर सुख-दुख की विचित्रधारा के माध्यम से उसका प्रभाव पड़ा था; विशेष रूप से शिवसिंह के अन्तर्धान के दुःसह अभिघात, विद्यापति के व्यक्तिगत जीवन पर पड़ा था। कवि की रचनावली विषयक तथ्य पंजी से समझ सकते हैं कि शिवसिंह के राजत्व के अन्त में पद्मसिंह का राज्यलाभ तथा उनकी स्त्री विश्वासदेवी का शासनदण्ड धारण-काल तक प्रायः दस वर्ष अवधि में विद्यापति का जीवन दैन्य व कृच्छता पूर्ण था। डॉ. मजुमदार का अनुमान है कि कवि के जीवन के दुख का अग्निताप उनकी कल्पना से श्रृंगार वासना की तीव्रता को दग्ध कर एक संयत भावपूत रसानुभव की सृष्टि की थी। वस्तुतः उनके सम्पादित संकलन में विद्यापति की पदावली को इस आनुमानिक रस-प्रक्रम के आधार पर रखा गया है। किसी सुनिश्चित तथ्य के अभाव में यह अनुमान इतिहास द्वारा ग्राह्य होना दुष्कर है। दूसरी ओर, दुःख की अभिघात से विद्यापति के मनोभाव में उल्लास का अवदमन यदि हुआ भी हो, फिर भी कवि की चित्तवृत्ति उसके फलस्वरूप वैष्णव भावना-पूर्ण थी, ऐसा अनुमान करने का कोई तथ्यगत समर्थन नहीं है।

निष्कर्ष में, प्रेम का एक प्राण प्रदीप्त उज्ज्वल रूप विद्यापति की पदावली में इस माधुर्य का संचार किया था। वह प्रेम-सत्य का आधार केवल व्यक्तिगत आसक्ति से परे सर्वजनों की अनुभूति लोक में प्रतिष्ठित होने का दावा करता है। दूसरी ओर, शाश्वत, सर्वजनीन, प्रेम धर्म के विग्रह श्रीचैतन्यदेव की भाव-तन्मयता के बीच विद्यापति पदावली की यह सामान्य दावा को विशेष रूप से स्वीकृति मिली थी। इस स्वीकृति के माध्यम से स्रष्टा की मनोभावना ही नहीं, विद्यापति पदावली की वैष्णव-ऐतिह्य का प्रथम विकास हुआ था। इस विचार के अनुसार आलोच्य पदावली का साहित्यिक अथवा ऐतिहासिक वैष्णव मूल्यबोध, किसी की भी मर्यादा छोटी होती है, ऐसा प्रतीत नहीं होता। वस्तुतः गहरी आत्मानुभूति तथा भागवत अनुभूति में मौलिक रूप से अन्तर कम ही है। आत्मानुभव के चरम पर्याय में व्यक्ति-सम्पर्क विच्युति तथा निरासक्ति घटित होन पर वह सर्वजनीन भागवत उपलब्धि का आकार धारण कर लेता है। इसी अर्थ में उपनिषद् के ऋषि ब्रह्मबोध व आत्मबोध को समपर्यायर्भुक्त कर देते हैं। जयदेव, विद्यापति व चण्डीदास की पदावली में प्रेमानुभूति की तन्मयताजनित यह निर्वैयक्तिकता सर्वजनीनत्व की सम्भाव्य पटभूमिका की रचना करती है। चैतन्यजीवनानुभव के स्पर्श से यह भागवत महिमा लाभ कर कृतार्थ हुई है। इस सिद्धान्त के द्वारा हमारा मूल वक्तव्य और अधिक स्पष्टता के साथ प्रतिपादित हो सकता है, चैतन्यदेव काव्य कविता के रचयिता न होने पर भी विशेष रूप से

काव्यबोध का, साहित्य व संस्कृति के युगस्रष्टा व महापुरुष थे। महाकवि विद्यापति की रचना उस महत्ता के स्पर्श से नूतन मर्यादा में उद्भासित हुई है।

'मंगल साहित्य'

मंगल साहित्य तथा मंगल नामधारी काव्य गोष्ठी के अन्तर्गत रचनावली से मध्ययुग के बंगला साहित्य की विभिन्न शाखा एकाधिक प्रभाव से पुष्ट है। इस विचार से मंगलकाव्य-ग्रन्थावली को बंगाल की मिट्टी का सम्पद कहकर अभिहित किया जा सकता है। आलोच्य श्रेणी के काव्य-साहित्य का उद्भव एवं विकास बंगाल के लोक जीवन का जन्म व विवर्तन की धारा के साथ ओतप्रोत होकर जुड़ा हुआ है। इस विशेष रचना-साहित्य का परिचय देकर मंगल काव्य के बारे में ऐतिहासिक मन्तव्य किया गया है– "ईस्वी के त्रयोदश शताब्दी से आरम्भ कर अष्टादश शताब्दी में कवि भारतचन्द्र के काल तक बंगसाहित्य में जिस विशेष एक प्रकार का साम्प्रदायिक (Sectarian) साहित्य प्रचलित था, वहीं बंग साहित्य के इतिहास में मंगलकाव्य नाम से परिचित।"[83]

महाकाव्य-लौकिक धर्म चेतना विकास का परिणाम

'प्राचीन बंगला ओ बांगालीर इतिहास' विचार प्रसंग में डॉ. सुकुमार सेन ने मन्तव्य किया है–"बंगला देश के इतिहास के पृष्ठ में प्रथम आलोकरश्मि पड़ना आरम्भ हुआ है, उत्तर-पश्चिम से आर्यों के आगमन व वसति-स्थान के नाम से कुछ प्रचलित शब्दों के द्वारा।"[84] बंगला मंगलकाव्य का उद्भव-उत्स इसी सांकेतिक युग में निबद्ध है। फलस्वरूप इसके जन्मलग्न के बारे में निश्चित सिद्धान्त निकाल पाना दुष्कर है। फिर भी जितना अनुमान किया जा सकता है, उससे पता चलता है कि बंगलादेश आर्य अधिकार भुक्त होने के पहले से यहाँ का आदिम जनगण अपनी-अपनी चिन्ता एवं ज्ञान-बुद्धि के अनुसार उनकी समाज-व्यवस्था आचार-व्यवहार व जीवन यात्रा-पद्धति का अन्यान्य उपादानों की पूर्णायत परिकल्पना कर पाया था। धर्मादर्श एवं देवदेवी गणों की परिकल्पना भी उससे अलग नहीं थी। इस युग के विचार में वे सभी संस्कार तथा परिकल्पना अद्‌भुत लगना कुछ विचित्र नहीं है। परवर्ती काल में जैन-बौद्ध-ब्राह्मण्य धर्म के माध्यम से आर्य-संस्पर्श के फलस्वरूप आर्य लोक-समाज की वे सभी आदिम देव-परिकल्पना व धर्म संस्कार के भाव व रूप में परिवर्तित हुआ था। लक्षणीय है कि उच्चश्रेणी के अनार्यगण भारतवर्ष के प्रायः सर्वत्र ही आर्य समाज के आभिजात्य के अंगीभूत थे और यह सन्धिकरण पौराणिक युग में ही प्रायः समाप्त होने लगा था। तब तक लोक-समाज प्राचीन आर्यीकरण-पद्धति के बाहर रह गया था। विशेष रूप से उनका ऐतिह्य ही वर्तमान सूत्र में हम विवेचना करेंगे। अनुमान किया जा सकता है कि एकदम सुप्राचीन काल से बंगला का जन-साधारण उनके अपने आदर्श के अनुसार

अपनी-अपनी लौकिक देवताओं की पूजा-पद्धति तथा महिमाबोध की अभिव्यक्ति को भाव एवं भाषा दोनों ही युग के साथ-साथ परिवर्तित हुआ है। अनुमान करने में बाधा नहीं है कि बंगला भाषा-साहित्य की आदियुग में, असम्पूर्ण भाषा में, अ-गठित काव्य में वे सभी लौकिक देव-देवी गणों की महिमागाथा पाँचाली के आकार में रचित हुआ था और पण्डितों का अनुमान है कि बाद में त्रयोदश शताब्दी की युगप्लावी प्रयोजन के प्रभाव से वह पाँचाली काव्य धीरे-धीरे मंगलकाव्य का आकार धारण किये था परन्तु हमें पाँचाली के उत्स से मंगल काव्य रूप के विकास के इतिहास का अनुसन्धान करना पड़ेगा।

मंगल काव्योद्भव की मूलवर्ती लोकधर्म विवर्तन का इतिहास

नाना प्रकार के आर्य प्रभाव के द्वारा बंगला का लोक-जीवन, धर्म व देववन्दना की पद्धति बार-बार प्रभावित व विवर्तित हुआ था, पर इस प्रभाव-परिवर्तन की धारा कुछ आकस्मिक था, यथेच्छ था ऐसा अनुमान नहीं किया जा सकता है। पहले जैनधर्म व उसके समसामयिक बौद्धधर्म का इस देश में प्रवेश हुआ था, ऐसा अनुमान किया जाता है। आर्य-गोष्ठी सम्भव होने पर भी इन दो धर्ममत पहले से ही वैदिक आर्याचार व ब्राह्मण्य धर्म-संस्कार का विरुद्धचारी था। शायद इसी कारण जैन-बौद्ध विश्वास के साथ आदिम-अनार्य बंगाली समाज की आन्तरिक योगसाधना बहुत कुछ अनायास साध्य हुई थी। इसके अलावा वे दो धर्माचार विशेषकर बौद्ध धर्म की लोकमुखीनता उनके आचार-आचरण को अनेक परिणाम में लोकप्रिय कर दिया था। फलस्वरूप लौकिक धर्माचरण में बौद्धप्रभाव अपना प्राधान्य विस्तार कर रहा था। वैदिक आर्य धर्म व संस्कृति के वाहन के तौर पर बंगाल में ब्राह्मण्य धर्म का आविर्भाव हुआ था। अपेक्षाकृत परवर्ती काल में इसके अलावा आर्य-ब्राह्मण धर्म-संस्कार का सार्थक अभ्युत्थान व बहुल विस्तार हुआ था। दूसरी ओर उसी समय जैन-बौद्ध धर्म का स्वल्पावशेष, लोक-जीवन में सहजिया-साधना के निम्न स्तर में आकर आत्मगोपन कर लिया था। समाज व धर्म जीवन की इस स्थिति में ही बंगाल में तुर्की आक्रमण संघटित हुआ। उस चरम मुहूर्त में समाज के उच्चश्रेणी की नैतिक मेरुदण्ड भी भंगुर हुआ था जिसके फलस्वरूप बंगाल का पराभव हुआ। केवल राष्ट्रीय पराजय के नहीं—अर्थनीति, समाजनीति सर्वोपरि धर्मनीति तथा युग-युग विलम्बी आचार-आचरण ऐतिह्य का सर्वमय पराभव के हाथ से आत्मरक्षा के लिए उच्च, नीच निर्विशेष बंगाली-समाज के पुनर्गठन का प्रयोजन उस समय अपरिहार्य हो उठा था। सबसे अधिक पराभव आपामर बंगालियों की नैतिक शक्ति व बुद्धि का हुआ था। फलस्वरूप उच्च-नीच निर्विशेष बंगाली जाति उस दिन आत्मशक्ति व विश्वास खो चुकी थी। वह नितान्त असहाय के समान दुर्बल का एकमात्र आश्रय दैवी-शक्ति का द्वारस्थ हुआ था। इस सूत्र में सभी स्तर के सभी मनुष्य ही एक सामान्य प्रयोजन के दबाव से परस्पर के अधिकतर निकट हो पाये थे। दूसरी ओर तुर्की

आक्रमण के परवर्ती युग में तथाकथित निम्नश्रेणी के जनजीवन में बौद्ध धर्मादेश का सर्वशेष प्रभाव लुप्त हो गया था। चारों ओर के आघात से छिन्न-भिन्न होकर साधारण बंगाली ने उस दिन अनुभव किया था कि विश्व-संसार केवल शून्य नहीं, यहाँ भय है, विपदा है, आघात है। शून्य कहने मात्र से यहाँ सब कुछ शून्य नहीं हो जाता। इसलिए मोह-मुदगारत जाति नेतिवादी पुरातन धर्म का आश्रय त्यागकर नूतन धर्मादर्श का शरण-भिक्षा कर रहा है। यहाँ धर्म के पास पुराण काल के समान दुर्बलों की प्रार्थना है—''रूपम् देहि, जयम् देहि यशो देहि द्विषो जहि।'' ब्राह्मण्य पौराणिक आदर्श सम्भुत देव-देवीगणों के द्वार में जनसाधारण के लिए यह आश्रय लाभ सम्भव था। दूसरी ओर सद्य अभिजात-विच्छिन्न ब्राह्मण्य धर्म के लिए भी आत्मप्रसार के प्रयोजन से लोक समाज की आश्रय कामना अपरिहार्य था। दीर्घदिन राजशक्ति की पृष्ठपोषकता में ब्राह्मण्य धर्म ने जो आभिजात्य अर्जन किया था, मूल शक्ति की बुनियाद से टूटकर तुर्की आक्रमणोत्तर काल में वह त्रिशंकु की अवस्था में संकट ग्रस्त था। ब्राह्मण्य धर्म के कर्णधारों ने अनुभव किया था कि इस बार गण-सामर्थ्य के ऊपर निर्भर कर पाना असम्भव था। इसलिए उन्होंने लोक जीवन का साधारण संस्कार, उनका धर्म विश्वास, यहाँ तक कि उनके देव-देवी तक को ग्रहण कर आर्य-आभिजात्य दान करने में राजी हुए थे। इस प्रकार दीर्घदिन के बाद बंगाल में आर्य-अनार्य का मिलन-पथ प्राथमिक रूप से रचित हो सका था। प्रधानतः आर्येतर मूल से उद्‌भुत लौकिक देव-देवीगण ही इस मिलन सम्भावना को सबसे अधिक ग्रहण किया था। बंगाल का मौलिक मंगलकाव्य समूह इस मिलनात्मक चेष्ट का परिणाम है।

मंगल-देवतागणों का परिचय

आर्यीकरण के इस अवसर पर जो सभी लौकिक देवता रूपान्तरित हुए थे, उनमें मनसा, चण्डी व धर्म ठाकुर विशेष रूप से उल्लेखनीय हैं। कालिकामंगल की अधिष्ठात्री देवी कालिका का उल्लेख देवी का अस्तित्व व प्रभाव होने पर भी कालिकामंगल के उद्भव को इस विकास सूत्र के साथ जोड़ा नहीं जा सकता है। विशेष रूप से चौर-पंचाशत व विद्यासुन्दर-कथा की बहिरागत उपाख्यान के विस्तार के माध्यम से सप्तदश-अष्टादश शताब्दी की एक भिन्नतर पटभूमिका में कालिका मंगल काव्य का जन्म हुआ। इसके अलावा शिव-देवता को भी मंगल-काव्य के देव-देवी गोष्ठी का समपर्यायभुक्त किया नहीं जा सकता है। यों लगता है, पौराणिक ब्राह्मण्य धर्म के समान बंगाल के आर्येतर लोक धर्म में भी शिव देवता की स्वीकृति पहले से ही सर्वजनीनता लाभ कर चुकी थी। पौराणिक शिव एवं लौकिक शिव अपने-अपने स्वरूप में सम्पूर्ण पृथक् हैं। एक तो आर्यचार-महिमान्वित परमेश्वर है, तो दूसरे जनजीवन के दैन्य का आकर-लौकिकता का मूर्त विग्रह। इस पार्थक्य का

परिचय शिवायन काव्य की आलोचना के प्रसंग में उद्‌धृत होगा। यहाँ एक ही तथ्य लक्षणीय है कि आर्य-अनार्य निर्विशेष बंगाली हिन्दू समाज में शिव का यह सर्वमय प्रतिष्ठा ही अन्यतम कारण है जिसने उसे मंगल काव्य सम्बन्धी देव-देवी गोष्ठी के अन्तर्भुक्त होने नहीं दिया।

इससे पूर्व ही कहा गया है कि अपेक्षाकृत स्वल्प प्रतिष्ठायुक्त देव-देवी ही इस युग में आत्मप्रतिष्ठा की लड़ाई लड़ रहे थे। अर्थात् वे सब साम्प्रदायिक देवताओं के उपासक गण ही अपने-अपने उपास्य को सबसे अधिक प्रतिष्ठा दिलाने के अति आग्रह में पारस्परिक प्रतियोगिता में शामिल हो गये थे। मंगलकाव्य के उद्भव की रचनावली से प्रतीत होता है कि उस समय मनसा, चण्डी व धर्म के उपासक गण ही इस विषय को लेकर सबसे अधिक तत्पर हुए थे। इन सभी देव-देवियों के आर्येतर प्राथमिक उद्भव के इतिहास के बारे में पण्डित गण विभिन्न प्रकार के तथ्य उद्धार करते रहते हैं। अभी के लिए इतना जानना ही काफी होगा कि नाना प्रकार की अनार्य परिकल्पना से उद्धुत इन सभी देव-देवी तुर्की आक्रमण के परिणामस्वरूप परवर्ती काल में जाति की मनस्तात्विक दुर्बलता का सुयोग ग्रहण कर आर्य समाज में प्रतिष्ठा लाभ कर रहा था। पहले ही कहा जा चुका है कि आत्मशक्ति, आस्थाहीन, दुर्बल बंगाली के जातीय जीवन के ऊपर उस समय अमंगल विभीषिका का गहन अँधेरा फैला था। इस विभीषिका से उद्धारलाभ तथा जीवन के सर्वांगीण मंगलविधान की प्रार्थना लेकर बंगाली ने उस दिन धर्म के द्वार पर धरना दिया था। फलस्वरूप, मंगलकाव्य की विषयक देवताओं के उपासकगण अपने-अपने देवताओं के मंगलकारी शक्ति की व्याख्या कर काव्य रचना में उत्सुक हुए थे। यहाँ तक कि उपास्य-देवताओं की मांगलिक शक्ति की महिमा प्रचार करके ही वे शान्त नहीं हुए थे। भक्तिहीन या किसी और प्रतिद्वन्द्वी देवता के भक्त के प्रति उसकी अमंगलकारी शक्ति की तीव्रता प्रदर्शन में ही वे तत्पर हो उठे थे। इस प्रकार आलोच्य काव्यों में उन्होंने पहले मंगल-अमंगल में मिश्रित द्वन्द्वगाथा के रूप में आत्मप्रकाश किया था। बाद में आत्मप्रतिष्ठा के लिए देवता का मनुष्य के साथ द्वन्द्व विक्षोभ की कहानी धारा को आश्रित कर इस काव्य-गोष्ठी का जन्म हुआ था। लक्षणीय है कि द्वन्द्व संघात पूर्ण इस मंगल-अमंगलकारी देवी शक्ति के बारे में सम्भव-असम्भव सभी कहानी ही समसामयिक जनचित्त को अभिभूत कर रहा था। शक्ति-दीन जाति को उन दिनों की उस अभिनव शक्ति के उत्स या स्वरूप के बारे में कोई स्पष्ट धारणा नहीं थी। इसलिए इस बारे में जिसने जो भी कहा, विमूढ़ता में उसी को निर्विचार सत्य के रूप में विश्वास किया गया; शक्ति की आश्रयकामना कर बंगाली जाति उसी के प्रति निर्विचार आवेग से दौड़ रहा था। जातीय जीवन की यही विमूढ़ता ही एक ओर से मंगल-देवताओं की व्यापक प्रतिष्ठा का सुयोग निर्माण कर रहा था।

मंगलकाव्य की संज्ञा

अब तक की आलोचना, मंगलकाव्य एवं मंगल देवताओं के बारे में सीमाबद्ध होने पर भी एक बोधगम्य संज्ञार्थ का निर्णय हो सकता है। डॉ. आशुतोष भट्टाचार्य का अनुमान है कि मंगल नामक सुर से मंगलकाव्य नाम की उत्पत्ति हुई है और यह मूल मंगल शब्द अनार्य उत्स-सम्भुत है।[85] किन्तु इस सिद्धान्त के माध्यम से एक विशेष श्रेणी के साहित्य का मंगलकाव्य नामकरण का कारण स्पष्ट नहीं होता है।[86] डॉ. भट्टाचार्य ने स्वयं स्वीकार किया है कि उस श्रेणी के काव्य को छोड़ अन्यान्य काव्य-कविता साधारण देव-विषयक संगीत मात्र ही है। प्राचीनकाल में मंगलसुर में गीत ही होता था। वर्तमान सन्दर्भ में यह बात भी लक्षणीय है कि काव्य के नाम के साथ केवल मंगल शब्द जुड़ने के फलस्वरूप कोई काव्य मंगलकाव्य की श्रेणी में शामिल नहीं हुआ था। दृष्टान्त के तौर पर कहा जा सकता है कि चैतन्यमंगल, कृष्णमंगल, गोविन्दमंगल आदि काव्य मंगलकाव्य श्रेणी में अन्तर्भुक्त नहीं है, पर मनसाभासान या पद्मपुराण नाम से परिचित काव्य समूह को निश्चित तौर पर मंगलकाव्य की कोटि में अन्तर्भुक्त किया जा सकता है। ये सभी अभिधाबुद्धि अपेक्षाकृत आधुनिक काल में जन्म होते हुए भी लक्षणीय है कि एक विशेष कोटि की काव्य-गोष्ठी के विशेष भावादर्श व रूपगत वैशिष्ट्य के प्रति दृष्टि रखकर इस प्रकार का नाम करण हुआ है। मंगलकाव्य का यह भाव एवं रूपादर्श बहुत परिमाण में उनके उद्भव-परिवेश पर निर्भरशील है, यह पहले ही उल्लेख किया जा चुका है। इस बारे में चारुचन्द्र वन्द्योपाध्याय ने 'चण्डीमंगल-बोधिनी' ग्रन्थ में विशद रूप से चर्चा की है। उनके मतानुसार जिस गीत में मंगलकारी देवताओं के माहात्म्य का वर्णन होता है, जो गीत मंगलस्वर में गाया जाता है, जो गीत मात्रा या मेला में गाया जाता है (हिन्दी में मंगल शब्द का अर्थ मेला यात्रा या गमन) उसी को मंगलकाव्य कहा जाता है। वर्तमान सन्दर्भ में अध्यापक वन्द्योपाध्याय के सिद्धान्त का केवल प्रथमांश ही ग्रहण योग्य लगता है। मंगलकाव्य समूह का आभ्यन्तरिक प्रमाण अनुसरण कर कहा जा सकता है कि जिस देवता की आराधना, माहात्म्य-कीर्तन, यहाँ तक कि श्रवण भी मंगलकारी है तथा इसके विपरीत अमंगल होता है; जिस काव्य का मंगलाधार, यहाँ तक कि जो काव्य घर पर रखने पर मंगल होता है, वह मंगल काव्य है। लक्षणीय है, अनुरूप विश्वास अन्धकाराच्छन्न युग भावना का द्योतक है। तथा उद्भव-युग की इस ऐतिह्य के प्रति आलोच्य कोटि के काव्य का नामकरण जहाँ स्पष्ट संकेत करता है, वहीं आधुनिक होने पर भी यह अभिधा प्रयोग सार्थक है।

मंगलकाव्य का क्रमविकास व शिल्प

फिर भी, यह लगना उचित नहीं है कि इस प्राथमिक परिचय में ही मंगल काव्य प्रवाह आदि से अन्त तक सीमाबद्ध था। आसानी से पता चलता है कि तुर्की आक्रमण के फलस्वरूप विपर्यय-विह्लता कट जाने पर मंगलकाव्य परिकल्पना की

मूल पटभूमि स्वाभाविक नियम से परिवर्तित हुआ था। तब उस विशेषित प्राथमिक रूप से साहित्य-प्रवाह का अस्तित्व सम्भव नहीं था। लोकजीवन-सम्भव रचनावली तब नूतन परिवेश व नवजाग्रत लोक की जीवनाकांक्षा की वाणी-वहन कर एक नवीन रूप में आत्माभिव्यक्त कर रहा था। फलस्वरूप, साम्प्रदायिक देव-कहानी क्रमशः सर्वजनीन माननीय संवेदनापूर्ण साहित्य के रूप में नवजन्म लाभ कर रहा था। साम्प्रदायिक साहित्य की इस शिल्पधर्मी अभिव्यक्ति के मूल में व्यक्ति-विशेष की दीर्घस्थायी गोष्ठीगत साधना का ही प्रभाव ही अधिक था। सृष्टि की पटभूमि एवं स्रष्टा, दोनों ओर के विचार से साहित्यिक मंगल काव्य यौथ-शिल्प है। मध्ययुग के बंगाल के कवि-समाज में नव-नवोन्मेषशालिनी प्रतिभा का अभाव था, इसलिए उत्कृष्ट कविगण नित्य-नूतन कहानी रचना का रास्ता छोड़ बहु-प्रचलित पुरातन काव्य ढाँचा का आश्रय ग्रहण कर अपने-अपने युग-जीवनवाणी को काव्य के माध्यम से मुक्तिदान करने को उद्यमी हुए थे। फलस्वरूप, सभी रचना ही काव्य के तौर पर वैचित्र्यहीन अनुकरण मात्र था, यह भी कहा नहीं जा सकता है। विभिन्न कवि एक रूप आंगिक से निर्मित एक ही कहानी के माध्यम से विचित्र प्राण रस का विस्तार कर रहे थे। पूरा समाज, जीवन सत्य को आत्मसात् कर ही जैसे मध्ययुग के मंगल कवि, शिल्प-रचना में तल्लीन हुए थे। इसलिए श्रेष्ठ मंगलकाव्य में कवि का व्यक्तिगत-जीवन व सार्विक समाज-जीवन की वाणी अभिन्न एकता से जुड़ी हुई है। फलस्वरूप प्रश्न यह भी उठता है कि सार्थक मंगलकाव्य की स्रष्टा कवि है या समसामयिक समाज-मानस? और इसी कारण से कहना पड़ेगा कि मंगलकाव्य चौथा शिल्प है। केवल भाव की दृष्टि से ही नहीं, रूपांगिक की दृष्टि से भी। व पहले ही कहा जा चुका है कि मंगलकाव्य की असंख्य कवियों ने एक ही कहानी को आधार बनाकर काव्य की रचना की थी। फलस्वरूप, विन्यास के क्षेत्र में कमोबेशी एक ही प्रकार के प्रक्रम अनुसरण करने के कारण इन सभी काव्य कहानी में वर्णना की एक पूर्वसंस्कारगत (conventional) रूपायण पद्धति का निर्माण हुआ था। इसी पद्धति को साधारण रूप से मंगलकाव्य के साहित्यिक रूपप्रकरण में स्वीकृति मिली है। लक्षणीय है यह पद्धति किसी प्रकार से रीति-सिद्ध नहीं है, व्यावहारिक संस्कार के प्रभाव से कर्मसंजात है। अतः इनमें सूक्ष्मता की सार्विकता की प्रत्याशा नहीं की जा सकती है। फिर भी इन सभी उपादानों के विश्लेषण के बीच से मंगलकाव्य के सृजन-प्रकरण का साधारण परिचय मिलता है।

पुराण एवं मंगलकाव्य

प्राथमिक अंश में, मंगलकाव्य ढाँचे की रूपरचना में, प्राचीन संस्कृत पुराणों का आदर्श सचेतन रूप से अनुसृत हुआ था; ऐसे सिद्धान्तों का आभ्यन्तरणीण प्रमाण है। मंगलकाव्य के प्रारम्भ में वन्दनांश में पुराण की बहुदेवता-वन्दना की आदर्श को ही

अनुसरण किया है। उस अंश में विभिन्न देवताओं का माहात्म्य की अभिव्यक्ति के उपलक्ष्य में पौराणिक श्लोक का भाव, यहाँ तक कि बहुत से क्षेत्र में भाषागत ऐतिह्य को ही अनुवाद करने की चेष्टा हुई है। मंगल काव्य का सृष्टितत्त्व भी अनेकांश में पौराणिक सृष्टितत्त्व के आदर्श का अनुसरण करता है, वहीं अनुरूप प्रसंग भी प्रधान रूप से आर्येत्तर ऐतिह्य को अनुकरण करता है।'[87] वहाँ भी सृष्टि तत्त्व वर्णना का मूल ढाँचा पौराणिक प्रकरण की अनुवर्ती है। इसके अलावा अपौराणिक देव-कथा के देह में पौराणिक-ऐतिह्य को अंगीकृत कर लेने का सचेतन प्रयास भी स्पष्ट हुआ है। पूरे देवखण्ड में मंगल काव्य का मनुष्यखंड पुराणेत्तर स्वीकीयता का स्वातन्त्र्य का दावा कर सकता है। पर वहाँ भी देव-महिमा की अभिव्यक्ति में नाना-प्रकार के पौराणिक प्रसंगों की अवतारणा की गयी है। पुराणों के प्रति मंगलकाव्य की रचयिताओं का यह पक्षपात बिल्कुल अकारण नहीं था। पहले ही देखा गया है कि ईसवी शतक के प्रथम चरण में, वेदधर्म के विपर्यय के युग में, अवैदिक देवताओं को आर्य-चेतना के अंगीभूत कर लेने की आकांक्षा से ही प्रधानतः पुराण शास्त्र का अभ्युदय हुआ था। इधर से बंगला मंगल काव्य व संस्कृत पुराण के जन्म का मूलगत सादृश्य लक्षणीय है। इसके अलावा मंगलकाव्य रचना काल में बंगाल में पौराणिक ब्राह्मण्य धर्म का पुनरुत्थान हुआ था। मंगल देवताओं को पौराणिक देवता के रूप में प्रतिपन्न करने की दिशा में आलोच्य कवियों का लोभ रहना स्वाभाविक ही है। इसलिए मंगलकाव्य समूह को वे बंगलाभाषा में संस्कृत पुराण के आदर्श में निर्मित करना चाह रहे थे। इस प्रयास के फलस्वरूप ही मंगलकाव्य का संस्कारगत रूपांगिक धीरे-धीरे निर्मित हो रहा था।

मंगल काव्य का अंग

प्रायः प्रत्येक मंगलकाव्य की सूचना वन्दना से ही हुई थी। वन्दना-अंश में किसी एक विशेष देवता की वन्दना नहीं होती थी। वर्णतव्य मंगल-देवताओं के पक्ष-विपक्ष सभी देव-देवी की महिमा का कीर्तन किया जाता था। यहाँ तक कि जिन सभी मनसामंगल काव्य में चण्डी मनसा की पारम्परिक द्वन्द्व एकान्त तीव्र रूप से प्रदर्शित होता था, वहाँ भी प्रारम्भिक अंश में चंडी आद्याशक्ति के रूप में वन्दित हुई है। इससे स्पष्ट होता है कि साम्प्रदायिक पूर्व संस्कारों के बीच मंगलकहानियों का प्राथमिक उद्भव घटने पर भी साहित्यिक पर्याय में यह काव्य असाम्प्रदायिक मिलनाकांक्षा के माध्यम से प्रणोदित हुआ था। आलोच्य वन्दनांश उस मनोभाव की ही साहित्यिक भूमिका है।

मध्ययुग के बंगाल में शाक्त, वैष्णव, हिन्दू और मुसलमान निर्विशेष समग्र ग्रामीण जन-सम्प्रदाय जातीय जीवन के अंशीदार के अधिकार लेकर श्रोता के तौर पर मंगलकाव्य के मंच पर उपस्थित होते थे। इसलिए प्रत्येक का धर्मविश्वास व रुचि के प्रति अकुण्ठ श्रद्धा-निवेदन का उदार मनोभाव लेकर मंगल-कविगण सभी

को उनकी सृष्टि के रसलोक में आह्वान करते हैं। मंगलकाव्य मात्र के द्वितीयांश में साधारणतः ग्रन्थोत्पत्ति का कारण वर्णित हुआ है। इस प्रसंग में कवि के व्यक्तिगत परिचय का भी उद्धार किया गया है। यह अंश कवि आत्मपरिचय के नाम से भी अभिहित होता है। ग्रन्थोत्पत्ति कारण प्रसंग में प्रायः सभी कवि ही उनके वर्णित देव-देवियों के प्रत्यक्ष आदेश या स्वप्नादेश का उल्लेख किया है। यहाँ भी पुराण के आदर्श पर ही मंगल काव्य की अपौरुषेयता प्रतिपादन की चेष्टा हुई है। इसके अलावा अनुमान किया जा सकता है कि प्राथमिक स्तर पर वे सभी दैवादेश की कहानी लोक-साधारण की श्रद्धा आकर्षण करने के कौशल के तौर पर भी व्यवहृत हुआ था। परवर्ती साहित्यिक मंगलकाव्य के कहीं-कहीं केवल आंगिकगत वैशिष्ट्य के तौर पर इस अंश की रचना परिकल्पना अनुसृत होते हुए देखी जाती है। जो भी हो, वे सभी दैवादेश के विश्वास योग्य पटभूमि रचना करने बैठे कवि, अपना व्यक्तिगत जन्म-सूत्र, जीवनकाल एवं वासस्थान का विशद वर्णना उद्धार किया है। परवर्ती युग के इतिहास खोजकर्ताओं के लिए ये सभी वर्णना विशेष तथ्य का खजाना है। वस्तुतः कवि का आत्मपरिचय अंश के अभाव में अनेक जगह मंगल कवियों का परिचय आविष्कार करना इस युग में असम्भव होता।

मंगलकाव्य का तृतीय अंश साधारण रूप से देवखण्ड के नाम से परिचित है। इस अंश में लोक जीवनाश्रित मूल काव्य-कथा को पुराण के रूपाधार में अभिजात आकार देने की चेष्टा की गयी है। मंगल देवता गण अनार्य परिकल्पना से उद्भुत हुए थे। वस्तुतः उनके चारों ओर आर्य ऐतिह्य की विभूति निर्मित करने की आकांक्षा से ही इस अंश का जन्म हुआ। इसलिए पुराण के समान सृष्टितत्त्व की व्याख्या नाना देव-देवी का माहात्म्य वर्णना प्रमुख उपायों का आश्रय ग्रहण किया गया था। यथोचित्त अधिकार के अभाव में पुराण का यह अनुकरण, लौकिक रुचि-विश्वास के बहुत ऊपर नहीं उठ पाया है। जो भी हो, आलोच्य देवखंड में मोटे तौर पर जिन सभी विषयों की अवतारण की जाती थी, उसमें सृष्टि रहस्य-कथन दक्षप्रजापति का शिवहीन-यज्ञ, सती का देहत्याग, हिमालय के घर में उसका नव-जन्मलाभ, मदनभस्म, उमा की तपस्या, गौरी का विवाह, कैलाश में हर-गौरी का झगड़ा, शिव की भिक्षा यात्रा आदि हैं। इन अंशों में शिव देवता का एकान्तिक प्राधान्य विशेष रूप से लक्षणीय है। पहले ही कहा जा चुका है कि पुराण एवं बंगाल का लोक-जीवन उभय क्षेत्र में शिव की श्रेष्ठता को सन्देहातीत प्रतिष्ठा मिली थी। इसलिए पौराणिक संस्कृति के साथ लोक-संस्कृति की मिलन के श्रेष्ठ में सूत्र के तौर पर मंगल काव्य में चिह्नित है।

धर्म मंगल के अंगों में वैचित्र्य

यहाँ उल्लेख योग्य है कि ऊपर के देवखंड में जो साधारण विषय-सूची का उद्धार किया गया है, विशेष रूप से धर्ममंगल काव्य के देवखंड में उसके आनुपूर्विक

अनुकरण देखा नहीं जाता है। दूसरे मंगलकाव्य के नाना-अंश में छोटा-बड़ा अन्तर थोड़ा-बहुत है। फिर भी, यहाँ तक कि धर्ममंगल के देवखंड में भी सृष्टितत्त्वादि का विवरण यथारीति उपस्थित है। इसके अलावा पौराणिक कहानी के बदले इस काव्य के सृष्टि प्रसंग में जिस अमिश्र लौकिक कथाओं की अवतरणा हुई है, उसमें भी शिव-देवता का प्राधान्य स्पष्ट है।

चतुर्थ संख्यक मनुष्य/नर खंड की मंगलकाव्य का सर्वप्रधान खंड है। इस अंश में किसी देवशाप-ग्रस्त स्वर्गदासी-दम्पत्ती के मर्त्यजीवन की वर्णना हुई है। मूलतः आलोच्य मंगलदेवता की पूजा के प्रचार के लिए वे उस विशेष देवता के द्वारा ही पृथ्वी में प्रेरित होते हैं। यहाँ आकर नर जीवन के बहु दुखःकष्ट, भोग के फलस्वरूप देवता की पूजा-प्रचार में समर्थ हुए। अन्त में इस सत्कर्म के फलस्वरूप सशरीर स्वर्ग मान लिया। इस अंश में देवलोकवासियों के नर जीवन की वर्णना के अवसर पर बारमा सा वर्णन (नायक या अधिकांश क्षेत्र में नायिका द्वारा बारह मास का दुःख व क्वचित सुख वर्णन) नायक के रूप दर्शन से नारियों की पति निन्दा, काँचुली (नारियों की कारूकला समृद्ध वक्षावरण) निर्माण, नायिका की पाक-प्रणाली चौतिशा (विपन्न नायक या नायिका द्वारा चौंतिस अक्षर में आलोच्य देवता की स्तुति) आदि प्रसंग अनेक प्रयोग के फलस्वरूप नरखंड में अपरिहार्य आंगिकगत उपादान के रूप में परिणत हुआ था।

इतिहास का महत्त्व

इस प्रकार साम्प्रदायिक प्रयोजन सिद्धि के उद्देश्य से एक विशेष परिवेश से उद्धुत ये सभी लोक काव्य का साहित्यिक आंगिक-विवर्तन के इतिहास की आलोचना की जाए तो इस विषय में कौतूहलजनक परिचय आविष्कृत हो सकता है। इस इतिहास के अनुधावन से यह स्पष्ट अनुभव किया जा सकता है कि समाज-जीवन का निष्ठापूर्वक अनुसरण व रूपायण की इस कोटि की रचना को क्रमशः मध्ययुग के जातीय साहित्य की मर्यादा में प्रतिष्ठित किया है। दूसरी ओर उसी वैशिष्ट्य के प्रभाव से लोक जीवन सम्भूत यह काव्य प्रवाह जातीय इतिहास के अनेक उपकरणों का धारक होकर उभरा है। मध्ययुग के बंगला जीवन इतिहास का अनेक अप्राप्य तथ्यों के शून्य स्थान को मंगलकाव्य में प्राप्त जीवन ऐतिह्य ने शिल्प रूप देकर पूर्ण किया है।

आदि-मध्य युग का मंगल काव्य

'मनसामंगल'

मंगल काव्य-गोष्ठी की इतिहास में 'मनसामंगल' के बारे में प्राचीनतम अस्ि. तत्व का प्रत्यक्ष प्रमाण मिला है। निगृहीत मानवता की जीवन वाणी के रूप में मंगलकाव्य की जिस साधारण वैशिष्ट्य की बात पूर्व अध्याय में उल्लिखित हुआ है; 'मनसामंगल' का चन्द्रधर चरित्र उसकी श्रेष्ठ अभिव्यक्ति है। मानवीयता का

सर्वमय पराभव व आत्मग्लानि में पूर्ण उस युग में ऐसे सर्वशक्तिमान विद्रोही का जीवन चित्र अंकन सम्भव हुआ था, देखकर विस्मित होना पड़ता है। ऐसा लगता है कि चन्द्रधर की विद्रोही स्वभाव की गहराई में निगृहीत जाति की मर्मगत वंचना, आर्ति व विक्षोभ ही जैसे जीवन्त रूप धारा है। सामग्रिक समाज-भावना की वाङ्मय अभिव्यक्ति के रूप में वह सर्वजन के अन्तःकरण में श्रद्धा का श्रेष्ठ आसन लाभ करने में समर्थ हुआ था। अन्यान्य मंगल काव्य की कहानी के नाना प्रसंग में चन्द्रधर का नाम श्रद्धा के साथ उल्लेखित हुआ है। केवल इतना ही नहीं, 'चण्डीमंगल' का धनपति यहाँ तक कि 'धर्ममंगल' के लाऊसेन चरित्र की परिकल्पना में भी चन्द्रधर के चरित्र का प्रभाव थोड़ा-बहुत देखा जाता है।

मनसामंगल व सर्पपूजा का इतिहास

'मनसामंगल' की यह प्राचीन कहानी बंगाल के आदिम लोक-समाज में सर्प पूजा के ऐतिह्य के साथ जुड़ा है। इसलिए मूल कथा का परिचय देने से पहले बंगाल में सर्प पूजा की प्रासंगिक तथ्य सन्धान प्रयोजन है। आर्यशास्त्र के ऋग्वेद में सर्प शब्द का प्रथम उल्लेख मिलता है। पर वहाँ सर्प का अर्थ वृत्तासुर है; सरीसृप जातीय कोई जीव नहीं। आज के प्रचलित अर्थ से सर्प शब्द का व्यवहार यजुर्वेद में सर्वप्रथम हुआ था पर सर्पपूजा का मन्त्र यजुर्वेद में भी नहीं है; अथर्ववेद व विशेषकर आश्वालायन ग्रह्यसूत्र में इस विषय में मन्त्र व पूजाचार का वर्णन मिलता है।

ऐसे में लगता है कि सर्प के साथ वैदिक आर्यों का किसी प्रकार का परिचय प्रथमावधि नहीं था; यजुर्वेद के काल से उनके बीच सर्प-ज्ञान क्रमशः विकसित हुआ है। अध्यापक आशुतोष भट्टाचार्य ने इस अनुमान की तार्किकता के विषय में व्यापक विवरण दिया है।[88] उनके मतानुसार सर्प जैसे जीवों के साथ वैदिक आर्यगण भारतवर्ष में आकर प्रथम परिचित हुए। दूसरी ओर, भारतवर्ष में आर्य-पूर्वकाल से ही सर्प व सर्पभीति प्रचलित था। इसी कारण से पूजा के माध्यम से उस भयंकर जीव को परितुष्ट करने की रीति भी अतीव प्राचीन थी। वैदिक आर्य गणों ने धीरे-धीरे इस रीति का अनुसरण किया था। यह सभी देखकर लगता है कि बंगाल में भी सर्प पूजा की धारा आर्य-पूर्व युग से ही प्रतिपत्ति अर्जित कर रहा था।

पुनः आर्य-पूर्व बंगाल के आदिम जनजातियों में द्रविड़ नामक एक प्रधान शाखा थी। दक्षिणात्य की निम्नवर्गीय द्रविड़ भाषियों के बीच आज भी सर्प पूजा का व्यापक प्रचलन है। दूसरी ओर सम्पूर्ण उत्तर भारत में दक्षिणात्य के साथ इस विषय में केवल बंगाल का ही सादृश्य है। तभी डॉ. आशुतोष भट्टाचार्य का कहना है, बंगाल के इस द्रविड़ जनजातियों में ही सर्प का प्रथम प्रचलन हुआ था।[89] आज के भारत में सर्पपूजा की तीन धारा का परिचय प्राप्त होता है–

1. उत्तर व मध्यभारत में नागराज वासुकी व उनके सरीसृप मूर्ति की पूजा।

2. दक्षिण भारत में जीवन्त सर्प पूजा का आदर्श ही प्रबल है।

3. बंगाल में सर्प पूजा के केन्द्र में नारी रूपी सर्प देवता-जांगुली, पद्मावती, मनसा आदि के नाम से इनका परिचय मिलता है। बंगाल के पूर्व व पश्चिम दोनों ही प्रान्त में सर्प प्रतीक-पूजा की रीति भी प्रचलित है। इस प्रतीक के तौर पर कभी 'मनस-घट' पर अंकित साँप के फन, तो कभी फणी मनसा वृक्ष रखने का प्रचलन है, पर सभी क्षेत्र में मनसा ही पूजनीय देवता है। सर्प देवता के रूप में इस मातृमूर्ति की परिकल्पना बंगाल के सर्पपूजा की विशेषता है।

ऐसा माना जाता है कि नारी-देवता का ध्यान व पूजा-प्रवर्तन प्रधान रूप से माता प्रधान (matriarchal) अनार्य समाज की विशेषता है, आर्य समाज पितृ प्रधान (Patriarchal) था। इसलिए आर्य देवतागण प्रायः पुरुष हैं। बंगाल के सर्प देवता का यह मृत्रिका मूर्ति मूलतः आर्येत्तर समाज का उद्भव है, ऐसा अनुमान है परन्तु आदिम अनार्य समाज में यह सर्प माता किस नाम से परिचित थी, इसका पता नहीं चलता है। पर बौद्ध युग के जांगुली नामक देवता सर्पमाता के साथ एकात्मक हो गयी थी, इस तथ्य का परिचय मिलता है। एक प्रचलित ध्यानमन्त्र में देवी मनसा को फणीमई, जांगुली व विषहरी के नाम से उल्लिखित किया गया है। जांगुली शब्द की व्युत्पत्ति जंगल से होना भी विचित्र नहीं है। इसलिए अनुमान किया गया है कि बौद्ध पूर्व किसी जंगली जाति की पूजिता मात्रिका देवी जांगुली थी। उन्हें शायद बौद्ध समाज में बुद्ध के समय में ही प्रतिष्ठा मिली थी। लेकिन ईसा के सप्तम शतक से पहले इसके अस्तित्व का कोई निश्चित निदर्शन नहीं मिलता है। इस जांगुली में एक साथ सर्प विष की धात्रि व विद्यादायिनी देवी का ऐतिह्य एक साथ प्राप्त होता है। परवर्ती समय में यह जांगुली नाम क्रमशः लुप्त हो गया था।[90] बंगाल में आलोच्य सर्पमाता विषहरी एवं मनसा नाम से ही अधिक परिचित हैं।

मनसा मंगल की 'मनसा'

'मनसा' नाम की उत्पत्ति के बारे में अनेक प्रकार का शोध किया गया है। दक्षिण भारत के कर्नाटक प्रान्त में एक निम्नवर्णीय जाति 'मनोमंचम्मा' नाम की एक सर्पिणी की पूजा करते हैं। बहुतों का अनुमान है कि इस मंचा शब्द से ही मनसा शब्द का उद्भव हुआ है।[91] दूसरी ओर, अध्यापक आशुतोष भट्टाचार्य ने छोटा नागपुर के सिम्भू, मानभू, राँची, हजारीबाग आदि जिले के आदिवासियों में मनसा नाम का प्रचलन पाया है। उनके मतानुसार इन सभी पड़ोसी प्रान्त से ही बंगाल में मनसा नाम लिया गया है।

मनसा कल्पना के मूल में वेद आदि का ऐतिह्य

डॉ. सुकुमार सेन का कहना है कि वैदिक 'मना' शब्द से 'मनसा' की व्युत्पत्ति हुई है। ऋग्वेद में रूद्र का क्रोध मना के नाम से अभिहित है। डॉ. सेन ने बताया

कि 'नाना देव भावना व रूप कल्पना' तथा 'नाना दिक देशागत कहानी के साथ' मिलकर 'मनसा' मंगल की मनसा ने एक रूप विचित्रता लाभ किया है–

1. वैदिक नदी-पुष्टि-देव भावना जात ईला, सरस्वती व श्री,

2. वैदिक सोम-ऐतिह्यगत गन्धर्व संगिनी वाक् जो पर्वतवासिनी (गौरी), हैमावती तथा सलिल क्रीड़ा पराणा (सलिलानी तक्षती) जो रुद्र, आदित्य, वसु आदि विश्व देवता की शक्ति है।

3. वैदिक रुद्र की 'मना'

4. वैदिक 'सर्पराज्ञी वसुन्धरा',

5. वैदिक अरायी अर्थात् अपघातिनी व अलक्ष्मी,

6. परवैदिक कमलासना देवी,

7. परवैदिक नाग (दो अर्थ–हाथी व साँप) लक्ष्मी देवी,

8. शेष वैदिक कुमारी व मयूरी तथा परवैदिक विषनाशिनी, मयूरी विद्याधरी

9. लौकिक वास्तु देवता–सिजवृक्ष में जिसका अधिष्ठान है, आदि।"

सर्परूप मनसा व हस्थिवाहिनी कमल-कामिनी के उद्भव सूत्र में एकता है। लोक देवताओं की मौलिक स्वभाव के अनुसार मनसा परिकल्पना के माध्यम से पूर्वापर विचित्र देव-ऐतिह्य की शोषण शक्ति का भी परिचय मिलता है। इससे यह निष्कर्ष नहीं निकलता है कि मनसा मूलतः आर्य देवता थी। भारतवर्ष की जलवायु में प्राचीन काल से ही साँप नामक सरीसृप पाया जाता है। इस विषधारी जीव के हाथ से आत्मरक्षा की मौलिक प्रवृत्ति के फलस्वरूप आदिम काल से ही सर्प देवता; विशेष रूप से सर्प देवी की पूजा प्रचलित हुई होगी। परवर्ती समय में आर्य-अनार्य के मिलन से, विभिन्न दृष्टिकोण से धर्म और संस्कृति का सामासिक मिलन हुआ था। इस सामासिक मिलन का सटीक इतिहास आज आविष्कृत करना सम्भव नहीं है। पर विभिन्न दृष्टिकोण से उपजे हुए खोजों के परिणाम स्वरूप यह पता चलता है कि मनसा मंगल काव्य कितने विचित्र ऐतिह्य की धारा को आत्मसात् कर आज के देव परिकल्पना का स्वरूप निर्मित कर पाया है।

मनसा मंगल की पुरानी कहानी

प्रचलित काव्यधारा में मनसा विषयक कहानी की एक क्षीण आभास मिलती है। यही कहानी वर्तमान में रूपान्तरित हो गयी है। पुरानी कहानी में शंकर गाड़री और उसके गुरु पात्र हैं। गुरु की मृत्यु के बाद उनके शिष्य शंकर गाड़री अजर-अमर देह के अधिकारी हुए। प्रचलित काव्य समूह में गुरु व शंकर गाड़री की इस कथा का चाँद सागर की कथा के साथ तादात्म्य हुआ है। वहाँ गुरु स्वर्ग की धोबिन है, मनसा की सहचरी भी है। दूसरी ओर शंकर गाड़री चन्द्रधर के अपराजेय सर्प देवता हैं। स्पष्ट है कि चन्द्रधर की कथा, शंकर की कथा की तुलना में अर्वाचीन है। फिर भी

चन्द्रधर-बेहुला-सनका की जीवन कथा ही 'मनसा मंगल' को दीर्घ काल से बंगालियों के सुख-दुख के सूत्र में बाँधकर रखा है। इसलिए 'मनसा मंगल' के मध्यकालीन काव्य ऐतिह्य की खोज में इस चन्द्रधर कथा की आलोचना होनी चाहिए। इस कथा का कोई प्राचीन उत्स आज भी प्राप्त नहीं हुआ है।

आलोच्य कहानी के 'नरखंड' में देखते हैं कि देवी मनसा अपनी पूजा वसूलने के लिए अति आग्रह वश शैव-साधु चन्द्रधर पर अकथनीय अत्याचार करती है। चन्द्रधर वीर पुरुष, आत्मशक्ति में अविचल विश्वासी है। चन्द्रधर तत्त्वज्ञ है इसलिए शान्त-स्निग्ध महाज्ञानी शिव देवता उनके एकमात्र उपास्य है। पर यह चन्द्रधर यदि पूजा न करता तो पृथ्वी में मनसा की पूजा का प्रचार न होता। इसलिए वह चन्द्रधर को प्रलोभन देती है कि मनसा की पूजा करने पर चन्द्रधर के आधिभौतिक अभ्युदय की सीमा नहीं रहेगी। परन्तु महाज्ञानी महावीर चन्द्रधर ने निरासक्त उदासीनता से इस प्रलोभन का प्रत्याख्यान किया, वे ज्ञान योगी शिव के अलावा और किसी उपास्य को स्वीकार करना नहीं चाहते थे। फलस्वरूप मनसा का क्रोध प्रदीप्त हो उठा; चन्द्रधर पर दैवी प्रकोप का वज्रपात हुआ। प्रथम आघात से चन्द्रधर के शुभेच्छु-दैवज्ञ भिषक् की मृत्यु हुई। एक के बाद एक चन्द्रधर के छह पुत्रों की सर्पाघात से मृत्यु हुई। पत्नी सनका व छह बालिका-पुत्रवधू के आर्तनाद से आकाश-वायु विदीर्ण हो उठा। फिर भी, पुरुषाकार की साधना में चन्द्रधर अटूट अविचल दृढ़ प्रतिज्ञ रहे। पुत्र-शोक को अस्वीकार कर अपनी सम्पत्ति समेटकर चाँद व्यवसाय करने निकल पड़े। मनसा के क्रोध के कारण कालीदह में उसकी पूरी सम्पत्ति समुद्र में डूब गयी। चन्द्रधर आँधी से उत्ताल समुद्र के लहरों पर बहने लगा। इस संकट के क्षण में मनसा की दैववाणी हुई, अभी भी यदि चन्द्रधर मनसा-पूजा कर ले तो उसके छः पुत्र पुनर्जीवन लाभ करेंगे, सात-पाल का नाव वापस भासमान होगा, अन्यथा मृत्यु अवधारित है। उस निश्चित मृत्यु की तुंड् बिन्दु से भी चन्द्रधर वज्रसदृश से हुंकार भरे—

''एत जोदि बले पदमा रथे करि भर।
हेताँलेर बाड़ि स्कन्धे काँपे थर-थर।।
मनेते भाबिछो कानि अन्तरीक्षे रईया।
साहस जद्दपि थाके कह आगु हैया।।
मोर मन्द करि जदि सारिबोर पार।
तबे केन काना चक्षुर औषध ना करो।।''

समुद्र की लहरों में डूबते हुए चन्द्रधर को बचाने के लिए पद्मा ने आश्रय रूप में पद्मवन प्रसार किया। चेतना की विलुप्ति के क्षण में प्राण बचाने के लिए चन्द्रधर उस आश्रय का सहारा लेना ही चाहते थे कि अचानक उसका अपराजेय पौरुष जग उठा; स्मरण हो आया कि पद्मा के नाम भी पद्मवन का योग है। जीवन की अन्तिम इच्छा त्यागकर चाँद तत्क्षण महामृत्यु के मुँह में कूद पड़े। पद्मा ने अब

अपने स्वार्थवश चाँद को बचा लिया। चाँद की मृत्यु हो जाए तो उसकी पूजा का प्रचार भी रुक जाए। परन्तु किनारे पर लौटने के बाद भी चाँद की जिद्द बनी रही। हर क्षण मनसा केवल प्रलोभन पर प्रलोभन दिखाती रही और हर क्षण घृणा-पूर्ण प्रत्याख्यान के फलस्वरूप बार-बार चाँद की यातना बढ़ती चली गयी। अन्त में देवी के स्वार्थ से ही वह घर वापस लौट आया। तब तक उसका सातवाँ पुत्र लक्ष्मीधर, लखिन्दर या लखई युवक हो चला था। बहुत खोज-खबर के बाद चाँद ने सर्व रूप-गुण सम्पन्न 'साएबेन' की पुत्री बेहुला के साथ लखई का विवाह सम्बन्ध स्थिर किया, पर पद्मा ने इस बार भी बाधा डाली। क्रोध से उसने अभिशाप दे डाला कि यदि उसकी पूजा न की जाए तो विवाह-रात्रि के अवसर पर सर्पदंशन से लखई की मृत्यु हो जाएगी। विवाह के आसन पर बैठकर साँप के भय से लखई बार-बार बेहोश हो रहे थे और बेहुला बार-बार अपनी शक्ति का प्रयोग कर उसे सहारा देने लगी। चन्द्रधर यदि बलिष्ठ बंगाली पुरुष की आदर्श मूर्ति है तो बेहुला मध्यकालीन बंगाली नारीत्व की परमपरिणति है। विदग्ध संस्कृति-समृद्ध श्रेष्ठ पौराणिक हिन्दू-कविकुल ने सीता-सावित्री, दमयन्ती की परिकल्पना के माध्यम से भारतीय नारीत्त्व के आदर्श को वाणी में ढाला है। पर शिक्षा-संस्कृति से दीन ग्रामीण कवि ने जिस बेहुला के माध्यम से बंगाली नारीत्व की प्रतिच्छवि का चित्रण किया है वह केवल त्याग-तितिक्षा से समुज्ज्वल ही नहीं बल्कि आत्मविश्वास व अमित वीर्य से सुषमामय है। उस काल में अपरिचित अग्रज के पास अनुजा सहोदरा का नारीत्व का सम्मान निरापद नहीं था। उस काल में पति-पुत्रवती कुलनारी गण पर पुरुषों के दर्शनमात्र ही से पति की निन्दा में मुखर हो उठती थी। इस प्रकार के युग की परिस्थिति में बेहुला का सतीत्व आज अकल्पनीय है, लेकिन देवताओं के षड्यन्त्र के सामने बेहुला की इस अजेय मानवशक्ति को भी सामयिक रूप से पराजित होना पड़ा था। बेहुला जब तन्द्राविष्ट थी तब उसकी इस असावधानता का सुयोग उठाकर 'लौह मानव' चाँद द्वारा निर्मित लोहे के कमरे को छेदकर मनसा के साँप ने निद्रित-लखई को मृत्यु के आलिंगन में पहुँचा दिया।

सात पुत्रों को खोकर जननी सनका गगन-विदारी आर्त-स्वर से पति एवं पुत्रवधू की भर्त्सना करने लगी। निर्विकार चित्त चन्द्रधर हेताँल यष्ठि हाथ में लेकर 'चेमुंडि कानि' की खोज में निकल पड़े, कर्त्तव्यनिष्ठ अविचल बेहुला अपने पति की मृत देह के साथ समुद्र में केले की टहनी (भेला) बाँधकर बहने लगी। रास्ते में अशेष विपदा व उन्मत्त लालसा के आक्रमण का सामना केवल सतीत्व की शक्ति से करती हुई 'सती' बेहुला देवपुर पहुँची। वहाँ दुःख साध्य साधना कर देवता से शक्ति अर्जित कर पति व उनके छः भाइयों का प्राणोद्धार किया, श्वसुर के समुद्र में डूबा हुआ अतुल धन सम्पद का भी उद्धार किया। दैवशक्ति पर मानवी शक्ति की जीत घोषणा कर विजयिनी बेला सात पालों वाली नाव लेकर अपने देश वापस आयी। मनसा भी साथ आयी। वही पुराना आग्रह; चन्द्रधर के हाथ से एक मुट्ठी 'पुष्पपानि' चाहिए।

मानवी शक्ति के दरबार में देवता की स्वीकृति चाहिए। इस बार चन्द्रधर का पराभव हुआ। अत्याचार के अन्तिम चरम सीमा में भी केवलमात्र आत्मबल से उसने सभी स्थितियों की उदासीनता के साथ उपेक्षा की थी। अब, इतने दिनों के बाद उसे मनसा पूजा में स्वीकृति देनी ही पड़ी किन्तु चाँद की यह पराजय दैवशक्ति के पाद पीठ में मानवीशक्ति के आत्मविलय का संकेत नहीं करता; यह पराजय; स्नेह-प्रेम, निष्ठा साधना से पूर्ण मानवीशक्ति की संवेदना के पास चिरकाल के मानव मन का आत्मसमर्पण है। 'मनसामंगल' की बेहुला केवल चन्द्रधर की पुत्रवधू ही नहीं बल्कि वह नर द्वारा श्रद्धेय 'नारी' है। बेहुला की नारीशक्ति व चन्द्रधर का पौरुष समगोत्रीय है; शायद उससे श्रेष्ठ है। जिस आत्मशक्ति की प्रचुरता के कारण चन्द्रधर ने हर बार की व्यर्थता के बावजूद पराजय स्वीकार नहीं किया, आक्रोश वश केवल उन्मत्त हो उठा, उसी मानवीशक्ति का सार्थक परिणाम स्वरूप चन्द्रधर के सम्मुख देवपुरी-प्रत्यायत बेहुला का आविर्भाव हो उठा था। बेहुला की सार्थकता की महिमा को अस्वीकार करने का साहस चन्द्रधर में नहीं था। इसलिए बेहुला की विनती से ही वह मनसा पूजा के लिए तैयार हुआ। वस्तुतः 'मनसामंगल' देवी मनसा की मंगल गाथा ही नहीं बल्कि विद्रोही मानवता का यशोगान भी है।

'मनसामंगल' के आदिकवि काना हरिदत्त

'मनसामंगला' की कथा में मानव जीवन के रस का प्राचुर्य अनेक बंगाली कवियों को आकर्षित किया है। बंगाल के विभिन्न प्रान्त के कितने ही कवि इस कथा का सहारा लेकर सार्थक काव्य की रचना की है; अनेक व्यर्थ काम कवि, यशः प्रार्थियों की चेष्टा का भी अन्त नहीं था। इस सर्वात्मक जनप्रियता की भीड़ में काव्य के प्रथम उद्भव का इतिहास-परिचय-ढका हुआ है। अब तक के आविष्कृत तथ्यादि से अनुमेय है कि 'काना हरिदत्त' बंगला 'मनसा मंगल' के आदि कवि थे। 'मनसा मंगल' काव्य का सन्-तारीख युक्त प्राचीनतम पोथी के लेखक विजयगुप्त काना हरिदत्त के सन्दर्भ में लिखते हैं कि–

"मूर्ख रचिल गीत ना जाने वृत्तान्त।
प्रथमे रचिल गीत काना हरिदत्त।।
हरिदत्तेर गीत जत लुप्त हैल काले।
जोड़ा गाँथा नाहि किछु भाबे मोरे छले।।
कथार संगति नाई नाहिक सुस्वर।
एक गाईते आर गाय नाहि मिश्राक्षर।।"

इसमें सन्देह नहीं कि विजयगुप्त परम पंडित थे; उनका काव्य ही इस बारे में निस्सन्देह प्रमाण प्रस्तुत करता है। पूर्वसूरी हरिदत्त के सामने ऋणी होने की यह पद्धति पंडितजनोचित नहीं है, यह कहना उचित नहीं होगा। विजय गुप्त के ग्रन्थ

रचना के युग में हरिदत्त का 'लुप्त' गीत किस परिणाम में विपर्यस्त हुआ था इसका प्रमाण अब तक नहीं मिला है। पर काना हरिदत्त की भणितायुक्त पद या पदांश का विचार करने पर कवि के बारे में विजयगुप्त द्वारा प्रस्तुत संवाद सर्वथा स्वीकार्य नहीं प्रतीत होता है।

विजय गुप्त के अलावा पुरुषोत्तम नामक एक गीतकार के उल्लेख से भी काना हरिदत्त की प्राचीनता का पश्चिम आविष्कृत किया गया है। इन्होंने श्रद्धासहित हरिदत्त के ऋण को स्वीकार किया था—

"काना हरिदत्त हरिर किंकर
मनसा हउक सहाय।
तार अनुबन्ध लाचाडीर छन्द
श्रीपुरुषोत्तम गाय।।"

पर विजयगुप्त व पुरुषोत्तम, किसी के वक्तव्य से काना-हरिदत्त का व्यक्तिगत परिचय का आविष्कार नहीं होता है। विजयगुप्त की काव्य-रचना के समय काना हरिदत्त के काव्य यदि लुप्त न भी हो, फिर भी अति प्राचीन हो गया था, इसमें सन्देह नहीं है। इस दृष्टि से हरिदत्त की रचना को कम से कम दो सौ शताब्दी के पूर्व का अनुमान करने पर भी वे ईस्वी त्रयोदश शताब्दी के अन्तर्भुक्त हो जाते हैं। इस समय में मंगलकाव्य गोष्ठी के प्रथम उद्भव की कल्पना की जाती है, यह पहले ही कहा जा चुका है।[93] काना हरिदत्त रचित 'मनसामंगल' की कोई भी आद्यान्त पोथी आज तक नहीं मिली है। पर विभिन्न कवियों द्वारा रचित जो सारे पद या पदांश मिले हैं उसका अनेक भाग ही मयमनसिंह जिला से संग्रहीत हुआ है। इसी कारण, अनुमान किया जाता है कि इसी प्रान्त में कवि रहते थे। पहले ही कहा गया है कि काना हरिदत्त की विक्षिप्त रचनावली का परिचय विजयगुप्त की शिकायत की व्यर्थता को प्रमाणित करता है। विजयगुप्त के समान उनमें यदि पाण्डित्य न भी हो फिर भी उनमें कवित्व व पाण्डित्य की दीनता नहीं थी। दृष्टान्त के तौर पर यह रचनांश देखें—

"मुई हेन सेवक शरण लइलाम गो
धते लामि लाओ फुल पाणि
नेता बोले विषहरि एथा रहिया कि करि
मर्त्यभुवने चल जाई।
मर्त्यभुवने जाइया छागमहिष बलि खाइया
सेवकेरे वर दिते चाई।।
नेतारे संगति करि माओ लामे विषहरि
हासे पद्मा रचना देखिया।
हेटे धान्येर सरा उपरे विचित्र झरा

से ना घटे चन्दन दिया।।

....

चारि चतुर्वेद पड़े निशि जागरण करे
पूजा हइले छाग बलिदान।
कवि कहे हरिदत्त जे जाने परमतत्त्व
मनसा देखिल विद्यमान।''[94]

डॉ. आशुतोष भट्टाचार्य का अनुमान है कि मयमनसिंह जिला में 'दास' हरिदत्त की भणिता में जिन तीन 'कालिका मंगल' की पोथी आविष्कृत हुई है, उनके मूलभूत काव्य के रचयिता भी यही काना हरिदत्त हैं। इस 'कालिका मंगल' काव्य में 'मार्कण्डेय चण्डी के अन्तर्गत सप्तशती अंश का बंगला अनुवाद' हुआ है। डॉ. भट्टाचार्य का सिद्धान्त सच होने पर हरिदत्त के बारे में पाण्डित्यहीनता का अभियोग और भी निरर्थक प्रामाणित होता है।

नारायणदेव

'मनसा मंगला' के प्राचीनतम कवियों में काना-हरिदत्त के बाद ही नारायणदेव का नाम प्रथम-उल्लेख है। वे केवल 'मनसा मंगल' काव्य के सुप्राचीन कवि नहीं बल्कि इस काव्य धारा का अन्यतम श्रेष्ठ कवि भी हैं। नारायण देव की कवि प्रतिमा पूर्वबंग की सीमा को पार कर एक ओर राढ़, दूसरी ओर आसाम के दूरवर्ती प्रान्तों में भी प्रतिष्ठित हुआ था। असमिया भाषा में लिखित नारायणदेव के 'पद्मपुराण' की पोथी भी मिलती है पर दुर्भाग्य है कि ऐसे बहु प्रचारित जनप्रिय काव्य की पूर्णांग पोथी अब तक संकलित नहीं हो पायी है।[95] नारायण देव के आविर्भाव काल के बारे में भी अनेक मतपार्थक्य हैं–

1. 'बंग साहित्य परिचय' ग्रन्थ में डॉ. दिनेशचन्द्र सेन का मन्तव्य था, ''नारायणदेव ने अनुमानतः 1246 ई. में उनकी मनसामंगल की रचना की थी।'' बाद में 'बंगभाषा ओ साहित्य' ग्रन्थ में वे नये सिद्धान्त देते हैं कि नारायण देव पंचदश शताब्दी के कवि थे तथा सम्भवतः विजयगुप्त के कुछ दिन पूर्व काव्य की रचना की थी।

2. डॉ. सुकुमार सेन ने लिखा है–''नारायणदेव के जीवन काल निर्णय करने का उपाय नहीं है। कवि का काव्य सम्पूर्ण रूप से उद्धार करने पर शायद काल-निर्णय का उपादान मिलेगा। षोडश शताब्दी के सप्तदश शताब्दी के आरम्भ तक निर्णय करने पर भ्रान्ति की सम्भावना कम होगी।''[96]

3. दूसरी ओर, डॉ. आशुतोष भट्टाचार्य ने नारायण देव की कुलपंजी खोजकर बंगविभाग के पहले तक कवि का सर्वशेष वंशधर मयमनसिंह जिला के बोरग्राम में रहते थे। वे ''नारायणदेव से वर्तमान में अष्टादश पुरुष, चार पुरुष की एक शताब्दी

की गणना होने पर नारायण देव आनुमानिक साढ़े चार सौ वर्ष पूर्व अर्थात् ई. के पंचदश के शेष हिस्से में आविर्भूत हुए थे; ऐसा अनुमान किया जा सकता है।"

4. कलकत्ता विश्वविद्यालय से प्रकाशित नारायणदेव का 'पद्मपुराण' की भूमिका में सम्पादक डॉ. तमोनाश दास गुप्त नाना प्रचार के विचार सहित कवि को त्रयोदश शतक के अन्तर्भुक्त करने की चेष्टा की है। इस प्रसंग में डॉ. आशुतोष भट्टाचार्य के द्वारा उपस्थित तथ्य को ही अलग दृष्टिकोण से प्रस्तुत किया है। डॉ. दासगुप्त की तार्किकता निम्नलिखित है—

(क) डॉ. दीनेशचन्द्र ने उनके 'बंग साहित्य परिचय' ग्रन्थ में उल्लेख किया है—कवि के वर्तमान वंशधरगण वंश पर्याय में अवस्थित हैं अतः तीन पुरुष को मिलाकर एक शताब्दी का हिसाब करने पर त्रयोदश शताब्दी में कवि के आविर्भाव निर्णीत होता है।

अब विचारणीय है कि नारायण देव से उनके वर्तमान वंशधरगणों का अवस्थान सचमुच कैसे है? इस विषय में अपेक्षाकृत परवर्ती काल के शोध-परिणामों पर निर्भर करना संगत है तथा डॉ. भट्टाचार्य के सिद्धान्त ही ग्रहणयोग्य है। अब प्रश्न यह है कि तीन पुरुष से क्या एक शताब्दी की गणना उचित है या चार पुरुष से? इस ओर से भी डॉ. भट्टाचार्य की विचार-पद्धति ही ऐतिहासिकों में अधिकतर ग्राह्य है परन्तु सभी क्षेत्र में यह काल-विचार सच नहीं हो सकता है। आभ्यान्तरिक प्रमाण अन्य-काल का निर्देश करने पर इस आनुमानिक विचार की भ्रान्ति को मानना ही पड़ेगा। डॉ. दासगुप्त ने उनके विचारों के परवर्ती अंश में उसी आभ्यन्तरीण प्रमाण को उद्धार करने की चेष्टा की है।

(ख) नारायण देव के काव्य पोथी की आलोचना करने पर द्रष्टव्य है कि उसमें अधिक वैष्णव प्रीति नहीं है जितना है, वह भी लिपिकार कृत प्रक्षेप है। अतः अनुमान करने में बाधा नहीं कि नारायणदेव के काव्य चैतन्यदेव से पूर्व रचित हुआ था।

(ग) नारायण देव के काव्य में हासन-होसेन का उल्लेख मात्र है पर विजयगुप्त के काव्य में हासन-होसेन की कहानी एक आनुपूर्विक पाला के रूप में वर्णित है। इससे डॉ. दासगुप्त ने अनुमान किया है कि इस देश में आगमन के बाद जब वे सर्वजनीन सामाजिक प्रतिष्ठा लाभ नहीं कर पा रहे थे; उस आदिकाल में ही नारायण देव ने इस काव्य की रचना की थी।

(घ) नारायण देव के ग्रन्थ में 'देव-देवी वन्दना', 'सृष्टितत्त्व-वर्णना', 'देवखंड' यहाँ तक कि 'नरखंड' की चौतिशा, बारहमासी, काँचुलि-निर्माण आदि विषय में पूर्वसंस्कारगत मंगल काव्यिक वैशिष्ट्य का अभाव ही लक्षित होता है।[97] इससे अनुमान किया जा सकता है कि मंगल साहित्य के बारे में व्यवहारगत पूर्वसंस्कार निर्मित होने के पहले ही नारायण देव ने काव्य की रचना की थी।

ये सभी प्रमाण एवं विचारों की तार्किकता यदि स्वीकार कर ली जाए फिर

भी नारायणदेव के काल विचार में ये सभी को अकाट्य-आभ्यन्तरीण प्रमाण कहकर ग्रहण कर लेना उचित नहीं होगा। इससे केवल एक सामान्य धारणा ही होगी कि विजयगुप्त से नारायणदेव का कालगत पार्थक्य शायद ज्यादा निकटवर्ती नहीं था। इस बारे में एक और बात स्मरण हो आती है। विजयगुप्त ने नितान्त अश्रद्धा के साथ होने पर भी, काना हरिदत्त के आदर्श के नकलपर काव्य की रचना की थी। परवर्ती युग में काना हरिहत्त की कहानी यदि लुप्त हो भी गयी हो तो उनकी ऐतिह्यगत आदर्श को आधार बनाकर ही बंगला भाषा के अन्यान्य 'मनसामंगल काव्य रचित हुआ था पर नारायणदेव के काव्य की एक पोथी में देखा जाता है कि–

"पद्म पुराणेर कथा श्लोक करा आछे।
नारायणदेव तोरे पाँचाली रचिछे।।"

मंगलकाव्य के ऐतिहासिक गणों ने स्वीकार किया है– ऐसा प्रतीत होता है कि "किसी बंगला मनसामंगल के लेखकों का प्रयोग नारायणदेव ने आदर्श रूप में नहीं किया था पर उनके काव्य के पौराणिक अंश की रचना में उन्होंने संस्कृत पुराणों को ही मुख्यतः आधार बनाया था, यह उद्धृत अंश से पता चलता है।" इस सन्दर्भ में आलोच्य अंश निम्नलिखित है–

"मुनिमुखे शुनियाछि सृष्टिर पत्तन।
पद्मपुराण कथा शुन ज्ञानिजन।।"[98]

कवि परिचय

इन सभी उद्धृति व विचार से लगता है कि, 'मनसामंगल' काव्य रचना के लिए नारायणदेव ने विशेष रूप से संस्कृत पुराणों का आश्रय ग्रहण लिया था। पर ग्रन्थ में अन्तर्निहित भाव विचार कर कवि-धर्म का जो परिचय मिलता है उससे अनायास अनुभव किया जा सकता है कि संस्कृत पुराणशास्त्रों के प्रति नारायण देव में किसी प्रकार की पंडितजन सुलभ मुग्धता नहीं थी। दूसरी ओर विजयगुप्त की प्रतिभा में ही वरन् संस्कृतानुसारिता की एक विशेष प्रवणता लक्षित होती है। फिर भी नारायण देव ने बंगाली पूर्वसूरी की अपेक्षा संस्कृत पुराणों का अधिक अनुसरण किया है। इससे पता चलता है कि इनके समकाल में 'मनसामंगल' रचना का कोई पूर्वादर्श बंगला भाषा में सहजलभ्य नहीं था। अतः अनुमान किया जाता है कि कवि नारायणदेव ने जब काव्य रचना की थी तब भी हरिदत्त के काव्य मनसामंगल रचना की सर्वात्मक आदर्श के रूप में व्यापक प्रतिष्ठा लाभ नहीं कर पाया था। इन सभी अनुमान एवं विचार यदि ग्राह्य होता है तब कहा जा सकता है कि नारायणदेव ने विजयगुप्त के कुछ पूर्ववर्ती समय में आविर्भूत होकर काव्य रचना की थी–

"नारायण देवे कय जन्म मगध।

मिश्र पंडित नहे भट्ट विशारद।।
अतिशुद्ध जन्म मोर कायस्थेर घर।
मौद्गल्य गोत्र मोर गाँइ गुणाकर।।
पितामह उद्भव, नरसिंह मोर पिता।
मातामह प्रभाकर, रुक्मिणी मोर माता।।
पूर्वपुरुष मोर अतिशुद्ध मति।
राढ़ त्याजिया मोर बोरग्राम बसति।।"

डॉ. आशुतोष भट्टाचार्य 'मगध' शब्द को 'मुग्ध' शब्द से जनित मानते हैं। आलोच्य अंश से पता चलता है कि कवि के पूर्वपुरुषगण राढ़ परित्याग कर बोरग्राम में बस गये थे। बोरग्राम मयमनसिंह जिला किशोरगंज महकुमा में अवस्थित है।

नारायणदेव के काव्य की पोथियों में प्रक्षेप-बहुल्य

नारायणदेव के काव्य की सर्वात्मक जनप्रियता का क्या कहना परन्तु जिस अधूरे आकार में उनकी रचना-परिचय इस युग तक पहुँची है, उससे कवि प्रतिभा की पूर्णांग विचार प्रायः साध्य प्रतीत होता है।[99] नारायणदेव के काव्य की विभिन्न पोथी में एक ही रचनांश एकाधिक कवियों की भणिता में प्राप्त होता है। केवल इतना ही नहीं, प्रायः प्रत्येक पोथी में मूल-रचना की मध्यवर्ती पादपूरण के लिए अपरापर कवि व गीतकारों की भणिता युक्त अनेक पयार व लाचाडि सन्निविष्ट हुआ है। नारायणदेव के ग्रन्थ की पोथियों का यह प्रक्षेप बाहुल्य कवि के अत्यधिक जनप्रियता का परिचय वहन करता है। 'मनसामंगल' के तथा मंगलकाव्य मात्र का काव्यिक आस्वादन का मुख्यतम माध्यम गीतकारों के कंठस्वर का गीत था। गीतकार नाना कवियों के रचनांश को आश्रित कर, यहाँ तक कि स्वयं भी पयार-लाचारि लिखकर मूल पाला का वैचित्र्य साधन व जनप्रियता वर्धन करने के लिए प्रयासरत होते थे। नारायणदेव के काव्य में इस प्रकार के रचना-वैचित्र्य की प्राचुर्य से काव्यों की बहुल सांगीतिक प्रचार का तथ्य भी स्वतः प्रमाणित होता है। फलस्वरूप, कहानी एवं रूपगत विमिश्रता के फलस्वरूप कवि की मूल-रचना परिचय आविष्कार के मार्ग पर बाधा की सृष्टि हुई है। सामान्य रूप से अनुमान किया जाता है कि नारायण देव के काव्य में 'देवखंड' को ही अधिक प्रधानता मिली है। इस खंड की रचना करने में वे संस्कृत पुराण-शास्त्र पर विशेष रूप से निर्भर थे।"[100]

किन्तु कलकत्ता विश्वविद्यालय के कवि ने जिस पोथी को प्रकाशित किया है तथा सम्पादक द्वारा भूमिका में जिस पोथी को नारायणदेव की मूल रचना का मोटा-मोटी परिचय के रूप में दावा किया है, उसमें 'देखखंड' अति संक्षिप्त व असम्पूर्ण है।[101] 'नरखंड' की वर्णना भी अभिनव व असंलग्न है। कहानी-वर्णना में इस असंलग्नता को सम्पादक प्राचीनता का लक्षण कहकर दावा किया है। यद्यपि आलोच्य पोथी

का लिपिकाल 1718 शकाब्द तथा 1796 ईस्वी से आगे का नहीं है। यह पता नहीं चलता है कि कहानी की उपस्थापना में यह पद्धतिगत अभिनवता उस एक पोथी के अलावा अन्यत्र भी मिला है। पर विभिन्न पोथी की मौलिकता के प्रमाण के बारे में तर्क-वितर्क में प्रवृत्त न होकर भी कहा जा सकता है कि प्रायः सभी पोथियों में नारायणदेव द्वारा लिखित 'नरखंड' संक्षिप्त व वर्णना की ओर से अल्पाधिक असंलग्न है। इस विचार से परवर्ती लब्ध प्रतिष्ठ कवि विजयगुप्त का 'मनसामंगल' कहानी वैचित्र्य में समृद्ध, दीर्घ एवं सुपरिकल्पित है। दूसरी ओर, संक्षिप्त कहानी एवं वर्णनरीति की असंलग्न आंगिक होने पर भी नारायणदेव के काव्य में भाव-कल्पना की संहति गाढ़तर है, लेकिन विजयगुप्त की रचना में कहानी का प्राचुर्य एवं वैचित्र्य यहाँ तक कि आंगिक परिकल्पना की समृद्धि होने पर भी भाव-वस्तु की संहति व सजीवता सुलक्ष्य नहीं है। इस तुलनात्मक विचार-पद्धति की अवतारणा उद्देश्यमूलक है, इससे नारायणदेव के काव्य का रस-परिचय प्रांजलतर हो सकता है। हमारी धारणा है कि नारायणदेव के काव्य का बहुत-सा भाग शायद मौलिक महाकाव्य का (AUTHENTIC EPIC) पर्यायभुक्त है। लांछित मानव चेतना का सर्वमय विक्षोभ के परिणाम के तौर पर चन्द्रधर व बेहुला चरित्र का उद्भव कल्पित किया गया है। उस निग्रहीत, नारायण देव के काव्य में क्षुब्ध मनुष्यत्व को स्वभावसिद्ध अभिव्यक्ति मिली है। किसी प्रकार की सचेतन शैल्पिक चेष्टा (CONSCIOUS LITERARY EFFORT) इसमें लक्षित नहीं होता है। आलंकारिक चमत्कृति, रचना की विदग्धता, कहानी वैचित्र्य आदि के प्रति विशेष ध्यान देने का अवकाश नारायणदेव को नहीं था। शायद निपीड़ित समसामयिक युग-चेतना के तीव्र अभिव्यक्ति वासना ही कवि की दृष्टि को एकमुखी कर दिया था। इसके अलावा, काव्य रचना के क्षेत्र में किसी सुप्रतिष्ठत पूर्वादर्श का अभाव भी इसका एक कारण हो सकता है। बेहुला व चन्द्रधर, जीवन के चरम मुहूर्त के वर्णनाकाल में भी कवि उनके मौलिक परिचय को विस्मृत नहीं हुए थे। वह परिचय निर्विचार तथा यथेच्छ दैवी शक्ति के निपीड़न के ऊर्ध्व में मानवशक्ति की मस्तक उत्तोलन का एकमात्र वासना का प्रतीक है। विवाह-रात्री में सद्य-मृत पति के शैया के बगल में बेहुला की शोकाभिव्यक्ति की प्राथमिक चित्रण यों है—

"लखाई कोले लईया बेउला कान्दे।
पाप कर्मेर भागे तोरे खइलो काल नागे
प्राण गेल ससुरेर विवादे।।

....

जदि बेउला हम सति साहसे जियाबो पति
जेन जस घोषये संसारे।
जाइब देगबेर पुरि रंजाइब विसहरि
आमि जाइया जिनिब मनसारे।।"

ऐसा प्रतीत होता है कि शोक दुर्बलता की दुःसह चरमलग्न में भी अपनी मानव शक्ति पर यह दृढ़ विश्वास तथा तीव्र आत्मसम्मान बोध युग-चेतना का अमिश्र अभिव्यक्ति-परिणाम है। इस शोक के परिप्रेक्ष्य में पिता चन्द्रधर का पौरुष प्रकट करने पर वक्तव्य की यथार्थता और स्पष्ट हो जाती है–

''चान्दो बोले पुत्र चाहिमु गिया पाछे।
विचारिया चाहि नाग कोन खाने आछे।।
विस्तर चाहिया तबे नाग ना पाइया।
कान्दिते लागिलो चान्दो विसाद भाबिया।
....
कथोक्षण थाकि चान्दे स्थित कैल मन।
पद्मा के मन्द बोले कठोर वचन।
पुत्र मैल खोटा जोदि देय मोरे कानि।
ताहार जतेक गुण आमि तारे जानि।।
पद्मबने परिहास करिलो संकरे।
सेइ दुराक्षर बानि घोषये संसारे।।
पथे अनिते बाछाई करिते चाइल बल।
घरे आसि खाईल तब सताइर ठोकर।।
देव करिया बुलिते लज्जा नाहि कानि।
एकरात्रि बिहा करि छाड़ि गेल मुनि।
हासन-होसेने लाज दिल विधि मते।
हेमताले काकालि भांगिलो मोर हाते।।
बेस करिया गेल धानन्तरीर घरे।
जपतज करे कानि धरिया निल तारे।।
कोन दोष पाइया मोर काटील बाउगान।
अकारणे बुडाइल डिंगा चैद्ध खान।।
डालमूल गेल मूर मैद्ध हैल सार।
अखने कानिर सेन चापि कराँ बाद।।
जदि कानिर लाइग पाम एकबार।
काटिया सुजिब आनि मरा पुत्रेर धार।।
जे करि करिमु कानिरे आमार मने जागे।
नागेर उत्सिष्ठ पुत्र भासाओ निया गांगे।।''

आधुनिक रुचि के लिए शेकार्त पितृत्व की यह अभिव्यक्ति अगर अमानविक यहाँ तक कि 'बर्बर' लगे फिर भी स्मरण उचित होगा कि व्यक्तिचरित्र का निरावरण, निराभरण की अभिव्यक्ति करने वाली यह 'बर्बरता' ही आदिम मानवता का सामान्य

लक्षण है। मानवधर्म की उस आदिम स्वभाव को कवि नारायणदेव ने असाधारण निष्ठा के साथ सृष्टि की है। मृत पति के साथ देवपुर तक बहने के लिए वधू बेहुला ने छः केले के डंठल की माँग की थी। उस प्रस्ताव को सुनते ही–

"चान्दो बले एक दुखः मैल सात बेटा।
ताहा हैते अधिक दुखः कला जाइब काटा।।"

आदिम मनुष्य का यही तो स्वभाव चित्र है। शोक से उन्माद प्रतिहिंसा में असुर-बलधारी, स्वार्थ से संकीर्णचित्त लेकिन इन सभी स्थितियों में आत्मगोपन करने में अक्षम-स्वयं प्रकाशमानता की दीप्ति में भास्वर यथार्थ महाकाव्यिक नायक (Epie hero) का चित्रण यथार्थ है। मंगलकाव्य के ऐतिहासिकों ने कहा है–"मनसामंगल काव्य करुण रस का खजाना है। इस करुणरस की स्वाभाविक वर्णना में नारायणदेव के समकक्षीय कोई नहीं है।"[102] इस सिद्धान्त में संशय का अवसर नहीं है, किन्तु केवल शोक वर्णना में ही नहीं, शोक-दुख में, आनन्द-उल्लास में, स्वार्थपरता एवं औदार्य सभी ओर से आदिम मानवता की धीरोदात्त स्वभाव-वर्णना में नारायणदेव तुलना रहित हैं। वे बंगला मंगलकाव्य के इतिहास में आदिम बर्बर (Crude) मनुष्यत्व के आदिम कवि हैं।

विजयगुप्त के मनसामंगल रचनाकाल

'मनसामंगल' के परवर्ती स्मरणीय कवि हैं; विजयगुप्त! ये मंगलकाव्य की सन्-तारीखयुक्त प्राचीनतम पोथी के लेखक थे। रचनाकाल के बारे में विजयगुप्त के काव्य की मुद्रित पोथी में निम्नलिखित पयार मिलता है–

"ऋतु शून्य शशि परिमित शक।
सुल्तान हुसेन साह नृपति तिलक।।"

प्रथम पंक्ति से 1406 शक ग्रन्थ रचनाकाल था, पता चलता है, पर अगली पंक्ति के साथ पहले की पंक्ति की कोई संगति नहीं है। होसेनशाह के राजत्वकाल के साथ 1406 शक या 1484 ईस्वी का कोई सम्बन्ध नहीं है। 1493-1518 ईस्वी तक वे गौड़ सिंहासन में अधिष्ठित थे। तभी डॉ. सुकुमार सेन ने इस श्लोक की प्रक्षिप्त कहा है।[103] वास्तव में लगता है, प्रथम पंक्ति की संख्या-गणना में कहीं पर लिपिगत भूल हुई है। दूसरी ओर एक ही ग्रन्थ के किसी-किसी पोथी में पूर्वोक्त प्रथम पंक्ति का पाठान्तर भी प्राप्त होता है–

"ऋतुशशी वेदशशि परिमित शक।"

संख्या विचार से यह पंक्ति 1416 शक अर्थात् ईस्वीं का द्योतक है, होसेनशाह के राजत्वकाल का अन्तर्भुक्त होने के हिसाब से इसी वर्ष में विजय गुप्त के काव्य की रचना हुई थी, ऐसा लगता है–

कवि की वर्णना से पता चलता है कि–
"मुल्लुक फतेयाबाद बांगारोडा तक्सिम।।
पश्चिमे धाधर नदी पूर्वे घण्टेश्वर।
मध्ये फुल्लश्री ग्राम पंडित नगर।
चारिवेदधारी तथा ब्राह्मण सकल।
वैद्यजाति बसे निज शास्त्रेते कुशल।।
कायस्थ जाति बसे तथा लिखनेर शूर।।
अन्यजाति बसे जिन शास्त्रे सुचतुर।।
स्थानगुणे जेई जन्मे सेई गुणमय।
हेन फल्लश्री ग्रामे बसति विजय।।"

"गैला फुल्लश्री ग्राम बाखरगंज जिला के अन्तर्गत था। कहा जाता है कि आज भी इस गाँव में मनसादेवी की मूर्ति जो सर्वजन द्वारा पूजित थी, वर्तमान है।"[104]

कवि का रचना-परिचय

बाखरगंज-बहिसाल के सुबृहत् अंचल में (अब बंगलादेश में अन्तर्भुक्त) विजयगुप्त का 'मनसामंगल' दीर्घ दिनों से जनप्रिय था। केवल गायेन (गीत) के गीतों से नहीं, विभिन्न सामाजिक उत्सव में लड़कियों के कंठ के माध्यम से इस काव्य के अनेक अंश अबाध रूप से गाने के रूप में प्रचलित थे। फलस्वरूप, मूल रचना का स्वभाव ही केवल बिगड़ा नहीं, नाना अवसर में नारी-पुरुष निर्विशेष विभिन्न कवियों का प्रक्षेप भी प्रचुर मात्रा में जमा हुआ था। इन सभी के बावजूद प्राचीन बंगला काव्य की अपरापर कवियों की तुलना में, विजयगुप्त का रचना-परिचय आविष्कार का उपादान कम नहीं है।

प्राचीन बंगला साहित्य के इतिहास में प्रक्षेप-रहित मौलिक रचना-परिचय किसी कवि के काव्य-पोथी में नहीं है। विजयगुप्त के काव्य में प्रक्षेप का बाहुल्य है, पर कवि-कर्म का स्वभाव उससे सम्पूर्ण ढका हुआ है; ऐसा सिद्धान्त लेना भी सुविचार का परिचायक नहीं है।

विजयगुप्त के कवि-धर्म का स्वरूप

जो भी हो, काना हरिदत्त के बारे में विजयगुप्त के उल्लेख से ही उनकी कवि-कृति का अन्तरंग परिचय मिलता है। समझ आता है कि 'जोड़ा गाँधा', 'कथार संगति ओ सुखर, एवं 'मित्रक्षर' रचना की सार्थकता ही उनके पास काव्योत्कर्ष के श्रेष्ठ आदर्श के रूप में प्रतिभात हुई थी। इसलिए अपनी रचना में आलंकारिक चमत्कृति के प्रति उन्होंने विशेष अवधान का परिचय दिया है। इसके अलावा, ग्रन्थ के आभ्यन्तरीण

प्रमाण से प्रतीत होता है कि संस्कृत-शास्त्र में विजयगुप्त विशेष पंडित थे। काव्य-रचना के युग में गहरी भावानुभूति से अधिक विदग्ध पाण्डित्य पर वे अधिक निर्भर करते थे।

ऐसा प्रतीत होता है कि दूसरी ओर कवि-मानस की विशिष्टता सम्पादन में कालधर्म का प्रभाव भी काफी कार्यकर हुआ था। इतिहास की दृष्टि से विजय गुप्त युग-सन्धि के कवि थे। प्राथमिक आलोचना के अवसर पर साम्प्रदायिक मंगलकाव्य की प्रेरणा-शक्ति एवं पटभूमि के तौर पर तुर्की आक्रमण के बाद के विपर्यय काल का परिचय उद्धार हुआ है। उसके सार्द्ध दो शतक बाद विजयगुप्त ने उनके काव्य की रचना की थी। इस लम्बे समय में विपर्यय की प्राथमिक तीव्रता क्रमशः शान्त हो रही थी।

विदेश से आगत आक्रमणकारियों को इस दौरान 'स्वदेशी' के रूप में इस देश में सुस्थिति मिल रही थी। पारस्परिक विचार-विमर्श की प्राथमिक स्थिति के अन्त में मिलनात्मक नवीन समाज-व्यवस्था की निर्मिति हो रही थी।[105] पर यह नवोद्भुत मिलनबोध किसी सुसंज्ञायित जीवनादर्श के अभाव में तब सर्वात्मक सामाजिक परिणाम के रूप में उद्भासित नहीं हो पाया था। इसके लिए प्रतीक्षा चैतन्य-आविर्भाव का था। कुल मिलाकर विजयगुप्त के समसामयिक बंगला जीवन में साम्प्रदायिक शैथिल्य लक्षित किया जाता है, पर उस समय संसक्त सुनिर्दिष्ट नव-युग चेतना का निर्माण नहीं हुआ था। इसलिए नारायणदेव के काव्य की संहति या 'चण्डीमंगल' के कवि मुकुन्दराम के काव्य में जीवनबोध की व्याप्ति, किसी को भी विजय गुप्त की रचना के सघन शिल्पाकार नहीं मिला था। किसी सुनिश्चित भाव-प्रेरणा के नियन्त्रण के अभाव में रूप-चाकचिक्य के प्रति कवि की दृष्टि समाधिक झुका हुआ था। छन्द, अलंकार व वाचनभंगिमा के कला-कौशल की सहायता से विजयगुप्त साधारण पाठकों के मनोहरण की चेष्टा की थी। काव्यांशों की आलोचना करने से भी यह वक्तव्य स्पष्ट होगा।

विजयगुप्त के काव्य का शिल्पमूल्य

विजयगुप्त की विदग्ध वाचनभंगिमा उनके रचना के अनेक वंश को आज भी बंगाल के जनजीवन में बहुप्रचलित प्रवचन की मर्यादा मिली हुई है–

''आति कोपे करिले काज ठेके आथान्तर
अति बड़े गांग हईले झाटे पडे चर।।''
''जेई मुखे कंटक वैसे सेई मुखे खसे।''

वाचनभंगिमा की यह विदग्धता केवल पांडित्य एवं अभिज्ञाता का ही परिचायक नहीं, कवि के वाक्चातुर्य, कला कुशलता का भी सार्थक निदर्शन है। इस सृजन-चातुर्य की मोह में अनुभूति-निविड़, रस-सृष्टि की अपेक्षा चटकीली रसिकता के प्रति ही कवि की प्रवणता प्रबल हुई थी। अनुरूप प्रचेष्टा की उत्कट उदाहरण के तौर पर पद्मा के विवाह-व्यवस्था के प्रसंग में हर-गौरी कथोपकथन का अंश-विशेष उद्धृत किया जा

सकता है। शिव-द्वारा पद्मा के विवाह व्यवस्थापना के अवसर पर शिव स्त्री आचार का आयोजन करते हुए दुर्गा को निर्देश देते हैं। तब–

"हासि बले चण्डी आयी तोमार मुखे लज्जानाई
किवा सज्जा आछे तोमार धरे
पयो एसे मंगल गाइते तारा चाइबे पान खाइते
आर चाइबे तेल सिन्दुरे।।
हासि बलें शूलपाणि एयो भान्वइते जानि,
मध्ये दाँड़ाब नेंगटा हइया।
देखिया आमार ठान, एयोर उड़िबे प्राण,
लाजे सबे जाबे पलाइया।।"

इसमें कोई सन्देह नहीं कि व्यभिचारी ग्राम्य चरित्र की यह वर्णना आधुनिक रुचि के दरबार में अपांक्तेय है, लेकिन विजयगुप्त के काव्य के पक्ष में यह बड़ी बात नहीं है, सामान्य रूप से मंगल काव्यप्रवाह में शिव-चरित्र का जो चित्रांकन हुआ है उसमें नैतिक रुचिबोध की उत्कृष्टता का परिचय बहुत अधिक नहीं मिलता है। वस्तुतःजन जीवन की दैन्य दुर्बलता के आधार पर ही इस जन देवता का उद्भव हुआ, पर लक्षणीय है कि सामान्य जनजीवन के पास इतना ही उनका एकमात्र परिचय नहीं था। व्याभिचारी होने पर भी वे नैतिक दुर्बलता के आक्रान्त नहीं थे; साधारण जनों की दृष्टि में उनकी चारित्रिक अखण्डता या विशुद्धता (Integreity of character) अक्षुण्ण था। लेकिन विजय गुप्त की रचना के उद्धृत अंश में आदिरस-रसिकता के प्रति अत्यधिक ध्यान के कारण शिव-देवता का वह चारित्रिक सन्तुलन नष्ट हुआ है। विजय गुप्त के आद्यान्त काव्य में सामग्रिकताबोधजनित इस सन्तुलन का अभाव है, ऐसा प्रतीत होता है। वास्वत में विजयगुप्त युग सन्धि के कवि थे। विभिन्न एवं विचित्र प्रकार के उपादान को एक ही चरित्र में संहति प्रदान करना या विभिन्न चरित्र को भावऐक्य में निविष्ट सामग्रिकता दान करने लायक संसक्त जीवन वाणी का संचय कवि को नहीं था। इसलिए ऐक्य के अपेक्षा वैचित्र्य के प्रति संहत अखंडता से विच्छिन्न स्वयंपूर्णता सृष्टि के प्रति उनकी प्रवणता सर्वाधिक थी। इसलिए देखते हैं कि विजयगुप्त के काव्य में विभिन्न पाला (अंक) विभागों का जैसे अन्त नहीं है; तथा प्रत्येक 'पाला' ही एक स्वयं-सम्पूर्ण कहानी है। इतने सारी कहानी विच्छिन्नता के फलस्वरूप पाण्डित्य व वैदग्ध गुण के कारण गल्प-रस काफी सघन हो उठा है। लखाई की मृत्यु के बाद विजयगुप्त ने चन्द्रधर की शोक-गाथा की रचना की है–

"कोथा लखाई कोथा लखाई बले सदागर।
चम्पकेर राजा आमार बाला लक्ष्मीन्दर।।"

नारायणदेव व विजयगुप्त

इसमें कोई सन्देह नहीं कि शोक-विह्वल पिता के हृदय की आर्ति, करुण रस का खजाना है। इसके साथ पूर्वोद्धृत नारायणदेव के शोकार्त चन्द्रधर-चित्र की तुलना की जा सकती है। वहाँ अन्याय व लांछना के विरोध में पिता का शोक, प्रतिहिंसा के क्रोधानल में प्रज्वलित हो उठता है–

"डाल मूल गेल मोर मौद्ध हैंल सार।
अखने कानिर सने चापिया करों बाद।।
जदि कानिर लाइग पाम एकबार
काटिया सुजिब आमि मरा पुत्रेर धार।"

एक और रचनांश देखें। वाणिज्य मार्ग में सातरपाल वाला नाव खोकर अशेष दुख एवं दुर्गति के बीच चन्द्रधर मार्ग में भटक रहे थे। ऐसी स्थिति में हठात् दैव की कृपा से उन्हें 'चारपण' (चार-पैसे) कौड़ी मिल जाती है। निःस्व चन्द्रधर इस चारपणकौड़ी लेकर ही विलासिता का स्वप्न देख रहे थे। इस प्रसंग के बारे में विजयगुप्त लिखते हैं–

"एक पण कड़ि दिया क्षौर शुद्धि हब।
आर एक पण कड़ि दिया चिड़ा कला खाब।।
आर एक पण काड़ि कड़ि दिया नटीबाड़ी जाब।
आर एक पण काड़ि निया सोनेकारे दिब।।

नारायणदेव ने इसी घटना का चित्रोद्‌घाटन किया है–

चान्द बले अर्धेक बैसाया खाब।
आर अर्धेक कड़ि आमि नटीरे बिलाइब।।
नगरे बाजाइब बाद्य विषहरि मुड़ान।
लघु कानि शुनिले जेन पाया अपमान।।"

नारायणदेव की रचना में यहाँ भी उसी क्रोध-हिंसा की समुज्ज्वलता है। इसे ही चारित्रिक संहति आनुपूर्विक सामग्रिकता (Integrity of character) कहा जाता है। इसके साथ तुलनात्मक आलोचना करने पर पता चलेगा कि विजयगुप्त का चन्द्रधर विचित्र है, पर समग्र नहीं है। कथा-परिकल्पना, भाषा, रचना, छन्द-अलंकार प्रयोग, सर्वत्र ही विजयगुप्त की यह वैचित्र्य-प्रीति का परिचय स्पष्ट लक्षित होता है। नारायण देव का काव्य पयार-लाचाड़ी की गतानुगतिका के बीच ही सीमाबद्ध है। लेकिन बंगला छन्द के एकनीरसता के युग में विजयगुप्त की प्रथम विचित्र छन्दोसुषमा, सृष्टि की चमत्कारित्व का प्रदर्शन करता है। मानो छन्द-अलंकार का प्रयोग तथा काव्य के रूप सृष्टि के क्षेत्र में विजयगुप्त में भारतचन्द्र का पूर्वाभास उद्भासित हुआ है। अभिव्यक्ति शैली, कथा रचना, चरित्र-सृष्टि, सर्वोपरि भावादर्श की उपस्थापना में नारायणदेव के पद्मपुराण को यदि महाकाव्य के साथ तुलना करना संगत हो तो फिर विजयगुप्त के काव्य को गल्प-वैचित्र्य में पुष्ट, शल्यबन्धन

कहानी-काव्य के साथ-तुल्य माना जा सकता है। नारायण देव का काव्य जीवन-रस का आकार खजाना है, विजय गुप्त के काव्य में गल्प-रस ही प्रधान है।

'मनसाविजय' के कवि विप्रदास पिपलाई

'मनसामंगल' काव्य के एक और कवि हैं, विप्रदास पिपलाई। इन्होंने होसेन शाह के राजत्वकाल में काव्य रचना की कथा का उल्लेख किया है—

"सिन्धु इन्दु वेद मही शक परिमण।
सुलतान हुसैन शाह गौड़ेर सुलतान।।
हेनकाले रचिल पद्मार ब्रतगीत।
गुनिया विविध लोक परम पीरित।।"

यह विवरण यदि ठीक है, तथा विजयगुप्त 1494 ईस्वी वर्ष में इनके मनसामंगल काव्य रचना किये होंगे तो विप्रदास का 'मनसाविजय' और एक साल बाद रचित हुआ था, यानी 1495 ई. में। महामहोपाध्याय हरप्रसाद शास्त्री ने इसी वर्ष में एशियाटिक सोसाइटी की विवरणात्मक देशी पोथी की सूची में इसकी आलोचना की थी।

काव्य परिचय

'मनसाविजय' की चार पोथी अब तक उपलब्ध हुए हैं। इनमें से तीनों ही खण्डित हैं। केवल एक पोथी विश्वभारती के बंगला पोथी शाला की 1893 संख्यक पोथी, समग्र काव्य का अखण्ड संग्रह है। फिर भी सभी पोथी की भाषा, लिपि एवं कुछ प्रसंग भी नितान्त अर्वाचीन है। कुल मिलाकर उतना प्राचीन काव्य की मूल रचना की छपाई सहजलभ्य नहीं है। जैसे भी हो, डॉ. सुकुमार सेन ने विप्रदास को 'मनसामंगल' के सबसे पुरातन कवि कहकर उल्लेख किया है। कारण, "उनका काव्य अखण्डित व अविच्छिन्न रूप में मिला है। सम्पूर्ण कथा एकमात्र विप्रदास के काव्य में ही मिलता है।"[106] अर्थात् विप्रदास प्राचीनतम कवि हैं, जिनका 'मनसामंगल' काव्य की कम से कम एक पूर्णांग पोथी मिलती है। अवश्य ही कवि की रचनाकृति के बारे में इस पोथी की निर्भरयोग्यता अतार्किक है। एशियाटिक सोसाइटी से डॉ. सेन की सम्पादना में यह काव्य प्रकाशित हुआ था तथा 'मनसाविजय' नाम भी विशेष रूप से सम्पादक द्वारा निर्वाचित हुआ था।

कवि परिचय

कवि की आत्मविवरणी से पता चलता है कि उनके पिता मुकुन्द पंडित थे। वे सामवेदीय ब्राह्मण थे और वात्स गोत्र के थे। कौथम-शाखा, पंचप्रवर, पिपिलाई गाँव के थे। बहुकाल से कवि के पूर्वपुरुष 'वादुड़्या वट ग्राम' निवासी थे।[107] यह वादुड़्या वर्तमान उत्तर चौबीस परगणा जिला के बसिरहाट के बादुरिया थाना अंचल का अनुमान किया गया है।

कवित्वगुण

गायेन, लिपिकार एवं अपरापरों के बहु प्रक्षेप में आकीर्ण काव्य में कहानी वर्णना की संगति व आनुपूर्विकता मूल रचना के ढाँचे का अनुसरण करता है। फिर कवि की कुशलता उनके युग के लिए अवश्य ही प्रशंसनीय कहा जा सकता है। हासन-होसेन पाला 'मनसामंगल' की मुख्य कहानी का मुखबन्ध स्वरूप है। विप्रदास की रचना में उसकी विस्तृति व विवरण की परिच्छन्नता है। मुसलमान समाज के जीवन-चित्रण में आन्तरिकता व अनुपुंखता है। समस्त काव्य में 'मनसामंगल' की कठोर निष्ठुर देवी मनसा अधिकतर करुणामयी भक्तवत्सला हो उठी है। चरित्र चित्रण की इस ऐतिह्यातिक्रम में अभिनवता अपेक्षाकृत अर्वाचीन युग की दैवी कल्पना द्वारा प्रभावित हो भी सकता है। विप्रदास के काव्य रूप में प्रांजलता, आनुपूर्विकता यहाँ तक कि स्निग्धता भी है। उस तुलना में नारायण देव की रचना की गम्भीरता, आदिम उदात्तता आदि अनुपस्थित है। विजय गुप्त के काव्य की मध्ययुगोचित् पांडित्य व कला-निपुणता की आग्रह की प्रवणता भी सुलभ नहीं।

चंडीमंगल

बंगाल के मंगलकाव्य के इतिहास में 'चण्डीमंगल' साहित्य का स्थान समुच्च है। पूर्वालोचित 'मनसामंगल' विशेष रूप से पूर्वबंगाल के जातीय काव्य की मर्यादा में प्रतिष्ठित हुआ था। फलस्वरूप, प्रतिभाशाली नाना कवियों ने कई शताब्दी से इस काव्य प्रवाह में समृद्धि प्राप्त की है। इस ओर से जिस प्रकार 'मनसामंगल' के इतिहास में रचनागत उत्कर्ष का निःसंशय प्रमाण हैं, वैसे संख्यागत प्राचुर्य भी कम नहीं है, परन्तु 'चण्डीमंगल' का इतिहास इसके विपरीत है। अब तक चण्डीमंगल काव्य के उल्लेख योग्य दो श्रेष्ठ कवियों का परिचय मिलता है। प्रधान रूप से दो कवि ने ही 'चण्डीमंगल' काव्य को बंगला मंगलकाव्य के शीर्षदेश में प्रतिष्ठित किया था। 'चण्डीमंगल' के कवि मुकुन्दराम केवल मंगलकाव्य का ही नहीं, मध्यकाल के सर्वप्रकार बंगला आख्यापिका-काव्य के श्रेष्ठ कवि हैं।

चण्डीमंगल व चण्डी देवता का उत्स

मुकुन्दराम षोडश शताब्दी के शेषभाग में आविर्भूत हुए थे। 'चण्डीमंगल' के दूसरे विख्यात कवि द्विजमाधव भी उनके समसामयिक थे। इससे भी प्राचीनतर काल में रचित 'चण्डीमंगल' काव्य का प्रत्यक्ष परिचय प्राप्त नहीं होता है। फलस्वरूप, अपेक्षाकृत अर्वाचीन काल के काव्य ग्रन्थ की प्रामाणिकता से चण्डीमंगल काव्य की प्राथमिक देव-परिकल्पना का मौलिक परिचय आविष्कार करना सम्भव नहीं है। वस्तुतः 'चण्डीमंगल' में मंगल चण्डी का उद्भव इतिहास के बारे में परस्पर विरोधी अभिमत दूरप्रसारी है।

प्राचीन पण्डितों की चिन्ताधारा का अनुसरण कर डॉ. आशुतोष भट्टाचार्य ने चण्डी को अनार्य उत्स सम्भव कहकर घोषण की है। उनके मतानुसार 'चण्डी' शब्द वास्तव में अनार्य भाषा से जन्म लिया है। सम्भवतः ऑस्ट्रिक या द्रविड़ भाषा से आगत [108] दूसरी ओर छोटानागपुर के द्रविड़ भाषी ओराँव जाति में 'चण्डी' नाम की एक शक्ति देवी का परिचय मिलता है। वे शिकारी व योद्धाओं की विजयदात्री हैं 'चण्डीमंगल' के व्याध कालकेतु के पूजित 'मंगलचण्डी' की कार्यावली व महिमा के साथ इस चण्डीदेवता का बहुत सादृश्य है। जैसे–

1. ओराँव में चण्डी मृगया व युद्ध की देवता है।
2. बहुरूपधारिणी,
3. शिकारी की दृष्टि से पशु-गोपनकारिणी आदि।

इन सबसे डॉ. भट्टाचार्य ने सिद्धान्त लिया है कि "ओराँव समाज में उपापरिवर्णित 'चाण्डी' व 'चण्डी' मंगल की व्याध कहानी वर्णित चण्डीदेवी में कोई पार्थक्य नहीं है। उभय अभिन्न है।"[109] दूसरी ओर देखा जाता है, वेद, 'रामायण-महाभारत' के जैसे मध्यकालीन काव्य, यहाँ तक कि किसी प्राचीन पुराण में भी चण्डी की प्रामाणिक उल्लेख दुर्लभ है। 'ब्रह्मवैवर्तपुराण', 'मार्कण्डेय पुराण', 'हरिवंश पुराण' आदि द्वादश शतक के परवर्ती काल के पुराणों में ही इस देवता का विशद उल्लेख है। दूसरी ओर, प्रायः इसी समय में ही मंगलकाव्य की लौकिक देव-देवीगण ब्राह्मण्य पुराण के ऐतिह्य के साथ युक्त हो गये थे। इधर से पता चलता है कि आलोच्य चण्डी-देवता आरम्भ में अनार्य मूलोद्भुत थे। बाद में नाना बौद्ध व हिन्दू-तान्त्रिक देव परिकल्पना के साथ मिश्रित होकर क्रमशः पौराणिक पार्वती के साथ समान ऐतिह्य सूत्र में जुड़ गये है।

मतान्तर व चण्डी का तान्त्रिक रूप

दूसरी ओर, सुधीभूषण भट्टाचार्य ने मंगलचण्डी की परिकल्पना में इस मौल अनार्य स्वभाव की बात को अस्वीकार किया है।[110] उनके मतानुसार तन्त्र का सूत्र करने पर मंगलचण्डी की अनार्येत्तर उत्स का तथ्य आविष्कृत हो सकता है सन्धान किन्तु इस विचार में मौल उपस्थापना पद्धति के बारे में संशय है। प्रथमतः तन्त्र को वेद-पुराण के समान द्विधाहीन रूप में आर्य-संस्कृति का प्रतिनिधि नहीं कहा जा सकता है; यद्यपि भारत के एक विशाल प्रान्त में वेद समसामयिक काल से ही तन्त्र का प्राधान्य प्राप्त कर चुका है। अध्यापक चिन्ताहरण चक्रवर्ती ने इस विषय में स्पष्ट मन्तव्य किया है कि "द्रविड़ादि विभिन्न अनार्य जातियों में तान्त्रिक आचार के अनुरूप आचार अति प्राचीन काल में ही भारत व उसके समीपवर्ती देशों में प्रचलित था। प्रतीत होता है, उनके पास से ही भारतीय आर्यगण उसे ग्रहण कर नियमबद्ध किया है।"[111] अतएव चण्डी देवता यदि तन्त्र मूलोद्भुत हुए भी हों फिर भी उनके आर्येतर मौल स्वभाव को अस्वीकार करने लायक कोई कारण नहीं है।

दूसरी ओर, सुधीभूषण भट्टाचार्य ने मंगलचण्डी की दैवीलक्षण समूह में उमा, चण्डिका, लक्ष्मी व सरस्वती के जैसी पौराणिक देवताओं का प्रभाव भी प्रतिपन्न करना चाहा है। इधर षोडश शतक में लिखित दो बंगला चण्डीमंगल काव्य उन्हीं के विचारों का मुख्य आधार है। इसमें सन्देह नहीं कि कवि मुकुन्दराम एवं द्विजमाधव दोनों ही स्मार्त-पौराणिक समाज के अधिवासी थे तथा पुराणादि शास्त्रों में उनका यथेष्ट अधिकार था। फलस्वरूप, अपेक्षाकृत परवर्ती काल में रचित उनके काव्य में चण्डी देवता के वर्णन में आर्य स्वभाव ही प्रकट हुआ था इसमें विस्मित होने का कोई कारण नहीं है। वस्तुतः मंगलचण्डी cult परिकल्पना की सर्वापेक्षा आदिम रूप मुकुन्दराम या द्विजमाधव काव्य में स्थिर था, यह तथ्य अनुमान नहीं किया जा सकता है। द्विजमाधव के काव्य में देवी का परिचय प्रधानतः दुर्गा के रूप में ही है।[112] असल में ये दो काव्य मंगलचण्डी cult की परिणामी परिचय ही वहन करता है और इसमें पुराण तन्त्रादि का अजस्र प्रभाव भी है। फलस्वरूप, इन सभी उपकरणों की सहायता से मंगलचंडी की आदिम देव स्वभाव का परिचय उद्घाटित नहीं हुआ है। सुधीभूषण भट्टाचार्य ने स्वयं भी तन्त्र से मंगलचण्डी का 'आदिरूप' उद्धार कर मन्तव्य किया है कि "इस आदिमूर्ति के मूल में जो घोर तान्त्रिक देवीमूर्ति है वह शायद अनार्य समाज से गृहीत हुई है।"[113]

वस्तुतः मंगलचण्डी की मौलिक अनार्य उत्स अस्वीकार करना उनका उद्देश्य नहीं है, ऐसा ही प्रतीत होता है। केवल ओराँव जाति के चण्डी देवता के साथ इनकी अभिन्नता परिकल्पना को वे समीचीन नहीं मानते हैं। उनके मतानुसार, "कालिकापुराण में कामाख्या क्षेत्र के निकट ही मंगलचण्डी का क्षेत्र निर्दिष्ट किया गया है। इसलिए हमें ऐकान्तिक रूप से यदि अनार्य समाज में मंगलचण्डी की आदिपीठ का सन्धान करना पड़े, तब किरात महाजाति की अर्थात् मोंगलीय अनार्यों के धर्म जगत् में ही वह करना पड़ेगा, ओरावँ मुंडाओं के समाज में मंगलचण्डी की आदि पीठ शायद नहीं मिलेगा।

इस अभिमत की आलोचना करते हुए डॉ. आशुतोष भट्टाचार्य ने मंगलचण्डी के उद्भव इतिहास में ओराँव जाति की पूजित चण्डी देवता के प्रभाव की बात का पुनः उल्लेख किया है।[114] इस बारे में अधिकतर वितर्क-विचार की प्रासंगिकता वर्तमान में अनिवार्य नहीं है, तथा अभी तक मंगल चण्डी की अनार्य उत्स-सम्भाव्यता का तथ्य सामान्य रूप से सर्वत्र स्वीकृत ही हुआ है।

चण्डी परिकल्पना में वेदादि का ऐतिह्य

डॉ. सुकुमार सेन ने मंगल चण्डी की पूर्व ऐतिह्य का मूल सूत्र के तौर पर ऋग्वेद का दावा किया है। उनके मतानुसार चण्डीमंगल में वन्दित देवी मुख्यतः अभया है। मुकुन्दराम के काव्य का नाम 'अभयामंगल' है। सामान्य रूप से इस श्रेणी का प्रायः सभी वही है और अभया वास्तव में वैदिक वनदेवी हैं। ऋग्वेद के दशम मन्डल के अन्त में (146 सूक्त) उनकी वन्दना है। वहाँ यह देवी 'अरण्यानी'

के नाम से अभिहित है। उनके स्वरूप के बारे में कहा गया है कि 'अरण्यानी' कभी भी हिंसा नहीं करती, यदि परस्पर हिंसा न की जाए। (उनके अधिकार में जो कोई है) स्वादिष्ट फल भक्षण कर यथेच्छा भ्रमण कर सकता है।" इस देवी के स्तव में कहा गया है कि "कृषिकर्म व्यतिरेक भी जिनका प्रचुर सुरभिगन्धि अन्न भंडार है। उस पशुमाता अरण्यनी को मैं प्रकृष्ट रूप से स्तव कर रहा हूँ।"[115]

इसमें सन्देह नहीं कि 'चण्डीमण्डल' की दोनों कहानी यथाक्रम से पशुमाता व वनदेवी के रूप में मंगलचण्डी की ही अन्यतम परिचय है। डॉ. सुकुमार सेन इस तथ्य की प्रामाणिकता निर्देश कर मन्तव्य करते हैं कि "अरण्यानी ने ही अनेक शत शताब्द के मार्ग से नाना कवि कल्पना के रंग में डूबकर व नाना लोकभावना के भाव से जुड़कर पुराने बंगला साहित्य में 'चण्डीमंगल' की अधिदेवी मंगल चण्डी के रूप में अपना स्वरूप प्रकट किया था।"[116]

'मनसा', 'चण्डी', यहाँ तक कि 'धर्ममंगल' काव्य भी जिस रूप में हमें मिले हैं, उसमें ब्राह्मण्य पौराणिक परिकल्पना का प्रभाव विशेष रूप से लक्षित होता है। विशेष रूप से चण्डीमंगल के श्रेष्ठ दो कवि षोडश शतक के बंगाल में सुप्रतिष्ठित स्मार्त पौराणिक दुर्गा एवं चण्डी[117] में एकत्व परिकल्पना करने में सबसे अनायास सिद्ध हुआ था। फलस्वरूप मुकुन्दराम के 'चण्डीमंगल' वन्दना-अंश, देवखण्ड या नरखण्ड की दोनों कहानी में देव परिकल्पना के सन्दर्भ में लोक-भावना की तुलना में पौराणिक दुर्गा का आदर्श व प्रभाव प्रबल है। कालकेतु-कहानी में केवल कलिंगराज पूजित देवी ही नहीं, फुल्लारा के सामने अभिव्यक्त छद्मवेशी चण्डी में भी पौराणिक चिन्ता का प्रभाव समधिक रूप से है। धनपति-कहानी में देवी प्रायः आद्यान्त दुर्गा ही है। यहाँ तक कि 'कमले कामिनी' मूर्ति की कल्पना में भी वेद-पुराण का पूर्वेतिह्य कम से कम अस्पष्ट आकार में उपस्थित है, डॉ. सुकुमार सेन ने यह संकेत दिया है।[118]

इतिहास का संकेत

फिर भी, मूल देवी 'चण्डी' व उनका नाम अनार्य उत्स-जात है, ऐसा अनुमान करने का विरोधी तथ्य अब तक प्राप्त नहीं हुआ है। वरन् विभिन्न आर्य ऐतिह्यगत उपादान इस अनुमान की परिपोषकता ही करती है। पहले ही बताया गया है कि वेद में 'चण्डी' नाम नहीं है। अर्वाचीन अथर्ववेद में चण्ड-कन्याओं का उल्लेख 'अपदेवता' के रूप में मिलता है। किसी-किसी पुराण में चण्डी अपदेवी के रूप में कीर्तित हुई है। मार्कण्डेय पुराण में भी 'चण्डदैत्य निसूदिनी' के नाम से दुर्गा का अन्य नाम चण्डी है। ऐसा प्रतीत होता है कि अपदेवता या 'दैत्य' सम्पर्क से देवी रूप में चण्डी की यह आर्य स्वीकृति से उनके अनार्य उत्स सम्भवता का परोक्ष संकेत मिलता है।

सिद्धान्त

निष्कर्ष में, वर्तमान स्तर के आलोच्य मंगल-देवताओं के रूप, भाव एवं ऐश्वर्य

चिन्तन में आर्य-अनार्य, हिन्दू, बौद्ध, जैन, लौकिक देव-परिकल्पना का प्रभाव इतिहास के विभिन्न स्थर पर विचित्र सूत्रों के माध्यम से पड़ा है। जिन सभी बंगला काव्य-पाँचालि में इन देवताओं का परिचय वर्तमान समय में आविष्कृत हुआ है। उसमें से सभी ब्राह्मण्य पौराणिक समाज की कवि भावना की सृष्टि है व उनमें आर्य ऐतिह्य की छाप स्पष्ट है। फिर भी, ये सभी देवता आज भी अनेक जगह पर जन साधारण व नारी समाज में ही सविशेष रूप से पूजित हैं। अपरापर नाना सूत्र से ही इन सभी देवताओं की परिकल्पना में मौलिक अनार्य उत्स सम्भवता का अनुमान प्रमाणित होता है। मंगलचण्डी के बारे में भी यही कहा जा सकता है। अतः ओराँव मुण्डा या किरात-मोंगली भी, जहाँ से भी हो, चण्डीदेवी मूलतः आर्येत्तर समाज से ही प्रथम उद्भुत हुई थी, ऐसा अनुमान किया जाता हैं। कालान्तर में वेद, हिन्दू-ब्राह्मण्य पुराण एवं हिन्दू, बौद्ध व जैनतन्त्रादि के नाना देवीकल्पना का प्रभाव उन पर पड़ा है, तथा इस विमिश्र रूप-प्रकृति के साथ ही षोडश शतक में चण्डीकाव्य का आविर्भाव हुआ। इस सामान्य धारणा को स्वीकार कर अब चण्डीकाव्य कहानी की आलोचना में प्रवृत्त हुआ जा सकता है।

'चण्डीमंगल' का कहानीद्वय

'चण्डीमंगल' की मूल कहानी अर्थात् 'नरखण्ड' दो पृथक् कथा का समावेश है। 'मनसामंगल' के समान चण्डीकाव्य की कहानी भी किसी प्राचीन पुराणादि से नहीं मिलती है। अतएव चण्डी-कहानी 'मनसामंगल' के समान लोक-जीवन सम्भव कहा जा सकता है। 'चण्डीमंगल' की पहली कथा में व्याध-दम्पती कालकेतु-फुल्लरा की जीवन-कथा वर्णद्र के माध्यम से देवी मंगल चण्डी का माहात्म्य-गान हुआ है। दारिद्रय-लांछित व्याध जीवन की ग्लानि व दीनता से मुक्त होकर देवी चण्डी की कृपा से फुल्लरा एवं कालकेतु विशल राज्य का अधिकार लाभ करते हैं; बाद में आकस्मिक भाग्य-स्फीति के प्रभाव से गर्वित चित्त से चण्डी को विस्मृत कर देता है, तथा उनकी अशेष दुर्गति होती है। अन्त में, चण्डी का शरणापन्न होकर देवी की कृपा से पुनः वे सुख-समृद्धि पूर्ण राज्य में प्रतिष्ठित हो गये थे– यही है कालकेतु की कहानी का सारांश। इस अवसर पर कालकेतु व फुल्लरा की सेवा-साधना के माध्यम से कैसे देवी की पूजा संसार में प्रतिष्ठित हो पायी थी। उसी को स्पष्ट करना कहानी का मुख्य उद्देश्य है।

धनपति-लहना-खुल्लना की कहानी इस प्रकार है। इस कहानी में अधिक परिमाण में 'मनसामंगल' के बलिष्ठ नायक चन्द्रधर के चरित्र का अनुसरण करने की व्यर्थ चेष्टा हुई है। धनवान व विलासी सौदागर धनपति कबूतर उड़ाने के अवसर पर रिश्ते से साली, कम उम्र की खुल्लना के रूप-सौन्दर्य से मोहित होकर उससे विवाह कर लेता है। विवाह के बाद प्रथम पत्नी लहना के तत्त्वावधम में नववधू को सौंपकर वे व्यवसाय करने के लिए गौड़ की ओर यात्रा करते हैं तथा वहाँ पहुँचकर वेश्याओं के साथ विलासिता में मस्त हो जाते हैं। इस अवसर पर दुर्बला नाम की दासी के

कहने से खुल्लना पर लहना बहुत शारीरिक अत्याचार करती है। फटे-पुराने वस्त्रों में ढँकी खुल्लना जंगल में बकरी चराने जाकर चरम विपदा का सामना करती है व विपदा के समय चण्डी माहात्म्य से अवगत होती है। बाद में देवी की पूजा कर, उन्हीं की कृपा से विदेश से आगत पति की प्यारी हो जाती है। क्रमशः खुल्लना सन्तान-सम्भवा होने पर धनपति सौदागर पुनः वाणिज्य करने निकल पड़ते हैं; इस बार वे दक्षिण देश की ओर जाते हैं पर शिव-भक्त धनपति यात्रा के समय चण्डी के प्रति उपेक्षा प्रकट करता है। फलस्वरूप, विदेश में वे कारागार में बन्दी हो जाते हैं। इधर चण्डी की कृपा से खुल्लना का पुत्र श्रीमन्त क्रमशः बड़ा होता है। अन्त में देवी की कृपा से वह विदेशस्थ पिता को मुक्त करा लाता है। अब धनपति भी चण्डी माहात्म्य स्वीकार करने में बाध्य होता है। इस प्रकार संसार में चण्डी का महात्म्य प्रचारित व प्रतिष्ठित होता है।

कथा-द्वय का काल-विचार

लक्षणीय है कि आलोच्य दो कथाओं में कालकेतु-फुल्लरा की कथा ही प्राचीनतर काल की कल्पना है; धनपति-लहना-खुल्लना उपाख्यान अपेक्षाकृत अर्वाचीन है। दैहिक शक्ति-प्रवणता-चारित्रिक आदिमता, रुचि एवं चिन्तागत स्थूलता का प्रतीक कालकेतु व फुल्लरा के चरित्र जैसे आदिम 'शूर-दम्पती' की दीप्ति लेकर अभिव्यक्त हुई है। चाँद सौदागर चरित्र के समान ये आदिम-मानवता के दो क्षेत्रज विकास हैं। दूसरी ओर धनपति-कहानी में वह गहरा जीवन बोध, काव्यानुभव की उदात्तता अधिक परिमाण में क्षीण हुआ है। रुचिविकार सम्पन्न जीवन का निष्कृष्ट देह-विलास आदि मानसिक आवेदन रहित विषयों का चाकचिक्यपूर्ण वर्णना प्रायः सम्पूर्ण कथा में प्राधान्य लाभ किया है। बंगालियों के जीवन की मानव-महिमा आदिम-युग में चरम बर्बरता के साथ परम मनुष्यत्व की दीप्ति में उद्‌भासित हुई है। चाँद सौदागर बेहुला या कालकेतु-फुल्लरा की परिकल्पना, कम से कम अपूर्णता के साथ उसी युग में प्रथम निर्मित हुआ था, ऐसा लगता है। लेकिन धनपति की कहानी नैतिक व्यभिचार-पीड़ित परवर्ती किसी दुर्बल काल के निवीर्य समाज में वीरत्व कल्पना की व्यर्थ चेष्टा के रूप में निश्चय ही उद्‌भुत हुआ है। इस कृत्रिम शौर्य-चित्रण की चेष्टा से मंगल साहित्य की वर्तमान की श्रेष्ठ की प्रतीक चन्द्रधर चरित्र का अन्धानुकरण हुआ है। इससे यथेष्ठ परिमाण में विकृति का जन्म हुआ है किन्तु सार्थकता का परिचय ज्यादा नहीं मिलता है।

कवि माणिकदत्त

पहले ही कहा जा चुका है कि मंगल साहित्य के श्रेष्ठ कवि मुकुन्दराम की प्रतिभा का विकास 'चण्डीमंगल' काव्य के माध्यम से हुआ था। इस काव्य-कथा का

उद्भव व आदिकवि के इतिहास परिचय के बारे में प्रायः कुछ पता नहीं चलता है। चैतन्य पूर्व बंगाल में मंगलचंडी का गीत विशेष जनप्रिय हुआ था। इसका प्रमाण वृन्दावनदास की 'चैतन्यभागवत' में प्राप्त होता है। चैतन्यपूर्व नवद्वीप वर्णना प्रसंग में कवि ने कहा है–

''धर्मकर्म लोक सभे एइमात्र जाने।
मंगल चण्डीर गीत करे जागरणे।।''

दूसरी ओर स्वयं मुकुन्दराम कवि वन्दना के प्रसंग में कहते हैं–

''माणिक दत्तेरे आमि करिया विनय।
जाहा हैते हैल गीतपथ परिचय।
वन्दिलु गीतेर गुरु श्रीकवि कंकण।
प्रणाम करिया पिता मातार चरण।।''

इससे अनुमान किया जाता है कि माणिक दत्त नाम से कोई पूर्वसूरी की रचना का अनुसरण कर मुकुन्दराम ने काव्य रचना की थी; तथा कवि कंकण नाम या उपाधियुक्त कोई व्यक्ति शायद उनके काव्य गुरु थे। मुकुन्दराम का काव्य षोडश शताब्दी में रचित हुआ था ऐसा अनुमान किया जाता है। दूसरी ओर कोई-कोई गवेषक माणिक दत्त को षोडश शताब्दी में अन्तर्भुक्त कर उनके काव्य में मुकुन्दराम के प्रभाव तक का प्रदर्शन किया है। मंगलकाव्य के ऐतिहासिक डॉ. आशुतोष भट्टाचार्य ने आभ्यन्तरिक प्रमाण उद्धार कर प्रमाणित करने की चेष्टा की है कि "इस देश के समाज में ब्राह्मण्य संस्कार प्रतिष्ठित होने के बहुत पहले ही माणिक दत्त की कहानी रचित हुई थी।"[119] दूसरी ओर माणिकदत्त के नाम से प्रचलित एक ही हस्तलिखित पोथी का प्रमाण मिला है। उसके किसी एक शून्य पृष्ठ में 1191 वर्ष अर्थात् 1764 ईस्वी में लिखित है। डॉ. भट्टाचार्य का अनुमान है कि उसी साल में आलोच्य पोथी का लेखन हुआ था तथा इसके कम से कम एक सौ वर्ष पहले पोथी की रचना सम्भव है।[120] यह सिद्धान्त यदि स्वीकार किया जाए तो माणिक दत्त का समय मुकुन्दराय के बाद आता है।[121] तथा मुकुन्दराम के काव्य में माणिक दत्त का उल्लेख प्रक्षिप्त लगता है किन्तु इसका कोई प्रमाण नहीं मिलता है। अतः सन्देह का अवसर लेकर हम मणिक दत्त को आलोच्य चैतन्य-पूर्वकाल में अन्तर्भुक्त करते हैं।

कवि परिचय

माणिक दत्त की पोथी में संक्षिप्त आत्मपरिचय के अंश से पता चलता है कि वे फुलुया नगर के वासी थे। अनेकों के अनुसार फुलुया मालदह जिला का वर्तमान फुलवाड़ी है। कवि के आत्म परिचय से पता चलता है कि वे पहले अन्धे व लँगड़े थे; बाद में देवी की कृपा से उनकी अपंगता दूर हो जाती है और वे स्वस्थ और बलवान हो जाते हैं। देवी की कृपा से ही कवित्व शक्ति लाभ कर वे काव्य की रचना करने

में तत्पर होते हैं। माणिक दत्त की काव्य पोथी का प्रक्षेप बाहुल्य से कवि की मूल रचना परिचय खोज पाना सम्भव नहीं, काव्य-विचार भी असम्भव है। केवल इतना ही कहा जा सकता है कि इन प्राथमिक रचनाओं में सरसता का अभाव नहीं था।

'धर्ममंगल'

मनसा व मंगलचण्डी की तुलना में 'धर्ममंगल' में देवता धर्मठाकुरों के देव स्वभाव में अनार्य कल्पना का प्रभाव अधिक स्पष्ट है। इसका कारण आविष्कार भी कुछ कठिन नहीं है। बंगलादेश के एक विशेष प्रान्त में ही धर्मपूजा एकान्तिक रूप से सीमाबद्ध थी। मनसा एवं मंगलचण्डी आंचलिक देवता होने पर भी पूर्व पश्चिम बंग के व्यापक भूखण्ड में इसकी पूजा रीति प्रसारित थी। आंचलिक प्रभाव के कारण विभिन्न स्थान में, विभिन्न प्रकार की पूजाचार व लोकाचार अनुसृत होता था, परन्तु धर्मपूजा एकमात्र पश्चिमबंग के राढ़ अंचल में ही दीर्घस्थायी हुआ था। "प्राचीनकाल में पूर्व में भागीरथी, उत्तर दिशा में मयुराक्षी, दक्षिण में दामोदर व पश्चिम में छोटा नागपुर का पर्वतीय इलाका–यह सीमा वेष्ठित विस्तृत भूभाग राढ़ के नाम से परिचित था।"[122] वर्तमान में यह राढ़खंड हुगली, बाँकुड़ा, वीरभूमि, वर्धमान, मुर्शिदाबाद आदि जिलों में विभक्त है। राढ़ का बृहत्तर अंचल दीर्घकाल से अनार्य अध्युषित था, ऐसा अनुमान किया जाता है। यद्यपि बंगलादेश में राढ़ के उत्तर-पूर्व में पौण्ड्रवर्धन में ही सम्भवतः आर्य सभ्यता का प्रथम विस्तार हुआ था। पहली बार आर्य प्रभाव के प्रसार के काल के तौर पर ईस्वी पूर्व शेष कुछ शताब्दी का निर्देश किया जाता है। फिर भी, शायद ईस्वी के अष्टम शतक में पालयुग में पौण्डवर्धन अंचल से आर्य-बौद्ध संस्कार को राढ़भूमि में प्रथम प्रवेशाधिकार मिला।[123] अतः अनुमान किया जाता है कि बृहत्तर बंग का आर्यीकरण होने के बाद भी प्रायः एक सहस्राब्दी तक राढ़ में अनार्य प्रभाव प्रबल प्रतिपत्ति के साथ अक्षुण्ण था। इसी कारण आर्य प्रभावित प्रान्त के बंगालियों ने प्राचीन काव्य में राढ़ शब्द के द्वारा असभ्य, अनार्य आदि अर्थों की द्योतना करना चाहा है। राढ़ की यह आर्येत्तर तथाकथित अन्त्यज समाज में ही धर्मपूजा एक समय में विशेष जनप्रिय व एकान्त निबद्ध था। अनुमान करने में बाधा नहीं कि दीर्घदिन से आर्य सामाजिकता के सान्निध्य से वंचित रहने के कारण राढ़ों का धर्मपूजक गण अपने-अपने आचार-आचरण के बारे में दृढ़ रक्षणशील हो पाये थे। फलस्वरूप, बंगदेश में त्रयोदश-चतुर्दश शतक में नाना धर्मों के बीच सम्मिश्रण की युग-सन्धी में भी धर्मदेवता आर्य-पौराणिक ऐतिह्य के अन्तर्भुक्त नहीं हुए थे। कम से कम यह तथ्य निश्चित है कि द्वादश शतक के परवर्ती काल में रचित प्रायः सभी हिन्दू पुराण में मनसा व चण्डी का उल्लेख है, लेकिन ईस्वी के सप्तदश शतक में धर्मगीति रचना के अपराध में कवि रूपराम चक्रवर्ती ब्राह्मण्य हिन्दू समाज में पतित हुए थे। धर्मपूजा विशेष रूप से अनार्य-मूलोद्भूत था, इसमें

सन्देह का अवकाश नहीं है।

धर्मदेवता का विभिश्र स्वरूप

लेकिन प्राचीन आलोचना में धर्मठाकुर के इस अनार्य स्वभाव सम्पूर्णतः व्याख्यायित नहीं हुआ है। महामहोपाध्याय हरप्रसाद शास्त्री ने धर्मठाकुर के बारे में प्रथम उल्लेख किया था। उनके मतानुसार धर्मठाकुर प्रच्छन्न बौद्ध देवता हैं। वे अनुमान करते हैं कि 'धर्म' शब्द बौद्ध त्रिशरण में से एक है। इस अनुमान के प्रतिषेधक के तौर पर परवर्ती युग के पंडितगण धर्मठाकुर को किसी ने यम के साथ, कोई विष्णु के साथ तो कोई सूर्य के साथ अभिन्न रूप से प्रतिपन्न करना चाहा था। डॉ. सुनीतिकुमार चटर्जी का अनुमान है कि 'धर्म' शब्द का उद्‌भव कूर्म-पूजक किसी भी अनार्य जाति की भाषा से आया है। इस सन्दर्भ में वे कूर्माकृति धर्मशिला का उल्लेख करते हैं। पहले ही कहा गया है कि डॉ. सुकुमार सेन धर्म के साथ वैदिक सूर्य का बहुत सादृश्य उपस्थित करते हैं। सूक्ष्मतापूर्वक विचार करने पर देखा जाएगा कि धर्म देवता की वर्तमान परिकल्पना व पूजा पद्धति में बौद्ध लोकाचार एवं हिन्दू-ब्राह्मण्य शास्त्र व लोक व्यवहार विचित्र परिणाम में मिश्रित हुआ है। फलस्वरूप, धर्म देवता ने एक विमिश्र रूप लाभ किया है, जिसके उत्स-विचार में जटिलता को सुलझाने में और अधिक जटिलता बढ़ती चली जाती है। लेकिन धर्म-पूजा के नाना प्रकार के लौकिक ऐतिह्य, धर्म की कहानी एवं तथाकथित निम्न समाज में आज भी इस देवता की एकच्छत्र प्रतिष्ठा आदि देखकर उसके अनार्य उत्स के सम्बन्ध में निस्सन्देह हुआ जा सकता है। इन धर्म काव्यों के आन्तरिक विषय विचार करने पर इस अनार्य स्वभाव का परिचय अधिक स्पष्ट हो उठता है।

धर्म साहित्य

इस सन्दर्भ में पहले ही स्वीकार करना होगा कि धर्म साहित्य के उद्‌भव विषय में निश्चित रूप से कुछ पता नहीं चला है। धर्मदेवता के बारे में लिखित जितने काव्यों का सन्धान अब तक मिला है, उसके एक का भी लिपिकाल सप्तदश शतक से पहले का नहीं है। विषय-वस्तु की दृष्टि से इन सभी काव्य पोथी को दो भागों में विभक्त किया जा सकता है–1. धर्म पूजा पद्धति या पुराण तथा 2. धर्म देवताओं की माहात्म्य ज्ञापक 'धर्ममंगल' काव्य। धर्म पुराण के बारे में कहा जाता है कि रामाई पण्डित नाम के किसी व्यक्ति ने इस ग्रन्थ की रचना की थी। घनराम के 'धर्ममंगल' में लिखा गया है कि–

''तबे रजावती बले करि निवेदन।
पंडित गोसांचि ग्रन्थे कहिला जेमन।।''

बहुतों की धारणा है कि यह 'पंडित गोसांचि' व रामाई पंडित अभिन्न व्यक्ति

हैं। रामाई पंडित की मौलिक रचना 'शून्यपुराण' की आलोचना व ऐतिहासिकी विचार बंगला साहित्य के आदिकाल में किये गये हैं।

'धर्ममंगल' में हरीशचन्द्र की कहानी

'धर्ममंगल' काव्य के कथा परिचय के उपलक्ष्य में पहले ही कहा जा सकता है कि अब तक प्राप्त प्रायः सभी काव्यों का प्रधान उपजीव्य लाऊसेन कथा है लेकिन 'मनसामंगल' व 'चंडीमंगल' के समान 'धर्ममंगल' भी एक प्राचीनतर कथा है ऐसा अनुमान करने का कारण है। लाऊसेन के उपाख्यान में देखा गया है कि पुत्र कामना कर रंजावती 'शाल का आश्रय' लेकर प्राणान्तकर साधना में लिप्त हुई थी। इस प्रसंग में हरिश्चन्द्र राजा की पत्नी मदना की साधना कथा का उल्लेख कर वे पति का आदेश प्राधाना करती हैं। इस हरिश्चन्द को मूलतः वेद कल्पित, बाद में रामायण प्रसिद्ध राजा हरिश्चन्द्र की विपर्यस्त लौकिक रूप से समान डॉ. आशुतोष भट्टाचार्य ने अनुमान किया है। वास्तव में यह प्रसंग लोकायत किसी प्राचीनतर धर्म उपाख्यान के सूत्रवाही होना भी असम्भव नहीं। वस्तुतः हरिश्चन्द्र के लिए अति प्राचीन लौकिक कहानी के नायक होने में भी बाधा नहीं है तथा रंजावती की पूर्वोद्धृत स्वीकृति से अनुमान किया जाता है कि आलोच्य लाऊसेन उपाख्यान प्रचलन से पहले 'धर्म' पूजक सम्प्रदाय में हरिश्चन्द्र कथा ही आदर्श 'धर्म' साधन कथा के रूप में प्रचलित थी। उस प्राचीन कथा का विस्तृत परिचय आज मिलता नहीं है। शायद लाऊसेन प्रसंग की अत्यधिक जनप्रियता उसकी अवलुप्ति का कारण है।

'धर्ममंगल' में लाऊसेन का उपाख्यान

लाऊसेन कहानी अतिदीर्घ व विभिन्न पाला 'अंक' में विभक्त है। मोटे तौर पर कथा इस प्रकार है—धर्मपाल के पुत्र जब गौड़ के राजा थे तब राज-श्लायक दुर्दण्ड प्रतापशाली महापदपाल राजमन्त्री थे। अनुगत प्रजा सोमघोष को मन्त्री के हाथ में निगृहित होते देख स्वयं गौड़ेश्वर उन्हें मुक्त कर देते हैं तथा पुत्र सहित त्रियष्ठी के गढ़ में सामन्त राजा कर्णसेन के आश्रय में चले जाते हैं। कालक्रम में वे सोमघोष के पुत्र इछाई ने पार्वती की कृपा लाभ कर दुर्विनीत हो उठा। कर्णसेन को राजच्युत कर वे त्रियष्ठी का गढ़ अपने अधिकार में ले लेते हैं, तथा नये रूप में गढ़ पतन कर उसका नाम देकुर रखा। गौड़ेश्वर के दूत राज कर लेने आये, इछाई ने उन्हें वहाँ से भगा दिया। ससैन्य गौड़ेश्वर विरोधी दमन के लिए युद्ध यात्रा करते है किन्तु इछाई देवी-कृपा अधिकारी हैं। तभी गौड़ेश्वर को अपमानित व पराजित होकर वापस होना पड़ा। इस युद्ध में कर्णसेन के छः पुत्रों ने भी मृत्युवरण किया तथा उनकी पत्नियों ने भी सह मृत्यु का वरण किया। कर्णसेन की पत्नी भी पुत्रशोक से मृत्यु का वरण कर लेती है। वृद्ध अमात्य की यह दुर्दशा देख गौड़ेश्वर व उनकी सम्राज्ञी परम सुन्दरी

रंजावती के साथ उनका पुनर्विवाह कराने का संकल्प करते हैं। रंजावती राजा की श्यालिका व महामद की परम स्नेहास्पदा अनुजा है, लेकिन वृद्ध के साथ इस विवाह में महामद ने प्रबल आपत्ति की। अन्त में राजा व रानी के कौशल से महामद सामयिक रूप से राजधानी से अवसारित हुए। इसी अवसर पर कर्णसेन के साथ रंजावती का विवाह हो जाता है। राजा के आदेश से कर्णसेन मयनापुर का अधिकार लाभ कर तत्क्षण प्रजापति के साथ राजधानी छोड़कर चले जाते हैं। बाद में इस समाचार से अवगत होकर महामद पात्र अत्यन्त रुष्ट हो जाते हैं तथा प्रतिज्ञा करते हैं कि जीवन भर कभी रंजावती का मुख दर्शन नहीं करेंगे। रंजावती के अनुरोध से राजधानी में महामद को खोजते हुए आये कर्णसेन बहुत अपमानित होते हैं। महामद रंजावती को भी बन्ध्या कहते हुए व्यंग्य करते हैं। पति के मुख से यह समाचार सुनकर रंजावती पुत्रकामना हेतु 'शाल वृक्ष पर टेक' लेकर 'धर्म' साधना की प्राणान्त प्रयास में व्रती हुई। इस अवसर पर वे रामाई पंडित का उपदेश ग्रहण कर व पति की अनुमति लाभ हेतु उसके पास हरिश्चन्द्र राजा की पत्नी मदना की पूर्व साधना का प्रसंग उल्लेख करती है। रंजावती की साधना से सन्तुष्ट होकर धर्म ठाकुर ने उसे पुत्र-वर दान दिया तथा लाउसेन करने के लिए मुहम्मद इन्दामेट को प्रेरित किया। शिशु को हरण कर लेकर जाने के रास्ते में धर्मठाकुर के आदेश से हनुमान ने उसे उद्धार किया तथा कर्णसेन रंजावती के पास वापस लौटा दिया। लाउसेन के सखा के रूप में धर्मठाकुर रंजावती को कर्पूरसेन नायक द्वितीय दान करते हैं।

दो भाई जब प्राप्त वयस्क हो गये तब धर्मठाकुर के आदेश से हनुमान ने उन्हें मल्लविद्या की शिक्षा दी। लाउसेन के चरित्र-बल की परीक्षा लेकर पार्वती सन्तुष्ट हुई तथा उसे अपनी अजेय असि का दान किया। इस प्रकार देह-बल से बलीयान होकर लाउसेन अब कर्पूर को लेकर गौड़ के उद्देश्य से यात्रा करते हैं। रास्ते में विघ्न स्वरूप शेर व मगरमच्छ को वे अनायास जय करते हैं। यहाँ तक कि जामति व गोलाहट में नयानी व सुरिक्षा नाम की दो व्यभिचारिणी नारी की लालसाग्नि से भी धर्म की कृपा से आत्मरक्षा करने में सक्षम हुए। इस प्रकार समस्त विपदा अतिक्रम कर लाउसेन गौड़ पहुँचे।

गौड़ में उपस्थित होते ही महामद के षड्यन्त्र से लाउसेन चोरी करने के अभियोग में कारारुद्ध हुए। कर्पूर लाउसेन को छोड़कर भाग खड़े हुए, पर धर्मठाकुर की कृपा से इस बार भी अपनी निर्दोषता का भी परिचय देने में सक्षम हुए। इसके अलावा अलौकिक शक्ति की अभिव्यक्ति कर उन्होंने राजा के पास से इन्द्र के अश्वतुल्य एक श्रेष्ठ अश्व लाभ किया। स्वदेश वापस जाने के रास्ते में लाउसेन कालु आदि 13 डोमों को साथ लेकर वापस आये।

लेकिन घर वापस आकर भी महामद के आतंक से लाउसेन मुक्त नहीं हुए। मन्त्री ने षड्यन्त्र से राजा ने उसे कामरूप विजय का कठिन दायित्व ग्रहण करने

का आदेश दिया। धर्म के कौशलपूर्ण आदेश से लाउसेन ब्रह्मपुत्र नदी पार कर तथा पुराधिष्ठात्री देवी को विताड़ित कर राज्य जय किया। अन्त में राजकन्या कलिंगा के साथ उसका विवाह हुआ। वापस जाते हुए मंगलकोट की राजकन्या अमला व वर्धमान राजकन्या विमला के साथ भी उसने शादी की।

लाउसेन की यह सफलता महम्मद के प्रति हिंसावृत्ति को और अधिक बढ़ावा दिया। सिमुला की राजकन्या कानडा की रूप-यौवन पर मुग्ध होकर गौड़ेश्वर उससे विवाह करना चाहता था। कानडा ने वृद्ध के इस प्रस्ताव को अस्वीकार कर दिया। क्रुद्ध गौड़ेश्वर ने नौ लाख सैन्य लेकर युद्ध यात्रा की लेकिन राजशक्ति जब सिमलिया पहुँची जब कानडा ने एक लोहे की गणना प्रस्तुत करते हुए कहा कि "एक ही चोट से जो इस गण्डा को दो खण्डों में तोड़ेगा उसी को वह पति के रूप में वरण करेगी। राजा ने आप्राण चेष्टा की पर व्यर्थ हुए। उनका मजाक भी उड़ा। तब धर्म की कृपा से लाउसेन ने अनायास गण्डा को दो भागों में तोड़कर कानडा को जीता। जब राजा भी क्षोभित थे। अन्त में धर्म की कृपा से यह निर्णय हुआ कि यदि कानडा युद्ध में लाउसेन को पराजित करेगी तो ही लाउसेन उससे विवाह करने पर बाध्य होगा। धर्म की लीला से लाउसेन पराजित हुए तथा कानडा से उसकी शादी हो गयी।

महामद के षड्यन्त्र से लाउसेन अब विद्रोही इछाई को सजा देने को तैयार हुए। इछाई के सेनापति लोहटा-बज्जर को लाउसेन ने घोर युद्ध कर मार डाला व उसका कटा हुआ मस्तिष्क गौड़ दरबार में भेंट चढ़ाने के लिए भेजा, लेकिन उस कटे हुए मस्तिष्क को महम्मद ने कुशलता से लाउसेन का मस्तक बनाकर कर्णसेन-रंजावती के पास भेज दिया। वे दोनों पुत्र के शोक से व्याकुल हो उठे; वधुएँ देहत्याग करने का संकल्प लेने को तैयार ही थीं कि धर्मठाकुर के आदेश से हनुमान ने सत्य उद्घाटित किया। इस बार इछाई के साथ लाउसेन का प्रचण्ड युद्ध हुआ। ऐसा प्रतीत होता था मानो दो देवताओं में युद्ध हो रहे हों। अन्त में लाउसेन की जीत होती है। इस युद्ध में कालूडोम ने प्रभु की ओर से वीरत्व का अपूर्व परिचय दिया।

लाउसेन की अन्तिम परीक्षा पश्चिमोदय संघटन में हुई। गौड़ेश्वर ने धर्म पूजा का अनुष्ठान किया लेकिन अनेक कारणों से धर्मठाकुर ने क्रोधित होकर राज्य में आँधी का उत्पात मचाने का आदेश दिया। राज्य में इस पाप-विनाश के लिए पश्चिमोदय जय करने के लिए लाउसेन ने 'हाकन्द' की ओर गमन किया। पश्चिमोदय 'धर्म' साधकों के लिए यह सर्वापेक्षा कठिन साधना थी। लाउसेन ने अपने शरीर को नौ खंडों में विभक्त कर उसकी आहुति देकर कठोर 'धर्म' साधना में लिप्त हुए। इसी समय महामद ने सदलबल कर्णसेन के महट पर धावा बोल दिया। लखाई डोमनी युद्ध में प्रचण्ड वीरत्व के साथ शत्रु सैन्य को नदी के उस पार विताड़ित कर देती है। स्वयं कानडा ने महामद को पराजित व बन्दी बनाया। बाद उसके चेहरे पर

कालिख मढ़कर उसे विदा कर देती है। इस युद्ध में प्रभु भक्त काटुडोम शत्रु के हाथ में प्राण त्याग देता है।

इधर लाउसेन पर सन्तुष्ट धर्मठाकुर सूर्यदेव को अमावस्या की रात में पश्चिम में उदित होने का आदेश दिया लेकिन दुर्वृत्त महामद इस बार भी पश्चिमोदय को मिथ्या प्रमाणित करने की अवचेष्टा की। फलस्वरूप, वे धर्मठाकुर के कोपभाजन हुए व उसके सर्वांग में कुष्ठ हो गया। लाउसेन की प्रार्थना से 'धर्म' ने उसे रोगमुक्त किया पर पाप के दण्ड स्वरूप उसके चेहरे पर एक दाग रह गया। इस प्रकार धर्मठाकुर की पूजा का प्रचार लाउसेन ने किया व अन्त में सशरीर स्वर्ग गमन किया। धर्म मंगल का 'नरखंड' यहीं समाप्त होता है।

लाउसेन-कथा को ऐतिहासिक घटना के रूप में निर्देश करने की अनेक चेष्टाएँ हुई हैं। डॉ. सुकुमार सेन उनके 'बंगला साहित्येर इतिहास' पहला खंड, पहला संस्करण में मन्तव्य करते हैं कि ''लाउसेन के नाम से किसी काल में कोई था, ऐसा अनुमान करने का कोई कारण नहीं है।......लाउसेन की कथाएँ वास्तव में FOLK TLE या उपकथा मात्र है। इनमें ऐतिहासिक तथ्य की खोज नहीं की जानी चाहिए।'' लेकिन इसी ग्रन्थ के संस्करण में उन्होंने कहा है—

''इस कथा का ऐतिहासिक मूल यदि कुछ न भी हो, पर गौड़ सभा की वर्णना में इतिहास का प्रभाव है।''

'धर्ममंगल' काव्य का शिल्पगुण विचार करते हुए डॉ. सेन ने कहा है, ''Adventure या करामाती-कथा के रूप में 'धर्ममंगल काव्य', 'मनसामंगल' काव्य की अपेक्षा बहुत अंशों में सुख पाठ्य है।'' यह सिद्धान्त यदि सच भी हो फिर भी इसके द्वारा शिल्पकृति के तौर पर 'मनसामंगल' की अपेक्षा 'धर्ममंगल' का उत्कर्ष प्रमाणित नहीं होता है। आधुनिक युग में देखा जाता है कि बहुतांश में Adventure या डिटेक्टिव कहानी उत्कृष्ट उपन्यास की तुलना में विशेष स्थिति में सुखपाठ्य, यहाँ तक कि जनप्रिय भी होती हैं, पर शिल्पकर्म के तौर पर डिटेक्टिव कहानी को उपन्यास की अपेक्षा उत्कृष्ट नहीं कहा जा सकता है।

'धर्ममंगल' कहानी का साहित्यिक विचार

'धर्ममंगल' कहानी का अनुधावन करने पर सहज ही पता चलता है कि कथा में युद्ध व वीरत्व की भरमार होने पर भी सुपरिकल्पित संहति नहीं है। कथा केवल कथा के लिए है तथा युद्ध केवल युद्ध के लिए ही संघटित हो रहा है। विभिन्न कथांशों में आन्तरिक संयोग नितान्त कम है; सुनिर्दिष्ट किसी रस परिणाम के बारे में कथाकार अधिक सचेत नहीं है। सर्वोपरि जो मानवीय आवेदन मंगल काव्य का श्रेष्ठ साहित्यिक सम्पन्न है, 'धर्ममंगल काव्य' में उसका विशेष रूप से अभाव भी देखा जाता है। 'धर्ममंगल' सच्चाई में 'देव-देवियों की आत्मप्रतिष्ठा की लड़ाई' वर्णना

से परिपूर्ण है। लगता है, दीर्घदिन से तथाकथित अन्त्यज समाज के परिकल्पना क्षेत्र में आबद्ध रहने के फलस्वरूप 'धर्ममंगल' कथा में ये सभी वैशिष्ट्य प्रथमावधि मज्जागत हुआ था।

कवि मयूरभट्ट

अब 'धर्ममंगल' की प्राथमिक परिचय आविष्कार के साथ-साथ इतिहास की जिज्ञासा यह कि इस कहानी का आदि कवि कौन है? धर्ममंगल काव्य की सर्वापेक्षा जनप्रिय कवि घनराम की रचना में इस प्रश्न का उत्तर मिलता है। वन्दना प्रसंग में धनराम ने एक स्थान पर कहा है–

"मयूरभट्ट बन्दिब संगीत आद्य कवि।" यह मयूरभट्ट की 'धर्ममंगल' संगीत का आद्य कवि है, ऐसे प्रतीत होता है। घनराम के ग्रन्थ में उनका बारम्बार श्रद्धासहित उल्लेख देखकर एक स्थान पर ग्रन्थादर्श के बारे में घनराम ने स्पष्ट स्वीकार किया है–

"हाकन्दपुराण मते मयूरभट्ट पथे
ज्ञानगम्य श्रीधर्म सभाय।"

इससे पता चलता है कि मयूरभट्ट के ग्रन्थ का नाम 'हाकन्दपुराण' था। घनराम के अलावा रूपराम चक्रवर्ती, मणिक, गांगुली, सीताराम दास, गोविन्द बन्दोपाध्याय आदि 'धर्ममंगल' के विभिन्न कवियों ने काव्य-रचना के सन्दर्भ में मयूरभट्ट की वन्दना की है।

मयूरभट्ट के काव्य

मयूरभट्ट के काव्य का कोई प्रामाणिक निदर्शन आज तक प्राप्त नहीं हुआ। महामहोपाध्याय हरप्रसाद शास्त्री ने पंचदश शताब्दी में लिखित मयूरभट्ट के काव्य की एक पोथी देखी थी, ऐसा ज्ञात होता है।[124] परवर्ती समय में उस पोथी का खोज प्राप्त नहीं होता है। 1310 बंगला सन् में लिखित एक पोथी का आधार बनाकर वसन्त कुमार चट्टोपाध्याय ने बंगीय साहित्य परिषद् से मयूरभट्ट द्वारा रचित 'श्रीधर्मपुराण' का सम्पादन कर प्रकाशित किया था। परवर्ती समय के यह काव्य अर्वाचीन व नकली प्रतिपादित हुआ। आधुनिक काल में 'मयूरभट्ट धर्ममंगल' शीर्षक से एक खण्डित काव्य पोथी का प्रकाशन हुआ है[125] लेकिन यह भी अर्वाचीन किसी मयूरभट्ट की रचना हो, ऐसा सम्भव है। 'भूमिका' में डॉ. असितकुमार बन्धोपाध्याय ने स्पष्ट ही इसका संकेत किया है।

मयूरभट्ट के काव्य-परिचय निश्चित रूप से आविष्कृत नहीं हो सका है। लेकिन विद्वानगण उनके व्यक्तित्व के बारे में निस्सन्देह हैं, ऐसा प्रतीत होता है। किसी-किसी 'धर्ममंगल' के पोथी मे मयूरभट्ट को 'द्विज' विशेषण से विशेषित किया गया है।

पुनः बरेन्द्र कुलपंजिका में भट्टशाली गाजि के ब्राह्मण किसी मयूरभट्ट का उल्लेख मिलता है। बहुतों का अनुमान है कि ये ही 'धर्ममंगल' के आदि कवि मयूरभट्ट हैं, लेकिन इस मयूरभट्ट की कवि-प्रसिद्धि नहीं है। इसके अलावा बरेन्द्रभूमि में धर्मपूजा का प्रसार भी अलक्ष्य है इसलिए इस अनुमान की वास्तविकता पर सन्देह होता है। संस्कृत 'सूर्यशतक' के गुजराती कवि मयूरभट्ट का प्रसंग भी इस सन्दर्भ में देखने को मिलता है। डॉ. आशुतोष भट्टाचार्य कहते हैं, ''ऐसे लगता है मयूरभट्ट किसी बंगाली कवि का प्राकृत नाम नहीं है—संस्कृत सूर्यशतक रचयिता मयूरभट्ट नाम किसी बंगाली कवि ने ग्रहण कर इस काव्य की रचना की है। धर्ममंगल काव्य सूर्यदेवता का माहात्म्य सूचक काव्य है। प्रतीत होता है कि इसी उद्देश्य से यहाँ बंगाली कवि संस्कृत कवि का नाम ग्रहण करते हैं।''[126]

कहने की आवश्यकता नहीं कि यह सब अनुमान ही है। इसके अलावा, डॉ. भट्टाचार्य ने अनुमान किया है कि मयूरभट्ट का काव्य शायद ईस्वी के पंचदश शतक या उसके आसपास के समय में ही लिखित हुआ था।

बंगला साहित्य में मध्ययुग-परिणाम

बंगला साहित्य इतिहास के विकास क्रम में पूर्वयुग-चेतना के परिणाम में पहुँचा जा चुका है। वस्तुतः यह कोई नवीन युग या युग-सन्धि नहीं बल्कि पुरातन की परिपूर्णता है। पहले ही कहा जा चुका है, तुर्की आक्रमणोत्तर बंगाल की मुक्ति चिन्तना को दो पृथक् स्तर पर साहित्यिक अभिव्यक्ति मिली थी। आक्रमण के बाद का परवर्ती काल ध्वंस अन्धकार से ढका था। उस रन्ध्र-पथहीन अन्धकार की गहराई में प्रकाश की नीहारिका जब पहले दिखा, तब से बंगालियों की पराजय की भावना नवीन जीवन बोध के प्रति मुखरित हुई है। आदिकाल का बंगला साहित्य अनेक परिणाम में वास्तव से विमुख व उन्मार्गगामी था। मध्ययुग में आकर वस्तुजीवन व पार्थिव अस्तित्व के प्रति सश्रद्ध-सचेतना का उदय हुआ। पहले की आलोचना में आदि-मध्यकाल के अनुवाद वैष्णव व मंगलकाव्य की धारा में यथार्थ प्रयोजनबोध की तीव्रता लक्षित हुई है। यह तीव्रता कभी व्यक्तिगत तो कभी सामूहिक प्रयासों के माध्यम से दर्शित हुई है, लेकिन अपने-अपने मार्ग व मतानुसार वे सभी प्रयास विच्छिन्न, परस्पर पृथक् एककता की स्वातन्त्र्य विधृत है। अब उस एकक विच्छिन्न प्रयास समूह एक अखण्ड जातीय प्रेरणा के रस में निमज्जित होकर बंगला साहित्य की सभी शाखा में सर्वजन-साधारण एक विशेष जीवनावेग का संचार करने में सक्षम हुआ। जातीय चेतना की यह सर्वमय मुक्ति व व्याप्ति विधान की केन्द्रशक्ति हुए महाप्रभु श्रीचैतन्य। केवल चैतन्यदेव प्रभावित धर्म ही नहीं, उनके व्यक्तिगत जीवनाचरण तथा जातिधर्म सम्प्रदाय व समाज निरपेक्ष एक अकारण आश्चर्यजनक प्रेम का आदर्श, सर्वजनीन मानव-मिलन की महावाणी को उस दिन उद्बोधित किया

था। फलस्वरूप यह जीवन चेतना ही मध्ययुग की बंगला साहित्य को एक नवीन स्वधर्म में उज्ज्वल प्रतिष्ठा दान किया था। अब उस दीप्त इतिहास का आकार व प्रकारगत स्वरूप का सन्धान करेंगे।

चैतन्ययुग चेतना

इससे पहले की आलोचना में चैतन्योत्तर रचना-पंजी का एक मोटे तौर पर ढाँचा का आविष्कार किया गया है। चैतन्य पूर्व मध्ययुग की रचना-पंजी के साथ तुलना करने पर देखते हैं कि आलोच्य उपयुग के रचना-धारा में केवल दो विषय में अभिनवता है। दूसरे क्षेत्र में पुराने विषय की पुनरवतारणा हुई है। इन दो नये विषय में पहले जीवनी साहित्य है तथा अन्त मे लोक साहित्य है। ऐसा प्रतीत होता है कि प्रथमोक्त विषय के रचनावली के माध्यम से ही पूर्ववर्ती युग मानस पर चैतन्य युग चेतना का भाव अधिवासन साधित हुआ है तथा शेषोक्त विषय के मध्य में उस भाव चेतना की ऐतिहासिकी परिणति व परिसमाप्ति घटित हुआ है।

पहले ही कहा जा चुका है कि सभी देश काल के मनुष्यों के समाज-मानस ही मोटे तौर पर एक साधारण विकासधारा को अनुसरण कर चल रहा है। निरवच्छिन्न ऐकान्तिक देवानुगत्य से देवानुगतिविनिमुक्त मानवताबोध के मध्य से यह धारा क्रमशः सर्व परिच्छिन्न, स्वयंसम्पूर्ण, स्वतन्त्र बलिष्ठ, मानवतानुभव के मार्ग पर अग्रसर हो रहा है। इस ओर से आदि युग चेतना बहुतांश में एकान्त रूप से देवानुगत्य निर्भर था, ऐसा प्रतीत होता है। यथार्थ पौराणिक युग के (MYTHOLOGICAL-AGE) बहुत बाद बंगला साहित्य का आदियुग सूचित हुआ था। इतना होने पर भी तब के सृजन कर्म में भी देववाद-प्राधान्य का ही एकान्तिकता लक्षित होती है।

परवर्ती स्तर पर आदिमध्यकाल के बंगला-साहित्य बहुल परिमाण में देवाभिमुखी होने पर भी वह मानव प्रयोजन अनुसारी था। यहीं देववाद निर्भर मानवताबोध का अंकुरोद्गम हुआ था। चैतन्यपूर्व अनुवाद मंगल व वैष्णव काव्य में इस भावाबोध का अंकुर अजस्र विस्तारित हुआ है। चैतन्योत्तर जीवनी साहित्य में उस सद्य अंकुरित देववाद निर्भर मानवताबोध सुस्थिर रूप धारण करता है।

चैतन्य-जीवनी साहित्य

लक्षणीय है कि चैतन्य-जीवनी साहित्य को आश्रय करके ही आँखों देखी प्रत्यक्ष मानव जीवन बंगला साहित्य का प्रधान एवं प्रायः एकमात्र आश्रय हो उठा है। बंगला साहित्य के आदिकाल में 'गोरखविजय, व 'गोपीचाँदेर गान' में मानव की कथा साहित्य का एक विषय बन पड़ा है। दूसरी ओर, वे सभी काव्य की नायक-नायिकाओं में बहुत से ऐतिहासिक व्यक्ति थे, ऐसे अनुमेय है। गोरखनाथ व मयनामती दोनों ही वहाँ देव प्रतिद्वन्द्वी हैं, अमानव नहीं तो अतिमानव हैं। इसके अलावा, वे सभी काव्य के अब तब के प्राप्त अर्वाचीन अभिव्यक्ति में चैतन्य ऐतिह्य का निःसंशय प्रभाव

है। प्रभाव ही कहा जा चुका है, नाथ साहित्य के आविष्कृत पोथियों में से एक भी सप्तदस शतक से पहले नहीं लिखा गया है। दूसरी ओर चैतन्य-जीवनी साहित्य में महाप्रभु के मानव रूप अप्रकट नहीं था वरन् उनके मानव-महिमा को ही देवत्व मंडित किया गया है। इस ओर से गोरखनाथ या मयनामती अतिमानव हैं लेकिन महाप्रभु नर-चन्द्रमा है। इसमें सन्देह नहीं कि जीवनी-रचयिता वैष्णव भक्तों में दृष्टि में महाप्रभु 'कृष्णस्वरूप' थे लेकिन यह तो उनके 'सर्वोत्तम नरलीला' के ही प्रभाव ही है। चैतन्य को आश्रित कर बंगला-साहित्य मानव जीवनाभिमुखी हुआ। मध्ययुग में वह जीवन-मुखिता महत्-मनुष्यत्व तथा नरचन्द्रमा की भक्ति साहित्य में इस नरचन्द्रमा पूजा की धारा अधिक स्पष्ट रूप में लक्षित हो सकता है। वैष्णव भक्तों की दृष्टि में महाप्रभु ''कृष्णस्तु भगवान स्वयं'' नित्यानन्द बलराम का अवतार; अद्वैताचार्य स्वयं महेश्वर है, लेकिन अद्वैत पत्नी 'देवी-सीता' प्रधानतः उनकी मानवी महिमा की श्रेष्ठ अभिव्यक्ति का फलस्वरूप ही 'देवीत्व' संज्ञा अर्जित कर पायी थी। सीता-जीवनी ग्रन्थावली में सीता देवी विशेष रूप से नारी चन्द्रमा के रूप में ही भास्वर है।

वैष्णव पदावली व चैतन्य-चेतना

वैष्णव साहित्य में 'देवतारे प्रिय' (देवता को प्रिय) तथा 'प्रियेरे देवता' (प्रिय को देवता) करने की अपूर्व कुशलता का उल्लेख रवीन्द्रनाथ ने किया है। अब तक के जीवन साहित्य की आलोचना में देखा गया है कि चैतन्यदेव के नरलीला के माहात्म्य में आविष्ट चित्त वैष्णव जीवनीकारों ने प्रिय को सहज ही देवत्वमंडित किया है। चैतन्योत्तर पदावली साहित्य में देवता को प्रिय करने की श्रेष्ठ वैष्णव ऐतिह्य लक्षित करते हैं। वैष्णव पदावली का मुख्य उपजीव्य राधा-कृष्ण की प्रेमलीला है। बंगाली समाज के अभिजात व अनभिजात विभिन्न जीवन पर्याय में यही लीला सत्य व विचित्र रूप में प्रकट हुआ है। चैतन्य पूर्व काल के वैष्णव पदावली की आलोचना प्रसंग में देखा गया है कि विशेषरूप से कवि मानस की व्यक्तिगत अनुभूति उत्ताप की घनिष्ठता ही वे सभी कवि-कर्म को रसोत्तीर्ण करता रहा है।

चैतन्य-परवर्ती काल के द्वैताद्वैत-महिमाबोध, जीव-ब्रह्म या देव मानव में भेदाभेद कल्पना का अपूर्व प्रेम-सौन्दर्य का मूल्य पूर्ववर्ती युग के वैष्णव पदावली में कभी, कहीं भी अस्पष्ट रूप से यदि व्यक्त भी हुआ हो तो भी कभी वह स्वयं स्फूट या सहज प्रांजल नहीं हो पाया है। चैतन्य-जीवाचरण के माध्यम से ही यह दुर्लभ लोकोत्तर रस-बुद्धि को सर्वजनीनता मिली थी। उस अपूर्व रस-चेतना के प्रभाव से एक ओर जैसे बंगाल में कानु छारा गीत नाई (कान्हा के अलावा गीत नहीं है) दूसरी ओर गौर-गीति के अभाव में कानु-गीति का अनुष्ठान भी असिद्ध है। चैतन्योत्तर काल के वैष्णव भक्तों ने गौरलीला आस्वादन के माध्यम से राधा-कृष्ण की लीला को उपलब्ध किया था। फलस्वरूप मुरारी गुप्त, नरहरि सरकार आदि चैतन्य

परिकर कवि ही केवल नहीं बल्कि ज्ञानदास-गोविन्ददास के समान परवर्ती काल के पदकर्ताओं ने भी गौरांगलीला के अन्तराल में खड़े होकर राधा कृष्ण लीला का आस्वादन किया था। राधा कृष्ण की दैवी-महिमा चैतन्य-प्रेम के भाव-अधिवासन में प्रियत्व की मर्यादा में प्राणरस घन हो उठा है। कुल मिलाकर कहा जा सकता है कि चैतन्योत्तर वैष्णव जीवनी व पदसाहित्य प्रिय को देवता एवं देवता को प्रिय कर देव-कमनव को एकाकार कर दिया है। फलस्वरूप यह नव प्रेम प्रबुद्ध बंगला जीवन की हर दिशा में फैल गयी। मध्ययुग के साहित्य का भी सभी स्तर पर इस निर्बाध प्राणस्पद संचारित हो पाया है।

चैतन्योत्तर मंगलकाव्य में देववाद निर्भर मानवता

चैतन्योत्तर मंगल साहित्य की आलोचना से इस धारणा का समर्थन पाना अपेक्षाकृत आसान होगा। पहले ही अनुमान किया गया है कि आदि मंगलकाल की मंगल काव्य समूह मूलक लोक जीवन की साम्प्रदायिक भेद-बुद्धि के आश्रित कर निर्मित हुआ था। परन्तु चैतन्य परवर्ती काल में मंगलकाव्य में यह साम्प्रदायिक मनोभाव सम्पूर्ण दूर होकर एक सर्वात्मक जातीय एकता के सूत्र में ग्रन्थित हो पाया था। इस बारे में मंगलकाव्य के ऐतिहासिक डॉ. आशुतोष भट्टाचार्य का कथन है कि... ...''इन सभी (मंगलकाव्यों) के लौकिक देवताओं ने अपनी विशेषता की रक्षा अधिक समय तक नहीं कर पाये थे। कारण यह है कि इस देश में ये सभी संकीर्णतामूलक साम्प्रदायिक साहित्य के ऊपर से वैष्णव साहित्य की कुलप्लावनी बाढ़ से डॉ. भट्टाचार्य जिस साहित्य के प्रति संकेत करते हैं, व्यापकतर परिप्रेक्ष्य में उसे ही हम चैतन्य संस्कृति के नाम से अभिहित करते हैं। इस बारे में डॉ. भट्टाचार्य का उल्लेख परवर्ती अंश में और अधिक स्पष्ट एवं तथ्य सचेतन हो उठा है। आदि-मध्यकाल के मंगल काव्य में देव-देवियों की परिकल्पना व कथा वर्णन में अनभिजात अमार्जित समाज की रुचि-विकार का परिचय ओतप्रोत रूप से फैला हुआ है पर चैतन्य संस्कृति की रुचि-समृद्ध मानविकता-बोध के स्पर्श से वही साहित्य भाव व चिन्ता में नवीन रूप ग्रहण करता है। इस तथ्य को उपस्थित करते हुए डॉ. भट्टाचार्य ने कहा है– चैतन्य परवर्ती काल के मंगलकाव्य मात्र ही नीति की दृष्टि से अपेक्षाकृत उन्नत है इसके कारण चैतन्यदेव के चरित्र में जो उच्च नैतिक गुण का वह समकालीन वैष्णव साहित्य के माध्यम से समग्र रूप से बंगाल के समाज पर प्रभाव विस्तृत किया था।'' उसी एक ही सिद्धान्त के अनुवर्तन कर कहा जा सकता है कि चैतन्यचरित्र के उच्च नैतिक गुण बंगीय समाज-जीवन के एक मानविक मूल्य-बोध का भी प्रवर्तन किया था। इसी के फलस्वरूप विशेष रूप से तथाकथित निम्न श्रेणी की परिकल्पित उस देवी साहित्य इस युग में सर्वजनीन मानविकता बोध के रस-सौन्दर्य में मण्डित हो पाया था।

चैतन्य-संस्कृति का स्वरूप; देववाद निर्भर मानवता

वस्तुतः वैष्णव जीवनी या पद-साहित्य यहाँ तक कि मंगलकाव्य के सृष्टि के मूल में चैतन्योत्तर काल की एक मात्र प्रेरणा सक्रिय था, वास्तव में वह देववाद-निर्भर मानवता बोध की प्रतिष्ठा है। इसी को हमने चैतन्य-संस्कृति कहा है। समकालीन बंगाल के विभिन्न साहित्यिक प्रचेष्टा में उसी संस्कृति की विशिष्टता विचित्र रूप से अभिव्यक्त हुई है। मंगलकाव्य के देव-देवी परिकल्पना की जड़ में किसी प्रकार का सहज महिमा बोध अनुस्यूत नहीं था। फलस्वरूप, मंगलकाव्य साहित्य के क्षेत्र में भी मूल देवी-देवी-परिकल्पना के जड़ में किसी प्रकार का सहज महिमा बोध अनुस्यूत नहीं था। फलस्वरूप, मंगलकाव्य-साहित्य के क्षेत्र में भी मूल देवी महिमा चैतन्य के मानव-महिमा के पीछे छिपा था, यह पहले ही कहा गया है। उभय क्षेत्र मूल सत्य एक ही है, अभिव्यक्ति ही केवल विचित्र है। वस्तुतः चैतन्य-प्रभावोत्तर वैष्णव एवं मंगलसाहित्य अनेक रूप से परस्पर का परिपूरक-अनुपूरक है। एक ही युग-सत्य की विभिन्न दिशाओं को ये विचित्र रूप से अभिव्यक्ति करते हैं।

चैतन्योत्तर-अनुवाद काव्य में इस मानवताबोध का स्वरूप परिचय

चैतन्योत्तर काल के सभी कोटियों की साहित्यिक सृष्टि के बारे में यह मन्तव्य समान परिमाण में सत्य है; विभिन्न अनुवाद-साहित्य के बारे में भी यही कहा जा सकता है। इसलिए देखा गया है, कृतिवासी रामायण के साथ अद्‌भुताचार्य के रामायण का भाव रूप तथा कथागत प्रभेद मौलिक एवं दूर प्रसारी है। इसी समान कारण से मालाधर वसु का श्रीमद्भागवत अनुवाद के अनुकरण में विकसित विभिन्न भागवत तथा पुराणों के अनुवाद में लौकिक दानलीला नौकालीलादि वर्णना का आधिक्य/प्राचुर्य विस्मयकर विस्तार व वैचित्र्य लाभ किया है। इसलिए काशीराम दास के महाभारत व व्यास के मूल महाभारत कथा से बार-बार विच्युत होता रहता है। पंडितों ने इस अवसर पर अद्भुती-रामायण, वासिष्ठ-रामायण, जैमिनी-भारत व अन्यान्य पुराणादि के प्रभाव का उल्लेख किया है। परन्तु इस सबके पीछे जो बंगाली प्रभाव आत्मगोपनकर है, उसकी अनिवार्यता को अस्वीकार करने का उपाय नहीं है। वस्तुतः चैतन्योत्तर अनुवाद-सा. हित्य का प्रत्येक नायक-चरित्र में वैष्णव लीला-विश्वास के कृष्ण बुगालियों के घर में कानु स्वरूप प्रकट हुआ है। उस कानु के पीछे भी फिर स्पष्ट लक्षितव्य रूप में निखिल-प्रेम-रसधन मूर्ति देवस्वरूप श्रीचैतन्य आत्मगोपन कर है। पहले ही कहा गया है कि केवल इसी कारण से बंगाल में 'कानु छाड़ा गीत नाई' हमारे समाज में सभी गीति-प्रचेष्टा का प्राणकेन्द्र कानु का आदर्श है। दूसरी ओर गौरचन्द्रिका के अलावा पुनः कानु-गीति नहीं है। वास्वत में सभी जीवन-परिकल्पना के पीछे चैतन्यदेव के आदर्शयित प्रेम मूर्ति ही सार्थक रूप परिग्रह किया है।

मुसलमानी लोक-साहित्य व चैतन्य संस्कृति

अन्त में उस काल के लोक साहित्य का उल्लेख करूँगी। प्राथमिक स्तर पर यह साहित्य इस्लामिक ऐतिह्य में परिपुष्ट हुआ है। अनेक रूप से इसी कारण से आलोच्य स्तर के रचनावली को हमने सामान्य रूप से चैतन्य प्रभाव विनिर्भुक्त काल के अन्तर्भुक्त करना चाहा है। ये सभी साहित्य देववाद-निर्भर मानवता से विशेष लोक-मानव के जीवन परिचय को ही अभिव्यक्त करने में आरम्भ किया है, यद्यपि वह सर्वांश में ही शायक दैवी संस्कार से मुक्त नहीं है। इस अध्याय की सूचना में ही कहा गया है कि बंगाली जीवन में चैतन्य-संस्कृति-जात मानवधर्म की परिणामी व्यंजना का विकास इसी कोटि के साहित्य के मध्य में ही हुआ है। इस सिद्धान्त की प्रतिष्ठा में सबसे अधिक सहायक होंगे अध्यापक यतीन्द्रमोहन भट्टाचार्य सम्पादित बांगलार वैष्णव भावापन्न मुसलमान कवि नामक शोध ग्रन्थ। आलोच्य ग्रन्थ में अध्यापक भट्टाचार्य ने शताधिक मुसलमान कवियों द्वारा लिखित राधा-कृष्ण प्रेम विषयक पदों का उद्धार किया है। कविता की भणिता से यह निस्सन्देह रूप से पता नहीं चलता है कि प्रत्येक नाम ही एक-सा पृथक् व्यक्ति के अस्तित्व का द्योतक है। वरन् प्रायः ऐसा प्रतीत होता है कि बहुत बार एक ही नाम विभिन्न भणिता में विभिन्न रूप से अभिव्यक्त हुआ है। अध्यापक भट्टाचार्य ने प्रत्येक पृथक् भणिता को एक-एक पृथक् व्यक्ति के अस्तित्व का परिचय-वाहक के रूप में ग्रहण किया है। जो भी हो, वे सभी पदों के सभी पद वैष्णवीवापन्न नहीं थे, अध्यापक भट्टाचार्य ने इसे स्वयं स्वीकार किया है। फिर भी ये मुसलमान होकर भी विशेष रूप से हिन्दुओं के देव-देवियों में केवल राधा-कृष्ण को भी काव्य-विषय के आश्रय के रुप में ग्रहण किये थे, अध्यापक भट्टाचार्य ने उसका कारण निर्देश कर कहा है– इस श्रेणी के मुसलमानों ने ब्रह्मा, विष्णु, शिव, दुर्गा, सरस्वती गणेश आदि देव-देवियों को प्रायः स्वीकृति नहीं मिली है। स्वीकार सरस्वती गणेश आदि देव-देवियों को प्रायः स्वीकृति नहीं मिली है। स्वीकार किया गया है, प्रेमी-प्रेमिका की मूर्त प्रतीक राधा-कृष्ण को, ये गीता के कृष्ण को कृष्ण नहीं मानते हैं। वे राधा-बन्धु कृष्ण को मानते हैं। ये राधा-कृष्ण पुनः अधिकांश मुसलमान कवियों के निकट अपौरुषेय हैं। ये सभी वृषभानु-नन्दिनी या यशोदा नन्दन नहीं हैं। कानु छाड़ा गीत नाई कानु छाड़ा उपमा नाई (कान्हा के अलावा गीत नहीं है। कान्हा के अलावा उपमा नहीं है) आदि मुहावरों द्वारा जिस प्रेमिक रूपी कानु की बात कही गयी है, प्रेम की बात करते हुए इस कानु का नाम मुसलमान कवियों ने भी ग्रहण किया है। वास्तव में इस मन्तव्य में अन्तर्निहित संकेत वर्तमान प्रसंग में विशेष रूप से लक्षणीय है। आलोच्य मुसलमान कवि-सम्प्रदाय राधा-कृष्ण-प्रेम-कथा को उनके काव्य के

उपजीव्य रूप में ग्रहण किये हुए हैं, वह राधा एवं कृष्ण किसी धर्म सम्प्रदाय के देवी-देवता नहीं हैं, वे अखिल प्रेम-साधना के परम प्रतीक हैं। चैतन्य जीवन साधना के फलस्वरूप ही राधा-कृष्ण प्रेम एक सर्वजनीन स्वीकृति की सश्रद्ध ऐतिह्य के साथ आत्मप्रकाश किया था और यह मुसलमान कवि कुल भी जब लोक जीवन-प्रभावित प्रेम संगीत की रचना कर रहे थे, तब सर्वत्र ही सभी प्रकार के प्रेम ऐतिह्य को प्रतीक के रूप में राधा-कृष्ण को लिया गया था। पर जहाँ वह नहीं है, वहाँ भी वे प्रेम-ऐतिह्य तथा उस ऐतिह्य का कोश गौड़देव कवि के हृदय स्थित हुए हैं, उसका प्रमाण भी दुर्लभ नहीं है–

"आय देखे जा नतुन भाव एनेछे गोरा।
मुडिये माथा गले काँथा कटिते कौपिन धरा।।
गोरा हासे कादे भाबेर अन्त नाई।
सदा दीन दरदी बले छाड़े हाई।।
जिज्ञासिले कय न कथा होयेछ कि धन हारा।।
गोरा शाल छेड़े कौपीन परेछे
आपनि मेवे जगत् मातियेछे।।
मरि हाय कि लीला कलिकाले वेद-विधि चमत्कार।।
सत्य त्रेता द्वापर कलि हय
गोरा तारा माझे एक दिव्य युग देखाय।
अधीन लालन बले भावुक हले से भाव जाने तारा।।"

हमारी धारणा है कि मुसलमान कवियों के रचित वैष्णव धर्मानुभवमुक्त पदावली को भी जब अध्यापक भट्टाचार्य वैष्णव भावापन्न कहकर अभिव्यक्त करना चाहा है, तब वे वैष्णव भाव के अर्थ में सर्वसम्प्रदाय का प्रभाव-मुक्त सर्वजनीन प्रेम मिलनात्मक चैतन्य संस्कृति को ही समझाया था। यह संस्कृति जहाँ वैष्णव सम्प्रदाय यहाँ तक कि हिन्दू-समाज की सीमा का अतिक्रमण कर जाति, धर्म निर्विशेष सर्वजनीन प्रेम-ऐतिह्य में परिणत हुआ है, वहीं उनके व्यंजनामय ऐतिह्य की अन्तिम अभिव्यक्ति मुसलमान कवियों द्वारा रचित लोक साहित्य में हुई है। पंडित समूह स्वीकार करेंगे कि आईओल के पद्‌वती केवल हिन्दी कवि जायसी के पद्‌मावते का बंगला अनुवाद मात्र नहीं, इसके सृष्टि तत्त्व कहानी-कल्पना रूपक सर्वत्र ही बंगालधर्मी कवि-चेतना का प्रभाव स्पष्ट है। कहने की आवश्यकता नहीं है कि बंगाली धर्मी चेतना चैतन्य-संस्कृति के प्रेम-मिलन-समन्वय के प्रभाव से पुष्ट हैं।

काव्य साहित्य में चैतन्य संस्कृति का विपर्यय चिह्न

मध्ययुग के बंगला-साहित्य के इतिहास में चैतन्य-संस्कृति का प्रभाव परिणाम का विचार यही अन्त होना चाहिए। कारण यह है कि सप्तदश शताब्दी के

मध्य भाग से इस देश के जीवन व साहित्य में चैतन्य-संस्कृति का विपर्यय एवं स्मार्त-पौराणिक बुद्धि की पुनः प्रतिष्ठा स्पष्ट हुई है, इसलिए जहाँ पौराणिक दुर्गा मंगल-अधिकार किया है, वहीं दूसरी ओर कालिका मंगल के नाम से अभिहित रुचि-दुर्बल विद्या सुन्दर कहानी ने अधिकार किया है। विभिन्न अनुवाद साहित्य में भी जीवनानुसारण की अपेक्षा पौराणिक कहानी की आकर्षण सृष्टि करने की तीव्र-चेष्टा हुई है। वैष्णव काव्य-कविता का उत्स शुष्क होकर एक ओर निर्मित हुआ है। नूतन मानवीय संवेदना सम्पन्न शाक्त गति साहित्य दूसरी ओर जीवन सम्पर्कहीन भरतचन्द्र की आलंकारिकता-खचित काव्य है। इस युग-परिवेश वह युग सत्य का परिचय भविष्य के शोध की सम्भावना है। यहाँ केवल इतना ही कहा जा सकता कि चैतन्य संस्कृति का मिलन समन्वय-मूलक देववाद-निर्भर मानवता का आदर्श क्रमशः जब लुप्त होने लगा तब पौराणिक दैवी संस्कार के द्वारा खंडित संकीर्ण एक प्रकार की साम्प्रदायिक भेद-बुद्धि भी धीरे-धीरे प्रकट होने लगी जिसका अन्यतम निदर्शन आजगोसाईकृत रामप्रसादी काव्य का विकृत रूपायन था। इस सन्दर्भ में एक सत्य तयि स्पष्ट कर लेना उचित है। अब तक की आलोचना में जिस काल को हम चैतन्य-संस्कृति प्रभावित युग कहकर अभिहित कर रहे थे, यहाँ तक की गौड़ीय-वैष्णव समाज में भी सम्प्रदायगत विभेद बोध कुछ कम नहीं था। चैतन्यदेव के तिरोधान के कुछ बाद ही विभिन्न सम्प्रदाय व गोष्ठी में विभक्त व विच्छिन्न होकर बंगाल में वैष्णव धर्म का प्रभाव एक समय प्रायः उन्मूलित हो उठा था। उस समय में वृन्दावन के गोस्वामियों की साधना का ऐश्वर्य वहन कर इस देश के मुमुर्ष धर्मचेतना के पुनरुज्जीवन की चेष्टा प्रायः अनिवार्य हो उठी थी। इस प्रचेष्टा की श्रेष्ठ प्रतिनीति श्री निवास नरोत्तम श्यामानन्द थे, लेकिन यह पुनरुज्जीवित चेतना भी विशेष रूप से संहति-सम्पूर्णता के अभाव में दीर्घस्थायी नहीं हुआ था, उसका साक्ष्य भी इतिहास में स्पष्ट रूप से अंकित है। सम्भवतः इसी कारण से डॉ. सुकुमार सेन ने मन्तव्य किया था– चैतन्य देव को अवम्लिबत कर जिस सर्वमानविक धर्मादर्श की सम्भावना की सूचना हुई थी, दुर्बल उत्तर साधक गणों की अक्षमता के अवसर लेकर इस देश में यह जड़ नहीं फैला पाया। अतएव साम्प्रदायिक विभेद-बुद्धि भी हमारे आलोच्य युग में बिल्कुल अपरिज्ञात नहीं था, लेकिन पहले ही कहा जा चुका है, पुनः कहूँगी कि विशेष श्रेणी या गोष्ठीजात कुछ व्यक्तियों के धर्म संस्कार या सामाजिक आचरण में स्मार्त बुद्धि या साम्प्रदायिक विभेद-बोध अनुसृत होने पर भी साहित्य-संस्कृति का सर्वजनीनजीवन-चर्या के क्षेत्र में वह प्रच्छन्नप्राय हो गया है। सर्वत्र विराजमान था। प्रेम मिलन, समन्वय पूर्ण देववाद निर्भर एक आचार्य मानवता बोधकुल मिलाकर वर्तमान आलोचनांश में केवल एक ही सत्य प्रतिपन्न होता है–गौड़ीय वैष्णव धर्म चैतन्यदेव द्वारा प्रवर्तित

होने पर भी उस धर्म-संस्कृति से चैतन्य-संस्कृति अधिक व्यापक है। यह संस्कृति सर्वधर्म सम्प्रदाय-निरपेक्ष एवं सर्वजनीन है।

सन्दर्भ

1. रवीन्द्रनाथ– 'साहित्येर स्वरूप'
2. रवीन्द्रनाथ– 'मानुषेर धर्म'
3. Dr. R.C. Mojumdar (Ed. " History of Bengal" Vol. I. Ch. I) डॉ. नीहारंजन राय–"बांगलोर इतिहास"
4. हरेकृष्णा मुखोपाध्याय–('बांगालीर इतिहास')
5. Dr. R.C. Mojumder (Ed.) 'History of Bengal' Vol I. ch. xv
6. डॉ. सुकुमार सेन–'मध्यमुमेर बांगला को बांगाली'
7. Dr. R.C. Mojumder (Ed.) 'History of Bengal' Vol I. & ch. x ch xvi
8. वही, ch. x
9. वही
10. Dr. J.N. Sarkar (Ed.) "History of Bengal" Vol. II. Ch. I
11. वही
12. वही Vol. II. Ch. VII
13. श्री सुखमय मुखोपाध्याय–'बांगला साहित्येर दुशो बछर' स्वाधीश सुलतानेदर आमल (1338-1535 ई)
14. डॉ. तमोनाशचन्द्र दासयुक्त-प्राचीन बांग्ला साहित्येर इतिहास,
15. डॉ. दीनेशचन्द्र सैन- 'बंगभाषा जो साहित्य'।
16. Dr. J.N. Sarkar (Ed.) "History of Bengal" Vol. II. Ch. XII
17. वही
18. अध्यापक जतीन्द्रमोहन भट्टाचार्य सम्पदित वैष्णव भावापन्न मुसलमान कवि :
19. राधानाथ दत्त का संस्करण
20. डॉ. सुकुमार सेन-बांग्ला साहित्येर इतिहास, पहला खण्ड, द्वितीय संस्करण
21. बांगला साहित्येर इतिकथा-भूदेव चौधरी, दशम अध्याय
22. डॉ. तमोनाशचन्द्र दाशगुप्त–प्राचीन बांगला साहित्येर इतिहास
23. खगेन्द्रनाथ मित्र-प्राचीन बांगला साहित्येर इतिहास, मालाधर बसुर श्रीकृष्णविजय
24. वही.
25. नीलाचल में जगन्नाथ के रथयात्रा युग में व्यवहृत पट्टडोरी
26. अध्यापक खगेन्द्रनाथ मित्र सम्पादित 'मालाधर बसुर श्रीकृष्ण विजय' ग्रन्थ की भूमिका
27. विस्तृत परिचय के लिए द्रष्टष्य है–डॉ. पच्चानन मंडल पूँथि परिचय पहला व द्वितीय खण्ड
28. अध्यापक मणीन्द्रनाथ वसु द्वारा आविष्कृत पोथी में 'श्रीकृष्णकीर्तन' के कुछ पद प्राप्त होते है।
29. डॉ. सुकुमार सेन बांगला साहित्येर इतिहास, पहला, तीसरा (पूर्वार्ध) व विचित्र साहित्य (पहला)
30. वही.
31. डॉ. शशिभूषण दासगुप्त–'श्रीराधार क्रमविकास,–साहित्य ओ दर्शने
32. डॉ. नीहाररंजन राय- बांगालीर इतिहास-आदिपर्व
33. डॉ. शशिभूषण दासगुप्त–श्रीराधार क्रमविकास-दर्शने ओ साहित्ये
34. वही

35. रवीन्द्रनाथ मनुष्य (प्रबन्ध)—पंचभूत
36. डॉ. नीहारंजन राय - बांगलीर इतिहास-आदिपर्व
37. शांता देवी मयूर पुच्छ (कहानी)
38. डॉ. दीनेश चन्द्र सेन : बंगभाषा ओ साहित्य
39. डॉ. सुकुमार सेन—विचित्र साहित्य (पहला खण्ड)
40. सतीशचन्द्र राय—पदकल्पतरू—भूमिका
41. डॉ. श्रीकुमार बन्द्योपाध्याय—बांगला साहित्येर कथा (पहला संस्करण)
42. वही
43. वही
44. डॉ. विमानबिहारी माजुमदार-चण्डीदासेर पदावली-भूमिका
45. वही
46. वही
47. श्री सुखमय मुखोपाध्याय—प्राचीन बांगला साहित्येर कालक्रम
48. डॉ. विमानबिहारी मजुमदार—चण्डीदासेर पदावली—भूमिका
49. डॉ. सुनीतिकुमार चट्टोपाध्याय-ओ हरेकृष्ण मुखोपाध्याय—चण्डीदासेर पदावली
50. डॉ. विमानबिहारी मजुमदार—चण्डीदासेर पदावली-भूमिका
51. वही
52. श्री सुखमय मुखोपाध्याय—प्राचीन बांगला साहित्येर कालक्रम
53. वही
54. डॉ. विमानबिहारी माजुमदार-चन्डीदासेर पदावली-भूमिका
55. रवीन्द्रनाथ—विधापति ओ चण्डीदास— 'आधुनिक साहित्य'।
56. नीलरतन मुखोपाध्याय—चण्डीदासेर पदावली-भूमिका
57. डॉ. विमानबिहारी मजुमदार— चण्डीदासेर पदावली - भूमिका
58. वही. भूमिका
59. रामगति न्यायरत्न बांगला भाषा ओ बांगला साहित्य—विषयक प्रस्ताव
60. डॉ. सुकुमार सेन—विद्यापति गोष्ठी
61. श्री सुखमय मुखोपाध्याय—बांगला साहित्येर प्राचीन कबिदेर परिचय ओ समय
62. श्री सुखमय मुखोपाध्याय-पूर्वोक्त ग्रन्थ
63. मिश्र ओ मजुमदार — विधापति पदावली भूमिका
64. श्री सुखमय मुखोपाध्याय — पूर्वोक्त ग्रन्थ
65. मिश्र व मजुमदार—विद्यापति पदावली—भूमिका
66. नगेन्द्रनाथ गुप्त—विधापति पदावली-भूमिका
67. हरप्रसाद शास्त्री—कीर्तिलता—भूमिका
68. नगेन्द्रनाथ गुप्त समादित— 'विधापति पदावली' की भूमिका
69. डॉ. दीनेशचन्द्र सेन—बंगभाषा ओ साहित्य
70. डॉ. सुकुमार सेन—विद्यापति गोष्ठी
71. श्री सुखमय मुखोपाध्याय—प्राचीन बांगला साहित्येर कालक्रम
72. डॉ. सुकुमार सेन—विद्यापति गोष्ठी
73. वही
74. कविशेखर कालिदास राय- प्राचीन बंगसाहित्य

75. रविन्द्रनाथ – विद्यापतिर राधिका –आधुनिक साहित्य
76. वही
77. मिश्र-मजुमदार सम्पादित–विद्यापतिर पदावली-भूमिका
78. डॉ. विमानबिहारी मजुमदार–कवि गोविन्ददास कविराज ओ ताहार युग
79. मिश्र मजुमदार सम्पादित– विद्यापतिर पदावली-भूमिका
80. डॉ. आशुतोष भट्टाचार्य–बांगला मंगलकाव्येर इतिहास (द्वि. सं.)
81. डॉ. आशुतोष भट्टाचार्य–'बाईशा' भूमिका
82. धर्ममंगल
83. डॉ. आशुतोष भट्टाचार्य–बाईशा-भूमिका
84. वही
85. डॉ. सुकुमार सेन -बांगला साहित्येर इतिहास–प्रथम खण्ड (तृतीय सं.) पूर्वार्ध
86. आचार्य क्षितिमोहन सेन–बांगलाय मजसापूजा (प्रबन्ध) प्रवासी, आषाढ़ 1329
87. डॉ. सुकुमार सेन–बांगला साहित्येर इतिहास, प्रथम खण्ड (तृ. सं.)–पूर्वार्ध
88. अध्यापक आशुतोष भट्टाचार्य ने काना हरिदत्त को विजयगुप्त के शताब्दी के पूर्व में स्थापित किया है, उनके अनुसार 'मनसामंगल' की काव्य-कथा इसी दौरान बिहार से बंगाल में प्रवेश किया था, –द्रष्टव्य 'बाईश' भूमिका।
89. बांगला मंगलकाण्येर इतिहास (द्वि. सं.)
90. कोचबिहार के दरबार में नारायणदेव द्वारा रचित काव्य का एक अखण्ड पोथी है, विश्वभारती है बांगला पोथीशाला में अध्यापक डॉ. सुमंगल राणा ने इस काव्य का एक अखण्ड पोथी प्रदान किया है, डॉ. साधना मजुमदार ने भी नारायणदेव के एक पोथी (कलवन्ता वि. वि.) सम्पादित किया है, ऐसा पता चला है, यद्यपि यह 'कम्पोजिट टेक्स्ट' है।
91. डॉ. सुकुमार सेन–बांगला साहित्येर इतिहास, खण्ड (तृ. सं.) पूर्वार्ध।
92. डॉ. तमोनाश चन्द्र दासगुप्त–नारायणदेबेर पद्मपुराण
93. डॉ. आशुतोष चट्टाचार्य–बांगला मंगल काण्येर इतिहास
94. डॉ. तमोनाश दासगुप्त सम्पादित पोथी
95. डॉ. आशुतोष भट्टाचार्य–बांगला मंगल काण्येर इतिहास
96. डॉ. तमोनाश दासगुप्त नारायणदेवेर पद्मपुराण
97. डॉ. आशुतोष भट्टाचार्य–बांगला मंगलकाण्येर इतिहास
98. डॉ. सुकुमार सेन–बांगला साहित्येर इतिहास, प्रथम खण्ड (तृ. सं.) - पूर्वार्ध
99. डॉ. आशुतोष भट्टाचार्य–बांगला मंगलकाण्येर इतिहास
100. इस समय के ऐतिहासिक परिचय के लिए 'मध्ययुयेर बांगला साहित्य' के सप्तम अध्याय द्रष्टव्य।
101. डॉ. सुकुमार सेन–बांगला साहित्येर इतिहास– प्र. स. (तृ. सं.) पूर्वार्ध।
102. वादुड्या पाठान्तर में नादुड्या है।
103. डॉ. आशुतोष भट्टाचार्य–बांगला मंगल काण्येर इतिहास (तृ. सं.)
104. वही
105. डॉ. सुधीभूषण भट्टाचार्य –'मंगलचण्डीर गीत'–भूमिका
106. चिन्ताहरण चक्रवती– 'तन्त्रकथा'
107. सुधीभूषण भट्टाचार्य–मंगलचण्डीर गीत
108. वही-भूमिका
109. डॉ. आशुतोष भट्टाचार्य – 'बांगला मंगलकाण्येर इतिहास'

110. डॉ. सुकुमार सेन कृत से ऋग्वैदिक श्लोको का अनुवाद – 'बांगला साहित्येर इतिहास' पहलख खण्ड पूर्वार्ध
111. वही
112. मार्कण्डेय चण्डी
113. डॉ. सुकुमार सेन-पूर्वोक्त
114. डॉ. आशुतोष भट्टाचार्य–बांगला मंगल काण्येर इतिहास
115. वही
116. डॉ. भूदेव चौधरी–बांगला साहित्येर इतिकथा
117. डॉ. आशुतोष भट्टाचार्य–पूर्वोक्त ग्रन्थ
118. वही
119. हरप्रसाद शास्त्री– हाजार बछरेर पूराण बांगला भाषाय बौद्ध गान ओ दोहा- भूमिका

चतुर्थ अध्याय

हिन्दी व बंगला के सन्त काव्य : लोकजागरण की प्रगतिशील जीवन्तता

भारतीय लोक-जीवन को सन्तों की रहनी ने अनेक रूपों में प्रभावित किया है। इन सन्तों पर दुख-कातरता और करुणापरायणता की वह मूल है जिसके कारण ये समाज को भेदभाव विहीन एक नया मार्ग प्रशस्त देने में सक्षम हो सके थे। साक्षात् ज्ञान की आँख स्वरूप साखी का कथन कर इन्होंने समग्र मानवता के चित्त को उदात्त एवं ऊर्ध्व मुखी बनाने का प्रयास किया है। इन्होंने विभिन्न व्यक्ति, समुदाय, वर्ण एवं जातियों के बीच विनम्रतापूर्ण स्वरों में अपने उपदेश की निर्झरिणी बहायी है। इनकी मान्यताएँ इतनी दृढ़, साधार और सतर्क होती थीं कि कोई भी व्यक्ति इन्हें मानने के लिए सहज ही बाध्य हो उठता था। लोक भाषा के माध्यम ने इनके उपदेशों की ग्रहणशीलता को और भी अधिक बढ़ा दिया था। वास्तव में सन्तों द्वारा समाज का इतना उपकार हुआ है जिसे शब्दों की सीमा में बाँध पाना सामान्य व्यक्ति के लिए सम्भव नहीं दिखाई देता। फिर भी, भारतीय समाज का सवर्ण-अन्त्यज, हिन्दू-मुसलमान वर्ग इनसे कितना कुछ ग्रहण कर सका है, मानव मूल्यों की प्रतिष्ठा में इन्हें कितनी सफलता प्राप्त हो सकी है, इसका हम क्रमिक विवेचन करेंगे।

4.1. सामाजिक एवं धार्मिक रूढ़ियों का विरोध

सन्तों ने तद्युगीन सामाजिक और धार्मिक मान्यताओं को खुली चुनौती दी। यह धारा शास्त्र-पुराण के प्रतिकूल वेद ग्राह्य थी। इनके ब्रह्माचार और कर्म-काण्ड का खुला विरोध मिलता है। नाथ सम्प्रदाय में भी गोरखनाथ के समय में इस परम्परा को अधिक बल मिल सका है। कहने की आवश्यकता नहीं होगी कि कबीर आदि सन्तों ने नाथ सम्प्रदाय के सामाजिक पक्ष को स्वीकार किया है। नैतिक तथा चरित्रगत आदर्शों को उन्होंने और अधिक व्यापक, स्पष्ट तथा तार्किक रूप देकर अपनी रचनाओं में व्यक्त किया है। सन्तों के युगीन समाज में हिन्दुओं में ही आडम्बर नहीं था अपितु मुस्लिम साधना तथा वह समाज भी विकारों से दूषित हो रहा था, योग मार्गियों में भी अनेक वेषधारी और कनफुकवे गुरु हो गये थे। जितने चमत्कार प्रधान प्रदर्शन ये करते थे, उतने

ज्ञानी नहीं होते थे। अतः उन सन्तों ने सबकी बारी-बारी से मिलीजुली खबर ली है।

इन सन्तों ने सामाजिक और धार्मिक रूढ़ियों का घोर खण्डन किया है। यह खण्डन कहीं-कहीं विद्रोहात्मक स्वर में अभिव्यक्त हुआ है तो कहीं निषेधात्मक रूप में। जहाँ मात्र खण्डन है, वहाँ ध्वंसात्मकता दिखाई देती है, जहाँ निषेध है, वहाँ रचनात्मकता। समाज में प्रचलित अन्धविश्वासों और कुरीतियों का भी निषेध हुआ। आचार-व्यवहार के क्षेत्र में कुल ऐसी बातें हैं जिन्हें करने के लिए सन्तों ने मना किया। इन सन्तों ने मूर्तिपूजा, जातिवाद, तीर्थयात्रा तथा अनेक प्रकार के बाह्याचारों का खंडन किया है। एक बात ध्यान देने योग्य यह है कि धार्मिक और सामाजिक रूढ़ियों में बहुत अन्तर कर पाना सम्भव नहीं दिखाई देता है। इसलिए कि धर्म का कार्यक्षेत्र समाज हुआ करता है। अतः धर्म की प्रचलित रूढ़ि समाज की रूढ़ि बन जाती है तथा समाज में मानव के जो व्यवहार होते हैं वे ही उसके धर्म होते हैं स्मरणीय है कि यहाँ धर्म को उसके संकुचित अर्थ में ग्रहण नहीं किया जा रहा है। अतः सामाजिक रूढ़ि धर्म के अन्तर्गत आ जाती है। वास्तविकता यह है कि धार्मिक और सामाजिक रूढ़ि के बीच कोई विशेष सीमा-रेखा नहीं खींची जा सकती। स्थूल रूप से हम भले ही यह मान लें कि जप, तप, पूजा, नियम, यज्ञ और दान सम्बन्धी बातें धार्मिक रूढ़ि हों भी और आचार-व्यवहार से सम्बद्ध या जातिवाद परक भावनाएँ सामाजिक रूढ़ि के अन्तर्गत आएँगी, किन्तु इस विषय में निर्भ्रान्त रूप से कुछ नहीं कहा जा सकता। अस्तु जो भी हो, पहले सन्तों द्वारा धार्मिक रूढ़ि से मुक्ति के विषय में अध्ययन करेंगे फिर सामाजिक रूढ़ि के सम्बन्ध में।

हिन्दू समाज में एक ओर विषम परिस्थिति थी। छूत-अछूत की भावना जिसकी जड़ समाज में बहुत मजबूती से रोपी हुई थी और इस जड़ को मजबूती प्रदान करने वाली उच्च्व जातियाँ ही थीं जो साधारण जन में अपनी स्वार्थ पूर्ति हेतु यह बात फैला रखी थीं कि यह छुआछूत उनकी स्वयं की नहीं, बल्कि ईश्वर द्वारा उनके पूर्व जन्मों के कर्मों का फल है। कबीर ने इसका विरोध किया और छुआछूत की भावना को प्रगाढ़ करने वाले ब्राह्मणों पर चोट करते हुए कहा—

पण्डित देखहू मन महँ जानी।
कहूँ धौ छूत कहाँ उपजी।।
तबहिं छूत तुम मानी।
....
सकै पार सकल बैठाये।।
छूति, लेत धौं काकी।
छूतहि जीवन छूतहि अँचवन।।
छूतहि जगत् उपाया।
कहिए कबीर ते छूति विवरजित।।
जाके संग न माया।।[1]

यह कितनी विडम्बनापूर्ण स्थिति है कि नीचों द्वारा उत्पन्न अन्न को, उनकी सेवा को उच्च वर्ग स्वीकार करता है किन्तु उन्हें नहीं। कबीर इस उच्च वर्ण से पूछते हैं कि छूत शत तो इस संसार में हर जगह व्याप्त है। कहीं भी, कोई भी इस छूत से नहीं बचा है–

जलि है सूतकु, थल है सूतकु, सूतकु ओपत्ति होई।
जनमें सूतक, मुए फुनि सूतकु, सूतक परज बिगोई।
कहु रे पंडिया कउन पतीता।
ऐसा जिआनु जपहु मेरे मीता।।
नैनहु सूतकू, बैनहु सुतकु सवनी होई।
ऊठत बैठत सूतकु, लागे सूतकु परै रसोई।।[2]

कबीर ने तार्किक ढंग से इस छूत-अछूत की अवधारणा का रोषपूर्वक खण्डन किया कि उनके द्वारा उत्पन्न अन्न के सेवन से उच्च वर्ग अछूत नहीं होगा किन्तु उनके घड़े का पानी पीने से अछूत हो जाएगा। ब्राह्मण आदि सवर्ण हिन्दुओं पर व्यंग्य करते हुए कबीर कहते हैं कि यदि व्यक्ति कर्म से नीच है तो उच्च कुल में जन्म लेना गौरव की बात नहीं है क्योंकि जिस प्रकार स्वर्ण कलश में मदिरा रखने से वह प्रशंसनीय नहीं हो जाती बल्कि साधुजन उसकी निन्दा ही करेंगे–

ऊँचे कुल का जनमियाँ, जे करणी ऊँच न कोई।
सोवन कलस सुरै भर्या, साधु निन्दा सोई।।[3]

कबीर ने जाति-पाँति, भेदभाव, वर्णाश्रम व्यवस्था के पोषक द्विजों को असंख्य जगहों पर ललकारा और उन्हें फटकारा। इस जात-पाँत, छुआछूत के भेद को देखते हुए कबीर अपनी जाति जुलाहा होने पर अभिमान करते हैं–

तू ब्राह्मण मैं कासी का जुलाहा, चीन्हि न मोर गियाना।[4]

कबीर बार-बार समझाने का प्रयत्न करते हैं कि एक पवन, एक पानी, एक ज्योति से इस संसार की उत्पत्ति हुई है तथा एक ही मिट्टी से ही सारे मनुष्य बने हैं और इनको बनाने वाला भी एक ही परमात्मा है तो इनमें भेद नहीं होना चाहिए।

कबीर कालीन समाज अव्यवस्थाओं से भरा पड़ा था। सामाजिक और धार्मिक क्षेत्र में उच्छृंखलता व्याप्त थी। चूँकि इस काल में धार्मिक मत-मतान्तरों का बाहुल्य था तथा धार्मिक मान्यता सर्वोपरि थी, ऐसे में इस समस्या का निराकरण कबीर दो प्रकार से करते हैं– एक तो ऊँच-नीच की भावना तथा इसको पोषित करने वाले द्विजों पर प्रहार करके, दूसरे निम्न जाति में आत्मगौरव को जागृत करके। कबीर किसी वर्ग, वर्ण, धर्म, सम्प्रदाय और जाति के पक्षधर नहीं थे बल्कि वे तो मानवता और इंसानियत के पक्षधर थे। जिस प्रकार के मनुष्य और समाज की कल्पना उन्होंने की थी उसके विरोध में उनके समय की सारी रूढ़िवादी शक्तियाँ उठ खड़ी हुईं किन्तु कबीर एक संघर्षशील अपराजेय योद्धा की भाँति जीवन भर

उनसे जूझते रहे। उनके समक्ष न सिर नवाया और न ही हार मानी बल्कि उन पर जितना ही विरोधी शक्तियों का प्रहार किया जाता, उनकी वाणी उतनी ही प्रखर से प्रखरतर होती जाती। दुगुने वेग से वे उनके द्वारा बनाये गये धार्मिक ढोंग, पाखंडों की धज्जियाँ उड़ाते और उन्हें ललकारते। उन्हें चुप कराना तो दूर की बात रही, सवर्ण उनके आवेग को कम भी न कर सके बल्कि अपने विरोध द्वारा उल्टे कबीर की संघर्ष क्षमता बढ़ाने में सहायक ही सिद्ध हुए।

कबीरदास ने विवेकहीन प्राणी, जो छापा तिलक लगाकर सब को धोखा देता है और स्वयं भक्त कहलाता है, उसका विरोध किया है। मन का योगी उत्तम है, तन का नहीं, मुड़िया बनकर माला धारण करने से मन का विकार नहीं दूर होता, न भगवत प्राप्ति ही होती है। मन्दिर में परमात्मा नहीं है, वह तो सबके हृदय में व्याप्त है। अतः वहाँ उसे खोजने मत जाओ।[5] नंगे रहने से अथवा मृगछाला पहनने से कोई सुगति नहीं प्राप्त करता। जल में मज्जन करने से भी उद्धार नहीं होता। प्रमाण के लिए मेंढक को देखा जा सकता है।[6] मूर्ति पूजा का भी इन्होंने निषेध किया है।[7] जप-तप करने से, मन्दिर, मस्जिद, हज और काबे में जाने से कुछ सिद्धी नहीं होती है। एकान्त साधना, कन्दमूल भोजन, रोजा-नमाज से भी कुछ हाथ नहीं लगता। जब तक सच्चे मन से राम की भक्ति न की जाए, जटा बढ़ाने, भस्म रमाने तथा गुफा बास से काम नहीं चलता है। इसलिए उन्होंने सहज साधना का विधान किया है। जहाँ मन में मुद्रा आसन जप-तप समाधि में लगती है वहीं खप्पर, वहीं सींगी भी रहती है। वेषाधारी योगी भी उन्हें अप्रिय है।

दादू दयाल ने भी ऐसे मुल्ला का विरोध किया है, जो गला काटता है और कलमा भी पढ़ता है। उसका ईमान ठीक नहीं होता। राम नाम बिना वेद पुराण झूठे हैं। पत्थर पूजक, जोगी, जंगम, बौद्ध संयासी, शेख सब अज्ञानी हैं। तीर्थ, करवत, माला सब व्यर्थ हैं। उनके विचार से देवी, देवल, तुलसी, पूजन, व्रतादि व्यर्थ है। इतिहासों में लिखा है कि ईश्वर के प्रति प्रेम ही स्नान है, अन्यथा स्नान से क्या लाभ है। तीर्थ, तप, दान से सिद्धि नहीं होती अपितु मन में मज्जन करो। सन्तोष, नाम की मुद्रा, प्रतिष्ठा की झोली, ध्यान की विमूल, काल की कफनी, कुमारी-सी पवित्र काया, विश्वास का दंड धारण कर भ्रम को दूर करें। सब को समान समझें, मन को जीतें, यही सिद्धि है। नानक के अनुसार राम का स्मरण ही जप, तप, पूजा, तीर्थ, स्नान और दरगाह है। बिना इसके ज्ञान, ध्यान, षड्यन्त्र, स्मृति, व्याख्यान, योगाभ्यास, कर्मकाण्ड, युक्ति, पुण्य, दान, शरीर की आहुति देना, अनेक प्रकार का व्रत, नियम सब निरर्थक है।

जिस प्रकार हिन्दू धर्म में अनेकों विकृतियाँ व्याप्त थीं, उसी प्रकार इस्लाम धर्म में भी अनेकों विकृतियाँ व्याप्त हो चुकी थीं। चूँकि हिन्दू धर्म में अनेक आश्रम व्यवस्था, सम्प्रदाय, जाति होने से विकृतियों की संख्या अधिक थी किन्तु मुस्लिम

धर्म में भी बाह्याचार, ढोंग-पाखंड की कमी नहीं थी। हिन्दुओं की ही भाँति मुस्लिम धर्मावलम्बी, हज, रोजा, नमाज, काजी, पीर-पैगम्बर व हिन्दुओं की ही भाँति बलि देने की प्रथा के अनुरूप विसमिल करते थे। साथ ही वे ऐसे व्रत-उपवास, पूजा की विधि अपनाते थे जो हिन्दुओं के विपरीत पड़ती थी। जैसे पश्चिम दिशा में मुँह करके नमाज पढ़ना इत्यादि। इस्लाम धर्म में भी मुल्ला, मौलवी का आतंक व्याप्त था। ये भी बाह्याडम्बर द्वारा जनता को लूट रहे थे।

कबीर सदैव से बाह्याडम्बर के विरोधी थे। उन्हें इस बात से कोई सरोकार नहीं था कि कौन किस धर्म का है। वे हर धर्म की अच्छाइयों का आदर करते थे और बुराइयों का विरोध। इसलिए जहाँ कहीं भी पाखंड को पैर पसारते देखते, अपनी तीव्र वाणी द्वारा कटु आलोचना करते। जिस प्रकार हिन्दुओं में पण्डितों का महत्त्व है, वैसे ही इस्लाम में काजी का। कबीर ने काजी व काजी के कार्यों पर व्यंग्य कसा कि काजी तुम घर-घर जाकर जिबह करवाते हो और यदि तुम खतने कराने से पवित्र होते तो तुम अपनी स्त्रियों को क्या जवाब दोगे।

काजी काज करहु कैसा
घर-घर जबहु करावहु कैसा।[8]

....

हौ तौ तुरक किया करि सुनति
औरतिं सों का कहिए।[9]

रोजा रखने तथा उसकी आड़ में पशुओं की बलि देने की प्रथा पर प्रहार किया—

दिन भर रोजा धरत हौ, रात हनत हौ गाय।
यह खून वह बन्दगी, क्यों कर खुशी खुदाय।।[10]

कबीर व्यंग्य करते हैं कि काजी का ढोंग तो देखो। जब वह रसना के स्वादवश हो जीव की हत्या करता है तब वह सोचता है, यह जीव और ब्रह्म दो हैं किन्तु मस्जिद में अजान देते वक्त यही कहता है कि खुदा एक है—

कबीर काजी स्वादि बसि, ब्रह्म हतै तब दोइ।
चढ़ि मसीति एकै कहै, दरि क्यूँ सोइ।।[11]

आगे कबीर चेतावनी देते हैं कि तुम बलपूर्वक जीव का प्राण तो ले लेते हो, उसे बड़े गौर से हलाल करते हो, किन्तु तब पता चलेगा जब ईश्वर इन कुकर्मों का हिसाब तुमसे लेगा, तब तुम्हारी रक्षा कौन करेगा?

जोरी करि जबहै करै, कहते हैं ज हलाल।
जब दफ्तर दरौगा दई, तब हवैगा कौण हवाल।।[12]

झूठी प्रार्थना, पाँच बार नमाज पढ़ना इन सबको वे व्यर्थ कहते हैं। वे सच्ची प्रार्थना व नमाज की सच्ची आयतों का पालन करने की शिक्षा देते हैं—

यह सब झूठी बन्दगी, दरियाँ पंच निवाज।
साचै मारै झूठ पढ़ि, काजी करै अकाज।।[13]

कबीर अजान देने वाले मुल्लाओं पर कटाक्ष करते हैं कि खुदा तो चीटीं के पैरों की भी आवाज सुन लेता है तो उसे ऊँचे चढ़कर पुकारने की क्या आवश्यकता है। क्या तुम्हारा खुदा बहरा है?

मस्जिद भीतर मुल्ला पुकारे।
क्या साहब तेरा बहिरा है?

चिऊँटी के पग नवरे बाजे सो भी साहब सुनता है।।[14]

मुस्लिमों के तीर्थाटन की भी निन्दा की है। हृदय में तो कपट का बास है तो हज पर जाने से क्या लाभ–

दिल महि कपट निवाज गुजारै।
क्या हज काबै जायें।[15]

रैदास ने पाखण्ड को त्यागकर आन्तरिक शुद्धता लाने को कहा है। उन्होंने तिलक, माला का विरोध किया है। जो शास्त्र कुशल है किन्तु भावना से भक्त नहीं है, उससे धुनियाँ भी श्रेष्ठ है।

मलूकदास ने कहा है कि ईश्वर जप, तप, स्नान, पुण्य से प्रसन्न नहीं होता। माला, छापा, मुद्रा, तिलक, पोथी, तीर्थ, मूर्ति-पूजा, कर्मकाण्ड, भूत-प्रेत सब भ्रम है। मुल्ला के नमाज, कुरान, हलाल आदि का भी उन्होंने विरोध किया है। वंश से फकीर मत बनो, अपितु मन से फकीर बनो, सन्ध्या तर्पण, मक्का-मदीना, द्व ारिका-केदार सब झूठे हैं। कृत्रिम देव जो ठेस लगने से टूट जाए, उसकी पूजा नहीं करनी चाहिए। वास्तव में दीन-दुर्बल की सेवा ही सच्ची ईश्वर सेवा है। यही उसकी प्राप्ति का, प्रसन्नता का साधन है, यही उनकी शिक्षा थी।

धरमदास प्रेम का पुण्य, ध्यान का धूप तथा चित्त का वन्दन करने को कहते हैं। जो न भोजन करता है और न ही बोलता है उस पाहन की पूजा छोड़ दो। माला, तिलक, नाच-गाना व्यर्थ है, वक ध्यानी होना ऊपर से शुद्ध होना ठीक नहीं है। तीरथ और ज्ञान से भी कुछ लाभ नहीं, मात्र नाम जप करो।[16]

दरिया साहब के अनुसार नाम बिना शास्त्र-ज्ञान और कर्मकाण्ड व्यर्थ है। जप-तप, संयम, काया, क्लेश, सांख्य योग, व्रत, दान, तीर्थ, माला, वंश धारण करना सब व्यर्थ है।[17]

चरनदास के अनुसार संसार जल, पत्थर, भूत-भवानी, तीरथ, वेद-पुराण, योग युक्ति का आश्रय लेकर हार गये। काया-क्लेश से भी कुछ न मिला, माला-तिलक लेकर भी कपटी बने रहे। कर्मकाण्ड आचार-व्यवहार में ही लोग भूले रहे, सिद्धि नहीं मिली।[18]

बुल्ला साहब का मत है कि जब तक मन चंचल होगा, उसमें राम के प्रति प्रतीति नहीं होगी, तब तक माला, तिलक, ध्यान, ज्ञान, तीरथ और सबद साधना निरर्थक होगी।[19] भीखा साहब का विश्वास है कि योग, यज्ञ, तप, दान, नियम, स्नान, मूर्तिपूजा, देव-पितर, भूतादि की सेवा करके राम की प्राप्ति कर पाना उतना ही असम्भव है जितना कि बन्ध्या के पुत्र होना। इसके साथ-साथ पुस्तक ज्ञान की असारता भी उन्होंने सिद्ध की है।[20] गुलाल साहब ने तीर्थ, व्रत, पूजन, देह धारण करने, पंचाग्नि सेवन, माला, तिलक, कथा, मुदड़ी, धोती नैती और बस्ती आदि क्रियाओं को निरर्थक माना है।[21] अक्षर अनन्य ने काया साधना, जटा मुंडन, शास्त्र ज्ञान को निष्फल कहा है। मन यदि दिगम्बर नहीं होता तो काया के दिगम्बर होने से क्या। आन्तरिक शुद्धि नितान्त आवश्यक है।

पलटूदास के मत से अतिरिक्त भक्ति के मुद्रा, प्राणायाम, ध्यान, आसन, साखी, सबद, पूजा, ज्ञान, तिलक, माला, चन्दन व्यर्थ एवं निस्सार है। साधना पर उन्होंने भी जोर दिया है। 'पाथर पानी' छोड़कर आत्मदेव की पूजा ठीक है। यदि यह देव भूखा रहेगा तो सब कर्मकाण्ड शून्य समझो।[23] मन्दिर-मस्जिद छोड़कर आत्मा की पूजा करो।[24] गरीबदास ने तीरथ, तिलक, पीतल की मूर्तिपूजा, तुलसी-पत्र, पुस्तक ज्ञान, जटा मुंडन, गोदान, यज्ञ, कूप-निर्माण तथा जीव, बकरी, मुर्गा, हिंसा का विरोध किया है। मन-मक्का का हज करो, दिल-काबा का दर्शन करो, यही उत्तम है। सुन्दर दास ने देवी-देव योग, यज्ञादि पर विश्वास नहीं किया। जहाँ ज्ञान नहीं है, वहाँ चाहे जितनी काया साधना की जाए, सब निरर्थक है। जब तक तृष्णा का त्याग नहीं होगा तब तक गेह, नेह, त्याग, खेहरमाना, सीत, मेह, धूप, पंचाग्नि सेवन, व्रतोपवास, पवन साधन सब व्यर्थ हैं। मन जब निस्संशय होता है तो उसे सिद्धि प्राप्त हो जाती है।

जो व्यक्ति दीन-दुखियों के हित में अपना सर्वस्व, यहाँ तक कि अपने प्राणों को भी न्यौछावर कर दे, उसी शूरवीर को सच्चा क्षत्रिय मानना चाहिए—

दीन दुखी के हेत तो वारे अपने प्रान।
रविदास उह नर सूर को सच्चा क्षात्री जान।।[25]

वैश्य के सम्बन्ध में भी रैदास कहते हैं—जो सच्चे तराजू पर सच्चा सौदा करे वही सच्चा वैश्य है—

साँची हाटी बैठकर सौदा साँचा देय
तकरी तोल साँच की, रविदास वैसे है सोय।।[26]

रैदास स्वयं भी जाति के चमार रहे हैं, किन्तु कहीं भी उन्हें अपनी जाति के हीन होने का दुख नहीं है बल्कि वे बड़े ही गर्व के साथ कहते हैं—

ऐसा हमारी जाति विखियात चमार[27]
तथा

जा कि छूत जगत् को लागै तापर तू ही ढरै।
नीचहिं ऊँच करै मेरा गोविन्द काहू तै न डरै।।[28]

और रैदास ने शूद्र के सम्बन्ध में इतना ही नहीं बल्कि शूद्र को सबसे अधिक पवित्र माना है–

रविदास जो अति पवित्र है सोई सूदर जान।
जऊ कुकुरमी असुध जन तिन्हहि न सुन्दर मान।।[29]

रैदास ने तत्कालीन समाज में धर्म के नाम पर फैले बाह्याडम्बर पर भी अपना विरोध जताया। रैदास की साधना पद्धति में आन्तरिक भावों पर बल दिया गया है। बाहरी दिखावा, ढोंग, पाखंड, तीर्थ स्नान, मूर्ति पूजा की वे भर्त्सना करते दिखाई पड़ते हैं–हिन्दुओं में तीर्थ स्थानों पर स्नान का बहुत महत्त्व है। इस पर रैदास कहते हैं कि जैसा भगवान पवित्र है वैसे ही पवित्र हृदय की भक्ति को वह बिना किसी औपचारिकता के भी स्वीकार कर लेता है। अतः जन समाज को इस आडम्बर में भरमाने की आवश्यकता नहीं है और इस अन्तःकरण की पवित्रता के लिए उसे न अड़सठ तीर्थों में नहाने की आवश्यकता है और न द्वादश शिला की पूजा करने की। क्योंकि ऐसा करने के बाद भी वह साधु जन की निन्दा करता रहेगा तो नरकगामी होगा। इतना ही नहीं, चाहे वह सम्पूर्ण स्मृतियों का स्मरण करता रहे और चाहे यश प्राप्ति के अन्य औपचारिक कार्य करता रहे, इन सबसे भी उसका अन्तर्मन पवित्र नहीं होगा, जब तक कि निन्दा आदि दुगुणों को त्यागकर वैयक्तिक आचरणगत पवित्रता को नहीं अपनाता। ऐसा निन्दक एकमात्र नरक को ही प्राप्त कर सकेगा क्योंकि वह पाप की कालिख से पुता हुआ है।

जे ओहु अठिसठि तीरथ नहावै।
जे ओहु दुआदस सिला पुजावै।।
जे ओहु कूप तटा दवावै।
करै निन्द सभ बिरथा जावै।।
साध का निन्दकु कैसे तरै।
सखर जानहु नरक ही परै। रहाउ।।
जे ओहु ग्रहण करै कुलखेति।
अर पैनारि सीगर समेति।।
सगली सिमृति स्रवनी सुनै।
करै निन्द कवनै नहीं गुनै।।
जे ओहु अनिक प्रसाद करावे।
अपना बिगरि बिराना साँढ़ै।
करै निन्द बहु जोनी हाढ़ै।।
निन्दा कहा करहु संसार।

निन्दक का परगरि पहारा।।

अन्ततः हम यह देखते हैं कि इन निर्गुण सन्तों ने तदयुगीन समाज में प्रचलित लोक विश्वासों, जर्जर मान्यताओं और रूढ़ियों का खंडन किया है। अन्धविश्वासों में देश की अशिक्षित जनता डूब रही थी, जिनसे उबारने का श्रेय इन सन्त कवियों को ही दिया जा सकता है। ऐसे क्षण में जब देश में चतुर्दिक अशान्ति का वातावरण बना हुआ था, लोगों में आतंक था, सभी को प्राणों के लाले पड़े थे, इन सन्तों ने अपने प्राणों की परवाह न करते हुए समाज को सन्मार्ग देने का सराहनीय प्रयास किया है। शासन मुसलमानों का था, इन्हें भय होता तो उनके विरुद्ध विद्रोह का स्वर निकाल भी नहीं सकते थे किन्तु अपने अन्तर्मन की पुकार के आगे उन्होंने किसी के आगे सिर नहीं झुकाया। उन्होंने अपनी उदात्त, भास्कर और तेज भरी वाणी से वहाँ एक ओर 'पण्डिया कौन कुमति तोहि लागी' कहकर हिन्दुओं की कुरीतियों की भर्त्सना की, वहीं दूसरी ओर उन्होंने काजी को फटकारा और उनके रोजा, नमाज, कलमा आदि की व्यर्थता बतलायी।

रोजा करें निवाज गुजारै कलमैं भिसत न होई।
सत्तर काबे दिल भीतर जे करि जानै कोई।[30]

सन्त साहित्य निश्चय ही अपूर्व साहस और निर्भीकता का साहित्य है, जिसमें जर्जर और रूढ़ मान्यताओं के प्रति स्पष्ट और खुला विद्रोह किया गया है। अन्याय के साथ रंच भर समझौता नहीं किया गया है।[31] जो अपने बाप को जीवन भर ताड़न करते हैं, उनके मर जाने पर पानी देते हैं, श्राद्ध, वार्षिकी में तिथि के नाम पर विप्रों को सुन्दर भोजन कराते हैं। भोजन से पहले विप्रगण लायक पुत्र के 'आजा, बाबा' का नाम लेकर आहुति देते हैं, फिर डटकर भोजन करते हैं। वास्तव में इससे दिवंगत जीव को कुछ नहीं मिलता है। समाज में छुआछूत का भयंकर भूत व्याप्त है। इस सन्दर्भ में कबीरदास ने कहा है कि—हे ब्राह्मणों! मन में सोच-विचार कर देखो कि छूत कहाँ से आयी है, तब हम तुम्हें हिन्दू मानेंगे। सारा संसार छूत से ही उत्पन्न है, जो माया रहित है, वे शुद्ध-पवित्र हैं, तुम तो नौ मन मैल लादे हो।[32] वर्णाश्रम व्यवस्था का भी उन्होंने विरोध किया है। जहाँ गुणों के आधार पर वर्ण विभाजन नहीं होता है।[33] इसी प्रकार हिन्दू-मुसलमान होने की भी बात है। उन दोनों में लोग अपने-अपने को दूसरे से श्रेष्ठ बताते हैं। विधाता के यहाँ से सब समान पैदा होते हैं। जनेऊ या सुन्नता तो हम करते हैं तो इसे जन्मना हिन्दू या मुसलमान नहीं कहा जाएगा।[34]

गुरुनानक ने न सिर्फ वर्णाश्रम व्यवस्था व ऊँच-नीच के प्रति भेदभाव पर ही उँगली नहीं उठायी बल्कि हिन्दु धर्म में फैले बाह्याडम्बर, ढोंग-पाखंड, ढकोसलों को भी निरर्थक माना। वे अन्धविश्वास के शत्रु थे और लोगों की आँख में अँगली-उँगली डालकर वे उन्हें यह समझाना चाहते थे कि जिसे हम धर्म कहते हैं, उसका

सम्बन्ध आत्मा और परमात्मा से होता है तथा खान-पान और छुआछूत से उसका कोई सरोकार नहीं है।[35]

सदियों से नानक के सम्बन्ध में जो जन श्रुतियाँ प्रचलित रही हैं, उनसे मालूम होता है कि वे धर्म के बाहरी आडम्बर और उसके ढकोसलों को महत्त्व नहीं देते थे। एक बार गुरुनानक देव हरिद्वार गये थे। वहाँ उन्होंने देखा कि बहुत से लोग पूरब मुँह खड़े होकर अपने पितरों का तर्पण कर रहे हैं। गुरु के मन में यह बात आयी कि इन अन्धविश्वासों को शिक्षा दी जाए। निदान वे पश्चिम मुँह करके खड़े होकर तर्पण करने लगे। लोगों को यह देखकर बड़ा कौतुक हुआ। उन्होंने कहा—महाराज! पितरों को जल पूरब मुँह खड़ा होकर दिया जाता है, आप पश्चिम मुँह खड़ा होकर किसका तर्पण कर रहे हैं।

गुरुनानक देव ने कहा—मैं पछाँह से आया हूँ। वहाँ मेरा एक खेत है। कुछ पता नहीं कि पानी वहाँ बरसा है या नहीं। अतएव पश्चिम मुँह खड़ा होकर मैं अपने खेतों में पानी पटा रहा हूँ। लोगों ने अचरज में भरकर पूछा—आदमी तो आप काफी उम्र के हो गये, मगर आप यह भी समझ नहीं पाये कि तर्पण करने से पानी उस खेत में नहीं पहुँचेगा जो यहाँ से सैंकड़ों कोस दूर है।

गुरु ने कहा—तो तुम्हारा उपदेश मैं तुम्हीं को वापस करता हूँ। अगर तर्पण का जल मेरे खेत में नहीं पहुँच सकता जो इसी धरती पर है तो तुम्हारा दिया हुआ जल तुम्हारे उन पितरों तक कैसे पहुँचेगा जो परलोक में हैं। लोग निरुत्तर रह गये और उनमें से कई उसी समय नानक देव के शिष्य हो गये।[36]

उन्होंने हिन्दू धर्म में प्रचलित जप, तप, संयम, तीर्थ स्नान, तीर्थों पर वास करने की परम्परा तथा इन ढकोसलों को दूर करने का यत्न किया। गुरुनानक कहते हैं कि तीर्थों में वास करने से या स्नान करने से पाप से मुक्ति मिल जाती है, यह सब व्यर्थ है। यदि जप, तप और संयम की स्थापना की जाए, तीर्थों में वास किया जाए, पुण्य दान भी किया जाए, गुण वृद्धि हो तो भी सच्चे परमात्मा को हृदय में धारण किये बिना (इन सबका) क्या लाभ हो सकता है? मनुष्य जैसा बोता है, वैसा ही काटता है। परम गुणों की प्राप्ति के बिना जीवन निष्फल है।

जपु तपु संजमु तीरथि कीचै वासु।
पुन्न दान चंगिआईआ बिनु साचे किआ तासु।
जेहा राधे तेहा लुणै बिन गुण जनमु विणासु।।[37]
तीर्थस्नान की व्यर्थता सिद्ध करते हुए कहते हैं—
अठ सठि तीरथ जे नावहि।
उतरै नाहि मैलु।
जिन पट अन्दरि बाहरि गुदड़।
ते भले संसार।[38]

तिलक छपाधारी उच्च वर्ग के बाह्याचार पर आक्षेप लगाते हुए कहते हैं—गोबर का चौका लगाने से तेरी गति नहीं होगी। धोती बाँधे है, माथे पर तिलक है और हाथ में माला और मलेच्छों का खाता है। पुस्तकें पढ़ता है, अन्तःकरण से भक्त बनकर पूजा कर। इन पाखंडों को तू त्याग दे। नाम के सच्चे जप से ही तेरा उद्धार होगा।

गऊ विराहमण कउ करू लावहु,
गोबर तरणु न जाई।
धोती टिका तै जप माली,
धानु मलेछा खाइ।
अन्तरि पूजा पढ़हि कतेबा,
संजुम तुरका भाई।
छोड़ि ले पाखण्डा।
नाभि लाइऐ जाहि तरन्दा।।[39]

पलटू दास ने दीवार को सिर झुकाने, पान-फूल चढ़ाने, बकरे की बलि की निन्दा की है तथा गाँव के बूढ़े की हँसी उड़ायी है।[40] गरीब दास पीपल की जड़ मूर्ति पूजने, तुलसी की पत्ती चढ़ाने, जीव हिंसा से देव प्रसन्न करने के पक्ष में नहीं हैं।[41] सुन्दर दास ने संक्षेप में यह समझाने का प्रयास किया है कि इस संसार में मात्र राम नाम की सार्थकता है, शेष सब शून्य है, जंजाल है। यदि हम अविवेक में मग्न हैं तो तेली के बैल जैसे सारा श्रम व्यर्थ जायेगा। वहीं के वहीं रह जाएँगे। जैसे कोई बनिया आधी का त्याग कर सारी को दौड़ता है, सम्पूर्ण तो उसे मिल नहीं पाता, आधा भी वह गँवाता है। जैसे चौबे जी छब्बे होने चले ये दुबे ही रह गये। वही स्थिति संसारी जीव की है। अतः सारे बाह्याडम्बर छोड़ दो।[42] जगजीवन साहब ने समाज की रूढ़ियों पर कुठाराघात किया है। वे पुत्र जो दरिया साहब ने संसार की मेड़, गली पर आश्रय व्यक्त किया है। चरनदास ने भी भूत-प्रेत, जादू-टोना, वेद, ज्योतिष का विरोध किया है, जिनके नाते जनता भ्रमित होती है।[43] जलवाहन अरुभूत भवानी पूजि-पूजि भरमा सब कोय, कहकर सबको सचेत करते हैं।[44] संसार तीर्थ, व्रत, आचार में दिग्भ्रान्त हो रहा है।[45] भूतों की सेवा में घी की बत्ती जलाना, पकवान चढ़ाना ठीक नहीं है।[46] अपने बच्चे की कुशलता और दीर्घ आयु के लिए बकरा क्यों नाहक हलाल करते हैं?[47] गुलाल साहब ने मक्का-मदीना, हज, काबा का विरोध किया है। जब तक साधक 'मैं' को विनष्ट नहीं करता तब तक गया में पिंड दान करने से कुछ नहीं होता। धर्मशाला, मन्दिर, मस्जिद मात्र अनाचार के अड्डे हैं।[48] भीखा साहब ने देवता-पितर, भूतगणों की सेवा करना निष्फल कहा है। गुलाल साहब ने पाथर और देवखडरी लीपने, योग-साधना करने में असहमति व्यक्त की है। मलूकदास ने लोकवेद के मार्ग की बात को यों ही टाल दिया है, इसलिए कि उसके द्वारा निर्दिष्ट मार्ग अन्ततः कल्याणकारी नहीं होगा। उनकी मान्यता है कि कहीं

चलते समय शुभ दिन, घड़ी, मुहूर्त, ब्राह्मण की खोज मत करो। सन्ध्या में भोजन करना लोकरीति में नहीं है। किन्तु इसके लिए भी वे आदेश करते हैं।[49] नानक की भी इस सन्दर्भ में यही मान्यता रही है।[50] धरमदास का विश्वास तीर्थ-व्रत, वेद काशी में नहीं है और न ही वे टोना-टोटका, तन्त्र-मन्त्र को मान्यता देते हैं।

"किसी से आशीर्वाद लेना होगा तो पाण्डे जी के पैर खाली पड़े हैं, उनकी शरण में रहो, कल्याण होगा।" यह विश्वास जनता में बैठ गया है। चाहे पाण्डे घोरतर पापी क्यों न हों? किसी को चांडाल स्पर्श हो जाए, दुर्भाग्य से बिल्ली मर जाए तो भी गजब है। मूत्र पान करेंगे, चन्द्रायण व्रत करेंगे तब कहीं जाकर उनका प्रायश्चित्त हो सकेगा। कहने का अभिप्राय यह है कि अनेक ऐसी रूढ़ियाँ, दुष्प्रवृत्तियाँ घर कर गयी थी, इस समाज में जिनके विरुद्ध इन अक्खड़-फक्कड़ सन्तों को विद्रोह करना पड़ा था।

कबीरदास ने तुलसी की पत्ती तोड़कर चढ़ाने और बिना विश्वास के मिट्टी के ढेर पर माथा पटकने की हँसी उड़ायी है। तुवरी लपसी देवता को चढ़ाएँगे और आत्मा अपनी तृप्त करेंगे, इससे राम को क्या मिलता है?[51] पुजारी तो तुलसी को लड्डू आदि चढ़ाता है, बाद में उसे आत्मसात् कर लेता है।[52] लोग व्रतोपवास करते हैं, निरन्न रहते हैं किन्तु फलाहार, सिंघाड़ा और दुग्धाहार डटकर करेंगे। इससे ही वे पुण्यार्जन करते हैं। ऐसे ही मुर्गी और बकरा हलाल करने वाले, रोजा-नमाज रखने वाले, वे पीर मुसलमानों के पीर भी हैं।[53] अनेक कुकर्मों की साधना करने वाले पंडित-पुरोहित को सवर्ण-लोक-पावन समझकर सब उनके पाँव छूते हैं जबकि वे ही जीव वध कराते हैं। दादू दयाल ने भी देव-दिहाड़ी और महामाई की पूजा को निरर्थक माना है।

मध्यकालीन भारतीय समाज में उपासना तो बहुदेववादी प्रचलित ही थी। इसके अतिरिक्त भूत-प्रेत, यक्ष व भैरव पूजा भी चल रही थी। समाज में अन्धविश्वास जोरों पर चल रहा था। लोग माता-पिता को जीवित स्थिति में जल भी नहीं देते थे, मरने पर उन्हें पिंड दान करते थे। ब्राह्मण भोजन, गोदान, पाप के प्रायश्चित्त आदि का लम्बा-चौड़ा विधान था। लोगों में वर्णव्यवस्था का भूत छाया हुआ था। छुआछूत जोरों पर थी। समाज में कुछ तथा कथित ज्ञानी जो प्रायः भ्रष्टाचार वाले होते थे, धर्म का ठेका चलाते तथा लोगों के लिए व्यवस्था का निर्माण करते थे। लोगों के पास सोचने की शक्ति नहीं रह गयी थी। विवेकशीलता प्रायः नष्ट हो चुकी थी। इसलिए कि उन कार्यों को यदि हम तार्किकता की कसौटी पर कसें तो उनमें असारता मिलती थी। सती प्रथा, नरबलि, पशु बलि आदि का प्रचार हो चुका था। आज भी ऐसे अनेक देव स्थान हैं जहाँ देवी की प्रसन्नता के लिए बकरा और सुअर काटा जाता है। इन सारे कुकृत्यों को लोग धर्म की आड़ में सम्पन्न करते थे ताकि उन पर कोई उँगली उठाने वाला न मिले। सामान्य जनता इतनी धर्मभीरु अब भी है कि ऊँची जमीन कहीं देखी तो उसे प्रणाम करने लगते हैं। लोगों का विश्वास इतना

कटिबद्ध हो चुका है कि पीपल की पूजा अब भी लोग करते हैं।

देश के अनेक भू-भागों में अनेक प्रकार की रूढ़ियाँ अब भी प्रचलित हैं। बड़े से मिट्टी के पिंड को काली का स्थान मानते हैं। नीम के पेड़ पर फूल अर्पित करते हैं। पूड़ी-कचौड़ी बनाकर उसे चढ़ाते हैं तथा उसे स्वयं खाते हैं। इतने प्रकार के मिथ्या विश्वास पनप गये थे कि लोग मनोकामना की पूर्ति के लिए बहराइच जाते थे। इसी की ओर दोहावली में तुलसीदास ने संकेत किया है–

लही आँख किन आँधरे, बाँझ पूत कब जाय।
किन कोढ़ी काया लही, जग बहराइच जाय।।[54]

इतना ही नहीं, नानक देव ने हिन्दू के सूर्य ग्रहण के अवसर पर ब्राह्मणों द्वारा सूतक माने गये विचारधारा को भी बड़े ही तर्कपूर्ण ढंग से समझाया–अगर तुम सूतक मानो तो सभी जगह सूतक है। गोबर और लकड़ी में, अन्न के प्रत्येक दाने में जीव है। पानी जो सबको हरीतिमा प्रदान करता है, उसमें भी जीव है। अतः इनमें से किसी के प्रवेश मात्र से ही रसोई में सूतक लग जाएगा। गुरुनानक कहते हैं कि सूतक वस्तुओं के परित्याग से ही नहीं, वस्तुओं के सच्चे ज्ञान से ही दूर हो सकता है–

जे किर सुतकु मन्नीये सभते सुतकु होई।
गोहे अतै लकड़ी अन्दरि कीड़ा होई।।
जेते दाणे अन्न के जीआ बाझु न कोई।
सुतकु क्यूँ करि रखीये सूतक पवै रसोई।।
नानक सूतक ऐब न उतरै गियान ऊपारे धोई।।[55]

ब्राह्मण अपनी रसोई बनाते समय जमीन को धोकर उसे एक रेखा खींचकर सीमित कर लेते थे। उसके अन्दर किसी भी व्यक्ति के अन्य आ जाने पर उसकी रसोई त्याज्य हो अशुद्ध हो जाती थी। इस प्रथा को गलत बताते हुए नानकदेव ने कहा है कि वे खाना बनाने के लिए एक स्थान को धोकर उसके चारों ओर एक लकीर खींच लेते हैं। उसके अन्दर बैठकर स्वयं झूठे होने के कारण वे खाना छूने को मना करते हैं क्योंकि ऐसा करने से वह अशुद्ध हो जाएगा लेकिन उनका शरीर जो उनके बुरे कर्मों से दूषित है और उनके हृदय में झूठ समाया है–

"कुबुद्ध डूमनी, कुदया कसावन, परनिन्दा घट चूहड़ी
मुट्ठी क्रोध चण्डाल कारी कड़डी क्या थिये जद चारै
बैठियाँ नाल।"[56]

गुरुनानक के समय में विभिन्न धर्म व मत-मतान्तरों की बाढ़ थी। सबकी अपनी-अपनी वेशभूषा, आचार-विचार, व्यवहार था। नानक किसी धर्म व मत के विरोधी नहीं थे। वे सभी का सम्मान करते थे और धर्मों से अच्छी बातों को ग्रहण करते थे।

मानवीयता एवं समाज में अनेक अनाचार पनप रहे थे। चारों ओर उत्पीड़न का अखंड साम्राज्य छाया हुआ था। लोग अपनी-अपनी ढपली पर अपना-अपना राग अलाप रहे थे। कोई ज्ञान और बुद्धिमत्ता में अपने को दूसरे से कम नहीं बताता था। वह भारतीय समाज पूर्णतः गतानुगतिकता हो रहा था। अविवेक की पराकाष्ठा हो चुकी थी। लोगों में धर्मान्धिता, आडम्बरप्रियता प्रविष्ट हो चुकी थी। स्वयं सब भ्रष्ट थे, औरों को भ्रष्ट करते थे। जहाँ कबीर आदि सन्त यह कह देते हैं कि 'मों केहि समुझावा सब जग अन्धा' वहाँ लगता है कि सामान्य जन को भी भव सागर से पार कर तीर पकड़ाने के हामी ये सन्त कितने निराश-से लगते हैं। दो बार दिभ्रान्त हो तो उनको सन्मार्ग पर लाया भी जा सकता है किन्तु यहाँ तो यह हाल था कि –

एक न भूला दोह न भूला सब संसारा।

इतना ही नहीं लोगों के मन से सत्त्व भावों का सर्वदा समापन हो चुका था। दया, धर्म, ईमान, विनम्रता तो जैसे किसी में भी नहीं रही। लोग नाहक वाद-विवाद में ग्रस्त होते थे। छुआछूत, ऊँच-नीच का भेद प्रबल था। कहीं भी कथनी और करनी में सामंजस्य नहीं रहा था। एक व्यक्ति के ऊपर से दूसरे व्यक्ति का विश्वास उठ चुका था। सिवा कुमति के सुमति का दर्शन नहीं होता था। मार-काट, धर-पकड़, गाली-गलौच ही समाज की शोभा थी। परस्वत्वापहरण में सब सुखी होते थे। 'मैं', 'मेरी' में मग्न होने के नाते लोगों को अपनी-अपनी चिन्ता सता रही थी। सभी विश्वासघाती हो गये थे। लोग एक-दूसरे को घृणा की दृष्टि से देखते थे। अति संक्षेप में कहना हो तो यों कहा जा सकता है कि मानवीय उदार गुणों का सर्वथा लोप हो गया था। युगीन जनमानस अशान्ति और विचित्र घुटन अनुभव कर रहा था।

ऐसे ही समय में नामदेव, तुकाराम, सन्त ज्ञानेश्वर आदि के सन्देशों को मानो जन-जन तक पहुँचाने के लिए, अपने दायित्व के प्रति सचेत, कबीर जैसे अनेक निर्गुणिये सन्त साक्षात् ज्ञान-ज्योति लेकर अवतीर्ण हुए। यही नहीं, अपने उपदेशामृत से इन सबों ने जनता को जो संजीवनी पिलायी जिससे सदियों से छटपटाती-कराहती भारतीय जनता को नया जीवन मिला। मानव-मानव के बीच बढ़ते हुए भेदभाव को दूर करना ही इनका इष्ट रहा है। मानव धर्म की पुनः प्राण प्रतिष्ठा कर उसकी इन लोगों ने रक्षा की है। इनके भीतर अध्यात्म का बल था अतः उस शक्ति के नाते जिससे भी कुछ कहते, सब मानने को तैयार थे। समाज के ये लोग ऐसे थे जो मात्र कथनी में ही विश्वास नहीं करते थे, करनी इनके लिए प्रथम थी। स्वाभाविक है कि सन्त हृदय नवनीत की तरह कोमल होता है, करुणा परायणता उसका इष्ट। पर दुख-कातर इनका हृदय करुणा से पसीज उठा। वे मानव-कल्याण में समर्पित हो उठे।

कबीर कर्म पर विशेष बल देते हैं। वे स्वयं भी कर्म करके जीवन यापन करते हैं तथा सभी को सन्देश भी देते हैं कि उचित रीति से किया गया कर्म प्रभु

से मिलाने वाला होता है—

काम मिलावै राम कूँ, जे कोई जाणै राषि।

कबीर का कथन था कि मनुष्य जब तक जीवित है तभी तक वह कुछ कर्म कर सकता है किन्तु यह अन्धा संसारी जीव कर्म के महत्त्व को नहीं समझ रहा है—

जीवित ही कछु कीजै, हरि राम रसायन पीजै।
कहै कबीर जग धन्धा, काहे न चेतहु अन्धा।

कबीरकालीन समाज में ऐसे व्यक्तियों की संख्या असंख्य हो गयी थी जो कर्म से च्युत होकर वैराग का बाना धारण कर लिये थे। ऐसे मनुष्यों के लिए कबीर कहते हैं कि भक्ति के लिंए वैराग की आवश्यकता नहीं है वो तो गृह में रहते हुए भी की जा सकती है—

जागि रे जीव जागि रे।

....

कहे कबीर जाग्या ही चाहिए।
क्या गृह क्या वैराग रे।[57]

इसलिए कबीर वैरागी की अपेक्षा गृहस्थ को अधिक महत्त्व देते हैं। वे उसे ही विरला मानते हैं जो गृह और वैराग को समाज समझता है—

घर बन तत सम जिन कीया, ते बिरला संसार।[58]

कबीर ऐसे लोगों को हेय दृष्टि से देखते हैं कि जो भेष तो वैरागी का धारण करते हैं और कर्म उनका पाप पूर्ण रहता है। बाहर से साधु दीखते हैं और हृदय में अनेक कलुष विचार विद्यमान हैं—

कबीर भेष अतीति का, करतूनि करै अपराध।
बाहरि दीसै साध गति, माहैं, महा असाध।।[59]

जिसके पास न झोली, पत्र, विभूति का झंझट हो, न तीर्थ, व्रत, मेला आदि में विश्वास रखता हो, न माँगकर खाता हो और न भूखा सोता हो, जो पंच विषयों—काम, क्रोध, मद, लोभ, मोह की सेना को नष्ट कर दे, वही सच्चा योगी है। कबीर उसे ही अपना सच्चा गुरु मानते हैं। कबीरदास ने मानव मात्र की समानता का उपदेश दिया, नमाज-पूजा को एक बताया। आदम, मोहम्मद साहब और महादेव सब एक रूप हैं। एक पृथ्वी पर रहने वाले एक हैं। हिन्दू और तुर्क का भेद व्यर्थ है। मुल्ला और पाण्डे एक हैं। वेद-कुरान भी एक हैं।[60] उन्होंने विवेकपूर्ण मधुर वचन बोलने का उपदेश दिया क्योंकि इससे लोगों को सुख मिलता है।

नम्रता और लघुता साधु का गुण है इससे वह पूज्य होता है, जैसे द्वितीया का चन्द्रमा।[61] सम्पत्ति और विपत्ति देव प्रदत्त है अतः उनसे हर्षित और दुखी नहीं होना चाहिए।[62] दूसरों में दोष-दर्शन नहीं करना चाहिए बल्कि अपना सुधार करना चाहिए। दूसरों को हानि नहीं पहुँचानी चाहिए। यदि अपना नुकसान भी हो जाए तो कोई

बात नहीं।[63] गलत करने से ईश्वर को जवाब देना पड़ेगा अतः मुक्ति का सन्मार्ग प्रशस्त करो।[64] धरती की तरह क्षमाशील हो तथा वनस्पतियों की तरह शीत-घाम सहन करे। सच्चा भक्त हो तो कुशब्द भी सह ले।[65] समता और निष्पक्षता का भाव लाना चाहिए।[66] अभिमान, पाखंड का त्याग कर रास्ते की धूलि बनो। पैरों के नीचे की घास जैसे सहनशील और विनम्र बनो, यही उत्तम है।[67]

पलटूदास ने परस्पर स्नेह, सौहार्द बढ़ाना, भक्ति ज्ञान का उपदेश देकर सन्मार्ग पर लगाना, निःस्पृह होना, मृदु भाषण, सहनशीलता और जीव-निस्तार पर बल दिया है।[68] उन्होंने शत्रु-मित्र, रंक-राजा, सुख-दुख, जीवन-मरण, लोहा-सोना, शीत-घाम और स्तुति-निन्दा को समान भाव से देखा है।[69]

चरनदास के अनुसार जो जीवों पर दया करे, शीलवान बने, झूठ और दुर्वचन न कहे, पंचविकारों पर विजय पा ले, सुख-दुख से परे हो जाए वही साधु है।[70] मानव को दोष रहित होकर, आपाहीन होकर नाम जप करना चाहिए। कपट, छल, पाखंड से दूर रहे, त्यागी-विरागी बने, सबसे निर्बैर रहे, मोह-ममता का त्यागकर षड्रोगों से मुक्त हो, वह सन्त निर्मय होता है।[71] भीखा के मत से भ्रातृभाव का प्रसार हो, सुमति क्षमाशील, सन्तोष आ जाए तो शान्ति मिलती है।[72] नानक के अनुसार मिथ्यावाद, पर, नारी नेह-निन्दा, वासना, विषय-राग तथा इन्द्रिआदि पर नियमन करने वाले विरले ही सन्त होते हैं।[73]

संसार में फैले नानाविध बाह्य आडम्बरों व मतों का प्रचलन देखते हुए रैदास कहते हैं कि लोग बहुत से धर्म को मानने वाले व धार्मिक अनुष्ठान करने वाले है किन्तु कोई उस धर्म को नहीं पहचानता जो कि भ्रम को दूर कर सके। वेद-पुराण को सुन-सुनकर कर्म-अकर्म पर विचार होता है, किन्तु हृदय में जो संशय है, अभिमान है वह बिना प्रभु के कोई नहीं समाप्त कर सकता। अर्थात् प्रभु की भक्ति इन सबसे महत्त्वपूर्ण है तथा बाह्य कर्मकाण्ड करके प्रभु को ढूँढ़ते रहने से क्या लाभ जबकि हृदय विविध विकारों से भरा पड़ा है—

मरम कैसे पाइब रे
पंडित कौन समुझाई
जा तें मेरो आवागमन बिलाई (टेक)
बहु विधि धरम निरूपियें, करते देखै सब कोई।
जेहि धरम भ्रम छटिहै, सो धरम न चीन्हें कोई।
करम अकरम विचारिये, सुनि-सुनि वेद पुरान।
संसा सदा हिरदय बसै, हरि बिन कौन हरै अभिमान।
बाहर मूँदि खोजिये, घट भीतर बिबिध बिकार।

सुचि कौन विधि होहिंगे, जस कुंजर विधि व्यौहार।।[74]

रैदास ऐसे मनुष्यों का पथ-प्रदर्शित करते हुए कहते हैं कि हे मनुष्य! तुम बाहर के विविध प्रकार के आडम्बर करके प्रभु को तो ढूँढ़ रहे हो पर स्वयं के भीतर जो प्रभु का वास है, इससे अनभिज्ञ हो। यदि एकाग्रचित्त होकर स्वयं के भीतर प्रभु को ढूँढ़ लो तो तुम्हें तुरन्त ही उस परम तत्त्व से साक्षात्कार हो जाएगा—

बाहर खोजत का फिरै घर भीतर ही खोज।
रविदास उनमान साध कर, देखो पिया को आज।[75]

तथा

का मथुरा, का द्वारका, का काशी, हरिद्वार?
रविदास खोजा दिल आपना तो मिलिया दिलन्दार।[76]

रैदास ने मानवता व मानव प्रेम में विश्वास किया है, उसी को सच्चा मनुष्य माना है जो मनुष्यता से प्रेम करता है। वस्तुतः रैदास की सामाजिक चेतना मानवता से, लोक कल्याण से ओत-प्रोत है। वे अहं को भक्ति मार्ग की बाधा मानते हैं। जो मनुष्य इन सबसे परे होकर प्रभु भक्ति में लीन हो जाता है, वही उस परम तत्त्व का साक्षात्कार करता है। वही सच्चा साधक सिद्ध होता है। वही सत्य का ज्ञाता व सच्चा मानव सिद्ध होता है। सन्त रैदास की प्रेमभक्ति का वास्तविक मूल आधार अहंकार की निवृत्ति है। ये अभिमान व साधारण मान व लड़ाई तक को भक्ति का एक प्रबल बाधक मानते हैं और कहते हैं कि दोनों एक साथ कदापि नहीं रह सकते और न अहं के किसी रूप में भी रहते हैं। अहं के साथ हमें भगवान की कभी उपलब्धि नहीं हो सकती है।[77]

मध्यकालीन सन्तों ने अर्थ को ज्यादा महत्त्व नहीं दिया है। उनका जगत् अलौकिक था किन्तु वे लौकिकता से स्वयं दूर नहीं जा सकते थे। यह अवश्य था कि लौकिकता उन पर हावी नहीं थी। सन्तों ने अपनी वाणियों द्वारा अर्थ को कभी भी महत्त्व प्रदान नहीं किया। इसलिए उनकी वाणी में आर्थिक व्यवस्था व अर्थ का ज्यादा उल्लेख नहीं मिलता है—वे हरि-सा हीरा छोड़कर भौतिक पदार्थों की ओर आकर्षित नहीं होते हैं। उन्हें भक्ति ही सर्वप्रिय है—

हरि-सा हीरा छाड़िकै, करै आन की आस।
ते नर जमपुर जाहिंगे, सत भाषै रैदास।
रैदास कहै जाकै दृदै, रहै रैन दिन राम।
से भगता भगवन्त सम, क्रोध न व्यापै काम।

इन सन्तों ने धन को एक छलावा, एक भम्र माना है जिसके पीछे दुनिया बावली है। यह भ्रम ऐसा ही है जैसे कि एक रस्सी को सर्प समझ लेना। व्यक्ति इस भ्रम में निरन्तर पड़ा रहता है।

धरमदास ने मानव को मद, लोभ, चतुराई के त्याग की सलाह दी है।[78] संसार मिथ्या है अतः तामस को दूर करो। कोई कुछ बुरा भी कहे तो उस पर ध्यान न दो। क्रोध

और राग करने वाला नींव है। हाथ सुमिरनी, बगल कतरनी को छोड़ देना चाहिए।[79] मलूकदास के अनुसार मान, गर्व, गुमान को त्यागकर कल्याण करो।[80] साधु संग करो दया-दीनता अपनाओ, पर द्रोह न करो। भजन से भवसागर तरो, यही उपदेश है।[81]

सभी जीवों को आप सरीखा मानो। धर्माचरण करो, इससे प्रभु प्रसन्न होंगे।[82] दीन-दुर्बल को सताना नहीं चाहिए। उनका दुख दूर करो स्वयं भले ही दुख उठा लो, क्रोध, विवाद छोड़कर मानव को धर्मात्मा, दयालु और विनम्र होना चाहिए।[83] जगजीवन साहब के अनुसार जो तुम्हें द्रोही माने उनसे दूर रहो।[84] तेरी-मेरी छोड़ दो, नीति-पथ का अनुसरण करो, यही मुक्तिदायक है।[85] कुसंग, कुशब्द, प्रपंच का त्यागकर भजन करो।[86] सर्वस्व अपनी हार मानो, सबका आदर करो। दुर्वृत्ति का त्यागकर सदय बनो। निन्दित आचरण और अनीति का त्याग करो।[87] गरीबदास ने शील-सन्तोष का धन संचित करने का उपदेश दिया है। कथनी छोड़कर करनी करो। आशा-तृष्णा का त्याग करो। मन को जीतो। रागादि का त्याग कर समरस बनो। सत्संग करो। किसी पर जुल्म मत करो। मद्यपान जैसे अपराध न करो। सादा जीवन जिओ। सद्गुण सीखो।[88]

नानक अहंकार में फँसे मनुष्यों का उद्धार करना चाहते हैं। वे उन्हें समझाते हैं कि हे भाई! प्रभु नाम से खाली रहकर अहंकार में फँसकर सारा जगत् पागल हो रहा है। माया मोह के कारण दुविधा में पड़कर कुमार्गी हो रहा है। दूसरे की सोचता रहता है परन्तु अपने आत्मिक जीवन को नहीं खोजता। इस प्रकार माया के लिए भागदौड़ करते हुए जीव का प्रत्येक दिन बीत रहा है। हे मेरे भाई! अपने हृदय में परमात्मा का नाम स्मरण करता रह। गुरु की शरण लेकर अपनी जीभ को परमात्मा के नाम से रसीली बना–

हउमें वि:वि सभु जगु बउराना।
दूजै भाई भरमि भुलाना।
बहु चिन्ता चितवै आपु न पछाना।
धन्धा करतिअ अनदिनु विहाना।।
हिरदै रामु रमहु मेरे भाई।
गुरमुखि रसना हरि रसन रसाई।।[89]

जिसके मन में वह सच्चा वाहे गुरु नहीं, उसके अनेक पदार्थों के खाने या वस्त्रों के पहनने से क्या होता है। नाम के बिना मेवा, घी, गुड़, मीठा, मैदा और मांस व्यर्थ है। उत्तम वस्तु, सुखदायक सेज और अनेक प्रकार के भोग-विलास व्यर्थ हैं। बहुत से लश्कर, चोपदार, सेवा करने वाले चौकीदार आदि तथा महलों का वास प्राप्त हो भी जाए तो क्या सार्थकता है? नानक कहते हैं कि सच्चे परमात्मा के बिना सब पदार्थों के समुदाय नाशवान हैं–

किआ खाधै किआ पैधै होइ।
जा मनि नाही साचा सोइ।

नानक मनुष्यों को समझाते हुए कहते हैं कि हे मित्र! जिस धन के लिए चारों ओर दौड़ता है। वह धन तू प्रभु की सेवा में लगा दे। हे मित्र! जिस सुख की तू सदा इच्छा करता है, वह सुख सन्तों की संगति में प्यार करने से मिलता है। जिस शोभा की खातिर तू नेक कमाई करता है, उस शोभा के लिए तू नेक पुरुष की शरण ले। जो रोग अनेक कोशिशों से दूर नहीं होता, वह रोग प्रभु के नाम रूपी औषधि प्रयोग करने से मिट जाता है। सारे खजानों में प्रभु का नाम ही एकमात्र खजाना है।

हे नानक! नाम जप, प्रभु के दरबार में स्वीकृत होगा—
जिस धन कउ चारि कुंट उठि धावहि। सो धनु हरि सेवा ते पावहि।
जिस सुख कउ नित बाछहि मीत। सो सुख साधू संगि परीति।
जिसु सोभा कउ करहि भली करनी। सा सोभा भजु हरि की सखी।
अनिक उपावी रोगु न जाइ। रोगु मिटै हरि अवखधु लाइ।
सरब निधान महि हरिनामु निधानु। जपि नानक दरगाहि परवानु।[90]

नानक कहते हैं, कंगाल के लिए तेरा ही धन है। निराश्रित को तेरा ही सहारा है। तुच्छ व्यक्ति के लिए तेरा ही नाम आदरणीय है। तुम ही सारे जीवों के देनदाता हो। हे स्वामी! हे अन्तर्यामी! तुम आप ही सब कुछ करते हो और आप ही कराते हो—

निरधन कउ धनु तेरो नाउं निधावे कउ नाउ तेरा थाउ।
निमाने कउ प्रभ तेरो भानु। सगल घटा कउ देवहु दान।।
करन करावनहार सुआमी। सुगल घटा के अन्तर्यामी।[91]

गुरु नानक सदैव निर्धनों एवं निम्नस्तर के व्यक्तियों से अपना सम्बन्ध मानते हैं। उनके लिए कोई ऊँचा-नीचा नहीं है।

नीचा अन्दरि नीच जाति।
नीची हूँ अति नीच।।

नानक जीवन में आये सुख-दुख को जीव के कर्मों के अनुसार मानते हैं इसलिए कहते हैं—जो जैसा कर्म करता है उसे वैसा ही फल प्राप्त होता है—

जैसा करे सु तैसा पावै। आपि बीजि आपे ही खावै।[92]

व्यर्थ में ही मनुष्य इस चक्कर में पड़ा रहता है कि वह दुखी क्यों है? यह नहीं सोचता कि उसने कर्म क्या किया है? आदमी जो बोता है वही काटता है।

जैसा सीजे तैसा लुणै[93]

इसलिए नानक अच्छे कर्मों को करने पर बल देते हैं और परमात्मा के नाम को धारण करने का निर्देश देते हैं। सुखी होने के लिए नामगान को एकमात्र साधन बताते हैं। प्रभु का नाम स्मरण करना, बिना प्रभु में मन अनुरक्त किये सुख भी व्यर्थ है—

सुख माँगत दुःख आगल होय।
सबल बिहा बिकारी हार परौये।।
एक बिना झूठ मुक्त ना होये।।[94]

प्रत्येक व्यक्ति सुख चाहता है, दुख कोई नहीं चाहता, फिर भी सुख की खोज में ज्यादा दुख मिलता है किन्तु स्वार्थी मनुष्य यह नहीं जान पाता। जब मन में सतनाम बस जाता है तो सच्चा सुख प्राप्त होता है। तब मनुष्य सन्तुलित रहता है और सांसारिक सुख-दुख उसके लिए बराबर हो जाते हैं–

सुख को माँगै सबको दुख ना माँगे कोय।
सुखै कौ दुख अगला मनमुख बूझ ना होय।
सुख-दुख सम कर जानिये शब्द भेद सुख होय।

नानक आगे कहते हैं कि–इस संसार में किस चीज की चाह करूँ जबकि कोई भी वस्तु स्थिर नहीं है और जब इस संसार में जन्म केवल मृत्यु के लिए है तो हे ईश्वर, तू मुझे अपना नाम बख्श दे जिसे मैं हृदय में धारण करूँ।

नानक कहते हैं कि यह शरीर अपने आप को अमर जानकर सुख प्राप्त करने में ही लगा रहता है। यह जगत् खेत है। हे मेरे शरीर! तू झूठे लोभ में फँसा है। तू बहुत कमा रहा है। तू अपने ऊपर लोभ, मोह, मिथ्या आदि के कारण किये गये नीच कर्मों का भार उठाता जा रहा है। हे मेरे शरीर! मैंने तेरे जैसे इस प्रकार बर्बाद होते, इस पृथ्वी पर किसी को भी नहीं देखा है–

अम्रित काइआ रहै सुखाली बाजी इहु संसारो।
लबु लोभ मुखु कूडू कमावहि बहुत उठावहि भारो।
तू काइआ मैं रूलदी देखी जिउ धर छारो।।[96]

नानक धन के लोभियों को और ज्यादा समझाने हेतु कहते हैं–हे भाई! ये शरीर जिसका तुझे अभिमान है, वह अपना नहीं है। राज्य, भूमि, धन अपने नहीं हैं। किस-किस से मोह कर रहा है? सदा अपना नाम ही है जो गुरु से मिलता है–अर्थात् सदगुरु के माध्यम से प्रभु को पहचानने का प्रयत्न करो। धन व शरीर की ही चिन्ता में अपना जीवन यूँ ही व्यर्थ न जाने दो।

आपन तनु नहीं जाको गरबा।
राज मिलख नहीं आपन दरसा।।
आपन नहीं का कउ लपटाइओ।
आपन नामु सतिगुर ते पाइओ।। रहाउ।।[97]

नानक कहते हैं कि धन व बल का अहंकार करने से कोई लाभ नहीं है क्योंकि मनुष्य धनवान होकर अभिमान करता है, पर उसके साथ अन्तिम समय में एक तिनके के बराबर चीज नहीं जाती। अत्यधिक लश्कर तथा आदमियों पर आशा लगाये रखता है, पर पल मात्र में उसका नाश हो जाता है। मनुष्य अपने आपको

सबसे बली समझता है, पर अन्त समय एक क्षण में जलकर राख हो जाता है। जो व्यक्ति आप इतना अहंकारी हो जाता है कि किसी की परवाह नहीं करता, धर्मराज अन्त समय में उसकी दुर्गति करते हैं–

धनवन्ता होइ करि गरबावै।
त्रिण समानि कछु संगि न जावै।[98]

अक्षर अनन्य ने मध्यम मार्ग का अवलम्बन ग्रहण करना मानव की सच्ची रहनी माना है। त्यागपूर्ण भोग, जागृति युक्त शयन, तृप्ति-पूर्ण उपवास, विवाद रहित मौन को उन्होंने महत्त्व दिया है। पाप-पुण्य, लोभ-निर्लोभ से परे रहो। सबमें सहज समभाव देखो। किरी-कुंजर, नर-नारी में आत्मस्वरूप को जानो। हँसी, चुगली, विवाद छोड़ दो। जैसे ऊँचे-नीचे मिट्टी के बने मकान अन्ततः मिट्टी ही हैं, उसी प्रकार ऊँच-नीच सबमें परमात्मा का निवास है।

विप्र-गुरु की सेवा, परिवार का पालन, धर्म का निर्वाह—ये सद्गृहस्थ के लक्षण हैं। कुराह-कुसंग त्यागकर सुराह पर चलो। लोभ छोड़कर अनासक्त विचरण करो। परमार्थ करो।[99] स्वार्थ छोड़कर सात्विक ज्ञान के उपदेश से उन्होंने समस्त मानवोचित्त गुणों का परिगमन कराया है।[100] सिद्ध अवधूत का लक्षण भी उन्होंने आदर्श मानव की कल्पना में समाविष्ट कर दिया है। सुन्दरदास का मत है कि जो रागों में नहीं रमता, सुख-दुखः, पाप-पुण्य, हर्ष-शोक, निन्दा-प्रशंसा, राग-द्वेष, लेन-देन से परे रहता है, वह परम भक्त है। जिसे धन धूलिवत, सुख शूलवत, प्रभुता पापमय, सम्मान सर्पवत्, महिमा बिच्छू जैसी, नारी सर्पिणी जैसी, इन्द्रलोक-विधिलोक क्रमशः अग्नि और विघ्न जैसे लगते हैं, कीर्ति कलंक जैसी लगती है, जो वासना से परे है वही वन्दनीय है। परधन, परदारा, जीव-हिंसा, मद्य-माँस खाना, कुकर्म से न डरना, मृत्यु से न डरना जिसे प्रिय है, भलाई का जिसमें लेश भी नहीं है वह पाखंडी है।

सन्त दादू दयाल अपने समय की सामाजिक परिस्थितियों से भली प्रकार परिचित थे। समाज में दुख-दारिन्द्रय का साम्राज्य स्थापित था तथा सन्तगण समाज की इस पीड़ा को दूर करने में प्रयत्नशील थे। समाज दो वर्गों में विभक्त था—धनिक एवं निर्धन जिसके कारण समाज की आर्थिक स्थिति चिन्ताजनक थी क्योंकि एक वर्ग हर प्रकार से सम्पन्न था जबकि दूसरा वर्ग हर प्रकार से विपन्न। इसलिए दादू तथा सभी सन्तों ने यह निष्कर्ष निकाला कि आदमी को अपने भोजन-पानी की चिन्ता नहीं करनी चाहिए, वह तो प्राप्त हो ही जाएगा। आवश्यकता से अधिक सम्पत्ति का संचय व्यर्थ है। सम्पूर्ण मानव जात्ति, समग्र विश्व व प्राणिमात्र की जो सेवा करे वह भक्त, महात्मा व विचारशील चिन्तक तथा सजग द्रष्टा होता है। दादू के व्यक्तित्व में विनम्रता विद्यमान थी। स्वभाव में उतनी ही स्पष्टवादिता, स्वाभिमान व निर्भीकता थी। उनके इसी स्वभाव ने समाज को सदैव भय रहित रखा। उनके वाणी अत्यधिक कोमल थी। वे मधुरता के पर्याय थे इसलिए वे अपनी बात कहते

हुए कभी भी कठोर नहीं हुए। वे समाज के प्रति सजग प्रहरी के समान थे इसलिए कहीं भी अनाचार होते देखते तो वहीं उसका विरोध करते। आचार्य शुक्ल ने इनकी वाणी में प्रेमभाव का निरूपण अधिक सरस और गम्भीर माना है और यह भी कहा है कि कबीर के समान खंडन व वाद-विवाद में इन्हें कोई रुचि नहीं थी।[101]

दादू ने प्रेम भाव को ही सर्वस्व व स्वयं प्राण स्वरूप मानने का संकेत दिया है। इसलिए दादू कहते हैं–

दादू पाती प्रेम की, बिरला बाचे कोइ।
वेद पुरान पुस्तक पढ़ै, प्रेम बिना क्या होइ।।[102]

दादू स्वभावतः नम्र व शान्त होने के कारण समाज में झूठ, पाखंड, बाह्याचार बढ़ावा देनेवाले धर्मावलम्बियों को कसकर फटकारते तो नहीं हैं किन्तु उनका विरोध अवश्य करते हैं। भले ही वह मीठी वाणी के माध्यम से क्यों न हो। वस्तुतः दादू भी चाहते हैं कि समाज का कल्याण हो। मनुष्यों में वैमनस्यता के स्थान पर प्रेम व भाईचारा हो व सभी मनुष्यों में जीवों के प्रति दया व प्रेम भी हो। सभी एक-दूसरे के धर्मों को आदर दें जिससे समाज की उन्नति हो सके व समाज में सभी तबके के मनुष्यों को समान आदर व प्रेम मिल सके। ऊँच-नीच का भेद समाप्त हो सके।

आदर्श ढंग से जीवन व्यतीत करने के लिए विविध प्रकार के प्रपंचों में पड़ने अथवा आडम्बरों के फेर में रहकर समय नष्ट करने की कोई आवश्यकता नहीं। बहुधा देखने में आया है कि भिन्न-भिन्न सम्प्रदायों के अनुयायी अपने-अपने कल्पित इष्ट देवों को रिझाने की चेष्टा में अनेक प्रकार की तैयारियाँ किया करते हैं और अपने को विविध भेषों द्वारा सुसज्जित करके गर्व के साथ एक निरालेपन्थ के पथिक मान बैठते हैं। इसके सिवा उनके जीवन का बहुत बड़ा अंश व्यर्थ के पूजा-पाठ, व्रत, उत्सव, तीर्थ जैसे बाह्य प्रदर्शनों में ही बीत जाता है और अपना हृदय सच्चे ढंग से भगवान के प्रति उन्मुख करने के लिए उन्हें थोड़ा-सा भी अवसर नहीं मिलता। बल्कि उक्त विधानों की विभिन्नताओं की उलझनों में पड़कर वे आपस में लड़ने-भिड़ने तक लग जाते हैं। इन सभी बुराइयों से अलग रहकर एक सीधा-साधा जीवन यापन करने का ढंग उन्होंने ढूँढ़ निकाला और अपने इस मत का निष्कर्ष उन्होंने इस प्रकार दिया–

आप मेटि हरि भजै तन मन तजै विकार।
निर्बैरी सब जीव सौ दादू यह मत सार।

अर्थात् अपने अहंकार का सर्वथा त्यागकर भगवान का भजन करें। अपने तन व मन में किसी प्रकार के विकार न आने दें और सभी प्राणियों के साथ निर्बैर भाव रखें।[103] इसका परिणाम कभी दुखप्रद नहीं होता।

इसलिए दादू ऐसे पन्थ का समर्थन करते हैं जो सबके लिए हितकर है–

भाई रे ऐसा पन्थ हमारा।
दोइ पख रहित पन्थ गहि पूरा, अवरन एक अधारा।।टेक।

वाद-विवाद काह सौ नाही, माहि जगत् थैं न्यारा।
सब दृष्टि सुभाई सहज मैं, आप ही आप विचारा।।
मैं तै मेरी यहु मत नाहीं, निर्वैरी निर्कारा।
पूरणसबै देखि आपा पर, निरालम्ब निरधारा।।[104]

4.2. ऊँच-नीच एवं भेदभाव का विरोध

मध्यकालीन भक्ति धारा के सन्तों ने उदारवादिता का परिचय दिया या इसे यों कहा जाए कि उन्होंने समाज में स्वयं अपने लिए तथा शेष जीवों के लिए मुक्ति का मार्ग प्रशस्त किया। उनका चिन्तन प्रायः अद्वैतवादी रहा है, अभेदवादी रहा है, जहाँ मानव-मानव सब एक हैं। न कोई बड़ा है न कोई छोटा। न कोई ब्राह्मण है न कोई शूद्र। वेदान्त दर्शन का सार हमारे यही है कि ब्राह्मण-बाउल में यही, गऊ तथा सुअर में कोई अन्तर न देखा जाए।

समानता के इसी धरातल पर स्थिर होकर सन्तों ने एकात्म वादी स्वर को ऊँचा उठाया। सम्पूर्ण प्राणियों को उन्होंने एक माना। समाज में व्याप्त सारी विषमताओं को वर्ण और जाति की सीमाओं को पाटने का उत्तम प्रयास उन्होंने किया है। दक्षिण भारत में अलवार सन्तों, महाराष्ट्र के निर्गुण सन्तों ने पहले समता की धारणा को देखा था। कालान्तर में रामानन्द आदि आचार्यों ने इसका व्यावहारिक रूप समाज के सामने लाकर रख दिया। रामानुज तक तो जाति-बन्धन शिथिल नहीं थे किन्तु उनकी शिष्य परम्परा में आने वाले रामानन्द ने तथा विविध जाति से सम्बद्ध कबीर, दादू, नानक, रैदास, मलूक, धन्ना, पीपी, सैन आदि शिष्यों ने इसका जोरदार समर्थन किया कि समाज में सभी समान हैं। ईश्वर भक्तों की जाति नहीं होती। सन्तों की इस मान्यता का दृढ़ आधार दर्शन था। एक ही जीवात्मा सम्पूर्ण प्राणियों में समान भाव से समायी हुई है। कहने की आवश्यकता न होगी कि पलटू, दास, जगजीवन साहब, सुन्दरदास, गरीबदास, बुल्ला, यारी आदि ने एकमत से इसका समर्थन किया है। कबीरदास ने जातिवाद की खिल्ली उड़ायी है। ऊँचे कुल में पैदा होना सत्कर्मों का परिणाम माना जाता था।[105] सब ओंकार से उत्पन्न हुए हैं। एक ही रक्त उनकी शिराओं में समाया हुआ है।[106]

रैदास परम्परा से चली आती हुई ढोंग, पाखंड, बाह्याडम्बर, बाह्याचारों के विरोधी रहे हैं। जनमानस में भ्रम फैलाने वाले विचारों के विरोधी रहे हैं। रैदास वेद-पुराण आदि ग्रन्थों की अवहेलना नहीं करते हैं बल्कि उनसे मिलने वाले ज्ञान के प्रति वे कृतज्ञ रहे हैं। वे किसी पूर्वाग्रह को आधार बनाकर परम्परा आदि का विरोध नहीं करते बल्कि अपनी अनुभूति व विवेक द्वारा इनका विरोध करते हैं।

मध्यकाल धर्म प्रवण काल था और उस काल में सामाजिक पुनर्गठन या सुधार का कार्य धर्म की ही भाषा में सर्वश्रेष्ठ रूप में हो सकता था। उस काल के सभी

समाज सुधारक या महापुरुष जिनको जनता ने सम्मान दिया, राजदर्शी नहीं, धर्मप्रवण या धार्मिक महापुरुष ही हुए हैं। रैदास ने भी इस समाज सुधार का कार्य धर्म का आधार लेकर उठाया। इसका तात्पर्य यह कदापि नहीं है कि रैदास मूलतः धार्मिक पुरुष या भक्त नहीं थे वरन् वास्तविकता तो यह है कि मध्यकाल में सामाजिक ढाँचा ही धर्म की भित्ति पर खड़ा था। अतः कोई भी सामाजिक विचार धर्म से स्वतन्त्र नहीं चल सकता था। उसे यदि सुधार करना था तो पहले धार्मिक ढाँचे में परिवर्तन करने की आवश्यकता थी। यदि परिवर्तन करना था तो धर्म को सुधारने की आवश्यकता थी। उस समय का चिन्तन धर्म की ही भाषा जानता था, अस्तु रैदास ने तत्कालीन युग में परम्परा से चले आ रहे सामाजिक अन्याय के परिणामस्वरूप तत्कालीन परिस्थितियों में हो रहे ध्वस्त भारतीय समाज के सामने सामाजिक समता तथा धर्म और भक्ति के क्षेत्र में प्रत्येक व्यक्ति के समान अधिकारों की बात कहकर नवयुग की सबसे बड़ी आवश्यकता का उद्घोष किया।[107]

इस्लामी राज्य की स्थापना के साथ ही हिन्दू-मुस्लिम संघर्ष का सूत्रपात हो चुका था। दोनों ही धर्मों के व्यक्ति अपने-अपने धर्मों को श्रेष्ठ सिद्ध करने में लगे हुए थे, जिसके कारण समाज तेजी से अधोगति की तरफ बढ़ रहा था। रैदास हिन्दू-मुस्लिम संघर्ष को अच्छी दृष्टि से नहीं देखते थे। उन्होंने दोनों ही धर्मों के व्यक्तियों को आपसी प्रेम व सौहार्द का पाठ पढ़ाया तथा दोनों में एकता कराने का प्रयत्न किया।

सन्त रैदास अपने युग के ऐसे महापुरुष थे जिनकी साधना ऐकान्तिक नहीं थी। वे स्वयं के मोक्ष हेतु गुफा में बैठकर साधना करने वाले सन्त नहीं थे बल्कि उनकी साधना सहज साधना थी और लोक के कल्याण के लिए थी जिसके फलस्वरूप रैदास ने अपने युग के मानव की पीड़ा को महसूस किया और व्यावहारिक रूप से उसका समाधान निकालकर अपनी वाणी द्वारा उस समाधान को जन सामान्य तक पहुँचाया।

नीची जाति में उत्पन्न किन्तु ऊँचे संस्कारों से युक्त सन्त रैदास ने सामाजिक क्षेत्र में बड़ी क्रान्ति ला खड़ी की। युगों से पददलित अस्पृश्य समाज को नैतिकता का वह सम्बल प्रदान किया जिसके द्वारा वे जन सामान्य के बीच में स्वयं को स्थापित कर सके। स्वयं के बीच होने की हीन ग्रन्थि को समाप्त कर सके तथा कथित निम्न वर्ग में उत्पन्न सन्तों ने कर्मों व वाणी द्वारा यह सिद्ध कर दिखाया कि ऊँची जाति में जन्म लेने वाला व्यक्ति ऊँचा व निम्न जाति में पैदा होनेवाला व्यक्ति नीचा नहीं होता है, बल्कि व्यक्ति तो अपने विचार, सिद्धान्त, कर्म व चिन्तन से ऊँचा उठता है और महान बनता है। यह जात-पाँत, ऊँच-नीच का भेद-भाव मनुष्यता को खाती है, इसलिए इसके फेर में उलझे रहना व्यर्थ है—

जात पाँत के फेर मे महि, उरझि रह्यो सब लोग।
मानुषता कूँ खात हई, रविदास जात कर लोग।[108]

सभी जाति, वर्ण, धर्म को समान सम्मान देने के कारण तत्कालीन समाज

में इन सन्तों का प्रभाव सर्वाधिक रहा। राजनीतिक दृष्टि से मजबूत व्यक्तियों का और न ही धनिक वर्ग के सेठ-साहूकारों का उस समय के समाज पर प्रभाव था।

भले ही जाति ओछी हो, जन्म भी ओछा हो, कर्म भी ओछा हो किन्तु जिसे प्रभु राम की शरण मिल गयी वह सबसे ऊँचा है–

नीच वृत्त में ऊँच-भए हैं, गन्ध सुगन्ध निवास।
जाति भी ओछी, जन्म भी ओछा, ओछा कसब हमारा।।

जब ब्राह्मण और शूद्र की अपनी एक परमात्मा-शक्ति है तो कहाँ पहुँचकर उनमें द्वैत हो जाता है।[109] मूलतः न कोई ऊँच-नीच है, न कोई जनेऊ धारण करने से ब्राह्मण ही बनता है।[110] ब्राह्मणी जनेऊ नहीं धारण करती तो वह शूद्र क्यों नहीं होती। ऐसे ही मुसलमानों में नारी की सुन्नत नहीं होती तो क्या वह सजाति नहीं होती।[111] इतने तर्कपूर्ण ढंग से प्रतिपक्षियों को ये उत्तर देते हैं कि सुननेवाला अनुत्तरित रह जाता है। कबीर के अनुसार सबका निर्माता कुम्हार परमात्मा है। सब एक मिट्टी के बने विविध भाँड हैं।[112] अतः किसी के उत्तम, मध्यम, अधम होने का प्रश्न नहीं है और न ही किसी छुआछूत, स्पृश्यापृश्य का भेद ही।[113]

मलूकदास ने जाति पर मिटने वाले सवर्णों को धिक्कारा है।[114] जगजीवन साहब ने भी सबमें एक ज्योति का प्रसार पाया है।[115] तथा रैदास ने राम भक्ति को विशेष माना है, जातीयता पूर्णतः व्यर्थ है।[116] चरणदास के अनुसार भगवान भक्तों को महत्त्व देते हैं जाति को नहीं, क्योंकि वे तन से पवित्र, मन से उज्ज्वल होते हैं।[117] कबीर ने भी शाक्त को अधम माना है क्योंकि उसमें अहिंसा नहीं, शेष में ऊँचा-नीचा होने की बात नहीं है।[118] 'जति-पाँति पूछे नहीं कोई' ही इन सन्तों का मूल स्वर था। हरि भजन को ही ये प्रमाण मानते हैं। पलटू का भी यही कथन है।[119]

धरनीदास का भी स्पष्ट अभिमत है कि अग्निष भोजी ब्राह्मण पापी है, वैष्णव-शूद्र वन्दनीय है।[120]

नानकदेव ने जाति पूछकर दान देने का निषेध किया है।[121] तुलसी साहब ने जात्याभिमानी लोगों को नरक का भागी माना है।[122] यारी साहब ने कनक आभरण न्याय से सब में एक ही तथ्य देखा है। ऊँच-नीच का भेद निरर्थक है।[123] सुन्दरदास के अनुसार जैसे अनेक प्रकार के जल में एक ही सूर्य का बिम्ब स्पष्ट लक्षित होता है वैसे ही अनेक जीवों में एक ब्रह्म है।[124] बुल्ला के विचार से बीज, अंकुर, फल, फूल सब समान हैं, फिर भी पाखंडी व्यर्थ अभिमान में चूर हैं।[125] दादू के मत से काया अनेक हैं, आत्मा एक है। जब रचना एक प्रकार की है जो हिन्दू, तुरूक ऊँच-नीच क्या रह जाता है?[126] गरीबदास की मान्यता है कि जैसे काली, श्वेत और लाल गायों का दूध एक प्रकार का होता है उसी प्रकार निरंजन के जो अंश हैं सब एक हैं। सन्त किसी एक जाति तक सीमित नहीं रहते। वे तो सम्पूर्ण मानव जाति के हो जाते हैं। नीच कही जाने वाली जातियों में उत्पन्न महापुरुषों ने अपनी प्रतिभा और

भगवन्निष्ठा के बल पर समाज में विरोध का भाव कम कर दिया था। दादू ने शायद इसलिए परम्परागत ऊँच-नीच के विधान के लिए उत्तरदायी समझी जाने वाली जातियों पर उस तीव्रता के साथ आक्रमण नहीं किया, जिसके साथ कबीर ने किया था।[127] कबीर के समय से ही भारतीय समाज में मुसलमानों के बीच जाति व धर्म-कर्म के कार्यों को लेकर जो खाई थी वह भर पाना कठिन था इसलिए उनमें द्वेष-बैर की भावना स्थिर हो गयी तथा वे लगातार एक-दूसरे पर आरोप लगाते रहे। दादू मानते हैं कि वे मुसलमान हैं और वे इसी देश में रहेंगे। वे इसी देश के नागरिक हैं। उनकी आलोचना करते समय उन्हें बाहरी व्यक्ति मानकर उनके विरुद्ध धर्म-युद्ध की घोषणा नहीं कर देनी चाहिए। बल्कि उनको अपना मानकर, इसी समाज का अंग मानकर उनकी कमियों की आलोचना करें। यदि उन्हें हम इस देश का नागरिक नहीं मानेंगे तो उनको नष्ट करने का प्रयास भी करेंगे ही। लेकिन दादू जैसे सन्तों का स्वर यह है कि जब हिन्दू और मुसलमान दोनों को एक ही साथ रहना है तो उन्हें आपसी भाईचारे से रहना चाहिए। आपस में लड़ने-झगड़ने से किसी को फायदा नहीं होगा।[128] इसलिए दादू दोनों को ही समान रूप से डाँटते हैं और उनके इस विचार की आलोचना करते हैं। दादू कहते हैं कि हिन्दू और मुसलमान के बीच वर्ग भेद की जो भावना है, वह भ्रम मात्र है, मिथ्या है, तथ्य रहित है। इसलिए द्वैत-भाव से रहित अद्वैत की भावना को ग्रहण करना चाहिए। यही विचार तत्त्वतः उचित है—

दादू दोन्यूं भरम है, हिन्दू तुरक गँवार।
जै दुहुवा थे रहित है, सौ गहितत विचार।।[129]

और ईश्वर को भी अद्वैत भाव ही रुचिकर है और सत्यप्रिय है किन्तु ये दोनों व्यर्थ ही द्वैत-भाव के चक्कर में उलझे हुए हैं—

दादू दुई दरोग लोग कौ भावै साई साच पियारा।[130]

इसी भ्रम में पड़कर दोनों ने खंड-खंड करके ब्रह्म को बाँट लिया है। पूर्ण ब्रह्म को त्यागकर भ्रम की गाँठ में बँधे हुए हैं—

षंड-षंड करि कूँ, पषि-पषि लिया बाटि।
दाई पूरन ब्रह्म तजि बँधे भ्रम की गाँठि।।[131]

वे तर्क देते हैं कि गर्भवास में कोई कुल-जाति नहीं होती तो बाहर आने पर कौन-सी विशेषता आ जाती है जिसके नाते भेद स्थापन करते हैं।[132] अक्षर-अनन्य ने लिखा है कि एक डरा हुआ शेर का बच्चा गड़रियों की भेड़ के साथ रहकर अपनी जाति भूल गया था। जब एक बार शेरों के बीच पड़ा, उनके द्वारा प्रबोध दिये जाने पर उसे अपनेपन का ज्ञान हुआ तभी वास्तविकता से उसका परिचय हुआ। इसी प्रकार संसारी जीवों में जाति का भ्रम व्याप्त है। लोक जीवन में चार वर्ष तो प्रधान है ही इसके अतिरिक्त कर्म के आधार पर भी जाति भेद बनाया है। जैसे—सोनार, लुहार आदि। जैसे सागर और लहर का अभेध सम्बन्ध है, दोनों में द्वैत नहीं है

इसी तरह जाति भेद नहीं होना चाहिए। काले-गोरे के आधार पर भेदभाव करना असम्भव है क्योंकि ब्राह्मण भी काले होते हैं। वाल्मीकि, व्यास, वशिष्ठ, विश्वामित्र, अगस्त्य, शृंगी ऋषि आदि सब सगात हुए थे किन्तु थे सब दूगात ही। अतः किसे श्रेष्ठ माना जाए?

दादू विचार करते हैं कि हिन्दू अपने मार्ग को उत्तम मानते हैं, तुर्क अपनी राह को। इन दोनों के जातीय मार्गों से भिन्न-अलह का पन्थ तो कुछ और ही है।

दादू हिन्दू मारग कहै हमारा, तुरक कहै रह मेरी।
कौण पन्थ हे कहौ अलष का, तु तौ ऐसी हेरी।[133]

इसलिए दादू दोनों को ही प्रेम पूर्वक समझाते हैं कि इस संसार में चाहे कोई हिन्दू हो अथवा तुर्क दोनों के ही पालनकर्ता ब्रह्म हैं—

हिन्दू तुरक का एकै करता, एकै ब्रह्म सबन को भरता।[134]
तथा दोनों ही एक शरीर के अंगों के समान है—
दादू दोनों भाई हाथ पग, दोनों भाई बाना
दोनों भाई नैन है, हिन्दू-मुसलमान।।[135]

इसलिए इन दोनों में बैर भाव नहीं होना चाहिए। अन्त में दादू विश्वास दिलाते हुए बड़ी ही मधुरता से कहते हैं कि हमने चहुँ ओर ढूँढ़कर देख लिया है। सभी में एक ही विचार मिलता है। हिन्दू-मुस्लिम के भीतर एक ही ब्रह्म की सत्ता का निवास है। दोनों की आत्मा एक है, अलग नहीं

हम सब देख्या सोधि करि, दूजा नहीं आन।
एक घट एकै आत्मा, क्या हिन्दू क्या मुसलमान।[136]

तत्कालीन समाज में मुसलमानी शासन का बोलबाला था तथा हिन्दू और मुसलमान में बैर भाव था जिसके कारण हिन्दू धर्म को मानने वाले हिन्दुओं को ये मुसलमान काफिर कहकर सम्बोधित करते थे जिसका विरोध कवि तो करते ही हैं, दादू ने भी विरोध किया है। दादू कहते हैं कि जो लोग काफिर कहते हैं, उनका दिल ही साफ नहीं है। उनके दिल में कूड़ा एवं करकट रूपी विचार विद्यमान है। ऐसे लोगों को प्रभु की क्या पहचान हो सकती है जिनका हृदय खुद ही साफ नहीं है अर्थात् दूसरों के लिए कपट विचार से भरे हुए हैं।

दादू काफिर जे बोले काफ दिल आपणी नहीं राषै साफ।
साई कू पहिचाणै नाहि, कूड़ कपट सब उसकी माहि।।[137]

आपसी बैर-भाव विनाश का कारण होता है और यह भेदभाव की प्रवृत्ति अविद्या, अज्ञान की उपज होती है तथा संकीर्ण मानसिकता की द्योतक होती है। अतः सभी प्राणियों को चाहिए कि वे समता की भावना को अपनाएँ और आपस में मिलकर रहें। दादू का भी मानना है कि व्यक्ति आपसी भेद-भाव को भुलाकर अपनत्व से रहे। किसी से बैर नहीं हो क्योंकि सभी में एक ही ईश्वर का निवास है

और सभी उसी ईश्वर के अंग से उत्पन्न हुए हैं। तब यह दूजे-पराये का भाव रह ही नहीं सकता और न ही किसी से बैर ही रखा जा सकता है—

दादू किस सौ बैरी है रह्या, दूजा कोई नाहि।
जिसके अंग थै उपजै कोई है सब माहि।।[138]

दादू अपने समाज में फैली ऊँच-नीच जात-पाँत सम्बन्धी उत्पन्न सामाजिक कुरीतियों को दूर करने के साथ-साथ हिन्दू-मुसलमान में मन्दिर-मस्जिद, कर्मकाण्ड, पूजा-पाठ को लेकर जो वैमनस्य का भाव था उसे भी दूर करने का प्रयत्न करते हैं। हिन्दुओं के मन्दिर के निर्माण व उसके पाषाण को परमेश्वर बनाकर पूजा करने की आलोचना करते हैं तो मुसलमानों के मस्जिद व उसमें मांस चढ़ाने की प्रथा की आलोचना करते हैं

दादू आप चिणावैं देहुरा, तिसका करहि जतन।
प्रतपि परमेश्वरि कीया, सो भानै जीव रतन।।
....
दादू मसीति सँवारी माणसौ, तिसकौ करहि सलाम।[139]

तथा दादू उस अलख से निरन्तर प्रीतिपूर्वक सम्बन्ध बनाये रखना चाहते हैं जबकि हिन्दू और मुसलमान दोनों मन्दिर व मस्जिद के मतभेद में उलझे रहते हैं किन्तु दादू के इस अलख के स्थान में न कोई हिन्दू-मुसलमान है और न ही मन्दिर-मस्जिद मतवाद की अवधारणा है। वहाँ पर तो आपै-आप की अनुभूति है।

दादू हिन्दू लागै देहुरा मुसलमान मसीति।
हम लागे येक अलेंष, सौ सदा निरन्तर प्रीति।।

उक्त उद्धरणों से स्पष्ट होता है कि सन्तों का जाति सम्बन्धी दृष्टिकोण नितान्त उदारवादी रहा है। ये अध्यात्म का पल्ला पकड़कर सारी विषमता और सारे विभेद को मिटा देना चाहते हैं। समाज में पाखंडियों की अपनी अलग व्यवस्था है जो वर्णाश्रम, धर्म और संस्कार आदि को महत्त्व देते हुए अपने को श्रेष्ठ समझते हैं जिसका कोई ठोस आधार नहीं है। सन्तों का विरोध मात्र विरोध के लिए नहीं था उनकी मान्यताएँ काल्पनिक न होकर उनकी अनुभूति यथार्थवादी भूमि पर टिकी हुई है। शूद्रों के विषय में अपना मत व्यक्त कर इन सन्तों ने उनके मनोबल को ऊँचा उठाया है, उनकी निराशा को दूर कर उन्हें भी ऊपर उठाने का अवसर प्रदान किया है। इसी जाति के आधार पर उनका आर्थिक, सामाजिक, धार्मिक शोषण किया जा रहा है। उन्हें इससे मुक्ति मिलती है। उन्हें स्वतन्त्र चिन्तन का अवसर मिलता है।

4.3. सन्तों द्वारा भारतीय जनमानस का लोक जागरण

सन्त साहित्य का भारतीय साहित्य में बहुत लम्बी परम्परा रही है। दक्षिण के आलवार सन्तों, महाराष्ट्र के नामदेव, तुकाराम, सन्त ज्ञानेश्वर, मध्यकाल के निर्गुण सन्त कबीर

आदि से लेकर अब तक जितने सन्त हुए हैं उनका लेखा-जोखा कर पाना सम्भव नहीं है। हिन्दी साहित्य का मध्यकाल भी पूर्व मध्यकाल और उत्तर मध्यकाल के रूप में जाना जाता है। पूर्व मध्यकाल में जितने सन्त हुए हैं, उत्तर मध्यकाल में उससे कम सन्त नहीं हुए हैं। इसी का परिणाम है कि कबीर पन्थ, नानक पन्थ, दादू पन्थ, बाबरी पन्थ, निरंजन सम्प्रदाय, गुलाल पन्थ, सतनामी पन्थ, रामस्नेही सम्प्रदाय, शिव नारायणी सम्प्रदाय, प्राणनाथी सम्प्रदाय, लालादासी सम्प्रदाय और सहजिया सम्प्रदाय आदि एक के बाद दूसरे उसी श्रृंखला में जुड़ते चले गये। पुनः यदि कहना हो तो इसे यों कहा जा सकता है कि मध्यकाल के पूर्व से लेकर 19वीं सदी और उसके बाद तक यह परम्परा चली आती है।

ध्यातव्य है कि नामदेव आदि सन्त छीबा, हीनडी आदि जातियों के थे। कबीर और उनके परवर्ती सन्तों में जुलाहा, नाई, कौरी, चमार, जाट, क्षत्रिय आदि सभी जातियों के सन्त हुए हैं किन्तु पूवपीठिका की ओर ध्यान देने से लगता है कि इस जाति को धर्म, भक्ति, ज्ञान आदि के क्षेत्र में कोई स्थान नहीं दिया गया था। फलतः सामाजिक दृष्टि से भी इनको मान्यता सबसे बाद में दी गयी थी। निश्चय ही इसके नाते उनमें हीनता की भावना रही होगी। स्वामी रामानन्द के प्रादुर्भाव से इन वर्णों के लिए भक्ति का मार्ग प्रशस्त हो गया। युगीन समाज में यह मान्यता भी घर कर गयी थी कि 'जाति-पाँति पूछे नहिं कोई, हरि को भजे सो हरि का होई।' इन सबों ने यह स्वीकार किया था कि हरिजन की कोई जाति नहीं होती है। सदियों से निबन्धित नियमों में जकड़ी इस जाति को सुअवसर मिला। असवर्णों में इसके प्रति ललक जागृत होने लगी कि वे भी भगवान के प्यारे बनें और आम लोगों में अपनी भक्ति और विशिष्ट गुणों के कारण पूज्य भी। ऐसा लग रहा था कि इनका जत्थे का जत्था भक्त हो जाएगा। जब से कबीर आदि सन्तों ने 'तुम कत बामन हम कत सूद' का प्रश्नचिह्न सवर्णों के सम्मुख लगा दिया था तब से ही इनका मनोबल निस्सन्देह द्विगुणित हो उठा था। जहाँ-तहाँ के सवर्णों से शास्त्रार्थ, वाद-विवाद करने और लोहा भी लेने लगे थे। जैसा कि उसी समय में वर्णाश्रम धर्मी तुलसीदास के शब्दों से स्पष्ट होता है–

यादहि सूद्र द्विजह ते, हम तुम ते कछु घाटि।
ब्रह्म जो जानह विप्रवर, आँखि देखावहिं डाटि।।[140]

इस विषय में इनका विवाद विशेषकर पंडित और पाण्डे से ही रहा है। अपनी बात को सिद्ध करने के लिए ये परवर्ती सन्त तथा पूर्ववर्ती सन्तों का नाम लेते और यह कहते थे कि बड़े लोग, सवर्ण ईश्वर के दरबार के अधिकारी नहीं हैं। इसलिए कि इनका बड़प्पन मात्र दम्भ है, दिखावा है।

इस सम्दर्भ में यह भी ध्यातव्य है कि सवर्ण और असवर्ण दोनों प्रकार के हिन्दू

इस युग में शासित ही थे। इसलिए एक शासित का दूसरे के लिए भय भी नहीं हो सकता था। इसलिए इनकी प्रगति में अवरोध नहीं आया। कबीर आदि के बाद तो इन छोटे शूद्र वर्गीय सन्तों को अपना अलग सम्प्रदाय प्रतिष्ठित करने का हौसला जग उठा था। कभी-कभी सवर्णों में भी अच्छी हैसियत वाले लोग इनके प्रभाव में आकर इनका शिष्यत्व भी ग्रहण कर लेते थे। यह इनके लिए और भी श्रेय और महत्त्व की बात होती थी। जब यह स्थिति सवर्णों की थी तब तो असवर्ण उनके सजातीय और सगोत्रीय थे। इन शूद्रों में तो एकाध वर्ग ऐसा मिलता है जिसका सम्बन्ध बयनजीवी जुगी जाति से लगाया जाता है, कबीर इसी वंश के वंशज बताये जाते हैं। इनकी जाति न तो हिन्दू की है और न ही शुद्ध मुसलमान की। फिर भी ऐसा लगता है कि ये मुस्लिम संस्कारों के अधिक निकट पहुँचते हैं। ये प्रायः प्रवृत्त और गृहस्थ होते हैं किन्तु योगी को वेश धारण कर निर्गुण के गुण गाते हैं। गोपीचन्द और राजा भर्तृहरि का चरित्र गान कर भिक्षाटन करते थे। इनकी यही आजीविका हो गयी थी।

शूद्रों का दूसरा वर्ण जिसका सम्बन्ध ग्रामीण जीवन से है, उनमें अनेक लोग ऐसे पाये जाते हैं जो इन सन्तों के पद खँजड़ी पर गाते हैं। इसी बहाने उनका मनोरंजन, सत्संग और भजन सब कुछ होता है। कबीरकालीन सन्तों को सम्प्रदाय, मजहब या कंठी-माला, मन्त्र से कोई सरोकार नहीं था किन्तु परवर्ती सन्तों में जो आडम्बरवादी थे इन सब बातों का विशेषकर प्रचलन हो गया था। हम यह देखते हैं कि जो सन्त जनेऊ और संस्कार के नाम पर तब ब्राह्मणों से विवाद कर लेते थे उनके वंशज कंठी धारण करने के लिए जनेऊ का सूत बाजार से लाते थे और पहनते थे। इतना ही नहीं, वे ब्राह्मणों से जनेऊ भी माँगकर पहनने लगे। इस युग में बुद्धिवाद के विकास के साथ-साथ उच्च वर्णों ने यह माला, तिलक और जनेऊ का आडम्बर त्याग ही दिया है किन्तु सन्तों के ये उत्तराधिकारी वंशज अपने को अब सवर्णों से भी ऊँचा, पवित्र और संस्कारवान भक्त बताने के लिए कंठी, माला, तिलक, जनेऊ सबका विधान करने लगे हैं। इतना ही नहीं शूद्रों के यहाँ विप्र को बुलाने, ज्योतिष, मुहूर्त आदि का कोई महत्त्व नहीं, होता था किन्तु अब उनके अनेक कार्य शास्त्रीय विधान का आलम्बन लेने लगे हैं।

कोई भी चिन्तनधारा यकायक जन्म नहीं लेती है, उसके पीछे अनेकों वर्षों की चिन्तन शृंखला जुड़ी होती है। भारतीय चिन्तन का मूल वेद माना जाता है। बार-बार इसकी विवेचना की गयी है कि कि जिस प्रकार एक ही आग से विश्व में आग के अनेक रूप पाये जाते हैं, उसी प्रकार एक ही आत्मा सम्पूर्ण भूतों में समाकर अनेक रूपों में प्रकट हो रही है। इतना जान लेने पर फिर हमारे बीच ऊँच-नीच की विषमता पैदा हो ये यह उपयुक्त नहीं है। गीता में जहाँ एक ओर गुण, कर्म, विभागानुसार चार वर्ण बनाये गये हैं, वहीं ब्राह्मण और चांडाल में भी कोई अन्तर नहीं देखा गये है। तो क्या इन धाराओं को हम अन्तर्विरोधी मान

लें? मेरा विचार है कि असवर्णों को गुण-कर्म चुनने का अवसर नहीं दिया गया। सिद्धान्ततः शायद वे समता को मानते भी रहे हों किन्तु व्यवहार में यह उन्हें सर्वथा अमान्य थी। यहाँ उन ब्राह्मणों का उल्लेख भी मिलता है जो चिन्तन, तर्क एवं ज्ञान को प्राथमिकता देते थे, कर्म को नहीं। या तो ये कम सशक्त थे अथवा अल्प संस्थापक थे जिसके नाते उन्होंने उस कर्मकांड, वर्ण व्यवस्था और पुरोहितवाद का विरोध नहीं किया, जिसका मध्यकाल के सन्तों ने प्रबल विरोध किया था। इस बात को सभी लोग जानते हैं कि विरोधी के अस्त्रों से ही उसे परास्त करने की कला में ये सन्त महारत प्राप्त थे। उपनिषदों के समतामूलक शास्त्रीय चिन्तन को ही इन्होंने व्यावहारिक रूप दिया और अपने अधिकार की माँग प्रस्तुत की। सन्तों के आग्रह, उपदेश का प्रभाव चाहे कुछ दिनों तक शासन के क्रमिक परिवर्तन के नाते अस्थायी रहा हो किन्तु आगे चलकर जिसे हम पाश्चात्य बुद्धिवाद की देन स्वीकार करते हैं, वह वैचारिक क्रान्ति ब्रह्म समाज, आर्य समाज, प्रार्थना समाज, थियोसोफिकल सोसाइटी, विवेकानन्द, महर्षि अरविन्द और गाँधी आदि में प्रचुर मात्रा में दिखाई पड़ी। यदि इन सभी धाराओं को सन्त विचार साधना से प्रभावित मानें तो किंचिदनुपयुक्त नहीं होगा। इन धार्मिक संस्थाओं ने सतीप्रथा, नर-बलि, पशु-बलि, बाल-विवाह, विधवा-विवाह, छुआछूत, वर्ण जातीय भेद, अन्धविश्वासों और जर्जर रूढ़ियों के सम्बन्ध में सुधार करने के लिए सकारात्मक प्रयास किये हैं। लोकतन्त्र की स्थापना देश में हो जाने के बाद सारे सुधार सरकार के कार्यक्रम के अंग बन गये। कुछ विशेष विकृतियों के समापन के लिए धारण किया और कानून भी बना दिये गये। इसलिए उन्हें मानना व्यक्ति के लिए अनिवार्य हो गया। इस प्रकार सन्तों की वह वैचारिक क्रान्ति यहाँ आकर पूर्णतः निर्बाध रूप से व्यावहारिक धरातल पर पहुँचती है। जहाँ हम दायित्व से प्रभावित होकर उच्च वर्ण के इन महामानव प्रतिनिधियों को समाज का मार्गदर्शन करते हुए पाते हैं वहीं सन्तों की साधना और देन का उच्चवर्णों पर प्रभाव, स्वयमेव सिद्ध हो जाता है।

जहाँ तक अन्धविश्वास की बात है, जर्जर रूढ़ियों की बात है, वे भी समाप्त हो रही हैं, देवी-देवताओं की भावना यदि हम मन से निकाल देंगे तो नास्तिक कहलायेंगे। आत्म शान्ति सम्भव नहीं हो सकेगी, इसलिए कुछ लोक विश्वास अब भी चल रहे हैं और चलेंगे किन्तु जहाँ तक पानी-पाथर, मूर्ति पूजा और माटी के देव-भवानी पूजने की बात है, वह समाप्तप्राय ही है। सवर्ण घरानों में भूत-प्रेत, टोना-टोटका की भावना का अभाव-सा हो रहा है। इसलिए जीव-हिंसा और बलि की बात, पचरा गाने की बात सवर्णों में निश्चित रूप से नगण्य-सी रह गयी है। आज का सवर्ग अपने को सुविकसित मानता है। समाज में वह सभ्यता में सबसे आगे जाना चाहता है इसलिए स्वयं सारे बन्धनों को, लोकाचार को खंडित करता जा रहा है। दकियानूसी प्रवृत्ति की अब इस समाज में हँसी उड़ायी जाती है और उन पर जमकर आक्षेप

किया जाता है। समाज का नेतृत्व अब प्रायः नये रक्त के हाथ में है। रूढ़िवादी तो पुरानी आयु के लोग होते हैं। ये नवयुवक नये रंग में रंगे जाने के लिए प्रयत्नशील हैं, इसलिए हमारे घर में ही इन रूढ़ियों के लिए विद्रोह हो जाया करता है। विवाह आदि के विधान और रीतियों की जहाँ तक बात है, उसके भी पौराणिक विधान समाप्त हो रहे हैं, प्रेम विवाह और कानूनी विवाह को मान्यता मिल रही है। जहाँ खर्च वगैरह की कोई बात नहीं आती। पहले खानपान के विषय में हममें प्रतिबद्धता होती थी कि कुछ निश्चित दिन तक भाई-बन्धुओं को भोजन अवश्य कराया जाए वहीं अब यह स्वैच्छिक हो गया है। मनोरंजन के लिहाज से खुशी जाहिर करने के लिए प्रीतिभोज का विधान है। ब्राह्मणों को भोज देना आवश्यक नहीं रह गया है।

आज के ब्राह्मणों की न तो पुराने रूप में आवश्यकता ही समझी जा रही है और न ही उन्हें इस बात का शौक ही रह गया है कि वे समाज की रूढ़िवादिता का प्रतिनिधित्व करें। उनके बच्चे जिन्हें संस्कृत की प्रारम्भिक शिक्षा जीविका निर्वाह के लिए दी जाती थी, आज कॉलेजों में पढ़ने के लिए जाते हैं। उन्हें लज्जा आने लगी है, पिण्डदान और त्रयोदशाह कराने में। आज न वे कथावाचक हैं, न पुरोहित हैं और न ही विवाह के मन्त्रोच्चारक हैं। इन सारे अभूतपूर्व परिवर्तनों के पीछे तो सन्तों की इसी विचार-सरणि का प्रतिफलित रूप दिखाई देता है जिनका स्वर था कि समाज में विषमता किसी भी मायने में नहीं रहनी चाहिए। वह पूरा भी हुआ है।

सवर्णों में जहाँ तक स्नेह, सौहार्द की बात है, उस विषय में भी ये अब पर्याप्त उदारमान दीख रहे हैं। प्रायः आज के जीवन में अन्तर्विरोध दिखाई देता है। एक ओर तो हम स्वार्थप्रेरित वृत्ति के नाते आत्मकेन्द्रित हो रहे हैं, दूसरों की हमें अपेक्षा भी नहीं है, वहीं दूसरी ओर स्वार्थ साधन के नाते हमें उनकी अपेक्षा होती है। इसलिए हम उन असवर्णों के प्रति उदारवादी दृष्टिकोण अपनाते हैं। उनके लिए सुविधाएँ जुटाते हैं तथा उनके सुख-दुख में भागीदार भी होते हैं। भौतिकवादी युग के नाते हम ऐहिक उत्थान, लौकिक अभ्युदय भी चाहते हैं किन्तु जहाँ सन्तों की वह नश्वरतामूलक वाणी सुनाई दे जाती है तो उसके प्रति अशेष विरक्ति भी हमारे मन में उत्पन्न हो जाती है। मूल कथ्य यह है कि न तो हम किसी गुणवृत्ति का परित्याग कर सकते हैं और न पूर्णतः उन्हें अपना सकते हैं। अतः हमारी स्थिति मध्यममार्गीय के जैसी हो गयी है। किसी न किसी रूप में यह भी चलाऊ कही जा सकती है क्योंकि यही मध्यम मार्ग सन्तों की रहनी का मूल है।

सन्तों ने राम-रहीम, केशव-करीम की एकता पहले ही स्वीकार की थी। उन्हें हिन्दू-मुस्लिम जाति और धर्म के विषय में भी एकता दिखाई पड़ती थी। वास्तविकता भी यही रही है, फिर तो दोनों को परस्पर सद्भावना और स्नेह रखना चाहिए। एक-दूसरे के प्रति उदार और सहिष्णु भी होना चाहिए। जहाँ तक भारत के अखण्डित राष्ट्र होने की बात है, इन दोनों वर्णों की एकता तब भी अपेक्षित थी और आज भी है। यह

अवश्य है कि एक विजेता था और दूसरा विजित। एक शासक था और दूसरा शासित। अतः विजेता अपने दम्भ और उन्माद में ही अधिक दिनों तक डूबा रहा। वह परम स्वतन्त्र था। जब उसका मन हुआ तो उसने सहानुभूति दिखाई और नहीं तो नृशंसता और क्रूरता। हमारा मूल यही है। हम यहाँ के सच्चे अर्थों में उत्तराधिकारी हैं किन्तु चाहे-अनचाहे हमने उन्हें स्वीकार किया। सांस्कृतिक सहिष्णुता के नाते उनमें मैत्रीभाव रखा। मानव में संस्कारों की सर्जना विभिन्न स्तरों पर होती है। एक संस्कार भारतीय हिन्दुओं का रहा है, जिसके नाते वे सदा झुके हैं, टूटे नहीं। वहीं दूसरा संस्कार बाहर से आयी जातियों का रहा है जो अपनी उग्रता के नाते झुके नहीं, टूटे हैं। प्रायः देखने में यही मिलता है कि हिन्दू स्वभाव से नम्र और सहनशील होते हैं किन्तु मुसलमानों की मारक प्रवृत्ति अब भी अपनी झलक छोड़ती है।

सन्तों का सिद्धान्त सार्वभौमिक कल्याण के लिए था। उन्होंने आततायियों को सदा से माफ किया है। इसलिए उनमें समझौता सर्वत्र दिखाई देता है। समाज में दोनों वर्गों को साथ रहना था, अतः समझौते की भावना सर्वत्र दिखाई देती है। समाज में दोनों वर्गों को साथ रहना था, अतः प्रतिदिन की मार-धाड़ उन्हें प्रिय नहीं लगी। सबको उन्होंने एक खुदा के बन्दे करार कर दिये। समायोजन कभी एक पक्ष से नहीं आता है। कभी तो इन शासकों में दो-चार अति उदार हुए हैं तो कभी अति कट्टर और धर्मान्ध। हिन्दी प्रथा सम्भवतः बहुत दिनों तक पिछली मार और पीड़ा को नहीं विस्मृत कर सकी थी किन्तु सन्तों ने उसे, 'जो तोको काँटा बोवै ताहि बोउ तू फूल' का उपदेश दिया था।

अतः उसे स्वीकार करने में इन्हें तनिक भी आत्मिक संकोच नहीं हुआ। एक के बिना दूसरे का काम नहीं चलता था। फलतः कालान्तर में दोनों का पारस्परिक सद्भाव आरम्भ हुआ। कहीं-कहीं तो यह भी देखने में आया है कि मुसलमान नवाबों, बादशाहों की क्षत्रिय नरेशों से पटती भी खूब थी। देश में अंग्रेजी शासन की स्थापना के बाद से यहाँ के हिन्दू और मुसलमान दोनों शासित ही रहे। अंग्रेजों ने भेदवाली नीति को अपनाया और अन्त तक उन्होंने इसे नहीं छोड़ा। ऐसे समय में दोनों गुमराह किये जाते थे। उनमें कटुता और वैमनस्य जानबूझकर उत्पन्न किया जाता था। कभी शासन की चाटुकारी करके हिन्दू प्रतिनिधि कोई अपना कार्य सिद्ध करते थे तो कभी मुस्लिम प्रतिनिधि। यह भी निर्विवाद है कि मुसलमान भारत में बहुत दिनों से रह रहे हैं। उनमें स्थायित्व आ गया है। यही उनका मूल है। उनकी जन्मभूमि, कर्मभूमि, मातृभूमि सब कुछ यही है, ऐसा वे समझने लगे हैं। यदि वे ऐसा न करते तो देश असुरक्षित होता, यहाँ की जाति असुरक्षित होती। प्रायः यह देखा गया है कि जब भी देश पर कोई बाह्य संकट आया है, उससे दोनों ने मिलकर निबटने का प्रयास किया है। इतना होते हुए भी उसमें कोई खोट रह गयी थी जिसके नाते उन्होंने देश का अहित करने का प्रयास किया। स्वतन्त्रता प्राप्ति के बाद देश में साम्प्रदायिकता की भावना और जोर पकड़ने

लगी। दंगे आरम्भ हुए और देश-विभाजन की माँग और जोर पकड़ने लगी।

महात्मा गाँधी अपने सत्याग्रह और अहिंसावादी सिद्धान्त के नाते अधिक जाने जाते हैं। ऐसे समय में देश की बिगड़ती स्थिति पर नियन्त्रण पाने के लिए उन्होंने मुसलमानों की सारी माँगों को स्वीकार किया। यद्यपि इस अवधि में उन्हें हर कदम पर भरपूर क्षति उठानी पड़ी थी, इसके बावजूद वे अपने एकांगी दायित्व का निर्वाह, देशवासियों की इच्छा के विरुद्ध भी करते रहे हैं। हिन्दू-मुस्लिम दंगे के बीच स्वर्गीय गणेशशंकर विद्यार्थी जैसे दिव्य आत्माओं ने अपनी आहुति दे दी। दंगे से सम्बन्धित इन हिंस्र जीवों के मन में तनिक भी दयालुता नहीं आ सकी, उनके लिए इसका कोई मूल्य नहीं था। पाकिस्तान के विभाजन के समय देश में कत्ले-आम का पुराना वीभत्स इतिहास पुनः दोहराया गया। अनेक आलोचकों का यह सामान्य विश्वास रहा है कि जिस मुसलमान जाति में लोग माता-पिता और भाई की हत्या कर सम्राट बन बैठे थे, जो अपने बाप के नहीं हो सकते उनके ऊपर हम कैसे विश्वास कर सकते हैं? यदि हम कुछ करने को तैयार भी हों तो वे तो ठहरे पुराने विश्वासघाती। उनका दिल हमसे बाहर से भले मिल जाए किन्तु भीतर से सम्भव नहीं है।[141] हमारे लोक जीवन में बड़े कटु अनुभव के आधार पर एक उक्ति चलती है जिसका आशय यह है कि कुत्ता जीभ से चाटकर पानी पीता है। यदि वह पूरे मुँह से पानी पीने लगे तो भी तुर्क जाति कभी भी मित्र नहीं हो सकती।

इस समय हिन्दू मुसलमानों की एकता में धर्म और मजहब कहीं भी बाधक बनकर नहीं आया है। मुसलमानों के यहाँ ईद वगैरह के असवर पर हिन्दू मुबारकवाद देने जाते हैं। गाँव वगैरह में उनके मुहर्रम और ताजिये में भी हिन्दू शामिल होते थे। मुसलमानों के साईं और फकीरों को हिन्दू बाअदब भिक्षा देते, उनकी दुआ लेते। इतना ही नहीं अनेक विघ्न बाधाओं की शान्ति के लिये उनसे गुटका और ताबीज भी बनवाते थे। अब तो वे परस्पर एक दूसरे के शादी-विवाह में भी बड़ी रुचि-पूर्वक भाग लेने लगे। मैत्री भाव के नाते उनका पारस्परिक सहयोग बढ़ता जा रहा था। छुआछूत आदि की तो बात प्रायः समाप्त ही हो गयी। दोनों पास बैठकर भोजन करते। कुछ मुसलमान तो इतने संस्कारवान थे जो हिन्दू प्रतीत होते थे। उनके बच्चे इस समय हिन्दी, संस्कृत की उच्च शिक्षा भी प्राप्त कर रहे हैं। दोनों के बीच इस प्रकार की समता लाने का श्रेय सन्त कवियों को है।[142] मध्यकालीन सन्तों की विचार-सरणी से प्रभावित होकर ही बाद में लोकनायक, महामानवों का एक ऐसा बल प्रकाश में आया जिसमें विवेकानन्द, रानाडे, सर सैयद अहमद खाँ, राजा राममोहन राय, केशव चन्द्र सेन, रवीन्द्रनाथ टैगोर के नाम विशेषकर उल्लेखनीय हैं। इन सबों ने समग्र मानवता को एक रूप करना चाहा था। स्वामी विवेकानन्द का यह मत कितना मान्य है, हमारी जन्म भूमि का कल्याण तो इसमें है कि उनके दो धर्म हिन्दुत्व और इस्लाम मिलकर एक हो जायें वेदान्ती मस्तिष्क और इस्लामी शरीर के संयोग से जो धर्म

खडा होगा, वही भारत की आशा है।[143] महर्षि दयानन्द सरस्वती ने भी दोनों धर्मों की एकता के लिए हर सम्भव प्रयास किया था। यही कारण है कि उनके निधन के अवसर पर सरसैयद ने बड़ी गहरी शोक संवेदना व्यक्त की थी। कविवर रवीन्द्र विश्वधर्म के महान् स्वप्नद्रष्टा थे, उनकी कविताओं में भारतीय राष्ट्रीय एकता के अनेक भाव भरे पड़े हैं। वे भारतीय सामाजिक संस्कृति के एक सशक्त उद्गाता हैं

हैथाय आर्य है हैथाय, हैथाय द्रविड़ चीन,
शक-हूण-दल, पठान मोंगल एक देहे हलो लीन।।

अर्थात् यहाँ आर्य हैं, अनार्य हैं, यहाँ द्रविड़ और चीनी वंश के लोग भी हैं। शक, हूण, पठान और मुगल न जाने कितनी जातियों के लोग इस देश में आकर इसी शरीर में समाकर एक हो गये हैं। यह भारतीय एकता और अखण्डता की अद्भुत अनुभूति है। स्वर्गीय दिनकर जी ने लिखा है कि—"मेरा विश्वास है, मुसलमानों के भीतर भारतीय राष्ट्रीयता की जो धारा फूटी थी, वह आज भी मौजूद है और वह अपना काम करती जायेगी।"[145] इस प्रकार यदि महान् विचारकों की धाराणाएँ हिन्दू-मुस्लिम एकता को बनाये रखें तो सन्तों का स्वप्न साकार हो सकेगा।

4.4 मनुष्यत्व की प्रतिष्ठा में सफलता

सन्तों के पूर्वकालीन समाज में जो अशान्ति-अव्यस्था **और** उथल-पुथल रही है, इसका उल्लेख अनेक स्थानों पर किया जा चुका है। पीड़ित मानव के दुख-दर्द को यों ही देखते रहना सन्तो के लिए सह्य नहीं हो सका, फलतः उन्होंने मानवता को धरती पर ही पूर्ण देवत्व प्रदान करने का संकल्प-सा कर लिया था। अपने इस प्रयास में वे कृतार्थ भी हुए हैं, इसमें कदापि विवाद नहीं है। इनकी कथनी-करनी, रहनी और उपदेशों से राजा-प्रजा सभी प्रभावित लगते हैं। इतिहास का यदि हम अनुशीलन करें तो ज्ञात होता है कि मुगल साम्राज्य की विधिवत् स्थापना हो जाने के पूर्व आये दिन युद्ध छिड़े रहते थे, किन्तु इधर सन्तों के प्रादुर्भाव के साथ दिल्लीश्वर ही जगदीश्वर बन गया। अब तो युद्ध नाममात्र के ही रह गये। राजा का धर्म प्रजा-पालन ही रह गया था। जनता में कर भुगतान आदि का कष्ट किंचित् चाहे रहा हो, शेष सम्भवतः कोई बात नहीं थी। नामदेव, कबीर आदि के बाद का समाज तुलसीदास का समकालीन समाज था। लगता है कि उन सन्तों की विश्व मानवता यही चरितार्थ और पूर्ण होती हुई दीख पड़ती है। जहाँगीर का नाम विलासिता के नाते भले कुछ बाद हो, किन्तु उसकी न्यायप्रियता और प्रजा-पालन को मुगल साम्राज्य में एक अप्रतिम उदाहरण माना जा सकता है। मेरा विचार है कि तुलसी ने जिस राम राज्य की कल्पना की थी, वह उस युग में पूरी तरह स्थापित हो गयी थी। मुगल साम्राज्य अति विस्तीर्ण रहा है। प्रधान शासक भी उनका एक ही था। तुलसीदास ने 'भूमि सप्त सागर मेखला। भूप एक रघुपति कोसला' की उक्ति सम्भवतः इसी कारण कही हो। इतना ही नहीं, तुलसी के राम-राज्य में प्रजा

प्रसन्न थी। किसी को कोई कष्ट नहीं था। हाथी और शेर एक साथ रहते थे। वृक्ष फलदायक थे। अतिवृष्टि, अनावृष्टि का कोई प्रकोप नहीं था। किसी का किसी के साथ दुराव-द्रोह नहीं था। प्रभु के प्रताप से विषमता समाप्त हो गयी थी। मानव-मानव परस्पर प्रीति का निर्वाह करते थे। सब नियम के अनुकूल धर्माचरण करते थे। इस प्रकार सर्वत्र सुख-शान्ति और समृद्धि का बोलबाला था। ऐसा लगता था कि तुलसीदास ने अपने इस चित्रण में मुगलकालीन समाज और संस्कृति से ही प्रेरणा प्राप्त की थी।

देश में ब्रिटिश सत्ता के आगमन के बाद जनता के लिए किसी बाह्य संकट की आशंका नहीं रह गयी थी। यह अवश्य था कि विज्ञानवाद के विकास कुछ राष्ट्रों की विस्तारवादी नीति के कारण मानता है, संसार का नियमन अपने ही कठोर हाथों में रखना चाहता है। यूँ तो देश की प्रजा के लिए सुख-शान्ति के साधन अब भी अधिक थे। अंग्रेज राज 'सुख साज सजे सब भारी' वाली उक्ति से इस कथन की पुष्टि होती है किन्तु यह भी सत्य है कि 'सर्वम् परवंशदुखम् सर्वमात्म वंशसुखम्।' मानव अपनी इस नियति से मुक्ति पाना चाहता था। उधर अमेरिका द्वारा जापान के हिरोशिमा और नागासाकी नगरों पर बम वर्षा करने से विश्व की दयालु मानवता एक बार पुनः कराह उठी थी। फिर यहाँ का जन मानव धर्म का दीपक दया का दीप जलाने के लिए ईश्वर से विनय करने लगा। जली सूखी के प्राणों में फिर से आर्द्रता का समावेश होने लगा। बीसवीं शती के आरम्भ में हिन्दी के प्रायः सम्पूर्ण कवि लोक मंगल की उदात्त भावनाओं से पूरित दिखाई देते हैं। हरिऔध, मैथिलीशरण गुप्त, निराला, प्रसाद, पन्त और दिनकर आदि विश्व मानवता का स्वप्न साकार करने की ओर अग्रसर होते देखे गये हैं। प्रायः आलोचकों ने इन आधुनिक कवियों के जीवन-दर्शन में अरविन्द, विवेकानन्द आदि के चिन्तन का प्रभाव देखा है। मैंने पहले भी यह कहा है कि वे तत्त्व द्रष्टा योगी मध्ययुगीन सन्तों से, उनकी विचारसाधना से प्रभावित थे। अतः अप्रत्यक्ष रूप से यह परम्परा अविच्छिन्न गति से अब तक चलती आ रही है। जहाँ भी मानवता की विजय के लिए समर सत्ता का प्रचार किया गया है, उसके मूल में सन्तों की चिन्तन-सरणि ही क्रियाशील दिखाई देती है। अतः हम कह सकते हैं कि इन सन्तों को मानवता की प्रतिष्ठा में, उसके व्यापक प्रचार-प्रसार में सर्वतः सफलता प्राप्त हुई है। युग की महानतम विभूतियाँ काल प्रसूत होती हैं। समाज को जब उनकी महती आवश्यकता होती है, तभी उसका प्रादुर्भाव होता है। गीता में श्रीकृष्ण ने तथा मानस में गोस्वामी जी ने इस बात को स्वीकार किया है कि जब धर्म का ह्रास होता है, आततायियों का उत्थान होता है, पृथ्वी उनके अवर्णनीय अनाचार से व्याकुल होकर धैर्य का परित्याग करने लगती है तो मानवता के भू-भार का हरण करने के लिए प्रभु का अवतार होता है। ईश्वर को हम देव मानते हैं इसलिए कि उनमें उच्चतम उदात्त गुणों का समावेश होता है। जिस मानव में आदर्श मूल्यों और गुणों का समावेश होता है उसे भी हम देवता मानने लगते हैं। अशेष मानवीय मूल्यों के सम्पृक्त, पद गुणों के आकर इन

सन्तों को हम उनकी उदारता के नाते देवत्व की कोटि में सरलतापूर्वक परिगणित कर सकते हैं। यवनों के अत्याचार से देश का जातीय जीवन दबाया जा रहा था। ठीक ऐसे ही समय प्रादुर्भूत होकर इन सन्तों ने नैतिक मूल्यों का प्रचार-प्रसार कर मानव के लिए एक अभिनव आदर्श का संकेत दिया।

मानव सदसद् संस्कारों से समन्वित होता है। किसी कारण से जब उसकी सद्वृत्तियों का लोप हो जाता है तब आसुरी वृत्तियाँ दूसरे को कष्ट देने लगती हैं। इस संकट काल में लोगों की रक्षा के लिए समाज को कोई मार्ग द्रष्टा अवश्य मिल जाता है। ईसा की कुछ सदियों पूर्व गौतम बुद्ध के रूप में एक धर्माचार्य हमें प्राप्त हुआ था जिसने विश्व को शाश्वत शान्ति का सन्देश दिया। दुखः के सारे कारणों को समझकर उनका समूल उच्छेदन करने की बात उन्होंने कही। परिणामतः जब तक इस उपदेश का असर रहा, वहाँ का सामाजिक जीवन सन्तुष्ट रहा। पुनः अव्यवस्था उत्पन्न होने पर मध्ययुगीन सन्तों ने, 'ईशावास्यमिद्म' आदि का उपदेश लोक भाषा में समष्टि कल्याण के लिए दिया। दया-धर्म का चतुर्दिक विस्तार करने की बात कही, मध्यम मार्ग, साधु रहनी, सात्विक कथनी-करनी का उपदेश दिया। संक्षेपतः इसे यों कहा जा सकता है कि दुष्प्रवृत्तियों को प्रोत्साहन देने वाले सारे तत्त्वों को नकारा तथा सदवृत्तियों से सम्बन्धित जीवन मूल्यों को वैधता प्रदान की। यदि हम सन्तों के मानव मूल्यों का दर्शन समाज में करना चाहें तो हमें तद्युगीन साहित्य का अवलोकन करना होगा, इसलिए कि 'साहित्य समाज का दर्पण' माना गया है।

संस्कृत वाङ्मय के अतिरिक्त विश्व धर्म का सन्देश पहली बार गौतम के धम्मपद में दिया गया है। दूसरी बार मध्यकालीन सन्तों की विचार साधना में। परवर्ती युग के कवियों पर यदि हम दृष्टि डालें तो इनके नीति-शास्त्र बहुत लोक प्रभावित दिखाई देते हैं। इनके नीतिशास्त्र में अनेक मानव मूल्य भरे पड़े हैं। चाहे काम, क्रोध, मोह, लोभ का त्याग हो दया, समता, निर्वैर, मधुर भाषण, विनय शीलता, बाह्यान्तर पवित्रता, कथनी-करनी की एकता, मन, वाणी और धर्म से सहजता आदि एक से बढ़कर एक सात्विक भावों को उभारने वाले तत्त्व भरे पड़े हैं। रहीम, दीनदयाल गिरि, सतसईकार बिहारी, मतिराम आदि ने इन्हें इनके नैतिक मूल्यों का अनुसरण कर उन्हें अपनी रचनाओं में स्थान दिया है। इनके आदर्श वे मानवीय मूल्य हैं जिनके कारण मानव अपनी पाश्विक वृत्ति का परित्याग कर ऊर्ध्वमुखी बनता है। विधाता की सृष्टि में प्राणियों में समता का भाव देखता है।

साहित्य के अतिरिक्त सामाजिक, राजनयिक क्षेत्रों में भी सन्तों के इन आदर्श मूल्यों ने स्थान प्राप्त कर लिया है। विश्व युद्ध की सम्भावनाएँ बढ़ने पर पंचशील की स्थापना की गयी थी। इसमें पहल करने वाला राष्ट्र भारत रहा है। शान्ति, समृद्धि, समता, सद्भावना, सह-अस्तित्व, अहिंसा आदि को अन्तर्राष्ट्रीय स्तर पर महत्त्व दिया जा रहा है। गुट निरपेक्षता को भी बल मिल रहा है। संकुचित राष्ट्रीयता विश्व मैत्री

में बाधक बनती है। अतः उसका भी त्याग आवश्यक है। विश्व-बन्धुत्व स्थापित हो इसके लिए प्रयास किये गये हैं। संसार युद्ध की विभीषिका से रहित हो इसके लिए निःशस्त्रीकरण की चर्चा चल रही है। बड़े राष्ट्र छोटे राष्ट्रों की सहायता करें, तदर्थ विश्व बैंक की स्थापना भी हुई है। यहाँ तक कि राष्ट्रीय भावना, समाजवाद आदि को नया रूप दिया जा रहा है। दुर्वृत्तियों के उन्मूलन के लिए मद्य-निषेध अभियान चलाया जा रहा है। इतना ही नहीं, देश में वर्गविहीन समाज की स्थापना भी होने जा रही है। ये सब अभूतपूर्व परिवर्तन हैं।

सन्तों के मानव मूल्यों से प्रायः परवर्ती अनेक विचारक प्रभावित हुए हैं। केशवन्द्र, राजा राममोहन राय, विवेकानन्द, राधाकृष्णन्, रवीन्द्र, अरविन्द आदि चिन्तकों के अतिरिक्त गाँधी, रानाडे और लालबहादुर शास्त्री आदि भी इस क्षेत्र में आ जाते हैं। स्वदेशी विचारकों के अतिरिक्त अनेक विदेशी लोग भी यहाँ के चिन्तन से अभिभूत हैं। श्रीमती एनी बेसेंट का कथन है कि "चालीस वर्षों के गम्भीर चिन्तन के बाद में यह कह रही हूँ कि विश्व के सभी धर्मों में हिन्दू-धर्म से बढ़कर पूर्ण वैज्ञानिक, दर्शन युक्त एवं आध्यात्मिकता से परिपूर्ण धर्म दूसरा और कोई नहीं है।"[146] गाँधी जी की चिन्तनधारा आमूल सन्त चिन्तन की ही देन है, इसमें तनिक भी सन्देह नहीं है। जवाहरलाल शान्ति के पुजारी, शास्त्री जी त्याग और सादगी की प्रतिमूर्ति बने। निश्चय ही कहीं न कहीं इस चिन्तन का साक्षात्कार उनसे रहा होगा। शास्त्री जी को होमलेस होममिनिस्टर कहा गया है। किसी भी देश के प्रधानमन्त्री के त्याग और ईमान का इससे बड़ा आदर्श उनके सिवा दूसरा नहीं है।

सारतः हम कह सकते हैं कि इस देश का एक-एक नागरिक, यहाँ का एक-एक कोना और एक-एक अणु सन्तों की रहनी से प्रभावित है। उनके जीवन मूल्यों से यहाँ के जनजीवन ने सदैव प्रेरणा ग्रहण की है। भविष्य में भी उसे इसकी आवश्यकता रहेगी। निश्चित ही अपने सद्प्रयासों में पुण्य कर्मों में सन्तों को सफलता प्राप्त हुई है।

4.5. हिन्दी व बंगला में मंगलकाव्य

तेरहवीं शती में बंगला के मंगलकाव्य की रचना हुई थी। यह युग भारत के इतिहास में अधिक गौरवपूर्ण नहीं था। इस युग में एक प्रकार की शिथिलता आ गयी थी।

आर्य सभ्यता के दबाव से अनार्य सभ्यता को गहरी चोट अवश्य लगी थी पर इससे उसका विलोप नहीं हुआ था। धीरे-धीरे शोषित अनार्य जातियों ने आर्यों के साथ एक सन्धि-सी स्थापित कर ली थी। इस समय धार्मिक व सामाजिक आदान-प्रदान के सिलसिले में अनार्य तत्त्व का प्रवेश आर्य सभ्यता में हो गया। मंगल काव्यों के देवी-देवता अधिकतर अनार्य उत्पत्ति से सम्बन्धित हैं। बौद्ध व हिन्दू धर्म के संघर्ष के फलस्वरूप हिन्दू धर्म में पुनर्गठन की भावना आयी और संकीर्ण व धार्मिक भेदभाव का लोप हुआ। पूर्वी भारत में बौद्ध धर्म का प्रचार अधिक था। 13वीं-14वीं शती

में एक ऐसी स्थिति की उत्पत्ति हुई जब दोनों धर्म पतन की ओर बढ़ गये और तान्त्रिकवाद की स्थापना हुई। दोनों धर्मों की उच्च दार्शनिक और आदर्श भावनाओं का तान्त्रिकवाद में सर्वथा अभाव था। वैष्णव धारा का प्रवाह तो बिल्कुल भिन्न था।

यह ठीक है कि यह सामाजिक परिवर्तन हिन्दुओं के सामाजिक जीवन का सन्धि युग था और नूतन पुरातन के बीच में मंगलकाव्यों ने सुन्दर सामंजस्य स्थापित किया था। परस्पर दो विपरीत संस्कारों को एक सूत्र में बाँधा था। यह भी ठीक है कि बंग देश के सामाजिक इतिहास के विकास में इस जातीय साहित्य का योगदान अपरिसीम है किन्तु फिर भी हम यह कहे बिना नहीं रह सकते हैं कि आर्य धर्म की मानसिक रुचि एवं साहित्य दुर्बल हो गया था।

प्राचीन आर्य धर्म प्रबल एवं सरल था, पर अब धर्म में अन्धभक्ति और अन्धविश्वास का पुट आ गया था। प्राचीन आर्य सम्बन्ध व समाज दृढ़ था और देवी-देवताओं का स्थान भी साधारण मनुष्य से बहुत ऊँचा था। मंगल काव्यों की देवियों ने कहीं-कहीं ऐसे कार्य किये हैं। (जैसे चाँद सौदागर के कर्त्तव्य पथ में बाधा पहुँचाने में मनसा देवी की चेष्टाएँ) जो उनके नीचे स्तर पर लाये जाने का परिचायक है।

इतना अवश्य मानना पड़ेगा कि इन मंगल काव्य के कवियों के चरित्र-चित्रण सम्बन्धी बड़ी सफलता एवं सुन्दरता से वर्णन स्त्रियों के आदर्श तथा त्याग के वर्णन के साथ-साथ देवी के भक्तों के प्रति अनुराग का भी सुन्दर वर्णन हुआ है।

मंगलकाव्य में मनसा मंगल बंगाल में विशेष रूप से लोकप्रिय है। ये काव्य पुराणों के प्रति ऋणी थे। मनसा देवी की तरह चण्डी देवी का भी उद्भव द्राविणों द्वारा ही मान लिया गया है। परवर्ती काल में शक्ति का विभिन्न रूपों में सुन्दर भाव से चित्रण होने के कारण बंगाल में उन्होंने सबसे अधिक पूजी जाने वाली देवी का स्थान ग्रहण कर लिया। धर्ममंगल में भी बौद्ध एवं जैन धर्म के प्रभाव के साथ-साथ लौकिक धर्म व लौकिक संस्कार-इन सबके मिश्रण ने एक नयी संस्कृति का परिचय दिया। धर्म ठाकुर लोगों की इच्छाओं व मंगलमय कामनाओं की पूर्ति करते थे और उन्हें रोगों से मुक्त करते थे। धर्म मंगल जिसे राढ़भूमि का जातीय महाकाव्य माना गया है वह लोगों को जो अराजकता से दुखी थे उन्हें उत्साहित करता था।

पुराण के अतिरिक्त रामायण का भी इन मंगलकाव्य पर प्रभाव पड़ा। जैसे धर्ममंगल में महामद का लाउसेन का नकली मस्तक बनाकर रंजावती के पास भेजना एवं दुख से कातर होना, रामायण में सीता के इसी प्रकार ठगे जाने के समान है। कहा जाता है कि पूर्व से पश्चिम भारत में मंगल साहित्य किसी समय व्याप्त था किन्तु पश्चिमी भारत में इस साहित्य के लोप हो जाने का सटीक कारण मिलना कुछ कठिन हो गया था।

बंगला के मंगलकाव्य की विषय वस्तु देवी-देवताओं से ही अधिक सम्बन्ध रखती है और इन देवी-देवताओं में मानवीय स्वभाव के दोष-गुण विद्यमान हैं। हिन्दी

के मंगलकाव्य लोक जीवन से अधिक निकट है और इसकी विषय-वस्तु आनुष्ठानिक कार्यों, जैसे विवाह की रीति-रस्में, ऋतुत्सव, होली आदि त्योहारों के वर्णन से ही सम्बन्धी रखती है। हिन्दी मंगलकाव्य में आलंकारिता भी उसमें अधिक मात्रा में पाई जाती है।

कबीरदास द्वारा रचित मंगलकाव्य में रहस्यवाद में अद्वैतवाद और सूफी मत का मिश्रण है। यहाँ पति-पत्नी के प्रेम में परमात्मा का स्वरूप देखा गया है। कबीरदास की भाषा में विभिन्न प्रान्तों की भाषा का मिश्रण है।

तुलसीदास द्वारा रचित 'जानकी मंगल' में भी सरसता एवं लालित्य का अभाव नहीं है। बंगला में मंगलकाव्य साहित्य के आरम्भ में कवियों ने सीधी-सादी भाषा जिसमें ग्रामीणता का मिश्रण था, अपनाया। मंगलकाव्य का स्वर्णयुग वहाँ सर्वश्रेष्ठ कवि भारतचन्द्र राय की रचनाकाल में था। वैष्णव कवि की तरह उनका मंगलकाव्य भक्ति रस से ओतप्रोत था। इन्होंने सरल, रसमय, ग्रामीणता की बाँध तोड़कर साहित्यिक भाषा का आरम्भ किया था। मुकुन्दराम और माधवाचार्य की कविता में भी संस्कृति भाषा और पुराणों से प्रेरणा ली गयी है। इन कविताओं का ऐतिहासिक मूल्य भी कम नहीं है। हिन्दी साहित्य में मंगलकाव्य कम मिलते हैं और उन्हें बंगला मंगलकाव्य के समान महत्त्व भी नहीं दिया गया है। हिन्दी व बंगला में यद्यपि वैष्णव साहित्य अधिक सौष्ठव व परिपूर्ण था व साहित्य की दृष्टि से अधिक महत्त्वपूर्ण था, फिर भी मंगलकाव्य में बंगाल की सामाजिक व धार्मिक परिस्थिति के नूतन विकास की एक झलक प्राप्त होती है।

अतः भारत के सांस्कृतिक जीवन में साहित्य के इस विशिष्ट अंग का महत्त्वपूर्ण स्थान है। हिन्दी व बंगला दोनों के ही मंगलकाव्यों का व्यावहारिक जीवन से सम्बन्ध है। यदि हिन्दी में शृंगार रस, वात्सल्य रस और आलंकारिकता अधिक थी तो बंगला में सरलता और भक्ति भाव अधिक था। कथानक में भी समानता नहीं मिलती है। यदि हिन्दी का मंगलकाव्य आचार, अनुष्ठान, विवाहादि से अधिक सम्बन्धित है तो बंगला का मंगलकाव्य सामाजिक, ऐतिहासिक और पौराणिक घटनाओं से सम्बन्धित है। बंगला के मंगलाकाव्य में प्रकृति वर्णन कम है तो हिन्दी में अधिक। हिन्दी साहित्य की धार्मिकता व साम्प्रदायिकता कम लक्षणीय है। बंगला में यह प्रधान रूप से लक्षणीय है। जब हिन्दू धर्म संकट में था तब बंगला के साहित्यिकों ने लौकिक देवी-देवताओं के माहात्म्य दर्शाकर समाज को एक नवीन प्रेरणा देने का प्रयास किया। साहित्य की दृष्टि से दोनों भाषाओं के मंगलकाव्यों का महत्त्व भी कम नहीं है। कदाचित् जैसे पश्चिम एशिया से भारतवर्ष तक विभिन्न ललित कलाओं की एक समान परम्परा का आभास विद्वान पाते हैं– हमारे उत्तरी भारत में भी एक सांस्कृतिक एवं भाषिक समान परम्परा थी जो विदेशी प्रभुत्व काल में धीरे-धीरे छिन्न-भिन्न हो गयी और भारत की वास्तविक एकता टूट गयी।

हिन्दी व बंगला के सन्त काव्य व बाउलकाव्य

भारतीय इतिहास के पुनर्जागरण काल में बाउलों का अविर्भाव अपने आप में एक युगान्तकारी घटना है। समाज के प्रत्येक क्षेत्र में साम्प्रदायिकता की ऊँची दीवार खड़ी थी जिसे ध्वस्त कर इन बाउलों ने मानवता को एक नवीन आलोक प्रदान किया। समन्वय का आदर्श लेकर इन्होंने दिग्भ्रमित जनता के मनोबल को ठोस आधार भूमि प्रदान की। युगों से पीड़ित-व्यथित और टूटे-बिखरे हुए लोगों में नवजीवन का संचार किया। वर्ण-वर्ग वैषम्य की बढ़ती हुई खाई को पाटकर बंगाल के ग्रामीण अंचल में उच्च सभ्यता की रश्मियाँ विकीर्ण कर समाज को सभ्य समाज के आसन पर प्रतिष्ठित किया। धार्मिक क्षेत्र में विभिन्न मत-मतान्तरों, अन्धविश्वासों और परम्परागत प्रचलित रूढ़ियों, जो शोषण अनाचार-व्यभिचार का आश्रयस्थल था उसे निर्मूल कर सदाचार की प्रतिष्ठा की। आध्यात्मिक क्षेत्र में विश्वव्यापी ब्रह्म को मानव में स्थापित कर मानव महत्ता का शंखनाद किया। सांस्कृतिक क्षेत्र में भी उनका योगदान कम नहीं है। साहित्य रचना की दृष्टि से भले ही इनका विशेष महत्त्व न हो लेकिन भाव गाम्भीर्य, सौन्दर्य बोध और शाश्वत सत्यों के निरूपण में इनका महत्त्व कम नहीं। सांस्कृतिक क्षेत्र में संगीत का अपना विशेष महत्त्वपूर्ण स्थान होता है। संगीतमयता और सुर की दृष्टि से भी बाउल साहित्य अन्यतम है। वस्तुतः भावों की सरलता, भाषा की सहजता, पदों की गेयता, मृदुता और सुर की संगीतमयता में बाउल साहित्य ने केवल बंगला साहित्य, वरन् सम्पूर्ण भारतीय साहित्य में विशिष्ट स्थान का अधिकारी है। इतना ही नहीं, मुखरित वाणियों और एकतारे जगत् का दर्शन विद्यमान है।

सन्तों तथा बाउलों की सामाजिक पृष्ठभूमि में अपूर्व साम्य है। सन्त और बाउल दोनों साधकों में से अधिकांशतः का आविर्भाव समाज के निम्नवर्गीय परिवार में होता है। दोनों के आविर्भावकालीन राजनीतिक, सामाजिक और धार्मिक परिस्थितियाँ प्रायः एक जैसी थीं। भारत में आर्यों के आगमन से ही दोनों समाज में कोलाहल का वातावरण सृजित होता है। कालान्तर में आर्यों की सामाजिक विशेषता, वर्णाश्रम व्यवस्था, जाति व्यवस्था ने दोनों को काफी गहराई तक प्रभावित किया। वर्णाश्रम प्रधान समाज में ब्राह्मणों का स्थान सर्वोपरि था और वे शेष लोगों के भाग्य के निर्माता बन बैठे थे। उन्ही के इशारों पर समाज संचालित था लेकिन बंगीय समाज सर्वभारतीय समाजिक विशेषता की भाँति चार वर्णों में विभाजित नहीं था किन्तु सामाजिक मान्यताएँ समान थीं। सामाजिक आचार-विचार, विधि-निषेध प्रायः एक जैसे थे। इन विधि-निषेधों नियम-उपनियमों से समाज जब खंड-विखंड हो रहा था वैसी परिस्थिति में देश पर मुसलमानों का आक्रमण होता है। उनके भय से या इस्लाम की विशेषताओं से प्रभावित होकर समाज के निम्नवर्गीय लोगों ने इस्लाम को ग्रहण किया लेकिन यहाँ भी उनकी स्थिति में कोई मौलिक सुधार देखने को नहीं मिलता। ऐसी ही परिस्थिति में भक्ति आन्दोलन की धारा प्रवाहित होती है। उसकी विशेषताओं से प्रभावित होकर निम्नवर्गीय लोग जो युगों से उपेक्षित थे, ने

भक्ति को ग्रहण किया। भक्ति के प्रभावस्वरूप इनमें अपूर्व आत्मबल का संचार होता है तथा ये वर्षों की गलित परम्पराओं, मान्यताओं और आदर्शों के चोले को उतार फेंकने के लिए कटिबद्ध दिखाई पड़ते हैं। इस प्रकार दोनों की सामाजिक पृष्ठभूमि प्रायः एक जैसी है, अन्तर केवल काल, परिस्थिति तथा पात्र का है।

बाउलों का सर्व व्यापक ब्रह्म सब प्रकार से समर्थ है, वहीं नाना आकारों-प्रकारों में सर्वत्र परिव्याप्त है तथा हृदय में भी विराजमान है। वे इसी हृदयस्थ ब्रह्म के साथ थे और प्रीति का सम्बन्ध स्थापित कर उसकी भक्ति कर प्रेम करना चाहते हैं।

ब्रह्म के सम्बन्ध में सन्तों और बाउलों की भावना पर विचार-विश्लेषण के पश्चात् हम पाते हैं कि दोनों की ब्रह्म विषयक भावना में अपूर्व साम्य है।

बाउल एवं सन्त परम्परा ब्रह्म को सर्वव्यापक बतलाते हैं। सम्पूर्ण जगत् में उनका निवास है। विश्व के समस्त पदार्थों में चाहे व दृश्य हो या अदृश्य, सभी उसके विभिन्न रूप हैं। इस प्रकार वह एक भी है और अनेक भी। स्वरूप भी है और रूप भी। अद्वैत भी है और द्वैत भी। निर्गुण भी और सगुण भी अर्थात् वही सब कुछ है। वह सबमें है, सब उसमें हैं। स्पष्टतः परब्रह्म के स्वरूप को लेकर सन्तों और बाउलों में कोई प्रभेद नहीं।

सन्त और बाउल दोनों के ब्रह्म लीलाबिहारी, आनन्दस्वरूप और रसस्वरूप है। आनन्द की सृष्टि करनेवाला भी वही है और आनन्द की प्राप्ति करनेवाला भी। सच भी वही है और रसिया भी वही है। सृष्टि का विचित्र स्वरूप उस लीलाबिहारी के आनन्द का परिणाम है।

वह अगम, अगोचर, अतुलनीय और वर्णनातीत है। अतः उसके स्वरूप के सम्बन्ध में निश्चयपूर्वक कुछ भी नहीं कहा जा सकता। अनुभूति के द्वारा ही वह प्राप्य है, ऐसा सन्तों और बाउलों दोनों का विश्वास है। सर्वव्यापक ब्रह्म दोनों में हृदयस्थ हैं। अतः दोनों ने ही उसे बाहर खोजना व्यर्थ बताया है। भक्ति और उपासना के द्वारा ही उसे प्राप्त किया जा सकता है, ऐसा दोनों का विश्वास है।

सन्तों और बाउलों का ब्रह्म अशरीरी होते हुए भी सभी प्रकार से समर्थ है। वह दयालु, कृपालु, गरीब निवाज, पयसागर और मुक्तिदाता भी है।

सन्त और बाउल दोनों भक्त थे। भक्ति ही दोनों का परम लक्ष्य था। अतः ब्रह्म की उपलब्धि के लिए दोनों ने ही ब्रह्म के साथ प्रीति का सम्बन्ध स्थापित किया है। दोनों ने ही प्रेम की अन्तरंगता और उसकी प्रगाढ़ता पर विशेष जोर दिया है।

इस सन्तों और बाउलों की ब्रह्म विषयक भावना में अपूर्व साम्य परिलक्षित होता है। इसका मूल कारण दोनों की एक ही प्रकार की सामाजिक, आध्यात्मिक पृष्ठभूमि का होना है। दोनों ही विचारधाराएँ अनुभूति सम्मत विचारधाराएँ हैं। दोनों ने ही न तो किसी परम्परागत शास्त्र विशेषज्ञ का आग्रह ग्रहण किया है और न ही परम्परागत विचारों को ग्रहण किया है। पूर्वाग्रह मुक्त सन्तों और बाउलों का इस

मायने में औपनिषधिक ऋषियों से बड़ा ही निकट का सम्बन्ध सूचित होता है। सन्तों और बाउलों की विचारधारा का उपनिषद्रो की विचारधारा से काफी साम्य है लेकिन इसका यह अर्थ नहीं कि सन्तों और बाउलों की विचारधारा पूरी तरह से उपनिषदो पर आधारित है। दोनों का मौलिक अन्तर वैचारिक अनुभूति के क्षेत्र में लक्षित होता है। सन्त, बाउल और औपनिषदिक ऋषि ब्रह्म को हृदयस्थ बताते हैं। उपनिषद् वहीं ब्रह्म को जानने पर विशेष बल देता है।

बाउलों को केवल जान लेने से ही सन्तोष नहीं होता, वे भक्ति और प्रेम द्वारा उसे प्राप्त करना चाहते हैं। उपनिषदों में भक्त-भगवान, स्वामी-सेवक तथा प्रिय-प्रिया के भेद नहीं हैं। दूसरा अन्तर ब्रह्म के स्वरूप निर्धारण को लेकर है। उपनिषदों के अद्वैतवाद को सर्वात्मवाद कहा जाता है क्योंकि वह पूर्णतः अखंड और अद्वैत है जबकि सन्तों और बाउलों का ब्रह्म अद्वैत होने के साथ-साथ द्वैत भी है। सन्त और बाउल अद्वैत में ही द्वैत तथा द्वैत में ही अद्वैत की अनुभूति करते हैं। तीसरा अन्तर ब्रह्म की क्रियाशीलता को लेकर है। उपनिषदों का ब्रह्म आनन्दस्वरूप रस-स्वरूप होने के बावजूद निष्क्रिय है किन्तु सन्तों और बाउलों का ब्रह्म आनन्द स्वरूप और रस स्वरूप तो है ही वह शक्तिदाता, भक्तिदाता और मुक्तिदाता भी है। सभी दृष्टि से वह समर्थ है।

अब यह विचार कर लेना आवश्यक है कि सन्तों और बाउलों के ब्रह्म विषयक भावना में कोई अन्तर है या नहीं। सन्तों और बाउलों की ब्रह्म विषयक भावना में पहला अन्तर उसके स्वरूप निर्धारण को लेकर है। सन्तों का ब्रह्म जहाँ परम सत्ता का पर्याय है, वहीं बाउलों का ब्रह्म परमात्म स्वरूप ब्रह्म न होकर मनुष्य के हृदय में अन्तर्निहित आदर्श मानव अर्थात् 'मनेर मानुष' है। सन्त और बाउल दोनों ही अद्वैत में द्वैत की अनुभूति करते हैं। उससे प्रेम करते हैं लेकिन जब वैयक्तिक अनुभूति की बात आती है तो सन्तों का ब्रह्म पूर्णतः अद्वैत दिखाई पड़ता है जबकि बाउल सर्वात्मवाद के काफी निकट जान पड़ते हैं। सन्त जहाँ निर्गुण, निराकार ब्रह्म प्रियतम का साक्षात् अनुरति स्वभावतः नहीं कर सकते बल्कि भावयोग द्वारा उसकी अपरोक्ष अनुभूति का आनन्द लेते हैं, वहीं बाउल उसके परोक्ष अनुभूति के द्वारा करते हैं। सन्तों और बाउलों में जो थोड़ा अन्तर परिलक्षित होता है इसका मूल कारण उनकी वैयक्तिक अनुभूति है। इसके अतिरिक्त दोनों में अपूर्व साम्य है। दोनों का ब्रह्म सर्वव्यापक होते हुए भी हृदयस्थ है।

सन्तमत में जीवात्मा का स्वरूप

सन्त मूलतः आध्यात्मिक साधक थे। आत्मतत्त्व का विचार इनकी आध्यात्मिक साधना का मूल तत्त्व है। सन्तों ने विश्वात्मा का साक्षात्कार अपनी अन्तरात्मा में किया था। अतः आत्मतत्त्व के विचार को सन्तों ने अपनी आध्यात्मिक विचारधारा में सर्वोच्च स्थान दिया है। कबीरदास कहते हैं—जब से मैंने आत्मतत्त्व पर विचार किया है, उसी समय से काम, क्रोध तथा बैर भाव को भूलकर मैं पूर्णतः निर्वैरी हो गया हूँ।[147]

सन्त सुन्दरदास का यह विश्वास है कि आत्मतत्त्व के निरन्तर चिन्तन-मनन से ही परमसुख अर्थात् परमात्मतत्त्व की प्राप्ति सम्भव है।[148] स्पष्टतः आत्मतत्त्व का ज्ञान वह साधन है जिससे साध्य रूपी परमतत्त्व का साक्षात्कार किया जा सकता है। सन्तों की आध्यात्मिक विचारधारा में आत्मा और परमात्मा में किसी प्रकार का कोई भेद स्वीकार नहीं किया गया है। जो आत्मा है, वही परमात्मा है और वही इनके हृदय में रमण करने वाला राम भी। सुन्दरदास कहते हैं—आत्मा का विचार करने से सर्वत्र आत्मा ही दिखलाई पड़ती है। इसके अतिरिक्त अन्य दूसरा कुछ भी नहीं है।[149] इसलिए दरिया साहब बिहार वाले कहते हैं—आत्मा को छोड़कर दूसरा कोई देवता नहीं। अतः इसकी अनन्त पूजा होनी चाहिए।[150] दादू के अनुसार भी आत्मा की ही पूजा होनी चाहिए क्योकि इसी के मध्य राम हैं।[151] लेकिन अज्ञानी लोग ही आत्मा और परमात्मा की सत्ता दो मान बैठते हैं। भ्रम या अज्ञान के कारण ही वह दो रूपों में परिलक्षित होता है, नहीं तो वह एक ही है—

परआतम अरु आतमा उपज्या यह अविवेक
सुन्दर भ्रम तें दोई थे सद्गुरु कीये एक।

स्पष्टतः सन्त आत्मा और परमात्मा को द्वैत नहीं वरन् अद्वैत के रूप में ग्रहण करते हैं। सुन्दरदास के अनुसार जिस प्रकार जल और हिम में कोई अन्तर नहीं[152] प्रायः संत कवियों ने आत्मा-परमात्मा की अद्वैतता को अनेक दृष्टान्तों द्वारा प्रतिपादित किया है। अतः यदि ब्रह्म अजर, अमर और अविनाशी तथा सर्वव्यापक है तो आत्मा भी परमात्मा स्वरूपवत् है, इसमें सन्देह नहीं।[153] आत्मा-परमात्मा में भेद नहीं मानने के कारण सन्त ब्रह्म और स्वयं में भी किसी प्रकार का भेद मानते नहीं दिखलाई पड़ते। अपने को ब्रह्म मानते हुए कबीरदास ने इसकी सुन्दर अभिव्यक्ति की है—

हम सब मांहि सकल हम मांहि, हम थे दूसर नाहीं।
तीनि लोक मे हमारा पसारा आवामन सब खेल हमारा।
खट-दरसन कहियत हम भेखा, हमहीं अतीत रूप नहीं रेखा।
हमहीं आप कबीर कहावा, हमहीं अपना आपा लखाया।[154]

कबीर परवर्ती सन्तों ने भी आत्मा और परमात्मा में किसी प्रकार के अन्तर को स्वीकार नहीं किया है। प्रायः सभी सन्तों ने अपने को ब्रह्म मानते हुए स्वयं को सृष्टि, उत्पत्ति और विनाश का कारण तक बताया है। सन्त पलटूदास साहब कहते हैं—प्रारम्भ में मैं था और अन्त में भी मैं ही रहूँगा। सर्वत्र मेरा निवास है। ब्रह्मा, विष्णु और महेश सब मेरे रूप हैं और तो और परब्रह्म भगवान भी मेरा ही अंश हैं। सृष्टि की उत्पत्ति और संहार करने वाली शक्ति भी मैं ही हूँ। इस प्रकार घट-घट में निवास करते हुए भी मैं सबसे प्यारा हूँ।[155] यह तो सन्तों का सैद्धान्तिक पक्ष रहा लेकिन व्यावहारिक स्तर पर ये आत्मा-परमात्मा में सूक्ष्म भेद करते हुए दिखाई पड़ते हैं। उनके अनुसार जीवात्मा परमात्मा तो है लेकिन पूर्ण नहीं है। क्योंकि 'देह का संयोग पायी जीव ऐसे

नाम भयो' अर्थात् देह का संयोग पाकर ही आत्मा जीव का रूप धारण करती है।[156]

दादू कहते हैं कि काया के गुण के कारण ही आत्मा विविध रूपों में प्रतिभासित होती है, नहीं तो वह एक है, जो पूर्ण ब्रह्म है।[157] इस प्रकार ब्रह्म और जीव मूलतः एक हैं। नाना कर्मों और शरीर में बँधने के कारण ही वह दो रूपों में दिखलाई पड़ने लगता है। भिन्नता के अज्ञान का नाश होते ही जीवात्मा और परमात्मा का पूर्ण मिलन हो जाता है।

(क) बाउल मत में जीवात्मा का स्वरूप

बाउलों का दर्शन मूलतः आत्मदर्शन है। आत्मा के आलोक में ही इनकी आध्यात्मिक विचारधारा प्रवाहित हुई है। आत्मज्ञान ही उनकी आध्यात्मिक साधना का मूल है। अतः बाउलों ने आत्मतत्त्व के ज्ञान को काफी महत्त्वपूर्ण अंग माना है। लालन कहते हैं, जिसने आत्मतत्त्व के ज्ञान को प्राप्त कर लिया है, वही दिव्य ज्ञानी है। कुवृक्ष में भी सुफल की प्राप्ति उसे होती है।[158] एक अन्य बाउल के अनुसार–

"आपनाके चिनले परे। अनायासे मानुष पावे।
सेई आत्म सारा करन जारा जाने। ज्ञान
अंकुशी दिये आपना के टाने। ठिकेर घरे
देखाले परे। मानुष जाना पाय।''[159]

अतः बाउल मंसूर कहते हैं–अच्छी तरह आत्मज्ञान का अन्वेषण करना चाहिए क्योंकि उसके विवेचन से ही महाजन हुआ जा सकता है।[160] महाजन यहाँ आत्मज्ञानी का ही यथार्थ है। वास्तव में आत्मज्ञान बाउलों की साधना का आधार स्तम्भ है। उस परमपुरुष की उपलब्धि आत्मज्ञान के बिना असम्भव है। अतः बाउल मंसूर कहते हैं–

आमि के चिनति यदि ज्वाल हारे ज्ञानेर वाति।
घरे आलो हबे ऑधार जावै देखबि स्पष्ट स्वरूप ज्योति।[161]

बाउलों ने सन्तों की भाँति आत्मज्ञान को विशेष महत्त्व दिया है। यही कारण है कि आत्मज्ञान का परिचय प्राप्त करने पर वे बार-बार जोर देते दीख पड़ते हैं।[162] वस्तुतः आत्मा को जानने पर ही परमात्मा को जाना जा सकता है–अपना भाँड खूजले परे सकल जाना जाय।[163] इस प्रकार बाउल मत में आत्मा-परमात्मा में कोई अन्तर लक्षित नहीं होता क्योंकि कर्त्ताहरि आत्मा रूप में ही प्रत्येक घट में निवास कर रहा है।[164] अतः यहाँ जो आत्मा है वही परमात्मा है और जो परमात्मा है वही आत्मा है। उनका मनेर मानुष है। आत्मा-परमात्मा की इस अभिन्नता को स्वीकार करते हुए बाउलों ने उसे अद्वैत माना है।[165] आत्मा-परमात्मा की अद्वैतता के पोषक बाउल भी अपने और ब्रह्म के स्वरूप में कोई अन्तर स्वीकार नहीं करते–

आमि सत्य ना हले हय गुरु सत्य कोन काले
आमि जेरूप देखना सेरूप दीन दयामय।

आत्मारूपे सेई अधर।[166]

मंसूर तो स्पष्ट रूप से घोषित करते हैं कि मेरे अतिरिक्त कोई दूसरा है ही नहीं। मेरे अतिरिक्त दूसरी कोई गति नहीं। यदि परमात्मा सत्य है तो मैं भी सत्य हूँ।[167] कालाचाँद बाउल अपने को ब्रह्म मानते हुए कहते हैं—मैं आदि-अन्त और मूल में हूँ। नर-नारी, राजा-प्रजा, वैद्य-रोगी, मरनेवाला-रोनेवाला मैं हूँ। हृदयासन का राजा और हृदय प्रदेश की प्रजा भी मैं ही हूँ। मानवों के मध्य मेरी ही काया विराजमान है और इस काया की छाया भी मैं ही हूँ। वृद्ध, युवा, कुमारी, विधवा, माथा का जूड़ा, केशों की वेणी और हृदय कानन का पुष्प भी मैं ही हूँ। स्वर्ग व मर्त्य मेरा विस्तार है। अधम, उत्तम प्राणी मैं ही हूँ। वाचाल और माताल, यशोदा, गौतम, गोपी, राधा, महेश्वर, ब्रज की वीणा और राधा के कानों का कुण्डल भी मैं ही हूँ। ब्रह्मा, विष्णु मेरे रूप हैं। अगल-बगल अर्थात् चारों ओर मेरी लीला चल रही है। ज्ञानियों का सत्य, ध्यानियों का तत्त्व और प्रेमियों का प्रेम भी में ही हूँ। इस प्रकार मैं भी अपनी ही लीला में लिप्त हूँ। यद्यपि बाउलों ने आत्मतत्त्व और परमतत्त्व में कोई भेद स्वीकार नहीं किया है वरन् उसे पूर्ण अद्वैत माना है लेकिन कर्म और देह में बँधे हुए जीव और ब्रह्मस्वरूप मुक्तात्मा में थोड़ा भेद स्वीकार किया है। शरीर बद्ध आत्मा के स्वरूप को स्पष्ट करते हुए लालन कहते हैं—

बन्द हाओया लगेछे खाँचाय
खॉचाय आडा पल्ल धसे
पाखी आर दाडावे किसे।[168]

वस्तुतः शरीर बद्ध आत्मा माया के वशीभूत होकर परमगुरु अर्थात् मुक्तात्मा से अलग हो जाती है।[169] नाना प्रकार के तर्कों को करते हुए जीव किस प्रकार आवागमन चक्र में परिभ्रमण करता है, इसकी व्यंजना करते हुए बाउल पांज शाह कहते हैं—"सेई आत्मार घोड़े कर्ता हथे साँतार खेलते छोटे।"[170] सोई जीव आत्मारे बन्धक थूये गेलो माया लाटे। माया लाटे पड़े आत्मार बड तिताप ज्वाला घटे। आसी लक्ष जनम घूरे मलेओ ज्वाला नाहि मेटे। गरदारे भूले आत्मारे बेडाय देश-विदेशे घूटे सेई कत्तरि चिनले आत्म, ज्वाला येत मेटे।।[171] इस प्रकार मायावशीभूत जीवात्मा को परमब्रह्म उसी प्रकार दिखाई नहीं पड़ता है जैसे घाई से टका अग्नि और गरल मिश्रित सुधा दिखाई नहीं पड़ता है।[172] यही अज्ञान या माया मानव को मोह ग्रस्त करके भ्रम की सृष्टि करती है। अतः बाउलों की आत्मसाधना का उद्देश्य उसी माया रूपी अज्ञान का निवारण करना है। लेकिन उनका विश्वास है कि इसके आवरण का नाश एक जन्म में सम्भव नहीं क्योंकि अनेक जीवन प्रवाह के फलस्वरूप विचित्र कर्मों के द्वारा इस अज्ञान रूपी माया की सृष्टि होती है। अतः इसके लिए एकाधिक जन्मों की आवश्यकता होती है। इस अज्ञान का विनाश जन्म जन्मान्तर के कर्म से ही सम्भव है। बाउलों ने कर्म को अवश्य स्वीकार किया है लेकिन मायाजनित कर्मों से वे अतिदूर थे। बाउल मत में कर्म का

तात्पर्य कर्म करते हुए मन के विकारों का नाश है। कर्मों के द्वारा कर्म का विनाश ही उनके जीवन का प्रकृत उद्देश्य था। सत्कर्म से आत्मा का साक्षात्कार किया जा सकता है– ऐसा बाउलों का विश्वास था–जार हयेछे करम सारा मरार आगे सेई मरछे।[173] वस्तुतः आत्मज्ञान ही प्रकृत सत्य अर्थात् परम एक का सन्धान दे सकता है लेकिन इसके लिए ज्ञान नयन की आवश्यकता होती है। अतः बाउल कहते हैं–

"एक बार खुले दाओ एज्ञान आँखि
प्राण भरे तोमाय देखि। प्राणेर माँझे।"[174]

इस प्रकार आत्मज्ञान के अभाव में मूल सत्य दो रूपों में दिखाई पड़ता है। पाँचूशाह कहते हैं कि साईं का द्विविभक्त रूप मूलतः एक ही है। उनका दो दिखलाई देना उनकी प्रेमलीला का परिणाम है।[175] वस्तुतः यदि दो नहीं होगा तो प्रेम नहीं हो सकता। प्रेम की परिपूर्णता में ही दोनों एक होते हैं, ऐसा बाउलों का विश्वास है–

सूक्ष्म ज्ञाने देख चेये आमि पुरुष आमि मेये
लीलार आमि दूभाग हये जारे मजि सदाय।[176]

उपनिषदों में 'अयमात्मा ब्रह्म तथा अहं ब्रह्मास्मि' कहकर आत्मा का परमात्मा की अभिन्नता तथा 'इदं सर्वयदमात्मा' कहकर उसकी सर्वव्यापकता का वर्णन किया गया है। आत्मा और परमात्मा में कोई अन्तर नहीं होने के कारण आत्मा को जान लेने पर ही सब कुछ जान लिया जाता है। इसलिए उपनिषदों में कहा गया है, आत्मा ही देखने योग्य है क्योंकि आत्मा के ही दर्शन, श्रवण, मनन और ज्ञान से यह सभी ज्ञात होता है।[177] सन्तों और बाउलों दोनों ने आत्मा-परमात्मा की अद्वैतता को स्वीकार कर आत्मा की प्रतिष्ठा की एवं उसकी सर्वव्यापकता का वर्णन उपनिषदों के अनुरूप किया है। कबीरदास अपने को ब्रह्म मानते हुए कहते हैं–

"जब हम रहल रहा नहिं कोई
हमहे मॉह रहल सब कोई।"
'मैं' के इस महत्त्व का प्रतिपादन करते हुए मंसूर कहते हैं–
आमि भिन्न आर अन्य नाई, आमि गुरु-जगत् मय
आत्मा रूपे आमि बुझह सर्वबटे विराजमान हय।
आल्ला मुहम्मद आदम चिने लओ मन।
नूर के मनसूर सजूद जानाय।[178]

सन्तों और बाउलों ने विश्वात्मा की अनुभूति अपनी अन्तरात्मा में किया था। उस परब्रह्म की ज्योति ब्रह्म, जीव, जगत् सर्वत्र परिव्याप्त है। कोई भी ऐसा स्थान नहीं जहाँ वह नहीं है। सभी आत्माओं में वही एक है। अतः आत्माओं में विभिन्नता नहीं, एकसूत्रता है। सन्तों और बाउलों ने सभी आत्माओं में इसी एकसूत्रता का अनुसन्धान किया था। सन्तों की सकल आत्मा एक की भाँति गोपाल बाउल कहते

हैं—मन रे निरंजन सेई रूप सर्वजीवेर मध्यते रय जाने वर्त्त कय। सन्त और बाउल आत्मा तथा परमात्मा को पूर्णतः अद्वैत मानते हैं किन्तु उन्होंने आत्मा की विशेषता का भी वर्णन किया है। वह विशेषता यह है कि अद्वैत ही अपनी लीला के कारण द्वैत होता है। यही कारण है कि सन्त और बाउल जीवात्मा की स्वतन्त्र सत्ता को स्वीकार करते हैं। लालन कहते हैं कि ब्रह्म ने अपने माधुर्य भजन के लिए ही मनुष्य की सृष्टि की है—

एइ मानुषे हबे माधुर्य भजन
ताइतो मानुष रूप गढ़ले निरंजन।।[179]

इतना ही नहीं, परमात्मा ने अपनी लीला के लिए जीवात्मा को संसार भाव में बाँध रखा है। "जीवे लागिये धान्धा। करिल बान्दा बस्ता वन्धी बन्द पुराणेर।" इस प्रकार सन्त और बाउल दोनों ने लीला का वर्णन किया है। अखंड ब्रह्म अपनी लीला के लिए अपने को खंडित करता है" लेकिन उसे खंडित मानना भ्रम है ऐसा सन्तों और बाउलों का विश्वास है। क्योंकि वही देनेवाला और लेनेवाला है। कबीरदास कहते हैं—मानुष सरोवर रस भरया प्यासा तहँ मिलै आयी।[180] लालन कहते हैं—ये गठेछे ए प्रेमतरी। सेई हयेछे चडनदारी।[181] इस प्रकार दोनों ने ही इस विशिष्टता का वर्णन किया है। दोनों ने ही 'मैं' के द्वारा अद्वैत सत्ता की ओर संकेत किया है। यहाँ दोनों में अपूर्व साम्य है।

(ख) सन्तमत में जगत् और माया

सन्तमत में परमतत्त्व ही चरम सत्य के रूप में स्वीकृत है, जो सर्वत्र विराजमान है। विश्व चराचर की समस्त दृष्ट-अदृष्ट वस्तुएँ उसकी सृष्टि है। जिस प्रकार एक ही मिट्टी से नाना रूपात्मक बर्तन बनाये जाते हैं, उसी प्रकार पवन, पानी, ज्योति, संसार सब का सृजनकर्ता एक ही है।[182] सन्तों ने ब्रह्म, जीव, जगत् के मध्य अद्वैतात्मक सम्बन्ध को स्वीकारा है। सन्त सुन्दरदास कहते हैं—

जिस प्रकार पानी और पाला भिन्न नहीं, अभिन्न है, उसी प्रकार ब्रह्म और जगत् दो नहीं वरन् एक है।[183] लेकिन अज्ञानी व्यक्ति ब्रह्म समस्त जगत् में और समस्त जगत् ब्रह्म में परिव्याप्त देखता हैं।[184] ब्रह्म और जगत् की इस अभिन्नता को प्रतिपा. दित करते हुए कबीरदास कहते हैं लोका जानि न भूलोभाई खालिक खलक, खलक में खालिक सब घट रहयौ समाई।"[185] आगे वे कहते हैं, जैसा तुम्हें यह दिखाई पड़ रहा है, वस्तुतः यह वैसा नहीं है वरन् यह अगम अगोचर है।[186] स्पष्टतः सन्तमत में ब्रह्म ही मूल अधिष्ठात्रा है जिस पर नाना रूपात्मक यह जगत् आरोपित है। सुन्दरदास कहते हैं—सुन्दर कहत यह एक ही अखंड ब्रह्म नाहि तू पलटकर जगत् नाम धरयो हैं।[187] लेकिन सन्तों ने शंकर के 'ब्रह्म सत्यं जगत् मिथ्या' के सिद्धान्त के अनुरूप जगत् को मिथ्या माना है। इसका मुख्य कारण सम्भवतः जगत् की क्षण भंगुरता, नश्वरता

और परिवर्तनशीलता है। सन्तों ने जगत् को तमाशा की भाँति मिथ्या माना है, लेकिन तमाशे का सत्य मानकर तमाशबीन को भूल जाना संगत नहीं क्योंकि तमाशबीन ही यहाँ सत्य है और तमाशा मिथ्या। अतः सन्त इस तमाशे रूपी जगत् से अलिप्त रहने को कहते हैं।[188] यही कारण है कि सन्तों ने इस संसार को सैवँल का फूल, काजल की कोठरी, भादों की नदियाँ, पाप-पुण्य का बाजार आदि कहा है। ऐसा कहने का अभिप्राय सम्भवतः व्यावहारिक जगत् के छल प्रपंचमय व्यवहार और स्वार्थादि जैसी प्रवृत्तियाँ रही होंगी। अतः व्यावहारिक जगत् से प्रीति रखना सन्तों को काम्य नहीं।[189] सन्तों ने तो इस जगत् को ही माया कह दिया—जग हटवाड़ा स्वाद ठगा माया वैसों लॉई—अर्थात् जगत् के हाट में स्वाद का लालच दिखाकर माया लोगों को ठगती है।[190] इसका मूल कारण यह है कि सन्त ब्रह्म के अस्तित्व को छोड़कर अन्य किसी दूसरे के अस्तित्व पर विश्वास नहीं करते लेकिन माया ब्रह्म की है इसे वे स्वीकार करते हैं—"तू माया रघुनाथ की।"[191] वस्तुतः ब्रह्म ने माया की सृष्टि कर अपने को क्रियाशील बनाये रखा है परन्तु यह स्वतन्त्र न होकर राम के अधीन है—

"राम तेरी माया दुन्द मचावै।"

माया भगवान की शक्ति है। माया और मायी का सम्बन्ध शाश्वत है। ब्रह्म अपनी लीला के कारण जगत् रूपी माया का निर्माण कर उसमें अपने को छिपाकर स्वयं क्रीड़ा करता है—

कहन सुनन को जिहिं जग कीन्हा जग भुलानाँ सो किनहुँ न चीन्हा।
सत-रज-तम थैं कीन्हीं माया आपन माझँ आप छिपाया।"[192]

स्पष्टतः उनकी यह माया जगत् को भरमाने वाली है। वह अपनी पाँच इन्द्रियों और पच्चीस प्रकृतियों के बल पर समस्त सांसारिक जीवों को अपने पाश में बाँधकर नचाती रहती है। सृष्टि की उत्पत्ति और संहार करनेवाली माया की शक्ति त्रिगुणात्मक कही जाती है। अतः सन्तों ने इस माया का मानवीकरण एक नारे के रूप में किया है। सन्तों ने ठगिनी, सर्पिणी, नागिनी, मोहिनी, पिशाचिनी आदि कई रूपों में माया का वर्णन किया है। इस प्रकार माया का प्रसार जगत् व्यापी है। सन्त कवियों ने इसकी लीला का बड़ा ही मनोहारी रूप प्रस्तुत किया है। माया का विनाश ज्ञान के द्वारा ही सम्भव है, जिसे भक्ति और सत्संग के द्वारा प्राप्त किया जा सकता है। ज्ञानीजन इसके आवरण को भेदकर सत्यस्वरूप ब्रह्म का साक्षात्कार करते हैं। ऐसी स्थिति में माया उनकी दासी हो जाती है—

दादू माया चेरी सन्त की दासी उस दरबारी
ठकुरानी सब जगत् की तीन्यूँ लोक मँझारि।।[193]

(ग) बाउल मत में जगत् और माया

सन्तों की भाँति बाउलों को भी मनेर मानुष की सत्ता को छोड़कर किसी अन्य

की सत्ता पर आस्था नहीं। इनका आत्मस्वरूप मनेर मानुष सर्वत्र विराजमान है। उसका नूर जगत्मय है।[194] समस्त परिदृश्यमान विश्व-चराचर उस नूर का प्रकाश है जगत् उसकी सृष्टि है।[195] वही मूल है और जीव-जगत् उसकी शाखा-प्रशाखा है जो अनेक रूपों में व्याप्त है। अतः सन्तों की भाँति बाउल इस जगत् को मिथ्या नहीं मानते। जगत् को अपना समझ वे मिथ्या मानते हैं। लालन कहते हैं—

देख रे मन झाँकदारी एई दुनियादारी
परिये कोपनिध्वजा हाय कि मजा उड़ाले फकीरी
बड़ दरदेर भाई बन्धु जना। ओरे साथेर साथी केओ हबे ना मन तोमारि।
एका पथे खालि हाथे। विदाय करे दिबे तोमारि।[196]

बाउल संसार में रहते हुए भी संसार भाव में लिप्त नहीं होते। उनका मन मधुकर मधुमय के चरनारविन्द के सौरभ में लगातार विभोर रहता है। इस प्रसंग में लालन कहते हैं—

यन्त्रेर यन्त्री जेमन
ये बोल बाजाय बाजे तेमन
तेमनि मत्त आमार हाते।[197]

वस्तुतः जगत् में मानव का आगमन कर्म सम्पादन के लिए होता है—"मानुष काले हतः कर्म रत हल भवेते है[198] लेकिन बाउलों का कर्म, कर्म के लिए नहीं बल्कि कर्म के द्वारा मायाजनित कर्म का निवारण करके आत्मलाभ की प्राप्ति करना है। इसलिए व्यक्ति का जगत् में आगमन होता है, ऐसा बाउलों को विश्वास है। अतः इस जगत् को बाउल मिथ्या नहीं मानते। ब्रह्म ने अपने आनन्द के लिए इस जगत् की सृष्टि की। मानव शरीर का गठन करके वही युग-युग से प्रेमरस का आस्वादन करने के लिए इस धरा-धाम पर अवतरित होता है। अतः बाउलों की दृष्टि में यह जगत् लीलामय है। स्पष्टतः जगत् के सारे कर्म माया नहीं है, बल्कि माया निवारण का यह आश्रय स्थल है, प्रेम का प्रतिपत्रदान है। जीव जगत् के माध्यम से ही मूल स्रष्टा के स्वरूप निरूपण में सक्षम हुआ जा सकता है, ऐसा बाउलों का विश्वास है—

"मूल हते हय डालेर सृजन
डाल धर ले पाय मूल अन्वेषण है।"[199]

लेकिन जगत् के सम्बन्ध में विचार करते समय ये बाउल जगत् के छल-प्रपंच और विषय-वासना का ध्यान अवश्य रखते हैं। शरीर की क्षणभंगुरता और विषयों की अनित्यता को देखते हुए बाउलों ने भी उसे क्षणभंगुर माना है।[200] सन्तों की भाँति बाउलों ने भी जगत् को वाणिज्य व्यवसाय का आश्रयस्थल हाट, मेला, दुकान की प्रतीक से उपस्थित किया है।

माया ब्रह्म की सृष्टि है, इसे बाउल भी स्वीकार करते हैं। ब्रह्म ने माया की सृष्टि कर अपने को क्रियाशील बनाये रखा है। वही जीवों को माया नदी में डुबाता

है तो उद्धार भी करता है। वस्तुतः माया ने समस्त जगत् को दिग्भ्रमित कर रखा है। उसके स्वरूप को पहचान पाना सुसाध्य नहीं। इसके प्रभाव स्वरूप निकट की वस्तु भी लक्ष योजन दूर दिखलाई पड़ने लगती है।[201] यह कालातीत है, इसके विस्तार की कोई सीमा नहीं।[202] बाउलों ने माया का स्थान मन को माना है।[203] तथा उसे ब्रह्म की लीला बताया है।[204] उस प्रकार साधारण जीव मायाग्रस्त होकर मूल वस्तु ब्रह्म का विस्मरण कर जाता है। सत्यपथ से विचलित होकर नाना प्रकार की प्रवंचनाओं और क्रियाकांडों से बद्ध हो जाता है–

मायाते मत्त हले गुरु वस्तु ना चिनिले
सत्यपथ हाराइले, सब खोयाले गुरु वस्तु भूले।[205]

ज्ञानीजन ही माया विमोहिनी के आवरण का मूलोच्छेद कर सत्यस्वरूप मूल वस्तु को प्राप्त कर सकते हैं–

गोल छेडे माललओं वेछे गोलमाल मिशान आछे।
जान ना मन रागेर करन। चेमन बालिर संगे चिनिर मिलन
सहस्र वर्ण मिशेछे। ओरे मत्त हस्ती टेर पेलो ना
चेउटि मरम जेनेछे। गोलमाल बोलते पारे ये
गोलेर भितर माल धाकलेओ चिनते पारे से।[206]

सन्तों और बाउलों दोनों की आध्यात्मिक साधना का चरम लक्षण ब्रह्म की उपलब्धि करना है। दोनों की विचारधारा में ब्रह्म का ही सत्य स्वरूप है, जो सर्वत्र विराजमान है। सम्पूर्ण दृष्ट-अदृष्ट जगत् और उसमें निवास करनेवाले समस्त प्राणी उस लीलाबिहारी के आनन्द का परिणाम है। जीव, जगत् और माया उसकी सृष्टि है। ब्रह्म के साथ जीव, जगत् का अद्वैतात्मक सम्बन्ध सन्तमत और बाउलमत में स्वीकृत है, लेकिन जब ये सन्त और बाउल जगत् की आलोचना करते हैं, उसे मिथ्या बताते हैं तो उनकी अद्वैतात्मक अवधारणा खंडित होती हुई दीख पड़ती है। तो क्या जगत् को पूर्णरूपेण मिथ्या माना जाए। कबीरदास कहते हैं कि इसे पूर्ण रूपेण मिथ्या नहीं माना जा सकता क्योंकि यह ब्रह्म के प्रकाश से निर्मित है। यदि जगत् ब्रह्म का है तो उसकी निन्दा कैसे की जा सकती है?[207] जगत् की चकाचौंध में परब्रह्म को भूल जाने की निन्दा सन्तों ने अवश्य की है। ऐसी ही विचारधारा बाउलों की भी है। वे भी जगत् को अल्ला का नूर बताते हैं। जगत् के मध्य से उस मूल सत्य का अन्वेषण किया जा सकता है। 'डाल धरले पाय मूल अन्वेषण है' ऐसा बाउलों का विश्वास है। लीलाबिहारी ब्रह्म का आश्रय स्थल यही जगत् है। अतः सन्तों की भाँति बाउलों ने भी जगत् की निन्दा नहीं की, लेकिन छल-प्रपंच, विषय, वासना और तमाम विकृतियों से ग्रसित व्यावहारिक जगत् की निन्दा की है। मानव को ये ही सत्यानुसन्धान के मूल पथ से विचलित करनेवाला है। अतः सन्तों और बाउलों ने भ्रमात्मक मायावी व्यावहारिक जगत् को हेय एवं त्याज्य बतलाया

तथा उससे अलिप्त रहने का उपदेश दिया। परम तत्त्व के साक्षात्कार में जो शक्ति बाधक बनकर उपस्थित होती है, सन्तों और बाउलों ने उसे माया नाम से अभिहित किया है। दोनों ने ही माया का सम्बन्ध ब्रह्म से बताया है। माया ब्रह्म की शक्ति है, उनकी आनन्द लीला का परिणाम है, यह तथ्य दोनों मतों में स्वीकृत है। उपनिषदों में भी ऐसी अभिव्यक्ति पायी जाती है—भगवान की भक्तिरूपा प्रकृति को माया तथा परब्रह्म परमेश्वर को माया का स्वामी बताया गया है। परमेश्वर की शक्तिरूपा प्रकृति के ही कारण सन्धान से यह परिपूर्ण जगत् व्याप्त है।"[208]

(घ) मुक्ति

मुक्ति के सम्बन्ध में सन्तों और बाउलों में पर्याय साम्य परिलक्षित होता है। जीव और जगत् से हटकर इन्होंने मुक्ति की कोई परिकल्पना नहीं की। वस्तुतः ये न तो दार्शनिक थे और न ही मुक्ति का दार्शनिक विवेचन करना इनका लक्ष्य था। भगसागर में फँसे हुए लोगों को सन्मार्ग पर लाना ही इनका परम उद्देश्य था। उनकी समस्त वाणियाँ इसी प्रेरणा का परिणाम है। यद्यपि इनकी वाणियों में मुक्ति और उसके स्वरूप की व्यंजना की गयी है, लेकिन इनकी यह विशेषता किसी दर्शन का अनुकरण मात्र नहीं वरन् मध्ययुग की विविध दर्शन पद्धतियों में निरूपित मुक्ति के स्वरूपों का यत्किंचित प्रभाव है। सन्तों और बाउलों की दृष्टि में आवागमन का नाश, कर्मों का नाश और सत्यस्वरूप अद्वैत ब्रह्म की जानकारी प्राप्त करना ही मुक्ति है। कबीरदास कहते हैं—जब तक सत्य को खंडित रूप में देखा जाता रहेगा ब्रह्म के सम्बन्ध में जब तक द्वैत की स्थिति बनी रहेगी, तब तक मुक्ति की प्राप्ति सम्भव नहीं। एक राम को सबमें देखना और सबों को राममय समझना ही मुक्ति है।[209] सुन्दरदास सत्य को अखंडित स्वरूप को जानकर निस्पृह रहने की स्थिति को मुक्ति बताते हैं।[210] सन्त चरणदास आवागमन चक्र की परिसमाप्ति को ही मुक्ति मानते हैं।[211] मुक्ति के सम्बन्ध में बाउलों की ऐसी ही धारणा है। बाउल पाँचूशाह कहते हैं कि जब तक वैदान्तिक रस का पान नहीं कर लिया जाता तब तक मुक्ति सम्बन्ध नहीं।[212] चण्डी गोसाँई के अनुसार मुक्तात्मा का परिचय प्राप्त करने से ही आवागमन चक्र का विनाश सम्भव है।"[213] गोपाल बाउल कहते हैं, परमस्वरूप को पहचान लेना ही मुक्ति है।[214] कालाशाह बाउल भी इसी प्रकार के विचार को अभिव्यक्त करते हैं—अमूल्यधन मनेर मानुष की प्राप्ति से ही दोनों कूलों की भवयातना की समाप्ति सम्भव है।"[215] स्पष्टतः सन्तों और बाउलों ने जीवन और जगत् को त्यागकर अलग से मुक्ति की कामना नहीं की है। जगत् में रहकर नाना कर्मों का सम्पादन करते हुए ब्रह्म की प्राप्ति करना ही इनके जीवन का परम उद्देश्य था। यही कारण है कि उन्होंने वैराग्य को न तो मुक्ति पथ के रूप में स्वीकार किया और न ही 'बैकुण्ठ धाम' की कोई कल्पना की। इसलिए जब मुक्ति और बैकुंठ का प्रसंग आता है तो कबीरदास अपने राम से कहते हैं कि "हे

राम! तुम मुझे मुक्त कर कहाँ ले जाओगे, पहले यह तो बतलाओ कि यह बैकुण्ठ कैसा है, जहाँ तुम मुझे ले जाना चाहते हो?"[216] सुन्दरदास तो स्पष्ट स्वरों में कहते हैं, मुक्ति का कोई और ठिकाना नहीं कि वह कहाँ रहती है? यह तो धोखे की निशानी है।"[217] दादू कहते हैं, "यह संसार तो पागलखाना है, जहाँ पागल लोग ही मृत्यु के उपरान्त अमर, अभय, पद, स्वार्थ, बैकुण्ठधाम और मुक्ति की चर्चा करते हैं।"[218] अतः कबीर दास मुक्ति की इस जीवन में बताते हैं जिसने जुगतिपूर्वक उसका अनुसन्धान किया है, निसंशय भाव से मुक्ति उसे ही मिली है।[219] सन्त सुन्दरदास कहते हैं, आत्मस्वरूप ब्रह्म की अनुभूति ही मुक्ति है।[220] वस्तुतः जब तक आत्मसत्य को नहीं पहचान लिया जाता तब तक मुक्ति सम्भव नहीं।" यदि नंगा रहने से और मूँड़ मुड़ाने से मुक्ति मिलती है तो सबसे पहले वन के मृग और भेड़ को मुक्ति मिलनी चाहिए।[221] इस संसार की माया में ही मुक्ति निहित है और यही उत्तम है ऐसा सन्तों का विश्वास है।[222] सन्तों की भाँति बाउलों को भी मुक्ति पर विश्वास नहीं। मृत्यु के उपरान्त ईश्वर की प्राप्ति की चर्चा भी बाउलों के लिए आश्चर्य का विषय है क्योंकि कोई भी इसकी तर्क संगत व्याख्या नहीं कर सकता।[223] अतः वेद विधि के वैराग्य और योग-साधना पर इनका विश्वास नहीं।[224] दान-व्रत, तप-यज्ञ के पुण्यफल से प्राप्त मुक्ति पर आस्था नहीं।[225] और स्वर्ग सुख की भी कामना नहीं।[226] योगासन और श्वास-प्रश्वास की क्रिया द्वारा प्राप्त मुक्ति पर विश्वास नहीं–

निश्वासे नाहि रे विश्वास। पलकेते करबे निराश।[227]

बल्कि जगत् में रूप के माध्यम से परम सत्य की उपलब्धि करना ही उनका चरम लक्ष्य था और यही इनकी मुक्ति भी। इस प्रकार हम देखते हैं कि सन्त और बाउल जगत् तथा जीवन से पलायन कर मुक्ति की कामना नहीं करते हैं। वस्तुतः वे इस संसार में भक्ति और प्रेम के द्वारा मुक्ति प्राप्त करना चाहते हैं–

भाव भक्ति विश्वास बिनु कहे न संसे सूल।
कहै कबीर हरि भगति बिन मुकति नहीं रे मूल।[228]
बाउल मछेरे शाह कहते हैं–
भक्ति बिने मुक्ति हवे ना
भक्ति मूले ये फल फले
सफले ता जाने ना।[229]

इस प्रकार, सन्तों और बाउलों ने मुक्ति शब्द का प्रयोग अवश्य किया है, लेकिन वे मुक्ति के प्रचलित अर्थ से अति दूर हैं। पलटू साहिब तो मुक्ति को सन्तन की चेरी बतलाते हैं।[230] बाउल भी ब्रह्म से मुक्ति नहीं भक्ति की कामना करते हैं "आमि मुक्ति चाहि ना हरि। गाडिया विपदे तोमारि श्रीपदे भक्ति भिक्षा करि।"[231]

सन्तों और बाउलों की आध्यात्मिक विचारधारा ब्रह्म, जीव, जगत्, माया, मुक्ति के विवेचन से यह स्पष्ट होता है कि दोनों का परमतत्त्व कोई अलग सत्ता नहीं वरन्

जीवन और जगत्, दृष्ट और अदृष्ट, सूक्ष्म और स्थूल समस्त का एक अखण्ड रूप है। वह निर्गुण, सगुण, आकार, निराकार, द्वैत-अद्वैत सब कुछ है। वह आनन्द स्वरूप और रस-स्वरूप भी है। इस प्रकार उपनिषदों के सवेश्वर और सन्तों तथा बाउलों के परम एक में अद्भुत साम्य है, लेकिन अनुभूति के क्षेत्र में दोनों का मार्ग अलग हो जाता है। सन्तों और बाउलों का मार्ग भक्ति तथा प्रेम का मार्ग है।

सन्तों तथा बाउलों का परम मूलतः अद्वैत है, लेकिन अनुभूति के क्षेत्र में द्वैत भी वही है। इस मायने में इनका अद्वैत भारतीय अद्वैत परम्परा के विलक्षण है। यद्यपि भारतीय अद्वैत परम्परा का यत्किंचित प्रभाव उनमें अवश्य पाया जा सकता है लेकिन ये किसी एक सिद्धान्त के पोषक थे, ऐसा नहीं कहा जा सकता। सन्तों और बाउलों का परम एक आनन्दस्वरूप, रस स्वरूप और लीलाबिहारी है। उनकी अद्भुत और अलौकिक लीला से सारा जगत् लीलामय है। स्पष्टतः यहाँ वैष्णव दर्शन का प्रभाव प्रतीत होता है लेकिन इनका दर्शन पूर्णतया वैष्णव पर आधारित है, ऐसा नहीं कहा जा सकता। वैष्णव दर्शन में जहाँ ब्रह्म तथा जीव में पूर्ण भेद स्वीकार किया गया है, वहीं सन्त और बाउल जीव की मुक्तिअवस्था में उसे ब्रह्म से भिन्न नहीं मानते। सन्तों और बाउलों की भाँति वैष्णव दर्शन में ब्रह्म को सगुण-निर्गुण दोनों माना गया है लेकिन वैष्णव दर्शन में जितना सगुण रूप स्वीकृत है, उतना ही सन्तों तथा बाउलों में उसका निर्गुण रूप। वैष्णव दर्शन में लीला और बैकुण्ठ की कल्पना की गयी है। सन्त और बाउल उसे स्वीकार नहीं करते। उनकी लीला इसी जीवन और जगत् में है। समस्त ब्रह्मांड इसी भाँड में है। अतः जीवन और जगत् से हटकर ये सन्त और बाउल मुक्ति की कामना नहीं करते। इस प्रकार वैष्णव दर्शन में विदेह मुक्ति की कामना सर्वत्र आदरणीय है, जीवन मुक्ति की नहीं।[232] लेकिन सन्त और बाउल जीवन मुक्ति को ही मुक्ति मानते हैं।

सन्तों की भाँति बाउलों की रागात्मिकता भक्ति में संयोग और वियोग दो पक्ष हैं। वियोगानुभूति के अनेक सरस पदों से बाउल साहित्य ओतप्रोत है। इस प्रकार चाहे सन्तों की भाव भगति हो या बाउलों की रूपाभक्ति मूलतः दोनों ही रागात्मिकता भक्ति है। रागात्मिक भक्ति अनुकरणमूलक होने के कारण रागानुगा भक्ति कही जाती है, जो सम्बन्धगत होने पर सम्बन्धरूप भक्ति कहलाती है। प्रभुदास इसे सखा, सम्बन्ध, पिता-पुत्र सम्बन्ध, माता-पुत्र सम्बन्धी, पति-पत्नी सम्बन्ध या प्रिय-प्रिया सम्बन्ध इसके मुख्य प्रकार मानते हैं। दास्य भक्ति में सेवक-स्वामी के मध्य मर्यादा की भावना रहने से भय अथवा शिष्टता का भाव बना रहता है लेकिन सख्यभाव में शिष्टता के स्थान पर धृष्टता या एक प्रकार का ममत्व आ जाता है। ममत्व की चरम परिणति वात्सल्य भाव पिता-पुत्र माता-पुत्र, में हो जाता है जो आगे चलकर प्रगाढ़ प्रेम में परिणत हो जाता है। जो पति-पत्नी या प्रिय-प्रिया के सम्बन्ध में सम्भव है। यहाँ सारी शिष्टता, समस्त मर्यादाएँ तिरोहित हो जाती हैं। वस्तुतः मधुर

भक्ति को ही प्रेम भक्ति कहा जाता है। वैसे तो सभी प्रकार की भक्ति सर्वश्रेष्ठ है। दास्यभाव, सख्यभाव, वात्सल्य भाव और दाम्पत्य भाव का यथेष्ठ वर्णन सन्त साहित्य और बाउल साहित्य में किया गया मिलता है। सन्तों ने यदि दास्य भाव को अधिक महत्त्व दिया है तो बाउलों ने साख्यभाव को, लेकिन दोनों ने दाम्पत्य भाव को सर्वोच्च महत्त्व प्रदान किया है, इसमें कोई सन्देह नहीं।

भक्ति भावना के सम्बन्ध में सन्तों और बाउलों की अवधारणा का विवेचन करने पर हम पाते हैं कि उनमें बहुत अधिक साम्य है। यद्यपि सन्त और बाउल निर्गुण ब्रह्म के उपासक हैं, तथापि भक्ति के प्रभाव स्वरूप उनकी निर्गुण ब्रह्म विषयक भावना में परिवर्तित होने के जितने सोपान या प्रक्रिया हैं, उसमें भी साम्य हैं। यहाँ यह प्रश्न उठता है कि भक्ति भावना के सम्बन्ध में सन्त और बाउल दोनों की अनुभूति में जो साम्य है, उसका क्या कारण है? इस सम्बन्ध में यही कहा जा सकता है कि सर्वप्रथम वे भक्त हैं बाद में समाज सुधारक या धार्मिक नेता। भक्ति, श्रद्धा, विश्वास तथ। हृदय की सरलता एवं पवित्रता पर आधारित होती है न कि मस्तिष्क के कुटिल तर्कजाल या वाद-विवाद पर, सन्त और बाउल सरल और सहज थे, वाद-विवाद से परे हटकर समग्रता में परमतत्त्व की उपलब्धि करना उनका आध्यात्मिक उद्देश्य था। मध्यकाल का धार्मिक वातावरण सम्भवतः दूसरा महत्त्वपूर्ण कारण हो सकता है। मध्यकाल का प्रत्येक धर्ममत और उसकी साधना, भक्ति की रसमयी धारा से प्रायः रससिक्त हो चली थी। इस दृष्टि से यदि सन्त और बाउल भी प्रभावित हुए हैं तो यह आश्चर्य का विषय नहीं। यह सच है कि सन्त और बाउल अपने परम्परागत पूर्वाग्रहों से मुक्त हैं, लेकिन पूर्ववर्ती समस्त साधना सम्प्रदायों का यत्किंचित प्रभाव इन पर पड़ा है। यहाँ यह भी स्मरणीय है कि ये प्रभाव सीधे न आकर किसी प्रमुख स्रोत द्वारा इन सन्तों और बाउलों तक पहुँचे थे, वह स्रोत थे—स्वामी रामानन्द और चैतन्यदेव। जिस प्रकार सन्तों का सीधा सम्बन्ध स्वामी रामानन्द से है, उसी प्रकार बंगाल के बाउलों का सीधा सम्बन्ध चैतन्यदेव था चैतन्य प्रवर्तित वैष्णव धर्म से। प्रभाव चाहे जिस किसी रूप में क्यों न पड़ा हो, सच्चाई तो यह है कि वैष्णव धर्म की सदाचार संवलित प्रेमाभक्ति से ये जीवन पर्यन्त प्रभावित रहे हैं। सन्त यदि प्रेमकथा को अकथ कहते हैं तो बाउल माधुर्य भक्ति को रसिकों के गले के हार"[233] के रूप विवेचित करते हैं। इतना ही नही, सन्तों और बाउलों ने स्थान-स्थान पर वैष्णव ग्रन्थों के प्रति श्रद्धा तथा वैष्णव भक्तों के प्रति अपना सम्मान प्रदर्शित किया है। नारदी भक्ति का प्रेम तत्त्व सन्तों की प्रेमाभक्ति का प्राण तत्त्व है—

भगती नारदी रिदै न आयी, काधि कूछि दीना।
कहु कबीर जन भयो खलासे, प्रेम भगति जिस जानी।[234]

कबीरदास की दृष्टि में इस जगत् में दो ही उत्तम व्यक्ति हैं—पहला राम, दूसरा वैष्णव भक्त् क्योंकि एक यदि मुक्ति देने में समर्थ है तो दूसरा हरि स्मरण की ओर

प्रेरित करने में।[235] इसलिए वे स्पष्ट घोषणा करते हैं–

चन्दन की कुटकी भली ना बवूर की अवराउ।
वैष्नों की छपरी भली ना साकत का बड गाँउ।
वैष्णव की कूकरी भली, साकत की बुरी भाव।
ओह सुनहि हरनाम जस, उस पाप विसाहन जाइ।''[236]

बाउल भी वैष्णव सम्प्रदाय से विशेष प्रभावित थे। चैतन्यदेव को तो वे साक्षात् राधाकृष्ण की युगल प्रतिमूर्ति मान बैठे। वैष्णव धर्म के षट् गोस्वामियों के प्रति भी उनकी श्रद्धा कम नहीं थी। अतः वे स्पष्ट रूप से कहते हैं कि जिसने तीन प्रभुओं और षट् गोस्वामी गणों के धर्म को अपने कर्म रूप में ग्रहण कर लिया, वह जरा-मृत्यु के प्रभाव से मुक्त होकर अनायास ही इस भवसागर के पार उतर गया।[237] अतः बाउल स्पष्ट रूप से घोषित करते हैं–

भक्त हओया सुखेर कथा नाय।
भक्त हते इच्छे जार
तार शाक्त हते हय.......शक्ति हले प्रकाश,
सेइ शक्तिते प्रवृत्ति विनाश। मान-सम्मान,
बलिदान, दिये कर रिपु जय। सिद्ध हले मन
वैष्णव लक्षण। तखन हिंसा आदि हय बारन।
विवेकी जखन हय रे मन, तखन भक्तिर उदय।[238]

इस प्रकार वैष्णव मत की भक्ति भावना और सन्तों तथा बाउलों की भक्ति भावना में काफी साम्य है। इतना होने के बावजूद पूर्णरूपेण सन्तों तथा बाउलों की भक्ति भावना को वैष्णव मत पर आधारित नहीं कहा जा सकता। जब वैयक्तिक अनुभव की बात आती है तो वैष्णव मत की भक्ति भावना और सन्तमत तथा बाउल मत की भक्ति भावना में अन्तर स्पष्ट होने लगता है। दोनों मतों के दृष्टिकोणों में पहला अन्तर ब्रह्म भावना को लेकर लक्षित होता है। सगुण भक्त जहाँ राम और कृष्ण को ब्रह्म का पूर्ण अवतार मानकर जैसा रागात्मक सम्बन्ध स्थापित करते हैं। वैसा सम्बन्ध सन्त और बाउल स्थापित नहीं कर पाते हैं। सन्तों और बाउलों का ब्रह्म वह नहीं है जिसने दशरथ के घर में अवतार लिया जो नन्द बाबा के नन्दन हैं बल्कि इनका ब्रह्म सगुण-निर्गुण से परे एक अनुपम तत्त्व है। स्पष्टतः सन्तों और बाउलों के प्रयुक्त राम और कृष्ण ब्रह्म के प्रतिरूप नहीं वरन् मूल ब्रह्म की प्राप्ति के सोपान के संकेत सूत्र ही हैं। अतः जैसी भक्त-भावना सगुण भक्तों ने प्रतिपादित की वैसा सन्तों और बाउलों के द्वारा क्षेत्र भक्ति व पद्धति को लेकर है। वैष्णव धर्म के प्रतिष्ठित आधार ग्रन्थ श्रीमद्भागवत में भक्ति के नौ प्रकार कहे गये हैं जिसमें वैधी भक्ति का समावेश है। यह प्रारम्भ से ही आराध्य के सगुण रूप की अपेक्षा रखती है किन्तु सन्तों की भाव भगति और बाउलों की रागानुभक्ति किसी विग्रह पूजन

एवं गुणगान में निहित न होकर एक भाव विशेष में लीन होना है। वह किसी बाह्य क्रियाकलाप पर आश्रित न होकर अन्दर की आडम्बर शून्यता और सहज भावना की पुजारिन है। अतः सन्तों और बाउलों की वाणियों में भगवत भक्ति के नौ प्रकारों, गुण, श्रणव-कीर्तन, स्मरण, पूजन, वन्दन, दास्य, सख्य, आत्मनिवेदन का यहाँ सम्यक् प्रयोग नहीं किया गया मिलता है जैसा कि भागवतकार या साकार भक्ति का गुणगान करने वाले भक्तों को इष्ट था। तीसरा अन्तर सगुणमार्गी भक्तों और निर्गुणमार्गी भक्तों की लीला के स्वरूप को लेकर उपस्थित होता है। यद्यपि दोनों की लीला में एक ही सामान्य तत्त्व है। अन्तर केवल यह है कि निर्गुणमार्गी भक्तों और बाउलों के समक्ष प्रभु के व्यक्तिगत सम्बन्ध के साथ-साथ उनकी रूपातीत अनन्तता और असीमता वर्तमान रहती है, जबकि सगुण मार्गी वैष्णव भक्तों के सामने उनकी अनन्तता और असीमता तिरोहित होती हुई प्रतीत होती है। एक ओर सन्तों ने भक्त को भगवान के समकक्ष रखकर देखा है तो दूसरी ओर बाउल भक्त में ही भगवान को पाते हैं जबकि वैष्णव भक्त छोटे-बड़े का भेद कर ही देते हैं। वैष्णव भक्तों को दास्य भाव की भक्ति ही अधिक प्रिय थी। स्पष्टतः प्रेमपरक उपासना होने के बावजूद छोटे-बड़े का यह अन्तर दोनों के मूल विचारों में पार्थक्य को ही सूचित करता है। इसका मूल कारण वैष्णव भक्त जहाँ मर्यादा पुष्ट भक्ति से परिचालित है वहाँ सन्त और बाउल प्रेमा भक्ति की अखंडित धारा में प्रवाहित है। सांसारिक आसक्तियों के त्याग को लेकर भी इनमें अन्तर परिलक्षित होता है। यद्यपि सांसारिक विषयों को त्यागने की शिक्षा दोनों देते हैं लेकिन उसकी प्रक्रिया को लेकर स्पष्ट अन्तर है। वैष्णव भक्तों की दृष्टि में संसार त्याग का अर्थ मूलतयाः वैराग्य भावना से है जबकि सन्तों और बाउलों की दृष्टि में संसार त्याग का अर्थ वैराग्य न होकर आसक्तियों को त्यागने से है। सन्तों और बाउलों ने तो वैराग्य भाव की निन्दा की है।[239] प्रायः सभी सन्तों और बाउलों ने गृहस्थ धर्म का पालने करते हुए उत्कृष्ट साधना की है। सन्तों और बाउलों के नारी त्याग का तात्पर्य यहाँ आसक्ति के त्यागने से है न कि नारी के त्याग से। दरिया साहब ने माँ, बहन और बेटी के रूप में नारी से प्रीति करने का सन्देश दिया है तो बाउलों की साधना संगिनी नारी है। अतः नारी विरोध का मूल तात्पर्य यहाँ आसक्ति त्याग से है। स्पष्टतः वैष्णव साहित्य जहाँ विरति मूलक है, वहीं सन्त साहित्य और बाउल साहित्य रतिमूलक। इस प्रकार वैष्णव भक्तों ने जहाँ भगवान को ही सब कुछ माना वहीं सन्तों और बाउलों ने भक्त-भक्ति भगवान का अन्योन्याश्रित माना है। भक्त और भगवान की भक्ति अगाध है, असीम है और अविगत है। दादू कहते हैं—

जैसा राम अपार है, तैसी भक्ति अपार
इन दोनों की मीत नहीं, सकल पुकारे साध
जैसा पूरा राम है, पूरन भगति समान

इन दो की मीत नहीं दाद नाही भान।"

बाउल भी ऐसा मानते हैं

"भवरे अपार महिमा
ब्रह्मा विष्णु शिव दिते नारे"
सीमा कि दिबौ भावेर उपमा क्षुदमति मते।

अब यह विचार कर लेना आवश्यक है कि सन्तों और बाउलों की भक्ति-भावना में कोई अन्तर है या नहीं। साधारणतया सन्तों और बाउलों की भक्ति-भावना में कोई अन्तर नहीं है। सन्तों और बाउलों की भक्ति भावना में अन्तर ब्रह्म के स्वरूप को लेकर है। यद्यपि सन्तमत में परमात्मा और जीवात्मा में कोई अन्तर नहीं माना जाता है लेकिन जब से वे ब्रह्म का वर्णन करते हैं तो उनका रागात्मक सम्बन्ध मूलतया परमात्मा तत्त्व से होता है जबकि बाउलों का ब्रह्म परमात्म स्वरूप परम तत्त्व नहीं वरन् 'मनेर मानुष' के रूप में मनुष्य के हृदय में अन्तर्निहित आदर्श मानव से है। सन्त जहाँ परमात्मा में मानवता को पाते हैं, वहीं बाउल व्यक्तिगत मानव में ही शाश्वत मानव का साक्षात्कार करता है। एक सागर के बूँद में ही अपार सागर को पाना चाहता है। पहला अद्वैतवाद का पोषक है तो दूसरा सर्वात्मवाद का। रवीन्द्रनाथ ने अपने मानव धर्म के अन्तर्गत परमात्मा में मानवता की भावना अथवा शाश्वत मानव में देवत्व की भावना का यथेष्ठ विवेचन किया है। उनका कहना है कि व्यक्तिगत मानव शाश्वत मानव की दो भिन्न-भिन्न अन्वितियाँ मानी जा सकती हैं जिनमें से दूसरे में पूर्ण भावनात्मक रूप में सदैव निहित रहती है और वही पहले को अपने प्रति प्रेमभाव प्रदर्शित करने तथा तद्रूप होने के लिए निरन्तर प्रेरित करती है।"[240] भक्ति पद्धति में भी स्पष्ट अन्तर की सूचना मिलती है। सन्तों की भक्ति सम्बन्धरूप भक्ति है जहाँ भाव का विशेष महत्त्व पाया जाता है। लेकिन बाउलों की भक्ति काम रूप है, जहाँ राग तत्त्व की प्रधानता निहित है। अतः सन्त जहाँ दास्य, सख्य, वात्सल्य और दाम्पत्य भाव से अपनी प्रेमाभक्ति को स्थापित करते हैं, वहीं सम्बन्ध रूप विद्यमान होने के बावजूद बाउलों की भक्ति प्रारम्भ से ही प्रेमाभक्ति से ओतप्रोत रही है। यहाँ प्रेम ही जीवन का सार है, वह साक्षात् कृष्ण स्वरूप है जहाँ आराध्य श्रीकृष्ण है और उपासना तत्त्व के रूप में ब्रज की वधुओं द्वारा सम्पादित उपासना ही मुख्य उपासना है। बाउलों की साधना का स्वरूप नारी भावापन्न है, जहाँ वे राधा को कृष्ण से बढ़कर महत्त्व प्रदान करते हैं। यही वह कारण है कि सखी भाव, राधा भाव व गोपिका भाव का उल्लेख बार-बार किया गया मिलता है। सन्तों में नारी भावपन्न साधना का स्तर अपेक्षाकृत कम पाया जाता है। सन्त अपनी निर्गुण निराकार ब्रह्म का साक्षात्कार स्वभावतः नहीं कर पाते, भावयोग के द्वारा ही अपरोक्ष अनुभूति का उसका आनन्द ग्रहण करते हैं और कभी-कभी उसकी विरह वेदना से पीड़ित भी होते हैं और कभी अनुभव के रंग में रंग जाते हैं। अपने

प्रियतम की अनिर्वचनीय रूप देना चाहते हैं और उसके मिलने की स्वानुभूति के रूप में उपलब्ध करके अपने जीवन में कायाकल्प ला देते हैं। इस प्रकार बाउलों की प्रेमाभक्ति जहाँ साध्य का रूप ग्रहण करती है, वहीं सन्तों के लिए वह एक प्रमुख साधना सोपान का ही कार्य करती है।

योग के स्वरूप में सन्तों और बाउलों की विचारधारा के विवेचन क्रम में हम पाते हैं कि उनमें जैसा साम्य है, वैषम्य भी वैसा ही विद्यमान है। पिंड संविधि की धारणा, गुरु का महत्त्व और उसकी प्रतिष्ठा, हठ योगिक प्रक्रियाओं में विशेषकर प्राणायाम की अपरिहार्यता, प्रत्याहार, ध्यान धारणा, चक्रनिरूपण, कुन्डलिनी आदि प्रकार के योगागों को लेकर सन्तों और बाउलों में काफी साम्य है। साम्य का मौलिक कारण दोनों का पूर्ववर्ती साधना साम्प्रदायों जैनों, बौद्धों, शैवों, सिद्धों, नाथों और वैष्णवों की परम्परा में विकसित होना है। दोनों मत के साधकों ने अपने योग के स्वरूप का निर्माण इसी परम्परा में किया।

सभी सम्प्रदायों या मतों में तन्त्रवाद के प्रभाव के कारण सन्तों और बाउलों के योग में समानरूप से कुछ ऐसी बातें प्रविष्ट हुई जिन्हें किसी विशिष्ट सम्प्रदाय का कहना अयुक्तिसंगत होगा। सन्तों का अपने पूर्ववर्ती सम्प्रदायों नाथ सम्प्रदायों से मुख्य अन्तर यौगिक क्रिया पद्धति को लेकर है। यद्यपि प्रारम्भिक कालीन सन्तों ने योग पद्धति को ग्रहण किया था लेकिन जैसे-जैसे इनका अनुभव व ज्ञान बढ़ता गया वे योग साधना की कष्ट बहुल क्रियाओं की निस्सारता अभिव्यक्त करते चले गये और सन्तों में योग साधना के आवश्यक अंग प्रतीक के रूप में ही सिमटकर रह गये। बाउलों ने यद्यपि योगागों का प्रयोग अपनी साधना में किया है लेकिन उनके पुरुष-प्रकृति योगात्मक मिलन साधना पूर्ववर्ती सभी सम्प्रदायों की साधना से अलग और विलक्षण है। साधना के स्वरूप में भी अन्तर विद्यमान है। पूर्ववर्ती सम्प्रदायों की साधना जहाँ योगात्मक और ज्ञानात्मक थी, स्पष्टतः सन्तों और बाउलों ने नाथ पन्थियों से शारीरिक योग साधना की प्रक्रियाएँ एवं वैष्णवों से उस शरीरवाद पर हार्दिक और मानसिक नियन्त्रण के लिए भक्ति समन्वित जिस भक्ति योग का प्रवर्तन किया, वहाँ से वे सबसे अलग और दूर थे।

अब यह भी विचार कर लेना आवश्यक है कि सन्तों और बाउलों की योग साधना के स्वरूप में अन्तर है या नहीं। सैद्धान्तिक पक्ष में भले ही अन्तर दृष्टिगोचर नहीं होता हो लेकिन व्यावहारिक पक्ष में महत्त्वपूर्ण अन्तर है। सन्त जहाँ योगागों का प्रयोग ब्रह्मवाद-सा मिलन सुख को स्पष्ट करने के लिए प्रतीक रूप में करते हैं, वहीं बाउल उसका प्रयोग कर ब्रह्मानन्द से मिलन सुख की अनुभूति करते हैं। योग से मिलन सुख की अनुभूति करते हैं। योग के प्राणभूत सिद्धान्त-प्राणायाम बाउलों की साधना में आंगिक भाव से अनुस्यूत था। उनकी रेचक पूरक की क्रिया द्वारा कुम्भक की स्थिति प्रदान करना, इडा-पिंगला को

मिलाकर सुषुम्ना पथ में प्रवाहित करना, कुंडलिनी शक्ति को जागृत कर स्थिर बिन्दु की सहस्र दलपद्म तक पहुँचाने की क्रिया सन्तों में नहीं है। दूसरा प्रमुख अन्तर बाउलों की प्रकृति-पुरुष योगात्मक मिलन की साधना को लेकर है। बाउलों में जिस प्रकृति पुरुष के योगात्मक मिलन की साधना प्रचलित थी वह सन्तों में अप्रचलित थी। इसका मौलिक कारण यह है कि सन्तों का विकास जहाँ नाथ सम्प्रदाय की परम्परा में होता है, वहीं बाउलों का विकास बौद्ध सहजिया और वैष्णव सहजिया की परम्परा में हुआ है। नाथ सम्प्रदाय की साधना में नारी की स्वीकृति नहीं थी जबकि नाथोत्तर प्रायः सभी सम्प्रदायों की साधना में नारी की अन्तर्मुक्ति थी। नारी इन सभी सम्प्रदायों में साधना संगिनी के रूप में प्रयुक्त थी। अतः जहाँ सन्त नारी को ग्रहण नहीं कर सके वहीं बाउलों ने प्रकृति को ग्रहण कर अपनी साधना सम्पन्न की। बाउलों की नारी विषयक भावना भले ही विवाद का विषय हो सकती है लेकिन बाउल साहित्य के विवेचन के पश्चात् स्पष्ट रूप से यह कहा जा सकता है कि नारी उनकी आध्यात्मिक आत्मोपलब्धि का सोपान है। बाउलों का विश्वास है कि नारी और पुरुष के गम्भीर मिलन के पश्चात् ही हमें आध्यात्मिक तत्त्व की उपलब्धि की जा सकती है।

वास्तव में बाउलों की साधना इन्द्रिय दमन की साधना है, जहाँ बिन्दु के क्षय का आयोजन नहीं वरन् उसके संचयन का उपक्रम है। निष्कर्ष रूप में यही कहा जा सकता है कि इन दोनों के आध्यात्मिक लक्ष्य में समानता के बावजूद अन्तर विद्यमान है। यह अन्तर मुख्यतः साधन पद्धति को लेकर है। सन्त जहाँ भक्त योगी है, वहीं बाउल प्रेम योगी देख सब दानेर ओपर मतलब छाडा। केओ चले ना।

शियाल कुकुरेर मतो बेडाय तबू पेट भरेना।
सकले मने भावे परेर धन किसे पाबौ
पर खेते आपन खाबे। या भवेछेता हबेना

पेट बले सवाइ मरे। कत कुभाव मने भरे गुरूर भाव मने बसे ना।[241]

सामाजिक असन्तुलन और वैषम्य को देखकर सन्तों और बाउलों की आत्मा अवश्य विचलित हुई है लेकिन प्रचलित अर्थव्यवस्था में परिवर्तन लाने की क्षमता शायद ही उनके पास थी। अतः इन्होंने जगह-जगह पर अपनी सदाचार मूलक वाणियों से धन की निस्सारता प्रतिपादित की है। कबीरदास कहते हैं–

राम थोरे दिन कौ का धन करना
धन्धा बहुत निहाइति मरना
कहे कबीर चेतहु रे भाई, हंस गया
कछु संग न जाई।[242]

लालन बाउल के अनुसार–

ओरे मन गेल जाना

कारो रबे ना एइ धन। जीवन यौवन
तबे रे केनो एत वासना।[243]

सामाजिक विचारधारा के सम्बन्ध में सन्तों और बाउलों की अवधारणा पर विवेचन कर हम पाते हैं कि उनमें अधिकाधिक्य साम्य है। सामाजिक, राजनीतिक और धार्मिक परिस्थितियों का प्रायः एक जैसा होना साम्यता का एक मौलिक कारण है।

अन्तर केवल अभिव्यक्ति के स्वर में है। सन्तों ने बाह्याडम्बर और मिथ्याचार का खंडन चकनाचूर कर देनेवाली जिस भाषा में किया है, वह बाउलों में नहीं पायी जाती। सन्तों की अनुभूति जहाँ ओजगुण सम्पन्न है वहीं बाउलों की अनुभूति रागात्मक अनुभूति है। सन्तों ने अपने विचारों की अभिव्यक्ति जहाँ डंके की चोट पर की वहाँ बाउलों ने अपने भावों को गीतों के माध्यम से अभिव्यक्त किया। अतः इनके एकतारे से निनादित गीतों में जितना विरोध सम्भव था उतना बाउलों ने किया है, इसमें सन्देह नहीं। बाउल साहित्य के अधिकारी विद्वान आचार्य क्षितिमोहन भी इनकी सामाजिक विचारधारा के साम्य को मुक्त कंठ से स्वीकार करते हैं।

इसके अतिरिक्त सर्वव्यापकता, सम्पूर्णता समन्वयवादिता और प्रवृत्तिपरकता सन्तों तथा बाउलों के रहस्यवाद की प्रमुख विशेषताएँ हैं। सन्तों और बाउलों के रहस्यवाद के विवेचन क्रम में हमने देखा है कि उनके रहस्यवाद को रहस्यवाद की किसी श्रेणी विशेष में आबद्ध नहीं किया जा सकता है। रहस्यवाद के जितने भी प्रकार हो सकते हैं सबकी मूलभूत विशेषताएँ, उनकी वाणियों में उपलब्ध है। दूसरी विशेषता सम्पूर्णता की है। सन्त और बाउल सत्यान्वेषी साधक थे। सत्य की उपलब्धि के जितने प्रकार हो सकते हैं प्रायः सभी का सफल प्रयोग इन्होंने किया है। तीसरी विशेषता समन्वयवादिता की है। यद्यपि सन्त और बाउल समन्वयवादी साधक नहीं थे और न ही समन्वय करना इनका मूलादर्श था, इसके बावजूद यहाँ समन्वय का स्वरूप पाया जाता है। सम्पूर्णता की प्राप्ति ही इसका मूल कारण है। सन्तों और बाउलों ने कर्म, भक्ति और योग की त्रिवेणी प्रवाहित करके सामंजस्य का ऐसा स्वरूप प्रस्तुत किया कि रहस्यवाद सरस, मधुर और जीवन्त हो उठा। प्रवृत्ति परकता इनके रहस्यवाद की चौथी विशेषता है। सन्त और बाउल दार्शनिकों की भाँति केवल मात्र आदर्शवादी उपदेशक नहीं थे वरन् पूर्णरूपेण वे व्यावहारिक थे। जीवन और जगत् के सच्चे पारखी थे। मानव को आदर्श मानव बनाने के जितने साधन हो सकते हैं, बड़ी कुशलता से इन्होंने सबका सदुपयोग किया। मानव की खोयी गरिमा और महत्ता को स्थापित कर सच्चे अर्थों में इन्होंने मानवता का बड़ा कल्याण किया है।

सन्तों और बाउलों की रहस्यवादी अवधारणा के विवेचन क्रम में हम पाते हैं कि इनमें बहुत अधिक साम्य है। रहस्यवादी ब्रह्म की प्राप्ति की प्रक्रिया और साधना भी प्रायः समान है। अतः यहाँ यह प्रश्न उठ सकता है कि दोनों की अनुभूति में साम्य के क्या कारण हैं? इस सम्बन्ध में यही कहा जा सकता है कि दोनों ही किस

प्रकार के वाद-विवाद से ऊपर उठकर समग्रता में रहस्यवादी ब्रह्म को प्राप्त करना चाहते थे। दूसरा प्रमुख कारण मध्यकालीन भारती अद्वैतवाद और सूफी एकेश्वरवाद का चरमोत्कर्ष काल था। प्रायः सभी मतों में आत्मा-परमात्मा की अद्वैत की स्थिति की चर्चा ही प्रमुख थी। यह सच है कि अधिकांशतः सन्त और बाउल अशिक्षित थे लेकिन सत्संगाभ्यासी सन्तों और बाउलों में भारतीय और अभारतीय रहस्यवाद की विशेषताओं का आ जाना कोई अस्वाभाविक घटना नहीं है। सच्चाई तो यह है कि सन्तों और बाउलों का रहस्यवाद भारतीय और अभारतीय सूफी व रहस्यवाद का संगम स्थल है। दोनों रहस्यवाद की विशेषताओं की गंगा जमुनी धारा इनमें समान भाव से प्रवाहित हुई है। अब यह विचार कर लेना भी आवश्यक है कि सन्तों और बाउलों की रहस्य भावना में कोई अन्तर है या नहीं। सन्तों और बाउलों की रहस्य भावना के क्षेत्र में पहला अन्तर रहस्यवादी प्रियतम को लेकर है। सन्तों का प्रियतम जहाँ परमात्व तत्त्व है, वहीं बाउलों का प्रियतम आत्मतत्त्व या हृदयस्थ 'मनेर मानुष' है। स्पष्टतः बाउलों की प्रेम साधना आत्म साधना का एक अन्य रूप है। सन्त अद्व ैतवाद की दृष्टि में आत्मा परमात्मा का एकाकार होना अर्थात् अद्वैतानुभूति ही साध्य है, वहाँ प्रेम साधन है लेकिन सर्वात्मवाद में परमात्मा का सार तत्त्व प्रेम ही साध्य हो जाता है। बाउलों की यह भावना सूफियों के अति निकट जान पड़ती है। तीसरा महत्त्वपूर्ण अन्तर प्रेम पद्धति को लेकर है। सन्तों का प्रेम जहाँ पूर्णतः भाव जगत् पर आधारित है, वहीं बाउलों के प्रेम रस की प्राप्ति व राग रति के संयोग से ही सम्भव है। स्पष्टतः यह चैतन्य प्रवर्तित वैष्णव धर्म का प्रभाव है। चैतन्य मत प्रेम ही सार वस्तु है जिसकी उपलब्धि ब्रजभाव, गोपीभाव, सखीभाव से ही सम्भव है।

निष्कर्षतः भले ही दोनों की रहस्य साधना या भावना में अन्तर हो लेकिन लक्ष्य एक ही है।

(च) अभिव्यक्ति पक्ष

भारतीय साहित्य में काव्य के स्वरूप का विवेचन सामान्यतः शास्त्रीय और आध्या. त्मिक दो दृष्टियों से किया जाता है। शास्त्रीय दृष्टि से काव्य के स्वरूप का निरूपण और विवेचन करने का श्रेय जहाँ काव्याचार्यों को है, वहीं संहिताओं, उपनिषदों और अन्यान्य कुछ शास्त्रीय ग्रन्थों में काव्य के आध्यात्मिक स्वरूप का निरूपण और विवेचन किया गया मिलता है। शास्त्रीय दृष्टि में आचार्य गण कुछ विशेष उपादानों से संगठित विशिष्ट रचना को काव्य मानते हैं, वहीं आध्यात्मिक काव्य किसी साहित्यिक मानदंडों की सीमा में आबद्ध नहीं किया जा सकता। वह तो आत्मा की सहज और स्वाभाविक अभिव्यक्ति मात्र होती है। वस्तुतः आध्यात्मिक काव्य सहज काव्य है, जो अपने स्वरूप में शाश्वत होता है। निर्विवादतः सन्तों और बाउलों की रचना दूसरी कोटि में परिगणित होगी। काव्यशास्त्र के अलंकार रीति, गुण, रस, ध्वनि, भाषा आदि तत्त्वों की कसौटी

पर सन्त साहित्य और बाउल साहित्य की परीक्षा करने पर निराशा ही हाथ लगेगी। इसकी अपेक्षा भी नहीं की जानी चाहिए क्योंकि अधिकांशतः सन्तों और बाउलों का आविर्भाव निम्नवर्गीय परिवार में होता है, जहाँ शिक्षा-दीक्षा की समुचित व्यवस्था प्रायः नहीं के बराबर थी। अधिकांश सन्त और बाउल प्रायः अशिक्षित या अर्द्धशिक्षित थे। यह सच है कि अपने स्वानुभूत भावों की अभिव्यक्ति के लिए सन्तों और बाउलों ने कविता की रचना की है, लेकिन वे कवियशः प्रार्थी नहीं थे। कविता उनके लिए साधना थी, साध्य नहीं। अतः सहज, सरल, विश्वास परायण धर्मपथिकों की रचना में भावों का सुविन्यास, भाषा की सतर्कता और सचेतनभाव से अलंकरण की प्रचेष्टा नहीं है। उनकी भावानुभूति ने स्व उत्सारित भाव में जिस रूप को धारण किया है, वही उनकी रचना का शेष रूप है। इस प्रकार हम देखते हैं कि सन्तों और बाउलों ने कविता के लिए काव्य की रचना नहीं की है और न ही भावगत विषय वस्तुओं को महत्त्व प्रदान किया है और न ही उसकी शैली में चमत्कार लाने का प्रयास किया है।

सन्त और बाउल मुख्यतः भक्त साधक पहले थे, कवि बाद में। अतः अपनी शिष्यमंडली या गुरुओं के सत्संग में बैठकर ही अनुभूतिजन्य या उपदेशात्मक वाणी या कथन की अभिव्यंजना करना उनकी रचनाधर्मिता का चरम लक्ष्य था। अतः स्वतः निर्भर की भाँति प्रवाहित होनेवाले काव्य की इस धारा को किसी सीमा की परिधि में परिसीमित करना उसके प्राकृतिक सौन्दर्य को नष्ट करना होगा। स्पष्टतः कविता उनके लिए माध्यम था, इष्ट नहीं था। साधना के द्वारा प्राप्त अनुभूतियों एवं तदजन्य आनन्दावेगों को जन-जन तक पहुँचाना ही उनके काव्य का मुख्य प्रयोजन था। महात्मा कबीरदास ने स्पष्ट शब्दों में यह घोषित किया है कि वस्तुतः उनके द्वारा रचित ग्रन्थ पद्य गीतात्मकता के कारण महत्त्वपूर्ण नहीं है बल्कि अपने भीतर के ब्रह्म विचारों के कारण महत्त्वपूर्ण है—'लोक जानै यहु गीत है इहु तउ ब्रह्म विचार।' प्रायः सन्तों की अभिव्यक्ति पक्ष का यही चरम लक्ष्य था। सन्तों की भाँति यद्यपि बाउलों ने इस प्रकार की कोई उद्घोषणा नहीं की है लेकिन उनके पदों और गीतपरक वाणियों के साक्ष्य पर यही कहा जा सकता है कि उनके काव्य का मूल प्रतिपाद्य यही ब्रह्म-विचार या ब्रह्म तत्त्व है। स्पष्ट रूप से सन्तों और बाउलों में कविता की उपयोगिता ब्रह्म विचार की अभिव्यक्ति की दृष्टि से ही थी किन्तु उस ब्रह्म विचार की अभिव्यक्ति अत्यन्त जटिल प्रश्नों से घिरी थी। सन्त और बाउल परमतत्त्व को ज्योति नूर आदि स्वरूप मानते हैं। यहाँ परमतत्त्व को ज्योति नूर कहने में प्रभाव-साम्य की कल्पना ही प्रमुख है। प्रभाव-साम्य के कारण सादृश्य की भावना उत्पन्न हो जाती है और ज्योति तथा नूर के स्वरूप व स्वभाव का परिचय मिलने लगता है।

आत्मानुभूति की अभिव्यक्ति दो रूपों में होती है—प्रत्यक्ष रूप से और प्रतीकों के माध्यम से। प्रतीकों की योजना अतिप्राचीन है। सामान्यतः साम्यमूलक प्रतीक और विरोधमूलक प्रतीक—दो रूपों में प्रतीकों की योजना की गयी है। इसके अतिरिक्त

यौगिक प्रतीकों की एक लम्बी परम्परा है जिसका उल्लेख सन्त साहित्य और बाउल साहित्य में हुआ है।

सन्तों और बाउलों द्वारा प्रयुक्त सामान्यतः तीन स्रोतों से ग्रहण किये गये हैं। वैदिक साहित्य—जैसे हंस, वृक्ष, सिद्ध एवं नाथ साहित्य से गंगा, यमुना आदि। एवं वैष्णव साहित्य से विशेषकर बाउलों में राग, रस, रति आदि गृहीत हैं। तत्कालीन वातावरण और व्यक्तिगत आजीविका से जैसे विष, अमृत, चरखा, धुनकी। सन्तों में तथा कृषिकर्म, मयरा कर्म, हलवाई बाउलों में गृहीत हैं। इसमें से वैदिक प्रतीकों की संख्या अत्यल्प है। मुख्य रूप से सिद्धों, नाथों और लोक जीवन तथा लोक परम्परा के प्रतीक ही अधिक प्रयुक्त हुए हैं। इस प्रकार सन्तों और बाउलों द्वारा प्रयुक्त प्रतीकों को तीन वर्गों में रखा जा सकता है—

क. काव्य परम्परा से गृहीत

ख. लोक परम्परा से गृहीत तथा

ग. धार्मिक संस्कृति परम्परा से गृहीत।

काव्य परम्परा से गृहीत प्रतीकों में व्याकुल आत्मा के लिए मीन, चातक, विरह व्याकुल और जंगल में भटकने वाली आत्मा के लिए कस्तूरी मृग है। सन्तों में एवं राधाकृष्ण की निकुंजलीला का वर्णन बाउलों में हुआ है। इसके अतिरिक्त संगम-स्नान, त्रिवेणी आदि के प्रतीक धार्मिक सांस्कृतिक परम्परा से गृहीत है। तत्कालीन वातावरण में व्यक्तिगत आजीविका से प्रेरित प्रतीक में चरखा, तैल, धुनकी सन्तों में तथा जमीन, खेती करना, साइकलि, कटहल और उसका पकना, मयरा का चीनी से मिश्री बनाना, मछली पकड़ना आदि बाउलों से प्रतीक गृहीत हैं।

इस प्रकार सन्तों और बाउलों के साहित्य में गृहीत और प्रभावित अनेक प्रकार के प्रतीक प्रयुक्त हुए हैं। इन प्रतीकों को सांकेतिक प्रतीक, पारिभाषिक प्रतीक, संख्यामूलक प्रतीक, भावात्मक प्रतीक और विरोध मूलक प्रतीकों की श्रेणी में रखा जा सकता है।

सन्तों और बाउलों के सांकेतिक तथा पारिभाषिक प्रतीकों में गंगा-यमुना, गगन-मंडल, त्रिवेणी, अलिपतगुफा, अनहद-नाद, अजपा-जाप, सुरति-निरति आदि का प्रयोग हुआ है। सन्तों में रस, फल, फूल, चन्द्र, राग, रति, त्रिवेणी, पूर्णिमा, अमावस्या आदि यौगिक प्रतीक, तीन, पाँच, सात, दस, सोलह, पच्चीस, बत्तीस, चौसठ, अट्ठासी जैसे संख्यामूलक प्रतीकों एवं विभिन्न प्रकार के विरोध मूलक प्रतीक उलट-रूपक, अंकात्मक प्रतीकों की अभिव्यंजना की गयी है। सामान्यतः ये भावनात्मक प्रतीक भक्ति और प्रेम से सम्बन्धित हैं। सेव्य-सेवक, माता-पुत्र, पिता-पुत्र, गुरु-शिष्य सख्यभाव तथा पति-पत्नी या प्रेमी-प्रेमिका आदि रूपों में ये अभिव्यक्ति हैं।

बाउलों के दास्य भाव के प्रतीकों में निष्कपटता, विनम्रता एवं दीनता के भाव स्पष्ट रूप से दिखाई पड़ते हैं। आत्मसमर्पण दास्यभाव की सबसे बड़ी विशेषता है।

कबीरदास अपने आपको राम का कुत्ता मानते हैं तो कभी अपना स्वामी बताते हैं। यही राम इस गुलाम को खरीदनेवाले और बेचनेवाले हैं। दास्यभाव के प्रतीकों की सुन्दर अभिव्यक्ति रैदास के निम्न पदों में द्रष्टव्य है–

प्रभु जी तुम चन्दन हम पानी
जाकी अंग अंग वास समानी।
प्रभु जी तुम स्वामी हम दासा।
ऐसी भक्ति करै रैदासा।

प्रायः सभी सन्तों में ऐसी अभिव्यंजना की अभिव्यक्ति हुई है। सन्तों की भाँति बाउलों में भी दास्य भाव की सुन्दर अभिव्यक्ति हुई है–खमा, खमा अपराध दासेर पाने, एकबार चाओ हे दयामय बड तूफाने पडिये एकबार बारे-बारे डाकि तोमाय तोमारि खमताय आमि या करो ता पारो तुमि राखो मारो या करो स्वामी.............[244]

इस प्रकार दास्यभाव के प्रतीकों के माध्यम से सन्तों और बाउलों की दीनता, शरणागतता और आत्म समर्पण के भाव सूचित होते हैं।

वात्सल्य भाव के प्रतीकों के माध्यम से सन्त और बाउल अपने को पुत्र और प्रभु को माता-पिता आदि मानते हैं। कबीरदास हरि को जननी और अपने को उसका पुत्र मानते हैं तो कभी वे उन्हें अपना पिता मानते हुए क्षमा करने की प्रार्थना करते हैं।[245] गुरु अर्जुनदेव में इसकी सुन्दर अभिव्यक्ति हुई है।[246] रज्जब और सहजोबाई ने क्रमशः अपने को पुत्र तथा प्रभु को पिता एवं माता मानते हुए सुन्दर अभिव्यंजना की है। बाउलों ने भी अपने को पिता-पुत्र मानते हुए प्रभु को माता-पिता आदि माना है। लालन प्रभु को अपना पिता बतलाते हुए सुपथ पर ले जाने की प्रार्थना करते हैं।[247] पुनः वे प्रभु से माता-पिता, ज्ञानदाता आदि सम्बन्धों को स्थापित करते हैं–

तुमि माता तुमि गो पिता
तुमि हओ ज्ञानदाता
ओ तुमि चक्षुदान दिये
देखाओ आमार शुभदिन।[248]

वात्सल्यभाव के प्रतीकों के अतिरिक्त सन्तों और बाउलों में सख्यभाव के प्रतीकों की भी अभिव्यक्ति हुई है परन्तु यह प्रवृत्ति जितनी बाउलों में सख्यभाव के प्रतीकों की भी अभिव्यक्ति हुई है उतनी बाउलों में नहीं पायी जाती। सन्तों और बाउलों का सबसे प्रिय प्रतीक दाम्पत्य भाव या पति-पत्नी या प्रेमी-प्रेमिका सम्बन्ध में किया गया मिलता है।

सन्त साहित्य बाउल साहित्य की सरस अभिव्यक्ति उनके दाम्पत्य प्रतीकों में अभिव्यक्ति हुई है। इन प्रतीकों में प्रेम, वियोग-मिलन आदि के मार्मिक चित्र मिलते हैं। यद्यपि इन पर सूफियों के प्रेम का प्रभाव है फिर भी इनमें पातिव्रत्य का रंग अत्यन्त गाढ़ा है। स्पष्टतः सन्तों और बाउलों की प्रेम भक्ति में माधुर्यभाव की प्रधानता है।

प्रेम की पराकाष्ठा पति-पत्नी भाव में ही सम्भव है। यही वह दशा है जिसमें उसके विशुद्ध निस्सीम एवं निरूपाधि रूप में उपलब्धि होती है जिसकी अन्तिम परिणति स्वात्मार्पण द्वारा अभेद भाव की अनुभूति है। वस्तुतः सन्तों और बाउलों के प्रतीकों के सौन्दर्य को अगर कहीं देखना हो तो उन्हें उनके दाम्पत्य भाव के रूपकों में देखना चाहिए जिसमें काव्य माधुर्य प्रतीक योजना दोनों में परस्पद्विर्भाव हो गया है।

सन्तों और बाउलों ने बहुत से संख्यावाचक पारिभाषिक प्रतीकों का भी प्रयोग किया है। प्रत्येक सिद्धान्त और साधना में कुछ बातें निश्चित संख्या में मान्य होती हैं। इस प्रकार की निश्चित संख्याओं का भी प्रयोग सन्तों और बाउलों ने प्रयोग किया है। इन संख्यावाचक प्रतीकों ने अपने समय में प्रचलित तथा परम्परा प्राप्त ज्ञान का भी बोध कराया है। संख्यापरक प्रतीकों की संख्या काफी है और एक ही संख्या के कई प्रतीकात्मक संकेत हैं। सन्तों और बाउलों में संख्यावाची प्रतीकों का प्रयोग ब्रह्म, उसके स्थान निरूपण, नाड़ियों के वर्णन, श्वास-प्रश्वास के वर्णन आदि क्रम में किया गया है।

वैषम्या मूलक प्रतीकों की परम्परा अत्यन्त प्राचीन है। वेदों से नाथ पन्थियों तक इसके प्रयोग के प्रमाण-सुलभ हैं। सन्त साहित्य और बाउल साहित्य में विरोध मूलक प्रतीकों का विशद वर्णन किया गया मिलता है। यहाँ हम एक उदाहरण प्रस्तुत कर रहे हैं—पहिला लूत पिछौरी माई। गुरु लागे चेले की पाई। एक अचम्भौ सुनहु तुम भाई। देखत सिंह चरावत गाई। जन की मछरी तरवर ब्याई। देखत कुतरा ले गयी विलाई। तलैरे वैसा उपर सूला। तिसकै पेड़ लगैं फल फूला, घौरे भैंस चरावन जाई। बाहर वैलि गोनि बर आई।[249]

शोन ना तोरे आजब एकटि कथा कई।
मातृगर्भ पुत्रेर जन्म शुनते पाई ओ पति एइ।
पिता माता नाइक वेश
आमि ऐलाम जले भेसे
मातार कोले पिता वसे। देखे अति खुशी हई।[250]

योग से सम्बन्धित विरोधमूलक प्रतीकों का भी वर्णन कम नहीं हुआ है।

सन्तों और बाउलों ने अनेकानेक सांकेतिक और पारिभाषिक प्रतीकों का प्रयोग किया है। ये प्रतीक कुछ तो परम्परा से आविर्भूत हैं तो कुछ स्वयं द्वारा आविष्कृत। सन्तों द्वारा प्रयुक्त प्रतीकों में गंगा, यमुना, सरस्वती, त्रिवेणी, बंकनाल, मानसरोवर, अनहदनाद, शून्य, हरि, निरंजन, सुरति, निरति, गगनगुफा, गगन मंडल, चन्द्रसूर, अरध-उरध, औंधा, कुआँ, कुंडलिनी, अष्टकमल, अमरलोक, अमरपद, अमावस, उन्मनी, खसम, अजपाजाप आदि प्रमुख हैं। बाउलों के प्रतीक योजना में गंगा, यमुना, भागीरथी, चन्द्र, सूर्य, इडापिंगला, कुंडलिनी, त्रिवेणी, महायोग, अमावस्या, पूर्णिमा, मीन, जोयार, फल, फूल, नीर, क्षीर, राग, चन्द्र, रस, निरिख, निहार आदि शब्द विशेष अर्थ निर्देशक हैं जिसका विस्तृत भाव से वर्णन बाउल साहित्य और बाउल वाणियों

में पाया जाता है। इस प्रकार सन्तों और बाउलों ने प्रतीकों को अपनी रचना में विशेष महत्त्व दिया है।

सन्तों और बाउलों की रचना में जिस प्रकार साहित्यिक रसों का स्वाद मिल जाता है, उसी प्रकार उनमें अनेक अलंकारों का प्रयोग भी दिखाई पड़ता है किन्तु सन्तों और बाउलों ने जान-बूझकर या काव्य कला में चमत्कार लाने के उद्देश्य से अलंकारों की रचना नहीं की वरन् आध्यात्मिक अभिव्यक्ति या अपने विचारों को जनसाधारण तक पहुँचाने के क्रम में या भावों के स्पष्टीकरण में अलंकारों की रोचकता का समावेश स्वतः हो गया है। सन्त साहित्य और बाउल साहित्य में शब्दालंकार और अर्थालंकार दोनों का प्रयोग हुआ है। प्रयुक्त अलंकारों में विरोध मूलक अलंकार ही सर्वप्रमुख है। विरोधमूलक अलंकारों में विरोधालंकार, विरोधाभास, विभावना, विशेषोक्ति, असंगति, विषम, सम, विचित्र, अधिक, अन्योन्य विशेष या व्याघात है। सन्तों और बाउलों की उलटवाँसियों का चमत्कार इन्हीं विरोधमूलक अलंकारों की योजना पर आधारित है। उलटवाँसियों या विरोधमूलक अलंकारों की योजना स्वतः गूढ़ार्थ हो उठती है। अतः सन्त साहित्य और बाउल साहित्य में सूक्ष्म तथा व्याजोकित अलंकारों की सृष्टि हुई है।

रूपक भी सन्तों और बाउलों का प्रिय अलंकार है। कबीर, रज्जब आदि सन्तों ने रूपक का प्रयोग बड़े विस्तार के साथ किया है। इसके माध्यम से उन्होंने गूढ़ आध्यात्मिक सिद्धान्तों की अभिव्यंजना को प्रभावपूर्ण और स्पष्ट बनाने की चेष्टा की है। कबीरदास की 'सन्तों भाई आई ग्यान की आँधी।'[251] चर्चित रूपक के अतिरिक्त रज्ब साहब की रूपक रचना विशेष द्रष्टव्य है–

गुरु तरवर अंग डाल बहु, पत्र वैन फलराम
रज्जब छाया में सुखी चाखिउ सरे सुकाम।[252]

बाउलों में भी रूपक का सुन्दर वर्णन हुआ है–

गंगाय रइले गंगाजल हय
गर्ते गेले कूपजल कय। वेद विचारे
तेमनि सॉइर विभिन्न आकार। जानाय पात्र अनुसारे।[253]

रूपक के बाद उपमा का स्थान आता है। कबीरदास उपमा की सृष्टि करते हुए लिखते हैं–

यह ऐसा संसार है जैसा सैवँल फूल
दिन दस के त्योहार को झूठे रंगि न भूल।[254]

बाउलों में भी एक से बढ़कर एक उपमाओं की अभिव्यक्ति हुई है। एक उदाहरण यहाँ प्रस्तुत है–

"यन्त्रेते यन्त्री जेमन। जेमन बाजाय बाजे तेमन
तेमनि यन्त्र आमार मन। बोल तोमारे हाते।"[255]

अनुप्रास की भी सन्त और बाउल साहित्य में अच्छी अभिव्यक्ति हुई है। बाउलों की अनुप्रास योजना देखने लायक है। यहाँ सन्तों और बाउलों के अनुप्रास युक्त कुछ पदों को उद्धृत किया जा रहा है–

मेरा गुरु लागै मोहि पियारा
शब्द सुनावै भ्रम उड़ावै करै जगत् सौ न्यारा
जोग जुगति की सब विधि जानै, बातै कछु न छानै
मन पवना उलटा महि आनै, आकै छानै जानें।
पंचों इन्दी दृढ़ करि राबै, सून्य सुधा रस चाषै
बानी ब्रह्म सदा ही भावै, भाषै चाषै राषें
परमारथ को जग में आया, अलष षजीना लगाया।
बाँटि-बाँटि सबहिन सौ काया, षाया लयाया आया।
परम पुरुष सो प्रगटे आदू, श्रवण सुनाया नादू।
सुन्दरदास ऐसा गुरु दादू, रादू, नादू, भादू।[256]

साढ़े चब्बिसचन्द्र एकादश कलि। अष्टम इन्दुकाल माझे-माझे
ताहे सिन्दूरा मेघेर आडे विजुरी कडक झाडे
तीहे चतुर्दश स्थल मंजरी कमल चूमि चूमि आने ध्वजे ध्वजे।।
ओगो से धन साधन, नागरी नागरन गोपन करन चेजे
.... रिपुगन मजे काजे काजे।।

ताहे शान्ति-दुग्ध पाने शान्त करे प्राणे
शमन पलाय लाजे लाजे....[257]

इसके अतिरिक्त उत्प्रेक्षा, यमक, श्लेष, वीप्सा आदि-आदि अलंकारों की सुन्दर छटा सन्त साहित्य और बाउल साहित्य को सरस बनाती है।

सन्त काव्य और बाउल काव्य की एक प्रमुख विशेषता, उसमें पायी जाने वाली विविध उलटवाँसियों की अधिकता में दीख पड़ती है। हिन्दी साहित्य में इन उलटवाँसियों को विपर्यय, उलटी बात, उलट वाँस और बंगला साहित्य में हेयाली नाम से भी अभिहित किया जाता है। ये उलटवाँसियाँ उन रचनाओं में मिलती हैं जिनमें किसी बात को प्रत्यक्ष रूप में विपरीत या ऊटपटाँग ढंग से कहा गया है किन्तु यदि उनमें प्रयुक्त शब्दों के गूढ़ अर्थ को समझ लिया जाए तो सारा रहस्य स्वतः स्पष्ट हो जाता है और कवि के भाव स्वतः स्पष्ट होते चले जाते हैं। इन उलटवाँसियों के साधारणतः दो आधार पाये जाते हैं—पहला प्रतीकात्मक या पारिभाषिक और दूसरा आलंकारिक। अलंकारों के मध्य विरोधमूलक अलंकारों का प्रयोग ही पाया जाता है। इसकी चर्चा पहले ही की जा चुकी है। यहाँ हम उतना ही कहना चाहते हैं कि उलटवाँसियों के शब्दों में स्वभावविरुद्ध और प्राकृतिक नियमों के प्रतिकूल लगने वाली

बातों के ऐसे विपरीत उल्लेख पाये जाते हैं, जिनसे उत्पन्न आश्चर्य की मात्रा अपनी अन्तिम सीमा की सारी रचना अर्थहीन लगने लगती है। वस्तुतः ये रचनाएँ पाठक अथवा श्रोताओं के उस विशेष या पारिभाषिक ज्ञान की ओर इशारा करती है; इन्हें समझने के लिए जिसका होना नितान्त आवश्यक है। यही कारण है कि सन्तों और बाउलों ने इसका वर्णन साधना या अनुभूत सत्यों की अभिव्यक्ति में ही किया है।

भारतीय वाङ्मय में उलटवाँसियों की परम्परा अति प्राचीन ठहरती है। खोज करने पर भी इसकी परम्परा वेदों में भी पायी जा सकती है। परम्परा के प्रवाह में यह सिद्धों, नाथों, वैष्णवों से होते हुए सन्तों और बाउलों की कई बातों में समानता परिलक्षित होती है। अधिकांशतः तन्त्र साधक अपनी साधनाओं को गुप्त रखना चाहते थे। यही कारण है कि वे उसका वर्णन ऐसी रहस्यमयी भाषा में करते थे जिसमें प्रयुक्त होने वाले पारिभाषिक शब्द या प्रतीक रूपकों पर आश्रित होने के कारण गूढ़ं से गूढ़तर हो जाया करते थे। सिद्धों ने कहीं-कहीं जान-बूझकर भी उन्हें अज्ञेय बनाने की चेष्टा की है। चर्यापद इसका सुन्दर उदाहरण है। इन सिद्धों और परवर्ती काल के सन्तों और बाउलों की वर्णन शैली का सादृश्य विशेष उल्लेखनीय है। यह सादृश्य नाथ पन्थियों के द्वारा बाउलों में प्रविष्ट हुआ। सन्तों और बाउलों के लिए उलटवासियों का प्रयोग करना स्वाभाविक-सा हो गया था। ये मुख्यतः साधक थे। अपने साधनागत गूढ़ तत्त्वों और उसकी रहस्यमयी अनूभूति की चर्चा प्रायः ये रहस्यपूर्ण ढंग से किया करते थे जिसके कारण उनकी अभिव्यक्ति अत्यन्त रहस्यमयी हो उठी है। रहस्यमय अभिव्यक्ति का दूसरा प्रमुख कारण अपनी वाणियों को जन साधारण तक पहुँचाना था। मध्यकालीन समाज अनेक हास्यास्पद विचित्र विडम्बनाओं के फेर में पड़ा हुआ था। लोगों के ध्यान को अपनी ओर आकर्षित करने के लिए सन्तों और बाउलों ने उलटवाँसियों का सहारा लिया है। पहले ये उन्हें आश्चर्य में डालकर स्तब्ध करते थे और बाद में समझाकर उन्हें सहज, सरल मार्ग से परिचित कराते थे। इस प्रकार सन्तों और बाउलों में उलटवाँसियों की विस्तृत योजना पायी जाती है। उलटवाँसियों की रचना करने वाले प्रमुख सन्तों में कबीरदास, सुन्दरदास, पलटूसाहब, तुलसीदास, दादू के अतिरिक्त रज्जबजी, शिवनारायण, शिवदयाल विशेष उल्लेखनीय हैं जिनमें से कुछ के उदाहरण नीचे प्रस्तुत किये जा रहे हैं—

ऐसा अद्भुत मेरे गुरि कथ्या में रहया उमेषे।
मूसा हसती सौ लड़ै कोई विरला पेषै।।

.... 258

उलटि गंग सुद्रहि सोखे, ससिहर सूर गरासै।
नव ग्रिह मारि रोगिया बैठे, जल में त्यंव प्रकासै
धरती बरसै अम्बर भीजै, बूजै विरला कोई

....

कहै कबीर से विरला धरणि महास चाप्या।[259]
सन्तों देख्या अद्भुत खेला
मच्छी मध्य समन्द समाया, अजा स्यन्द सौ मेला।[260]

सन्तों की भाँति बाउलों ने विभिन्न प्रतीकों के सहारे उलटवाँसियों की रचना कर बाउल साहित्य में अनुपम रस का संचार किया है—

लीला देखे लागे भय।
नौकार उपर गंगा बोझाइ
गंगा डांगा वेये खाय।।
आब हायात नाम गंगा से जे
संक्षेपे केओ देख बूझे
पलके पाओड़ि भासे
पलंके शुकाय.......।[261]
अगाध जलेर माझे ज्वलछे बाति।।
बिना काष्ठ जलल ज्वले
जल रयेछे बिना स्थले
आखेरे दूबे जल अनले प्रणय अति।।
अनले जल उष्ण हय ना,
जले से अनल ने भे ना,
एमनि ये कुदरतिर कारखाना दिवाराति....।।[262]
गंगा मेले जल पिपाशाय
अग्नि मेले शीते रे
जलेर मध्ये पारवीर वासा
गाधेर माथाय उमि रे।[263]

सन्तमत और बाउलमत मध्ययुग की बड़ी विशिष्ट देन है। भले ही क्षेत्र और विस्तार की दृष्टि से बाउल सन्तों की भाँति भारतव्यापी न रहे हों, लेकिन महत्ता में इनकी भी कोई तुलना नहीं। सन्तों की भाँति अन्त्यज यवनों से पूज्य ब्राह्मण कुलोद्भव एवं विपन्न याचक से सम्पन्न वर्ग तक में ये उत्पन्न हुए हैं। यहाँ भी अनेक गृहत्यागी और अनेक वैरागी हुए हैं। इनकी वाणियों ने अपने-अपने क्षेत्र की बिखरी विभिन्न संस्कृतियों की झलक मिलती है। सन्तों की भाँति तमाम विभिन्नताओं के बावजूद बाउलों की वाणियों में साधना, उपासना एवं जीवनादर्श का एक अद्भुत समन्वय पाया जाता है।

सन्तमत और बाउलयामत मध्ययुग की विशिष्ट बड़ी देन है, लेकिन यह कोई अप्रत्यशित और आकस्मिक घटना नहीं। सन्तों और बाउलों ने जिस विशिष्ट जीवन प्रवाह को ग्रहण किया उसकी धारा में पूर्ववर्ती समस्त साधन सम्प्रदायों एवं तत्कालीन

राजनीतिक, सामाजिक एवं धार्मिक परिस्थितियों का व्यापक प्रभाव पाया जाता है।

वस्तुतः मध्यकाल का प्रत्येक क्षेत्र हीनग्रन्थी में जकड़कर ह्रासोन्मुख था। ऐसे ही समय में भक्ति की जनकल्याणकारी धारा का आविर्भाव हुआ। सगुणवादी भक्तों ने राम के रक्षक और कृष्ण के मधुर व्यक्तित्व के माध्यम से पराजित हिन्दू जाति को धीरज प्रदान करने का प्रयास किया तो दूसरी ओर निगुर्णवादी भक्तों ने परिवर्तित परिवेश को यथार्थ के रूप में ग्रहण करते हुए हिन्दुओं और मुसलमानों को निकट लाने का सार्थक प्रयास किया। सन्तों और बाउलों ने उसके ऊपर की राख को झाड़कर दोनों धर्मों की अन्तरात्मा रूपी अग्नि को एकत्र पूँजीभूत करने का महानीय कार्य किया। इस प्रकार मध्यकालीन परिस्थितियों, उदारचेता सन्तों और महात्माओं के प्रभाव स्वरूप सन्त मत और बाउल मत का प्रवर्तन हुआ। भारतीय धर्म, दर्शन, उपासना, साधना, संस्कृति इन सबका मूल स्रोत वेद था। वेद का मूल स्रोत अद्वैतवादी है—'एक सद्‌विप्रा बहुधा वदन्ति' जैसी उक्तियाँ हमारे इस कथन का प्रत्यक्ष प्रमाण है। संहिताओं के बीजारोपित अद्वैत भावना का सम्यक् विकास और विस्तार उपनिषद् साहित्य में हुआ। उपनिषदों को वेदान्त कहा जाता है, जिसका तात्पर्य चिन्तन या ज्ञान की पराकाष्ठा है। उपनिषदों का आविर्भाव कर्मकांड के प्रतिक्रिया स्वरूप हुआ था किन्तु मूल रूप से वह धारा दबी नहीं। स्मृति ग्रन्थों आदि के माध्यम से वह पुनः पुनः जीवित हो उठी। इसी वेद समर्थक धारा के अन्तर्गत कालान्तर में षट् दर्शनों और वैष्णव मत का प्रादुर्भाव हुआ। इसके अतिरिक्त एक धारा प्रतिक्रियावादियों की भी थी, जिसका प्रवर्तन वैदिक बाह्य ब्राह्मणों से हुआ। कालान्तर में इससे सम्बन्धित अनेक मतों एवं दर्शन पद्धतियों का विकास हुआ जिसका समाहार आगे चलकर बौद्ध और जैन जैसी वेद विरोधी मतों में हो जाता है। फिर भी उनकी क्षीण परम्परा मध्य युग तक प्रवर्तित रही। उनकी ध्वंसात्मक और वेद विरोधी प्रकृति मध्य युग की बहुत-सी धर्म और दर्शन पद्धतियों में समाविष्ट मिलती है। मध्ययुग की प्रमुख साधना पद्धति का उदय बौद्ध एवं शैव साधना और दर्शन पद्धतियों के मिश्रण से हुआ, जो नाथ सम्प्रदाय के नाम से जाना जाता है। इसके अतिरिक्त कुछ विदेशी धर्म या दर्शन पद्धतियाँ विकसित हो रही थीं जिसमें इस्लाम और सूफी मत विशेष उल्लेखनीय हैं। इस प्रकार सन्त मत और बाउल मत की पृष्ठभूमि में अनेक सम्प्रदायों, मतों और दर्शन पद्धतियों के क्रियात्मक एवं प्रतिक्रियात्मक प्रभाव पड़ा है। अतः सन्त मत और बाउल मत के अध्ययन के समय इस पृष्ठभूमि को भी कभी नहीं भुलाया जा सकता, लेकिन यहाँ यह भी स्मरणीय हो कि सन्तों और बाउलों की विचारमूलक अनुभूति और नैसर्गिक प्रतिभाज्ञान ने उसे मौलिकता प्रदान की। इस प्रकार सूफियों का प्रेमभाव, वैष्णवों की भक्ति, जैनों की अहिंसा और आचार शुद्धि, सिद्धनाथों की विरोधपरक प्रवृत्ति और योगसाधना के परिप्रेक्ष्य में ही सन्तों और बाउलों ने अपने मतों का निर्धारण किया।

सन्त मत और बाउल मत निर्गुणवादी मत हैं। उनकी समस्त विचारधाराएँ यहाँ तक कि साधना भी आत्मकेन्द्रित है। आत्मा के आलोक में ही उनकी विचारण ा, आचरण प्रवणता अथवा सहजाचरण, सहज वैराग्य, प्रेमाभक्ति, सहज योग सभी निर्दिष्ट हैं। अतः सन्तों और बाउलों ने सर्वत्र आत्मदेव की ही पूजा का उपदेश दिया है। सन्त दरिया साहब लिखते हैं कि आत्मा ही सर्वश्रेष्ठ देवता है। इसके अतिरिक्त और कोई दूसरा देवता नहीं। अतः उसी की साधना करनी चाहिए। अन्य सन्तों ने भी आत्मा की सर्वश्रेष्ठता सिद्ध कर उसकी उपासना को ही सर्वोपरि बताया है। सन्त कबीरदास की सारी अभिव्यक्ति और सम्पूर्ण साधना आत्मपरक ही है। उन्होंने स्पष्टतः घोषणा कि कि 'लोग कहै यह गीत है यह तो ब्रह्म विचार रे, केवल कहि समुझाइया आतम साधना सार रे।'

सन्तों की भाँति बाउलों ने भी आत्मा को ही सब कुछ माना। काला चाँद बाउल आत्मा का परिचय प्राप्त करना चाहते हैं–

आत्मार परिचय करो
सोहं नामे मत्त हये ऐ रूप नित्य निहार।
परमात्मा जीव आत्माते, पार यदि मिशाइते
देखबि मन मिशाले एते हय अन्तपुर दीप्तकार।'[264]

प्रायः सभी बाउलों ने आत्मतत्त्व पर विशेष बल दिया है। यही आत्मतत्त्व इसका ब्रह्म है–

आत्मारूप कर्त्ता हरि[265]
अतः लालन साँई स्पष्ट रूप से घोषित करते हैं–
आत्म तत्त्व जे जेनेछे
दिव्यज्ञानी सेइ हयेछे
कुवृक्षे सुफल पेयेछे।[266]

इस प्रकार सन्तों और बाउलों का दृढ़ विश्वास है कि आत्म-विचार करते-करते आत्म-साक्षात्कार स्वयं होने लगता है–

आतम विचार कीयें आतम ई दीसै एक।
सुन्दर कहत कोउ दूसरी न आन है।[267]

इस प्रकार सन्तों और बाउलों की साधना आत्मतत्त्व की साधना है। आत्मतत्त्व का साक्षात्कार ही उनकी साधना का चरम उद्देश्य है। अतः इन्होंने ज्ञान और भक्ति के अतिरिक्त योग को भी विशेष महत्त्व प्रदान किया है, लेकिन यहाँ योग भक्ति का सहायक ही है।

सन्त मत और बाउल मत में किसी प्रकार के भेदभाव स्वीकार्य नहीं हैं। अध्यात्म क्षेत्र में ये पूर्ण अद्वैतवादी थे। प्रायः सन्तों और बाउलों ने आत्मा को एक और अद्वैत माना है। आध्यात्मिक विचारधारा के अन्तर्गत आत्मा की अद्वैतता की

चर्चा की जा चुकी है। सन्त और बाउल आधिभौतिक मतों का उपस्थापन करते हुए मानव-मानव के मध्य किसी प्रकार के भेदभाव को स्वीकार नहीं करते। सन्तों और बाउलों ने साधना, उपासना और जीवन के प्रत्येक क्षेत्र तथा स्तर में सहजीकरण का आदर्श उपस्थित किया तथा सहजवाद को अपनाने का उपदेश दिया। सन्तों और बाउलों ने अपने अध्यात्म तत्त्व को भी सहज के नाम से अभिहित किया। सहज तत्त्व का वर्णन करते हुए दादू लिखते हैं–

अविनासी अंग तेज का ऐसा तत्त्व अनूप
सो हम देखा नैन भर सुन्दर सहज रूप।।[268]

बाउलों ने तो उसे सहज मानुष कहकर ही सम्बोधित किया। संक्षेप में हम इस निष्कर्ष पर पहुँचते हैं कि सन्त मत और बाउल मत मध्ययुग की एक ऐसी विभूति है जिसने तत्कालीन धर्म क्षेत्र, अध्यात्म क्षेत्र, साधना क्षेत्र, उपासना क्षेत्र तथा सामाजिक आदि सभी क्षेत्रों में कृत्रिमता, जटिलता, अव्यावहारिकता, रूढ़िवादिता, मिथ्याचार, बाह्याचार, आडम्बर तथा पाखंड आदि के तिमिर में सहज का दीपक प्रज्वलित कर सबको परिवर्तित और प्रकाशित करने का सफल प्रयास किया। वह प्रकाश पुंज आज के युग का पथ प्रदर्शक तो है ही, भविष्य में युग-युग तक पथ प्रदर्शन का कार्य करता रहेगा।

सन्दर्भ

1. कबीर ग्रन्थावली, श्यामसुन्दर दास, पदावली पृष्ठ 219
2. वही, पृष्ठ 31
3. वही, पृष्ठ 219
4. वही, पृष्ठ 31
5. कबीर ग्रन्थावली, भ्रम विभीषण को अंग
6. कबीर ग्रन्थावली परिशिष्ट पदावली-1 पेज 1321
7. ना पाथर बोले ना किहु देह, फोक्ट कर्म निहफल है सेई, जेमृतक के चन्दन चढ़ाये, उससे कहाँ कौन फल पाये। जे मृतक को विण्टा माहि सुलाई, तो मृतक का क्या घटि जायी। कबीर ग्रन्थावली, पद-99, परिशिष्ट
8. कबीर एवं निराला के काल में विद्रोह चेतना : रजनीकान्त पाण्डेय, पृष्ठ 145
9. कबीर ग्रन्थावली, श्यामसुन्दर दास, पदावली, पृष्ठ 219
10. वही, पृष्ठ 95
11. वही, पृष्ठ 33
12. वही, पृष्ठ 33
13. वही, पृष्ठ 34
14. कबीर : हजारी प्रसाद द्विवेदी, पृष्ठ 132
15. कबीर ग्रन्थावली, श्यामसुन्दर दास, पदावली, पृष्ठ 203
16. धरमदास की बानी- पृष्ठ 17,22, रागरागनी2, मिश्रित 5, 15 नाम लीला 8-9
17. क) दरिया साहब की बानी-सुमिरन 5, 42, उपदेश 11, मेष का अंग 4, 11, 13, 21, 23, 25

ख) मथुरा, काशी जाय द्वारिका जठसठतीर थन्हावै, सतगुरु बिन सौधा नहि कोई फिरि-फिरि गौता खावे। चेतन मूरत बड़ को सेवै बड़ा थूल मत गोला, देह आचार किया कहा होई भीतर है मन मैला।

जप, तप सजम काया कसनी सांख जोग व्रत-दान, याते, नहीं ब्रह्म से मेला गुनहर करम बन्धाना-वही मिखित।

18. चरनदास की बानी, शब्द- 2,7, 10, 14, 21
19. बुल्ला साहब का शब्दसार-अरिल छन्द- 8-9
20. मीखा साहब की बानी-शब्द 8, कविच 1,2
21. गुलाल साहब की बानी-उपदेश शब्द 16, करम-भरम शब्द 3,4 बसन्त 2
22. अक्षर अनन्य : साधना और जीवन चरित्र चिट्टा 1/3, 14, 16, उपासना बोध 31, विवेक तरंग
21. साखी 171
23. पलटू साहब की बानी-भक्ति कुंडलिया 56,154,208,212,224,267,268
24. हिन्दू पूजे देव खरा मुसलमान महजीद, पलटू पूजे बोलता तो खाय दीद बरदीद, सं. भाग-1 मिश्रित
25. गुरु रविदास : डॉ. धर्मवीर पृष्ठ. 45
26. वही,
27. मध्ययुगीन निर्गुण चेतना : डॉ, धर्मपाल मैनी पृष्ठ. 127
28. गुरु रविदास : डॉ. धर्मवरी पृष्ठ 45
29. वही पृष्ठ, 45
30. कबीर ग्रन्थावली पृष्ठ 174
31. निर्गुण साहित्य : सांस्कृतिक पृष्ठभूमि- डॉ. मोती सिंह पृष्ठ 229
32. सुत परबीर कहावत बहुते पिता हि कहत अग्यानी।
    पकड़ी टाँग घिसियावत मारहं तजहि धरम की कानी।
    जीवन जैसे धरत हैं हाड़ा मुझे देते हैं पानी।...
    विप्रन कहैं पकवान खवावहि भात बरा तिथि मानी...
    आजा बाप के नाम पुकारहि खाइ के पेट अघानी। जगजीवन साहब की बानी, मिश्रित 14.
33. पंडित देखहु मन में जानी।
    कहु घाँ छुति कहाँ ते उपजी तब हिन्दू तुम मानी।
    ....
34. बीजक, रमैनी-62
35. कबीर ग्रन्थावली, पद 59
36. गुरुनानक देव जीवन और दर्शन : डॉ. जयराम मिश्रा, पृष्ठ 10
37. वही, पृष्ठ 33
38. वही पृष्ठ 193
39. गुरुनानक व्यक्ति और विचार- पृष्ठ 31.
40. .....घरमे जिन्दा छोडी के मुरदा पूजन जायें।
    मुरदा पूजन जायं भीति को सिरदा नावैं, पान फूल और खाँड़ जाहकै तुरत बढ़ावै।
    लाल की माटी आनि ऊँची के वांघिन चोरी, लीपि पोति के धरिनि पूरी और बरा कबीरी।
    पीयर लूगा पहिरि जाय के बैठिनि बूढ़ा, भरमि अमु वाह माँगे वै खँसी के मूड़ा।।
    पलटू साहब की बानी, 190
41. गरीब दास की बानी, राम बिलावल-12

42. सुन्दर विलास, वाणक को अंग, 17
43. मेड़ गति संसार हारे गिनेन हार, देखा देखी परबत चढ़े देखा देखी खाड़। दरिया सागर-उपदेश का अंश।
44. चरनदास की बानी, करम भरम का निषेध, शब्द 9
45. वही, शब्द 13, शब्द, 10
46. वही, शब्द 9
47. वही, शब्द ˜
48. वही, शब्द 8
49. सबै घरी सुभ धरी है, सबै बार सुभ बार, नानक सोई असुभ घरी जब रूठि जाय करतार-नानक देव
50. कबीर ग्रन्थावली 135 पद
51. लाड लावन लायसी पूजा चढ़े अपार, पूजि पुजारा ले गया वे मूरति के मुँह छार पद 1681
52. बीजक शब्द।।।
53. वही
54. दोहावली- तुलसीदास
55. गुरु ग्रन्थ साहिब पृष्ठ 139
56. गुरुनानक : व्यक्तित्व और विचार- डॉ. सीता हाँडा, पृष्ठ 31
57. कबीर ग्रन्थावली : श्यामसुन्दर दास, पृष्ठ 141. 57. वही 155
58. वही, 112
59. वही, पृष्ठ 48
60. बीजक - शब्द 301
61. वही, - साखी
62. कबीर ग्रन्थावली, पद 1211
63. वहीं, निन्दा को अंग, 21
64. वही, - अंग 81
65. वही, - अग 1021
66. वही, - कुसबद को अंग 21
67. वही, - जीवन मृतक को अंग 181
68. वही, - 141
69. पलटूदास की बानी, कुंडलिया, 61
70. वही, जीवन मृतक को अंग, 341
71. चरनदास की बानी, शब्द 21
72. वही, शब्द 9, मिश्रित
73. मीखा साहब की बानी, शब्द 18, मिश्रित
74. सुखमती साहब, असतपदी 9-11
75. गुरु रविदास डॉ. धर्मवीर पृष्ठ 37.
76. वही, पृष्ठ 37
77. वही, पृष्ठ 39
78. सन्त साहित्य : डॉ. परशुराम चतुर्वेदी, पृष्ठ 116
79. मलकदास की बानी, पृष्ठ 31

80. वही,
81. वही, उपदेश-71
82. वही, उपदेश 81
83. वही, साखी - 51, 53, 57, 59
84. जगजीवन साहब की बानी, शब्द 181
85. वही, चेतावनी, 30
86. वही, चेतावनी, 54
87. वही, पद 59, 71, मिश्रित पद 141
88. गरीबदास की बानी, रेखता 9, सुलच्छन दुलच्छन 5, 8, 9, 12
89. वही, पृष्ठ 460
90. वही, पृष्ठ 811
91. वही, पृष्ठ 753
92. वही, पृष्ठ 32
93. वही, पृष्ठ 34
94. वही, पृष्ठ 91
95. वही, पृष्ठ 447
96. वही, पृष्ठ 535
97. वही, पृष्ठ 785
98. वही, पृष्ठ 785, अक्षर अनन्य : जीवन चरित और साधना, चिट्टा 8/7, मध्यम मार्ग, 9/4, 14/12, सि. बोध 174, ज्ञान
99. पृष्ठ 4 निराधार शतक 40.
100. सील सन्तोष सुबुद्धि सुलच्छन धीर गम्भीर मिले जग-न्यारे धर्म दया निरलोभ निरासंक निरमय भयक्त अराधन हरि।। धर्म करै सु करै प्रभु अर्प नहीं फल चाहत बुद्धि उजयारे, अत्विक ग्यान अनन्य मने तैह सन्त सदा भगवन्त पियारे। चिट्टा 3/4
101. हिन्दी साहित्य का इतिहास : आचार्य रामचन्द्र शुक्ल, पृष्ठ 48.
102. दादू दयाल की ग्रन्थावली, सांच कौ अंग : परशुराम चतुर्वेदी पृष्ठ 158
103. उत्तर भारत की सन्त परम्परा, आचार्य परशुराम चतुर्वेदी पृष्ठ 438
104. दादू दयाल ग्रन्थावली : डॉ. परशुराम चतुर्वेदी पृष्ठ 330
105. रैदास जी की बानी व जीवन चरित : राग आसवारी पृष्ठ 31
106. क. एक बूँ एके मलामूतर एक चाम एक गुदा, एक तै सब उतपना कौन ब्राह्मन कौन सूदा पृष्ठ वही, पद 57
107. रैदास जी की बानी व जीवन चरित : राग आसवरी पृष्ठ 31
108. गुरु रविदास : डॉ. धर्मवीर पृष्छ 20
109. क. एक ही बास रहे दस मासा, सूतग पातग एकै आसा, एक ही जननी संसारा, कौन ग्यान थे भये निनारा, चौददीरमैनी

ख. अला एकै नूर उपाया कुदरत के सब बन्दे, एक नूर ले सब जग उपज्या कौन भले कौन मन्दे, परिशिष्ट 12- क. ग्र. 47
110. पहिरि जनेऊ बामन हो ना मेहरि क्या पहिराया, वा जनम की सुद्रिन परसै पांडे तुम क्या खाया। सुनति कराया सुरक जो होना औरत को क्या कहिये अर्थ सरीरी नारिबखानी ताते हिन्दुहनि रहिये। बीजक पद 59.

111. सकति से नेह पकरि करि सुननति यह न वदो रे भई, जौर खुदाह तुरक मोहि करता तो आपै कटि किन जाई।

112. बूड़ि गये नहि आपु सम्हारा, ऊँच नीच कहि करिह जो हारा। ऊँच नीच है मध्यम बानी, एकै यवन एक है पानी, एकै मटिया एक कुम्हारा, एक सबन का सिरजन हारा। एक चाक सब चित्र बनाई, नाद बिन्दु के मध्य समाई। विप्रमतीसी-बीजक।

113. बीजक, माया शब्द 41.

114. सांघ मंडली बैठिकै मूढ़ जाति बखानी, हम बड़ हम बड़ करि भुए बूड़े बिन पानी। मलूक दास की बानी, उपदेश, 6.

115. साधौ एक जोति सब माही।
रुधिर इक काया अहै विप्र सूद्र कोउ नाहीं। जगजीवन साहब की बानी, मिश्रित, 25

116. रे चित चेत अचेत काहे बालक को देख रे जाति ते कोई पद नहि पहुँचाराम भगति विसेखरे। रैदास की बानी-पद 48

117. जाति बरन सूं हरिजन ऊँचे,
क-भये पवित्तर हरि के सुमिरे तन के उज्ज्वल मन के सूचे। शब्द 18, करम भरम का निषेध, च. बानी
ख-जाति बरन पर जो हरि जाते तो गनिका काहे तारी है।
सेबरी सरस करी सुर मुनि ते हीन कुचील जो नारी है। वही, पद 18

118. नहि को ऊँचा नहि को नीचा, जाका ध्यंड ताहि का सींचा।
कहै कबीर मधिम नाहिं कोई, सो मथिम जा सुखि राम न होई।। क्र. ग्रं. रमैना 62

119. हरि को भजे सो बड़ा है जाति न पूछै कोय,
जाति न पूछै कोय हरी को भगति पियारी, जो कोई करै सो बड़ा ताहि हरि नामि निहारी।

120. मांस अहारी बामना सो पापी बहि जाउ, धरनी शूद्र बहरनवा ताहि चरन सिर नाउ, संबा, सं. धरनी दास, 3-ब्राह्मण।

121. खत्री ब्राह्ममण सूद वैस, जाति पूछि न देई दाति, नानक माने पाहये त्रिह पहरे पिछली राति, वही, उपदेश, 2

122. नीच-नीच सब तरि गये सन्त चरन लौलीन, जालहि के अभियान से डूबे बहुत कुलीन मान, 1 वही तुसलीसाहब

123. सन्त बानी संग्रह भाग दो, यारी साबस, उपदेश-1

124. एक घट माहि तो सुगन्ध राख्यो एक माहि तो दुर्गन्ध जल भरयो है।
एक घट माहि पुनि गंगोदक राख्यो आनि, एक घट माहि जानि मदिरादू करयो है।
एक घृत एक तेल एक माहि नवनीत, सबही में सविता को प्रतिबिम्ब परयो है।
तैसे ही सुन्दर ऊँच-नीच मध्य एक ब्रह्मा, देह भेद देखि भिन्न-भिन्न नाम धरयो है।
सांख्य ज्ञान को अंग, 14, सुन्दर बिलास

125. बुल्ला साहेब का शब्द सार, बैतातनी, शब्द 4

126. बधिक अजामिल रहे रहे फिर सदन कसाई, गनिका बिस्वा रही विमान पै तुरत चढ़ाई। नीच जाति रैदास आप में लिया भिलाई, लिया गिद्ध को गोद दिया बैकुन्ठ पठाई।
पलटूदास की बानी, पद 217

127. हिन्दी साहित्य की भूमिका, डॉ. हजारी प्रसाद द्विवेदी पृष्ठ 101

128. दादू दयाल, रामबक्ष पृष्ठ 30

129. सन्त कवि दादू कृष्ण बल्लभ देव, पृष्ठ 162

130. दादू दयाल ग्रन्थावली, डॉ. परशुराम चतुर्वेदी पृष्ठ 153
131. वही पृष्ठ 155
132. अलह राम छूटा प्रेम मोरा।

क-हिन्दू तुरुक भेद कछु नाहीं देखों दरसन तोरा।।

सोई प्राण प्यंउ पुनि सोई सोई लोही मासा।

सोई नैन नासिका सोई सहजे वीन्हे तमासा। दादूदयाल की बानी भाग-दो, राग गौरी 66.

133. दादू दयाल ग्रन्थावली : परशुराम चतुर्वेदी पृष्ठ 153
134. वही, पृष्ठ 154
135. वही, पृष्ठ 157
136. वही, पृष्ठ 157
137. वही, पृष्ठ 149
138. वही, पृष्ठ 275
139. वही, पृष्ठ 149
140. रामचरित मानस-गोस्वामी तुलसीदास
141. संस्कृति के चार अध्याय, पृष्ठ 223
142. वही
143. वही पृष्ठ 507
144. संस्कृति के चार अध्याय पृष्ठ 3
145. वही, पृष्ठ 13
146. वही, पृष्ठ 476.
147. बांगलार बाउल - आचार्य क्षितिमोहन सेन, पृष्ठ 3
148. बांगलार बाउल - डॉ. उपेन्द्रनाथ भट्टाचार्य पृष्ठ 47
149. कबीर ग्रन्थावली पृष्ठ 81
150. सन्तकाव्य - प. च पृष्ठ 447
151. बांगलार बाउल - उपेन्द्रनाथ भट्टाचार्य पद पृष्ठ 22
152. वही
153. कबीर ग्रन्थावली पृष्ठ 30
154. बांगलार बाउल, डॉ. उपेन्द्रनाथ भट्टाचार्य, पद 290 पृष्ठ 236
155. वही, पद 85 पृष्ठ 72
156. कबीर ग्रन्थावली, पृष्ठ 206
157. बांगलार बाउल - पद 205, पृष्ठ 171
158. सन्तकाव्य - पृष्ठ 189
159. निराकर आकार विना, रूपरेख नाहि अहै नमूना, दरिया साहब बिहार वाले पृष्ठ 48
160. सन्त सुधासा वियोगी हरि, पृष्ठ 23
161. बांगलार बाउल - डॉ. उपेन्द्रनाथ भट्टाचार्य
162. वही
163. वही
164. वही
165. वही
166. वही

167. वही
168. वही
169. वही
170. वही
171. वही
172. वही
173. वही
174. वही
175. वही
176. वही
177. वही
178. कबीर ग्रन्थावली
179. बांगलार बाउल
180. कबीर ग्रन्थावली
181. संतकाव्य पृष्ठ 331, परशुराम चतुर्वेदी
182. वही
183. कबीर ग्रन्थावली
184. वही
185. सन्तकाव्य प. च.
186. वही
187. वही
188. वही
189. वही
190. हिन्दी भक्ति रसामृत सिन्धु हिन्दी विभाग, दिल्ली विश्वविद्यालय पृष्ठ 24, 80, 81, 82
191. वही
192. वही
193. वही
194. वही
195. वही
196. महात्मा लालन फकीर श्री, वसन्त कुमार पाल, पृष्ठ 51-52
197. वही
198. वही
199. वही
200. 16वीं शती के हिन्दी और बंगाल के वैष्णव कवि, रतन कुमारि पृष्ठ 251
201. वही
202. वही
203. वही
204. वही
205. वही
206. वही

207. वृहदारण्यक उपनिषद्
208. वही
209. मध्यकालीन हिन्दी सन्त : विचार और साधना, डॉ. केशवी प्रसाद चौरसिया पृष्ठ 190
210. वही
211. वही
212. वही
213. वही
214. वही
215. वही
216. वही
217. वही
218. वही
219. वही
220. सन्त सुन्दरदास वियोगी हरि पृष्ठ 55
221. वही
222. बांगलार बाउल, डॉ. उपेन्द्रनाथ भट्टाचार्य
223. वही
224. वही
225. वही
226. वही
227. वही
228. वही
229. वही
230. मध्यकालीन हिन्दी सन्त एवं साधना, डॉ. केशवी प्रसाद चौरसिया पृष्ठ 190
231. वही
232. वही
233. मध्यकालीन हिन्दी सन्त : विचार और साधना पृष्ठ 291
234. वही
235. वही
236. वही
237. वही
238. बांगलार बाउल
239. मध्यकालीन हिन्दी सन्त विचार और साधना, पृष्ठ 248.
240. रवीन्द्रनाथ के आशीर्वचन
241. महात्मा लालन फकीर श्री वसन्तकुमार पाल पृष्ठ 16
242. कबीर ग्रन्थावली
243. महात्मा लालन फकीर, वही
244. मध्यकालीन हिन्दी सन्त : विचार और साधना
245. बांगलार बाउल, वही
246. मध्यकालीन हिन्दी सन्त : विचार और साधना

247. वही
248. बांगलार बाउल
249. मध्यकालीन हिन्दी सन्त : विचार और साधना
250. बांगलार बाउल
251. कबीर ग्रन्थावली
252. मध्यकालीन हिन्दी सन्त : विचार और साधना
253. बांगलार बाउल
254. कबीर ग्रन्थावली
255. बांगलार बाउल
256. मध्यकालीन हिन्दी सन्त : विचार और साधना
257. बांगलार बाउल
258. मध्यकालीन हिन्दी सन्त : विचार और साधना
259. वही
260. वही
261. बांगलार बाउल
262. वही
263. वही
264. वही
265. वही
266. महात्मा लालन फकीर, श्री वसन्त कुमार पाल पृष्ठ 190
267. वही
268. सन्त सुधासार, पृष्ठ 613

पंचम अध्याय

प्रहारक धाराओं का वैविध्य एवं हिन्दी व बंगला साहित्य की सांस्कृतिक ऊर्जा

5.1. मध्यकालीन हिन्दी प्रदेशों की संस्कृति

5.1.1. मुस्लिम संस्कृति

इस्लाम धर्म के अनुयायियों को मुसलमान कहते हैं। मुस्लिम संस्कृति से तात्पर्य इस्लाम के प्रकाश में समाज और जीवन के सर्वांगीण संस्कार सुधार और विकास से है, जिसकी सीमा में रहन-सहन, खान-पान, वेशभूषा, साहित्य, कला, दर्शन, राजनीति, आचार-व्यवहार, नीति-रीति, रुचि, धर्म एवं अर्थ आदि व्यक्ति समाज तथा जीवन से सम्बद्ध सभी तत्त्व आते हैं। मुस्लिम-संस्कृति प्रारम्भ से ही प्रगतिशील रही, यदि एक ओर उसने धार्मिक-दार्शनिक सिद्धान्तों से किसी देश को प्रभावित किया तो दूसरी ओर उस देश के उत्तम सांस्कृतिक गुणों को ग्रहण भी किया। मुस्लिम-संस्कृति की प्रवृत्ति निषेधात्मक नहीं रही। दृढ़ एकेश्वरवाद, साम्यवाद और हज के कारण इस्लाम धर्म को सांस्कृतिक आदान-प्रदान में सुगमता मिली।

रामधारी सिंह दिनकर का कहना है कि इस्लाम का जन्म लिये हुए सिर्फ अस्सी वर्ष हुए थे कि उतने ही समय में उस का झंडा एक ओर तो भारत की सीमा पर पहुँचा तो दूसरी ओर अटलांटिक महासागर के किनारे पर जा गड़ा। सात सौ ईस्वी लगते-लगते इस्लाम ईराक, ईरान, और मध्य एशिया में फैल गया तथा सन् 612 में सिन्ध मुसलमानों के अधिकार में आ गया और उसी साल मुसलमानी राज्य स्पेन में भी हिजरी सन् के सौ साल होते-होते मुसलमानों के राज्य के समान शक्तिशाली राज्य दुनिया में और नहीं रह गया था।

भारतीय संस्कृति में समुद्र की भाँति सोखने की असीम शक्ति है, जिसमें अनेक संस्कृतियाँ मिलकर पावन और तदरूप हो गयी हैं किन्तु कुछ संस्कृतियाँ ऐसी प्रबल भी रही हैं जिनके चिह्न स्पष्ट रूप से उभरे दिखाई देते हैं। ऐसी संस्कृतियों में मुस्लिम संस्कृति प्रमुख है। भारत देश को इस्लाम से सूफियों तथा मुस्लिम शासकों से, व्यापारियों से सदैव सम्बन्ध रहा है। इस्लाम अरबी शब्द है, जिसका अर्थ है शान्ति में प्रवेश करना। अतः मुसलमान वह व्यक्ति है जो खुदा और मनुष्य के साथ पूर्ण शान्ति का सम्बन्ध रखता हो। इस्लाम शब्द का लाक्षणिक अर्थ-वह धर्म जिसके

द्वारा मनुष्य परमात्मा की शरण लेता है तथा अन्य मनुष्यों के प्रति अहिंसा, शान्ति व प्रेम का व्यवहार करता है।

धार्मिक दृष्टि से कुरान और मुहम्मद साहब के सत्य वचन का निर्दिष्ट आचरण पर विश्वास रखना ही इस्लाम है। इस्लाम का एक और अर्थ समर्पण करना भी है। इस्लाम एक ऐसा प्रवृत्ति मूलक धर्म है जिसमें आध्यात्मिक जीवन सुधार के साथ-साथ सांसारिक जीवन में सन्तुलित, सुरुचिपूर्ण आचरण पर भी बल दिया जाता है। इस्लाम ऐहिक एवं आध्यात्मिक जीवनों पर बल देता है। हिन्दी साहित्य में भारतीय धर्म दर्शन के साथ-साथ इस्लाम की पूरी छाप दृष्टिगोचर होती है। इसका कारण हिन्दी की व्यापकता, लोक-कवियों का समन्वयात्मक दृष्टिकोण तथा मुस्लिम सूफियों का सम्पर्क और शासकों का विद्याप्रेम है। दादू दयाल ने इस्लाम की ओर स्पष्ट संकेत करते हुए कहा–

अल्लह आसिकाँ ईमान।
भिस्त दोजस्व दीन दुनिया, चिकोरे रहमान।
मीर मीर पीर पीर, फिटिस्ताँ फुरमान।
अब आतिम असर कुर्सी, दीदनी दीवान।
हर दो आलम खलक खाना, मोमिना, इस्लाम
भय भुली भुवपत्ति सांत इस्लाम संघ कह।

कुरान में मुसलमान के अनेक लक्षण बताये गये हैं। जो हमारी आयतों पर ईमान लाये वही मुसलमान है, सुन्नत पर चलना, मान रखने वाला होना, मलिन मन को साफ करना आदि मुसलमान के गुण बताये गये हैं। मुसलमान की विशेषताएँ इस प्रकार बताये गये हैं–

मुसलमान कहावण मुसकलु जा होई ता मुसलमाणु कहावै।
अवलि अउलि दीनु करि मिठा, मसकलमाना मालु मुसावै।
होइ मुसलिम दीन मुहापौ, मरण जीवण का भरम चुकावै।
रब की रजाई मन सिर उपरि करता मने आपु गवावै।
तउ नानक सरब जीआ मिहरंमति, होइ त मुसलमाण कहावै।।

मुसलमान सबसे पहले औलिया अल्लाह के दीन को मीठा जानता है, अपने मेहनत के धन को खुदा के रास्ते में लुटा देता है। नानक के अनुसार मस्जिद इंसान को महर का पाठ देती है और मुसल्ला (नमाज पढ़ने का वस्त्र या चटाई) सत्य की प्रेरणा देता है। नबी (मुहम्मद) की सुन्नत पर अमल करने से मनुष्य में शरम और शील पैदा होता है और रोजा मनुष्य को सन्तोष का पाठ देता है। कबीर, दादू दयाल, मलूकदास आदि ने भी मुसलमानों के गुण बताये थे–

मुसलमान जो रखै मान। साई का मानै फुरमान।
सारों कौ सुखदाइ होई। मुसलमान कर जाणै सोई।।

दादू दयाल के शब्दों में

मुसलमा मिहर गहि रहै। सब को सुख, किस ही नाहिं दहै।

कुरान इस्लाम धर्म और दार्शनिक विचारधाराओं का प्रमुख ग्रन्थ है, जिसमें तीस पारे (खंड), एक सौ चौदह सूरतें (भाग), छः हजार छः सौ चालीस आयतें (कुरानी वाक्य एवं चिह्न) और पाँच सौ चालीस स्कूल हैं कुरान में स्थान-स्थान पर बताया गया है कि इसका रचयिता स्वयं खुदा है। गुरुग्रन्थ साहब में नानक जी ने कुरान शरीफ को कलयुग का प्रामाणिक ग्रन्थ कहा है। इस्लाम में कुरान के बाद हदीम की बड़ी महत्ता है। पैगम्बर मुहम्मद की फरमायी हुई बातों को हदीम कहते हैं। मुसलमानों के मतानुसार सर्वोच्च शक्ति खुदा, ईश्वर, परमात्मा, अल्लाह आदि है। अल्लाह सर्वशक्तिमान है। अल्लाह की जात और उसका वजूद एक नहीं है। कुरान शरीफ में अल्लाह के गुणों का स्थान-स्थान पर उल्लेख मिलता है।

दादू दयाल ने अल्लाह की अनेक सिफ़ात का वर्णन इस प्रकार किया—

मालिक मिहरबान करीम।
गुनहगार हर रोज हरदम, पनह राखि रहीम।
अव्वल आखिर बन्दा गुनही अमल बद बिसियार।
गरक दुनिया सतार साहिब दरबन्द पुकार।।
फ़रामोश तू अजाब आखिर, हुक्म हाजिर सैल।
नाम नेक रहीम राजिक पाक परवरदिगार।
गुनह फिल करि देहु दादू तलब दर दीवार।।

इंसान की पैदाइश के विषय में कुरान में स्थान-स्थान पर विस्तार से बताया गया है। कुरान कहता है कि कुछ शक नहीं कि जमाने में इंसान पर ऐसा समय था कि वह कुछ नहीं था—हमने इंसान को मिली-जुली बूँद से पैदा किया। कुरान में कहा गया है कि हमने इंसान को खाक से पैदा किया। दाम को मिट्टी से पैदा किया, चिकनी मिट्टी से पैदा किया। कुरान में कहा गया है कि हर चीज मौत का मजा चखती है। हिन्दी साहित्य में सृष्टि की रचना सम्बन्धी विचार एक ओर तो हिन्दू मतानुसार है और साथ ही इस्लाम के अनुसार मिलते हैं। कुरान कहता है कि खुदा एक था और एक रहेगा। समस्त महाशून्य में उसी की सत्ता थी, कोई दूसरा न था। उसने आदि पुरुष के हितार्थ अठारह सहस्र जीव योनियों की सृष्टि की। कन फयकून अर्थात् हुक्म या आदेश मात्र से सृष्टि की रचना हुई। खुदा के हुक्म और कुदरत से सृष्टि की रचना हुई। सब आसमानों से ऊपर अल्लाह का सिंहासन है—नवआसमान। कुरान में अर्श सम्बन्धी अनेक आयतें दी हुई हैं। वे फरिश्ते जो अर्श के चारों ओर खड़े हैं, अपने रब की प्रशंसा करते हैं, उसकी पाकी का बखान करते हैं। उस पराईमान लाते और गुनाह बख्शते हैं। इस्लाम पुनर्जन्म को न मानकर मृतक को कयामत तक प्रतीक्षा करने को कहता है। कुरान में कहा गया है कि और

जो कोई जमीन पर है व फनी है और तेरे रब की जात बाकी रहेगी। ध्यान रखो कि दुनिया की जिन्दगी अधिक कुछ नहीं, खेल तमाशा है और संसार की ओर दौड़ना, घमंड करना, किसान की खेती के समान है जो हरी होती है और मुरझा जाती है। अल्लाह हर चीज पर कादिर है। कुरान में एक स्थान पर कहा गया है कि जिन्न को अग्नि के शोलों से पैदा किया गया। जिन्न एक प्राणी है जिसकी उत्पत्ति अग्नि से मानी गयी है। ये मनुष्य की भाँति शरीर धारी नहीं होते और नज़र भी नहीं आते। ये मनुष्यों और फरिश्तों से भिन्न हैं।

कुरान मे अनेक स्थानों पर मलाइका का उल्लेख है, जिसका अर्थ फरिश्ता है। फरिश्ते अल्लाह की इबादत करते हैं। खुदा ने इंसान से पहले मलाइका और जिन्नात को अपने आदेश से बनाया ताकि वे अल्लाह की आराधना करें और उसका हुकुम मानें। इज़्राइल चार प्रमुख फरिश्तों में से एक है, मौत का फरिश्ता। यह फरिश्ता अल्लाह के हुक्म से प्राणियों की जान खींच लेता है और कयामत के दिन भी यह सब की रूह कब्ज करेगा। जिब्राइल अल्लाह का भेजा हुआ फरिश्ता है। इसराफील भी एक फरिश्ता का नाम है। मीकाईल चौथा फरिश्ता है। कुरान के अनुसार जो बुराई पर चलता है वह खुदा का सार नहीं जानता, उनमें शैतान बसा रहता है। आदम और हौव्वा मुस्लिम संस्कृति के अनुसार मूल पुरुष और स्त्री हैं। मुहम्मद साहब इस्लाम धर्म के संस्थापक-पैगम्बर थे। मुस्लिम संस्कृति की नींव अथवा मुख्य सिद्धान्त तौहीद या दृढ़ ऐकेश्वरवाद में दृढ़ विश्वास रखने तथा उस पर अमल करने पर ही है। इस्लाम में जजासजा का (पुरस्कार दंड) जो विधान है वह मुस्लिम को बड़ा बल प्रदान करता है।

इस्लाम में अल्लाह को सृष्टि का कर्ता, रक्षक और संहारक माना गया है। खुदा की इबादत के सीधे रास्ते पर चलाने तथा उसकी भक्ति साधना सम्बन्धी सूफी मार्ग का निर्देश गम्भीर ज्ञान एवं परिपक्व अनुभव वाले पवित्र व्यक्ति को शेख कहा गया है।

मुस्लिम संस्कृति की प्रवृत्ति प्रारम्भ से विभिन्न संस्कृतियों के गुणों को इस्लाम के प्रकाश में सँवारकर अपने में समाने की रही है। इस्लाम के सैद्धान्तिक पक्ष के अन्तर्गत तौहीद, कयामत, जजा, सजा, हयमोहलाल के अतिरिक्त ईमान और मसाकात आदि सिद्धान्तों की विस्तााार से चर्चा मिलती है। इस्लाम में मस्जिदों से जो एक व्यापक भावना सम्बद्ध है कि यह अल्लाह का घर है और इस पर सबका बराबर अधिकार है।

मुस्लिम जहाँ पर भी शहर नग, आबाद करते थे वहाँ बड़ी-बड़ी इमारतें बनवाते थे तथा राजधानी में महल, हरम, मोती महल, शीश महल आदि बनवाया करते थे। मुस्लिम संस्कृति में वास्तु कला का एक आदर्श भवन मस्जिद को मानते हैं। मुस्लिम संस्कृति में तवक्कुल करने वालों को पसन्द किया गया। तवक्कुल की ठीक-ठीक व्याख्या इस प्रकार है कि उद्देश्य के लिए प्रयत्न तो करो किन्तु फल के लिए खुदा

पर भरोसा करो क्योंकि परिणाम उसी के हाथ में है। खुदा के सर्वशक्तिमान गुण पर पूर्ण विश्वास रखना चाहिए। वही गुनाहों को बख्शने वाला है। कुरान में कहा गया है कि जिसने खुदा पर तवक्कुल किया, उसका काम आसानी से हो जाएगा। तवक्कुल का मतलब है अल्लाह पर पूर्ण विश्वास रखना। मुस्लिम संस्कृति के अनुसार इस्लाम का अर्थ ही सुपुर्दगी और मुसलमान वास्तव में प्रपन्न है।

मुस्लिम संस्कृति की नींव अथवा मुख्य सिद्धान्त तौहीद या दृढ़ एकेश्वरवाद में दृढ़ विश्वास रखने तथा उस पर अमल करने पर ही है। तौहीद का अर्थ एक करना अर्थात् समस्त मानवों को नाना प्रकार के धार्मिक मतवाद से हटाकर केवल एक शक्ति अल्लाह की ओर लाना है। मुस्लिम संस्कृति के अनुसार खुदा सर्वशक्तिमान है। कयामत के दिन सारी पृथ्वी उसके वश में होगी और सब आकाश उसके दाहिने हाथ में लिपटे होंगे तथा नरसिंघा फूँका जाएगा तो जो कुछ आसमानों और जमीनों में है अचेत हो जाएगा किन्तु जिसे अल्लाह चाहेगा फिर दोबारा पुनः सूर के फूँकने पर जीवित हो खड़ा होगा। कुरान में स्थान-स्थान पर नमाज पढ़ने का आदेश है। नमाज का मुख्य उद्देश्य अल्लाह का स्मरण है, जिसके माध्यम से बन्दा अपने खुदा की ओर अग्रसर होता है। मुस्लिम संस्कृति में ईमान का बड़ा महत्त्व है। ईमान का अर्थ है धर्म पर दृढ़ विश्वास रखना। इस्लाम में कुकर्म करनेवालों को कठोर दंड दिया जाएगा। कुरान में इसका विस्तृत विवरण मिलता है। मुसावात इस्लाम धर्म की मुख्य विशेषताओं में से एक है। तौहीद का अर्थ है एक होना या एक करना।

5.1.2. मुस्लिम समाज पर हिन्दू संस्कृति का प्रभाव

हिन्दू, मुसलमानों को मलेच्छ समझते थे। हिन्दू अपने को मुसलमान से श्रेष्ठ मानते थे परन्तु हिन्दुओं का यह दम्भ अधिक दिनों तक नहीं चला। ज्यों-ज्यों समय व्यतीत होता गया हिन्दुओं में मुसलमानों के प्रति घृणा की भावना न्यून होती गयी। हिन्दू स्त्रियों से मुसलमान विवाह करने लगे। इस प्रकार हिन्दुओं के समीप आने से मुस्लिम सभ्यता पर हिन्दू सभ्यता का प्रभाव पड़ना स्वाभाविक था। हिन्दुओं की भाँति मुसलमानों में भी वर्ग-भेद की भावना पैदा हो गयी। शेख व सैय्यद अपने को समाज में अधिक सम्मानित समझने लगे। सैय्यद का मुस्लिम समाज में वही स्थान हो गया जो स्थान ब्राह्मणों का हिन्दू समाज में था। सैय्यद शेख की बेटी से विवाह कर सकता था पर शेख सैय्यद की बेटी से विवाह नहीं कर सकता था। इस प्रकार मुस्लिम समाज में एक पृथक् पुरोहित वर्ग का जन्म हो गया। मौलवी व उलेमाओं ने वही स्थान ले लिया जो हिन्दू समाज में ब्राह्मणों को प्राप्त था। इसी समय जो हिन्दू मुसलमान बन गये थे वे विदेशी मुसलमानों के समान प्रतिष्ठा प्राप्त नहीं कर सके। गरीब होने के कारण उनका एक अलग वर्ग बन गया और उनमें जातीय

भावना ज्यों की त्यों बनी रही। इसके फलस्वरूप मुस्लिम समाज में कई जातीय वर्ग बन गये तथा उनमें ऊँच-नीच की भावना घर कर गयी। भारत के मुस्लिम समाज में सामन्तवाद का विकास हुआ जो इस्लाम की भावना के विपरीत था।

कई शासकों तथा सामन्तों ने हिन्दू स्त्रियों से विवाह किये और ये स्त्रियाँ अपने साथ कई हिन्दू प्रथाओं तथा रीति-रिवाज़ों को भी मुस्लिम घरों में लेकर गयीं। मुस्लिम घरों में उपस्थित हिन्दू स्त्रियों की उदारता तथा ममता ने तुर्की बर्बरता तथा क्रूरता को कम कर दिया। हिन्दू परिवार का आदर्श एक पत्नीव्रत था। मुसलमानों ने भी इसे व्यावहारिक रूप से अपनाया। हिन्दुओं की तरह मुसलमानों ने भी प्रतिदिन स्नान करने तथा नमाज पढ़ने से पूर्व शरीर शुद्ध करने का नियम बनाया। हिन्दुओं की तरह मुसलमानों ने भी मृतक भोजन देने और खैरात बाँटने की प्रथा को अपना लिया। हिन्दुओं की भाँति नज़र उतारने की प्रथा, बादशाह तथा उच्च वर्ग के मुसलमानों के घरों में भी प्रचलित हो गयी। हिन्दुओं की तरह मुसलमान भी मन्त्रयुक्त ताबीज बाँधने लगे। राजपूतों के अनुकरण पर कुछ मुसलमानों ने जौहर प्रथा को भी अपनाया। पान खाने की आदत मुसलमानों ने हिन्दुओं से ही सीखी। फलों के अचार व मुरब्बा तैयार करने की विधि भी मुसलमानों ने सीख ली। भारतीय मुसलमानों के पुलाव पर हिन्दुओं के मोहन-भोग का प्रभाव पड़ा। वेशभूषा के अन्तर्गत साड़ी और पगड़ी मुसलमानों ने हिन्दुओं से ग्रहण किया। मुस्लिम समाज में वस्त्र आभूषण और सजावट का प्रदर्शन करना स्त्रियों के लिए मना था, परन्तु भारत में आकर वे भी यहाँ की हिन्दू स्त्रियों की भाँति मलमल व रेशमी के वस्त्र तथा कीमती आभूषण धारण करने लगीं। सुहागिन मुस्लिम स्त्रियाँ हिन्दू नारी की तरह माँग में सिन्दूर लगाने लगीं तथा नाक में नथ और हाथों में शंख की चूड़ियाँ पहनने लगीं।

5.1.3. इस्लाम धर्म पर हिन्दू धर्म का प्रभाव

भारत में आकर इस्लाम का मूल रूप बहुत कुछ परिवर्तित हो गया था। हिन्दुओं के धार्मिक विचारों के सम्पर्क के फलस्वरूप इस्लाम की अनेक ऐसी बातें जुड़ गयीं जो मुहम्मद के उपदेशों के विपरीत थीं। इस्लाम धर्म मूर्ति पूजा का विरोध करता है, पर भारत में इस्लाम के अनुयायी हिन्दुओं की देखा-देखी धार्मिक आचार तथा अनुष्ठानों में रुचि लेने लगे। हिन्दू-मुस्लिम सन्तों तथा उनके मकबरों के प्रति श्रद्धा प्रदर्शित करने लगे। हिन्दुओं ने पीरों की मजारों तथा दरगाहों को मुसलमानों की भाँति पूजा करना शुरू कर दिया। मुसलमानों द्वारा कई हिन्दू त्योहार भी अपनाये गये। मुसलमानों का शबे-बारात त्योहार जिसमें रात्रि में जागरण तथा आतिशबाजी की जाती है—सम्भवतः हिन्दुओं के शिवरात्रि की नकल है। हिन्दू साधुओं तथा संन्यासियों में जो मठ तथा गद्दी स्थापित करने की परम्परा थी मुस्लिम पीर तथा शेखों ने भी उसे अपना लिया।

भारत में जिन साधुओं ने इस्लाम ग्रहण किया वे अपने परम्परागत विश्वास

तथा धार्मिक मान्यताओं को पूरी तरह नहीं छोड़ सके, जिससे भारतीय इस्लाम का रूप ही बदल गया।

5.1.4. इस्लाम के सूफी सम्प्रदाय पर हिन्दुत्व का प्रभाव

इस्लाम के सूफी सम्प्रदाय पर हिन्दू वेदान्त दर्शन तथा वैष्णव सम्प्रदायों के भक्ति मार्ग का प्रभाव पड़ा। ब्रह्म की सर्वव्यापकता, ब्रह्म में तल्लीनता, भक्ति, तप तथा त्याग–इन हिन्दू धर्म के विचारों का सूफी मत में समावेश हो गया। सूफी शब्द की उत्पत्ति अरबी भाषा के 'सफा' शब्द से मानी जाती है जिसका अर्थ है–विशुद्ध । वस्तुतः सूफी वही होता है जो मनसा, वाचा, कर्मणा पवित्र होता है। सूफी सन्त सादा जीवन व्यतीत करते हुए अपना समस्त जीवन 'इल्म-ए-सफीता' अर्थात् 'ग्रन्थ निहित' ज्ञान की प्राप्ति में अर्पित करते थे। उनके इस प्रयास से इस्लाम में ब्रह्मवाद, गूढ़ ज्ञानवाद आदि तत्त्वों का समावेश हो गया। वैष्णवमत तथा सूफीमत में काफी समानता है। उनका लक्ष्य ईश्वर से एक होना था। सूफीमत में गुरु की बहुत ही महिमा है। भारत में सूफी सन्तों का आगमन ग्यारहवीं शती से आरम्भ हुआ। बारहवीं सदी में कई सूफी सन्त भारत आये और वैराग्य की ओर उन्मुख हो उन्होंने यहाँ कई दल बनाये। तेरहवीं सदी से उनकी गतिविधियाँ भारत में विशेष रूप से उल्लेखनीय हो गयीं। इसी समय ख्वाजामुइनुद्दीन चिश्ती भारत आई। इन्होंने 1192 ई. में 'चिश्तिया परम्परा' की स्थापना की थी। भारत के अन्य प्रसिद्ध सूफी सन्तों में निजामुद्दीन औलिया, मलिक मुहम्मद जायसी और शेख सलीम चिश्ती का नाम विशेष रूप से उल्लेखनीय है। इस्लाम के विरुद्ध हिन्दुओं में जो घृणा की भावना थी वह सूफी सन्तों की उदारता से कुछ कम हुई। हिन्दू धर्म के प्रभाव से मुस्लिम समाज में कई नये सम्प्रदायों का जन्म हुआ–जैसे इस्लामिया सम्प्रदाय के अनुयायी खोजा लोग थे। इन पर वैष्णव मत का प्रभाव था। खोजा लोग हजरत अली को विष्णु का दसवाँ अवतार मानते थे। भारत में प्रचलित सूफी मत अधिकतर ईरानी परम्परा का ही अनुसरण करता रहा है। हिन्दुओं के बहुदेवतावाद तथा मूर्तिपूजा का भी मुसलमानों पर गहरा प्रभाव पड़ा। हिन्दुओं के अनुकरण पर भारतीय मुसलमानों ने भी गजनी मियाँ, पाचँ पीर, पीरबन्दर, ख्वाजा, खिजिर आदि पीरों की ग्राम देवता के रूप में कल्पना की और उनकी पूजा करने लगे। दरगाह हिन्दुओं के पूजा स्थल बन गये। भारतीय मुसलमान बड़ी धूमधाम से ताज़िया निकालते हैं। ताज़िये का रिवाज भारत को छोड़कर अन्य किसी भी देश में नहीं है। सम्भवतः हिन्दउों के दशहरा तथा रथयात्रा उत्सवों की नकल पर यहाँ के मुसलमानों ने ताजिये निकालने की प्रथा प्रारम्भ की। मुसलमान सन्त और फकीर मांस भक्षण को त्यागकर शाकाहारी बनने लगे। मध्ययुग में भारत में 95 प्रतिशत हिन्दू थे। मुसलमानों से परास्त हो जाने पर भी देश की अधिकांश भूमि पर उनका ही अधिकार था। तुर्क शासकों ने अपने

350 वर्षों के शासन में हिन्दुओं की दशा को दयनीय बना दिया। उन्हें नागरिक नहीं समझा गया। तुर्क शासकों ने उन्हें नौकरियाँ नहीं दीं। मुसलमान शासकों ने प्रत्येक हिन्दू को अपना कट्टर शत्रु समझा था। हिन्दू स्त्रियाँ भी तुर्कों के क्रूर तथा अपमानजनक व्यवहार से नहीं बच सकीं।

5.1.5. हिन्दू समाज पर इस्लाम संस्कृति का प्रभाव

भक्ति आन्दोलन और सूफी साधना दोनों ने ईश्वरीय प्रेम द्वारा मानवता का पथ प्रशस्त किया है। सन्तों का दिल निर्मल होता है। सूफीमत का प्रभाव भारतीय समाज पर महत्त्वपूर्ण प्रभाव डाला। यूसुफ हुसैन के अनुसार सूफी सन्तों ने सामूहिक जीवन को एक नवीन साँचे में डालने का प्रयास किया जिसमें हर वर्ग के लोग अपनी मानसिक तथा आध्यात्मिक उन्नति पूर्ण रूप से कर सकें। सम्पूर्ण मानवता को सूफियों ने दिव्य प्रेम की आड़ में जो बन्धुत्व का पाठ पढ़ाया, वह उस काल में भारतीय समाज के लिए महान कल्याणकारी सिद्ध हुआ।

5.1.6. सामाजिक प्रभाव

इस्लाम सामाजिक समानता तथा भ्रातृत्व पर बल देता है, परन्तु शताब्दियों के मुस्लिम प्रभुत्व के बाद भी हिन्दुओं की सामाजिक व्यवस्था का आधार जातिप्रथा ज्यों की त्यों बनी रही। इस्लाम के आगमन के फलस्वरूप भारतीय समाज की एकता भंग हो गयी। इस्लाम के आक्रमण से अपनी रक्षा के प्रयास में हिन्दुत्व सिकुड़कर अपनी खोली में ही छिपने लगा था।

अतः हिन्दू आचार्यों ने जाति-पाँति व्यवस्था के नियमों को और भी कठोर बना दिया। हिन्दू समाज को सुदृढ़ दुर्ग में रूपान्तरित करने का प्रयास किया और उस दुर्ग को तोड़ने में मुसलमान असफल रहे। अन्तर्जातीय व अनुलोम विवाह भी समाप्त हो गये। हिन्दुओं के लिए अनेक प्रकार के अनुष्ठानों की व्यवस्था की गयी। मुस्लिम समाज में पर्दा प्रथा भयंकर रूप से प्रचलित थी। हिन्दुओं ने भी उनका अनुकरण किया। हिन्दू स्त्रियों के सतीत्व की रक्षा करने के उद्देश्य से पर्दा पर जोर दिया गया। मुस्लिम सम्पर्क का दूसरा बुरा प्रभाव हिन्दू समाज में बाल-विवाह का प्रचलन था। मुस्लिम सैनिक तथा राज कर्मचारी सुन्दर हिन्दू कन्याओं को बलात् उड़ा ले जाते थे। अतः उनके भय से हिन्दू लोग अपनी कन्याओं का विवाह बचपन में ही करने लगे। हिन्दुओं की वेशभूषा तथा खानपान का भी इस्लाम पर कुछ प्रभाव पड़ा। हिन्दू लोग भी मुसलमानों की तरह पायजामा, शेरवानी तथा अचकन आदि पहनने लगे। हिन्दुओं के विवाह संस्कार में भी सेहरा व जामा का प्रयोग होने लगा। मुसलमानों के साथ कई प्रकार की मिठाइयाँ भी भारत में आयीं। बादशाही, बरफी,

कलाकन्द, शकरपारा, गुलाब जामुन ये सब विदेशी नाम हैं। मुस्लिम पाक विधि की बहुत-सी बातें भी भारत में अपनायी गयीं। इस्लाम के सम्पर्क के फलस्वरूप भारत में हकीम व यूनानी चिकित्सा पद्धति का भी प्रचलन हुआ।

5.1.7. औद्योगिक प्रभाव

भारत मध्यकाल में अपनी अतुल सम्पत्ति के लिए विख्यात था। समाज की सम्पन्नता का प्रमाण आभूषणों के बाहुल्य तथा भव्य मन्दिरों के निर्माण से मिलता है। उसके अपार धन की कहानियाँ सुनकर ही महमूद जैसे कई लुटेरों ने भारत पर आक्रमण किया था तथा यहाँ से अपार धन अपने साथ ले गये थे। भारत के मध्यकालीन अर्थ तन्त्र का प्रमुख आधार ग्रामीण उद्योग तथा व्यापार था। कृषि देश के आर्थिक जीवन का मुख्य आधार था। गेहूँ, बाजरा, मक्का, चावल, मटर, तिलहन, गन्ना, कपास, तथा अफीम काफी मात्रा में पैदा होते थे। चावल की फसल वर्ष में तीन बार होती थी। इनके अतिरिक्त देश के अनेक भागों में अनेक प्रकार के फलों की पैदावार भी काफी मात्रा में होती थी। फलों में आम, अनार, केला, अंगूर, खरबूजा, नींबू और जामुन आदि उल्लेखनीय थे।

मुस्लिम आक्रमणों से सैंकड़ों वर्ष पूर्व ही भारत का औद्योगिक क्षेत्र में विकास पर्याप्त रूप से हो चुका था। ग्राम तथा नगरों में शिल्पियों के अनेक संगठित संघ थे जिनका औद्योगिक क्षेत्र में महत्त्वपूर्ण स्थान था। अनेक कारखानों में रेशम के वस्त्र उत्पादित किये जाते थे। गुजरात का वस्त्र उद्योग देश में विख्यात था। सोना, चाँदी आदि के लिए कारखानों की स्थापना की गयी। रंगाई का व्यवसाय भी उन्नति पर था। देश का आन्तरिक तथा बाहरी व्यापार उस समय सन्तोषजक था। अनेक वस्तुओं का विदेशों को निर्यात किया जाता था, जिनमें कृषि की पैदावार तथा रेशमी कपड़ा, अफीम और नील प्रमुख थे। ये वस्तुएँ अधिकतर अफ्रीका के पूर्वी तटवर्ती प्रदेशों को विशेष रूप से भेजी जाती थीं। विदेशों से आयात की जाने वाली वस्तुओं में घोड़े, हथियार तथा विलासिता की वस्तुएँ विशेष उल्लेखनीय हैं। व्यापार समुद्री तथा थल मार्ग दोनों से होता था।

5.1.8. ललित कला का क्षेत्रीय प्रभाव

ललित कलाओं के विकास के दृष्टिकोण से सल्तनत युग उल्लेखनीय नहीं कहा जा सकता है। शोभा के लिए विभिन्न प्रकार की डिजाइनें दीवारों पर चित्रित की जाती थीं। इस्लाम धर्म में मूर्ति कला की तो कोई तुलना नहीं है। सुलतानों को स्थापत्य कला से विशेष प्रेम था। 12वीं शताब्दी के अन्तिम दशक में तुर्की विजेता स्थापत्य कला की जो शैली भारत में अपने साथ लाये, वह न तो पूर्ण रूप से इस्लामी था और न ही अरबी। तुर्क आफगानों ने जिन इमारतों का निर्माण करवाया उनमें प्रधानतः

मस्जिदें, मकबरे, मदरसे तथा दुर्ग हैं। इनके द्वारा निर्मित दुर्ग तो प्रायः नष्ट हो गये हैं। उनकी प्रमुख विशेषताएँ इस प्रकार हैं—

मीनार— नीचे से मोटी व चौड़ी और ऊपर से पतली दिखाई देती है।

गुम्बद—जिन पर टाइलों का प्रयोग किया गया है।

विशाल फाटक— जिन पर कुरान की आयतें उद्धृत हैं।

कुर्सी की ऊँचाई अधिक है और नीचे तहखाने हैं।

बुनियादी दीवारें चौड़ी तथा सुदृढ़ हैं।

प्रत्येक भाग में समरूपता रखी गयी है।

छज्जों का प्रयोग किया गया है।

दरवाजे मेहराबदार हैं।

अलंकार कम है।

मस्जिदों के प्रांगण में हौज निर्मित हैं।

तुर्कों से निर्मित भवनों में उनकी धार्मिक भावना झलकती है। कुतुबुद्दीन ऐबक को भवन-निर्माण का अच्छा चाव था। उसने 1199 में कुतब-उल-इस्लाम की मस्जिद का निर्माण करवाया था। इसको भारत की प्रथम मस्जिद कहा जाता है। पर्सी ब्राउन ने भी इस मस्जिद की स्थापत्य कला की अच्छी प्रशंसा की है। सर जॉन मार्शल के अनुसार, इसके निर्माण में 27 हिन्दू और जैन मन्दिरों के ध्वंसावशेषों का प्रयोग किया गया। अजमेर स्थित अढ़ाई दिन का झोंपड़ा एक तुर्की मस्जिद है। इसका निर्माण कुतुबुद्दीन ने करवाया था। सर जॉन मार्शल के अनुसार "इस मस्जिद का निर्माण अढ़ाई दिन में हुआ था।" अतः इसे अढ़ाई दिन का झोंपड़ा कहते हैं। परन्तु पर्सी ब्राउन के अनुसार यहाँ एक झोंपड़ी के पास अढ़ाई दिन तक मेला लगता था। इस कारण इसे अढ़ाई दिन का झोंपड़ा कहते हैं। कुतुबुद्दीन समय की स्थापत्य कला का तीसरा सुन्दर नमूना कुतुबमीनार है। इसका निर्माण 1212 ई. में पूरा हुआ था। इल्तुतमिश ने 1231 ई. में अपने पुत्र नासिरुद्दीन के स्मारक के रूप में सुल्तानगढ़ नामक भवन बनाया था। पर्सी ब्राउन के अनुसार, सुल्तानगढ़ी का अर्थ गुफा का सुल्तान होता है। बदायूँ में जामा मस्जिद का निर्माण करवाने वाला भी इल्तुतमिश ही था। इल्तुतमिश की कब्र भी स्थापत्य कला की दृष्टि से महत्त्वपूर्ण मानी जाती है। बालबन के समय में डाँटे त्रिभुजाकार में प्रयोग की जाने लगीं। उलाउद्दीन खिलजी के समय की इमारतों में अलंकार की ओर विशेष ध्यान दिया गया। 'अलाई दरवाजा' तथा 'जमाअत खाना मस्जिद' उसके युग की दो प्रमुख इमारतें हैं। सर जॉन मार्शल ने अलाई दरवाजा को इस्लामी वास्तुकला की अमूल्य निधि बताया है। जमाअत खाँ मस्जिद पूर्णतः मुस्लिम शैली पर निर्मित है। इल्तुतमिश ने मुईनुद्दीन चिश्ती की दरगाह में 'खानकाह' का निर्माण करवाया था। इस विषय में एक कवि ने लिखा—

पियारे हिन्द का जो खास दरबारे सहाना है।
मुइनुद्दीन ख्वाजा का यह चिश्ती आस्ताना है।।

खिलजी वास्तुकला की विशेषताएँ–

1. नींव शक्तिशाली बनकर कुर्सी पतली व मजबूत बनायी गयी।
2. तहखाने बनाना बन्द कर दिया गया।
3. मेहराब बनाकर उनका अलंकरण भी किया गया।
4. गुम्बदें सजीव व सुन्दर बनायी गयीं।
5. छतें धनुषाकार तथा डाटदार बनायी गयी हैं। इमारतों में ताख भी हैं।
6. वायु तथा प्रकाश की समुचित व्यवस्था है।
7. इमारतों की कल्पना सुव्यवस्थित है।

सर जॉन मार्शल के अनुसार, "तुगलक कालीन भवनों में सादगी तथा कलाहीनता का कारण मुहम्मद तुगलक के काल से कलाकारों का राजधानी से लोप हो जाना भी था।"

तुगलक शासकों में निर्माता की दृष्टि से फिरोज का नाम विशेष उल्लेखनीय है। डॉ. परमात्मा शरण लिखते हैं–"फिरोज की इमारतों में सादगी और सरलता के साथ-साथ दृढ़ता और नीरस उपयोगिता का एक अजीब सहयोग है।" फरिश्ता के शब्दों में फिरोज तुगलक वास्तुकला का महान प्रेमी था। मुहम्मद तुगलक ने आदिलाबाद का किला बनवाया। सैय्यद व लोदी काल की इमारतों को दो श्रेणियों में विभाजित कर सकते हैं–मकबरें और मस्जिदें। सैय्यद व लोदी वंश की इमारतों में हिन्दू शैली का अभाव है। इस समय की इमारतें खिलजी स्थापत्य के समान सौन्दर्यशाली तथा भावपूर्ण नहीं बन सकी थीं।

भाषा तथा साहित्य के क्षेत्र में इस्लाम का प्रभाव

हिन्दू-मुस्लिम एकता का राजनीतिक, साहित्य, कला, संगीत, विचारधारा (भक्ति तथा रहस्यमयी) आदि क्षेत्र में अध्ययन करने पर भी कुछ क्षेत्र ऐसे बचे हुए हैं जो इनसे बाहर रह गये हैं और उनका वर्णन करना भी आवश्यक है।

पूजा–मध्यकाल में हिन्दुओं और मुसलमानों द्वारा पूजा करने के विश्वास तथा ढंग पर विचार करने से पता चलता है कि भारतीय संस्कृति में भक्ति और उपासना की प्रधानता है। मनुष्य अपने कल्याण साधन के लिए उन्हीं का आश्रय लिया है। किसी ईश्वर रूप में अपने चित्त को स्थिर करने का नाम ही उपासना है और चित्त की स्थिरता बलपूर्वक नहीं होती, किन्तु प्रेम से ही चित्त स्थिर होता है। उसे ईश्वर से प्रेम होता है। उसी ईश्वर प्रेम को भक्ति कहते हैं।

पूजा अति भृत्यभाव अथवा भक्ति के लिए एक शब्द है जो हमारे वास्तविक

पैदा करने वाले के सम्मुख व्यक्त किया जाता है। इसके प्रमुख तरीके हैं—प्रार्थना, उपवास, दान देना और मक्का का हज करना।

धार्मिक सन्देश का कार्य मुहम्मद साहब ने प्रारम्भ कर दिया परन्तु मक्कावासियों ने उनकी अवहेलना की और उन्होंने उनकी बातों को अनसुना कर दिया। कुछ ने उनमें अविश्वास प्रकट किया और कहा कि कैसे एक मृतक व्यक्ति जो धूल में मिल गया है, फिर खड़ा हो सकता है। मुहम्मद हमारे देवताओं को एक ईश्वर बना रहा है। यह एक आश्चर्य की बात है। मुहम्मद केवल मरणशील है। वह खाना खाता है और बाजार में घूमता है। यदि वह ईश्वर का दूत था तो वह सबको स्वर्ग क्यों नहीं भेजता? हमारे पूर्वज उन्हीं देवताओं की पूजा करते थे जिन्हें हम पूजते हैं। वे गलती कैसे कर सकते हैं? प्रार्थना के विषय में कुरान में कहा गया है कि "प्रत्येक व्यक्ति के लिए हमने पूजा के ढंग निर्धारित किये हैं जिन्हें वे मानते हैं। इसलिए उन्हें इस बात पर नहीं झगड़ना चाहिए बल्कि अपने मालिक के सही रास्ते पर लाना चाहिए। अगर वे इस सम्बन्ध में विवाद करें तब कहो कि अल्लाह सबसे अच्छा ज्ञाता है। वह अन्तिम फैसले के दिन निश्चित करेगा कि किस मामले पर वह भिन्न है।" प्रार्थना का रूप झगड़े का मामला न बनने दो। जिस तरफ आप अपना चेहरा परिवर्तित करते हैं, यह निश्चित रूप से प्रार्थना की आत्मा नहीं हो सकती। इस विषय में कुरान पूर्णरूप से स्पष्ट है—

"पूर्व और पश्चिम अल्लाह के हैं इसलिए जिस ओर वह चेहरा करता है उसी ओर ईश्वर का चेहरा है।"

ऋग्वैदिक काल में लोगों का धर्म बहुत ही साधारण था। वे प्राकृतिक घटनाओं के रूप में बहुत से देवताओं की पूजा करते थे। वे पृथ्वी सम्बन्धी बहुत से देवताओं में विश्वास करते थे जैसे इन्द्र, वायु, मारुत तथा प्रजान्य और स्वर्गीय देवताओं जैसे वरुण, दयूस अस्विन, सूर्य, सावित्री, मित्र, पुशन और विष्णु।

यद्यपि बहुत से देवताओं का वर्णन ऋग्वेद में है परन्तु ईश्वर की एकता की अवहेलना नहीं की जाती थी। इसका वर्णन एक पद में स्पष्ट रूप से किया गया है।

"वे उन्हें पुकारते थे इन्द्र, मित्रा, वरुण
और अग्नि; वह है स्वर्ग की चिड़िया गरुतमत;
वह एक है, कवि उन्हें अनेक नाम से पुकारते हैं,
वे उसे पुकारते हैं, यमा, ए मतारी सवान।"

वैदिक काल में धार्मिक स्थिति में परिवर्तन हो गया और यज्ञ करने की भावना अधिक बढ़ गयी। प्रतीकवाद पर अधिक जोर दिया गया। महाकाव्य काल में धर्म के क्षेत्र में महत्त्वपूर्ण परिवर्तन हुए। वैदिक काल के देवताओं के पद ब्रह्मा, विष्णु तथा शिव ने ग्रहण कर लिये थे। अनेक देवता और देवी जैसे गणेश और पार्वती प्रसिद्धि प्राप्त कर गये। अवतार अथवा विष्णु का अवतार तनुधारी का सिद्धान्त

प्रसिद्ध हो गया। राम और कृष्ण को विष्णु के अवतार के रूप में पूजा जाने लगा। भगवत्गीता हिन्दुओं की सबसे अधिक धार्मिक पुस्तक हो गयी।

पुराणों में भक्ति के विषय में लिखा गया है कि वह एक एकेश्वरवाद के दर्शन पर निर्भर थी। उसी समय के ब्राह्मणवाद को ध्यान में रखकर अलबरूनी ने लिखा है–''हिन्दू एक ईश्वर में विश्वास करते हैं जो शाश्वत है और अनादि अनन्त है।'' जब इस्लाम का उद्‌भव हुआ उस समय अरब के अधिकांश निवासी मूर्ति पूजक थे। वे अल्लाह को सर्व शक्तिमान मानते थे और उसका नाम समस्त प्रलेखों के शीर्षक में लिखा जाता था किन्तु अल्लाह उनकी उपासना का लक्ष्य नहीं होता था। कुरान में लात, मानत तथा उज्जा नामक तीन मूर्तियों का उल्लेख मिलता है जिनकी मध्यस्थता ईश्वर की पुत्रियों के रूप में चाही जाती थी। यद्यपि काबा में स्थानाभाव था फिर भी उसमें लगभग तीन सौ मूर्तियाँ या उनके प्रतीक रखे थे; उनमें केवल एक, एक हाबल की प्रतिमा थी।

चालीस वर्ष की अवस्था में हजरत मुहम्मद ने एक दीर्घकालीन आध्यात्मिक शक्ति का अनुभव प्राप्त किया जिसके फलस्वरूप उन्हें यह निश्चित हो गया कि वह एक नबी और रसूल हैं जिन्हें ईश्वर ने मनुष्य मात्र के चिरकालीन धर्म अर्थात् आदम, नूह, मूसा, ईसा मसीह तथा अन्य सिद्ध पुरुषों द्वारा प्रतिपादित धर्म जिनमें हम कोई अन्तर नहीं समझते, को स्थापित करने या अधिक उपयुक्त शब्दों में पुनर्स्थापित करने के लिए भेजा है। मूर्ति पूजक अरबों को बताया गया कि जिन देवियों के मध्यस्थ वे अल्लाह की पुत्रियाँ या किसी भी रूप में उनका दैवी मध्यस्थ समझकर पूजा करते हैं, उनका अस्तित्व ही नहीं है। उन्हें अल्लाह की सीधे आराधना करनी चाहिए। कुरान में लिखा है, "तुम मेरा चिन्तन करो और मैं तुम्हारा चिन्तन करूँगा" और पुनः ''जब मेरा भक्त मेरी प्रार्थना करता है तो मैं उसके निकट होता हूँ। इस नये धर्म अर्थात् इस्लाम का आधार एकेश्वरवाद है। समस्त मुसलमान भाई-भाई हैं और इस्लाम मठाधिसत्ता या पुरोहिताई सहन नहीं करता।''

दोनों धर्मों के विवरण से पूर्णतः स्पष्ट है कि ऋग्वेदकालीन धर्म में जिस प्रकार कोई मूर्तिपूजा नहीं थी और ईश्वर की एकता में विश्वास किया जाता था ठीक उसी प्रकार इस्लाम का जब प्रारम्भ हुआ तो उसने अरब समाज में व्याप्त मूर्ति पूजा को समाप्त किया। अर्थात् मूर्ति पूजा को कोई स्थान नहीं था और ईश्वर की एकता में पूर्ण विश्वास किया जाता था। प्रारम्भ में हिन्दू और इस्लाम धर्म के उद्देश्यों में काफी समानता थी। जैसे-जैसे समय व्यतीत होता गया, धर्म के क्षेत्र में महत्त्वपूर्ण परिवर्तन हुए और हिन्दू धर्म में मूर्तिपूजा अर्थात् प्रतीकवाद बहुत अधिक जोर पकड़ता गया और जब मुसलमान भारत में आये तो हिन्दू धर्म में देवी-देवताओं की पूजा अनेक रूप में हो रही थी। ठीक इसी प्रकार जैसे-जैसे समय व्यतीत होता गया, भारतीय मुसलमानों में भी अनेक प्रतीकों के रूप में पूजा प्रारम्भ हो गयी थी और सल्तनत

काल के अन्त तक धार्मिक पूजा के प्रतीक तथा अनेक कर्म काण्ड हिन्दुओं की भाँति बहुत बढ़ गये थे। मुसलमानों में व्याप्त पूजा के विषय में श्री एम. मुलीब ने 'दो इण्डियन मुस्लिम' नामक पुस्तक में अपने विचार व्यक्त किये हैं। करनाल में 1865 ई. तक बहुत से मुस्लिम कृषक अपने पुराने गाँवों के देवताओं की पूजा करते थे। साथ ही मुसलमान होने के कारण कलमा भी पढ़ते थे। पंजाब, उत्तर-पश्चिमी प्रान्त, जम्मू-कश्मीर राज्य में शिक्षित तथा अशिक्षित मुसलमान अन्धविश्वासों में विश्वास करते थे और मृतक तथा जीवित सन्तों के साथ अपनी इच्छाओं की पूर्ति के लिए जाया करते थे और जादू-टोने में विश्वास करते थे।

अलवर और भरपूर राज्यों में मेव और मीना रहते थे। उनके नाम पूर्ण रूप से हिन्दू थे और अपने नाम के साथ खान लगा लेते थे। वे केवल दिवाली और दशहरा ही नहीं मनाते थे बल्कि कृष्ण की जन्माष्टमी भी मनाते थे। वे अमावस्या भी मनाते थे और जब वे कुआँ खोदते थे तो एक चबूतरा बनाते थे और हनुमान की पूजा करते थे। केवल कुछ ही कलमा पढ़ सकते थे। उनके पूजा के स्थान पंच पीर भैया अथवा मोमिया और चहुंडा थे। चहुंडा जो खेड़ा देवता के नाम से भी जाना जाता था पर एक चबूतरा बनाया जाता था और महादेवी देवी को प्रसन्न करने के लिए पशुओं की बलि चढ़ाते। साथ ही मेव सालार मसूद गाजी मदार साहब तथा ख्वाजा साहब के मकबरे की पूजा करते थे। मसूल गाजी की प्रत्येक मेव गाँव में शबेरात के दिन पूजा होती थी। मेवा भी हिन्दुओं की तरह अपने गोत्र में शादी नहीं करते। मीना, जो एक वन्य जाति है धरचा व्यवहार में लाते थे। वे भैरों तथा हनुमान की पूजा करते थे और कटार से शपथ लेते थे। बन्दी राज्य में परिहार मीना रहते थे। जो गाय तथा जंगली सूअर के गोश्त को निषिद्ध मानते हैं। रतलाम से लगभग 50 मील दूर जाओरा क्षेत्र में कृषक मुसलमान शादी के समय हिन्दू रीति-रिवाज को मानते हैं, चेचक की देवी की पूजा करते हैं और शादी के समय तोरण लगाते हैं।

अहमदाबाद के निकट पालनपुर के अपने विश्वास अलग हैं, वे तकिया को व्यवहार में लाते हैं। तकिया का अर्थ है—विश्वास को छिपाना। ये दारिया अथवा चक्र में संगठित किये गये और उनके धार्मिक प्रमुख सैय्यद कहलाये। ये अपने ही सम्प्रदाय में शादी करते हैं। इसी क्षेत्र में कोली, भील, सिन्धी और ठाकुर रहते हैं। इन्होंने इस्लाम तो स्वीकृत कर लिया है परन्तु अन्धविश्वास के कारण उन्होंने अपराधी प्रवृत्ति को नहीं छोड़ा है।

सिन्ध के पार रेगिस्तान में सुन्नी मुसलमान रहते हैं। सिन्धु नदी की पूजा के लिए पूजा पद्धति अलग है और दरिया पन्थ की पूजा करते हैं। इसी क्षेत्र में गोरवरी जिले में माई पीर की पूजा की जाती है। सिन्ध में बहुत से भक्ति सम्प्रदाय हैं। पंच भाई सम्प्रदाय के इस्माइल खोजा आगा खाँ के अनुयायी हैं तथा वे विष्णु को

दसवाँ अवतार मानते हैं। ये कुरान के स्थान पर एक अन्य धार्मिक ग्रन्थ पढ़ते हैं जो पीर सदरुद्दीन ने लिखा था। इनकी प्रार्थना में हिन्दू और इस्लाम दोनों ही बातों का सम्मिश्रण होता है। आगा खाँ के अनुयायियों ने अभी तक हिन्दू धर्म की बातों को जो जन्म, शादी और मृत्यु से सम्बन्धित है, अपना रखा है। वे कुरान पढ़ते हैं परन्तु यह विश्वास करते हैं कि मुहम्मद साहब की आज्ञा को मेंहदी ने अधिग्रमण कर दिया है। खदराज स्त्रियों की तरह के वस्त्र पहनते हैं और स्वयं को फकीर कहते हैं तथा देबल देवी की पूजा करते हैं। उसकी मूर्ति की स्थापना करते हैं तथा आटा, मीठा और घी का भोग लगाते हैं।

उत्तर प्रदेश में तथा भारत में गाजीमियाँ नामक नये मुसलमान हैं। ये उर्स अथवा मृत्यु की वर्षगाँठ मानते हैं और सन्तों के मकबरों की पूजा करते हैं। पूर्णिया जिले में हिन्दू धर्म के निचले वर्ग तथा मुसलमानों के धार्मिक विश्वास और मान्यताएँ मिलती हैं। प्रत्येक गाँव में काली स्थान है जहाँ काली देवी की पूजा की जाती है। प्रत्येक मुसलमान के घर के पास 'खुदा का घर' नाम का छोटा-सा स्मारक बना होता है जहाँ पर अल्लाह और काली दोनों के नाम से प्रार्थना की जाती है। शादी के समय इन स्थानों पर भगवती देवी की पूजा की जाती है। यहाँ हिन्दू और मुसलमानों का सबसे प्रमुख देव 'देवता महाराज' है। किशनगंज में बंगाली मुसलमानों की उपजाति में खुदा का घर तथा बसीहारी माँ का घर दोनों की पूजा की जाती है।

चौबीस परगना के बरासत और बसीरहाट क्षेत्र में मोबराह गाजी की पूजा करते हैं। इसमें पुकीर जंगल में जाकर कुछ स्थान साफ करके एक घेरा बनाते हैं जिसमें जगबन्धु, महादेव और मनसा देवी की पूजा की जाती है। इसी घेरे के पास छोटा चबूतरा बनाया जाता है जहाँ रूप परी काली मैया, बड़ी ठकुराइन आदि की पूजा की जाती है। कुछ दूसरे घेरे भी बनाये जाते हैं जिनमें से एक में मुबारक गाजी तथा उसके भाई कालू तथा दूसरे में उसका पुत्र चावल पीर तथा भतीजा राम गाजी के चिह्न बनाये जाते हैं। एक अन्य घेरे में वास्तु देवता का चबूतरा बनाया जाता है और पूजा की जाती है।

चटगाँव जिले में पीरबन्दर की हिन्दू और मुसलमान नाविक दोनों पूजा करते हैं जब वे समुद्र और नदी में यात्रा करने पर निकलते हैं। मध्य भारत में इन्दौर में मुसलमान पटेल और मराठा हिन्दू नाम रखते हैं। हिन्दुओं की भाँति ही वस्त्र पहनते हैं। हिन्दुओं के भवानी और अन्य देवी देवताओं की पूजा करते हैं। गुजरात क्षेत्र में अनेक अन्य जातियाँ ऐसी हैं जिनके धार्मिक विचार और व्यवहार मुस्लिम सभ्यता से नहीं मिलते हैं। उन वन्य जातियों में सीझी, मोलिसलाभ, कसवाती, राठौर, घनचीस विशेष उल्लेखनीय हैं। साम्प्रदायिक समूहों में हुसैनी ब्राह्मण, मदारी, शेखदास और कमालियास विशेष उल्लेखनीय हैं। राठौर और कसवाती मुसलमान राजपूत हिन्दुओं में से थे। उन्होंने पुराने धर्म को छोड़ दिया था परन्तु पुराने धर्म के विचारों को नहीं

छोड़ा था। वे केवल हिन्दू धर्म के त्योहारों को ही नहीं मानते थे बल्कि उस धर्म के देवताओं की पूजा भी करते थे। उनमें से कुछ स्वामी नारायण की मूर्ति अपने घरों में रखते थे। वे कुरान रोजाना नहीं पढ़ते थे। वे मुसलमानों के साथ-साथ हिन्दुओं से भी वैवाहिक सम्बन्ध रखते थे।

हुसैनी ब्राह्मण स्वयं को अथर्ववेद का अनुयायी बताते हैं। उन्होंने यह नाम पैगम्बर के पोते इमाम हुसैन से लिया था। ऐसा कहा जा सकता है कि वास्तव में उन्होंने इस्लाम में परिवर्तन नहीं किया था परन्तु उन्होंने इस्लाम के उन विश्वासों और सिद्धान्तों को अपना लिया था जो हिन्दू धर्म के विरुद्ध नहीं थे। वे गाय के मांस को छोड़कर अन्य जीवों का मांस गुप्त रूप से खाते थे। पुरुष मुसलमान की तरह वस्त्र पहनते थे परन्तु माथे पर तिलक लगाते थे। वे शादी के समय अपनी जाति के पुजारी से कार्यक्रम कराते थे। वे अपने मृतक को दफनाते समय बैठने की स्थिति में रखते थे। साथ ही वे रोजे रखते थे और अजमेर ख्वाजा मुईनुद्दीन चिश्ती को विशेष सम्मान की दृष्टि से देखते थे।

शेखदास बाला मुहम्मद शाह के अनुयायी हैं। वे अपने माथे पर तिलक लगाते हैं और अन्य मुसलमानों के साथ बैठकर नहीं खाते हैं। वास्तव में वे स्वामी नारायण के भक्त हैं। वे शादी के समय हिन्दू और मुसलमान दोनों के रीति-रिवाज को मानते हैं तथा मुसलमानों की तरह मुर्दे को दफनाते हैं। कमालिपासा भी अहमदाबाद के पास सान खानपुर में रहते हैं किन्तु एक आला बना हुआ है जिसका नाम देवी भवानी के नाम पर है। उनके रीति-रिवाज हिन्दुओं की भाँति ही हैं। उनका मुख्य व्यवसाय भी भीख माँगना है।

कच्छ के मोमनाम शिया सम्प्रदाय के हैं परन्तु उनकी आदतें, धारणाएँ, विचार सभी हिन्दुओं की भाँति है। वे मुसलमानों से मिलकर नहीं रहते, मांस नहीं खाते, जादू-टोने में विश्वास नहीं करते, रोजाना नमाज नहीं पढ़ते, रोजा नहीं रखते। बच्चे के जन्म के छठें दिन घर के बाहर लाल रंग से एक चिह्न बनाते हैं और एक महीने के बाद बच्चे के नामकरण संस्कार के लिए एक सारस्वत ब्राह्मण को बुलाते हैं। नीमार जिले में एक सम्प्रदाय है जिसे पीरजादा के नाम से पुकारा जाता है। इसका केन्द्र बुरहानपुर में है। इसकी स्थापना मुहम्मद शाह दुल्ला ने लगभग 250 वर्ष पूर्व की थी। इन्होंने विष्णु को अपना सबसे बड़ा देवता माना है और इस सम्प्रदाय में इनको निष्कलंकी के नाम से पुकारा जाता है। ये केवल विष्णु को अपना देवता मानते हैं, अन्य हिन्दू देवताओं को नहीं मानते। इसके अनुनायी प्रमुख रूप से कुनबीस और गुज्जर हैं। इनको अपनी जाति की प्रथाओं को मानने की छूट दी गयी है। ये वर्ष में एक बार मुहम्मद साहब के मकबरे पर इकट्ठे होते हैं जिसने इस सम्प्रदाय की स्थापना की थी। उसने एक पुस्तक लिखी थी जिसमें हिन्दुओं और मुसलमानों की धार्मिक बातों को छाँटकर लिखा था। इस सम्प्रदाय के प्रमुख कट्टर मुसलमान हैं

परन्तु अनुयायी हिन्दू रह सकते हैं।

बुलडाना के कुछ देशमुख और देशपांडे ने इस्लाम स्वीकार कर लिया था परन्तु वे गुप्त रूप से अपने देवी-देवताओं की पूजा करने के लिए ब्राह्मणों को बुलाते हैं। थाना, अहमदनगर, बीजापुर के कसाई हिन्दू धर्म की ओर झुके हुए हैं। वे गाय के मांस खाने वालों से इस हद तक परहेज करते हैं कि वे गाय काटने वालों को छूना भी पाप समझते हैं। जब कि उनकी शादी तथा अन्य धार्मिक कार्यों को सम्पन्न करने के लिए काजी आते हैं। अहमदनगर में काजी बकर कसाबस और पिजारा अब भी हिन्दू देवी-देवताओं की पूजा करते हैं। छप्पर बाँधने वालों ने इस्लाम स्वीकार कर लिया है परन्तु हिन्दू देवताओं की पूजा करते हैं।

राजस्थान में सूरतगढ़ के निकट एक हिन्दू मन्दिर है जिसमें मुसलमान पुजारी है जो मूर्ति पूजा का कार्य सम्पन्न करता है और पूजा करने वालों से सामग्री लेता है। यह कार्य बहुत-सी पीढ़ियों से चला आ रहा है। यह मन्दिर घोगामेंरी का है जिसमें घोगा राजपूत सन्त की मूर्ति है जो अपने जीवन काल में बहुत बड़े चमत्कार दिखाने वाले थे।

इस्लाम में पूजा के विरुद्ध साहब ने अपनी मृत्यु के कुछ घण्टों पहले भी बहुत सख्त हिदायतें दी थीं। उन्होंने कहा था, "ओ मानव, मेरी मृत्यु के बाद मेरी कब्र की पूजा मत करना। खुदा उनसे नाराज हो जाएगा जो अपने पैगम्बरों की कब्रों को पूजा स्थल बनाएगा।"

भारतीय उपमहाद्वीप में मुसलमान बहुत-सी गैर इस्लामी क्रियाएँ करते हैं जैसे मुहर्रम का मनाना, कब्रों पर रोशनी करना, उनके ऊपर चादर चढ़ाना, उन्हें प्रणाम करना और उनसे सांसारिक और आध्यात्मिक लाभों की प्राप्ति की आशा करना आदि।

इस्लाम की धार्मिक प्रवृत्ति और इतिहास साधुओं और उनकी पूजा से इतना जुड़ा हुआ है कि एक अध्ययन दूसरे के बिना अधूरा है। वे जीवन में धार्मिक प्रवृत्ति के थे और दैवी शक्ति से दूसरों का ध्यान आकर्षित करते थे। व्यक्ति सांसारिक तथा आध्यात्मिक लाभ के लिए उनके शब्दों और कार्यों को सावधानीपूर्वक नोट किया करता था और स्वामी भक्त शिष्य उनकी आत्मकथाएँ लिखते थे। इतिहासकार भी ऐसे लोगों की जीवनी तथा कार्यों को पढ़ते थे जैसे अबुल फजुल तथा बदायुँनी जबकि सम्राटों ने उनकी शिक्षाओं की तरफ ध्यान दिया, उनके साथ बहुत समय व्यतीत किया। उनकी कब्रों पर सुन्दर मकबरे बनवाये और उनकी दरगाहों पर तीर्थ यात्राएँ कीं।

साधुओं में विश्वास और उनके पूजन स्थलों और मकबरों की भारत के मुसलमानों द्वारा पूजन किसी तरह से भी भारतीय इस्लाम के मुताबिक नहीं है। वास्तव में यह सब धर्म के ठेकेदारों द्वारा अफगानिस्तान ईराक, ईरान आदि से भारत में आया। इसके अतिरिक्त गुरु-चेला प्रवृत्ति और देवी-देवताओं की पूजा की

प्रवृत्ति जो भारत के हिन्दुओं में चल रही थी, उन मुसलमानों ने भी उसे अपनाया जो हिन्दुओं से मुसलमान बने थे। इसके बाद यह मुसलमान धर्म का अभिन्न अंग बन गया। वास्तव में भारत के मुसलमान धार्मिक दिनचर्या की अपेक्षा साधुओं की पूजा में पूर्णनिष्ठा से लग गये। आधुनिक शिक्षा तथा अनेक सुधार आन्दोलनों के बावजूद यह सन्देहपूर्ण है कि आज पहले की अपेक्षा कम साधु पूजा है।

भक्तों का यह विश्वास है कि वास्तव में साधु की आत्मा मकबरे में निवास करती है और वह उनकी प्रार्थना को सुनता है और अल्लाह से प्रार्थना की स्वीकृति की प्रार्थना करता है। यह घनिष्ट, व्यक्तिगत सम्बन्ध जो कि व्यक्ति सन्त के साथ महसूस करता है, भारत में इस्लाम के अध्ययन का सबसे आनन्ददायक अध्याय बन गया है।

5.1.9. उत्तर की मूर्तिकला

तेरहवीं शती के बाद उत्तर भारत की मूर्तिकला में कोई जान नहीं रही। 15वीं शती में राजस्थान में राजा कुम्भा का 122 फीट ऊँचा कीर्ति स्तम्भ तथा कुम्भा स्वामी विष्णु मन्दिर मूर्ति निर्माण में मुख्य है। सोलहवीं शती के अन्त में राजा मानसिंह द्वारा बनाया हुआ गोविन्द देव का विशाल मन्दिर और अलंकरण के अन्तर्गत देवी-देवताओं की मूर्तियाँ आदि उल्लेखनीय हैं। उत्तर की मूर्तिकला के अन्तर्गत अनेक मन्दिरों का निर्माण हुआ जिसमें मुगल शैली द्वारा प्रभावित मन्दिर अधिक हैं। मन्दिर रचना की जो विशुद्ध सरणी दक्षिण में मिलती है, वह उत्तर भारत में नहीं है, रचना में हिन्दू दर्शन की प्रतीकात्मक अभिव्यक्ति है। ये बाहर से पाँच या सात प्रकारों से घिरे होते हैं। सब केन्द्र में गर्भगृह होता है जिसमें देवता निवास करते हैं। गर्भ मन्दिर में वातायन नहीं होता न उसका आकार ही बड़ा होता है। अच्युतरावल के द्वारा निर्मित विठोभा मन्दिर दक्षिण स्थापत्य कला का उदाहरण है।

5.5.10. चित्रकला

इस्लाम धर्म पर सादगी पर जोर देने के कारण सुल्तानों के दरबार में विशेष स्थान न मिल सका। अधिकांश सुल्तान इस कला के प्रति उदासीन रहे। पर्सी ब्राउन ने लिखा है कि 650 ई. के उपरान्त अकबर के शासन काल तक भारत वर्ष में चित्रकला का विकास अवरुद्ध ही रहा। दिल्ली के कुछ सुल्तान चित्रकला के प्रेमी थे। इल्तुतमिश का विशाल चित्र एवं मुहम्मद तुगलक के चित्र मिलते हैं।

5.1.11. पवित्र स्थान

पवित्र स्थान वह है जहाँ पर सन्त की पूजा की जाती है और जहाँ पर उसका आशीर्वाद प्राप्त किया जाता है। वह सदैव मकबरा नहीं है। ऐसा विश्वास किया

जाता है कि जो सन्त में विश्वास करते थे वे किसी भी स्थान पर उसकी यादगार खड़ी कर लेते थे और उसे उसके नाम से पुकारते थे और इसी स्थान पर भेंट पूजा उसी प्रकार पवित्र मानी जाती थी जिस प्रकार उसके आराम के स्थान पर। यह पवित्र स्थान ईंट पत्थर, मिट्टी का बनाया जाता था। कभी-कभी यह मकबरे के रूप में बनाया जाता था और सिर की ओर एक पत्थर रख दिया जाता था तथा पूजा करने वालों के लिए आले दीपक रखने के लिए बनाये जाते थे। यह किसी भी आकार का हो सकता था। पवित्र स्थान पर अधिकतर झंडा लगा दिया जाता था। चिथड़ा अथवा धागा पवित्र स्थान पर बाँधना पुजारी के उत्तर का प्रमाण माना जाता था।

सन्त के लिए जिन्दा अथवा मृतक के मकबरे अथवा पवित्र स्थान के लिए सामान्य नाम पीर है। दूसरा नाम जो कश्मीर में प्रयोग किया जाता है वह जियारत है। सर्वत्र रहनेवाले पीरों की संख्या सेना के समान है। वे प्रत्येक ग्राम, कस्बे और शहर में मिलते हैं जहाँ मुसलमान रहते हैं। यहाँ तक कि वे खेतों में, वनों में, पहाड़ों पर और गलियों में भी रहते हैं।

5.1.12. मृत सन्तों की पूजा

पवित्र स्थान पर पूजा बहुत साधारण ढंग से की जाती है। पूजा दो ढंग की होती है। पहली, सन्त के लाभ के लिए और दूसरी, पूजा करने वाले के लाभ के लिए। पहले में धन अथवा कीमती वस्तु चढ़ायी जाती है, फूलों की पूजा अथवा चिराग जलाना अथवा फतीताह (कुरान का पहला अध्याय) को सन्त के स्वयं के लाभ के लिए दोहराना होता है। पूजा के दूसरे लाभ में पुजारी पवित्र स्थान के पास खड़ा हो जाता है अथवा खड़ा होकर उसकी ओर मुँह कर लेता है। यहाँ वह अपने दिल में सन्त से बातचीत करता है और उसे अपनी समस्याएँ, कठिनाई, इच्छाएँ बताता है और शपथ लेता है कि अगर उसकी इच्छा पूर्ण हो गयी तो वह फिर आयेगा और भेंट चढ़ाएगा।

प्रत्येक सप्ताह में एक निश्चित दिन लोग पवित्र स्थान का भ्रमण करते हैं परन्तु प्रत्येक सन्त का वर्ष का विशेष दिन 'उर्स' कई दिन तक मनाया जाता है परन्तु उसकी मृत्यु के दिन सबसे बड़ा उत्सव मनाया जाता है। यह उत्सव बड़े आनन्द के साथ मनाया जाता है, मित्र बनते हैं और दावतें की जाती हैं, बाजार लगाये जाते है और नाच-गान किये जाते हैं। सन्त के जीवन से सम्बन्धित पुस्तकें जनता में बेची जाती हैं। व्यक्ति अच्छे वस्त्र पहनकर आते हैं। इस समय व्यक्ति घूमने जाते हैं और इसमें प्रत्येक वर्ग के व्यक्ति भाग लेते हैं चाहे, कोई उन्हें मानता हो अथवा नहीं। कभी-कभी इस समय इकट्ठा लोग मुहम्मद साहब के स्मारक चिह्नों का प्रदर्शन करते हैं। एक उर्स पर मैंने मुहम्मद साहब की दाढ़ी के बालों का तथा उनके वस्त्रों का प्रदर्शन देखा। एक पत्थर जिस पर उनके पैर के

चिह्न थे और यह स्मारक कदम शरीफ कहलाता है, का प्रदर्शन किया गया और इस तरह के भारत में बहुत से उदाहरण मिलते हैं।

उस के अवसर पर मकबरों पर बहुत से संस्कार किये जाते हैं। प्रत्येक आने वाले को पवित्र स्थान पर प्रवेश की अनुमति दी जाती है और प्रत्येक व्यक्ति जूता उतारकर अन्दर जाता है। सन्त के लिए फतीवाह पढ़े जाते हैं। धन, मिठाइयाँ और इसी प्रकार की अन्यान्य चीज़ें चढ़ायी जाती हैं और इसके बाद पुजारी बाहर चला जाता है। सन्त के समय कुरान का पाठ किया जाता है। कार्यक्रम के अनुसार पूरी कुरान का पाठ एक ही बैठक में किया जाता है और यह रस्म 'खतम' कहलाती है। ऐसा करने के लिए तीस अध्याय अथवा जुज को पढ़ने का कार्य तीस व्यक्तियों को दिया जाता है। पूरी कुरान का अध्ययन सन्त की आत्मा को लाभ पहुँचाने के लिए किया जाता है। उर्स भारतीय मुसलमानों का सबसे महत्त्वपूर्ण त्योहार है और दूसरे धार्मिक त्योहारों की भाँति ही मनाया जाता है।

5.1.13. मकबरों के विभिन्न प्रकार

सन्तों अथवा पीरों के मकबरे और पवित्र स्थान उनकी उत्पत्ति के आधार पर विचारणीय है। कुछ धार्मिक बातों के साथ वे ऐतिहासिक सम्बन्ध के हैं। कुछ ऐसे हैं जिनकी प्रामाणिकता सत्यापित नहीं है और वे दन्त कथाओं के आधार पर चल रहे हैं। उनमें से कुछ शहीदों के हैं जो इस्लाम की प्रारम्भिक विजय के साथ लड़ाइयों में लड़ते हुए मारे गये। उनमें से दो महत्त्वपूर्ण चरित्र गाजी मिया सलार मसूद और साखी सरवार सुल्तान के हैं। पहला सुल्तान महमूद गजनबी का भतीजा था। वह बहराइच के निकट 1033 ई. में अवध पर किये गये आक्रमण में मारा गया था। मुसलमान उसके मकबरे का सम्मान करते हैं और उसे शहीद मानते हैं। साखी सरवार सुल्तान पंजाब से सम्बन्धित है। उसके विषय में ऐतिहासिक तथ्य कुछ कम मिलते हैं। उसके सम्मान में मध्य पंजाब में पवित्र स्थान लगभग प्रत्येक गाँव में मिलते हैं।

5.1.14. हिन्दू-मुस्लिम सन्त

दूसरे जाने-पहचाने सन्तों में पौराणिक चरित्र बहुत मिलते हैं। उनमें से कुछ आज मुस्लिम नाम से पुकारे जाते हैं। ऐसा लगता है कि मुस्लिम समुदाय अथवा विश्वास से कुछ कम सम्बन्ध था। उनमें से एक पीर गुग्गा अथवा जाहिर पीर है। ऐसा समझा जाता है कि वह हिन्दू परिवर्तित मुसलमान था। उसके विशेष सम्बन्ध राजपुताना से है परन्तु उसके भक्त विशेषकर निम्न जाति के मनुष्य पूरे उत्तरी भारत, उत्तर-पश्चिम में पाये जाते हैं। उनके पवित्र स्थान घरों तक में बने हैं। लाल बेग एक-दूसरे इसी प्रकार के सन्त हैं जो उत्तरी भारत की मेहतर जाति में माने जाते हैं। यहाँ पर पाँच पीर सन्तों का समूह भी है। पुजारी उन पाँचों के पवित्र स्थान बनाते हैं और उनकी

पूजा करते हैं। ये भी निम्न जाति के हिन्दुओं द्वारा पूजे जाते हैं।

5.1.15. पौराणिक सन्त

इस्लाम के पौराणिक सन्तों की ओर भी पूर्ण रूप से ध्यान देना चाहिए। उनमें से एक ख्वाजा खिदर है जिसका मुसलमानों में बहुत सम्मान है परन्तु ऐसा लगता है कि वे शुद्ध रूप से स्थानीय मूल के थे। ख्वाजा खिदर भारत के विभिन्न भागों में विभिन्न नाम से पुकारे जाते हैं। जहाँ हिन्दुओं का प्रभाव अधिक है वहाँ राजा खिदर कहलाते हैं। बंगाल में उसका नाम ख्वाजा और पीर बदर है। ख्वाजा खिदर मुस्लिम कहानियों का पौराणिक सन्त है। यह पूरे मुस्लिम संसार में जल से सम्बन्धित है इसलिए इसे समुद्र का सन्त माना जाता है। उसका विशेष यान मछली है और जिस पर वह बैठा हुआ दिखाया गया है। उसकी पोशाक हरी है। वास्तव में वह अब भी संसार में जीवित माना जाता है, यद्यपि वह दिखाई नहीं देता है। जहाँ तक मैं जानती हूँ, इस सन्त के पवित्र स्मारक नहीं बनते परन्तु वह कुछ रीति-रिवाजों के सम्बन्ध में पूजा जाता है। जैसे अलकाह अर्थात् पहली बार बच्चे के बाल उतरवाना। कुएँ पर उसके लिए भेंट चढ़ायी जाती है और जो व्यक्ति समुद्र में यात्रा कर रहे हैं अर्थात् जो कुएँ में डूब रहा है, उसकी प्रार्थना करते हैं। उसकी पूजा तब भी की जाती है जब नदियों का पानी सूखने लगता है अथवा बाढ़ का खतरा होता है। ख्वाजा खिदर की पूजा के साथ भारतीय मुसलमान उसका बेड़ा भी बनाते हैं। इस बेड़े पर पुजारी चिराग जलाते हैं और फूलों की माला, फल, मिठाइयाँ और अन्य खाने की चीज़ें चढ़ाते हैं। दूसरा सन्त इसके विपरीत चरित्र वाला शेख सद्दू है जिसके सन्त पूरे भारत में हैं विशेषकर स्त्रियाँ इसकी भक्त हैं। कहावत है कि वह अरब का विद्वान था जो रहस्यमयी शक्ति वाला था और जो कुरान की निश्चित आयतों का प्रयोग जादू के उद्देश्य से किया करता था। ऐसी धारणा है कि ऐसी शक्ति द्वारा वह जिन्न को नियन्त्रण में कर लेता था। कहा जाता है कि एक बार वह एक राजकुमारी के प्रेम में फँस गया और शादी में वह उसको प्राप्त न कर सका तो उसने अपने जिन्न-भूतों की सहायता राजकुमारी को रात में अपने निवास पर लाने में ली। यह एक रोजाना की बात हो गयी और वह सुबह होने से पहले राजमहल में पहुँच जाती थी। यह सब राजकुमारी को एक स्वप्न के समान दिखाई देता था। अन्त में यह बात राजकुमारी ने राजा को बतायी और राजा ने शेख को फाँसी की सजा दी। दूसरी धारणा यह है कि मुरादाबाद के निकट अमरोहा में उसके शरीर के टुकड़े-टुकड़े भूत द्वारा कर दिये गये, जिन्हें वह नियन्त्रण में रखता था। अनभिज्ञ मुसलमानों का यह विश्वास है कि उसकी प्रेतात्मा घूमती है और उनकी स्त्रियों और उनके बच्चों को भी सताती है। ऐसा कहा जाता है कि अमरोहा में उसकी कब्र पर सदैव

आवाज और गड़बड़ रहती है।

इन सन्तों के अलावा भी कुछ अन्य पौराणिक सन्त हैं जैसे पीर सीताब, पीर दीदार, कथ बावा साहिब, पीर इमाम जमीन और इसी तरह के अन्य दूसरे पीर हैं।

5.1.16. नौ-गजा पीर

नौ-गजा-पीर पवित्र स्थानों में जाने की इच्छा करने वाली चीज है। यह शब्द मकबरे की लम्बाई की ओर संकेत करती है। नौ का अर्थ है, नौ गज और केवल यह संकेत देती है कि सन्त बड़े आकार का व्यक्ति था। इस प्रकार का एक मकबरा मुल्तान में है जहाँ पर शदमा शाहिद को दफनाया गया था परन्तु नियम के अनुसार शाहिद से नौ गज का कोई सम्बन्ध नहीं है। शायद यह प्राचीन पैगम्बरों का पवित्र स्थान है। कुछ के अनुमान के अनुसार उनकी ऊँचाई बहुत थी।

5.1.17. सहायक सन्त

सहायक सन्तों का अध्ययन भी विशेष रुचि का है। लखनऊ के गोलगंज में एक इस प्रकार सन्त का मकबरा है जो बस्ती के लोगों द्वारा पूजा जाता है। हिन्दुओं की तरह मुसलमानों में भी पूजा ने स्थान ले लिया था और पूजा द्वारा सांसारिक और आध्यात्मिक लाभ की कामना करने के उद्देश्य में दोनों में एकता पैदा हो गयी थी।

खिदर पीर नाबिको, धोबी और भिश्तियों द्वारा पूजा जाता है। शाह आलम खरादियों का सन्त है। हसन तेली, तेलियों का सन्त है जबकि लाहौर के रंगरेजों का पीर अली रंगरेज था। मालूम-ई-यार नाविकों का दूसरा सहायक सन्त है जबकि शेरशाह मुल्तान के प्रेमियों के हितों का ध्यान रखता है।

जान-ए-सुभान के अनुसार खिदर देवता में विश्वास करना सूफियों की एक विशेषता है और उनके सम्प्रदाय वाले मुसलमानों में सन्त पूजा प्रचलित होती है। खिदर का साहित्यिक नाम 'हरा समुद्र' और उनको यह नाम इस विचारधारा से दिया गया है कि वे जहाँ कहीं बैठते थे, वह स्थान हरा हो जाता था। उनका वास्तविक नाम अबुल-अब्बास-मलकान कहा जाता है।

ग्रामीण इस्लाम में हिन्दू देवी-देवताओं की पूजा मिलती है। आधुनिक उत्तर प्रदेश में चूड़ीहारा कालका शाहजी माई की पूजा करते हुए बताये जाते हैं और वह हिन्दुओं की भाँति श्रद्धा करते हैं। जैसे कि दशहरा त्योहार पर हिन्दू औजार पूजते हैं, उसी प्रकार मद्रास के प्रेसीडेंसी के डूडेकुलास औजार पूजते हैं। सन्त पूजा प्रत्येक स्थान पर है और कुछ स्थानों पर शेख सद्दू को बहुत अधिक सम्मान दिया जाता है और निस्सन्देह यह दैत्य पूजा के समान ही है। प्रेतात्मा को दूर करने के लिए ताबीज हाथ में अथवा गले में बाँधा जाता है और जादू का प्रयोग भी होता है जबकि भाग्य के बताने वाले इल्म-उर-रमल के नाम पर बताते हैं।

नक्षत्र विद्या, जादू का चबूतरा और कुरान को खोलने के लिए सलाह और इसी प्रकार की क्रियाएँ सभी वर्गों में प्रचलित हैं।

ग्रामों में मुसलमान स्त्रियाँ चेचक निकलने पर शीतला देवी की पूजा करती हैं और बीमारी को दूर करने के लिए सन्तों की दरगाहों पर आशीर्वाद लेने जाती हैं। प्लेग फैलते समय ग्राम के मुसलमान बीमारी को दूर करने के लिए बकरे का बलिदान करते हैं।

पंजाब के उत्तरी-पश्चिमी क्षेत्र में अवानस ब्राह्मणों को अपने पुजारी के रूप में प्रयोग करते हैं और संयुक्त प्रदेश के उनके भाई मुस्लिम भट्ट भी ऐसा ही करते हैं। सिन्धु घाटी के शिया गाय को बहुत सम्मान देते हैं और उसका मांस नहीं खाते हैं। यही बात कच्छ के मोमिनों के विषय में देखने को मिलती है।

यौगिक क्रियाएँ मुसलमानों में देखने को मिलती है। वे हिन्दुओं की भाँति शरीर पर राख रगड़ते हैं। वे उन पवित्र स्थानों की रक्षा करते हैं जिनकी हिन्दू और मुसलमान दोनों पूजा करते हैं जैसे कि पंजाब में सखी सरदार। मुसलमानों में पवित्र अग्नि भी पायी जाती है। पंजाब के झंग जिले में सादिक निहंग की दरगाह पर रात-दिन आग जलायी जाती है जो धूनी कहलाती है। वर्ष में एक बार उसी पर एक बड़ी रोटी बनायी जाती है जो रोट कहलाती है जो इसी पवित्र अग्नि पर बनाया जाता है, फिर इसे छोटे-छोटे टुकड़ों में तोड़ा जाता है और उपस्थित लोगों में बाँटा जाता है। इसी पवित्र अग्नि का दूसरा उदाहरण गोरखपुर का इमामबाड़ा है। क्रु के अनुसार यह पहले रोशन अली, जो प्रसिद्ध शिया फकीर थे, द्वारा प्रारम्भ किया गया था। इसे हिन्दू और मुसलमान दोनों सम्मान देते हैं। जैसे कि हिन्दू योगियों द्वारा अग्नि को रखा जाता है और इसी राख को बहुत सम्मान दिया जाता है। इस्लाम स्वीकार करने से पूर्व अज्ञात समय से जिस प्रकार उनके पूर्वज कर रहे थे, उसी प्रकार बहुत से मुसलमान हिन्दुओं के त्योहार मनाने में शामिल होते हैं। इन त्योहारों में सबसे सामान्य त्योहार, हिन्दुओं के होली, दीवाली, बैसाखी, हिन्दुओं का नव वर्ष जबकि बसन्त पंचमी को अवध के मुसलमान शासक नौ रोज के रूप में मनाते हैं।

5.1.18. तीर्थयात्रा

हिन्दू अपनी मनोकामना की पूर्ति के लिए तीर्थ यात्रा करने जाया करते थे। यह तीर्थ यात्रा धार्मिक महत्त्व के स्थान के साथ-साथ महान सन्तों की समाधि स्थल भी होते थे। इस्लाम में हज की अनुमति है परन्तु सन्तों की दरगाहों पर तीर्थ यात्रा की कुरान, हदीथ अथवा फिक में किसी एक कब्र या कब्रिस्तान की अनुमति नहीं दी है परन्तु भारत में मुसलमानों की तीर्थ यात्राएँ प्रतिष्ठित सन्तों की दरगाहों तक सीमित रहती थीं। उनमें से एक सर्वाधिक महत्त्वपूर्ण सन्त

बहराइच के मसूद सालार गाजी की थी। प्रतिष्ठित सन्तों के उर्स या वार्षिकोत्सवों की प्रसिद्धि अभी जनता में प्रारम्भ हो रही थी। कुछ सूफी या प्रसिद्ध सन्तों के अनुयायी सन्तों की कब्रों पर वर्ष में एक बार एकत्र हुआ करते थे किन्तु यह कार्य केवल कुछ ही लोगों तक सीमित था। सन्तों के मकबरों तक जाना अधिक लोकप्रियता प्राप्त कर रहा था। सुल्तान फिरोज तुगलक ने दिल्ली नगर के बाहर स्थित मकबरों में स्त्रियों के जाने की अनुमति नहीं दी थी। सिन्ध में जहाँ दर्शन के ऐसे स्थान थे, प्रत्येक मास पहले सोमवार को अन्य समाधियों पर पहुँचने के लिए ऐसे ही भ्रमणों का उल्लेख मिलता है। ऐसे अवसरों पर इतनी भीड़ इकट्ठा हो जाती थी कि खड़ा होने के लिए भी मुश्किल से जगह मिल पाता था। भ्रमणार्थी मनोविनोद और आनन्दोत्सवों में दिन बिताते थे और शाम तक कुछ देरी से लौटकर घर पर आते थे।

कट्टर पन्थी लोग विशेष रूप से धर्मशास्त्री स्वभावतः स्त्री-पुरुषों के बीच सामाजिक समागम की स्वतन्त्रता और इन सम्मेलनों के आनन्द तथा प्रसन्नता के वातावरण से रुष्ट थे किन्तु जनमत इनकी बातों पर ध्यान नहीं देता था।

5.1.19. जौहर

हिन्दू अर्थात् राजपूत शासक जब यह देखते थे कि अब युद्ध में हार निश्चित है तो अपने योद्धाओं तथा स्त्रियों को जौहर करने की सलाह देते थे और जौहर के बाद स्वयं युद्ध में बलिदान हो जाते थे। मुसलमानों ने हिन्दुओं की भाँति जौहर करने की प्रथा अपना ली थी।

खलीफ अहमद निजामी के अनुसार मुसलमानों ने हिन्दुओं की "जौहर करने की प्रथा को अपना लिया। जब नादिरशाह ने दिल्ली पर आक्रमण किया तो दिल्ली के मुसलमानों ने जौहर करने का विचार गम्भीरता से किया परन्तु शाह वली उल्लाह ने उन्हें करबला का उदाहरण बताकर ऐसा करने से हतोत्साहित किया। जौहर करने की प्रथा में हिन्दुओं और मुसलमानों के उद्देश्य में एकता थी।"

शबे-बरात (स्मृति रात्रि) जो शबान की 14वीं तिथि को पड़ता था। इसे 'इस्लाम का गाई फैक्स दिवस' कहकर वर्णित किया गया है, यद्यपि इससे सम्बन्धित बातें इस अंग्रेजी त्योहार से बिल्कुल भिन्न है। यह इस्लाम की एक गाथा का स्मृति दिवस कहा जाता है किन्तु यह पूर्ण सत्य नहीं है। कोई निश्चित निर्णय करना कठिन है किन्तु 'शबे बरात' शिवरात्रि के हिन्दू त्योहार की नकल पर मनाया जाता है। मेजर के अनुसार, आतिशबाजी का प्रयोग दक्षिण के हिन्दू त्योहार महानन्दी में भी किया जाता है। कुछ धर्मोत्साही व्यक्ति शबे-बरात की पूरी रात्रि को विशेष प्रार्थनाएँ करते हुए और पवित्र ग्रन्थ तथा अन्य मन्त्रों का पाठ करते हुए बिताते हैं। आतिशबाजी का बहुलता से प्रयोग किया जाता था और घरों तथा मस्जिदों को लोकप्रिय उत्सव

के समय प्रकाशित किया जाता था। सुल्तान फिरोज तुगलक इस त्योहार को चार दिन तक मनाता था।[1]

5.1.20. मुहर्रम

मुहर्रम आडम्बरहीन तरीके से मनाया जाता था। ताजियों के आरम्भ का श्रेय तैमूर को देने में चाहे सत्य कुछ भी हो, हिन्दुस्तान में इस दिशा में उसके प्रभाव का अनुभव नहीं किया गया। फिर भी हिन्दुस्तान जैसे देश में बाद में होने वाली मुहर्रम की विस्तृत तैयारियों के प्रचलन का अनुमान लगाना कठिन है। वर्तमान मुहर्रम 'पैशनप्ले' (ईसा मसीह के कष्टों और मृत्यु से सम्बन्धित नाटक) के विभिन्न तत्त्व करबला के नाटकों के मकबरों के छोटे वीरों के अवशेष और अनेक प्रकार के विलाप तथा प्रदर्शन हिन्दुस्तान में होते थे। मुसलमानों में अवशेषों की पूजा प्रचलित थी। वे आदम और मुहम्मद के काल्पनिक पद-चिह्नों को उतने ही उत्साह से पूजते थे जैसे कि हिन्दू अपने अवशेषों को। जगन्नाथ रथ और कृष्ण लीलाएँ तथा उनके जुलूस लगभग मुहर्रम के जुलूसों के समान ही थे।[2]

हिन्दुओं में किसी बात की सत्यता जानने के लिए अग्नि-परीक्षा करने की प्रथा थी। इसको भारत में मुसलमानों ने भी अपना लिया। जब सैय्यद मौला और सुल्तान जलालुद्दीन खिलजी के सम्बन्ध खराब हो गये तो सैय्यद मौला ने सुल्तान के विरुद्ध एक षड्यन्त्र रचा। एक षड्यन्त्रकारी ने सुल्तान को सारी बातें बता दीं तो सुल्तान ने कार्यवाही की तथा सभी षड्यन्त्रकारियों को गिरफ्तार कर लिया। जब प्रत्येक षड्यन्त्रकारी से पूछताछ की गयी तो सबसे षड्यन्त्र में शामिल होने से इनकार कर दिया। सुल्तान ने उनको निर्दोष सिद्ध कराने के लिए अग्नि परीक्षा का आदेश दिया। इस अग्नि परीक्षा की क्रिया को मुसलमानों ने हिन्दुओं से अपनाया।[3]

अग्नि परीक्षा में जिस प्रकार हिन्दुओं का उद्देश्य बात की सत्यता जानना था ठीक उसी प्रकार मुसलमानों में भी बात की सत्यता जान लेना था। यह उद्देश्य दोनों में विचारात्मक एकता उत्पन्न करता है।

5.1.21. ब्रह्मचर्य

वैदिक धर्म में मानव जीवन के चार आश्रम बताये गये हैं—ब्रह्मचर्य, गृहस्थ, वानप्रस्थ तथा सन्यास। हिन्दुओं में ब्रह्मचर्य पर पूरा जोर दिया जाता था। निजामुद्दीन औलिया, शेख नसीरुद्दीन चिराग देहली जैसे प्रसिद्ध सन्तों ने ब्रह्मचर्य का पालन किया था तथा कुछ व्यक्तियों ने हिन्दू योगियों की क्रियाओं को ग्रहण करना प्रारम्भ किया।

5.1.22. चिल्ला

चिश्ती सन्तों की प्रसिद्धि और सफलता का प्रमुख कारण भारतीय रीति-रिवाजों,

धार्मिक प्रवृत्तियों तथा प्रेरणाओं से समायोजन करना था। उन्होंने भारत में शेख के सम्मुख झुकना, आगन्तुकों को पानी पिलाना, जनबिल घुमाना, रहस्यवादी प्रथा को धारण करने वाले नये व्यक्ति के सिर के बाल मुँड़वाना, शमा लगाना, चिल्ला-ए-माकूस हिन्दुओं और बौद्धों के रीति-रिवाजों के प्रतिरूप थे। चिश्ती सिसिला की लोगों से साधारण और धार्मिक जीवन व्यतीत करने की गैर-मुस्लिम वातावरण में यह बहुत ऊँची विचारधारा थी। चिल्ला-ए-माकूस में जो व्यक्ति इसको करता था, वह अपने पैरों को रस्सी से बाँध लेता था तथा अपने शरीर को कुएँ में नीचे की ओर झुका लेता था और चालीस दिन तक इसी विधि से प्रार्थना करता था। कुछ चिश्ती सन्तों ने इस क्रिया को किया। शाह वली उल्लाह ने कहा है—"चिल्ला के विषय में पैगम्बर मुहम्मद ने तथा धार्मिक सलाहकारों ने कुछ नहीं कहा है। इसकी सत्यता केवल अल्लाह ही जानता है। यह क्रिया शायद साधुओं से ली गयी है। हिन्दुओं में एक वर्ग है जो अर्थमुखी के नाम से जाना जाता है। उनके विषय में यह कहा जाता है कि वे अपने पैरों को किसी पेड़ के तने से तथा किसी अन्य चीज से बाँधकर अपने सिर को नीचे की ओर झुका लेते हैं।

5.1.23. व्यापार

हिन्दू और मुसलमान व्यापारियों के मध्य व्यापारिक नैतिकता और संघ की भावना पर आधारित एकता के सम्बन्ध थे। मुल्तानी व्यापारी अधिकतर हिन्दू थे। उनके तथा मुसलमान की अमीरों सहित आपसी लेनदेन के सम्बन्ध थे। उनके सम्बन्ध उस समय में भी थे जब भारत तथा गजनबी के व्यापारिक सम्बन्ध तनावूपर्ण थे।[4]

5.1.24. पादुका पूजन

हिन्दुओं में पादुका पूजन की प्रथा थी जैसे राम के पादुका का पूजन किया जाता था। भारत में मुसलमानों ने इस प्रथा को भी अपना लिया। के.एम. अशरफ ने इस विषय में इस प्रकार लिखा है कि, "लोगों को सुल्तान की उपस्थिति में सिजदा करना पड़ता था। यहाँ तक कि सुल्तान के नाम का उल्लेख होने पर सम्मान प्रकट करने के लिए उन्हें खड़े हो जाना पड़ता था। दिल्ली से दूर रहने पर वे सल्तनत की राजधानी की ओर झुककर सम्मान प्रकट करते थे। रिक्त राज सिंहासन या सिंहासन पर राजतन्त्र के प्रतीक स्वरूप रखी गयी काष्ठ पादुकाओं और तरकश के पासा से निकलने पर भी उनका अभिवादन किया जाता था। पादुका पूजन प्राचीन हिन्दू प्रथा से लिया गया होगा; जैसा कि रामायण की कथा में लिखा है।"[5]

5.1.25. राजनीतिक विचारधारा

हिन्दू शासन काल में ब्राह्मण पुरोहितवाद के सम्भावित नियन्त्रण समाप्त हो गये थे। अब वे सुल्तान के मुस्लिम आदर्श के निकट आ गये। एक आदर्श हिन्दू शासक की

लोकप्रिय अवधारणा यह है कि वह जो दण्डशास्त्र में निपुण हो, आनन्द भोग करता हो, चारों दिशाओं को विजित करता हो, अपने सारे शत्रुओं को युद्ध में मार डालता हो, यज्ञ करता हो, देवी-देवताओं को बलि देना और याचकों को स्वर्ण बाँटता हो। विचित्र बात है कि मुस्लिम और हिन्दू राजनीति की शर्तें (सियासता और दंडनीति) तात्पर्य और महत्त्व में मिलती-जुलती है।[6]

5.1.26. हरम

हिन्दू शासकों और सल्तनतकालीन शासकों के हरम में भी काफी समानता पैदा हो गयी थी जैसा कि सुल्तान के साथ ही हिन्दू राजा भी अत्यधिक विषयासक्त थे। स्त्रियों और रखैलों में उनका अधिकांश समय चला जाता था। उनमें से कुछ ने तो चुनी हुई सुन्दरियों की प्रदाय व्यवस्था के लिए एक विभाग ही खोल रखा था और फिर भी वे काम क्षुधा से पूर्णत : सन्तुष्ट नहीं हो पाते थे। हिन्दू और मुस्लिम दोनों शासकों की एक मुख्य रानी होती थी जिसकी सन्तान सिंहासन की उत्तराधिकारी होती थी या यदि इसे और सही ढंग से कहें तो जहाँ भी शान्तिपूर्ण और विवादहीन सिंहासनारोहण सम्भव रहता था, उन्हें इसका सर्वप्रथम अधिकार था। राजपूत जिसे माँ कहते थे वह कुछ बातों में तो सुल्तान की मुख्य पत्नी से भी अधिक सम्माननीय थी। फारसी परम्परा और राजपूत प्रथा के दोनों के अनुसार सत्ता रूढ़ राजा की माँ को इतने प्रभावशाली अधिकार थे जितने कि उसने एक रानी के रूप में भी उपभोग नहीं किये होंगे।[7]

5.1.27. ज्योतिष

ज्योतिष ने भी हिन्दू-मुस्लिम एकता में सहयोग दिया। ज्योतिषी दरबारी कवि और संगीतज्ञ आदि की नियुक्ति करने की पद्धति मुसलमानों ने हिन्दुओं से अपना ली थी। प्राचीन हिन्दू राजाओं के दरबार में ज्योतिषों की नियुक्ति और उन पर हिन्दू शासकों की श्रद्धालुता सर्व विदित है। मुस्लिम सुल्तान इस बात में उनसे भिन्न नहीं थे। जन्मपत्रियों का प्रयोग सर्वत्र होता था; शकुन विचार किया जाता था। वास्तव में किसी कार्य को दैवी सिद्ध करने के लिए कुरान का भी प्रयोग कम नहीं होता था। ऐसी परिस्थिति में शाही जीवन का सूक्ष्मतम अंग भी दरबारी ज्योतिषियों और तन्त्र तथा रहस्यमय विद्याओं के ज्ञाताओं द्वारा नियन्त्रित किया जाता था।[8]

ज्योतिषियों की माँग बहुत बढ़ गयी थी। जीवन की सुगमता के लिए जन्मपत्री बनवानी आवश्यक हो गयी थी। सम्मानित परिवारों में कोई भी कार्य और साधारण व्यक्तियों द्वारा कोई भी महत्त्वपूर्ण कार्य बिना किसी ज्योतिषी की सलाह के नहीं किया जाता था। इसका परिणाम यह था कि प्रत्येक सड़क पर हिन्दू अथवा मुस्लिम

ज्योतिषी बैठे रहते थे। इस कार्य में वे व्यक्ति लगे हुए थे जो कुछ आश्चर्यजनक कार्य करते थे। मुहम्मद तुगलक योगियों में बहुत विश्वास रखता था।[9]

5.1.28. सम्पत्ति एकत्र करने की विचारधारा

मुसलमानों ने हिन्दुओं से सम्पत्ति जमा करने की परम्परा को अपना लिया जैसा कि निम्न वर्णन से स्पष्ट है– "सम्पत्ति जमा करने की परम्परा भारत में अति प्राचीन है। प्रत्येक हिन्दू शासक अपने परवर्ती शासक की विरासत को बड़ी सावधानी से सुरक्षित रखता था। अपने शासन काल में खुद भी कोष एकत्र करता था और अपने उत्तराधिकारी के लिए वह वृद्धिगत सम्पत्ति छोड़ जाता था, जो उत्तरोत्तर बढ़ती जाती थी। ये राजकोष और मन्दिरों की सम्पत्ति उत्तर-पश्चिम के लोलुप और शक्तिशाली मुस्लिम आक्रमणकारियों के लिए अप्रतिहत तृष्णा का कारण बनते थे। मुस्लिम काल में यह परम्परा यथावत् रही और आश्चर्य है कि मुस्लिम सुल्तानों ने भी बड़ी सजगता से इसका पालन किया।[10]

5.1.29. नज़र तथा भेंट देना

हिन्दुओं की नज़र तथा भेंट देने की प्रथा को मुसलमानों ने भी अपना लिया। विशेष अवसरों पर हिन्दुओं की भाँति मुसलमान भी उपहार अथवा भेंट देने लगे। जैसा कि "नज़र और निसार समारोह इस सम्बन्ध में ऐसे दो समारोहों का सन्दर्भ दिया जा सकता है जिनका उल्लेख दरबार के किसी भी वर्णन में और अन्य अनेक सरकारी क्रियाकलापों में मिलता है। नज़र अथवा खिदमती पद्धति से शासक को भेंट की गयी किसी भी मूल्य की एक ऐसी भेंट थी जिससे भेंट देने वाले व्यक्ति की राज भक्ति प्रकट होती थी। सुल्तान के सम्मुख पहली बार प्रस्तुत किए जाने वाले सब व्यक्ति उसे 'नज़र' या भेंट प्रदान करते थे, जब तक कि वे उसके अधीन कार्य करते रहते थे या सीधे उससे सम्बन्धित रहते थे। भेंट के मूल्य का भेंट से कोई सम्बन्ध नहीं था। वह एक नारियल से लेकर मूल्यवान जवाहरात तक हो सकती थी। इस बात का एक उदाहरण नारियल की भेंट देने की हिन्दू प्रथा को अपनाना, ग्वालियर के राजा विक्रमादित्य के परिवार द्वारा हुमायूँ को प्रसिद्ध कोहिनूर हीरे की भेंट दिये जाना है।"[11] हिन्दू भेंट में फूल तथा सुगन्धित लकड़ी दिया करते थे। मुसलमानों ने भी भेंट में फूल तथा सुगन्धित लकड़ी देने की प्रथा अपना ली। फूलों का संवर्धन हिन्दुस्तान में बहुत प्राचीन है। वे अपने आकर्षण, सुगन्ध और विभिन्नता के लिए प्रसिद्ध हैं। उनमें से कई जैसे तुलसी और गेंदा अनेक धार्मिक कृत्यों और पूजा से सम्बन्धित होने के कारण पवित्र माने जाने लगे हैं। हिन्दुओं में फूलों की भेंट देना एक सामान्य शिष्टाचार था। महत्त्वपूर्ण सामाजिक अवसरों और घरेलू उत्सवों में सदैव फूलों और पुष्पहारों की भेंट भी दी जाती थी। बिना पुष्पहार के किसी नवविवाहित दम्पती या उनकी सेज की कल्पना करना कठिन

था। अमीर खुसरो और मलिक मुहम्मद जायसी ने अपनी पुस्तकों के समूचे अध्याय इस भूमि के फूलों के वर्णन से भर दिये हैं।

इस सम्बन्ध में हिन्दुस्तान में उत्पन्न किया जाने वाला सुगन्धित काष्ठों जैसे चन्दन और मुसब्बर का उल्लेख किया जा सकता है। आसाम मुसब्बर की एक विशेष लकड़ी के लिए विशेष प्रसिद्ध था, जो इस भूमि के कुछ प्रसिद्धतम मन्दिरों में भेंट की जाती थी। बुगारा खाँ अपने पुत्र मुईजुद्दीन कैकुबाद को भेंट दी जाने वाली वस्तुओं में यह लकड़ी सम्मिलित करना नहीं भूला। कुतबुद्दीन ऐबक द्वारा गौर के मुहम्मद-बिन-साम को हाथी द्वारा ढोने योग्य भार के बराबर श्वेत और लाल पुष्पों और विभिन्न प्रकार के इत्रों जिनकी तुलना में स्वर्ग के उद्यानों की सुगन्ध भी कम थी, भेंट किये जाने का उल्लेख है।[12]

नज़र लगने के अन्धविश्वास में हिन्दुओं की भाँति मुसलमान भी विश्वास करने लगे थे और उनकी ही भाँति वे भी नज़र उतारने के क्रियाकलाप करने लगे थे जैसा इस वर्णन से स्पष्ट है—निसार एक अलग महत्त्व का समारोह था जिसका उद्भव सम्भवतः नज़र लगने के अन्धविश्वास से हुआ और जो उतारा की हिन्दू विधि और आजकल की आरती से मेल खाता था। इसमें सोने या चाँदी की मुद्राएँ या अन्य मूल्यवान जवाहरात थालों में भरकर शासक के सिर के ऊपर से अनेक बार फिराने के बाद दीनों या दरिद्रों की भीड़ या अन्य किसी समूह में बिखेर दिये जाते थे। अनेक अवसरों जैसे दरबार समारोह, विजयोपरान्त शासक की राजधानी प्रवेश, नाजुक वार्ताओं का शान्तिमय और सफल निपटारा और अन्य असामान्य क्षणों का सावधानी से ध्यान रखा जाता था और अशुभ प्रेतात्माओं के कुप्रभाव से कई प्रकार से इस ढंग से बचाव किया जाता था। शासक के लिए निसार देना भी इन कुप्रभावों से बचने का तरीका था। इस प्रकार सुख और आनन्द के अनेक अवसरों उदाहरणार्थ शासक के स्वास्थ्य लाभ करने, पुत्र प्राप्ति होने या राजकुमार या राजकुमारी के विवाह के अवसर पर पूर्व निवारण के रूप में निसार दी जाती थी। यदि सुल्तान किसी अमीर के घर जाकर उसे अनुगृहीत करते तो अमीर अशुभ प्रेतात्माओं को दूर रखने के लिए निसार देता था। इसी प्रकार प्रेमिकाओं को दूर रखने के लिए निसार देता था। इसी प्रकार प्रेमिकाओं को निसार दी जाती थी जिससे इनका सौन्दर्य और गुण अक्षुण्ण रहे। सुल्तान मुइजुद्दीन कैकुबाद अपने कृपापात्र एक किशोरी प्रेमी को निसार देता था।[13] निसार देने और भेंट देने के उद्देश्यों में हिन्दुओं और मुसलमानों में समानता थी।

5.1.30. खिताब देना

जहाँ तक खिताबों का सम्बन्ध है, वे शासकों की रुचि और कल्पना शक्ति के अनुरूप ही विस्तृत थे, तथा उनकी प्रतिष्ठा बनाये रखने के हेतु उनमें से कुछ

खिताबों को स्वेच्छा से चुना जाना अनिवार्य था। कुछ विशिष्ट खिताबों के नाम थे—रेवाज जहान, इमादुलमुल्क, किवाम-उल-मुल्क, निज़ाम-उल-मुल्क, अजामुल-मुल्क, कुतलुगखान, सद-ए-जहान, आलम-उल-मुल्क आदि। दूरस्थ प्रान्तों में हिन्दू प्रभाव दृष्टिगोचर होता था और बंगाल के सुल्तान तो नायक खान और सत्य राजा जैसे खिताब भी प्रदान करते थे।[14]

5.1.31. बीड़ा भेंट करना

राजपूतों में बीड़ा भेंट करना या उसे स्वीकार करने की प्रथा थी। बीड़ा भेंट करने और स्वीकार करने वाले को आपस में बाँधने का द्योतक था। किसी समझौते की शपथ लेने की दूसरी पद्धति थी—कमरबन्दी या एक दूसरे के वस्त्रों के कोनों को एक साथ बाँधकर शत्रु का सामना करने के लिए आगे बढ़ना। यह मौलिक हिन्दू प्रथा बाद में मुसलमानों में भी प्रचलित हो गयी।

5.1.32 गुरु का पद

मुसलमानों और हिन्दुओं के समागम से एक और कड़ी मुसलमानों द्वारा हिन्दुस्तान के आदेश को अपनाना तथा मुस्लिम समाज में पीर या शेख द्वारा इस प्रकार किया गया है—मुसलमानों का एक वर्ग इस्लाम के मूल आदर्शों का अनुसरण करता था और सामान्य से वैराग्य तथा पारलौकिक साधनाओं का पालन करता था। जब इन मुसलमानों ने अपने आदर्शों के अनुसार जीवनयापन करने का हठ किया तो इस्लाम के अनुयायियों के हृदय में उनके प्रति एक विचित्र आतंक और गम्भीर सम्मान उत्पन्न हो गया क्योंकि मुसलमानों को भौतिक वातावरण के मध्य आदिम स्वरूप के प्रति यह लगाव एक विशेष आकर्षण रखता था। हिन्दुस्तान गुरु के आदर्श से परिचित था ही। इसकी अभिव्यक्ति मुस्लिम समाज में पीर या शेख से मिलती-जुलती है।

पीरों के वंशज पीरजादे और शेखों के वंशज मखदूमजादे धर्मोपदेशकों का स्थान ग्रहण करने लगे। विशेषकर इसलिए कि उलेमाओं का नैतिक पतन हो रहा था। वे धर्म शास्त्रियों को स्थान देने लगे और कालान्तर में उन्होंने इस्लाम के ब्राह्मणों का पद प्राप्त कर लिया। यदि मुसलमान तन्त्र विद्याओं या रहस्यमयी तत्त्वों पर विश्वास करते थे तो योगियों के पास उससे कहीं प्राचीन परम्परा और श्रेष्ठ व्यावसायिक साधन थे। मुस्लिम सूफी प्रेरणा और मार्गदर्शन के लिए हिन्दू साधुओं, संन्यासियों और योगियों से निकट सम्पर्क रखते थे, किन्तु ज्ञान के अपने इन स्रोतों को जनसाधारण में प्रकट नहीं करते थे। मुस्लिम शासक भी अपनी मनोकामनाओं की पूर्ति में सहायता प्राप्त करने के लिए मुस्लिम सन्तों के साथ ही संन्यासियों के पास जाने से नहीं चूकते थे। डॉ. आइटस के अनुसार आध्यात्मिक सलाहकार पीर कहलाता है और उसका शिष्य मुरीद कहलाता है।

5.1.33 जाति प्रथा

हिन्दुओं में मुसलमानों के आगमन के समय जाति प्रथा विद्यमान थी और इस जाति प्रथा का प्रभाव भारतीय मुसलमानों पर भी पड़ा। हिन्दू धर्म का सबसे निश्चित प्रभाव इस्लाम पर यह पड़ा कि हिन्दुओं की भाँति मुसलमानों में भी जाति प्रथा पैदा हो गयी। भारत में इस्लाम के फैलने का एक कारण हिन्दुओं की जाति प्रथा थी, परन्तु यही जाति प्रथा मुसलमानों को भारत में एक इस्लामिक समूह में संगठित न कर सकी।

पहले भारत में विदेशी मुसलमान, अरब, तुर्क और इरानी थे जो स्वयं को प्रारम्भ से सामाजिक पैमाने में सबसे ऊपर रखते थे। वे स्थानीय परिवर्तित मुसलमानों पर अपनी श्रेष्ठता बताते थे। इससे भारत में मुसलमानों में जाति प्रथा आरम्भ हो गयी। दूसरे, भारत में ब्राह्मणों, राजपूत और अन्य निम्न जातियों से परिवर्तन के बाद मुस्लिम समुदाय में जो व्यक्ति गये थे वे अपने पूर्वजों के गाँवों में ही अधिकतर रहते रहे। इस प्रकार के वातावरण में यह असम्भव था कि वे हिन्दुओं की सामान्य भावना जाति प्रथा से अलग रह सकती। इसलिए आज भी मुसलमानों में हम देख सकते हैं कि समाज में दो तरह के समूह हैं—एक शरीफ जाति अथवा ऊँची जाति और दूसरे अजलफ जाति अथवा निम्न जाति।

जिस प्रकार से हिन्दुओं में चार सामाजिक वर्ग-ब्राह्मण, क्षत्रिय, वैश्य और शूद्र हैं, उसी प्रकार परिवर्तित मुसलमान अपने को सैय्यद, शेख, मुगल और पठान से जोड़ने की कोशिश करते हैं। शेख शब्द अरब मूल का शब्द है परन्तु कुछ उसकी दूसरी व्याख्या करते हैं कि शेख शब्द बुजुर्ग विद्वान और बड़े व्यक्ति को सम्मान देने के लिए प्रयोग किया जाता है। इसलिए परिवर्तित मुसलमानों ने मूल का ध्यान न रखकर इसे सम्मान देने के लिए प्रयोग किया।

अवध का अब भी एक मुस्लिम परिवार अपने नवाब नाम के साथ ठाकुर शीर्षक लगाते हैं। ब्राह्मण परिवर्तन के बाद सैय्यद शीर्षक अपनाते थे। निम्न जातियों से परिवर्तित मुसलमान नव-मुस्लिम कहलाते हैं और उनका शीर्षक उनके व्यवहार और सम्पन्नता पर निर्भर करता है। इस सम्बन्ध में एक पुरानी कहावत प्रचलित है कि गत वर्ष मैं एक जुलाहा था। इस वर्ष एक शेख और अगले वर्ष अगर फसल अच्छी हो गयी तो मैं एक सैय्यद हो जाऊँगा। उत्तरी भारत में एक जाति कलाल है जो शराब बेचने का कार्य करती है, जो धर्म के विपरीत कार्य है परन्तु इसके बावजूद उनमें से कुछ भारत में प्रमुख व्यक्ति बन गये हैं।

मुसलमानों में परिवर्तित निम्न जाति के लोगों की सामाजिक स्थिति में भौतिक रूप से कोई परिवर्तन नहीं हुआ था। कुछ हद तक स्थिति में सुधार हुआ होगा।

भारतीय इस्लाम क्रमशः हिन्दू धर्म के मोटे तत्त्व आत्मसात् करने लगा। विभिन्न

वर्ग जिनसे मिलकर मुस्लिम समुदाय बना था। एक ही शहर के भिन्न हिस्सों में भी एक-दूसरे से परे रहने लगे। विदेशी और अभारतीय मुसलमानों को सामाजिक सम्मान पाने के उच्चतम अधिकार प्राप्त हो गये। भारत में जाति प्रथा वातावरण में ही है इसकी छूत मुसलमानों में भी फैल गयी और विशिष्ट हिन्दू तरीके पर इसका विकास हो रहा है। दोनों समुदायों में विदेशी वंशानुगतता को सर्वोच्च सामाजिक सम्मान प्राप्त हो रहा है। दोनों में पदोन्नति पश्चिम पर आधारित है। जो स्थान हिन्दुओं में प्राप्त है वैसा ही स्थान अरब, फारसी, अफगानिस्तान या मुगल मूल के मुसलमानों का अपने सहधर्मियों के सामान्य समुदाय में है। इस्लाम का पदार्पण भारतीय जीवन की बुनियादी स्थिति में कोई आधारभूत क्रान्ति नहीं थी। इसमें जाति और उनकी सापेक्षिक स्थिति में परिवर्तन तो आया किन्तु इस प्रथा को जड़मूल से उखाड़ने में वह असमर्थ रहा। वास्तव में इस्लाम भी जाति भेद की भावना के वशीभूत हो गया और कुरान का सन्देश भूल गया।[15]

5.1.34. पुरुषों को प्राथमिकता देने की प्रथा

भारत में हिन्दुओं और मुसलमानों में स्त्रियों की अपेक्षा पुरुषों को प्राथमिकता दी जाती थी। पुत्र सदैव ही पुत्री की अपेक्षा प्राथमिकता पाता था और पुत्रों में भी ज्येष्ठ पुत्र प्राथमिकता पाता था। स्त्रियों की अपेक्षा पुरुषों को अधिक प्राथमिकता देने में दोनों समाज एकमत थे। हिन्दू जीवन का एक सर्वप्रमुख उद्देश्य है एक पुरुष सन्तान की उत्पत्ति जो परलोक में पिता की देखभाल करके नरक में बचाने के लिए आध्यात्मिक रूप से योग्य है। उसी प्रकार कुरान में पुरुष स्त्रियों के पोषक हैं। ईश्वर प्रदत्त श्रेष्ठ गुणों के कारण पुरुष स्त्रियों में श्रेष्ठ है। हिन्दू परिवार का ज्येष्ठ पुत्र सदस्य, संयुक्त सम्पत्ति का कर्ता या प्रबन्धक होता है।

5.1.35. पुत्र उत्पन्न होने की प्रथा

हिन्दुओं और मुसलमानों में पुत्र उत्पन्न होने की स्थिति को काफी शुभ माना जाता है। दोनों में अनेक प्रकार के कार्य करके खुशियाँ मनायी जाती हैं। पुत्र उत्पन्न हुआ तो हिन्दू घरों में बड़ी हलचल होती थी। पिता ताजा पानी से स्नान करने और पूर्वजों की आत्माओं तथा कुल देवताओं की प्रार्थना करने दौड़ पड़ता था। सूतक की अवधि समाप्त हो जाने के पश्चात् मुसलमानों में 'अकीका' या बलि की क्रिया सम्पन्न की जाती थी।[16]

5.1.36. पुत्रों को विद्यालय भेजने की प्रथा

हिन्दुओं और मुसलमानों में पुत्रों को विद्यालय में भेजने के रिवाजों में भी समानता थी। शिशु की शिक्षा पर काफी ध्यान दिया जाता था। पाँच वर्ष की आयु में हिन्दू

शिशु को एक गुरु अथवा पंडित को सौंपा जाता था। इस्लाम में विस्मिल्लाह खानी का उद्घाटन या शाला भेजने का समारोह 4 वर्ष 4 माह और 4 दिन की आयु की समाप्ति के दिन किया जाता था। हिन्दुओं में उपनयन संस्कार बहुधा नौवें वर्ष की समाप्ति के बाद मनाया जाता था। मुसलमानों में साधारणतः सातवें वर्ष में खतना किया जाता था। हिन्दुओं में बच्चे के जन्म के छठे दिन कुछ क्रियाएँ की जाती हैं जिसे छठी कहते हैं। इसी प्रकार की क्रिया मुसलमानों में भी की जाती है जिसे अकीकाह कहते हैं।

5.1.37. पोशाक

हिन्दू और मुस्लिम अमीरों की पोषाक में अधिक समानता दिखाई देती थी। उच्चवर्गीय मुसलमानों में हिन्दू पगड़ी लोकप्रिय हो गयी थी। हिन्दू कुलीन वर्ग पोशाकों के सम्बन्ध में पूर्णतः उच्च वर्गीय मुस्लिमों का अनुसरण करता था। उस समय भारतीय मुसलमानों की निश्चित वेशभूषा नहीं थी। उस समय की वेशभूषा में बहुत से तरह के कपड़े प्रचलित थे। उस समय कुछ ऐसे दरवेश थे जो कुछ नहीं पहनते थे और कुछ मोटा कपड़ा अंग के सामने के हिस्से पर पहनते थे परन्तु प्रार्थना के नियमों के अनुसार शरीर पूरा ढका होना चाहिए। शरीयाह के नियमानुसार एक पगड़ी, एक कुर्ता तथा एक लुंगी पहनना आवश्यक है। एक मिरजाई इसके साथ पहनी जा सकती थी। हिन्दुओं के परिधान को मुसलमानों ने अपना लिया। भारतीयों के इस्लाम स्वीकार करने के बाद भी उन्होंने अपना पहनावा नहीं छोड़ा। तटीय कस्बों में मुसलमान और हिन्दू एक जैसे वस्त्र पहनते थे। हिन्दुओं में मुस्लिम वस्त्र घाघरा स्त्रियों द्वारा तथा शेरवानी और अचकन पुरुषों द्वारा अपना लिये गये तथा इस प्रकार दोनों के पोशाक में भी समानता स्थापित हो गयी।

5.1.38. भोजन

मुसलमानों ने हिन्दुओं के भोजन पकाने के बहुत से शिष्टाचार भी अपना लिये थे। सुअर का मांस और अनेक पशु का मांस खाना उनके लिए वर्जित हो गया। इन मर्यादाओं के बाहर वे अपनी इच्छाओं के अनुसार कुछ भी और कहीं भी पकाने और खाने के लिए स्वतन्त्र थे। उन्हें सम्भवतः निम्नतम व्यक्ति को छोड़कर किसी अन्य व्यक्ति के साथ खाने में शायद ही कोई आपत्ति थी। सिन्ध के समरा अपनी जाति के लोगों के अतिरिक्त किसी के साथ नहीं खाते-पीते थे।[17] इब्नबतूता के अनुसार एक अधिकतर खाने के बाद दूसरा खाना परोसा जाता था। परन्तु साधारणतया अधिकतर खाने की चीज़ें एक बड़े कपड़े जिसे दसतरख़्वान कहा जाता था, पर रखते थे। खाने से पहले मीठा शर्बत दिया जाता था। खाने के बाद मिठाइयाँ दी जाती थीं। गरीबों के खाने में पकी हुई रोटियाँ, सब्जी अथवा गोश्त होता था।[18] मुसलमानों की तरह हिन्दू भी खानपान में माँस और मदिरा, पुलाव का प्रयोग करने लगे। इस प्रकार खानपान

में दोनों में बहुत अधिक एकरूपता उत्पन्न हो गयी तथा इस क्षेत्र में भी दोनों वर्ग समानता की ओर बढ़े।

5.1.39. खेल तथा मनोविनोद के साधन

हिन्दुओं और मुसलमानों में कुछ खेल तथा मनोविनोद के साधन सामान्य थे। जैसे कि कुश्ती, तीरन्दाजी, तैराकी, पोलो और घुड़दौड़। कुश्ती या दंगल विनोद का प्रमुख साधन था। वास्तव में प्रत्येक कुलीन और साधारण व्यक्ति इस काल में कुछ प्रशिक्षण अवश्य प्राप्त करता था। शासक और धार्मिक सन्त भी कुश्ती को प्रोत्साहन देते, प्रसिद्ध पहलवानों को रखते, मुकाबला देखते, यहाँ तक कि स्वयं कुश्ती में भाग भी लेते थे। कुशल तीरन्दाज देश में प्रसिद्धि और नाम पाते थे। तलवारबाजी, चक्र और भाला फेंकना भी वैसे ही लोकप्रिय थे। तैराकी को सामान्यतः प्रोत्साहन दिया जाता था। बाबर की तैराकी के करिश्में प्रसिद्ध हैं। गौण खेलों में कश्मीर की हॉकी की लोकप्रियता और बंगाल में गेंद फेंकना मनोविनोद के विषय थे। मैदानी खेलों में अति शानदार खेल पोलो और मनोविनोदों में घुड़दौड़ का नाम लिया जा सकता है। हिन्दुस्तान में मुसलमानों ने इसे प्रारम्भ किया और शीघ्र ही यहाँ यह खेल सब वर्गों में लोकप्रिय हो गया। वास्तव में दिल्ली के प्रथम सुल्तान कुतुबुद्दीन की मृत्यु लाहौर में पोलो खेलते समय एक दुर्घटना में हुई थी। तुर्की लोग इस खेल के बहुत शौकीन थे। दरबार के क्रियाकलापों के चिह्नों में एक चिह्न, सोने के पोलो की लकड़ी और गेंद का भी था। बाद में अफगानों के हाथ में शासनाधिकार चले जाने पर भी खेल की लोकप्रियता को कोई हानि नहीं पहुँची। पोलो में राजपूतों का कौशल अत्यन्त उच्च कोटि का था। चौपड़ का खेल भी हिन्दू और मुसलमान दोनों में लोकप्रिय था।[19]

5.1.40. व्यक्तिगत स्वास्थ्य

हिन्दू शिष्टाचारों का कोई भी वर्णन उनके धार्मिक विचारों का उल्लेख किए बिना पूरा नहीं हो सकता, जिन्होंने मुस्लिम रिवाजों को भी पर्याप्त सीमा तक प्रभावित कर दिया। व्यक्तिगत स्वास्थ्य पर भी धार्मिक विश्वासों का प्रभाव पड़ता था। भ्रष्टता और अपवित्रता का भय एक रूढ़िवादी हिन्दू की कल्पना में असाधारण रूप से छाया रहता था। यदि कोई स्त्री मासिक धर्म में होती तो उस अवधि में और बाद में बारह दिन तक वह अपवित्र मानी जाती थी। उसे भोजन सामग्री या पुरुष सदस्यों के वस्त्रों को स्पर्श न करने दिया जाता था या उसका रसोई के भीतर प्रवेश रोक दिया जाता था।

किसी विशेष स्थान पर पैदा होना तथा मृत्यु को प्राप्त होना भी भाग्यवादी विचारधारा के अन्तर्गत आता था। बिहार के कर्मनाशा नदी के पश्चिम की ओर या

गंगा के मैदान के ऊपर के भाग में जन्म लेना और उसी पवित्र भाग में मृत्यु को प्राप्त हो जाना भाग्यशाली माना जाता था।

5.1.41. धार्मिक स्थानों में प्रवेश के तरीके

जब कोई व्यक्ति मस्जिद में प्रवेश करता तो उसे अपना दाहिना पैर रखना पड़ता और इस नियम का उल्लंघन निन्दनीय माना जाता था। इसी प्रकार उसे स्वयं को अशुद्धि से बचाये रखने की विशेष सावधानी बरतनी पड़ती थी। उदाहरणार्थ औपचारिक शुद्धि के बिना कुरान को स्पर्श करना पाप माना जाता था। अशौचावस्था में किसी का भोजन लेना मना था। मुसलमानों को पूर्ण नग्नावस्था में लघुशंका न करने की चेतावनी दी गयी थी। मध्याह्न भोजन के पश्चात् सोना एक पवित्र कार्य था जो मैदान की उष्ण जलवायु के अनुकूल ही था।

5.1.42. काँच की चूड़ियाँ

हिन्दुओं में काँच की चूड़ियाँ सुहागिन स्त्रियों द्वारा पहनना शुभ माना जाता है। विवाह के समय दूल्हे के पिता काँच की चूड़ियाँ अवश्य ही दुल्हन के लिए भेजते हैं। यह सबसे शुभ चीज़ मानी जाती है। भारत में मुसलमानों में भी इस प्रकार चूड़ी पहनना शुभ माना जाता है और चूड़ी पहनने की प्रथा को पैगम्बर मुहम्मद का आशीर्वाद था, ऐसी विचारधारा से जोड़कर रखी गयी थी। इस पर एम. मुजीब ने इस प्रकार अपना विचार प्रकट किया है–''पैगम्बर मुहम्मद की लड़की बीबी फातिमा जब शादी के योग्य हुई और जब उसकी शादी की तैयारियाँ हो रही थीं तब प्रत्येक व्यक्ति कोई न कोई भेंट लेकर आया। पैगम्बर इदरीस काँच की चूड़ियाँ लेकर आये। पैगम्बर ने उनसे पूछा, ये क्या है? उन्होंने उत्तर दिया–ये चूड़ियाँ हैं। ये वैवाहिक जीवन की खुशियों का सूचक हैं। पैगम्बर ने उन्हें उदारतापूर्वक स्वीकार कर लिया और चूड़ियाँ बनाने का कार्य करने वालों को अपनी शुभकामनाएँ दीं।''[20]

5.1.43. यात्रा के साधन

सल्तनत काल में यातायात का प्रमुख साधन घोड़े तथा बैलगाड़ी थे। जो घोड़े पर नहीं चढ़ सकते थे, उनके लिए अनेक प्रकार की खुली तथा बन्द पालकियाँ होती थीं। यात्रा का साधन जाति की सम्पन्नता पर निर्भर है। जिनके पास गुलाम नहीं होते थे, वे भार वाहक को किराये पर लेते थे जो उन दिनों बाजारों में भी मिलते थे। हिन्दुओं के यात्रा साधन भी इसी प्रकार के थे।

5.1.44. मृत्यु के बाद की क्रियाएँ

हिन्दुओं में किसी व्यक्ति की मृत्यु हो जाने के बाद तीसरे दिन एक क्रिया की जाती है जिसे तीजा कहा जाता है। इसी प्रकार की क्रिया मुसलमानों में भी भारत

में प्रचलित थी जिसे सीयूम कहते थे। यह क्रिया भी मृत्यु के तीसरे दिन की जाती थी। इसमें भाग लेने वाला प्रत्येक व्यक्ति कुरान का एक या दो अध्याय पढ़ने के बाद गरीबों में भोजन वितरण करता था।[21]

5.1.45. शादी

इब्नबतूता के अनुसार शादी की पद्धति पूरी करने में हिन्दुओं का मुसलमानों पर निश्चित प्रभाव दिखाई देता है। दूल्हा तथा दुल्हन अपने-अपने मकानों में अलग रहते थे। उनके हाथों तथा पैरों में मेहँदी लगायी जाती थी। मुस्लिम कानून के अनुसार केवल चार साक्षी शादी के समय होने चाहिए। दो दूल्हे की ओर से तथा दो दुल्हन की ओर से, परन्तु चौदहवीं शताब्दी तक यह रिवाज था कि शादी के समय तक व्यक्तियों के दो समूह होने चाहिए। एक दूल्हे की ओर से तथा दूसरा दुल्हन की ओर से। जब दूल्हा दुल्हन के मकान पर जाता था तो वह फूलों की माला पहनता था। उसकी पार्टी के व्यक्ति छोटी छड़ियाँ रखते थे तथा दुल्हन के मकान पर बनी रुकावट को तोड़कर अन्दर जाते थे। दूल्हा उपदेशक के लिए बने ऊँचे चबूतरे पर जाकर बैठ जाता था जिस पर स्त्रियों से घिरी दुल्हन पहले से ही बैठी हुई होती थी। जैसे ही दूल्हा अन्दर जाता है स्त्रियाँ उठ खड़ी हो जाती हैं। गाना गाना तथा तकबीर पढ़ना शुरू कर देती थीं, जबकि बाहर की तरह ढोल बजाये जाते थे। दूल्हा घोड़े से नीचे उतरकर नीचे आता था और जमीन पर झुकता था। तब दुल्हन खड़ी होती थी और अपने हाथ से उसे पान देती थी। दुल्हन एक कदम नीचे बने चबूतरे पर बैठ जाती थी और दोनों के ऊपर सिक्कों की बौछार की जाती थी। अन्त में दूल्हा खड़ा होता था, अपनी दुल्हन का हाथ पकड़ता था और चबूतरे से नीचे उतरने में उसकी सहायता करता था। वह आगे चलता और पीछे दुल्हन चलती और दूल्हा उसे डोली में बिठाता और स्वयं अपने घोड़े पर चढ़ता था। भारतीय मुसलमानों के रिवाजों में हिन्दुओं के अनेक रिवाज लिये गये। भारतीय मुसलमानों ने बहुत-सी क्रियाएँ और रीति-रिवाज अपना लिये थे। मुस्लिम शादी में पति-पत्नी द्वारा काजी के समक्ष एक-दूसरे को अपनाना होता है। व्यक्ति नये युगल के लिए प्रार्थना करते थे। परन्तु भारतीय मुसलमानों ने हिन्दुओं की बहुत-सी बातें अपना लीं। हिन्दुओं की भाँति घर में सफेदी करना, लड़के-लड़की दोनों को अपने घर में हल्दी लगाना, भात देना, मंढ़ा गाड़ना, बरोठी आदि के रीति-रिवाज किये जाते थे।

5.1.46. संयुक्त परिवार प्रथा

संयुक्त परिवार प्रथा में भी हिन्दू-मुस्लिम एकता के लक्षण दिखाई देते हैं। हिन्दुओं में संयुक्त परिवार प्रथा प्राचीन काल से चली आ रही है। भारत में मुसलमानों ने भी इस प्रथा को अपना लिया था।

5.1.47. आचार-विचार में एकता

हिन्दुओं और मुसलमानों के आचारों तथा विचारों में भी काफी हद तक एकता पैदा हो गयी थी। हमारे यहाँ का एक सामान्य नियम है कि सन्ध्या पूजा आदि के समय हम कुश, ऊनी वस्त्र और रेशमी वस्त्र को भी पवित्र मानते हैं। इनका ही आसन रखते हैं और शरीर पर ओढ़ने की आवश्यकता हो तो भी ऊनी या रेशम का वस्त्र ही लेते हैं। हिन्दुओं की भाँति मुसलमानों में भी अपनी आवश्यकताओं और इच्छाओं की पूर्ति के लिए ईश्वर की प्रार्थना करते हैं। ईश्वर में विश्वास के विषय में भी दोनों में समानता है। मुसलमानों में ईश्वर की देखभाल का कार्य ईश्वर के सुपुर्द कर दो। ऐसा करने के पश्चात् हमारी सभी चिन्ताएँ दूर हो जाएँगी और हृदय खुशी से भर जाएगा। पैगम्बर मुहम्मद साहब ने कहा है–"ईश्वर के अलावा न कोई शक्ति है और न कोई विचार।" इसी प्रकार हिन्दू भी अपने कार्य को ईश्वर की इच्छा पर छोड़ देते हैं। ईश्वर में विश्वास के विचार में दोनों में समानता देखने को मिलती है।

धर्म में विश्वास में भी दोनों में काफी समानताएँ हैं। मुसलमानों को बताया गया है कि मुसीबतों को धैर्य के साथ सहन करते रहो। संसार एक ऐसा स्थान है जहाँ सुख-दुःख मनुष्य के चारों ओर निवास करते हैं। उनको मनुष्य को सब्र के साथ सहन करना चाहिए। इसी प्रकार हिन्दुओं में भी मनुष्य को दुःख के समय धैर्य रखने की सलाह दी जाती है। तौबा अथवा पश्चात्ताप के बारे में भी दोनों के खयालात मिलते-जुलते हैं। पश्चात्ताप करने वालों को ईश्वर क्षमा कर देता है। धिकर अथवा स्मरण व समर्पण के विचारों में भी समानता दिखाई देती है। मुसलमानों को बताया गया है कि जब हम स्वयं को खुदा को समर्पित कर देते हैं तो खुदा हमसे प्रसन्न हो जाता है। "इसी तरह के विचार हिन्दुओं को बताये जाते हैं कि ईश्वर के लिए स्वयं को समर्पित कर दो।"

विज्ञान के क्षेत्र में भी हिन्दू-मुस्लिम एकता के लक्षण दिखाई देते हैं। हिन्दू चिकित्सकों को बगदाद आमन्त्रित किया गया जहाँ पर अब्बासियों के मन्त्री बरमक पूर्णरूप से सशक्त थे। अल-किन्दी का वर्णन कुछ सीमा तक याहया-छल-बरमकी द्वारा भेजे गये प्रतिनिधि भारतीय धर्म, रीति-रिवाजों और दवाई के विषय में दिये गये वर्णन पर आधारित था। अरब चिकित्सक इब्न-अल-तनुखी ने भारतीय चिकित्सा का अध्ययन करने के लिए नवीं शताब्दी में भारत का भ्रमण किया था। हिन्दुओं के गणित ने अरबों पर अमिट छाप छोड़ी। अल मामून के काल में अल-ख्वारिजमी ने संस्कृत के अंकों को अरबी लम्बरेखीय प्रक्षेप के अनुकूल बनाया। अलनसीबी के अंकगणित पर हिन्दू गणित के प्रभाव का अनुमान लगाया जा सकता है। संस्कृत से गणित और भौतिक ज्योतिष की बहुत-सी सामग्री को लिया गया है।

अब्दुल अली के अनुसार इस्लाम के उद्भव के पहले भी अरबों के भारत के साथ व्यापारिक और सांस्कृतिक सम्बन्ध स्थापित थे। प्राचीन काल में विज्ञान के क्षेत्र में भारत संसार के अन्य देशों की अपेक्षा बहुत आगे था। भारत की चीजों की पश्चिम और पूर्व में बहुत ख्याति थी। इस्लाम के उत्थान के पश्चात् जब अरबों में बौद्धिक जागरुकता विकसित हुई और विद्वत्ता के लिए मुक्खल की तरह रुचि पैदा हुई तब वे स्वभावतः ही भारत की बौद्धिक देन की ओर झुके और ज्ञान तथा विद्वत्ता की अनेक शाखाओं में बहुत लाभ उठाया। भारत की "धूप देने की इस विधि से इलाज करो। इस प्रकार से सात बीमारियों का इलाज होता है। इससे गले की बीमारी दूर होती है और मुँह के एक ओर रखने से फेफड़ों की बीमारी दूर होती है का भी अनुसरण किया गया।" ऐसा बताया जाता है, कि जब अब्बासी खलीफा हारून अल रशीद बहुत अधिक बीमार हुए तो उनके दरबारी चिकित्सक उनका इलाज करने में असफल रहे तब मनका को भारत से खलीफा का इलाज करने के लिए आमन्त्रित किया गया। जब उसने खलीफा को स्वस्थ कर दिया तो उसे उच्च दर्जे का पद दिया गया। वह बगदादी में ठहरा और उसने अरब चिकित्सा के क्षेत्र में बहुत योगदान दिया। इब्न दहान इसी खलीफा के इलाज के लिए आमन्त्रित किया गया था। उसकी नियुक्ति बगदाद के सबसे सम्मानित बरमिक अस्पताल के प्रमुख चिकित्सा अधिकारी के रूप में की गयी। उसने बहुत-सी संस्कृत की पुस्तकों का अनुवाद अरबी में करने में सहायता की। भारतीय चिकित्सक बगदाद में सम्पन्न हुए और उनके कार्यों का अरबी में अनुवाद किया गया। संस्कृत की बहुत-सी चिकित्सा सम्बन्धी पुस्तकों का अरबी में अनुवाद किया गया। चरक संहिता और सुश्रुत संहिता आदि उनके प्रमुख थे।

5.1.48. सेना प्रशासन

सिन्ध पर आक्रमण करने के पश्चात् उम्मैद खलीफाओं की भाँति मुसलमानों की यह नीति रही थी कि स्थानीय तत्त्वों को प्रशासन में अधिक से अधिक स्थान दिया जाए। राजस्व का प्रशासन हिन्दुओं के हाथ में ही रहने दिया गया। महमूद का मूर्ति तोड़ने का उद्देश्य प्रतिमाओं के विरुद्ध था, न कि किसी व्यक्ति के। उसने राज्य के प्रशासन को धर्म के साथ नहीं जोड़ा था। जब उसने हिन्दू मन्दिरों को तोड़ा तो उसने साथ ही अपनी सेना में हिन्दुओं की सेना के तीन डिवीजन भर्ती किये और लगभग तीन हिन्दू सेनाध्यक्ष गजनी सेना में महत्त्वपूर्ण पदों पर पहुँचे। मोहम्मद गोरी के काल में भी हिन्दू व्यवस्था ही प्रशासन में चलती रही। सेना में हिन्दू सेनाध्यक्ष नहीं थे परन्तु परिवर्तित व्यक्ति अवश्य थे। उनमें से प्रसिद्ध मलिक अनवर अर्थात् काफूर था। हिन्दुओं को जजिया कर इकट्ठा करन के लिए नियुक्त किया गया।

जब गजनवियों ने भारत को विजय कर लिया और दिल्ली पर अपना अधिकार जमा लिया तो शासकों ने हिन्दुओं का प्रयोग शासन में करना प्रारम्भ किया लेकिन हिन्दू राजकुमार जो मुसलमानों के दोस्त बन गये थे, बहुत ही लाभदायक सहयोगी बने और उनके सैनिकों को मुस्लिम सत्ता के लिए प्रयोग किया गया था।

डॉ. ताराचन्द के अनुसार मुस्लिम विजय ने भारत की सभ्यता पर बहुत अधिक प्रभाव डाला। इसने प्रत्येक चीज को अस्त-व्यस्त कर दिया। इसने हिन्दू धर्म पर कड़ा प्रहार किया। पुजारियों और पंडितों के संरक्षणों को रोक दिया। महमूद गजनवी के पास हिन्दुओं की सेना थी जो उसके लिए मध्य एशिया में लड़ी थी और उस सेना के सेनापति तिलक ने मुस्लिम सेनापति नियालतीगीन के व्रिदोह का दमन किया था। इस प्रकार हिन्दू और मुस्लमानों ने एक बीच का रास्ता निकाला, जिसमें वे एक अच्छे पड़ोसी की भाँति रह सकें। हिन्दू सम्प्रदायों के धार्मिक नेताओं ने दक्षिण में ही नहीं बल्कि महाराष्ट्र, गुजरात, पंजाब, उत्तरी हिन्दुस्तान और बंगाल में चौदहवीं शताब्दी के आगे जान-बूझकर प्राचीन धर्म की बहुत-सी बातों का खंडन किया, और अन्य बातों पर जोर दिया और हिन्दू तथा इस्लाम में सामंजस्य स्थापित करने की कोशिश की। उसी समय मुस्लिम सूफी सम्प्रदाय, मुस्लिम लेखकों तथा कवियों ने हिन्दू क्रियाओं और सिद्धान्तों को आत्मसात् करने की कोशिश की और कुछ घटनाओं में तो इतना बढ़ गये कि हिन्दू देवताओं की प्रशंसा भी की थी।

हिन्दी, पश्चिम में मराठी और पूर्व में बंगाली साहित्यिक भाषाओं के रूप में विकसित हुई। हिन्दू और मुसलमान दोनों ने इनकी शान को बढ़ाने में हिस्सा लिया। मुसलमानों ने अपनी तुर्की तथा फारसी को छोड़कर हिन्दुओं की वाणी को अपना लिया। जिस प्रकार मुस्लिम प्रभाव हिन्दी पर दिखाई देता है उसी प्रकार मराठी, बंगाली, पंजाबी तथा सिन्धी पर भी दिखाई देता है। हिन्दुओं ने मुसलमानों से अपनायी गयी कलाओं में कागज बनाने की कला, मीनाकारी, दश्तकारी, बुने हुए कपड़े तथा बूटेदार कढ़ाई को भी अपनाया। आर्थिक, सामाजिक तथा राजनीतिक क्षेत्र में भी इस्लाम का प्रभाव-गम्भीर है। इस्लाम में सामाजिक जीवन में प्रजातन्त्रवादी विचारधारा को अपनाया गया है। उसने जन्म और वंश को कोई महत्त्व नहीं दिया। इसका प्रभाव शीघ्र ही हिन्दू धर्म पर पड़ा और हिन्दुओं में भी समानता की भावना बढ़ने लगी तथा सामाजिक बन्धनों को तोड़ने की कोशिश की जाने लगी। सल्तनत काल में हिन्दुओं और मुसलमानों के बीच सामाजिक और सांस्कृतिक समागम काफी प्रगति कर चुका था। इसलिए जब बाबर ने पदार्पण किया तब उसे हिन्दुओं और मुसलमानों की संयुक्त शक्ति से संघर्ष करना पड़ा।

हिन्दू-मुस्लिम एकता का एक ही कुतूहल पूर्ण उदाहरण यह है कि भारत में बहुत से हिन्दू मुरीदों के मुस्लिम पीर थे और इसी प्रकार बहुत से हिन्दू योगियों के मुस्लिम चेले थे। हिन्दुओं से परिवर्तित मुसलमान आज भी अनेक

रीति-रिवाज नहीं छोड़ पाये। भक्ति आन्दोलन के फलस्वरूप मुसलमानों में आध्यात्मिक शक्ति प्राप्त करने वालों की संख्या बढ़ती जा रही थी। मुसलमानों के धार्मिक क्षेत्र में अशिक्षित और अर्द्ध परिवर्तित ग्रामीण जीवन में अनेक प्राचीन विश्वास और क्रियाएँ मिलती हैं। हिन्दुओं के पवित्र स्थानों और तीर्थ के लिए परिवर्तित मुसलमान विशेषकर कश्मीर में जियारत के लिए जाते हैं। हिन्दुओं और मुसलमानों को मिलाने के लिए कश्मीर की एक स्त्री सन्त लल बकयानी ने चौदहवीं शताब्दी के उत्तरार्द्ध में प्रयत्न किया था।

गुरुनानक भी इस्लाम के एकेश्वरवादी सिद्धान्त से बहुत प्रेरित थे। उन्होंने हिन्दू और इस्लाम दोनों धर्मों को आपस में मिलाने की बहुत कोशिश की। धर्म के मामले में उनका रास्ता कबीर का रास्ता था। पंजाब में सुथरस सम्प्रदाय के अनुयायियों में हिन्दू और मुसलमान दोनों हैं। मुस्लिम सुथरा एक डंडा लेकर चलते हैं, जिसे वे अपनी लोहे की चूड़ियों पर लगाते हैं और बहुत ही विलक्षण ढंग से गाना गाते हैं। हुसैनी ब्राह्मण हिन्दू हैं और ऐसा कहा जाता है कि उन्होंने अपना नाम हजरत इमाम हुसैन से लिया। वे अपने मस्तिष्क पर तिलक लगाते हैं, परन्तु मुसलमानों से भिक्षा माँगते हैं। उन्होंने बहुत से मुस्लिम विश्वासों और क्रियाओं को अपना लिया है, जैसे वे रमजान का रोजा रखते हैं और ख्वाजा मुइनुद्दीन चिश्ती की दरगाह के विशेष भक्त हैं। एक सम्प्रदाय सम्सीस है जो बाहरी रूप से तो हिन्दू दिखाई देते हैं परन्तु वास्तव में इस्लामी खोजा से सम्बन्धित हैं। सिन्धु में ही एक गुग्गा पीर है जिसे हिन्दू तथा हिन्दू परिवर्तित मुसलमान मानते हैं और मुसलमान उसे जाहिर पीर अर्थात् सर्पों के बादशाह का नाम देते हैं। मुस्लिम सन्त सलार मसूद गाजी को हिन्दू भी मान्यता देते हैं जिसके उर्स को सिकन्दर लोधी ने इसी सम्मान के कारण बन्द कर दिया था।

मध्यकालीन बंगाल में हिन्दू मुसलमानों के उत्सवों में भाग लेते थे, और कुरान से भविष्यवाणी करते थे। हुसैनी ब्राह्मणों ने इस्लाम से बहुत-सी बातों को स्वीकार किया। उन्होंने मुहम्मद साहब को हिन्दुओं के अवतारों में से एक माना है, रमजान में मुसलमानों की तरह व्रत रखते हैं और अपने मृतकों को दफनाते हैं परन्तु अपने मस्तिष्क पर ब्राह्मणों वाला तिलक लगाते हैं। लिंगायत सम्प्रदाय से इस्लाम का प्रभाव स्पष्ट दिखाई देता है। लिंगायत में बलि देने, व्रत रखने, दावत देने तथा तीर्थ यात्रा करने की आवश्यकता नहीं है। उनमें कोई शुद्धि करने की क्रिया नहीं है। विवाह स्वेच्छा से होता है। शादी से पहले लड़के तथा लड़की की सहमति लेना अनिवार्य है। मृतकों का दहन-संस्कार नहीं किया जाता बल्कि उन्हें दफनाया जाता है। पुनर्जन्म के सिद्धान्त में विश्वास नहीं किया जाता। सब लिंगायत एक साथ खाते हैं, आपस में विवाह करते हैं और एकता के साथ रहते हैं। उन्नीसवीं शताब्दी में बहाबी आन्दोलन से पहले बंगाल के कुछ मुसलमान कृष्ण और दुर्गा की पूजा

करते हैं। एक मेलजोल वाले सम्प्रदाय की महाराष्ट्र में नींव डालने वाला मुसलमान शेख मुहम्मद था जिसके अनुयायी मक्का और पंढररिपुर में से किसी एक की यात्रा के लिए जा सकते थे। राजपूताना के परिवर्तित खानजादा मुसलमान हिन्दुओं के किसी भी कार्यक्रम तथा त्योहार में भाग नहीं लेते थे। परन्तु ब्राह्मण उनकी शादी की क्रियाओं को करते थे। बहुत से मुस्लिम सम्प्रदाय जो भारत से बाहर विकसित हुए उनमें हिन्दू धर्म के बहुत से तथ्य मिलते हैं। राहतसीक ने नौ सम्प्रदायों की गिनती की है जो अवतारवाद के सिद्धान्त में विश्वास करते हैं। घुलुयाह के सिद्धान्त हिन्दू धर्म से मिलते हैं। इसी प्रकार कमालियाह के सिद्धान्त भी हिन्दू धर्म के सन्निकट हैं। अली इलाहिया सम्प्रदाय में अली को अवतार के स्तर तक उठाया गया है। यह शियाओं का उग्रवादी सम्प्रदाय है।

राहतसीक के अनुसार इस्लामी सम्प्रदाय की खोजा शाखा ने हिन्दुओं से सीधे सिद्धान्त ग्रहण किये हैं। बारहवीं शताब्दी में इस्लामी सम्प्रदाय के नेता रसीद अलदीन ने पुनर्जन्म के सिद्धान्त पर जोर दिया। इसने खोजा के लिए रास्ता तैयार किया जो धर्म परिवर्तन से पहले लोहाना राजपूत थे। खोजा जो भारत के पश्चिमी तट के शहरों में पाये जाते हैं, एक धनी सम्प्रदाय हैं। वह इमाम अलादीन की इमामशाही को मानता हैं और आगा खाँ में विश्वास नहीं करते परन्तु अपने को मोमिन अथवा सत्यपन्थी कहते हैं पश्चिमी तट पर मुसलमानों का ही एक अन्य सम्पन्न समुदाय बोहरा है जिसने बहुत से हिन्दू रीति-रिवाजों को अपनाये रखा। जैसे उत्तराधिकार का हिन्दू नियम, रुपया उधार देने पर ब्याज वसूल करना, नये वर्ष के व्यापार का खाता खोलना, दिवाली मनाना आदि। मुसलमानों में मेलजोल वाला एक दूसरा सम्प्रदाय बी-शार सूफी मत का है। ये पागलपन की क्रियाओं के द्वारा साधारण व्यक्ति का ध्यान आकर्षित करते हैं। गुजरात का एक सूफी मूसा है जो स्त्रियों की भाँति कपड़े और चूड़ियाँ पहनता था। हजरती गोबराई और पागलनायी सम्प्रदायों की स्थापना बंगाल में सूफियों द्वारा की गयी थी। उन्होंने शक्ति पूजा के बहुत से तत्त्वों को अपनाये रखा। उनके बहुत से हिन्दू अनुयायी भी थे।

5.1.49. जन विश्वासों में मेलजोल

भारत में हिन्दू ब्राह्मणवाद का बहुत अधिक प्रभाव था। विशेष रूप से समाज के निम्न वर्ग में और यह प्रभाव शादी द्वारा अथवा रखैल स्त्रियों द्वारा विस्तृत था। मुसलमानों का दस्तकार वर्ग और निम्न आर्थिक स्थिति वाले व्यक्ति, हिन्दू धर्म से परिवर्तित व्यक्ति थे। उन्होंने धर्म परिवर्तन के पश्चात् भी बहुत से अन्धविश्वासों को नहीं छोड़ा था। बंगाल में बहावी आन्दोलन के पूर्व उन्नीसवीं शताब्दी के उत्तराद्ध में वे हिन्दुओं की दुर्गा पूजा में सम्मिलित होते थे। शादी के शुभ दिन के लिए ब्राह्मणों की सलाह लेते थे। उनमें से कुछ शीतला देवी की पूजा में हिन्दुओं के साथ

सम्मिलित होते थे जो हिन्दुओं की चेचक की जनदेवी थी। बंगाल के दूसरे क्षेत्रों में धन की देवी लक्ष्मी की प्रशंसा में मुस्लिम पद गाते थे। दक्षिण भारत में मुसलमान जो कि अधिकतर हिन्दू धर्म में परिवर्तित थे, वे भूत-प्रेतों, परियों, नरसिंह तथा माता देवी में विश्वास करते थे। गाँवों और कस्बों में मुस्लिम स्त्रियाँ हिन्दू मेलों में भाग लेती थीं और हिन्दू स्त्रियाँ मुस्लिम मेलों में। कुछ मुसलमान अली और फातिमा की शादी के सम्बन्ध को कृष्ण और राधा के सम्बन्ध के तुल्य मानते हैं। इस्लाम का प्रभाव भारतीय धार्मिक विचारों में पड़ा और उसके कारण भक्ति आन्दोलन का प्रारम्भ हुआ जिसने ईश्वर की एकता पर बल दिया। हिन्दुस्तान अन्य कृषि अन्य प्रधान देशों के समान गहरी जड़ वाले रीति-रिवाजों और परम्पराओं की भूमि है। चाहे मुस्लिम सुल्तान और इसके अमीर हिन्दुओं के काल्पनिक कानूनों और भद्दे रिवाजों की हँसी उड़ाये या उनकी वीभत्सता को देखकर उनमें सुधार करने का प्रयत्न भी करे किन्तु वे सार्वजनिक रूप से हिन्दू आचार-व्यवहारों की हँसी नहीं उड़ा सकते थे। भारत में मुसलमानों ने मानवतावादी विचारों का प्रचार प्रारम्भ किया। इसी आधार पर हिन्दू और मुसलमानों के बीच व्याप्त खाई कम हो गयी और एकता स्थापित होनी प्रारम्भ हो गयी।

5.1.50. कला और साहित्य

तुर्की शासकों ने सत्ता व सम्पत्ति के केन्द्रीकरण के लक्ष्य के साथ स्वयं को शहरी इलाकों में स्थापित किया, जहाँ वे ग्रामीण क्षेत्रों में कृषि अधिशेष का प्रमुख हिस्सा बाँट लेते थे। इस हिस्से को युद्ध या वास्तुकला या भोग विलास की वस्तुओं के उत्पादन में लगाया जाता था। उत्पादन और तकनीकी विकास के केन्द्र होने के अतिरिक्त ये शहर उस नयी संस्कृति के केन्द्र बन गये हैं जिसने इस्लाम और हिन्दुत्व की परम्पराओं के समन्वय को जन्म दिया।

कई शताब्दियों के समन्वय एवं आपसी समीकरण की प्रक्रिया के परिण ामस्वरूप तेरहवीं शताब्दी के बाद भारतीय इस्लामिक संस्कृति का उत्तरोत्तर विकास हो रहा था। यह संस्कृति मध्य एशिया में विकसित इस्लामी परम्परा के तत्त्वों के साथ-साथ भारत में तुर्की आक्रमण से पूर्व पनपने वाली हिन्दू, बौद्ध और जैन परम्पराओं के तत्त्वों के सम्मिश्रणों से बनी थी। आरम्भ में ये एक-दूसरे की परस्पर विरोधी रही किन्तु बाद में इन्होंने अपने आप को पारस्परिक समन्वय प्रक्रिया में ढाल लिया।[22]

भारत भूमि पर दो विभिन्न दृष्टिकोणों और उनकी सभ्यताओं का संघर्ष चल रहा था जिसका परिणाम एक नयी सभ्यता का उत्पन्न होना था। हिन्दू-मुस्लिम तत्त्वों से एक नयी स्थापत्य कला का विकास हुआ। 13वीं शताब्दी के बाद हिन्दू तथा मुसलमानों के द्वारा निर्मित भवनों में एक से गुण हैं। विभिन्नता केवल उनके

प्रयोग और उद्देश्यों में रही। उनकी शैलियों में विभिन्नता स्थानीय प्रथाओं और क्षेत्रीय विशेषताओं के कारण थी।[23]

इस्लाम की मेहराब शैली के विपरीत इस्लाम के आगमन से पूर्वकालिक स्थानीय शिल्प शैली को हम 'शहतीरी शिल्प कला' (Trabeate) कह सकते हैं। दूसरे शब्दों में उसकी मुख्य विशेषता आड़ी व खड़ी रेखाएँ थीं जो कि स्तम्भों (Pillars) पर कोष्ठकों (Brakets) की सहायता से कड़ियाँ रखकर बनायी जाती थीं। कई तकनीकी साधनों (जैसे चूने का उपलब्ध न होना) के अभाव के कारण मन्दिरों आदि के निर्माण में कड़ियों वाले छज्जों (Corbelling) और अन्तर्गुन्थन (Dovetailing) जैसी शैलियों का प्रयोग आवश्यक हो गया था। अधिकतर मन्दिरों के निर्माण में शिखर शैली अपनाये जाने का एक मुख्य कारण यह भी है। हमें स्थापत्य में सजावट के लिए प्रयुक्त होने वाले आसपास के फूल-पत्तों व जीवों की प्रचुरता में देशी व भारतीय कला शैलियों का प्रभाव दिखाई देता है। मन्दिर का प्रत्येक कोना जीवित वस्तुओं के विविध रूपों से अलंकृत रहता था। आरम्भिक टकराव के बावजूद इन दोनों विपरीत परम्पराओं ने स्वयं को समन्वय के पथ पर ढाल दिया। इसी के परिणामस्वरूप एक ऐसी नवीन शैली का उदय हुआ जिसमें दोनों की ही विशेषताएँ ; एक की मजबूती (Strength) तो दूसरे का मृदु सौन्दर्य (Grace) सम्मिलित था। विशेष स्थानीय शिल्प शैली की एक अन्य विशेषता उसकी धार्मिक मौलिकता का रूप था जिसे मिथक कला के सन्दर्भ में विश्लेषित किया जा सकता था। इसे ही 'मांगलिक कला' (Auspicious Art) की संज्ञा दी गयी है। वस्तुतः प्रतीकों के माध्यम से उसकी सजावट एवं डिजाइनें बनायी जाती थी। इसकी पृष्ठभूमि में पद्म चक्र एवं स्वास्तिक अंकित होते थे। मन्दिरों के शिखरो पर आमलक एवं कलश होते थे। हिन्दू वास्तुकला मुख्यतः 'लोक शैली की कला' (Folk Art) थी, जो राजनीति और दरशरी संरक्षण से दूर जनता की भावनाओं, और समय की धाराओं पर आधारित थी।

सल्तनतकालीन भवनों को धार्मिक या धर्म निरपेक्ष अथवा लौकिक रूपों में विभाजित करना कठिन-सा लगता है क्योंकि मस्जिद, मदरसे, किले, मकबरे और खानकाहों आदि में विभिन्न सामाजिक कार्यों का निर्वाह होता था। अतः उन्हें धार्मिक एवं धर्म निरपेक्ष श्रेणियों में नहीं बाँटा जा सकता था। शासकों की जरूरतों के अनुकूल इन भवनों को प्रायः शहरों के बीचोंबीच स्थापित किया जाता था। चूँकि इन भवनों का निर्माण विशाल जनसमूहों के जमाव के लिए किया जाता था अतः उनके केन्द्र में एक विशाल खुला आँगन होता था। उस आँगन के चारों ओर खुला गलियारा और ऊँची-ऊँची छतों वाला इबादत घर (मस्जिद) होता था।

सल्तनतकालीन भवन शासकीय प्रश्रय एवं पोषण की उपज था। अतः हिन्दू इस्लायीक कला में हर राजवंश एवं सुल्तान का पसन्दगी एवं नापसन्दगी साफ झलकती है। चूँकि आय का एक बड़ा हिस्सा इन इमारतों में लगाया जाता था,

इसलिए प्रत्येक वंश अपनी विशिष्टता को स्थापित करने के प्रयत्न में नया निर्माण कार्य आरम्भ करता था। इस प्रकार भारतीय इस्लामिक शिल्प कला के विकास में कई विशिष्ट राजवंशीय शैलियाँ (Dynastic Style) उभरी, परन्तु भारतीय व इस्लामी शैली के विकास की दृष्टि से हम उसे तीन वर्गों में रख सकते हैं–

1. तुर्की विजय के एकदम बाद होने वाली तोड़फोड़ के साथ-साथ शीघ्रता से कई भवनों का अनियमित और अनियोजित निर्माण।
2. इस देश में नयी और पहले से स्थापित परम्पराओं के मध्य आपसी आदान-प्रदान तथा मिलाप की प्रक्रिया का प्रारम्भ परन्तु इस शैली की तकनीकी जरूरतों के प्रति समकालीन कारीगरों की अनभिज्ञता के कारण उनके काम में दृढ़ आत्मविश्वास और तकनीकी पूर्णता का अभाव।
3. धीरे-धीरे एक विशिष्ट भारतीय मुस्लिम शैली का विकास।[24]

सल्तनत काल में कलाओं के विकास में प्रमुख रूप से भवन निर्माण कला के विकास को ही राजाश्रय प्राप्त हुआ। सल्तनत काल में कला के विकास के दो स्वरूप हैं। प्रथम, अन्य क्षेत्रों के समान कला में भी एकीकरण और समन्वय की प्रवृत्ति दृष्टिगोचर हुई और धीरे-धीरे इसका विकास हुआ। हिन्दू स्थापत्य कला शैली और मुस्लिम शासकों द्वारा भारत में लायी गयी विदेशी शैली का समन्वय हुआ जिसमें हिन्दू कला के अन्तर्गत दिल्ली सुल्तानों और उनकी राजधानियों में स्थानीय हिन्दू कला का प्रभाव अधिक रहा। इससे नवीन प्रान्तीय स्थापत्य कला शैलियों का सूत्रपात और विकास हुआ।

भारत में राजपूत युग में अनेक दुर्गों, राज प्रासादों और मन्दिरों का निर्माण हुआ। विविध प्रकार की देव प्रतिमाएँ भी बनायी गयी थीं। इन मन्दिरों में हिन्दू मन्दिर ही नहीं वरन् जैन एवं बौद्ध मन्दिर तथा मठ भी सम्मिलित थे। इन मन्दिरों का सौन्दर्य इतना आकर्षक था कि महमूद गजनवी जैसे ध्वंसकारों एवं कट्टर मुसलमानों ने भी इनके सौन्दर्य की सराहना की थी। वास्तविकता तो यह थी कि महमूद गजनवी से लेकर तैमूरलंग तक जितने आक्रमणकारियों ने भारत में प्रवेश किया और राज्य स्थापित किया उन्होंने बहुत सावधानी से न केवल सुविख्यात हिन्दू शिल्पियों की रक्षा की बल्कि अनेक शिल्पियों को अपने साथ ले भी गये।

13वीं शताब्दी के प्रारम्भ में जब दिल्ली में मुस्लिम राज्य स्थायी रूप से स्थापित हो गया तो सुल्तानों ने भवन निर्माण की ओर अपना ध्यान दिया परन्तु इसमें उनकी चार समस्याएँ थीं। प्रथमतः वे निरन्तर विद्रोह के दमन और युद्धों में इतने अधिक संलग्न रहे कि उन्हें इतना अवसर ही नहीं मिल पाया कि वे उच्च कोटि की श्रेष्ठ कलाकृतियों का निर्माण कराते। द्वितीयतः दिल्ली के शासक सैनिक विजेताओं के रूप में भारत में आये थे। उनके सहयोगियों और सैनिकों में श्रेष्ठ कलाकारों और शिल्पियों का नितान्त अभाव था। उच्च कलात्मक आदर्शों और प्रवृत्तियों वाले शिल्पी उनके पास नहीं थे। अतएव विवश होकर उन्हें भारतीय शिल्पियों का आश्रय लेना पड़ा और

उनकी सहायता तथा सहयोग से निर्माण कार्य कराये गये। तृतीयतः उनके पास विशाल भवनों के लिए प्रचुर एवं यथेष्ट भवन सामग्री का अभाव था। चतुर्थतः वे नमाज और धार्मिक कार्यों के लिए सर्वप्रथम मस्जिदों का निर्माण करना चाहते थे क्योंकि उस समय मस्जिदों का अभाव था।

इस प्रकार परिस्थितियों के कारण दिल्ली सुल्तानों ने मस्जिदों, मकबरों और दुर्गों का निर्माण करवाया जिनकी बाहरी दीवारें ज्यों की त्यों रहीं। कुछ विशाल पवित्र मन्दिरों को भूमिसात कर उनके ही भग्नावशेषों पर उनकी ही सामग्री व हिन्दू शिल्पियों की सहायता से मस्जिदें निर्मित की गयीं। कुछ स्थानों पर नवीन राज प्रासाद बनाये गये। इस कार्य में कुशल तथा अनुभवी हिन्दू शिल्पियों की सहायता ली गयी। इन भवनों में विशालता तो थी परन्तु अलंकरण और सजावट का अभाव था परन्तु धीरे-धीरे समन्वय, एकीकरण और सहानुभूति की विचारधाराओं के परिणामस्वरूप इन मुस्लिम भवनों और मस्जिदों की कला शैलियों में परिवर्तन होता गया। हिन्दू शिल्पियों और कलाकारों में समय और परिस्थितियों के अनुकूल आवश्यक क्षमता थी। इसलिए उन्होंने अपने नवीन मुस्लिम स्वामियों की धार्मिक रुचि, आवश्यकताओं तथा राजनीतिक महत्त्वाकांक्षाओं के अनुकूल परिस्थितियों के कारण भवन और मस्जिदें बनायी। उन्होंने विदेशी विचारों व कला के कुछ तत्त्वों को अपनाते हुए इन निर्माण कार्यों में अपनी कला के अनुसार ही सृजन किया। विचार विदेशी थे, कला भारतीय थी। इसी प्रकार सल्तनत काल में एक नवीन स्थापत्य कला शैली का विकास हुआ। इसका प्रादुर्भाव परिस्थितियों की देन स्वरूप हुआ था। इसे इण्डो-सारसानिक कला या हिन्दू-मुस्लिम कला कहते हैं। हैवल का मत है कि इस युग की स्थापत्य कला पूर्णतयाः भारतीय रही जिसमें हिन्दू और मुसलमान दोनों वर्गों की कला का सुन्दर समन्वय होता है। मुसलमानों की कला पर हिन्दू शैली का गहरा प्रभाव पड़ा। सर जॉन मार्शल का मत है कि हिन्दू कलाकारों और शिल्पियों ने मुस्लिम आक्रान्ताओं और उनकी कला को प्रभावित किया। हिन्दू कला में बौद्ध तथा जैन कला तत्त्व शामिल है और इस सम्मिलित कला शैली ने मुसलमानों द्वारा भारत में लायी गयी मध्य एशिया, अरब और उत्तरी अफ्रीका की कला शैलियों से समन्वय किया। इन सबका सम्मिश्रण सल्तनत काल की स्थापत्य कला में हुआ है जिससे नवीन भवनों का निर्माण हुआ।

मुस्लिम शासक और निर्माणकर्ता उन हिन्दू कला परम्पराओं के प्रभाव से नहीं बच सके जो उनके चारों ओर प्रचलित थी। उनके भवनों में हिन्दू कलात्मक अलंकरण आ गया। मुस्लिम कला में अलंकारित प्रवृत्तियों का एवं विविधतामय शैलियों का समावेश हो गया। मुस्लिम भवनों में विविध रंग के पाषाणों का स्थान श्वेत संगमरमर ने लिया। मुस्लिम गोल गुम्बद की सरल कर्कशता पर हिन्दू कलश लगने लगे। महराबों की नक्काशी में हिन्दू अलंकरण की शैली अपनायी गयी।

दरवाजों व स्तम्भों पर अलंकरण नक्काशी के रूप में होने लगा। मुसलमानों के भवनों तथा उसके विविध भागों में सुन्दरता तथा सुडौलपन आ गया। यदि हिन्दू कला शैली के प्रभाव के ये उदाहरण हैं तो मुसलमानों ने भी हिन्दू कला में गुम्बद, मीनार और महराब जोड़ दिये। कभी-कभी मुस्लिम भवनों में मेहराबों और विशाल दरवाजों पर कुरान की आयतों या ऐतिहासिक लेखों को अंकित किया जाता था। प्रान्तों में मुस्लिम भवन निर्माण में हिन्दू शिल्पियों ने अपनी ही शैली का अनुकरण किया और उनके स्वामियों ने उनके कार्यों में कोई बाधा नहीं डाली। इससे जौनपुर, बंगाल, गुजरात, मालवा और दक्षिण भारत में उन कला शैलियों का विकास हुआ है जिसमें स्थानीय कला का अधिक प्रभाव था।

भारत में पहली तुर्की मस्जिद थी—कुब्बत-उल-इस्लाम। उसका निर्माण बहुत जल्दी में किला राय पिथौरा के स्थल पर हुआ। इसी स्थल पर तुर्कों के आगमन से पूर्व सत्ताईस मन्दिरों का निर्माण किया जा रहा था। चूँकि कारीगरी और निर्माण दोनों के लिए वस्तुएँ वहाँ उपलब्ध थीं अतः आवश्यकता केवल मन्दिर के चबूतरे को रिवाक से घिरे सहन में परिवर्तित करने की थी जिसके खम्भे एक पत्थर को दूसरे पर रखकर तैयार किये जाते थे। इस मस्जिद की सबसे बड़ी विशेषता इसका उत्कृष्ट मकसूरा और उसके साथ जुड़ा कबला लिवान है। इसमें हिन्दू-इस्लामी स्थापत्य कला की मजबूती और सौन्दर्य की समन्वित विशेषताएँ पहली बार उभर कर आती हैं। इस भवन में मेहराब प्रभावशाली है और साथ ही उनके अनुपात बिल्कुल सही है। मकसूर को सजाने के लिए खड़ी लाइनों में की गयी नक्काशी में खुशनवीसी (Calligraphy) और ज्यामिति डिजाइनों तथा फूल-पत्तियों का सम्मिश्रण किया गया है। यद्यपि इन महराबों का निर्माण देखने में प्रभावशाली लगता है तथापि तकनीकी दृष्टि से इसमें कलात्मकता नहीं आ सकी। यह वह समय था जब देशी कारीगरों को नयी शैली की पूर्ण समझ नहीं थी। इसलिए उनके स्थापत्य में मेहराब बनाने की सही तकनीकी जानकारी का अभाव झलकता है। मेहराब का सही रूप वास्तविक मेहराब थी जिसके मध्य बिन्दु के चारों ओर पत्थर लगाये जाते थे और इन पत्थरों के माध्यम से मेहराब का भार नीचे के स्तम्भ तक पहुँचा दिया जाता था। दूसरी ओर आरम्भिक भारतीय इस्लामी शिल्पकला में बनायी गयी मेहराबों में कार्बोलिग या टोड़ा तकनीक पत्थरों को एक-दूसरे पर आड़े रखा जाता था जिसमें भार खाली स्थान पर पड़ता था। यह रिक्त स्थान उस भार को सँभालने में असमर्थ होता था। यही गलत तकनीक मकसूरों के जल्दी ध्वस्त हो जाने का मुख्य कारण है। यही बात इस क्षेत्र में निर्मित इल्तुतमिश के मकबरे के गुम्बद पर भी लागू होती है। शैली की दृष्टि से यह मकबरा भी उस ढाँचे के अन्तर्गत आता है जब कारीगर नयी शैली की तकनीकी आवश्यकताओं से अनभिज्ञ थे। यह एक वर्गाकार इमारत है जिसके भीतरी भाग में भरपूर नक्काशी की गयी है। इस इमारत का गुम्बद इसलिए नहीं

ठहर सका क्योंकि जिन मेहराबों पर उसे ठहराया गया था वे वास्तविक मेहराब नहीं थीं। वस्तुतः सही रूप में मेहराब का प्रचलन बलबन के महबरे में हुआ जो अब पूरी तरह से जीर्ण शीर्ण अवस्था में है।

हालाँकि साधारणतया मीनार का निर्माण मस्जिद के अहाते में ही किया जाता था। परन्तु अपनी ऊँचाई के कारण कुतुबमीनार इबादत के लिए बुलाये जाने के उपयोग के लिए अनुपयुक्त थी। अतः उसके निर्माण का उद्देश्य सम्भवतः तुर्की विजय से सम्बन्धित था अर्थात् एक नये शासक वर्ग की शक्ति को एक विजय स्तम्भ की स्थापना के द्वारा घोषित करवाना। इससे पहले कई बार मध्य एशिया के राजाओं ने भी ऐसी ही मीनारों से, जैसे ख्वाजा सियाह दोश की मीनार (जो लगभग 1150 ई. में बनी थी) यही काम किया था। दृढ़ता और सौन्दर्य का वही सम्मिश्रण जो कि भारतीय शिल्प कला की अपनी विशेषता है, कुतुबमीनार में बखूबी देखने को मिलता है। 72.5 मीटर की प्रभावशाली ऊँचाई की इस मीनार की दीवारें ढलान लिये हुए हैं जिससे जमीन पर उसकी 15 मीटर की चौड़ाई ऊपर जाकर केवल 3 मीटर की रह जाती है। इसका निर्माण पूर्णतया लाल बलुआ पत्थर से हुआ है और उसकी पहली 3 मंजिलों पर अत्यन्त संयत नक्काशी की गयी है। छज्जों के निर्माण में प्रयुक्त अवरोही टोडा (Stalactite bracketing) की तकनीक विशेष रूप से ध्यान देने योग्य है। छज्जों को साधारण दीवारगीरों पर ठहराने के बदले पूरे भार की छोटी-छोटी मेहराबों और दीवारगीरों द्वारा मीनार की मुख्य दीवार तक पहुँचाया गया है। इस कारण से ही वह इतने अधिक दिन तक स्थिरता से टिक सकी है। इस मीनार का निर्माण कुतुबुद्दीन ऐबक ने प्रारम्भ किया था परन्तु इल्तुतमिश ने इसे पूर्ण कराने की कोशिश की और अलाउद्दीन खिलजी जैसे सुल्तानों द्वारा इसके क्षेत्रफल को बढ़ा दिया गया। अलाउद्दीन खिलजी द्वारा निर्मित जिन भवनों को जोड़ा गया उनमें अलाई दरवाजा विशेष महत्त्वपूर्ण है। उच्च कोटि के लाल बलुआ पत्थर और श्वेत संगमरमर से बनाई गयी यह इमारत शेरशाह के समय तक की सभी सल्तनती इमारतों में श्रेष्ठतम स्थान रखती है। प्रसिद्ध मकबरों में जैसे गयासुद्दीन तुगलक का मकबरा, फिरोज तुगलक का मकबरा आदि अलाई दरवाजे से ही प्रभावित थे। इसकी श्रेष्ठता अलाउद्दीन खिलजी के राज्य में साधन जुटाने की क्षमता की ओर भी संकेत करती है। हम इस इमारत को वह बिन्दु मान सकते हैं जहाँ से पहले ही अनिश्चितता और रुकावटों को लाँघकर एक स्पष्ट हिन्द-इस्लामी स्थापत्य शैली का विकास होता है। इसमें निर्माण कार्य से सम्बन्धित दो सामानों, बलुआ पत्थर और श्वेत संगमरमर का एक साथ प्रयोग हुआ है और बारीक कारीगरी तथा जाली देखने योग्य है। तीन प्रवेश द्वारों की मेहराबों का आकार नुकीले कंगूरों से सजाया गया है। चौथी मेहराब का आकार कुछ असाधारणता लिये हुए है, क्योंकि इसका आकार त्रिदलीय प्रतीत होता है। शताब्दियों के बाद यही तकनीक शाहजहाँ द्वारा विकसित की गयी। इसी शैली के अन्तर्गत निजामुद्दीन औलिया

के खानकाह के साथ बनी जमाअत खाना मस्जिद भी आती है।[25]

हिन्दू-मुस्लिम शैली के सम्मिश्रण का दूसरा प्रमुख उदाहरण सिकन्दर लोदी का मकबरा है। इस मकबरे के गुम्बद के भीतरी भाग के अलंकरण तथा प्रवेश द्वार पर हिन्दू कला का गहरा प्रभाव है। इस मकबरे में रंग-बिरंगे खपरैलों का उपयोग किया गया है। पाषाण में नक्काशी और अलंकार के रंग-बिरंगे खपरैलों और पाषाण की जो कला इस युग में प्रारम्भ हुई उसका समुचित विकास मुगल युग में हुआ।

भारत में हिन्दू-मुस्लिम कला में सम्मिश्रण से बनी गौड़ की सेना मस्जिद तथा पाण्डुआ की सुनहरी मस्जिद बनावट के विशेष नमूने हैं। इनमें कलाकारों की कोमलता, श्रेष्ठता तथा स्पष्टता अधिक है।[26] मालवा की मलिक मुगिथ मस्जिद (Malik Mugith Masjid) अपनी बनावट में आधी मुस्लिम तथा आधी हिन्दू है।[27] गुजरात में हिन्दू दस्तकारी का मुस्लिम स्थापत्य कला पर अन्य स्थानों की अपेक्षा अधिक प्रभाव पड़ा। एक शताब्दी के परीक्षण जो अहमदाबाद में चला। उसके बाद हिन्दू दस्तकार नुकीला गुम्बद बनाने में सिद्धहस्त हो गये और वे दस्तकार इस्लामी भावना को अपनाने लगे थे।

कश्मीर तथा बंगाल में भी हिन्दू-मुस्लिम स्थापत्य कला का सम्मिश्रण हुआ। बंगाल में हिन्दू मन्दिरों की शैली से वक्र रेखाओं द्वारा सुन्दर अलंकरण, सजावट के लिए कमल आदि सांकेतिक हिन्दू आकृतियों को अपनाया गया। जौनपुर के तुर्की शासकों के यहाँ हिन्दू-मुस्लिम कला का सम्मिश्रण हुआ। जौनपुर शैली की विशेषता है कि भरी ढालू दीवारों, वर्गाकार स्तम्भों, छोटे गलियारों, सरल कला, पूर्ण मेहराबों, प्रवेश द्वारों और दीवारों पर बने आले (Nitches) आदि इसकी प्रसिद्ध कलाकृतियाँ हैं। इब्राहिम शाह शर्की द्वारा निर्मित अटाला मस्जिद, हुसैन शाह द्वारा निर्मित जामा-ए-मस्जिद, लाल दरवाजा मस्जिद, जहाँगीरी मस्जिद आदि। अटाला मस्जिद हिन्दू-मुस्लिम कला शैली के सम्मिश्रण का श्रेष्ठ नमूना है। मालवा की प्राचीन राजधानी धार में राजा भोज के सरस्वती मन्दिरों को तोड़कर उसमें बनायी गयी मस्जिद और परमार राजपूत नरेश के सूर्य महल के भग्नावशेषों पर निर्मित लाट मस्जिद कलापूर्ण हैं। इनमें हिन्दू शैली के अत्यधिक कलापूर्ण स्तम्भों की प्रधानता है। धार में ही सूफी सन्त कमालुद्दीन का मकबरा भी है। इसमें भी हिन्दू शैली है।

गुजरात के मुस्लिम शासकों ने प्रचलित जैन-हिन्दू भवन निर्माण कला को अपनाया और उसे अत्यधिक प्रोत्साहन दिया। इसमें मुस्लिम शैली के कुछ भाग मिला लिए गए। गुजरात शैली हिन्दू-मुस्लिम कला शैलियों के पारम्परिक समन्वय की सुन्दर उदाहरण हैं।

हिन्दू-मुस्लिम सभ्यता का कला के क्षेत्र में इतना अधिक सम्मिश्रण हुआ है कि मुस्लिम शासक अपनी मस्जिदों के नाम भी हिन्दू देवी-देवताओं के नाम पर रखने लगे। जैसे हिन्दुओं में काली देवी का मन्दिर होता है तो मुसलमानों ने भी काली

मस्जिद बनवानी शुरू की। फिरोज तुगलक के प्रधानमन्त्री मलिक मकबूल के मरने के बाद उसके पुत्र खान-ए-जुहान जनानशाह ने एक मस्जिद काली मस्जिद के नाम से बनवायी थी। यह दिल्ली में निजामुद्दीन औलिया के दरगाह के समीप स्थित है।

गुजरात में कुतुबुद्दीन मुबारक शाह ने उखा मस्जिद का 1316-20 ई. में निर्माण कराया इसका नाम उखा मस्जिद इसलिए रखा गया क्योंकि यह उखा मन्दिर को तोड़कर उसके भग्नावशेषों से बनायी गयी थी। यह बयाना के भरतपुर क्षेत्र में स्थित है। वहाँ मुसलमानों ने इसका नाम भी परिवर्तित करने की कोशिश नहीं की। केवल मन्दिर के स्थान पर मस्जिद पुकारना प्रारम्भ किया।[29]

जौनपुर में अटाला मस्जिद का निर्माण लगभग 1377 ई. में प्रारम्भ हुआ था परन्तु 1408 ई. में इब्राहिम शाह शर्की ने पूर्ण कराया। इसका नाम अटाला मस्जिद इसलिए रखा गया क्योंकि यह अटाला देवी के नाम पर बने मन्दिर के भग्नावशेषों से बनायी गयी थी। यहाँ पर भी मुसलमानों ने इसका नाम भी बदलने की कोशिश नहीं की।[30]

दौलताबाद में देवल मस्जिद का निर्माण मोहम्मद तुगलक के काल में कराया गया। यह बोधन नामक स्थान पर स्थित है। इसके ढाँचे में भी परिवर्तन नहीं किया गया। यह एक हिन्दू धार्मिक स्थान था। इसकी नयी आवश्यकताओं को ध्यान में रखकर बहुत कम परिवर्तन किया गया। इसमें मुस्लिम कला की कोई छाप नहीं है।[31]

जूनाशाह ने दिल्ली में 1367 ई. के लगभग दो मस्जिद बनायी। एक काली मस्जिद तथा दूसरी खिरकी मस्जिद। यहाँ भी हिन्दू नाम ही इन मस्जिदों के रख दिये गये।[32]

सल्तनतकाल में कुछ महलों का निर्माण भी हुआ था। उनमें से कुछ के नाम ऐसे हैं जिनसे यह स्पष्ट होता है कि उनके नाम भी भारतीय हैं, जैसे—जहाज महल। जिसका निर्माण हुशंग नामक शासक ने मांडू में कराया था। कुशक महल इसका निर्माण मालवा के शासक महमूद शाह प्रथम ने करवाया था। जब वह 1445 ई. में जौनपुर वापिस आ रहा था तो फतेहाबाद के निकट उसने इस महल के बनवाने का आदेश दिया।[33]

बीदर के किले में मुहम्मदशाह तृतीय ने सोला खम्भ मस्जिद का निर्माण कराया था। इसके पास उसने राजप्रासाद भी बनवाये थे जिनमें गगन, तरकश, चीनी, नगीना महल शामिल थे।[34] गगन और नगीना महल के नाम पूर्ण रूप से भारतीय हैं।

जौनपुर के शासक इब्राहिम शाह शर्की ने लाल दरवाजा, जामा मस्जिद, अटाला मस्जिद बनवायी थी। लाल दरवाजा मस्जिद का शिल्पकार हिन्दू था, जिसका नाम कमाउ था। वह विदादरू का पुत्र था। अटाला मस्जिद का शिल्पकार भी हिन्दू था।[35]

सर वूल्जे हेग ने हिन्दू-मुस्लिम कला तथा स्थापत्य कला के सम्मिश्रण का स्पष्ट रूप से उल्लेख किया है। सर हेग के अनुसार किन्हीं दो विशेषताओं में कला तथा स्थापत्य कला में इतना सम्मिश्रण अन्यत्र देखने को नहीं मिलता जितना हिन्दू मुस्लिम कलाओं में मिलता है जबकि वे धार्मिक विचारधाराओं में एक-दूसरे के पूर्णतया विपरीत थे।[36]

प्रो. हबीबुल्ला के अनुसार कला तथा स्थापत्य कला में हिन्दू-मुस्लिम विचारधारा के साथ-साथ बौद्ध विचारधारा का भी सम्मिश्रण है। दिल्ली के मस्जिद में ऐबक ने बौद्ध चैत्य हॉल (Buddhist Chaitya Hall) का प्रयोग किया। तुगलक और सैय्यद शासकों ने भी हिन्दू विचारधारा को अपनाया।[37] इससे स्पष्ट होता है कि सल्तनत काल में स्थापत्य कला के क्षेत्र में कार्य, नाम, सम्मान में इतना अधिक सम्मिश्रण हो गया था, कि वे एक-दूसरे से किसी प्रकार भी अलग नहीं हो सकते थे और ये सब बातें हिन्दू और मुसलमान दोनों को एक सूत्र में बाँधती रहीं।

5.1.51. चित्रकला और हिन्दू-मुस्लिम एकता

यद्यपि भित्ति विचित्र (Wall Decoration) तथा सचित्र पाण्डुलिपि दोनों ही रूपों में चित्रकला की परम्परा भारत में प्राचीन काल से ही रही है तथापि कला के इतिहासकारों द्वारा सर्वसम्मति से यह माना जाता है कि दिल्ली के सुल्तानों के दरबारों में भारतीय मुस्लिम कला की कोई परम्परा नहीं रही। गहराई से सोचने पर यह ज्ञात होता है कि अधिकतर सुल्तान अपने धार्मिक दृष्टिकोण में रूढ़िवादी थे और ऐसा कोई ठोस साक्ष्य भी मौजूद नहीं है जो इस बात के विपरीत प्रमाण दे सके। अतः यह मान लिया गया कि सुल्तानों की कलात्मक अभिव्यक्ति की इस विशेष शैली से कोई आश्रय नहीं दिया गया। पिछले पच्चीस वर्षों के दौरान हुई रोचक खोजों तथा ज्ञात सामग्रियों के पूर्व मूल्यांकन को दृष्टि में रखते हुए इस मत में संशोधन करना होगा क्योंकि यह बिल्कुल स्पष्ट है कि दिल्ली के सुल्तानों के लम्बे शासन काल के दौरान दिल्ली में और साथ ही साथ प्रान्तों में भी प्रोत्साहन दिया गया।

उत्तर मध्यकाल में सम्पूर्ण इस्लाम जगत् में राजकीय कक्षों तथा भवनों में निर्मित चित्रों का बहुत प्रचलन था और दिल्ली सल्तनत भी निश्चित रूप से इसका अपवाद नहीं थी। इसी प्रकार सुल्तान लोग अरबी और फारसी की उन श्रेष्ठ साहित्यिक और ऐतिहासिक कृतियों की पाण्डुलिपियों से भी अनभिज्ञ नहीं रहे होंगे। जिन्हें उत्साही कुलीन वर्ग के लोग तथा पुस्तकों के प्रेमी तुर्कीस्तान, ईराक तथा फारस से निरन्तर आयात करते रहते थे। इस पृष्ठभूमि में यह पता लगाना पूर्णतः आश्चर्यजनक नहीं होगा कि दिल्ली के सुल्तानों के दरबारों में तथा अन्य स्वतन्त्र तथा अर्द्ध स्वतन्त्र केन्द्र में चित्रकला को वास्तविक प्रोत्साहन मिला। इस सामग्री की पहचान एक लम्बे समय तक नहीं हो सकी थी क्योंकि इसमें अधिकांश में प्रामाणिक पुष्टिकाएँ (Authentic Colophaus) नहीं हैं जिनकी वजह से इन्हें यहाँ तो प्रान्तीय फारसी रचनाएँ मान लिया गया था या फिर ऐसी रचनाएँ जिनके बारे में यह पता ही नहीं था कि उनकी रचनाएँ कहाँ हुईं। इस काल के दौरान भित्ति चित्रों के प्रचलन के बारे में कुछ प्रमाण मिले हैं जो साहित्यिक कृतियों में मिले छुटपुट तथा अप्रत्यक्ष सन्दर्भों के रूप में हैं। फिर भी यह स्वीकार करना होगा कि इन प्रमाणों की मात्रा भी बड़ी अल्प है। सल्तनत काल

में चित्र के प्रचलन का सबसे प्रारम्भिक उल्लेख बैहाकी द्वारा लिखित 'गजनवियों का इतिहास' में मिलता है। इसमें सुल्तान महमूद की राजधानी हैरात तथा लश्करी बाजार नामक नगर की इमारतों तथा स्मारकों में आकृति सम्बन्धी चित्रों के विद्यमान होने का उल्लेख किया गया है। शुलम्बर्गर और अन्य फ्रांसीसी पुरातत्त्वविदों ने हेरात एवं लश्करी बाजार के भवनों की दीवारों पर उत्सवों में पहनी जाने वाली पोशाकें तथा शाही दरबार के गुलामों को दिखाने वाले प्रारम्भिक भित्ति चित्रों के अवशेषों की खोज करके बैहाकी के उल्लेख की पुष्टि की है। यद्यपि ये स्थान सुल्तान महमूद के विशाल साम्राज्य का अंग थे तथापि भौगोलिक दृष्टि से यह भारत की सीमाओं से बाहर स्थित हैं। सुल्तान महमूद के दरबारी कवि फारखी ने सुल्तान महमूद द्वारा लाहौर में बनवाये गये एक भव्य उद्यान में निगारखाना अर्थात् चित्र वीथिका नामक मण्डप की दीवार पर चित्रित सजावट का उल्लेख किया है जिसे समकालीन इस्लामिक जगत् में चित्रकला के प्रचलित होने के पक्ष में एक प्रमाण माना जा सकता है। इस निगारखाना के बीचोंबीच महमूद गजनबी का भी एक शबीह या व्यक्ति चित्र बना था जिसमें उसे शिकार करते हुए और उसके आसपास खड़े उल्लसित जन समुदाय को चित्रित किया गया था।

समसामयिक लेखक ताजउद्दीन रजा के साक्ष्य के अनुसार सुल्तान शमसुद्दीन इल्तुतमिश (सन् 1210-1236 ई.) के शासन काल के दौरान चित्रों के माध्यम से सजावट का काफी प्रचलन था। 1226 ई. में बगदाद के खलीफा के दूत के आगमन पर हुए समारोह का उल्लेख करते हुए रजा ने एक खलीफा के दूत के आगमन पर हुए समारोह का उल्लेख करते हुए एक कशीदे में दरगाह या तख्त महल के प्रमुख मेहराब के चाप स्कन्धों (Spandrels) पर मानव तथा पशु आकृतियों के चित्रों और सज्जाओं का अस्पष्ट-सा उल्लेख किया है। चौदहवीं शताब्दी के लेखक इस्लामी ने अपनी पुस्तक 'फतूह-उस-सलातीन' में चित्रकला के सम्बन्ध में राजा के साक्ष्य की पुष्टि की है। उसने लिखा है कि इल्तुतमिश के काल में चित्रकारों और चित्रकला की वास्तविक परम्परा के विद्यमान होने को प्रमाणित करने के लिए इस्लामी का सन्दर्भ बहुत ही तर्कसंगत प्रतीत होता है। समकालीन फारसी और हिन्दी ग्रन्थों में अलाउद्दीन खिलजी के शासनकाल में भित्ति चित्रों, पाण्डुलिपि चित्रों और कपड़े पर बने चित्रों के सम्बन्ध में प्रत्यक्ष तथा अप्रत्यक्ष प्रमाण मिलते हैं। अमीर खुसरो देहलवी की बहु प्रशंसित सुप्रसिद्ध कृति 'देवलरानी खिन खाँ' में स्पष्टतः कहा गया है कि चित्रों के डिजाइनों के लिए चरकबों अर्थात् छेददार भावों (Perforated Pounces) का इस्तेमाल किया जाता था। खुसरो के 'सनूह सिविहर ग्रन्थ' में सुन्दर बालों वाले चित्रित वस्त्रों का उल्लेख है। फारस के इल्खादिन वंश के सुप्रसिद्ध विद्वान वजीर मलिक अलाउद्दीन द्वारा अलाउद्दीन खिलजी के समकालीन ख्वाजा रशीदउद्दीन फजलउल्लाह को भेजे उपहारों की सूची में एक ऐसे चित्रांकित कपड़े का उल्लेख है जिसमें अपने दरबार का आयोजन करते हुए एक सुल्तान को दिखाया गया है।

अमीर खुसरो के ग्रन्थों के अनेक स्थलों पर आकृति मूलक रेखांकनों और आकृतियों में अंकित कालीनों और पदों के अनेक उल्लेख हैं। 'छिताई वार्ता' नामक एक हिन्दी ग्रन्थ में भी एक चित्रकार एवं उसकी रचनाओं का स्पष्ट उल्लेख है। यह पुस्तक "अलाउद्दीन तथा देवगिरी के राजा रामदेव यादव की पुत्री छिताई से सम्बन्धित है। इस कथा में सुल्तान उक्त कुशल चित्रकार की कुशलता और सल्तनतकालीन चित्रकला के स्वरूप का स्पष्ट आभास प्राप्त होता है।"

सल्तनत काल में चित्रकला का सर्वाधिक महत्त्वपूर्ण प्रसंग शम्स-ए-मिराज अफीफ की 'तारीख-ए-फिरोजशाही' में मिलता है। एक स्थान पर गैर इस्लामी प्रथाओं के प्रति फिरोजशाही तुगलक द्वारा अपनाये गये निषेधात्मक उपायों की चर्चा करते हुए अफीफ लिखता है कि "सुल्तानों में यह रिवाज है कि वे अपने आरामगृहों की आकृति मूलक चित्रों को दीर्घाओं से सुसज्जित करते हैं। खुदा के प्रति अपने भय के कारण सुल्तान फिरोजशाह ने आदेश दिया कि इन दीर्घाओं में हिन्दू नरेशों की जीवित आकृतियों के चित्रों को नहीं लगाना चाहिए क्योंकि उनका उक्त कार्य सिद्धान्त के प्रतिकूल है। सुल्तान ने उनसे आगे कहा कि इस प्रकार की आकृतियों को चित्रांकित करने के स्थान पर पुष्पित वृक्षों के रेखांकन करायें। इस सम्बन्ध में अफीफ द्वारा किया गया उल्लेख बड़ा ही रोचक है क्योंकि वह सूचित करता है कि दिल्ली सुल्तानों के महलों के निजी कक्षों की दीवारों पर आकृतिमूलक चित्रों की एक अनवरत परम्परा थी।" जिसे आजम के सुल्तानों, गजनवियों तथा ईरानी जगत् के अन्य शासकों द्वारा पोषित चित्रकला की परम्परा से ग्रहण किया था। जियाउद्दीन बरनी ने तारीख-ए-फिरोजशाही में बताया है कि सुल्तान ये कैकुबाद द्वारा शुरू कराये गये महल को जलाउद्दीन फिरोज खिलजी ने पूरा कराया तथा उसे चित्रों से सजाया गया। इसी प्रकार खान-ए-फिरोजाबाद में फिरोजशाह के महल की सजावट चित्रों से की गयी थी।

डलमऊ में मुल्ला दाउद द्वारा सन् 1379-80 ई. में अवधी भाषा में सुप्रसिद्ध प्रेमाख्यानक काव्य चन्दायन में एक रोचक छन्द है। इस छन्द में कथा नायिक "चन्दा द्वारा अपनी सखियों के साथ मिलकर चित्रांकित महल की अटारी पर सोने" का उल्लेख है। छिताई वार्ता की भाँति 'चन्दायन' में भी रामायण से लेकर महाभारत तक के प्रसंगों, आम जीवन के दृश्यों, शिकार के दृश्यों तथा लोकप्रिय लोक कथानकों के चित्रांकनों का उल्लेख है। इन चित्रों की पृष्ठभूमि लाल रंग की आभा लिये हुए है और इनमें सुनहरे रंग का खूब प्रयोग किया गया है। इस विशेषता को समकालीन जैन पाण्डुलिपियों, दृष्टान्त चित्रों और भारतीय चित्रकला की अन्य विभिन्न परम्पराओं से ग्रहण किया गया है। साथ ही सिराज के इंजुवंश के काल में प्रचलित चित्रकला शैली तथा मुबिगेन के अमीर हाजा की समस्याग्रस्त हिन्दू-मुस्लिम पाण्डुलिपि के पृष्ठों पर अंकित दृष्टान्त चित्रों ने भी कुछ सीमा तक इन चित्रों को प्रभावित किया है।

भित्ति चित्र के अवशेषों के कुछ दृष्टान्त—उपयुक्त चर्चा से यह बिल्कुल स्पष्ट है कि मुगल युग से पूर्व शयनगृहों तथा दीर्घाओं में चित्रित भित्ति चित्रों के रूप में चित्रकला काफी प्रचलित तथा लोकप्रिय थी। समय के थपेड़ों के कारण केवल नाममात्र के चित्र ही शेष बचे हैं और लिखित साक्ष्यों की पुष्टि करनेवाली बहुत थोड़ी सामग्री ही शेष बची है। दिल्ली सल्तनतकालीन चित्रकला के बिखरे और बचे-खुचे अवशेष हमें चम्पानेर एवं सर हिन्द के पूर्व स्मारकों और सीरी एवं बेगमपुर के मध्य स्थित मखदूवली मस्जिद से प्राप्त हुए हैं। भित्ति चित्रों के ये अवशेष फूल-पत्तियों और वनस्पतियों के रूप में है। ग्वालियर के मानसिंह तोमर के महल में अलंकरणों के अद्भुत सौन्दर्य ने बाबर तथा अकबर दोनों को बहुत अधिक प्रभावित किया था। ग्वालियर तथा गुजरात में चित्रकला की उक्त परम्परा को इस सीमा तक समृद्ध रूप से सुरक्षित रखा गया कि सोलहवीं शताब्दी के उत्तरार्द्ध में अकबर संस्थापित महान चित्रालयों में इनमें कुछ कुशल कार्यरत चित्रकारों को चित्र बनाने के लिए नियुक्त किया गया।

5.1.52. लघु चित्र पांडुलिपियाँ

पूर्वी भारत के पाल साम्राज्य में नवीं-दसवीं शताब्दी से बौद्ध-जैन और हिन्दू धार्मिक ग्रन्थों की पांडुलिपियों के ताड़ पत्र, पृष्ठों और लकड़ी की जिल्दों (पटरियों) पर मूर्ति शिल्प सम्बन्धित दृष्टान्तों के रूप में चित्र बहुत व्यापक रूप से प्राप्त होने लगते हैं। बारहवीं शताब्दी में बख्तयार खिलजी के विनाशकारी आक्रमण के बाद लघुचित्रों एवं चित्रांकित पाण्डुलिपियों की यह परम्परा अपने मूल जन्मस्थान में ही सदा-सदा के लिए नष्ट हो गयी। इसी युग में पश्चिमी भारत में गुजरात एवं मारवाड़ की महान प्रेरणा से लघुचित्र चित्रकला अस्तित्व में आयी। चौदहवीं और पन्द्रहवीं शताब्दी में यह शैली एक शक्तिशाली आन्दोलन के रूप में विकसित हुई। तदुपरान्त धनाढ्य जैन व्यापारियों के उदार संरक्षण के माध्यम से यह कला केन्द्रीय, उत्तरी और यहाँ तक की पूर्व भारत में भी फैल गयी। दिल्ली सल्तनत की सत्ता के महान और गौरवशाली दोनों में सल्तनत की राजधानी में इस प्रकार की पांडुलिपियों को लिखने और उनके पृष्ठों को चित्रांकित करने का अर्थ है कि सल्तनत काल में भारत में ईरानी और भारतीय दोनों प्रकार के चित्रकार और चित्रकला शैलियाँ विद्यमान थीं। परन्तु अभी तक हमें कोई भी ऐसा लघुचित्र या चित्रांकित पांडुलिपि नहीं मिली है जिसके बारे में निश्चित रूप से यह कहा जा सके कि यह दिल्ली सल्तनत के दरबार के संरक्षण के अन्तर्गत चित्रांकित हुई है। मौजूदा ऐतिहासिक सामग्री में चित्रों के पूर्ण अभाव के आधार पर अधिकांश विद्वानों का अनुमान है कि दिल्ली सल्तनत की चित्रकला की इस परम्परा में विद्यमान होने की कोई सम्भावना नहीं है। परन्तु हाल के कुछ वर्षों में अनेक पांडुलिपियों की खोज की गयी है जिनके द्वारा कम से कम तीन प्रान्तीय सल्तनतों के दरबारों—मांडू, जौनपुर और बंगाल में मालवा के खिल्जियों, जौनपुर के शकियों और बंगाल के हुसैन

शाही सुल्तानों द्वारा बड़ी सच्ची निष्ठा के साथ चित्रकला को संरक्षण देने के प्रमाण मिलते हैं। इसी सन्दर्भ में हम गुजरात का नाम भी जोड़ सकते हैं, जहाँ शताब्दियों से चित्रांकित जैन पाण्डुलिपियों को तैयार किया जाता रहा था। इनके अतिरिक्त प्रोफेसर रिचर्ड एटिंग हाउसमेन और इर्मा एल.फ्राड ने हाल ही में ईरानी साहित्यिक ग्रन्थों और सम्बन्धित पांडुलिपियों की खोज की है। जिनमें वेशभूषा और रीति-रिवाजों, प्राकृतिक दृश्यों, स्थापत्य, आन्तरिक सजावट, फूलों और पौधों एवं उच्च कोटि के रंग चयन आदि से परिपूर्ण एक बहुत परिष्कृत ईरानी कृत शैली की खोज की गयी है।

सल्तनत युग की प्रारम्भिक चित्रांकित हिन्दू-मुस्लिम पांडुलिपि अमरी खुसरो देहवली की 'कंसा' नामक पांडुलिपि में बिखरे हुए हैं। इस पांडुलिपि के बीस-पच्चीस बिखरे हुए पृष्ठ मिले हैं, जिनमें आड़े चित्र बनाये गये हैं। इनमें से दो चित्रांकित पृष्ठों को जो वाशिंगटन डी सी की कलादीर्घा में रखे हुए हैं।

5.1.53. मांडू, जौनपुर और बंगला समूह

कुछ तिथि युक्त पांडुलिपियाँ मांडू और दिल्ली, आगरा प्रदेशों से और हाल ही में एक पांडुलिपि बंगला से प्राप्त हुई है। मांडू ने कम से कम चार अन्य अद्भुत पांडुलिपियों की ओर हमारा ध्यान दिलाया है। इनमें से सर्वाधिक महत्त्वपूर्ण और रोचक पांडुलिपि 'नियामत नामा' है जो पाक शास्त्र पर एक ग्रन्थ है। दुर्भाग्य से इस ग्रन्थ में तिथि नहीं दी गयी है पर इतना निश्चित है कि इस पांडुलिपि को मांडू में चित्रांकित किया गया था। इस पांडुलिपि की पुष्पिका में गयासुद्दीन खिलजी के बेटे सुल्तान नसीरुद्दीन खिलजी का उल्लेख है जिसमें व्यक्ति चित्रों को अनेक लघु चित्रों के माध्यम से प्रदर्शित किया गया है। जैन लघु चित्रकला के क्षेत्र में पांडु एक बहुत व्यापक कला शैली का केन्द्र बिन्दु था। नियामत नामा के चित्रांकनों से समकालीन ईरानी शैली के साथ इसके घनिष्ठ रूप से सम्बन्ध होने और मालवा की इस चित्रकला शैली की विकसित एवं सुरुचिपूर्ण कलात्मक परम्परा का पता चलता है। इन चित्रों की रंग योजना बड़ी चटकीली एवं जीवन्त है। इन चित्रों में चित्रित बेल-बूटे बड़े समृद्ध और ताजगी लिये हुए और मानवीय आकृतियाँ बड़ी ही स्वाभाविक एवं सौष्ठव पूर्ण उन्मुखता लिये है। इसी प्रकार की प्रवृत्ति हमें फित्ताह जल फूजाला नामक एक अन्य पांडुलिपि में भी देखने को मिलती है। यह मांडू में तैयार किया दुर्लभ शब्दों का एक शब्दकोश है।

5.2. सल्तनतकालीन बंगला संस्कृति और हिन्दी का प्रभाव

किसी युग में बंगालियों का व्यवसाय, शिल्प कर्म का प्रभाव संसार भर में फैला हुआ था। बंगाल के भिन्न-भिन्न बन्दरगाहों में बड़े-बड़े महाजनी नाव और जहाजों की भीड़ लगी रहती थी। बंगाल में मूल रूप से सामाजिक जीवन कृषि पर आधारित है। चावल, घी, तेल, रेशम, सूती, मिर्च, काली मिर्च, मसाले, दाल, नाना प्रकार के गुड़ व

मांस-मछली से देश का खाद्य भंडार भरा होता था। बंगालियों को निर्यात करने की आवश्यकता नहीं होती थी। शहर बड़ी-बड़ी अट्टालिकाओं से पूर्ण जिसमें उच्छल नागरिकों की भीड़ रहती थी। आज भी शिल्प कला का अपूर्व निदर्शन मिट्टी की तहों में मिल जाते हैं। उन दिनों जहाज के समान लकड़ी के नाव तैयार होते थे। बंगाल में युद्धपोत, कमान, गोला-बारूद आदि भी तैयार होते थे। कवियों की रचनाओं में साहसी बंगाली सैनिकों का वर्णन भी प्राप्त होते हैं।".....सुप्राचीन बंगाल के श्रेणी विन्यास के बारे में पाँचवी शती से पहले उपादानों के अभाव से कुछ भी उल्लेख करना कठिन है। पाँचवी शती के आरम्भ से आठवीं शती के मध्य तक बंगाली समाज प्रधान रूप से शिल्प व व्यवसाय पर निर्भर था। छवीं शती में ही सभी प्रथाओं को स्वीकृति व प्रतिष्ठा मिली।.....सातवीं शती के शेषार्ध व आठवीं शती में राष्ट्रीय सामाजिक आवर्त में वह पीड़ित रहा।...आठवीं से तेरहवीं शती तक बंगाली समाज प्रधान रूप से कृषि पर निर्भर था। उस समय के सामन्त समाज में भूमि ही प्रधान सम्पद था।"[38]

दो सौ वर्ष पहले तक व्यवसाय में करोड़ों रुपयों का आदान-प्रदान होता था। विदेशी व्यवसायियों का आगमन इस देश में सस्ते कच्चे मालों के कारण हुआ। मुगल व अंग्रेजों ने इस देश में शासन किया व उत्पादन व्यवस्था के ढाँचे को तोड़कर सारी सम्पदा अपने देश में लेकर गये। वहाँ उन्होंने कारखाना उद्योग को बढ़ावा दिया और इस देश को विदेशी वस्तुओं से भर दिया गया। फलस्वरूप इस देश के शिल्पी प्रभावित हुए। पाँच सौ वर्ष के अधिक समय से इस जाति के इतिहास को खोज पाना आज कठिन हो गया है। फिर भी अंजान अस्पष्ट विचित्र मार्ग से भूली हुये अतीत के रत्नों को खोजा जा सकता है।

हिन्दू युग में बंगदेश या बंगला नाम से कोई स्वतन्त्र भूखंड नहीं था। उसके अनेक नाम थे। उत्तर व पश्चिम बंगाल के कुछ अंश लेकर निर्मित गौड़ की सीमा का निर्दिष्ट प्रमाण नहीं मिलता। सल्तनत काल में पुंड्र, बरेन्द्र, राढ़, ताम्र, लिप्त, बंग, समतट आदि अंचल बंग देश के अन्तर्गत था। आईना-ए-अकबरी में अबुल फजल ने बंग देश का उल्लेख किया है। वैदिक काल के प्रथम भाग में बंगाल का उल्लेख नहीं मिलता है, पर इस युग के अन्त में बंगवासियों के बारे में गलत मन्तव्य मिलते हैं। ऋग्वेद के ऐतरेय ब्राह्मण में इसका प्रमाण मिलता है। उस समय बंगाल में अनेक विद्वानों का कहना है कि उस समय बंगाल में आदिवासी व नीच जाति के निषाधों का वास था परन्तु स्पष्ट प्रमाण मिलता है कि आर्य बस्ती स्थापित होने से पहले इस अंचल में एक उन्नत सभ्य जाति का वास था। आर्यों ने विद्वेष के कारण गलत मन्तव्य किया है।

श्रुति व स्मृति ग्रन्थ में बंग देश का उल्लेख नहीं है। विनयपिटक में भी इसका उल्लेख नहीं मिलता है लेकिन पंतजलि दर्शन, रामायण, महाभारत, हरिवंश भागवत, मनुसंहिता, विष्णु पुराण, वायु पुराण, रघुवंश, वराहमिहिर बृहत् संहिता का उल्लेख है। बोधयान धर्म सूत्र पुंड्र, कलिंग व बंग का उल्लेख है। रामचन्द्र के पिता दशरथ ने

बंग जय किया था। महाभारत में पुंड्र, सुंग, बंग व ताम्र लिप्ति का परिचय मिलता है। द्रौपदी के स्वयंवर सभा में तीन बंगाली राजा आमन्त्रित थे जिनका भीम व कृष्ण के साथ विवाद हुआ था। महावीर कर्ण ने बंगाल, बिहार तथा उड़ीसा को मिलाकर एक बृहत् राज्य की प्रतिष्ठा की थी। जैन व बौद्ध ग्रन्थ में भी बंगाल का उल्लेख है। जैन धर्म ग्रन्थ आचरंग सुत्त में उल्लेख है कि जब महावीर पूर्वांचल का भ्रमण कर रहे थे तब उन्हें बंगाल के पश्चिमांचल के रहने वाले लोगों से अच्छा व्यवहार नहीं मिला था। जैन धर्म का सर्वप्रधान केन्द्र पुंड्र वर्धन था। बौद्ध जातकों मे भी राढ़, बंग, पुंड्र और वर्धन का उल्लेख है। 'मिलिन्द पंच हो' ग्रन्थ में बंग बन्दरगाह का उल्लेख मिलता है।

अलेग्जांडर ने जब भारत आक्रमण किया था तब बंगदेश पंजाब तक फैला था। बंगाली गंगारिड जाति की ख्याति का समाचार ग्रीक महावीर अलेग्जांडर को था। ग्रीक लेखकों का मन्तव्य है कि भारत में अनेक जातियों का वास है। उनमें गंगारिड जाति ही सर्वश्रेष्ठ है। इनके पास चार हजार प्रकांड एवं सुसज्जित रण हस्ति है। इसलिए कोई राजा इस देश को पराजित नहीं कर पाया। स्वयं अलेग्जांडर इन हाथियों से डरकर इस जाति को पराजित करने की आशा त्याग दी थी। 'गंगारिड व प्रासीआई' ये दोनों जाति गंगारिड राज्य के अन्तर्गत थे। इसका राजधानी पालिबोधरा या पाटलिपुत्र था।

ऐतिहासिक रमेशचन्द्र मजूमदार ने इस काल के बारे में कहा था—"दुःख की बात है कि विदेशी लेखकों के कुछ आदर सूचक मन्तव्यों के सिवा बंगाल के इस युग के इतिहास के बारे में कुछ पता नहीं चलता है।" चौबीस परगना व मेदिनीपुर जिले के कुछ स्थानों के खुदाई की कुषाण व सुंग काल के कुछ निदर्शन, पुराने प्रासाद व दुर्ग का भग्नावशेष मिला है। बंगाल के विभिन्न अंश में प्राप्त कुषाण राजाओं के नामांकित कुछ मुद्रा से प्रमाणित होता है कि बंगाल की सभ्यता का पर्याप्त विकास हुआ था। 1204 ई. में तुर्की आगमन से पहले सेन राजाओं का राजत्व काल था। बंगाल में गुप्त राजत्व से पहले कई स्वाधीन राज्य थे। बाद में समुद्रगुप्त ने पश्चिम व दक्षिण बंगाल पर अधिकार किया था। गुप्त का शेषार्ध अनुशासनहीन हो चला था। विशाल साम्राज्य का केन्द्रीय शासनभार व्यवस्थित करने के लिए नृपतियों को सामन्त राजाओं पर निर्भर करना पड़ा था। इसका सुयोग बहिः शतुओं व सामन्त राजाओं ने लिया। हूण आक्रमण से गुप्त नृपति पराजित हुए। इस अवसर पर सामन्त राजागण अपना अधिकार विस्तृत करने लगे। राजनीतिक अराजकता होते हुए भी बंगाल में कृषि जन्य वस्तुओं का प्रसार हुआ था। कुटीर शिल्प का भी विकास हो रहा था। उस समय का ग्राम्य जीवन स्वाभाविक था। आंचलिक प्रशासक गणों पर सबका विश्वास था। गुप्त युग में केन्द्रीय व्यय वहन करने के लिए व्यवसायियों से अधिक लगान वसूल किया जा रहा था जिसके बदले में उन्हें अधिक सुविधा मिलती थी। विदेश

में व्यवसाय करने की सुविधा थी। जब केन्द्रीय शक्ति दुर्बल हो गयी तब व्यवसायियों ने नृपतियों के अनुग्रह से आंचलिक बाजारों का निर्माण किया।

गुप्त राजाओं ने पूर्व बंग या समतट को कभी जीत नहीं पाये। कुमार गुप्त के युग में बंगाल के उत्तरांश को लेकर पुंड्रवर्धन-भुक्ति प्रदेश का निर्माण हुआ। छवीं शती के अन्त में पुंड्र (उत्तर बंग) तथा राढ़ (पश्चिम बंग) को मिलाकर गौड़ का निर्माण हुआ। उस समय दक्षिण बंग व पूर्वबंग स्वाधीन था तथा गौड़ मौर्य साम्राज्य के अधीन था। गुप्त राजगण मौखरी राजाओं से युद्ध करने के कारण पराजित हुए, बाद में तिब्बती आक्रमण से कई स्वाधीन राज्यों की सृष्टि हुई। विभिन्न ताम्र शासन में इस समय के जिन तीन राजाओं के नाम मिलते हैं वे हैं—गोपचन्द्र, धर्मादित्य व समाचार देव। ये दक्षिण व पूर्व-बंगाल के स्वाधीन राजा थे। सम्भवतः इन्होंने 525 ई. से 575 ई. तक राजत्व किया था। छवीं शती के अन्त में चालुक्य राजा कीर्तिवर्मन द्वारा अंग, बंग, कलिंग व मध्य जय करने पर भी गौड़ में श्रीमहासामन्त शशांक ने स्वाधीन राजा के तौर पर आत्मभिव्यक्त हुए। उनका नाम रोटासगड़ के पहाड़ पर खुदा है। बंगाल के प्रथम सार्वभौम नरपति शशांक ने 600 ई. से कुछ पहले स्वाधीन राज्य प्रतिष्ठित किया।

चीन के भ्रमणकारियों की रचनाओं में यह विवरण मिल जाता है कि शशांक के समय बंगाल सम्पदाशाली था। उस समय ताम्रलिप्त समृद्धशाली बन्दरगाह था। 1638 ई. में हिउ एन सांग बंगाल पहुँचे। इसके एक वर्ष पहले शशांक की मृत्यु हो गयी थी। उनके विशाल राज्य छोटे-छोटे राज्य में टूटकर पुनः निर्मित हुआ था। उत्तर बंगाल में पौंड्र राज्य की राजधानी पौंड्रवर्धन थी। अब यह महास्थनगढ़ नाम से जाना जाता है जो कि एक ध्वंस स्तूप में परिणत हो गया है। "पौंड्रवर्धन आते समय इस देश के नदी के किनारे नौवाणिज्य शुल्क के सरकारी कार्यालयों के सुन्दर पुष्पोद्यानों को देख हिउ-एन-साङ् बड़े खुश हुए थे। उन्होंने कहा था, पुंड्रवर्धन जनबहुल नगरी है। इस देश की भूमि समतल और बहुत उर्वर है। बड़े-बड़े कटहल के वृक्ष मिल जाते हैं। आदिवासी गण विद्यानुरागी हैं, बारह संघाराम, तीन हजार भिक्षु हैं। कई सौ देवालय हैं। "शशांक की राजधानी कर्णसुवर्ण (रांगामाटी) के बारे में हिउ-एन-सांङ् ने कहा था, "इस राज्य की सीमा लगभग दो सौ मील है। राजधानी की सीमा की परिधि लगभग चार मील है। यहाँ के नागरिक बहुत धनी व संख्या में अधिक हैं। जमीन नीची व उर्वरा है। बहुत अच्छे फूल उगते हैं तथा नाना मूल्यवान शस्य का जन्म होता है। जलवायु भी आरामदायक है। लोगों का बर्ताव प्रीतिजनक व अच्छा है। ये अत्यन्त विद्यानुरागी व सयत्न विद्या की चर्चा करते हैं। बौद्ध धर्म के विश्वासी व अविश्वासी दोनों ही हैं। कुल मिलाकर दस संघाराम व दो हजार भिक्षु हैं। पचास देव मन्दिर हैं।"[39]

पहले से ही शशांक बौद्ध विद्वेषी थे। वे राष्ट्र शक्ति के प्रतिनिधि के तौर पर किसी और नृपति को देखना चाहते थे।

शशांक की मृत्यु के अगले सौ वर्ष (650-750) बंगाल का इतिहास संघर्ष से भरा था। वे मत्स्यन्याय का युग था। आठवीं शती में गोपाल सर्वजनीन राजा हुए। फिर से देश की परिस्थिति बदल गयी। पाल राजाओं ने राज्य विस्तार किया। इनके राजत्व काल में बार-बार संकट सृष्टि हुई। ग्यारह शतक के अन्त व बारहवें शतक के प्रथम वर्षों में पाल राजत्व का पतन व सेन राजत्व का आरम्भ हुआ था। सेन वंश के श्रेष्ठ राजा लक्ष्मणसेन थे। 1202 ई. में तुर्कों का आक्रमण हुआ। इसके बाद भी कुछ वर्षों तक सेन राजाओं का राजत्व था। धीरे-धीरे स्वाधीन राज्यों की अभिव्यक्ति होने लगी। मध्यकाल में बंगाल के शासकों का राजत्व लगभग चार सौ वर्ष तक था। इसके बीच एक-दो हिन्दू राजा भी कुछ वर्षों तक शासन करते रहे। कुछ खण्ड-राज्यों की भी प्रतिष्ठा हुई थी।

पठान राजा होसेन शाह ने 1493-1511 ई. के बीच बंगाल के इतिहास को नाना रूप से समृद्ध किया था। पठान व हिन्दू राजाओं ने कभी भी दिल्ली का प्रभुत्व नहीं माना था। 1576 ई. में दायुद खाँ की मृत्यु के बाद बंगाल मुगल शासन के अन्तर्गत था लेकिन बारभुँइया प्रतिरोध शक्ति फैला रहे थे। इसके बाद मुगल सूबेदारों ने बंगाल का शासन बहुत कठोरता से किया। शाहजहाँ के काल से इस देश में अंग्रेजों का आगमन हुआ। औरंगजेब के राजत्व के अन्तिम स्तर पर मुर्शिद कुली खाँ बंगाल के सूबेदार हुए।

इसके बाद सरफराज जिसकी हत्या कर अलीवर्दी बंगाल के नवाब हुए। ये स्वतन्त्र रूप से राजत्व करते रहे। इसके बाद सिराज का आगमन हुआ जिसकी हत्या अंग्रेजों के षड्यन्त्र के फलस्वरूप हुई। अंग्रेजों की लड़ाई मीर जाफ़र से नहीं बल्कि मीर कासिम से हुई थी।

5.2.1. मध्ययुग में बंगाल का सांस्कृतिक परिवेश

बंगाल 'जिन्नत उल बेलात—मर्त्य में स्वर्ग' के नाम से पुकारा जाता था। नागरिकों के जीवन में सुख-स्वच्छन्दता का अभाव नहीं था। साधारण मनुष्य को बुनियादी आवश्यकताओं की वस्तुएँ सहज उपलब्ध थीं। विदेशी भ्रमणकारियों ने उस अतीत के बंगाल का विस्मयकर विवरण दिया है। चावल, चीनी, कपड़ा, ईख, अदरक, प्रचुर मात्रा में आयात होता था। सोलहवीं शती में विदेशी व्यवसायियों ने इस सनातन छवि को बदल डाला। पुर्तगीज वाणिकों ने सप्तग्राम व चट्टग्राम में व्यवसाय का प्रभुत्व प्रतिष्ठित किया। वे ढाका, श्रीपुर, बाकला, हुगली, हिजली व तमलुक मे व्यवसाय करते थे। जलमार्ग में इनके आधिपत्य के कारण बंगालियों के बाहर के देशों के साथ व्यवसाय को समाप्त कर दिया था। देश में बड़े-बड़े व्यवसायों के केन्द्रों का निर्माण हुआ। अंग्रेज—कम्पनी ने घूस के माध्यम से ऊँचे ओहदे के कर्मचारियों को अपने अधिकार में लेकर व्यवसायों पर कब्जा जमा लिया।

5.2.2. बंगाल का मध्ययुगीन ग्राम्य समाज

मुस्लिम ऐतिहासिकों की उदासीनता के कारण पठानों के यहाँ आने पर ग्राम्य समाज पर क्या प्रभाव पड़ा यह अज्ञात है। पहले ही उल्लेख किया जा चुका है कि वह समय बंगाल साहित्य सृजन के लिए अन्धकार युग था। मानिकचाँद व गोपीचाँद के गीतों तथा डाक व खना के वचनों से इस युग के आचार व व्यवहार के बारे में पता चलता है।

तालाब खोदना, वृक्षारोपण, मन्दिर प्रतिष्ठा, अन्न दान, जल दान, भूमि दान आदि पुण्य कार्य गृहस्थों के गार्हस्थ्य धर्म का अंग था। डाक वचन में उल्लेख है कि—

''धर्म करिते जब जानि, पोखरी दिया राखिब पानि,
गाछ रूइले बड़ो धर्म, मंडप दिले बड़ो कर्म
जे देई भात शाला पानिशाली, से ना जाय जमेर बाड़ि
स्वर्णभूमि कन्यादान, बले डाक स्वर्गे स्थान।''

मानिकचाँद के गीत में उल्लेख है कि मध्यवित्त लोग 'बांगला घर' (आट चाला) में रहते थे। उच्च वर्गीय लोग पलँग का उपयोग करते थे। तकिए पर ठेस लगाकर बैठना व चन्दन व श्वेत चामर से हवा का उपभोग करने का उल्लेख भी मिलता है—

कार लागि बान्दिलाम शीतल मन्दिर घर।
बान्दिलाम बांगला घर नाहि पड़े कालि।
शीतल पाटि बिछाया दियु बालिशे हेलान पाआ।
ग्रीसकाले बदनत दिमु दंड पाखार बाओ।

योगी (जुगी) भिक्षुओं को चावल, कौड़ी, हरिद्रा, लवणादि की भिक्षा दी जाती थी। धानियों की गृहणी हार, केउर, कंकड़, नाक में बेसर व पाँव में नूपुर पहनती थीं। ताम्बूल (पान) में कर्पूर डालना विलासिता थी। पुत्र जन्म पर सात दिन बाद सादिना, दस दिन बाद दश एवं तीस दिन के बाद त्रिशा उत्सव आयोजित होता था। षष्ठी पूजा प्रवर्तन सम्भवतः इसके बाद हुआ।

कवि कृत्तिवास के रामायण युग में कुछ हाथों के निशान प्राप्त हुए हैं, जिससे पन्द्रहवीं के शेषार्द्ध के समाज का चित्र सम्पूर्ण प्रस्फुटित हुआ या नहीं इस बारे में सन्देह है। तब सन्तानों के जन्म होने पर—

पाँच दिने पाँचटि करिलो सुप्रवीण।
छय दिनें षष्ठी पूजा निशि जागरणे,
दिला अष्टकलाई अष्टाहे शिशुगणे
छय मास वयस्क हईले चारिजन
कराइल सबाकार ओदन प्राशन।
पंचवर्ष गत हय होते देइ खड़ि।।

आदि वर्णन प्राप्त होता है। राम के विवाह का अधिवास, नान्दिमुख आदि इस युग में भी होता है। आज से सैंतीस वर्ष पहले 'हरिद्रा माखाय चरि बरे कुतूहले, अंगेते पिठाली

दिल सखीरा सकले' भी प्रचलित था। वाद्ययन्त्र की वर्णना में प्राप्त होता है कि–

दामामा दगड़ बाजे बेयाल्लिश बाजन,
ढाक ढोल बाजिते छे डम्फ कोटी-कोटी
चरिदिके उठिल वीणार चट चटी।
कत ठाँइ बाजाइछे जोड़ा जोड़ा शनि,
काँसि बाँशि कत बाजे नियम ना जानि।

विजय गुप्त के पद्मपुराण में विवाह के समय 'एयो आईसे मंगल गाईते' तारासब पान खाईते', आर चाईबे तेल सिन्दूरे' उक्ति में सुहागिनों के गीत गाने का उल्लेख है। यह प्रथा आज भी पूर्व बंग में प्रचलित है। यह हिन्दुओं की प्रथा राढ़ अंचल में कब से समाप्त हो गयी है, यह कहा नहीं जा सकता। 'शंख बदले दिबो सुवर्णेर चुड़ि सिन्दूर बदले दिबो फाउगेर गुड़ि' इस उक्ति से पता चलता है कि मुसलमानों में शाखा (वह शंख की चूड़ी जो सुहागिन विवाह के बाद पहनती हैं) पहले का प्रचलन नहीं था तथा मस्तक पर भूसा-सिन्दूर को 'फाउगेर गुँड़ा' कहा गया है। विजयगुप्त द्वारा वर्णित 'एक खानि काचिया पिन्धे, आर एक खान माथाय बाँधे, आर एक खान दिला सर्बगाय', उस समय के बंगालियों को परिधान सूचित करता है, 'बालिका युवती वृद्ध पति जार मरे। विधवा हईया सेई थाके निज घरे' इस उक्ति से प्रमाणित होता है कि समाज में विधवा विवाह का प्रचलन नहीं था। सहमरण की प्रथा भी नहीं थी।

श्रीचैतन्य साहित्य में बंगालियों के सामाजिक जीवन का जो परिचय मिलता है वह अठारहवीं शती में भी समान रूप से प्रचलित था। उस युग के ब्राह्मण यज्ञादि कर्मों के अतिरिक्त कृषि-कर्म भी करते थे। यह राढ़ के एक चाका ग्राम के वासी नित्यानन्द के पिता हवाई ओझा के कार्य से दृष्टिगत होता है। वैष्णवों के घर में वस्त्र, मुद्रा, यज्ञ सूत्र, घृत, गुआ-पान द्वारा व्यास पूजा की प्रथा थी। क्षीर, दधि, सुनवनी, कर्पूर, ताम्बूल आदि पूजा का उपकरण था। पंजोपचार, षोडशोपचार आज भी प्रचलित है। धनियों के घर में उपकरणों का वर्णन यों प्राप्त होता है–

दिव्य खट्टा हिंगुले फित्तले शोभा करे
दिव्य चन्द्रताप तीन ताहार उपरे।
ताहि दिव्य शय्या शोभे अति सूक्ष्म बासे
पट्ट नेत बालिश शोभये चारिपाशे।
बड़ झाड़ि, छातो झड़ि गुटि पाँच सात,
दिव्य पितलेर बाटा पाक पान तात।

दो सेवक दिव्य में पंख से हवा की सृष्टि कर रहे हैं, मस्तक पर ऊर्ध्वपूंड तिलक, चन्दन के साथ फागु की बूँद, सुगन्धी आँवला से केश विन्यास यह धनवानों का वेश था। इस काल के ब्राह्मण पंडित भी दिन में भोजनान्त में शयन करते थे,

'कतक्षण योग निद्रा प्रति दृष्टि दिया' कर पुनः पुस्तक लेकर चल पड़ते थे। दूर स्थित तीर्थ दर्शन के लिए जाना साधु-संन्यासियों के द्वारा सम्पन्न होता था। गृहस्थ बंगालियों के लिए गया-काशी तक पहुँचना ही पर्याप्त होता था। साधारण जन पार्थक अतिथि व साधु संन्यासियों की सेवा करना अपना परम धर्म मानते थे। उस काल में भी पूर्व बंगाल के वासियों को बांगाल कहकर उनका मजाक उड़ाया जाता था।

उस युग में शिबेर गान (शिव-गीत) भी प्रचलित था। डम्बरू बाजाए, गाय शिबेर कथन एवं 'गाईया शिबेर गीत बेढ़ि नृत्य करे' (चैः भा), उक्ति में भिक्षु को इस प्रकार गीत गाकर घूमते हुए दिखाया गया है। तथाकथित भ्रष्टाचारी तान्त्रिक साधकों में से कोई-कोई रात में मद्यपान कर साधना किया करते थे। वृन्दावन दास ने लिखा है–श्रीवास के आँगन में हरि सभा होने की बात जब इन पाखंडियों को पता चला तब उन्होंने उपद्रव इस प्रकार की–

भवानी पू जार सब सामग्री लैया,
रात्रे श्रीवासेर द्वारे स्थान लेपिया।
कलार पात ऊपरे युश्ल ओड़ फूल,
दरिद्रा सिन्दुर रक्त चन्दन तंडुल।

मद्य भांडे पाशे घरी गेल निज घरे। (चैतन्य चरितामृत)

आज के युग में दुष्टों के समान पत्थर नहीं मारते थे, यही काफी है। उस समय रात को जाने पर कीर्तिवादी से मुसलमानों का कोपभाजन होना पड़ेगा इस डर से हिन्दू मौन ही रहते थे। दास ठाकुर का उल्लेख है कि एक बार काजी साहब जब शाम के समय नगर भ्रमण में निकले तो कीर्तनियों को धमकाकर गये। अगले दिन सन्ध्या के समय जब काजी के बगीचे को उपद्रवियों ने तहस-नहस कर डाला। उसके बाद ही प्रभु की महिमा से काजी का भावान्तर हुआ। यह कथा भी वर्णित है। दास ठाकुर ने अनेक स्थानों में उल्लेख किया है कि इस समय में व परवर्ती कुछ समय तक बहुतों ने वैष्णवों की निन्दा की। स्वयं नित्यानन्द प्रभु पर जब लोगों ने दोषारोपण किया तब वृन्दावन दास ने वैष्णव होने पर भी क्रोधित होकर लिखा था कि–

एक परिहारेओ जे पापी निन्दा करे।
तबे नाथि मारो तार शिरेर ओपरे।।

नव वैष्णव दलों में परस्पर निन्दा परचर्या चलती थी। श्री चैतन्य चरित्र में प्रेम, भक्ति के भाव की कथा अधिक पायी जाती है। इस प्रेम भक्ति को जाग्रत करने की औषधि व आहार की बात अनेक स्थलों में वर्णित है। पनिहारी में रघुनाथ के महोत्सव में 'चिड़ा, दधि, दुग्ध, सन्देश, आर चिनि कला' का प्रचुर आयोजन हुआ था। पाँच-सात बड़े-बड़े मृत कुंडिका (नादा) में चुड़वा भिगोया गया तथा महोत्सव में आने वाले लोगों को खिलाने के लिए 'शत दुई चारि होलना मागाइल' तथा–

एक ठाँञि तप्त दुग्धे चिड़ा भिजाईला
अर्धेक छानिल दधि चिनि कला दिया।
अर्धेक घनावर्त दुग्धोते छानिल,
चाँपा कला चिनि घृत कर्पूर ताते दिल।
धुति परि प्रभु जोदि पिन्डाते बसिला
सात कुंड विप्र तार अग्रेते धरिला।।

प्रभु नित्यानन्द भी श्री चैतन्य के समान भोजन रसिक थे। इस प्रसंग से पता चलता है कि इस युग के लोग भोजनप्रिय व बलिष्ठ व भोजनं पटु थे। उस युग के निष्ठावान वैष्णव मत्स्य आहार नहीं करते थे। मांसाहार तो उल्लेख योग्य है ही नहीं। श्री क्षेत्र के अनुसार "अति प्रभाव निर्मल मत्स्य खाइलेओ पाया हबिष्येर फल" कहते हुए दास ठाकुर ने जो निर्देश दिया है उससे मत्स्य व्यवहार के बारे में कोई स्थिर सिद्धान्त नहीं लिया जा सकता है।

सोलहवीं शती में बंगाल के अन्दरूनी प्रदेश व थानेदारों के अधिकार से दूरवर्ती स्थानों में चोर-डकैतों का आतंक बढ़ने लगा।

श्रीचैतन्य के उड़ीसा जाते समय बंगाल व उड़ीसा राज्य में विवाद के कारण 'महादस्यु स्थाने स्थाने परम प्रमाद, पथिक पाइले जासु बलि लय प्राणे' आदि बातों से महाप्रभु को निवृत्त करने की चेष्टा हुई थी। सनातन गोस्वामी जब गौड़ से पलायन कर वृन्दावन की ओर जा रहे थे तब तेलियागड़ी के पास एक भूमिक को उनके नौकर से पता चला कि उनके पास आठ मोहरें हैं, तब उसने यह कहकर स्वीकार किया कि 'तोमारि मोहर लइताम आजि रात्रे।' नवद्वीप नगर में ही दस्यु का समूह। वे डकैत खाँडा, छुरी, त्रिशूल लेकर रात में प्रभु नित्यानन्द के अलंकारों की चोरी करने का उद्यम किया। ये डकैत मद्य-मांस से चंडी पूजन कर बाहर निकलते थे। इस युग के साहित्य में 'डाका चुरी' का उल्लेख अनेक स्थलों पर पाया जाता है। श्रीनिवास आचार्य भक्त गणों के साथ 'गाड़ी भरि अमूल्य रतन ग्रन्थ' वृन्दावन से लेकर आ रहे थे। रास्ते में हाम्बिर के दस्युओं ने धन-सम्पत्ति के लालच में गाड़ी उठाकर ले गये। राजा ने बाद में जब खोलकर देखा तो पाया कि गाड़ी में साधारण रत्न नहीं बल्कि ग्रन्थ रत्न हैं। श्रीनिवास प्रभु की कृपा से विष्णुपुर का नाम सार्थक हुआ। राजा परिवार प्रजाओं सहित वैष्णव धर्म में दीक्षित हुए।

'प्रभु बोले जे जन तोमार अन्न खाय। कृष्ण भक्त कृष्ण सोई पाय सर्वथाय।' यह प्रभु की उक्ति थी या नहीं, विचारणीय है। उनकी भक्ति के प्रचार के फलस्वरूप वैष्णवों में जातिभेद की कठोरता का ह्रास हो रहा था, इसमें सन्देह नहीं है। चरितामृत में वृद्ध-विवाह व बहु-विवाह का उल्लेख है—'बूढ़ा भर्ता हबे आर चारि-चारि सतिनी' वैष्णवगणों में सधवाओं द्वारा एकादशी व्रत करने की प्रथा का प्रचलन हो रहा था—

प्रभु कहे एकादशीते अन्न ना खाबे

शची कहे ना खाइब भालोई कहिला।
सेइ हैते एकादशी करिते लागिला।[40]

राजा गणेश के समय से होसेन शाह के समय तक पठान शासन की सुप्रतिष्ठा के समय वहाँ विद्या चर्चा की उन्नति के साथ समाज के उच्च स्तर के लोगों का धर्म-कर्म में मन लगता था। मुसलमान राजाओं ने बंगाल के हिन्दू प्रजा के धर्म-कर्म में कभी हस्तक्षेप नहीं किया था। रामाई पंडित का उल्लेख है कि, देऊल देहारा भांगे, केड़ा किड़ा लय रहे, पाखण्ड बोले बोल' आदि पठान विजय के प्रथम भाग में घटित हुआ था। चैतन्य प्रभु के काल में नवद्वीप में किसी अत्याचार की बात ठीक नहीं है लेकिन भगवान व चरितामृत में इसका समर्थन नहीं मिला है। चरितामृत में सुबुद्धि राय के शब्दों में, 'कड़ोया का अमृत (पानी) दान' का उल्लेख है पर वह नवद्वीप में नहीं गौड़ में घटित हुआ था। सजा देने के लिए सामयिक जाति नाश के तथ्य पर अविश्वास नहीं किया जा सकता है। अद्भुताचार्य के रामायण में उक्ति है कि हिन्दुओं ने समय-समय पर प्रायश्चित्त करवाकर लोगों को उच्च जाति में स्थानान्तरित किया था–

बल करि जाति जदि लएत यवने,
छय ग्रास अन्न जदि कराय भक्षणे।
प्रायश्चित्त करिले जाति पाय सेइजन
छय पुरुष पर्यन्त ब्रह्मतेज नाहि छाड़े;
ब्रह्मतेज नाहि थाके गोमांस।

वास्तव में प्राथमिक पठान काल में हतोत्साहित बंगाली हिन्दू समाज को कूर्मवृत्रि का सहारा लेने के लिए विवश होना पड़ा था। पन्द्रहवीं शती तक सुशासन प्रतिष्ठित होने के बाद ही बंगवासी को नाना रूप से उन्नति की राह में अग्रसर होने का अवसर मिला। इसी युग में धर्मप्राण हिन्दू कष्टप्रद होने पर भी तीर्थयात्रा के लिए निरस्त नहीं होते थे। गया में पिंडदान, बनारस में विश्वेश्वर दर्शन व प्रयाग में मकर स्नान केवल श्रीगौरांग ने ही किया था, ऐसी बात नहीं है। दक्षिण के तीर्थ क्षेत्र में जाना अनेकों के लिए कष्ट साध्य था, पर मुम्बई प्रान्त में महाप्रभु के साथ दो बंगाली तीर्थयात्री की भेंट हुई थी। इस युग के वैष्णव साहित्यालोचन से यह ज्ञात होता है कि ब्रह्मण स्वधर्म में निरत व सरल स्वभाव के थे। चापाल व गोपाल के समान दुष्ट मनुष्य सभी युग में प्राप्त होते हैं। जगाई माधाई का दृष्टान्त अन्य स्थानों में प्राप्त नहीं होते हैं। वामाचारी गण मद्य-मांसादि द्वारा जिस भवानी की पूजा करते थे वह सर्वथा तामसिक नहीं था। सम्पन्न गृहस्थ दुर्गोत्सव आदि में अर्थ व्यय कर राजसिक रूप से लोगों के मनोरंजन के साथ-साथ समाज की मंगलकामना करते थे। आचार सम्भूत बाह्य क्रिया कांड में साधारण नागरिकों की धर्म की आकांक्षा सदैव तृप्त होती आयी है। उस काल के वेदगण अपने जातीय व्यवसाय में नियुक्त

थे। श्रीखंडवासी मुकुन्द राजवैद्य अर्थात् बादशाह होसेन शाह के चिकित्सक थे। अनेक कायस्थों में संस्कृत-चर्चा का चलन था। कुलीन कायस्थगण स्वधर्म पालक व सदाचारी थे। इसी युग के साधारण हिन्दू-समाज धर्म भीरु व वर्तमान की तुलना में अधिक सरल स्वभाव के थे।

5.2.3. मध्ययुग में बंगाल का आहार

बंगाली भोजन प्रिय हैं आज भी भोज खाने के बाद चालीस सन्देश खाने की घटना सुनी जाती है। नवाबी युग में बडिशा-बेहाला के सावर्ण चौधरी जमींदार जब राजस्व कर नहीं चुका पाये तो बन्दी दशा में एक परीखासि (बकरा) अकेले रन्धन कर खा जाने पर कर चुकाने से मुक्ति मिली थी। एक बक्स आली मिञा पाकि द्वारा आठ सेर पुलाव खाने पर उनका तैल-चित्र बना था, जो अभी तक निजामत प्रसाद में सुरक्षित है। कृत्तिवासी रामायण में जनक भूपति की कन्या के विवाह में जो सभी आहार्य-संग्रह हुआ था, उसकी सूची निम्नलिखित है–

घृत दुग्धे जनक करिला सरोवर
स्थाने स्थाने भांडार करिला मनोहर।
राशि राशि तन्दुल मिष्ठान्न काँड़ि-काँड़ि,
स्थाने-स्थाने राखे राजा लक्ष लक्ष हाँड़ि।
दूसरे स्थान पर–
भारे भारे दीर्घ दुग्ध भारे भारे कला
भारे भारे क्षीत घृत शर्करा उजला।
सन्देशेर भार लये गेल भारिगण,
अधिवास करिबारे चलेन ब्राह्मण। (आदिकाण्ड)

एक-दो प्राचीन मनसा मंगल पुस्तकों में चाँद सौदागर के घर में रन्धन की व्यवस्था कैसी थी, इसका वर्णन है। पन्द्रहवीं शती के शेष भाग में रचित मनसा मंगल काव्य में विजय गुप्त कहते हैं–

स्नान करिल गिया वणिक-सुन्दरी।
रन्धन करिते जाय अति ताडाताडि।।
राज्येर ठाकुर चाँद द्रव्ये दुख नाय।
नानाविध द्रव्य आनि थुइल ठाञ्चि ठाञ्चि
पाताल सुन्दरेर काष्ठ शुक्ना तेलुँली।
पितलेर हाँडि दिया हेटे आग्नि जालि।
अग्नि प्रदक्षिण करि मागे बरदान।
मंचि जेन रन्धन करि अमृत समान।।
अग्नि प्रदक्षिण करि चापाइल रन्धन।

डान दिके भात चड़ाय बामेते व्यंजन।
अनेक दिन परे रांधे मनेर हरिष।
षोलो व्यंजन रांधिल निरामिष।।

आगे नारियल से मसूर की दाल, बैंगन-धनिये की सब्जी, कच्चा केला या अदरक का व्यंजन, बैंगन का भरता, दूध, लौकी, रोहू की मछली, मागुर -खरसुल मछली, झींगा मछली, मांस, पिठा आदि मिष्ठान्न का वर्णन है। 1575 ई. में रचित मनसामंगल काव्य में द्विज वंशीदास ने भी आमिष-निरामिष भोजन का वर्णन दिया है जिससे पूर्व एवं पश्चिम बंग के रन्धन व खाद्य में अन्तर क्या है, समझा जा सकता है।

चैतन्य भागवत रचयिता वृन्दावन दास सीधे-साधे गरीब परिवार के थे। उन्होंने श्रीशाक व्यंजन में गौरचन्द्र की तृप्ति के उल्लेख करते हुए सागों के भाग्य का वर्णन किया है। पटल (परवल) वास्तुक, सालंञ, हेलेंचा सागों के माध्यम से कृष्ण भक्ति प्राप्त करने का वर्णन करते हैं। अधिक साग-भक्षण द्वारा शीघ्र ही कृष्ण प्राप्ति की सम्भावना का उल्लेख है। वृन्दावन दास ठाकुर सचीमाता के अद्वैत भवन में रन्धन प्रक्रिया का वर्णन करते हुए कहते हैं–

कतेक प्रकारे आई करिला रन्धन।
नाम नाहि जानि हेन रन्धिला व्यंजन।
विंशति प्रकार शाक रांधिया प्रत्येके। (चैतन्य भागवत अन्त्य)

श्रीशाक के प्रति गौरांग प्रभु का अनुराग जितना भी हो पर दास ठाकुर का विशेष अनुराग था यह समझने में कोई कठिनाई नहीं होती है। अन्यत्र तोता का साग चुनने का व इमली के पत्तों को पीसकर खटाई बनाने का उल्लेख है। चैतन्य भागवत में दिव्य-अन्न, घृत, दुग्ध, पायस आदि का भी वर्णन है। श्रीक्षेत्र में अद्वैत प्रभुओं का स्त्री-पुरुषों के साथ मिलकर दस तरह के साग बनाने का उल्लेख मिलता है–

'घृत दधि दुग्ध सर नवनी पिष्टक
नानाविध शर्करा सन्देश कदलक'

आदि में महाप्रभु को सन्तुष्ट करने का उल्लेख भी मिलता है। चैतन्य भागवत में स्थान-स्थान पर भोजन पदार्थों की सूची देखने पर कई समालोचकों को वैष्णवों के वैराग्य व संयम के बारे में सन्देह होता है। चरितामृत व भागवत दोनों ही ग्रन्थों में बाल्यावधि चैतन्य व नित्यानन्द के भोजन पटुता का परिचय प्राप्त होता है।

सोलहवीं शती में राढ़ देश के कवि कंकण मुकुन्दराम चक्रवर्ती ने अपने ग्रन्थ के अनेक स्थानों में उस समय के बंगालियों का भोजन पदार्थ का वर्णन किया है। खुल्लना चण्डीदेवी का आशीर्वाद पाकर पति की सन्तुष्टि के लिए सर्वमंगला का स्मरण कर उन्होंने किस-किस भोज्य पदार्थों का रन्धन किया, देखिए–

"बेगुन कुमड़ा, काँचकला दिया शाड़ा।

बेशम पिटाली घन काठि।
घृते सन्तोलिल तथि, हिंगु जीरा दिया मेथी
शुक्ता रन्धन परिपाटी।।
घृते भाजा पला कड़ि, उनता शाके फुलबड़ि
चिंगड़ी काँटाल बिची दिया।
घृते नालितार शाक, तैले वास्तु करि पाक
खण्डे बड़ि फेलिल भाजिया।।
दुधे लाउ दिया खण्ड ज्वाल दिल दुई दण्ड
सन्तोलिल मूहरिर वासे।
मूग-सूपे इक्षुरस, कै भाजा पण दश
मरिच गुड़िया आदा-रसे।
मसुरि मिश्रित मांस, सूप राँधे रस बास
हिंगु जीरे' बासे सुवासित।
भाजे चितलेर कोल, रोहित मत्सेर झोल
मान वड़ि मरिचे भूषित।"

अन्नदामंगल व धर्ममंगल में पूड़ी (लूचि) का उल्लेख मिलता है। भारतचन्द्र के समय में नवाब दरबार के कालिया कबाब, दोलमा आदि भोजन पाया जाता है। आज के जैसे अज्ञात कुलशील रसोइयों का प्रवेशाधिकार उस समय नहीं था। उस समय की गृहणियाँ स्वयं ही खाना बनाती थीं। नौकर-चाकर केवल बाहर से व्यवस्था कर देते थे। रानियाँ भी स्वयं भोजन पर पुत्र व आत्मीय-स्वजनों को खिलाती थीं। रन्धन कार्य में प्रशंसा पाने पर महिलाओं को उत्साह होता था। भोजन कला में निपुण न होने पर निन्दा व लज्जा का विषय था। भोज में रसोई का भार सौंपा जाना गर्व का विषय था। संयत मन से अग्निरूपी भगवान के पास विनय से समर्पण का रन्धन कार्य आरम्भ करती थी। आज भी ग्रामों में यह भाव पाया जाता है।

5.2.4. मध्ययुग में बंगला का वसन-भूषण

बंगाल के प्राचीन स्थानीय कला का निदर्शन कम ही मिलता है। बहुत-सी देवमूर्तियाँ एक ही ढाँचे में निर्मित हैं। कई सूर्यमूर्ति व दो-चार नव आविष्कृत अज्ञात देवमूर्ति के वसन-भूषण में कुछ विशेषता देखने को मिलती है। पर ये सभी इसी देश में निर्मित हुआ है, ऐसे प्रमाणों का अभाव है। उड़ीसा के देव मन्दिर में खुदित चित्रों में किंचित् परिमाण में पड़ोसी बंगाल के पोषक मिल जाते हैं। रामाई पंडित के पोथी में ताड़बाला व कंकण नामक अलंकार व नेतेर धोति व पाटाजोड़ा का उल्लेख मिलता है। जिन्हें उस युग के वित्तशाली लोग पहनते थे। गोपीचाँद के गीत में उदूना रानी के प्रसंग में देखते हैं कि–

"खसाइया फेले हार केयर कंकण
अभिमाने दूर करे जतो आभरण।
नाकेर बेसर फेले पायेर नूपुर
पूँछिया फेलिल सब सिथाँर सिन्दूर।"

प्रेमिक प्रवर कवि चंडीदास ने अपने काव्य में हृदय में उज्ज्वल चित्र ही आभूषण माना है पर साथ-साथ सिंथाँर सिन्दूर नयने काजल मुकुता शोभित नये, मुकुता प्रबाल मणिमय हार पोतिक माणिक जतो' भी मिलता है। पहनने का प्रसंग या 'आमलिक हाथे घसिते लागिल केश' या लोटन, कानड़ि व तबल्लकी के ढाँचे में जूड़ा बनाने आदि प्रसाधनों का भी उल्लेख किया है। कृष्ण कीर्तन में चण्डीदास ने अनेकों अलंकारों का उल्लेख किया है—'बाहर बलया मो करिबो शंखचूड़' 'कांचुली भांगिया तन बिगुतिल, छिड़ि सातेसरी हार' खोपाँते दुलये तोर दोलंगेर माला' कान में हीराघर कढ़ी आदि में उस काल के आभूषणों का आभास मिल जाता है।

निम्न उद्धृत रामायण व पद्मपुराण के वर्णनों से भी उस काल के धनी गृह के आभूषणों का परिचय मिल जाता है।

नाकेते बेसर दिल मुक्ता सहकोर
पाटेर पाछड़ा दिल सकल शरीरे।।
गलाय ताहार दिल हार झिलमिली।
बुके पराइया दिल सोनार काँचलि।।
उपर हातेते दिल ताड़ स्वर्णमय।
सुवर्णर कर्णफूल शोभे कर्णद्वय।।
दुई बाहु शंखेते शोभिल विलक्षण।
शंखेर उपर साजे सोनार कंकण।।
दुई पाये दिल तार बाजन नूपुर। (कृत्तिवास रामायण)

विजय गुप्त के पद्मपुराण में पूर्वबंग के आभूषणों की खोज मिल जाती है—

दुई हाथेर शंख हईल गरल शंखिनी।
केशेर जात कैल ए काल नागिनी।।
सुतालिया नागे कैल गलार सुतलि।
देवी विचित्र नागे कैल हृदय काँचुलि।
सिन्दुरिया नागे कैल सित्पेर सिन्दूर।
काजलिया कैल देबीर काजल प्रचुर।
पद्दनागे कैल देबीर सुन्दर किंकणी।
चेतनागे दिया कैला काकालि काँचुली।
कनक नागे कैल कर्णेर चाकि बलि।
बिधातिया नागे देबीर पायेर पाशुलि।। (विजयगुप्त, पद्मपुराण)

विद्यापति के मणिमय मंजीर पाय, कंकण मणिमय हार कुण्डल व कर्णफूल उस युग के मिथिला व बंगाल के बड़े घरों के आभूषणों का चित्रण प्रस्तुत करता है। नासाय बेसर, मणि कुण्डल, श्रवणे दुलित भेले आदि साधारण गृहस्थों द्वारा व्यवहृत नहीं होता था पर 'किंकिणी किनि किनि, कंकण कन कब, घन-घन नूपुर बाजे शब्द कानों में भी बजता था, 'जयानन्द के चैतन्य मंगल में पाया जाता है कि श्रीगौरांग कृष्णकेली नाम से रंगिन वस्त्र पहनते थे। नवद्वीप के बाजार में उस समय पाट नेत भोट, सकलात कम्बल, श्रीराम खानि जमका तथा भोट देश का इन्द्र नीलमणि लक्ष्मी विलास तारका बिकता था। आभूषणों में ताड़ गॅटा, कौड़ी, हिरण्य मादुली, केयूर कंकण, रत्न नूपुर एवं हेमकिया पाता, विद्रुम, मुकुता व तबक, बेसर, पानकाँटा देखने को मिलता है। होसेन शाह के शासन में शान्ति के साथ-साथ देश की सुख समृद्धि के प्रसंग इतिहास समर्थित है। इसलिए कवि की कल्पना सत्य को अतिक्रम कर बहुत दूर नहीं जाती है।

अद्वैत आचार्य की पत्नी सीता देवी जिस परिधान को पहनकर शिशु चैतन्य से मिलने आयी, उसमें कृष्णदास कविराज गोस्वामी की वासभूमि काटोया अंचल के उस युग के सम्भ्रान्त महिलाओं के वस्त्रालंकारों का कुछ परिचय मिल जाता है–

"सुवर्णेर कोड़ि बउलि, रजत मुद्रा पाशुलि
सुवर्णेर अंगद कंकण,
दुबाहुते दिव्य शंख रजतेर मल बंक
स्वर्णमुद्रा नाना हारगण।
व्याघ्र नख हेम जड़ि, कटि पट्टसूत्र डोरि,
हस्त पदेर जत आभरण
चित्र वर्ण पट्टशाड़ि, भुनिफोता पट्टपाड़ि,
स्वर्ण रौप्य मुद्रा बहुधन।
दुर्बा धान्य गोरचन, हरिद्रा कुंकुम चन्दन
मंगल द्रव्य पात्रेते करिया।
वस्त्र गुप्त दोला चड़ि, संगे लाये दासी चेड़ी
वस्त्रालंकारे पेटरा भरिया।।
भक्ष्य भोज्य उपहार संगे लइल बहुभर
शची-गृहे हेला उपनीति।" (चैतन्य चरित)

उल्लेखित पंक्तियों में वस्त्रगुप्त दोला या डोली अभी भी गाँव का प्रधान यान है। उस युग में भद्र महिलागण केवल साड़ी मात्र पहनकर भिन्न स्थानों में नहीं जाती थी। 'भुनिफोता' नामक अंगवस्त्र आज के चादर या ओढ़ना के समान अंगवस्त्र था। अलंकारों की वर्णना में कवि ने कल्पना का प्रयोग किया है। षोडश शताब्दी के कवि द्विज वंशीवदन के मनसा मंगल में गंगाजली साड़ी, नेत की आढ़नी, पाट साड़ी,

घुंघरा, नीविबन्ध आदि का उल्लेख मिलता है। उस समय सुचेल नामक पट्टवास का व्यवहार होता था। राजा शिकार के लिए निकल रहे हैं। उसका वेश देखें–

''पागड़ि सुंरजित, शिर पर शोभित
शोभन साजुया गाय।
श्रवणे कुंडल, करितेछेन ढल ढल,
मखमलि उपानह पाय।''
भाटों का पोशाक–
''परिशोभा भाल, पुरते मिशाल
सुचित्र पागाड़ि माथे
ताहार उपर जड़ि मनोहर,
मुकुता मंडित ताथे।।''

नापित को विदा करते समय 'पट्ट कापासा हजार घोड़ा जोड़ा आर' दिया गया। अन्यत्र ''श्रवणे कुण्डल, करे झलमल, किरण काबाई गाय। हेम हीरासह, उप उपानह, अति अनुपम पाय' मिलता है। उस युग के स्त्री-पुरुष दोनों ही कानों में कुण्डल पहनते थे।

केतकादास क्षेमानन्द के 'मनसार भासान' में चेली, मलमल, जोड़ धोती छिट उड़ानी, आनन्दाई साड़ी, चिकन बनात, गर्भसूती डूरा, नील साड़ी, पाटाम्बर, सालम का थान, जामाजोड़ा व भोट कम्बल का उल्लेख मिलता है। जगज्जीवन के मनसामंगल में कपड़ों का राजा जात्रसिध साड़ी, अग्निफूल साड़ी, मुंजुल साड़ी, मुजाफूल खुंचा, नेत आदि वस्त्रों का उल्लेख है। बंगाल की महिलाओं में शंख की चूड़ी, शाखा व माँग में सिन्दूर धारण करना सौभाग्य का प्रतीक माना जाता है। इसके धारण किये बिना सधवाओं का श्रृंगार अधूरा रह जाता है। कवि कंकण ने कहा है–''सर्वांगे चन्दन पंक, अंगद बलया शंख गले शतेश्वरी हार, शोभे नाना अलंकार करे शंख शोभे टाड़ बाला–अन्यत्र इन्दू की नर्तकी रत्नमाला की वेशभूषा का वर्णन यों है, परे दिव्य पाटशाड़ी, कनकेर परे चूड़ी, दुई करे कुलुपिया शंख' का वर्णन देकर शाखा का स्थान शीर्ष पर स्थापित किया है। शिवायन के कवि ने शाखा पर एक अध्याय ही लिख डाला है। लावण्य, लक्ष्मी, विलास, राम-लक्ष्मण आदि अनेक प्रकार के शाखा हुआ करता था।

परवर्ती काव्य में मस्तक पर रत्न मुकुट चूड़ामणि, माथे पर झुरि, मुक्तावली व सिथि, नाक में नाकचना बेसर व मुकुतावली, गले में गजमुक्ता, सरस्वती हार, चन्द्रहार, कल घौत, कण्ठमाला आदि का वर्णन मिलता है। शिशुओं के गले में व्याघ्र नख द्रष्टव्य है। बाहु व मणिबन्ध में टाड़बाला, बाउटि या बाजूबन्ध, केयर, अंगद बलय, सोने की चूड़ी, खाड़ु, रांगा रूलि, कमर में कंकिणी या शिकली, उँगली में अँगुरी, पैर में कंकिणी या शिकली, पैर में पागुली, नूपुर व गोटामल आदि नाना

प्रकार के मल (पैंजनी) मिलता है।

उस युग के बंगाली महिलाओं में अनेक रंगों के काँचुली का उल्लेख सभी काव्यों में मिल जाता है। पुरुषों के सुदीर्घ केशों का सर्वत्र उल्लेख मिल जाता है। चैतन्यदेव के सुन्दर केश मुँड़वाने पर कवि की तकलीफ व रोने से ही पता चलता है कि चाँचड़ केश के प्रति पुरुषों का कितना अनुराग था। 'पलाय रामेर सैन्य नाहि बाँधे केश' इस कृत्तिवास उक्ति से आरम्भ कर प्रायः सभी बंगकवियों के वर्णना में पुरुषों के केशकलापों का वर्णन मिल जाता है। वर्धमान के राजकवि घनराम पोशाकों की वर्णना में शाल-दोशाला, सरबन्ध और जोड़े का उल्लेख करते हैं। राम प्रसाद ने जड़िर पोशाक परा वेश चिरा माथे, का उल्लेख किया है। उन्होंने बनात, मखमल, पट्टु, भूषपाई खासा, बूटादार ढाकाइया, मालदई ललटि व चिकण सरबन्द का उल्लेख किया है। भारतचन्द्र के वर्णन में पोशाकों का बाहुल्य पाया जाता है। उन्होंने भवानन्द को दिल्ली दरबार के बिलाती खेलात दिलवाया था। इस पोशाक का संशोधित व साधारण संस्करण अन्त में दरबारी पोशाक में परिवर्तित हुआ था। यही जोब्बा व चोगा चापकान अभी भी कोट के साथ द्वन्द्व युद्ध में जुटा हुआ है।

5.2.5. शिल्प कला

यह सर्वज्ञात है कि मध्यकाल में स्वर्णिम भारत शिल्प व व्यवसाय में सभ्य समाज में कितना प्रतिष्ठित था। प्राचीन मिस्र व बेबीलोन, बाद में ग्रीस व रोम आदि देश भारत के शिल्पजात द्रव्य बड़े आदर से अपनाते थे। प्राचीन बंगाल को भी इस शिल्प व व्यवसाय की प्रतिष्ठा का लाभ मिला था। ऐतिहासिक प्लिनी ने उल्लेख किया है कि रोम के ललना प्राच्य सुचिक्कन वस्त्र के अन्तराल से स्वीय अंगराग अभिव्यक्त करने में रुचि लेती है। यहाँ बंगाली तातियों का स्पष्ट योगदान दिखाई देता है। सुचिक्कन, रेशमी व सूती कपड़ा बनाने के कौशल में बंगाली ने देशों की तुलना में अग्रणी हैं। प्राकृतिक कारणानुसार ग्रामवासी बंगालियों में अधिकांश कृषिजीवी हैं। इस कृषि कार्य से सम्बन्धित आवश्यक वस्तु निर्माण कार्य के क्रम में प्राचीन काल में शिल्पियों का आविर्भाव हुआ था। बंगाल के ग्राम्य गृहस्थ जीवन में प्राकृतिक कारणों से दारिद्र्य कम था। अपेक्षाकृत सभ्य युग में राज राजाओं के विलास, वासना चरितार्थ करने के लिए कुशल शिल्पियों का आविर्भाव बंगाल में ही हुआ था। इसी से पाल व सेना राजाओं के राजत्व काल में भास्कर मीनारों के कृतित्व का परिचय मिलता है। विलासी मुगल राजत्व काल में सात बार तह किये हुए कपड़े पहनकर भी किस प्रकार नंगापन दिखाया जा सकता है, इसका उदाहरण बंगाली जुलाहे ने बताया है। जहाँगीर की सभा में रो साहेब के सहयात्री पादरी टेरी ने जिस उत्कृष्ट रेशमी कपड़ा, जरी व बूटीदार रुमाल, रंगीन

फूलदार साटिन देखा था बंगालियों का भी उसमें योगदान है। दिल्ली में मिस्त्री ने अपने समय जो सभी पलँग, सन्दूक, विचित्र वारकोष प्रस्तुत किया था। ढाका में उसका अनुकरण नहीं हुआ, कौन कह सकता है? जिस हिन्दू जाति के शिल्पियों की तीक्ष्ण बुद्धि, दरिद्र भृत्य स्वरूप सत्यनिष्ठा आदि देखकर अंग्रेज धर्मयाजकगण मोहित हुए थे वह आज भी अक्षुण्ण है।

भारतीय शिला के इतिहास लेखन प्रवीण वार्डउड साहब ने 45 वर्ष से पूर्व पश्चिम भारत में ग्राम्य जीवन को लक्षित कर एक आदर्श ग्राम के चित्र को निपुण लेखनी की सहायता से अंकित किया था। भारत का प्रत्येक घर सौन्दर्य निकेतन है। छोटे से छोटे गाँव में भी गृह स्वामिनी अपने अवसर समय में धागा व वस्त्र निर्माण में व्यस्त रहती है। छायाबहुल ग्राम्य-मार्ग के किनारे जुलाहे अपने कार्य में नियुक्त रहते हैं। रास्ते के किनारे कहीं लोहार व कांसाकारों का कारखाना, तो कहीं सवर्णकार अपने स्वभाव का अनुकरण कर चाँद के समान हाँसुलि, कंकण फूल या फल के समान आभरण निर्माण में जुटे हुए हैं। साँझ को नागरिकों का मार्ग आलोकित कर पानी भरने जाने का दृश्य कवि की लेखनी से प्रतिबिम्बित हुआ है। ये सभी चित्रण उसी युग के बंगाल का ही है।

5.2.6. मूर्तिकला

स्मरणातीत काल से हिन्दू जाति मृन्मय पात्र का प्रयोग गृहकार्य में करते आये हैं। मिट्टी के बर्तनों का निर्माण प्रायः सभी जातियों ने आवश्यकतावश किया था। सम्प्रति आविष्कृत अनेक स्थानों पर पाये गये भग्नावशेषों से प्राप्त मृन्मय पात्र से पता चलता है कि भारत में आर्य जातियों ने अनुकूल अवसर पर इन शिला कार्य में अधिक उन्नति की थी। सारनाथ में आविष्कृत मृत्पात्रों का निरीक्षण करने पर ही पता चलता है कि बौद्ध युग में हिन्दू इस शिल्प कार्य में कितने दक्ष थे। अजन्ता या भुवनेश्वर में अंकित कलश के गठन देखने पर पता चलता है कि इन स्थानों में कलश या क्षुद्र घट सौन्दर्यवर्द्धन पत्थरों पर अंकित किया गया है। भुवनेश्वर में अंकित क्षुद्र कलश के अनुकरण पर छोटे-छोटे घी या शहद रखने का सुन्दर घड़ा आज भी बंगाल से अप्राप्य नहीं है। चूँकि बंगाल में पत्थर का अभाव था। इसी कारण मिट्टी से बर्तन बनाने के काम में वे दक्ष थे। आज धातु पात्र, काँच या दूसरे प्रकार के उपकरणों ने मध्ययुग के सुन्दर मृन्मयपात्र का स्थान ले लिया है पर आज भी मुर्शिदाबाद में काँठालिग आदि स्थानों में मिट्टी के पात्र बर्तनों का सौन्दर्य देखने लायक है। खुलना, दिनापुर आदि स्थानों में चाक व हाथों के द्वारा मिट्टी के बर्तन आज भी दूसरे देशों के लिए अनुकरण योग्य हैं। वर्धमान के कई स्थानों में प्रकाण्ड जाला (हाँडा) आज भी बनता है। पहले इसे अधिक सुन्दर ढंग से बनाया जाता था। किन्तु आज समृद्धिशाली नागरिक इसे स्थायी रखने के लिए धातु से बनाते हैं।

मैंने देखा है कि एक सौ वर्ष पूर्व निर्मित हाँडा को बनाने पर धातु पात्रों के समान आवाज निकल रहा था। घी रखने का सुन्दर कलशी या मुरमुरा रखने की सुन्दर हुंडी आज बनती नहीं है। चाय पीने के लिए छोटे-छोटे कप (खुरि) का प्रचलन तो आज भी है। मूर्ति (प्रतिमा) निर्माण कला में बंगाली कुम्भकारों की निपुणता उल्लेखनीय है। नदीया पूर्ववर्धमान व कृष्ण नगर में जिस प्रकार की सुन्दर मूर्ति, जीव-जन्तु व खिलौनों का निर्माण होता है, मुसलमान शिल्पियों के वश की बात नहीं है। पचास वर्ष के पहले के कुम्भकार मध्ययुग के निर्माण प्रणाली का ही सहारा लेता था। प्रतिमा व छवि निर्माण नदीया के रामलाल पाल व अन्य शिल्प में कृष्णनगर घर्णी के यदुपाल का नाम इतिहास के पृष्ठ में अंकित होना जरूरी है।

5.2.7. काष्ठ निर्मित शिल्प

प्राचीन हिन्दू काल में सूत्रधर केवल रथादि निर्माण में ही कुशल थे, ऐसा नहीं है। बहुतों के मतानुसार सूत (सूत्रधर) जाति ही सारथी का कार्य किया करते थे। योद्ध ाओं के अस्त्र-शस्त्रों के साथ भी उनका घनिष्ठ सम्बन्ध था। बृहत् संहिता व शिल्प शास्त्रों में लकड़ी काटने व किस-किस स्थान में जन्म लेने वाले किस प्रकार के वृक्ष से पलँग अच्छा बन सकता है, इसका उल्लेख मिल जाता है। प्राचीन बंगाल के सूत्रधारों को नाना प्रकार के सिंहासन या खटिया (खट्टा) निर्माण की सुविधा मिली थी या नहीं इसका निर्धारण नहीं, हो सकता है। यह निश्चित है कि मुसलमान काल में तख्तपोश का जन्म हुआ था। शाल, कटहल, जामुन आदि की लकड़ी की चौकी व सन्दूक, पीढ़ा आदि गार्हस्थ उपकरण आदि बनाने में भी बंगाली सूत्रधर सीमित थे। बंगाल की जलवायु लकड़ी को शाश्वत सुरक्षित नहीं रख पाता है वरना प्राचीन दृष्टान्त मिल जाते। 1172 में निर्मित चंडीमण्डप के बरामदे में छत की लकड़ियों के प्रान्त में खुदा हुआ हाथी सूँड़ व बाघ का मुख देखा है। आज भी कोई बंगाली सूत्रधर उसे बना नहीं पाएगा। नेपाल व मुँगेर में आज भी उत्कृष्ट शिल्प कार्य होता है। आज बंगाली सूत्रधर साधारण नकली कुर्सी-अलमारी बनाने में सीमित है। नौका-निर्माण में बंगाली सूत्रधर कुशल हैं। पहले के बड़े-बड़े जहाज वे ही बनाते थे। उनके वंशधरों ने बाद में मयूरपंखी बजरा, पानसी, छिप निर्माण करते रहे हैं। मुसलमान काल में सुन्दर बजरा निर्मित हुआ था पर आज यह शिल्प प्रायः लुप्त है। आज नदी के आर-पार जाने के लिए लिंगी का सहारा लिया जाता है। संगीत सम्बन्धी वाद्य यन्त्र बेहाला, तानपुरा आदि का निर्माण पहले हुआ करता था और आज भी वे बनते हैं। इसी युग में दूसरे देशों के आदर्श के अनुसार ये सभी वस्तुएँ व अनेक प्रकार की लकड़ियों के खिलौने निर्मित करने में इस देश के कारीगर माहिर हैं।

5.2.8. लौह शिल्प

गार्हस्थ उपकरण दा, बोटि, कास्ते, छुरी, कैंची आदि, कृषिकर्म के उपकरण फाल, कुदाली, बिदे, निडानी आदि उपकरण अन्य स्थानों की अपेक्षा बंगाल में अच्छे बनते हैं। उसी युग में लोहा अधिक उपलब्ध न होने पर भी बंगाली लौह कार साधारण लोहे से ही अपनी प्रतिभा दर्शित करते थे। बलि-प्रथा का प्रचलन शाक्त बंगाल में विशेष रूप से प्रचलित होने के कारण खाँडा, बगि, रामदा आदि में उत्कृष्ट पान (धार/तेज) होने में वे सिद्धहस्त थे। वर्धमान जिले के अन्तर्गत वनपाश, कामारपाड़ा व मालदह के कमारों ने ही खाँडा, दा, छुरी आदि के निर्माण में प्रसिद्धि पायी थी। वनपाश में पहले बन्दूक, तलवार व बर्म प्रस्तुत होते थे आज उसका नामोनिशान लुप्त हो गया है। आज लौहकार, सवर्णकार बन गये हैं। रंगपुर का खाँडा व दिनाजपुर की जाँति बहुत प्रसिद्ध थी।

प्राचीन काल में भारतवर्ष के इस्पात पाश्चात्य सभ्य युग में सम्मानित था। वार्डउड ने प्रमाणित किया है कि डामास्कस की प्रसिद्ध तरवारि भारत जात इस्पात से तैयार हुआ था। भारत में निर्मित तरवरि को पारस्य व तरूष्क में भी प्रसिद्धि मिली थी। प्राचीन ग्रीकों द्वारा भी भारत के तलवार व्यवहार करने की बातों का उल्लेख है। तीर, धनुष, वर्शा, गदा, टांगि, तरवारि आदि निर्माण के उत्कृष्ट पद्धति का ज्ञान था। कमान, बन्दूक आदि का व्यवहार आरम्भ होने के बाद भारत में आग्नेयास्त्र निर्मित हुए हैं यह प्रमाण तो आज भी उपलब्ध है। मध्यकाल में बंगाली लौहकार जनार्दन, जन्मेजय, विश्वम्भर, जहार कोषा, दल-मादल, काले खाँ और फतेह खाँ आदि ने जो कमान का निर्माण किया है, वह विस्मयकर है। दिल्ली का सुप्रसिद्ध लौह स्तम्भ का निर्माण बंगाल के शिल्पकार ने किया है।

5.2.9. बंगाल के लोक साहित्य में हिन्दी का प्रभाव

लोक साहित्य के ऐतिहासिक स्वभाव के बारे में साधारण धारणा आज भी सम्पूर्ण रूप से संशय मुक्त नहीं है। मोटे तौर पर कहा जा सकता है कि अंग्रेजी शब्द Folk lore को सीमित अर्थ में बाँधकर उसका प्रतिशब्द 'लोक साहित्य' शब्द गृहीत हुआ है। इस अर्थ में 'लोक' या 'लोक समाज' के साहित्य को 'लोक साहित्य' कहा जाता है। 'लोक समाज' या 'Folk' शब्द का अर्थ-निर्देश 'Shorter Oxford English Dictionary' में इस प्रकार किया गया है–"An aggregation of people in relation to a superor." Encyclopaedia Britannica में इसका वर्णन है–"The word (Folk lore) was coined by W.J. Thomas in 1846 to denote the traditions, customs and superstitions of the uncultured classes in civilised nations."[41] लक्षणीय है कि 'Folk lore' की परिभाषा की मूलगत परिकल्पना में भी 'Folk' अर्थात् एक अभ्यन्तर समाज के परिप्रेक्ष्य में अनुन्नत जन समाज की सापेक्षित जन चेतना स्पष्ट हुई है। आगे चलकर 'Folk lore' शब्द का अर्थ विस्तार हो गया था परन्तु Folk

तथा 'लोक' का सापेक्षिक अस्तित्व (Relative pattern of existence) सम्बन्धी धारणा उसकी जड़ या मूल से कभी शिथिल नहीं हुई। इस अर्थ विस्तार के बारे में कहा गया है–".....today the scope of Folk lore includes... popular arts & crafts in the material, as well as the intellectual culture of the peasantry... The general usage in towards restricting the province of Folk lore to the culture of backward elements in civilised societies."[42]

स्पष्ट है कि 'Folk lore' किसी भी स्थिति में 'लोक साधारण' नामक अपेक्षाकृत अनुन्नत जनसमाज का जीवन, संस्कृति, साहित्य व शिल्पगत सर्वात्मक सामाजिक प्रकृति की ओर निर्देशित करता है। वास्तव में लोक साहित्य भी सामान्य रूप से उस सर्वात्मक समाज के स्वभाव का एक अंग है। इस प्रकार लोक समाज के अन्य उपादान व लक्षणों के साथ लोक साहित्य भी परस्पर सम्बद्ध (Inter-related) है। वस्तुतः इसी दृष्टिकोण से यूरोप खण्ड में भी लोक साहित्य सम्बन्धी अनुसन्धान-गवेषणा का आरम्भ हुआ था। वहाँ सामाजिक नृतत्त्वगत अनुसन्धान के उपादान के रूप में लोक साहित्य विशेष रूप से संगृहित व आलोचित हुआ था। इन सभी क्षेत्रों में प्रासंगिक लोक समाज के स्वभाव के प्रामाणिक निदर्शन के तौर पर मुख्यतः लोक साहित्य का मूल्यांकन किया जाता है। उसी के फलस्वरूप लोक साहित्य की गहराई में युगों से शिल्प दृष्टि व सामाजिक नितत्त्वगत उद्देश्यों का पारस्परिक अवलेप एकत्र होने पर कुछ-कुछ संशय की सृष्टि हुई है। तथापि साहित्य के इतिहास को लोक साहित्य के शिल्प स्वभाव के निर्णय में पहले ही निःसंशय व प्रांजल होना पड़ता है। इसके लिए उसको आवेग बाहुल्य या वैज्ञानिक अति सचेतनता दोनों से भी आत्मरक्षा करनी पड़ेगी।

ऐतिहासिक दृष्टि से लोक साहित्य लोक जीवन पर आधारित है। इस दृष्टि से यह साहित्य लोक जीवन के स्वभाव व लक्षण के माध्यम से ऐकान्तिक रूप से चिह्नित होता है। पहले ही कहा गया है कि लोक जीवन का अर्थ सभ्य समाज के समीपवर्ती अनग्रसर-सामाजिक जीवन (Community life) है। दूसरी ओर, सामाजिक जीवन में उन्नति करने पर भी समाज की अन्तवर्ती अणु के रूप में व्यक्ति स्वभाव उतना ही स्पष्ट रूप से लक्षणीय हो उठता है। इस ओर से व्यक्तित्व प्राधान्य या व्यक्ति मूलकता अग्रसित समाज का एक स्वाभाविक लक्षण है। दूसरी ओर, व्यक्तित्व संचेतनाहीन गोष्ठी-संसक्ति ही अग्रसर लोक समाज की विशेषता है। इसी कारण अखण्ड सामग्रिक समाज-चरित्र व्यक्तित्व के प्राधान्य के कारण परिछिन्न नहीं हुआ तभी सामान्य रूप से लोक साहित्य में एक सर्वावयव घनिष्ठ गोष्ठी-मानस के परिचय की प्रत्याशा होती है। इसी सत्य को व्यक्त करते हुए भाषान्तर की दृष्टि से कहा गया है कि लोक साहित्य किसी एक व्यक्ति की सृष्टि नहीं है। एक गोष्ठीबद्ध समग्र समाज की सृष्टि है। इसी चिन्तन धारा का अनुसरण कर कतिपय प्रतीच्य वैज्ञानिक अति दूरगामी हो उठे थे। इसके अनुसार लोक साहित्य अनेकों की सृष्टि है। विभिन्न व्यक्ति एक या विभिन्न

समय में मिलित होकर एक-एक लोक कविता की विभिन्न पंक्तियों की रचना की थी। इस प्रकार के अनुमान से सामाजिक नृतत्वविदों का अनुसन्धान सहज हो जाता है। कम से कम गोष्ठी जीवन (Community life) की अन्तवर्ती जन-मनस्तत्व का (Folk psychology) विश्लेषण लोक साहित्य के विभिन्न उपादानों के माध्यम से किया जा सकता है परन्तु इस वैज्ञानिक अनुसन्धान के फलस्वरूप लोक साहित्य के शिल्प वैशिष्ट्य को प्रायः अस्वीकार किया गया है। इसका कारण यह है कि कोई भी सृष्टि (रचना) स्रष्टा की हृद्-वृत्ति सापेक्ष होती है। "How a ballad or indeed any work of art, could actually be evolved by this committee process was never satisfactorlay explined."[43]

बंगला भाषा में लोक साहित्य विषयक आलोचना में भी इस व्यक्ति निरपेक्षता के लक्षण पर अवास्तविक प्राधान्य दिया गया है। यहाँ तक कि किसी काव्य-कविता में लेखक के नामोल्लेख होने पर भी उसे लोक साहित्य के अन्तर्गत गिनने में द्विधाबोध होता है। इस विषय में साहित्य के पाठकों को याद रखना पड़ेगा कि जीवन के किसी भी अनुभवजनित उपादान को शिल्प के स्तर पर पहुँचाने के लिए स्रष्टा के मानस-परिश्रुति की अपेक्षा नहीं होती है और स्रष्टा, व्यक्ति-मानव ही है। अतएव व्यक्ति-चित्त के माध्यम से भावों की परिश्रुति किसी भी शिल्प-रचना के लिए अपरिहार्य है। पर, लोक साहित्य स्रष्टा के व्यक्तिमन, सचेतन-व्यक्तित्व (Personality) या व्यक्ति-स्वातन्त्र्य (Individuality) के उपादान से उद्बुद्ध नहीं होता सामाजिक जीवन के भाव-विचार में ऐकांतिक लीन होता है। इसी अर्थ में लोक साहित्य मूलतः व्यक्ति की सृष्टि होने पर भी उसका ऐकान्तिक विश्वस्त प्रतिफलन अखण्डन लोक समाज के मानस में होता है। यह प्रतिफलन जहाँ सहज स्वाभाविक हो उठा है, वहाँ स्रष्टा का नामोल्लेख अनुल्लेख का प्रसंग अवान्तर हो गया है।

अब लक्षणीय यह है कि लोक समाज भी अपने स्वभाव-वैशिष्ट्य सहित वास्तव में एक बृहत्तर सजीव जीवनधारा का अपरिहार्य अंग है। अतः सभ्य सामाजिक-जीवन के समान लोक-जीवन भी सचल है, स्थिर नहीं। केवल सभ्य-समाज की तुलना में गति का परिणाम व प्रकृति लोक जीवन में अपेक्षाकृत दृष्टि से अग्रसर है। फिर भी किसी भी, सजीव सत्ता के समान लोक जीवन भी पारिपार्श्विक विचित्र प्राण-शक्ति को आधृत व आयत्त कर क्रमशः परिवर्धित, परिव्याप्त व सुपरिणत हो उठता है। सभ्य जीवन के समान, लोक जीवन में भी क्रमविवर्तन की ऐतिहासिक पद्धति एकसमान परिमाण में सत्य है। इस ओर से लोक जीवन स्वभाव भी प्रासंगिक देश, काल, पात्र की विभिन्नता की दृष्टि से पृथक् परिणति लाभ करता है। इसलिए किसी विशेष काल प्रवर्तित नियम पद्धति का ऐकान्तिक प्रयोग लोक साहित्य के लक्षण के विचार में इतिहास सम्मत नहीं है।

इस ओर से यूरोपीय लोक साहित्य के साथ यहाँ तक कि बृहत्तर भारत की

नाना उपजाति (tribe) के लोक साहित्य के साथ भी मध्यकालीन बंगाल लोक साहित्य की मौलिक पृथकता है। यूरोप में दीर्घ समय से लोक गाथा साहित्य संग्रह करना असम्भव हुआ है। इसका कारण यों कहा जाता है कि यूरोप में ऐसे-ऐसे विभिन्न छोटे-छोटे कृषि निर्भर देश व जाति का अस्तित्व था, जो लोग आधुनिक युग में यूरोपीय सभ्यता, संस्कृति के आलोक में प्रकाशित हुए थे। भारतवर्ष में भी, यहाँ तक राढ़-प्रान्त के सन्थाल-परगणा में आज भी लोक साहित्य एवं लोकगीत व नृत्यादि के प्रचुर उपादान आविष्कृत हो सकते हैं। यहाँ भी अपेक्षाकृत सभ्य व उन्नत समाज में लोकजीवन का अवस्थान, आचार-आचरण, यहाँ तक कि भाषागत दूरवर्तिता इस साहित्य-संस्कृति की परिपोषण में सहायता करता है। परन्तु कम से कम सप्तदश-अष्टादश शतक में, बंगला साहित्य बृहत्तम बंगाली जीवन का एक विच्छिन्न अंश-मात्र ही था। बंग-साहित्य से लोक संस्कृति की दूरवर्तिता तब आमूल नहीं था। चैतन्य प्रभावित बंगाल में समाज के प्रत्येक स्तर में अभिजात-अनभिजात भाव-संस्कृति ने एक समन्वित पूर्ण रूप प्रतिष्ठा का लाभ किया था। स्वाभाविक रूप से आक्षरिक ज्ञान (literacy) हीनता के स्तर पर एक शक्तिशाली संस्कृति का नैतिक आदर्श सुपरिचितता लाभ कर रहा था। इस सम्दर्भ में मुकुन्दराम की नायिका फुल्लरा का उल्लेख किया जा सकता है। सुन्दरी छद्मवेश धारिणी चंडी को सतीत्व के आदर्श के बारे में अवहित करते हुए विचित्र पुराण कथाओं की अवतरणा हुई है।

इस प्रसंग में उसने स्वयं कहा है कि सभी जीवनादर्श का तथ्य उसने 'पंडित स्थान' में सुना है। अर्थात् उस समय समाज के निरक्षर स्तर में ज्ञान सिद्ध पौराणिक आदर्श बुद्धि का परिचय अज्ञात नहीं था। परवर्ती समय में अपेक्षाकृत अनग्रसर ग्रामीण लोक समाज ने पुरातन पौराणिक ऐतिह्य को अपनी लोक चेतना के साथ तादात्मित कर लिया था। स्मरणीय है—"Culture is affacted by foreign contacts of all kinds, whether peaceful or worlike, and within a single society, the learning of the generation has a way of becoming the folk lore of another. Much that is handed down eventually by oral tradition, perhaps in a debased and distorted form, has its origin in literature."[44]

सामाजिक नृतत्व के अनुसन्धान व गवेषण में लोक साहित्य की यह विमिश्रता अनेक क्षेत्र में तथ्य निर्धारण के मार्ग पर बाधा बन जाती है। इसलिए वैज्ञानिक विचार सिद्धान्त के लिए शायद यह विमिश्रता मोचन आवश्यक होता है। इसी कारण किसी रचना में पौराणिक-ऐतिहासिक विषय का उल्लेख होते ही उसके लोक साहित्य-लक्षण के बारे में सन्दिग्ध होने की आवश्यकता नहीं है। लोक साहित्य, लोक जीवन सम्भव है और लोक जीवन जहाँ स्वाभाविक क्रमाग्रसृति के मार्ग प्राचीनतर अभिजात चेतना को आयत्त व सांगिभूत कर पाया है, वहाँ वह लोक-संस्कृति की ही सम्पदा है पर इस ग्रहण व सांगीकरण की पद्धति में लोक संस्कृति की स्थूलता

(Crudity) भी अपरिहार्य रूप से प्रकाशित हो उठता है। इस ओर से मध्यकाल में उद्भुत बाउल, मारिफति, मुर्शिदी आदि काव्य में अपेक्षाकृत पूर्ववर्ती काल की अभिजाततर भाव व विचार का स्थूल अवलेप दुर्लभ्य नहीं है। चट्टग्राम रोसांग की मुसलमानी बंगला साहित्य में भी एक ओर हिन्दू-मुसलमान की अभिजात तत्त्व चिन्ता का स्थूल व प्रत्यक्ष प्रभाव था परन्तु यह तत्त्व-चिन्ता सर्वत्र लोक स्वभावान्वित था। इस कारण इन रचनाओं को सार्थक लोक-साहित्य के रूप में स्वीकार करने में बंगला साहित्य-इतिहास की ओर से कोई दुविधा नहीं है।

मध्यकाल के लोक साहित्य को मुख्य रूप से तीन भागों में विभाजित किया जा सकता है–

1. चाटियाँ रोसांग का मुसलमानी साहित्य,
2. पूर्व बंगांचल से प्राप्त गीतिका साहित्य (Ballad) तथा
3. बाउल मुर्शिदी मारिफति लोकगीति साहित्य। यहाँ हम केवल चट्टग्राम-रोसाङ् के इस्लामी साहित्य पर विचार करेंगे।

5.2.10. चट्टग्राम-रोसांग का इस्लामी साहित्य

सत्रहवीं शताब्दी के चट्टग्राम प्रान्त में आराकान या रोसांग के मुसलमान कवियों ने बंगाल साहित्य के काव्य रसास्वादन के लिए जिस नवीन धारा का प्रवर्तन किया, अब तक के आलोचित इतिहास के मूल प्रवाह से यह स्वतन्त्र है। निश्चित रूप से भौगोलिक विच्छनता इस स्वातन्त्र्य का एकमात्र कारण नहीं है। वास्तव में अखण्ड बंगाल में मुस्लिम समाज का आविर्भाव व क्रमिक विस्तार के फलस्वरूप केवल इस्लाम धर्म ही नहीं बल्कि उसकी संस्कृति साहित्य में भी बंगालियों के मनोलोक का धीरे-धीरे अनुप्रवेश हुआ है। आरम्भ में इस इस्लामी प्रभाव की धारा बंगाल साहित्य मे अपेक्षाकृत कम होने पर भी आगे चलकर बंगाल साहित्य पर इसका प्रभाव बढ़ता चला गया।

5.2.11. बंगाल में इस्लाम धर्म व संस्कृति

बंगाल के राजनीतिक क्षेत्र में त्रयोदश शतक के आरम्भ में इस्लाम का आविर्भाव हुआ किन्तु इससे पहले यहाँ तक कि लक्ष्मण सेन की राजधानी में मुसलमान व्यवसायियों का आना-जाना था। ई. आठवीं शतक में हाल के युग में भी बंगाल में मुसलमान व्यवसायियों के सम्पर्क का उल्लेख मिलता है।[45] इसके अलावा यह माना जाता है कि दक्षिण-पूर्व बंग, विशेषकर चट्टग्राम अंचल अरब-मुसलमान व्यवसायियों का यातायात तुर्की विजय के दो सौ वर्ष पहले से ही आरम्भ हुआ था। चट्टग्राम व आराकान-रोसांग अंचल परस्पर सन्निहित हैं। आराकानि मग गण स्वतन्त्र भाषा-भाषी होने पर भी चट्टग्राम वासियों की भाषा नितान्त बंगला है। अरब-व्यवसायियों के व्यवसाय के कारण ही चट्टग्राम-आराकान परस्पर सन्निहित थे पंचदश शतक के बीचोंबीच

चट्टग्राम-आराकान राज्य में अन्तर्भुक्त होने के कारण[46] मगों के देश में बंगालियों की संस्कृति व अनुप्रवेश गहरा हो उठा था। स्वाभाविक रूप से भौगोलिक व राजनीतिक कारणों से यह संस्कृति बृहत्तर बंगभूमि से प्रचलित ऐतिह्य से विच्छिन्न व स्वतन्त्र हो गयी थी। सत्रहवीं शतक में रोसांग अंचल में उद्भुत यह नवीन साहित्य इसी स्वतन्त्र ऐतिह्य का उज्ज्वल दृष्टान्त है। पंचदश व षोडश शतक में बंग अधिपति रुकनुद्दीन बारबक शाह से लेकर चट्टग्राम शासक परागल खाँ-छुटिखाँ तक मुसलमान शासक गणों ने प्रधान रूप से हिन्दू आदर्श सम्मत काव्य रचनाओं की पृष्ठ पोषकता की थी। उस काल में वे उसके बाद भी शताधिक मुसलमान कवि द्वारा राधा-कृष्ण लीला विषयक पद रचना का समाचार मिल जाता है। परन्तु इस काल में इस्लाम धर्म या इस्लामी संस्कृति घनिष्ट बंगला काव्य साहित्य का परिचय आसानी से नहीं मिलता है।

सामान्य रूप से यह समझा जाता है कि बंगाल में मुसलमान समाज का प्रसार बंगाली, हिन्दू और बौद्धों के धर्मान्तरण के फलस्वरूप हुआ था। राष्ट्र शासन, व्यवसाय या धर्मप्रचार के उद्देश्य से अपेक्षाकृत अल्पसंख्यक तुर्की या अरब सन्तान इस देश में उपनिविष्ट हुए थे। इनका सम्पर्क केवल वैषयिक या धर्मगत नहीं था बल्कि विवाहादि सामाजिक बन्धन में भी वे क्रमशः बंगाली समाज के साथ सम्पृक्त हो गये थे। इस्लाम धर्म ग्रहण के बाद भी बंगाली हिन्दू या बौद्ध अपनी वंश परम्परागत, संस्कार, आचरण व ऐतिह्य का त्याग नहीं कर पाये थे। दूसरी ओर, धर्मातरित नवीन बंगाली मुसलमान समाज के अधिकांश सदस्य समाज के असंस्कृत निम्न स्तरवर्ती साधारण जन थे। इस समाज को इस्लाम धर्म द्वारा आत्म परिपोषण की जो भी प्रतिश्रुति मिली पर जनप्रिय भाव-कल्पना का आश्रय इन्हें पहले से ही मिला था। फलस्वरूप, ये सभी निष्ठा के साथ एक ओर नमाज, रोजा का पालन करते थे तो दूसरी ओर 'रामायण' 'महाभारत' मंगलगान सुनकर परम आनन्द में रात्रि जागरण भी करते थे।

5.2.12. बंगला भाषा में इस्लामी साहित्य व संस्कृति

इस्लामी साहित्य व संस्कृति मुख्य रूप से पश्चिम भारतीय हिन्दी साहित्य के माध्यम से बंगाल में पहुँची थी। बंगाल के साथ बृहत्तर भारत का योग सूत्र राजनीतिक स्तर के माध्यम से स्थापित हुआ था। षोडश शतक के अन्त में बंगाल में मुगल साम्राज्य प्रतिष्ठित होने पर यहाँ साहित्य व संस्कृति की विचित्र सम्पदा आयी थी। केवल चाटिगाँ-आराकान में ही नहीं बल्कि बंगाल के विस्तृत अंचल में इस्लामी-साहित्य का प्रधान रूप से विकास इस समय या कुछ समय बाद हुआ था। इसी समय बृहत्तर बंग भूमि में चैतन्य के प्रभाव ह्रास हो रहा था तथा बंगाली साहित्य व संस्कृति पुनः श्रेणी व सम्प्रदायगत विभागों में विच्छिन्न हो गया था। इस्लामी साहित्य की दो मुख्य धाराएँ हैं। एक धर्म विषयक, पैगम्बर, शरा तथा आदि इस्लाम के विश्व प्रसार की

ऐतिहासिक उपादान द्वारा निर्मित है। दूसरा, धर्म निरपेक्ष है जो मानवीय प्रणय का उच्छासपूर्ण रोमांटिक गाथा एवं मर्मस्पर्शी गीति साहित्य है। सप्तदश शतक में रचित इस्लामी बंगला काव्य के अनेक स्थलों में हिन्दी प्रेम कथाओं की गहराई में सूफी मतादर्शों का जुड़ाव हुआ था।

आधुनिक बंगाल में इस धारा के काव्य-साहित्य को लेकर सन्धान व सम्पादना आलोचना स्वाभाविक रूप से व्यापकता प्राप्त कर चुकी है। पचास दशक के तत्कालीन पूर्व पाकिस्तान में बंगला भाषा में इस्लामी साहित्य तथा मुसलमान कवियों का रचना मूल ई. के चतुर्दश-पंचदश शतक तक विस्तृत था। इस सन्दर्भ में शाह मुहम्मद सपीर तथा कवि जैनुद्दीन ने यथाक्रम से डॉ. मुहम्मद एनामुल हक व डॉ. अहमद शरीफ के आलोचना व सम्पादना को उपलक्ष्य कर दावा किया था। फिर भी पूर्व विवेचित का घटनाक्रम का अनुसरण करने पर पता चलता है कि उस विशेष प्रकार की काव्य धारा को इतने पुरातन काल में योग्य ऐतिहासिक वातावरण नहीं मिल पाया था।

डॉ. मुहम्मद एनामुल हक ने शाह मोहम्मद सगीर की काव्य रचना का समय 1390 से 1410 ई. तक निर्दिष्ट किया था। यह रचना सुल्तान गियासुद्दीन आजम शाह के शासन काल में उनके ही पृष्ठ पोषण में हुई थी। शाह सगीर शक्तिशाली कवि थे। उन्होंने फारसी उत्स जात, ईऊसुफ-जोलेखा' की मधुमदिर प्रेम कथा को सरस भाषा में रूपायित किया था। उनकी आत्मविवरणी की एक पंक्ति, 'महा नरपति गेछ पृथिवीर सार' तथा अनुषांगिक कुछ और पंक्तियों का विवेचन कर डॉ. हक इस 'महा नरपति गेछ' को ही गयासुद्दीन आजमशाह का अनुमान किया है।[47] पर अध्यापक सुल्तान अहमद भुँईया ने इस अनुमान का खण्डन किया था। परवर्ती समय में एकाधिक आलोचना द्वारा उन्होंने प्रमाणित किया था कि शाह मोहम्मद शगीर फारसी कवि मुल्ला अब्दुर रहमान जामी-के (1414-1492 ई.) काव्य का अनुसरण कर अपना काव्य रचित किया था। जमीर की काव्य रचना का काल मोटे तौर पर 1487 ई. माना जाता है। इन सभी विवेचना के अन्त में अध्यापक भुँईया सगीर की काव्य रचना का समय 1600 ई. के आसपास अनुमान किया गया है।[48]

पश्चिम बंगाल के अध्यापक सुमय मुखोपाध्याय ने भी कवि सगीर के इस परतरकालवर्तिता के विषय पर स्वतन्त्र विवेचन किया है।[49] कुल मिलाकर स्वीकार करना पड़ेगा कि ई. के षोडश-सप्तदश शतक में शाह मोहम्मद सगीर ने इस काव्य खण्ड की रचना की थी।

कवि जैनुद्दीन के 'रसूल विजय' काव्य की सम्पादना डॉ. अहमद शरीर ने की थी। इस काव्य का एक अंश—''श्रीयुत ईसुफ खान/आरति कारण जान/विरचिलूँ पांचाली सन्धान। "अन्य सूत्रों से डॉ. शरीफ ने अनुमान किया था कि जैनुद्दीन ने उनके काव्य की रचना गौड़ के सुल्तान शामसुद्दीन यूसुफ शाह के (1474-1480) राजत्व काल में किया था। पर इस अनुमान में भी असंगति का सूत्र दिखाई पड़ा

था। अध्यापक सुखमय मुखोपाध्याय ने प्रासंगिक तथ्यों का विश्लेषण कर यह मन्तव्य किया कि–1. कवि शाह सैय्यद सुल्तान सप्तदश शतक के प्रथमार्द्ध में 'शबे मिराज' काव्य की रचना की थी। 2. 'जैनुद्दीन सैय्यद सुल्तान के परवर्ती कवि'[50] थे।

सप्तदश शतक के प्रथमार्द्ध में शाह सैय्यद सुल्तान ने 'नवीवंश' की रचना की थी। 'रसूल चरित', 'शबे मिराज', 'ईबलिसनामा' आदि इसी बृहद ग्रन्थ का अंश है। 'नवीवंश' किसी प्राचीन अरबी ग्रन्थ का अनुवाद है। इसका वर्ण्य-विषय कवियों का आविर्भाव व नवीन-चरित कथा है। पंचदश-षोडश शतक के सन्धिकाल में इस काव्य की प्राचीनता का अनुमान किया गया है। सैय्यद सुल्तान के एक और काव्य 'ज्ञान प्रकाश' में तान्त्रिक योग साधन का विवरण दिया गया है। सैय्यद सुल्तान ने कुछ अध्यात्म-संगीत की भी रचना की थी। इनमें राधा-कृष्ण प्रेम विषयक पद भी उपस्थिति हैं।

कवि शाह सैय्यद सुल्तान के शिष्य मोहम्मद खान का काव्य 'मत्तुल होसेन' कारबाला युद्ध विषयक कहानी का अनुवाद है। इस काव्य में कवि ने उनके देश व वंश का परिचय दिया है। इससे विशेषज्ञ गणों ने समकालीन चट्टग्राम के इतिहास का अनेक उपकरण संग्रह किया है। कवि के पिता का नाम मुबारिज खान था। पितामह जलाल खान तथा प्रपितामह नसरत खान थे।

5.2.13. रोसांग अंचल में इस्लामी बंगला साहित्य

रोसांग राजसभा की पृष्ठपोषकता में ही इस्लामी प्रेम काव्य का प्रसार हुआ था। वास्तव में इस्लामी ऐतिह्य सम्बन्धी अरबी, फारसी, हिन्दी, आधृत सभी प्रकार का काव्य-रूप प्रथमावधि चट्टग्राम अंचल में ही विकसित हुआ था। सप्तदश से पहले ही चट्टग्राम में बंगला साहित्य चर्चा की एक इस्लामिक परिमण्डल का निर्माण हुआ था ऐसा अनुमान किया जाता है। चट्टग्राम की सीमा के बाहर रोसांग के मग राजाओं के आश्रय में इस साहित्य को राजकीय-पृष्ठपोषकता मिली थी। धर्मीय प्रसंग से कुछ सम्पृक्त होने पर भी असल में यह साहित्य ऐकान्तिक रूप से मानवीय प्रेमावदान-पूर्ण था। वस्तुतः मध्ययुग के सन्धिलग्न में बंगाल के इस अंचल के जीवन में संस्कृति साधना की एक ऐसी उदार व सम्पन्न व्याप्ति घटित हुई थी, जो विस्मयजनक है।

5.2.14. रोसांग का सांस्कृतिक परिवेश

रोसांग के राजागण आराकानि व बौद्ध धर्म में दीक्षित थे किन्तु उनके पात्र मित्रों में बहुत से बंगाली मुसलमान थे। वे प्रधान रूप से श्रीहट्ट-चट्ट ग्रामवासी थे। सम्भवतः प्रजागण भी वही थे। फलस्वरूप, एक ओर जिस प्रकार आराकानि बौद्ध राजागण सिंहासनारूढ़ होकर बहुत सालों से मुसलमान नाम ग्रहण करते थे[51] उसी प्रकार दूसरी ओर बंगला भाषा उनकी मातृभाषा बन गयी थी। समुद्र-तीरवर्ती चट्टग्राम के

सन्निहित इस छोटी राज्य सीमा में सर्वभारतीय संयोग की अभावित घटना के रूप में घटित हुआ था। रोसांग राज परिमंडल के प्रथम एवं श्रेष्ठ बंगाली कवि दौलत काजी की वर्णना पढ़कर ऐसा ही प्रतीत होता है। रोसांग राज श्री सुधर्मा के 'धर्म पात्र' श्रीयुत आसरफ खान की पृष्ठपोषकता में दौलत काजी ने 'सती मयनामती' काव्य की रचना की थी। आसरफ के 'राजसभा' वर्णनासूत्र में उन्होंने कहा है–

"सैय्यद शेख आदि मोगल पाठान।
स्वदेशी विदेशी बहुतर हिन्दुयान।।
ब्राह्मण क्षत्रिय शूद्र बहुतर।
सारि सारि बोसिलेन्त जेन महेश्वर।।"

इस सभा में भाषा-साहित्य-संस्कृति का प्रसंग-वैचित्र्य भी व्यापक था-

"अरबी फारसी नाना तत्त्व उपदेश।
विविध प्रसंग कथा आछिल विशेष।।
गुजराती गोहारी ठेठ भाषा बहुतर।
सहजे महन्त सभा आनन्द सायर।।"

फलस्वरूप हिन्दू-मुस्लिम संस्कृति के मिलन से संस्कृति समन्वय की एक अभिनव सम्भावना उन्मोचित्त हो रही थी। दौलत काजी व आलाओल, रोसाङ् के राजसभा का तथा इस्लामी मध्यकालीन इस्लामी काव्य के दो कवि कुलश्रेष्ठ थे। इन दोनों की रचना में हिन्दू पुराण कथा, काव्य यहाँ तक कि संस्कृत काव्यादियों का अनुसरण थोड़ा-बहुत देखा जाता है। ये दो कवि सूफी धर्म में अनुरक्ति रखते थे। उनकी रचना में वस्तुतः सप्तदश शतक व उसके बाद मध्यकाल के इस्लामी काव्य में, आदर्श समन्वय की सहज प्रवणता दृष्टिगोचर होती है। वास्तव में वह सूफी धर्म भावना की ही एक साधारण प्रेरणा का परिणाम है। मध्यकाल के बंगाल में श्रीचैतन्य ने प्रधान रूप से हिन्दू समाज के सभी स्तरों में समन्वय साधना का एक सर्वप्लावी वातावरण का विस्तार किया था। यह प्रभाव जैसे-जैसे कम होता रहा, समाज पुनः ऊँच-नीच विभेद से टूटता रहा। तब भी विशेष रूप से अपेक्षाकृत निम्नवर्ती लोक स्तर में धर्मीय समन्वय का एक प्रेम भावना व्याकुल नवीन पश्चिम मण्डल की रचना इन्हीं सूफी साधकों की उदार महत् जीवन दृष्टि के प्रभाव से हुआ था। हिन्दू-वैष्णवों की प्रेम व्याकुलता से तन्त्रों का अभिचार आदि इसी समन्वयी मानसिकता-सूत्र में बाँधकर अनायास इस्लामी काव्य के अंगीभूत हो उठा था।

इसके अलावा सूफी भाव का एक श्रेष्ठ सम्पद उसकी आत्यान्तिक मानव प्रीति भी थी। सूफी धर्म मूलतः प्रेमधर्मी है। यह प्रेम गौड़ीय वैष्णव भावुकता की तुलना में अधिक स्वतन्त्र व व्यापक रूप से मानव केन्द्रित है। यह स्मरण करते हुए हम कृतज्ञ रहेंगे कि बंगला साहित्य में इस हृदय समन्वयी स्वतन्त्र भाव प्रवणता का संचार उत्तर-पश्चिम भारत के इस्लामी लोक साहित्य की प्रेरणा व प्रभाव के

फलस्वरूप हुआ था। दौलत काजी व आलाओल अन्य बंगाली मुसलमान कवियों के समान 'ठेठ' भाषा की काव्य कथा को आधृत कर सृजन कर्म में व्रती हुए थे। इनके काव्य में मानव-प्रेम का आध्यात्मिक संकेत अनेकों मिल जाते हैं। दौलत काजी ने उनके काव्य में 'निरंजन', 'बिस्मिल्ला' की सृजन-कीर्ति को स्मरण कर लिखा था।

"निरंजन सृष्टि नर अमूल्य रतन।
त्रिभुवने नाहि केहो तोमार समान।।
नर बिने चिन नाहि किताब कोराण।
नर से परम देव तन्त्र मन्त्र ज्ञान।
नर से परम देव नर से ईश्वर।
नर बिने भेद नाहि ठाकुर किंकर।।
तारागण शोभा दिलो आकाश मण्डल।
नरजाति दिया फैल पृथिवी उज्ज्वल।।"

विशुद्ध मानव-प्रेम का यही ऐतिह्य मध्य युगान्तर में बंगला साहित्य में चट्टग्राम-रोसांग के मुसलमानी कवि कीर्ति का श्रेष्ठ दान है। दौलत काजी इस भावधारा के मुख्य प्रतिभू थे।

5.2.15. रोसांग के कवि श्रेष्ठ दौलत काजी

दौलत काजी ने केवल एक ही काव्य की रचना की थी; यह काव्य भी वह पूरा न कर सके। उनका देहान्त हो गया था। फिर भी, वे चट्टग्राम के रोसांग की राजसभा के श्रेष्ठ कवि थे। यह भी जानने का उपाय नहीं है कि काव्य के अन्त में कवि ने आत्म-परिचय दिया था या नहीं। उन्होंने रचनाकाल के बारे में एक मोटे तौर पर परिचय दिया है। पहले ही उल्लेख किया गया है कि रोसांग-राज श्रीसुधर्मा के धर्मपात्र आसरफ खान के आदेश से दौलत ने काव्य की रचना की थी तथा आसरफ के बारे में उन्होंने लिखा है कि—

"महाराज आयुशेष जानि शुद्धमन,
तान हस्ते राजनीति कल्य समर्पण।
महादेवी अनेक भाबिल सुनिश्चित।
राजपुत्र हन्ते अधिक सुपात्र पंडित।।
नृपतिह पुत्रभावे हरिषे सादरे।
महामात्य करिलेन आसरफ खानेरे।।"

5.2.16. 'सती मयनामती' काव्य का रचनाकाल

पता चलता है कि "श्री सुधर्मा उनके सोलह वर्ष के राजत्व काल में प्रायः बारह वर्ष राजा रहकर भी राजा नहीं हुए अर्थात् अनभिषिक्त नरपति थे।"[52] इसके पीछे कारण

यह है कि किसी ब्राह्मण ने उनसे कहा था कि सिंहासन में अनभिषिक्त होने के एक साल में उनका देहान्त हो जाएगा। बारह वर्ष के अन्त में श्रीसुधर्मा, नरबलि आदि कर्मकाण्ड कर राजपद में अभिषिक्त हुए। स्पष्टतः पता चलता है कि दौलत काजी की उद्धृत वर्णना में इसी ऐतिहासिक घटना की ओर इंगित किया गया है। अतः दौलत की काव्य-रचना का समय श्री सुधर्मा के राजत्व काल के समय में हुआ था, ऐसा अनुमान किया जाता है। यह समय 1622 से 1635 ई. के बीच का है।

5.2.17. दौलत काजी व हिन्दी-कवि साधन

दौलत काजी के काव्य-रचना के मूल में लौकिक हिन्दी ('ठेठ चौपाई') भाषा में रचित कवि साधन के काव्य का प्रभाव था। कवि का कहना है कि ग्रन्थ रचना का निर्देश देते समय पृष्ठपोषक आसरफ खान ने उन्हें कहा था–

"ठेठा चौपाईया दोहा रचिल साधने।
ना बुझे गोहारी भाषा कोन कोन जने।।
देशी भाषे कह ताके पांचालीर छन्दे।
सकले शुनिया जेन बुझये सानन्दे।।"

साधन के काव्य का नाम 'मैना सत' था। इस काव्य का एक ग्रन्थ इन दिनों प्राप्त हुआ है।[53] इसके साथ तुलना करने पर दौलत काजी के बंगला रचना के कई स्थान पर हिन्दी काव्य का हू-ब-हू बंगानुवाद पाया जाता है। अतः दौलत की रचना के पीछे साधन की काव्य प्रेरणा का प्रभाव संशयातीत है। फिर भी, दौलत के काव्य को हिन्दी काव्य की अनुकृति माना जाना नहीं चाहिए। वस्तुतः साधन के काव्य-ढाँचा को आश्रित कर दौलत कजी का भावमानस भाव-कल्पना के सौन्दर्य लोक में अबाध संचरण करता है। यहाँ तक कि विषय-वस्तु की दृष्टि से भी "दौलत में कुछ ऐसे अंश नहीं हैं जो साधन के काव्य में नहीं हैं।"[54]

5.2.18. काव्य कथा

दौलत काजी के 'सती मयनामती' या 'लोर चन्द्राणी' काव्य की कथा संक्षेप में ऐसे है–'नृपतिनन्दन', 'दुर्जन' लोरक ने 'सर्वकलायुक्ता' सती मयनामती से विवाह किया था। अति सुन्दरी पतिव्रता मयनामती के साथ लोरक आनन्द से दिन व्यतीत कर रहे थे परन्तु अचानक एक दिन उन्हें कानन-विहार की इच्छा हुई। तब वे रानी मयनामती व वृद्ध मन्त्रियों पर राज्य रक्षा का काम अर्पण कर सभी युवा पात्र के साथ जंगल चले गये। यहाँ सखियों के साथ आयी हुई गोहारी राज कन्या चन्द्राणी का रूप-सौन्दर्य देखकर लोर मुग्ध हो गये। चन्द्राणी का विवाह प्रतापी वामन के साथ हुआ था। उसकी अमित शक्ति से गोहारी राजा आतंकित थे। वे निश्चिन्तता से राज्य भोग नहीं कर रहे थे क्योंकि राज कन्या के यौवन उपभोग

के मार्ग में वामन बाधा स्वरूप थे।

"महाबीर वामन सृजिला प्रजापति।
नारी संगे रतिरसहीन मूढ़मति।।"

चन्द्राणी के रूप-सौन्दर्य से मोहित होकर लोरक गोहारि देश पहुँचे। वहाँ चन्द्राणी के प्रथम दर्शन से ही वे एक-दूसरे के प्रति आकृष्ट हो गये। लोरक की दुःसाहसिक प्रचेष्टा से वे रात में अन्तःपुर में मिलित हुए पर उनका गोपन मिलन-सुख दीर्घस्थाई नहीं हो पाया। वामन शिकार से जल्दी ही वापस लौट आये। समाचार मिलते ही लोर व चन्द्राणी सबसे छिपकर भाग खड़े हुए।

5.2.19. दौलत काजी के रचनांश

घने जंगल में वामन ने उनका पथरोध किया। घनघोर युद्ध के बाद लोरक के हाथों वामन का जीवनावसान हुआ। जब युद्ध समाप्त हुआ तब तक चन्द्राणी को साँप ने डस लिया था और उसका देहान्त हो गया था। चन्द्राणि के शोक से लोर विह्वल हो उठा परन्तु तभी एक ऋषि ने चन्द्राणी को पुनर्जीवन दान दिया।

इसी समय गोहारी राजा के दूत ने आकर चन्द्राणी के साथ लोर को अपने राज्य में आमन्त्रित किया। लोर व चन्द्राणी गोहारी राज्य के राजा-रानी के रूप में सुखपूर्वक दिन व्यतीत करने लगे।

इस ओर सती मयनामती के विरह का अन्त नहीं था। अपने पति के वियोग से दुःखी वह हरगौरी व देवधर्म की पूजा करने लगी। ईश्वर के पास अपने विरह सम्बन्धी वेदनाओं को अभिव्यक्त करने लगी। वह मालिनी को बुलाकर कहने लगी—

"मालिनी कि कहब बेदन ओर।
लोर बिने बामहि विधि भेल मोर।।"

पर मालिनी-रत्ना विश्वासघातिनी निकली। 'नरेन्द्र नृपति सुत' 'छातन कुमार' के पास उसने सती मयनामती को छातन की काम संगिनी करने की प्रतिश्रुति दे चुकी थी। आषाढ़ महीने का अन्त व वर्षा का आरम्भ हुआ। ज्येष्ठ की तपती धूप के मास का आगमन हुआ है। हर महीने में प्रकृति अपने नित्य-नवीन रूप में यौवन के तरंग के माध्यम से उद्भासित होती रही। युवती-योगिनी सती मयनामती के हृदय में भी विरह वेदना नवीन दाह का संचार करता है। इस चरम मुहूर्त में मालिनी ने मयनामती के सामने छातन मिलन का प्रस्ताव रखा। परन्तु मयनामती मालिनी संवाद में इस 'बारहमासा' का वर्णन कवि दौलतपुरा नहीं कर पाये थे। ज्येष्ठ महावर्णना के आरम्भ में ही उनकी लेखनी मृत्यु की गोद में स्तब्ध हो गयी।

5.2.20. आलाओल का रचनांश

अनेक वर्षों के बाद रोसांग राजसभा के द्वितीय कवि-श्रेष्ठ आलाओल ने दौलत के इस

असम्पूर्ण काव्य कथा को सम्पूर्ण किया था। इसमें पहले ही कहा गया है कि सखी के साथ परामर्श कर मयनामती ने एक वृद्ध ब्राह्मण को लोरक के पास भेजा। वह ब्राह्मण गोहारी देश पहुँचकर विमला नाम के सारि के कौशल वाचन के माध्यम से राजा लोरक को मयनामती की विरहार्ति का स्मरण दिलाया। सती मयनामती की स्मृति हो आने पर लोर क्रमशः अधैर्य हो उठा। इसी बीच लोर-चन्द्राणी के पुत्र ने भी जन्म लिया था। उसके ऊपर गोहारि राज्य का कार्यभार सौंपकर लोरक चन्द्राणी सहित अपने राज्य वापस लौटे। दो रानियों के साथ उसका जीवन अब सुख से व्यतीत होता रहा। वृद्धावस्था में राजा की मृत्यु होने पर उनके दो रानियों ने भी सहगमन किया।

5.2.21. दौलत के कवि स्वभाव

दौलत काजी के रचनांश की तुलना में आलाओल का कवि-धर्म 'सती मयनामती' काव्य में बहुत धूमिल है। आलाओल के सभी रचनाओं का श्रेष्ठ सम्पद उनके व्यापक पाण्डित्य विदग्धता है। वैसे तो दौलत काजी भी पंडित ही थे। इस्लाम धर्म में उनका ज्ञान व निष्ठा अटूट थी; सूफी साधन पद्धति में उनकी अनुरक्ति गहरी थी। इसके अलावा उनके रचनांश में हिन्दुओं के वेद-पुराण सम्बन्धित ऐतिह्य का सहज ज्ञान भी अनेक स्थानों पर अनायास अभिव्यक्त हुआ है। केवल इतना ही नहीं, जयदेव, विद्यापति यहाँ तक कि कालिदास के काव्य में भी कवि का प्रवेशाधिकार हुआ था, ऐसा भी अनुमान किया जाता है।[55] सभी क्षेत्र में दौलत काजी की निष्ठा अनुरक्तिपूर्ण गहनता उनके पाण्डित्य को अतिक्रम करता था। उपलब्धि की सहज अभिव्यक्ति ही कवि की रचनाओं को सरल, प्रांजल व सरस कर दिया था। दौलतकाजी की रचना का स्वतोविकसित सारल्य व अनायास सरसता उनके काव्य को लोक जीवन के सार्थक रोमांटिक प्रणयगाथा की शिल्प मर्यादा प्रदान कर रहा था। लक्षणीय है कि काव्य-कहानी के माध्यम से लोक जीवन सम्भव असामाजिक प्रणय सौन्दर्य श्रेष्ठ आसन लाभ करने में असमर्थ रहा। दौलत के काव्य ग्रन्थ में लोर-चन्द्राणी के यौथ प्रणय-माधुर्य की अपेक्षा सती-मयनामती अकेली ही उज्जवलतर रंग में चित्रित हुई थी। उनकी कवि-कल्पना रोमांटिक प्रणय सौन्दर्य को त्याग व तितिक्षा से पूर्ण वेदना के रंग में अनुरंजित हो रहा था। यौवन प्रेम, यज्ञ, उद्यापन की महिमा लेकर आत्म प्रकाश कर रहा था।

5.2.22. कवि-धर्म व सूफी-धर्म का समन्वय

इस आश्चर्य शिल्पायन के मूल में दौलत के प्रेम-साधक कवि-मानस निहित था। दौलत निष्ठावान सूफी साधक थे। उनके पृष्ठपोषक आसरफ खान भी 'हानाफी मोझाब घोरे चिश्ती खानदान' के थे। कवि ने 'बिस्मिल्ला' की वन्दना व 'मोहम्मद की सिफत' सन्दर्भ में इस्लामी धर्मादर्श के प्रति हार्दिक श्रद्धा व अनुरुक्ति अभिव्यक्त की थी। इसी भावादर्श के सार-संकलन प्रसंग में उन्होंने लिखा है कि–

"सरियत नाओ कर ईमान प्रदीप घर
रसूल सहाये हईमु पार।"
"आल्लार हुजुरे हाय जुयाये दर्शन पाय
प्रेम भाबे सर्वांगे नयान।"

यही प्रेम व सत्य (ईमान) मुसलमानों (सूफी मुसलमानों) का श्रेष्ठ साध्य है। मयना की प्रेमानुरक्ति के माध्यम से दौलत काजी ने भक्ति भाव से इसी सत्य के स्वरूप को प्रत्यक्ष किया था। कवि की दृष्टि में मयना का 'सतीत्व' इसी 'सत्य' का अभिनवतम रूप की अभिव्यक्ति है–

"भारत पुराणे सत्य, सत्य के बाखाने।
चन्दन तिलक सत्य उगे सर्वस्थाने।
प्राणान्त करिया सत्य पाले महाजन।
राज्य-पाट त्यजि करे सत्येर पालन।।
सत्यबले राजा हैल पांडव नन्दन।
सत्य से परम सिद्धि विजय कारण।।
जत जाति शास्त्ररीति वैसय संसारे।
आछे सत्य परि पाछे बढ़ाई बिचारे।।
ईसुप सिद्दिक शाहा रसुल आल्लार।
सत्य बले मिसिरेर हैल अधिकार।।
सत्य बले महापात्र बाड़िल उन्नति।
कोन मत हैला मयना पतिव्रता सती।"

इस प्रश्न का उत्तर नहीं दिया गया फिर भी वह स्वतः प्रकाशित है, परन्तु काव्यांश के अन्यत्र अपने प्रश्न का निःसंशय उत्तर कवि ने दिया है–

"दरिद्र दुःखित जन, धन दिया तोषे मन,
तत्परे पूजे अभ्यागत।
भाग्यवती मयनारानी सत्येर प्रतिष्ठा शुनि
प्रशंसन्ते सकल जगत्।।"
और एक स्थान पर मयना प्रंसग में उन्होंने लिखा है–
"विपरीत वायु बले सत्य घट नाटि टले,
सतीत्व के टलाईते नारे।"

कवि की अनुरुक्ति के माध्यम से जहाँ लोक जीवन में नारी का प्रेम-सतीत्व की साधना शाश्वत सत्य की मर्यादा में प्रतिष्ठित हुई है, वहीं बंगला भाषा में केवल इस्लामी साहित्य के क्षेत्र में ही नहीं बल्कि मध्य युग के बंगला साहित्य के इतिहास में भी दौलत की कवि प्रतिभा की अतुल्य सत्य प्रतिष्ठता घटित हुई थी।

5.2.23. आलाओल

दौलत काजी के बाद रोसांग राजसभा के द्वितीय कवि श्रेष्ठ थे—आलाओल। इनकी कवि-प्रतिभा विचित्र काव्य रचना के माध्यम से निरन्तर अभिव्यक्त हो रही थी। इन काव्य कथाओं की अपेक्षा कवि का जीवन परिचय कुछ कम चित्ताकर्षक नहीं है। 'मुल्लुक फतेहाबाद' के जामालपुर ग्राम में कवि का आदिनिवास था। इस 'फतेहाबाद मुल्लुक' के अवस्थान के सम्बन्ध में पंडितों में मतैक्य नहीं है। कइयों का अनुमान है कि फतेहाबाद चट्टग्राम के अन्तर्गत था। डॉ. सुकुमार सेन का विचार है कि "यह स्थान पश्चिम या मध्य बंग में होना सम्भव है।" जो भी हो आलोच्य अंचल चट्टग्राम के अन्तर्गत नहीं था यह विषय अनुमेय है।

5.2.24. जीवन-परिचय

आलाओल के पिता नवाब कुतुब के सभासद थे। एक बार जब वे जलयात्रा कर रहे थे तब शिशु कवि व उनके पिता का नाव पुर्तगीज जलदस्यु द्वारा अपहृत हुआ। पिता भयानक युद्ध कर 'शहीद' हो गये। अनेक दुःख झेलते हुए पुत्र अन्ततः रोसांग में पहुँचे। यहाँ उन्होंने अश्वारोही राजसैनिक का कार्यभार सँभाला। क्रमशः उनकी विद्या व साहित्य की ख्याति छिपी न रही उनकी कवि ख्याति का विस्तार होने लगा।

अन्त में रोसांग के 'मुख्य पाटेश्वरी के अमात्य', 'महाजन' मागनठाकुर कवि के अनुरक्त हुए तथा मागन के पृष्ठपोषकता में ही उनका काव्य 'पद्मावती' की रचना हुई।

आलाओल के द्वितीय काव्य 'समफुमुलुक बदिउज्जमाल' की रचना भी मागन के आश्रय में रहते हुए आरम्भ हुआ था, परन्तु इस ग्रन्थ की समाप्ति से पहले ही मागन चल बसे थे। आलाओल राजा श्री चन्द्रसुधर्मा के अमात्य श्रेष्ठ सोलेमान के आश्रय में आ गये। इनके ही निर्देश से उन्होंने दौलत काजी के असम्पूर्ण काव्य 'सती मयनामती' को पूरा किया। इसके बाद प्रधान राज-सेनापति सैय्यद मुहम्मद के आग्रह पर निजामी के 'हप्त पयकर' काव्य का अनुवाद किया।

इस समय कवि के जीवन में नूतन दुर्योग दिखाई दिया। भारतवर्ष का राष्ट्रीय आकाश तब शाहजहाँ के पुत्रों के मसनद-लोलुपता के संग्राम में घनघटाच्छन्न था। शाह-सुजा इस समय औरंगजेब के डर से भागकर रोसांग राजसभा के आश्रय में थे। कवि के साथ उनकी हार्दिकता थी। कुछ दिनों के बाद शाह-सुजा रोसांग-राज के विराग भाजन बन सपरिवार आश्रयच्युत हुए। इसी समय 'मृजा' नाम के किसी दुर्बुद्धि व्यक्ति ने शाह-सुजा के विराग के साथ आलाओल का नाम युक्त कर राजदरबार में उन पर झूठा अभियोग लगा दिया। कवि को बिना किसी अपराध कारागार में डाल दिया गया। 'पचास दिन' तक कारागार की सजा काटने के बाद मृजा के षड्यन्त्र का पता चला। उसे मृत्युदण्ड दिया गया। इसके बाद भी आलाओल का जीवन कुछ समय तक कठिनाई से पूर्ण रहा। अन्ततः काजी सैय्यद मामुद शाह की कृपा से उसका भाग्योदय हुआ। मामुद शाह के आश्रय में रहकर आलाओल ने उसका असम्पूर्ण काव्य 'सयफुल्मुलुक

बदिउज्जमाल' की रचना पूरी की। इसके अलावा निजामि के द्वारा 'दारा सेकेन्दरनामा' के आधार पर उनके नये काव्य की रचना स्वयं राजा चन्द्रसुधर्मा के आदेश से हुई।

5.2.25. 'पद्मावती' बनाम 'पद्मावत'

पहले ही कहा गया है कि 'पद्मावती' आलाओल का श्रेष्ठ काव्य है, रोसांग के राजसभा में रचित यह उनका प्रथम काव्य भी है। परन्तु कवि स्वयं इस रचना की मौलिकता का दावा नहीं करते हैं। सूफी साधक व विख्यात हिन्दी कवि मलिक मुहम्मद जायसी के 'पद्मावत' काव्य का आदर्श ग्रहण कर कवि आलाओल ने इस बंगला काव्य की रचना की थी, काव्य में भी इस तथ्य की स्वीकृति की है। जायसी अयोध्या के जायस ग्राम के वासी थे। उनके 'पद्मावत' का रचना काल भी षोडश शतक का प्रथमार्द्ध था।

5.2.26. 'पद्मावती' की काव्य-कथा

'पद्मावती' कहानी का मूल ढाँचा अलाउद्दीन पद्मिनी का इतिहास सूत्र से गृहीत है। परन्तु इसमें व्यापक परिमाण में कल्पना का मिश्रण हुआ है। काव्य में जिस कथा का वर्णन है, वह इस प्रकार है—राजा रत्नसेन चित्तौर के राजा थे। उनके पत्नी का नाम नागमती था। सिंहल की राज-दुहिता पद्मावती के रूप गुण की ख्याति सुनकर रत्नसेन मुग्ध हुए तथा प्रशिक्षित शुक पक्षी को लेकर योगी के वेश में सिंहल की ओर चले। वहाँ शुक पक्षी की सहायता से वे पद्मावती को पा सके। देश में वापस आकर दो पत्नियों के साथ रत्नसेन का जीवन सुखपूर्वक व्यतीत हो रहा था तभी दिल्ली के सम्राट अलाउद्दीन ने उत्पात की सृष्टि की। पद्मावती के रूपाकर्षण से मोहित उसने चित्तौड़ पर आक्रमण किया तथा पराजित राजा को बन्दी बनाकर दिल्ली वापस आये।

राजा के प्राणतुल्य सुहृद गौरी व बदिना नाम के दो भाई थे। उनके कौशल से रत्नसेन उद्धार हुए। दूसरी ओर, रत्नसेन की अनुपस्थिति के बहाने राजा देवपाल ने पद्मावती को विपथगामिनी बनाने की चेष्टा की। वापस लौटकर रत्नसेन ने देवपाल को युद्ध में मार डाला, पर वे स्वयं भी आहत हुए और मारे गये। पद्म. ावती व नागमती दोनों ही पति के साथ सती हो गयी। चिता की अग्नि बुझी भी नहीं थी कि अलाउद्दीन का चित्तौड़ में पुनः प्रवेश हुआ। पर सती पद्मावती की परिणति प्रत्यक्ष देख वे चिता को प्रणाम कर अपनी राजधानी वापस लौट गये।

5.2.27. जायसी का आलाओल

इतिहास की क्षीणतम सूत्र को आधार कर उद्धृत कथांश में जायसी ने केवल जनप्रिय लोक काव्य की ही रचना की थी बल्कि पहले ही कहा गया है कि वे निष्ठावान सूफी साधक थे तभी उन्होंने सुपरिचित कथा के पीछे सूफी साधना का गुह्य-संकेत-धारा को रूपकों के माध्यम से उद्भासित किया था। इस रूपक के अनुसार चिता का अर्थ है

मानव शरीर, रत्नसेन जीवात्मा से सम्बन्धित है। पद्मावती विवेक है तथा शुक पक्षी धर्मगुरु का प्रतीक है। कवि आलाओल सूफी विचार के उपासक थे। फलस्वरूप उन्होंने जायसी की मूल काव्य-भाव की ही शुश्रूषा की थी। फिर भी, आलाओल का काव्य जायसी के काव्य का अनुकरण नहीं है। जायसी की लोक-जीवनानुभूति बहुत प्रगाढ़ थी। उनके काव्य में इसलिए एक धर्मनिरपेक्ष व्यापक लोक जीवनावेदन है। दूसरी ओर आलाओल दीप्त-पांडित्य के धनी थे। केवल अरबी-फारसी भाषा साहित्य में ही नहीं बल्कि संस्कृत धर्म, अलंकार, पुराण, शास्त्रादि में भी उनका व्यापक अधिकार था। विराट पाण्डित्य की इस सम्पत्ति को आलाओल ने बड़ी सचेतनता से हिन्दू-मुसलमानों के बीच सांस्कृतिक समन्वय की दृष्टि से नियोजित किया था। फलस्वरूप, उनके काव्य में अनुभूति की प्रगाढ़ता से भी अधिक वैदग्ध्य समुज्ज्वल है। 'पद्मावती' काव्य की प्रारम्भिक वन्दनांश में ही आलाओल की प्रतिभा का परिचय व्यक्त होता है –

"बिस्मिल्ला प्रभूर नाम आरम्भ प्रथम।
आद्यमूल प्रणाम करि एक करतार।
जेई प्रभु जीवदाने स्थापिल संसार।।
करिल पर्वत आदि ज्योतिर प्रकाश।
तारपरे प्रकटिल सेई कवि विलास।।[56]
सृजिलेक आगुन पवन जल क्षिति।
नाना रंग सृजिलेक करि नाना भाति।।
सृजिल पाताल मही स्वर्ग नरक आर।
स्थाने स्थाने नाना वस्तु करिल प्रचार।।
सृजिलेक सप्त मही सप्त ब्रह्माण्ड।
चतुर्दश भूवन सृजिल खण्ड खण्ड।।
....
आपनि सृजक कोई सेई ना हय सृजन
जेन छिल तेन आछे थाकिब तेमन।।
....
बिनि जीबे जीये बिनि करे सर्व कर्म।
जीवहीन कर्ता सेई के जानिब मर्म।।
अंग हिया बिने प्रभु कर्ण बिने सुने।
हिया बिने भूत भविष्यत् सब गुणे।।
चक्षु बिने हेरे पन्थे पाखा बिने गति।
कोन रूप समनहे अनन्त मुरति।।
थान विवर्जिव मात्र आछे सर्वठाम।
रूपरेखा बहिभूर्ति निरमल नाम।।"

इस अंश में मुसलमानी सृष्टि तत्त्व के साथ वैदिक-पौराणिक चेतना के समन्वय का प्रयास स्पष्ट है।

5.2.28. आलाओल के कविधर्म

किन्तु, पांडित्य की यह दीप्ति ही आलाओल के साहित्यिक कृति का एकमात्र वैशिष्ट्य नहीं है। आदर्श सूफी भावुकों के समान वे भी प्रेम-सत्य के चरम मूल में विश्वासी थे। 'पद्मावती' के काव्य की विशेषता का निर्देश करते हुए उन्होंने स्वयं कहा–

''ए बेद पुराण आदि जत महामन्त्र।
बचने सुरस पुनि जत जन्त्र-तन्त्र।।
बचन अधिक रत्न जदि से थाकित।
स्वर्ग हन्ते बचन भूमिते ना लामित।।
तार मध्ये प्रेम कथा माधुर्य अपार।
प्रेमभाबे संसार सृजन करतार।।
प्रेम बिने भाव नाहि, भाव बिने रस।
त्रिभुवन जत देख प्रेम हन्ते बश।।
जार हृदे जन्मिलेक प्रेमेर अंकुर।
मुक्तिपद पाईल से सबार ठाकुर।।''
....
''जार भाव रस देश सूक्ष्म मोक्ष काम।
प्रेम हन्ते सकल जतेक हैल नाम।।
प्रेम हन्ते पुत्रदारा प्रेम गृहबास।
प्रेमेत धैर्यतारूप प्रेमेते उदास।।
प्रेममूल त्रिभुवन जत चराचर।
प्रेम तुल्य वस्तु नाई पृथिबीर भीतर।।
प्रेम कवि आलाओल प्रभुर भाबक।
अन्तरे प्रबल पुण्य प्रभुर आसोक।।
....
प्रेम पूँथि पद्मावती रचिते आश्रय
असाध्य साधन मोर गुरु कृपामय।।''

'प्रेम पोथी' की रचना करने में प्रेमानुरक्त सूफी कवि ने असाध्य साधन किया है। उनका प्रेम बंगालियों के जीवन धर्म के प्रति प्रगाढ़ था। फलस्वरूप, जायसी द्वारा रचित चरितावली में बंगालियों का जीवन-लक्षण प्रायः सर्वत्र अनायास अनुस्यूत हुआ है। पाणि डत्य के बीच-बीच में वह सहज जीवनरूप कभी-कभी यथार्थ ही मर्मस्पर्शी हो उठता है।

'पद्मावती' की तुलना में आलाओल के दूसरे काव्य दुर्बल हैं। 'पद्मावती' के

बाद मागन की पृष्ठपोषकता में उन्होंने द्वितीय काव्य 'सैफुल्मुलुक बदिउज्जमाल' की रचना की थी। पीरजादा सैय्यद मुस्तफा की जुबानी मूल फारसी कहानी सुनकर मागन इस काव्य को बंगला भाषा में अनुवादित करने के लिए उत्साहित हुए थे। पर इस काव्य में दो-तृतीयांश समाप्त न होते मागन का देहान्त हो गया। इसके बाद पहले ही देखा जा चुका है कि नाना दुःख-कष्ट झेलते हुए दीर्घ अवधि में सैय्यद मूसा के आश्रय में इस काव्य की समाप्ति हुई पर प्रथमांश की तुलना में इस अनुवाद काव्य का शेषांश शिल्पोत्कर्ष की दृष्टि से दुर्बल है, यौवन के सौन्दर्यबोध व कल्पना-प्रसार करने की कला में कवि वृद्धावस्था में शायद शिथिल हो चुके थे।

5.2.29. 'सती मयनामती' की समाप्ति

दौलत काजी के आश्रय में आरम्भ 'सती मयनामती' काव्य आलाओल के द्वारा ई. 1659 में समाप्त हुआ। उस समय कवि शेख सुलेमान की पृष्ठपोषकता में थे।

5.2.30. 'दारासेकेन्दरनामा'

'दारा सेकेन्दरनामा' भी निजामि के फारसी काव्य का अनुवाद है। इस काव्य में ग्रीम सम्राट अलेक्जेंडर की विजयगाथा का कुछ-कुछ अंश वर्णित हुआ है।

5.2.31. राधा-कृष्ण पद व मुसलमान कवि गोष्ठी

राधाकृष्ण लीला विषय कुछ-कुछ पद-कविता भी आलाओल ने लिखा था। इसके पहले दौलत काजी की 'सती मयनामती' में भी प्रणय वर्णन के उपलक्ष्य में राधा-कृष्ण प्रेम पदों की प्रासंगिक अवतरणा हुई है। परन्तु अब तक की आलोचना से यह समझ में आता है कि गौड़ीय वैष्णव भाव तथा वैष्णव पदावली के साथ किसी प्रकार का प्रत्यक्ष भाव-सायुज्य इन सभी रचनाओं का नहीं है। सैयद मुर्तजा के रचित राधाकृष्ण-पद वैष्णव पदावली के अन्तर्गत है। परन्तु दौलत काजी, आलाओल या अन्य मुसलमान कवियों द्वारा रचित इस श्रेणी की कवितावली राधाकृष्ण कथा की सर्वजनीन आवेदन का ऐतिहासिक परिचय ही वहन करता है। चैतन्यदेव प्रवर्तित प्रेम-मिलन का आदर्श मध्ययुग के अखिल बंगाली चैतन्य को उद्बोधित कर रहा था। महाप्रभु के धर्माश्रित इस प्रेम-मूल्यबोध राधाकृष्ण-प्रेमकथा की भाव-व्यंजना का आश्रय लेकर खड़ा था। इसके अलावा, चैतन्यपूर्व काल से ही इस राधा-कृष्ण प्रेमकथा की एक लोकजीवन-सम्भव मौलिक वैशिष्ट्य व प्रसार विद्यमान था। इन दो के प्रभाव से राधा-कृष्ण प्रेम धर्मनि. रपेक्ष अथवा सर्वधर्माश्रित प्रेम-मूल्यबोध का प्रतीक बन चुका था। दौलत आलाओल के राधा-कृष्ण विषयक पद-कविता में बंगाली प्रेम-स्वभाव का सर्वजनीन स्वरूप प्रकट हुआ है। अन्य अनेक कवियों ने भी इस साधारण भावधारा में रस संयोजन किया है। वैष्णव भावाश्रित मुसलमान कवियों के प्रसंग में यह तथ्य पहले ही स्पष्ट किया जा चुका है।[51] दूसरी ओर, अभिव्यक्ति शैली व भाव कल्पना की दृष्टि से आलोच्य पद

गीति समूह लोकसंगीत के समान है।

5.2.32. इतिहास की फलश्रुति

साबिरिदखान द्वारा लिखित 'विद्यासुन्दर' काव्य प्राप्त हुआ है। वास्वत में यह भी लोक काव्य की विशेषता वहन करता है। बंगला लोक साहित्य का नव-अभ्युदय के सूत्र को आश्रित कर चट्टग्राम रोसांग के मुसलमान कवियों ने लोकजीवन के स्तर पर मानव प्रेमानुभूति की एक नूतन धारा की खोज की थी। बंगाल का लोक साहित्य सुप्राचीन है। इसमें मानव-प्रेमकथा की अवतारणा अज्ञात नहीं था। डॉ. दीनेशचन्द्र इस सन्दर्भ में 'अष्टम शताब्दी में कालिमपुर के अनुशासन में उत्कीर्ण' लिपि का प्रमाण उद्धार किया था।[58]

इन सभी अनुमान-आश्रित तथ्यादि के माध्यम से यह तथ्य निःसंशय होकर अनुभव किया जाता है कि बंगाल के प्राचीन लोक-कथा में आदिम प्रणय-स्वभाव का स्पष्टतः अभिव्यक्ति हुआ है। परन्तु इसमें मानव लक्षण कितना प्रकट था, इस बारे में सन्देह है। चैतन्य के आगमन से बंगाल के लोक जीवन की प्रेमाकुलता व अभिजात समाज की चिन्ता-प्रसूत महिमाबोध को एक साथ संग्रथित कर एक देववाद-निर्भर नव मानवता बोध की प्रतिष्ठा हुई थी। चैतन्य-ऐतिह्य की विलुप्ति के कारण बंगाल का लोक समाज पुनः बृहत्तर बंगाली जीवन से विच्छिन्न हो गया था। उस सम्भाव्य शक्तिदीनता के काल में रोमांटिक मानव स्वंभव को बंगाल के लोक काव्य में अनुस्यूत कर मुसलमान कवियों ने एक नवीन सजीवता को जन्म दिया था। इस पथ पर सत्य (ईमान) तथा प्रेम की प्रेरणादीप्त फारसी साहित्य-प्रभाव व सूफी धर्म चेतना दोनों ने ही उनके कवि मानस को उद्‌बोधित किया था। केवल लोक-जीवन सम्बन्धी प्रेम-कथा ही नहीं इन सभी काव्य में मानव-प्रेम का रोमांटिक स्वभाव भी व्यक्त हुआ है। इस विशुद्ध मानव-स्वभाव का परिकीर्तन ही मध्ययुग के बंगला लोक काव्य का कालगत वैशिष्ट्य है। पूर्व बंग के गाथा काव्य या बाउल-मुर्शिदि-मरमि काव्य-संगीत में भी यही वैशिष्ट्य धीरे-धीरे विकसित हुआ है। चट्टग्राम के मुसलमान कवियों ने स्वतन्त्र रूप से इस युग धर्म की मुक्ति में सहायता की थी। यहीं उनके कवि-कर्म की ऐतिहासिक मर्यादा निहित है।

सन्दर्भ

1. भक्तिकाल और मुस्लिम संस्कृति - असद अली
2. भक्तिकालीन हिन्दी साहित्य पर मुस्लिम संस्कृति का प्रभाव-असद अली
3. वही
4. वही
5. वही
6. वही

7. वही
8. वही
9. वही
10. वही
11. वही
12. मध्यकालीन भारतीय समाज एवं संस्कृति, शिवकुमार गुप्त
13. वही
14. वही
15. वही
16. वही
17. वही
18. वही
19. मध्यकालीन भारत, एस एल नागोरी
20. वही
21. वही
22. वही
23. वही
24. वही
25. मध्यकालीन भारतीय समाज एवं संस्कृति, शिवपूजन सहाय
26. वही
27. वही
28. वही
29. वही
30. वही
31. वही
32. वही
33. वही
34. वही
35. वही
36. वही
37. वही
38. बांगलीर इतिहास-आदिपर्व, नीहारंजन राय
39. इंगरेजर जय-बिहारीलाल सरकार, अमृत-स्वाधीनता संख्या 1386 प्रकाशित
40. चैतन्य भागवत अन्त्य, 5.
41. Encyclopaedia Britannica vol. 8
42. वही
43. वही
44. वही
45. डॉ. एनामुल हक् -'Muslim Bengali Literature '
46. वही, XII अध्याय

47. डॉ. मुहम्मद एनामूल हक् - मुसलिम बांगला साहित्य
48. 'नवबाहार' पत्रिका, पंचम संख्या, एवं 'साहित्यिकी' पत्रिका 1376 बंगाब्द, शरत्-संख्या
49. सुखमय मुखोपाध्याय, मध्ययुगेर बांगला साहित्येर तथ्य ओ कालक्रम
50. वही
51. साहित्य-प्रकाशिका-प्रथम खण्ड (विश्व भारती)- 'सती मायनामती' (डॉ. सत्येंन्द्रनाथ)
52. वही
53. वही
54. वही, परिशिष्ट (ख)
55. वही, भूमिका
56. कैलास
57. बांगला साहित्येर मध्ययुग : भुदेव चौधरी
58. डॉ. दीनेश चन्द्र सेन - 'पूर्व बंग गीतिका', तीसरा खण्ड-द्वितीय संख्या- (भूमिका)

उपसंहार

भारत में इस्लामी सत्ता की स्थापना तेरहवीं शती के प्रारम्भ में हुई थी। उसके पूर्व भी अरब और तुर्क आक्रमणकारी भारत आये थे परन्तु उस समय वे उत्तरापथ के अतिरिक्त अन्यत्र कहीं भी प्रत्यक्ष शासन स्थापित करने में सफल नहीं हुए, लेकिन 1206 में दिल्ली सल्तनत की स्थापना के साथ सप्तसिन्धु ही नहीं बल्कि हरियाणा, अन्तर्वेदी, मगध, अंग और बंग का अधिकांश स्थूलतः गंगा की सम्पूर्ण उपत्यका एवं कुछ निकटवर्ती प्रदेश मुसलमानों के अधिकार में चले गये। इस्लाम की यह विजय हिन्दुओं की राजनीतिक पराजय भी थी और उनके लिए धार्मिक तथा सांस्कृतिक चुनौती एवं संकट भी।

स्मरणीय है कि तुर्क और अफगान योद्धा, जिन्होंने दिल्ली पर शासन किया, इस्लाम के उस परिष्कृत और गौरवमय रूप के प्रतिनिधि नहीं थे जो वस्तुतः उनके भारत प्रवेश के पूर्व ही पश्चिमी एशिया में उदित और लुप्त हो चुका था। वे प्रायः पेशेवर सैनिक थे जिनका बौद्धिक और साहित्यिक गतिविधि से कोई विशेष सम्बन्ध नहीं था। वे इस्लामी जगत् में प्रान्तवर्ती थे और भारत में इस्लाम के रूढ़िवादी रूप और अपनी जातीय विशेषता लेकर प्रविष्ट हुए थे। उनके साथ सैनिक बर्बरता, दास-प्रथा, धार्मिक असहिष्णुता एवं एक उत्पीड़क सैनिक सामन्तवाद का जिसमें स्वदेशी एवं विदेशी परम्पराओं के मिले-जुले तत्त्व थे। विशेष रूप से विकास हुआ। उनके अमीर-उमरा छोटे-मोटे सुल्तानों की तरह थे जिनके प्रमुख व्यसन थे—हर बात में अपने शासक का अनुकरण करना और यथाशक्ति उनकी गद्दी छीन लेने का प्रयास करना। भारत में मुस्लिम शासन के सुदीर्घ राजनीतिक इतिहास (लगभग 1200 से 1800 तक) की यही प्रमुख विषय-वस्तु है, लेकिन मुस्लिम प्रभुसत्ता के युग में भारतीय इतिहास को मुस्लिम सुल्तानों, बादशाहों और अमीर-उमरा के परिप्रेक्ष्य मात्र में देखना, जैसा कि आधुनिक इतिहासकारों की प्रवृत्ति रही है, उतनी ही बड़ी भ्रान्ति है जितना उस युग के जनजीवन और संस्कृति को केवल फारसी इतिहासकारों के माध्यम से देखना; क्योंकि इस सुदीर्घ काल में भारतीय जनजीवन अधिकांशतः प्राचीनकाल से चली आयी किन्तु परिवर्तनशील परम्परा के अनुसार चलता रहा। स्वयं मुस्लिम जनता का इतिहास भी इस द्वैत के अधीन था क्योंकि एक ओर वह पश्चिमी और मध्य एशियायी परम्पराओं के अधीन था तो दूसरी ओर वह स्थानीय जनजीवन का अंग भी था। इसलिए मुस्लिम कालीन भारतीय इतिहास को केवल उच्च वर्ग का इतिहास मानना जिसमें विदेशी तत्त्व और सम्बन्ध प्रबल मात्रा में थे, उचित नहीं कहा जा सकता।

दिल्ली सल्तनत की विदेशी प्रकृति स्वयं भारतीय मुसलमानों के लिए भी सुस्पष्ट थी। इमादुद्दीन रैहान जैसे भारतीय मुसलमान अवश्य ही प्रशासन में यदा-कदा उच्च पद पा लेते थे, लेकिन तुर्की उमरा के विरोध के कारण उन पदों पर बने रहना उनके लिए सम्भव नहीं हो पाता था। जहाँ तक हिन्दुओं का सम्बन्ध है मुसलमानों के द्वारा उनके विरुद्ध युद्ध सामान्यतः जिहाद की भावना से लड़े जाते थे और मुसलमानों के विजयी होने पर हिन्दुओं का कत्लेआम, उनको दास बना लिया जाना, मन्दिरों का खंडन और नगरों की लूटपाट सामान्य बातें थीं। स्वयं मुस्लिम इतिहासकारों के ग्रन्थ धर्मान्ध सुल्तानों के इन बर्बरतापूर्ण कृत्यों के वर्णन से भरे पड़े हैं। इन वर्णनों को यह सोचकर नज़रन्दाज कर देना कि ये मध्य एशियायी पाठकों के लिए लिखे गये थे भ्रान्त धारणा है। काहन्डदे प्रबन्ध तथा 'कीर्तिलता' जैसे हिन्दू ग्रन्थों में भी युद्धकाल में तुर्कों की हिन्दुओं के प्रति दिखायी गयी बर्बरता का मार्मिक वर्णन मिलता है।

लेकिन तुर्की शासकों का हिन्दुओं के साथ असद् व्यवहार युद्धकाल तक ही सीमित नहीं था, बल्कि शान्तिकाल में भी वे हिन्दुओं को बराबर सताते थे। शेख हमदानी द्वारा रचित जखरित-उल-मुलूक के अनुसार मुस्लिम राज्य में हिन्दू जन नये मन्दिर नहीं बनवा सकते थे, पुराने और खंडित कर दिये गये मन्दिरों का पुनर्निर्माण नहीं करवा सकते थे, मुसलमान यात्रियों को मन्दिरों में ठहरने से नहीं रोक सकते थे। मुसलमानों के सामने घोड़ों पर नहीं चढ़ सकते थे। मुस्लिम मुहल्लों में नहीं बस सकते थे, मुर्दों को लेकर जोर से विलाप नहीं कर सकते थे, आदि-आदि। यह सब करने के लिए वे बाध्य थे।

नम्रतापूर्वक एवं अत्यन्त अपमानजनक ढंग से जजिया देने के लिए तैयार हो जाने के उपरान्त जियाउद्दीन बरनी ने बड़े गर्व के साथ इस बात का वर्णन किया है कि मुसलमान सुल्तान किस प्रकार हिन्दुओं के साथ नृशंसता का व्यवहार करते थे। मुहम्मद तुगलक के शासन काल में भारत आने वाले अफ्रीकी यात्री इब्नबतूता ने हिन्दुओं के साथ होने वाले अत्याचारों का आँखों देखा वर्णन किया है। हिन्दू ग्रन्थों में जोनराज की द्वितीय राजतरंगिणी जयानन्द का 'चैतन्यमंगल' चैतन्य के जीवन पर ही लिखित चैतन्य चरितामृत और चैतन्य भागवत् आदि में ऐसे अनेक दृष्टान्त मिलते हैं जिनमें हिन्दुओं के ऊपर मुसलमानों के अत्याचारों का वर्णन है। इन प्रसंगों में अलाउद्दीन खिलजी की आर्थिक नीति भी, जिसका उद्देश्य हिन्दू चौधरियों, खूतों और मुकद्दों को यथाशक्ति धनहीन कर देना था, अनायास स्मरण हो जाती है।

मुस्लिम सुल्तानों ने हिन्दुओं को 'जिम्मी' पद अवश्य दिया जिसके अनुसार वे जजिया देकर अपने धर्म का पालन कर सकते थे। परन्तु यह उनकी उदारता नहीं बल्कि विवशता थी क्योंकि ऐसे देश में जहाँ हिन्दू बहुसंख्यक थे वे इस्लाम स्वीकार करो या मृत्यु का वरण करो नीति का पालन नहीं कर सकते थे लेकिन यह असमान धार्मिक स्वतन्त्रता की काजियों और उलेमाओं को पसन्द नहीं थी। पहले ब्राह्मण जजिया से मुक्त

थे परन्तु उलेमा के आग्रह पर फिरोजशाह तुगलक ने उन पर भी यह कर लगा दिया था। काजी मुगीसुद्दीन ने अलाउद्दीन खिलजी को बताया था कि काफिरों के सामने वैसे तो दो ही विकल्प हो सकते हैं– मौत या इस्लाम–लेकिन हनीफा ने उसके जजिया की रियायत भी दी है। जियाउद्दीन बरनी ने बड़े क्रोध के साथ लिखा है कि कुछ थोड़े से टंकों के बदले अगर सुल्तान काफिरों को धर्म की स्वतन्त्रता देते रहेंगे तो हिन्दुस्तान में इस्लाम का झंडा बुलन्द नहीं रह सकेगा। उसने महमूद गजनवी को याद करते हुए कहा था–काश! महमूद एक बार फिर आ जाए तो हिन्दुओं का पूरा सफाया हो जाए। अफीफ नामक एक अन्य इतिहासकार ने फिरोज तुगलक के वज़ीर के मुख से कहलाया है कि प्रशासन के दो ही उद्देश्य हैं–एक, प्रजा की समृद्धि और रक्षा और दूसरा, राज्य विस्तार और काफिरों का सफाया। ये उदाहरण सल्तनतयुगीन मुसलमानों के हिन्दुओं के प्रति दृष्टिकोण के परिचायक हैं।

मुस्लिम आधिपत्य से 'हिन्दू संस्कृति को जो सबसे जबर्दस्त आघात पहुँचा वह था विहारों, मन्दिरों और मठों का विनाश।' हिन्दू राज्यों में प्रायः ये संस्थाएँ ही संस्कृत शिक्षा और साहित्य के केन्द्र थे। अतएव इनके विनाश से संस्कृत विद्या जर्जर हो गयी। जदुनाथ सरकार के शब्दों में 1200 से 1500 तक उत्तर भारत बौद्धिक रूप से एक मरुस्थल था। इस मरुस्थल में पन्द्रहवीं शती में कुछ नखलिस्तान दिखाई देते हैं, परन्तु वे भक्त कवियों के प्रयास का परिणाम थे और उनके कारण संस्कृत का नहीं, बल्कि देशी भाषाओं का विकास हुआ।

कुछ आधुनिक इतिहासकार भारत को इस्लाम की दो मुख्य देन मानते हैं–एक, एकेश्ववाद और दूसरी, सामाजिक समानता का आदर्श। अब, इस्लाम स्पष्टतः एक एकेश्वरवादी धर्म है। इसका मूल मन्त्र ही है–"ला इलाह इल्लिल्लाह मुहम्मद-उर-रसूलिल्लाह अर्थात् अल्लाह के अतिरिक्त कोई और पूज्य नहीं है और मुहम्मद उस अल्लाह के रसूल या पैगम्बर हैं। अल्लाह की कल्पना निराकार प्रभु के रूप में कही गयी है तथा बहुदेववाद और प्रकृति पूजा का जबर्दस्त विरोध किया गया है। ईसाई धर्म में जिस अवतारवाद में विश्वास किया जाता है, उसका भी इस्लाम (ईसा को एक पैगम्बर मानने के बावजूद) विरोध करता है। सर्वप्रथम सर चार्ल्स इलियट तथा हंटर आदि कुछ पाश्चात्य विद्वानों ने यह सुझाव रखा था कि रामानुज और मध्य आदि आचार्यों तथा वीर शैव आदि सम्प्रदायों पर कुछ विदेशी प्रभाव हो सकता है। इसके उपरान्त ताराचन्द तथा उनका अनुकरण करते हुए हुमायूँ, कबूर आदि ने आग्रहपूर्वक प्रतिपादित किया कि मध्यकालीन भारतीय एकेश्वरवाद इस्लाम के प्रभाव का परिणाम था और शंकराचार्य, रामानुज, निम्बार्क, रामानन्द, वल्लभाचार्य तथा दक्षिण के आलवार सन्त एवं लिंगायत आदि सम्प्रदाय इस्लाम से न्यूनाधिक प्रभावित हुए थे। इतना तो अधिकांश मुस्लिम इतिहासकार मानते ही हैं कि भारतीय बहुदेववाद इस्लाम के प्रभाव के कारण एकेश्वरवाद की ओर उन्मुख था परन्तु वास्तव

में एकेश्वरवाद भारत के लिए कोई नवीन अवधारणा नहीं थी। यह विचारधारा यहाँ स्वयं वैदिक काल से मिलती है। वैदिक जन विश्वास करते थे कि अनेक देवताओं के मूल में एक परम तत्त्व है जिसके सब देवता विशिष्ट रूप हैं उपनिषदों में तो यह प्रवृत्ति स्पष्टतया लक्षित होती है और इसके दोनों रूप—अद्वैतवाद और एकेश्वरवाद साथ-साथ मिलते हैं। गीता आदि में एकेश्वरवाद का विशेष विकास मिलता है जो भक्ति सम्प्रदायों में विशेष रूप से लोकप्रिय हुआ।

एक दृष्टि से इस्लामी एकेश्वरवाद हिन्दू एकेश्वरवाद के प्रायः प्रचलित रूप से कुछ भिन्न था। भारतीय विचारधारा में निर्गुण और निराकार परम तत्त्व की अवधारणा सगुण और साकार ईश्वर की अवधारणा के अविरुद्ध थी जबकि इस्लाम में ईश्वर केवल निराकार किन्तु सगुण रूप में ही कल्पित है। लेकिन इस्लाम के बावजूद हिन्दू एकेश्वरवाद मध्यकाल में अपने पुराने रूप में ही बना रहा परन्तु स्मरणीय है कि इस्लाम का निराकारवाद भी इस देश के लिए सर्वथा नवीन सिद्धान्त नहीं था। इसका विकास इस्लाम के भारत प्रवेश के पूर्व ही सिद्ध दर्शन में हो चुका था। सिद्ध लोग तीर्थ, व्रत और प्रतिमा पूजन आदि में विश्वास नहीं करते थे और शून्य, अलख निरंजन या निराकार की उपासना करते थे। जोगी, नाथपन्थी और निर्गुनियाँ सन्तों पर इन्हीं का प्रभाव था। बौद्ध एवं कापालिक तन्त्रों और सिद्ध दर्शन की इसी निराकारोपासक धारा को कबीर और नानक ने स्वीकृत किया। उनके विचार दर्शन को इस्लाम से व्युत्पन्न मानना भ्रान्ति है।

इस्लाम की दूसरी विशेषता थी उसका यह विश्वास कि अल्लाह के बन्दों में धार्मिक दृष्टि से कोई अपात्र नहीं है, अर्थात् ईश्वर के लिए उसके सभी अनुयायी समान हैं। इससे मुसलमानों में सामाजिक एकता की भावना बढ़ी।

हबीब और निजामी आदि का आग्रह है कि इस्लाम भारत की हीन जातियों और अछूतों के लिए सामाजिक समानता का सन्देश लेकर आया था और मध्यकालीन भक्तों ने इस विषय में प्रेरणा इस्लाम से ही प्राप्त की थी परन्तु जातिभेद का विरोध तो भारत में सदैव से होता आया है। बौद्धों और जैनों द्वारा वर्ण व्यवस्था का विरोध सर्वज्ञात है। इस्लाम के आगमन के पूर्व भी देश में जो वेद विरोधी स्वर उभरे थे, उनमें बहुत से जातिभेद के विरुद्ध थे। स्वयं भगवान बुद्ध के सूत्रों में जाति का खंडन उपलब्ध है। ऊपर जिन बौद्धों, नाथों और सिद्धों की चर्चा है, उनमें से अधिकांश जातिभेद के कट्टर शत्रु थे। अश्वघोष ने अपनी वज्रसूची में और पीछे राहुल भद्र (सरहपा) ने संस्कृत तथा अपभ्रंश में लिखित अपने 'दोहाकोश' आदि अनेक ग्रन्थों में (जिनके अब तिब्बती अनुवाद उपलब्ध हैं) सामाजिक भेदभाव और छुआछूत के विरुद्ध आवाज उठायी थी। इस प्रकार जोगी लोग भी, जिनमें सहजिया सिद्ध और नाथ सन्त दोनों सम्मिलित थे, जातिभेद को अस्वीकृत करते थे। सिद्ध आन्दोलन में कुल मिलाकर 84 सिद्ध हुए। उनका समय स्थूलतः सातवीं से बारहवीं शती माना

जा सकता है। सामाजिक दृष्टि से इनमें सभी वर्गों और जातियों के सदस्य मिलते हैं। उन्होंने हीन जातियों के अभ्युत्थान पर विशेष बल दिया। उसके पहले दक्षिण में आलवारों में भी जातिवाद का खंडन और एक जन सुलभ एकेश्वरवाद का प्रचार सुविदित है। इस प्रकार जातिभेद विरोधी जो बातें बाद में कबीर, चैतन्य, नानक और दादू ने कही, उनको बहुत पहले बौद्ध, आलवार, सहजिया, सिद्ध और नाथ सन्त कह चुके थे। इसलिए यह धारणा कि सामाजिक समानता का आदर्श भारत में इस्लाम के कारण जन्मा, उतनी ही भ्रान्ति है, जितना यह सोचना कि एकेश्वरवाद भारत को इस्लाम की देन है। अधिक से अधिक इतना माना जा सकता है कि इस्लाम के सम्पर्क में आने पर हिन्दू धर्म के ये पक्ष जहाँ पर एक ओर अधिक उमड़ आये वहीं दूसरी ओर इनकी प्रतिक्रिया भी हुई। इनका उमड़ना ही पन्द्रहवीं शती का धार्मिक और सामाजिक आन्दोलन था।

इस्लाम का वह रूप जो हिन्दू के निकटतम आया और उससे सर्वाधिक प्रभावित हुआ, वह सूफी मत था। 'कुरान' में प्रधानतया व्यावहारिक धर्म का उपदेश था परन्तु इसमें तसव्वुफ या रहस्यवाद सुव्यक्त नहीं था। इसमें तसव्वुफ का प्रचार बढ़ा हिन्दू और बौद्ध धर्मों, ईसाई धर्म, अभिनव अफलातूनी मत और ईरानी जरयुष्ट्रवाद के प्रभाव के कारणभारत में प्रचलन होने के बाद इसका अनेक अंशों में भारतीयकरण हुआ।

तसव्वुफ का मूल आधार वहादत-उल-वजूद या सन्त की एकता का सिद्धान्त है। प्रत्येक वस्तु परमात्मा (हक) में है और परमात्मा प्रत्येक वस्तु में है। जीव का यह दावा है कि मैं ब्रह्म हूँ, विशुद्ध वेदान्ती विचार है। मंसूर अल हल्लाज 'अनलहक' (अहं ब्रह्मास्मि) कहने के कारण ही फाँसी पर चढ़ा दिया गया था। ईश्वर से जीव के वियोग की कल्पना, सर्वात्मवाद, निर्वाण (फना) अवधारणा, योग-साधना, साधना में गुरु (पीर) का महत्त्व—ये सब तत्त्व भारतीय परम्परा में चिरकाल से पाये जाते हैं। बहुत से सूफी सिलसिलों में उपवास करना, शरीर को यातना देना आदि प्रथाएँ मिलती हैं जो हिन्दुओं और बौद्धों में प्रचलित प्रथाओं के तुल्य हैं। यह सही है कि सूफी कवियों में बहुत से यथा जायसी ऐसे थे जिनके ग्रन्थों में ईरानी सूफियों का प्रभाव अधिक है लेकिन उनमें भी हठयोग, ब्रह्मरन्ध्र, सहस्रार आदि का वर्णन और वेद-पुराण के प्रति अभिव्यक्त श्रद्धा विशुद्ध भारतीय है। इसके विपरीत कबीर, नानक तथा दादू आदि का रहस्यवाद ईरानी नहीं बल्कि सिद्ध परम्परा की देन है। इस प्रसंग में स्मरणीय है कि तसव्वुफ की वह भारतीय परम्परा जो ईरानी तसव्वुफ के निकटतर थी, आम जनता तक नहीं पहुँची, कुछ कवियों और दार्शनिकों तक ही सीमित रही।

इस प्रकार सल्तनत काल में हिन्दुओं ने इस्लाम की चुनौती का उत्तर भक्ति आन्दोलन के रूप में अपने धर्म के मूल आदर्शों की नयी परिस्थितियों के प्रकाश में नवीन व्याख्या करके और इस्लाम के तसव्वुफ का भारतीयकरण करके दिया।

इस प्रयास से धार्मिक समन्वय और विदेशी तत्त्वों के भारतीयकरण की सम्भावना उत्पन्न हुई। यह सम्भावना खुसरो जैसे कुछ भारतीय मुसलमानों के आविर्भाव एवं सामान्य जीवन व संस्कृति के बाह्य पक्षों में हिन्दुओं और मुसलमानों का एक-दूसरे पर प्रभाव पड़ने से सबलतर हो गयी। सल्तनत काल में वेशभूषा, रीति-रिवाज, राजकीय शिष्टाचार, युद्धकला, दुर्ग निर्माण विधि, संगीत, वास्तुकला तथा चित्रकला आदि में हिन्दुओं और मुसलमानों ने एक-दूसरे से बहुत कुछ सीखा। वह पारस्परिक प्रभाव के केवल उन प्रदेशों में मिलता है जो मुसलमानों के अधिकार में थे वरन् उत्तर भारत व दक्षिणापथ के हिन्दू राज्यों में भी न्यूनाधिक रूपेण दिखाई देता है, यद्यपि सुदूर दक्षिण में विजयनगर साम्राज्य का उदय अवश्य ही इस्लाम के विरुद्ध प्रतिक्रिया के रूप में हुआ।

सोलहवीं शती में परिस्थिति में प्रथम बार मूलभूत परिवर्तन हुआ और पन्द्रहवीं शती में कुछ भक्तों और सन्तों के द्वारा देखा गया हिन्दू-मुस्लिम अविरोध का स्वप्न चरितार्थ होने की आशा उत्पन्न हुई। सोलहवीं शती में भारत में मुगलों के रूप में मध्य एशिया की एक अपेक्षातया अधिक परिष्कृत सांस्कृतिक धारा का अनुप्रवेश हुआ। मुगल शासक पूर्वगामी तुर्कों और पठानों से कहीं अधिक प्रबुद्ध थे। उन्होंने देश में राजनीतिक एकता की स्थापना की जिसका आधार विभिन्न सूबों के प्रशासन में सादृश्य, समान मुद्रा प्रणाली, राजकीय भाषा के रूप में फारसी का प्रयोग आदि थे। मुगल साम्राज्य की सीमा के परे स्थित हिन्दू और मुस्लिम राज्यों में भी मुगल, मुद्रा प्रणाली व राजसी शिष्टाचार का न्यूनाधिक अनुकरण किया जाता था।

मुगलों ने भारत का पश्चिमी एवं मध्य एशिया से सम्बन्ध जो बौद्ध धर्म के ह्रास और दिल्ली सल्तनत की स्थापना के कारण टूट गया था, पुनः स्थापित किया क्योंकि अफगानिस्तान मुगल साम्राज्य में सम्मिलित था इसलिए मुगल युग में उत्तर-पश्चिम के दर्रों से बुखारा और समरकन्द, बल्ख और खुरासान तथा ख्वारिज्म और ईरान से व्यापारी और अन्य जन बराबर आते-जाते रहे। सत्रहवीं शती के प्रारम्भ में बोलन दर्रे से 14000 ऊँटभार माल प्रतिवर्ष गुजरता था। इसी प्रकार की वृद्धि हमें समुद्री व्यापार में मिलता है। उस समय थट्टा भड़ौच, सूरत, चौल, राजपुर तथा गोआ (पुर्तगाली आधिपत्य के पूर्व) आदि का पतन भारत को अरब, ईरान, टर्की, मिस्र, अबीसीनिया तथा जंजीबार से जोड़ने वाले द्वार थे।

मछलीपट्टणम जो 1689 तक मुस्लिम नियन्त्रण के बाहर था, लंका, सुमात्रा, जावा, स्याम और चीन तक जलपातों का आवागमन होता था। यद्यपि तत्कालीन समुद्री व्यापार अधिकांशतः विदेशियों के हाथ में था परन्तु इसके परिणामस्वरूप भारत का विदेशों के साथ सम्पर्क बराबर बना रह सका।

मुगल शासकों ने साहित्य, चित्रकला, वस्तुकला, ज्योतिष आदि सभी सांस्कृतिक क्षेत्रों में रुचि ली। अकबर, जो स्वयं अशिक्षित था, संस्कृति का जबर्दस्त संरक्षक

आदि के रूप में अपनी चरम परिणति को प्राप्त हुआ। यह अकबर आदि की सूझबूझ थी जो उन्होंने हिन्दू और मुस्लिम संस्कृतियों को निकट लाने के प्रयास का समर्थन किया। यद्यपि प्रारम्भिक मुगल सम्राट निष्ठावान मुसलमान थे और आवश्यकता पड़ने पर मुस्लिम साम्प्रदायिकता का राजनीतिक लाभ उठाने में संकोच नहीं करते थे, परन्तु कुल मिलाकर उनका धार्मिक दृष्टिकोण उदार ही था। कहा जाता है कि बाबर ने अपनी वसीयत में हुमायूँ को सभी धर्मों का आदर करने, यथासम्भव गोहत्या से बचने एवं किसी सम्प्रदाय के पूजा-स्थान को खंडित न करके का मन्त्र दिया था। अकबर ने अपने दरबार में साहित्य और कला के क्षेत्र में साम्प्रदायिकता नहीं आने दी थी। उसने मनोहर मिश्र, बीरबल, जगतराम, टोडरमल, भगवानदास, नरहरि, मानसिंह और गंग को बहुत सम्मान दिया था। हिन्दू चित्रकारों में मुकुन्द, महेश, केशव, मधु, जगन, खेमकरण, तारा, लाल, सांवल, हरवंश, राम, दसबन्ध, बसावन आदि उसके दरबार में पुरस्कृत और सम्मानित हुए। प्रशासन में उसने हिन्दुओं, विशेषतः राजपूतों का सहयोग पाने में सफलता पायी। उसके दरबार में विविध धर्मों के पंडितों को मिलने वाला सम्मान सर्वज्ञात है ही।

अगर हिन्दू-मुस्लिम सांस्कृतिक धाराओं को समन्वित करने और मुसलमानों को भारतीय बनाने का यह प्रयास साम्राज्य स्थापन का संघर्ष समाप्त हो जाने के बाद भी जारी रहता तो उसका परिणाम बड़ा शुभ हुआ होता, लेकिन अभाग्यवश अकबर के तत्काल बाद ही इस नीति में शनैः शनैः परिवर्तन होने लगा। जहाँगीर और शाहजहाँ में अधिक धर्मान्धता तो नहीं थी, लेकिन वे अकबर वे समान उदार भी नहीं थे। जहाँगीर ने काँगड़ा-विजय के बाद मन्दिर तुड़वाये थे। अजमेर में उसने वराह मन्दिर तुड़वाकर मूर्ति को तालाब में फिंकवा दिया था। शाहजहाँ ने भी हिजरी संवत् को राष्ट्रीय संवत् घोषित किया, शबेबरात और ईद मिलाद जैसे मुस्लिम त्योहारों को (जिन्हें अकबर ने मनाना बन्द कर दिया था) फिर से मनाना प्रारम्भ कर दिया। हिन्दुओं पर यात्रा-कर पुनः लगा दिया, मन्दिरों के जीर्णोद्धार पर प्रतिबन्ध लगा दिया और कभी-कभी तो हिन्दू मन्दिरों को गिराने तक के आदेश दिये। अकेले इलाहाबाद प्रान्त में उसने 76 मन्दिर तुड़वा डाले थे। मुगलों की धार्मिक नीति में असहिष्णुता की मात्रा औरंगजेब के समय में बढ़कर धमन्धिता बन गयी और इस प्रकार पन्द्रहवीं शती का स्वप्न अकबर के उत्तराधिकारियों की साम्प्रदायिकता की वज्रशिला से टकराकर चूर-चूर हो गया।

मुगल साम्राज्य की प्रशासनिक एकता के बावजूद भारतीय जनता एक राष्ट्र के रूप में विकसित नहीं हुई। प्राचीन काल में 'धर्म', संस्कृति और साधना एकता के आधार थे। अब हिन्दू और मुस्लिम, संस्कृत और फारसी के नये विभेद से जुड़ गये और धार्मिक असहिष्णुता, आर्थिक उत्पीड़न एवं सैनिक निरंकुशता के तत्त्वों ने इस संघर्ष की भूमिका में त्रास का अनुप्रवेश किया। यदि साम्राज्य की नीति प्राचीन

काल की तरह धार्मिक क्षेत्र में सहिष्णु होती तब भी एक नयी उदीयमान लौकिक एकता प्रतिष्ठित होती, किन्तु मुस्लिम शासन में तो विधि-संहिता तक धर्म निरपेक्ष स्वीकृत नहीं हुई। दिल्ली के पिछले सुल्तान ही नहीं, अकबर जैसे प्रबुद्ध नरेश भी यह भूल गये कि प्रशासनिक समरूपता मात्र से स्थायी जन सौहार्द का आविर्भाव नहीं हो सकता। राष्ट्रीय प्रगति के लिए दो शर्तें आवश्यक थीं। एक, जनता में स्वतन्त्रता या निर्भीक आत्मविश्वास और दूसरी, प्रशासन में एक स्तर पर जनता का सहयोग और दूसरे में स्वायत्तता। ये दोनों ही बातें मुगल साम्राज्य में नदारद थीं। इनके अभाव, में जनता शासक वर्ग की अनुचर मात्र हो सकती थी, उसमें प्रबुद्ध और स्वावलम्बी राष्ट्र का उदय नहीं हो सकता था।

मुगल साम्राज्य की राजनीतिक जड़ें बहुत गहरी नहीं थीं। अकबर के उपरान्त उसका जो रूप उभरकर सामने आया वह एक मुस्लिम प्रधान, केवल साम्राज्य का था जिसमें जनता के हितों की ओर शासक वर्ग की उपेक्षा अधिकाधिक होती गयी। अरबी और फारसी की विदेशी परम्पराओं के अनुगमन के कारण भारतीय मुसलमानों का सृजनात्मक कृतित्व सीमित ही रहा। संस्कृत विद्या के क्षेत्र में दार्शनिक सूक्ष्मता का विकास अवश्य हुआ पर उसका जीवन के बड़े प्रश्नों से सम्बन्ध अल्प था। मुगल काल में ललित कलाओं के एकमात्र समृद्ध संरक्षण मुगल दरबार और उससे सम्बद्ध सामन्त थे (दक्षिण के कुछ मन्दिरों और स्थानीय राज्यों की कुछ राजधानियों के अतिरिक्त) इस स्थिति में साहित्य और कला दरबारी परिवेश में सिमटे रहे और विराट या मौलिक दृष्टि से स्थान पर बारीकी, अलंकरण और विलासिता का प्रतिबिम्बन करते रहे। नये महत्त्वपूर्ण साहित्य की रचना जनभाषाओं में भक्ति की प्रेरणा से हुई। इस स्तर पर पुरानी संस्कृति का मानो एक नया सुलभ संस्करण प्रस्तुत हुआ।

मध्यकालीन भक्ति आन्दोलन को प्रायः एक सुर से उत्तर भारत की एक महान सांस्कृतिक घटना के रूप में स्वीकार किया गया है। डॉ. रामविलास शर्मा ने उसे इस आधार पर लोक-जागरण कहा है कि उसके पुरोधा तो लोक की चिन्ता से जुड़े ही थे, उसकी शक्ति और ऊर्जा का मुख्य स्रोत भी लोक था, शास्त्र या वेद नहीं। मध्यकालीन भक्ति आन्दोलन का महत्त्व इस कारण भी आँका गया है कि प्राचीन भक्तिवाद और पूर्व मध्यकाल में दक्षिण में उपजे भक्ति के प्रवाह की भाँति मध्यकाल के उत्तर भारत के इस भक्तिजन्य उन्मेष में भी ब्राह्मणवाद और उससे जुड़े आचार्यों को भक्ति और उपासना के क्षेत्र में वर्ग, वर्ण, नस्ल, लिंग, धर्म और सम्प्रदायगत सारे भेदों को भुलाकर मनुष्य-मात्र को भक्ति का समान अधिकारी मानने को विवश होना पड़ा। इसी का परिणाम है कि दक्षिण के आलवारों की तरह उत्तर भारत में भी नीची मानी जाने वाली जातियों के भीतर से सन्तों की एक शानदार परम्परा हमें मिली, जिसे ऊँची मानी जाने वाली जातियों ने भी स्वीकार किया। इसी तरह दक्षिण की भाँति उत्तर भारत में भी पहली बार स्त्री सन्तों और भक्तों ने भी

अपनी पहचान कायम की। इस भक्ति आन्दोलन में पहली बार प्रस्थान-त्रयी को हाशिये पर डालते हुए पहली बार सन्तों और भक्तों ने लोकमन में रची और पढ़ी भक्ति को अपनी रचनाओं में उभारा और अंकित किया। यही नहीं, देववाणी संस्कृत को पीछे छोड़ते हुए लोक की अपनी भाषा, बोली, बानी और उसके अपने छन्दों में उन्होंने अपनी बानियाँ और अपने पद लिखे और कहे। भक्ति की यह स्रोतस्विनी उत्तर भारत में तीन सौ वर्ष से भी अधिक समय तक प्रवाहित रही, पहले निर्गुण कही जाने वाली भक्ति के रूप में, तदुपरान्त सगुण भक्ति के रूप में। इस समूचे दौर में भक्ति की इस विराट स्रोतस्विनी में अभिजन और जन सभी ने अवगाहन करते हुए अपनी आध्यात्मिक तृष्णा को शान्त किया। अपने आतप-तप्त मन और प्राणों को सींचा तथा शीतल किया।

उत्तर भारत में मध्यकाल के भक्ति के इस विराट प्रवाह को अब तक अनेक दृष्टियों और दृष्टिकोणों से विचार का विषय बनाया गया है। भक्ति के तत्त्व-चिन्तन तथा धर्म के गूढ़ रहस्यों में रुचि रखने वाले लोगों ने भक्ति के इस आन्दोलन को अपनी रुचियों के अनुरूप व्याख्यायित किया है। किन्तु ऐसे विचारक तथा विद्वान भी हैं, जिन्होंने धर्म और भक्ति के इस विराट और उच्छल प्रभाव को धर्म और भक्ति की ऊपरी सतह पर परखने और पहचानने के बजाय उसने उन सामाजिक निहितार्थों को पढ़ने और समझने में अधिक दिलचस्पी दिखायी है जिनके नाते उसे उसकी वह विशिष्ट क्रान्तिधर्मी पहचान मिली जिसका ऊपर जिक्र किया जा चुका है। इन सामाजिक निहितार्थों का महत्त्व इस कारण भी है कि धर्म और भक्ति के आवरणत में वे इसे चले आ रहे सामाजेतिहास के ऐसे गम्भीर और महत्त्वपूर्ण तथ्यों को प्रतिबिम्बित करता हुआ पाते हैं, उसकी कुछ ऐसी सच्चाइयों का निर्देशक मानते हैं, जिनकी आँच को सह पाना हर एक के बूते की बात नहीं है, उन लोगों के लिए तो कतई नहीं, जिनके लिए धर्म और भक्ति तर्क के विषय नहीं श्रद्धा और आस्था के विषय हैं।

भक्ति आन्दोलन सम्बन्धी अपनी इस चर्चा को हम भी उसके धार्मिक या भक्तिपरक पहलुओं की अपेक्षा उसके सामाजिक निहितार्थों के आलोक में वस्तुनिष्ठ तरीके से जान और समझ सकें। इस तथ्य से अवगत हो सकें कि निर्गुण और सगुण भक्ति के रूप में सामने आने वाला भक्ति का यह प्रवाह अपने स्वरूप और चरित्र में वैसा समरस, संश्लिष्ट और एक जैसा नहीं है, जैसा वह ऊपर से दिखाई देता है कि वह असंगतियों और अन्तर्विरोधों से भी ग्रस्त है और अपनी समग्रता में उतना क्रान्तिकारी भी नहीं है, जिसके लिए समग्रतः महिमा मंडित किया गया है। भक्ति आन्दोलन के ये सामाजिक निहितार्थ ही हैं जो उसे न केवल विभाजित करते हैं, उसके उस क्रान्तिकारी सारतत्त्व पर प्रश्न चिह्न भी लगाते हैं जिसके नाते अपने उन्मेष काल में उसकी विशिष्ट पहचान बनी थी। अतएव भक्ति-आन्दोलन की सामाजिक अन्तर्वस्तु अथवा उसके सामाजिक निहितार्थों से टकराने का मतलब है, भक्ति के

आन्दोलन को उसकी समूची वास्तविकता में जानना, उसके उदय, उन्मेष और अवसान की वस्तुगत स्थितियों तथा कारणों से परिचित होना तथा उस समाजेतिहास से मुखातिब होना जिसके तमाम पन्ने बेहद रोमांचक, क्रूर तथा अमानवीय वृत्तान्तों से भरे पड़े हैं। यही नहीं, इस अध्याय के बीच से ही हमें कुछ ऐसे सवालों के जवाब भी मिलते हैं जिन्हें लेकर हिन्दी के प्रबुद्ध पाठकों और जिज्ञासुओं के मन में ही नहीं, बहुतेरे विद्वानों के मन में भी लम्बे समय से भ्रान्तियों और अटकलों का एक सिलसिला चलता चला आया है तथा निहित स्वार्थ उसे बराबर गाढ़ा करते रहे हैं। मसलन क्या कारण है कि मध्यकाल के एक विशिष्ट दौर में समाज में नीची मानी जाने वाली जातियों के बीच से सन्तों-भक्तों की एक शानदार परम्परा सामने आयी जो आगे के समयों में लम्बे अन्तराल तक फिर हमें नहीं दिखाई दी। क्या कारण है कि इन सन्तों-भक्तों में अधिकांश शिल्पी या कामगार वर्गों से सम्बन्धित हैं। सन्तई या भक्ति जिनका पेशा नहीं रहा किन्तु जो सन्त-भक्तों के रूप में ऊँची जातियों द्वारा भी स्वीकार किये गये और मान्य हुए? क्या कारण है कि तीन सौ सालों से भी ज्यादा समय तक भक्ति की विराट स्रोतस्विनी में उत्तर भारत के अधिसंख्य जन समाज को सांस्कृतिक विरासत के रूप में किसी उच्चतर उपलब्धि के बजाय रीतिकाल का श्रृंगार और नायिका भेद मिला जो लगभग दो सौ सालों तक विराट हिन्दी प्रदेश की प्रधान साहित्यिक अभिव्यक्ति बनकर प्रतिष्ठित रहा। सवाल और भी हैं, जो इस चर्चा के क्रम में सामने आएँगे। जरूरत उनसे मुखातिब होने, उनसे टकराने और उनका हल पाने की कोशिश करने की है।

भक्ति के उदय और विकास के ऐतिहासिक कारणों के इतिवृत्त में फिलहाल हम नहीं जाना चाहेंगे। सम्प्रति, जो बात हमारे लिए महत्त्वपूर्ण है वह यह है कि मध्यकाल में उत्तर भारत के भक्ति का जो उन्मेष एक आन्दोलन के रूप में हुआ, उसके पीछे दक्षिण से उत्तर की ओर आयी भक्ति की लहरों का ही मुख्य योग है। पंडित रामचन्द्र शुक्ल लिखते हैं, "भक्ति का जो सोता दक्षिण की ओर से धीरे-धीरे उत्तर भारत की ओर पहले से ही आ रहा था, उसे राजनीतिक परिवर्तन के कारण शून्य पड़ते हुए जनता के हृदय क्षेत्र में फैलने के लिए पूरा अवकाश मिला। क्रमशः भक्ति का प्रवाह ऐसा सबल और विस्तृत होता गया कि उसकी लपेट में केवल हिन्दू जनता ही नहीं, देश में बसने वाले सहृदय मुसलमानों में से भी न जाने कितने आ गये। वस्तुतः भक्तिवाद का प्राचीन रूप हो अथवा पूर्व मध्यकाल की दक्षिण की भक्ति, जिसके क्रमशः उत्तर की ओर संक्रमित होने की बात शुक्ल जी ने की है। या फिर मध्यकाल का उत्तर भारत में होने वाला भक्ति, का उन्मेष जो हमारी चर्चा में केन्द्रस्थ है, भक्ति के इन सारे प्रवाहों में मूलवर्ती प्रेरणा या उत्प्रेरक शक्ति, लोक की साधारण जन की ही रही है। ये लोक मन में उठी भक्ति, की उच्छल तरंगें ही थीं जो विशद बनकर भक्ति के सारे प्रवाहों में सामने आयी हैं इस लोक में भी

सबसे बड़ा हिस्सा उस जन का रहा है जिसे भारत की स्थापित सामाजिक संरचना में ब्राह्मणवादी वर्ण-धर्म में शूद्र कहा गया है या फिर शूद्रों के चौथे वर्ण से इतर अन्त्यजों, श्वपचों, चांडालों, अधमों आदि के रूप में जो पंच वर्ण में गिने गये हैं या जिन्हें वर्णों से बाहर माना गया है। हर प्रकार के सामाजिक मानवीय अधिकारों से वंचित ये साधारण जन सदियों से भक्ति या उपासना के एक ऐसे मार्ग के आकांक्षी थे, जिस पर चलते हुए तमाम प्रकार के शास्त्रीय विधि-निषेधों से अलग और उनकी जकड़बन्दी के बावजूद वे बिना किसी मध्यस्थ के सीधे ईश्वर या प्रभु से अपना सम्बन्ध जोड़ सकें। प्राचीन भक्तिवाद के तहत साधारण जनों की इस बलवती आकांक्षा का प्रमाण डॉ. भगवतशरण उपाध्याय के पिछले कथन में हम पा चुके हैं। पूर्व मध्यकाल के दक्षिण भारतीय वैष्णव भक्ति के प्रवाह में भी लोक की सक्रियता और ऊर्जा ही निर्णायक रही है। दक्षिण में वैसे भी उत्तर के विपरीत समाज व वर्गों का एक ध्रुवीकरण-सा रहा है, जो ब्राह्मण और शूद्र, प्रधानतः इन दो वर्गों की प्रतिद्वन्दिता को सामने लाता है। शूद्र वहाँ संख्या में ब्राह्मणों की तुलना में बहुत अधिक हैं। दक्षिण में आलवार भक्तों द्वारा परिवर्तित वैष्णव भक्ति के जिस सोते की दक्षिण से क्रमशः उत्तर की ओर बढ़ने और उत्तर के एक विराट प्रवाह बन जाने की बात शुक्ल जी ने ऊपर की है। भारत के इन सबसे प्राचीन वैष्णवों-आलवारों में जिनकी संख्या 11 है, उच्च वर्ण के भक्तों के साथ पिछड़ी जातियों और शूद्रों के अलावा एक स्त्री का होना और इन समस्त वैष्णवों का ऋषि-रूप से पूजा जाना, इस बात का प्रमाण है कि लोक की, साधारण जन की कितनी विशद सक्रियता तथा भागीदारी दक्षिण भारत के इस भक्ति प्रवाह में रही होगी। जहाँ तक उत्तर भारत का प्रश्न है, सुल्तानों के काल में खासतौर से खिलजियों के समय से नये प्रशासकीय प्रावधानों के चलते उनके मातहत सामन्त-वर्गों की शक्ति तथा अधिकारों में कटौती होने के नाते तथा शासकीय तामझाम और सेना की जरूरतों के मद्देनज़र आवश्यक उपकरणों की नयी माँग के चलते समाज में कामगारों और शिल्पियों की आमद में इजाफा हुआ और न केवल आर्थिक स्थिति सुधरी, उनकी आकांक्षाओं में भी उभार आया।

विद्वानों का मानना है कि भक्ति और उपासना के क्षेत्र में मनुष्य-मात्र के बराबरी के जिस अधिकार की बात ब्राह्मणवाद के आचार्यों ने की है, उसके मूल में भक्ति के हर दौर में उनकी यह चिन्ता ही प्रधान रही है कि इसके पहले कि लोक-मन में उठा भक्ति का ज्वार शास्त्र और वेद के सहारे विधि निषेधों को लाँघते हुए वर्ण-धर्म और उनके अपने वर्चस्व से बाहर हो जाए, जरूरी है कि कुछ रियासतें देकर लोक-मन को शान्त और सन्तुष्ट कर दिया जाए। भक्ति और उपासना के क्षेत्र में मनुष्य मात्र के समान अधिकार का उद्घोष ब्राह्मणवाद की इसी चिन्ता और सोच का परिणाम है। इतिहास साक्षी है कि इस प्रकार लोक-मन के और उसमें उपजी भक्ति की उच्छल तरंगों को शान्त और संयमित करके, सुविचारित तरीके से लोक

की ऊर्जा से संचालित भक्ति को पुराण और शास्त्र सम्मत बनाते हुए अवसर पाते ही धर्म तथा समाज सत्ता के प्रभुओं ने उसे अपने हितों के अनुरूप ढाल लिया, उस पर अपना वर्चस्व कायम कर लिया।

प्राचीन भक्ति काल का ही उदाहरण लें जिसका एक सुविचारित और सुव्यवस्थित रूप भगवद्गीता में मिलता है। गीता को महाभारत के युद्ध के समय युद्ध से पराङ्मुख अर्जुन को वासुदेव कृष्ण द्वारा दिये गये उपदेश के रूप में विज्ञापित किया जाता है। विद्वानों का विचार है कि इस ग्रन्थ की उसके वर्तमान रूप से रचना और सम्पादन ईसा पूर्व तीसरी शताब्दी और ईस्वी सन् दूसरी शताब्दी के मध्य हुई होगी। भक्ति या भक्तिवाद की प्रतिष्ठा के अलावा इस ग्रन्थ की रचना के मूल में धर्म और धर्मेतर बहुत से दीगर महत्त्वपूर्ण कारण भी हैं जिनकी तफसील में फिलहाल हम नहीं जाना चाहेंगे। हम इससे जुड़ी जो बात यहाँ रेखांकित करना चाहते हैं और जो हमारी चर्चा के लिए प्रासंगिक भी है, वह यह है कि वर्ण-धर्म और उस पर आधारित राजसत्ता के अपने वर्ग हितों के लिए उसके हिमायतियों को ऐसे किसी ग्रन्थ की, तदयुगीन स्थितियों में बेहद जरूरत थी, जो उनकी और उनके द्वारा स्थापित सत्ता की रक्षा कर सके। भगवद्गीता ने शासक वर्ग की इस जरूरत को पूरा भी किया।

एक ऐसे ईश्वर में अटूट निष्ठा जिसकी बहुत कुछ सन्दिग्ध करतूतों को भी इसमें बाधक नहीं बनने दिया गया, गीता की मुख्य विशेषता है। भक्ति की यह व्यवस्था सामन्ती विचारधारा के सर्वथा उपयुक्त थी क्योंकि सामन्ती समाज का वैचारिक आधार भी ऐसी ही निष्ठा या स्वामीभक्ति थी जो कृषिदास को सामन्त से और सामन्त को राजा के साथ एक सुदृढ़ शृंखला से जोड़ती थी। फिर मातहतों की निष्ठा के वास्तविक मानवी पात्रों का चरित्र कितना ही घृणास्पद व निकृष्ट क्यों न हो।

यह डॉ. डी. डी. कौशाम्बी का अभिमत है। श्री के. दामोदरन एक अन्य कोण से उसकी वर्ग-दृष्टि और वर्गाधार को विवृत्त करते हैं। उनके अनुसार ईश्वर को सभी कर्मों से परे माना गया है। वह कर्म में आसक्त नहीं है तो भी समाज के वर्ग विभाजन को पवित्र करने के लिए उसका आहवान किया गया। चातुर्वर्ण्य अर्थात् समाज के चार वर्ण। श्रीकृष्ण कहते हैं, मैंने उनके गुणों और कर्मों के अनुसार बनाये हैं। अपने जन्म के अनुसार उसे जो कर्त्तव्य पूरे करने हैं उनसे मनुष्य को कभी बचने या भागने का प्रयास नहीं करना चाहिए। भले ही इसके लिए हिंसा या अप्रिय कार्यों का मार्ग अपनाना पड़े। क्षत्रिय का कर्त्तव्य युद्ध करना जबकि शूद्र का कर्त्तव्य ब्राह्मणों और क्षत्रियों की सेवा करना था। यही नहीं, श्री दामोदरन आगे कहते हैं—चातुर्वर्ण्य व्यवस्था वर्गहीन, आदिम, कबीलाई समाज से आगे बढ़ा हुआ कदम था (और) आदिम वर्गहीन समाज से वर्गों वाले समाज में रूपान्तरण तथा वर्णाश्रम व्यवस्था के सुदृढ़ीकरण को शक्तिशाली प्रतिरोध का सामना करना पड़ रहा था। इस नाते जरूरी था कि वर्णाश्रम व्यवस्था को ईश्वरीकृत बताकर इस प्रतिरोध

को समाप्त किया जा सके।

कहने का तात्पर्य यह है कि हर सम्भव तरीके से यह सुनिश्चित किया गया कि वर्ण धर्म बना रहे और शूद्रों तथा अन्त्यजों आदि को भक्ति तथा उपासना सम्बन्धी कुछ रियायतें देकर उन्हें सन्तुष्ट किया जा सके और अपनी सीमा में रखा जा सके। इसके अलावा यह भी कि वर्ण-धर्म का विरोध करनेवाली विचारधाराओं से निपटा जा सके। इतिहास गवाह है कि गुण-कर्म के अनुसार निर्धारित वर्ण-व्यवस्था आगे चलकर न केवल जन्म से निर्धारित होने लगी। सर्व धर्मात् परित्यज्य मामेक शरणं ब्रज वाली एकान्त समर्पण की शर्त वाली भक्ति, निष्काम कर्म का उपदेश तथा स्वधर्म का पालन करने जैसे उसके विधान, कालान्तर में समाज तथा राजसत्ता के प्रभुओं द्वारा अपने वर्गहितों का संरक्षण करने में इस्तेमाल किये गये।

अन्यथा क्या कारण है कि उदारमना आचार्यों ने उपासना तथा भक्ति के लिए भगवान का द्वार तो ब्राह्मण-चाण्डाल सभी के लिए खोल दिया किन्तु सामाजिक स्तर पर मनुष्य और मनुष्य के बीच बरती जाने वाली भेद-दृष्टि पर वे न केवल चुप रहे बल्कि उसे उचित और वैध भी ठहराया। आदि शंकर की बात छोड़ भी दें तो भक्ति आन्दोलन के अगुआ आचार्यों के भक्ति तथा उपासना के अलावा वर्ण भेद को बनाये रखने के कारण क्या हैं? समाज में दलितों तथा स्त्रियों के प्रति होने वाले अमानुषीय व्यवहार पर उनका मौन क्यों? ये आचार्य क्रान्ति दृष्टा भी माने जाते हैं। भक्ति की तरह समाज के स्तर पर भेदभावों का विरोध करने वाले किसी उपक्रम की अगुवाई उन्होंने क्यों नहीं की? इसके विपरीत वर्ण धर्म के महत्त्व तथा पवित्रता पर सभी आचार्य जोर देते रहे। रामानुज का नाम 'उदारमना' आचार्यों में प्रमुखता के साथ लिया जाता है। उनके इस उदार मन की वास्तविकता को देखें—

रामानुज ने समाज के प्रतिष्ठित वर्ग ब्राह्मणों को वेद-अध्ययन तथा भक्ति के द्वारा मोक्ष का साधन बताया। शूद्रों के लिए प्रपत्ति (आत्मसमर्पण) तथा आचार्याभिमानयोग को मोक्ष का साधन बताया। उपनयन संस्कार के अभाव में उसके लिए वेद का अध्ययन सम्भव नहीं था। गुरु के समक्ष आत्मसमर्पण से उनके लिए मोक्ष प्राप्त करना सम्भव है। वर्ष में एक बार शूद्रों को मन्दिर में ले जाकर उन्हें भागवत दर्शन का अवसर दिया। समाज सुधार के क्षेत्र में रूढ़िवादी होते हुए भी रामानुज क्रान्तिकारी थे। रूढ़िवाद और क्रान्तिवाद की इस विलक्षण संगति का ही एक अन्य साक्ष्य उनके द्वारा सवर्ण तथा शूद्र और अन्त्यज भक्तों के लिए भोजन तथा भजन हेतु किया गया वह विधान है कि सभी भक्त भोजन तो अलग-अलग करेंगे किन्तु भजन, प्रार्थना एक साथ करेंगे। जैसा कि के.दामोदरन का कहना है कि सुधारवादी रुख के बावजूद रामानुज की अपनी विचारगत सीमाएँ थीं। उन्होंने सामन्तवाद की परिधि के भीतर ही अपने सिद्धान्तों का विकास किया।

रामानन्द इस सुधारवाद को कुछ प्रखर जरूर कर सके किन्तु वर्ण-धर्म की

मर्यादाओं का प्रीतिकार वे भी नहीं कर पाये। रामानन्द के बारे में देश-विदेश के विद्वानों ने बहुत कुछ लिखा है—पंडित रामचन्द्र शुक्ल की टिप्पणी उनसे कुछ भिन्न है। आचार्य शुक्ल लिखते हैं—भक्ति मार्ग में इनकी उदारता का अभिप्राय कदापि नहीं है जैसा कि कुछ लोग समझा और कहा करते हैं कि रामानन्द वर्णाश्रम विरोधी थे। समाज के लिए वर्ण और आश्रम की व्याख्या अपनाते हुए वे भिन्न-भिन्न कर्त्तव्यों की योजना स्वीकार करते थे। केवल उपासना के क्षेत्र में उन्होंने सबका समान स्वीकार किया। कर्म के क्षेत्र में शास्त्र, मर्यादा इन्हें मान्य थी, पर उपासना के क्षेत्र में वे किसी प्रकार के लौकिक प्रतिबन्ध नहीं मानते थे।

अपनी तमाम सुधारवादिता के बावजूद भक्त के आचार्यों ने चले आ रहे दार्शनिक विचारों और शास्त्र सम्मत सामाजिक विधान को ही आगे बढ़ाया। मोक्ष को परम पुरुषार्थ मानते हुए वर्ण-धर्म के अनुरूप समाज को उसे पाने के अलग-अलग रास्ते सुझाये। लोक से अधिक परलोक की चिन्ता पर जोर दिया। मनुष्य जो कुछ सुख-दुख समाज में भोगता है, उसके स्रोत और उसके कारण इस समाज तथा इस व्यवस्था में ही हैं इस सत्य को ढकते हुए कर्मफल और ईश्वरीय विधान कहकर उन्हें अदृश्य की मर्जी नियति के हवाले कर दिया गया। ईश्वर मनुष्य को दुख सहने की शक्ति भले दे दे किन्तु उसके दुख दूर नहीं कर सकता। इस सच्चाई पर भी पर्दा डालते हुए ईश्वर भक्ति को सारे सांसारिक दुखों से मुक्ति पाने का माध्यम बताया गया।

इस तरह जहाँ भक्ति और उपासना का द्वार बिना भेदभाव के सबके लिए खोलकर यह व्यवस्था तो की गयी कि सामाजिक भेदभाव से त्रस्त, अपमानित, आहत और यातनाग्रस्त जन राम का नाम लेते हुए भक्ति करते हुए अनन्त काल तक व्यवस्था की अमानवीयता, अन्याय और अत्याचारों को सहन करते रहे, परलोक सुधारने और मोक्ष की आशा में अपमान के घूँट पीते रहे। उस व्यवस्था के अपमान, अमानवीयता और सामजिक अन्याय के स्रोत को न केवल अक्षत रहने दिया गया बल्कि इसे मजबूत गरिमामय भी बनाया गया। उपासना और भक्ति के क्षेत्र में मनुष्य-मात्र की बराबरी किन्तु समाज के स्तर पर हर तरह की विषमता को बनाये रखने का विधान, यह भक्ति के आन्दोलन का सबसे बड़ा विरोधाभास है, जिसकी नोटिस ली जानी चाहिए।

चूँकि किसी भी युग में शासक वर्ग की विचारधारा ही उस युग की प्रधान विचारधारा बना करती है। यही कारण है कि यद्यपि नीची कही जाने वाली जातियों से आये सन्तों ने अपने लिए भोगे और अपने देखे-सुने के साक्ष्य पर विद्यमान सामाजिक भेदभाव, रूढ़िवाद, पाखंड, स्वेच्छाचार आदि पर कठोर टिप्पणियाँ की हैं, उन्हें अमान्य किया है, उनके खिलाफ आक्रोश व्यक्त किया है, प्रभु वर्गों की विचारधारा, उनकी विश्व दृष्टि और उनके विविध निषेधों में रची गयी उनकी चेतना कुल मिलाकर एक विरोधाभास ही पैदा करती है। जाहिर है कि इस असंगति का

लाभ भी व्यवस्था और शासक वर्ग के खाते में ही गया है जिनके खिलाफ अपनी सारी ऊर्जा से ये सन्त उठे हैं।

यह सही है कि चले आ रहे सामाजिक विधान की अमानवीयता और उसकी विसंगतियों पर अपने अन्तःकरण की समूची निष्ठा और शक्ति से तीखे से तीखे प्रहार करते हुए भी सन्त व्यवस्था की इन विसंगतियों को मिटाने में असफल रहे। यह भी सही है कि कोरे मानवतावादी उद्‌गारों, कोरी सद् इच्छाओं और व्यवस्था की विरूपताओं के प्रति आक्रोश और विक्षोभजन्य अभिव्यक्तियों से कोई समाज बदला नहीं करता। समाज में बुनियाद बदलाव या बुनियादी सामाजिक रूपान्तरण की अपनी दूसरी अपेक्षाएँ होती हैं, जिन्हें पूरी कर पाना इन सन्तों की सामर्थ्य से बाहर की बात थी। ये सन्त थे, सामाजिक परिवर्तन के नेता या कार्यकर्ता नहीं थे। कुछ महत्त्वपूर्ण वस्तुगत ऐतिहासिक कारण भी थे जिनके चलते कमजोर हुए सामन्तवाद को पुनः अपने को एकजुट करने का मौका मिला, दस्तकार, शिल्पकार संगठित शक्ति के रूप में सामने नहीं उभर सके। नीचे तबके से ऊपर आये वर्गों ने भी सामन्त वर्गों से समझौता करते हुए सत्ता में हिस्सा-बाँट की। बहुत से कारण हैं जिनके चलते सन्तों की ओजस्वी और बेधक वाणी, उनकी भक्ति का वेग अन्ततः अपने में सीमित होता हुआ विशेष हो गया। बावजूद इसके इन सन्तों की संकल्पधर्मिता, उनकी निष्ठा, मानवोचित्त न्याय पाने की और जन-जन को उसके दायरे में लाने की उनकी आकांक्षा को एकदम खारिज भी नहीं किया जा सकता। उनका अपना ऐतिहासिक महत्त्व है और रहेगा। विषमताओं से भरे हमारे समाजेतिहास की कुछ रोमांचक सच्चाइयाँ जो उनके बीच से झलकती हैं, वे बराबर हमारी निगाहों के सामने रहती हुई, हमें संक्षुब्ध और परेशान करती रहेगी उनका यह महत्त्व कम नहीं है, कारण वे झूठ के उस मुलम्मे को बराबर उजागर करती रहेंगी, व्यवस्था के प्रभुओं ने जिसे बड़े यत्न से इन विसंगतियों पर धर्म शास्त्रों का सहारा लेकर चढ़ा रखा है।

निर्गुण भक्ति या भक्ति आन्दोलन के जिन सामाजिक निहितार्थों की बात हम पहले कर चुके हैं, इसी बिन्दु से वे अगले समय में किये जाने वाले प्रयासों का प्रेरणा स्रोत बनते हैं। जो सामाजिक सत्य सन्तों की वाणियों के माध्यम से सामने आया समाजेतिहास का जो यथार्थ उनके माध्यम से उद्‌घाटित हुआ, उसके मद्देनजर ही भक्ति आन्दोलन अपनी समग्रता में समरस और संश्लिष्ट न रहकर दो फाँकों में विभाजित हो जाता है, अपनी उस तमाम महिमा को खो बैठता है जिससे उसके प्रारम्भिक उन्मेष के तहत उसे मंडित किया गया था। निर्गुण भक्ति और सगुण भक्ति ही उसकी दो फाँकें हैं जो उसे विभाजित करती हैं। भक्ति की जमीन पर, उपासना की जमीन पर एकता और उनके अन्तवर्ती सूत्रों की समानता पर कितनी ही बातें की जाएँ और वे की भी गयी हैं। सामाजिक यथार्थ तथा भक्ति के इन दो रूपों की सामाजिक अन्तर्वस्तु से उपजी वास्तविकता की चट्‌टान से टकराकर

वे चूर-चूर हो जाती हैं।

जैसा हम कह चुके हैं, उनके वस्तुगत कारणों के चलते निर्गुण भक्ति को हाशिये पर जाना पड़ा और उस सगुण भक्ति का आविर्भाव हुआ जो उपासना और भक्ति के उदात्त मनोलोक में तो निर्गुण भक्ति के साथ एकात्म दिखाई देती है किन्तु उससे बाहर आते ही उसे सामाजिक सोच, उस दार्शनिक वैचारिक आधार को पुष्ट करती है जो व्यवस्था के प्रभु वर्ग की सामाजिक सोच का स्रोत रहा है। सगुण भक्ति के तहत भक्ति का यह प्रभाव पूरी तरह शास्त्र और पुराण सम्मत हो जाता है।

ऐसा होना स्वाभाविक भी था। वस्तुतः सगुण भक्तों का अपना परिवेश, उनके वंशानुगत तथा अर्जित संस्कार, अपनी वेश-परम्परा के अनुरूप उनकी सामाजिक सोच उनके जिए-भोगे का सत्य निर्गुण सन्तों—खासतौर से नीची जाति से आये हुए सन्तों जैसा नहीं था। उसे ऐसा होना भी नहीं चाहिए था। तभी उपासना और भक्ति की जमीन पर साथ-साथ खड़े दिखाई देते हुए भी उससे किंचित् मात्र हटते ही अर्थात् समाज की जमीन पर पैर रखते ही वे अलग-अलग हो जाते हैं। उपासना और भक्ति की जमीन पर भी उनमें उसकी उदात्ततम चेतना के स्तर पर ही एकात्म दिखाई देता है, अन्यथा वहाँ भी उनमें भिन्नता है। सगुण भक्तों की अवतारवाद पर आस्था तथा सारे विधि-विधानों के तहत की गयी भक्ति की जरूरत पर उनका बल उन्हें भक्ति के स्तर पर भी निर्गुण सन्तों से पृथक् करता है। भक्ति से जुड़े जिन तमाम बाह्याचारों के खिलाफ निर्गुण सन्त एकमत हैं, सगुण भक्तों में उन सारे बाह्याचारों की गरिमामय प्रतिष्ठा है।

जहाँ तक सामाजिक सोच का प्रश्न है, न केवल निर्गुण सन्तों और सगुण भक्तों की सामाजिक सोच उन्हें तथा समूचे भक्ति-आन्दोलन को विभाजित करती है, सगुण भक्त न केवल चली आ रही सामाजिक सोच और उससे उपजी अमानवीयता या बर्बरता पर निर्गुण सन्तों की तरह चोटें नहीं करते, उसे उसके आदर्शीकृत रूप में बनाये रखने की हिमायत करते हैं और उसके विपरीत जाने वाले उनकी भर्त्सना का पात्र बनते हैं, वे कवि ही क्यों न हों। वेद-विहित, शास्त्र-सम्मत, वर्ण-धर्म की चली आ रही परम्परा की सगुण भक्तों द्वारा की गयी इस हिमायत और उसके फलितार्थों को लक्ष्य करके ही गजानन माधव मुक्तिबोध ने भक्ति आन्दोलन के दुहरे चरित्र पर बुनियादी सवाल उठाये हैं। जरूरत इन सवालों से टकराने की है न कि हल्केपन के साथ उन्हें खारिज कर देने की।

खासतौर से महाराष्ट्र के भक्ति-आन्दोलन पर लिखते हुए उत्तर भारत की निर्गुण भक्ति पर टिप्पणी करते हुए मुक्तिबोध लिखते हैं—

क्या यह एक महत्त्वपूर्ण तथ्य नहीं है कि रामभक्ति शाखा के अन्तर्गत एक भी प्रभावशाली और महत्त्वपूर्ण कवि निम्नजातीय शूद्र वर्गों से नहीं आया। क्या यह एक महत्त्वपूर्ण तथ्य नहीं है कि कृष्णभक्ति शाखा के अन्तर्गत रसखान और रहीम जैसे

हृदयवान, मुसलमान कवि बराबर रहे आए किन्तु रामभक्ति शाखा के अन्तर्गत एक भी मुसलमान और शूद्र कवि प्रभावशाली और महत्त्वपूर्ण रूप से अपनी काव्यात्मक प्रतिभा विशद नहीं कर सका।

वे आगे कहते हैं, "निष्कर्ष यह है कि जो भक्ति आन्दोलन जन साधारण से शुरू हुआ और जिसमें सामाजिक कट्टरपन के विरुद्ध जनसाधारण की सांस्कृतिक आकांक्षाएँ बोलती थीं, उसको मनुष्य सत्य बोलता था। उसी भक्ति आन्दोलन को उच्चवर्गियों ने आगे चलकर अपनी तरह का बना लिया और उससे समझौता करके और अनन्तर जनता के अपने तत्त्वों को उससे निकालकर उन्होंने उस पर अपना पूरा प्रभुत्व स्थापित कर लिया।

कुल मिलाकर इस सन्दर्भ में मुक्तिबोध का कहना यही है कि भक्ति आन्दोलन का जो व्यापक और विशद जनाधान निर्गुण भक्ति में था, वह संकुचित और सीमित होते हुए क्रमशः सगुण कृष्णभक्ति से सगुण रामभक्ति तक पहुँचते अपना महत्त्व खो बैठा। यही स्थिति विचारों के क्षेत्र में रही। क्रमशः सगुण कृष्ण भक्ति से सगुण रामभक्ति तक भक्ति-आन्दोलन की प्रगतिशील सामाजिक अन्तर्वस्तु अपना सारा ताप और सारी उष्मा खो बैठी। जिन सामन्ती शक्तियों के कमजोर होने के परिणामस्वरूप भक्ति आन्दोलन सामन्ती विचारधारा को चुनौती देता हुआ सामने आया था, कालान्तर में उन्हीं सामन्ती शक्तियों ने भक्ति आन्दोलन पर अपना वर्चस्व जमा लेने में सफलता पायी।

मध्यकाल के एक खास दौर से नीची कही जाने वाली जातियों से सन्तों का सामने आना और कालान्तर में लम्बे समय तक उनका सांस्कृतिक मंच से अदृश्य हो जाना, इसी ऐतिहासिक सन्दर्भ में समझा जा सकता है।

अपनी चर्चा की शुरुआत में हमने सवाल उठाया था कि आखिर क्या कारण था कि जिसके चलते 300 सालों तक भक्ति की स्रोतस्विनी में अवगाहन करने के उपरान्त 'सुफल' के रूप में हिन्दी प्रवेश की रीति काल का शृंगार और नायिका भेद मिला? हमने भक्ति आन्दोलन के क्रान्तिकारी सारतत्त्व की निर्गुण भक्ति से सगुण भक्ति में पहुँचकर निष्प्रभावी हो जाने की जो बात कही है, उसके भीतर से ही हमें उसकी इस परिणति, यहाँ तक कि सर्वथा लुप्त हो जाने की सच्चाई का साक्ष्य मिलेगा। यदि हम कहें कि ऐसा होना ही सर्वथा स्वाभाविक था तो कोई आश्चर्य नहीं होना चाहिए। वस्तुतः सगुण कृष्णभक्त और रामभक्त कवियों ने ही जैसे आने वाले युग में रीति-रचनाकारों को शृंगार और नायिका भेद की यह विरासत रचना-शिल्प के सारे आभिजात्य के साथ सौंप दी हो।

सवाल है कि सगुण भक्ति-कविता और रीति-कविता में आखिर बुनियादी अन्तर क्या है? यही न कि एक का आधार भक्ति की भाव भूमि में सगुण ईश्वर की उपासना और उसके प्रति अप्रतिहत निष्ठा है, जबकि दूसरी का आधार विशुद्ध

लौकिक भूमि पर शृंगार की प्रस्तुति है। भक्ति-कविता के आराध्य विशुद्ध लौकिक भूमि पर शृंगार की प्रस्तुति है। भक्ति कविता के आराध्य के स्थान पर रीति-कविता में आश्रयदाता है। भक्त कवियों जैसी अपने आराध्य के प्रति अप्रतिहत निष्ठा, निश्छल आत्म-समर्पण और निस्वार्थ भक्ति यहाँ भले न हो, आश्रयदाता के प्रति उन्मुखता, उसे रिझाने-मनाने, उसके सुख-सन्तोष का ध्यान, उसकी अभिरुचियों का पालन और उसकी कृपा की आकांक्षा वैसी ही है। समर्पण भी यहाँ है, उतना निष्काम और निःस्वार्थ जरूर नहीं है। ऊपर से देखने पर लगता है और रीति-कविता में शृंगार के अलावा और कुछ नहीं। किन्तु गहराई से जाने पर स्पष्ट होता है कि भक्त कवियों में भक्ति के साथ-साथ शृंगार भी है और सूर जैसे कवियों ने तो भरपूर मात्रा में कि जिसके चलते उन्हें शृंगाार में अप्रतिम माना गया है। इसी प्रकार रीति कवियों में आनुषंगिक रूप से ही सही, भक्ति भी पर्याप्त मात्रा में है, पद्‌माकर जैसे कवियों में तो अपनी समूची गहराई और व्यापकता के साथ। रीति-कवियों की विशुद्ध भक्ति की रचना को क्षण भर के लिए भुला दें तो उनकी शृंगारी कविता भी प्रायः राधा-कृष्ण की भक्ति के बहाने ही लिखी गयी। कहने का तात्पर्य यह है कि भक्ति और शृंगार की स्थिति अपनी-अपनी तरह से भक्ति और रीति-कविता दोनों में है।

कुछ और गहराई में उतरें तो पता चलेगा कि सूर के राधा-कृष्ण किस प्रकार की प्रेम क्रीड़ाओं में निमग्न होते हैं। रीति कवियों के बहाने वाले राधा-कृष्ण की प्रेम क्रीड़ाएँ उनसे न केवल भिन्न हैं, बल्कि उनसे होड़ करती प्रतीत होती हैं।

गोस्वामी तुलसीदास अपनी सम्पूर्ण मर्यादा के बावजूद बरवै आदि में शृंगार की अपेक्षाकृत मुखर अभिव्यक्ति करते हुए भी अपनी दूसरी कृतियों में ईश्वर विषयक रीति को भले ही मर्यादाओं में निभा गये हों किन्तु रामभक्ति के रसिक-सम्प्रदाय में सीता और राम की प्रणय लीला रीति-कवियों के नायक-नायिकाओं की प्रणय लीलाओं को कहीं-कहीं फीका भी कर देती है। जहाँ तक रीति-कवियों के नायिका भेद का सवाल है, उसके पर्याप्त बीज सूर की रचना में हैं। आचार्य नन्ददुलारे वाजपेयी ने अपनी पुस्तक 'महाकवि सूरदास' में यह सवाल भी उठाया है कि रीति कवियों का नायिकाभेद यदि अपनी मूलवृर्ती प्रेरणाओं में सूरदास के इन उपक्रमों से सम्बन्ध बनाता है तो उसे गम्भीरतापूर्वक विचार की परिधि में लाने की जरूरत है। सूर को छोड़ भी दें तो अष्टछाप के प्रभुख कवि नन्ददास ने तो स्वतन्त्र रूप से नायिकाभेद पर लिखा है।

कहने का तात्पर्य यह है कि ईश्वर विषयक रीति होने के बावजूद भक्त कवियों की रचनाओं में शृंगार अपने जिस उदग्र मांसल और उभरे हुए रूपों में चित्रित हुआ है, रीति-कविता के शृंगार को एकदम नया, अजूबा और उससे कतई असम्पृक्त नहीं माना जा सकता। रीति-शृंगार की प्रचुर सामग्री रीति कवियों के लिए भक्त कवियों ने ही मुहैया की है।

अब थोड़ा भक्ति के पक्ष को विशद करें। जिस प्रकार सगुण भक्त कवियों में भक्ति की प्रधानता के बावजूद शृंगार न केवल अनुपस्थित है, पूरे समारोह के साथ चित्रित है, उसी तरह शृंगार की, लौकिक शृंगार की प्रधानता के साथ, जैसा हमने कहा, रीति कवियों की रचनाओं में भी आनुसंगिक रूप से ही सही, भक्ति बराबर विद्यमान है। हमने यह भी कहा है कि बिहारी जैसे कवियों में भक्ति की अभिव्यक्ति भले ही चमत्कारपूर्ण, उक्ति वैचित्र्य आदि से जुड़ी हो, पद्माकर तथा दूसरे रीति कवियों का भक्ति रचनाओं में गाम्भीर्य, गहराई, निष्छलता तथा पारदर्शिता, भक्त कवियों जैसी ही है, पद्माकर ने तो भक्ति पर भक्त कवियों जैसे अधिकार के साथ लिखा है। घनानन्द लौकिक प्रेम को जायसी की ढब पर आलौकिक उठान तक पहुँचाने में समर्थ हुए हैं। यही नहीं, लगभग सारे प्रमुख रीति-कवि केशव, बिहारी, घनानन्द आदि किसी न किसी भक्ति-सम्प्रदाय से जुड़े और उसमें दीक्षित हुए हैं। कवि के रूप में रोटी-रोजी कमाने की विवशता ने उन्हें भले ही ह्रासशील सामन्ती अभिरुचियों के पोषक आश्रयदाताओं की कृपा का आकांक्षी बना दिया हो और अपनी कवि प्रतिभा को उन्होंने आश्रयदाताओं की अभिरुचियों को सन्तुष्ट करने में खपा दिया हो, उससे उबरने वाले क्षणों में उन्होंने भक्ति की अपनी सहज मानवीय भावनाओं को जो अभिव्यक्ति दी है, उसे छद्म नहीं माना जा सकता और न ही उसे खारिज किया जा सकता है।

कुछ विचार भक्त और रीति कवियों की विश्व-दृष्टि और उनकी सामाजिक सोच की करें। जाहिर है, और जैसा हम कह भी चुके हैं कि सगुण भक्त-कवियों की विश्व दृष्टि राजसत्ता तथा समाज सत्ता के प्रभु वर्गों की, उनकी दर्शन-ग्रन्थों, धर्म शास्त्रीय उपक्रमों आदि से निर्मित और अनुकूलित परम्परा से संवर्द्धित और पुष्ट होती हुई विश्वदृष्टि है। उनकी सामाजिक सोच भी जैसा हम बता चुके हैं, वेद विहित, आर्य शास्त्रानुमोदित वर्ण-धर्म और उसके विधि-निषेधों के आधार पर जन्मी और विकसित होने वाली सामाजिक सोच है। रीति-कवियों की विश्वदृष्टि और सामाजिक सोच भी अपनी सम्पूर्णता में यही है। दोनों में कहीं कोई अन्तर नहीं है। भक्त-कवियों की विश्व-दृष्टि और सामाजिक सोच जिस प्रकार उनकी रचनाओं में प्रतिबिम्बित हुई है, विषयानुरूप रीति-कवियों की रचनाएँ भी उसे उसी पारदर्शिता के साथ प्रतिबिम्बित करती हैं।

भाव भूमि और विचारों से अलग भाषा और रचना-शिल्प की जमीन पर सगुण भक्त और रीति कवियों को परखें तो पाएँगे कि इन क्षेत्रों की सारी सामग्री और सारा उत्कर्ष रीति कवियों को विरासत में सगुण भक्त-कवियों से ही मिला है। भाषा का जो आभिजात्य सगुण भक्तों की रचनाओं में है, वही रीति कवियों में भी। कवि-कौशल, उक्ति की भंगिमाएँ, काव्य रूप, काव्य शास्त्रीय आधार इन सारे क्षेत्रों में रीति-कवि भक्त कवियों की विरासत को ही संरक्षित और संवर्द्धित करते हैं। सूर

और तुलसी की ब्रजभाषा, उनके पद, कवित्त-सवैये आदि से रीति कविता और भी समृद्ध हुई है। निर्गुण सन्तों की अटपटी बानी और उनके सहज-सपाट काव्य संस्कार सगुण भक्ति और रीति-कविता में सर्वथा गुम और निःशेष हो गये हैं। इसकी अपेक्षा सगुण भक्ति और रीति-कविता में मार्दव, व्यंजकता और आभिजात्य की गरिमा है।

ऐसी स्थिति में यदि रीति-कविता को बुनियादी तौर पर सगुण भक्त कवियों से मिली विरासत कहा जाए तो किसी को कोई परेशानी नहीं होनी चाहिए। भक्ति आन्दोलन निर्गुण भक्ति से सगुण भक्ति रूपान्तरित होकर क़िस प्रकार अपना क्रान्तिकारी तेवर और ताप खो देता है और सगुण भक्ति की कविता किस प्रकार आगे की रीतिकालीन कविता के लिए रास्ते तैयार करती है, इसे इतिहास का निर्णय माना जाए या उसकी सहज परिणति, यह एक ऐसी सच्चाई है जिसे स्वीकार करना पड़ता है।

इतिहास की गति में अपने नियम होते हैं। वे हमारी आकांक्षाओं और सदिच्छाओं के अनुरूप आगे नहीं बढ़ा करते। हिन्दी प्रदेश के सांस्कृतिक मंच पर मध्यकाल में घटित होने वाला यह इतिहास हमें प्रेरित करता है कि हम उनकी वस्तुगतता से उसे देखें-परखें।

मध्यकालीन महिला-लेखन का प्रारम्भ मध्यकालीन जागरण के साथ हुआ है। मध्यकाल में हम भक्ति और रीतिकाल को सम्मिलित करते हैं, लेकिन इस युग में रची हुई हिन्दी कविता भी दरबारी संस्कार से मुक्त नहीं है। भक्ति काव्य प्रमुख धारा है, इसमें सन्देह नहीं है। भक्ति काल से लेकर नौवीं शताब्दी के पूर्वार्द्ध तक यह परम्परा चलती रही। इस काल खंड के उत्तरार्द्ध को यद्यपि रीति-काल के नाम से सम्बोधित किया जाता है, परन्तु जहाँ तक कवयित्रियों का सम्बन्ध है, यह विभाजन निरर्थक प्रतीत होता है। काव्य के शास्त्रीय पक्ष की जानकारी रखते हुए भी किसी कवयित्री ने लक्षण-ग्रन्थों के क्षेत्र में उतरने का जोखिम नहीं उठाया है। जहाँ तक हिन्दी शृंगार वर्णन का प्रश्न है, वह तो भक्ति काव्य के नाम से भी हुआ है और प्रेम काव्य के नाम से भी। मध्यकालीन महिला-लेखन हमें सम्पूर्ण रूप से प्राप्त नहीं होता है। फिर भी जो रचनाएँ शोध में प्राप्त हुईं, विवरणों में जिनके नामोल्लेख हैं उन पर अध्ययन करने की आवश्यकता है। वे बहुत बड़े आलोक की सम्भावना लेकर आयी होती हैं क्योंकि उन रचनाओं में उस युग के रसिक हृदय की धड़कन का ही नहीं केवल सुशिक्षित चित्र के संयत और सुचिन्तित वाक्यपाटव का ही नहीं, बल्कि उस युग के सम्पूर्ण मनुष्य को चित्रित करने की क्षमता छिपी होती है। अतः वर्तमान काल में मध्यकालीन कवयित्रियों की रचनाओं का महत्त्व बढ़ जाता है।

मध्यकालीन कवयित्रियों की संख्या और रचनाएँ अधिक नहीं हैं परन्तु स्त्री लेखन से सम्बन्धित हमारे कई भ्रमों को तोड़ती हैं, जैसे यह कि स्त्रियों ने ऐतिहासिक चरित-काव्य नहीं लिखे तथा समाज में अपनी स्थिति का चित्रण एवं शोषण के प्रति विरोध आदि। मध्यकालीन महिला लेखन के हमें तीन चेहरे स्पष्ट दृष्टिगोचर होते

हैं। एक तो यह कि, इस युग में अरबी, फारसी, संस्कृत एवं ब्रज मिश्रित हिन्दी में किया रचनात्मक लेखन। इस वर्ग की रचनाएँ शासक वर्ग से जुड़ी हैं। शासक वर्ग का तात्पर्य यह नहीं कि वे कवयित्रियाँ शासक की दृष्टि से रचना की हों बल्कि इसका तात्पर्य यह है कि मध्यकाल की अधिकांश कवयित्रियों का सम्बन्ध राजघरानों से था। इन कवयित्रियों में सन्त कवयित्रियाँ अपवाद के रूप में दिखाई देती हैं।

भक्तिकालीन महिमा-लेखन बहुत बड़ा मिथक तोड़ता है। इस साहित्य का बड़ा भाग विधिवत् दीक्षा लेकर मन्दिरों में और मठों में बैठकर नहीं लिखा गया। यह अधिकांश राजघरानों में लिखा गया है। हाँ, मीरा पर तो कोई भी सामान्य कथन लागू नहीं होता। अतः मध्यकालीन पुरुष-लेखन और स्त्री-लेखन में बहुत बड़ा अन्तर साफ-साफ देखा जा सकता है। मध्यकाल में अपने पति, भाई या पुत्र को महिमामंडित करने के लिए कविता लिखना शायद पहली बार सम्भव हुआ है। पहली बार दरबारी कवयित्रियों के रूप में महिलाओं से साक्षात्कार करते हैं। यद्यपि दक्षिण भारत में यह परम्परा पुरानी रही है। इन कवयित्रियों का दूसरा पक्ष यह है कि यह कवयित्रियाँ केवल अपने पारिवारिक सदस्यों का ही गौरव गान नहीं करतीं बल्कि अपने अनुभव जगत् को भी रचना में जगह देती हैं। अन्य कवयित्रियों ने केवल अपने अनुभव को ही स्वर देने का कार्य किया है। जब ये कवयित्रियाँ अपने अनुभवों का चित्रण करती हैं तो उनके सामाजिक सरोकारों पर प्रकाश पड़ता है। अपने देश में जब-जब जागरण घटित हुआ है तब-तब सामाजिक सतह में भारी फेरबदल होता है। समाज के कमतर समझे जाने वाले वर्ग और स्त्री एक उर्वर धरती की तरह विस्तारित होते हैं। बौद्ध, जैन युग में भी यह घटित हुआ था और मध्ययुगीन नव जागरण में भी यह स्थितियाँ बनीं, संगठित हुईं। यही कारण है कि इन युगों में स्त्री-लेखन हुआ भी, संकलित भी हुआ और मूल्यांकित भी।

आज जब स्वानुभूति और सहानुभूति का प्रश्न उठाया जा रहा है, ऐसे समय में इन कवयित्रियों का महत्त्व और बढ़ जाता है क्योंकि ये कवयित्रियाँ अपने अनुभव के आधार पर काव्य रचना की हैं। मध्यकाल में अनेक कवयित्रियों द्वारा लेखन हुआ है लेकिन वह पूर्णरूप से प्राप्त नहीं है। जितना प्राप्त हुआ है उस पर शोध करना उचित होता है। मध्यकालीन कवयित्रियों पर मुख्य रूप से डॉ. सावित्री सिन्हा और सुमन राजे द्वारा महत्त्वपूर्ण कार्य हुआ है। सावित्री सिन्हा की पुस्तक हमें अनेक मध्यकालीन कवयित्रियों का परिचय देती है जिनमें से कुछ रचनाएँ उपलब्ध हैं। रचनाएँ प्राचीन ग्रन्थालयों, संग्रहालयों तथा नागरी प्रचारिणी सभा, काशी और अनेक रिपोर्ट में उपलब्ध हैं।

सन्त कवयित्रियों की भाषा में ब्रज और खड़ी बोली का मिश्रण है। डॉ. सावित्री सिन्हा ने कुछ कवयित्रियों का उल्लेख किया है जिसमें 'उमा' महत्त्वपूर्ण है। उनके पद नागरी प्रचारिणी सभा, काशी के संग्रहालयों में हस्त लिखित ग्रन्थ में संकलित

हैं। मध्ययुगीन कवयित्रियों का काव्य अधिकांश रूप से उनके निजी अनुभवों पर आधारित है। मीरा ताज के काव्य में इस अनुभव को हम देख सकते हैं। दोनों की प्रेम-साधना लोक से हटकर थी। मीरा को संघर्ष अधिक करना पड़ा था। ताज में भी संघर्ष करने का साहस कम नहीं था। उनकी एक पंक्ति—

"सुनो दिलजानी मेरे दिल की कहानी तुम
दस्त ही बिकानी बदनामी भी सहूँगी मैं।"

इन कवयित्रियों में वेदना भी अपार रूप से थी। अपने पति द्वारा त्यागी गयी पत्नी की दशा और उनकी भावनाओं और इच्छाओं को सफल स्वर मिला है। तुलसीदास की पत्नी रत्नावली विरह वेदना में चौपाई बुनी है।

"असन बसन भूषण भवन पिय बिनु कुछ न सुहाय।
भार रूप जीवन भयो, छिन-छिन जिय अकुलाय।"

मध्यकालीन स्त्रियाँ पुरुषवादी कामुक भावनाओं की शिकार भी थीं। वे अपने चरित्र को बचाने हेतु अनेक प्रयत्न करती थीं। एक कवयित्री जो केशवदास की शिष्या थी। जिनको सम्राट अकबर ने उसे अपने दरबार में रोकना चाहा तब प्रवीण राय ने दोहे के रूप में कहा कि—

"विनति राय प्रवीन की सुनिए साह सुजान।
जुठी पतरी भखत हैं, बारी बायस स्वान।।"

मध्यकालीन कवयित्रियों की निम्नलिखित पुस्तकें प्राप्त होती हैं—

1. हुमायूँनामा—गुलबदन बेगम
2. वैद्यनाथप्रसाद प्रशस्ति—देवकुमारिका
3. रघुनाथाभ्युदय—रामभद्राम्बा
4. मधुर विजय—ऐतिहासिक काव्य—गंगादेवी
5. पदावली—मीराबाई
6. बीबी बाँदी का झगरा-ताज
7. आलमकेलि में चार सौ पद—शेख
8. नागरी प्रचारिणी सभा की खोज रिपोर्ट में रत्नावली की चौपाइयाँ
9. सुबरन बेली की कविता—सुबरन बेली
10. प्रेमरत्न—छत्र कुँवरीबाई
11. सन्त कवयित्रियाँ
12. सहज प्रकाश—सहजोबाई
13. दयाबोध और विनयमालिका—दयाबाई

स्त्रियों की हीनावस्था—सबसे दयनीय दशा स्त्रियों की थी। वैराग्य मूलक धर्मों के उदय के साथ ही बेचारी स्त्रियों को सन्देहों का भँवर, अविनयों का भवन, दुस्साहसों का नगर, दोषों की अक्षय निधि, सैंकड़ों कपटों वाली, स्वर्ग द्वार का विघ्न, अविश्वासों

की जन्मभूमि, नरकपुरी का द्वार, मायाओं की पेटी, ऊपर से अमृतमय और भीतर से विषमय तथा प्राणियों को बाँधने का पाश कहा गया है। (भर्तृहरि, शृंगार शतक, श्लोक 76) पंचतन्त्र में उनके दोषों की चर्चा करते हुए अनृत, साहस, माया, मूर्खता, लोभ, अशौच और निर्दयता को उनके लिए स्वभावज कहा गया। (अनृतं साहसं माया मूर्खत्वं अति लोभता। अशौचं निर्दयत्वंच स्त्रीणां दोषाः स्वभावजाः—मित्रदेव, श्लोक 207) इसी का अनुवाद करते हुए तुलसीदास ने कहा—

"नारि स्वभाव सत्य कवि कहई। अवगुण आठ सदा उर रहई।
साहस अनृत चपलता माया। भय अविवेक अशौच अदाया।"

मध्यकालीन हिन्दी भक्त कवियों ने उपर्युक्त विचार परम्परा से पाया था। उनकी वकालत करने की आवश्यकता नहीं। यह सत्य है कि मध्ययुग में विलासी सामन्तों के लिए सुराही और प्याले के साथ सुबाला भी विलास का मसला बन गयी थी। शक्ति और शौर्यपूर्ण सामन्तों के लिए भी वह 'खड्ग की चोरी' के अतिरिक्त और कुछ नहीं थी। पंडितों के लिए संस्कारहीन होने के कारण वह शूद्रवत् थी और भक्तों के लिए साक्षात् मायामूर्ति। यह होने पर भी भक्त कवियों को उसका 'सती' रूप अब भी आदर्श प्रतीत होता था और दरबारी कवि भी उसके 'रानी' रूप की प्रशंसा ही करते थे। केशव ने सलाह दी थी कि रानी का वर्णन करना हो तो आँख मूँदकर उसे सुखदा, सुन्दरी, पतिव्रता, शुचि-रुचि-सम्पन्ना, लज्जाशील, बुद्धिमती और मानिनी लिख दीजिए।

कृष्ण-भक्त कवियों में राधा की प्रतिष्ठा होने के कारण, स्त्रियों के प्रति थोड़ी सम्मान की भावना जाग उठी थी। इसीलिए सूर की गोपियाँ, कृष्ण की निष्ठुरता पर उपालम्भ दे सकी, अन्यथा सत्ययुग की नारी को बोलने का अधिकार भी नहीं था। तुलसी ने कुछ आदर्श नारी-पात्रों की सृष्टि अवश्य की किन्तु सामान्य नारी-वर्ग के प्रति उनकी भावना भी सहानुभूतिपूर्ण नहीं थी। उत्तरमध्यकाल में औरंगजेब की कट्टर धार्मिक नीति की प्रतिक्रिया के रूप में जब महाराष्ट्र और बुन्देलखंड में जातीय भावना का जोश उबल पड़ा तो पुरुषों के साथ युद्ध क्षेत्र में उनकी वीरांगनाओं के रण-कौशल की झाँकी भी देखने को मिली। आंचलिक लोक साहित्य में इन नारियों की गाथा अवश्य किसी न किसी रूप में सुरक्षित होगी। इससे यह तो प्रकट है कि मध्ययुग में भी भारतीय नारी के तेज की चिनगारी बुझी नहीं थी किन्तु वैराग्य मूलक प्रवृत्ति के कारण या तो उनको हीन समझकर उपेक्षा का पात्र माना गया या अतिशय राग-वृत्ति के कारण विलास की वस्तु के रूप में उनका संग्रह करके राजमहलों की शोभा बढ़ायी गयी।

बंगला साहित्य के अध्ययन में इस तथ्य को ध्यान में रखना चाहिए कि बंगाली जाति की संरचना में चार भिन्न वंशजों का समागम है। आष्ट्रकमूल (वर्तमान काल), रोम, महासागरीय क्षेत्र के प्रारम्भिक, द्रविड़, मंगोल, (भूटानी, चीनी) तथा आय।

कालान्तर में तुर्कों के आगमन से मंगोलों में वृद्धि हुई। ईरानियों के आगमन से आर्यों की संख्या बढ़ी तथा अरबों के आगमन से सामी भी बंगाली जाति में सम्मिलित हो गये। बंगाली भाषा इन समस्त भाषाओं में सम्मिश्रण है, परन्तु मूल रूप में यह आर्य भाषा है जो प्राकृत एवं अपभ्रंश के आयामों के बीच गुजरी है। इसके प्राचीन काल में संस्कृत राजकीय एवं सांस्कृतिक भाषा थी। साहित्यिक भाषा के रूप में मैथिली भाषा को सम्मान प्राप्त था। 1350 ई. में बिखरे हुए बंगला केन्द्रों को मुसलमानों ने एक संयुक्त बंगाल के रूप में परिवर्तित किया तो सर्वप्रथम बंगालियों को सांस्कृतिक पहचान प्राप्त हुई। मुसलमानों के द्वारा ही बंगला भाषा अरबी, फारसी, तुर्की तथा उर्दू शब्दों से परिचित हुई जो स्थानीय लोगों में लोकप्रिय होकर लोकभाषा में सम्मिलित हो गयी। 1575 ई. में मुगलों ने बंगाल पर विजय प्राप्त किया तो फारसी भाषा राजकीय भाषा हो गयी। अतः बंगला में फारसी शब्दों का विशेष समागम हुआ तथा उनका सांस्कृतिक प्रभाव भी बंगला भाषा पर दीख पड़ा। ढाका, मुर्शिदाबाद तथा वर्धमान मुस्लिम सेना तथा राज्याधिकारों के केन्द्र बन गये। फलस्वरूप, बंगाल के सांस्कृतिक जीवन पर फारसी रंग छा गया।

सांस्कृतिक चेतना के आधार पर अठारहवीं शती तक बंगला कवियों की एक ऐसी पीढ़ी अस्तित्व में आ गयी जिसने फारसी मुहावरों को अपनी शैली बनायी। यह पीढ़ी 'दुभाषिया' कहलायी। साथ ही इसे 'इस्लामी बंगला' 'पोथी साहित्य', 'बर्तला पोथी', 'मुसलमानी बंगाली' आदि भी कहा गया। भारत में मुस्लिम राज्य के पतन के बाद पाश्चात्य प्राबल्य के कारण फारसी एवं अरबी के स्थान पर अंग्रेजी शब्दों का प्रचलन हुआ। फोर्ट विलियम कॉलेज (1800 ई.) के पंडितों तथा मसीही धर्मप्रचारकों में मार्शमन तथा विलियम केरी ने भाषिक स्वतन्त्रता के नाम पर बंगला शब्द-भंडार से अरबी तथा फारसी शब्द चुन-चुनकर बाहर किये। एक अत्यन्त कृत्रिम भाषा अस्तित्व में लायी गयी जिसको 'साधु भाषा' कहा गया। यद्यपि संस्कृत-व्याकरण, शब्द एवं ध्वनियाँ बंगला भाषा से भिन्न थीं परन्तु उन्हें बलपूर्वक संस्कृत व्याकरण शास्त्र के अधीन किया गया। जनभाषा इस प्रतिबन्ध को स्वीकार न कर सकी। उस पर अंग्रेजी शब्दों, वाक्य-विन्यासों तथा मुहावरों के प्रभाव थे। फलस्वरूप, बीसवीं शती के प्रारम्भ में ऐसी भाषा अस्तित्व में आयी जिसको कथ्य भाषा या बोलचाल की भाषा कहते हैं। इसमें स्थानीय भाषा का ध्वनियों, रूप तथा व्याकरण पर बल दिया गया। परन्तु 20वीं शती में क्रान्तिकारी बंगला कवि नजरुल इस्लाम के प्रवेश करते ही बंगला के शब्द एवं व्याकरण के प्रचलित रूपों में क्रान्ति आ गयी। उन्होंने अरबी-फारसी शब्द-भंडार, वाक्य-विन्यास तथा शैली का सुन्दर रूप प्रकट किया। यह प्रभाव देश के स्वातन्त्र्योत्तर काल में भी देखा जा सकता है। स्वातन्त्र्योत्तर काल में एक बार फिर बंगला भाषा की वर्णन शैली में क्रान्तिकारी परिवर्तन आ रहा है। शब्द-भंडार पर क्षेत्रीय बोलियों का वर्चस्व दिखता है तथा उसका आधार 'कथ्य भाषा

है' जो बंगला संस्कृति एवं साहित्य की भाषा बन गयी है।

मुसलमानों के आगमन से पूर्व बंगला भाषा एवं साहित्य नगण्य था। मात्र एक पुस्तक 'चिर्या चिर्यावी' निश्चय, मिलती है जिसमें बौद्धों के भक्ति गीत एवं दोहे हैं। बंगाल में मुस्लिम राज्य का प्रारम्भ नदिया विजय (1201 ई.) के बाद हुआ। सर्वप्रथम बख्तियार खिलजी बंगाल का प्रशासक हुआ तथा बंगाल दिल्ली सल्तनत के अधीन हो गया। इसके पूर्व बंगाल में विभिन्न राज्य स्थापित होते रहे थे। पाल वंश ने लगभग 300 वर्ष (750-1100 ई.) तथा उसके बाद सेनवंश सांस्कृतिक भाषा रही। उसका राज्यकवि देवपाल था। लक्ष्मण सेन का राज्यकवि राज्यदेव थे, जो 'गीत गोविन्द' के रचनाकार हैं। जयदेव की कविता में राजा बिसलाल सेन की प्रेमिका पद्मिनी का कामुकतापूर्ण वर्णन मिलता है। इस काल के ताँबे के बर्तन भी मिले हैं, जिन पर बड़ी ही ओछी बातें अंकित हैं जो इस काल के नैतिक पतन की द्योतक हैं। मुसलमानों के आगमन से बंगला भाषा एवं साहित्य को सांस्कृतिक एवं सामाजिक जीवन की ऊँचाइयाँ प्राप्त हुईं जिसकी चर्चा इतिहास के पात्रों पर निम्नलिखित शब्दों मे मिलती है—''बंगाल में देशज भाषा के साहित्य को प्रोत्साहित करने का कार्य हिन्दू राजाओं ने नहीं किया वरन् यह कार्य मुस्लिम बादशाहों द्वारा सम्पन्न हुआ।'' डॉ. दिनेशचन्द्र सेन लिखते हैं—''यूँ तो अनेक प्रकार के प्रभावों के फलस्वरूप बंगला को साहित्यिक रूप प्राप्त हुआ परन्तु निस्सन्देह मुसलमानों के हाथों बंगाल-विजय सर्वाधिक महत्त्वपूर्ण कारण है। यदि हिन्दू राजा यथावत् शासक बने रहते तो इन राजाओं के दरबार में बंगला भाषा को प्रवेश करने का अवसर ही न मिलता।''

सल्तनत काल में बंगला साहित्य के इतिहास का 1201-1350 ई. तक का काल राजनीतिक दृष्टि से अशान्तिपूर्ण है परन्तु इसी काल में सूफियों का बंगाल में शुभागमन हुआ जिन्होंने समस्त मानव जाति के बीच समानता एवं धार्मिक सहिष्णुता का उपदेश दिया। इन सूफियों ने शाह जलालउद्दीन तबरेजी (मृ.1644 ई.) शेख शर्फउद्दीन अबूतवामा तथा शेख जलाल सिलहटी की विशेष रूप से चर्चा की जा सकती है जिन्होंने आध्यात्मिक शिक्षा द्वारा जन साधारण को नैतिक पतन से उभारने की चेष्टा की है। इस काल की अधिकतर रचनाएँ अप्राप्य हैं परन्तु बंगाली में महाभारत का प्रथम अनुवाद गोड़ा के बादशाह के आदेश पर किया गया, जिसने 1325 ई. तक चालीस वर्ष बंगाल पर शासन किया था। एक अन्य रचना 'श्रीकृष्ण कीर्तन' भी उपलब्ध है। उसके विषय में यह विचार भी है कि वह 1350 ई. के बाद की रचना है। इसका छन्दात्मकता 'चिर्या चिर्यावी निश्चय' से भिन्न है वरन् तत्कालीन उड़िया तथा असमिया भाषाओं की शैली से मिलती-जुलती है। इससे अनुमान किया जा सकता है कि 1350 ईस्वी तक बंगला, उड़िया तथा असमिया भाषाओं का विकास हो चुका था। ध्वनियों के आधार से प्राचीन बंगला स्वर के स्पष्ट प्रत्यय यथावत् रहे परन्तु शब्द के अन्त पर 'ह' अथवा 'अ' की ध्वनियाँ समाप्त हो गयीं। जैसे 'बढ़ा' से 'बढ़ो' तथा 'शोलहा' से 'शोला' इत्यादि।

दूसरे काल (1350-1760 ई.) में संस्कृत तथा उसकी पोषक भाषाओं का साहित्यिक महत्त्व समाप्त हो गया। बंगला भाषा एवं साहित्य उन्नति के शिखर को पहुँचे। इसके राजनीतिक कारण थे क्योंकि बंगाल में मुस्लिम शासक दिल्ली सुल्तानों से अलग अपनी पहचान बनाना चाहते थे। उन्होंने बंगाली पहचान की प्रवृत्ति को सर्वप्रथम महत्त्व दिया। यहाँ तक कि हिन्दू कवियों को 'मंगलाकाव्य' की रचना करने पर प्रोत्साहित किया जो हिन्दुत्व की पुनरावृत्ति का कारण बना। सैय्यद हुसैन शाह (मृ. 1519 ई.) के प्रोत्साहन पर सर्वप्रथम 'कृतिवास' ने बंगला में रामायण लिखी। हुसैन शाह वंशज (1493-1538 ई.) बंगला साहित्य के संरक्षण हेतु प्रसिद्ध है। 'मनोशामंगल' के दो प्रसिद्ध कवि विजयगुप्त तथा विप्रदास पिपलाय ने महाभारत के अनुवादक कुन्दापरमेश्वर के अतिरिक्त मुसलमानों ने भी बंगला भाषा में काव्य रचनाएँ कीं जिनमें बरीद खाँ तथा अफजल की विशेष रूप से चर्चा की जा सकती है।

यद्यपि महाभारत के फारसी में अनुवाद हुए थे तथा अनेक बार प्रकाशित भी हुए परन्तु बंगाली अनुवाद फारसी के अन्य अनुवादों से सर्वथा भिन्न दिखते, है क्योंकि बंगला की साहित्यिक पीठिका भिन्न थी। एक अनुवाद ऐसा भी है जिसका अन्तिम अध्याय लगभग 300 वर्ष बाद लिखकर उसमें सम्मिलित किया गया। इसमें हिन्दु धर्म के पुनरुत्थान का तथा सद्धर्म (बौद्ध धर्म) के अनुयायियों के विघटन का तथा जयपुर में हिन्दुओं तथा मुसलमानों के बीच युद्ध की चर्चा है, जहाँ मुसलमानों को देवी-देवताओं के अवतार के रूप में दिखाया गया है, जो ब्राह्मणों से प्रतिशोध हेतु आये थे क्योंकि उन्होंने सद्धर्मियों पर अत्याचार किये थे। कथानक कुछ इस प्रकार है कि जयपुर तथा मालदा में वैदिक ब्राह्मणों के 1600 परिवार अपनी समस्त शक्ति के साथ एकत्रित हुए तथा दस-दस और बारह-बारह के दलों में बँटकर उन्होंने सद्धर्मियों का वध प्रारम्भ किया क्योंकि वे लोग उन्हें दक्षिणा नहीं देते थे। वे उन पर मन्त्र पढ़कर फूँकते तथा मदिरापान करते थे। मन्त्रोच्चारण के समय उनके मुख से अग्नि निकलती थी जिसे देखकर सद्धर्मी काँपने लगते थे तथा याचनाएँ करते थे। ब्राह्मणों ने इस प्रकार सृष्टि को नष्ट करना प्रारम्भ कर दिया, जिससे पृथ्वी पर बड़ी हिंसा हुई। धर्म जो बैकुंठवासी हो गया था, इसे देखकर अत्यन्त दुखी हुआ तथा मुसलमान के रूप में पुनः संसार में आया। उसके सिर पर काली टोपी थी तथा उसके हाथों में चोबी-कमान थी। वह घोड़े पर सवार था तथा खुदा कहलाता था। निरंजन ने सवर्ण रूप धारण किया। सभी देवता पायजामा पहनते थे। ब्रह्मा ने मुहम्मद का अवतार लिया, विष्णु ने पैगम्बर का तथा शिव ने आदम का, गणेश ने गाजी का रूप धारण किया तथा कार्तिकेय काजी के रूप में, नारद शेख बने तथा इन्द्र मौलाना, आकाश के ऋषियों ने फकीर का रूप धारण किया। सूरज-चाँद तथा दूसरे देवता सिपाही बनकर आये तथा ढोल बजाते रहे। चण्डी ने हया बीबी का रूप धारण किया तथा पद्मावती बीबी नूरन के रूप में आयी। सभी देवता एक समान

सोचतें थे। सब जयपुर पहुँचे, उन्होंने मन्दिर और मठ तोड़ डाले और पुकारने लगे–पकड़ो, पकड़ो! धर्म के चरणों में माथा टेककर रमई पंडित गाता है, हाय कितनी विचित्र विशृंखलता है।

इस काल में हिन्दू-मुस्लिम विचारधाराओं के समागम पर डॉ. इनाम-उल-हक लिखते हैं–''जिस प्रकार अरबी शब्द 'अल्लाह' फारसी में 'खुदा' बन गया उसी प्रकार फारसी में सूफी कवियों के आशिक तथा माशूक राधा और कृष्ण बन गये। यद्यपि दोनों नाम पुराणों के ही हैं परन्तु उनके बीच अर्थ एवं भाव में अन्तर है। वैष्णों के यहाँ बाँसुरी का वही अर्थ है जो मौलाना जलालुद्दीन की मसनवी में 'नय' को प्राप्त है।

कृष्ण जी में बंगला के हिन्दू कवियों द्वारा एक विशेष काव्य विधा 'विजय काव्य' का प्रचलन हुआ। इसकी प्रतिक्रिया में मुस्लिम कवियों में 'वीरकथा' लिखने का चलन हुआ। विजयकाव्य में हिन्दू देवी-देवताओं के चमत्कारों का वर्णन होता है। 'वीरकथा' में स्वच्छन्दता एवं आध्यात्मिकता होती। 'विजयकाव्य' के समान 'रसूल विजय' भी लिखी गयी। प्रथम 'रसूल विजय' का लेखक जैनुद्दीन है जो 1320-1474 ई. के बीच की रचना बतायी जाती है। इस 'रसूल विजय' की मात्र एक प्रति शेष रह गयी है। इसमें इस्लामी पैगम्बर के विजय तथा हजरत अलजी के वीरतापूर्ण युद्ध का वर्णन है। कुछेक ऐतिहासिक नामों के अतिरिक्त घटनाएँ पूर्णतः काल्पनिक हैं। युद्ध दृश्य सफलतापूर्वक प्रस्तुत किये गये हैं। पुरुषार्थ, वीरता, युद्धकला आदि का सजीव चित्रण है। घोड़ों की टापों से धरती हिलती है। संग्राम का चित्रण उर्दू के महाकवि मीर 'अनीस' का स्मरण कराता है।

टपरा का महत्त्वपूर्ण कवि शेख चाँद (मृ. 1625 ई.) है जिसने बारह वर्षों की काव्य साधना के उपरान्त 'विजय रसूल' लिखा। उसके 16वें अध्याय के पश्चात् का अधिकांश भाग इस्लामी पैगम्बर की मेअराज से सम्बन्धित है। शेख चाँद की दो सूफियाना कविताएँ 'शाह दूल्हा' तथा 'तालिबनामा' भी प्रसिद्ध हैं। विजय रसूल की विजय पर बंगला भाषा में अनेक काव्य रचनाएँ की गयीं। उनमें सर्वश्रेष्ठ सैय्यद सुल्तान (मृ. 1648 ई.) की 'नबीबंगश' (इस्लामी पैगम्बर के परिवारजन) है। इसके तीन भाग 'रसूल विजय', 'शबे मेअराज' तथा 'फाते-रसूल' अलग-अलग रचना के नाम से प्रसिद्ध हैं। 'नबीबंगश' के अतिरिक्त सैय्यद सुलेमान ने 'जेकम-राजार लड़ाई', 'ज्ञान प्रदीप' तथा 'पद्यावली' भी लिखी। 'विजय रसूल' की परम्परा में नस्रउल्लास खाँ (मृ. 1638 ई.) ने 'जंगनामा' लिखा। उनकी तीन पुस्तकें 'मूसार-सवाल', 'शरीअतनामा' तथा 'हिदायत-इस्लाम' भी महत्त्वपूर्ण हैं। अब्दुल नबी (मृ. 1720 ई.) ने अमीर हम्जा की वीरगाथा लिखी। शेख पारान (मृ. 1615 ई. ने 'नूरनामा' तथा 'नसीहतनामा' लिखा। उनके सुपुत्र शेख मुत्तलिब (मृ.1660 ई.) में 'किफायत-उल-मुसल्लीन' बंगला एवं अरबी में लिखा तथा प्रसिद्धि प्राप्त की। हाजी मुहम्मद के शिष्य मीर मुहम्मद शफीअ (मृ. 1665 ई.) ने 'नूरनामा',

'नूरकन्दील' तथा 'साअतनामा' लिखा। अराकान के अब्दुल करीम खुँदकार ने अपने काव्य को इस्लामी विषयों के लिए प्रतिबद्ध रखा। उनकी रचना 'विला मजलिस' बंगला साहित्य में विशेष महत्त्व रखती है। शेरबाज की रचनाएँ 'फ़खनामा', 'कासमीर लड़ाई' तथा 'फातमार सूरनामा' प्रसिद्ध हैं। हयात महमूद (मृ. 1760 ई.) ने 'हेतगानबानी' तथा 'अमबियाबानी' लिखा। शेख मंसूर ने 'अमीर जंगनामा' लिखा। मुजम्मिल को उनकी रचना 'नीतिशास्त्र' से पहचाना जाता है। इस रचना को कुछेक ने 'साअतनामा' लिखा है। इसे कुछेक ने भ्रमवश दो अलग-अलग पुस्तकें लिख दिया जो सही नहीं है।

मुगलों की बंगाल विजय (मृ. 1576 ई.) के फलस्वरूप ईरानियों की बड़ी संख्या बंगाल में आबाद हो गयी। विशेषकर ढाका तथा मुर्शिदाबाद उसके केन्द्र बने। इन ईरानियों में अधिकांश शिया थे जो इस्लामिक पैगम्बर के नाती इमाम हुसैन के बलिदान की यादगार बनाने को अपने जीवन का मुख्य लक्ष्य मानते थे। उन्होंने इमामबाड़े बनवाये तथा ताज़ियादारी पर विशेष बल दिया। वे फ़ारसी मरसिया की परम्परा से भली-भाँति परिचित थे। उनकी ताज़ियादारी से सम्बन्धित सभाओं में इमाम हुसैन के बलिदान की घटनाएँ बयान की जाती थीं। इन सभाओं का स्थानीय निवासियों पर विशेष प्रभाव था जिसमें अधिकांश सुन्नी होते थे। इस प्रकार उत्तर भारत एवं दक्कन की तरह बंगाल में भी मनसिया काव्यविधा की बुनियाद धर्म निरपेक्षता पर स्थापित हुई। बंगला भाषा में कर्बला के दुखान्त पर कविता रचना का प्रारम्भ हुआ। 'मकतूले हुसैन' तथा 'जंगनामा' के नाम से मरसिये लिखे जाने लगे। वर्तमान शोध के आधार पर मुहम्मद खाँ (मृ. 1685 ई.) बंगला भाषा का पहला मरसिया कवि है, जिसने 'मकतूले हुसैन' के नाम से एक बृहद् काव्य 1644 ई. में लिखा। वे इससे पूर्व 'सतकली', 'विवाद संगवाद' तथा 'हनीफार लड़ाई' लिख चुके थे जो कला दृष्टि से अधिक सफल नहीं है। बंगला काव्य के इतिहास में शेख गरीब अल्लाह का 'जंगनामा' अथवा 'मुकतूलनामा' विशेष महत्त्व रखता है जो किसी फारसी पुस्तक 'मकतूले-हुसैन' पर आधारित है। कुछेक ने इसके रचनाकार का नाम याकूब लिखा है, जो सही नहीं है। गरीब अल्लाह ने इमाम हुसैन की बहन हजरत जैनब के विषय में बंगला काव्य की विशेष चौतशिया-विधा में एक कविता लिखी। चौतशिया एक ऐसी विधा है जिसमें 34 पंक्तियाँ होती हैं तथा प्रत्येक पंक्ति बंगला वर्णमाला के क्रम में होती है। पन्द्रहवीं शती में शेख फैजउल्लाह ने भी 'जैनबर चौतशिया' लिखी थी। अब्दुल हकीम ने 'कर्बला' लिखी, जो पोथी साहित्य में विशेष महत्त्व रखती है। इस प्रकार हयात महमूद (मृ. 1760 ई.) का 'जंगनामा' बंगला साहित्य में विशेष महत्त्व रखता है।

शेख फैजउल्लाह बंगला साहित्य के इतिहास में इस्लामी विषयों के सफल कवि हैं। उनकी 'सत्यपीर' तथा 'गाजी विजय' प्रसिद्ध है। उन्हीं से बंगला साहित्य में 'सत्यपीर' की परम्परा का प्रारम्भ होता है। उन्होंने सम्भवतः 1545-1575 ई. के

बीच सर्वप्रथम 'सत्यपीर' की कथा लिखी। 'सत्यपीर' की विषय-वस्तु बंगाल में अत्यन्त सर्वप्रिय हुई। इस पर विभिन्न कालों में हिन्दू तथा मुसलमानों ने अनेक कविताओं की रचना की है। 'सत्यपीर' की ऐतिहासिक सत्यता के विषय में कुछ नहीं कहा जा सकता परन्तु गाजी विजयनामा बंगला ऐतिहासिक महापुरुष इस्माइल गाजी से सम्बद्ध है।

15वीं शती से बंगला काव्य में सूफी विचारधारा पर योगिक एवं तान्त्रिक प्रभाव स्पष्ट है। शेख जाहिद की कविता 'अद्यप्रचाय' में यौगिक एवं तान्त्रिक प्रभाव स्पष्ट है। विशेष रूप से नाथयोगियों का प्रतिबिम्ब दिखता है। उदाहरणार्थ, संसार की संरचना की विचारधारा सूफियों तथा नाथयोगियों में समान है। मुसलमानों ने भी हिन्दुओं के समान विष्णु गीत भी लिखे। इसका कारण यह हो सकता है कि बंगला कवि प्रत्यक्ष रूप में सूफी मत के दार्शनिक पक्षों से परिचित नहीं थे। उनके चिन्तन के दो ही स्रोत थे–एक, इस्लामी शरीअत तथा दूसरा, फारसी काव्य जिसके प्रतिनिधि 'सादी', 'रूमी' तथा 'हाफिज' तथा 'जामी' थे। उन्हीं के चिन्तन के अन्तर्गत बंगला सूफी चिन्तन की संरचना हुई। मुसलमान कवियों ने ईश भक्ति में सराबोर होकर पद्यावलियाँ लिखीं। बंगाली कविता में लघुगीत है और पद्यकृत नाम से पद्य लिखने वाला अपने आप को पुकारता है। उसका मूल विषय राधा-कृष्ण है। यह राधा-कृष्ण काव्य प्रतीक के रूप में मुसलमानों के बंगला काव्य में सम्मान्य है। राधा मानो आत्मा तथा कृष्ण ईश्वर के प्रतीक हैं। इसका सर्वश्रेष्ठ उदाहरण अलावल (मृ. 1680 ई.) की पद्यावलियाँ हैं। चाँद काजी ने बाँसुरी की मोहिनी ध्वनि में अपने पद्यावलियों में स्पष्ट की है राजा लजायी-शर्मायी अपने गुरु की सेवा में प्रस्तुत है। कृष्ण की बाँसुरी सुनाई देती है जो लज्जा से पानी-पानी हो जाती है–

"बाँसुरी बजाना तुम नहीं जानते
बेसयम बाँसुरी बजाकर मन को व्याकुल कर देते हो।"

शेख कबीर के विष्णु-पद्यों को बंगला काव्य में विशेष महत्त्व प्राप्त है। उनके समकालीन कवि अफजल अली अरवेज थे, जिनका 'नसीहतनामा' प्रसिद्ध है। इसका विषय नैतिकता है। बंगला काव्य में श्रृंगारिक एवं धार्मिक उपमानों, प्रतीकों एवं गाथाओं के अतिरिक्त स्वच्छन्दात्मक घटनाएँ भी मिलती हैं। उनको बंगला काव्य की वर्णनात्मक का काव्य भी कहा जाता है। इस विधा के प्रसिद्ध कवियों का ऐतिहासिक क्रम निम्नलिखित हो सकता है–

1. शाह मुहम्मद सगीर : 'यूसुफ़ जुलैखा' जो फारसी कवि 'जामी' की इसी नाम की मसनवी पर आधारित है।
2. दौलत वज़ीर बहराम खाँ : 'लैला-मजनूँ'।
3. दौलत काजी अराकानी (मृ. 1628 ई.) : 'लोअर चन्द्रानी' या 'सती मीना'।
4. अलावल (मृ. 1680 ई.) : 'पद्मावती', 'सैफ-उल-मुलूक',

'बदीउज़्ज़ा' (बदी-उल-जमाल), 'हफ्तपैकर' तथा 'सिकन्दरनामा'।

5. अब्दुल हकीम (मृ. 1680 ई.) : 'युसुफ जुलेखा'।
6. कुरैशी मगन ठाकुर : 'चन्द्रावती'।
7. अब्दुल नबी (मृ. 1720 ई.) : 'अमीर हम्जा'।
8. हयात मुहम्मद (मृ. 1660 ई.) : 'जंगनामा'।
9. मुहम्मद मुकीम (मृ. 1775 ई.) : 'मृगवती'।

द्विभाषीय पोथी साहित्य के जिन लेखकों ने इस परम्परा का पालन किया उनमें दो कवि अधिक प्रसिद्ध हुए—गरीबउल्लाह : 'युसुफ ज़लैखा' तथा 'अमीर हम्जा' (प्रथम खण्ड) तथा सैय्यद हम्जा : 'अमीर हम्जा' और 'हातिमताई' द्विभाषी साहित्य की रचनाओं को निम्नलिखित खण्डों में विभाजित किया जा सकता है—

1. इस्लाम धर्म से सम्बन्धित पोथियाँ : उदाहरणार्थ, 'राहत-उल-कुलूब' या 'कयामतनामा', 'हिदायत-उल-इस्लाम', 'नसीहतनामा' इत्यादि। ये नमाज़, रोज़ा इत्यादि धार्मिक विषयों पर कुर्आन तथा हदीस के आधार पर लिखी गयी है। इनके अतिरिक्त भी कुर्आन तथा हदीस के आधार पर अनेक मुस्लिम कवियों ने असंख्य कविताओं की रचना की है।

2. प्रेम प्रधान गाथाओं से सम्बन्धित पोथियाँ : उदाहरणार्थ 'मधुमालती', 'युसुफ़ जुलैखा', 'भानुमती की लड़ाई', 'शाह बीरबल', 'चन्द्रभान', 'रूपभान', 'चन्द्रावती', 'रूपचाँद सौदागर', 'कंचनमाला', 'गौहर बादशाह', 'कालू गाजी', 'चम्पावती' इत्यादि।

3. इस्लामी युद्धों से सम्बन्धित पोथियाँ : उदाहरणार्थ—'जुलमतनामा', 'जंग.-खैबर', 'जंगनामा', 'अमीर हम्जा', 'हजरत अली', 'मुहम्मद हनीफा' अथवा वे पोथियाँ जिनमें हमीर हम्जा को नायक के रूप में प्रस्तुत किया गया है तथा उनकी नायिकाएँ गैर मुस्लिम युवतियाँ हैं।

4. इस्लामी धर्म शास्त्र से सम्बन्धित पोथियाँ : इन पोथियों में इस्लाम धर्म की अच्छाइयाँ तथा अन्य धर्मों की बुराइयाँ दिखायी गयी हैं।

5. सूफी मत से सम्बन्धित पोथियाँ : इन पोथियों में सूफियों तथा दरवेशों की जीवन गाथा मिलती है। उनके उपदेशों का भी वर्णन है। उदाहरणार्थ—'मनसूर हल्लाज', 'निजामुद्दीन औलिया', 'शाह मदार' आदि।

बंगाल साहित्य-इतिहास के विकास क्रम में पूर्व युग चेतना के परिणाम में पहुँच चुका है। वस्तुतः यह कोई नवीन युग की युग सन्धि नहीं बल्कि पुरातन की परिपूर्णता है। पहले ही कहा जा चुका है कि तुर्की आक्रमणोत्तर बंगला की मुक्ति-चिन्तन को दो पृथक् स्तर पर साहित्यिक अभिव्यक्ति मिली थी। आक्रमण के बाद का परवर्ती काल ध्वंस के अन्धकार से ढका था। उस रन्ध्र-पथहीन अन्धकार की गहराई में प्रकाश की निहारिका जब पहले दिखी तब से बंगालियों की पराजय की भावना नवीन जीवन बोध के प्रति मुखरित हुई। आदिकाल का बंगला साहित्य अनेकांश में वास्तव से विमुख व

उन्मार्गगामी था। मध्ययुग में आकर वस्तु जीवन व पार्थिव अस्तित्व के प्रति सश्रद्ध-संचे. तना का उदय हुआ। पहले की आलोचना में आदि-गद्य काल के अनुवाद, वैष्णव व मंगल काव्य की धारा में यह यथार्थ-प्रयोजनबोध की तीव्रता लक्षित हुई है। यह तीव्रता कभी व्यक्तिगत तो कभी सामूहिक प्रयासों के माध्यम से दर्शित हुई है। लेकिन अपने-अपने मार्ग व मतानुसार वे सभी प्रयास विच्छिन्न परस्पर पृथक् एकता की स्वातन्त्र्य विधृत है। अब उस एकक विच्छिन्न प्रयास समूह एक अखंड जातीय प्रेरणा के रस में निमज्जित होकर बंगला साहित्य की सभी शाखाओं में सर्वजन साधारण एक विशेष जीवनावेग का संचार करने में सक्षम हुआ है। जातीय चेतना की यह सर्वमय मुक्ति व व्याप्ति विधान की केन्द्र शक्ति हुए महाप्रभु श्रीचैतन्द देव प्रभावित धर्म ही नहीं उनके व्यक्तिगत जीवनाचार ने जाति, धर्म, सम्प्रदाय व समाज निरपेक्ष एक अकारण आश्चर्यजनक प्रेम का आदर्श सर्वजनीन मानव मिलन की महावाणी को उस दिन उद्‌बोधित किया था। फलस्वरूप, यह जीवन चेतना ही मध्ययुग के बंगाल साहित्य को एक नवीन स्वधर्म में उज्ज्वल प्रतिष्ठा प्रदान करता है। अब उस दीप्त इतिहास का आकार व प्रकारगत रूप का संसाधन करेंगे।

इससे पहले की आलोचना में हमने चैतन्योत्तर रचना पंजी का एक मोटे तौर पर ढाँचे का आविस्कार किया है। चैतन्य-पूर्व मध्ययुग की रचना पंजी के साथ तुलना करने पर देखते हैं कि आलोच्य उपयुग की रचना धारा में केवल दो विषयों में अभिनवता है। दूसरे क्षेत्र में पुराने विषय की पुनर्वतारणा हुई है। इन दो नये विषयों में पहली जीवन-साहित्य है तथा अन्त में लोक साहित्य है। ऐसा प्रतीत होता है कि प्रथमोक्त विषय की रचनावली के माध्यम से ही पूर्ववर्ती युग-मानस पर चैतन्ययुग चेतना का भाव अधिवासन साहित्य हुआ है तथा शेषोक्त विषय के मध्य में उस भाव चेतना की ऐतिहासिक परिणति व परि समाप्ति घटित हुई है।

पहले ही कहा जा चुका है कि सभी देशकाल के मनुष्यों के समाज-मानस ही मोटे तौर पर एक साधारण विकास धारा का अनुसरण कर चल रहा है। निरवच्छिन्न एकान्तिक देवानुगत्य से देवानुगतितिनिर्मुक्त मानवता बोध के मध्य से यह धारा क्रमशः सर्व-परिच्छिन्न, स्वयं सम्पूर्ण स्वतन्त्र-बलिष्ठ मानवतानुभव के मार्ग पर अग्रसर हुआ। इस ओर से आदि युग-चेतना बहुलतांश में एकान्तिक रूप से देवानुगत्य निर्भर था, ऐसा प्रतीत होता है। यथार्थ पौराणिक युग के (MYTHOLOGICAL AGE) बहुत बाद बंगला साहित्य का आदि युग सूचित हुआ था। इतना होने पर भी तब के सृजन कर्म में भी देववाद-प्राधान्य की ही ऐकान्तिकता लक्षित होती है।

परवर्ती स्तर पर आदि मध्यकाल के बंगला साहित्य बहुल प्रमाण में देवाभिमुखी होने पर भी वह मानव प्रयोजन अनुसारी था। यहीं देववाद निर्भर मानवता बोध का अंकुरोद्‌गम हुआ था। चैतन्य पूर्ण अनुवाद मंगल व वैष्णव काव्य में इस भाव बोध का अंकुर अजस्र रूप से विस्तृत हुआ है। चैतन्योत्तर जीवनी-साहित्य में अंकुरित देववाद निर्भर मानवता बोध को स्थिर रूप प्राप्त हुआ है।

लक्षणीय है कि चैतन्य जीवन-साहित्य को आश्रय करके ही आँखों देखी प्रत्यक्ष मानव-जीवन बंगला साहित्य का प्रधान एवं प्रायः एकमात्र आशय हो उठा है। बंगला साहित्य के आदिकाल में गोरख विजय व गोपी चाँदेर गान-मानव जीवन की कथा साहित्य का विषय बन पड़ा है। दूसरी ओर वे सभी काव्य के नायक-नायिकाओं में बहुत से ऐतिहासिक व्यक्ति थे, ऐसे अनुमेय हैं। गोरखनाथ व मयनामती दोनों ही वहाँ देव-प्रतिद्वन्द्वी हैं। ये अमानव नहीं तो अतिमानव हैं। इसके अलावा वे सभी काव्य के अब तक के प्राप्त अर्वाचीन व्यक्ति में चैतन्य ऐतिह्य का निःसंशय प्रभाव है। पहले ही कहा जा चुका है कि नाथ साहित्य की आविष्कृत पोथियों में से एक भी सप्तदश शतक से पहले नहीं लिखा गया है। दूसरी ओर चैतन्य जीवनी-साहित्य में महाप्रभु के मानव रूप अप्रकट नहीं था वरन् उनकी मानव महिमा को ही देवत्वमंडित किया गया है। इस ओर से गोरखनाथ या मयनामती अतिमानव हैं, लेकिन महाप्रभु नर-चन्द्रमा है। इसमें सन्देह नहीं हैं कि जीवनी रचयिता वैष्णव भक्तों की दृष्टि में महाप्रभु कृष्ण स्वरूप थे। लेकिन यह तो उनकी सर्वोत्तम नरलीला का ही प्रभाव था। चैतन्य को आश्रित कर बंगला-साहित्य मानव जीवनाभिमुखी हुआ। मध्ययुग में वह मानव-मुखिता महत्-मनुष्यत्व तथा नर-चन्द्रमा की भक्ति साहित्य में इस नरचन्द्रमा पूजा की धारा अधिक स्पष्ट रूप में लक्षित हो सकती है। वैष्णव भक्तों की दृष्टि में महाप्रभु-कृष्णास्तु भगवान स्वयं नित्यानन्द बलराम का अवतार, अद्वैताचार्य स्वयं महेश्वर हैं लेकिन अद्वैतपत्नी देवी सीता, देवीत्व-संज्ञा अर्जित कर पायी थी। प्रधानतः उनकी मानवी महिमा की श्रेष्ठ अभिव्यक्ति के फलस्वरूप ही सीता-जीवनी ग्रन्थावली में सीता देवी विशेष रूप से नारी चन्द्रमा के रूप में ही भास्वर है।

वैष्णव साहित्य में देवतारे प्रिय (देवता को प्रिय) तथा प्रियेरे देवता (प्रिय को देवता) करने की अपूर्व कुशलता का उल्लेख रवीन्द्रनाथ ने किया है। अब तक के जीवनी-साहित्य की आलोचना में देखा गया है कि चैतन्यदेव की नरलीला के माहात्म्य में आविष्ट-चित्त वैष्णव जीवनीकारों ने प्रिय को सहज ही देवत्व मंडित किया है। देवता को प्रिय करने की श्रेष्ठ वैष्णव ऐतिहृय चैतन्योत्तर पदावली साहित्य में लक्षित करते हैं। वैष्णव पदावली का मुख्य उपजीव्य राधा-कृष्ण की प्रेमलीला है। बंगाली समाज के अभिजात व अनभिजात विभिन्न जीवन-पर्याय में यही लीला सत्य विचित्र रूप से प्रकट हुआ है। चैतन्य-पूर्व काल के वैष्णव पदावली की आलोचना प्रसंग में देखा गया है कि विशेष रूप से कवि-मानस की व्यक्तिगत अनुभूति उत्ताप की घनिष्ठता ही वे सभी कवि कर्म को रसोत्तीर्ण करता रहा है।

चैतन्य-परवर्ती काल के द्वैताद्वैत-महिमाबोध, जीव-ब्रह्म या देव-मानव में भेदाभेद कल्पना का अपूर्व प्रेम-सौन्दर्य का मूल पूर्ववर्त युग के वैष्णव पदावली के कभी-कहीं भी अस्पष्ट रूप से यदि व्यक्त भी हुआ हो तो भी कभी वह स्वयं स्फुट या सहज-प्रांजल नहीं हो पाया है। चैतन्य जीवनाचरण के माध्यम से यह दुर्लभ लोकोत्तर रसबुद्धि को

सर्वजनीनता मिली थी। उस अपूर्व रस-चेतना के प्रभाव से एक ओर जैसे बंगाल में कानुछारा गीत नाई (कान्हा के अलावा गीत नहीं है) दूसरी ओर गौर-गीति के अभाव में कानुगीति का अनुष्ठान भी असिद्ध है। चैतन्योत्तर काल में वैष्णव भक्तों ने गौरलीला आस्वादन के माध्यम से राधा-कृष्ण की लीला को उपलब्ध किया था। फलस्वरूप मुरारी गुप्त, नरहरि सरकार आदि चैतन्य परिवार कवि ही केवल नहीं बल्कि ज्ञानदास-गोविन्ददास के समान परवर्ती काल के पदकर्ताओं ने भी गौरांग लीला के अन्तराल में खड़े होकर राधा-कृष्ण लीला का आस्वादन किया था। राधा-कृष्ण की दैवी-महिमा, चैतन्य-प्रेम के भाव-अधिवासन में प्रियत्व की मर्यादा में प्राण रस धन हो उठा है। कुल मिलाकर कहा जा सकता है कि चैतन्योत्तर वैष्णव जीवन व पद साहित्य प्रिय को देवता एवं देवता को प्रिय कर देव व मानव को एकाकार कर दिया है। फलस्वरूप, यह नव प्रेम प्रबुद्ध चेतना ने बंगला जीवन को एकाकार कर दिया है। फलस्वरूप यह नव प्रेम-प्रबुद्ध चेतना बंगला जीवन की हर दिशा में फैल गयी। मध्ययुग के साहित्य में भी सभी स्तर पर यह निर्बाध प्राण स्पन्दन संचरित हो पाया है।

चैतन्योत्तर मंगलसाहित्य की आलोचना से इस धारणा का समर्थन पाना अपेक्षाकृत आसान होगा। पहले ही अनुमान किया गया है कि आदि-मंगलकाल की मंगल-काव्यसमूह मूलतः लोक-जीवन की साम्प्रदायिक भेद-बुद्धि को आश्रित कर निर्मित हुआ था परन्तु चैतन्य परवर्ती काल के मंगलकाव्य में यह साम्प्रदायिक मनोभाव सम्पूर्ण दूर होकर एक सर्वात्मक जीवन एकता के सूत्र में ग्रन्थित हो पाया था। इस बारे में मंगल काव्य के ऐतिहासिक विद्वान डॉ. आशुतोष भट्टाचार्य का कथन है कि...."इन सभी (मंगलकाव्यों) के लौकिक देवताओं ने अपनी विशेषता की रक्षा अधिक समय तक नहीं कर पाये थे। कारण यह है कि इस देश में ये सभी संकीर्णतामूलक साम्प्रदायिक साहित्य को वैष्णव साहित्य की कुल प्लावनी बाढ़ में डुबो दिया था।" डॉ. भट्टाचार्य ने जिस साहित्य के प्रति संकेत किया है, व्यापकतर परिप्रेक्ष्य में उसे ही हम चैतन्य-संस्कृति के नाम से अभिहित करते हैं। इस बारे में डॉ. भट्टाचार्य का उल्लेख परवर्ती अंश में और अधिक स्पष्ट एवं तथ्य सचेतन हो उठा है।

आदि-मध्यकाल के मंगलकाव्य में देव-देवियों की परिकल्पना व कथा-वर्णन में अनभिजात अमार्जित समाज की रुचि-विकार का परिचय ओतप्रोत रूप से फैला हुआ है। पर चैतन्य संस्कृति की रुचि समृद्ध मानविकता-बोध के स्पर्श से वही साहित्य भाव व चिन्ता में नवीन रूप ग्रहण करता है। इस तथ्य को उपस्थित करते हुए डॉ. भट्टाचार्य ने कहा है कि चैतन्य-परवर्ती काल के मंगलकाव्य मात्र नीति की दृष्टि से अपेक्षाकृत उन्नत है। इसका कारण चैतन्यदेव के चरित्र में जो उच्च नैतिक गुण था वह समकालीन वैष्णव साहित्य के माध्यम से समग्र रूप से बंगाल के समाज पर प्रभाव विस्तृत किया था। उसी एक ही सिद्धान्त का अनुवर्तन कर कहा जा सकता है कि चैतन्य-चरित्र के उच्च नैतिक गुण बंगीय समाज जीवन के

एक मानविक मूल्यबोध का भी प्रवर्तन किया था। इसी के फलस्वरूप विशेष रूप से तथाकथित निम्न श्रेणी की परिकल्पित वह दैवी साहित्य इस युग में सर्वजनीन मानविकताबोध के रस सौन्दर्य से मंडित हो पाया था।

वस्तुतः वैष्णव जीवनी या पद साहित्य जहाँ तक कि मंगल काव्य के सृष्टि के मूल में चैतन्योत्तर काल की एकमात्र प्रेरणा सक्रिय थी। वास्तव में यही देववाद निर्भर मानवता बोध की प्रतिष्ठा है। इसी को हमने चैतन्य-संस्कृति कहा है। समकालीन बंगाल के विभिन्न साहित्यिक प्रचेष्टा में उसी संस्कृति की विशिष्टता विचित्र रूप से अभिव्यक्त हुई है। मंगल काव्य के देव-देवी परिकल्पना की जड़ में किसी प्रकार का सहज महिमा-बोध अनुस्यूत नहीं था। फलस्वरूप, मंगल काव्य-साहित्य के क्षेत्र में भी मूल देव-महिमा चैतन्य की मानव-महिमा के पीछे था, यह पहले ही कहा गया है। उभय क्षेत्र में मूल सत्य एक ही है, अभिव्यक्ति ही केवल विचित्र है। वस्तुतः चैतन्य प्रभावोत्तर, वैष्णव एवं मंगलसाहित्य अनेक रूप से परस्पर का परिपूरक-अनुपूरक है। एक ही युग सत्य की विभिन्न दिशाओं को ये विचित्र रूप से अभिव्यक्त करते हैं।

चैतन्योत्तर काल के सभी कोटियों की साहित्यिक सृष्टि के बारे में यह मन्तव्य समान परिणाम में सत्य है। विभिन्न अनुवाद साहित्य के बारे में भी यही कहा जा सकता है। इसलिए देखा गया है कि कृतिवासी रामायण के साथ अद्भुताचार्य के रामायण का भाव रूप तथा कथागत प्रभेद मौलिक एवं दूरप्रसारी है। इन्हीं समान कारणों से मालाधर वसु का श्रीमद्भागवत अनुवाद के अनुकरण में विकसित विभिन्न भागवत तथा पुराणों के अनुवाद में लौकिक दान-लीला, नौकालीलादि वर्णना का आधिक्य। प्राचुर्य विस्मयकर रूप से विस्तार व वैचित्र्यलाभ करता है। इसलिए वह काशीराम दास के महाभारत व व्यास के मूल महाभारत कथा से बार-बार विच्युत होता रहता है। पंडितों ने इस अवसर पर अद्भुत रामायण, वशिष्ठ रामायण, जैमिनी-भारत व अन्यान्य पुराणादि के प्रभाव का उल्लेख किया है। परन्तु इस सभी के पीछे जो बंगाली प्रभाव आत्मगोपन कर रहा है, उसकी अनिवार्यता को अस्वीकार करने का उपाय नहीं है। वस्तुतः चैतन्योत्तर अनुवाद-साहित्य का प्रत्येक नायक-चरित्र में वैष्णव लीला-विश्वास के कृष्ण बंगालियों के घर के कानु स्वरूप में प्रकट हुआ है। उस कानु के पीछे भी स्पष्ट लक्षितव्य रूप में निखिल प्रेम-रसधन मूर्ति देवस्वरूप श्रीचैतन्य आत्मगोपन कर रहे हैं। पहले ही कहा गया है कि केवल इसी कारण से बंगाल में 'कानु छाड़ा गीत नाई' हमारे समाज में सभी गीति का प्राण केन्द्र व आदर्श है। दूसरी ओर गौरचन्द्रिका के अलावा पुनः कानु-गीति नहीं है। वास्तव में सभी जीवन परिकल्पना के पीछे चैतन्य देव के आदर्शायित प्रेम-मूर्ति ही सार्थक रूप आधृत है।

अन्त में उस काल के लोक-साहित्य का उल्लेख करूँगी। प्राथमिक स्तर पर यह साहित्य इस्लामिक ऐतिह्य से परिपुष्ट हुआ है। अनेक रूप से इसी कारण से आलोच्य स्तर से रचनावली को हमने सामान्य रूप से चैतन्य प्रभाव विनिर्मुक्त काल

के अन्तर्भुक्त करना चाहा है। ये सभी साहित्य देववाद-निर्भर मानवता से विशेष लोक-मानव के जीवन-परिचय को ही अभिव्यक्त करने में आरम्भ हुआ है। यद्यपि वह सर्वांश में ही दैवी संस्कार से मुक्त नहीं है। इस शोध कार्य की सूचना में ही कहा गया है कि बंगाली जीवन में चैतन्य-संस्कृति-जात, मानव धर्म की परिणामी व्यंजना का विकास इसी कोटि के साहित्य के मध्य में ही हुआ है। इस सिद्धान्त की प्रतिष्ठा में सबसे अधिक सहायक होंगे अध्यापक यतीन्द्र मोहन भट्टाचार्य सम्पादित 'बांगलार वैष्णव भावापन्न मुसलमान कवि' नामक शोध-ग्रन्थ। आलोच्य ग्रन्थ में अध्यापक भट्टाचार्य ने शताधिक मुसलमान कवियों द्वारा लिखित राधा-कृष्ण प्रेम-विषयक पदों का उद्धार किया है। कविता की भणिता से यह निस्सन्देह रूप से पता चलता है कि प्रत्येक नाम ही पृथक् व्यक्ति के अस्तित्व का द्योतक नहीं है वरन् प्रायः ऐसा प्रतीत होता है कि बहुत बार एक ही नाम विभिन्न भणिता में विभिन्न रूप से अभिव्यक्त हुआ है। अध्यापक भट्टाचार्य ने प्रत्येक पृथक् भणिता को एक-एक पृथक् व्यक्ति के अस्तित्व का परिचय-वाहक के रूप में ग्रहण किया है। जो भी हो, वे सभी पदो के सभी पद वैष्णव भावापन्न नहीं थे। अध्यापक भट्टाचार्य ने इसे स्वयं स्वीकार किया है। फिर भी ये मुसलमान होकर भी विशेष रूप से हिन्दुओं के देव-देवियों मे केवल राधा-कृष्ण को ही काव्य-विषय के आश्रय के रूप में ग्रहण किये थे, अध्यापक भट्टाचार्य ने उसका कारण निर्देश किया है—"इस श्रेणी के मुसलमानों में ब्रह्मा विष्णु, शिव, दुर्गा, सरस्वती और गणेश आदि देव-देवियों को प्रायः स्वीकृति नही मिली है। उन्होंने सरस्वती, गणेश आदि देव-देवियों को प्रायः स्वीकृति नहीं दी है। वे प्रेमी-प्रेमिका की मूर्त प्रतीक राधा-कृष्ण को ये गीता के कृष्ण नहीं मानते हैं। वे राधा बन्धु कृष्ण को मानते हैं। ये राधा-कृष्ण पुनः अधिकांश मुसलमान कवियों के निकट अपौरुषेय हैं। ये सभी वृषभानु-नन्दिनी या यशोदानन्दन नहीं हैं। 'कानु छाड़ा गीत नाई, कानु छाड़ा उपमा नाई' (कान्हा के अलावा गीत नहीं है, कान्हा के अलावा उपमा नहीं है) आदि मुहावरों द्वारा जिस प्रेमिका रूपी कानु की बात कही गयी है, प्रेम की बात करते हुए इस कानु का नाम मुसलमान कवियों ने भी ग्रहण किया है।

वास्तव में इस मन्तव्य में अन्तर्निहित संकेत वर्तमान प्रसंग में विशेष रूप से लक्षणीय है। आलोच्य मुसलमान कवि-सम्प्रदाय राधा-कृष्ण प्रेमकथा को उनके काव्य में उपजीव्य रूप में ग्रहण किया है, वह राधा-कृष्ण किसी धर्म सम्प्रदाय की देव-देवी नहीं हैं। वे अखिल प्रेम-साधना के परम प्रतीक हैं। चैतन्य जीवन-साधना के फल-परिणाम में ही राधा-कृष्ण प्रेम एक सर्वजनीन स्वीकृति सश्रद्ध ऐतिह्य के साथ आत्म प्रकाश किया था और यह मुसलमान कविकुल भी जब लोक जीवन प्रभावित प्रेम-संगीत की रचना कर रहे थे, तब सर्वत्र ही सभी प्रकार के प्रेम-ऐतिह्य को प्रतीक के रूप में राधा-कृष्ण को लिया गया था पर जहाँ वह नहीं है। वहाँ भी वह प्रेम ऐतिह्य तथा उस ऐतिह्य का कोष गौड़देव कवि के हृदयस्थित हुए हैं, उसका

प्रमाण भी दुर्लभ नहीं है—

"आय देखे जा नतुन भाव एनेछे गोरा।
मुडिये माथा गले कॉथा कटिते कौपिन धरा।।
गोरा हासे कादे भाबेर अन्त नाई।
सदा दीन दरदी बले छाड़े हाई।।
जिज्ञासिले कय न कथा होयेछे कि धन हारा।।
गोरा शाल छेड़े कौपीन परेछे
आपनि मेते जगत् मातियेछे।।
मरि हाय कि लीला कलिकाले वेद-विधि चमत्कार।।
सत्य त्रेता द्वापर कलि हय
गोरा तारा माझे एक दिव्य युग देखाय।
अधीन लालन बले भावुक हले से भाव जाने तारा।।"

हमारी धारणा है कि मुसलमान कवियों के रचित वैष्णव धर्मानुभव मुक्त पदावली को भी जब अध्यापक भट्टाचार्य ने वैष्णव भावापन्न कहकर अभिव्यक्त कराना चाहा है, तब उन्होंने वैष्णव भाव के अर्थ में सर्वसम्प्रदाय का प्रभाव-मुक्त सर्वजनीन प्रेम-मिलनात्मक चैतन्य संस्कृति को ही समझाया था। यह संस्कृति जहाँ वैष्णव सम्प्रदाय, यहाँ तक कि हिन्दू समाज की सीमा का अतिक्रमण कर जाति, धर्म, निर्विशेष सर्वजनीन प्रेम ऐतिह्य में परिणत हुआ है, वहीं उनके व्यंजनात्मक ऐतिह्य की अन्तिम अभिव्यक्ति मुसलमान कवियों द्वारा रचित लोक साहित्य में हुआ है। पंडित समूह स्वीकार करेंगे कि आलाओल के पद्मावती केवल हिन्दी कवि जायसी की पद्मावत का बंगला अनुवाद मात्र नहीं, इसके सृष्टि तत्त्व कहानी-कल्पना रूपक सर्वत्र ही बंगाली धर्म, कवि-चेतना का प्रभाव स्पष्ट है। कहने की आवश्यकता नहीं है कि यह बंगाली धर्मी चेतना चैतन्य संस्कृति के प्रेम-मिलन-समन्वय के प्रभाव से पुष्ट हैं।

मध्ययुग के बंगला साहित्य के इतिहास में चैतन्य-संस्कृति का प्रभाव-परिणाम का विचार यही अन्त होना चाहिए। कारण यह है कि सप्तदश शताब्दी के मध्ययुग से इस देश के जीवन व साहित्य में चैतन्य-संस्कृति का विपर्यय एवं स्मार्त-पौराणिक बुद्धि की पुनः प्रतिष्ठा स्पष्ट है। इसलिए जहाँ पौराणिक दुर्गा मंगल ने अधिकार किया है। वहीं दूसरी ओर कालिका मंगल के नाम से अभिहित रुचि-दुर्बल विद्या सुन्दर कहानी ने अधिकार किया है। विभिन्न अनुवाद साहित्य में भी जीवनानुसारण की अपेक्षा पौराणिक कहानियों की आकर्षण सृष्टि करने की तीव्र चेष्टा हुई है। वैष्णव काव्य-कविता का उत्स शुष्क होकर एक ओर निर्मित हुआ है। नूतन मानवीय संवेदना सम्पन्न शाक्त गीति साहित्य, दूसरी ओर जीवन-सम्पर्कहीन, भरतचन्द्र की आलंकारिकता खचित काव्य है। यहाँ केवल इतना ही कहा जा सकता है कि चै. तन्य-संस्कृति का मिलन-समन्वय-मूलक देववाद-निर्भर मानवता का आदर्श क्रमशः

जब लुप्त होने लगा तब पौराणिक दैवी संस्कार के द्वारा खंडित होने लगा जिसका अन्यतम निदर्शन आजुगोसाईकृत रामप्रसादी काव्य का विकृत रूपायण था। इस सन्दर्भ में एक सत्य स्पष्ट कर देना उचित है कि अब तक की आलोचना में जिस काल को हम चैतन्य-संस्कृति-प्रभावित युग कहकर अभिहित कर रहे थे। उसमें तथा गौड़ीय वैष्णव समाज में भी सम्प्रदायगत विभेद-बोध कुछ कम नहीं था। चैतन्य देव के तिरोधान के कुछ बाद ही विभिन्न सम्प्रदाय व गोष्ठी में विभक्त व विच्छिन्न होकर बंगाल में वैष्णव धर्म का प्रभाव एक समय प्रायः उन्मूलित हो उठा था। उस समय में वृन्दावन के गोस्वामियों की साधना का ऐश्वर्य वहन कर इस देश की मुमूर्ष धर्म चेतना का पुनरुज्जीवन की चेष्टा प्रायः अनिवार्य हो उठी थी। इस प्रचेष्टा के श्रेष्ठ प्रतिनिधि श्रीनिवास नरोत्तम श्यामानन्द थे। विशेष रूप से संहति सम्पूर्णता के अभाव में दीर्घस्थायी नहीं हुआ था, उसका साक्ष्य भी इतिहास में स्पष्ट रूप से अंकित है। सम्भवतः इसी कारण से डॉ. सुकुमार सेन ने मन्तव्य किया था—चैतन्यदेव को अवलम्बित कर जिस सर्वमानविक धर्मादर्श की सम्भावना की सूचना हुई थी, दुर्बल उत्तर साधकगणों के अक्षमता का अवसर लेकर इस देश में यह जड़ नहीं फैला पाया। अतएव, साम्प्रदायिक विभेद-बुद्धि भी हमारे आलोच्य युग में बिल्कुल अपरिज्ञात नहीं था। लेकिन पहले ही कहा जा चुका है, पुनः कहूँगी कि विशेष श्रेणी या गोष्ठीजात कुछ व्यक्तियों के धर्म संस्कार व सामाजिक आचरण में स्मार्त बुद्धि या साम्प्रदायिक विभेद-बोध अनुसृत होने पर भी साहित्य संस्कृति का सर्वजनीन जीवन-चर्चा के क्षेत्र में वह प्रच्छन्न प्राय : हो गया है। सर्वत्र विराजमान था प्रेम मिलन, समन्वय पूर्ण देववाद-निर्भर एक आश्चर्य मानवता बोध। कुल मिलाकर वर्तमान आलोचनांश में केवल एक ही सत्य प्रतिपन्न होता है—गौड़ीय वैष्णव धर्म चैतन्य देव द्वारा परिवर्तित होने पर भी उस धर्म संस्कृति से चैतन्य संस्कृति अधिक व्यापक है, यह संस्कृति सर्वधर्म सम्प्रदाय-निरपेक्ष एवं सर्वजनीन है।

सन्दर्भिका

(अ) हिन्दी :

1. अली.एम.अतहर : औरंगजेबकालीन मुगल अमीर वर्ग
2. अम्बिका प्रसाद वाजपेयी : हिन्दी पर फारसी प्रभाव
3. असद अली : भक्तिकालीन हिन्दी साहित्य पर मुस्लिम संस्कृति का प्रभाव
4. अयोध्या सिंह उपाध्याय : कबीर-वचनावली
5. आशीर्वादी लाल श्रीवास्तव : दिल्ली सल्तनत
6. इरविन, विलयम : भारतीय मुगलों की सैन्य व्यवस्था
7. ईश्वरी प्रसाद : भारत में मुस्लिम शासन का संक्षिप्त इतिहास
8. ईश्वरी प्रसाद : मध्यकालीन भारत का संक्षिप्त इतिहास
9. इरविन एवं डाउसन : भारत का इतिहास
10. उषा पाण्डे : मध्ययुगीन हिन्दी साहित्य में नारी भावना
11. एस. गिल : ह्वानत्सांग की जीवनी
12. एस.एल. नागोरी : मध्यकालीन भारत 1000 ई. से 1761 ई. तक
13. कृष्णदेव : अष्ट छाप के कवि नन्ददास
14. कृष्ण वल्लभ देव : सन्त कवि दादू
15. केशवी प्रसाद चौरसिया : मध्यकालीन हिन्दी सन्त : विचार और साधना
16. कानूनगो.के.आर. : शेरशाह और उसका समय
17. गैरोला : भारतीय चित्रकला का संक्षिप्त इतिहास
18. गोविन्द त्रिगुणायत : हिन्दी के निर्गुण काव्यधारा और उनकी दार्शनिक पृष्ठभूमि
19. गजानन माधव मुक्तिबोध : भारत : इतिहास और संस्कृति
20. चन्द्रवली पाण्डेय : हिन्दी साहित्य का बृहत् इतिहास
21. जाफ़र रज़ा : हिन्दी साहित्य में मुसलमानों का अवदान
22. डॉ. विजयपाल सिंह : हिन्दी साहित्य का समीक्षात्मक इतिहास
23. डॉ. मूलचन्द गौतम : भारतीय साहित्य
24. तुलसीदास : विनय पत्रिका
25. तुलसीदास : दोहावली

26. देवराज : संस्कृति का दार्शनिक विवेचन
27. दिनकर रामधारी सिंह : संस्कृति के चार अध्याय
28. धर्मवीर : गुरु रविदास
29. धर्मपाल मैनी : मध्ययुगीन निर्गुण चेतना
30. नन्ददुलारे वाजपेयी : सूर सागर
31. नागौरी एस.एल. : (अ) भारतीय सभ्यता एवं संस्कृति का इतिहास
(आ) भारतीय संस्कृति का विकास
(इ) मध्यकालीन भारत के प्रमुख इतिहासकार
32. पाण्डेय ए.बी. : (अ) पूर्व मध्यकालीन इतिहास
(आ) उत्तर मध्यकालीन भारत
33. पाराशर वन्दना : बाबर, भारतीय सन्दर्भ में
34. पीताम्बर दत्त बड़थ्वाल : हिन्दी काव्य में निर्गुण सम्प्रदाय
35. परशुराम चतुर्वेदी : उत्तर भारत की सन्त परम्परा
36. मंगलदेव शास्त्री : भारतीय संस्कृति का विकास
37. मनगोपाल गुप्त : मध्यकालीन हिन्दी काव्य में भारतीय संस्कृति
38. मोती सिंह : गुरुनानक देव : जीवन और दर्शन
39. यूसुफ हुसैन : मध्ययुगीन भारतीय संस्कृति : एक झलक
40. रामवृक्ष बेनीपुरी : विद्यापति पदावली
41. रतन कुमारी : सोलहवीं शती के हिन्दी और बंगाल के वैष्णव कवि
42. राजबली पाण्डेय : प्राचीन भारत
43. रामचन्द्र शुक्ल : हिन्दी साहित्य का इतिहास
44. रामकुमार वर्मा : हिन्दी साहित्य का आलोचनात्मक इतिहास
45. रजनीकान्त पाण्डेय : कबीर एवं निराला काल में विद्रोह चेतना
46. विश्वनाथ प्रसाद मिश्र : वाङ्मय विमर्श
47. विल ड्यूरन : द स्टोरी ऑफ सिविलाइजेशन
48. वियोगी हरि : सन्त सुधासा
49. विमल कुमार जैन : सूफी मत और हिन्दी साहित्य
50. शिव कुमार मिश्र : भक्ति आन्दोलन और भक्ति काव्य
51. श्याम सुन्दर : कबीर ग्रन्थावली
52. श्याम मनोहर पाण्डेय : मध्ययुगीन प्रेमाख्यान
53. श्रीवास्तव ए.एल. : दिल्ली सल्तनत
54. सतीश चन्द्र : उत्तर मुगलकालीन भारत